책을 내면서…

『예비 매3비』를 내고 깜짝 놀랐다.
예비 고1과 『매3비』가 어렵다는 학생들을 대상으로 만든 책인데,
독자들의 질문을 받으면서 '고3들도 기초부터 공부하고 싶어 했구나.'라는 생각과,
'맞아, 나도 고3 때 모두들 〈종합 영어〉 풀 때 〈기본 영어〉 풀었지.'
'기본부터 풀었기에 발목 잡던 영어도 극복할 수 있었고….'
'문학도 기초부터 잡아 주면 좋겠다.'라는 생각을 하게 되었다.
그즈음, 고1 학생이 아래와 같은 질문을 했다.

지금 고1이고 『예비 매3비』 다 풀었습니다.
이번 3월은 2등급 나왔는데요 비문학은 다 맞혔고 다른 문제에서 틀렸습니다.
…
문학이 약한데, 『매3문』은 어렵고 다른 대비 방법이 있나요?
진짜 약해서 쉬운 문제집 기본 문제도 틀립니다.

'국어 공부는 비문학부터!'라는 생각에는 변함이 없다.
하지만, 문학을 특히 어려워하는 학생들이
『매3문』을 공부하기 전에 보다 쉽게 문학에 접근할 수 있는 교재,
『예비 매3비』와 함께 문학도 챙길 수 있는 '쉬운 문학 대비서'가 필요하겠다는 생각에
만든 것이 『예비 매3문』이다.

원고를 쓰면서,
'서둘러야지, 진작 쓸걸.'
하며 몰입할 수 있었던 것은 계속되는 독자들의 질문 덕분이었다.
원고를 쓰는 중간에 집필 방향이 몇 번씩 바뀐 것도
독자들의 눈높이를 맞추기 위함이었다.
개정판을 내면서도 학생들의 다양한 질문을 접하면서
이전과 구성을 달리하고 공부법을 더 구체화하였으며,
정답인 이유와 오답인 이유를 다듬고 또 다듬었다.

이와 같이 독자들 덕분에 탄생한 『예비 매3문』은,
'국어는 '감(感)'으로 푸는 과목이다!'
'국어는 어려서부터 책을 많이 읽지 않으면 힘든 과목이다!'
'국어는 아무리 공부해도 성적이 오르지 않는 과목이다!'
라고 생각하는 학생에게
'기초부터 다지니 자신감이 생긴다!'
'제대로 공부법을 지키며 하니 성적이 오른다!'
'꾸준히 하니 흔들리지 않는다!'
'국어, 이제 두려운 과목이 아니다!'
라고 자신 있게 말할 수 있는 계기를 마련하는 교재가 되기를 기대해 본다.

구성과 특징

1 최근 수능 경향까지 감안하여 엄선한 기출 지문과 문제 구성
쉬운 기출 문제와 중요 작품으로 최근 수능 경향까지 감안하여 제대로 공부하게!

- 쉬운 지문과 잘 다듬어진 고1 전국 단위 시험을 중심으로,
- 문학사적으로 중요한 위치에 있는 작품으로,
- 최근 수능 경향까지 반영하여,
- 매일 문학 지문 3개씩,
- 시간을 체크하며 공부하게 구성함.

2 문학 갈래별 제대로 공부법 결합
갈래별로 달라야 하는 문학 공부법, 제대로 알고 공부 시작!

- '열심히'보다 더 중요한 '제대로' 공부법이 몸에 배게,
- '많이'보다는 '내게 맞는' 공부법을 알 수 있게,
- 갈래별로 달라야 하는 작품 감상 및 분석법으로 낯선 작품도 쉽게 해석할 수 있게,
- 채점 방법, 복습 방법, 오답 노트 작성법까지 감안하여 학습 효과를 높일 수 있게 프로그램화함.

3 문제 분석 및 해결책 강의
모든 문제 똑같은 공부법은 No, 문제 유형에 따라 달리 공부 Yes!

- 강의하듯이 문제를 분석하여 해법을 제시하고,
- 문제 유형별로 제대로, 효과적으로 공부하고 대비하는 방법까지 제시함.

(아래 범례 참조)

범례	문제 유형	활용 방법	효과
지문 근거	지문 속에 근거가 제시되어 있는 문제(국어 영역 문제 대부분이 해당됨.)	틀렸거나 맞혔어도 헷갈렸을 경우 반드시 지문에서 근거를 찾아 체크하는 훈련을 해야 함.	시간 부족 문제도 해결되므로 국어 영역 등급이 쑤욱~UP
둘중 헷	답지 두 개 중 고민되는 문제(국어 영역 고득점 방해꾼 1위임.)	다시 풀고, 2차 채점 후 틀린 원인을 〈클리닉 해설〉을 보고 반드시 알아야 함.	자신의 취약점이 무엇인지 알게 됨.
Q&A	학생들이 질문한 내용 중 새겨 보면 도움이 되는 질문과 답변이 있는 문제	다른 학생들이 질문한 내용과 그에 대한 답변을 꼼꼼히 읽어야 함.	문제에 접근하고 해결하는 방법이 달라짐.
어휘/개념	어휘 및 개념이 특히 중요하거나, 〈클리닉 해설〉에 어휘 풀이와 개념 설명이 있는 문제	정답을 쉽게 찾았어도 〈클리닉 해설〉에 있는 어휘 풀이와 '개념✚'를 한 번 더 챙겨 봐야 함.	아는 것으로 착각하거나 잘못 알고 있는 어휘와 개념 때문에 틀리는 문제점을 개선해 줌.
부정 질문	상위권 학생조차 실수하기 쉬운 부정 발문의 문제(국어 영역 시험의 50% 내외를 차지함.)	반드시 부정 발문에 표시하는 습관을 기르고 오답지를 배제해 나가는 훈련(O, X, △)도 병행해야 함.	부정 발문에 낚이는 일이 없어 어이없게 점수를 잃는 일을 없애 줌.

지문 근거   둘중 헷   Q&A   어휘/개념 부정 질문

분석쌤 강의

● **분 석** 이 시험(2024학년도 3월 고1 전국연합학력평가)은 산문 문학이 세 지문(현대 소설, 고전 소설, 희곡)이나 선정된 점이 특이했는데, 이 지문[44~45]은 맨 마지막에 위치하여 시간 부족으로 이 문제를 못 푼 학생들이 제법 많았던 점을 고려하여, 복습할 때 다음 두 가지를 기억하고 이와 같은 관점에서 한 번 더 챙겨 보면 유용한 문제

1. 지문을 읽기 전에 〈보기〉부터 읽으면 지문 내용을 빠르게 이해할 수 있다.
2. 시간이 부족해 문제를 끝까지 못 풀면 억울할 수 있으므로 기출 문제로 시간 훈련을 꾸준히 해야 한다.(라이트 매3비 도전!)

● **해결案** 〈보기〉 먼저 읽은 후 지문을 읽는다. 그런 다음 답지를 검토할 때 '~것에서'의 앞부분은 지문과 일치하는지를 따지고,, 뒷부분은 〈보기〉의 설명을 바탕으로 적절한 감상인지를 판단하도록 한다.

4 | 채점 방법
채점 제대로, 나의 문제점 내가 찾는다!

- 스스로 공부할 수 있도록, 제대로 공부 습관이 몸에 배게,
- 문제 풀이 시간 체크 기능으로 시간 부족 문제까지 해결하게,
- 취약점 파악을 위한 1차 채점과 2차 채점으로,
  ⇨ 제대로 채점법의 핵심인, 정답을 모르는 상태에서 다시 푸는 데 도움을 주는
  〈모바일 자동 채점 프로그램〉 활용 가능
- 틀린 개수보다 더 중요한, 실수로 틀렸는지 몰라서 틀렸는지를 체크할 수 있게
  구성함.

5 | 틀린 이유 클리닉 해설
자세하기만 한 해설 저리 가라!
내가 틀린 답지, 남들이 많이 틀린 답지에 대한 해설 와라!

- 정답인 이유와 오답인 이유, 가장 많이 답한 오답지와 특히 질문이 많았던 문제와 답지까지,
- 바로 옆에서 직접 설명해 주는 느낌을 받으며 궁금증이 해결되게 하고,
- 학생들에게 직접 질문 받은 내용과 이에 대한 답변 중 새겨 보면 도움이 되는 'Q&A'와 '문학 실수 유형'을 제시하고,
- '개념➕'를 추가하여 문학 필수 용어를 포함하여 꼭 알고 넘어가야 할 개념을 알기 쉽게 설명하고,
- 모르고 지나치면 안 되는 어휘(수능 용어)에 대한 쉬운 풀이와,
  ⇨ 상위권도 어려워하는 어휘력 향상을 위한 특허받은 국어 어휘 공부법 결합
  (특허 번호: 제10-1652160호)
- 1등급을 안정적으로 받기 위해서는 맞힌 문제도 꼭 확인해야 하는 〈클리닉 해설〉로, 국어 영역에 대한 막연한 불안감을 없앨 수 있게 구성함.

6 | 복습 방법과 오답 노트 작성법
복습 제대로, 공부한 시간 대비 효과 백 배, 성적 up!

- '갈래별로 달라야 하는 복습 방법'에 따라 복습하고,
- 2차 채점 후 '분석쌤 강의'와 〈클리닉 해설〉의 지문(작품) 분석과 '가장 많이 질문한 오답은?'을 챙겨 보고,
- 매일 공부한 내용을 문제로 복습하는 '매일 복습 확인 문제'를 푼 후 자신 있게 정답을 찾지 못한 경우 관련 내용을 재복습하고, **(1차 복습)**
- '매3 주간 복습'을 활용하여 일주일 동안 공부한 내용과 채점 결과를 확인한 후 나의 취약점을 찾아 앞으로의 공부에 적극 반영하고, **(2차 복습)**
- '자율 학습 체크리스트'를 활용해 [나만의 오답 노트]까지 챙겨 본 후 앞으로의 공부에 적극 반영하고, **(3차 복습)**
- 최종 마무리 복습 때 '제목으로 작품 복습하기'도 챙겨 보고, [나만의 오답 노트]에는 학교에서 배운 내용까지 덧붙여 만들 수 있도록 구성함.

예비 매3문을 **효과적으로 공부**하기 위한 **십/계/명**

1 공부를 시작하기 전, 공부할 내용의 '갈래별 제대로 공부법(이것만은 꼭!)'부터 읽는다.

2 매일 지문 3개씩을 풀되, 『예비 매3비』와 시간을 안배한다.
▶ 『예비 매3비』는 되도록 아침에, 『예비 매3문』은 다른 과목 공부 시간을 감안하여 공부 계획을 세운다.

3 바로바로 채점한다. [모바일 자동 채점 프로그램(문제편 표지 QR 코드)을 활용해도 됨.]
▶ 하루 공부할 분량이 끝날 때 있는 '채점표'를 활용한다.
▶ '제대로' 채점법은 〈클리닉 해설〉 p.4에서 확인한다.

4 1차 채점 후, 맞혔지만 헷갈렸던 문제는 체크(★)해 둔 다음, 정답을 모르는 상태에서 틀린 문제를 다시 푼다.

5 2차 채점 후, (1) 2차에서 맞힌 문제(△ 문항)는 1차에서 틀린 이유를 알고,
(2) 1차 때 맞혔지만 헷갈렸던 문제(★ 문항)는 정답과 오답의 근거를 확인하고,
(3) 2차에서 또 틀린 문제(✗ 문항)는 〈클리닉 해설〉을 통해 확실하게 이해하고 넘어간다.

6 문제 옆 '범례'와 '분석쌤 강의'를 본다.
▶ '범례'에서는 국어 영역 시험은 패턴이 있다는 것을,
▶ '분석쌤 강의'에서는 문제의 특징 및 접근 방법과 해결 방안을 확인한다.

7 '범례'에서 '둘중 헷'과 'Q&A'와 '어휘/개념'에 체크되어 있는 문제는 〈클리닉 해설〉에서 '가장 많이 질문한 오답'에 대한 해설과 'Q&A', '어휘 풀이'와 '개념 ➕'를 챙겨 본다.
▶ '가장 많이 질문한 오답'에 대한 해설에서는 가장 많이 질문한 오답지와, 왜 그 답지에 많이 답했는지를 알고,
▶ 다시 봐야 할 내용은 체크하거나 '매3 오답 노트'에 메모해 둔다. 이때, 교재에 간단하게 메모해 두었다가, '매3 오답 노트'에 옮겨 적으면 핵심을 잘 정리할 수 있고, 복습의 효과도 거둘 수 있다.

8 '오답률 제로를 위해 챙겨야 할 갈래별 복습법(p.10, 62, 108, 109)'을 한 번 더 확인한 후 복습한다.
▶ '작품(지문) 복습법'과 '문제 복습법'을 함께 익혀 틀린 문제는 물론 작품 복습도 꼭 한다.
▶ '매3 오답 노트 작성법(〈클리닉 해설〉 p.2)'을 참고해 '나만의 문학 오답 노트'를 만든다.

9 지문 복습까지 한 후 '매일 복습 확인 문제'로 빈틈없이 복습하고, 한 주가 끝나면 반드시 일주일 동안 공부한 내용과 채점 결과, 그리고 '제목으로 작품 복습하기'까지 챙겨 본다.
▶ '제목으로 작품 복습하기'는 〈클리닉 해설〉 p.175에서 확인할 수 있다.

10 책을 다 끝낸 다음, '최종 마무리 복습법'과 '자율 학습 체크리스트'를 활용해 나의 취약점을 한 번 더 체크하고 앞으로의 공부 방향을 정한다.
▶ '학습 효과를 2배로 올리는 최종 마무리 복습법'은 〈클리닉 해설〉 p.183에서,
▶ '자율 학습 체크리스트'는 〈클리닉 해설〉 p.182에서 확인할 수 있다.

차례

3주 만에 끝내는
국어 영역 등급 up 프로그램

좋은 문제 · 중요 작품 기출과 내게 맞는 공부법의 만남,
예비 매3문으로 3주 만에 국어 등급 up!

예비 매3문 **100배 활용법**

수능 시험 국어 영역에는 다양한 제재의 지문이 제시된다(표1 참조). 그래서 책을 많이 읽은 학생도 다양한 제재를 읽지 않은 경우에는 고전(苦戰)하는 과목이 국어이다. 예를 들면, 특정 제재에서 매번 틀리는 학생의 경우는 3점짜리 한 문제만 틀려도 2등급이 되기도 하는 수능 시험(2013학년도 수능의 경우 98점까지가 1등급이었음.)에서는 불안할 수밖에 없다. 그런데 책 읽을 시간이 턱없이 부족한 고등학교에서는 다양한 책을 읽기도 어렵거니와 특정 제재의 도서를 선택해 책을 읽는 것도 만만치 않다. 독서가 참 중요하지만, 독서할 시간이 부족한 학생들에게 독서한 효과를 거둘 수 있는 공부법으로 수능 시험에 출제된 지문을 꼼꼼히 읽기를 권하는 이유가 여기에 있다.

수능 시험은 다양한 제재의 지문으로 구성되어 있을 뿐만 아니라, 잘 다듬어진 깔끔한 지문에 문제까지 좋아 수능 기출 지문으로 훈련하면 수능 국어 영역 문제를 해결하는 독해력을 기르는 데 아주 유용하다. 수능 시험 다음으로는 고3 6월과 9월에 치르는 모의평가가 좋은데, 이들 평가원 시험은 국어가 특히 약하거나 고등 입시 국어 공부를 체계적으로 하지 않은 학생들에게는 어려울 수 있으므로, 고1 전국연합학력평가로 훈련한 다음에 평가원 시험 문제에 도전하는 것이 좋다.

[표1] 수능 국어 영역의 세부 영역별 문항 수

구분	공통과목														선택과목(택 1)								총문항수
	문학								비문학 독서							화법과 작문				언어와 매체				
	현대 소설	고전 소설	현대 시	수필	고전 시가	극	갈래 복합	계	독서 이론	인문	사회	과학	기술	예술	계	화법	작문	융합	계	언어(문법)	매체	융합	계	
2024학년도 수능	4	4	복합		3	·	6(현대시+고전 수필)	17	3	6	4	·	4	·	17	5	5	1	11	5	5	1	11	45
2023학년도 수능	4	4	4	복합		·	5(시조+가사+현대 수필)	17	3	6	4	4	·	·	17	5	5	1	11	5	5	1	11	45

* 수능 시험 국어 영역에서 문학이 차지하는 비중은 38%임(45문항 중 17문항).
* 위 두 시험에서는 극 문학과 예술 지문이 출제되지 않았지만 언제든지 다시 수능 시험에 출제될 수 있음.

위 표에서 보듯 국어 영역에서는 다양한 제재를 활용하고, 문학의 갈래 복합에서도 다양한 갈래를 결합하여 출제한다.

이에 『예비 매3문』에서는 수능 시험의 경향을 반영하여 갈래 복합과, 문학의 이해를 돕는 글과 작품을 결합한 문제 유형을 다음과 같이 강화하였다(표2 참조).

[표2] 『예비 매3문』에 실린, 수능 시험의 특징을 보여 주는 갈래 복합

갈래 복합 유형	작품명(작가명)	시험지(명)	찾아가기
현대 소설 + 극 문학	우리들의 일그러진 영웅(이문열 원작, 박종원 각색)	2022학년도 6월 고1 전국연합학력평가	p.54
현대시 + 고전 시가	초록이 세상을 덮는다(김기택) + 두암육가(김약련)	2024학년도 3월 고1 전국연합학력평가	p.153
고전 시가 + 현대 수필	도산십이곡(이황) + 인형과 인간(법정)	2021학년도 3월 고1 전국연합학력평가	p.136
	면앙정가(송순) + 가재미 · 나귀(백석)	2022학년도 3월 고1 전국연합학력평가	p.138
	오우가(윤선도) + 꽃 출석부 1(박완서)	2020학년도 3월 고1 전국연합학력평가	p.141
	고공답주인가(이원익) + 돌탑과 잔돌(문태준)	2023학년도 3월 고1 전국연합학력평가	p.144
고전 시가 + 고전 수필	태산이 높다 하되~(양사언) + 사청사우(김시습) + 이옥설(이규보)	2020학년도 6월 고1 전국연합학력평가	p.134
	잠노래(작자 미상) + 귓도리 저 귓도리~(작자 미상) + 어부(이옥)	2019학년도 6월 고1 전국연합학력평가	p.147
문학의 이해 + 고전 시가	향가와 시조 + 안민가(충담사) + 평생에 일이 업서~(낭원군)	2017학년도 9월 고1 전국연합학력평가	p.88

문학에서 특히 어려워하는 '갈래 복합'의 경우, 수능 첫 시험인 1994학년도 1차 수능[고전 소설(흥부전) + 현대 소설(염상섭의 「삼대」, 최인훈의 「광장」)]부터 최근 수능까지 꾸준히 출제되어 왔다.

수능과 내신(학교 시험) 국어 시험에 모두 적용되는 '고득점 공부법'이 담긴 『예비 매3문』

중요한 것은 갈래 복합과, 신유형으로 여겨지는 지문 구성 및 문제 유형의 경우에도 그 대비법은 기존 갈래별 공부법과 크게 다르지 않다는 점이다. 그리고 지문 구성과 문제 유형이 어떠해도 문학에서는 갈래별 공부법과 '매3'에서 강조하는 제대로 복습법(p.10, p.62, p.108, p.109 참조)을 지키며 공부하는 것이 중요하다는 것을 거듭 강조한다. 아울러 수능과 내신(학교 중간·기말 고사)을 함께 대비하기 위해서는 문학사적으로 중요한 위치에 있는 작품부터 공부하는 것이 필요하기 때문에 『예비 매3문』에서는 이 점을 고려하여 작품을 선정하였다.

지문 구성과 문제 유형이 어떠해도 변함없이 중요한 문학 갈래별 공부법과 제대로 복습법이 결합된 『예비 매3문』!
다음의 예비 매3문 100배 활용법을 지키며 공부해 국어를 자신 있는 과목으로 만들자!

1 국어 영역 공부 계획표 확인하기! ····················· p.8
2 매일 지문 3개씩 꾸준히! ····························· p.4
3 갈래별 공부법 꼼꼼히 읽기!
　⇨ 현대 소설과 극 문학, 이것만은 꼭! ··········· p.10
　⇨ 고전 문학, 이것만은 꼭! ······················ p.62
　⇨ 현대시, 이것만은 꼭! ·························· p.108
　⇨ 갈래 복합, 이것만은 꼭! ···················· p.109
4 제대로 채점법 지키기! ··················· p.4 (해설)
5 〈클리닉 해설〉 십분 활용하기! ········· p.1 (해설)

6 갈래별 제대로 복습법 지키며 꼭 복습하기!
　····························· p.10, 62, 108, 109
7 문학 오답 노트 작성하기! ··············· p.2 (해설)
8 학교 시험 대비 때도 챙겨 보기!
　⇨ 학교 시험 대비로 최고는 교과서이고, 교과서보다 더 중요한 것은 선생님의 수업 내용이다. 수업 시간에 집중해서 듣고 꼼꼼히 메모해 둔다.
　⇨ 메모한 내용까지 본 다음에는 시험 범위에 해당하는 작품을 찾아 문제와 〈클리닉 해설〉을 챙겨 본다.

한편, 문학뿐만 아니라 국어 영역을 공부할 때 꼭 기억해야 할 것은, 수능 국어 영역에서는 어휘의 사전적 의미나 문맥적 의미를 묻는 문제, 그리고 한자 성어나 속담 등이 답지에 제시되는 문제가 출제된다는 것이다. 그런데 이와 같이 직접적으로 어휘를 묻는 문제가 아님에도 불구하고 틀린 이유를 따져 보면 어휘 때문인 경우가 많다. 다음 예를 통해 국어 어휘를 반드시 해결해야 국어 영역에서 안정적으로 1등급을 받을 수 있다는 것을 기억하자.

1 고전 시가에서 틀렸지만, 아는 것으로 착각한 어휘 때문에 틀린 경우

> ⑤ 화자는 '옥당'이라는 공간과 거리를 둠으로써 자신이 추구하는 삶의 가치를 역설하고 있군.
>   – 2008학년도 9월 고3 모의평가 22번 문제의 가장 많이 답한 오답지
>   (설장수, 「어옹」)에서

⇨ '힘주어 설명하다'는 뜻의 '역설(力說)'을, 문학에서 자주 출제되는 표현법인 '역설(逆說)'로 생각해 위 ⑤가 적절하지 않다고 잘못 생각한 학생들이 많았다.

2 고전 소설에서 틀렸지만, 어휘의 뜻을 잘못 알고 있어 틀린 경우

> 조문화의 가인(집안사람)이 돌아가 진 소저의 말을 전했다. 그러나 조문화의 아들은 다급하게 서둘러 마지않았다.
>   – 2016학년도 9월 모의평가(B형)의 42~45번 지문
>   (작자 미상, 「창선감의록」)에서

⇨ '마지않았다'는 앞말(서둘러)을 강조하는 말로, '서둘러 마지않았다'는 '서둘렀다'는 뜻이다. 그런데 '서두르지 않았다'로 잘못 해석해 오답지(②)에 답해 틀린 학생들이 많았다.

이 밖에도 지문과 발문(문두), 답지에 쓰인 어휘들이 국어 성적의 발목을 잡는 요인이 된다. 어휘에서 막히면 지문을 독해하는 데 시간이 많이 걸릴 뿐더러 질문의 핵심을 잘못 파악하기도 하고 오답에 답해 틀리는 경우가 많기 때문이다. 따라서 국어 때문에 고민하는 학생들은 국어 고득점의 은밀한 방해꾼인 어휘력부터 길러야 하는데, 어휘력 향상을 위해 사전적 의미를 무조건 외우는 것은 불가능하다. **독해력에 걸림돌이 되는 어휘를 쉽게 익히는 방법의 핵심은 『매3력』에서 강조하는 '어휘를 구성하는 음절마다 그 글자가 들어가는 친숙한 어휘를 떠올려 익히는 것'이다.** 『예비 매3문』의 〈클리닉 해설〉에 풀이한 것처럼 '매3어휘 풀이'로 익히면 처음 접하는 낯선 어휘도 그 의미를 쉽게 짐작할 수 있을 뿐만 아니라 한 번 익힌 어휘는 오래 기억하게 됨으로써 어휘력은 물론 독해력까지 높일 수 있다.

예비 매3비와 함께하는
국어 영역 공부 계획표

4주 만에 끝내는 예비 매3국어 시리즈!
'열심히'보다 '제대로'를 강조합니다.
'매3'에서 강조하는 '국어 제대로 공부법'을 꼭 지키며 공부하기!

---

1 주차

『예비 매3비』 1주차(인문/융합/주제 통합)

• 공부할 순서를 정한다. ☞『예비 매3비』 p.6(문제편)
• 공부를 시작하기 전에 꼭 먼저 챙겨 봐야 할 내용부터 본다.
• 매3국어 공부법(채점법 · 복습법 등)을 지키며 공부한다.

> **Tip** 국어 공부는 비문학으로 시작하는 것이 좋다. 『예비 매3비』를 이미 공부한 학생은 3차 복습(예비 매3비 문제편 p.192 참조)까지 한 후 『예비 매3문』으로 공부한다.

---

2 주차

『예비 매3비』 2주차(사회/융합) ＋ 『예비 매3문』 1주차(현대 소설, 극 문학)

• 『예비 매3비』: 1주차에 공부한 내용 복습 후 2주차 공부
• 『예비 매3문』: 공부할 순서를 정한다.
　⇨ 『예비 매3문』을 효과적으로 공부하기 위한 십계명 ☞ p.4
　⇨ 학습 효과를 높여 주는 '제대로' 채점법 ☞ p.4(해설)
　⇨ 현대 소설과 극 문학, 이것만은 꼭! ☞ p.10
　⇨ 『예비 매3문』 1주차(현대 소설, 극 문학) ☞ p.12~60
　⇨ 문학 오답 노트 작성법 및 예시 ☞ p.2(해설)

> **Tip** 1. 복습할 때 막히는 어휘 및 수능 용어 등은 『매3력』에서 찾아 익힌다.
> 2. 『예비 매3문』에서 현대시를 먼저 공부해도 된다. [현대시(15일째~18일째) → 현대 소설(첫날~5일째) → 극 문학(6일째) → 고전 소설(8일째~10일째) → 고전 시가(11일째~13일째) → 갈래 복합(19일째~20일째) → 문학 실전 훈련(+1일)]

---

3 주차

『예비 매3비』 3주차(과학/융합) ＋ 『예비 매3문』 2주차(고전 소설, 고전 시가)

• 2주차에 공부한 내용을 돌아보며 개선할 점부터 찾는다.
• 『예비 매3비』와 『예비 매3문』을 함께 공부할 시간이 확보되지 않을 경우
　⇨ 『예비 매3비』부터 끝내고 『예비 매3문』을 공부하거나,
　　『예비 매3문』은 주 2~3회 공부해도 된다.
　⇨ 『예비 매3비』는 매일매일 꾸준히!
• 3주차에 공부할 내용(과학/융합, 고전 문학)이 어렵게 여겨질 경우
　⇨ '예술' 제재와 '현대시'를 먼저 공부해도 된다.

> **Tip** 고전 소설과 고전 시가를 공부하기 전에 『매3어휘』에 정리되어 있는 '고전 소설 빈출 어휘'와 '고전 시가 빈출 어휘'를 먼저 보면 고전 지문을 해석하는 데 도움이 된다.

---

4 주차

『예비 매3비』 4주차(예술/기술/비문학 실전 훈련) ＋ 『예비 매3문』 3주차(현대시, 갈래 복합, 문학 실전 훈련)

• 3주차에 공부한 내용을 돌아보며 공부 계획표를 점검하여 수정 · 보완 · 개선한다.
• 『예비 매3비』는 4주차, 『예비 매3문』은 3주차 공부 내용을 '매3공부법'을 지키며 공부한다.

> **Tip** 일주일마다 복습할 때, 학교에서 배운 내용도 '나만의 매3 오답 노트'에 덧붙여 메모한다.

마무리 학습

『예비 매3비』
• '최종 마무리 복습법'(문제편 p.192)을 참고해 놓친 부분이 없는지 체크하기!
• 수능 시험 출제 기관에서 출제한 고2 수준의 수능 기출 문제와 고3 6월 · 9월 모의평가로 구성된 『라이트 매3비』 도전!

『예비 매3문』
• '학습 효과를 2배로 올리는 최종 마무리 복습법'(〈클리닉 해설〉 p.183)을 참고해 3차 복습하기!
• 수능 시험 출제 기관에서 출제한 수능 기출 문제와 고3 6월 · 9월 모의평가로 구성된 『매3문』 도전!

1 주차

현대 소설·극 문학

문학 제대로 공부법 **현대 소설과 극 문학, 이것만은 꼭!**

❶ 학습 효율을 높이는 **현대 소설과 극 문학 문제 풀이 순서**

수능 시험에 2회나 출제된 조세희의 「난장이가 쏘아 올린 작은 공」(현대 소설)을 중심으로 설명하면 다음과 같다.

1단계 작가와 제목부터 읽는다.

읽은 작품이긴 한데 제목이 어떤 의미를 지니는지는 모르겠네. 지문을 읽으면서 제목과 관련된 내용이 나오는지를 눈여겨봐야겠군.

◐ 제목의 의미

'난장이'는 강제로 집을 철거당하는 '가난한 소외 계층(도시 빈민층)'이다. 난쟁이*가 공을 쏘아 올린다는 것은 고통스런 삶을 살고 있는 '민중들의 희망' 정도로 해석할 수 있다.

※ '난장이'는 소설 원제목의 표기이고, '난쟁이'는 맞춤법에 따른 표기임.

2단계 문제 중 작품에 대한 설명을 제공한 〈보기〉부터 읽는다.

〈보기〉 문제(2014학년도 수능 36번)가 있네. 〈보기〉부터 읽어야지! 〈보기〉를 보니 '난장이'는 이 작품의 중심인물이고, 산업 사회에 대한 비판을 다루고 있는 작품이군. '난장이가 쏘아 올린 작은 공'은 '이상 세계를 향한 낭만적 동경'으로 볼 수도 있겠군.

◐ 작품 이해를 돕는 〈보기〉

> ─── 보기 ───
>
> 이 작품은 등장인물인 '지섭'을 통해 '죽은 땅'과 '달나라'라는 상징적 공간을 설정하여 '난장이' 일가가 직면한 현실의 문제를 드러내고 있다. '죽은 땅'은 '욕망'과 '불공평'이라는 속성으로, '달나라'는 '사랑'과 '남을 위한 눈물'이라는 속성으로 구체화된다. 이를 통해 이 작품은 산업 사회의 이면에 대한 비판과 이상 세계를 향한 낭만적 동경을 보여 주고 있다.

3단계 지문을 읽는다. 이때, 왜 제목을 그렇게 붙였을까를 생각하며 읽는다.

문제에 제시된 〈보기〉에서 제목의 의미를 짐작할 수 있었지만, 지문을 읽으면서도 제목을 염두에 두고 〈보기〉에서 읽은 내용을 바탕으로 읽어야지. 대충 말고 꼼꼼히~!

◐ 지문 내용

집을 철거하겠다는 독촉장을 받은 날, 어머니는 앞날을 걱정하고, '나(영수)'는 강제 철거에 항의해도 소용이 없다는 것을 알게 된다. '나'의 동생 영호는 철거를 기정사실화하는 어머니와 '나'를 못마땅해하고 난쟁이인 아버지는 아파트 입주권을 팔라고 둘러싼 거간꾼들에 아랑곳하지 않고 책을 읽고 있었고, '나'의 여동생 영희는 철거 계고장으로 인해 걱정한다. (중략)

'나'는 아버지가 이웃집 가정교사인 지섭에게 빌린 「일만 년 후의 세계」를 읽으며 지섭이 아버지에게 했던 말을 떠올린다. 지섭은 열심히 일하고 법을 어긴 적도 없는 아버지가 힘들게 사는 것은 세상이 불공평하다는 것이고, 우리는 기대할 것이 없는 이 땅을 떠나 달나라로 가야 한다고 말하고 있었다. 이때 어머니의 불안한 음성이 들리고 '나'는 읽던 책을 덮고 아버지를 찾아 나서는데, 벽돌 공장의 높은 굴뚝 맨 꼭대기에 아버지가 서 있었고, 바로 한 걸음 정도 앞에 달이 걸려 있었다.

4단계 순서대로 문제를 풀되, 다음 '주의 사항'을 꼭 지키며 푼다.

> ┌─────────────────────────────────┐
> 문제 풀 때의 주의 사항 – 다른 갈래에도 적용!
> • 아는 작품이어도 정답과 오답을 판단하는 기준은 반드시 지문에서 확인하기 ☞ p.46 4번 참조
> • 밑줄 친 부분에 대한 문제는 지문을 끝까지 읽고 난 다음에 풀기 ☞ p.42 8번 참조
> • 앞부분은 맞고 뒷부분은 틀린 내용으로 구성된 답지에 주의하기 ☞ p.49 7번 참조
> • 'A하여 B하고 있다.' 식의 답지는 A와 B 모두 옳은지, 그리고 A하여 B하고 있는지도 따지기 ☞ p.18 9번 참조
> • 2개의 답지를 놓고 고민이 될 때에는 '가장'을 염두에 두고, '가장'의 근거는 지문에서 찾기 ☞ p.18 10번 참조
> └─────────────────────────────────┘

❷ 오답률 제로를 위해 챙겨야 할 **현대 소설과 극 문학 복습법**

1. 틀린 문제와 헷갈린 문제부터 본다.

2. 답지에 제시된 어휘(수능 용어)를 익힌다.

3. 작품을 복습한다.

  ❶ 제목으로 작품 내용을 떠올려 보고, 제목의 의미를 새긴다.

  ❷ 지문을 다시 읽으며 지문 내용을 완벽하게 이해한다. 이때, 정확한 뜻을 모르거나 어렴풋이 아는 어휘는 그 의미를 확실하게 알고 넘어간다.

> ┌──────────────────────────────┐
> ❶, ❷까지 복습한 다음에 〈클리닉 해설〉의 '지문 분석'을 참고해 ❸~❺도 챙겨 본다.
> └──────────────────────────────┘

❸ 지문의 앞뒤에 전개된 내용과 '중략' 부분의 내용까지 확인한다.

❹ 작품 전체의 주제와 제시된 지문의 주제를 구분해서 익힌다.

❺ 작품의 특징 및 '지문 밖 정보'까지 챙겨 본다.

4. 기출 문제에 출제된 문제를 더 풀어 본다.

  • 〈클리닉 해설〉의 '기출 답지로 작품과 문제 완전 정복'을 챙겨 본다.

5. '문학 오답 노트'를 만든다. ☞ p.2(해설) 참조

6. 다시 봐야 할 내용은 하나로 통합한다.

❸ 현대 소설과 극 문학 단골 개념과 어휘(수능 용어)

구분	어휘(수능 용어)	매3어휘 풀이를 적용한 개념 정의	찾아보기		함께 봐야 할 어휘
			클리닉 해설	『매3력』	
1	냉소적	냉랭하게 비웃는(조소) (것)	p.31	p.150	자조적
2	묘사	사물의 모습이나 상황을 눈에 보이듯이 그림.	p.17	p.136	원경, 근경
3	병렬적 구성	병행하여 나열하는 구성. 두 개 이상의 대등한 이야기(사건)가 나란하게(대등하게) 또는 독자적으로 이루어지게 구성하는 것	p.18	p.128	병치
4	병치	나란히(병행) 둠(배치).	p.14	p.128	병렬, 병용
5	비언어적 표현	언어가 아닌[비(非)] 표현. 표정, 몸짓, 시선, 태도, 옷차림 등	p.42	p.129	준언어적(반언어적) 표현
6	시점	시각과 관점. 소설에서, 이야기를 서술하여 나가는 방식이나 관점 ☞ 아래의 '시점을 구분하는 방법과 시점의 특성' 참조	p.10	p.142	전지적 서술자 (해설 p.67)
7	액자식 구성	액자 안에 사진이 있는 것처럼, 외부 이야기(외화) 속에 또 다른 내부 이야기(내화)가 들어 있는 소설의 구성 방식	p.18	p.132	삽화 형식
8	역순행적 구성	'과거－현재－미래'의 시간적 순서를 따르지 않고 역전적 시간 구성으로 사건(시상)을 전개하는 방식	p.18	p.145	입체적 구성
9	요약적 서술	(비교적 긴 시간 동안 이루어진) 사건을 요약해서 짧게 서술하는 것	p.17	p.120	직접적 제시 (인물 제시 방법)
10	우의적	우화 소설처럼 빗대어 의미를 전달하는 (것) 직접적 제시 ✗, 간접적 제시 ○	p.47	p.148	우화적, 우회적

현대 소설에서 시점을 구분하는 방법과 시점의 특성

1. 작품 속에 '나'가 있는가?

⇨ 대화가 아닌 '서술' 부분에 '나(저)' 또는 '우리(저희)'가 있으면 1인칭 시점이고, 없으면 3인칭 시점이다.

2. 서술자가 인물(주인공)의 심리를 서술하고 있는가?

⇨ 심리를 서술하면 1인칭 주인공 시점 또는 전지적 작가 시점이고, 심리를 서술하고 있지 않거나 서술하더라도 추측하는 것이라면 1인칭 관찰자 시점 또는 작가 관찰자 시점이다.

1인칭 주인공 시점	• 주인공 자신의 이야기를 함. • 주인공의 내면세계를 드러내기에 알맞음. • 독자에게 신뢰와 친근감을 줌(직접 말해 주므로). • 독자의 상상력을 제한함(다 말해 주므로).
1인칭 관찰자 시점	• 작품 속의 주변 인물 '나'가 관찰자 입장에서 주인공의 이야기를 서술함. • 주인공의 내면을 들여다볼 수 없음. • 독자의 상상력을 극대화함.
전지적 작가 시점	• 주인공이 특정한 이름이거나 '그(녀)' 등의 호칭으로 등장함. (3인칭 관찰자 시점과 동일) • 제3자인 서술자가 전지전능한 위치에서 인물의 외면과 내면을 묘사, 분석, 해석함. • 서술자가 작품 속에 직접 개입하여 논평하기도 함.
3인칭 (작가) 관찰자 시점	• 제3자인 관찰자, 외부 관찰자의 위치에서 객관적 태도로 서술함.(외부적 사실만을 전달) • 독자의 추리력, 상상력, 판단력이 요구됨. • 심오한 사상, 관념을 독자에게 전달할 수 없음.

희곡과 시나리오의 특징 비교

구 분	희곡	시나리오
공통점	• 종합 예술, 인생의 극적 재현 • 직접적인 심리 묘사 불가	
차이점	• 연극의 대본	• 영화의 대본
	• 무대 위에서 사건을 직접 관객에게 보여 줌.	• 카메라로 찍은 연속된 사진을 스크린 위의 영상으로 보여 줌.
	• 관객은 고정된 위치에서 극을 볼 수밖에 없음.	• 관객의 위치가 카메라의 이동에 따라 자유자재로 바뀔 수 있음.
	• 시간과 공간의 제약이 심함.	• 시간과 공간의 제약이 희곡에 비해 덜함.
	• 대사, 지문, 해설로 구성됨.	• 대사, 지문, 해설, 장면 표시로 구성됨.

현대 소설과 극 문학의 차이점

현대 소설	극 문학(희곡·시나리오)
• 서술자 있음. • 서술과 대화로 사건을 전개함. • 과거형 시제를 중심으로 표현함. • 긴 시간에 걸쳐 일어난 일을 요약적으로 말하여 사건의 경과를 표현함.	• 서술자 없음. • 등장인물(배우)들의 대화와 행동으로 사건을 보여 줌. • 현재형 시제를 중심으로 표현함. • 관객의 눈앞에서 현재 일어나는 일들을 보여 줌으로써 사건의 경과를 표현함.

1~4 **다음 글을 읽고 물음에 답하시오.**

[앞부분의 줄거리] 국민학교 2학년생인 '나'는 걸구대(궐기대회)가 열릴 때마다 멧돼지를 서너 마리씩 미국 대통령이나 유엔 사무총장과 같은 외국 귀인들에게 보낸다는 것을 알고 의아해한다.

어린 소견에 도무지 알다가도 모를 노릇이었다. 그런 식으로 마구 보내 주다가는 오래지 않아 나라 안의 멧돼지는 깡그리 씨가 마를 판이었다. 그렇잖아도 가뜩이나 육고기가 부족한 가난뱅이 나라에서 서양 부자 나라의 지체 높은 양반들한테 뭣 때문에 툭하면 그 귀한 멧돼지들을 보낸단 말인가. 또 보낸다면 그 멀고 먼 나라까지 무슨 수로, 그리고 어떤 모양으로 그 짐승들을 보낸단 말인가.

멧돼지 보내기가 몇 번이나 되풀이된 다음, 마지막 순서로 혈서 쓰기가 시작되었다. 검정색 학생복 차림의 피 끓는 청년 학도들이 차례차례 연단에 올라 손가락을 깨물어 하얀 천 위에다 붉게 혈서를 쓰고 있었다. 그쯤에서 진력이 날 대로 나버린 급우 녀석들이 나를 향해 자꾸만 눈짓을 보내왔다. 엎어지면 코 닿을 자리에 집이 있는 내가 몇몇 친한 녀석들을 데리고 몰래 광장을 빠져나와 걸구대가 끝날 때까지 우리 식당에서 즐거운 시간을 함께 보낸 적이 종종 있었던 까닭이었다. 녀석들과 함께 걸구대에서 막 도망쳐 나오려는 순간이었다. 바로 그때 새롭게 연단에 오른 청년의 모습이 내 발목을 꽉 붙잡았다. 그보다 앞서 혈서를 쓴 학생들과 달리 그는 학생복 차림이 아니었다. 검정물로 염색한 군복을 걸친 그 헙수룩한 모습이 먼빛으로 봐도 어쩐지 많이 눈에 익어 보였다. 잠시 후에 열 손가락을 모조리 깨물어 혈서를 쓴, 참으로 보기 드문 열혈 애국 청년이 등장했음을 걸구대 사회자가 확성기를 통해 널리 알렸다. 곧이어 '북진통일'이라고 대문짝만 하게 적힌 혈서가 청중에게 공개되었다. 치솟는 박수갈채로 역전 광장이 갑자기 떠나갈 듯 요란해졌다. 설마 그럴 리가 있겠느냐고, 혹시 내가 잘못 봤을지도 모른다고 생각하면서 나는 고개를 저었다. 나는 몇몇 급우들과 함께 슬며시 광장을 벗어나고 말았다.

내가 결코 잘못 본 게 아니라는 사실이 이윽고 밝혀졌다. 창권이 형은 열 손가락에 빨갛게 핏물이 밴 붕대를 친친 감은 채 식당에 돌아옴으로써 어머니와 나를 기절초풍케 만들었다. 너무도 어처구니가 없는 나머지 어머니는 형이 돌아오면 퍼부으려고 잔뜩 벼르서 장만했던 욕바가지를 꺼내들 엄두조차 못 낼 정도였다. 아프지 않더냐는 내 걱정에 형은 마치 남의 살점 얘기하듯 심상하게 대꾸했다.

"괭기찮어. 어째피 남어도는 피니께."

그 혈서 사건 이후부터 창권이 형은 자기 몸 안에 들끓는 더운 피를 덜어내기 위해 이따금 주먹으로 자신의 코쭝배기를 후려쳐 일부러 코피를 쏟아 내야 하는 수고를 더 이상 할 필요가 없게 되었다. 그리고 어머니 말마따나 형은 정말 우리 식당에서 아무짝에도 쓸모없는 인간으로 완전히 바뀌어 버렸다. 역전 광장에서는 사흘이 멀다 하고 크고 작은 걸구대가 잇달아 벌어졌다. 덕분에 형의 상처 난 **손가락들은 좀체 아물 새가 없었다.** 걸구대 때마다 단골로 혈서를 쓰는 열혈 애국 청년 노릇에 워낙 바쁘다 보니 식당 안에 진드근히 붙어 있을 겨를도 없었다. 어머니는 결국 역마살이 뻗쳐 하고많은 날들을 밖으로만 나대는 형의 발을 묶어 식당 안에 주저앉히려는 노력을 포기할 지경에 이르렀다. 형은 어느덧 장국밥을 전문으로 하는 식당의 허드재비 심부름꾼에서 당당한 손님으로 격이 달라져 있었다.

중요한 일로 높은 사람들을 만나러 간다며 아침 일찍 집을 나선 창권이 형이 해 질 녘에 다따가* 고등학생으로 변해 돌아왔다. 그동안 형의 변모는 너무나 급격해서 그러잖아도 눈알이 팽팽 돌 지경이었는데, 방금 새로 사 입은 **뻣뻣한 학생복**에 어엿이 어느 학교의 교표까지 붙인 학생모 차림은 상상을 뛰어넘는 것이라서 어머니와 나는 다시 한번 할 말을 잃고 말았다.

"일트레면은 가짜배기 나이롱 고등과 학생인 심이지."

언제 학교에 들어갔느냐는 내 물음에 형은 천연덕스레 대꾸하고 나서 한바탕 히히거렸다. 가짜 대학생 이야기는 더러 들어봤어도 가짜 고등학생은 형이 처음이었다.

"핵교도 안 댕기는 반거충이 청년이 단골 혈서가란 속내가 알려지는 날이면 넘들 보기에도 모냥이 숭칙허다고, 날더러 당 분간 **고등과 학생 숭내를 내고 댕기**란다."

형은 모자에 붙은 교표에 호호 입김을 불어 소맷부리로 정성스레 광을 내기 시작했다. 안 그래도 새것임을 만천하에 광고 하듯 ㉠너무 번뜩여서 오히려 탈인 그 금빛의 교표를 형은 내친김에 아예 순금제로 바꿔 놓을 작정인 듯 시간 가는 줄 모르고 일삼아 닦고 또 닦아 댔다. 나는 국민학교 졸업이 학력의 전부인 형을 한동안 물끄러미 바라보았다. 가정 형편이 어려워 어릴 때부터 남의집살이로 잔뼈를 굵혀 나온 형은 자신을 진짜배기 고등학생으로 착각하고 있는 기색이었다.

"요담번 궐기대회 때부텀 나가 맥아더 원수에게 보내는 멧세지 낭독까장 맡어서 허기로 결정이 나뿌렀다."

형은 교표 닦기를 끝마친 후 호주머니에서 피난민 시체로부터 선사 받은 금장의 회중시계를 꺼내어 더욱더 공력을 들여 삐까번쩍 광을 내기 시작했다. 정말 갈수록 태산이었다. 형은 걸구대에서 자신이 맡은 역할이 단골 혈서가 노릇 말고 다른 중요한 것이 더 있음을 자랑스레 밝히는 중이었다. 나는 멧돼지를 멧세지라 잘못 발음한 형의 실수를 부득이 지적하지 않을 수 없었다. 하지만 무식한 가짜 고등학생은, 멧돼지가 아니라고, 꼬부랑말로 **멧세지**가 맞다고 턱도 없는 우김질을 끝까지 계속했다.

(중략)

창권이 형의 마지막 활약상은 그리 오래 지속되지 못했다. 그날도 형은 군산으로 원정을 떠나 적성중립국 감시위원들의 추방을 요구하는 **시위대의 선두에 섰다.** 시위 분위기가 무르익자 형은 그만 흥분을 가누지 못하고 미군 부대 철조망을 타 넘는 만용을 부렸다. 바로 그때 경비병들이 송아지만 한 셰퍼드들을 풀어놓았다. 형은 셰퍼드들의 집중 공격을 받아 엉덩이 살점이 뭉텅 뜯겨 나가고 왼쪽 발뒤꿈치의 인대가 끊어지는 **중상을 입**었다. 형이 병원에서 퇴원할 때는 이미 한쪽 다리를 저는 불구의 몸으로 변해 있었다.

퇴원한 뒤에도 창권이 형은 한동안 우리 집에 계속 머물렀다. 형의 그 가짜배기 애국 학도 행각을 애초부터 꼴같잖게 여기던 어머니는 쩔쑥쩔쑥 기우뚱거리는 걸음걸이로 하릴없이 식당 안팎을 서성이는 먼촌붙이 조카를 눈엣가시로 알고 노골적으로 박대했다. 우리 식당에 빌붙어 눈칫밥이나 축내며 지내던 어느 날, 형은 마침내 시골집으로 돌아갈 결심을 굳혔다.

떠나기 전날 밤, 창권이 형은 보퉁이를 다 꾸린 다음 크게 선심이라도 쓰는 척하면서 내게 금장 회중시계를 만져 볼 기회를 딱 한 차례 허락했다. 행여 닳기라도 할까 봐 오래 구경시키는 것마저도 꺼려 하던 그 귀물 단지를 형이 내 손에 통째로 맡긴 것은 그때가 처음이자 마지막이었다. 피난민 시체로부터 받은 선물이라고 주장하던 그 **회중시계**가 내 작은 손바닥 위에 제법 묵직한 중량감으로 올라앉아 있었다. 등잔불 그늘 안에서도 말갛고 은은한 광휘를 발산하는 금시계를 일삼아 들여다보고 있자니 마치 형의 금빛 찬란하던 한때를 그것이 째깍째깍 증언하는 듯한 느낌이 언뜻 들었다. 전쟁 기간을 통틀어 형의 수중에 남겨진 **유일한 전리품**이었다.

"형이 옳았어."

회중시계를 되돌려 주면서 형의 호의에 대한 답례 삼아 뭔가 형에게 위로가 될 적당한 말을 찾느라 나는 복잡한 머릿속을 한참이나 뒤장질하지 않으면 안 되었다.

"멧돼지가 아니었어. 멧세지가 맞는 말이여."

내 말에 아무런 대꾸 없이 형은 그저 보일락말락 미소만 시부저기 흘리고 있을 따름이었다.

－ 윤흥길, 「아이젠하워에게 보내는 멧돼지」 －

＊다따가: 난데없이 갑자기.

다시보기 ▶ 다시 볼 문제 체크하고 틀린 이유 메모하기

[분석쌤 강의]는 2차 채점 후 반드시 챙겨 본다!

01 윗글에 대한 설명으로 가장 적절한 것은?

① 이야기 내부 인물이 중심인물의 행동과 그에 대한 자신의 생각을 서술하고 있다.

② 이야기 내부 인물이 인물과 인물 사이의 갈등을 해소하는 과정을 보여 주고 있다.

③ 이야기 내부 인물이 과거와 현재를 반복적으로 교차하며 자신의 경험을 전달하고 있다.

④ 이야기 외부 서술자가 특정 소재와 관련된 인물의 내면 심리를 묘사하고 있다.

⑤ 이야기 외부 서술자가 서로 다른 공간에서 동시에 일어나는 사건들을 나열하고 있다.

지문근거 둘중헷 Q&A 어휘/개념 부정질문

분석쌤 강의

● **분석** 답지의 시작 부분을 통해 서술상의 특징을 묻는 문제임을 빠르게 알아채야 하는 문제

● **해결案** 서술자가 '이야기 내부 인물'인지 '이야기 외부 서술자'인지부터 체크하여 확실한 오답지부터 제외한다. 그런 다음, 나머지 답지들을 세부적으로 나누어 그 각각이 모두 적절한지를 따진다.

02 윗글을 읽고 알 수 있는 내용이 아닌 것은?

① '나'는 궐기대회가 끝나기 전 친구들과 도중에 나온 적이 있었다.

② '나'는 창권이 형이 궐기대회에서 혈서를 쓴 사실을 어머니를 통해 전해 들었다.

③ 창권이 형은 열혈 애국 청년 노릇으로 바빠지게 되자 식당 심부름꾼으로 일할 겨를이 없었다.

④ 창권이 형은 퇴원 후 어머니에게 노골적인 박대를 받던 끝에 고향으로 돌아갈 결심을 했다.

⑤ 어머니는 창권이 형이 궐기대회에서 박수갈채를 받으며 애국 학도로 행세하는 것을 못마땅하게 여겼다.

지문근거 둘중혯 Q&A 어휘/개념 부정질문

분석쌤 강의

● **분 석** 비문학에서 내용 일치 여부를 묻는 문제와 유사한 유형으로, 인물을 중심으로 사건의 전개 과정을 파악하며 읽으면 빠르고 쉽게 정답을 찾을 수 있다는 것을 새기게 하는 문제

● **해결案** 답지에서 언급한 인물과 사건에 주목한 다음, 지문을 통해 알 수 없거나 지문과 어긋난 내용을 정답으로 고르면 된다.

03 ㉠에 대한 이해로 가장 적절한 것은?

① 빛나는 교표로는 오히려 창권이 형의 능청스러운 성격을 은폐하기 어려움을 의미한다.

② 교표가 빛이 날수록 오히려 창권이 형이 자신의 행동을 부끄럽게 생각할 수 있음을 의미한다.

③ 번뜩이는 교표로 인해 궐기대회에서 창권이 형이 맡는 역할이 오히려 축소될 수 있음을 의미한다.

④ 교표를 정성스럽게 닦는 행위 때문에 오히려 창권이 형이 불안감을 더 크게 느끼게 됨을 의미한다.

⑤ 지나치게 새것으로 보이는 교표 때문에 오히려 창권이 형의 학력 위조가 쉽게 탄로 날 수 있음을 의미한다.

지문근거 둘중혯 Q&A 어휘/개념 부정질문

분석쌤 강의

● **분 석** 오답에 답한 학생들이 많았던 문제로, 밑줄 친 ㉠의 앞뒤 내용을 통해 정답 여부를 판단해야 하는 문제

● **해결案** ㉠ 바로 앞의 내용을 고려하여 ㉠의 의미를 파악한다. 그런 다음 답지를 살피되, ㉠ 앞의 내용으로 정답 여부를 판단할 수 없을 때는 ㉠ 뒤의 내용까지 고려하여 '㉠에 대한 이해'로 적절한지를 판단한다.

04 〈보기〉를 바탕으로 윗글을 감상한 내용으로 적절하지 않은 것은? [3점]

— 보기 —

이 작품은 6 · 25 전쟁으로 인해 혼란해진 사회를 배경으로 한다. 창권이 형은 궐기대회에서 애국 학도로 활약하게 되는 과정에서 권력층에 편승하는 모습을 보인다. 정치적 목적을 위해 대중을 기만하는 권력층에 이용당하다 결국 몰락하게 되는 창권이 형을 통해 어리석은 인물이 가진 욕망의 허망함을 풍자하고 있다. 그리고 궐기대회에서 벌어지는 일을 제대로 이해하지 못하는 어린 '나'를 통해 궐기대회가 희화화된다.

① '멧세지'를 보내는 것을 '멧돼지 보내기'로 오해한 '나'를 통해 궐기대회가 희화화되는군.

② '좀체 아물 새가 없'는 '손가락들'은 표면적으로는 애국심의 증거이지만 이면적으로는 창권이 형이 권력층에 이용당하는 인물임을 엿볼 수 있게 하는군.

③ '고등과 학생 숭내를 내고 댕기'라고 지시하는 것에서 자신들의 목적을 위해 대중을 속이는 권력층의 부정적 면모가 드러나는군.

④ '시위대의 선두에 섰'다가 '중상을 입'은 비극을 통해 권력층에 편승하려는 창권이 형의 부질없는 욕망이 풍자되고 있군.

⑤ '유일한 전리품'이었던 '회중시계'는 전쟁 시기에 애국 학도로서의 신념을 지키지 못한 창권이 형의 고뇌를 상징하는군.

지문근거 둘중혯 Q&A 어휘/개념 부정질문

분석쌤 강의

● **분 석** 지문을 읽기 전 〈보기〉부터 읽으면 지문 내용이 더 빠르고 쉽게 읽히는 문제 유형으로, 〈보기〉를 염두에 두지 않고 답지를 살피면 오답에 답할 수 있다는 것을 알게 해 주는 문제

● **해결案** 먼저 〈보기〉를 꼼꼼하게 읽은 다음 이를 바탕으로 윗글(지문)을 읽는다. 그런 다음, 답지 ①부터 〈보기〉 및 지문과 연결하여 적절한 감상인지를 체크하되, 답지를 세부적으로 나누어 각각에 대해 O, X 표시를 해 간다. ①을 예로 들면,

(1) '나'가 '멧세지'를 보내는 것을 '멧돼지 보내기'로 오해했는지,

(2) 그런 '나'를 통해 궐기대회가 희화화되었는지를 지문과 〈보기〉에서 근거를 찾아 OO, OX, XO, XX 등으로 표시하며 푼다.

[앞부분의 줄거리] '나'는 재개발이 시작되어 이제 곧 사라지게 될 고향 산동네를 찾아가면서 추운 겨울, 변소에 갔다가 짠지 항아리를 깨뜨렸던 어린 시절의 기억을 떠올린다.

나는 **깨진 단지**를 눈으로 찬찬히 확인하는 순간 입술을 파르르 떨었다. 어찌 떨지 않을 수 있었을까. 그 단지의 임자가 욕쟁이 함경도 할머니임에 틀림없음에랴! 이 벼락 맞아 뒈질 놈의 아새낄 봤나, 하는 욕설이 귀에 쟁쟁해지자 등 뒤에서 올라온 뜨듯한 열기가 목덜미와 정수리께를 휩싸며 치솟아 올라 추운 줄도 몰랐다. 눈을 비비고 또 비볐지만 이미 벌어진 현실이 눈앞에서 사라져 줄 리는 만무했다.

집 안팎에서 귀청이 떨어져라 퍼부어질 지청구와 매타작을 감수하는 게 상수인 듯싶었다. 아무도 밟지 않은 첫길이라고 일부러 발끝에 힘을 주어 제겨 딛고 가느라 우리 집 앞에서 변소 앞까지 뚜렷이 파인 눈 위의 내 발자국은 요즘 말로 도주 및 증거 인멸의 가능성을 일찌감치 봉쇄하고 있는 터였다. 이미 아홉 가구의 어느 방 안에서인지 잠에서 깨어난 사람들이 내 행동을 처음부터 끝까지 지켜보기라도 한 양 두런거리는 목소리들이 들려왔다. 나는 울기 전에 최후의 시도를 하기로 맘먹었다. 우랑바리나바롱나르비못다라까따라마까뿌라냐……

손오공이 부리는 조화를 기대하며 입속으로 주문을 반복해서 외었다. 그러고는 고개를 홱 돌려 깨진 단지를 내려 보았다. 주문이 헛되지 않았는지 내 입가에 기쁨의 미소가 어렸다. 깨진 단지는 그 모양 그대로였지만 어떤 기발한 생각이 별똥별처럼 머릿속을 스치고 지나갔기 때문이었다. 그렇다. 눈사람이다! 나는 가슴이 터질 듯 기뻐 하늘을 향해 두 팔을 쫙 벌렸다. 일단 이 아침만큼은 별일 없이 맞이할 수 있겠지.

나는 장갑도 끼지 않은 손으로 서둘러 주위의 눈을 긁어모으기 시작했다. 마침 찰기가 좋은 눈이어서 손이 한번 닿을 때마다 흙알갱이가 알알이 박힌 눈덩이들이 붙어 올라왔다. 나는 우선 항아리 주변에 눈사람의 아랫부분을 뭉쳐 놓았다. 그러고는 조금 작은 눈덩이를 서둘러 올려놓았다. 그렇게 해서 깨진 단지를 감쪽같이 **눈사람** 속에 집어넣을 수 있었던 것이다.

"너 벌써부터 나와 노는구나. 부지런하구나."

바로 이웃방에 사는 현정이 아빠가 담배를 꼬나물고 변소에 가려고 내복 바람으로 나왔다.

"**방학 숙제로 낼 일기**를 쓰는데요. 눈사람 굴리기라도 해서 적어 넣으려구요. 앞으론 날이 따뜻해서 눈사람을 만들려 해도 그러지 못할 거예요. 이것도 금세 녹을걸요."

[중략 부분의 줄거리] 욕쟁이 할머니의 짠지 항아리를 깬 일로 혼날 것을 두려워한 나는 가출을 한 후 여러 곳을 방황하다 해질녘에 집으로 돌아온다.

그러곤 어느덧 해질녘…… 이미 비밀이 다 까발려졌을 아홉 가구 집으로 돌아갔다. 대문간 앞에서 나는 심호흡을 몇 번이고 했다. 엄마한테 연탄집게로 맞으면 안 되는데 싶은 생각뿐이었다. 하지만 내가 대문간 앞을 흐르는 시궁창을 가로지르는 돌다리를 건너갔지만 아무도 나를 보고 아는 체하는 사람이 없었다. 내게 일제히 안됐다는 시선을 던지며 몰려들었어야 할 사람들이 평소와 다름없이 냄비를 들고 왔다 갔다 했고, 문짝에 기대 입을 가리고 웃었으며, 수돗가에 몰려나와 쌀을 일며 화기애애하게 얘기를 나누고 있었다. 심지어 수돗가에서 시래기를 다듬다 마주친 엄마도 너 점심 굶고 어디 갔다 왔니, 하는 지청구조차 내리지 않았다. 나는 무척 혼돈스러웠다. 사람들이 나를 더 곤혹스럽게 만들기 위해 일부러 짜고 그러는 것도 같았다. 나는 얼른 눈사람을 천연덕스럽게 세워두었던 변소통 쪽을 돌아다보았다. 거기엔 아무것도 없었다. 눈사람은 깨끗이 치워져 있었다. 물론 흉측한 몰골을 드러내고 있어야 할 짠지 단지도 눈에 띄지 않았다. 도대체 무슨 일이 일어난 것일까?

[A] ┌ 나는 **나를 둘러싼 세계**가 너무도 낯설게 느껴졌다. 내가 짐작하고 또 생각하는 세계하고 실제 세계 사이에는 이렇듯 머나먼 거리가 놓여 있었던 것이다. 그 거리감은 사실 이 세계는 나와는 상관없이 돌아간다는 깨달음, 그러므로 나는 결코 주변으로 둘러싸인 중심이 아니라는 아슴푸레한 깨달음에 속한 것이었다. 더 이상 나를 상대하지도 혼내지도 않는 세계가 너무나 괴물스럽고 슬퍼서 싱거운 눈물이라도 흘려야 직성이 풀릴 듯했다. 하긴 눈물 서너 방울쯤 짜내는 것은 일도 아니었으니까. 난 ⊙**시래기 줄기가 매달린 처마 밑에 서서 몇 방울 띨구며 소리 없이 울었다.** 차라리 그 └ 깨진 단지라도 제자리를 지키고 있었다면 혼은 나더라도 나는 혼돈스럽지도 불안해지도 않았을 것 아닌가.

"뭘 잘했다고 소리 없이 눈물을 꼭꼭 짜니? 정초부터 에밀 못 잡아먹어서 그러니? 넉살 좋게 단지를 깨뜨려 눈사람 속에 파묻을 생각은 어찌 했담."

엄마가 물에 젖은 손으로 내 볼따구니를 야무지게 잡아 비틀며 어이가 없다는 듯 픽 웃음을 지었다. 그 얼얼함이 내 균형 감각을 바로잡아 주었다. 아주머니들의 웃음소리 사이에서 나는 울음을 딱 그쳤다. 그러고는 어른처럼 땅을 쿵쾅거리며 뛰쳐나와 이 골목 저 골목을 헤집으며 어딘가를 향해 가슴이 터져라고 마구 달리고 또 달렸다. **그렇게 컸다.**

– 김소진, 「눈사람 속의 검은 항아리」 –

다시보기 ▶ 다시볼 문제 체크하고 틀린 이유 메모하기

[분석쌤 강의는 2차 채점 후 반드시 챙겨 보라!]

05 윗글의 서술 방식에 대한 설명으로 적절한 것은?

① 인물 간의 대화를 중심으로 사건을 전개하고 있다.

② 작품 속의 서술자가 자신의 심리를 직접 서술하고 있다.

③ 소설의 내화와 외화를 넘나들면서 긴장감을 조성하고 있다.

④ 주변 인물을 서술자로 내세워 주인공의 심리를 전달하고 있다.

⑤ 서술자가 작품 밖에 위치하여 인물의 심리를 직접 서술하고 있다.

지문근거 둘중헷 Q&A 어휘/개념 부정질문

분석쌤 강의

● **분 석** 소설에서 출제되는 단골 유형인 서술상의 특징을 질문한 문제

● **해결案** 소설의 시점을 파악하면 쉽게 정답을 찾을 수 있지만, 2차 채점 후 나머지 답지들이 오답인 이유를 확인하고, 이 과정에서 소설 빈출 어휘와 개념의 의미도 확인해야 실력이 는다는 것을 기억하도록 하자.

다시보기 ▶ 다시볼 문제 체크하고 틀린 이유 메모하기

06 〈보기〉는 윗글의 사건을 순서대로 정리한 도표이다. ㉮~㉰의 각 사건에 따른 '나'의 심리 상태로 가장 적절한 것은?

― 보기 ―

㉮		㉯		㉰
욕쟁이 할머니의 단지를 깨뜨리고 해결 방법을 모색함.	⇨	항아리 조각을 숨기고, 가출을 감행함.	⇨	가출 후 돌아와 깨끗하게 치워진 마당을 발견함.

① ㉮: 단지를 깬 후, 당황하지 않고 침착함을 유지하고 있다.

② ㉮: 주문을 외운 후, 위기 상황을 모면할 수 있다는 생각에 기뻐하고 있다.

③ ㉯: 현정 아빠와 대화하기 전부터 '나'는 의기양양한 태도로 일관하고 있다.

④ ㉰: 가출 후 돌아와서, 깨끗하게 치워진 마당을 보며 편안함을 느끼고 있다.

⑤ ㉰: 볼을 비틀며 자신을 꾸짖는 엄마로 인해 심리적으로 위축되고 있다.

지문근거 둘중헷 Q&A 어휘/개념 부정질문

분석쌤 강의

● **분 석** 두루뭉술하게 적절한 것으로 판단하면 오답에 답할 가능성이 높기 때문에 복습할 때 〈클리닉 해설〉을 챙겨 봐야 하는 문제

● **해결案** 발문(문두)을 통해 답지는 '㉮~㉰의 각 사건에 따른 '나'의 심리 상태'를 설명한 것임을 파악한다. 그런 다음, 각 답지가 ㉮~㉰ 중 어느 사건에 대한 것인지부터 체크한 후, 답지 앞부분에 제시된 사건의 시간(단지를 깬 후, 주문을 외운 후 등)을 지문에서 찾아, 답지 뒷부분에서 '나'의 심리 상태를 적절하게 설명했는지를 따진다.

다시보기 ▶ 다시볼 문제 체크하고 틀린 이유 메모하기

07 〈보기〉를 참고하여 윗글을 이해할 때, 적절하지 <u>않은</u> 것은? [3점]

― 보기 ―

성장 소설은 유년기에서 소년기를 거쳐 성인의 세계로 입문하는 한 인물이 겪는 내면적 갈등과 정신적 성장, 자신을 둘러싸고 있는 세계에 대한 각성과 성찰의 과정을 담고 있다. 성장 소설은 대개 성인의 입장에서 자신의 어린 시절의 체험을 재평가하고, 반성적으로 사유한 결과물을 고백의 담론 방식으로 택하고 있다. 주인공은 지적, 도덕적, 정신적으로 미숙한 상태의 인물인 경우가 많다. 소설에서 내적 시간이 유년기의 시간대임에 비해서 실제적인 창작은 성인의 세계에 진입한 이후의 시간에서 이루어지기 때문에 양자가 구별되어 제시된다.

① '깨진 단지'는 '나'에게 성장의 계기가 되는 소재로 쓰였군.

② '눈사람' 속에 깨진 항아리를 은폐하는 모습에서 내면적으로 갈등하는 '나'를 살펴볼 수 있겠군.

③ '방학 숙제로 낼 일기'에서 어린 시절의 경험을 그린 소설로 볼 수 있겠군.

④ '나를 둘러싼 세계'는 미성숙한 '나'가 각성하고 성찰하는 공간으로 볼 수 있겠군.

⑤ '그렇게 컸다'는 구절을 볼 때, 성인이 어린 시절을 떠올리고 있음을 알 수 있겠군.

지문근거 둘중헷 Q&A 어휘/개념 부정질문

분석쌤 강의

● **분 석** 기출 문제(2008학년도 7월 고3 전국연합학력평가, 〈클리닉 해설〉 p.10 참조)와 유사한 문제로, 중요한 문제는 반복해서 출제한다는 점을 새기고, 2차 채점 후 복습할 때 〈보기〉를 한 번 더 읽어 '성장 소설'에 대해 이해하고 넘어가야 하는 문제

● **해결案** 〈보기〉를 읽은 후 지문을 읽고, 지문까지 읽은 후 답지를 검토한다. 이때, 답지의 설명이 적절한지는 작은따옴표(' ')로 인용한 구절이 제시된 지문의 앞뒤 내용과 〈보기〉의 내용을 모두 고려해서 판단해야 한다. 지문과 〈보기〉 중 하나라도 어긋나면 적절하지 않은 것이 된다.

08 ⊙의 이유로 가장 적절한 것은?

① '나'의 잘못을 용서해 준 어른들에게 고마움을 느꼈기 때문이다.

② 겨울날 해질녘에 귀가하면서 쓸쓸한 분위기를 느꼈기 때문이다.

③ 가출을 감행해야만 했던 '나'의 처지가 슬프게 느껴졌기 때문이다.

④ 가출 후 무관심으로 일관하는 어른들의 태도에 분노를 느꼈기 때문이다.

⑤ '나'가 예상하는 모습과 다르게 행동하는 어른들의 모습에서 혼돈과 불안함을 느꼈기 때문이다.

지문 근거   돋보기 힌트   Q&A   어휘/개념 부정질문

분석쌤 강의

● **분석** 밑줄 친 부분의 앞뒤에서 근거를 찾아 답해야 하는, 이유를 찾는 문제

● **해결案** ⊙ 앞뒤의 문맥을 통해 '나'가 ⊙에서 왜 울었는지를 파악한다. '나'가 운 이유가 쉽게 찾아지지 않을 때는 답지부터 읽고, 답지의 내용이 지문 내용에서 근거를 찾을 수 있는, 적절한 설명인지를 살핀다.

9~12 다음 글을 읽고 물음에 답하시오.

2022학년도 3월 고1 전국연합학력평가【38~41】 현대 소설

권중만이는 벌써 오륙 년째나 동네를 드나드는 밭떼기 전문의 채소 장수였다. 동네에서 **채소를 돈거리로 갈기 시작**한 것도 권을 보고 한 일이었다. 권의 발걸음이 그치지 않는 한 안팎 삼동네의 채소는 사철 시장이 보장된 것이나 다름이 없었으니까. 동네에서는 권이 얼굴만 비쳐도 반드시 손님으로 대접하였다. 사람이 눅어서 흥정을 하는 데도 그만하면 무던하였지만 그보다는 그동안 동네에 베푼 바가 그러고도 남음이 있는 덕분이었다.

권은 알 만한 사람은 다들 일러 오던 채소 정보통이었다. 권은 대개 어느 고장에서 무엇을 얼마나 하고 있으며 또한 근간의 작황이 어떠하므로 장차 회계가 어떻게 되리라는 것까지도 미리 사심 없이 귀띔하기를 일삼곤 하였다. 영두는 그의 남다른 정확성에 혀를 둘렀고, 한 번은 그 비결이 무엇인가를 물어본 적도 있었다. 권은 장삿속에 부러 비쌔면서 유세를 부려봄 직도 하건만, 천성이 능준하여 그러는지 그저 고지식하게 말하는 데에만 서슴이 없을 따름이었다.

"그건 어려울 거 하나 없시다. 큰 종묘상 몇 군데에서 씨앗이 나간 양만 알아도 얼거리가 대충 드러나니까……."

"몇 년 동안의 씨앗 수급 상황만 알면 사오 년 앞까지도 내다볼 수가 있다는 얘기네요."

"그건 아마 어려울 거요. 왜냐하면 빵이랑 라면이랑 고기 먹고 크는 핵가족 아이들은 김치를 거의 안 먹고, 좀 배운 척하는 젊은 주부들 역시 김장엔 전혀 신경을 안 쓰고…… 그러니 애들이 김치맛을 알 겨를도 없거니와, 공장 김치나 시장 김치는 그만큼 맛도 우습고 비싸서 먹는댔자 양념으로나 먹으니 어떻게 대중을 하겠수."

"그럼 무 배추 농사는 머지않아 거덜이 나고 만다는 얘기요?"

"그럴 리야 있겠수. 왜냐하면 일본에서는 요즘 우리나라 김치 붐이 일어서 갈수록 인기가 높다거든."

"**국내 수요**가 주는 대신에 **대일 수출**이 느니 그게 그거란 얘기군요."

"그게 아니라 일본에서 유행하면 여기서도 유행하니깐 김치도 자연히 그렇게 되지 않겠느냐 이거지."

(중략)

이론이 갖추어진 사람들은 불로소득을 노리는 밭떼기 장수들로 하여 농산물이 제값을 받지 못하고 유통 구조가 어지러워진다고 몰아세우기에 항상 자신만만한 것 같았다. 물론 옳은 말이었다. 그렇지만 영두가 보기에는 **밭떼기 장수**들이야말로 가장 **미더운 물주요 필요악 이상의 불가결한 존재**였다. 그들이 아니면 누가 미리 목돈을 쥐어 줄 것이며, 다음의 뒷그루 재배에는 또 무엇으로 때맞추어 투자를 할 수 있을 것인가. 출하와 수송에 따른 군일과 부대 비용을 줄여 주는 것도 오로지 그들이 아니었던가. / 그러기에 지난번의 그 일은 더욱 권중만이답지 않은 처사였다. 권은 텃밭에 간 알타리무를 가져가면서 뜻밖에도 만 원만 접어 달라고 않던 짓을 하였다. 영두는 내키지 않았다. 돈 만 원이 커서가 아니었다. 만 원이면 자기 내외의 하루 품인데, 그 금쪽같은 시간을 명색 없이 차압당하는 꼴이나 다름이 없기 때문이었다. 권은 정색을 하고 말했다.

"요새는 아파트 사람들도 약아져서 밑동에 붙은 흙을 보고 사 가기 땜에 이렇게 숙전*에서 자란 건 인기가 없어요. 왜냐하면 흙 색깔이 서울 근처의 하천부지 흙하고 비슷해서 납이 들었느니 수은이 들었느니…… 중금속 채소라고 만져도 안 본다구."

"그럼 일일이 흙을 털어서 내놓는 거요?" / "턴다고 되나. 반대로 벌겋게 묻혀야지."

"그렇게 놀랜흙*을 묻혀 놓으면 새로 야산 개간을 해서 심은 무공해 채소로 알고 사 간다…… 이제 보니 채소도 위조품이 있구먼."

"있지. 황토를 파다 놓고 한 차에 만 원씩 그 짓만 해 주는 이도 있고…… 어디, 이 씨가 직접 해 주고 **만 원** 더 벌어 볼려우?"

[A]

논흙에서 희읍스름한 매흙 빛깔이 나듯이 집터서리의 텃밭도 찰흙색을 띠는 것이 당연한데, 그 위에 벌건 황토를 뒤발하여 개간지의 산물로 조작하되 그것도 갈고 가꾼 사람이 직접 해 줬으면 하고 유혹을 하니 듣던 중에 그처럼 욕된 말이 없었다.

영두는 성질이 나서 견딜 수가 없었으나 한두 번 신세진 사람도 아니고 하여 대거리를 하자고 나낼 수도 없었다. **자칫 못 먹을 것을 만들어서 파는 사람으로 취급받지 않**으려면 속절없이 농담으로 들어넘기는 것이 상수란 생각도 들었다.

그래서 조용히 말했다.

"권 씨 말대로 하면 농사짓는 사람은 벌써 다 병이 들었거나 갈 데로 갔어야 할 텐데 거꾸로 더 팔팔하니 무슨 조홧속인지 모르겠네……." ⎤

권은 얼굴을 붉혔으나 그래도 그저 숙어 들기가 어색한지 은근히 번나가는 소리를 했다. ⎬ [B]

"하지만 사 먹는 사람들이야 어디 그러우. 사 먹는 사람들은 내다 팔 것들만 약을 치고 집에서 먹을 것은 그러지 않을 거라고 생각하지." ⎦

영두는 속으로 찔끔하였다. 권의 말도 아주 틀린 말은 아니었던 것이다.

영두는 무 배추에 진딧물이 끼어 오가리가 들고 배추벌레와 노린재가 끓어 수세미처럼 구멍이 나도 집에서 먹을 것에는 분무기를 쓴 적이 없었다. **볼품이 없는 것일수록 구수한 맛이 더하던 이치**를 익히 알고 있기 때문이었다.

그러나 그런 물건을 내놓을 경우에는 **값이 있을 리가 없**었다.

언젠가는 농가에서 채소를 농약으로 코팅하여 내놓는다고 신문에 글까지 쓴 사람도 있었지만, 그런 일이야말로 마지못해 없는 돈 들여 가면서 농약을 만져 온 농가에 물을 것이 아니요, 벌레가 조금만 갉은 자국이 있어도 칠색팔색을 하며 달아나던 햇내기 소비자들이 자초한 일이라고 아니할 수가 없는 거였다.

벌레 닿은 자국이 불결스럽다 하여 진딧물 하나 없이 깨끗한 푸성귀만 찾는다면, 그것은 마치 두메의 자갈길 흙먼지엔 질색을 하면서도 도심의 오염된 대기는 보이지 않는다는 이유만으로 무심히 활개를 쳐 온 축들의 어리석음과도 견줄 만한 것이었다.

 – 이문구, 「산 너머 남촌」 –

＊숙전(熟田): 해마다 농사를 지어 잘 길들인 밭.　　＊놀랜흙: 생토(生土). 생땅의 흙.

다시보기　▶ 다시 볼 문제 체크하고 틀린 이유 메모하기

［분석쌤 강의]는 2차 채점 후 반드시 챙겨 본다!

09 윗글에 대한 설명으로 가장 적절한 것은?

① 빈번하게 장면을 전환하여 사건 전개의 긴박감을 드러내고 있다.

② 서술자가 특정 인물의 관점에서 사건과 인물의 심리를 전달하고 있다.

③ 동시에 일어난 별개의 사건을 병치하여 사태의 전모를 드러내고 있다.

④ 인물 간의 대화를 통해 인물이 겪은 사건의 비현실적인 면모를 드러내고 있다.

⑤ 인물의 표정 변화와 내면 변화를 반대로 서술하여 그 인물의 특성을 부각하고 있다.

지문근거　둘중헷　Q&A　어휘/개념　부정질문

분석쌤 강의

● **분 석** 수능 시험에 3회(2018 수능, 2010 수능, 2003 수능)나 출제된 「관촌수필」의 작가 이문구의 작품에서 출제된 서술상의 특징을 묻는 문제

● **해결案** '현대 소설에서 첫 문제로 출제되는 서술상의 특징을 묻는 문제군.' 한 다음, 답지를 검토하되, '적절한 것'을 묻고 있으므로 답지를 세부적으로 나누어 한 부분이라도 지문에서 확인할 수 없는 내용이면 ✕ 표시를 해 정답에서 제외해 나간다.

다시보기　▶ 다시 볼 문제 체크하고 틀린 이유 메모하기

10 [A]와 [B]에 대한 이해로 가장 적절한 것은?

① [A]에서 '권중만'은 자신의 우월한 지위를 과시하며 상대의 동의를 요구하고 있고, [B]에서 '영두'는 상대와의 개인적 친밀감을 환기하며 서운함을 드러내고 있다.

② [A]에서 '권중만'은 자신의 경험을 들어 상대의 문제에 대한 해결책을 제시하고 있고, [B]에서 '영두'는 상대가 저질렀던 잘못을 지적하며 상대의 사과를 요구하고 있다.

③ [A]에서 '권중만'은 자신이 상대에게 제시한 요구의 이유를 사람들의 선입견과 관련지어 밝히고 있고, [B]에서 '영두'는 상대의 말에 논리적 한계가 있음을 지적하며 항변하고 있다.

④ [A]에서 '영두'는 상대의 제안에서 모순을 지적하며 새로운 대안을 제시하고 있고, [B]에서 '권중만'은 다른 사람들의 사례를 들어 자신의 행동에 대해 변명하고 있다.

⑤ [A]에서 '영두'는 상대의 문제의식에 대한 공감을 드러내며 구체적인 조언을 요구하고 있고, [B]에서 '권중만'은 상대의 예상치 못한 반응에 당황하며 자신의 잘못을 사과하고 있다.

지문근거　둘중헷　Q&A　어휘/개념　부정질문

분석쌤 강의

● **분 석** 특정 오답지에 답한 학생들이 많았던 만큼, 2차 채점 후 이 답지를 확인하고, 오답인 이유를 따져 알고 넘어가야 하는 문제

● **해결案** [A]와 [B]의 대화 내용부터 확인한다. 그런 다음, 답지의 설명에서 [A]와 [B] 각각에 대해 적절한 이해인지를 체크한다. 이때 빠르게 판단이 서지 않는 답지는 △로 표시해 두고, 확실하게 ✕로 표시되는 내용이 담긴 답지부터 정답에서 제외하며 푼다. 그리고 △로 표시된 내용은 복습할 때 꼭 다시 챙겨 보도록 한다.

11 만 원에 대한 설명으로 가장 적절한 것은?

① '권중만'과 '영두' 사이의 갈등이 해소된 이유이다.

② '영두'가 '권중만'의 조언을 수용하게 된 이유이다.

③ '권중만'이 '영두'에게 친밀감을 보이게 된 이유이다.

④ '영두'가 '권중만'에게 양보를 강요하게 된 이유이다.

⑤ '영두'가 '권중만'에게 부정적으로 반응하게 된 이유이다.

| 지문 근거 | 둘중 헷 | Q&A | 어휘/개념 | 부정 질문 |

분석쌤 강의
● 분 석 정답에 답한 학생들이 많았지만, 특정 오답지에 답한 학생들도 제법 있었던, 소재의 기능을 묻는 문제
● 해결案 '중략' 아래의 네모 친 '만 원'에 대한 질문임을 확인한 후, 앞뒤에 전개된 내용을 바탕으로 답지의 설명이 적절한지를 체크한다.

12 〈보기〉를 바탕으로 윗글을 감상한 내용으로 적절하지 않은 것은? [3점]

─ 보기 ─

이 작품은 1980년대 농민들의 생활을 형상화하고 있다. 작가는 농민들이 농사의 경제적 이익을 고려하거나 농산물의 유통과 판매까지 감안하게 된 상황을 보여 준다. 작품 속 '영두'는 먹거리를 생산하는 농민으로서 가져야 할 태도를 인식하면서도 이러한 태도를 지켜나가기 어려운 현실 속에서 가치관의 혼란을 겪고 있다. 작가는 이를 통해 당대 농민들이 겪고 있던 어려움을 현실감 있게 보여 준다.

① 농민들이 권중만을 보고 '채소를 돈거리로 갈기 시작'하는 상황은, 농사를 통한 경제적 이익 창출을 고려하는 농민들의 면모를 드러내는군.

② 영두가 '국내 수요'와 '대일 수출'을 언급하며 권중만과 이야기를 나누는 모습은, 농산물의 유통과 판매까지 감안하는 농민의 현실을 드러내는군.

③ 영두가 '밭떼기 장수'를 '미더운 물주요 필요악 이상의 불가결한 존재'로 받아들이는 것은, 다른 농민들의 어려운 상황을 이용해 경제적 이익을 추구하는 영두의 모습을 드러내는군.

④ 영두가 '자칫 못 먹을 것을 만들어서 파는 사람으로 취급받지 않'으려 하는 것은, 먹거리를 생산하는 농민이 가져야 할 태도에 대해 인식하고 있음을 드러내는군.

⑤ 영두가 '구수한 맛이 더하던 이치'에도 불구하고 '볼품이 없는 것'이 '값이 있을 리가 없'다고 판단하는 것은, 농사에 대한 가치관을 따르기 어려운 현실에 대한 인식을 드러내는군.

| 지문 근거 | 둘중 헷 | Q&A | 어휘/개념 | 부정 질문 |

분석쌤 강의
● 분 석 지문을 읽기 전 이 문제의 〈보기〉부터 읽어야 하는 문제
● 해결案 〈보기〉를 읽은 후 답지를 검토하되, 각 답지의 앞부분은 지문에서 굵게 표시된 부분을 찾아 앞뒤에 전개된 내용을 바탕으로 이해한다. 그런 다음, 답지의 뒷부분은 〈보기〉와 연결하여 적절한 감상인지를 따진다. 그리고 복습할 때 〈보기〉를 바탕으로 지문을 한 번 더 읽어 두고, 〈클리닉 해설〉에서 지문의 앞부분에 전개된 내용도 챙겨 보도록 한다.

▶ 정답을 모르는 상태에서 2차 풀이를 하기 위한 방법으로, 아래 채점표 대신 '모바일 자동 채점 프로그램'(문제편 표지 QR 코드)을 이용해도 된다.

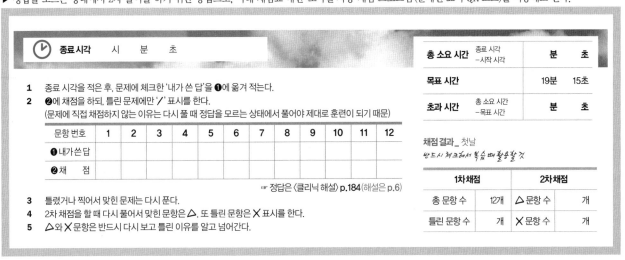

🕐 종료 시각   시   분   초

| 총 소요 시간 | 종료 시각 −시작 시각 | 분 | 초 |

| 목표 시간 | | 19분 | 15초 |

| 초과 시간 | 총 소요 시간 −목표 시간 | 분 | 초 |

1 종료 시각을 적은 후, 문제에 체크한 '내가 쓴 답'을 ❶에 옮겨 적는다.
2 ❷에 채점을 하되, 틀린 문제에만 / 표시를 한다.
   (문제에 직접 채점하지 않는 이유는 다시 풀 때 정답을 모르는 상태에서 풀어야 제대로 훈련이 되기 때문)

문항 번호	1	2	3	4	5	6	7	8	9	10	11	12
❶ 내가 쓴 답												
❷ 채 점												

☞ 정답은 〈클리닉 해설〉 p.184 (해설은 p.6)

3 틀렸거나 찍어서 맞힌 문제는 다시 푼다.
4 2차 채점을 할 때 다시 풀어서 맞힌 문항은 △, 또 틀린 문항은 ✗ 표시를 한다.
5 △와 ✗문항은 반드시 다시 보고 틀린 이유를 알고 넘어간다.

채점 결과_ 첫날
반드시 체크해서 복습 때 활용할 것

	1차채점		2차채점	
총 문항 수	12개	△ 문항 수		개
틀린 문항 수	개	✗ 문항 수		개

1~3 다음 글을 읽고 물음에 답하시오.   2021학년도 6월 고1 전국연합학력평가【26~28】현대 소설

안 초시는 한나절이나 화투패를 떼다 안 떨어지면 그 화풀이로 박희완 영감이 들고 중얼거리는 『속수국어독본』을 툭 채어 행길로 팽개치며 그랬다.

"넌 또 무슨 재술 바라구 밤낮 화투패나 떨어지길 바라니?" / "난 심심풀이지."

그러나 속으로는 박희완 영감보다 더 세상에 대한 야심이 끓었다. 딸이 평양으로 대구로 다니며 지방 순회까지 하여서 제법 돈냥이나 걷힌 것 같으나 연구소를 내느라고, 집을 뜯어고친다, 유성기를 사들인다, 교제를 하러 돌아다닌다 하느라고, 더구나 귀찮게만 아는 이 아비를 위해 쓸 돈은 예산부터 들지 못하는 모양이었다.

"애? 낡은 솜이 돼 그런지, 삶바느질이 돼 그런지 바지 솜이 모두 치어서 어떤 덴 홑옷이야. 암만해두 샤쓸 한 벌 사 입어야겠다." / 하고 딸의 눈치만 보아 오다 한번은 입을 열었더니,

"어련히 인제 사 드릴라구요."

하고 딸은 대답은 선선하였으나 셔츠는 그해 겨울이 다 지나도록 구경도 못 하였다. ⊙셔츠는커녕 안경다리를 고치겠다고 돈 1원만 달래도 1원짜리를 굳이 바꿔다가 50전 한 닢만 주었다. 안경은 돈을 좀 주무르던 시절에 장만한 것이라 테만 오륙 원 먹는 것이어서 50전만으로 그런 다리는 어림도 없었다. 50전짜리 다리도 있지만 살 바에는 조촐한 것을 택하던 초시의 성미라 더구나 면상에서 짝짝이로 드러나는 것을 사기가 싫었다. ⓒ차라리 종이 노끈인 채 쓰기로 하고 50전은 담뱃값으로 나가고 말았다.

[A]

⎡ "왜 안경다린 안 고치셨어요?" / 딸이 그날 저녁으로 물었다.

"흥……" / 초시는 말은 하지 않았다. 딸은 며칠 뒤에 또 50전을 주었다. 그러면서 어떻게 들으라고 하는 소리인지,

"아버지 보험료만 해두 한 달에 3원 80전씩 나가요."

하였다. 보험료나 타 먹게 어서 죽어 달라는 소리로도 들리었다.

"그게 내게 상관있니?"

"아버지 위해 들었지, 누구 위해 들었게요 그럼?"

초시는 '정말 날 위해 하는 거면 살아서 한 푼이라두 다오. 죽은 뒤에 내가 알 게 뭐냐' 소리가 나오는 것을 억지로 참았다.

"50전이문 왜 안경다릴 못 고치세요?"

초시는 설명하지 않았다.

"지금 아버지가 좋고 낮은 것을 가리실 처지야요?"

그러나 50전은 또 마코* 값으로 다 나갔다. 이러기를 아마 서너 번째다.

"자식도 소용없어. 더구나 딸자식…… 그저 내 수중에 돈이 있어야……."

⎣ 초시는 돈의 긴요성을 날로날로 더욱 심각하게 느끼었다.

(중략)

초시는 이날 저녁에 박희완 영감에게서 들은 이야기를 딸에게 하였다. 실패는 했을지라도 그래도 십수 년을 상업계에서 논 안 초시라 **출자(出資)를 권유하는 수작**만은 딸이 듣기에도 딴사람인 듯 놀라웠다. 딸은 즉석에서는 가부를 말하지 않았으나 그의 머릿속에서도 이내 잊혀지지는 않았던지 다음 날 아침에는, ⓒ딸 편이 먼저 이 이야기를 다시 꺼내었고, 초시가 박희완 영감에게 묻던 이상을 시시콜콜히 캐어물었다. 그러면 초시는 또 박희완 영감 이상으로 손가락으로 가리키듯 소상히 설명하였고 1년 안에 청장*을 하더라도 최소한도로 **50배 이상의 순이익이 날 것**이라 장담 장담하였다.

딸은 솔깃했다. 사흘 안에 **연구소 집**을 어느 신탁 회사에 넣고 **3천 원**을 돌리기로 하였다. 초시는 금시발복*이나 된 듯 뛰고 싶게 기뻤다.

"서 참위 이놈, 날 은근히 멸시했것다. 내 굳이 널 시켜 네 집보다 난 집을 살 테다. 네깟 놈이 천생 가쾌*지 별거냐……."

그러나 신탁 회사에서 돈이 되는 날은 웬 처음 보는 청년 하나가 초시의 앞을 가리며 나타났다. 그는 딸의 청년이었다. ⓔ딸은 아버지의 손에 단 1전도 넣지 않았고 꼭 그 청년이 나서 돈을 쓰며 처리하게 하였다. 처음에는 팩 나오는 노염을 참을 수가 없었으나 며칠 밤을 지내고 나니, 적어도 3천 원의 순이익이 오륙만 원은 될 것이라, 만 원 하나야 어디로 가랴 하는 타협이 생기어서 안 초시는 으슬으슬 그, 이를테면 사위녀석 격인 청년의 뒤를 따라나섰다.

1년이 지났다.

모두 꿈이었다. 꿈이라도 너무 악한 꿈이었다. 3천 원어치 땅을 사 놓고 날마다 신문을 훑어보며 수소문을 하여도 거기는 축항*이 된단 말이 신문에도, 소문에도 나지 않았다. 용당포(龍塘浦)와 다사도(多獅島)에는 땅값이 30배가 올랐느니 50배가 올랐느니 하고 졸부들이 생겼다는 소문이 있어도 여기는 감감소식일 뿐 아니라 나중에 역시 이것도 박희완 영감을 통해 알고 보니 그 관변 모씨에게 박희완 영감부터 속아 떨어진 것이었다. **축항 후보지**로 측량까지 하기는 하였으나 무슨 결점으로인지 중지되고 마는 바람에 너무 기민하게 거기다 땅을 샀던, 그 모씨가 그 땅 처치에 곤란하여 꾸민 **연극**이었다.

[B]

돈을 쓸 때는 1원짜리 한 장 만져도 못 봤지만 벼락은 초시에게 떨어졌다. ⓜ 서너 끼씩 굶어도 밥 먹을 정신이 나지도 않았거니와 밥을 먹으러 들어갈 수도 없었다.

"재물이란 **친자 간의 의리도 배추 밑 도리듯** 하는 건가?"

탄식할 뿐이었다. 밥보다는 술과 담배가 그리웠다. 물론 안경다리는 그저 못 고치었다. 그러나 이제는 50전짜리는커녕 단 10전짜리도 얻어 볼 길이 없다.

추석 가까운 날씨는 해마다의 그때와 같이 맑았다. 하늘은 천 리같이 트였는데 조각구름들이 여기저기 널리었다. 어떤 구름은 깨끗이 바래 말린 옥양목*처럼 흰빛이 눈이 부시다. 안 초시는 이번에도 자기의 때 묻은 적삼 생각이 났다. 그러나 이번에는 소매 끝을 불거나 떨지는 않았다. 고요히 흘러내리는 눈물을 그 더러운 소매로 닦았을 뿐이다.

– 이태준, 「복덕방」 –

*마코: 일제 강점기 때의 담배 이름.
*청장: 장부를 청산한다는 뜻으로, 빚 따위를 깨끗이 갚음을 이르는 말.
*금시발복: 어떤 일을 한 다음 이내 복이 돌아와 부귀를 누리게 되는 것.
*가쾌: 집 흥정을 붙이는 일을 직업으로 가진 사람.
*축항: 항구를 구축함. 또는 그 항구.
*옥양목: 빛이 썩 희고 얇은 무명의 한 가지.

▶ **전국 단위 시험에서 출제된 위 작품의 출처** ☞ 〈클리닉 해설〉의 '기출 답지로 작품과 문제 완전 정복'
이태준, 「복덕방」: 2007학년도 9월 고3 모의평가

다시보기 ▶ 다시 볼 문제 체크하고 틀린 이유 메모하기   [분석쌤 강의]는 2차 채점 후 반드시 챙겨 본다!

01 [A]와 [B]에 대한 설명으로 가장 적절한 것은?

① [A]는 외양 묘사를 통해 인물의 성격을 드러내고 있고, [B]는 배경 묘사를 통해 인물의 처지를 드러내고 있다.

② [A]는 대화와 서술을 통해 인물 간의 갈등이 드러나고 있고, [B]는 요약적 서술을 통해 사건의 전모가 드러나고 있다.

③ [A]는 작품 속 서술자가 사건에 대해 평가하고 있고, [B]는 작품 밖 서술자가 앞으로 전개될 사건을 예측하고 있다.

④ [A]는 시간의 흐름에 역행하여 사건이 진행되고 있고, [B]는 시간의 흐름에 따라 사건이 순차적으로 진행되고 있다.

⑤ [A]는 향토적인 소재를 통해 주제 의식을 드러내고 있고, [B]는 상징적인 소재를 통해 사건의 의미를 드러내고 있다.

지문근거 둘중헷 Q&A 어휘/개념 부정질문

분석쌤 강의
● **분 석** 복습할 때 문제 풀이 시간을 단축하는 방법과 답지에 쓰인 내용 모두 하나하나 적절한지를 따져 한 번 더 챙겨 보면 유용한 문제
● **해결案** 발문(문두)에 집중하여 글 전체가 아닌 [A]와 [B]에 대한 설명으로 적절한지를 살핀다. 이때 [A]와 [B] 중 내용 이해가 쉽고 빠르게 되는 것부터 선택해 답지를 검토하여 ✕로 표시되는 답지는 정답에서 제외하는 방법으로 풀면 문제 풀이 시간을 단축할 수 있다.

다시보기 ▶ 다시 볼 문제 체크하고 틀린 이유 메모하기

02 ㉠~㉤에 대한 설명으로 적절하지 않은 것은?

① ㉠: 형편이 어려운 안 초시를 인색하게 대하는 딸의 모습이 드러나 있다.

② ㉡: 저렴한 안경다리는 사지 않겠다는 안 초시의 자존심이 드러나 있다.

③ ㉢: 안 초시가 전해 준 이야기에 적극적으로 관심을 보이는 딸의 모습이 드러나 있다.

④ ㉣: 안 초시의 수고로움을 덜어 주려는 딸의 심리가 드러나 있다.

⑤ ㉤: 예상 밖의 결과로 딸과 마주할 자신이 없는 안 초시의 모습이 드러나 있다.

지문근거 둘중헷 Q&A 어휘/개념 부정질문

분석쌤 강의
● **분 석** 정답은 쉽게 찾을 수 있지만, 답지의 설명을 바탕으로 지문에서 밑줄 친 부분이 의미하는 바를 한번 더 짚고 넘어가야 하는 문제
● **해결案** ㉠~㉤의 앞뒤에 전개된 내용을 바탕으로 ㉠부터 어떤 상황에 대한 서술인지를 파악한 다음, 답지의 설명이 적절한지를 체크하면 된다.

03 다음은 윗글이 창작될 당시 신문 기사의 일부이다. 이를 참고하여 윗글을 감상한 내용으로 적절하지 않은 것은? [3점]

○○ 일보

부동산 투기 열풍으로 전국은 지금 …

　일본의 축항 사업 발표 후, 전국이 부동산 투기 열풍으로 떠들썩하다. 한탕주의에 빠진 많은 사람들이 제2의 황금광 사업으로 불리는 축항 사업에 몰려들고 있다. 1932년 8월, 중국 동북부와 연결되는 철도의 종착지이자 축항지로 나진이 결정되자, 빠르게 정보를 입수한 브로커들로 나진은 북새통을 이루고 있다. 하지만 누구나 투자에 성공하는 것은 아니어서, 잘못된 소문으로 투자에 실패하여 전 재산을 잃은 사람들, 이로 인해 가족들에게 외면받는 사람들, 자신의 피해를 사기로 만회하려는 사람들까지 등장하여 사회적 혼란이 커지고 있다. 이러한 모습은 물질 만능주의가 만연한 우리 사회의 어두운 단면을 보여 준다는 비판이 일고 있다.

① 딸에게 '출자를 권유하는 수작'으로 보아 안 초시는 건설 사업이 확정된 부지에 빠르게 투자하였겠군.

② 안 초시가 '50배 이상의 순이익이 날 것이라 장담 장담하'며 부추기는 모습에서 한탕주의에 빠져 있음을 알 수 있군.

③ 안 초시의 딸이 '연구소 집'을 담보로 '3천 원'을 마련한 것은 당시의 투기 열풍과 관련이 있겠군.

④ 모씨가 '축항 후보지'에 대해 '연극'을 꾸민 것은 자신의 피해를 사기로 만회하기 위한 것이었겠군.

⑤ 안 초시가 '친자 간의 의리도 배추 밑 도리듯' 한다고 '탄식' 하는 모습에서 물질 만능주의의 어두운 모습을 엿볼 수 있군.

분석쌤 강의
● **분 석** 정답을 쉽게 찾았어도 다른 학생들이 많이 답해 틀린 답지와 막히는 어휘까지 챙겨 봐야 낯선 작품도 감상할 수 있는 능력을 기를 수 있는 문제
● **해결案** 윗글의 내용과 '신문 기사'를 바탕으로 답지를 검토하면, 각 답지의 앞부분은 지문에서 언급된 내용이고, 뒷부분은 〈보기〉의 기사 내용과 관련이 있다는 것을 알 수 있다. 따라서 답지를 검토할 때 앞부분은 지문 내용과 일치하는지를 살펴야 하고, 뒷부분은 지문과 〈보기〉를 연결하여 적절하게 추론한 것인지를 따져야 한다.

4~7 다음 글을 읽고 물음에 답하시오.

2021학년도 3월 고1 전국연합학력평가【34~37】 현대 소설

　만둣집을 했던 엄마가 어떻게 피아노를 가르칠 생각을 했는지 알 수 없다. 욕심이거나 뭔가 강요하려 한 것은 아니었다. 엄마는 배움이 짧았고, 자신의 교육적 선택에 늘 자신감을 갖지 못했다. 다만 그때 엄마는 어떤 '보통'의 기준들을 따라가고 있었으리라. **놀이공원에 가고, 엑스포에 가는 것**처럼, 어느 시기에는 어떠어떠한 것을 해야 한다는 풍문들을 말이다. 돌이켜보면 어릴 때 엑스포에 가고 박물관에 간 것이 그렇게 재밌었던 것 같지는 않다. 하지만 나를 엑스포에 보내 주고, 놀이공원에 함께 가 준 엄마에게 고마운 마음이 든다. 누구나 겪는, **평범한 유년의 프로그램** 중 하나였을 뿐이지만, 무지한 눈으로 시대의 풍문들에 고개 끄덕였을, 김밥을 싸고 관광버스에 올랐을 엄마의 피로한 얼굴이 떠오르는 까닭이다. 이따금 내가 회전목마 위에서 비명을 지르는 동안, 한 손으로 얼굴을 가린 채 벤치에 누워 있던 엄마의 모습이 떠오르곤 한다. 신을 벗고 짧은 잠을 청하던 엄마의 얼굴은 도―처럼 낮고 고요했던가 그렇지 않았던가. 엄마를 따라 하느라, 피아노 의자 위에 누워 있던 나를 보고, 선생님은 라―처럼 놀랐던가 그렇지 않았던가. 일과 중 가장 중요한 일이 '엄마 100원만'인 줄 알았던 때이긴 했지만. 나는 헨델이 없는 헨델의 방에서 음악을 했고, 엄마는 **베토벤같이 풀린 파마머리를 한 채 귀머거리처럼 만두를 빚**었다. ㉠마침 동네에 음악 학원이 생겼고, 엄마의 만두가 불티나게 팔리던 시절이라 가능했던 일인지도 모른다.

　엄마는 내게 피아노를 샀다. 읍내서부터 먼짓길을 달려온 **파란 트럭**이 집 앞에 섰을 때, 엄마가 무척 기뻐했던 기억이 난다. **세탁기도 냉장고도 아닌 피아노라니.** 어쩐지 우리 삶의 질이 **한 뼘쯤 세련돼진** 것 같았다. 피아노는 노릇한 원목으로 돼, 학원에 있는 어떤 것보다 좋아 보였다. ㉡원목 위에 양각된 우아한 넝쿨무늬, 은은한 광택의 금속 페달, 건반 위에 깔린 레드 카펫은 또 얼마나 선정적인 빛깔이던지. 그것은 우리 집에 있는 가재들과 때깔부터 달랐다. 다만 좀 멋쩍은 것은 피아노가 가정집 '거실'이 아닌, ⓐ만두 가게 안에 놓인다는 사실이었다. 우리 가족은 **생계와 주거**를 한 건물 안에서 해결하고 있었다. ㉢낮에는 방에 손님을 들이고, 밤에는 식구들이 이불을 펴고 자는 식으로 말이다. 피아노는 나와 언니가 쓰는 작은방에 놓였다. 안방은 주방을, 작은방은 홀을 마주보고 있었다.

나는 오후 내 가게에 붙어 피아노를 연주했다. 울림 폭을 크게 해 주는 오른쪽 페달을 밟고, 멋을 부려「소녀의 기도」나「아드린느를 위한 발라드」와 같은 곡을 말이다. 찜통에선 수증기가 푹푹 나고, 홀에서는 장사꾼과 농부들이 흙 묻은 장화를 신은 채 우적우적 만두를 씹고 있는 공간에서, 누구라도 만두를 삼키다 말고 울고 가게 만들었을 그런 연주를. 쉽고 아름답지만 촌스러워서 누구라도 가게 앞을 지나다 **얼굴을 붉히게 만들었을**, 그러나 좀더 정직한 사람이라면 만두 접시를 집어던지며 '다 때려치우라 그래!' 소리쳤을 그런 연주를 말이다. 한번은 연주가 끝난 뒤 박수 소리가 들려 고개를 돌린 적이 있다. 홀에서 웬 백인 남자가 **손뼉을 치며** "원더풀"이라 외치고 있었다. 외국인과 나 사이에 어정쩡한 침묵이 흘렀다. 나는 부끄러웠지만 수줍게 한마디 했다. 땡큐…… 집 안에선 밀가루 입자가 햇빛을 받으며 분분히 날렸고, 건반을 짚은 손가락 아래론 지문이 하얗게 묻어났다.

[중략 부분의 줄거리] 아빠의 빚보증 때문에 가게가 어려워졌지만 엄마는 피아노만은 빼앗기지 않고 싶어 했다. 대학 진학을 앞두고 언니의 서울 반지하방으로 이사하게 된 '나'는, 피아노를 가지고 가 달라는 엄마의 부탁을 받게 된다.

언니의 표정은 뜨악했다. 외삼촌이 담배를 피우는 사이, 나는 사정을 설명하느라 애를 먹었다. 엄마가 다 얘기한 줄 알았는데, 언니는 아무것도 모르고 있었다. 언니가 답답한 듯 말했다.

"여기, ⓑ반지하야."

나는 조그맣게 대꾸했다. / "나도 알아."

우리는 트럭 앞에 모여 피아노를 올려다봤다. ⓔ그것은 몰락한 러시아 귀족처럼 끝까지 체면을 차리며 우아하고 담담하게 서 있었다. **외삼촌의 트럭**은 길 한가운데를 막고 있었다. 우리는 서둘러 목장갑을 꼈다. 외삼촌이 피아노의 한쪽 끝을, 언니와 내가 반대쪽을 잡았다. 외삼촌이 신호를 보냈다. 나는 깊은 숨을 쉰 뒤 피아노를 번쩍 들어 올렸다. 1980년대 산(産) **피아노가 잠시 세기말 도시의 하늘 위로 비상**했다. 그 모습이 꽤 아름다워 하마터면 탄성을 지를 뻔했다. 우리는 한 걸음씩 이동했다. 다리가 후들거리고 진땀이 났다. 사람들이 **우리를 흘긋거**렸다. 뒤에서 승용차 한 대가 비켜 달라는 듯 경적을 울려댔다. 곧 건물 2층에 사는 집주인이 체육복 차림으로 내려왔다. 동글동글한 체구에, 아침 체조를 빼먹지 않을 것같이 생긴 50대 중반의 사내였다. 그는 집 앞에서 벌어진 풍경이 믿기지 않는다는 듯 아연한 표정으로 서 있었다. 나는 피아노를 든 채 어색하게 웃으며 목례했다. 언니 역시 눈치껏 사내에게 인사했다. **좁고 가파른 계단** 아래로 피아노가 천천히 머리를 디밀고 있었다. **세탁기도, 냉장고도 아닌 피아노라니.** 우리 삶이 **세 뼘쯤 민망해지는 기분**이었다. 갑자기 쿵— 하는 소리가 났다. 외삼촌이 피아노를 놓친 모양이었다. 우당탕탕— 피아노가 계단을 미끄러져 나갔다. 언니와 나는 다급하게 피아노 다리를 붙잡았다. 윙— 하는 공명감 사이로, 악기 속 여러 개의 시간이 뭉개지는 소리가 났다. 피아노 넝쿨무늬가 고장 난 스프링처럼 흔들리고 있는 모습이 보였다. 충격 때문에 몸에서 떨어져 나간 모양이었다. 그제야 나는 내가 **오랫동안 양각된 거라 믿어 온 문양이 사실은 본드로 붙여져 있던 것**이라는 걸 깨달았다. 우리는 외삼촌의 안색을 살폈다. 외삼촌은 괜찮다는 신호를 보낸 뒤 다시 계단을 내려갔다. 나는 외삼촌의 부상이나 피아노의 상태가 걱정되지 않았다. 그보다는 쿵— 소리, 내가 처음 도착한 도시에 울려 퍼지는 그 사실적이고, 커다랗고, 노골적인 소리에 **얼굴이 붉어**졌다. 집주인은 어이없고 못마땅하다는 표정으로 ⓓ언니와, 나와, 피아노와, 외삼촌과, 다시 피아노를 번갈아 쳐다봤다.

"학생."

주인 남자가 언니를 불렀다. 언니는 재빨리 계단을 올라갔다. 출구 쪽, 네모난 햇살 아래 뭔가 열심히 설명하고 있는 언니의 모습이 보였다. 언니는 승용차 운전자에게도 양해를 구했다. 우리는 결국 관리비를 더 내고, 피아노를 절대 치지 않겠다는 조건으로 집주인을 돌려보냈다. 집주인은 돌아서며 한마디 했는데, 치지도 않을 피아노를 왜 갖고 있느냐는 거였다.

— 김애란, 「도도한 생활」—

[분석쌤 강의]는 2차 채점 후 반드시 챙겨 본다!

04 윗글의 서술상 특징으로 가장 적절한 것은?

① 동일한 사건을 여러 인물의 관점에서 다양하게 서술하고 있다.
② 서술자가 교체되면서 인물 간의 갈등을 다각적으로 조명하고 있다.
③ 이야기 외부의 서술자가 특정 인물의 관점에서 사건을 해석하고 있다.
④ 사건에 개입되지 않은 인물의 관점을 통해 사건을 객관적으로 전달하고 있다.
⑤ 이야기 내부의 서술자가 인물의 행위를 묘사하며 자신의 내면을 드러내고 있다.

지문근거 둘중헷 Q&A 어휘/개념 부정질문

분석쌤 강의
● **분 석** 서술자와 시점에 대해 정확하게 이해하고 있으면 쉽게 풀 수 있는 문제
☞〈클리닉 해설〉 p.10의 '개념╋' 참조
● **해결案** 서술자와 서술자의 위치(이야기의 내부 or 외부)를 파악한 후 답지를 살핀다. 긍정 발문('~적절한 것은?')인 점도 유의한다.

05 ㉠~㉣에 대한 이해로 적절하지 않은 것은?

① ㉠은 추측과 짐작을 드러내는 표현을 사용하여 현재의 시각에서 지나간 일의 의미를 진술하고 있다.

② ㉡은 외양에 대한 묘사를 나열하여 인물이 대상에서 받은 인상의 근거를 제시하고 있다.

③ ㉢은 앞서 언급한 내용을 부연하여 자신의 경험에 대한 이해의 폭이 확장되었음을 강조하고 있다.

④ ㉣은 비유적인 표현을 사용하여 어울리지 않는 곳에 놓이게 된 대상을 바라보는 마음을 드러내고 있다.

⑤ ㉤은 쉼표를 빈번하게 사용하여 예기치 않은 상황에 대한 인물의 불편한 심리를 부각하고 있다.

지문 근거 둘중헷 Q&A 어휘/개념 부정 질문

분석쌤 강의

● **분 석** 정답을 맞히는 것보다 복습을 통해 정답과 오답을 판단하는 방법을 체크하는 것이 중요하고, 오답지를 통해 작품에 쓰인 표현상의 특징과 그 효과를 한번 더 챙겨 봐야 하는 문제

● **해결案** ㉠부터 읽고 답지의 설명이 적절한 지를 따지되, ㉠의 앞뒤에 전개된 내용도 고려하여 판단한다. 그리고 각 답지는 두 부분으로 나눌 수 있으므로 앞부분(A)과 뒷부분(B)에 대해 각각 O, X 표시를 하고, A하여 B하고 있는지도 따지도록 한다.

06 ⓐ와 ⓑ를 바탕으로 윗글을 이해한 내용으로 적절하지 않은 것은?

① '파란 트럭'에 의해 ⓐ로 옮겨져 엄마를 기쁘게 했던 피아노는, '외삼촌의 트럭'에 의해 ⓑ로 옮겨지면서 언니를 당황하게 했다.

② ⓐ에서 '나'는 '손뼉을 치는' 사람이 부끄러워하는 모습을 발견하고 있고, ⓑ에서 '나'는 '우리를 흘깃거'리는 시선에서 부끄러움을 느끼고 있다.

③ ⓐ는 우리 가족이 '생계와 주거'를 모두 해결해야 했던 공간이고, ⓑ는 '나'와 언니가 '좁고 가파른 계단'을 오르내리며 살아야 하는 공간이다.

④ ⓐ에서 '나'가 누구라도 '얼굴을 붉히게 만들었을' 연주를 했던 피아노는 ⓑ로 옮겨지는 과정에서 '쿵— 하는 소리'로 '나'의 '얼굴이 붉어'지게 했다.

⑤ ⓐ에서 피아노에 대한 반가움을 드러내던 '세탁기도 냉장고도 아닌 피아노라니.'라는 표현은, ⓑ로 피아노가 옮겨지는 과정에서 나타나는 무안함을 드러내는 데 활용되고 있다.

지문 근거 둘중헷 Q&A 어휘/개념 부정 질문

분석쌤 강의

● **분 석** 공간에 대한 이해를 질문했지만, 결국엔 내용 파악이 중요하고, 전개된 내용을 바탕으로 정답 여부를 판단해야 하는 문제

● **해결案** ⓐ와 ⓑ를 먼저 확인한다. 그런 다음 각 답지에서 작은따옴표(' ')로 인용한 부분에 해당하는 내용을 지문에서 찾아, 앞에 전개된 내용을 바탕으로 답지의 설명이 적절한지를 살핀다. ⓐ 공간에서 ⓑ 공간으로 옮겨진 피아노와 이 과정에서 변화되는 인물의 심리 등도 놓치지 않도록 한다.

07 〈보기〉를 참고하여 윗글을 감상한 내용으로 적절하지 않은 것은? [3점]

> **보기**
>
> 엄마가 내게 사 준 피아노는 엄마가 꿈꾸던 '도도한 생활'의 상징으로, 부모로서 자녀가 누리기를 희망했던 삶의 기준을 의미한다. '나'는 성년이 되면서 엄마가 애써 마련해 준 환경에서 벗어나 새로운 환경에 직면하게 되는데, 이 환경은 '나'의 욕구를 제한하고 지금까지 '나'가 살아왔던 환경을 재평가하도록 한다. 윗글은 이러한 과정에서 인물이 겪는 각성의 순간을 포착하고 있다.

① '놀이공원에 가고, 엑스포에 가는 것'과 같은 '평범한 유년의 프로그램'은, 엄마가 자녀에게 마련해 주고 싶었던 환경의 일부이겠군.

② '베토벤같이 풀린 파마머리를 한 채 귀머거리처럼 만두를 빚'던 모습은, 피아노가 상징하는 삶에 가까워지기 위한 엄마의 수고를 보여 주는군.

③ '한 뼘쯤 세련돼진' 느낌을 주던 피아노에서 '세 뼘쯤 민망해지는 기분'을 느끼게 된 것은 '나'를 둘러싼 환경의 변화 때문이겠군.

④ '피아노가 잠시 세기말 도시의 하늘 위로 비상'하는 모습에서 '나'는 자신의 욕구를 제한해 온 환경이 변화하고 있음을 확인하게 되는군.

⑤ '오랫동안 양각된 거라 믿어 온 문양이 사실은 본드로 붙여져 있던 것'임을 깨달으면서, '나'는 엄마가 애써 마련해 준 환경이 그리 견고하지 못한 것이었음을 알게 되는군.

지문 근거 둘중헷 Q&A 어휘/개념 부정 질문

분석쌤 강의

● **분 석** 작품의 제목이 의미하는 바를 포함하여 작품 내용에 대한 이해를 돕는 〈보기〉가 있는 문제로, 지문보다 〈보기〉를 먼저 읽어야 하는 문제 유형

● **해결案** 〈보기〉를 읽은 후 지문을 읽고, 지문까지 읽은 다음 답지를 검토한다. 이때 답지에서 작은따옴표(' ')로 인용한 구절을 지문에서 찾아 앞뒤 문맥의 흐름을 통해 답지의 감상이 지문 내용에 부합되는지를 체크한다. 그리고 지문 내용과 어긋나지 않을 경우 〈보기〉의 설명도 고려하여 적절한 감상인지를 따지도록 한다.

[앞부분의 줄거리] 가족을 찾아 헤매던 '손'은 물이 찬 포구에 산봉우리가 비치는 모습이 학이 날아오르는 듯하여 이름 붙여진 선학동에 도착한다. '손'은 우연히 찾은 주막의 주인 사내에게서 소리꾼 여자에 대한 이야기를 듣는다.

손은 아직도 여자와 자신의 인연에 대해선 분명한 말이 한마디도 없었다. 하지만 그는 이제 학이 날지 못하는 선학동에 **아비의 유골을 묻고 간 여자의 일을 제 일처럼 못내 안타까워**하고 있었다. 주인은 그것으로 모든 일이 분명해진 것 같았다. 그리고 그것으로 만족한 것 같았다.

그가 다시 입을 열기 시작했다.

"아니, 노형은 아까 내 얘길 잊었구만요. 여자가 한 일은 부질없는 것이 아니었어. 여자가 간 뒤로 이 선학동엔 다시 학이 날기 시작했다니께요. 여자가 이 선학동에 다시 학을 날게 했어요. 포구 물이 막혀 버린 이 선학동에 아직도 학이 날고 있는 것을 본 사람이 그 눈이 먼 여자였으니 말이오……."

주인은 이번에야말로 선학동에 다시 학이 날게 된 사연을 이야기하기 시작했다.

(중략)

그러자 여자는 정작으로 그 비상학을 좇듯이 보이지도 않는 눈길로 벌판 쪽을 한참이나 더듬어대었다. 그러다 비로소 채비가 제법 만족스러워진 노인 쪽을 돌아보며 비탄조로 말했다.

"아배의 소리는 그러니께 그 시절에 늘 물 위를 날아오른 학과 함께 노닐었답니다."

주인 사내로선 갈수록 예사롭지 않은 소리들이었다. 눈 아래 들판엔 이제 물도 없고 산그림자도 없었다. 게다가 여자는 어렸을 적 아비의 소망처럼 그 물이나 산그림자의 형용을 깊이 눈여겨보았을 리 없었다. 하지만 여자는 이제 눈을 못 보기 때문에 오히려 성한 사람이 볼 수 없는 물과 산그림자를 보고 있는지도 몰랐다. 두 눈이 성해 있는 사람이라면 그 말라붙은 들판에서 있지도 않은 물과 산그림자를 볼 리가 없었다. 있지도 않은 물과 산그림자를 본 것은 그녀가 오히려 앞을 못 보는 맹인이기 때문이었다.

사내의 그런 상상은 차츰 어떤 불가사의한 믿음으로 변해 갔다.

　망망창해에 탕탕(蕩蕩)한 물결이라
　백빈주 갈매기는 홍요안에 날아들고……

여자가 마침내 소리를 시작하고 있었다. 그런데 사내는 그 여자의 오장이 끊어오르는 듯한 목소리 속에 문득 자신도 그것을 본 것이다. 사립에 기대어 눈을 감고 가만히 여자의 소리를 듣고 있자니 사내의 머릿속에서 오랫동안 잊혀져 온 옛날의 그 **비상학이 서서히 날개를 펴고 날아오르기 시작**한 것이다. 그리고 여자의 소리가 길게 이어져 나갈수록 선학동은 다시 옛날의 포구로 바닷물이 차오르고 한 마리 선학이 그곳을 끝없이 노닐기 시작했다.

그런 일이 있은 후로 사내는 여자의 학을 믿지 않을 수 없었다.

여자는 날마다 밀물 때를 잡아서 소리를 하였다. 소리는 언제나 이 **선학동을 옛날의 포구 마을로 변하게** 하였고, 그 포구에 다시 선학이 유유히 날아오르게 하였다.

그리고 그러다 여자는 어느 날 밤 문득 선학동을 떠나갔다.

㉠하지만 사내는 여자가 그렇게 선학동을 떠나가고 나서도 그녀의 소리가 여전히 귓전을 맴돌고 있었다. 그 소리가 귓전을 울려 올 때마다 선학동은 다시 포구가 되었고, 그녀의 소리는 한 마리 선학과 함께 물 위를 노닐었다. 아니 이제는 그 소리가 아니라 여자 자신이 한 마리 학이 되어 선학동 포구 물 위를 끝없이 노닐었다.

그래 사내는 이따금 말했다.

"여자는 어디로 떠나간 것이 아니여. 그 여자는 이 **선학동의 학**이 되어 버린 거여. 학이 되어서 **언제까지나 이 고을 하늘을 떠돈**단 말이여."

여자가 그토록 갑자기 마을을 떠나가 버린 데 대한 아쉬움 때문이었을까. 주막집 이웃들이나 벌판 건너 선학동 사람들마저 사내의 그런 소리엔 그리 허물을 해 오는 눈치가 없었다. 선학동 사람들은 여자가 모셔온 아비의 유골을 모른 체해 주듯 여자가 그렇게 주막을 떠나가고 나서도 그녀의 사연이나 간 곳을 굳이 묻고 드는 일이 없었다. 뿐더러 주막집 **사내가 이따금 그렇게 앞도 뒤도 없는 소리를 지껄여대도** 그러는 사내를 탓하려 들기는커녕 오히려 **그와 어떤 믿음을 같이하고 싶은 진중한 얼굴들이 되곤** 하였다.

손은 이제 완전히 녹초가 되어 버린 표정이었다. 이따금 손을 가져가던 술잔마저 이제는 전혀 마음에 없는 모양이었다.

이야기를 끝내고 난 주인 쪽 역시 마찬가지였다. ⓛ가슴 속에 지녀 온 이야기들을 손 앞에 모두 털어놓은 것만으로 주인은 이제 자기 할 일을 다해 버린 사람 같았다. 손이 뭐라고 대꾸를 해 오든 안 해 오든 그로서는 전혀 괘념을 할 일이 아니라는 태도였다.

주인은 완전히 손의 반응을 무시하고 있었다. 뒷산 고개를 넘어오는 솔바람 소리가 아직도 이따금 두 사람의 귓전을 멀리 스쳐 가고 있었다. 그 솔바람 소리에 멀리 둑 너머 바닷물 소리가 섞이는 듯하였다.

ⓒ침묵을 견디지 못한 건 이번에도 결국 손 쪽이 먼저였다.

"주인장 이야긴 고맙게 들었소."

이윽고 손이 먼저 주인에게 말했다. ⓔ그의 어조는 이제 아무것도 숨길 것이 없다는 듯 낮고 차분했다.

"하지만 아까 이야기 가운데서 주인장께선 일부러 사람을 하나 빠뜨려 놓고 있었지요."

주인이 달빛 속으로 손을 이윽히 건너다보았다.

손이 다시 말을 이었다.

"주인장 어렸을 적에 이 마을에 찾아들었다는 그 소리꾼 부녀의 이야기 말이오. 그때 그 어린 계집아이에겐 **소리 장단을 잡아 주던 오라비**가 하나 있었을 겝니다. 그런데 주인장께선 일부러 그 오라비 이야길 빼놓고 있었지요."

추궁하듯 손이 주인의 얼굴을 마주 바라보았다. ⓜ주인도 이젠 더 사실을 숨길 것이 없다는 듯 고개를 두어 번 깊이 끄덕여 보였다.

"그렇지요. 난 그 오라비가 뒷날 늙은 아비와 어린 누이를 버리고 혼자 도망을 쳤다는 이야기까지도 여자에게 다 듣고 있었으니께요."

"그렇담 주인장은 그 오누이가 서로 아비의 피를 나누지 않은 남남 한가지 사이란 것도 알고 있었겠구만요. 그리고 그 어린 오라비가 부녀를 버리고 떠난 것은 차마 그 원망스런 의붓아비를 죽여 없앨 수가 없어서였다는 것도 말이오."

주인이 다시 고개를 무겁게 끄덕여 보였다.

– 이청준, 「선학동 나그네」 –

다시보기 ▶다시 볼 문제 체크하고 틀린 이유 메모하기

[분석쌤 강의]는 2차 채점 후 반드시 챙겨 본다!

08 윗글의 서술상 특징으로 가장 적절한 것은?

① 인물의 회상을 통해 과거와 현재가 연결되고 있다.
② 풍자적 서술을 통해 인물의 행위를 비판하고 있다.
③ 반어적 표현을 통해 집단 간의 갈등을 부각하고 있다.
④ 동시에 진행되는 여러 사건을 병렬적으로 제시하고 있다.
⑤ 장면마다 서술자를 달리하여 상황을 입체적으로 보여 주고 있다.

지문 근거 둘중햇 Q&A 어휘/개념 부정 질문

분석쌤 강의
● **분 석** 전국 단위 시험에 자주 출제되는 작가(이청준)의 작품에서 서술상의 특징을 질문한 문제
● **해결案** 지문을 끝까지 읽은 다음, 각 답지의 앞부분에 제시된 '서술상 특징'이 사용되었는지를 빠르게 체크하여 오답을 제외한 다음, 앞부분이 적절한 답지는 뒷부분도 적절한지를 따져 정답을 확정한다.

다시보기 ▶다시 볼 문제 체크하고 틀린 이유 메모하기

09 윗글에 대해 이해한 내용으로 적절하지 않은 것은?

① 손은 여자의 오라비가 가족을 떠난 이유를 주인 사내에게 이야기하고 있다.
② 여자는 이전에 온 적이 있는 선학동으로 다시 찾아와서 아비의 유골을 묻었다.
③ 여자는 선학동에 다시 돌아온 손으로부터 아버지에 대한 이야기를 전해 듣고 있다.
④ 주인 사내는 여자의 소리를 들으며 잊고 있었던 비상학의 모습을 다시 떠올리게 되었다.
⑤ 주인 사내는 여자와 오라비가 아비의 피를 나누지 않은 오누이라는 사실을 알고 있었다.

지문 근거 둘중햇 Q&A 어휘/개념 부정 질문

분석쌤 강의
● **분 석** 정답은 쉽게 찾을 수 있지만, 정답과 오답의 근거를 찾고, 지문 전체 내용의 흐름을 한 번 더 챙겨 본 후 답지를 구성하는 원리를 이해하면 좋은 문제
● **해결案** 소설 속 인물인 '손, 여자, 주인 사내'와 관련하여 일어난 사건을 파악한 후, 이를 바탕으로 답지를 세부적으로 나누어 각각의 옳고 그름을 따진다. ①을 예로 들면 '손'이 '여자의 오라비가 가족을 떠난 이유'를 이야기하고 있는지, 그 이야기를 듣는 상대방이 '주인 사내'인지를 하나하나 따져야 하는 것이다. 어느 한 부분이라도 적절하지 않으면 정답으로 확정하면 된다.

10 ㉠~㉤에 대한 설명으로 적절하지 않은 것은?

① ㉠: 인상적이었던 과거의 사건을 잊지 못하는 인물의 심리가 드러나 있다.

② ㉡: 하고 싶었던 행동을 마치고 난 인물의 심리가 드러나 있다.

③ ㉢: 상대방과 이야기를 더 이어가고자 하는 인물의 심리가 드러나 있다.

④ ㉣: 자신의 속마음을 상대방에게 들켜 당혹감을 느끼는 인물의 심리가 드러나 있다.

⑤ ㉤: 자신의 의도를 알아차린 상대방의 말에 수긍하는 인물의 심리가 드러나 있다.

지문근거 둘중햇 Q&A 어휘/개념 부정질문

분석쌤 강의

● **분석** 앞뒤 내용을 바탕으로 풀어야 하는, 밑줄 친 부분에 대해 질문한 문제

● **해결案** 답지의 끝이 모두 '~인물의 심리가 드러나 있다.'라는 데 주목하여, ㉠~㉤과 그 앞뒤 내용을 바탕으로 답지가 인물의 심리를 잘 설명하고 있는지를 판단한다.

11 〈보기〉를 참고하여 윗글을 감상한 내용으로 적절하지 않은 것은? [3점]

보기

이 작품에는 삶의 아픔을 지닌 인물들이 등장한다. 가족을 떠날 수밖에 없었던 아픔을 지닌 '손'은 '여자'를 찾아다니는 행위를 통해, 앞을 보지 못한 채 살아가는 여자는 소리를 통해 각자 자신이 지닌 삶의 아픔에서 벗어나기 위해 노력한다. 그 과정에서 예술적 경지에 다다른 여자의 소리는 마을 사람들의 생각이나 행동에까지 영향을 미친다.

① '아비의 유골을 묻고 간 여자의 일을 제 일처럼 못내 안타까워하'는 '손'의 모습에서 가족을 떠날 수밖에 없었던 '손'의 아픔을 짐작할 수 있겠군.

② '여자'가 마침내 소리를 시작'했을 때 '비상학이 서서히 날개를 펴고 날아오르기 시작'했다고 느끼는 '사내'의 모습에서 '여자'의 소리가 예술적 경지에 이르렀음을 확인할 수 있겠군.

③ '여자'가 '선학동을 옛날의 포구 마을로 벼하게' 하고 선학동을 떠나지 않으며 '소리 장단을 잡아 주던 오라비'를 기다린 것에서 삶의 아픔에서 벗어나기 위해 노력하는 모습을 확인할 수 있겠군.

④ '여자'가 '선학동의 학'이 되어서 '언제까지나 이 고을 하늘을 떠돈'다고 '사내'가 이따금 말하는 모습에서 '여자'의 소리에 대한 믿음을 가지게 된 '사내'의 행동을 확인할 수 있겠군.

⑤ '사내가 이따금 그렇게 앞도 뒤도 없는 소리를 지껄여대'도 선학동 사람들이 '그와 어떤 믿음을 같이하고 싶은 진중한 얼굴들이 되곤' 했다는 것에서 '여자'의 소리가 마을 사람들의 생각에 영향을 미쳤음을 알 수 있겠군.

지문근거 둘중햇 Q&A 어휘/개념 부정질문

분석쌤 강의

● **분석** 〈보기〉부터 읽으면 지문을 읽을 때 어디에 주목해야 하는지, 어떤 사건이 전개되는지 등을 가늠할 수 있어 작품 이해가 쉽고 문제 풀이도 잘할 수 있는, 〈보기〉에서 작품에 대해 설명해 준 문제

● **해결案** 답지를 크게 두 부분으로 나누어 '~에서'의 앞부분은 지문 내용과 일치하는지를 확인하고, 뒷부분은 지문 내용과 〈보기〉를 연결하여 적절하게 감상한 내용인지를 따진다. 지문과 〈보기〉를 연결해 답지의 설명이 적절한지를 따져야 하는 것이다.

▶ 정답을 모르는 상태에서 2차 풀이를 하기 위한 방법으로, 아래 채점표 대신 '모바일 자동 채점 프로그램'(문제편 표지 QR 코드)을 이용해도 된다.

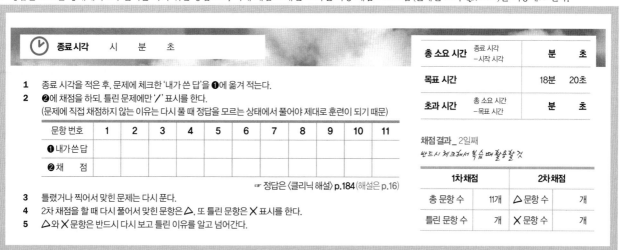

🕐 **종료 시각** 시 분 초

1 종료 시각을 적은 후, 문제에 체크한 '내가 쓴 답'을 ❶에 옮겨 적는다.
2 ❷에 채점을 하되, 틀린 문제에만 '／' 표시를 한다.
  (문제에 직접 채점하지 않는 이유는 다시 풀 때 정답을 모르는 상태에서 풀어야 제대로 훈련이 되기 때문)

문항 번호	1	2	3	4	5	6	7	8	9	10	11
❶ 내가 쓴 답											
❷ 채 점											

☞ 정답은 〈클리닉 해설〉 p.184 (해설은 p.16)

3 틀렸거나 찍어서 맞힌 문제는 다시 푼다.
4 2차 채점을 할 때 다시 풀어서 맞힌 문항은 △, 또 틀린 문항은 ✕ 표시를 한다.
5 △와 ✕ 문항은 반드시 다시 보고 틀린 이유를 알고 넘어간다.

	총 소요 시간	종료 시각 −시작 시각	**분**	**초**
	목표 시간		18분	20초
	초과 시간	총 소요 시간 −목표 시간	**분**	**초**

채점 결과_2일째
반드시 체크해서 복습 때 활용할 것

	1차채점		2차채점	
총 문항 수	11개	△ 문항 수		개
틀린 문항 수	개	✕ 문항 수		개

1~3 다음 글을 읽고 물음에 답하시오.

2020학년도 9월 고1 전국연합학력평가【26~28】현대 소설

　103동 502호 김석만 씨는 내가 입금한 돈 칠백만 원을 돌려주시오!

　붉은색 매직펜으로 큼지막하게 쓴 그 글씨들을 읽고 나는 남자의 얼굴을 다시 한번 바라보았다. 분명, 어젯밤 호프집에서 만난 그 남자가 맞았다. 부스스한 머리칼도, 검은색 양복도 그대로였다. 남자는 사람들을 향해 대자보를 높이 쳐들지도 않았고, 아파트 쪽도 쳐다보지 않은 채, 그저 가만히 고개를 숙인 채 앉아만 있었다. 돗자리가 끝나는 부분엔 남자의 것으로 보이는 감색 운동화 한 켤레가 가지런히 놓여 있었다.

　나는 창문을 올리고 다시 차를 움직였다. 정문 경비가 내 차를 보자 인사를 했고, 나도 꾸벅 고개를 숙였다. 망신을 주려고 온 사람이었구나. 나는 핸들을 돌리면서 그렇게 생각했다. 뭐야, 그럼 어젯밤부터 저기에 저러고 있었다는 건가? 502호? 502호에 누가 살지? 저런다고 소용이 있을까? 직접 찾아가서 담판을 내야지. 나는 속도를 높이면서 그런 생각들을 하다가 이내 다시 그날 작성해야 할 서류들과 학과 취업률 따위들을 떠올렸다. 칠백만 원이든 천칠백만 원이든 남과 남 사이에 벌어진 일이었다. 내가 참견할 만한 일도, 참견할 수도 없는 일이었다. 그저 누군지 모를 사람의 망신을 한 번 보았을 뿐, 저러다가 금세 말겠지. 나는 그렇게 생각했다. 나는 학교에 도착한 후 인터넷으로, 죽은 아이의 아빠가 단식을 시작했다는 기사와, 교육부에서 대학의 구조 조정 로드맵을 발표했다는 기사를 차례로 읽었고, 교무처와 인재개발원 팀장들과 길게 통화를 했다. 그러다 보니 어느 순간 점심시간이 되었고, 자연스레 아침에 보았던 남자를 잊을 수 있었다.

　그러나 저러다가 말겠지, 했던 남자는 내 예상과는 다르게 몇 날 며칠 그 자리에 계속 앉아 있었다. 그사이 파란 천막 모서리에는 커튼처럼 얇은 비닐이 사면으로 매달렸고, 돗자리 위에는 새로 스티로폼 두 장이 깔렸다. 밤이 되면 비닐을 내리고, 스티로폼 위에 침낭을 깔고 자는 모양이었다. 그리고 다시 아침이 되면 비닐을 둘둘 말아올린 후, 합판에 붙인 대자보를 자신의 무릎 앞에 세웠다. 남자는 여전히 말이 없었고, 아파트 단지 안으로 들어오는 일도 없었으며, 아파트로 들어가는 사람들을 붙잡고 말을 거는 일도 없었다. 그는 그저 고요하게 거기에 앉아 있을 뿐이었다.

　그 며칠 사이 나는 '참좋은 마트' 사장에게서 남자에 대한 사정을 좀 더 자세히 듣게 되었다. 그게요, 사정이 좀 딱하게 됐더라구요. '참좋은 마트' 사장은 나를 비치파라솔 의자에 앉힌 후 음료수 한 병을 따 주면서 말을 이었다. 저 사람이 어린 시절부터 부모 떠나서 어렵게 지낸 모양인데, 아, 얼마 전까지는 인천에 있는 무슨 세차장에서 일을 했다고 하더라구요. 한데, 저 사람 어머니라는 분이 몇 달 전에 갑자기 찾아와서는 자기가 빚을 졌으니 조금 도와달라고 하면서 계좌번호를 놓고 간 모양이에요. 알고 봤더니 이 사람 어머니라는 분이 사채를 쓴 모양인데…… 추어탕집 주방에서 일했다나 어쨌다나. 뭐 아무튼 거기에서 일하다가 관절염 때문에 그만두고 철없이 사채를 썼나 봐요. 처음에 이백만 원을 빌린 게 금세 사백만 원이 되고 육백만 원이 되고 칠백만 원이 된 모양이에요. 그러니 덜컥 겁이 났겠죠. 그래서 할 수 없이 오래전부터 왕래가 없던 아들을 찾아간 모양인데…… 남자도 선뜻 돈을 보내진 못한 모양이에요. 당장 그만한 돈을 마련하기도 어려웠겠지만, 뭐 안 봐도 뻔한 거 아니겠어요. 거 왜 섭섭하고 원망 같은 게 없었겠어요. 딱 봐도 해 준 것도 없는 어머니 같은데, 갑자기 찾아와서 도와달라고 하니…… 아무튼 그래도 이 사람이 몇 달 뒤에 그 계좌로 돈을 넣은 모양이에요. 군소리 없이 칠백만 원 전부.

　'참좋은 마트' 사장은 그 대목에서 잠시 말을 끊었다. 언제부터인가 '란 헤어센스' 여사장도 우리 옆에 와서 자리를 잡고 앉아 있었다. 매미가 울고, 날파리가 많은 여름 저녁이었다.

　한데, 여기서부터가 더 안타까운 얘기인데…… 그사이에 저 사람 어머니도 그 돈을 갚았다는 거예요. 살고 있던 방 보증금도 빼고 여기저기 아는 사람들한테 조금씩 융통도 하고…… 그리고 그 돈을 갚고 얼마 뒤에 바로 돌아가셨대요.

(중략)

　아, 그래도 저 남자하고 정이 참 많이 들었는데…… 뭘 한 것도 없지만 몇 달 동안 매일매일 얼굴 보고 인사했는데……

　그나마 첫서리 내리기 전에 일이 이렇게 돼서 얼마나 다행이에요. 저러다가 겨울 맞으면 큰일나죠.

　502호 할머니는 나서지 않을 거 같으니까 우리가 직접 전하는 거로 하죠, 뭐. 절차가 따로 필요 있나요?

　나는 거기까지만 듣고 '참좋은 마트'를 나섰다. 바로 집으로 들어가려다가 말고 나는 걸음을 멈춘 채 뒤돌아 남자를 한 번 바라보았다. 남자는 대자보 판을 아예 양팔로 끌어안은 채 꾸벅꾸벅 졸고 있었다. 남자는 이제 어디로 가게 될까? 인천으로 돌아가겠지. 나는 남자의 인천 거처가 그때까지도 무사히 남아 있기를 바라 보았다. 거기까지가 내가 남자를 위해 할 수 있는 전부라고 생각했다.

후에, 호프집 여주인으로부터 전해 들은 이야기에 따르면, 다음 날 그 남자, 권순찬 씨의 행동은, 편지봉투에 정성껏 오만 원권 지폐로 칠백만 원을 마련해 간 아파트 입주민들을 충분히 당혹스럽게 만들었다고 한다.

입주민 대표는 여비조로 따로 이십만 원이 든 편지봉투도 들고 갔고, 신문기자를 부르진 않았지만 '참좋은 마트' 사장이 스마트폰으로 그 모든 과정을 동영상으로 남기기로 했고, 사람들은 남자와 일일이 악수를 하며 박수를 칠 생각이었으며, 기꺼이 남자의 천막 철거 작업을 도울 작정이었지만……

하지만, 남자는 사람들의 그 모든 선의를 거부했다.

저는 이 돈을 받을 수가 없습니다.

남자는 그렇게 말하고 다시 대자보 판을 잡고 제자리에 앉았다.

아니, 권순찬 씨. 이게 우리가 다른 뜻이 있는 게 아니고요. 502호 할머니 대신해서 전해드리는 겁니다. 여기 502호 할머니 돈도 포함되어 있어요.

입주민 대표가 그렇게 말했지만, 남자는 요지부동이었다.

저는 원래 그 할머니한테 돈을 받을 생각이 없었습니다. 저는 김석만 씨를 만나러 온 거예요. 그 사람을 직접 만나서 일을 해결하려고요……

모여 있던 사람들의 탄식이 흐르고, 몇 번의 실랑이가 더 오갔지만, 남자는 뜻을 굽히지 않았다. 그는 아무 일 아니라는 듯 천연스럽게 스티로폼 위로 올라온 모래를 손바닥으로 쓸어내리기도 했다.

그만 갑시다! 사람들의 성의를 원 저렇게 무시해서야……

누군가 그렇게 외쳤고, 사람들은 하나둘 다시 단지 정문 쪽으로 되돌아왔다. 그것이 내가 전해 들은 그날 일의 전부였다.

㉠아파트엔 그가 칠백만 원에 대한 이자를 받으려 한다는 소문이 돌기 시작했다.

– 이기호, 「권순찬과 착한 사람들」 –

다시보기 ▶ 다시 볼 문제 체크하고 틀린 이유 메모하기

[분석쌤 강의는 2차 채점 후 반드시 챙겨 볼 것!]

01 윗글의 내용과 일치하는 것은?

① 권순찬은 아파트로 들어가는 사람들을 붙잡고 김석만의 행방을 물었다.
② 권순찬은 502호 할머니에게 자신의 일을 해결해 달라고 호소하고 있다.
③ 나는 권순찬의 인천 거처가 권순찬이 돌아갈 때까지 무사히 남아 있기를 바라고 있다.
④ 나는 처음부터 권순찬이 아파트 단지 앞에서 오랫동안 머물 것이라고 예상하고 있었다.
⑤ 나는 작성해야 할 서류에 대한 생각 때문에 권순찬의 일에 참견하는 것을 다음으로 미루고 있다.

지문 근거 돌중헷 Q&A 어휘/개념 부정질문

분석쌤 강의
● 분 석 인물에 초점을 맞춰 세부 내용을 파악하는 문제
● 해결案 ①~②는 '권순찬', ③~⑤는 '나'에 대해 설명하고 있다는 것을 확인한 다음, 각 답지에서 핵심이 되는 말(키워드)을 찾아 그것을 언급한 지문 내용과 비교하여 일치 여부를 체크하면 쉽게 정답을 찾을 수 있다. 그럼에도 불구하고 특정 오답지에 답한 학생들이 제법 많았는데, 그 이유도 따져 알고 넘어가도록 한다.

※ 다음을 참고하여 2번과 3번의 두 물음에 답하시오.

선생님: 이 작품의 뒷부분에서 권순찬은 누군가의 신고로 아파트에서 쫓겨납니다. 그 후, '나'는 외제 차를 타고 나타난 김석만 씨를 목격하고 자신과 입주민들의 모습을 돌아보게 됩니다. 입주민들은 작품의 제목처럼 착한 사람들입니다. 그러나 문제의 원인과 해결책을 자신들의 입장에서만 찾은 입주민들은 자신들이 베푼 선의를 거절하였다는 이유로 권순찬에게 화를 냅니다. 이 작품은 문제의 진짜 원인을 보지 못하고 애꿎은 사람에게 화를 냈던 우리의 모습을 반성하게 합니다.

02 ㉠을 통해 추론할 수 있는 내용으로 가장 적절한 것은?

① 입주민들과 권순찬의 관계가 회복될 것임을 알 수 있군.

② 권순찬이 입주민들의 관심을 끌고 싶어 함을 알 수 있군.

③ 권순찬에 대한 입주민들의 생각이 바뀌고 있음을 알 수 있군.

④ 권순찬이 기다리는 김석만이 아파트에 나타날 것임을 알 수 있군.

⑤ 입주민들이 권순찬을 오해했던 자신들의 실수를 인정하고 있음을 알 수 있군.

지문 근거   물중 헷   Q&A   어휘/개념   부정 질문

분석쌤 강의

● **분 석** 정답에 답한 학생들이 많았지만, 틀린 학생들도 제법 많았으므로 오답들이 오답인 이유를 챙겨 보면서 지문 내용을 한 번 더 이해하고 넘어가야 하는 문제

● **해결案** 답지 ①부터 ⑤과 그 앞에서 전개된 사건을 통해 추론할 수 있는 내용인지를 체크하고, '선생님'의 설명과 부합하는지도 따진다.

---

03 윗글을 감상한 내용으로 적절하지 않은 것은? [3점]

① 권순찬이 김석만을 기다린 것은 김석만을 자신이 해결하고자 하는 문제의 원인이라고 생각했기 때문이겠군.

② 입주민들이 돈을 모아 권순찬에게 주려고 한 것은 문제의 해결책을 입주민들의 입장에서 찾은 결과로 볼 수 있겠군.

③ 입주민들이 권순찬에게 화를 낸 것은 문제의 진짜 원인을 보지 못하고 애꿎은 사람에게 화를 낸 것으로 볼 수 있겠군.

④ '참좋은 마트' 사장이 권순찬의 사연을 나에게 들려주는 것은 권순찬이 지닌 문제의 진짜 원인을 파악했기 때문이겠군.

⑤ 권순찬이 입주민들의 선의를 거부한 것은 입주민들의 돈을 받는 것이 권순찬이 원하는 해결책이 아니었기 때문이겠군.

지문 근거   물중 헷   Q&A   어휘/개념   부정 질문

분석쌤 강의

● **분 석** 지문에 전개된 사건의 흐름과 1번 문제 다음에 제시된 '선생님'의 설명을 참고하여 풀어야 하는 문제로, 사실적 이해와 추론적 이해를 모두 포괄하는 문제

● **해결案** 답지를 '것은'을 중심으로 두 부분으로 나눈 다음, '것은'의 앞부분은 지문의 내용과 일치하는지를 따지고, 뒷부분은 앞의 내용에서 이끌어 낸 내용으로 적절한지를 판단한다. 이때 1번 문제 다음에 있는 '선생님'의 설명도 참고하도록 한다.

4~7 다음 글을 읽고 물음에 답하시오.

2022학년도 9월 고1 전국연합학력평가 【35~38】 현대 소설

[A] 만수 씨는 명절 앞두고 업자들한테서 들어오는 구두표 같은 **상품권**은 사양하다 못해 받아서는 자신은 가지지 않고 구두 많이 닳은 사람부터 순서대로 나눠 줬다. 그것도 평소에 사람 하나하나를 잘 지켜보지 않으면 힘든 일이었다. 그렇게 시간이 흘렀다.

ⓐ구내식당 아줌마들이나 여직원들 사이에서 만수 씨는 노총각에 사람 좋고 하니 인기가 하늘을 찌를 듯했다. 공장 전체 인원 육백 명 중 여자는 서른 명도 안 되는데 그중 삼분의 일이 구내식당에 있었다.

그런데 어느 때부터인가 여자들 사이에 이상한 소문이 났다. 만수 씨와 내가 전부터 사귀던 사이이고 둘 사이에 아기가 있는데 그 아이를 만수 씨가 키우고 있다는 식이었다. 내가 딴 남자하고 바람이 나서 아기를 버리고 떠나갔다가 그 남자한테 싫증이 나자 다시 만수 씨에게 빌붙어 피를 빨아먹고 있다는 것이었다. 소문이라는 게 원래 어처구니없는 것이지만 해도 너무한다 싶었다. ㉠건드리면 더 커질 것 같아서 아예 아무 말을 하지 않았다. 하지만 몇 달이 지나기도 전에 소문은 온 공장 안에서 기정사실이 되었다. 여자들 모두가 나를 질투하고 미워하게 되었다. 지옥이 따로 없었다. 내 칫솔에 새똥이 묻어 있기도 하고 면도날이 내가 조리를 담당한 냄비 속에 들어 있기도 했다. ㉡도저히 견딜 수가 없어 만수 씨를 찾아갔다.

―미안합니다. 저 때문에 오해를 받아서 많이 괴로우신 걸 잘 압니다. 제가 아무리 아니라고 해도 사람들이 의심을 더 하니까 어쩔 수가 없네요. 좀 잠잠해질 때까지 다른 데 가 계시면 어떨까요. 제 여동생이 결혼하고 나서 저 사는 동네 중학교 앞에서 ⓑ분식집을 합니다. 거기를 좀 도와주세요. 월급은 지금보다 많이 드리라 할게요. 부탁합니다.

만수 씨는 그렇게 말했다. ⓒ오래도록 생각했지만 다른 도리가 없었다. 사실 나는 만수 씨를 좋아했다. 만수 씨를 처음 봤을 때부터 좋아하고 있었다.

[B]
오빠가 그 여자를 데리고 와서 주방을 맡기라고 했을 때는 억장이 무너지는 것 같았다. 튀김, 어묵, 떡볶이 같은 아이들 주전부리 음식 파는 가게 크기라는 게 어른 세 사람만 서 있어도 꽉 차는데 어떻게 사람을 더 들이라는 것인가. 칼과 도마, 싱크대는 여자들한테는 양보할 수 없는 고유 영역 같은 것인데 하루아침에 물러나라니 말도 안 되는 소리였다. 떡볶이나 어묵에 무슨 솜씨를 부릴 일이 있는가. 어린 학생들 코 묻은 돈 받아서 월급을 주고 월세 내고 나면 남는 게 뭐가 있을 것인가. 내가 거기까지 얘기했을 때 오빠가 점퍼 안주머니에서 **적금 통장**을 꺼내 놓았다. 그동안 나온 월급을 모은 것이라며 건물 주인한테 이야기해서 가게를 키워 가지고 제대로 된 식당을 해 보자고 했다. 이제까지 무슨 생각으로 아무 말도 하지 않았는지 원망스러웠고 그다지 고맙지도 않았다.

[중략 줄거리] 구내식당에서 일하던 여자의 음식 솜씨 덕분에 새로 차린 기사 식당은 자리를 잡는다. 하지만 IMF 이후 공장을 되살리려는 투쟁에 여자가 참여하면서 식당 운영에 차질이 생긴다. 이에 여동생의 남편이 만수에게 불만을 토로한다.

—아니, 형님 다니던 회사가 형님이 게으르고 일 안 해서 망한 겁니까. 망해도 그렇지, 자본가라는 놈들이 어떤 놈들인데 그놈들이 형님네처럼 아무것도 없이 나갔겠냐고요. 지금도 홍콩이나 하와이 해변 같은 데 가서 빼돌린 돈 가지고 떵떵거리면서 잘살고 있어요.

[C]
처남이 착하다는 건 인정한다. 성실하기도 했다. 그런데 방향이 틀렸다. 같이 해야 할 일은 같이 열심히 하겠지만 싸울 일은 싸워서 해결해야 하지 않는가. 또 싸울 때도 상대를 제대로 골라서 싸워야지 제 편, 제 식구에게 피해를 입혀 가며 제 살 깎아 먹기 식으로 하는 건 나부터 용납할 수 없었다. 그냥 놔두니까 처남은 계속 주절주절 말을 이어가고 있었다.

—우리 어릴 때 굶기를 밥 먹듯 하던 때를 생각해 봐. 나는 원망하는 사람이 없어. 내 팔자가 그런 걸 뭐. 또 원망해서 뭐해? 그 사람들이 잘못을 뉘우치고 제자리로 돌려놓을 것도 아니고 그럴 능력도 없고. 그 사람들이 그러고 싶어서 그러겠냐고. 부도내고 싶어 부도내는 회사가 어디 있겠어? 니는 이렇게 기난하지만 소박하게, 보통 사람 나름이 행복을 누리면서 살아가면 된다고 생각하네.

ⓔ그런 건 내 알 바가 아니었다. 나부터 살길을 찾아야 했다.

—지금 저 주방에 있는 아줌마하고는 무슨 사이인 겁니까?

—진주 씨? 우리는 같이 싸우고 있어. 투쟁.

—뭐 때문에 투쟁하는데요? 누구를 상대로요?

—우리가 공장을 지키기 위해서 싸우다 보면 사장님이 투자자를 데리고 돌아오실 거야. 그럼 회사 주식을 담보로 가지고 있는 채권단한테 빚도 갚고 공장이 다시 돌아가는 거지. 우리는 희망이 있어. 희망 때문에 싸우는 거야.

—그런데 수민이 엄마가 저 아줌마하고 앞으로 어쩔 거냐고 자꾸 그러는데요. 계속 이렇게 살 수는 없다고.

—지금처럼 일이 있으면 투쟁 현장에 가서 밥도 해 주고 옛날 회사 사람들하고 일주일에 한 번 만나는 데 같이 가고 끝나면 여기 와서 바쁠 때 음식 제대로 하는지 감독하고 하면 되지.

—우리 식당 하루 스물네 시간 돌아가는 뎁니다. 누구는 자기 하고 싶은 대로 멋대로 일했다 말았다 하고 월급은 사장보다 더 챙겨 가고 누구는 하루 스물네 시간 꼬박 일하고 있는데……. 수민이 엄마가 무슨 죄를 졌습니까. 그렇다고 형님이 돈이나 많이 주는 것도 아니고. 집도 그렇지요. 지금 애들 자꾸 크니까 교육 문제도 그렇고 집을 옮겨야 되고 하는데 돈 생기는 데는 ⓒ기사 식당밖에 없잖습니까. 그런데 그 돈을 형님이 다 통장에 집어넣고 꼭 움켜쥐고 있다고…….

[D]
—아니, 그건 아닌데. 여기 재료비하고 인건비, 월세 제하고 나서 또 우리 공장에서 같이 투쟁하는 식구들 먹고 자고, 각자 가족이 있으니까 최소한 앞가림은 해야 하고 그러느라고 다 썼지. 우리 공장 때문에 소송도 걸려 있고 거기도 **돈**이 엄청나게 들어가서 말이지. 내가 뭘 쥐고 있겠어. 내가 장부에 다 기록해 놨어.

ⓜ어처구니가 없었다. 아이들이 좁아터진 집 안에서 열대야가 기상 관측 이래 신기록을 내고 있는 한여름에 온몸에 땀띠가 나서 잠을 못 자고 울고 아내는 손이 불어 터지도록 설거지하고 일해서 번 돈을 엉뚱한 데 처넣어 왔다는 말이었다.

— 성석제, 「투명 인간」 —

04 윗글의 내용에 대한 이해로 적절하지 <u>않은</u> 것은?

① 진주가 느끼는 만수에 대한 호감은 첫 만남에서부터 시작되었다.

② 만수의 노력에도 진주에 대한 공장 사람들의 오해는 풀리지 않았다.

③ 만수는 공장이 다시 돌아갈 것이라는 기대를 품고 투쟁을 계속하였다.

④ 만수 여동생의 남편은 식당 운영에 따른 수익금 배분의 불공평함을 문제 삼았다.

⑤ 만수의 여동생은 불성실함 때문에 진주에 대한 생각이 부정적으로 바뀌게 되었다.

| 지문근거 | 둘중헷 | Q&A | 어휘/개념 | 부정질문 |

분석쌤 강의

● **분 석** 서술자와 대화의 화자를 명확하게 구분해야 빠르게 정답을 찾을 수 있는 문제

● **해결案** 사건의 흐름을 염두에 두고 답지와 관련된 지문 내용과 답지를 비교해 적절한지를 따진다. 복습할 때 〈클리닉 해설〉의 작품 분석에서 '서술상의 특징'을 확인하도록 하자.

05 ㉠~㉤에 대한 설명으로 가장 적절한 것은?

① ㉠: 주변 상황에 신경 쓰지 않는 '나'의 무던함을 보여 준다.

② ㉡: 질투와 괴롭힘으로 인한 '나'의 고통이 한계점에 이르렀음을 보여 준다.

③ ㉢: 상대가 제시한 대안이 '나'가 내심 바라고 있었던 내용임을 드러낸다.

④ ㉣: 이상적인 삶의 방식만을 고집하는 상대에 대해 빈정거리는 '나'의 태도를 드러낸다.

⑤ ㉤: 공장에서 투쟁하는 사람들에 대한 '나'의 안타까운 심정을 드러낸다.

| 지문근거 | 둘중헷 | Q&A | 어휘/개념 | 부정질문 |

분석쌤 강의

● **분 석** 밑줄 친 ㉠~㉤뿐만 아니라 그 앞뒤의 내용까지 고려하여 답해야 하는 문제

● **해결案** 주체가 누구인지부터 파악한 다음 답지의 옳고 그름을 따지되, 정답 후보가 되는 답지는 다시 세부적으로 나누어 각각이 모두 옳은지를 체크해야 빠르고 정확하게 정답에 답할 수 있다.

06 ⓐ~ⓒ를 이해한 내용으로 가장 적절한 것은?

① ⓐ에서 조성된 인물 간의 긴장감은 ⓑ에서 심화된다.

② ⓐ로 인한 인물 간 유대감은 ⓒ에서 반감된다.

③ ⓑ에서의 인물과 사회와의 갈등이 ⓒ에서 인물 간의 갈등으로 전환된다.

④ ⓐ, ⓒ에서는 특정 인물이 갈등 해결의 실마리를 제공한다.

⑤ ⓑ, ⓒ와 관련된 갈등은 특정 인물이 타인을 대하는 태도가 원인으로 작용한다.

| 지문근거 | 둘중헷 | Q&A | 어휘/개념 | 부정질문 |

분석쌤 강의

● **분 석** 정답보다 오답에 답한 학생들이 많았고, 특정 오답지에 특히 많이 답한 문제

● **해결案** ⓐ~ⓒ에서 일어난 사건을 염두에 두고 답지를 살핀다. ①을 예로 들면, 'ⓐ에서 조성된 인물 간의 긴장감'이 있는지, 있다면 그 긴장감이 'ⓑ에서 심화'되었는지를 각각 따진다.

07 〈보기〉를 참고하여 윗글을 감상한 내용으로 적절하지 <u>않은</u> 것은? [3점]

> ── 보기 ──
>
> 「투명 인간」은 선량한 주인공이 근현대사를 관통하면서 물질 만능의 한국 사회로부터 어떻게 소외되어 가는지를 그린 장편 소설이다. 특히 주인공은 가족과 동료를 위해 자신의 것을 나누며 희생하다 결국 '투명 인간'이 된다. '투명 인간'이 된 주인공 대신 주변인들이 서술자로 등장하면서 주인공에 관한 이야기를 풀어낸다. 이런 서술 방식은 주인공에 관한 다양한 정보를 제공하고 이 정보들을 통해 주인공의 삶을 다각도에서 조명한다. 이를 통해 주인공을 입체적으로 드러낸다.

① [A]의 '상품권'을 동료들에게 나눠 주는 모습을 통해 주인공의 선량한 성품을 확인할 수 있겠군.

② [B]의 '적금 통장'을 통해 물질 만능의 한국 사회로부터 주인공이 소외당하고 있는 현실을 확인할 수 있겠군.

③ [D]의 '돈'의 사용처를 통해 주변인들을 위해 자신의 것을 나누며 희생하는 주인공의 면모를 확인할 수 있겠군.

④ [A], [B]에서 주인공을 지칭하는 표현을 통해 주변인들이 서술자로 등장하고 있음을 확인할 수 있겠군.

⑤ [B], [C]에서 주변인들이 제공한 정보를 통해 주인공의 삶을 다각도에서 조명하고 있음을 확인할 수 있겠군.

| 지문근거 | 둘중헷 | Q&A | 어휘/개념 | 부정질문 |

분석쌤 강의

● **분 석** 〈보기〉를 바탕으로 작품 감상 능력을 질문한 수능 빈출 유형으로, 문제의 길이가 길고 고배점(3점)이지만 이와 같은 유형의 문제 풀이법을 익혀 두면 정답을 빠르게 찾을 수 있고 문제 풀이 시간도 단축할 수 있는 문제

● **해결案** 지문을 읽기 전 〈보기〉부터 읽는다. 그러면 지문 내용을 쉽게 이해할 수 있어 빠르게 읽을 수 있다. 그리고 지문을 끝까지 읽은 다음 답지를 체크해도 되지만, 〈보기〉를 읽은 후 지문을 읽었다면, 지문을 읽어 내려가면서 [A]를 읽고 답지 ①을, [B]를 읽고 답지 ②를 검토하는 방식으로 문제를 풀어도 된다. 이때 〈보기〉에서 설명한 내용이라도 지문에서 확인할 수 없거나 지문의 흐름과 어긋나면 '적절하지 않은' 답지가 된다는 것을 기억하도록 하자.

[앞부분의 줄거리] 나는 삼촌의 연락을 받고 멧돼지 사냥에 동참하게 된다. 물망초 카페 윤 마담과의 사랑을 이루지 못하고 방황하던 삼촌은 사냥에 취미를 붙이고 살아간다. 나와 삼촌, 도라꾸 아저씨는 새끼를 거느린 어미 멧돼지와 리기다소나무 숲에서 마주치나 사냥에 실패한다. 도라꾸 아저씨는 부상당한 삼촌을 업고 숲길을 걷는다.

숲속은 서늘했다. 묘한 침묵이 숲을 가득 메우고 있었다. 밟고 올라온 눈길을 되밟으며 우리는 조금씩 걸음을 옮겼다. 두 번째 리기다소나무 숲을 지나는 동안, 내 마음속에는 궁금증이 일었다. 감정 정리를 하는지 삼촌의 만담도 더 이상 이어지지 않았으므로 나는 궁금증을 참지 못하고 말했다.

"그란데 도라꾸 아저씨는 아까 왜 멧돼지를 안 죽였어여? 아저씨도 쏠 수 있었잖아여?"

내 물음에 도라꾸 아저씨는 ㉠영 딴소리였다.

"호식이가 새끼 관절 물고 늘어진 모양이라. 그라만 어미가 도망 못 가거든. 엽견* 중에는 그런 짓 하는 놈들 참 많아여."

"저게 원체 영물이라 캉께."

코맹맹이 소리로 훌쩍거리며 삼촌이 말했다. 조금 전까지 사랑이 어쩌네 수면제가 어쩌네 징징거리던 삼촌이 주인을 닮아 어디가 부러졌는지 오른쪽 뒷발을 들고 껑충껑충 뛰어가는 놈을 가리켜 영물 운운했다. 호식이 얘기가 나오니까 또 만담을 시작할 모양이었다. 삼촌 가슴속은 암만해도 푸른색인가 보다.

"하지만 그건 암수(暗數)*라. 그런 암수를 쓰만 안 되는 거라. 나도 한때 그 이름도 아름다운 물망초 윤 마담까지는 못 되더라도 헛된 공명심에 눈이 먼 적이 있어여. 불질 잘한다고 알려지만 여기저기서 해수구제* 해 달라고 부르는 일이 많다 캉께. 가서 잡아 주만 영웅 되고 참 재미나지. 근데 한 번은 을매나 대단하던지 새끼를 몰고 다니민서도 손아귀 사이로 모래 알 빠지듯 몰이꾼들 사이로 잘도 피해 다니는 놈을 만난 적이 있어여. 삼백 근도 넘을까. 엄청시리 대형 멧돼지였는 거라. 그런 놈 어데 다시 만나겠나. 무려 육박 칠 일 동안 그놈을 쫓아댕겼응께 말 다한 거지. 그라고 봉께 안 되겠더라. 어느 순간부터 요놈이 나 갖꼬 노나, 그런 생각이 들데. 지금 생각하만 틀린 생각이지. 살겠다고 도망가는 멧돼지 신세에 어데 사냥꾼을 갖꼬 놀겠나? 사람이든 짐승이든 숨탄것 목숨이 그래 우스운 게 아인데 말이라. 그란데 그런 생각이 한번 드니까 눈에 보이는 게 없는 거라. 우쨌든 잡아 죽이겠다는 생각뿐이지. 그래서 다음부터는 어미가 아이라, 새끼를 죽였어. 보이는 족족 쏴 죽였어여. 그래, 암수지 암수. 한 다섯 마리쯤 죽였을 끼라. 그때가 초가을잉께 아직도 새끼들 등에 줄이 짝짝 그어져 있을 때였어여. 한 두어 방 쏘만 새끼들은 꿈틀꿈틀하다가 죽어 버려. 멀리 있어도 호수 작은 산탄으로 쏘만 되니까. 어미는 산탄이 박혀도 괜찮다 캐도 새끼들은 어미 보는 눈앞에서 픽픽 쓰러지지."

새끼만 노리고 다섯 마리쯤 죽인 뒤에 도라꾸 아저씨는 일행에게 다시 돌아가자고 말했다고 한다. 그때는 이미 능선을 따라 북쪽으로 삼십 킬로미터 정도는 올라간 뒤였다. 도라꾸 아저씨는 며칠간의 사냥으로 거지꼴이 된 채 그냥 돌아갈 수 없다고 불평하는 일행을 이끌고 다시 능선을 따라 돌아오기 시작했다.

"사람들이야 몰랐지만 나는 알고 있었다. 필시 쫓아온다는 거를 말이라. 뭐긴 뭐라, 어미 멧돼지지. 우리가 새끼들을 들쳐 메고 가니까 어미가 계속 그래 일정한 간격을 두고 쫓아왔어여. 죽을 줄 알면서도 계속 그래 쫓아오더라. 그래, 한 여섯 시간을 걸어가다가 새끼들 내려놓고 다시 몰이를 시작했어여. 그래갖꼬? 잡았지. 죽을라고 쫓아온 놈이니까. 그란데 봐라, 잡는 그 순간에 나도 너맨치로 그놈하고 눈이 딱 마주쳤다. 그 눈에 뭐가 보였는가 아나? 아무것도 안 보이더라. 텅 비었더라. 결국 너는 못 쐈지? 나도 한참을 못 쐈다. 그래 벌써 죽은 놈이라 카는 거를 아는 이상은 못 쏘는 거라. 쏘만 안 되는 거라. 하지만 일행이 지켜보는 데다가 공명심도 있응께 안 쏠 수가 없었다. 살아생전 총 한 번 제대로 안 쏘고 잡은 멧돼지는 그게 처음이자 마지막이라."

녹아내리는지 멀리 가지에 쌓였던 눈무지가 쏟아지는 소리가 들렸다.

"그래 총 쏘기 전에 벌써 죽은 놈이라 카만 나는 도대체 뭘 쏴 죽인 거겠나? 마을에서 영웅 대접받고 집에 돌아와 며칠을 끙끙 앓다가 깨달았다. 잘못했다, 잘못했다, 아무래도 총을 쏘만 안 되는 거였다, 이런 생각이 머릿속에서 떠나지 않더라. 그라고 보만 그날 내가 잡은 거는 정녕 멧돼지가 아니었던 거지. 이래 산에 오만 쓸모 적은 나무나마 리기다소나무도 살아가고 청솔모도 살아가고 바람도 쉼 없이 움직이지만, 정작 그 멧돼지는 이미 죽은 거였응께 말이라."

"그라만 아저씨가 그때 쏴 죽인 거는 뭐라여?"

우리는 리기다소나무 숲을 빠져나왔다. 하얀빛과 성긴 겨울 햇살이 투명하게 서로 뒤엉키고 있었다. 도라꾸 아저씨는 코를 한 번 훌쩍였다. 눈 밟는 소리와 사냥개들이 끙끙거리는 소리만 사이를 두고 들릴 뿐이었다.

"그래 나는 한 번 죽었다."

도라꾸 아저씨는 ⓛ또 딴소리였다.

(중략)

"저 봐라, 리기다소나무도 있고 직박구리도 있다. 저래 다 살아가고 있는 거라. 산 것들 저래 살아가게 하는 일이 을매나 용기 있는 일인가 나는 그때 다 깨달았던 기라. 내가 해수구제 한다꼬 싸돌아다니면서 짐승들 쏴 죽인 것도 용기 있어서가 아이라 나하고 마누라하고 애새끼들하고 먹고살아 갈라고 그런 거라는 걸 그때야 알게 된 거다. 그것도 모르고 나는 영동군 상촌면 흥덕리 도라꾸가 세상에서 제일 용감한 사냥꾼인 줄 알았던 거라. 그리고 나니까 어데 약실에 돌멩이 하나도 못 집어넣겠더라."

삼촌을 등에 업은 도라꾸 아저씨는 지친 기색도 없이 눈 쌓인 산길을 터벅터벅 걸어 내려갔다. 아저씨의 말은 알 듯 말 듯 했다.

"내가 니 삼촌을 왜 좋아하는가 아나?"

"좋은 말 상대니까 그런 거 아이라여?"

"멧돼지 눈 보고 옛날 애인 생각나서 총 못 쏜다 카는 사람 아이라. 그래 내가 니 삼촌 좋아하는 거라. 내가 뭔 소리 하는가 알겠나?"

"지금 뭔 소리 합니까? 이것도 만담입니까?"

내가 진심으로 되물었다.

– 김연수, 「리기다소나무 숲에 갔다가」 –

＊엽견: 사냥개.

＊암수: 속임수.

＊해수구제: 해로운 짐승을 몰아내어 없앰.

다시보기　▶ 다시볼 문제 체크하고 틀린 이유 메모하기

08 윗글의 서술상 특징으로 가장 적절한 것은?

① 빈번하게 장면을 전환하여 사건을 속도감 있게 전개하고 있다.

② 인물의 회상을 통해 과거와 현재를 매개하는 경험을 전달하고 있다.

③ 공간의 이동에 따라 인물 간의 갈등이 해소되는 과정을 보여 주고 있다.

④ 요약적 서술과 대화를 교차하여 사건이 반전되는 양상을 부각하고 있다.

⑤ 인물의 내면 심리 묘사를 통해 현실에 대한 부정적 인식을 보여 주고 있다.

지문근거　둘중헷　Q&A　어휘/개념 부정 질문

분석쌤 강의

● **분 석** 발문(문두)을 확인한 후 문제 풀이 방향을 정하고 답지를 검토해야 하는, 서술상의 특징을 묻는 문제

● **해결案** 서술상의 특징을 묻는 문제라는 점을 확인한 후 답지를 검토한다. 이때 각 답지에서 앞부분은 지문에서 확인할 수 있는 것인지를 체크한 후 확인할 수 있는 내용이면, 이를 통해 답지의 뒷부분과 같은 효과를 거두고 있는지를 따진다.

다시보기　▶ 다시볼 문제 체크하고 틀린 이유 메모하기

09 '나'와 '도라꾸 아저씨'의 대화 양상을 고려하여, ㉠, ㉡을 이해한 내용으로 가장 적절한 것은?

① ㉠은 도라꾸 아저씨의 말에 대한 나의 놀라움을, ㉡은 불신감을 나타낸다.

② ㉠과 ㉡은 나의 질문을 가로막는 도라꾸 아저씨의 태도에 대한 반감을 드러낸다.

③ ㉠과 ㉡을 통해서 '나'가 도라꾸 아저씨의 의중을 이해하지 못하는 상황이 지속되고 있음을 알 수 있다.

④ ㉠이 ㉡으로 연결되면서 계속 만담을 이어가려는 도라꾸 아저씨에 대한 '나'의 냉소적 태도가 약화되고 있다.

⑤ ㉡은 ㉠에 담긴 의구심을 해소할 수 있는 실마리를 얻을 수 있으리라는 바람이 이루어진 데에 따른 성취감을 반영한다.

지문근거　둘중헷　Q&A　어휘/개념 부정 질문

분석쌤 강의

● **분 석** 쉽게 정답에 답한 경우에도 2차 채점 후 〈클리닉 해설〉을 참고해 정답과 오답인 이유를 챙겨 봐야 하는 문제

● **해결案** ㉠과 ㉡이 어떤 상황에서 나타낸 반응인지를 파악한다. 그리고 ㉠, ㉡의 앞뒤에 전개된 '나'와 '도라꾸 아저씨'의 대화 양상을 고려하여 답지의 설명이 적절한지를 세부적으로 따져 오답을 제외해 나간다.

10 윗글에서 알 수 있는 내용으로 적절하지 않은 것은?

① 삼촌은 '나'에게 사랑에 관한 자신의 이야기를 들려주었다.

② 삼촌은 사냥에 동행한 엽견 호식이가 자신을 닮았다는 점에서 영물이라 불렀다.

③ 도라꾸 아저씨는 사람들에게 능력을 인정받았던 뛰어난 사냥꾼이었다.

④ 도라꾸 아저씨는 부상당한 삼촌을 등에 업고 리기다소나무 숲을 빠져나왔다.

⑤ 도라꾸 아저씨는 삼촌이 옛 애인 생각이 나서 멧돼지에게 총을 쏘지 못한 심정을 이해했다.

지문근거	둘중헷	Q&A	어휘/개념	부정 질문

분석쌤 강의

● **분 석** 가장 많이 답한 오답지가 오답인 이유를 챙겨 보면 국어 공부의 방향을 짐작하게 해 주는 문제 ☞ 〈클리닉 해설〉 참조

● **해결案** '알 수 있는 내용'인지를 질문했으므로 지문에서 근거를 찾아 O, X 표시를 하며 풀어야 한다. 발문(문두)을 보고 '작품에 대한 배경지식이 없어도 지문에 제시된 내용만으로도 풀수 있는 문제군.' 하며 답지를 꼼꼼히 살핀다.

---

11 〈보기〉를 참고하여 윗글을 감상한 내용으로 적절하지 않은 것은? [3점]

> ─ 보기 ─
>
> 이 작품은 '도라꾸 아저씨'의 인식 변화를 중심으로 이야기가 전개되고 있다. 도라꾸 아저씨는 인간과 자연을 분리된 것으로 보고 자연보다 우월한 위치에서 자연을 도구로서의 가치만 지닌 타자로 대했었다. 그런데 사냥 중 이러한 인식에 변화가 시작된다. 그는 하나의 생명을 빼앗기 위해 또 다른 생명을 수단으로 삼은 행동이 잘못이었다는 것을 깨닫게 된 것이다. 그리고 인간과 마찬가지로 자연 역시 동등한 가치를 지닌 존재라는 생태주의적 인식을 하게 된다.

① 도라꾸 아저씨의 자연에 대한 인식이 변화된 것은 죽은 새끼들을 쫓아온 어미 멧돼지와 시선을 마주한 것이 계기가 되었겠군.

② 도라꾸 아저씨가 한때 멧돼지의 생명을 우습게 여겼던 이유는 멧돼지를 자신의 공명심을 드러내는 도구로서의 가치로 판단했기 때문이겠군.

③ 도라꾸 아저씨가 자신이 한 번 죽었다고 말한 것은 멧돼지들을 거침없이 죽였던 것이 잘못된 행동이었음을 깨달았다는 것을 의미하는 것이겠군.

④ 도라꾸 아저씨가 세 사람과 마주친 멧돼지를 죽이지 않은 것은 자연 속에서 살아가는 모든 생명은 소중하다는 생태주의적 인식에서 기인한 것이겠군.

⑤ 도라꾸 아저씨가 새끼의 생명을 빼앗아 어미 멧돼지를 잡는 사냥법을 암수라고 한 삼촌의 말에 동의한 것은 멧돼지도 인간과 동등한 가치를 지닌 생명체임을 인정한 것이겠군.

지문근거	둘중헷	Q&A	어휘/개념	부정 질문

분석쌤 강의

● **분 석** 〈보기〉가 있고 고배점(3점)인 문제는 어렵다는 생각을 가진 학생들이 많은데, 이와 같은 선입견은 가지지 않아야 하고, 실제로 이 문제도 틀린 학생들이 많았지만 다시 챙겨 보면 어렵지 않다는 것을 알 수 있는 문제 유형

● **해결案** 지문을 읽기 전 〈보기〉부터 읽는다. 그런 다음, 〈보기〉의 내용을 바탕으로 지문을 감상한 후 답지를 검토할 때에는 지문 내용 또는 〈보기〉의 설명과 어긋나는 부분이 포함되면 X 표시를 한다. 과감하게 X로 표시한 답지가 있다면 그것을 정답으로 체크한다.

▶ 정답을 모르는 상태에서 2차 풀이를 하기 위한 방법으로, 아래 채점표 대신 '모바일 자동 채점 프로그램'(문제편 표지 QR 코드)을 이용해도 된다.

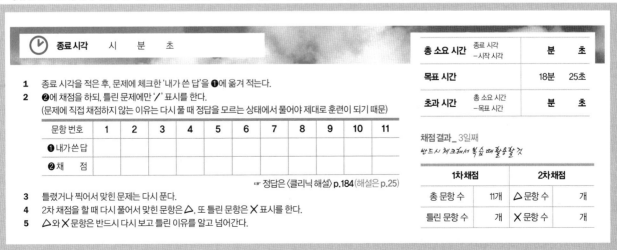

1~3 다음 글을 읽고 물음에 답하시오.

2018학년도 11월 고1 전국연합학력평가【26~28】 현대 소설

용쇠는 역시 아무 대꾸가 없다.

"내 자식이니까 내 맘대로 한다구? 자네는 이렇게 생각하는지 모르겠네마는 그러나 부모가 자식을 때릴 권리가 어디 있나? 사람에게 수족을 붙여 준 것은 일하라는 것이지 남을 함부로 때리라는 것은 아니야. 부모나 자식이나 사람이기는 일반이라 하면 제 자식이나 남의 자식이나 그리 등분이 없을 게다. 덮어놓고 제 뜻만 맞추라고 남을 강제하는 것은 포학한 짓이 아닌가? 얼격박이*를 밉다고 암만 뚜드려 준대야 그게 별안간 빤질빤질해질 이치는 없지! 자네는 오늘부터 짐승을 배우게!"

"무얼? 짐승을?"

하고 용쇠는 얼굴이 빨개지며 불안한 표정으로 쳐다본다.

"그래! 짐승을 배우란 말이야! 자네 집에 제비가 제비 새끼를 치지 않는가? 그 어미 제비를 배우란 말이야! 공자님의 말이나 누구의 말보다도."

용쇠는 그게 무슨 소리인지 다만 자기를 모욕하는 줄만 알았다. 그래 ㉠속으로는 분하였지마는 그대로 참고 들었다.

용쇠가 이렇게 혼이 난 뒤에 동리 사람들은 더욱 정도룡을 두려워하였다. 그러나 그를 경외하기는 그전부터 하였다. 그것은 그의 건장한 체격과 또한 그의 의리 있는 심지가 누구든지 자연히 그를 신뢰하고 싶은 마음이 생기게 하였다. 그것은 그를 미워하는 사람까지도 속으로는 그의 행동을 감복하였다. 그래 그의 이름이 근사한 것을 기화로 그를 모두 계룡산 정도령(鄭道令)이라 하였다.

그에 대한 이러한 존경은 건넛말 양반촌에서도—유명한 김 주사까지도—그를 만만히 보지 못하였다. 그래 고양이 있는 집에서 기를 펴지 못하고 사는 생쥐같이 지내던 이 동리 사람들이 그로 말미암아 적지 않은 힘을 입었다. ㉡그래 이 동리 사람들은 어른 아이 없이 그를 참으로 정도령같이 믿으며 그의 말이라면 모두 복종하게 되었다. 물론 이 동리의 크거나 적은 일은 그의 계획과 지휘로 해결되었다. 그런데 그를 그중 사랑하기는 어린아이들과 여자들이었다. 그것은 **무지한 남자와 부모의 횡포를 규탄**해 주는 까닭으로 그러하였다. 마치 일전에 **용쇠를 혼내 주듯** 하므로.

그렇다고는 하지마는 이 **동리 사람들**의 생활은 참으로 가련하였다. 용쇠는 그래도 딸이나 팔아먹었지마는 늙은 부모하고 어린 자식들에 식구는 우글우글한데 양식이 떨어져서 굶주리는 집이 겅성드뭇하였다*. 더구나 지금은 농가에서는 제일 어려운 보릿고개를 당한 판이니까. 모는 심어야겠는데 보리는 아직 덜 익어서 채 익지도 않은 **풋보리**를 베어다가 뽀얀 물을 짜내서 **죽물을 끓여 먹는** 집도 많다.

[중략 부분의 줄거리] 마을의 지주 김 주사는 춘이네가 소작하던 논을 하루아침에 일본인 고리대금업자에게 넘긴다. 소작하던 논을 떼이고 먹고살기가 어려워진 춘이 조모는 김 주사를 찾아간다.

[A] 김 주사는 감투를 쓰고—그는 지금 도 평의원이다마는 감투 쓸 일은 이 밖에도 많다. 전 금융조합장, 전 보통학교 학무위원, 전 군참사, 적십자사 정사원, 지주회 부회장—(이담에 죽을 때에는 명정을 쓰기가 어려울 만큼 이렇게 직함이 많았다)—점잖은 목소리로 논 떼는 이유를 이렇게 말하였다.

"여태까지 몇 해를 잘 지어 먹었으니 인제는 고만 지어 먹게. 다른 사람도 좀 지어 먹어야지."

그때 노파는 벌벌 떨리는 목소리로

"아이구 나으리! 지금 와서 논을 떼면 어찌합니까? 그러면 제집 식구는 모다 굶어 죽겠습니다!"

하고 개개 빌어 보았으나 김 주사는 그런 것은 나는 모르고, **내 땅은 내 말대로 언제든지 뗄 수 있지 않느냐**—됩다 불호령을 하였다.

그래도 ㉢춘이 조모는 한나절을 애걸복걸하며 올 일 년만 더 지어 먹게 해 달래 보았으나 그는 도무지 막무가내이었다. 벌써 다시 변통이 없을 줄 안 **춘이 조모**는 그 길로 나오다가 그 집 대뜰 위에서 그 아래로 물구나무를 서서 고만 그 자리에 즉사하였다. 그는 지금 여든다섯 살인데 여기까지도 간신히 지팡이를 짚고 기어 왔었다.

[B] 그러나 김 주사는 조금도 개의치 않고 하인을 명하여 송장을 문밖으로 끌어내게 하였다. 그리고 송장 찾아가라고 춘이 집으로 전갈을 시키고 일변 구장을 불러서 경찰서로 보고하게 하였다. 김 주사는 마침 그 일인과 술을 먹을 때이므로 그는 물론 튼튼한 증인이 되었다.

행여 무슨 도리나 있는가 하고 기다리던 춘이 모자는 천만뜻밖에 이 기별을 듣고 천지가 아득하여 전지도지* 쫓아갔다. ㉣그들은 지금 시체 옆에 엎드려서 오직 섧게 통곡할 뿐이었다.

그런데 정도룡은 오늘 자기 집 모를 심다가 이 기별을 듣고는 한달음에 뛰어들어 왔다. 벌써 마을 사람들은 많이 모여 서서 김 주사의 포학한 행위를 욕하고 있다. 그중에 핏기 있는 원득이는 이 당장에 쫓아가서 그놈을 박살내자고 팔을 걷고 나서는데 겁쟁이들은 우물쭈물 **눈치만 보**고 겉으로 돈다. 더구나 **김 주사 집 땅을 부치는 사람들**은 아무 말도 못 하고 벌써부터 **꽁무니를 사리**려 든다.

"허―참 그거 원…… 나는 논을 갈다 왔는데 좀 가 보아야겠군!"

하고 ㉤용쇠가 머리를 주죽주죽하며 돌아서는 바람에 나도 나도 하고 몇 사람이 그 뒤를 따라서려 하는데 별안간 정도룡은 벽력같이 소리를 질렀다.

"동리에 큰일이 났는데 제 집 일만 보러 드는 늬놈들도 김 주사 같은 놈이다."

이 바람에 개 한 마리가 자지러지게 놀라서 깨갱거리며 달아난다. 그래 그들은 머주하니 돌쳐섰다. 이때의 정도룡은 눈에서 불덩이가 왔다 갔다 하였다. 그는 아이들을 늘어놓아서 들에 있는 사람들을 모조리 불러들였다. 그들은 그의 전갈을 듣고 모두 뛰어들어 왔다. 더구나 용쇠 같은 이 났단 말을 듣고.

정도룡은 그들을 **일일이 지휘하**여 일 치를 순서를 분배한 후 나머지 사람들은 상여를 메고 위선 김 주사 사는 동리로 급히 갔다.

― 이기영, 「농부 정도룡」 ―

*얼걱박이: 얼굴에 흠이 많은 이를 이르는 말.
*겅성드뭇하다: 많은 수효가 듬성듬성 흩어져 있다.
*전지도지: 엎드러지고 곱드러지며 몹시 급히 달아나는 모양.

다시보기 ▶ 다시 볼 문제 체크하고 틀린 이유 메모하기

[분석쌤 강의]는 2차 채점 후 반드시 챙겨 본다!

01 [A]와 [B]에 대한 설명으로 가장 적절한 것은?

① [A]에서는 외양 묘사를, [B]에서는 배경 묘사를 통해 현실감을 부각하고 있다.

② [A]에서는 열거를, [B]에서는 행위 제시를 통해 인물의 성격을 드러내고 있다.

③ [A]에서는 인물의 대립을, [B]에서는 상황 제시를 통해 사건의 분위기를 드러내고 있다.

④ [A]와 [B] 모두 공간의 이동을 통해 갈등을 심화시키고 있다.

⑤ [A]와 [B] 모두 인물의 내적 독백을 통해 사건의 흐름을 지연시키고 있다.

지문 근거 들중헷 Q&A 어휘/개념 부성실분

분석쌤 강의

● **분석** 답지를 세부적으로 나누어 각각에 대해 옳은지 그른지를 체크해야 하는 문제

● **해결案** [A]부터 읽은 후 답지 ①부터 ⑤까지 체크(O, X)하고, O 표시를 한 답지들 중에서 [B]에 대한 설명도 적절한지를 따지도록 한다.

다시보기 ▶ 다시 볼 문제 체크하고 틀린 이유 메모하기

02 ㉠~㉤에서 알 수 있는 인물의 심리에 대한 설명으로 적절하지 않은 것은?

① ㉠: 자기가 저지른 잘못에 대한 용쇠의 뉘우침이 드러나 있다.

② ㉡: 정도룡에 대한 동리 사람들의 신뢰감이 드러나 있다.

③ ㉢: 지금까지 소작하던 논을 떼인 춘이 조모의 막막함이 드러나 있다.

④ ㉣: 가족의 갑작스런 죽음에 대한 춘이 모자의 애통함이 드러나 있다.

⑤ ㉤: 자신의 일에만 관심을 갖는 사람들에 대한 정도룡의 분노가 드러나 있다.

지문 근거 둘중헷 Q&A 어휘/개념 부정질문

분석쌤 강의

● **분석** 밑줄 친 부분만 보고 옳고 그름을 판단해서는 안 되고, 발문(문두)에서 '인물의 심리'에 대해 질문하고 있다는 것도 놓쳐서는 안 되는 문제

● **해결案** ㉠~㉤의 앞뒤에 전개된 내용을 바탕으로 ㉠~㉤의 상황부터 파악한다. 그런 다음, 답지에서 ㉠~㉤에 드러난 인물의 심리를 적절하게 설명했는지를 체크한다.

03 〈보기〉를 바탕으로 윗글을 감상한 내용으로 적절하지 <u>않은</u> 것은? [3점]

지문근거 둘중헷 Q&A 어휘/개념 부정질문

─ 보기 ─

　　이 작품은 일제 강점기 농촌을 배경으로 지주의 부당한 행위와 이로 인해 핍박받던 궁핍한 소작농들의 삶을 사실적으로 드러내고 있다. 특히 불의를 참지 못하는 인물이, 현실적 이해관계 때문에 불합리한 현실을 외면하는 사람들을 일깨우며 올바른 삶의 가치를 실천하기 위해 노력한다는 점이 특징적이다.

① '용쇠를 혼내 주듯' '무지한 남자와 부모의 횡포를 규탄'하는 정도룡의 모습에서 올바른 삶의 가치를 중시하는 인물의 태도를 알 수 있군.

② '동리 사람들'이 '풋보리'로 '죽물을 끓여 먹는' 모습에서 일제 강점기 농촌의 궁핍한 삶을 알 수 있군.

③ '내 땅은 내 말대로 언제든지 뗄 수 있지 않느냐'라고 말하는 김 주사의 모습에서 소작농을 핍박하는 지주의 태도를 알 수 있군.

④ '김 주사 집 땅을 부치는 사람들'이 '눈치만 보'며 '꽁무니를 사리'는 모습에서 현실적 이해관계를 외면하는 사람들의 단면을 알 수 있군.

⑤ '춘이 조모'의 장례를 '일일이 지휘하'는 정도룡의 모습에서 불의를 참지 못하는 인물의 실천적 노력을 알 수 있군.

분석쌤 강의
●**분 석** 지문을 읽기 전에 작품 이해를 돕는 〈보기〉부터 먼저 읽으면 문제 풀이 시간을 단축할 수 있는, '〈보기〉를 바탕으로 윗글을 감상한 내용으로 적절하지 않은 것'을 질문한 문제
●**해결案** 〈보기〉를 읽은 후 답지의 앞부분인 '~모습에서'는 지문에서 확인하고, 뒷부분은 〈보기〉의 설명과 부합하는지를 살핀다. 이때, 답지의 뒷부분이 앞부분의 내용을 통해 알 수 있는 것인지도 따지도록 한다.

4~6 다음 글을 읽고 물음에 답하시오.
2019학년도 3월 고1 전국연합학력평가 【25~27】 현대 소설

"그 아이는 안 죽었소. 누가 내린 자식이라고 그리 쉽게 죽을 것 같소? 틀림없이 미륵보살님이 지켜 주고 계실 것이요."

"뭣이라고? 함께 갔던 친구가 하는 말인데, 그러면 그 녀석이 거짓말을 했단 말이여?"

"어젯밤 꿈에도 그 아이가 저 건너 미륵바위 곁에 서 있습디다. 꼭 옛날 당신이 징용 가셨을 때 미륵바위 곁에 서 계셨던 것맨키로 의젓하게 서서 웃고 있습디다."

한몰댁은 마치 남의 이야기하듯 차근하게 말했다.

"뭣이? 옛날 징용 갔을 적에 임자 꿈에 내가 미륵바위 곁에 서 있었던 것맨키로?"

영감은 눈을 끔벅이며 할멈을 건너다봤다. ㉠그때 일은 너무도 신통했다. 탄광에서 갱도가 무너져 죽었다고 집에 사망 통지서까지 온 영감이 죽지 않고 살아왔던 것이다.

왜정 때 북해도 탄광에 징용으로 끌려갔을 때였다. 교대를 하러 갱으로 들어가려는데 갑자기 배탈이 났다. 평소 그를 곱게 보던 십장이 함바에서 쉬라고 했다. 그 뒤 한 시간도 채 못 되어 탄광은 수라장이 되고 말았다. 낙반 사고였다. 구조를 하느라 탄광은 벌집을 쑤셔 놓은 꼴이었다. 그러나 갱 사정을 손바닥 보듯 알고 있던 영감은 그들을 구출할 수 없다는 걸 잘 알고 있었다. 순간, 도망치자는 생각이 번개처럼 머리를 쳤다. 도둑놈은 시끄러울 때가 좋더라고 도망치기에는 이보다 좋은 기회가 없을 것 같았다. 더구나 자기가 갱 속에 들어가지 않았다는 것은 십장만 알고 있는데, 그도 갱 속에 들어갔으므로 자기가 없으면 갱에서 죽은 걸로 치부할 게 틀림없었다.

주먹을 사려쥐었다. 그러나 탈주는 목숨을 거는 일이었다. 잡히면 그대로 총살이었다. 광부였지만 전시 동원령에 따라 끌려왔기 때문에 그들의 탈주도 군인들 탈영하고 똑같이 취급됐다. 그렇지만 여기 있으면 자기도 언제 죽을지 몰랐다. 전시물자 수급이 달리자 목표량 채우기에만 눈이 뒤집혀 안전 따위는 안중에도 없고, 몽둥이로 소 몰듯 몰아치기만 했다.

작업 조건도 조건이지만 우선 밥이 적어 견딜 수가 없었다. 이판사판이었다. 예사 때도 지나새나* 궁리가 그 궁리였으므로 도망칠 길목은 웬만큼 어림잡고 있었다. 밤이 이슥하기를 기다려 철조망을 뛰어넘었다.

집에는 사망 통지서와 함께 유골이 왔다. 무슨 일인가 하고 나간 시어머니는 그 자리에서 짚단 무너지듯 까무러쳤다. 그러나 한몰댁은 어리벙벙한 표정으로 서 있었다. 아무래도 그게 자기 남편 유골 같지 않았고, 죽었다는 실감도 들지 않았다. 그 순간 전날 밤 꿈에 나타난 미륵보살이 떠올랐다. 미륵보살이 인자하게 웃고 있었고, 그 곁에 남편이 의젓하게 서 있었다.

"그이는 안 죽었소."

한몰댁은 시어머니에게 꿈 이야기를 하며 틀림없이 미륵보살님이 지켜 주고 계실 거라 했다. 그러나 시어머니는 그런 소리는 귀여겨듣지도 않고 시름시름 앓다가 그 길로 세상을 뜨고 말았다. 그렇지만 한몰댁은 눈물 한 방울 흘리지 않고, 그때까지 그래왔듯이 새벽마다 미륵바위 앞에서 더 정성스레 치성을 드렸다. 8·15가 되었다. 꿈결에 싸여 온 듯 남편이 살아왔다.

[중략 부분의 줄거리] 한몰 영감 내외는 6·25 때 의용군으로 나간 아들이 북쪽에 살아 있다고 믿으며 살아간다. 산업화에 의한 댐 건설로 마을이 수몰되기 전 지낸 마지막 당제가 끝나고 한몰 영감은 혼자 남아 도깨비들에게 아들의 안전을 지켜 달라고 부탁한다.

"자네들 사는 길속을 내가 잘 몰라서 하는 말인디, 만당 간에 그런 일이 있으면 우리 집 녀석한테 말을 전할 방도를 한번 생각해 보게. 천행으로 그런 방도가 있거든 그 녀석한테 이렇게 쪼깐 전해 주게. 자네 부모들은 둘이 다 무탈한께 그것은 한나도 걱정 말고, 혹간에 그쪽에서 간첩으로 내려가라고 하거든 죽으면 거그서 죽제 간첩으로는 절대로 내려오지 말라더라고 전해 줘. 이쪽 남한에는 어디를 가나 골목골목 간첩 잡으라는 표때기 안 붙은 데가 없고, 군인이야, 경찰이야, 예비군이야, 더구나 삼천만 원, 오천만 원 상금까지 걸려 어느 한구석 발붙일 데가 없다고 저저이 일러줘. 아무리 지가 홍길동이라 하더라도 여그 와서야 어느 골목에 발을 붙일 것이며, 어느 그늘에 은신을 할 것인가? 없네, 없어. 발붙일 데가 없어."

영감은 손사래까지 치며 절레절레 고개를 젓는다.

"자네들한테 이런 말이라도 하고 난께 속이 쪼깐 터진 것 같네. 사상이 뭣인가 모르겠네마는, 그 사상이란 것도 사람이 살자는 사상이제 죽자는 사상은 아닐 것인디, 피붙이들이 생나무 가지 찢어지듯 찢어져서 삼십 년을 내리 소식 한 번 듣지 못하고 산대서야 그것이 지대로 된 사상이것어? 아무리 이빨 감시로 총 겨누고 있어도 이 꼴이라먼 이제는 피차에 쪼깐……."

영감은 말을 뚝 그친다. 저쪽에서 플래시 불이 나타났다. 서울서 밤차를 타고 온 사람들 같았다.

"아이고, 사람이 오네. 나 가야겠네. 그럼 돌아온 한식날 보세."

영감은 담배꽁초를 짓이겨 끄고 부랴부랴 동네로 내닫는다.

이듬해 봄부터 댐에 물이 차기 시작했다. 산중턱까지 물이 찬 댐은 물빛이 유난히 푸르렀다. 멀리 바다로 날아가던 물새들도 푸른 물빛에 끌려 여기 내려앉아 자맥질을 하다 떠나고, 하늘에 떠 있는 흰 구름도 제 아름다운 자태를 수면에 비춰보며 한가롭게 멈춰 있기도 했다.

감내골 가는 장구목재 잿길은 재를 넘어 조금 내려가다가 물속으로 들어가 버린다. 동네가 없어졌으므로 댐을 막은 뒤부터 이 길을 다니는 사람은 거의 없다. 이따금 극성스런 낚시꾼들이나 바쁜 걸음을 칠 뿐이다. 새벽 장꾼들처럼 바삐 나대던 낚시꾼들은 느닷없이 앞을 가로막는 큼직한 안내판 앞에 우뚝 걸음을 멈춘다. 관광지 안내판 크기의 이 안내판을 읽고 난 낚시꾼들은 어리둥절한 표정으로 고개를 갸웃거리다가 눈을 옆으로 돌린다.

거기 오두막집이 한 채 있다. 싸리나무 울타리가 가지런하고 마당이며 토방이 여간 정갈하지 않다. 토방과 집터서리에는 벌통이 여남은 통 놓여 있고, 집 근처 네댓 마지기 밭에는 조그마한 남새밭을 내놓고는 모두 메밀을 갈아, 가을이면 하얗게 핀 메밀꽃이 따가운 햇살에 눈이 부실 지경이다.

발길이 바쁜 낚시꾼들이지만, 이 집을 보고 나면 고개를 갸웃거리다가 다시 안내판으로 눈이 간다. 안내판 한쪽 귀퉁이에는 호롱불이 걸려 위쪽이 시커멓게 그을려 있고, 그 곁에는 끄트머리에 창의비라 쓰인 비석도 하나 서 있다. 그들은 서툰 글씨지만 정성 들여 또박또박 쓰여 있는 안내판을 다시 읽는다.

"이 재 너매 잇든 감내골 동내는 저수지 땜을 마거서 한집도 업씨 모두 다 업써저불고, 거그 살든 부님이 어매 한몰댁하고 아배 한몰 영감은 이 집서 산다. 부님이 아배 이름은 김진구다."

— 송기숙, 「당제」 —

* 지나새나: 해가 지거나 날이 새거나 밤낮없이.

04 〈보기〉에서 윗글에 대한 설명으로 적절한 것을 모두 골라 바르게 짝지은 것은?

───── 보기 ─────

ㄱ. 방언을 사용하여 대화를 실감 나게 전달하고 있다.
ㄴ. 사건이 반복되면서 인물 간 갈등이 심화되고 있다.
ㄷ. 배경 묘사를 통해 장면을 선명하게 제시하고 있다.
ㄹ. 주인공이 서술자가 되어 자신의 경험을 서술하고 있다.

① ㄱ, ㄷ 　　　　　② ㄴ, ㄷ 　　　　　③ ㄷ, ㄹ
④ ㄱ, ㄴ, ㄹ 　　　　⑤ ㄴ, ㄷ, ㄹ

지문근거 둘중헷 Q&A 어휘/개념 부정질문

분석쌤 강의
● **분 석** 복습할 때 정답과 오답인 이유를 따져 알면 다른 시험에서도 적용할 수 있는, 서술 상의 특징을 묻는 문제
● **해결案** ㄱ부터 지문에서 근거를 찾아 적절한지를 따진다. 이때 방언을 사용하고 있는지부터 체크한 다음, 방언을 사용했다면 그럼으로써 대화를 실감 나게 전달하고 있는지까지 따지도록 한다.

---

05 ㉠에 대하여 '한몰 영감'이 회상했을 법한 내용으로 적절한 것은?

① '낙반 사고 이전에는 탈출을 감행할 생각을 하지 않았지.'
② '탈출을 결심하고도 동료에 대한 의리 때문에 괴로워했어.'
③ '갱도가 붕괴되었을 때 나도 동료들을 구하려 노력했었지.'
④ '탄광 사람들은 내가 갱도에서 죽었다고 생각했었을 거야.'
⑤ '내가 갱도에 들어가지 않은 것을 십장이 몰라 다행이었어.'

지문근거 둘중헷 Q&A 어휘/개념 부정질문

분석쌤 강의
● **분 석** 정답에 답한 학생들이 많았지만, 국어 영역은 발문(문두)을 꼼꼼히 읽어야 하고 정답과 오답의 근거를 지문에서 찾는 훈련이 필요하다는 것을 새겨야 하는 문제
● **해결案** ㉠부터 먼저 파악한 다음, 답지에 제시된 '한몰 영감'의 심리가 적절한지 지문 내용을 바탕으로 판단한다.

---

06 〈보기〉를 바탕으로 윗글을 감상한 내용으로 적절하지 **않은** 것은? [3점]

───── 보기 ─────

「당제」는 민족 수난의 역사와 산업화를 겪은 농촌을 배경으로 한몰 영감 내외와 마을 사람들이 경험한 아픔을 보여 준다. 아래와 같이 이 작품의 두 축은 '역사'와 '신앙'으로, 초월적 세계에 대한 믿음을 통해 현실의 문제들을 해결해 가고자 하는 사람들의 모습을 드러낸다.

| 역사(현실) | ········ | 신앙(초월적 세계) |

'미륵바위'는 개개인이 초월적 세계를 향해 직접적으로 기원할 수 있는 대상이고, '마을신'에게 제사를 지내는 '당제'는 두 세계를 매개하는 의식이다. '도깨비'는 두 세계의 매개자로서 마을 사람들의 일상과 함께한다. 이처럼 소설은 현실의 삶이 초월적 세계와의 교류를 통해 지탱되고 이어져 감을 보여 주고 있다.

① 남편이 살아 있다는 '한몰댁'의 확신은 '꿈'이 소망을 이루어 주어 초월적 세계를 구현한다는 믿음에서 비롯된 것이겠군.
② '한몰댁'이 수난을 겪을 때 '미륵바위'를 찾은 것은 초월적 세계를 통해 현실의 문제를 해결하고자 한 것이겠군.
③ '한몰 영감'이 '도깨비'에게 아들을 부탁한 것은 현실과 초월적 세계가 교류하는 모습을 보여 주는 것이겠군.
④ '댐' 건설로 '감내골'이 물에 잠기게 된 것은 산업화 시대의 농촌 사람들이 겪어야 했던 아픔을 보여 주는 것이겠군.
⑤ '한몰 영감' 부부가 '안내판'을 세운 것은 초월적 세계에 대한 믿음이 그들의 삶을 지탱하고 있음을 보여 주는 것이겠군.

지문근거 둘중헷 Q&A 어휘/개념 부정질문

분석쌤 강의
● **분 석** 정답보다 특정 오답지에 답한 학생들이 훨씬 많았던, 이 시험(2019학년도 3월 고1 전국연합학력평가)에서 틀린 학생들이 가장 많았던 문제로, 지문을 읽기 전 이 문제의 〈보기〉부터 읽으면 지문 이해가 빨라지는, '〈보기〉를 바탕으로 윗글을 감상한 내용'을 묻는 문제 유형
● **해결案** 〈보기〉부터 읽은 후, 〈보기〉를 바탕으로 지문을 읽는다. 그런 다음 〈보기〉를 바탕으로 윗글을 감상한 내용으로 적절하지 **않은** 것'을 묻는 문제라는 것을 염두에 두고, 답지의 앞부분은 지문에서 일치 여부를 확인하고, 뒷부분은 〈보기〉와 연결하여 적절한지를 따진다.

우리 집안은 일찍부터 논이나 밭떼기 한 두렁도 가져 본 적 없었으므로, 아버지는 낫이나 호미 자루 한 번 잡아 보지 않았다. 그렇다고 일정한 직업을 가져 본 적도 없었다. 일 년을 따져 평균 아홉 달을 집을 떠나 어디론가 떠돌아다녔고, 집에 붙어 있는 나머지 달은 낚시로 소일했다. 이태 전 봄까지만도 우리는 읍내 거리 장마당 부근에 살았다. 그때 역시 엄마는 근동 **장터를 떠돌며 어물 장사**를 했고, 아버지는 읍내에서 사 킬로 정도 떨어진 지금 우리가 사는 주남 저수지에 낚시를 다니며, 늘 집 떠날 궁리만 하고 지냈다. 새마을 도로가 확장되는 통에 우리가 세 든 읍내 장터 집이 헐리게 되자, 아버지는 엄마를 졸라 주남 저수지 옆 민 씨 별채로 이사를 오게 되었다.

"주남 저수지는 우리나라에서 알아주는 철새 도래지 아인가. 내가 새를 무척 좋아하거덩."

아버지가 말했다.

㉠"당신이사 땅으로 걸어댕기는 철새인께 날아댕기는 철새가 좋겠지예. 그런데 새 구경하는 거도 좋지만 그 구경 댕기모 밥이 생기요 떡이 생기요?"

엄마는 말도 되잖은 소리란 듯 한숨을 내쉬며 돌아앉고 말았다.

"그거 말고도, 관리인 민 씨 말이 타지에서 오는 낚시꾼들 뒷바라지나 해 주모 찬값 정도는 번다 안카나……."

엄마는 그쪽으로 이사하면 당장 장사 다니는 길이 먼 줄을 알면서도, 어떻게 아버지가 집에 눌러 있을까 싶었던지 그 말에 선선히 동의했다. 그러나 주남 저수지 쪽으로 이사 와서 보름을 채 못 넘겨 아버지는 슬그머니 집을 떠나고 말았다. 부산과 마산의 낚시꾼들이 떡밥은 물론 술이며 안주 접시까지 심부름시키는 데 아버지는 더 참아낼 수 없었던 것이다. 더러운 세상, 나쁜 놈들이라며 전에는 입에 담지 않던 욕설을 술김에 종종 뱉더니, 기어코 그 떠돌이 병에 발동이 걸렸다. 늘 궁금한 일이지만, 아버지는 집을 떠나 떠돌 동안 숙식을 어떻게 해결하고 다니는지 알 수 없었다. 그로부터 두 달 뒤, 여름이 끝날 무렵에서야 아버지는 돌아왔다. 그 행려 끝에 무슨 결심을 굳혔는지 돌배산 자락을 덮은 민 씨네 대나무 밭의 굵은 대 몇 그루를 쪄 와 방패연을 만들기 시작했다. 내가 어릴 때 아버지는 더러 방패연을 만들어 주기도 했지만, 근래에는 한 번도 없던 짓거리였다. 대나무를 가늘게 쪼개어 햇빛에 말려선, 장두칼로 다듬고, 한지에 바람 구멍을 뚫어, 거기에 다섯 개 댓개비를 붙여 방패연을 만드는 솜씨는 아버지가 지닌 유일한 기술 같아 보였다. 천장 가운데 태극무늬나 붉은 원을 오려 붙여 만든 연이 큰 놈은 두 번 접은 신문지만 했고 작은 놈은 교과서만 한 크기도 있었다.

㉡"거울도 아인네 _ㄴ_ 낳은 연을 어데다 팔라 캅니끼?"

내가 물었다.

"머 꼭 돈이 목적이라서 맹그나. 쓸모없어도 맹글고 싶으이께 맹들제. 참새가 날라 카모 기러기만큼 와 하늘 높이 몬 날겠노. 먼 데꺼정 갈 필요가 없으이께 지 오를 만큼 오르고 말지러."

아버지가 쓸데없이 비유까지 곁들여 말했다.

"옛적에 연 맹글어 줬다는 돌아가신 할아부지 생각이 나서 맹글어예?"

"사람은 어데 갈 **목적이 없어도 어떤 때는 연맨크로 그냥 멀리로 떠나 댕기**고 싶은 꿈이 있는 기라. ㉢그런 꿈 없이 일만 하는 사람은 꼭 개미 같아. 사람은 개미가 아이잖나. 돈 벌라고 밤낮으로 일만 하는 사람을 보모 사람 사는 목적이 저런가 싶을 때가 있지러. 그 사람들이 보모 **내 같은 사람이 쓸모없이 보일란지 몰라도**……."

아버지가 어설픈 미소를 띠어 보였다.

"묵고살기 바쁘모 그래 산천 구경하고 싶어도 몬 떠나는 거 아입니꺼."

하며, 나는 엄마를 생각했다.

"그렇기사 하겠제. 그라고 보모 나는 아매 떠돌아댕기는 팔자를 타고났나 보제."

아버지가 시무룩이 말했다.

[중략 부분의 줄거리] 나와 아버지는 낚시꾼들에게 방패연을 팔러 가지만 연은 거의 팔리지 않는다. 그 무렵 아버지는 훌쩍 또 집을 떠나고, 장마가 시작된 여름밤에 다시 돌아온다. 나는 장사 가신 어머니를 마중 나가기 위해 자전거를 끌고 장터로 간다.

뇌성이 다시 한차례 하늘 복판에서 쪼개졌다. 엄마는 흠칫 어깨를 떨었고, 나는 몸이 오그라드는 듯한 놀람으로 무심결에 자전거 핸들을 눌러 잡았다.

"짝대기라 캤나? 그라몬 어데 다쳤단 말인가?"

"그렇지는 않은 거 같고……."

"늘 배창자가 아프다더니 속병이 생긴 게로구나. 객지로 돌아댕기며 굶기도 오지게 굶었을끼고."

그럴 줄 알았다는 듯 엄마는 아무렇지 않게 말했다.

㉣"참, 양석 떨어졌을 낀데 너그들 저녁밥은 우쨌노?"

"장 씨 집에서 라면 두 봉지 꿔다 묵었지예."

"아부지는?" / "읍내서 묵고 왔다 캅디더."

자전거 짐받이에 얹힌 함지박을 고무줄로 묶고, 나는 천천히 자전거를 몰았다. 함지박 쪽에서 쿰쿰한 비린내가 코끝을 따라왔다. 그 냄새는 이미 후각에 익은 엄마의 냄새이기도 했다.

㉤"엄마, 자전거에 타예. 그라몬 퍼뜩 갈 수 있을 낀데."

다른 때 같으면 사양했을 엄마가 오늘따라 아무 말 없이 안장 앞쪽 파이프에 머릿수건을 깔고 올라앉았다. 내색은 않았지만 엄마 역시 아버지를 빨리 만나고 싶은 모양이었다. 힘주어 페달을 밟자 엄마 온몸에서 풍겨 나는 비린내가 내 쪽으로 옮아왔다.

"쯧쯧, 그래도 숨질이 붙었으몬 **더러 처자슥은 보고 싶은지 집구석이라고 찾아**드니…… 원쑤도, 그런 원쑤가 어딨노. 그런 남정네가 이 시상에 멫이나 될꼬. 그래 굶으미 맥 놓고 떠돌아댕기도 우째 안죽 객사를 안 하는공 모리겠데이."

엄마는 한숨 끝에 아버지를 두고 혼잣말을 중얼거렸다.

뙤약볕 아래 장터마다 싸다니느라 까맣게 그을린 엄마 얼굴을 떠올리자, 나는 공연히 코허리가 찡하게 쓰렸다. 엄마는 키가 작고 몸매가 깡마른데다 살결이 검어, 볼 때마다 안쓰럽고 측은한 마음이 마음 귀퉁이에 그늘을 만들었다. 그럴 적마다 아버지에 대한 원망 또한 반사적으로 감정을 자극했다. 아버지에 대한 원망 섞인 감정은 증오라기보다 썰물이 되어 당신을 내 옆에서 멀리로 밀어내는 작용을 했다. 아버지에 대한 그런 마음은 엄마의 경우도 비슷하리라 여겨졌다. 다만 **순환의 법칙을 좇아** 한때의 미움도 시간이 흐르면 연민으로 녹아, 끝내 **밀물**이 되어 엄마 여윈 마음을 다시 채워 주리란 점만이 다를 뿐이었다.

- 김원일, 「연(鳶)」 -

▶ **전국 단위 시험에서 출제된 위 작품의 출처** ☞ 〈클리닉 해설〉의 '기출 답지로 작품과 문제 완전 정복'
　　김원일, 「**연**」: 2005학년도 4월 고3 전국연합학력평가

다시보기　▶ 다시 볼 문제 체크하고 틀린 이유 메모하기　　　　　　　　　*[분석쌤 강의]는 2차 채점 후 반드시 챙겨 본다!*

07 윗글의 서술상 특징에 대한 설명으로 적절한 것은?

① 장면마다 다른 서술자를 설정하여 사건을 다각도로 제시하고 있다.

② 사건을 체험한 서술자가 중심인물과 관련된 자신의 생각을 드러내고 있다.

③ 외부 이야기에서 내부 이야기로 장면을 전환하면서 사건을 전개하고 있다.

④ 작품 밖의 서술자가 중심인물의 내적 갈등이 해소되는 과정을 서술하고 있다.

⑤ 동시에 일어나는 두 개의 사건을 병렬적으로 배치하여 긴장감을 조성하고 있다.

지문 근거　둘중헷　Q&A　어휘/개념 부정 질문

분석쌤 강의
● **분 석** 소설의 시점을 포함하여 서술상 특징을 묻는, 국어 영역 빈출 유형의 문제
● **해결案** 서술상 특징을 묻는 문제는 먼저 소설의 시점부터 파악한다. 그런 다음, 답지를 부분으로 나누어 그 부분들이 모두 적절한지를 따진다. ①을 예로 들면, '장면마다 다른 서술자를 설정'하고 있는지, 또 '사건을 다각도로 제시'하고 있는지를 각각 체크한다.

다시보기　▶ 다시 볼 문제 체크하고 틀린 이유 메모하기

08 ㉠~㉤에 대한 설명으로 적절하지 않은 것은?

① ㉠: 저수지 근처로 이사를 가자는 아버지의 제안을 못마땅해 하는 어머니의 푸념이 담겨 있다.

② ㉡: 뜬금없이 많은 연을 만드는 아버지의 행동에 대해 의아해 하는 '나'의 심리가 담겨 있다.

③ ㉢: 생계를 위한 경제적 활동에 얽매이고 싶지 않은 아버지의 삶의 태도가 담겨 있다.

④ ㉣: 어려운 가정 형편 속에서 자식들을 걱정하는 어머니의 애정이 담겨 있다.

⑤ ㉤: 아버지의 끼니를 염려하는 마음에 어머니를 빨리 모셔 가려는 '나'의 의도가 담겨 있다.

지문 근거　둘중헷　Q&A　어휘/개념 부정 질문

분석쌤 강의
● **분 석** 앞뒤에 전개된 내용을 고려해 옳고 그름을 판단해야 하는, 밑줄 친 부분에 대해 묻는 문제
● **해결案** ㉠~㉤이 누가 누구에게 어떤 상황에서 한 말인지부터 파악한다. 이때 사건의 흐름과 밑줄 친 부분의 앞뒤 문맥을 고려하여 판단하는 것이 중요하다. 이를 바탕으로 답지의 설명이 적절한지, 그렇지 않은지를 체크하면 된다.

09 〈보기〉를 참고하여 윗글을 감상한 내용으로 적절하지 <u>않은</u> 것은? [3점]

──── 보기 ────

이 작품은 역마살을 타고나 여기저기 떠돌아다니는 아버지의 삶과, 생계를 책임진 채 아버지에 대한 원망과 애정을 안고 살아가는 어머니의 삶을 그리고 있다. 작품의 주요 소재인 '연'은 바람이 부는 대로 하늘을 날아다니지만 연줄로 '얼레'에 매여 있어 지상으로 돌아올 수밖에 없다. '연'과 '얼레'의 이러한 속성은 이리저리 떠돌다 가족들이 있는 집으로 돌아오는 아버지의 삶을 형상화하는 데 기여하고 있다.

① '장터를 떠돌며 어물 장사를' 하는 것에서, 가족의 생계를 떠안고 사는 어머니의 삶을 엿볼 수 있어.

② '목적이 읎어도 어떤 때는 연맨크로 그냥 멀리로 떠나 댕기'는 삶에 대해 말한 부분에서, 아버지가 하늘을 나는 연처럼 자유롭게 떠돌며 살기를 원한다는 것을 알 수 있어.

③ '내 같은 사람이 쓸모읎이 보일란지 몰라도'라고 말한 부분에서, 아버지가 역마살로 인해 무능할 수밖에 없었던 자신의 삶을 후회하고 있음을 엿볼 수 있어.

④ '더러 처자슥은 보고 싶은지 집구석이라고 찾아'든다는 말에서, 어머니는 아버지에게 가족들이 얼레와 같은 역할을 하고 있다고 생각하고 있음을 알 수 있어.

⑤ '순환의 법칙을 좇아' 미움도 시간이 흐르면 연민이 되어 '밀물'처럼 마음을 채워 준다는 부분에서, 아버지에 대한 원망과 애정을 안고 사는 어머니에 대한 나의 인식을 엿볼 수 있어.

▶ 정답을 모르는 상태에서 2차 풀이를 하기 위한 방법으로, 아래 채점표 대신 '모바일 자동 채점 프로그램'(문제편 표지 QR 코드)을 이용해도 된다.

🕐 **종료 시각** 시 분 초

총 소요 시간	종료 시각 −시작 시각	분	초
목표 시간		17분	35초
초과 시간	총 소요 시간 −목표 시간	분	초

1 종료 시각을 적은 후, 문제에 체크한 '내가 쓴 답'을 ❶에 옮겨 적는다.
2 ❷에 채점을 하되, 틀린 문제에만 / 표시를 한다.
(문제에 직접 채점하지 않는 이유는 다시 풀 때 정답을 모르는 상태에서 풀어야 제대로 훈련이 되기 때문)

문항 번호	1	2	3	4	5	6	7	8	9
❶ 내가 쓴 답									
❷ 채 점									

☞ 정답은 〈클리닉 해설〉 p.184 (해설은 p.33)

3 틀렸거나 찍어서 맞힌 문제는 다시 푼다.
4 2차 채점을 할 때 다시 풀어서 맞힌 문항은 △, 또 틀린 문항은 ✕ 표시를 한다.
5 △와 ✕ 문항은 반드시 다시 보고 틀린 이유를 알고 넘어간다.

채점 결과_ 4일째
반드시 체크해서 복습 때 활용할 것

1차채점		2차채점	
총 문항 수	9개	△ 문항 수	개
틀린 문항 수	개	✕ 문항 수	개

1~4 다음 글을 읽고 물음에 답하시오.   2009학년도 6월 고1 전국연합학력평가 【34~37】 현대 소설

우리가 구장님을 찾아갔을 때 그는 싸리문 밖에 있는 돼지우리에서 죽을 퍼 주고 있었다. 서울엘 좀 갔다 오더니 사람은 점 잔해야 한다구 웃쇰이(얼른 보면 집웅 우에 앉은 제비 꼬랑지 같다.) 양쪽으로 뾰죽이 삐치고 그걸 에헴 하고 늘 쓰담는 손버 릇이 있다. 우리를 멀뚱히 쳐다보고 미리 알아챘는지,

"왜 일들 허다 말구 그래?"

하드니 ㉠손을 올려서 그 에헴을 한 번 훅딱 했다.

"구장님, 우리 장인님과 츰에 계약하기를……."

먼저 덤비는 장인님을 뒤로 떼다밀고 내가 허둥지둥 달겨들다가 가만히 생각하고,

"아니, 우리 빙장님과 츰에……."

하고 첫 번부터 다시 말을 고쳤다. 장인님은 빙장님 해야 좋아하고 밖에 나와서 장인님 하면 괜스리 골을 낼라구 든다. 뱀두 뱀이래야 좋아구, 창피스러우니 남 듣는 데는 제발 빙장님, 빙모님 하라구 일상 말조짐을 받아 오면서 난 그것두 자꾸 잊는다. 당장두 장인님 하다 옆에서 내 발등을 꾹 밟고 곁눈질을 흘기는 바람에야 겨우 알았지만……

[A]
구장님도 내 이야기를 자세히 듣드니 퍽 딱한 모양이었다. 하기야 구장님뿐만 아니라 누구든지 다 그럴 게다. 길게 길 러 둔 새끼손톱으로 코를 후벼서 저리 탁 튀기며,

"그럼 봉필 씨! 얼른 성렐 시켜 주구려, 그렇게까지 제가 하구 싶다는 걸……."

하고 내 짐작대루 말했다. 그러나 이 말에 장인님이 삿대질로 눈을 부라리고

"아, 성례구 뭐구 기집애년이 미처 자라야 할 게 아닌가?"

하니까 고만 멀쑤룩해서 입맛만 쩍쩍 다실 뿐이 아닌가……

"그것두 그래!"

"그래, 거진 사 년 동안에도 안 자랐다니 그 킨 은제 자라지유? 다 그만두구 사경 내슈……."

"글쎄, 이 자식아! 내가 크질 말라구 그랬니, 왜 날 보구 떼냐?"

"빙모님은 참새만 한 것이 그럼 어떻게 앨 낳지유?(사실 장모님은 점순이보다도 귓배기가 하나가 적다.)"

장인님은 이 말을 듣고 껄껄 웃드니(그러나 암만해두 돌 씹은 상이다.) 코를 푸는 척하고 날 은근히 골릴랴구 팔꿈치로 옆 갈 비께를 퍽 치는 것이다. 더럽다. 나두 종아리의 파리를 쫓는 척하고 허리를 굽으리며 그 궁둥이를 콱 떼밀었다. 장인님은 앞으 로 우찔근하고 싸리문께로 쓰러질 듯하다 몸을 바루 고치드니 눈총을 몹시 쏘았다. 이런 쌍년의 자식 하곤 싶으나 남의 앞이 라서 참아 못하고 섰는 그 꼴이 보기에 퍽 쟁그러웠다.

그러나 이 말에는 별반 신통한 귀정을 얻지 못하고 도루 논으로 돌아와서 모를 부었다. 왜냐면, 장인님이 뭐라구 귓속말로 수군수군하고 간 뒤다. 구장님이 날 위해서 조용히 데리고 아래와 같이 일러 주었기 때문이다.(뭉태의 말은 구장님이 장인님 에게 땅 두 마지기 얻어 부치니까 그래 꾀였다구지만, 난 그렇게 생각 안 한다.)

"자네 말두 하기야 옳지. 암, 나이 찼으니까 아들이 급하다는 게 잘못된 말은 아니야. 허지만, 농사가 한창 바쁠 때 일을 안 한다든가 집으로 달아난다든가 하면 손해죄루 그것두 징역을 가거든!(여기에 그만 정신이 번쩍 났다.) 왜 요전에 삼포 말서 산에 불 좀 놓았다구 징역 간 거 못 봤나. 제 산에 불을 놓아도 징역을 가는 이땐데 남의 농사를 버려 주니 죄가 얼마나 더 중 한가. 그리고 자넨 정장을(사경 받으러 정장 가겠다 했다.) 간대지만, 그러면 괜시리 죌 들쓰고 들어가는 걸세. 또, 결혼두 그렇지. 법률에 성년이란 게 있는데 스물하나가 돼야지 비로소 결혼을 할 수가 있는 걸세. 자넨 물론 아들이 늦일 걸 염려지 만, 점순이루 말하면 인제 겨우 열여섯이 아닌가. 그렇지만 아까 빙장님의 말씀이 올 갈에는 열 일을 제치고라두 성례를 시 켜 주겠다 하시니 좀 고마울 겐가. 빨리 가서 모 붓든 거나 마저 붓게. 군소리 말구 어서 가……."

그래서 오늘 아츰까지 끽소리 없이 왔다.

장인님과 내가 싸운 것은 지금 생각하면 전혀 뜻밖의 일이라 안 할 수 없다. 장인님으로 말하면 요즈막 작인들에게 행세를 좀 하고 싶다고 해서,

"돈 있으면 양반이지 별 게 있느냐!"

하고 일부러 ㉡아랫배를 툭 내밀고 걸음도 뒤틀리게 걷고 하는 이 판이다. 이까진 나쯤 뚜들기다 남의 땅을 가지고 머처럼 닦 어 놓았든 가문을 망친다든가 할 어른이 아니다. 또 나로 논지면 아무쪼록 잘 빼서 점순이에게 얼른 장가를 들어야 하지 않느 냐……

- 김유정, 「봄·봄」 -

김유정, 「봄·봄」: 2006학년도 6월 고1 전국연합학력평가 / 2004학년도 고1 경기도 학업성취도평가 / 2003년 9월 고1 학력진단평가 /
2003년도 고2 인천·부산광역시 학력진단평가 / 2016학년도 6월 고3 모의평가(A형)

다시보기 ▶ 다시 볼 문제 체크하고 틀린 이유 메모하기

[분석쌤 강의]는 2차 채점 후 반드시 챙겨 본다!

01 윗글에 대한 설명으로 가장 적절한 것은?

① 사건이 발생한 시기와 서술하는 시기가 일치하고 있다.

② 상징적 소재를 통해 주제를 암시적으로 드러내고 있다.

③ 여러 개의 삽화를 나열하여 주제 의식을 강화하고 있다.

④ 장면 전환을 통해 인물들 사이의 갈등이 해소되고 있다.

⑤ 특정 인물의 시각과 입장에서 서술하여 친근감을 주고 있다.

| 지문 근거 | 둘 중 헷 | Q&A | 어휘/개념 | 부정 질문 |

분석쌤 강의

● **분석** 정답을 맞히는 것도 중요하지만, 답지의 설명이 어떤 경우를 가리키는지를 이해하는 것이 더 중요한, 서술상의 특징을 묻는 문제

● **해결案** 서술상의 특징을 묻는 문제의 답지는 대부분 특징과 함께 그에 따른 효과도 언급한다. 이때, 각 답지의 앞부분에 제시된 서술상의 특징과 뒷부분에 제시된 효과를 나누어 그 각각에 ○, ✕ 표시를 하며 푼다.

다시보기 ▶ 다시 볼 문제 체크하고 틀린 이유 메모하기

02 ㉠, ㉡에 대한 설명으로 적절한 것은?

① ㉠은 문화적 동경에서 비롯된 행동이다.

② ㉡은 보는 사람에게 호의적 반응을 일으키는 행위이다.

③ ㉠과 ㉡ 모두 동일 인물의 행동이다.

④ ㉠과 ㉡ 모두 언어에 부수되는 표현이다.

⑤ ㉡은 ㉠과 달리 소리가 동반되는 행동이다.

| 지문 근거 | 둘 중 헷 | Q&A | 어휘/개념 | 부정 질문 |

분석쌤 강의

● **분석** 정답보다 오답에 답한 학생들이 많았던 문제로, 정답지를 처음부터 제외했거나 국어 영역에서 자주 출제되는 용어를 이해하지 못해 오답에 많이 답한 문제(2차 채점 후 〈클리닉 해설〉에서 '개념➕'를 확인할 것!)

● **해결案** 이 문제를 틀린 학생은 정답을 제외한 이유와 자신이 답한 오답지를 왜 정답으로 생각했는지 스스로 따져 본 후 〈클리닉 해설〉을 참고하도록 한다.

다시보기 ▶ 다시 볼 문제 체크하고 틀린 이유 메모하기

03 [A]를 재판 장면으로 바꾸어 보았다. 적절하지 <u>않은</u> 것은?

○ 재판관: 구장
○ 원고: 나
○ 피고: 봉필(장인)

재판관: 원고의 주장을 듣고 보니 일리가 있군요. 피고는 계약대로 이행하시는 것이 어떨는지요. ⋯⋯⋯⋯⋯⋯⋯⋯⋯⋯⋯⋯⋯⋯⋯ ⓐ

피고: 무슨 말씀이십니까? 점순이는 아직 혼인할 만큼 성숙하지 않았습니다. 재판관님, 벼도 익어야 베는 법인데 결혼을 강제로 시킬 수는 없는 일 아닙니까? 사고라도 나면 재판관님이 책임지실 겁니까? ⋯⋯⋯⋯⋯ ⓑ

재판관: 끄응⋯⋯. 하긴 혼인을 하려면 더 크긴 커야겠네요.

원고: 무슨 말씀이십니까? 4년 동안이나 자라지 않다니요? 이건 계약 이행을 회피하려는 핑계입니다. ⋯⋯⋯⋯⋯⋯⋯⋯⋯⋯⋯⋯⋯⋯ ⓒ

피고: 그렇지 않습니다. 저는 언제라도 조건만 된다면 계약을 이행할 준비가 되어 있습니다. ⋯⋯⋯⋯⋯⋯⋯⋯⋯⋯⋯⋯⋯⋯⋯⋯⋯ ⓓ

원고: 말도 안 됩니다. 키를 가지고 끌어온 지 4년입니다. 혼인 안 해도 좋으니 지금 당장 4년 동안의 임금을 지급하십시오.

피고: 아참, 그까짓 돈이 문젭니까? 원고도 키라는 게 내 맘대로 되지 않는다는 것쯤은 잘 알지 않습니까? 키만 큰다면 언제든지 혼사를 치르겠습니다. 하지만 원고가 정 그렇게 원한다면 계약은 없었던 일로 합시다. ⋯ ⓔ

원고: 꼭 그렇게 하자는 건 아닙니다. 피고도 피고의 부인을 보면, 키가 혼인과 아무 관계도 없다는 걸 잘 아시잖습니까?

① ⓐ　　　② ⓑ　　　③ ⓒ　　　④ ⓓ　　　⑤ ⓔ

| 지문 근거 | 둘 중 헷 | Q&A | 어휘/개념 | 부정 질문 |

분석쌤 강의

● **분석** 문제 유형이 어떻게 출제되어도 국어 영역의 정답과 오답은 지문에서 근거를 찾아야 한다는 것을 확인시켜 준 문제

● **해결案** 지문을 끝까지 읽은 후, '재판 장면'을 읽는다. 그리고 '재판 장면'의 ⓐ~ⓔ를 읽으면서 [A]의 내용에서 이끌어 낼 수 있는 발언인지를 살핀다. [A]의 내용과 거리가 멀거나, [A]에서 이끌어 낼 수 없는 답지가 정답이 된다.

04 〈보기〉를 바탕으로 윗글을 감상한 내용으로 적절하지 <u>않은</u> 것은?

— 보기 —

해학적 상황이 발생할 때, 독자는 우월한 정보 능력 때문에 해학적 상황을 투시하고 판단할 수 있다. 반면, 정보 결핍 상태에 있는 인물은 해학적 상황을 알아채지 못하고 그 상황을 사실로 받아들이게 된다. 해학적 상황에 빠진 인물이 해학적 상황을 불러일으킨 오해 · 음모 · 우연을 인식할 때까지 해학적 상황은 지속되고, 해학적 상황이 지속되는 한 그의 말과 행동은 웃음을 위한 재료가 된다.

① '장인'과 '구장'은 '나'를 해학적 상황에 빠뜨리는 공모자로군.

② '구장'이 '나'를 편들어 이야기를 한다고 '나'는 오해하고 있군.

③ '뭉태'는 우월한 정보를 가진 독자와 같은 처지에 있는 것이로군.

④ '나'는 음모의 진실을 알게 됨으로써 해학적 상황에서 벗어나는군.

⑤ '나'는 자신이 처한 해학적 상황을 알지 못하고 사실로 인식하고 있군.

지문 근거   둘중헷   Q&A   어휘/개념 부정 질문

분석쌤 강의

● **분 석** 〈보기〉를 바탕으로~'라는 발문이 중요하고, 문제를 풀 때 막히는 어휘가 없었는지 2차 채점 후에 다시 살펴봐야 하는 문제

● **해결案** 〈보기〉의 설명을 지문과 연관 지어 이해한 다음, 답지를 살핀다. 〈보기〉의 설명이 지문의 상황을 이해하는 데 도움을 주므로 〈보기〉가 중요하지만, 이 문제의 정답을 찾는 최종 판단은 지문에서 근거를 찾은 다음에 해야 한다.

5~7 다음 글을 읽고 물음에 답하시오.

2016학년도 3월 고1 전국연합학력평가 【31~33】 현대 소설

[앞부분의 줄거리] 나는 어쭙잖은 일로 T 경찰서 유치장에서 며칠을 보낸 일이 있었다. 어느 날 입구 쪽의 소란스러운 소리에 호기심을 느낀 우리는 20년 징역살이할 강도라는 말에 범인에 대한 공포심에 사로잡힌다. 그러나 생각과 달리 막상 방 앞으로 끌려온 범인은 남루하고 가냘픈 노인이었다.

"그리고 저 노란 수건은 복면하는 데 쓰는 탈인가?"

우리 일동은 어이없이 웃었다. 참활극(慘活劇)*의 우리 주인공은 얼굴을 나타낸 찰나에 희소극(喜笑劇)의 배우가 되고 말았다. 담당이 밀쳐 주고 간 대로 반쯤 쓰러져 있던 그 노인은 이윽고 몸을 도사리며,

"이놈의 새끼들이 이게 무슨 지랄고. 백주에 죄 없는 사람을 잡아 가두고 마른날에 벼락이 안 무섭나."

혼잣말로 중얼중얼한다. 그 무디고 꺽센 목청만은 아까 우리가 든던 강도의 목소리와 조금도 틀림이 없었다. 넋두리를 따라 그 눈곱이 꾀죄죄한 눈을 깜박거리더니,

"우리 인식이! 인식이!"

하고 별안간 훌쩍훌쩍 코를 들이마시기 시작한다.

곱아든 어깨가 더욱 둥글어지며 가늘게 떨리는 모양과 빠뜨린 고개 위로 앙상하게 드러난 목덜미의 힘줄과 뼈가 우리에게 사라지는 듯한 느낌을 주었다. 우리 주인공은 세 번째 변하였다. 참활극의 히어로로 등장한 그는 어느 결에 희극의 배우로 바뀌고 이번에는 또다시 비극의 주인공으로 그 본색을 나타냈다.

이윽고 그는 숙였던 고개를 번쩍 들었다. 누렇게 뜬 얼굴엔 벌컥 피가 올랐다.

"인식아! 인식아!"

제 처지도 잊은 듯이 고함을 지르자 쥐었던 수건과 지팡이도 집어던지고 힘줄과 검버섯만 남은 두 손으로 마룻바닥을 치며 엉엉 소리 높여 울기 시작한다.

"시끄럽다 시끄러워!"

담당이 주의를 하였으나 늙은이의 울음소리는 높아질 따름이었다. 할 수 없이 순사는 필경 그 노인에게로 달려왔다.

그 우는 정상이 너무도 가엾고 측은한 데 마음이 움직였음이리라. 올 때의 발소리로 들어서는 매우 사나울 듯하던 그 순사는 의외로 친절하였다. 노인의 어깨에 손을 대며,

"왜 이리 울어. 늙은이가 이게 무슨 꼴이야."

하고 달랠 따름이었다. 노인은 응석이나 피우는 듯이 울음 반 말 반으로,

"와 나를 가두노, 와 나를 가두노. 우리 인식이는 죽으라카나, 우리 인식이는……."

넋두리를 그치지 않는다.

"죄를 짓지 말았으면 잡혀 오지 않았을 것 아니냐."

순사는 귀찮은 듯이 제 친절을 몰라주는 것이 괘씸한 듯이 한 마디를 쏜다.

"내가 무슨 죄고, 대문간에 내버린 신문 한 장 주운 것밖에 나는 아무 죄가 없지그리."

"신문 한 장?"

아까 노인이 잡혀 들어올 때 없던 그 순사는 우리 주인공의 내력을 잘 모르는 눈치였다.

"그래 신문 한 장을 주웠다가 잡혀 왔단 말이냐?"

하고 어이없다는 듯이 씩 웃는다.

㉠"신문을 줍는데 쪼만한 일본 가시나가 뺏을라 캐서 작대기로 이마를 좀 밀었다고 붙들려 왔구마."

"그래 인식이는 누구냐?"

"내 손자지 누구라, 제 에미가 백날 만에 유종을 앓아 죽고 내 등으로 금년에 세 살까지 업어 키웠구마. ㉡내가 오늘 밥을 안 얻어 주면 우리 인식이는 죽누마."

하고 할아버지는 다시금 엉엉 소리를 낸다.

"그러면 밥이나 얻어 가지고 갈 일이지 남의 집 신문을 왜 훔쳐!"

순사는 그래도 호령을 잊지 않았다.

"내버린 게니 주웠지. 밥을 싸 가지고 갈라 켓구마."

우리 주인공의 수수께끼는 한 겹 두 겹 풀렸다.

(중략)

"이놈아, 한 번 먹었으면 준 것이지 한 끼에 두 번씩 먹어, 나쁜 놈!"

제법 유창한 조선말로 집어세고는 다짜고짜로 그 늙은이의 몸을 뒤지기 시작한다. 우리는 그 순사의 행동에 분개하였다. 비록 배가 고파 달라고는 할지언정 그까짓 관식을 몸에 숨길 시러베자식이 어디 있으랴. ㉢아무런 사리도 분간할 사이도 없이 죄인이라면 덮어놓고 의심을 두는 데 불쾌한 감정을 걷잡을 수 없었다. 그러나 그것은 직업적 손버릇인지도 모르리라. 수색하는 순사 자신도 그 노인의 뱃속 이외에 콩밥 덩이가 튀어나오리라고는 꿈에도 생각지 않았으리라.

"이[虱] 되나 하고 때사발이나 긁어낼 걸."

하고 구레나룻은 비웃었다. 사실은 또 우리의 예상과 틀렸다. 그 노인의 고의춤에서 콩밥 뭉치는 발견되고 말았다.

"이런 데 넣어두었구면."

그 순사는 어이없다는 듯이 일본말로 부르짖으며 무슨 불결한 물건을 만진 것처럼 상판을 찡그리고 그 콩밥 뭉치를 패대기를 쳤다. 우리 방 앞에 떨어진 밥 뭉치를 보니 그 노인이 들고 있던 노란 수건으로 삐죽삐죽 싼 것인데 그 부피로 보아 한두 끼 분량은 훨씬 넘는 듯싶었다.

"참, 어쩔 수 없군."

순사는 빼앗듯이 한마디 던지고 노인의 등을 한번 쥐어지르고는 그대로 가 버렸다. 너무도 같잖은 일이기 때문에 특별한 벌도 씌우지 않은 것 같다.

멀쑥해 가지고 얼빠진 듯이 쓰러져 있던 콩밥 도적은 한참 만에야 부시시 일어나 앉으며 입안말로 중얼거렸다.

㉣"아무나 주는 그 잘난 밥을 다 빼드네. 지랄 안 하나, 우리 인식이나 갖다 줄 걸."

노인 편을 들었던 우리 방 사람들도 머쓱해졌다.

"허참, 별일이 다 많네. 그까짓 콩밥은 감춰 뭘 한담."

"제 버릇은 할 수 없어. 유치장 안에서도 도적질을 하는군."

"나는 그 노란 수건이 어데로 갔나 했더니 그 콩밥을 쌌구면."

"나이 일흔에도 지각이 안 났드람. 그야 말짝으로 관 속에서나 철이 들려나. 하느님 맙소사."

동정과 호감을 주었던 반동으로 비난과 비웃음도 컸다.

나는 손바닥을 뒤집는 듯이 돌변한 그들의 태도에 분개하느니보담 차라리 그 노인을 위해 슬펐다. 이때까지 동정을 아끼지 않던 마지막 동무까지 잃어버리고 쓸쓸한 사막에 외로이 제 길을 걸어가는 성자(聖者)를 보는 듯한 슬픔이 나의 가슴에 복받쳤다.

'그 잘난 밥! 우리 인식이나 줄 걸!'

㉤이 말 한 마디에 나는 애연한 정보다도 빛나는 인생의 햇발을 본 듯싶었다. 그 잘난 밥! 그렇다! 그들에게는 그 잘난 밥이다. 그 잘난 밥이나마 감추려던 그의 심정! 경우와 처지와 모든 것을 잊어버리고 오직 손자를 향한 뜨거운 이 사랑만은 배부른 이들로는 상상도 못 할 노릇이다.

- 현진건, 「신문지와 철창」 -

*참활극: 참혹한 활극. '활극'은 '난투 장면을 주로 하여 찍은 연극이나 영화'를 뜻함.

05 〈보기〉와 같이 '노인'에 대한 '나'의 인식 변화 단계에 해당하는 사건을 구분하여 정리한 것으로 적절하지 <u>않은</u> 것은? [3점]

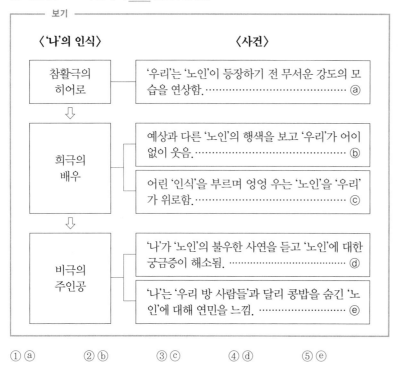

> ┌─── 보기 ───
>
> 〈 '나'의 인식 〉　　　　　　　　　〈 사건 〉
>
> | 참활극의 히어로 | → | '우리'는 '노인'이 등장하기 전 무서운 강도의 모습을 연상함. ······· ⓐ |
>
> | 희극의 배우 | → | 예상과 다른 '노인'의 행색을 보고 '우리'가 어이없이 웃음. ······· ⓑ |
> | | | 어린 '인식'을 부르며 엉엉 우는 '노인'을 '우리'가 위로함. ······· ⓒ |
>
> | 비극의 주인공 | → | '나'가 '노인'의 불우한 사연을 듣고 '노인'에 대한 궁금증이 해소됨. ······· ⓓ |
> | | | '나'는 '우리 방 사람들'과 달리 콩밥을 숨긴 '노인'에 대해 연민을 느낌. ······· ⓔ |

① ⓐ　　　② ⓑ　　　③ ⓒ　　　④ ⓓ　　　⑤ ⓔ

지문근거　둘중헷　Q&A　어휘/개념　부정질문

분석쌤 강의
● **분 석** 질문 유형이 어떠해도 정답의 근거는 지문에서 찾아야 한다는 것을 새기게 해 주는 문제
● **해결案** 지문을 바탕으로 〈보기〉에서 '나'의 인식이 변화된 것과 관련된 사건이 적절하게 연결되었는지부터 파악한다. 그런 다음, 정답이 좁혀지지 않으면 ⓐ∼ⓔ의 사건이 지문에 제시되어 있는지를 확인한다.

---

06 〈보기〉를 바탕으로 ㉠∼㉤을 설명한 내용으로 적절하지 <u>않은</u> 것은?

> ┌─── 보기 ───
>
> 　현진건은 일제 강점기 비참한 삶을 살았던 사회적 약자를 주인공으로 내세워 권력의 부당한 횡포와 하층민이 겪는 경제적 궁핍을 소설 속에 담아내었다. 「신문지와 철창」은 사소한 사건으로 인해 비극적 상황에 내몰렸지만 권력의 횡포에 좌절하지 않고 혈육을 살리려는 노인의 뜨거운 사랑을 보여 주고 있다. 작가는 서술자의 시선을 통해 인물에 대한 동정을 넘어선 경외감을 드러내고 있다.

① ㉠: 사소한 사건으로 잡혀 온 노인의 모습을 통해 식민지 권력의 부당한 횡포를 보여 주고 있다.

② ㉡: 밥을 빌어 손자를 키워야 하는 노인의 절박한 모습을 통해 궁핍한 하층민의 처지를 보여 주고 있다.

③ ㉢: 노인이 순사에게 모욕적으로 몸수색을 당하는 것을 보고 분노하는 서술자의 태도가 나타나고 있다.

④ ㉣: 혈육을 위해 감추었던 밥을 '잘난 밥'이라 표현하여 체면을 지키고자 했던 노인의 모습을 표현하고 있다.

⑤ ㉤: 힘든 현실 속에서도 손자를 먹여 살리려는 노인의 모습에서 동정을 넘어 경외감을 느끼는 서술자의 태도가 드러나 있다.

지문근거　둘중헷　Q&A　어휘/개념　부정질문

분석쌤 강의
● **분 석** 지문을 읽기 전에 이 문제의 〈보기〉부터 읽으면 지문 내용을 쉽고 빠르게 이해할 수 있고, 문제 풀이 시간도 단축할 수 있게 하는 문제 유형
● **해결案** 〈보기〉를 읽은 후 지문을 읽고, 지문을 읽은 후 ㉠∼㉤에 대한 답지를 검토한다. 이때, 답지의 설명이 적절한지의 여부는 밑줄 친 부분의 앞뒤 내용도 고려해야 하고, 〈보기〉에서 설명한 내용도 고려해야 한다. 즉, 지문과 〈보기〉에서 근거를 찾을 수 있고, 지문 및 〈보기〉의 내용과 어긋나지 않으면 적절한 설명이 된다.

07 윗글에 대한 설명으로 가장 적절한 것은?

① 배경을 세밀하게 묘사하여 인물의 심리를 드러내고 있다.

② 장면의 잦은 전환을 통해 긴박한 분위기를 조성하고 있다.

③ 외부와 단절된 공간에서 벌어지는 일들을 중심으로 사건이 서술되고 있다.

④ 대화를 빈번하게 제시하여 인물 간의 갈등이 해소되는 과정을 보여 주고 있다.

⑤ 동시에 진행되는 사건을 병렬적으로 제시하여 이야기를 입체적으로 구성하고 있다.

지문근거 둘중헷 Q&A 어휘/개념 부정질문

분석쌤강의

● **분 석** 쉽게 정답을 찾았다고 해도 반드시 오답인 이유까지 챙겨 봐야 하는 문제

● **해결案** 각 답지를 판단할 때, 'A하여 B하고 있다'의 답지 구성에 유의하여 A와 B 각각에 대해 체크해야 하고, B가 A를 통해 이루어지고 있는지도 살펴야 한다. ①을 예로 들면, 배경을 세밀하게 묘사하고 있는지, 인물의 심리를 드러내고 있는지, 인물의 심리를 세밀한 배경 묘사를 통해 드러내고 있는지를 모두 꼼꼼히 따져야 한다.

8~11 다음 글을 읽고 물음에 답하시오.　　　　　2015학년도 6월 고1 전국연합학력평가 【40~43】 현대 소설

[앞부분의 줄거리] 6·25 직후 '나'는 서울로 전학을 오게 되는데 새 학급의 담임 선생님인 '메뚜기'는 부업에만 정신이 팔려 있다. 그러던 중 미군 '하우스보이' 영래가 전학을 와 아이들의 환심을 산다.

"에또, 학기두 바뀌구 했으니까…… 오늘은 자습 후에 반장 선출을 해 보는 것두 학습이 될 거다. 상급생이 됐으니까 그만한 자치 능력도 생겼을 줄 믿는다. 그런데 석환이 말고 누가 의장 노릇을 했으면 좋을까…… 누가 좋겠니?" 메뚜기가 문자 앞의 꼬마들이 요란하게 떠들어댔다. "이영래요. 걔가 잘해요." 메뚜기가 영래를 불러내어 "반장과 함께 조용히 자습을 시킨 뒤에, 자치회의를 해라." 이르고 훌쩍 나가 버렸다. 선생님이 나간 뒤에, 머쓱하게 서 있던 영래가 교탁 앞에 비스듬히 걸터앉았고 애들은 다음 행위에 잔뜩 기대를 가지면서 그 애를 올려다보았다. 영래가 말했다. "전부들 책을 집어넣어. 오늘 오전에는 씨름대회를 연다." 애들이 손뼉을 치며 와글와글 책보를 쌌고 영래는 교탁에 발을 올려놓고 의자를 흔들며 말 타는 시늉을 했다. "헌병대장 사령부, 짜가닥 짜가닥 팡팡, 이 새끼들 조용해." 영래가 은수에게 몽둥이를 주워 오라고 명령하니 그놈은 잽싸게 뛰어나가 각목 하나를 주워 왔다. "종하, 일루 나와." 비실비실 웃으며 앞으로 나온 종하에게 영래가 말했다. "웃지 마 임마, 이걸 갖구 수틀리게 놀면 무조건 조기는 거야. 알았지?" 종하는 가마니를 깔지 않은 흙바닥 통로를 각목을 들고 어슬렁어슬렁 돌아다녔다. "오늘부터 너는 기율부장이다." "뭐야, 그게…… 반장하군 다른가?" "임마, 중학교 교문 앞에두 못 가 봤어? 완장 차구 서서 잘못한 애들 벌 주는 거 말야." 은수가 항의했다. "그럼 나는 뭐야, 넌 뭐구……." "이 새끼 나는 의장이잖아. 종하는 기율부장, 너는 말이지, 총무다." "반장보다 높은 거냐?" 아이들이 킥킥.

종하는 내 앞을 지나며 공연히 똑바로 앉으라면서 허리께를 각목으로 꾹 찔렀다. 나는 등에 힘을 주고 빳빳이 긴장해서 앉아 있었다. 그때 석환이가 안으로 폭삭 기어들어간 목소리로 중얼거렸다. "나는 말야……. 씨름대회는 반대한다." 아이들이 와자지껄하며 석환이 쪽에다 불평을 제각기 터뜨렸다. "혼자 잘난 체하지 마라, 짜식." "누가 네 명령이나 듣겠다누." "영래야, 때려 줘라." 영래가 교탁을 쾅 때리며 말했다. "새끼들, 조용하라니까." 임종하가 각목을 땅에다 쿵쿵 찧으며 주위를 둘러보았고 아이들이 잠잠해졌다. 석환이는 가까스로 말할 기운이 났는지 아까보다 더욱 또렷하게, "선생이 자습을 한 다음에 자치회를 하라구 그랬어. 또 혼자서 마음대로 학급 간부를 지명해서도 안 된다구 생각해." 바보 같은 놈들이 설쳐 대는 꼴을 보니 나도 뭐라고 말하고 싶었지만 영래만 한 통솔력도 없는 터에 모두들 나더러 공부 좀 한다구 으스댄다고 할 거였다. 그전 학교에서처럼 발언권을 얻어 동의와 재청을 받고 의견이 받아들여지고 하는 재미있던 판국과는 전혀 딴판이어서, 까짓것 입 다물고 구경이나 하겠다는 마음이 생겼다. 몇몇 줄반장 애들은 불만이 있어 보였으나 교실 뒤에 버티고 선 종하 쪽을 연방 돌아보기만 하는 거였다. 영래가 씨익 웃었다. "응 좋아, 애들한테 물어보자, 얘들아, 씨름대회를 뒤로 미루고 자습할까?" 반 아이들이 웅성대며 항의하거나, 재삼 석환이를 욕하기 시작했다. "대신에 자치회를 먼저 하자. 너희들 석환이 반장 노릇하는 걸 찬성하는 사람 손 들어." 한 사람의 손도 올라가지 않았고 뒤늦게 들었던 애들도 대부분 아이들의 드높은 불만의 분위기에 위축되어 슬금슬금 내려 버렸다. "다음은 내가 하는 걸 좋아하는 사람." 절반 이상이 손을 들었고 두 번 다 손을 안 든 애들도 많았다. "봤지? 자치회는 이걸루 끝났다." "그래, 이영래가 오늘부터 우리 반 급장이다." "반대하는 놈들은 우리 반이 아니야." 영래는 만족에 가득 차서 고개를 끄덕였다. "모두들 밖으로 집합, 야 종하야, 집합시켜서 오목내 다리 밑으루

내려가." 나는 환성을 올리며 밀려나가는 애들의 뒤를 따라 나갔고, 우리 뒤에서 종하가 "빨리빨리 움직여." 어쩌구 하며 고함치는 소리가 들렸다. 석환이와 몇몇 아이들이 꾸물거리는 걸 보고 영래가 뒷짐을 지고 서서 종하에게 말했다. "야, 단체 행동에서 빠지는 애는 잡아다 조겨." 은수도 말했다. "그래, 영래 말이 옳다. 개인적으루 놀면 혼을 내야 해. 우리 반 애들이라면 다 함께 해야 한다."

바깥일에 분주한 메뚜기가 돌아왔을 때, 아이들은 영래의 지시에 의하여 자발적인 대청소를 하고 있는 중이었다. 메뚜기는 학급에 기강이 서고 자치 능력이 향상된 데 대하여 만족했고, 아이들이 영래를 급장으로 선출한 것에도 별로 이의가 없어 보였다.

[중략 줄거리] 영래 무리가 폭력으로 아이들의 돈을 빼앗고 집단행동을 강요한다. 그러던 중 여자 교생 선생님이 새로 오게 되고, 교생 선생님을 좋아하던 '나'는 그녀의 퇴근길을 쫓아가 대화를 나누게 된다.

[A]

나는 선생님이 시내로 들어가는 전차를 타야 할 역전 네거리 앞 종점까지 함께 걸었다. 말없이 걷던 그이가 "김수남 어린이는 이번 시험에도 성적이 아주 뛰어나더군요." 말했으므로 나는 얼굴이 새빨개졌고 얼떨결에 "반장은 어때요, 선생님?" 하며 내 속마음을 드러내고 말았다. "이영래…… 어린이 말인가요." 그이는 뭔가 곰곰 생각해 보는 듯한 표정이다가 "어떻게 생각해요, 김수남 어린이는 혼자서 살 수 있나요?" 물어 왔다. 나는 동생 없이 엄마 없이, 누구보다도 선생님 없이는 살 수 없다고 생각했고 혼자서는 못 산다고 대답했다. 그이가 말했다. "혼자서만 좋은 사람이 될 수는 없다고 생각합니다. 또 한 사람이 잘못 생각하고 있었다면 여럿이서 고쳐 줘야 해요. 그냥 모른 체하면 모두 다 함께 나쁜 사람들입니다. 더구나 공부를 잘한다거나 집안 형편이 좋은 학생은 그렇지 못한 다른 친구들께 부끄러워할 줄 알아야 합니다." 나는 무슨 얘기인지 잘 알아들을 수는 없었지만, 선생님께서 나를 책망하고 있다는 느낌이어서 풀이 죽어 버렸던 것이다.

－ 황석영, 「아우를 위하여」 －

▶ 전국 단위 시험에서 출제된 위 작품의 출처 ☞ 〈클리닉 해설〉의 '기출 답지로 작품과 문제 완전 정복'
황석영, 「아우를 위하여」 : 2006학년도 9월 고2 전국연합학력평가

다시보기 ▶ 다시 볼 문제 체크하고 틀린 이유 메모하기

〈분석쌤 강의〉는 2차 채점 후 반드시 챙겨 본다!

08 윗글의 서술상 특징으로 가장 적절한 것은?

① 현재형 어미를 사용하여 사건을 생동감 있게 제시하고 있다.

② 작중 인물이 서술자가 되어 자신의 내면과 경험한 사건을 서술하고 있다.

③ 동일한 시간에 서로 다른 장소에서 일어난 사건을 병렬적으로 배치하고 있다.

④ 이질적인 시선을 가진 서술자들을 통해 사회 현실을 풍자적으로 그리고 있다.

⑤ 공간적 배경에 대한 세밀한 묘사를 통해 인물들의 우울한 내면을 보여 주고 있다.

지문 근거 둘중 헷 Q&A 어휘/개념 부정 질문

분석쌤 강의
● **분 석** 답지에 쓰인 어휘(문학 용어, 개념어 등)의 뜻을 정확하게 알아야 하고, 하나의 답지 내에서도 둘로 나누어 꼼꼼하게 따져 답해야 하는 서술상의 특징을 묻는 문제
● **해결案** 답지를 세부적으로 나누어 꼼꼼히 따져 옳고 그름을 체크하도록 한다. 예를 들어, 답지 ①에서는 이 작품이 현재형 어미를 사용하였는지, 현재형 어미를 사용함으로써 사건을 생동감 있게 제시하고 있는지를 따지고, 답지 ②에서는 작중 인물이 서술자인지, 작중 인물인 서술자의 내면과 경험한 사건이 모두 서술되어 있는지를 따진다.

다시보기 ▶ 다시 볼 문제 체크하고 틀린 이유 메모하기

09 씨름대회 에 대한 설명으로 가장 적절한 것은?

① '영래'가 담임 선생님의 불신을 사는 계기가 된다.

② '영래'가 학교의 엄격한 규정에 저항하는 방법이다.

③ '영래'가 자신을 반대하는 아이들을 포섭하기 위한 수단이다.

④ '영래'가 학급 아이들 다수의 지지를 얻어 반장이 되는 데 기여한다.

⑤ '영래'가 학급의 일원과 의장 역할 사이에서 내적 갈등을 일으키는 원인이 된다.

지문 근거 둘중 헷 Q&A 어휘/개념 부정 질문

분석쌤 강의
● **분 석** 지문을 읽기 전 발문(문두)부터 살피면, 이 문제의 정답을 더 빠르고 쉽게 찾을 수 있는 문제 유형
● **해결案** 답지에 공통으로 들어가 있는 '영래'와 '씨름대회'와의 관계를 파악하며 지문을 읽는다. '영래'가 '씨름대회'를 열자고 한 의도가 무엇이며 그것으로 인한 결과가 무엇인지까지 감안하여 오답을 제외하고 정답을 확정하도록 한다.

10 [A]의 대화에 나타난 '교생 선생님'의 의도로 가장 적절한 것은?

① '나'에게 가족의 소중함을 일깨워 주고자 한다.

② 담임 선생님인 '메뚜기'의 학급 운영을 비판하고자 한다.

③ '나'가 '영래'의 잘못을 외면하는 태도를 지적하고자 한다.

④ 가정 형편이 어려운 아이들에 대해 안타까워하며 도와주고자 한다.

⑤ '나'가 자신을 좋아하는 것이 학생 신분에 어긋나는 일이라고 책망하고자 한다.

| 지문근거 | 둘중헷 | Q&A | 어휘/개념 | 부정 질문 |

분석쌤 강의

● **분 석** 발문(문두)에서 질문하고 있는 핵심을 놓치면 오답에 답하게 되는 문제

● **해결案** 발문에서 '교생 선생님'의 의도를 질문하였다. 그러므로 각 답지의 서술어의 주어는 '교생 선생님은'이라는 것을 염두에 두고 '교생 선생님은~(하)고자 한다.'가 적절한지를 따진다.

---

11 〈보기〉를 참고하여 윗글을 이해한 것으로 적절하지 <u>않은</u> 것은? [3점]

> ─ 보기 ─
>
> 「아우를 위하여」는 전쟁 직후 서울의 한 초등학교 학급에서 일어나는 일들을 통해 소설이 발표된 1970년대의 정치상을 우의적으로 표현하고 있다. 민주적 절차를 거치지 않고 권력을 획득한 독재 정권은 집단 논리와 힘으로 반대 세력의 비판을 봉쇄하고 권력을 독점하였다. 이 소설은 표면적으로는 안정적인 것처럼 보였지만 이면적으로는 많은 문제를 안고 있던 당대 사회의 모습을 보여 준다.

① 작품 속 공간인 교실은 1970년대 민주주의가 억압되던 사회의 축소판이겠군.

② '영래'가 위협적인 분위기를 조성하여 반장이 되는 것은 독재 권력의 형성 과정을 나타내는 것이겠군.

③ '종하'와 '은수'가 각각 기율부장과 총무에 임명되는 것은 권력의 독점을 견제하기 위해 마련된 장치를 의미하겠군.

④ '줄반장 애들'이 불만을 드러내지 못하는 것은 집단 논리와 힘에 의해 체제에 대한 비판이 금지되던 것을 의미하겠군.

⑤ 겉보기에 학급의 기강이 서고 자치 능력이 향상돼 보인 것은 억압적 체제를 통해 사회 질서가 유지되던 것을 나타내는 것이겠군.

| 지문근거 | 둘중헷 | Q&A | 어휘/개념 | 부정 질문 |

분석쌤 강의

● **분 석** 지문을 읽기 전에 문제부터 읽어야 하는 이유를 알게 하는 문제로, 이 문제의 〈보기〉부터 읽고 지문을 읽으면 지문 내용이 더 빠르게 이해되는 문제 유형

● **해결案** 〈보기〉부터 먼저 읽은 후 〈보기〉의 내용을 염두에 두고 지문을 읽으면서 작가가 말하고자 하는 바를 파악한다. 그런 다음, 답지의 설명이 〈보기〉와 지문을 모두 바르게 이해한 것인지를 체크한다. 〈보기〉와 지문 중 어느 하나라도 어긋나면, 그것이 정답이 된다.

한편, 2차 채점 후 오답지(적절한 설명)를 다시 챙겨 보면 이 작품에서 말하고자 하는 바를 더 새길 수 있다.

▶ 정답을 모르는 상태에서 2차 풀이를 하기 위한 방법으로, 아래 채점표 대신 '모바일 자동 채점 프로그램'(문제편 표지 QR 코드)을 이용해도 된다.

🕐 **종료 시각** 시 분 초

총 소요 시간	종료 시각 −시작 시각		분 초
목표 시간		18분	20초
초과 시간	총 소요 시간 −목표 시간		분 초

1 종료 시각을 적은 후, 문제에 체크한 '내가 쓴 답'을 ❶에 옮겨 적는다.

2 ❷에 채점을 하되, 틀린 문제에만 '／' 표시를 한다.
(문제에 직접 채점하지 않는 이유는 다시 풀 때 정답을 모르는 상태에서 풀어야 제대로 훈련이 되기 때문)

문항 번호	1	2	3	4	5	6	7	8	9	10	11
❶ 내가 쓴 답											
❷ 채 점											

☞ 정답은 〈클리닉 해설〉 p.184(해설은 p.40)

3 틀렸거나 찍어서 맞힌 문제는 다시 푼다.

4 2차 채점을 할 때 다시 풀어서 맞힌 문항은 △, 또 틀린 문항은 ✗ 표시를 한다.

5 △와 ✗ 문항은 반드시 다시 보고 틀린 이유를 알고 넘어간다.

채점 결과_ 5일째
반드시 체크해서 복습 때 활용할 것

	1차 채점		2차 채점
총 문항 수	11개	△ 문항 수	개
틀린 문항 수	개	✗ 문항 수	개

1~3 **다음 글을 읽고 물음에 답하시오.**

2019학년도 3월 고1 전국연합학력평가 【39~41】 극 문학(TV 드라마 대본)

S# 49. 몽타주*

○ 산채 정식처럼 각종 산나물과 된장찌개를 정갈하게 무치고 끓이고 소박한 상을 정사에게 올리는 장금.

○ 사신, 먹으며 가운데 미간이 찡그려진다.

○ 다음 날은 각종 해조류 반찬이 눈에 띄게 많은 밥상.

○ 먹고는 역시 가운데 미간이 찡그려지는 정사.

○ 흰 생선 살을 잘 발라내고 있는 장금.

○ 두부전골을 중심으로 올려지는 상.

○ 말린 나물과 버섯들을 걷어 가는 장금.

○ 보는 장금과 장번 내시, 오겸호, 불안하고,

○ 보는 정사. 미역국에 고기 대신 생선이 들어가 있다.

○ 보는 장금과 장번 내시, 오겸호, 불안.

○ 생선 살을 넣은 두부로 두부전골을 끓이는 장금.

○ 먹어 보고는 역시 미간이 심하게 찡그려지는 사신 정사.

○ 대나무 밥을 하는 장금.

○ 사신에게 올려지는 상. 보면 물김치와 톳나물, 버섯나물과 산나물 그리고 대나무 밥이 올려져 있고.

○ 먹고는 미간을 찡그리는 사신의 모습.

○ 보는 장금의 모습.

S# 55. 태평관 연회장

　들어오는 장금, 보면, 화려하게 차려진 음식상이 있다. 이때, 오겸호와 장번 내시가 사신을 모시고 나오고, 상을 보는 정사, 놀라는데, 그를 바라보는 최 상궁과 금영의 표정에 자신감이 넘친다. 한 켠에는 불안한 표정으로 서 있는 장금.

오겸호: 그동안 (장금을 보며) 궁녀의 불경한 짓거리로 본의 아니게 무례를 저질렀습니다.

정사: …….

오겸호: 하여 오늘부터는 만한전석을 올릴 것입니다!

정사: 만한전석을? (장금을 본다.)

오겸호: 오늘은 저 불경한 것의 처결이 있는 날이니 원하시는 대로 벌을 내리고 마음껏 드십시오!

장금: …….

금영: (장금을 보는데)

　정사, 역시 장금을 본다. 그러고는 자신의 앞에 놓인 음식을 보고, 다시 한 번 장금을 보고는 수저를 들어 음식을 먹기 시작한다. 보는 최 상궁과 금영, 희색이 가득하고, 정사는 계속 먹어 보는데, 미간이 찌푸려지지 않는다. 오겸호 정사의 미간을 보고는 입가에 미소를 띠며 최 상궁을 보면 최 상궁 목례를 하고, 불안한 장금, 계속 먹는 사신 정사. 최 상궁과 장번 내시의 표정, 이제는 끝이라는 듯 바라보는 금영의 표정. 절망에 휩싸이는 장금의 표정.

S# 56. 태평관 연회장 안

　모두가 지켜보는 가운데 음식을 먹던 정사, 수저를 놓는다. 모두들 정사를 바라보는데,

오겸호: 대인! 대인을 능멸한 나인이옵니다. / 정사: …….

오겸호: 어찌 하올까요? / 정사: 앞으로 산해진미는 이것으로 끝이오!

모두: ……? / 정사: (장금에게) 이 정도 먹은 것은 용서해 주겠느냐?

장금: ……. / 정사: 오늘의 만한전석은 참으로 훌륭하였소.

오겸호: 예, 앞으로 연회는 이틀 동안 계속될 것이옵니다.

정사: 정성은 고마우나, 사양해야 할 듯하오.

오겸호: 대인, 그게 무슨 말씀이온지, 그동안, 저 나인의 방자한 행동으로 입에 맞지 않는 음식을 드시느라 고생하셨던 것을 송구하게 생각하여 준비한 음식입니다. 어찌하여 마다시는지요.

정사: (웃으며) 저 방자한 나인 때문이오.

오겸호: 무슨 말씀이신지?

정사: 그동안 나는 맛있고 기름진 음식만을 탐해 왔소. 하여, 지병인 소갈을 얻었음에도, 사람이란 참으로 약한 존재인지라, 알면서도 그런 음식을 끊을 수가 없었소이다.

모두: …….

정사: (장금에게) 나는 조선의 사람도 아니며, 오래 있을 사람도 아니다. 대충 내가 원하는 음식을 해 주어 보내면 될 것을, 어찌하여 고집을 피웠느냐?

장금: ······.

장번 내시: 어서 아뢰어라.

장금: 저는 다만 마마님의 뜻을 따랐을 뿐이옵니다.

정사: 그 뜻이 무엇이냐?

장금: 그 어떠한 경우에도, 먹는 사람에게 해가 되는 것을, 올려서는 안 된다는 것입니다. 그것이 음식을 하는 자의 도리라 하셨습니다.

정사: 그로 인해 자신에게 크나큰 위험이 닥쳐도 말이냐?

장금: 이미, 한 상궁 마마님께서 끌려가시며 제게 몸소 보여 주시지 않으셨습니까?

정사: (웃으며) 참으로 고집불통인 스승과 제자로다.

모두: (보면)

정사: 그래, 하여, 알았다. 음식을 하는 자가 도리와 소신이 있듯이 음식을 먹는 자 또한 도리가 있어야 한다는 것을.

모두: ······.

정사: 음식을 해 주는 자가 올곧은 마음으로 내 몸을 지켜 주려는데 정작 먹는 자인 내가 내 몸을 소홀히 하여, 나를 해치는 음식을 먹는다는 것이 말이 안 되지. 먹는 자에게도 도리가 있는 것이었어.

모두: ······.

정사: 갖은 향신료에 절어 있던 차라 네가 올린 음식이 처음에는 풀 냄새만 나더니 먹으면 먹을수록, 그 재료 고유의 맛이 느껴지면서 참으로 맛있었다. 또 다른 맛의 공간이더구나. 비록 조선의 작은 땅덩어리에 사나, 네 배포와 심지는 대륙의 땅보다도 크구나.

장금: ······.

정사: 가는 날까지 내 음식은 고집불통인 네 스승과 너에게 맡기겠노라!

— 김영현 각본, 「대장금(大長今)」 —

＊몽타주: 각각 촬영한 화면을 이어 붙여 다양한 효과를 연출하는 기법으로, 사건을 속도감 있게 보여 주는 효과를 나타내기도 함.

▶ **전국 단위 시험에서 출제된 위 작품의 출처** ☞〈클리닉 해설〉의 '기출 답지로 작품과 문제 완전 정복'
  김영현 각본, 「대장금」: 2013학년도 9월 고2 전국연합학력평가(A형) / 2012학년도 6월 고3 모의평가

다시보기 ▶ 다시 볼 문제 체크하고 틀린 이유 메모하기   「분석쌤 강의」는 2차 채점 후 반드시 챙겨 본다!

01 〈보기〉를 통해 윗글을 감상한 내용으로 적절하지 <u>않은</u> 것은? [3점]

— 보기 —

　음식은 먹는 사람의 건강을 지키는 수단이자 맛에 대한 욕망을 충족하는 수단이기도 하다. 이 둘은 상충되기도 하지만 조화를 이루기도 한다. 「대장금」은 다양한 음식을 소재로 한 일련의 사건과 음식에 대한 소신을 지키는 장금의 모습에서 전통 음식 문화에 대한 자부심을 느끼게 한다.

① 정사는 '소갈'에 걸리고도 맛있고 '기름진 음식'을 끊을 수 없었다는 점에서 맛에 대한 욕망을 제어하지 못하였음을 알 수 있군.

② 장금이 정사가 싫어하는 것을 알면서도 '생선'과 '산나물'을 이용하여 만든 음식을 올리는 것은 정사의 건강을 우선시했기 때문이군.

③ 정사는 장금이 만든 음식에서 '재료 고유의 맛'을 느끼며 건강을 지키는 것과 맛에 대한 욕망이 조화를 이룰 수 있음을 깨닫게 되는군.

④ 장금은 정사가 '만한전석'과 같이 건강을 해치는 음식을 선호하는 것을 보고 음식을 먹는 자의 도리를 지키지 않는다고 말하며 안타까워했군.

⑤ 장금이 위험을 무릅쓰고 먹는 사람의 건강에 도움이 되는 음식을 고집하는 것에서 '음식을 하는 자의 도리'를 지키고자 하는 소신을 확인할 수 있군.

지문 근거 물중헷 Q&A 어휘/개념 부정질문

분석쌤 강의
● **분석** 지문과도 일치해야 하고 〈보기〉의 내용에도 부합해야 하는 '〈보기〉를 통해 윗글을 감상한 내용'의 적절성 여부를 묻는 문제
● **해결案** 〈보기〉의 내용을 염두에 두고 답지를 살피되, 지문과 일치하지 않는 내용이 포함되어 있거나 지문을 바탕으로 미루어 짐작할 수 없는 내용이 있으면 ✗ 표시를 하며 푼다.

02 윗글을 통해 알 수 있는 내용으로 적절한 것은?

① 한 상궁은 정사의 뜻을 알고 장금에게 음식을 준비하도록 했다.

② 장금과 금영은 정사가 먹을 음식을 기쁜 마음으로 함께 준비하였다.

③ 정사는 오겸호의 조언에 따라 장금이 만든 음식을 억지로 먹고 있었다.

④ 오겸호는 만한전석을 준비하라고 한 정사의 지시에 불만을 가지고 있었다.

⑤ 정사는 떠나는 날까지 음식을 준비하라고 할 만큼 장금에 대한 신뢰를 보였다.

지문근거 둘중햇 Q&A 어휘/개념 부정질문

분석쌤 강의
- **분 석** 지문을 통해 '알 수 있는 내용'이면서 지문 내용과 어긋나지 않는 것이 정답인 '알 수 있는 내용으로 적절한 것'을 묻는 문제
- **해결案** 지문을 통해 알 수 없거나 지문과 일치하지 않는 내용이 포함된 것부터 ✕ 표시를 하며 푼다.

03 S# 49를 제작하기 위한 회의 내용으로 적절하지 않은 것은?

① 음식을 정성스럽게 만드는 장금의 솜씨를 강조할 필요가 있습니다. 음식을 만드는 손을 클로즈업하면 좋겠습니다.

② 이틀에 걸친 사건을 짧은 장면으로 이어 붙인 장면입니다. 사건이 속도감 있게 전달될 수 있도록 편집하면 좋겠습니다.

③ 불안해하는 오겸호를 담은 장면이 반복됩니다. 배우의 표정 연기를 통해 긴장감이 고조되도록 연출을 하면 좋겠습니다.

④ '음식 준비 – 사신의 시식 – 장금의 기대 – 사신의 평가'가 이어지고 있습니다. 이 순서대로 장면들을 편집하면 좋겠습니다.

⑤ 조선 시대를 배경으로 하고 있습니다. 사실성이 드러나도록 당시의 의복과 소품을 고증하여 준비하는 것이 좋겠습니다.

지문근거 둘중햇 Q&A 어휘/개념 부정질문

분석쌤 강의
- **분 석** 쉽게 정답에 답한 경우에도 2차 채점 후 정답과 오답인 이유를 따져 알고, 〈클리닉 해설〉에서 '가장 많이 질문한 오답은?'을 챙겨 봐야 하는 문제
- **해결案** 'S# 49를 제작하기 위한 회의 내용으로 적절'한지를 질문하고 있으므로, 답지에서 S# 49에서 확인할 수 없거나 S# 49와 어긋나는 내용이 있으면 ✕ 표시를 해 정답을 좁혀 나간다. 답지를 검토하는 과정을 살펴보면 각 답지는 두 문장으로 이루어져 있는데, 첫째 문장에서는 S# 49에서 확인할 수 있는 내용인지를 체크하고, 둘째 문장에서는 첫째 문장의 내용을 효과적으로 전달하는 방법으로 적절한지를 따져 각각에 대해 ◯, ✕ 표시를 하며 풀면 된다.

[4~8] 다음 글을 읽고 물음에 답하시오.

2022학년도 6월 고1 전국연합학력평가 【41~45】 갈래 복합(소설+시나리오)

(가) [앞부분의 줄거리] 시골 학교로 전학 온 '나'는 힘으로 학급을 장악하고 있던 석대에게 저항하다 이내 굴복한다. 그러나 김 선생이 부임한 후 아이들이 석대의 비행을 폭로하고 석대는 학교를 떠난다. 학교를 떠난 석대는 학교 밖에서 아이들을 괴롭힌다.

교실 안에서 우리에게 가장 많은 혼란과 소모를 강요한 것은 의식의 파행이었다. 선생님의 격려와 근거 없는 승리감에 취한 우리 중의 일부는 지나치게 앞으로 내달았고, 아직도 ⓐ석대의 질서가 주던 중압에서 깨어나지 못한 아이들은 또 너무 뒤처져 미적거렸다. 임원진으로 뽑힌 아이들도 마찬가지였다. 어른들의 식으로 표현하자면, 한쪽은 너무도 민주의 대의에 충실히 우왕좌왕하는 다수와 함께 우왕좌왕했고, 또 한쪽은 석대 식의 권위주의를 청산하지 못해 은근히 **작은 석대를 꿈꾸**었다. 거기다가 **새로 생긴 건의함**은 올바른 국민 탄핵제도의 기능을 하기보다는 밀고와 모함으로 일주일에 하나씩은 임원들을 갈아치웠다.

(중략)

그렇지만 시간이 흐르면서 ⓐ안팎의 도전들은 차츰 해결되어 갔다. 먼저 해결된 것은 석대 쪽이었는데, 그 해결을 유도한 담임 선생님의 방식은 좀 특이했다. 우리에게는 거의 불가항력적이었건만 어찌 된 셈인지 담임 선생님은 석대 때문에 결석한 아이들을 그 어느 때보다 호된 매질과 꾸지람으로 다루었다.

"다섯 놈이 하나한테 하루 종일 끌려다녀? 병신 같은 자식들." / "너희들은 두 손 묶어 놓고 있었어? 멍청한 놈들."

그렇게 소리치며 마구잡이 매질을 해댈 때는 마치 사람이 갑자기 변한 것처럼 보였다. 우리는 영문을 몰랐으나 그 효과는 오래잖아 나타났다. ⓒ우리 중에서 좀 별나고 당찬 소전거리 아이들 다섯이 마침내 석대와 맞붙은 것이었다. 석대는 전에 없이 표독을 떨었지만 상대편 아이들도 이판사판으로 덤비자 결국은 혼자서 다섯을 당해내지 못하고 꽁무니를 뺐다. 선생님은 그 아이들에게 그 당시 한창 인기 있던 케네디 대통령의 『용기 있는 사람들』이란 ⓒ책 한 권씩을 나눠 주며 우리 모두가 부러워할 만큼 여럿 앞에서 그들을 추켜세웠다. 그러자 다음 날 미창 쪽에서도 똑같은 일이 벌어지고 그 뒤 석대는 두 번 다시 아이들 앞에 나타나지 않았다.

거기 비해 우리 **내부에서 일어나는 혼란**을 대하는 담임 선생님의 태도는 또 앞서와 전혀 달랐다. 잘못된 이해나 엇갈리는 의식 때문에 아무리 교실 안이 시끄럽고 **학급의 일이 갈팡질팡해도 담임 선생님은 철저하게 모르는 척**했다. 토요일 오후 **자치회가 끝없는 입씨름으로 서너 시간씩 계속**돼도, 급장 부급장이 건의함을 통해 밀고된 대단치 않은 잘못으로 한 달에 한 번씩 갈리는 소동이 나도 언제나 가만히 지켜보고 있을 뿐 충고 한마디 하는 법이 없었다.

[A] 그 바람에 우리 학급이 정상으로 돌아가는 데는 거의 한 학기가 다 소비된 뒤였다. 여름방학이 지나자 벌써 서너 달 앞으로 닥친 중학 입시가 말깨나 할 만한 아이들의 주의를 온통 그리로 끌어들인 까닭도 있지만, 그보다는 경험의 교훈이 자정 능력을 길러 준 덕분이 아닌가 한다. 서로 다투고 따지고 부대끼고 시달리는 그 대여섯 달 동안에 우리는 차츰 **스스로가 스스로를 규율**한다는 게 어떤 것인가를 배우게 된 것이었다. 하지만 그때껏 그런 우리를 지켜보기만 했던 담임 선생님의 깊은 뜻을 이해하는 데는 아직도 훨씬 더 많은 세월이 지나야 했다.

학교생활이 정상으로 돌아감과 아울러 **굴절되었던 내 의식**도 차츰 원래대로 회복되어 갔다. 다시 어른들 식으로 표현하면, **새로운 급장 선거에서 기권표를 던**질 때만 해도 머뭇거리던 내 시민 의식은 오래잖아 자신과 희망을 가지게 되고 자유와 합리에 대한 예전의 믿음도 이윽고는 되살아났다. 가끔씩—이를테면, 내가 듣기에는 더할 나위 없는 의견 같은데도 공연히 떠드는 게 좋아 씨알도 먹히지 않을 따지기로 회의만 끝없이 늘어 놓는 아이들을 볼 때나, **다 같이 힘을 합쳐야 할 작업에 요리조리 빠져나가** 우리 반이 딴 반에 뒤지게 만드는 아이들을 보게 될 때와 같은 때—석대의 질서가 가졌던 **편의와 효용성**을 떠올릴 때가 있었지만 그것도, 금지돼 있기에 더 커지는 유혹 같은 것에 지나지 않았다.

석대는 미창 쪽 아이들과의 싸움이 있고 난 뒤 우리들뿐만 아니라 그 작은 읍에서도 사라져 버렸다. 얼마 후 들리는 소문으로는 서울에 있는 어머니를 찾아갔다는 것이었다.

– 이문열, 「우리들의 일그러진 영웅」 –

(나) S# 136 교실 (아침)

얼굴들에 상처 난 아이들 몇 명을 중심으로 모여 수군거리는 아이들. 그 교실의 소란스러운 분위기를 뚫고 들어오는 김 선생. 급히 자기 자리를 찾아가는 아이들로 우당탕거리던 교실이 갑자기 쥐죽은 듯 조용해진다. 교실 안을 휘 휘둘러보는 김 선생. 군데군데 비어 있는 몇 개의 자리. 김 선생과 시선이 마주친 상처 난 얼굴의 아이들이 얼굴을 숙인다.

김 선생: 언제까지 이럴 거야. 너희들! (갑작스런 김 선생의 높아진 음성에 아이들의 고개가 더 숙여진다.) 이렇게 매일 얻어맞고 그게 무서워 결석을 하고… (고개를 숙인 채 기가 죽은 아이들을 굳은 얼굴로 둘러보는 김 선생.) 석대가 그렇게 무서워? 난 너희들 같은 겁쟁이들은 가르치고 싶지 않다. 절대 피하지 마라. 맨손으로 안 되면 돌이라도 들고 싸워라. 한 사람이 안 되면 두 사람, 그래도 안 되면 전부 다들 덤벼라. 내 말 알아듣겠나? (아이들 중 몇 명이 죽어 가는 소리로 겨우 대답한다.) 다시! 알아듣겠나?

아이들: (조금 커진 소리로) 네.

김 선생: 다시.

아이들: (일제히 힘차게) 네!

S# 137 교실 (밤)

나무 의자와 책상 등이 불길에 싸여 있다.

S# 138 동 밖 (밤)

물을 길어와 교실 안에다 끼얹는 동네 사람들. 서서히 불길이 잡힌다. (F.O)

S# 139 (F.I) 같은 장소 (아침)

웅성거리며 모여드는 아이들. 입을 꽉 다문 병태도 섞여 있다. 급하게 뛰어온 김 선생. 주먹을 불끈 쥔다. 병태, 시키먼 병이 나무둥치 밑에 숨겨져 있는 것을 발견한다. 화단에 흐드러지게 피어 있는 철쭉과 진달래의 붉은 색이 눈을 어지럽힌다. 교문 쪽으로 먼 시선을 주고 있던 병태. 다시 한번 쓰러져 있는 병을 본다.

병태(내레이션): 그날 이후 엄석대를 본 사람은 아무도 없었다. 들리는 소문으로는 개가한 서울의 어머니를 찾아갔다던가?

S# 140 교실 (오후)

칠판에는 ㉣제7차 급장 선거라는 글씨와 후보들의 이름, 개표 결과가 써 있다. 김 선생 교단 위로 올라서면서

김 선생: 좀 혼란했던 기간이 있긴 했지만 이제는 너희들이 제자리를 찾은 것 같구나. 각자의 일들을 알아서 처리하고 공동의 일들은 서로 협력해서 처리하는 새로운 6학년 2반이 돼 주길 바란다. 급장!

황영수: (㉤단상에 오르지 않고 앞에 나와 서서) 잘 부탁드리겠습니다. 어려운 일이 있으면 언제든지 절 불러 주세요. 기꺼이 여러분께 봉사하는 급장이 되겠습니다.

박수 치는 아이들. 전에와는 다른 모습이다. 이를 쳐다보는 병태.

병태(내레이션): 그 후 학교 생활은 정상으로 돌아갔고 굴절되었던 내 의식도 원래대로 회복되었다. 그리고 석대에 대한 기억은 희미해져 갔다.

– 이문열 원작, 박종원 각색, 「우리들의 일그러진 영웅」 –

▶ 전국 단위 시험에서 출제된 위 작품의 출처 ☞ 〈클리닉 해설〉의 '기출 답지로 작품과 문제 완전 정복'
(나) 이문열 원작, 박종원 각색, 「우리들의 일그러진 영웅」: 2009학년도 6월 고1 전국연합학력평가

04 [A]의 서술상 특징으로 가장 적절한 것은?

① 독백을 통해 대상에 대한 의문과 해답을 제시하고 있다.

② 감각적인 묘사를 통해 인물 간의 대립을 부각하고 있다.

③ 공간의 이동을 통해 인물의 심리 변화를 드러내고 있다.

④ 회상의 방식을 통해 과거 사건의 의미에 대해 서술하고 있다.

⑤ 들은 바를 전달하는 형식을 통해 사건의 전모를 밝히고 있다.

지문근거 둘중헷 Q&A 어휘/개념 부정질문

분석쌤 강의
● **분 석** 작품 전체가 아니라 (가)의 '[A]'에 나타난 서술상 특징을 찾는 문제로, 발문(문두)을 꼼꼼하게 읽지 않으면 문제 풀이 시간이 오래 걸리는 문제 유형
● **해결案** 답지의 '~을/를 통해' 앞에 제시된 서술상 특징이 사용되었는지부터 확인한 다음, 사용되었다면(○이면) 답지 뒷부분과 같은 효과를 거두고 있는지도 따져, 앞뒤가 모두 적절한 답지를 정답으로 고른다.

05 〈보기〉를 참고할 때, (가)를 (나)로 각색하는 과정에 대해 이해한 것으로 적절하지 <u>않은</u> 것은? [3점]

─── 보기 ───

소설을 시나리오로 각색할 경우, 갈래의 차이에 따라 여러 가지 변화가 일어나는데 예를 들면 소설에서는 인물의 내면 심리나 대상의 변화를 직접 서술할 수 있으나 시나리오는 이를 장면으로 시각화하거나 영화적 기법을 통해 표현한다. 또한 갈래적 차이에 따른 변화 외에도 각색 과정에서 창작자의 의도에 따라 특정 내용을 삭제 혹은 다른 장면으로 대체하거나 소설에 없던 장면을 추가하기도 한다.

① (가)에서 김 선생이 아이들을 꾸짖는 모습이 S# 136에서는 '다시'를 반복하는 장면으로 대체되어 아이들의 변화에 비관적인 그의 모습을 부각하고 있군.

② (가)에서 아이들이 석대와 맞붙을 수 있게 된 것이 S# 136에서는 '일제히 힘차게' 대답하는 모습으로 대체되고 있군.

③ S# 137의 '불길에 싸'인 교실과 S# 139의 '시커먼 병' 등을 통해 (가)에 나오지 않는 석대의 방화를 추가하여 그의 보복을 암시하고 있군.

④ (가)에서 직접적으로 서술된 병태의 내면을 S# 140에서는 내레이션 기법을 통해 드러내고 있군.

⑤ (가)에서 학급이 정상으로 돌아가게 되었다는 것을 S# 140에서는 '박수 치는 아이들'의 모습을 통해 드러내고 있군.

지문근거 둘중헷 Q&A 어휘/개념 부정질문

분석쌤 강의
● **분 석** 오답에 답한 학생들이 많았던 문제로, 2차 채점 후 〈보기〉와 오답지들을 한번 더 챙겨 보면서 소설을 시나리오로 각색할 때 일어나는 변화를 새기면 유용한 문제
● **해결案** 〈보기〉를 참고하여 (가)를 (나)로 각색하는 과정에서 달라진 부분을 빠르게 파악해야 하는 문제로, 〈보기〉를 꼼꼼히 읽은 다음, 답지의 내용을 세부적으로 나누어 그 각각에 ○, ✕ 표시를 하여, ✕ 표시가 있는 답지를 정답으로 고른다. ①을 예로 들면,
(1) '(가)에서 김 선생이 아이들을 꾸짖는 모습'이 나타나는지,
(2) 나타난다면, 그것이 (나)의 'S# 136에서 '다시'를 반복하는 장면으로 대체'되었는지,
(3) 그리고 (2)를 통해 '아이들의 변화에 비관적인 그의 모습을 부각'하고 있는지
를 하나하나 따진다. 그리고 2차 채점 후 현대 소설과 극문학의 차이점(p.11)도 챙겨 보도록 한다.

06 ⓐ에 대한 이해로 적절하지 <u>않은</u> 것은?

① 학급의 일부 임원들이 '작은 석대를 꿈꾸'는 것은 아직 ⓐ에서 벗어나지 못했기 때문이다.

② '내부에서 일어나는 혼란'을 쉽게 해결하지 못한 것은 ⓐ를 대체할 수 있는 것을 마련하지 못했기 때문이다.

③ ⓐ는 석대가 아이들 '스스로가 스스로를 규율'할 수 있도록 하기 위하여 만든 것이다.

④ '내 의식'이 '굴절되었던' 이유는 ⓐ에 익숙해져 있었기 때문이다.

⑤ '나'는 ⓐ가 학급에 '편의와 효용성'을 제공했었지만 지금은 되돌릴 수 없는 것이라고 생각한다.

지문근거 둘중헷 Q&A 어휘/개념 부정질문

분석쌤 강의
● **분 석** 질문의 핵심이 되는 ⓐ와, 답지에서 작은따옴표(' ')로 인용한 부분의 앞뒤에 전개된 내용을 바탕으로 풀어야 하는 문제
● **해결案** 지문 내용을 통해 ⓐ가 무엇을 의미하는지부터 이해하되, 구체적인 의미를 알기 어렵다면 긍정적인(+) 것인지, 부정적인(−) 것인지 정도만 체크한 후 답지를 살핀다. 이때 ⓐ에 대한 이해로 적절한지는 답지에서 작은따옴표로 인용한 부분을 지문에서 찾아, 해당 부분의 앞뒤에 전개된 내용을 바탕으로 판단하면 된다.

07 ⊙~⑩에 대한 설명으로 적절하지 않은 것은?

① ⊙: 석대가 떠난 후 학급이 맞닥뜨린 문제 상황들을 의미한다.

② ⓒ: 석대와 처음으로 맞붙은 인물들의 특성을 나타낸다.

③ ⓒ: 다른 아이들도 석대와 맞붙을 수 있도록 하는 효과를 가져왔다.

④ ⓔ: 그동안 학급에 여러 차례 혼란이 거듭되어 왔음을 보여 준다.

⑤ ⑩: 새 급장이 아직 완전히 인정받지 못하고 있음을 나타낸다.

지문 근거 둘 중 헷 Q&A 어휘/개념 부정 질문

분석쌤 강의

● **분 석** 앞뒤에 전개된 내용에서 근거를 찾아야 하는, 밑줄 친 부분에 대해 질문한 문제

● **해결案** ⊙~⑩의 앞뒤 내용을 고려하여 답지의 설명이 적절한지를 살핀다. 빠르게 정답을 확정한 경우에도 복습할 때 정답과 오답인 이유를 한번 더 챙겨 보도록 한다.

08 〈보기〉는 윗글의 심화 학습을 위해 찾은 자료이다. 이를 참고하여 (가)를 이해한 내용으로 적절하지 않은 것은?

> ── 보기 ──
>
> 철학자 마이클 샌델은 올바른 사회를 위해서는 시민이 덕성을 바탕으로 자기 통치에 참여해야 한다고 말했다. 자기 통치에 참여한다는 것은 공동선(共同善)에 대하여 동료 시민들과 함께 고민하고 그것을 실현하기 위해 적극적으로 참여하는 것을 뜻한다. 그는 공동선에 대한 토론에서 시민들이 자신의 목표를 잘 선택하고 다른 사람의 선택권을 존중해야 한다고 주장하였다.

① '새로 생긴 건의함'은 아이들의 적극적인 참여를 통해 학급의 공동선을 실현하기 위한 기능을 수행하였군.

② '학급의 일이 갈팡질팡해도 담임 선생님은 철저하게 모르는 척'한 것은 아이들이 자기 통치를 할 수 있는 능력을 스스로 기르도록 하기 위해서였겠군.

③ '자치회가 끝없는 입씨름으로 서너 시간씩 계속'된 것은 아이들이 공동선을 위한 토론에 익숙하지 않은 모습을 나타낸 것이겠군.

④ '내'가 '새로운 급장 선거에서 기권표를 던'졌던 것은 아직 자기 통치에 참여할 준비가 되지 않아서였겠군.

⑤ '다 같이 힘을 합쳐야 할 작업에 요리조리 빠져나가'는 아이들은 동료 시민들과 함께하는 것에 대해 적극적이지 않은 시민에 해당하겠군.

지문 근거 둘 중 헷 Q&A 어휘/개념 부정 질문

분석쌤 강의

● **분 석** 이 시험(2022학년도 6월 고1 전국연합학력평가)에서 정답률이 가장 낮았던 3인방 중 하나

● **해결案** 〈보기〉를 참고하여 답지에서 작은따옴표(' ')로 인용한 것을 (가)에서 찾으면, (가)에서 굵은 글씨로 되어 있는 것을 발견할 수 있다. 이 구절들에 대해 설명한 답지가 (가)를 적절하게 이해했는지, 그리고 〈보기〉와 잘 연결해 설명했는지를 따지되, 굵은 글씨로 된 구절만 살펴서는 안 되고, 그 앞뒤에 전개된 내용까지 꼼꼼히 확인해야 엉뚱한 답지를 정답으로 고르는 실수를 하지 않게 된다는 것을 기억해야 한다.

1차 풀이 때 정답에 답한 학생들도 복습할 때 '가장 많이 질문한 오답'에 대한 해설을 짚고 넘어가도록 하자.

9~10 **다음 글을 읽고 물음에 답하시오.** 　　　2016학년도 6월 고1 전국연합학력평가 【44~45】 극 문학(시나리오)

[앞부분의 줄거리] 화개 장터에서 주막을 운영하는 옥화는 아들 성기의 역마살을 없애려고 갖은 노력을 기울인다. 어느 날, 장터를 떠돌며 살아가는 체 장수 영감이 딸 계연을 옥화에게 맡긴 뒤 길을 떠나고, 성기와 계연은 사랑하게 된다. 옥화는 둘을 결혼시켜 성기의 역마살을 없애려고 하지만 계연이 옥화의 이복동생이라는 것을 알게 된다.

#101 주막 마당 / 뒤꼍

성 기: (미칠 것 같다) 이기 무신 소리고? 아부질 따라 간다꼬?

계 연: (고개도 들지 않는다)

성 기: 말 해바라. 아주 가는 기 아이라고. 어이?

계 연: 인제 아부지랑 살라요.

성 기: 너... 너... (버럭) 지금 사람 놀리나? 어델 간다는 건데?

옥 화: 보내 줘라.

성 기: (계연의 어깨 잡아 흔들며) 이기 무신 짓꺼리고? 내, 니랑 살라꼬 내려온 거 몰라 그라나? 인제 여기서 뿌리박고 살겠다는 데... 니도 좋다 안 했나?

체 장수: (뭔가 기회를 잡은 듯, 다그친다) 니들 뭔 짓 했냐? 엉? 저눔이 너한테 뭔 짓을 했어? 빨리 말혀.

　그 모습 기막히고 치사하다는 듯 보는 옥화

계 연: (바락) 하긴 뭔 짓을 혀요?

체 장수가 잠시 주춤하는 사이
계연의 손목을 끌고 뒤꼍으로 가는 성기

성　기: (계연과 눈 마주치려 애쓰며) 니가 와 이라는지는 모르겄지만... 부탁이다. 바른대로 말해라. 니가 여기가 싫다면 같이 뜨자. 다른 데 가서 살자고. 니... 내 좋아허잖냐. 응? 응?
계　연: (성기를 똑바로 보며) 아니, 난 여기가 싫소. 도시 가서 살랑게.

　　계연의 눈빛엔 추호도 흔들림이 없다.
　　성기, 믿어지지 않는 상황에 뒤로 몇 발짝 물러난다.
　　뒤따라온 옥화조차 계연의 단호함에 다소 놀란다.
　　일순, 옥화와 시선을 맞추고는 말로 하지 못한 많은 말을 눈빛에 담아 보내는 계연.
　　그 눈빛에서 모든 사실을 알고 있음을 눈치 채는 옥화.
　　계연, 성기를 남겨 둔 채 바깥을 향해 발걸음 떼놓는다.
　　떨어뜨린 짐을 주워 들고 계연의 뒤를 따라 나가는 체 장수.
　　옥화는 그런 체 장수의 뒷모습을 허허롭게 바라만 본다.

성　기: 계연아!

　　성기, 힘을 다해 뛰어나가 계연의 앞을 가로막는다.
　　잠시 서로를 응시하는 두 사람...
　　세상에 오로지 그들 둘뿐인 것처럼 빨아들일 듯 바라보고 있다.
　　옥화도 상돌엄마도, 체 장수까지도 그 팽팽한 긴장을 깨지 못하고 있는데

계　연: (한참을 망설이다 어렵고 어렵게) ... 오라버니... !
옥　화: (오라버니란 말에 눈을 질끈 감는다)
성　기: ...
계　연: 편히 사시오... 오라버니. 아부지, 갑시다!

　　오라버니란 말을 되씹듯 의미 담아 발음하고는 그대로 스쳐 나가는 계연.
　　성기는 못 박힌 듯 그대로 서 있고, 상돌엄마는 옥화를 부축한 채 고개를 돌린다.

#102 밖
　　세 갈래 길 중 한 길을 택해 걷는 두 부녀, 구례 쪽 방향이다.
　　주막 앞 앙상한 버드나무 가지 아래를 지나...
　　기러기 울음소리 속에 멀어져 가는 두 사람의 모습
　　한 번도 뒤돌아보지 않는다.

성　기(E*): (발작하듯) 아~~~악!

(중략)

#107 주막 마당 (다른 날 낮)
　　처마에선 똑똑 눈 녹은 물이 떨어져 내린다.
　　툇마루에 걸터앉아 기둥에 등을 기대고 겨울 햇빛을 쬐는 성기의 뒷모습
　　눈을 돌려 멀리 보면
　　앞의 산엔 눈이 녹아 조금씩 푸른빛이 돌기 시작한다.

　　(E) 채쟁 쟁 쟁... 꽤앵 꽤앵 꽹~ 사당패*의 꽹과리와 징 소리 점점 커지고 ‒

옥　화(E): (찢어지는 목소리로) 안 된다, 한 발짝도 몬 나간대이~!

#108 주막 마당 (낮)
　　주막 밖으로 사당패가 지나가고 있다. / 아이들이 덩달아 신나서 흙먼지를 일으키며 와아 하고 따라간다.
　　어깨에 보따리를 둘러멘 성기, 신발을 신으며 마루에서 내려선다. / 성기의 보따리를 잡은 채 발악하듯 매달리는 옥화

성　기: (덤덤히) 기양 한 멧 년 바람 쐬고 올 것잉게... 잡지 마소, 엄니.

　　성기, 성큼성큼 밖을 향해 걸어 나간다.
　　등에 멘 보따리 틈으로 햇빛에 반짝이는 꽹과리의 몸체와 함께 빨간 표지의 책이 보인다.
‒ 김동리 원작, 홍윤정 · 동희선 각색, 「역마」 ‒

*E: 효과음. *사당패: 무리를 지어 떠돌아다니면서 노래와 춤을 공연하던 집단.

▶ **전국 단위 시험에서 출제된 위 작품의 출처** ☞ 〈클리닉 해설〉의 '기출 답지로 작품과 문제 완전 정복'

김동리 원작, 「역마」: 고2 – 2003학년도 10월 전국연합학력평가(소설) / 2002학년도 11월 전국연합학력평가(소설)
　　　　　　　　고3 – 2016년도 4월 전국연합학력평가(시나리오) / 2013학년도 9월 모의평가(소설) / 2010학년도 7월 전국연합학력평가(시나리오)

다시 보기　▶ 다시 볼 문제 체크하고 틀린 이유 메모하기

[분석쌤 강의]는 2차 채점 후 반드시 챙겨 본다!

09 윗글을 영화로 촬영할 때 연출자가 고려할 내용으로 적절하지 <u>않은</u> 것은?

① #101의 촬영 장소는 주막이라는 배경이 잘 드러날 수 있는 곳을 찾아봐야겠어.

② #101의 계연을 다그치는 장면에서 성기 역을 맡은 배우에게 답답함을 참을 수 없다는 듯이 연기하도록 해야겠어.

③ #102에서 계연이 떠나는 장면에서는 구슬픈 분위기의 배경음악을 사용해야겠어.

④ #107에서 사당패의 악기 소리는 처음에는 크게 들렸다가 점점 작아지는 것으로 설정해야겠어.

⑤ #108에서 촬영 영상은 보따리를 메고 길을 나서는 성기의 뒷모습이 잘 드러날 수 있도록 해야겠어.

> 지문 근거　둘중헷　Q&A　어휘/개념　부정 질문
>
> *분석쌤 강의*
>
> ● **분 석** 지문을 읽기 전 문제부터 본 학생들은 문제 풀이 시간을 단축할 수 있었던 문제
> ● **해결案** 발문(문두)과 답지를 살피면 답지에는 각 장면을 촬영할 때 연출자가 고려할 내용이 담겨 있다는 것을 알 수 있다. 따라서 답지에 제시된 장면을 지문에서 읽은 후 바로 해당 장면에 대해 설명하고 있는 답지의 내용이 적절한지를 체크하면 문제 풀이 시간을 단축할 수 있다.

다시 보기　▶ 다시 볼 문제 체크하고 틀린 이유 메모하기

10 〈보기〉를 참고하여 윗글을 감상한 내용으로 적절하지 <u>않은</u> 것은?

> ─ 보기 ─
>
> 　「역마」에서는 정착하지 못하고 떠돌아다녀야 하는 '역마살'이 낀 인물들이 등장한다. 이 작품에서 인물들의 삶은 자신의 의지나 선택에 의해 바뀌지 않는 운명적인 것이다. 주인공을 둘러싼 인물들은 처음에는 운명적 질서를 거부하지만 결국 받아들이게 된다. 이를 통해 작가는 일반적인 사회 통념에서 보면 고달픈 삶이라 하더라도, 저마다의 운명이 주어져 있다면 그 운명을 받아들이는 것도 삶의 한 방법이라는 것을 말하고 있다.

① '계연'이 떠나는 것은 자신의 의지가 아닌 것으로 이해할 수 있군.

② '성기'가 집을 떠나는 것은 운명적 삶을 받아들인 것으로 이해할 수 있군.

③ '성기'가 '계연'과 결혼하려는 것은 운명적 질서를 수용하려는 것으로 이해할 수 있군.

④ '옥화'가 '성기'에게 매달리는 것은 운명적 질서를 거부하려는 몸짓으로 이해할 수 있군.

⑤ '체 장수 영감'이 장터를 떠도는 것은 일반적인 사회 통념에서 보면 고달픈 삶으로 이해할 수 있군.

> 지문 근거　둘중헷　Q&A　어휘/개념　부정 질문
>
> *분석쌤 강의*
>
> ● **분 석** 작품의 이해를 돕는 〈보기〉가 제시되어 있어, 〈보기〉부터 읽으면 문제 풀이 시간을 단축할 수 있는 문제 유형
> ● **해결案** 〈보기〉를 읽은 다음 지문을 읽고, 지문을 읽은 다음 답지를 검토하되. 답지의 감상 내용이 〈보기〉의 설명을 바탕으로 한 것이어야 적절한 답지가 된다. 쉽게 정답에 답했어도 2차 채점 후 〈클리닉 해설〉에 있는 '기출 답지로 작품과 문제 완전 정복'까지 챙겨 보도록 한다.

▶ 정답을 모르는 상태에서 2차 풀이를 하기 위한 방법으로, 아래 채점표 대신 '모바일 자동 채점 프로그램'(문제편 표지 QR 코드)을 이용해도 된다.

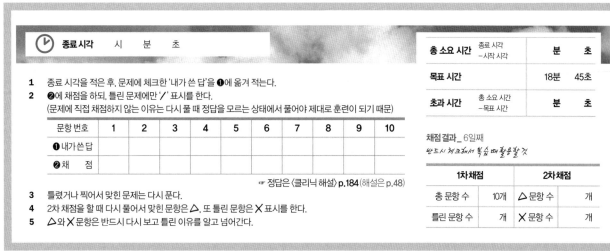

🕐 **종료 시각**　시　분　초

총 소요 시간	종료 시각 – 시작 시각	분	초
목표 시간		18분	45초
초과 시간	총 소요 시간 – 목표 시간	분	초

1 종료 시각을 적은 후. 문제에 체크한 '내가 쓴 답'을 ❶에 옮겨 적는다.
2 ❷에 채점을 하되, 틀린 문제에만 '／' 표시를 한다.
（문제에 직접 채점하지 않는 이유는 다시 풀 때 정답을 모르는 상태에서 풀어야 제대로 훈련이 되기 때문）

문항 번호	1	2	3	4	5	6	7	8	9	10
❶ 내가 쓴 답										
❷ 채 점										

☞ 정답은 〈클리닉 해설〉 p.184 (해설은 p.48)

3 틀렸거나 찍어서 맞힌 문제는 다시 푼다.
4 2차 채점을 할 때 다시 풀어서 맞힌 문항은 △, 또 틀린 문항은 ✗ 표시를 한다.
5 △와 ✗ 문항은 반드시 다시 보고 틀린 이유를 알고 넘어간다.

채점 결과_ 6일째
반드시 체크해서 복습 때 활용할 것

	1차 채점		2차 채점	
총 문항 수	10개	△ 문항 수		개
틀린 문항 수		개	✗ 문항 수	개

구분	1 공부한 날	2 초과 시간	총 문항 수	3 틀린 문항 수	4 △ 문항 수	5 ✕ 문항 수
첫날	월 일	분 초	12 개	개	개	개
2일째	월 일	분 초	11 개	개	개	개
3일째	월 일	분 초	11 개	개	개	개
4일째	월 일	분 초	9 개	개	개	개
5일째	월 일	분 초	11 개	개	개	개
6일째	월 일	분 초	10 개	개	개	개

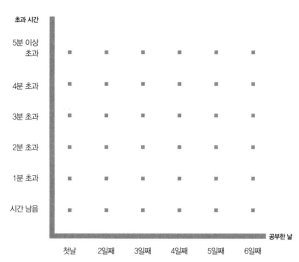

▲매일 체크한 시간을 동그라미로 표시하여 시간 변화를 한눈에 보자.

1주일간 공부한 내용을 다시 보니, ……

1 매일 지문 3개씩 시간에 맞춰 풀었다. *vs.* 내가 한 약속을 못 지켰다.
▶국어 영역은 매일, 꾸준히 일정 분량을 공부해야 효과적이다.

2 시간이 단축되고 있음을 느낀다. *vs.* 문제 푸는 시간이 줄지 않는다.
▶문학에서 시간 부족 문제를 해결하기 위해서는 갈래별로 제대로 복습 방법을 지키며 공부하는 것이 중요하다.
맞힌 문제라도 몰랐던 개념은 다시 보고 〈클리닉 해설〉을 통해 지문 복습도 해야 시간을 단축할 수 있다.

3 틀린 문항 수가 거의 비슷하다.
▶틀린 문제들을 다시 본다. 특정 문항 유형에서 많이 틀렸는지를 확인하고
각 문항 오른쪽에 제시된 '분석쌤 강의'를 통해 문제점 극복 방안을 찾는다.

4 △ 문항이 ✕ 문항보다 많다면, … △ 문항 수를 줄이는 것이 국어 영역 고득점의 지름길!
▶ △ 문항을 줄이는 방법은 처음 틀렸을 때 왜 그 답지를 정답으로 생각했는지를 따져 보는 것이다.
다시 봤을 때 아무리 쉬워도, 틀린 문제는 또 틀릴 수 있다는 것을 명심하자.

5 ✕ 문항 수가 줄지 않는다면?
▶〈클리닉 해설〉을 본다. 많은 학생들이 질문한 문제를 같은 생각에서 틀린 것인지,
아니면 쉬운 문제임에도 불구하고 틀린 것인지를 체크하여 내가 취약한 유형이 무엇인지를 파악한다.
〈클리닉 해설〉을 보고 확실하게 알고 넘어가고,
'매3 오답 노트'에 메모해 두었다가 한 달에 한 번 꼭 다시 복습한다.

!

1주일간 공부한 내용과 '매3 오답 노트'에 메모한 내용까지 다시 보니,

결론적으로,

내가 **취약한 부분**은 ⬚⬚⬚⬚⬚⬚⬚⬚이다.

취약점을 보완하기 위해서 나는 ⬚⬚⬚⬚⬚⬚⬚⬚을/를 해야겠다.

한 달 뒤 다시 봐야 할 문항과, 꼭 다시 외워야 할 사항·개념 등이 있는 페이지는 지금 바로 접어 두었다.
어휘는 반드시 문맥 속에서 '매3어휘 풀이'를 떠올리며 익히고, 문학 용어(개념어)는 예시문과 함께 확실하게 알아 두고,
'나만의 매3 오답 노트'는 시험 전에 꼭 다시 봐야겠다.

2주차

고전 문학

문학 제대로 공부법 **고전 문학, 이것만은 꼭!**

고전 문학을 공부하기 전에 챙겨야 할 것

고전 소설은,

• 문학사적으로 중요한 작품 및 수능 빈출 작품부터 공부하는 것이 좋다.
　└→「예비 매3문」작품 선정 기준

• 전문을 읽으면 좋지만, 부분만 읽어도 꼼꼼하게 읽고 앞뒤에 전개된 내용 및 줄거리를 이해한다.

• 지문을 읽으면서 모르는 어휘는 꼭 챙겨 보되, 고전 소설 빈출 어휘부터 공부하는 것도 좋다.
　　　　　*고전 소설 빈출 어휘 ☞「매3어휘」p.238 참조

고전 시가는,

• 작품을 정확하게 해석하는 것이 가장 중요하다.

• 시대순 또는 빈출 갈래인 시조부터 공부하는 것이 좋다.
　*시대순: 고대 가요→향가→고려 가요→시조와 가사 순

• 세부 갈래별로 내용 및 표현상의 특징, 그리고 고전 시가 빈출 어휘부터 챙겨 본다.
　　　　　*고전 시가 빈출 어휘 ☞「매3어휘」p.208 참조

---

❶ 학습 효율을 높이는 **고전 문학 문제 풀이 순서**

1단계 작가와 제목부터 확인한다.

• 아는 작가와 작품이면, 작가의 특징 및 작품 전체 내용을 떠올리고, 처음 보는 작가 또는 작품이면 바로 문제(발문)부터 본다.

2단계 작품 이해를 돕는, '문학 이론'이 지문에 제시되었거나 〈보기〉가 문제에 제시된 경우, 해당 지문과 〈보기〉부터 읽는다.

• '문학 이론'이 제시된 경우: 향가와 시조(p.88), 서사적 모티프 (p.76), 효용론적 관점(p.92 10번)

• 작품 이해를 돕는 〈보기〉가 제시된 경우: p.68 6번, p.71 11번, p.74 4번, p.78 9번, p.82 4번, p.90 5번, p.91 8번, p.93 12번, p.94 1번, p.97 7번, p.99 9번, p.149 15번, p.157 13번

3단계 지문을 꼼꼼히 읽는다.

• 아는 작품이어도 꼼꼼히 읽어야 한다.

• 고전 소설의 경우, 주동 인물은 ○, 부수적 인물 또는 대립적 관계에 있는 인물은 △ 표시를 하며 읽는다.

• 읽어 내려가다가 막히는 어휘는 앞뒤 문맥을 통해 의미를 짐작해 보고, 그래도 모를 경우 체크해 두고 넘어간다.

• 밑줄 친 부분은 집중해서 읽되, 관련 문제는 글 전체의 흐름을 감안하여 풀어야 하므로 지문을 끝까지 읽고 난 다음에 푼다.

4단계 문제를 풀되, 다음을 염두에 둔다.

• 배경지식은 참고만 할 뿐 정답의 근거는 반드시 지문과 문제에 제시된 내용에서 찾는다.

• 복합 지문으로 구성된 고전 시가는 공통 문제를 가장 나중에 푼다.

❷ 오답률 제로를 위해 챙겨야 할 **고전 문학 복습법**

1. 틀린 문제와 헷갈린 문제부터 본다.

2. 답지에 제시된 어휘(수능 용어)를 익힌다.

3. 작품을 복습한다.

　❶ 제목으로 작품 내용을 떠올려 보고, 제목의 의미를 새긴다.

　❷ 지문을 다시 읽으며 지문 내용을 완벽하게 이해한다. 이때, 정확한 뜻을 모르거나 어렴풋이 아는 어휘는 그 의미를 확실하게 알고 넘어간다.

　> ❶, ❷까지 복습한 다음에 〈클리닉 해설〉의 '지문 분석'을 참고해 ❸~❺도 챙겨 본다.

　❸ 전문이 아닌 경우, 지문의 앞뒤에 전개된 내용과 '중략' 부분의 내용까지 확인하고, 작품 전체의 주제와 제시된 지문의 주제를 구분해서 익힌다.

　❹ 고전 소설의 경우 고전 소설의 일반적인 특징을, 고전 시가의 경우 세부적인 갈래별 특징을 파악한 다음 작품에 나타난 특징과 비교한다. 　　　　☞ p.63 참조

　❺ 작품의 특징 및 '지문 밖 정보'까지 챙겨 본다.

4. 기출 문제에 출제된 문제를 더 풀어 본다.

• 〈클리닉 해설〉의 '기출 답지로 작품과 문제 완전 정복'을 챙겨 본다.

5. '문학 오답 노트'를 만든다. 　　　☞ p.2(해설) 참조

6. 다시 봐야 할 내용은 하나로 통합한다.

❸ 고전 문학 단골 개념과 어휘(수능 용어)

구분	어휘(수능 용어)	매3어휘 풀이를 적용한 개념 정의	찾아보기		함께 봐야 할 어휘
			클리닉 해설	『매3력』	
1	무상감	모든 것이 무상하다(덧없다, 헛되다, 보람없다)고 느낌(감정).	p.110	p.127	인생무상
2	선경후정	시상 전개 방식의 하나로, 우선 경치부터 묘사한 다음, 이후에 정서(감정)를 표현하는 것	p.89	p.136	원경, 근경
3	연쇄적	사슬(鎖, 쇠사슬 쇄)처럼 연속적으로 앞 구절의 끝 말이 다음 구절의 앞 구절에 이어지는 (것)	p.147	p.145	연쇄법
4	유사한 통사 구조의 반복	비슷한(= 유사한) 문장(=통사) 구조를 반복하는 것	p.104	p.156	시구의 반복, 대구법
5	음보율	3음보 또는 4음보처럼 끊어 읽는 단위에서 느껴지는 운율	p.94	p.149	음수율
6	음성 상징어	의성어(소리를 흉내 낸 말)와 의태어(모양을 흉내 낸 말)를 아울러 이르는 말	p.116	p.140	의성어, 의태어
7	전기성(傳奇性)	기이한 것을 전하는 성질	p.67	p.151	전기적 (傳奇的 vs. 傳記的)
8	초월적	현실 세계에 존재하지 않는 (것) ㈜ 비현실적	p.36, 68	p.153	초연, 초탈, 탈속적
9	편집자적 논평	서술자가 인물과 사건에 대해 자신의 견해를 말하거나 평가하는 것	p.171	p.135	서술자의 개입
10	환상적	헛보이고(환영이 보임) 상상하는 (것)	p.77	p.161	환몽 구조

고전 소설의 일반적인 특징

[인물] 재자가인(재주 있는 남자와 아름다운 여인)
_{佳, 아름다울 가}
[사건] 사건 전개의 우연성
[배경] 중국을 배경으로 함.
[주제] 권선징악(선행을 권하고 악행을 징계함.)
[구성] 시간의 흐름에 따른 구성

> **＊영웅의 일대기적 구성** 고귀한 혈통→비정상적 출생→비범한 능력→시련과 고난→구출자에 의해 양육→고난 극복, 승리

[문체] 문어체: -더라
[결말] 행복한 결말

판소리계 소설의 발전 과정 및 특징

▶판소리계 소설의 발전 과정

근원 설화 →	판소리 →	판소리계 소설 →	신소설
열녀 설화	춘향가	춘향전	옥중화(감옥 안의 꽃)
방이 설화	흥보가, 박타령	흥부전	연의 각(제비의 다리)
효녀 지은 설화	심청가	심청전	강상련(강 위의 연꽃)
구토지설	수궁가, 토별가	토끼전, 별주부전	토의 간(토끼의 간)

※ 제목에 '-가'와 '타령'이 있으면 판소리이고, '-전'이 붙으면 판소리계 소설임.

▶판소리계 소설의 특징

❶ 적층 문학적 성격: 여러 사람을 거치면서 변화가 누적됨. 이본이 많음.
❷ 4(3)·4조 중심의 운문체와 산문체의 결합
❸ 문체의 이중성: 양반층 언어와 서민층 언어가 혼재(혼합되어 존재함.)
❹ 의성어나 의태어를 많이 사용, 현장감 구현
❺ 상투적인 비유어를 많이 사용함.

❻ 장면의 극대화: 관객이 관심을 보이는 대목을 열거와 대구를 사용하여 집중적으로 확장하고 부연하는 표현
❼ 작가의 개입(편집자적 논평): 서술자가 개입하여 사건의 상황이나 인물의 성격에 대해 직접 평가하는 표현
❽ 판소리 사설 문체: 관객을 앞에 놓고 얘기하는 듯한 문체
❾ 전라도 지방의 방언 사용

고전 시가의 세부 갈래별 특징

고대 가요	삼국 시대 이전의 노래 •모두 구전되다가 기록 •발생 초기에는 집단 가요(구지가)였다가 후기에는 개인적 서정 가요(황조가)로 변화 •배경 설화가 있음.
향가	신라~고려 초까지 향유되었던 우리 고유의 시가 •4구체, 8구체, 10구체로 나누어짐. •10구체 형식(가장 정제된 형식): 세 부분(4구 – 4구 – 2구)으로 나뉘는데, 끝의 2구는 감탄사(아으, 아야 등)로 시작됨.
고려 가요	고려 시대에 우리말로 부른 서민의 노래(고려 속요) •3음보 예 가시리/가시리/잇고 •분절체, 분연체, 분장체(연으로 나뉘어 있음.) •후렴구가 있음. 예 「청산별곡」: 얄리얄리 얄라셩 얄라리 얄라 ∴ 3분후를 기억하자!
시조와 가사	•고려 말에 등장, 조선 시대에 크게 발달 •내용: 〈초기〉 강호한정, 연군 등 → 〈후기〉 인간 생활과 지배 계층을 비판한 다양한 글, 기행 가사, 유배 가사 등 •형식: 3(4)·4조, 4음보 **[시조]** 단형(3장 6구 45자 내외) **[가사]** 장형(연속체)
한시	우리 민족의 사상과 감정을 표현한, 우리 조상이 지은, 한문으로 이루어진 시 •기승전결의 구조 •대구 •선경후정 방식

1~3 **다음 글을 읽고 물음에 답하시오.**   2023학년도 3월 고1 전국연합학력평가 【43~45】 고전 소설

[앞부분의 줄거리] 전생에 부부였던 남해 용왕의 딸과 동해 용왕의 아들은 각각 금방울과 해룡으로 환생한다. 해룡은 피란 도중에 부모와 헤어져 장삼과 변 씨의 집에서 자라게 된다.

어느 추운 겨울날, 눈보라가 내리치는 밤에 변 씨는 소룡과 함께 따뜻한 방에서 자고 해룡에게는 방아질을 시켰다. 해룡은 어쩔 수 없이 밤새도록 방아를 찧었는데, 얇은 홑옷만 입은 아이가 어찌 추위를 견딜 수 있겠는가? 추위를 이기지 못해 잠깐 쉬려고 제 방에 들어가니, 눈보라가 방 안에까지 들이치고 덮을 것이 하나도 없었다. 해룡이 몸을 잔뜩 웅크리고 엎드려 있는데, 갑자기 방 안이 대낮처럼 밝아지고 여름처럼 더워져 온몸에 땀이 났다. 놀라고 또 이상해 바로 일어나 밖을 자세히 살펴보니, 아직 날이 밝지 않았는데 하얀 눈이 뜰에 가득했다. 방앗간에 나가 보니 밤에 못다 찧은 것이 다 찧어져 그릇에 담겨 있었다. 해룡이 더욱 놀라고 괴이하게 여겨 방으로 돌아오니 방 안은 여전히 밝고 더웠다.

아무리 생각해도 이상해 방 안을 두루 살펴보니, 침상 위에 예전에 없었던 북만 한 방울 같은 것이 놓여 있었다. 해룡이 잡으려 했으나, 방울이 이리 미끈 달아나고 저리 미끈 달아나며 요리 구르고 저리 굴러 잡히지 않았다. 더욱 놀라고 신통해서 자세히 보니, 금빛이 방 안에 가득하고, 방울이 움직일 때마다 향취가 가득히 퍼져 코를 찔렀다. 이에 해룡은 생각했다.

'이것은 반드시 무슨 까닭이 있어서 일어난 일일 테니, 좀 더 두고 지켜봐야겠다.'

해룡은 마음속으로 기뻐하며 자리에 누웠다. 그동안 굶주림과 추위에 시달린 몸이 따뜻해지니, 마음이 절로 놓여 아침 늦도록 곤히 잠을 잤다. 이때 변 씨 모자는 추워 잠을 자지 못하고 떨며 앉아 있다가 날이 밝자마자 밖으로 나와 보니, 눈이 쌓여 온 집 안을 뒤덮었고 찬바람이 얼굴을 깎듯이 세차게 불어 몸을 움직이는 것마저 어려웠다. 이에 변 씨는 생각했다.

'해룡이 틀림없이 얼어 죽었겠구나.'

해룡을 불러도 대답이 없자, 해룡이 얼어 죽었으리라 생각하고 눈을 헤치고 나와 문틈으로 방 안을 엿보았다. 그랬더니 해룡이 벌거벗은 채 깊이 잠들어 있는데 놀라서 깨우려다가 자세히 살펴보니 하얀 눈이 온 세상 가득 쌓여 있는데, 오직 해룡이 자고 있는 사랑채 위에는 눈이 한 점도 없고 더운 기운이 연기처럼 일어나고 있었다. 이것이 어찌 된 일인지 알 수가 없었다. / 변 씨가 놀라 소룡에게 이런 상황을 이야기했다.

"매우 이상한 일이니, 해룡의 거동을 두고 보자꾸나."

문득 해룡이 놀라 잠에서 깨어 내당으로 들어가 변 씨에게 문안을 올린 뒤 비를 잡고 눈을 쓸려 하는데, 갑자기 한 줄기 광풍이 일어나며 반 시간도 채 안 되어 눈을 다 쓸어버리고는 그쳤다. 해룡은 이미 짐작하고 있었으나, 변 씨는 그 까닭을 전혀 알지 못해 더욱 신통히 여기며 마음속으로 생각했다.

'분명 해룡이 요술을 부려 사람을 속인 것이로다. 만약 해룡을 집에 오래 두었다가는 큰 화를 당하리라.'

변 씨는 어떻게든 해룡을 죽여 없앨 생각으로 이리저리 궁리하다가, 한 가지 계교를 생각해 내고는 해룡을 불러 말했다.

[A] "가군*이 돌아가신 뒤 우리 가산이 점점 줄어들게 된 것은 너 또한 잘 알 것이다. 구호동에 우리 집 논밭이 있는데, 근래에는 호환이 자주 일어나 사람을 다치게 해 농사를 짓지 못하고 묵혀둔 지 벌써 수십여 년이 되었구나. 이제 그 땅을 다 일구어 너를 장가보내고 우리도 네 덕에 잘살게 된다면, 어찌 기쁘지 않겠느냐? 다만 너를 그 위험한 곳에 보내면, 혹시 후회할 일이 생길까 걱정이구나."

해룡이 기꺼이 허락하고 농기구를 챙겨 구호동으로 가려 하니, 변 씨가 짐짓 말리는 체했다. 이에 해룡이 웃으며 말했다.

"사람의 목숨은 하늘에 달려 있으니, 어찌 짐승에게 해를 당하겠나이까?"

해룡이 가벼운 발걸음으로 집을 나서자, 변 씨가 문밖에까지 나와 당부하며 말했다.

"쉬이 잘 다녀오너라."

해룡이 공손하게 대답하고 구호동으로 들어가 보니, 사면이 절벽으로 둘러싸여 있고 그 사이에 작은 들판이 하나 있는데, 초목이 아주 무성했다. 해룡이 등나무 넝쿨을 붙들고 들어가니, 오직 호랑이와 표범, 승냥이와 이리의 자취뿐이요, 인적은 아예 없었다. 해룡은 조금도 두려워하지 않고 옷을 벗은 뒤 잠깐 쉬었다. 해가 서산으로 넘어가려 할 무렵 자리에서 일어나 밭을 두어 이랑 갈고 있는데, 갑자기 바람이 거세게 불고 모래가 날리면서 산꼭대기에서 이마가 흰 칡범이 주홍색 입을 벌리고 달려들었다. 해룡이 정신을 바싹 차리고 손으로 호랑이를 내리치려 할 때, 또 서쪽에서 큰 호랑이가 벽력같은 소리를 지르며 달려들어 해룡이 매우 위급한 상황에 처하게 되었다. 그 순간 갑자기 등 뒤에서 금방울이 달려와 두 호랑이를 한 번씩 들이받았다. 호랑이들이 소리를 지르며 달려들었으나, 금방울이 나는 듯이 뛰어서 연달아 호랑이를 들이받으니 두 호랑이가 동시에 거꾸러졌다.

해룡이 달려들어 호랑이 두 마리를 다 죽이고 돌아보니, 금방울이 번개같이 굴러다니며 한 시간도 채 안 되어 그 넓은 밭을 다 갈아 버렸다. 해룡은 기특하게 여기며 금방울에게 거듭거듭 사례했다. 해룡이 죽은 호랑이를 끌고 산을 내려오면서 돌아보니, 금방울은 어디로 갔는지 사라지고 없었다.

한편, 변 씨는 해룡을 구호동 사지에 보내고 생각했다. / '해룡은 반드시 호랑이에게 물려 죽었을 것이다.'

변 씨가 집 안팎을 들락날락하며 매우 기뻐하고 있는데, 문득 밖에서 사람들이 요란하게 떠드는 소리가 들려와 급히 나아가 보니, 해룡이 큰 호랑이 두 마리를 끌고 왔다. 변 씨는 크게 놀랐지만 무사히 잘 다녀온 것을 칭찬했다. 또한 큰 호랑이를 잡은 것을 기뻐하는 체하며 해룡에게 말했다.

"일찍 들어가 쉬어라." / 해룡이 변 씨의 칭찬에 감사드리고 제 방으로 들어가 보니, 방울이 먼저 와 있었다.

– 작자 미상, 「금방울전」 –

＊가군: 남에게 자기 남편을 이르는 말.

▶ **전국 단위 시험에서 출제된 위 작품의 출처** ☞ 〈클리닉 해설〉의 '기출 답지로 작품과 문제 완전 정복'
　　작자 미상, 「금방울전」: 2008학년도 9월 고1 전국연합학력평가 / 2013학년도 수능

다시보기　▶ 다시 볼 문제 체크하고 틀린 이유 메모하기　　　　　　　　　　　　[분석쌤 강의]는 2차 채점 후 반드시 챙겨 본다!

01 윗글의 내용에 대한 이해로 적절하지 않은 것은?

① 변 씨는 소룡에게 잠자는 해룡을 깨우라고 지시했다.
② 변 씨는 해룡을 도운 것이 금방울이라는 것을 몰랐다.
③ 해룡은 밤에 방아질을 하다가 추워 방 안으로 들어갔다.
④ 해룡은 방 안에서 움직이는 금방울을 보고 신통해 했다.
⑤ 금방울은 구호동에서 사라진 후 해룡보다 먼저 방에 도착했다.

지문근거　둘중햇　Q&A　어휘/개념　부정질문

분석쌤 강의
● **분석** 지문을 꼼꼼히 읽고 답해야 하는, 고전 소설 빈출 문제 유형
● **해결案** 답지 ①부터 관련된 내용을 지문에서 찾아 적절한지를 따지되, 답지를 세부적으로 나누어 한 부분이라도 적절하지 않은 것을 정답으로 고른다.

다시보기　▶ 다시 볼 문제 체크하고 틀린 이유 메모하기

02 [A]에 대한 설명으로 가장 적절한 것은?

① 지난 일의 책임을 상대방에게 전가하며 태도 변화를 촉구하고 있다.
② 상대방으로 인한 자신의 손해를 언급하며 요청 사항을 전달하고 있다.
③ 상대방의 역할에 대해 의문을 제기하며 자신의 입장을 수정하고 있다.
④ 자신이 제안한 바가 서로에게 이익이 됨을 근거로 상대방을 설득하고 있다.
⑤ 상대방이 취하려는 행위를 만류하기 위해 상대방과 자신의 관계를 언급하고 있다.

지문근거　둘중햇　Q&A　어휘/개념　부정질문

분석쌤 강의
● **분석** [A]의 말하기 방식을 질문한 문제
● **해결案** 먼저 [A]가 '누가 누구에게' 한 말인지부터 파악한 다음, 답지 ①부터 '지난 일의 책임을 상대방에게 전가'하고 있는지, '태도 변화를 촉구'하고 있는지에 대해 각각 O, X 표시를 하며 오답을 제외해 간다.

다시보기　▶ 다시 볼 문제 체크하고 틀린 이유 메모하기

03 〈보기〉는 윗글의 서사 구조를 도식화한 것이다. ㄱ~ㄹ에 대한 설명으로 적절하지 않은 것은? [3점]

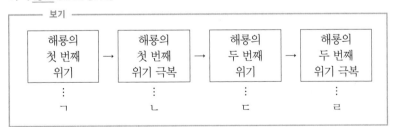

　　　　　보기
해룡의 첫 번째 위기 → 해룡의 첫 번째 위기 극복 → 해룡의 두 번째 위기 → 해룡의 두 번째 위기 극복
　ㄱ　　　　　ㄴ　　　　　ㄷ　　　　　ㄹ

① ㄱ은 집에서 얼어 죽게 될, ㄷ은 구호동에서 짐승에게 해를 입게 될 상황이다.
② ㄱ과 ㄷ은 모두 해룡에게 수행하기 어려운 과제가 주어지는 상황이다.
③ ㄴ은 장차 해룡에게 화를 입을 것을 염려한 변 씨가 ㄷ을 계획하는 계기가 된다.
④ ㄴ과 ㄹ은 신이한 능력을 지닌 금방울에 의해 주도적으로 진행된다.
⑤ ㄱ~ㄹ의 과정에서 해룡은 겉과 속이 다르게 자신을 대하는 변 씨의 이중성을 눈치채고 반발하게 된다.

지문근거　둘중햇　Q&A　어휘/개념　부정질문

분석쌤 강의
● **분석** 〈보기〉의 도식화 자료에 맞게 윗글의 서사 구조를 파악해야 빠르게 정답을 찾을 수 있는 문제
● **해결案** 윗글의 서사 구조를 〈보기〉의 도식화 자료에 맞게 파악한다. 그런 다음, ㄱ~ㄹ에 대한 답지의 설명이 적절한지를 세부적으로 나누어 따진다. 이때 △로 표시되는 답지가 있더라도 확실하게 X인 것이 정답이 된다는 것도 기억하자.

각설 토끼는 만수산에 들어가 바위 구멍에 숨어 사니 신세가 태평하고 만사에 무심하여 혹은 일어났다 앉았다 하고 혹은 벽에 기대어 눕기도 하는 중 용왕의 말이 귀에 들리는 듯하고 용궁의 경치가 눈앞에 삼삼하여 기쁨을 이기지 못한 채 마음에 생각하기를,

'내 만수산의 일개 토끼로서 간사한 놈의 꾀임으로 거의 죽을 뻔하였지. 그러나 두세 치밖에 안 되는 혀로 만승의 임금을 유혹하여 용궁을 두루 구경하고 만수산으로 돌아왔으니 비록 소장*의 구변*이나 양평*의 지혜라도 이보다 낫지 못할 거야. 이후에 다시는 동해 가를 밟지도 말고 맹세코 용궁 사람들과 말도 말고 돌베개에 팔이나 괴고 살아갈 뿐야.'

이때 홀연히 한 떼의 검은 구름이 남쪽으로부터 오더니 조금 있다가 광풍이 일어나 소나기가 쏟아진다. 또 우레 소리가 울리고 번갯불이 번쩍번쩍하더니 조용하고 컴컴해져 지척을 분간할 수 없었다. 토끼가 크게 놀라,

'이는 필시 용왕의 조화야.'

하고, 막 피하여 숨으려 할 제 뇌공이 바위 구멍으로 쳐들어오더니 토끼를 잡아가는데 날아가듯 빨라 잠깐 사이에 남천문 밖에 이르렀다. 토끼가 혼이 나가고 기운을 잃어 땅에 엎어졌다가 다시 깨어나 머리를 들고 보니 천상의 백옥경이었다. 토끼가 영문을 몰라 섬돌 아래에 기고 있는데 문지기가 달려들어와,

"동해용왕 광연이 명을 받아 문밖에 왔습니다."

한다. 토끼가 이 말을 듣고 크게 놀라 마음속으로 생각하기를,

'이는 반드시 용왕이 상제에게 고하여 나를 죽이려 하는구나. 지난번에는 궤변으로 죽을 고비를 넘겼으나 이번에는 죽음을 면할 수 없을 거야.'

하고, 머리를 구부리고 턱을 고인 채 말없이 정신 나간 듯 있었더니 조금 이따가 전상에서 한 선관이 부른다.

"상제의 명이니 용왕과 토끼를 판결하라."

말이 끝나기도 전에 용왕은 전하에 꿇어앉고 토끼를 바라보면서 몹시 한스러워했다. 한 선관이 지필묵을 두 사람 앞에 놓더니,

"상제의 명이니 각자 느낀 바를 진술하고 **처분을 기다리**라."

한다. 용왕이 붓을 잡고 진술을 하는데 그 대강은 이러했다.

[A]
"엎드려 생각건대 소신은 모든 관리들의 장으로서 직책이 사해의 우두머리가 되어 구름과 안개를 일으키는 변화를 부리고 하늘에 오르내려 비를 내립니다. 삼가 나라의 신을 받들어 아래로 수많은 백성을 훈육하고 감히 어리석은 정성을 다하여 위로 임금님의 은혜에 보답하여 왔습니다. 하온데 한 병이 깊이 들어 몸의 위태로움이 바늘방석에 앉은 듯하고 백 가지 약이 효험이 없으니 목숨이 조석에 달려 있습니다. 그러나 삼신산이 아득히 머니 선약을 어디서 구하며 편작이 이미 죽고 양의가 다시 나오지 않았습니다만 도사의 한마디 말을 듣고 만수산에서 토끼를 얻었으나 마침내 그 간교한 꾀에 빠져 후회한들 무슨 소용이 있겠습니까마는 세상에 놓쳐버렸으니 다만 속수무책일 뿐입니다. 오늘 이렇게 다시 와 뵈오니 굶은 자가 밥을 얻은 듯하고 온갖 병이 다 나아 고목에 꽃이 핀 듯합니다. 엎드려 원하옵건대 전하께서는 제왕께서 작은 것을 가지고 큰 것을 바꾼 인자함을 본받아 소신의 병으로 죽게 된 목숨을 구해 주소서. 엎드려 임금님께 비오니 가엾고 불쌍히 여겨 주소서."

토끼가 또한 진술하기를,

[B]
"엎드려 생각건대 소신은 만수산에서 낳고 만수산에서 자라 오로지 성명*을 산중에서 다하였을 뿐 세상에 출세함을 구하지 않았습니다. 수양산에서 고사리 캐 먹다 죽은 백이의 높은 절개를 본받고 동고에서 시를 읊은 도잠의 기풍을 따랐습니다. 아침에 구름 낀 산에 올라 고라니 사슴들과 짝하여 놀고 밤에는 월궁에서 상아*와 함께 약방아를 찧었습니다. 그러는 동안에 세상 사람들에게 해를 끼치지 않았는데 어찌하다 용왕에게 원망을 사서 결박하여 섬돌 아래 놓이니 절인 생선이 줄에 꾀인 듯하고 전상에서 호령하니 뜨거운 불바람이 부는 듯합니다. 사는 것을 좋아하고 죽는 것을 싫어하는 마음에 어찌 대소가 있겠습니까? 목숨을 살려 몸을 보전함에 귀천이 있을 수 없고 더불어 죄 없이 죽게 됨은 속여서라도 살아남과 같지 않으니 오늘 뜻밖에 용왕의 비위를 거슬렸으니 어찌 감히 삶을 구하겠으며 다시 위태로운 땅을 밟아 스스로 화를 받을 것을 알겠습니다. 말을 이에 마치고자 하오니 엎드려 비옵건대 살펴 주소서."

옥황이 다 읽고 나서 여러 신선들과 의논하니 일광노가 나와 말한다.

"두 사람이 진술한 바로 그 옳고 그름이 불을 보듯 환하게 되었습니다. 폐하께서 병든 자를 위하여 죄 없는 자를 죽인다면 그 원망을 어찌하겠습니까? **강자를 누르고 약자를 도와 공정한 처결을 하소서.**"

옥황이 그 말이 옳다 하고 다음과 같이 판결하였다.

"대체로 천지는 만물이 머물다 가는 여관과 같고 세월은 백 대에 걸쳐 지나는 손님과 같다. **낳으면 늙고 늙으면 죽는 것은 인간의 일상적 일**이오 사물의 항상 되는 일인즉 진실로 이에 초연하여 혼자 존재함을 듣지 못했고 날개가 돋아 신선이 된다 함을 듣지 못했노라. 또 혹 병이 들어 일찍 죽는 자나 혹 상처를 입어 죽는 자는 모두 다 명이니 어찌 원혼이겠는가? 동해용왕 광연은 병이 들었으나 도리어 살고 만수산 토끼는 죄가 없으나 죽는다면 이는 마땅히 살 자가 죽는 것이다. 광연이 비록 살아날 약이 있다 하나 **토끼인들 어찌 죽음을 싫어하는 마음이 없겠는가?** 광연은 용궁으로 보내고 토끼는 세상으로 놓아주어 그 천명을 즐기게 함이 하늘의 뜻에 순응함이라."

이에 다시 뇌공을 시켜 토끼를 만수산에 압송하니 토끼가 백배사례하며 가 버렸다.

┌─ 이날 용왕이 적혼공에게,

    "옥황이 죄 없이 죽는다 하여 토끼를 보내 주는 모양이니 너는 문밖에 그가 나오는 것을 기다리고 있다가 바로 죽여라. 그렇지 않으면 죽음을 면할 수 없으리니 입조심을 하여 비밀이 새어나지 않도록 해라."

    하니 적혼공이,

[C]   "대왕의 입에서 나와 소신의 귀에 들어온 말을 어찌 아는 이가 있겠습니까?"

    말을 마치자 우레 소리가 나고 광풍이 갑자기 일어 뇌공이 토끼를 압령하여 북쪽을 향하여 가니 날아가는 화살 같고 추상같았다. 적혼공이 감히 손도 못 대고 손을 놓고 물러가니 용왕이 크게 탄식하며,

    "하늘이 망해 놓은 화이니 다시 바랄 게 없구나."

└─ 하고 적혼공과 더불어 손을 잡고 통곡하며 돌아갔다.

                                               – 작자 미상, 「토공전」 –

*소장: 중국 전국 시대의 소진과 장의를 아울러 이르는 말.

*구변: 말을 잘하는 재주나 솜씨.

*양평: 중국 한나라 시대의 장양과 진평을 아울러 이르는 말.

*성명: '목숨'이나 '생명'을 달리 이르는 말.

*상아: 달 속에 있다는 전설 속의 선녀. 항아.

▶ **전국 단위 시험에서 출제된 위 작품의 출처** ☞ 〈클리닉 해설〉의 '기출 답지로 작품과 문제 완전 정복'

작자 미상, 「토공전」: 고1 – 2022학년도 6월 (수궁가) · 2014학년도 11월 (수궁가) · 2013학년도 3월 (토끼전) · 2008학년도 6월 (토끼전) · 2007학년도 3월 (토끼전) · 2003학년도 6월 (토끼전) · 2002학년도 11월 (수궁가) 전국연합학력평가

고2 – 2017학년도 3월 (별주부전) · 2011학년도 9월 (토별가) · 2009학년도 3월 (토끼전) · 2005학년도 9월 (토끼전) 전국연합학력평가

고3 – 2016학년도 수능(A · B형)(토끼전) / 2010학년도 6월 모의평가(수궁가) / 2002학년도 수능(토별가)

다시보기 ▶ 다시 볼 문제 체크하고 틀린 이유 메모하기   [분석쌤 강의]는 2차 채점 후 반드시 챙겨 본다!

04 윗글을 이해한 내용으로 적절하지 <u>않은</u> 것은?

① 만수산에서 토끼는 갑작스러운 날씨 변화가 옥황 때문이라고 생각하여 두려워했다.

② 토끼는 백옥경에서 용왕을 만나기 전까지는 자신이 잡혀 온 이유를 알지 못했다.

③ 만수산에서 토끼는 자신의 뛰어난 말솜씨에 대해 자부심을 느꼈다.

④ 토끼는 용궁에서 만수산으로 돌아온 것에 대해 만족감을 느꼈다.

⑤ 만수산에서 지내던 토끼는 용궁에서의 기억을 떠올렸다.

지문근거 둘중헷 Q&A 어휘/개념 부정질문

분석쌤 강의

● **분 석** 「토끼전」은 수능 빈출 작품으로 '토끼가 육지에 간을 두고 왔다고 거짓말하는 부분'이 많이 출제되었다. 〈클리닉 해설〉을 참고해, 지문을 다시 한번 더 읽으면 유용한 문제

● **해결案** 내용 이해를 묻고 있으므로 답지와 관련된 내용이 담긴 지문을 찾아, 해당 지문과 답지를 꼼꼼히 비교하여 O, X로 표시하며 푼다. 쉽게 정답을 찾은 경우에도 모든 답지를 꼭 복습하도록 한다.

05 [A]와 [B]를 비교한 내용으로 적절하지 않은 것은?

① [A]와 [B]는 모두 자신의 내력을 요약하며 진술을 시작하고 있다.

② [A]와 [B]는 모두 비유적 표현을 사용하여 자신이 고난에 처했음을 부각하고 있다.

③ [A]는 제안의 문제점을 스스로 인정하고 있고, [B]는 제안에 대한 확신을 드러내고 있다.

④ [A]에는 자신에게 유리한 결과를 기대하는 모습이, [B]에는 자신에게 불리한 결과를 예상하는 모습이 나타나 있다.

⑤ [A]와 [B]는 모두 자신의 요구를 제시하며 진술을 마무리하고 있다.

지문근거 둘중헷 Q&A 어휘/개념 부정질문

분석쌤 강의

● **분 석** 특정 오답지에 답한 학생들이 많았던 만큼 복습할 때 〈클리닉 해설〉에서 '가장 많이 질문한 오답은?'을 챙겨 봐야 하는 문제

● **해결案** [A]는 용왕이, [B]는 토끼가 한 진술이라는 점을 염두에 두고 답지를 살피되, [A] 또는 [B] 중 쉽게 이해된 부분을 먼저 선택해 답지 ①에서 ⑤까지 ○, ✕ 표시를 하며 푼다. 그런 다음, 확실하게 ✕인 답지가 있으면 정답으로 확정하고, 확실하게 ✕ 답지가 없으면 나머지도 체크한다. 이때 △ 표시가 있다면 ✕로 표시된 답지와 함께 한 번 더 꼼꼼하게 따져 본다.

06 〈보기〉를 바탕으로 윗글을 감상한 내용으로 적절하지 않은 것은? [3점]

> 보기
>
> 윗글은 「토끼전」을 고쳐 쓴 한문 소설로 재판을 통해 갈등을 해결하는 송사 설화의 모티프가 나타난다. 용왕과 토끼는 옥황상제가 주관하는 재판 상황에 놓이게 되고, 이 상황에서는 지위의 우열보다는 진술의 우위가 판결에 영향을 미친다. 이 판결의 내용은 지위의 높고 낮음보다 생명의 가치를 존중하는 작가의 의식을 드러내고 있다.

① '상제의 명이니 용왕과 토끼를 판결하라.'라는 말에서, 송사 설화의 모티프가 쓰였음을 확인할 수 있군.

② 꿇어앉아 함께 '처분을 기다리'는 것에서, 용왕과 토끼가 재판 당사자로서 대등한 처지에 놓이게 되었음을 알 수 있군.

③ '강자를 누르고 약자를 도와 공정한 처결을 하소서.'라는 일광노의 말에서, 토끼의 진술에 대한 지지를 확인할 수 있군.

④ '낳으면 늙고 늙으면 죽는 것은 인간의 일상적 일'이라는 말에서, 옥황이 판결을 망설이는 이유를 짐작할 수 있군.

⑤ '토끼인들 어찌 죽음을 싫어하는 마음이 없겠는가?'라는 말에서, 모든 생명은 소중하다는 작가의 의식을 확인할 수 있군.

지문근거 둘중헷 Q&A 어휘/개념 부정질문

분석쌤 강의

● **분 석** 「토끼전」의 전체 줄거리를 모르는 학생들은 드물다. 익히 알고 있는 「토끼전」의 줄거리를 염두에 두고 〈보기〉를 읽은 다음 지문을 읽으면 내용 파악이 쉬웠을 텐데도 불구하고 이 문제를 비롯하여 이 지문에서 출제된 문제의 정답률이 모두 낮았다. 이 점을 감안할 때, 고전 소설의 경우 전체 줄거리를 아는 작품이라고 해도 반드시 제시된 지문 내용을 다시 꼼꼼히 읽어야 한다. 어휘 하나하나 막힘이 없어야 하고, 다시 읽은 후 전체 줄거리 속에서 어느 부분에 해당하는지를 가늠하는 것도 중요하다는 것을 새겨야 하는 문제

● **해결案** 〈보기〉를 바탕으로 지문을 이해한 다음 답지의 적절성 여부를 따지되, 〈보기〉와도 일치하고 지문 내용과도 어긋나지 않으면 적절한 답지가 된다. 그리고 복습할 때 '고전 문학, 이것만은 꼭!'(p. 62)을 통해 고전 소설 제대로 공부법을 한 번 더 챙겨 본 다음, 〈클리닉 해설〉의 지문분석을 십분 활용하도록 한다.

07 [C]의 서사적 기능으로 가장 적절한 것은?

① 적혼공의 말을 통해 앞서 일어난 사건을 평가하고 있다.

② 용왕의 시도가 실패하였음을 보여 주어 주제 의식을 강조하고 있다.

③ 용왕의 탄식을 통해 용왕과 옥황 간의 새로운 갈등을 예고하고 있다.

④ 뇌공에 의해 공간이 전환되는 과정에서 공간적 배경의 사실성을 강조하고 있다.

⑤ 용왕의 지시를 따르지 않는 적혼공의 반응을 제시하여 독자의 흥미를 유발하고 있다.

지문근거 둘중헷 Q&A 어휘/개념 부정질문

분석쌤 강의

● **분 석** 복습 과정에서 문학 개념어(서사적 기능)를 익혀 두면, 이와 같은 문제 유형을 접했을 때 쉽게 해결할 수 있도록 돕는 문제

● **해결案** '서사적 기능'의 의미를 모를 수 있다. 하지만 '서사적 기능'이 무엇을 의미하는지 명확히 알지 못해도 [C]를 읽은 후 답지의 설명이 [C]에 대해 적절하게 판단했는지를 살핀다. 이와 같이 정답을 찾은 후 복습할 때 '서사적 기능'이 의미하는 바를 챙겨 보도록 한다.

숙향이 선녀들에게 말하기를,

"천상에서 내가 저지른 죄가 매우 크도다. 그러나 내가 인간 세상에서 겪은 고초 가운데 부모와 헤어진 일과 장 승상 댁에서 악명을 입은 일은 더욱 망극하니, 차라리 죽어서 모르고자 하노라."

하니 그 선녀가 공손하게 대답했다.

"그것은 조금도 염려하지 마소서. 그 모든 것이 이미 천상에서 마련하신 일이니 다시 고칠 길이 없나이다. 낭자의 부모도 전생에 지은 죄로 낭자를 잃고 간장을 썩이며 고행을 겪게 한 것이니, 어찌 한탄하리오. 장 승상 댁에서도 십 년만 머물도록 정한 것이니, 그것도 한탄할 일이 아니옵니다. 또한 항아께서 사향이 낭자를 모함한 것을 아시고 이미 상제께 아뢰어 벼락을 치게 했으며, 장 승상 부부와 모든 종들도 다 낭자가 억울한 처지인 줄 알고 있나이다. 그리하여 승상께서 종을 이 물가에 보내어 낭자를 찾아 모셔 오도록 명했으나 종이 낭자를 못 찾고 돌아갔으니, 그것도 염려하지 마소서. 그러나 앞으로도 두 번이나 죽을 액이 남아 있으니, 낭자께서는 부디 조심하소서."

"무슨 액이 또 있을꼬?"

"갈대밭에서 화재를 만나 죽을 위기에 처하고, 또 낙양 옥중에 가서 곤욕을 치르게 될 것이옵니다. 그런 후에야 태을선군을 만나 영화를 누릴 것이니, 너무 염려하지 마소서."

이에 숙향이 탄식하며 말하기를,

"이미 지나간 고행도 생각하면 천지가 망극하거늘, 이제 남은 두 액을 어떻게 견디리오? 장 승상 부인이 나를 지극히 사랑하시고 또 내게 잘못이 없다는 것을 아신다고 하니, 도로 그리 가서 두 액을 면할까 하노라."

하니 그 선녀가 웃으면서 말했다.

[A] "하늘이 벌써 정하신 일이기 때문에 낭자 마음대로 할 수 없나이다. 이제 낭자께서는 비록 돌로 만든 갓을 쓰고 무쇠 두멍*에 들어가는 액일지라도 어찌 그 액을 면할 수 있겠나이까? 장 승상 댁과의 인연은 십 년뿐이요, 거기 계시면 태을선군이 사는 곳과는 삼천삼백육십오 리나 떨어져 있기 때문에 선군을 쉽게 만날 수도 없나이다. 또한 선군이 아니면 낭자의 힘으로는 결코 부모님을 다시 만나지 못하리이다."

숙향이 그 말을 듣고 탄식하며 묻기를,

"선군이 인간 세상에 왔다니, 이름은 무엇이라 하는가?"

하니 선녀가 대답했다.

"예전에 항아의 말씀을 듣자오니, '이름은 선이요, 자는 태을이며, 낙양 땅 이위공의 아들이 되어 천하의 부귀공명을 누리리라.' 하시더이다."

"똑같은 일로 죄를 지어 인간 세상에 귀양 왔다고 했는데, 나는 어찌 이렇듯 고행을 겪게 하고, 선군은 호화롭게 지내게 했는고?"

"천상에 계실 때 낭자께서 먼저 선군을 희롱했기에 낭자의 죄가 더 무겁나이다. 선군은 상제께서 가장 사랑하시어 잠시도 곁을 떠나지 못하게 했으나, 항아께서 선군도 벌을 주어야 한다고 요청한 까닭에 상제께서 마지못해 선군을 인간 세상에 귀양 보냈나이다. 그러나 상제께서는 선군을 너무 사랑하시어 인간 세상에서도 부귀영화를 누리게 했나이다."

[중략 줄거리] 숙향은 온갖 시련을 겪지만 이선을 만나 부부의 연을 맺는다. 이후 황태후가 병이 들자, 병부 상서 이선은 선약을 구하기 위해 떠난다.

병부 상서가 용왕께 사례한 후 선관의 의복으로 갈아입고 물가로 나오니, 용자가 벌써 붉은 조롱박 하나를 가지고 기다리고 있었다. 상서가 용자와 함께 그 박을 타고 가니, 노를 젓지 않는데도 화살처럼 빠르게 바다 위를 떠갔다.

얼마쯤 가다가 용자가 상서에게 말했다.

"저 혼자 가면 아무 데도 걸릴 것 없이 쉽게 갈 수 있사오나, 여러 신령들이 지키고 있기 때문에 인간 세상 사람은 마음대로 선계에 들어갈 수 없나이다. 지금 상공께서는 인간 세상에 내려와 진객이 되었사오니, 어디를 가든 제가 하라는 대로만 하소서. 가는 곳마다 용왕께서 주신 공문을 보여 주고 가겠나이다."

이에 상서가 묻기를,

"수궁에서는 용왕이 으뜸이라. 바로 수로로 가면 쉬울 터인데, 어찌하여 번거롭게 육지에 있는 나라들을 거쳐 가려 하는가?"

하니 용자가 대답했다.

[B] "수로로 곧장 가면 얼마나 좋겠나이까? 그러나 상제께서 그것을 아시게 되면 용궁에 큰 변이 일어나고, 각 지경을 맡은 신령들에게도 좋지 않은 일이 생길 것이옵니다. 번거롭더라도 여러 나라를 지나면서 공문을 보여 주고 가야만 하나이다."

상서와 용자가 한 나라에 이르렀는데, 그 나라 이름은 ㉠회회국이었다. 그곳 사람들은 똑바로 걷지 못하고 게처럼 옆으로 다녔으며, 왕의 이름은 경성이었다. 용자가 물가에 배를 대고 혼자 들어가 왕에게 공문을 드리니 왕이 공문을 보고 물었다.

"함께 가는 사람이 태을성인가?"

용자가 대답하기를, / "그러하옵니다."

하니 왕이 즉시 공문에 날인해 용자에게 돌려주었다. 왕이 용자와 함께 물가로 나와 상서에게 반갑게 인사했으나, 상서는 그 왕이 누구인지 몰라 공경하기만 하더라.

용자가 왕에게 하직 인사를 올린 후 상서를 모시고 또 한 나라에 가니, 그곳은 함밀국이었다. 그곳 사람들은 화식은 먹지 않고 꿀만 먹고 살며, 왕의 이름은 필성이었다. 용자가 공문을 드리니, 왕이 보고 말하기를,

"그대가 태을성을 모시고 가는데, 이 앞이 제일 험하니 조심하라." / 하고 날인한 후 공문을 돌려주었다.

또 한 나라에 가니, 그곳은 유리국이었다. 그 땅에 사는 사람들은 모두 중국 사람과 비슷했으나 생선처럼 비린 것을 먹지 않았으며, 왕의 이름은 기성이었다. 용자가 왕에게 공문을 드리니 왕이 화를 내며 묻기를,

"선계는 인간 세상과 다른데, 어떻게 진객이 마음대로 이곳에 들어왔는가?"

하고 공문을 본 척도 하지 않았다. 용자가 사정하며 말하기를,

"태을성이 인간 세상에 내려와 중국의 병부 상서가 되었는데, 황제의 명을 받들어 ㉡봉래산의 개언초를 얻으러 가다가 우리 ㉢용궁에 왔나이다. 그리하여 소자가 모시고 가는 길이오니, 저의 낯을 보아 허락해 주소서."

하니 왕이 말하기를,

"이번엔 통과시켜 주겠지만, 다시는 분수에 넘치는 일을 하지 말라." / 하고 마지못해 날인하고 공문을 돌려주었다.

– 작자 미상, 「숙향전」 –

＊ 두명: 물을 많이 담아 두고 쓰는 큰 가마나 독.

▶ **전국 단위 시험에서 출제된 위 작품의 출처** ☞ 〈클리닉 해설〉의 '기출 답지로 작품과 문제 완전 정복'

작자 미상, 「숙향전」: 고2–2018학년도 3월 · 2014학년도 9월(A형) · 2014학년도 3월(B형) · 2010학년도 11월 · 2004학년도 6월 전국연합학력평가
고3–2022학년도 3월 · 2004학년도 10월 전국연합학력평가 / 2015학년도 수능(B형) / 2007학년도 9월 · 2004학년도 6월 모의평가

다시보기 ▶ 다시 볼 문제 체크하고 틀린 이유 메모하기 　　　　　　　　*[분석쌤 강의]는 2차 채점 후 반드시 참고 본다!*

08 윗글의 내용에 대한 이해로 가장 적절한 것은?

① 용자는 상서에게 공문의 사용을 주의하라고 당부하였다.

② 용자는 상서가 원하는 곳까지 혼자 갈 수 없는 이유를 설명해 주었다.

③ 장 승상은 사향이 숙향을 모함한 사실을 알지 못한 채 숙향을 찾았다.

④ 필성은 용자에게 일어날 불미스러운 일을 피할 방법에 대해 안내하였다.

⑤ 선녀는 갈대밭과 낙양 옥중에서 곤욕을 치른 숙향의 어리석음을 질타하였다.

지문 근거　둘중 헷　Q&A　어휘/개념 부정 질문

분석쌤 강의
● **분 석** 최근 수능 시험에서 고전 소설 1번 문제로 자주 출제되는 문제 유형
● **해결案** 발문(문두)을 보고 "내용 일치 여부를 묻는 문제군." 한 다음, 답지 앞부분에 언급된 인물이 나오는 대목을 지문에서 찾아 적절하지 않은 내용이 포함된 답지를 제외해 간다.

다시보기 ▶ 다시 볼 문제 체크하고 틀린 이유 메모하기

09 [A], [B]에 대한 설명으로 가장 적절한 것은?

① [A]는 과거의 사건을 요약적으로 진술하여 현재 상황을 변화시키기 위한 인물의 의지가 필요함을 강조하고 있다.

② [B]는 가정적 상황을 제시하여 상대방이 예상하지 못한 결과가 일어날 수 있음을 전달하고 있다.

③ [A]는 [B]와 달리 구체적인 수치를 언급하여 인물이 처한 상황의 다급함을 부각하고 있다.

④ [B]는 [A]와 달리 의문의 형식을 활용하여 정해진 운명에서 벗어날 수 없음을 강조하고 있다.

⑤ [A]는 유사한 상황을 나열하는, [B]는 여러 인물의 발화를 반복하는 방식으로 미래에 대한 우려를 드러내고 있다.

지문 근거　둘중 헷　Q&A　어휘/개념 부정 질문

분석쌤 강의
● **분 석** 정답을 빠르게 찾는 것도 중요하지만, 모든 답지를 세부적으로 나누어 정답과 오답인 이유를 꼼꼼히 따지는 복습을 해야 하는 문제
● **해결案** 지문에서 [A], [B]부터 파악한 다음, 답지의 앞부분에서 언급한 말하기 방식이 사용되었는지 확인하고, 사용되었다면 뒷부분도 적절한지를 따진다. ③을 예로 들면, (1) [A]에서 '구체적인 수치'를 언급하고 있는지, (2) (1)을 통해 '인물이 처한 상황의 다급함'을 부각하고 있는지, (3) [B]는 (1)과 (2) 모두 해당하지 않는지를 따져, (1)~(3)이 모두 O이면 정답이고, 하나라도 X이면 오답으로 체크하는 방식으로 푼다.

10 ㉠~㉢에 대한 설명으로 적절하지 <u>않은</u> 것은?

① ㉠은 용왕의 조력을 통해 상서가 통과할 수 있는 공간이다.

② ㉠은 천상계 존재인 태을성을 호의적으로 생각하는 왕이 지키는 공간이다.

③ ㉢은 상제의 권위에 의해 영향을 받는 공간이다.

④ ㉠과 ㉡은 누구에게도 자유로운 이동을 허용하지 않는 공간이다.

⑤ ㉡은 용자와 상서가 육지의 ㉠을 경유하여 향하는 곳이다.

지문 근거 둘중헷 Q&A 어휘/개념 **부정 질문**

분석쌤 강의

● **분 석** ㉠~㉢의 바로 앞뒤만 살피느라 지문 근거를 찾지 못해 틀린 학생들이 많았던 문제

● **해결案** ㉠~㉢이 무엇인지 지문에서 확인한 다음, ㉠~㉢이 공간이라는 점에 착안하여 밑줄 친 부분의 바로 앞뒤뿐만 아니라 좀 더 범위를 넓혀 근거를 찾는다. 지문 내용과 어긋나거나 근거를 찾을 수 없는 답지가 정답이 된다.

11 〈보기〉를 참고하여 윗글을 감상한 내용으로 적절하지 <u>않은</u> 것은? [3점]

─ 보기 ─

「숙향전」은 이질적인 두 개의 서사로 이루어진 작품이다. 두 남녀 주인공의 지상에서의 삶에는 천상의 죄업이 공통으로 전제되었지만 그 죄업의 책임은 여성에게 두고 있다. 숙향이 지상에서 겪은 고난의 과정은 천상의 죄업에 대한 징벌적 의미이다. 이러한 숙향의 서사는 가부장제 사회에서 열세에 놓인 여성의 현실적 상황을 반영한 것이다. 반면 이선의 서사는 입신양명이라는 당대 남성의 이상적 소망을 형상화한 것이다. 이러한 소망을 이루려는 과정에는 환상성이 드러난다. 이 같은 이질적 서사는 당대 인식에 내재된 남녀 차별적 시선이 개입한 결과라 할 수 있다.

① 상제가 이선을 인간 세상에 보냈다는 것에서 입신양명이라는 당대 남성의 이상적 소망이 형상화되었음을 알 수 있군.

② 선녀가 숙향의 죽을 액을 하늘이 정했다고 말하는 것에서 숙향의 고난의 과정이 징벌적인 의미를 지님을 알 수 있군.

③ 이선이 조롱박을 타고 바다 위를 떠가거나 신이한 세계의 인물들을 만나는 과정에서 이선의 서사는 환상성이 드러남을 알 수 있군.

④ 상제가 선군을 마지못해 귀양 보낸 것과 달리 숙향은 고행을 겪도록 한 것에서 천상의 죄업에 대한 책임을 여성에게 두고 있음을 알 수 있군.

⑤ 이선이 호화롭게 지내는 것과 달리 숙향은 여러 차례의 죽을 위기에 처한다는 것에서 가부장제 사회에서 열세에 놓인 여성의 현실적 상황이 반영되었음을 알 수 있군.

지문 근거 둘중헷 Q&A 어휘/개념 부정 질문

분석쌤 강의

● **분 석** 2차 채점 후 〈보기〉를 참고하여 작품 공부를 한번 더 해 두면 유익한 문제

● **해결案** 〈보기〉를 읽은 후, 답지의 앞부분에서 언급한 내용을 지문에서 확인한다. 그런 다음 〈보기〉를 참고하여 답지의 뒷부분의 내용이 답지의 앞부분을 바탕으로 감상한 것으로 적절한지를 파악한다. 이때 답지의 앞부분 내용을 지문에서, 답지의 뒷부분 내용을 〈보기〉에서 확인할 수 있다고 하더라도 앞부분 내용을 뒷부분 내용과 같이 감상할 수 없다면, 즉 앞부분과 뒷부분이 긴밀하게 연결되지 않는다면 '적절하지 <u>않은</u>' 답지가 된다.

▶ 정답을 모르는 상태에서 2차 풀이를 하기 위한 방법으로, 아래 채점표 대신 '모바일 자동 채점 프로그램'(문제편 표지 QR 코드)을 이용해도 된다.

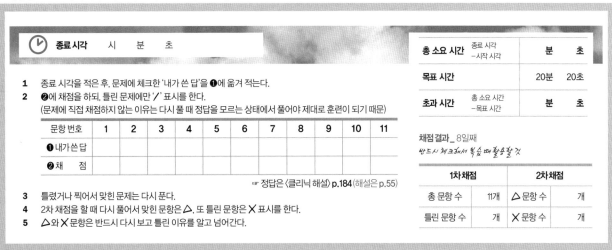

1~4 다음 글을 읽고 물음에 답하시오.

2021학년도 6월 고1 전국연합학력평가【29~32】고전 소설

"여보 마누라, 슬퍼 마오. 가난 구제는 나라에서도 못한다 하니 형님인들 어찌하시겠소? 우리 부부가 품이나 팔아 살아갑시다."

흥부 아내 이 말에 순종하여 서로 나가서 품을 팔기로 하였다. 흥부 아내는 방아 찧기, 술집의 술 거르기, 초상난 집 제복 짓기, 대사 치르는 집 그릇 닦기, 굿하는 집의 떡 만들기, 얼음이 풀릴 때면 나물 캐기, 봄보리 갈아 보리 놓기. 흥부는 이월 동풍에 가래질하기, 삼사월에 부침질하기, 일등 전답의 무논 갈기, 이 집 저 집 돌아가며 이엉 엮기 등 이렇게 내외가 **온갖 품을 다 팔았다.** 그러나 역시 **살기는 막연**하였다.

(중략)

큰 구렁이가 제비 새끼를 모조리 잡아먹고 남은 한 마리가 허공으로 뚝 떨어져 피를 흘리며 발발 떠는 것이었다. 흥부 아내가 명주실을 급히 찾아내어 주니 흥부는 얼른 받아 제비 새끼의 상한 다리를 곱게 감아 매어 찬 이슬에 얹어 두었다. 그랬더니 하루 지나고 이틀 지나고 이리하여 십여 일이 지나자 상한 다리가 제대로 소생되어 날아다니게 되니, 줄에 앉아 재잘거리며 울고 둥덩실 떠서 날아갈 때 소상강 기러기는 왔노라 하고 강남 가는 제비는 가노라 하직하는 것이었다.

이리하여 제비가 강남 수천 리를 훨훨 날아가서 **제비 왕**을 뵈러 가니 제비 왕이 물었다.

"경은 어찌하여 다리를 절며 들어오느냐?"

"신의 부모가 조선국에 나가 흥부의 집에 깃들었는데 뜻밖에 큰 구렁이의 화를 입어 다리가 부러져 죽을 것을 흥부의 구조를 받아 살아서 돌아왔습니다. 흥부의 가난을 면케 해 주신다면 소신은 그 은공을 만분의 일이라도 갚을까 합니다."

"흥부는 과연 어진 사람이다. 공 있는 자에게 보은함은 군자의 도리이니, 그 은혜를 어찌 아니 갚으랴? 내가 **박씨** 하나를 줄 테니 경은 가지고 나가 은혜를 갚도록 하라."

제비가 왕께 감사드리고 물러 나와서 그럭저럭 그 해를 넘기고 이듬해 춘삼월을 맞으니 모든 제비가 타국으로 건너갈 때였다. 그 제비 허공 중천에 높이 떠서 박씨를 입에 물고 너울너울 자주자주 바삐 날아 흥부네 집 동네를 찾아들어 너울너울 넘노는 거동은 마치 북해 흑룡이 여의주를 물고 오색구름 사이로 넘는 듯, 단산의 어린 봉이 대씨를 물고 오동나무에서 노니는 듯, 황금 같은 꾀꼬리가 봄빛을 띠고 수양버들 사이를 오가는 듯하였다. 이리 기웃 저리 기웃 넘노는 거동을 흥부 아내가 먼저 보고 반긴다.

"여보, 아이 아버지, 작년에 왔던 제비가 입에 무엇을 물고 와서 저토록 넘놀고 있으니 어서 나와 구경하오."

흥부가 나와 보고 이상히 여기고 있으려니 그 제비 머리 위를 날아들며 입에 물었던 것을 앞에다 떨어뜨린다. 집어 보니 한가운데 '보은(報恩)박'이란 글 석 자가 쓰인 박씨였다.

그것을 울타리 밑에 터를 닦고 심었더니 이삼일에 싹이 나고, **사오일**에 순이 뻗어 마디마디 잎이 나고, 줄기마다 꽃이 피어 박 네 통이 열린 것이다. 추석날 아침이었다. 배가 고파 죽겠으니 영근 박 한 통을 따서 박속이나 지져 먹자 하고 박을 따서 먹줄을 반듯하게 긋고서 흥부 내외는 톱을 마주 잡고 켰다. 이렇게 밀거니 당기거니 켜서 툭 타 놓으니 오색 채운이 서리며 청의동자 한 쌍이 나오는 것이었다.

왼손에 약병을 들고 오른손에 쟁반을 눈 위로 높이 받쳐 들고 나온 그 동자들은,

"이것을 값으로 따지면 억만 냥이 넘으니 팔아서 쓰십시오."

라고 말하며 홀연히 사라져 버렸다.

박 한 통을 또 따놓고 슬근슬근 톱질이다. 쓱삭 쿡칵 툭 타 놓으니 속에서 온갖 **세간붙이**가 나왔다.

또 한 통을 따서 먹줄 쳐서 톱을 걸고 툭 타 놓으니 **순금 궤**가 하나 나왔다. 금거북 자물쇠를 채웠는데 열어 보니 황금, 백금, 밀화, 호박, 산호, 진주, 주사, 사향 등이 가득 차 있었다. 그런데 쏟으면 또 가득 차고 또 가득 차고 해서 밤낮 쏟고 나니 큰 부자가 된 것이다.

다시 한 통을 툭 타 놓으니 일등 목수들과 **각종 곡식**이 나왔다. 그 목수들은 우선 명당을 가려 터를 잡고 집을 지었다. 그다음 또 사내종, 계집종, 아이 종이 나오며 온갖 것을 여기저기 다 쌓고 법석이니 흥부 내외는 좋아하고 춤을 추며 돌아다녔다.

이리하여 흥부는 좋은 집에서 즐거움으로 세월을 보내게 되었다.

이런 소문이 놀부 귀에 들어가니, / "이놈이 도둑질을 했나? 내가 가서 욱대기면* 반재산을 뺏어 낼 것이다."

벼락같이 건너가 닥치는 대로 살림살이를 쳐부수는 것이었다.

한참 이렇게 소란을 피우고 있을 때 마침 출타 중이던 흥부가 들어왔다.

"네 이놈, 도둑질을 얼마나 했느냐?"

"형님 그 말씀이 웬 말씀이오?"

흥부가 앞뒷일을 자세히 말하자, 그럼 네 집 구경을 자세히 하자고 놀부가 나섰다.

흥부는 형을 데리고 돌아다니며 집 구경을 시키는데 놀부가 재물이 나오는 **화초장***을 달라고 했다. 그러고는 흥부가 화초장을 하인을 시켜 보내주겠다는 것도 마다하고 **스스로 짊어지고** 가서 집에 이르니 놀부 아내는 눈이 휘둥그레진다. 그리고 그 출처와 흥부가 부자가 된 연유를 알게 되자,

"우리도 다리 부러진 제비 하나 만났으면 그 아니 좋겠소?" / 라며, 그해 동지섣달부터 제비를 기다렸다.

– 작자 미상, 「흥부전」 –

*욱대기면: 난폭하게 윽박질러 협박하면.　　　　*화초장: 문짝에 유리를 붙이고 화초 무늬를 채색한 옷장.

▶ **전국 단위 시험에서 출제된 위 작품의 출처** ☞ 〈클리닉 해설〉의 '기출 답지로 작품과 문제 완전 정복'

작자 미상, 「흥부전」: 고1 – 2014학년도 9월(흥부전)·2014학년도 3월(흥부전)·2010학년도 3월(흥부전)·2002학년도 6월(흥보가) 전국연합학력평가
　　　　　　　고2 – 2014학년도 수능 예비 시행(B형)(흥부전)/2007학년도 11월 전국연합학력평가(흥부전)
　　　　　　　고3 – 2015학년도 6월 모의평가(A형)(흥부전)/2009학년도 9월 모의평가(박흥보전)/2007학년도 3월 전국연합학력평가(흥부전)/
　　　　　　　　　　2004학년도 9월 모의평가(박타령)/2002학년도 6월 전국연합학력평가(박타령)/1994학년도 1차 수능(흥부전)

다시보기 ▶ 다시 볼 문제 체크하고 틀린 이유 메모하기

[불석쌤 강의]는 2차 채점 후 반드시 챙겨 본다!

01 윗글에 대한 설명으로 가장 적절한 것은?

① 인물의 반복적 행위와 결과를 나열하여 극적 효과를 높이고 있다.

② 서술자를 작중 인물로 설정하여 사건의 현장감을 조성하고 있다.

③ 전기적(傳奇的)인 요소를 활용하여 주인공의 영웅성을 부각하고 있다.

④ 권위 있는 새로운 인물이 등장하여 인물 간의 갈등을 해소하고 있다.

⑤ 꿈과 현실을 교차적으로 서술하여 사건을 입체적으로 구성하고 있다.

　지문근거　둘중헷　Q&A　어휘/개념　부정질문

불석쌤 강의

● **분 석** 특정 오답지에 답한 학생들이 많았던 문제

● **해결案** 답지를 세부적으로 나누어 각각에 대해 옳고 그름을 체크해야 오답지의 함정을 피힐 수 있다. 그리고 2차 채점 후 답지에 쓰인 문학 용어의 의미를 챙겨 보도록 한다.

다시보기 ▶ 다시 볼 문제 체크하고 틀린 이유 메모하기

02 윗글에 대한 이해로 적절하지 않은 것은?

① 흥부 부부는 먹고살기 위해 온갖 노력을 다하였다.

② 박에서 나온 목수들은 흥부 부부를 위해 좋은 터에 집을 지어 주었다.

③ 흥부는 자신이 치료해 준 제비가 박씨를 물고 온 사실을 알아채고 그를 매우 반겼다.

④ 제비는 다리를 다친 사연을 제비 왕에게 말하며 흥부에게 받은 은혜를 갚기를 원하였다.

⑤ 놀부는 흥부의 집을 방문하기 전까지 흥부가 어떻게 부자가 되었는지를 정확히 알지 못했다.

　지문근거　둘중헷　Q&A　어휘/개념　부정질문

불석쌤 강의

● **분 석** 고전 소설 빈출 유형으로, 인물의 언행과 사건의 흐름을 잘 이해하면 정답을 쉽게 찾을 수 있는 문제

● **해결案** 답지의 앞부분에서 언급한 인물과 그의 행동에 주목하여, 지문에서 근거를 찾아 O, X 표시를 하며 푼다. 지문에서 근거를 빨리 찾을 수 없는 답지는 별도 표시를 해 두고 다음 답지로 넘어가되, 확실하게 적절하지 않은 답지가 있으면 그 답지를 정답으로 고르고, 나머지 답지가 모두 적절하면 별도 표시를 해 둔 답지를 다시 체크해 본다.

다시보기 ▶ 다시 볼 문제 체크하고 틀린 이유 메모하기

03 윗글의 놀부를 평가하는 말로 가장 적절한 것은?

① 불난 집에 부채질하는 인물이군.

② 소 잃고 외양간 고치는 인물이군.

③ 사촌이 땅을 사면 배 아파하는 인물이군.

④ 간에 붙었다 쓸개에 붙었다 하는 인물이군.

⑤ 오르지 못할 나무는 쳐다도 보지 않는 인물이군.

　지문근거　둘중헷　Q&A　어휘/개념　부정질문

불석쌤 강의

● **분 석** 속담을 활용하여 인물을 평가하는 문제로, 발문(문두)을 꼼꼼히 읽어야 하고 속담의 의미도 알아 두면 유용한 문제

● **해결案** 발문에 주목하여 '놀부'의 인물됨을 파악한 다음, 놀부를 잘 평가한 답지를 찾는다. 복습할 때 답지에 제시된 속담의 뜻도 익혀 두자.

04 〈보기〉를 참고하여 윗글을 감상한 내용으로 적절하지 <u>않은</u> 것은? [3점]

─ 보기 ─

　　조선 후기에는 잦은 자연재해와 관리들의 횡포 때문에 백성들은 아무리 노력해도 가난에서 벗어날 수 없었다. 이러한 시대적 배경에서 창작된 「흥부전」은 최소한의 의식주라도 해결하고 싶었던 당시 백성들의 소망이 반영된 작품으로 볼 수 있다. 특히 당시의 백성들은 성품이 착한 흥부 내외가 초월적인 존재의 도움으로 가난을 벗어나는 장면을 통해 대리만족을 얻기도 하였다. 하지만 착한 흥부에게 주어지는 보상이 환상성(幻想性)을 띠고 있다는 점은 가난이 실제 현실에서는 극복되기 어렵다는 것을 우회적으로 보여 주고 있다.

① 흥부 내외가 '온갖 품을 다 팔았'지만 여전히 '살기는 막연'했던 것은 창작 당시의 시대적 배경과 관련이 있겠군.

② 흥부 집을 찾아간 놀부가 '화초장'을 '스스로 짊어지고' 간 것은 가난을 극복하기 위한 백성들의 노력으로 볼 수 있겠군.

③ '제비 왕'이 제비에게 준 '박씨'를 통해 흥부가 가난을 벗어날 수 있었다는 점에서 초월적 존재의 도움을 확인할 수 있겠군.

④ 흥부가 타는 박 속에서 '세간붙이'와 '각종 곡식'이 나온 것은 의식주 문제를 해결하고 싶었던 백성들의 소망과 관련이 있겠군.

⑤ '사오일' 만에 열린 박에서 '순금 궤'가 나와 부자가 된다는 점에서 흥부에게 주어진 보상이 환상성을 띠고 있음을 알 수 있겠군.

분석쌤 강의
- **분 석** 익숙한 작품이고, 작품의 줄거리를 익히 알고 있는 학생들이 많아 정답은 쉽게 찾았지만, 2차 채점 후 〈보기〉의 설명과 〈클리닉 해설〉에 있는 '기출 답지로 작품과 문제 완전 정복'을 챙겨 보면 유용한 문제
- **해결案** 〈보기〉부터 읽은 후 답지를 크게 두 부분으로 나누어, 먼저 '것은' 또는 '점에서' 앞부분이 지문의 내용과 부합하는지를 따진다. 부합하면, 뒷부분이 〈보기〉를 참고하여 앞부분의 내용을 잘 감상한 것인지도 따진다. 둘 중 하나라도 적절하지 않은 답지가 정답이 된다.

5~8 다음 글을 읽고 물음에 답하시오.

2022학년도 3월 고1 전국연합학력평가【42~45】 고전 소설

　　이때 춘향 어미는 삼문간에서 들여다보고 땅을 치며 우는 말이,

　　"신관 사또는 사람 죽이러 왔나? 팔십 먹은 늙은 것이 무남독녀 딸 하나를 금이야 옥이야 길러내어 이 한 몸 의탁코자 하였더니, 저 지경을 만든단 말이오? 마오 마오. 너무 마오!"

　　와르르 달려들어 춘향을 얼싸안고,

　　"아따, 요년아. 이것이 웬일이냐? 기생이라 하는 것이 수절이 다 무엇이냐? 열 소경의 외막대 같은 네가 이 지경이 되었으니 어디 가서 의탁하리? 할 수 없이 죽었구나."

　　향단이 들어와서 춘향의 다리를 만지면서,

　　"여보 아가씨, 이 지경이 웬일이오? 한양 계신 도련님이 내년 삼월 오신댔는데, 그동안을 못 참아서 황천객이 되시겠네. 아가씨, 정신 차려 말 좀 하오. 백옥 같은 저 다리에 유혈이 낭자하니 웬일이며, 실낱같이 가는 목에 큰 칼*이 웬일이오?" 　　　　　　　　　　　(중략)

[A]

　　칼머리 세워 베고 우연히 잠이 드니, 향기 진동하며 여동 둘이 내려와서 춘향 앞에 꿇어앉으며 여쭈오되,

　　"소녀들은 **황릉묘 시녀**로서 부인의 명을 받아 낭자를 모시러 왔사오니 사양치 말고 가사이다."

　　춘향이 공손히 답례하는 말이, / "황릉묘라 하는 곳은 **소상강 만 리 밖** 멀고도 먼 곳인데, 어떻게 간단 말인가?"

　　"가시기는 염려 마옵소서."

　　손에 든 **봉황 부채** 한 번 부치고 두 번 부치니 **구름같이 이는 바람** 춘향의 몸 훌쩍 날려 공중에 오르더니 여동이 앞에 서서 길을 인도하여 석두성을 바삐 지나 한산사 구경하고, 봉황대 올라가니 왼쪽은 동정호요 오른쪽은 팽려호로다. 적벽강 구름 밖에 열두 봉우리 둘렀는데, 칠백 리 동정호의 오초동남 여울목에 오고 가는 상인들은 순풍에 돛을 달아 범피중류 떠나가고, 악양루에서 잠깐 쉬고, 푸른 풀 무성한 군산에 당도하니, 흰 마름꽃 핀 물가에 갈까마귀 오락가락 소리하고, 숲속 원숭이가 자식 찾는 슬픈 소리, 나그네 마음 처량하다. 소상강 당도하니 경치도 기이하다. 대나무는 숲을 이루어 아황 여영 눈물 흔적 뿌려 있고, 거문고 비파 소리 은은히 들리는데, 십층 누각이 구름 속에 솟았도다. 영롱한 전주발과 안개 같은 비단 장막으로 주위를 둘렀는데, 위의도 웅장하고 기세도 거룩하다.

　　여동이 앞에 서서 춘향을 인도하여 문 밖에 세워 두고 대전에 고하니, / "**춘향이 바삐 들라** 하라."

춘향이 황송하여 계단 아래 엎드리니 부인이 명령하시되, / "대전 위로 오르라."

춘향이 대전 위에 올라 손을 모아 절을 하고 공손히 자리에서 일어나 좌우를 살펴보니, 제일층 옥가마 위에 아황 부인 앉아 있고 제이층 황옥가마에는 여영 부인 앉았는데, 향기 진동하고 옥으로 만든 장식 소리 쟁쟁하여 하늘나라가 분명하다. 춘향을 불러다 자리를 권하여 앉힌 후에,

"춘향아, 들어라. 너는 **전생** 일을 모르리라. 너는 부용성 영주궁의 **운화 부인 시녀**로서 서왕모 요지연에서 장경성에 눈길 주어 복숭아로 희롱하다 인간 세상에 귀양 가서 시련을 겪고 있거니와 머지않아 장경성을 다시 만나 부귀영화를 누릴 것이니 **마음을 변치 말고 열녀를 본받**아 후세에 이름을 남기라."

춘향이 일어서서 두 부인께 절을 한 후에 달나라 구경하려다가 발을 잘못 디뎌 깨달으니 한바탕 꿈이라. 잠을 깨어 탄식하는 말이,

"이 꿈이 웬 꿈인가? 뜻 이룰 큰 꿈인가? 내가 죽을 꿈이로다."

칼을 비스듬히 안고 / "애고 목이야, 애고 다리야. 이것이 웬일인고?"

향단이 원미를 가지고 와서, / "여보, 아가씨. 원미 쑤어 왔으니 정신 차려 잡수시오."

춘향이 하는 말이,

"원미라니 무엇이냐, 죽을 먹어도 이죽을 먹고, 밥을 먹어도 이밥을 먹지, 원미라니 나는 싫다. 미음물이나 하여 다오." [B]

미음을 쑤어다가 앞에 놓고,

"이것을 먹고 살면 무엇할꼬? 어두침침 옥방 안에 칼머리 비스듬히 안고 앉았으니, 벼룩 빈대 온갖 벌레 무른 등의 피를 빨고, 궂은 비는 부슬부슬, 천둥은 우루루, 번개는 번쩍번쩍, 도깨비는 휙휙, 귀신 우는 소리 더욱 싫다. 덤비는 것이 헛것이라. 이것이 웬일인고? 서산에 해 떨어지면 온갖 귀신 모여든다. 살인하고 잡혀 와서 아흔 되어 죽은 귀신, 나라 곡식 훔쳐 먹다 곤장 맞아 죽은 귀신, 죽은 아낙 능욕하여 고문당해 죽은 귀신, 제각기 울음 울고, 제 서방 해치고 남의 서방 즐기다가 잡혀 와서 죽은 귀신 처량히 슬피 울며 '동무 하나 들어왔네' 하고 달려드니 처량하고 무서워라. 아무래도 못 살겠네. 동방의 귀뚜라미 소리와 푸른 하늘에 울고 가는 기러기는 나의 근심 자아낸다." [C]

한없는 근심과 그리움으로 날을 보낸다.

이때 이 도령은 서울 올라가서 밤낮을 가리지 않고 공부하여 글짓는 솜씨가 당대에 제일이라. 나라가 태평하고 백성이 평안하니 태평과를 보려 하여 팔도에 널리 알려 선비를 모으니 춘당대 넓은 뜰에 구름 모이듯 모였구나. 이 도령 복색 갖춰 차려 입고 시험장 뜰에 가서 글 제목 나오기 기다린다.

시험장이 요란하여 현제판을 바라보니 '강구문동요*'라 하였겠다. 시험지를 펼쳐놓고 한번에 붓을 휘둘러 맨 먼저 글을 내니, 시험관이 빌아보고 글자마다 붉은 점이요 구절마다 붉은 동그라미를 치는구나. 이름을 뜯어 보고 승정원 사령이 호명하니, 이 도령 이름 듣고 임금 앞에 나아간다.

— 작자 미상, 「춘향전」 —

＊칼: 죄인에게 씌우던 형틀.　　＊강구문동요(康衢聞童謠): 길거리에서 태평세월을 칭송하는 아이들 노래를 들음.

▶ **전국 단위 시험에서 출제된 위 작품의 출처** ☞ 〈클리닉 해설〉의 '기출 답지로 작품과 문제 완전 정복'

　작자 미상, 「춘향전」: 고1 – 2015학년도 9월(열녀춘향수절가) · 2014학년도 6월(춘향전) · 2012학년도 11월(춘향전) 전국연합학력평가
　　　　　　　　　　　고2 – 2010학년도 6월 전국연합학력평가(춘향전) / 2005학년도 경기도 학업성취도평가(열녀춘향수절가)
　　　　　　　　　　　고3 – 2018학년도 9월 모의평가(춘향전) / 2013학년도 9월 모의평가(열녀춘향수절가) / 2010학년도 7월 전국연합학력평가(춘향전) /
　　　　　　　　　　　　　　 1999학년도 수능(춘향가) / 1995학년도 수능(춘향가)

다시보기 ▶ 다시 볼 문제 체크하고 틀린 이유 메모하기　　　　　　　　　　　　　　　　　　　　〔분석쌤 강의〕는 2차 채점 후 반드시 챙겨 본다!

---

05 [A]와 [B]를 통해 인물을 이해한 내용으로 가장 적절한 것은?

① [A]에서는 '춘향 어미'의 비난을 통해, [B]에서는 '향단'의 옹호를 통해 '신관 사또'에 대한 두 인물의 상반된 인식을 알 수 있다.

② [A]에서는 '춘향 어미'의 만류를 통해, [B]에서는 '향단'의 재촉을 통해 '춘향'의 수절에 대한 두 인물의 상반된 인식을 알 수 있다.

③ [A]에서는 앞날을 걱정하는 '춘향 어미'를 통해, [B]에서는 '춘향'의 현재 상태를 염려하는 '향단'을 통해 '춘향'의 고난에 대한 상이한 반응을 확인할 수 있다.

④ [A]에서는 격앙된 '춘향 어미'를 진정시키는 모습을 통해, [B]에서는 '춘향'에게 음식을 정성스레 건네는 모습을 통해 '향단'의 침착한 태도를 확인할 수 있다.

⑤ [A]에서 '도련님'의 약속을 신뢰하는 '춘향 어미'의 모습과 [B]에서 '춘향'의 앞날을 걱정하는 '향단'의 모습으로 인해 '춘향'의 내적 갈등이 심화되고 있음을 확인할 수 있다.

지문 근거　돌중 헷　Q&A　어휘/개념 부정 질문

분석쌤 강의

● **분 석** '정답에 답했다'보다 정답과 오답 모두 왜 정답이고 오답인 이유는 무엇인지를 따져 아는 것이 더 중요한 문제

● **해결案** [A]와 [B], 그리고 '인물'에 대해 질문했으므로 [A]를 읽고 답지 ①부터 [A]에 대한 설명이 적절한지를 체크하고, ◯(적절)로 체크된 답지들만 [B]에 대한 설명도 적절한지를 살핀다. 쉽게 정답에 답한 경우에도 〈클리닉 해설〉을 참고해 정답과 오답인 이유를 꼼꼼히 따져 알도록 한다.

06 [C]에 대한 이해로 적절하지 <u>않은</u> 것은?

지문근거 둘중헷 Q&A 어휘/개념 부정 질문

① 공간의 특징을 열거하여 자신의 비참한 처지를 드러내고 있다.

② 비현실적인 존재를 언급하며 자신이 느끼는 두려움을 드러내고 있다.

③ 청각적 경험을 자극하는 자연물을 통해 자신의 근심을 드러내고 있다.

④ 미래에 대한 부정적 전망과 함께 자신의 신세에 대한 한탄을 드러내고 있다.

⑤ 자신과 같이 억울한 처지에 놓인 사람들에 대한 연민의 감정을 드러내고 있다.

분석쌤 강의

● **분 석** 다시 보면 어렵지 않은데, 오답에 답한 학생들이 많았던 문제

● **해결案** [C]에 대한 질문이므로 답지 ①부터 [C]에서 '공간의 특징을 열거'하고 있는지, 이를 통해 '자신의 비참한 처지'를 드러내고 있는지 앞부분과 뒷부분 각각에 대해 O, X 표시를 하며 푼다.

※ 〈보기〉를 참고하여 7번과 8번의 두 물음에 답하시오.

보기

　서사적 모티프란 전체 이야기를 구성하는 작은 이야기 단위이다. 이 작품에서는 황릉묘의 주인이자 정절의 표상인 아황 부인과 여영 부인이 등장하는 황릉묘 모티프가 사용되었다. 이는 천상계와 인간 세상, 전생과 현생, 꿈과 현실의 대응을 형성하면서 공간적 상상력을 풍요롭게 하는 동시에 주인공의 또 다른 정체성을 드러낸다.

　서사적 모티프는 작품을 읽는 독자에게 서사 이해의 실마리를 제공함으로써 작품의 전개 방향을 예측하게 한다. 황릉묘 모티프에서 '머지않아 장경성을 다시 만나 부귀영화를 누릴 것'이라는 두 부인의 말을 감안하여, 독자는 이어지는 내용에서 [　　　　　㉮　　　　　]

07 〈보기〉를 참고하여 윗글을 감상한 내용으로 적절하지 <u>않은</u> 것은? [3점]

지문근거 둘중헷 Q&A 어휘/개념 부정 질문

① 춘향이 잠이 들어 '황릉묘 시녀'를 만난 것은 황릉묘 모티프를 통해 꿈과 현실의 연결이 일어나게 됨을 보여 주는군.

② '봉황 부채'에 의한 '구름같이 이는 바람'을 타고 '소상강 만 리 밖' 황릉묘까지 춘향이 날려가는 것은 꿈속 공간의 초월적 성격을 드러내는군.

③ 아황 부인과 여영 부인이 '춘향이 바삐 들라'라고 명령하는 것은 자신의 문제를 서둘러 해결하고자 하는 춘향에게 인간 세상에 대비되는 천상계의 질서가 있음을 보여 주는군.

④ '전생'에 춘향이 '운화 부인 시녀'였다는 아황 부인과 여영 부인의 말은 전생과 현생의 대응을 드러내면서 공간적 상상력의 확장을 유도하는군.

⑤ 아황 부인과 여영 부인이 춘향에게 '마음을 변치 말고 열녀를 본받'으라고 당부하는 것은 춘향이 정절을 지켜나갈 인물임을 암시하는군.

분석쌤 강의

● **분 석** 익숙한 작품이지만 오답에 답한 학생들이 많았던 점을 고려하여, 2차 채점 후 지문 목습을 꼭 하고 〈보기〉의 내용도 한 번 더 챙겨 보면 유용한 문제

● **해결案** 〈보기〉를 읽은 후 답지를 검토하되, 작은따옴표('　')로 인용한 말을 지문에서 찾아, 각 답지의 앞부분은 지문과, 뒷부분은 〈보기〉와 연결해 적절한지를 살핀다. 그리고 복습할 때 〈보기〉를 바탕으로 한 감상의 적절성을 묻는 문제에서 답지를 구성하는 원리도 챙겨 보도록 한다.

08 〈보기〉의 ㉮에 들어갈 내용으로 가장 적절한 것은?

지문근거 둘중헷 Q&A 어휘/개념 부정 질문

① '내가 죽을 꿈이로다'라는 춘향의 말보다는 이 도령이 과거에 급제한 상황에 주목하며 두 인물의 재회를 예상할 것이다.

② 꿈에 대해 자문하며 탄식하는 춘향의 모습을 보고 춘향이 현실에서의 정체성에 의문을 갖게 되리라고 예상할 것이다.

③ 두 부인과의 만남이 꿈임을 깨닫는 춘향의 모습을 보고 꿈과 현실의 대비가 주는 허무함을 절감하게 될 것이다.

④ 춘향이 자신의 실수로 꿈에서 깨어나는 장면을 춘향의 고난이 지속될 것이라는 암시로 받아들일 것이다.

⑤ 꿈에서 '달나라 구경'을 이루지 못하고 깨어난 춘향이 꿈에 대한 미련을 보이리라고 예상할 것이다.

분석쌤 강의

● **분 석** 오답에 답한 학생들이 아주 많았던 문제로, 발문(문두)이 특히 더 중요한 문제

● **해결案** 〈보기〉의 ㉮에 들어갈 내용을 질문했으므로 ㉮의 앞에 전개된 내용을 바탕으로 답지를 검토한다. 이때 각 답지의 앞부분은 지문에서 확인하고, 뒷부분은 답지의 앞부분과 함께 ㉮의 앞 내용도 고려하여 적절한지를 따져야 한다.

[앞부분의 줄거리] 군관 직책의 배 비장은 제주 목사가 벌인 잔치에 자신은 여색을 멀리한다며 참석하지 않는다. 이에 제주 목사는 기생 애랑을 시켜 배 비장을 유혹하게 하고, 애랑은 자신에게 반한 배 비장에게 삼경에 집으로 오라는 편지를 보낸다.

강호에 병이 들어 덧없이 죽겠더니, 낭자 회답이 반갑도다. 삼경에 기약 두고, 해 지기만 바라더니, 석양이 다 저물어 간다. 방자 입시(入侍) 보내고 빈방 안에 문을 닫고 그 여자에게 잘 뵈려고 다시 의관을 차릴 적에, 외울망건 정주 탕건, 쾌자, 전립 관대 띠에 동개*를 차 제법 그럴싸하고 빈방 안에 혼자 우뚝 서서 도깨비 들린 듯이 혼잣말로 두런거리며 연습 삼아 하는 말이,

"가만가만 걸어가서 여자 문 앞에 들어서며 기침 한 번을 가만히 하면 그 여인이 기척 채고 문을 펄쩍 열것다. 걸음을 한 번 팔자걸음으로 이렇게 걸어 들어가, 옛말에 이르기를, '수인사(修人事) 대천명(待天命)이라.' 하니, ㉠여자에게 한번 이렇게 군대의 예절로 뵈렸다."

한창 이리 연습할 제, 방자놈이 뜻밖에 문을 펄쩍 열며,

"나리, 무엇하오?"

배 비장 깜짝 놀라,

"너 벌써 왔느냐?" / "예, 군례 전에 대령하였소."

㉡"이놈, 내 깜짝 놀라 바로 땀이 난다."

하며 동개한 채로 썩 나서니, 달이 진 산에 까마귀 울고, 고기잡이 불빛이 물에 비친다. 앞개울에 있던 사람은 돌아가고, 봄바람에 학이 운다.

"앞서 기약 맺은 낭자, 이 밤중에 어서 찾아가자."

거들거려 가려 할 제 방자놈 이른 말이,

┌ "나으리, 생각이 전혀 없소. 밤중에 유부녀 희롱 가오면서 비단옷 입고 저리 하고 가다가는 될 일도 안 될 것이니, 그 의관 다 벗으시오."

"벗으면 초라하지 않겠느냐?" / "초라하거든 가지 마옵시다."

"이 애야, 요란히 굴지 마라. 내 벗으마."

활짝 벗고 알몸으로 서서,

[A] "어떠하냐?"

"그것이 참 좋소마는, 누가 보면 한라산 매 사냥꾼으로 알겠소. 제주 인물 복색으로 차리시오."

"제주 인물 복색은 어떤 것이냐?"

"개가죽 두루마기에 노펑거지*를 쓰시오."

"그것은 너무 초라하구나." / "초라하거든 그만두시오."

└ "말인즉 그러하단 말이다. 개가죽이 아니라, 도야지가죽이라도 내 입으마."

하더니, **구록피(狗鹿皮)** 두루마기에 노펑거지를 쓰고 나서서 앞뒤를 살펴보며,

"이 애야, 범이 보면 개로 알겠다. 군기총(軍器銃) 하나만 내어 들고 가자."

"무섭거든 가지 마옵시다."

"이 애야, 그러하단 말이냐? 네 성정 그러한 줄 몰랐구나. ㉢정 못 갈 터이면, 내 업고라도 가마."

배 비장이 뒤따라가며 하는 말이,

"기약 둔 사랑하는 여자, 어서 가 반겨 보자."

서쪽으로 낸 대나무로 얽은 창 돌아들어, 동쪽에 있는 소나무로 만든 댓돌에 다다르니, 북쪽 창에 밝게 켠 등불 하나만이 외로이 섰는데, 밤은 깊은 삼경이라. 높은 담 구멍 찾아가서 방자 먼저 기어들며,

"쉬, 나리 잘못하다가는 일 날 것이니, 두 발을 한데 모아 요령 있게 들이미시오."

배 비장이 방자 말을 옳게 듣고 두 발을 모아 들이민다. 방자놈이 안에서 배 비장의 두 발목을 모아 쥐고 힘껏 잡아당기니, ⓐ부른 배가 딱 걸려서 들도 나도 아니하는구나. 배 비장 두 눈을 희게 뜨고 이를 갈며,

"좀 놓아다고!" / 하면서, **죽어도 문자(文字)는 쓰**던 것이었다.

"포복불입(飽腹不入)하니 출분이기사(出糞而幾死)로다.*"

방자가 안에서 웃으며 탁 놓으니, 배 비장이 곤두박질하였다가 일어나 앉으며 하는 말이,

"매사가 순리로 아니 되니 큰 낭패로다. 산모의 해산법으로 말하여도 아이를 머리부터 낳아야 순산이라 하니, 내 상투를 들이밀 것이니 잘 잡아당겨라."

방자놈이 배 비장의 상투를 노펑거지 쓴 채 왈칵 잡아당기나, 아무리 하여도 나은 줄 모르겠다. 죽을 고비에서 살아났으니, 목숨은 원래 하늘에 달렸음이라. 뻥 하고 들어가니 배 비장이 아프단 말도 못 하고,

㉣"어허, 아마도 내 등에는 꼰질곤자판*을 놓았나 보다."

(중략)

배 비장이 한편 좋기도 하고 한편 조심도 되어, **가만가만 자취 없이 들어가서 이리 기웃 저리 기웃** 문 앞에 가서 사뿐사뿐 손가락에 침을 발라 문구멍을 배비작 배비작 뚫고 한 눈으로 들여다보니, 깊은 밤 등불 아래 앉은 저 여인, 나이 겨우 이팔의 고운 태도라, 켜 놓은 등불이 밝다 한들 너를 보니 어두운 듯, 피는 복숭아꽃이 곱다 하되 너를 보니 무색한 듯, **저 여인 거동 보소**. 김해 간죽 백통관에 삼등초를 서뿐 담아 청동 화로 백탄 불에 사뿐 질러 빨아낸다. 향기로운 담배 연기가 한 오라기 보랏빛으로 피어나니 붉은 안개 피어 돋는 듯, 한 오리 두 오리 풍기어서 창 구멍으로 돌아 나온다. 배 비장이 그 담뱃내를 손으로 움키어 먹다가 생 담뱃내가 콧구멍으로 들어가서 재채기 한 번을 악칵 하니, 저 여인이 놀라는 체하고 문을 펄쩍 열뜨리고,

"도적이야." / 소리 하니, 배 비장이 엉겁결에,

"문안드리오." / 저 여인이 보다가 하는 말이,

㉤"호랑이를 그리다가 솜씨 서툴러서 강아지를 그림이로고, 아마도 뉘 집 미친개가 길 잘못 들어 왔나 보다."

인두판으로 한 번 지끈 치니 배 비장이 하는 말이,

"나는 개가 아니오." / "그러면 무엇이냐?"

"배 걸덕쇠요."

– 작자 미상, 「배 비장전(裵裨將傳)」 –

* 동개: 활과 화살을 찬 주머니.
* 노펑거지: 노끈으로 만든 벙거지.
* 포복불입(飽腹不入)하니 출분이기사(出糞而幾死)로다.: 배가 불러 들어갈 수 없으니 똥이 나와 죽겠구나.
* 꼰질곤자판: 고누판. '고누'는 장기와 비슷한 옛날의 놀이.

▶ **전국 단위 시험에서 출제된 위 작품의 출처** ☞ 〈클리닉 해설〉의 '기출 답지로 작품과 문제 완전 정복'
　작자 미상, 「**배 비장전**」: 2022학년도 9월 고3 모의평가 / 2008학년도 4월 고3 선국연합학력평가 / 2005학년도 4월 고3 전국연합학력평가

다시보기　▶ 다시 볼 문제 체크하고 틀린 이유 메모하기　　　　　　　　*[분석쌤 강의]는 2차 채점 후 반드시 챙겨 본다!*

09 〈보기〉를 바탕으로 윗글을 감상할 때, 적절하지 <u>않은</u> 것은? [3점]

지문근거　둘중헷　Q&A　어휘/개념　부정질문

─ 보기 ─

　「배 비장전」은 판소리계 소설로, 판소리 창자의 말투가 고스란히 드러나 있고 리듬감이 있는 율문체를 통해 당대 서민들의 삶과 정서를 드러내고 있다. 또한 다른 사람의 책략에 의해 주인공이 금욕적 다짐을 훼손당해 웃음거리가 되는 남성 훼절형 모티프를 바탕으로 하는 서사 구조를 보여 준다. 이를 통해 지배 계층의 허세에 대한 풍자와 조롱을 드러내고 신분 질서가 무너져 가는 당대 시대상 등을 반영하고 있다.

① '가만가만 자취 없이 들어가서 이리 기웃 저리 기웃'에서 글자 수를 규칙적으로 반복하여 인물의 행동을 리듬감 있게 묘사하는 율문체를 확인할 수 있겠군.

② '저 여인 거동 보소.'라는 표현에서 청중을 향한 판소리 창자의 목소리가 직접 드러나는 판소리계 소설로서의 특징을 확인할 수 있겠군.

③ 배 비장이 방자에 의해 '구록피 두루마기에 노펑거지'까지 쓰면서 훼절한 상황에서 서민 계층에 의해 조롱당하는 지배 계층의 모습을 엿볼 수 있겠군.

④ 담 구멍에 걸려 있는 상황에서도 '죽어도 문자는 쓰'는 배 비장의 모습을 통해 지배 계층의 허세에 대한 풍자를 엿볼 수 있겠군.

⑤ 배 비장이 애랑을 만나자마자 "배 걸덕쇠요."라고 격식을 차리며 말하는 데서 신분 질서가 무너져 가는 당대의 시대적 현실을 확인할 수 있겠군.

분석쌤 강의
● **분석** 지문을 읽기 전, 이 문제의 〈보기〉부터 읽으면 지문 이해에 도움을 주는 문제 유형
● **해결案** 〈보기〉 먼저 읽은 다음, 답지의 설명이 〈보기〉를 바탕으로 한 감상인지, 또 작은따옴표(' ')로 인용한 부분의 감상 내용으로 적절한지를 모두 따져 오답을 제외해 나간다.
　2차 채점 후, 〈보기〉에서 설명한 이 작품의 특징을 다시 한 번 새겨 두면, 판소리계 소설, 풍자 소설 등에서 이와 비슷한 유형의 문제가 출제되었을 때 도움이 된다.

10 [A]의 재담 구조를 〈보기〉와 같이 도식화할 때, 이에 대한 설명으로 적절하지 않은 것은?

지문 근거   둘중헷   Q&A   어휘/개념   부정질문

분석쌤 강의
● 분 석 기출 문제는 반복해서 출제된다는 것을 보여 주는 문제로, 〈클리닉 해설〉의 '기출 답지로 작품과 문제 완전 정복'을 챙겨 보면 작품 이해에 도움이 된다는 것을 일러 주는 문제
● 해결案 [A]의 대화를 〈보기〉의 재담 구조 ㉮~㉰에 따라 나눈 다음, 답지의 설명이 적절한지를 따진다.
한편, 「배 비장전」은 2008학년도 4월 고3 전국연합학력평가에서 출제되었는데, 이 시험에서 출제된 33번 문제는 이 문제와 매우 유사하다. 2차 채점까지 한 다음, 〈클리닉 해설〉의 '기출 답지로 작품과 문제 완전 정복'에 제시된 문제도 꼭 확인하도록 한다.

― 보기 ―

방자의 제안	→	배 비장의 주저	→	방자의 부추김	→	배 비장의 수용
㉮		㉯		㉰		㉱

① ㉮에서 방자는 배 비장의 권위를 깎아내리는 말을 하고 있다.

② ㉯에서 배 비장은 자신의 체면을 생각하며 반응하고 있다.

③ ㉰에서 방자는 긍정적인 결과를 제시하며 설득하고 있다.

④ ㉱에서 배 비장은 방자의 말에 할 수 없이 호응하고 있다.

⑤ ㉮~㉱에서 방자가 대화를 주도하며 재담의 구조가 반복되고 있다.

11 ㉠~㉤에 대한 설명으로 적절하지 않은 것은?

지문 근거   둘중헷   Q&A   어휘/개념   부정질문

분석쌤 강의
● 분 석 고전 문학은 고전 어휘에 대한 이해를 바탕으로 문맥의 흐름을 파악해 지문 내용을 이해하는 것이 중요함을 새기게 해 주는 문제
● 해결案 밑줄 친 부분만 봐서는 안 되고, 그 앞뒤 내용까지 살펴봄으로써 사건의 흐름과 인물의 태도, 심리를 짐작해 보면서 답지의 설명이 적절한지를 판단한다.

① ㉠: 애랑의 환심을 사기 위해 노력을 하고 있는 배 비장의 모습이 나타나 있다.

② ㉡: 방자에게 자신의 행동을 들켰을까 봐 당황하는 배 비장의 태도가 나타나 있다.

③ ㉢: 애랑을 만나고 싶어 하는 배 비장의 간절한 마음이 나타나 있다.

④ ㉣: 방자에 대한 불만을 노골적으로 드러내는 배 비장의 모습이 나타나 있다.

⑤ ㉤: 배 비장의 정체를 알고도 짐짓 모른 체하는 애랑의 태도가 나타나 있다.

12 ⓐ의 상황을 나타내는 한자 성어로 가장 적절한 것은?

지문 근거   둘중헷   Q&A   어휘/개념   부정질문

분석쌤 강의
● 분 석 한자 성어의 뜻도 알아야 하지만, 밑줄 친 부분의 상황도 알아야 맞힐 수 있는 문제
● 해결案 앞뒤 문맥을 통해 ⓐ의 상황부터 파악한 후, 이 상황을 나타내는 한자 성어를 고른다.

① 진퇴양난(進退兩難)　　② 중과부적(衆寡不敵)

③ 역지사지(易地思之)　　④ 난형난제(難兄難弟)

⑤ 고장난명(孤掌難鳴)

▶ 정답을 모르는 상태에서 2차 풀이를 하기 위한 방법으로, 아래 채점표 대신 '모바일 자동 채점 프로그램'(문제편 표지 QR 코드)을 이용해도 된다.

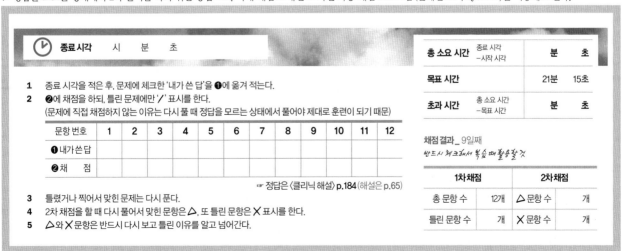

1~4 다음 글을 읽고 물음에 답하시오.

2019학년도 3월 고1 전국연합학력평가 [42~45] 고전 소설

[앞부분의 줄거리] 선관의 점지로 태어난 신유복은 어려서 부모를 잃고 유리걸식한다. 유복의 인물됨을 알아본 상주 목사는 호장의 딸 경패를 유복과 혼인하게 한다. 그러나 유복은 가난하다는 이유로 호장 부부, 경패의 두 언니, 그 남편 유소현, 김평의 미움을 받고 경패와 함께 쫓겨난다.

해는 서산에 걸렸다. 처녀가 저녁연기를 쫓아 밥을 빌러 다녔다. 유복이 처녀와 마을로 들어가 밥을 빌어먹고 방앗간을 찾아가 거적을 얻어다 깔고 둘이 마주 누워 팔을 베고 같이 자니 신세가 궁했다. 유복은 활달한 영웅이요, 처녀 역시 여자 중의 군자였다. 고어에 흥이 다하면 슬픔이 오고 괴로움이 다하면 즐거움이 온다고 하였는데 하늘이 어찌 어진 사람을 곤궁 속에 던져두시겠는가. 처녀도 유복의 늠름한 풍채와 잘생긴 용모를 대하니 정이 깊이 들었다. 그러므로 고생을 어찌 한탄할 것인가. 이튿날 밥을 빌어먹고 처녀가 유복에게 말했다.

"슬프도다. 이 세상에서 가장 귀한 것이 사람인데, 사람만 못한 짐승도 집이 있건만, 우리는 어째서 의지할 곳조차 없나 하고 생각하면 애달픈 생각이 듭니다. 저 건너 북쪽 돌각담이 임자가 없는 것이니 돌각담을 헐고 움이나 한 간 묻어 봅시다."

동리로 재목과 이엉을 구걸하니 사람들이 불쌍히 여겨 서로 다투어 가며 주었다. 처녀가 유복과 더불어 움을 묻고 거적을 얻어 깔고 밥을 빌어다가 나눠 먹고 그 밤을 지내니, 마치 커다란 저택에서 좋은 음식을 먹은 것같이 흐뭇하였다. 그러나 깊은 정이야 어디다 비할 수 있으랴. 남의 방앗간에서 잠자던 것은 한바탕 꿈이었다. 인근 사람들이 유복의 가련한 정상과 경패의 지극한 정성을 불쌍히 여겨 음식을 아끼지 않고 주며, 호장 부부를 욕하지 않는 사람이 없었다. 유복이 남의 집의 물도 길어 주고 방아질도 해 주니 허기를 면하였다. 그러나 의복이 없어 초라하였다.

처녀가 하루는 유복에게 말했다.

[A] "옛글에 '장부 세상에 나서 입신하여 세상에 이름을 드날려 문호를 빛나게 하며, 조상 향불을 빛나게 하라' 하였으니 문필을 배우지 않으면 공명을 어떻게 바라겠습니까? 그래서 옛사람도 낮이면 밭 갈고, 밤이면 글을 읽어, 성공하여 길이길이 기린각에 화상을 그린 족자가 붙어 훗날에 유전하는 것을 장부다운 일로 여겼습니다. 무식한 사람으로 영웅호걸이 되었다는 말은 듣지 못했습니다."

유복이 처녀의 말을 듣고 감동되어 말했다.

[B] "내 어려서 글자나 읽었지만 어찌 이런 마음이 없겠소마는 글을 배우려 한들 어디서 배우며 책 한 권도 없으니 어찌겠소. 또한 장차 외로운 당신은 누구를 의지한단 말이요?"

낭자가 말했다.

"그것은 염려 마십시오. 나는 혼자라도 이 움을 떠나지 않을 것이오. 내가 양식을 당할 것이니 아무 염려 마십시오. 들리는 말에 의하면 뒤 절에 원강 대사라 하는 중이 도승이며, 또한 천하 문장이라 하니 거기 가서 간절히 부탁하면 글을 가르쳐 줄 듯하오니 올라가십시오."

낭자는 바로 나아가 책 한 권을 얻어다가 주며 말했다.

"공자의 나이 열세 살이니 팔 년을 공부하여 이십이 되거든 내려오십시오. 그렇게 하시면 반가이 맞아들이겠지만 만일 그 전에 내려오시면, 절대로 세상에 있지 않겠습니다."

이렇듯 가기를 재촉하였다. 유복이 낭자의 정성을 거절 못하여 책을 옆에 끼고 절로 올라갔다. 그리고 대사를 보고 자초지종을 말하니 대사는 유복을 보고 놀라며 위로하였다.

"십삼 년 전에 규성이 무주 땅에 떨어졌기 때문에 영웅이 난 줄 알았으나 다시 광명이 없기에 분명히 곤란이 있다는 것을 짐작했지만, 오늘에야 겨우 만나게 되었군. 장부의 초년고생은 영웅호걸의 사업 재료가 되는 법, 사람이 고초를 겪지 못하면 교만한 사람이 되리라."

그날부터 글을 가르쳐 주니 유복은 본래 하늘의 선동이라 한 자를 가르치면 백 자를 능통하였다.

(중략)

유복은 그럭저럭 과거 날이 당도하여 과거 보는 장소의 기구를 차려 가지고 과거 보는 곳으로 들어갔다. 자리를 얻지 못하고 민망해 하다가 한 곳을 바라보니 유소현, 김평이 자리를 넓게 점령하고 앉았다. 그러나 저네들이 제 글을 짓지 못하여 남의

손을 빌려 과거를 보려고 주안을 많이 차려 같이 과거 보는 이를 관대히 대하고 있었다. 유복이 속마음에 반가워 그 옆으로 들어갔다. 세상에 용서받지 못할 놈이 유복을 보고 벌컥 화를 내며 꾸짖었다.

"이 거지 놈이 어디로 들어왔냐? 저놈을 어서 잡아내라. 사람이 많이 모인 것을 보고 쫓아왔으니 빨리 잡아내라. 눈앞에서 썩 없어져라."

유복이 분한 마음을 먹고 다른 곳으로 가서 헌 거적을 얻어 깔고 앉았다. 이윽고 글 제목이 내어 걸리었다. 유복이 한번 보고 한숨에 줄기차게 써 내려가서 순식간에 제일 먼저 바치고 여관으로 돌아와 방 붙기를 기다리고 있었다.

그런데 유소현, 김평 두 놈이 겨우 남에게 글장이나 얻어 보고는 방 기다릴 염치가 없었던지 곧 출발하여 내려갔다. 이때 호장 부부와 경옥 경란이 반기며 나와 영접하였다. 술상을 차려 놓고 술을 권하니 그 두 놈이 널리 친구를 청하여 흥청댔다. 이때 경패 그 두 사람이 과거에 갔다가 무사히 돌아온 것을 알고 행여나 낭군을 과거 보는 장소에서 만나 보았는가 궁금히 여겨 소식을 들으러 갔었다. 마침 흘러나오는 소리를 들었다. 유소현, 김평이 바깥사랑에서 호장더러 '유복을 과거 보는 장소에서 만나 끌어 쫓아냈다.'는 말을 하니까 호장이 듣고 큰소리로 '그놈을 잘 박대하였네.' 하고 손뼉을 치며 말했다. 이때 낭자는 그 지껄이는 말을 듣고 낭군이 과거 보는 장소에 무사히 간 것을 알고 기뻐했으나 그 두 놈의 소위를 생각하면 괘씸하기 짝이 없었다. 움집으로 돌아와 탄식하며 말했다.

"세상에 몹쓸 놈도 있구나. ⓐ낭군이 타인과 달라 찾아갔으면 함께 과거를 볼 것이지 도리어 많은 사람 앞에서 모욕을 주다니! 낭군인들 오죽이나 분통이 터졌나?"

겨죽을 쑤어 놓고 먹으려 하나 목이 메어 못 먹고 하늘을 우러러 축원하였다.

"유유히 공중 높이 솟아 있는 일월은 굽어 살피소서. 낭군의 몸이나 무사히 돌아오게 하여 주옵소서."

낭자는 몹시 서러워하였다.

유복이 궐문 밖에서 기다리고 있었다. 이 날 전하께서 시험관을 데리고 글을 고르시더니 갑자기 유복의 글을 보시고 칭찬하시었다.

"이 글은 만고의 충효를 겸하였으니 만장 중에 제일이라."

급히 비밀히 봉한 것을 뜯어보시니 전라도 무주 남면 고비촌 신유복이라 있었다. 그래서 장원랑의 신유복을 대궐에 입시시키라고 하교를 전달하는 전명사알에게 하교하시었다.

— 작자 미상, 「신유복전(申遺腹傳)」 —

다시보기 ▶ 다시 볼 문제 체크하고 틀린 이유 메모하기

《분석쌤 강의는 2차 채점 후 반드시 챙겨 본다!》

01 윗글의 서술상 특징으로 가장 적절한 것은?

① 순간적으로 장면을 전환하여 사건의 환상적 면모를 부각하고 있다.
② 서술자가 등장인물이나 사건에 대한 자신의 생각을 직접 드러내고 있다.
③ 장면마다 서술자를 달리 설정하여 사건의 전모를 명확히 드러내고 있다.
④ 시대적 배경에 대한 요약적 설명을 통해 사건의 인과 관계를 드러내고 있다.
⑤ 인물의 외양을 과장되게 묘사하여 부정적 인물에 대한 풍자를 드러내고 있다.

지문 근거 둘중헷 Q&A 어휘/개념 부정 질문

분석쌤 강의
● **분 석** 아주 많은 학생들이 오답에 답한 문제로, 답지에 쓰인 용어(장면 전환, 환상적, 서술자, 요약적 설명, 풍자 등)의 의미를 정확하게 알아두어야 하는 문제
● **해결案** 답지 ①부터 앞부분과 뒷부분으로 나누어 각각에 대해 O, X 표시를 하며 풀고, 정답과 오답의 근거는 지문에서 찾아야 한다.

다시보기 ▶ 다시 볼 문제 체크하고 틀린 이유 메모하기

02 [A]와 [B]에 나타난 인물의 말하기에 대한 설명으로 적절하지 않은 것은?

① [A]에서 경패는 옛글을 인용하여 상대방의 각성을 촉구하고 있다.
② [A]에서 경패는 상대방의 동정심에 호소해 자신의 결정을 따르도록 유도하고 있다.
③ [A]에서 경패는 설의적 물음을 구사하여 자신의 의중을 상대방에게 드러내고 있다.
④ [B]에서 유복은 자신의 현재 처지를 들어 답답한 심경을 토로하고 있다.
⑤ [B]에서 유복은 상대방이 처하게 될 상황을 우려하여 행동에 나서기를 주저하고 있다.

지문 근거 둘중헷 Q&A 어휘/개념 부정 질문

분석쌤 강의
● **분 석** 오답에 답한 학생들이 많았던 만큼 복습할 때 정답과 오답인 이유를 따져 알고, 지문을 다시 한 번 더 꼼꼼히 읽어야 하는 고전 소설에서 출제된 문제
● **해결案** [A]를 읽고 난 후 ①, ②, ③을, [B]를 읽고 난 후 ④, ⑤를 검토하되, 답지를 세부적으로 나누어 앞과 뒤 각각에 대해 옳은지 그른지를 체크한다.

03 ㉠에 나타난 '경패'의 마음을 속담으로 표현할 때, 가장 적절한 것은?

① '선무당이 사람 잡는다'라고 어설픈 행동을 마구 일삼아 낭군을 곤경에 빠뜨리려 했군.

② '믿는 도끼에 발등 찍힌다'라고 낭군이 철석같이 믿었던 사람들인데 도리어 배신하고 괴로움을 주었군.

③ '달면 삼키고 쓰면 뱉는다'라고 베풀어 준 은혜도 모르고 낭군이 어려울 때 헌신짝처럼 도리를 저버렸군.

④ '동냥은 못 줘도 쪽박은 깨지 마라'라고 도움을 주지는 못할망정 낭군을 곤란한 지경에 처하게 만들었군.

⑤ '닭 잡아먹고 오리발 내민다'라고 얕은꾀로 자신들의 이익을 취하고도 낭군에게 아무 잘못이 없는 척했군.

지문근거 둘중헷 Q&A 어휘/개념 부정질문

분석쌤강의

● **분 석** 정답인 것 같아도 ⑤번 답지까지 읽고 정답 여부를 판단해야 한다는 것을 새기게 해 준 문제로, 2차 채점 후 정답과 오답인 이유를 따져 알고 답지에 제시된 속담의 뜻도 챙겨 봐야 하는 문제

● **해결案** 앞뒤에 전개된 내용을 바탕으로 ㉠에 나타난 '경패'의 마음부터 이해한다. 그런 다음, 답지에서 인용한 속담과 그것과 연관 지어 말한 내용이 '경패'의 마음을 적절하게 표현했는지를 따진다.

04 〈보기〉를 바탕으로 윗글을 정리할 때, ⓐ~ⓔ에 대한 설명으로 적절하지 않은 것은? [3점]

> ─── 보기 ───
>
> 「신유복전」은 하늘에서 내려온 적강(謫降)의 인물인 유복의 일대기를 다룬 영웅담이다. 이 소설에는 쫓겨난 여성이 남편을 출세시키는 이야기인 '쫓겨난 여인 발복(發福) 설화'가 수용되어 있다. 이 소설은 대체로 아래와 같은 기본 구조를 바탕으로 서사가 전개된다.
>
> | 적강을 한 남성 주인공이 태어남. | …… ⓐ |
> | 비천한 처지의 남성 주인공이 뛰어난 품성을 지닌 여성 주인공과 인연을 맺음. | …… ⓑ |
> | 주인공들이 친지에 의해 쫓겨나 고난을 겪음. | …… ⓒ |
> | 여성 주인공의 뜻에 따라 남성 주인공이 수학(修學)함. | …… ⓓ |
> | 남성 주인공이 시험을 통과해 입신출세함. | …… ⓔ |

① ⓐ: 규성이 무주 땅에 떨어져서 영웅이 난 줄 알았다는 원강 대사의 말에서 유복이 적강의 인물임이 제시된다.

② ⓑ: 떠돌아다니는 처지였던 유복이 여자 중의 군자인 경패와 부부가 되어 서로 사랑하며 살아간다.

③ ⓒ: 호장 부부에 의해 쫓겨나고 인근 동리 사람들에게조차 외면을 당하여 움집에서 곤궁하게 살아간다.

④ ⓓ: 이십이 될 때까지는 절에서 내려오지 말라는 경패의 뜻에 따라 유복이 원강 대사에게 글을 배운다.

⑤ ⓔ: 유복이 과거 시험에서 뛰어난 실력을 발휘하여 장원 급제하고 전하의 명령으로 대궐에 입시하게 된다.

지문근거 둘중헷 Q&A 어휘/개념 부정질문

분석쌤강의

● **분 석** 작품 내용의 이해를 돕는 〈보기〉를 바탕으로 푸는 문제이므로, 지문을 읽기 전에 〈보기〉부터 읽으면 지문 독해와 문제 풀이 시간을 단축할 수 있는 유형

● **해결案** 〈보기〉를 읽은 후, ⓐ에 해당하는 지문 내용을 찾아 답지 ①의 설명 내용이 적절한지를 체크한다. 나머지 답지들도 같은 방식으로 O, X 표시를 하며 풀되, 정답과 오답의 근거는 반드시 지문에서 찾도록 한다. 그리고 많은 학생들이 오답에 답한 문제였던 만큼 〈클리닉 해설〉을 참고해 정답과 오답 이유를 한 번 더 짚어 보고, 고전 어휘들의 의미도 챙겨 보도록 한다.

길동 등이 임금에게 아뢰었다.

[A] ─ "신의 아비가 나라의 은혜를 많이 입었사온데, 신이 어찌 감히 나쁜 짓을 하오리까마는, 신은 본래 천한 종의 몸에서 났
　　　는지라, 그 아비를 아비라 못 하옵고 그 형을 형이라 못 하와, 평생 한이 맺혔기에 집을 버리고 도적의 무리에 참여하였
　　　사옵니다. 그러나 백성은 추호도 범하지 않고 각 읍 수령이 백성들을 들볶아 착취한 재물만 빼앗았을 뿐입니다. 이제 십
　　　년이 지나면 조선을 떠나 갈 곳이 있사오니, 엎드려 빌건대 성상께서는 근심하지 마시고 신을 잡으라는 공문을 거두어
　　─ 주십시오."

하고, 말을 마치며 여덟 명이 한꺼번에 넘어지므로, 자세히 보니 다 풀로 만든 허수아비였다. 임금이 더욱 놀라며 진짜 길동을 잡으라는 공문을 다시 팔도에 내렸다.

길동이 허수아비를 없애고 두루 다니다가 사대문에 글을 써 붙였는데, 그 글에다,

"소신 길동은 아무리 하여도 잡지 못할 것이오니, 병조판서 벼슬을 내리시면 잡히겠습니다."

라고 하였다. 임금이 그 글을 보고 신하들을 모아 의논하니, 여러 신하들이 말했다.

"이제 그 도적을 잡으려 하다가 잡지 못하고 도리어 병조판서를 제수하심은 이웃 나라에도 창피스러운 일입니다."

임금이 옳다고 여기고 다만 경상 감사에게 길동 잡기를 재촉하니, 경상 감사가 왕명을 받고는 황공하고 죄송하여 어쩔 줄을 몰랐다.

하루는 길동이 공중으로부터 내려와 절하고 말했다.

"제가 지금은 진짜 길동이오니, 형님께서는 아무 염려 마시고 결박하여 서울로 보내십시오."

감사가 이 말을 듣고는 손을 잡고 눈물을 흘리면서 말했다.

"이 철없는 아이야. 너도 나와 동기인데 부형의 가르침을 듣지 않고 온 나라를 떠들썩하게 하니, 어찌 애닯지 않으랴. 네가 이제 진짜 몸이 와서 나를 보고 ㉠줍혀가기를 주원ㅎ니도로혀긔특ㅎ오히로다."

하고, 급히 길동의 왼쪽 다리를 보니, 과연 혈점이 있었다. 즉시 팔다리를 단단히 묶어 죄인 호송용 수레에 태운 뒤, 건장한 장교 수십 명을 뽑아 철통같이 싸고 풍우같이 몰아가도, 길동의 안색은 조금도 변치 않았다. 여러 날 만에 서울에 다다랐으나, 대궐 문에 이르러 길동이 한번 몸을 움직이자, 쇠사슬이 끊어지고 수레가 깨어져, 마치 매미가 허물 벗듯 공중으로 올라가며, 나는 듯이 운무에 묻혀 기 버렸다. 징교와 모든 군사가 어이없어 다만 공중만 바라보며 넋을 잃을 따름이었다. 어쩔 수 없이 이 사실을 보고하니, 임금이 듣고,

"천고에 이런 일이 어디 있으랴?"

하며, 크게 근심을 했다. 이에 여러 신하 중 한 사람이 아뢰기를,

"길동의 소원이 병조판서를 한번 지내면 조선을 떠나겠다는 것이라 하오니, 한번 제 소원을 풀면 제 스스로 은혜에 감사하 오리니, 그때를 타 잡는 것이 좋을까 하옵니다."

고 했다. 임금이 옳다 여겨 즉시 길동에게 병조판서를 제수하고 사대문에 글을 써 붙였다.

그때 길동이 이 말을 듣고 즉시 고관의 복장인 사모관대에 서띠를 띠고 덩그런 수레에 의젓하게 높이 앉아 큰 길로 버젓이 들어오면서 말하기를,

"이제 홍 판서 사은(謝恩)하러 온다."

고 했다. 병조의 하급 관리들이 맞이해 궐내에 들어간 뒤, 여러 관원들이 의논하기를,

"길동이 오늘 사은하고 나올 것이니 도끼와 칼을 쓰는 군사를 매복시켰다가 나오거든 일시에 쳐 죽이도록 하자."

하고 약속을 하였다. 길동이 궐내에 들어가 엄숙히 절하고 아뢰기를,

"소신의 죄악이 지중하온데, 도리어 은혜를 입사와 평생의 한을 풀고 돌아가면서 전하와 영원히 작별하오니, 부디 만수무강 하소서."

하고, 말을 마치며 몸을 공중에 솟구쳐 구름에 싸여 가니, 그 가는 곳을 알 수가 없었다.

(중략)

한편, 길동이 제사를 극진히 받들어 삼년상을 마치고 나서는, 모든 영웅을 모아 무예를 익히며 농업에 힘을 쓰니, 병사는 잘 조련되고 양식도 풍족했다. 남쪽에 율도국이라는 나라가 있었으니, 기름진 평야가 수천 리나 되어 실로 살기 좋은 나라라, 길 동이 매양 마음속으로 생각해 오던 바였다. 모든 사람을 불러 말하기를,

"내가 이제 율도국을 치고자 하니 그대들은 최선을 다하라."

하고는 그날 진군을 하였다. 길동은 스스로 선봉장이 되고, 마숙으로 후군장을 삼아, 잘 훈련된 병사 오 만을 거느리고 율도국 철봉산에 다다라 싸움을 걸었다. 율도국 태수 김현충이 난데없는 군사가 이름을 보고 크게 놀라, 왕에게 보고하는 한편 한 부대의 군사를 거느리고 내달아 싸웠다. 길동이 이를 맞아 싸워 한 번의 접전에 김현충을 베고 철봉을 얻어 백성을 달래어 위로하였다. 정철로 철봉을 지키게 하고, 대군을 지휘해 움직여 바로 도성을 치는데, 격서(檄書)를 율도국에 보냈으니, 그 내용은 이러하였다.

　　┌─ "의병장 홍길동은 글을 율도왕에게 부치나니, 대저 임금은 한 사람의 임금이 아니요, 천하 사람의 임금이라. 내 하늘의
[B]　　명을 받아 병사를 일으켜 먼저 철봉을 파하고 물밀듯 들어오고 있으니, 왕은 싸우고자 하거든 싸우고, 그렇지 않으면 일
　　└─ 찍 항복하여 살기를 도모하라."

　　왕이 다 보고 나서 소리쳐 말하기를,

　　"우리나라가 철봉을 굳게 믿거늘, 이제 잃었으니 어찌 대항하랴."

하고는, 모든 신하를 거느리고 항복했다.

　　길동이 성중에 들어가 백성을 달래어 안심시키고 왕위에 오른 후, 전의 율도왕으로 의령군을 봉했다. 마숙과 최철로 각각 좌의정과 우의정을 삼고, 나머지 여러 장수에게도 각각 벼슬을 내리니, 조정에 가득 찬 신하들이 만세를 불러 하례하였다. 왕이 나라를 다스린 지 삼 년에 산에는 도적이 없고, 길에서는 떨어진 물건을 주워 가지지 않으니, 태평세계라고 할 만하였다.

— 작자 미상, 「홍길동전」 —

▶ **전국 단위 시험에서 출제된 위 작품의 출처** ☞ 〈클리닉 해설〉의 '기출 답지로 작품과 문제 완전 정복'
　　작자 미상, 「홍길동전」: 고1 – 2013학년도 6월 · 2009학년도 6월 · 2007학년도 11월 전국연합학력평가
　　　　　　　　　　　　　고2 – 2012학년도 11월(A형) · 2002학년도 6월 전국연합학력평가
　　　　　　　　　　　　　고3 – 2019학년도 9월 모의평가 / 2014학년도 수능(A형) / 2008학년도 3월 전국연합학력평가 / 1996학년도 수능

다시보기　▶ 다시 볼 문제 체크하고 틀린 이유 메모하기
　　　　　　　　　　　　　　　　　　　　　　　　　　　　　　　　　　[분석쌤 강의]는 2차 채점 후 반드시 챙겨 본다!

05 ㉠은 「홍길동전」의 경판본을 옮긴 것이다. 〈보기〉를 바탕으로 ㉠을 바르게 끊은 것은?

지문 근거　둘중헷　Q&A　어휘/개념 부정 질문

> ─── 보기 ───
>
> 고소설은 띄어쓰기도 되어 있지 않고 지금은 쓰지 않는 문자도 있어 내용 파악이 쉽지 않다. 이때 어절 단위로 끊어 읽는 것이 의미 파악의 시작이다.

① 줍혀가기를 ∨ᄌ원ᄒ니 ∨도로혀 ∨괴특ᄒᆞᆫ ∨ᄋ 히로다
② 줍혀가기를 ∨ᄌ원ᄒ니 ∨도로 ∨혀괴 ∨특ᄒᆞᆫ ∨ᄋ히로다
③ 줍혀 ∨가기를 ∨ᄌ ∨원ᄒ니 ∨도로혀괴 ∨특ᄒᆞᆫ ∨ᄋ 히로다
④ 줍혀 ∨가기를 ∨ᄌ ∨원ᄒ니 ∨도로혀 ∨괴특ᄒᆞᆫ ∨ᄋ ∨히로다
⑤ 줍혀가 ∨기를 ∨ᄌ원 ∨ᄒ니 ∨도로 ∨혀괴 ∨특ᄒᆞᆫ ∨ᄋ ∨히로다

분석쌤 강의
● **분 석** 오답에 답한 학생들이 많았던 문제였던 만큼 2차 채점 후 〈클리닉 해설〉에서 학생들이 많이 답한 오답지를 체크한 후, 그 이유를 따져 알아야 하는 문제
● **해결案** 〈보기〉에서 언급한 '어절'의 개념을 알고 ㉠을 어절 단위로 끊어 읽으면 되는데, '어절'을 모르고 끊어 읽을 줄 몰라도 ㉠을 현대어로 정확하게 해석하면 쉽게 정답을 찾을 수 있다. ㉠의 의미는 앞뒤의 내용을 통해 짐작하도록 한다.

다시보기　▶ 다시 볼 문제 체크하고 틀린 이유 메모하기

06 [A]와 [B]에 대한 설명으로 적절한 것은?

지문 근거　둘중헷　Q&A　어휘/개념 부정 질문

① [A]는 자신의 권위를 내세워 상대에게 충고하고 있다.
② [B]는 상대와 같은 입장임을 내세워 동의를 구하고 있다.
③ [B]는 [A]와 달리 상대의 의도를 알고 이에 답하고 있다.
④ [A]와 [B]는 모두 상황을 가정하여 상대의 행위를 평가하고 있다.
⑤ [A]와 [B]는 모두 자신의 행위를 정당화하며 상대의 태도 변화를 꾀하고 있다.

분석쌤 강의
● **분 석** 2차 채점 후 정답과 오답인 이유를 따져 알아야 하고, 문제 풀이 시간을 단축하는 방법도 챙겨야 하는 문제
● **해결案** [A]와 [B]는 누가, 누구에게, 무엇을 말한 것인지부터 파악한다. 그런 다음, 답지의 설명을 부분들로 나누어 각각의 옳고 그름을 체크한다. 이때 실전처럼 시간을 재고 문제를 풀 때에는, 답지에서 확실하게 적절하지 않은 부분이 포함된 경우 과감하게 ✕ 표시를 하고 바로 다음 답지를 검토하도록 한다.

07 〈보기〉를 참고하여 윗글을 이해한 내용으로 적절하지 않은 것은? [3점]

— 보기 —

「홍길동전」이 지금까지 인기를 얻는 이유는 독자들의 흥미를 불러일으키는 길동의 활약이 돋보이기 때문이다. 길동은 백성의 편에 서서 백성이 살기 좋은 세상을 구현하려고 하며, 초월적 능력을 발휘하여 위기를 극복한다. 또한 새 나라를 건설하며, 자신이 가진 신분적 한계를 극복한다. 이러한 모습은 독자들의 기대를 충족시키며 공감을 이끌어 낸다.

① 새 나라를 건설하려는 모습은 길동이 율도국을 공격하는 것에서 드러나는군.

② 초월적 능력을 발휘하는 모습은 잡히지 않기 위해 길동이 도술을 부리는 것에서 나타나는군.

③ 신분적 한계를 극복하는 모습은 미천한 신분이었던 길동이 왕위에 오르는 것에서 알 수 있군.

④ 백성의 편에 서서 펼치는 활약은 수령이 백성들에게 착취한 재물을 길동이 빼앗았다는 것에서 파악할 수 있군.

⑤ 백성이 살기 좋은 세상을 구현하려는 노력을 인정받는 모습은 길동이 병조판서에 제수되는 것에서 확인할 수 있군.

지문근거 돌중헷 Q&A 어휘/개념 부정질문

분석쌤 강의

● **분 석** 〈보기〉와 지문의 내용을 연결하여 답지의 옳고 그름을 판단해야 하는 문제

● **해결案** 〈보기〉를 통해 이 작품에서 다룬 내용을 확인한다. 그런 다음 각 답지의 내용을 앞부분(주어부)과 뒷부분(서술부)의 둘로 나누어 앞부분은 〈보기〉에서, 뒷부분은 지문에서 확인하되, 앞부분과 뒷부분이 긴밀하게 연결되는지를 판단한다.

8~10 다음 글을 읽고 물음에 답하시오.

2017학년도 3월 고1 전국연합학력평가【38~40】고전 소설

[앞부분의 줄거리] 안평대군은 열 명의 궁녀를 뽑아 자신의 궁에 두고서 외부와의 교류를 금하고 시 짓기를 가르쳤다.

"처음 보았을 때에는 우열을 가릴 수 없었으나 거듭 읽노라니 자란의 시가 뜻이 심원하여 나도 모르게 간탄하고 흥겨운 마음이 드는구나. 나머지 시들 또한 모두 맑고 좋은데, 유독 운영의 시만은 서글피 누군가를 그리워하는 마음이 보이거늘 그리는 사람이 누군지 모르겠다. 준엄히 캐물을 일이로되 그 재주가 아까워 그냥 덮어 두기로 한다."

저는 뜰로 내려가 엎드려 울며 대답했습니다.

"시를 짓는 중에 우연히 나온 말이지, 어찌 다른 뜻이 있겠습니까? 지금 주군께 의심을 받으니 첩은 만 번 죽어도 유감이 없나이다."

대군은 자리에 앉으라 명하고 이렇게 말했습니다.

"시는 진정한 마음에서 우러나오는 것이라서 가리고 숨길 수가 없는 법이다. 너는 더 말하지 말아라."

그러고는 비단 열 꾸러미를 내어 우리 열 사람에게 나누어 주었습니다. 대군이 일찍이 제게 사사로운 마음을 보인 적이 없으나 궁중 사람들은 모두 대군의 마음이 제게 있다는 걸 알고 있었습니다.

우리 열 사람은 방으로 돌아와 아름다운 등불을 환히 밝히고는 칠보로 만든 책상 위에『당율』한 권을 놓아두고 궁녀들의 원망을 담은 옛사람들의 시 중 어떤 작품이 훌륭한지 토론을 벌였습니다. 저 혼자 병풍에 기대어 흙으로 빚어 놓은 인형처럼 근심스레 말이 없자 소옥이 저를 돌아보고 말했습니다.

"낮에 연기를 읊은 시로 주군께 의심을 받더니 그 때문에 근심스러워 말이 없는 거니? 아니면 주군의 뜻이 네게 있겠기에 속으로 기뻐서 말이 없는 거니? 네 속을 모르겠구나."

제가 옷깃을 여미고 대답했습니다.

"너는 내가 아닌데 어찌 내 마음을 안단 말이니? 지금 막 시 한 편을 지으려는데, 묘안이 떠오르지 않아 고심하느라 말하지 않았던 것뿐이야."

은섬이 이렇게 말했습니다.

"어딘가 뜻이 향하는 곳이 있어 마음이 여기 있지 않으니 옆 사람의 말이 지나가는 바람 소리처럼 들리겠지. 네가 말하지 않는 까닭을 알긴 어렵지 않아. 어디 내가 한번 맞혀 볼까?"

그러더니 창밖의 포도 시렁을 주제로 칠언 사운의 시를 지어 보라 재촉하더군요.

[A]

[B]

[중략 부분의 줄거리] 운영은 진사와 처음 만났을 때의 일을 들려주며 진사에 대한 자신의 마음을 자란에게 털어 놓는다.

"나는 이때부터 자려 해도 잠을 이루지 못하고 먹는 것이 줄었으며 마음이 답답하여 모르는 사이에 옷과 허리띠가 헐렁해졌단다. 너는 이 일을 기억 못 하겠니?"

자란이 이렇게 대답했습니다.

"잊고 있었는데 지금 네 말을 듣고 보니 술에서 막 깨어난 듯 어슴푸레 생각이 날 듯 말 듯 하구나."

그 뒤로 대군이 진사와 자주 만났으나 저희들을 가까이 두지 않았기에 저는 그때마다 문틈으로 엿보고 했답니다. 하루는 고운 종이에 오언 사운의 시 한 수를 적었어요.

> 베옷 입고 가죽 띠 두른 선비　　옥 같은 얼굴 신선과 같지.
> 늘 주렴 사이로만 바라보나니　　월하노인*의 인연 어디 없는지?
> 얼굴 씻으매 눈물이 물을 이루고　거문고 타매 한스러움 현을 울리네.
> 가슴 속 원망 끝이 없어서　　　고개 들고 하늘에 하소연하네.

　이 시　와 금비녀 하나를 함께 싸서 열 겹으로 거듭 봉하여 진사에게 주고자 했지만 전달할 방법이 없었답니다. 그날, 달 밝은 밤에 대군이 술자리를 크게 열어 손님을 모으고 진사의 재주를 매우 칭찬하며 일전에 진사가 지은 시 두 편을 내보였습니다. 모인 사람들이 돌려 보며 칭찬하기를 마지않더니 모두들 진사를 한번 만나보고 싶어 했습니다. 대군이 즉시 하인과 말을 보내 진사를 초청했습니다. 잠시 후 진사가 도착하여 자리로 오는데, 얼굴이 수척하고 몸은 홀쭉한 것이 예전의 기상이라곤 전혀 찾아볼 수가 없었습니다. 대군이 위로하며 이렇게 말했습니다.

"진사는 굴원의 마음이 있는 것도 아니면서 연못가에서의 초췌한 모습부터 미리 가진 게요?"

모여 있던 이들이 한바탕 크게 웃었지요. 진사가 일어나 인사하고 말했습니다.

"저는 빈천한 유생으로서 외람되이 나리의 은총을 받았습니다. 그러나 복이 지나치면 재앙이 생기는 법인지, 질병이 온몸을 휘감아 요사이 식음을 전폐하고 있습니다. 다른 사람의 도움 없이는 움직이기 어려우나 지금 부르심을 받자와 겨우 부축을 받고 와서 인사드립니다."

손님들이 모두 몸가짐을 바루어 공손함을 표했습니다. 진사는 나이 어린 유생으로서 말석에 앉았기에 저희가 있던 안쪽 방과는 단지 벽 하나를 사이에 두고 있을 뿐이었습니다.

밤이 이미 다하여 손님들이 모두 취했을 때입니다. ⊙제가 벽에 구멍을 뚫고 엿보니 진사 역시 제 뜻을 알고 모퉁이를 향해 앉아 있더군요. 저는 봉한 편지를 구멍 사이로 던졌습니다. 진사는 편지를 주워 집으로 돌아가서 뜯어보고는 슬픔을 이기지 못해 편지를 차마 손에서 놓지 못했답니다. 그리워하는 정이 지난날보다 곱절이 되어 버틸 수 없을 지경이었고, 답장을 보내고자 하나 하나 전할 방도가 없는지라 홀로 수심에 잠겨 탄식할 뿐이었지요.

– 작자 미상, 「운영전」 –

* 월하노인: 부부의 인연을 맺어 준다는 전설상의 노인.

▶ **전국 단위 시험에서 출제된 위 작품의 출처** ☞ 〈클리닉 해설〉의 '기출 답지로 작품과 문제 완전 정복'
　작자 미상, 「운영전」: 2008학년도 3월 고1 전국연합학력평가 / 2007학년도 9월 고2 전국연합학력평가 / 2005학년도 수능 예비 평가
　2015학년도 3월 고3 전국연합학력평가(B형) / 2011학년도 수능 / 2006학년도 3월 고3 전국연합학력평가

다시보기　▶ 다시 볼 문제 체크하고 틀린 이유 메모하기　　　　　　〔분석쌤 강의〕는 2차 채점 후 반드시 챙겨 본다!

08 [A], [B]에 대한 설명으로 적절하지 <u>않은</u> 것은?

① [A]에서 대군은 여러 궁녀들의 시와 비교하면서 운영의 시에 대한 평가를 내리고 있다.

② [A]에서 대군은 시에 대한 자신의 생각을 근거로 운영의 대답을 거짓이라고 판단하고 있다.

③ [B]에서 소옥은 [A]의 상황에 근거하여 운영이 침묵하는 이유를 추측하고 있다.

④ 운영은 [A]의 대군과 [B]의 소옥 모두에게 자신의 진심을 우회적으로 드러내고 있다.

⑤ [B]에서 은섬은 운영이 딴 곳에 마음을 두고 있음을 언급하면서 운영의 말이 사실인지를 시험하려 하고 있다.

지문 근거　둘중헷　Q&A　어휘/개념　부정질문

분석쌤 강의
● **분 석** 특정 어휘의 의미를 잘못 해석해 오답에 답한 학생들이 많았던 문제
☞ 〈클리닉 해설〉 참조
● **해결案** 앞뒤에 전개된 내용을 통해 [A]와 [B]의 대화 상황과 발화자의 의도를 파악한 후 답지를 검토한다. 쉽게 정답에 답한 경우에도 정답과 오답인 이유를 따져 알아 이와 같은 문제를 빠르게 푸는 방법을 챙기도록 한다.

09 윗글과 관련하여 [이 시]를 이해한 내용으로 적절하지 않은 것은?

① '베옷 입고 가죽 띠 두른 선비 / 옥 같은 얼굴 신선과 같지'는 진사에 대한 운영의 호감을 반영한 표현으로 볼 수 있군.

② '주렴 사이로만 바라보나니'는 진사를 문틈으로 엿볼 수밖에 없었던 운영의 처지와 유사한 구절로 볼 수 있군.

③ '월하노인의 인연 어디 없는지?'는 진사와 인연을 맺기 어려운 자신의 처지에 대한 운영의 한탄이 담긴 것으로 볼 수 있군.

④ '얼굴 씻으매' 흐르는 '눈물'은 자신의 마음을 알아채지 못했던 자란에 대한 운영의 서운함을 드러낸 것으로 볼 수 있군.

⑤ '거문고를 타매' 드러나는 '한스러움'은 혼자 병풍에 기대어 근심스레 말이 없던 운영의 심정과 연결할 수 있군.

지문 근거 둘중헷 Q&A 어휘/개념 부정질문

분석쌤 강의
● **분 석** 맞고 틀리고보다 정답과 오답인 이유를 따져 아는 것이 더 중요한 문제
● **해결案** '이 시'는 누가 쓴 것이고, 어떤 내용을 담고 있는 것인지부터 확인한 다음, 답지에서 작은따옴표(' ')로 인용한 시구가 의미하는 바를 적절하게 해석했는지를 판단한다.

10 ㉠을 나타내기에 가장 적절한 것은?

① 이심전심(以心傳心) ② 인과응보(因果應報)
③ 견물생심(見物生心) ④ 역지사지(易地思之)
⑤ 수구초심(首丘初心)

지문 근거 둘중헷 Q&A 어휘/개념 부정질문

분석쌤 강의
● **분 석** 한자 성어의 뜻도 알아야 하지만 앞뒤에 전개된 내용을 통해 밑줄 친 부분의 상황까지 파악하여 정답을 확정해야 하는 문제
● **해결案** 앞뒤 내용을 통해 ㉠의 상황부터 파악한 다음, ㉠을 나타내기에 적절한 한자 성어를 고른다. 2차 채점 후 오답지에 제시된 한자 성어의 뜻도 매3어휘 풀이를 떠올려 익히도록 한다.

▶ 정답을 모르는 상태에서 2차 풀이를 하기 위한 방법으로, 아래 채점표 대신 '모바일 자동 채점 프로그램'(문제편 표지 QR 코드)을 이용해도 된다.

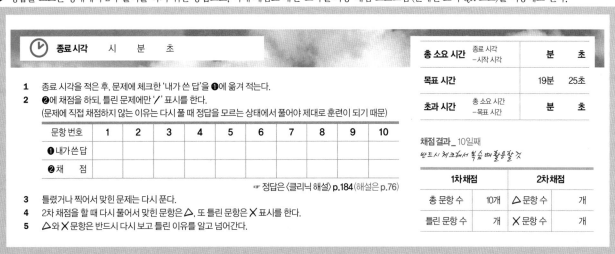

| 🕐 **종료 시각** | 시 | 분 | 초 |

	종료 시각		
총 소요 시간	−시작 시각	**분**	**초**
목표 시간		19분	25초
초과 시간	총 소요 시간 −목표 시간	**분**	**초**

1 종료 시각을 적은 후, 문제에 체크한 '내가 쓴 답'을 ❶에 옮겨 적는다.
2 ❷에 채점을 하되, 틀린 문제에만 '✓' 표시를 한다.
(문제에 직접 채점하지 않는 이유는 다시 풀 때 정답을 모르는 상태에서 풀어야 제대로 훈련이 되기 때문)

문항 번호	1	2	3	4	5	6	7	8	9	10
❶ 내가 쓴 답										
❷ 채 점										

☞ 정답은 〈클리닉 해설〉 p.184 (해설은 p.76)

3 틀렸거나 찍어서 맞힌 문제는 다시 푼다.
4 2차 채점을 할 때 다시 풀어서 맞힌 문항은 △, 또 틀린 문항은 ✕ 표시를 한다.
5 △와 ✕ 문항은 반드시 다시 보고 틀린 이유를 알고 넘어간다.

채점 결과_ 10일째
반드시 체크해서 복습 때 활용할 것

	1차채점		2차채점	
총 문항 수	10개	△ 문항 수		개
틀린 문항 수	개	✕ 문항 수		개

1~5 다음 글을 읽고 물음에 답하시오.

2017학년도 9월 고1 전국연합학력평가【31~35】고전 시가(문학의 이해＋향가＋시조)

(가) 향가와 시조는 일반적으로 형식적 측면에서 전승 과정에 초점을 두고 두 갈래의 영향 관계를 설명한다. 시조의 기원에 대한 다양한 설 중, 10구체 향가에서 비롯하였으리라는 설에 바탕을 두고 설명하는 학자들은 초기의 4구체나 과도기 형태인 8구체가 아닌, 10구체를 향가 중에서 정제된 형식으로 본다. 10구체는 대개 '4구＋4구＋2구'의 형태로 시상을 전개하다가 낙구에 주제를 제시하며 시상을 마무리한다. 이러한 형태는 후대 평시조가 정제된 틀을 갖추게 된 데에 영향을 끼쳤는데, 특히 낙구의 감탄사는 시조의 종장 첫 구에 나타나는 감탄사에 영향을 미쳤으리라는 것이다. 향가의 감탄사와 시조 종장의 감탄사는 앞에 나온 내용을 정서적으로 고양시키거나 환기시켜 노래의 내용을 완결하는 효과가 있다.

이런 전승 과정을 거쳐 형성된 시조가 오늘날까지 창작될 수 있었던 것은, 간결한 형식에서 기인한 바가 크다고 할 수 있다. 이러한 평시조의 형식적 특징은 조선 후기에 접어들어 그 변화가 두드러지게 나타난다. 각 장 4음보의 정형성이 파괴되어 시조의 장형화가 이루어지고 사설시조가 출현하게 된다.

향가와 시조는 형식적 측면에서와는 달리 내용적 측면에서의 영향 관계를 설명하기는 어렵다. 10세기 말 무렵까지 창작됐던 향가는 현재까지 가사가 전해지는 것이 총 25수에 불과하고, 위홍과 대구화상이 간행했다는 향가집『삼대목』도 현재 전해지지 않는다. 현재 전하는 작품들의 내용은 주로 불교적 신앙심을 바탕으로 한 것이 많지만, 추모(追慕), 축사(逐邪), 안민(安民), 연군(戀君) 등 다양하다.

반면, 고려 말에 발생하여 조선 시대에 들어 본격적으로 융성한 시조는 시조가 지니는 형식미 때문에 조선 전기 사대부들의 미의식과 정신세계를 표현하는 데 적합한 갈래로 자리 잡았다. 이 시기 시조의 주제는 유교적 이념과 자연에 대한 동경이었는데, 이는 조선 사대부들의 이상이기도 했다. 조선 후기 시조는 자기 자신에 대한 새로운 인식과 실학의 대두로 인하여 관념적이고 형식적인 경향에서 벗어났다. 그러면서 시조에는 새로운 인간성을 발견하고 다양한 현실적 삶을 표현하고자 하는 경향이 나타났다.

(나) ㉠임금은 아버지요
　　신하는 사랑하실 어머니요
　　백성은 어린 아이라고 한다면
　　백성이 사랑을 알 것입니다.
　　꾸물거리며 사는 백성들
　　이들을 먹여 다스려
　　이 땅을 버리고 어디로 갈 것인가 한다면
　　나라가 다스려짐을 알 것입니다.
　　아으, 임금답게 신하답게 백성답게 한다면
　　나라가 태평할 것입니다.

－ 충담사, 「안민가」 －

(다) 평생에 일이 업서 산수 간에 노니다가
　　강호에 ㉡님자 되니 세상 일 다 니제라
　　엇더타 강산풍월이 긔 벗인가 ᄒᆞ노라

－ 낭원군 －

01 **(가)를 이해한 내용으로 적절하지 않은 것은?**

① 향가는 현재 전하는 것보다 더 많은 작품이 있었을 것이다.

② 향가의 4구체는 발전 과정에서 볼 때 초기 형태에 해당한다.

③ 향가와 달리 시조는 지금까지도 작품 창작이 계속되고 있다.

④ 시조의 형식미는 조선 전기 사대부들의 미의식을 드러내는 데 적합했다.

⑤ 시조는 실학의 영향을 받아 관념적인 내용을 담으려는 경향이 나타났다.

지문근거　둘중햇　Q&A　어휘/개념　부정질문

분석쌤 강의
● **분 석** 지문에서 정답과 오답의 근거를 찾을 수 있는, 비문학 영역에서 자주 출제되는 내용 이해 여부를 묻는 문제
● **해결案** (가)에만 해당되는 문제로, 답지에서 설명하고 있는 내용이 언급된 부분을 (가)에서 찾아, 답지와 지문을 비교·대조하여 옳고 그름을 판단한다.

---

02 **(가)를 바탕으로 (나)와 (다)를 이해한 것으로 적절하지 않은 것은?**

① (나)의 '4구 + 4구 + 2구' 형태는 (다)의 '초장 + 중장 + 종장'의 3단 구성 형성에 영향을 준 것이군.

② (나)의 '아으'는 전승의 측면에서 (다)의 '엇더타'와 영향 관계에 있군.

③ (다)의 4음보 율격은 (나)에서 '4구'가 반복되는 형태의 영향을 받은 것이군.

④ (다)의 종장에 주제가 제시된 것은 (나)의 9구와 10구에 주제가 제시된 것과 동일한 방식이군.

⑤ (나)와 (다)의 형식은 모두 각각의 갈래에서 대표적인 형식이군.

지문근거　둘중햇　Q&A　어휘/개념　부정질문

분석쌤 강의
● **분 석** 발문(문두)에 '(가)를 바탕으로'가 제시되어 있지 않아도 (나), (다)의 문학 갈래를 이해하는 데 도움이 되는 (가)의 설명부터 읽어야 하는 문제 유형
● **해결案** 답지마다 (가)를 바탕으로 (나)와 (다)를 잘 연결하여 설명했는지를 체크한다. 그리고 2차 채점 후 한번 더 오답지를 챙겨 보면서 향가와 시조의 갈래적 특징을 새기도록 한다.

---

03 **㉠과 ㉡에 대한 설명으로 가장 적절한 것은?**

① ㉠은 '백성'을, ㉡은 '벗'을 그리워하고 있다.

② ㉠은 '이 땅'에 있고, ㉡은 '산수 간'에 있다.

③ ㉠은 ㉡과 달리 상상의 세계 속에 존재하고 있다.

④ ㉡은 ㉠과 달리 대상의 부재에 괴로워하고 있다.

⑤ ㉠과 ㉡은 모두 자신의 처지에 만족하고 있다.

지문근거　둘중햇　Q&A　어휘/개념　부정질문

분석쌤 강의
● **분 석** 맞고 틀리고를 떠나, 복습할 때 ㉠과 ㉡ 각각에 대해 답지의 설명이 왜 옳은지 그른지를 따져 알아야 하는 문제로, 쉽게 정답에 답한 경우에도 〈클리닉 해설〉에서 오답지 해설까지 살펴보면 유용한 문제
● **해결案** ㉠과 ㉡이 지시하는 대상을 확인한 다음, ㉠, ㉡의 앞뒤 내용을 바탕으로 답지의 설명이 적절한지를 판단한다.

---

04 **〈보기〉는 (가)의 안민(安民) 이 (나)에서 어떻게 구현되고 있는지를 나타낸 것이다. ⓐ~ⓔ에 대한 이해로 적절하지 않은 것은?**

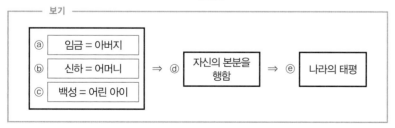

① ⓐ~ⓒ로 보아 국가를 가족의 확대된 형태로 생각한 것이군.

② ⓐ와 ⓑ가 ⓒ를 잘 먹여 다스리는 일이 통치의 근본이군.

③ ⓓ는 ⓑ와 ⓒ에게 ⓐ가 당부하는 것이군.

④ ⓓ에는 민심을 중시하는 정치의식이 담겨 있군.

⑤ ⓔ에 도달할 수 있는 방법은 ⓓ이겠군.

지문근거　둘중햇　Q&A　어휘/개념　부정질문

분석쌤 강의
● **분 석** 고전 시가는 문제 유형이 어떠해도 작품 해석이 중요하다는 것을 새기게 해 주는 문제
● **해결案** (나)와 〈보기〉를 연결하여 답지의 설명이 적절한지를 따진다. 이때 ⓐ~ⓔ가 지시하는 바를 정확하게 파악하고, (나)의 전문을 통해 누가 누구에게 무엇을 말하고 있는지를 염두에 두고 옳고 그름을 판단하도록 한다.

05 (가)와 〈보기〉를 바탕으로 (다)를 감상한 내용으로 가장 적절한 것은? [3점]

> 보기
>
> 낭원군의 시조는 조선 시대 왕족의 정치 참여 금지로 인해 자신의 능력을 표출할 수 없었던 심정을 속세에서 벗어나 자연과 벗하는 모습으로 읊은 것이다.

① 자신의 능력을 표출하지 못하는 상황에서 벗어나기 위한 노력을 '평생에 일'로 표현하였군.

② 정치적 한계에서 벗어나고 싶은 마음을 '산수 간에 노니다가'로 해소했군.

③ 왕족의 역할을 다하고자 하는 의지를 '강호에 남자 되니'에 담고 있군.

④ 왕족이기 때문에 현실 정치에 참여할 수 없는 체념의 정서를 '엇더타'에 집약해서 나타냈군.

⑤ 자연과 함께하고자 하는 마음을 '강산풍월'을 '벗'하는 것에 드러냈군.

지문근거 둘중헷 Q&A 어휘/개념 부정질문

분석쌤 강의

● **분 석** (다)를 읽기 전에 이 문제의 〈보기〉부터 읽고 (다)를 읽으면 작품의 내용을 더 잘 이해할 수 있는, 〈보기〉에서 작품에 대한 설명을 제시한 문제로, 발문(문두)의 '(가)와 〈보기〉를 바탕으로~'를 놓치면 정답 같은 오답에 답할 가능성이 높은 문제

● **해결案** 〈보기〉를 통해 (다)의 화자가 처한 상황과 정서, 주제 등을 파악한 다음, (가)에서 (다)의 시조에 대해 설명한 내용도 염두에 두고 답지를 살핀다. 2차 채점 후 〈클리닉 해설〉에서 정답지와 오답지 모두 그 이유를 따져 알도록 한다.

6~8 다음 글을 읽고 물음에 답하시오. 2015학년도 6월 고1 전국연합학력평가 【31~33】 고전 시가(시조)

반중 **조홍감***이 고와도 보이나다.
유자이 아니라도 품음직 하다마는
품어 가 반길 이 없을새 글로 설워하나이다. 〈제1수〉

왕상의 잉어 잡고 **맹종**의 죽순 꺾어
검던 머리 희도록 **노래자**의 옷을 입고
일생에 **양지성효(養志誠孝)***를 증자*같이 하리이다. 〈제2수〉

만균*을 늘려 내어 길게길게 노*를 꼬아
구만리 장천에 가는 해를 잡아매어
북당*에 학발쌍친*을 더디 늙게 하리이다. 〈제3수〉

군봉* 모이신 데 외까마귀 들어오니
백옥 쌓인 곳에 돌 하나 같다마는
두어라 봉황도 비조와 류시니* 모셔 논들 어떠하리. 〈제4수〉

– 박인로, 「조홍시가(早紅柿歌)」 –

* 반중 조홍감: 소반 위에 담긴 일찍 익은 홍시.
* 양지성효(養志誠孝): 부모의 뜻을 받드는 정성스러운 효성.
* 증자: 효심이 깊은 것으로 유명한 공자의 제자.
* 만균: 큰 쇳덩어리.   * 노: 노끈.
* 북당: 늙은 부모가 계신 안방.
* 학발쌍친: 머리 흰 늙은 부모.
* 군봉: 여러 마리의 봉황새.
* 비조와 류시니: 나는 새와 한 종류이시니.

▶ **전국 단위 시험에서 출제된 위 작품의 출처** ☞ 〈클리닉 해설〉의 '기출 답지로 작품과 문제 완전 정복'
박인로, 「조홍시가」: 2006학년도 3월 고1 전국연합학력평가 / 2004학년도 6월 고3 모의평가

분석쌤 강의는 2차 채점 후 반드시 챙겨 본다!

06 윗글에 대한 설명으로 가장 적절한 것은?

① 제1수에서는 계절적 배경을 묘사하여 생동감을 주고 있다.

② 제2수에서는 선경후정의 방식으로 시상을 전개하고 있다.

③ 제3수에서는 불가능한 상황을 설정하여 화자의 소망을 드러내고 있다.

④ 제4수에서는 점층적 표현을 통해 대상의 특성을 부각하고 있다.

⑤ 제1수와 3수에서는 자연물을 활용하여 삶의 무상함을 제시하고 있다.

지문근거 둘중헷 Q&A 어휘/개념 부정질문

분석쌤 강의

● **분 석** 맞고 틀리고보다 2차 채점 후 왜 정답이고 왜 오답인지를 따져 아는 것이 중요한 문제

● **해결案** 제1수를 읽고 답지 ①을, 제2수를 읽고 답지 ②를 검토한다. 이때, 하나의 답지 내에 여러 개의 정보가 있다는 것을 기억해 꼼꼼히 체크하도록 한다. 예를 들면, 답지 ①에서는 계절적 배경을 묘사하고 있는지, 묘사를 통해 생동감을 주고 있는지를 모두 따져야 한다.

07 〈보기〉는 윗글과 관련된 고사이다. 〈보기〉를 참고하여 윗글을 이해한 내용으로 적절하지 않은 것은? [3점]

─ 보기 ─

○육적이 원술을 찾아갔다가 대접받은 유자(귤)를 품고 나오다 떨어뜨리자 원술이 그 이유를 물으니 어머니께 드리려 했다고 한다.

○왕상은 계모가 잉어를 먹고 싶어 하자 겨울에 옷을 벗고 얼음을 깨려 하니 잉어가 뛰어나왔다.

○맹종은 어머니가 겨울에 죽순을 먹고 싶다고 하자 겨울 대숲에 들어가 탄식하니 눈물이 떨어진 곳에서 죽순이 나왔다.

○노래자는 70세의 나이에도 색동옷을 입고 어린애 장난을 하면서 늙은 부모를 즐겁게 해 주었다.

① '조홍감'을 보고 화자는 육적의 '유자'를 떠올렸다고 할 수 있다.

② '왕상의 잉어'는 어려움을 감수하면서까지 효를 실천하고자 하는 화자의 의지를 보여 준다.

③ '맹종'이 대숲에서 눈물을 흘리는 것과 화자가 '조홍감'을 보고 서러워하는 것은 모두 부모님이 원하는 것을 얻지 못했기 때문이다.

④ '노래자'의 옷을 입는다는 것은 부모님을 위해서라면 화자가 나이에 맞지 않는 일도 할 수 있다는 것을 의미한다.

⑤ 화자는 '왕상'과 '노래자'가 효를 실천한 방법은 다르지만 '양지성효'라는 점에서는 공통성이 있다고 본다.

지문근거 둘중혯   Q&A 어휘/개념 부정질문

분석쌤 강의

● **분 석** 〈보기〉부터 읽고 지문을 읽으면 작품 내용을 빠르고 쉽게 이해할 수 있어 문제 풀이 시간을 단축할 수 있는 문제 유형

● **해결案** 〈보기〉의 고사를 바탕으로 작품을 이해한 후 답지를 검토한다. 이때 답지의 설명은 〈보기〉와 지문 모두를 충족해야 적절한 것이므로 답지 내용을 꼼꼼히 따져 옳고 그름을 판단하도록 한다.

08 〈보기〉의 밑줄 친 부분을 바탕으로 윗글을 이해한 내용으로 적절하지 않은 것은?

─ 보기 ─

「조홍시가」의 제4수는 위대한 봉황새들의 무리에 보잘것없는 까마귀가 어울리고 싶다는 것으로, 앞선 내용들과는 다소 다르게 보인다. 그러나 까마귀가 효조(孝鳥)로도 널리 알려진 점을 고려하면 시 전체가 일관성을 가지고 있다고도 볼 수 있다.

① '군봉'은 제2수에서 언급된 효를 실천한 위대한 사람들로 볼 수 있겠어.

② '외까마귀'는 부모님께 효도를 하고자 하는 화자의 모습으로 볼 수 있겠어.

③ '백옥 쌓인 곳'에 '돌 하나 같다'는 것은 화자가 부모님께 불효한 것에 대해 자책한 것으로 볼 수 있겠어.

④ '봉황'도 '비조와 류'라고 한 것은 위대한 효자도 화자와 같은 인간이라는 점을 이야기하는 것으로 볼 수 있겠어.

⑤ '봉황'을 '모셔 논'다는 것은 효자로 이름난 사람들을 본받고 싶어 하는 마음을 담고 있다고 볼 수 있겠어.

지문근거 둘중혯   Q&A 어휘/개념 부정질문

분석쌤 강의

● **분 석** 7번 문제와 마찬가지로 지문을 읽기 전 〈보기〉부터 먼저 읽으면 유용한 문제 유형으로, 7번과 8번의 〈보기〉부터 읽은 후 지문을 읽고 문제를 풀면 문제 풀이 시간을 단축할 수 있을 뿐만 아니라 정답도 빠르고 정확하게 찾을 수 있는 문제

● **해결案** 〈보기〉부터 읽은 후 지문의 제4수를 읽고 답지를 검토한다. 답지의 설명은 〈보기〉를 바탕으로 이해해야 하고, 〈보기〉의 내용과 어긋나지 않아야 하며, 제4수는 물론 제1~3수의 문맥적 흐름을 바탕으로 해석할 수 있는 것이어야 한다.

1주차

2주차

3주차

+일

(가) 생사(生死) 길은
　　예 있으매 머뭇거리고,
　　나는 간다는 말도
　　못다 이르고 어찌 갑니까.
　　㉠어느 가을 이른 바람에
　　이에 저에 떨어질 잎처럼,
　　한 가지에 나고
　　가는 곳 모르온저.
　　아아, ㉡미타찰(彌陀刹)에서 만날 나
　　도(道) 닦아 기다리겠노라.
　　　　　　　　　　– 월명사, 「제망매가」 –

(나) ㉢오백 년 도읍지를 필마(匹馬)로 도라드니,
　　㉣산천은 의구(依舊)하되 인걸(人傑)은 간 듸 업다.
　　어즈버, ㉤태평연월(太平烟月)이 꿈이런가 하노라.
　　　　　　　　　　　　　　– 길재 –

▶ 전국 단위 시험에서 출제된 위 작품의 출처 ☞ 〈클리닉 해설〉의 '기출 답지로 작품과 문제 완전 정복'

(가) 월명사, 「제망매가」 : 2004학년도 고1 인천광역시 학력진단평가 / 2003학년도 고1 경기도 학업성취도평가 / 2009학년도 6월 고2 전국연합학력평가 /
　　　　2003년 9월 고2 학력진단평가 / 2008학년도 6월 고3 모의평가 / 1997학년도 수능

다시보기 ▶ 다시 볼 문제 체크하고 틀린 이유 메모하기   [분석쌤 강의]는 2차 채점 후 반드시 챙겨 본다!

09 (가), (나)의 형식상 특징으로 적절한 것은?

① (가)는 4음보의 율격을 가진다.
② (나)는 시적 화자가 작품의 표면에 드러나 있다.
③ (가)와 달리 (나)는 3단 구성의 짜임을 취한다.
④ (나)와 달리 (가)는 이야기 전달에 목적이 있다.
⑤ (가), (나)는 감탄사를 통해 고조된 감정을 드러낸다.

지문근거 둘중헷 Q&A 어휘/개념 부정질문

분석쌤 강의
● **분 석** 고전 시가의 세부 갈래별 형식상의 특징은 꼭 알아 두어야 한다는 것을 일러 주는 문제 ☞ p.63, 88의 (가) 참조
● **해결案** (가)와 (나)의 갈래부터 파악한 후, 갈래별 특징을 염두에 두고 답지를 검토한다. 이때 '4음보, 율격, 시적 화자가 작품의 표면에 드러나 있다' 등이 의미하는 바를 알고 있어야 하므로 복습할 때 답지에서 설명하고 있는 형식상의 특징에 대해 정확하게 알고 넘어가도록 한다.

다시보기 ▶ 다시 볼 문제 체크하고 틀린 이유 메모하기

10 (가)를 〈보기〉와 같은 관점으로 감상하였을 때, 적절한 것은?

2004학년도 고1 인천광역시 학력진단평가

보기

　　효용론적 관점은 독자가 작품을 읽고 그 의미를 창조적으로 수용하는 문학 감상 방법이다. 문학 작품을 창조적으로 수용한다는 것은 자신의 경험, 배경지식, 가치관, 상상력 등을 총동원하여 문학 작품과 끊임없이 상호 작용하면서 의미를 재구성하는 적극적인 활동을 의미한다. 그러므로 독자는 작품 속의 활자를 아무 생각 없이 읽어 나가거나, 작품을 읽고 그 내용만을 단순히 받아들여서는 안 되며 문학 작품과 적극적으로 대화하면서 의미를 재구성해 내는 능동적 창조자여야 한다.

① 이 작품은 작가의 직접적인 체험을 바탕으로 창작되었을 거야.
② 이 작품을 통해 형제간의 우애가 얼마나 소중한지를 깨달았어.
③ 시적 화자는 죽음에 대한 두려움을 극복하려는 모습을 보이고 있어.
④ 마지막 구절을 통해 당시 신라인의 불교적 윤회 사상의 한 단면을 엿볼 수 있어.
⑤ '이른 바람에 떨어지는 나뭇잎'이라는 구절은 결국, 누이가 이른 나이에 죽었다는 것을 암시하는 거야.

지문근거 둘중헷 Q&A 어휘/개념 부정질문

분석쌤 강의
● **분 석** 발문(문두)의 '〈보기〉와 같은 관점으로 감상하였을 때'에서 질문하는 핵심을 이해하는 것이 중요한 문제
● **해결案** 문학에서 '관점'을 질문할 때에는 '문학 작품 감상 방법'을 묻는 것임을 알면 정답을 쉽게 찾을 수 있지만, 그것을 몰랐다고 해도 〈보기〉의 설명을 바탕으로 답지를 검토하면 정답을 고를 수 있으므로 〈보기〉를 꼼꼼히 읽고 답지의 옳고 그름을 판단하도록 한다. 복습할 때 〈클리닉 해설〉을 참고하여 '효용론적 관점'을 포함하여 문학 작품 감상 방법과 그 내용들을 익혀 두면, 이런 유형의 문제를 풀 때 정답을 빠르고 쉽게 찾을 수 있다.

11 (가)의 '생사(生死) 길은'(ⓐ)과 '도(道) 닦아 기다리겠노라.'(ⓑ)를 관련지어 시의 의미를 이해한 것으로 옳은 것은?

2003년 9월 고2 학력진단평가

① 누이의 죽음을 겪어 보니 죽음이 두려워(ⓐ) 도(道)를 닦아야겠다(ⓑ).

② 누이의 죽음은 의미 없지만(ⓐ) 미타찰에 가기 위해서는 도(道)를 닦아야 한다(ⓑ).

③ 누이의 죽음은 슬프지만(ⓐ) 현재는 도(道)를 닦음으로써 슬픔을 극복하고자 한다(ⓑ).

④ 이승에서는 삶과 죽음이 있지만(ⓐ) 삶과 죽음이 없는 저승에서는 도(道)를 닦을 수 있다(ⓑ).

⑤ 누이의 죽음은 두렵지만(ⓐ) 미타찰에서 결국 만나게 되므로 도(道)를 닦을 날을 기다리겠다(ⓑ).

지문 근거　둘중헷　Q&A　어휘/개념 부정 질문

분석쌤 강의

● **분 석** 문학에서 중요하게 다루어지고, 내신(학교 시험)과 수능 시험 모두에서 출제 빈도가 높은 작품인 「제망매가」에서 출제된 문제

● **해결案** 발문(문두)에서 두 시행의 의미를 관련지어 이해하라고 했지만, 두 시행이 첫 행과 마지막 행이라는 점에서 시의 전체적인 흐름을 파악해야 한다. ⓐ에서 ⓑ까지 시의 흐름을 통해 왜 이렇게 노래했는지를 파악한 다음 답지들 중 ⓐ, ⓑ를 통해 화자가 말하고자 하는 바를 잘 드러내고 있는 것을 정답으로 고르면 된다.

12 〈보기〉를 참고하여 ㉠~㉤에 나타난 작가의 처지를 이해한 내용으로 적절하지 않은 것은? [3점]

> **보기**
>
> 작가의 삶에 대한 이해는 작품 감상의 폭을 넓혀 준다. (가)는 승려인 작가가 죽은 누이를 추모하기 위한 작품이고, (나)는 고려 왕조가 몰락하자 모친 봉양을 핑계로 고향에 은거한 작가가 고려의 도읍지였던 개성을 찾아 느끼는 감회를 읊고 있는 작품이다.

① ㉠ : 어느 가을의 때 이른 바람이라는 인식을 통해 예기치 못한 누이의 죽음에 안타까움을 느끼고 있군.

② ㉡ : 극락에서 다시 만날 때까지 노를 닦으며 기다리겠다는 다짐을 통해 슬픔을 종교의 힘으로 극복하려 하는군.

③ ㉢ : 오백 년 도읍지라는 시간과 장소의 제시를 통해 단절된 고려 왕조에 대한 아쉬움을 표현하고 있군.

④ ㉣ : 자연은 변함없는데 고려의 옛 충신들은 찾을 수 없는 상황 속에서 인생무상을 느끼고 있군.

⑤ ㉤ : 태평한 세상이 꿈속에만 있겠느냐는 각성을 통해 고려 왕조를 다시 찾겠다는 의지를 다지고 있군.

지문 근거　둘중헷　Q&A　어휘/개념 부정 질문

분석쌤 강의

● **분 석** 〈보기〉부터 읽고 지문을 읽으면 지문 해석에도 도움이 되어 문제 풀이 시간을 단축할 수 있는 문제 유형

● **해결案** 〈보기〉를 통해 (가), (나)의 작가와 내용을 이해한 후, ①부터 〈보기〉와 지문을 통해 이끌어 낼 수 있는지를 살핀다. 이때 답지가 'A를 통해 B하고 있군.'의 형식임을 감안하여, A와 B 각각에 대해 옳은지 그른지를 체크한 다음, B하고 있는 것이 A를 통해서인지도 따져야 한다.

▶ 정답을 모르는 상태에서 2차 풀이를 하기 위한 방법으로, 아래 채점표 대신 '모바일 자동 채점 프로그램'(문제편 표지 QR 코드)을 이용해도 된다.

🕐 **종료 시각**　　시　　분　　초

1 종료 시각을 적은 후, 문제에 체크한 '내가 쓴 답'을 ❶에 옮겨 적는다.

2 ❷에 채점을 하되, 틀린 문제에만 '／' 표시를 한다.
(문제에 직접 채점하지 않는 이유는 다시 풀 때 정답을 모르는 상태에서 풀어야 제대로 훈련이 되기 때문)

문항 번호	1	2	3	4	5	6	7	8	9	10	11	12
❶내가 쓴 답												
❷채　점												

☞ 정답은 〈클리닉 해설〉 p.184 (해설은 p.85)

3 틀렸거나 찍어서 맞힌 문제는 다시 푼다.

4 2차 채점을 할 때 다시 풀어서 맞힌 문항은 △, 또 틀린 문항은 ✗ 표시를 한다.

5 △와 ✗ 문항은 반드시 다시 보고 틀린 이유를 알고 넘어간다.

총 소요 시간	종료 시각 −시작 시각		분	초
목표 시간			21분	20초
초과 시간	총 소요 시간 −목표 시간		분	초

채점 결과_ 11일째
반드시 체크해서 복습 때 활용할 것

	1차채점		2차채점
총 문항 수	12개	△ 문항 수	개
틀린 문항 수	개	✗ 문항 수	개

1~4 다음 글을 읽고 물음에 답하시오.

2014학년도 3월 고1 전국연합학력평가【19~21】카 고전 시가(고려 가요)

가시리 가시리잇고 나는*
버리고 가시리잇고 나는
　위 증즐가 대평성대(大平盛代)

날러는 어찌 살라 하고
버리고 가시리잇고 나는
　위 증즐가 대평성대(大平盛代)

잡사와 두어리마나는*
선하면* 아니 올세라*
　위 증즐가 대평성대(大平盛代)

설온* 님 보내옵나니 나는
가시는 듯 돌아오소서 나는
　위 증즐가 대평성대(大平盛代)

*나는: 특별한 의미 없이, 음악적 효과를 위해 사용하는 여음.
* 잡사와 두어리마나는: 붙잡아 두고 싶지만.
* 선하면: 서운하면, 귀찮게 하면.
*아니 올세라: 오지 않을까 두렵습니다.
* 설온: 서러운.

－ 작자 미상, 「가시리」 －

▶ **전국 단위 시험에서 출제된 위 작품의 출처** ☞ 〈클리닉 해설〉의 '기출 답지로 작품과 문제 완전 정복'
　작자 미상, 「가시리」: 고1 – 2010학년도 11월·2008학년도 3월·2006학년도 11월·2003학년도 10월 전국연합학력평가 / 2005학년도 경기도 학업성취도평가
　　　　　고2 – 2003학년도 제1회 경기도 학업성취도평가
　　　　　고3 – 2017학년도 6월 모의평가 / 2001학년도 수능

다시 보기　▶ 다시 볼 문제 체크하고 틀린 이유 메모하기

[분석쌤 강의는 2차 채점 후 반드시 챙겨 본다!]

01 윗글을 심화 학습하는 과정에서 〈보기〉의 자료를 접하였다. 이를 바탕으로 윗글을 감상한 내용으로 적절하지 <u>않은</u> 것은? [3점]

───── 보기 ─────
[「가시리」의 형식상 특징]
○3음보를 기본 율격으로 하여 리듬감을 형성함.
○음악적 효과를 높여 주는 역할을 하는 후렴구를 반복함.

[「가시리」의 내용상 특징]
○자신에게 닥친 부당한 상황을 어쩔 수 없이 받아들이는 데서 오는 한(恨)의 정서가 나타남.
○이별의 상황에 적극적으로 대응하지 못하고 체념하는 소극적인 화자의 태도가 담겨 있음.

① '가시리 가시리잇고'에서 3 · 3 · 2조의 3음보 율격을 확인할 수 있군.
② '위 증즐가 대평성대'는 음악적 효과를 높여 주는 후렴구라고 할 수 있군.
③ '날러는 어찌 살라 하고'는 임을 붙잡지 못하고 체념한 심정을 드러내고 있군.
④ '선하면 아니 올세라'에는 이별의 상황에 소극적으로 대응하는 이유가 드러나 있군.
⑤ '설온 님 보내옵나니'에는 어쩔 수 없이 이별을 받아들이는 한의 정서가 담겨 있군.

지문 근거　둘중헷　Q&A　어휘/개념　부정 질문

분석쌤 강의
● **분 석** 고전 시가의 갈래별 특징을 알아야 한다는 것과 답지에 쓰인 어휘(수능 용어)의 의미도 정확하게 알고 있어야 한다는 것을 일러 주는 문제로,
(1) 고1 모의고사 빈출 작품이면서 수능 시험에도 출제되었고,
(2) '고려 가요'의 형식적 특징과 내용상의 특징을 잘 보여 주는, 문학사적으로 중요한 작품에서 출제된 문제
● **해결案** 답지에서 작은따옴표로 인용한 구절의 의미와 특징을 지문과 〈보기〉에서 확인할 수 있어야 한다. 정확하게 그 의미를 몰랐던 어휘는 2차 채점 후 반드시 〈클리닉 해설〉을 통해 이해하고, 작품의 현대어 풀이를 참고해 스스로 한 번 더 해석하고 넘어가도록 한다.

다시보기　▶ 다시볼 문제 체크하고 틀린 이유 메모하기

02 작가가 윗글을 쓰고 시간이 흐른 후에 〈보기〉의 작품을 썼다고 가정할 때, 두 작품을 비교하여 감상한 내용으로 적절하지 <u>않은</u> 것은? `2008학년도 3월 고1 전국연합학력평가`

─ 보기 ─

이화우(梨花雨) 흩뿌릴 제 울며 잡고 이별한 임

추풍(秋風) 낙엽에 저도 날 생각하는가

천리(千里)에 외로운 꿈만 오락가락 하노매라

① 윗글에 나타난 이별 상황은 〈보기〉의 초장에 나타나고 있다.

② 윗글에 나타난 임에 대한 사랑은 〈보기〉에서도 변함이 없음을 알 수 있다.

③ 〈보기〉의 초장과 중장을 통해 윗글의 상황 이후에 시간이 흘렀음을 나타내고 있다.

④ 윗글에 나타난 염원과는 달리 〈보기〉에서 임은 아직 돌아오지 않았음을 알 수 있다.

⑤ 윗글과 〈보기〉 모두 청자로 설정된 임에게 직접 호소하는 방식으로 노래하고 있다.

지문 근거　둘중헷　Q&A　어휘/개념　부정 질문

분석쌤 강의

● **분 석** 작품 해석만 정확하게 하면 고전 시가 문제는 쉽게 해결된다는 것을 보여 준 문제

● **해결案** 두 작품을 읽고 그 내용을 이해한 후 답지를 검토한다. 이때, '~을 통해'와 '~과는 달리', '모두' 등에 유의해 정답과 오답을 판단하도록 한다. 2차 채점 후에는 〈보기〉의 시조도 꼭 현대어로 풀이하고 넘어가도록 하자.

다시보기　▶ 다시볼 문제 체크하고 틀린 이유 메모하기

03 윗글에 나타난 화자의 태도로 적절한 것은? `2003학년도 10월 고1 전국연합학력평가`

① 이별을 슬퍼하며 삶을 체념하고 있다.

② 주관적 감정을 역설적으로 표출하고 있다.

③ 자기희생과 절제의 심정을 드러내고 있다.

④ 슬픔 속에서도 떠나가는 임을 축복하고 있다.

⑤ 이별의 상황에서 초월적인 존재에 의존하고 있다.

지문 근거　둘중헷　Q&A　어휘/개념　부정 질문

분석쌤 강의

● **분 석** 정답 같은 오답에 답한 학생들이 많았던 문제

● **해결案** 각 답지에는 하나의 정보만 담겨 있는 것이 아니다. 그러므로 답지를 세부적으로 쪼개 옳고 그름을 판단하도록 한다. 예를 들면, ①에서는 '이별을 슬퍼하는지'와 '삶을 체념하고 있는지'를 모두 따져야 한다.

다시보기　▶ 다시볼 문제 체크하고 틀린 이유 메모하기

04 윗글의 시적 상황을 경험한 화자가 〈보기〉의 노래를 했다고 가정할 때, 〈보기〉의 화자에 대한 설명으로 가장 적절한 것은?

─ 보기 ─

어이 못 오던가 무삼 일로 못 오던가

너 오는 길에 무쇠로 성을 쌓고 성 안에 담 쌓고 담 안에 집을 짓고 집 안에 뒤주 놓고 뒤주 안에 궤를 놓고 그 안에 너를 필자형(必字形)으로 결박하여 넣고 쌍배목(雙排目)* 걸쇠에 금거북 자물쇠로 수기수기 잠가 있더냐 네 어이 그리 아니 오더냐

한 해도 열두 달이오 한 달 서른 날에 날 와 볼 하루 없으랴

－ 작자 미상의 사설시조 －

＊쌍배목: 쌍으로 된 문고리를 거는 쇠.

① 이별 당시 임을 서운하게 했던 상황을 떠올리며 후회하고 있다.

② 임을 원망했던 이별 당시의 마음이 사라지면서 그리움이 더욱 깊어지고 있다.

③ 임을 떠나보내지 않을 수도 있었는데 그렇게 하지 않은 행동을 자책하고 있다.

④ 임이 돌아오기를 바라던 이별 당시의 소망이 이루어지지 않아 안타까워하고 있다.

⑤ 임이 떠날 당시의 괴로움을 극복하고 이제는 차분한 마음으로 임을 기다리고 있다.

지문 근거　둘중헷　Q&A　어휘/개념　부정 질문

분석쌤 강의

● **분 석** 쉽게 정답에 답했어도 2차 채점 후 다른 친구들이 많이 답한 오답지를 확인하고, 〈보기〉의 사설시조도 현대어로 풀이해 보고 넘어가야 하는 문제

● **해결案** 〈보기〉의 화자에 대해 질문하고 있지만, 윗글에서의 화자의 상황과 정서도 함께 이해하고 답지를 검토해야 한다. 아울러 각 답지의 설명을 하나의 정보로만 보지 말고 낱낱이 나누어 옳고 그름을 따져야 한다. 예를 들면 ①의 경우, '이별 당시 임을 서운하게 했는지'는 윗글에서, '그와 같은 상황을 떠올리며 후회하고 있는지'는 〈보기〉에서 확인해야 한다. 그리고 윗글에 있더라도 〈보기〉에 없으면 안 되므로 답지의 내용을 낱낱이 쪼개 O, X, △로 표시하며 오답을 제외해 나가야 한다.

(가) 석양(夕陽)이 비꼈으니 그만하고 돌아가자
돛 내려라 돛 내려라
버들이며 물가의 꽃은 굽이굽이 새롭구나
지국총 지국총 어사와
⊙삼공(三公)*을 부러워하랴 만사(萬事)를 생각하랴
〈춘(春) 6〉

궂은 비 멎어 가고 시냇물이 맑아 온다
빗 떠라 빗 떠라
낚싯대 둘러메니 깊은 흥(興)을 못 금(禁)하겠다
지국총 지국총 어사와
ⓒ연강(煙江)* 첩장(疊嶂)*은 뉘라서 그려낸고
〈하(夏) 1〉

ⓒ물외(物外)에 조흔 일이 어부 생애 아니러냐
빗 떠라 빗 떠라
어옹(漁翁)을 욷디 마라 그림마다 그렷더라
지국총 지국총 어사와
사시(四時) **흥(興)**이 흔 가지나 **추강(秋江)**이 으뜸이라
〈추(秋) 1〉

ⓓ물가의 외로운 솔 혼자 어이 씩씩흔고
빗 미여라 빗 미여라
험한 구름 흔(恨)치 마라 세상(世上)을 가리운다
지국총 지국총 어사와
ⓔ파랑성(波浪聲)*을 싫어 마라 진훤(塵喧)*을 막
느도다
〈동(冬) 8〉
– 윤선도, 「어부사시사(漁父四時詞)」–

*삼공: 삼정승으로, 영의정, 좌의정, 우의정을 일컬음.
*연강: 안개 낀 강.
*첩장: 겹겹이 둘러싼 산봉우리.
*파랑성: 물결 소리.
*진훤: 속세의 시끄러움.

(나) [1] 초당 늦은 날에 깊이 든 잠 겨우 깨어
[2] 대창문을 바삐 열고 작은 뜰에 방황하니
[3] 시내 위의 버들잎은 봄바람을 먼저 얻어
[4] 위성 땅 아침 비*에 원객(遠客)의 근심이라
[5] 수풀 아래 **뻐꾹새**는 계절을 먼저 알아
[6] 태평세월 들일에는 **농부**를 재촉한다
[7] 아아 내 일이야 잠을 깨어 생각하니
[8] 세상의 모든 일이 모두가 허랑(虛浪)하다
[9] 공명(功名)이 때가 늦어 백발은 귀밑이요
[10] 산업(産業)에 꾀가 없어 초가집 몇 칸이라
[11] **백화주** 두세 잔에 산수에 **정**이 들어
[12] 홍도 벽도(紅桃碧桃)* 난발(爛發)한데 지팡이 짚고 들어가니
[13] 산은 첩첩 기이하고 물은 청청 깨끗하다
[14] 안개 걷혀 구름 되니 남산 서산 백운(白雲)이요
[15] 구름 걷혀 안개 되니 계산 안개 봉이 높다
[16] 앉아 보고 서서 보니 별천지가 여기로다
[17] 때 없는 두 귀밑을 돌시내에 다시 씻고
[18] 탁영대(濯纓臺) 잠깐 쉬고 세심대(洗心臺)로 올라가니
[19] 풍대(風臺)의 맑은 바람 심신이 시원하고
[20] 월사(月榭)의 **밝은 달**은 맑은 의미 일반이라
– 남석하, 「초당춘수곡(草堂春睡曲)」–

*위성 땅 아침 비: 왕유의 시 구절로 벗과 이별하던 장소에 아침 비가 내리는 풍경을 말함.
*홍도 벽도: 복숭아꽃.

▶ **전국 단위 시험에서 출제된 위 작품의 출처** ☞ 〈클리닉 해설〉의 '기출 답지로 작품과 문제 완전 정복'

(가) 윤선도, 「**어부사시사**」: 고1 – 2011학년도 9월 · 2010학년도 6월 · 2009학년도 11월 · 2008학년도 11월 · 2007학년도 6월 · 2005학년도 6월 ·
2004학년도 6월 · 2002학년도 11월 전국연합학력평가 / 2003년 9월 학력진단평가
고2 – 2015학년도 3월 · 2007학년도 9월 · 2006학년도 9월 전국연합학력평가 / 2014학년도 수능 예비 시행(A · B형)
고3 – 2016학년도 10월 · 2014학년도 4월(A · B형) · 2011학년도 10월 전국연합학력평가 / 2000학년도 수능

05 (가)와 (나)의 공통점으로 가장 적절한 것은?

① 의인화된 대상을 통해 세태를 비판하고 있다.

② 설의적 표현을 통해 시적 의미를 강조하고 있다.

③ 영탄적 어조를 통해 화자의 정서를 부각하고 있다.

④ 촉각적 심상을 통해 시적 분위기를 조성하고 있다.

⑤ 역설적 표현을 통해 이상향에 대한 의지를 드러내고 있다.

지문근거	둘중헷	Q&A	어휘/개념	부정질문

분석썸 강의

● **분 석** 이 시험(2020학년도 9월 고1 전국연합학력평가)에서 가장 어려워한, 오답률 1위였던 문제

● **해결案** 답지의 앞부분에서 언급한 표현 방법이 (가)와 (나)에 모두 사용되었는지, 사용되었다면 답지의 뒷부분과 같은 효과를 얻고 있는지도 체크한다. 2차 채점 후 복습 때, 각 답지에서 언급한 표현 방법(의인화, 설의적 표현, 영탄적 어조, 촉각적 심상, 역설적 표현)의 개념을 예시와 함께 익혀 두도록 하자.

---

06 (가)와 (나)에 대한 설명으로 적절하지 않은 것은?

① (가)의 '버들'과 (나)의 '뻐꾹새'는 계절감을 드러내는 소재이다.

② (가)의 '흥'과 (나)의 '정'은 자연에서 화자가 느끼는 정서이다.

③ (가)의 '어옹'과 (나)의 '농부'는 화자의 처지에 공감하는 인물이다.

④ (가)의 '추강'과 (나)의 '밝은 달'은 화자가 긍정적으로 인식하는 대상이다.

⑤ (가)의 '낚싯대'와 (나)의 '백화주'는 풍류를 즐기는 화자의 모습을 드러내는 소재이다.

지문근거	둘중헷	Q&A	어휘/개념	부정질문

분석썸 강의

● **분 석** 두 작품에 사용된 시어들을 연결하여 두 시어의 공통된 의미 또는 기능을 질문한 문제로, 〈클리닉 해설〉에 풀이된 시어 및 시구 풀이를 꼭 챙겨 봐야 하는 문제

● **해결案** 답지의 설명에서 (가)와 (나)를 구분하여 각 작품에서 해당 시어의 의미 또는 기능을 적절하게 설명했는지를 살펴본다. ①을 예로 들면, (가)의 '버들'과 (나)의 '뻐꾹새'가 계절감을 드러내는 소재인지 '각각' 따진다. 이때 해당 시어가 포함된 문장과 앞뒤 문맥도 함께 고려하도록 한다.

---

07 〈보기〉를 참고하여 ㉠~㉤을 감상한 내용으로 적절하지 않은 것은? [3점]

──── 보기 ────

(가)에는 속세를 벗어나 자연의 아름다움을 즐기면서 유유자적한 삶을 살고자 하는 화자의 모습이 드러나 있다. 이 작품에서 자연은 화자가 지향하는 공간으로 인간 세상과 대립되는 공간을 의미한다. 화자는 인간 세상을 멀리하고 자연에 귀의하고자 하는 태도를 보이고 있다.

① ㉠은 속세의 사람들이 추구하는 가치에서 벗어난 화자의 모습을 드러낸다고 볼 수 있군.

② ㉡은 화자가 자연의 아름다움에 감탄하며 이를 즐기고 있다고 볼 수 있군.

③ ㉢은 인간 세상과 대립되는 자연으로 화자가 지향하는 공간으로 볼 수 있군.

④ ㉣은 자연에 귀의하지 못한 사람으로 화자가 안타까워하는 대상으로 볼 수 있군.

⑤ ㉤은 인간 세상을 멀리하고자 하는 화자의 태도를 드러낸다고 볼 수 있군.

지문근거	둘중헷	Q&A	어휘/개념	부정질문

분석썸 강의

● **분 석** 〈보기〉에 작품 이해를 돕는 설명이 제시되어, 지문보다 〈보기〉를 먼저 읽으면 작품 이해가 쉽다는 것을 일러 주는 문제

● **해결案** 〈보기〉부터 읽은 다음, 지문에서 ㉠~㉤을 염두에 두고 그 앞뒤 내용의 흐름까지 꼼꼼하게 읽는다. 그런 다음, 답지의 감상이 적절한지를 따지되, '적절하지 않은 것'을 골라야 하므로 〈보기〉 또는 ㉠~㉤의 앞뒤 내용과 어긋나는 것을 정답으로 고른다.

그리고 2차 채점 후 (가)와 (나) 작품의 지문 분석에서 다룬 현대어 풀이와 표현상의 특징 및 어휘(어구)의 의미 등을 참고해 작품 해석을 한 번 더 해 두고, 고전 시가에서 반복적으로 등장하는 어휘의 뜻도 새겨 두도록 한다.

적객*에게 벗이 없어 공량(空梁)*의 제비로다

㉠종일 하는 말이 무슨 사설 하는지고

어즈버 내 풀어낸 시름은 널로만 하노라*   〈4장〉

인간(人間)에 유정*한 벗은 명월밖에 또 있는가

㉡천 리를 멀다 아녀 간 데마다 따라오니

어즈버 반가운 옛 벗이 다만 너인가 하노라   〈5장〉

설월(雪月)에 매화를 보려 잔을 잡고 창을 여니

섞인 꽃 여윈 속에 잦은 것이 향기로다

어즈버 호접(胡蝶)*이 이 향기 알면 애 끊일까 하노라   〈6장〉

– 이신의, 「단가 육장」 –

* 적객: 귀양살이하는 사람.

* 공량: 들보.

* 널로만 하노라: 너보다 많도다.

* 유정: 인정이나 동정심이 있음.

* 호접: 나비.

▶ **전국 단위 시험에서 출제된 위 작품의 출처** ☞ 〈클리닉 해설〉의 '기출 답지로 작품과 문제 완전 정복'

이신의, 「단가 육장」: 2011학년도 9월 고3 모의평가 / 2009학년도 3월 고3 전국연합학력평가

다시보기 ▶ 다시 볼 문제 체크하고 틀린 이유 메모하기   [분석쌤 강의]는 2차 채점 후 반드시 챙겨 본다!

08 윗글에 대한 설명으로 가장 적절한 것은?

① '4장'은 동일한 시어를 반복하여 주제 의식을 강화하고 있다.

② '5장'은 설의적 표현을 사용하여 화자의 정서를 효과적으로 드러내고 있다.

③ '6장'은 점층적으로 시상을 전개하여 화자의 의지를 강조하고 있다.

④ '4장'과 '5장'은 현재와 과거를 대조하여 화자의 내적 갈등을 드러내고 있다.

⑤ '5장'과 '6장'은 색채의 대비를 활용하여 대상을 구체적으로 묘사하고 있다.

지문 근거   둘중헷   Q&A   어휘/개념 부정질문

분석쌤 강의

● **분 석** 정답을 맞히는 것도 중요하지만, 2차 채점 후 오답들, 특히 정답 같은 오답이 왜 오답인지를 챙겨 봐야 하는 문제

● **해결案** 답지에서 핵심이 되는 문학 용어(동일한 시어를 반복, 설의적 표현, 점층적, 대조, 색채의 대비, 묘사)와 관련된 표현을 작품에서 찾되, 확실하게 찾을 수 있는 것과 찾을 수 없는 것을 체크해 나가면 정답을 빠르게 좁힐 수 있다. 이때, 'A하여 B하고 있다.'로 답지가 구성되어 있는 점에 유의하여 A가 맞는지, B도 맞는지, 그리고 A하여 B하고 있는 것이 맞는지도 따지도록 한다.

09 〈보기〉를 참고하여 윗글을 감상한 내용으로 적절하지 <u>않은</u> 것은? [3점]

지문근거 둘중헷 Q&A 어휘/개념 부정질문

> —— 보기 ——
>
> 이신의는 충절과 신의를 중시했던 사대부로, 인목대비 폐위에 반대하는
> 글을 올렸다는 이유로 귀양을 가게 된다. 「단가 육장」은 그가 귀양살이를 하
> 면서 느낀 생각과 감정을 풀어낸 작품으로, 화자는 자연물을 친화적인 시선
> 으로 바라보며 자신의 감정을 투영하기도 한다. 또한 자연물에 자신이 지향
> 하는 유교적 이념을 투사하기도 한다.

① '풀어낸 시름'은 '적객'으로 살아가는 화자의 처지와 관련이 있다고 볼 수 있군.

② '간 데마다 따라오'는 '명월'은 화자가 지향하는 '신의'가 투영된 자연물로 볼 수 있
겠군.

③ '명월'을 '너'로 지칭하고 '매화를 보려 잔을 잡고 창을 여'는 행위에서 자연물에 친
화적인 화자의 시선을 엿볼 수 있군.

④ '설월'에 핀 '매화'는 화자가 지향하는 '충절'의 이념과 관련지을 수 있겠군.

⑤ '이 향기'에는 귀양살이를 오기 전의 삶에 대한 화자의 동경이 투영되어 있군.

분석쌤 강의

● **분 석** 지문을 읽기 전에 〈보기〉부터 먼저
읽으면 지문의 작품을 보다 쉽게 이해할 수 있는,
〈보기〉에서 작품에 대해 설명해 주고 있는 문제
유형

● **해결案** 답지의 감상 내용이 적절한지를 판단
하는 근거는 지문과 〈보기〉에 있다. 따라서 〈보
기〉의 설명을 먼저 읽은 다음에 이를 바탕으로
지문을 읽고, 답지에서 작은따옴표(' ')로 인용한
시어(시구)에 대한 감상 내용이 지문의 흐름 및
〈보기〉의 설명과 관련하여 적절한지를 따지도록
한다.

10 ㉠과 ㉡에 대해 이해한 내용으로 적절한 것은?

지문근거 둘중헷 Q&A 어휘/개념 부정질문

① ㉠과 ㉡은 화자의 '벗'에 대한 태도 변화를 이끌어 낸다고 볼 수 있다.

② ㉠과 ㉡은 화자가 처한 상황을 부각하는 시간과 거리로 볼 수 있다.

③ ㉠과 ㉡은 화자와 '인간'과의 심리적 거리감을 구체화한 것으로 볼 수 있다.

④ ㉠은 화자의 내적 갈등이 심화되는 시간, ㉡은 화자의 내적 갈등이 해소되는
공간으로 볼 수 있다.

⑤ ㉠은 미래에 대한 화자의 낙관적 전망을, ㉡은 비관적 전망을 드러낸다고 할
수 있다.

분석쌤 강의

● **분 석** 정답 같아 보이는 오답지에 낚인 학
생들이 많았던 문제

● **해결案** 지문에서 밑줄 친 말의 앞뒤에 전개
된 내용을 바탕으로 ㉠, ㉡이 의미하는 바를 대략
적으로 이해한다. 그런 다음 답지에서 설명하는
내용이 적절한지를 따지되, ㉠과 ㉡을 각각 체크
하고, 확실하게 틀린 설명에는 ✗를, 헷갈리는 내
용에는 △를 표시하며 정답을 좁혀 나간다.

▶ 정답을 모르는 상태에서 2차 풀이를 하기 위한 방법으로, 아래 채점표 대신 '모바일 자동 채점 프로그램'(문제편 표지 QR 코드)을 이용해도 된다.

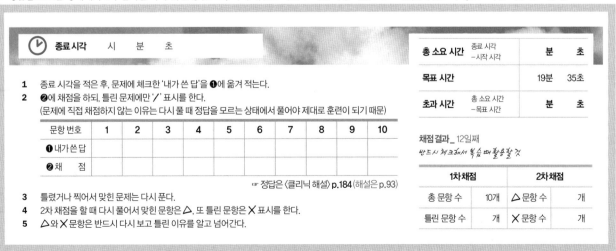

🕐 **종료 시각** 시 분 초

1 종료 시각을 적은 후, 문제에 체크한 '내가 쓴 답'을 ❶에 옮겨 적는다.
2 ❷에 채점을 하되, 틀린 문제에만 ╱ 표시를 한다.
(문제에 직접 채점하지 않는 이유는 다시 풀 때 정답을 모르는 상태에서 풀어야 제대로 훈련이 되기 때문)

문항 번호	1	2	3	4	5	6	7	8	9	10
❶ 내가 쓴 답										
❷ 채 점										

☞ 정답은 〈클리닉 해설〉 p.184 (해설은 p.93)

3 틀렸거나 찍어서 맞힌 문제는 다시 푼다.
4 2차 채점을 할 때 다시 풀어서 맞힌 문항은 △, 또 틀린 문항은 ✗ 표시를 한다.
5 △와 ✗ 문항은 반드시 다시 보고 틀린 이유를 알고 넘어간다.

총 소요 시간	종료 시각 −시작 시각	분	초
목표 시간		19분	35초
초과 시간	총 소요 시간 −목표 시간	분	초

채점 결과_ 12일째
반드시 체크해서 복습 때 활용할 것

	1차 채점		2차 채점	
총 문항 수		10개	△ 문항 수	개
틀린 문항 수		개	✗ 문항 수	개

1~4 다음 글을 읽고 물음에 답하시오.

2020학년도 11월 고1 전국연합학력평가 【39~42】 고전 시가(시조 + 가사)

(가) 무울 사룸들하 올흔 일 후쟈스라

　　사룸이 되여 나셔 올티곳 못후면

　　무쇼를 갓 곳갈 싀워 밥 머기나 다루랴

　　　　　　　　　　　　　　　〈제8수〉

　　풀목 쥐시거든 두 손으로 바티리라

　　나갈 데 겨시거든 막대 들고 ⓐ조추리라

　　향음쥬 다 파훈 후에 뫼셔 가려 후노라

　　　　　　　　　　　　　　　〈제9수〉

　　오늘도 다 새거다 호믜 메고 가쟈스라

　　내 논 다 매여든 네 논 졈 매여 주마

　　올 길에 뽕 따다가 누에 먹겨 보쟈스라

　　　　　　　　　　　　　　　〈제13수〉

　　　　　　　　　　　　－ 정철, 「훈민가」 －

(나) ¹ 일곱 되 사온 쌀 꾸어 온 쌀 두 되 갑고

² 부족타 후지 않는 말이 뜻이 순하게 후오미라

³ **깨진 그릇 좋단 말은 시가를 존중**후미라

⁴ 날고 기는 개 달긴덜 어른 압혜 감히 치며

⁵ 부인의 목소리를 문 밧게 감히 내며

⁶ 해가 져서 황혼되니 무탈과경* 다행이요

⁷ 달기 우러 새벽 되면 오는 날을 엇지 할고

⁸ 전전긍긍 조심 마음 시각을 노흘손가

⁹ 행여 혹시 눈 밖에 날가 조심도 무궁후다

¹⁰ ㉠친정에 편지하여 서러운 스설 불가후다

¹¹ 시원치 아닌 달란 말이 한 번 두 번 아니여던

¹² 번번이 염치 읍시 편지마다 후잔 말가

¹³ ㉡빈궁(貧窮)이 내 팔즈니 뉘 탓슬 후잔 말가

¹⁴ 설매를 보내어서 이웃집에 꾸러가니

¹⁵ 도라와서 우넌 말이 전에 꾼 쌀 아니 주고

¹⁶ ㉢염치 읍시 또 왔느냐 두 말 말고 바삐 가라

¹⁷ 한심후다 이 내 몸이 금의옥식 길녀 느서

¹⁸ 전곡(錢穀)을 모르다가 일조(一朝)에 이을 보니

¹⁹ 이목구비 남 갓트되 엇지 이리 되얏넌고

²⁰ **수족이 건강**후니 **내 힘써** 벌게 되면

²¹ 어느 뉘가 시비후리 천한 욕을 면후리라

²² 분한 마음 다시 먹고 치산범절* 힘쓰리라

²³ 김장즈 이부즈가 제 근본 부즈런가

²⁴ ㉣밤낮으로 힘써 벌면 난들 아니 부즈될가

²⁵ 오색당스 가는 실을 오리오리 즈아내니

²⁶ 유황제 곤베틀에 필필이 즈아내어

²⁷ 한림 주서 관복감이며 병스 수스 군복감이며

²⁸ ㉤길쌈도 후려니와 전답 으더 역농후니

²⁹ 때를 맞춰 힘써 후니 가업이 초성*이라

　　　　　　　　　　　　　　　(중략)

³⁰ 산에 가 제스후기 절에 가 불공후기

³¹ **불효부제*** 제살흔덜 **귀신**인덜 도와줄가

³² 악병이며 중병이며 이질이며 구창이며

³³ **이질 앓던 시아버지** 초상흔덜 상관후랴

³⁴ 저의 심스 그러후니 서방인덜 온전할가

³⁵ 아들 죽고 우넌 말이 아기딸이 마저 죽어

³⁶ 세간이 탕진후니 노복인덜 잇슬손가

³⁷ 제스음식 츠릴 적에 정성 읍시 후엿스니

³⁸ 앙화(殃禍)가 엇지 읍실손가 셋째 아들 반신불수

³⁹ 문전옥답 큰 농장이 물난리에 내가 되고

⁴⁰ 안팎 기와 수백간이 불이 붓터 밧치 되고

⁴¹ 태산갓치 쌓인 전곡 뉘 물건이 되단말가

⁴² 츰혹후다 괴똥어미 단독일신 뿐이로다

⁴³ 일간 움집 으더 드니 기한(飢寒)을 견딜손가

⁴⁴ 다 떠러진 베치마를 이웃집의 으더 입고

⁴⁵ 뒤축 읍넌 흔 집신을 짝을 모와 으더 신고

⁴⁶ 압집에 가 밥을 ⓑ빌고 뒤집에 가 장을 빌고

⁴⁷ 초요기를 겨우 후고 불 못때넌 찬 움집에

⁴⁸ 헌 거적을 뒤여스고 밤을 겨우 새여느셔

⁴⁹ 새벽 바람 찬바람에 이 집 가며 저 집 가며

⁵⁰ 다리 절고 곰배팔에 희희소리 요란후다

⁵¹ 불효악행 후던 죄로 앙화를 바더시니

⁵² **복선화음*** 후넌 줄을 이를 보면 분명후다

⁵³ **딸**아딸아 요내딸아 **시집스리 조심**후라

⁵⁴ 어미 행실 본을 바다 괴똥어미 경계후라

　　　　　　　　　　－ 작자 미상, 「복선화음록」 －

* 무탈과경: 아무 탈 없이 하루를 보냄.

* 치산범절: 재산을 늘리는 일.

* 초성: 기반이 마련됨.

* 불효부제: 효도와 공경을 하지 않음.

* 복선화음: 착한 이에게 복을 주고 악한 이에게 재앙을 줌.

▶ 전국 단위 시험에서 출제된 위 작품의 출처 ☞ 〈클리닉 해설〉의 '기출 답지로 작품과 문제 완전 정복'

　(가) 정철, 「훈민가」: 2022학년도 9월 · 2007학년도 9월 고1 전국연합학력평가 / 2017학년도 6월 고2 전국연합학력평가

01 (가)와 (나)의 공통점으로 가장 적절한 것은?

① 청유형 어미를 활용하여 대상을 예찬하고 있다.

② 선경후정 방식을 활용하여 시상을 전개하고 있다.

③ 고사성어를 활용하여 주제 의식을 강조하고 있다.

④ 유사한 통사 구조를 활용하여 운율을 형성하고 있다.

⑤ 계절의 순환을 활용하여 시적 의미를 부각하고 있다.

지문근거 둘중헷 Q&A 어휘/개념 부정질문

분석쌤 강의
● **분 석** 정답을 쉽게 찾은 경우에도 〈클리닉 해설〉에서 각 답지에 쓰인 개념어(청유형 어미, 선경후정 방식, 유사한 통사 구조 등)의 의미를 한번더 챙겨 보고 넘어가야 하는 문제
● **해결案** 공통점을 질문하고 있으므로 비교적 짧은 (가)부터 답지의 설명이 적절한지를 체크한다. 그런 다음, ◯로 표시한 답지의 설명이 (나)에도 해당되는지를 살핀다.

---

02 ㉠∼㉤을 이해한 내용으로 적절하지 않은 것은?

① ㉠: 자신의 서러운 처지를 친정에 알리기 어려워하고 있는 화자의 모습이 나타나 있다.

② ㉡: 가난의 원인을 타인의 잘못이 아닌 자신의 운명으로 돌리는 화자의 모습이 나타나 있다.

③ ㉢: 쌀을 꾸러 찾아간 이웃집에서 들은 말을 설매에게 하소연하는 화자의 모습이 나타나 있다.

④ ㉣: 자신도 김 장자와 이 부자처럼 부자가 될 수 있다고 생각하는 화자의 모습이 나타나 있다.

⑤ ㉤: 재산을 늘리기 위해 열심히 일하는 화자의 모습이 나타나 있다.

지문근거 둘중헷 Q&A 어휘/개념 부정질문

분석쌤 강의
● **분 석** 고전 시가는 작품 해석이 중요하다는 것을, 해석이 되면 정답은 쉽게 찾을 수 있다는 것을 한번 더 새기게 해준 문제
● **해결案** ㉠부터 누가 한 말인지, 어떤 상황에서 한 말인지를 앞뒤에 전개된 내용을 바탕으로 이해한다. 그런 다음 답지의 설명이 ㉠∼㉤을 적절하게 이해한 것인지를 꼼꼼히 체크하되, 모든 답지에서 '화자의 모습이 나타나 있다.'고 했으므로 ㉠∼㉤에 답지의 설명과 같은 화자의 모습이 나타나 있는지를 따지도록 한다.

---

03 〈보기〉를 바탕으로 (가)와 (나)를 감상한 내용으로 적절하지 않은 것은? [3점]

— 보기 —

조선 시대에는 옳은 일의 실천, 어른 공경, 상부상조, 부녀자의 덕목과 같은 가르침을 전달하고자 하는 작품들이 있었다. 이러한 작품들은 가르침의 전달 효과를 높이기 위해 비유 대상 혹은 화자와 대비되는 대상을 활용하고, 구체적인 청자를 제시했다. 또한 화자가 스스로 실천하려는 행위를 제시하는 방식을 활용하여 설득 효과를 높이기도 하였다.

① (가)에서 '갓 곳갈'을 쓰고 '밥'을 먹는 'ᄆᆞ쇼'를 통해, 비유 대상으로 옳은 일의 실천을 강조하고 있음을 짐작할 수 있군.

② (나)에서 '이질 앓던 시아버지'를 도와주지 않는 '귀신'을 통해, 화자와 대비되는 대상으로 상부상조를 강조하고 있음을 짐작할 수 있군.

③ (가)의 'ᄆᆞ옳 사ᄅᆞᆷ들'에게 '올흔 일 ᄒᆞ쟈스라'라고 한 것과 (나)의 '딸'에게 '시집 사리 조심ᄒᆞ라'라고 한 것을 통해, 구체적인 청자를 제시하고 있음을 짐작할 수 있군.

④ (가)의 '풀목'을 '쥐시'면 '두 손으로 바티리라'는 것을 통해 어른에 대한 공경을, (나)의 '시가를 존중'하여 '깨진 그릇 좋단 말'을 한 것을 통해 부녀자의 덕목을 드러내고 있음을 짐작할 수 있군.

⑤ (가)의 '내'가 자신의 '논'을 다 매거든 '네 논'도 매어 준다는 것과 (나)의 '수족이 건강'한 '내'가 '힘써' 벌겠다는 것을 통해, 화자가 스스로 실천하려는 행위를 제시하고 있음을 짐작할 수 있군.

지문근거 둘중헷 Q&A 어휘/개념 부정질문

분석쌤 강의
● **분 석** 이 지문에서 가장 어렵게 푼 문제로, 정답보다 오답에 답한 학생들이 많았고, 이 시험의 1등급 컷 점수를 낮게 한 원인을 제공한 문제
● **해결案** 지문보다 〈보기〉를 먼저 읽으면 지문 내용이 더 쉽게 읽히므로 〈보기〉부터 읽는다. 〈보기〉와 지문을 읽은 후 답지를 검토할 때에는 각 답지에서 작은따옴표(' ')로 인용한 말을 지문에서 찾아, 앞뒤에 전개된 내용을 참고해 답지의 설명이 적절한지를 따진다. 그리고 답지의 설명이 〈보기〉를 바탕으로 한 감상인지도 살피되, 〈보기〉와 연결하지 않고 정답을 찾았다면 2차 채점 후 반드시 답지의 설명이 〈보기〉를 바탕으로 한 감상인지를 따져 알고, 〈보기〉가 제시된 문제를 푸는 방법도 한번 더 챙겨 보도록 한다.

04 ⓐ와 ⓑ에 대한 이해로 가장 적절한 것은?

① ⓐ는 타인을 위한, ⓑ는 자신을 위한 주체의 행위를 의미한다.

② ⓐ는 절망감이 반영된, ⓑ는 기대감이 반영된 주체의 행위를 의미한다.

③ ⓐ는 단절을 초래하는, ⓑ는 화합을 유도하는 주체의 행위를 의미한다.

④ ⓐ는 자연에 순응하는, ⓑ는 자연으로 도피하는 주체의 행위를 의미한다.

⑤ ⓐ는 제기된 문제를 해결하기 위한, ⓑ는 해결된 문제의 원인을 찾기 위한 주체의 행위를 의미한다.

| 지문 근거 | 둘중헷 | Q&A | 어휘/개념 | 부정질문 |

분석쌤 강의

● **분 석** 복습할 때 문제 풀이 시간을 단축하는 방법을 한번 더 체크해야 하는 문제

● **해결案** ⓐ와 ⓑ 중 쉽게 해석이 되는 것부터 먼저 선택해 답지를 검토한다. 이때 앞뒤 문맥 속에서 ⓐ와 ⓑ의 주체를 파악한 후 주체의 행위에 대해 적절하게 설명했는지를 체크한다. 문제 풀이 시간을 단축하기 위해 ⓐ와 ⓑ에 대한 답지의 설명을 일일이 체크하지 않고 정답을 맞힌 경우에도 복습할 때 꼭 정답지와 오답지 모두 그 이유를 따져 알고 넘어가도록 한다.

5~7 **다음 글을 읽고 물음에 답하시오.**   2016학년도 3월 고1 전국연합학력평가 【37~39】 고전 시가 (시조＋한시)

(가) ㉠공명(功名)도 잊었노라 부귀(富貴)도 잊었노라

세상 번우(煩憂)한* 일 다 주어 잊었노라

내 몸을 내마저 잊으니 남이 아니 잊으랴.

삼공(三公)*이 귀하다 한들 **강산**과 바꿀쏘냐

조각배에 달을 싣고 낚싯대를 흩던질 제

이 몸이 이 청흥(淸興)* 가지고 만호후(萬戶侯)*인들 부러우랴.

헛글고 싯근* 문서 다 주어 내던지고

필마(匹馬) 추풍에 채찍을 쳐 돌아오니

㉡아무리 매인 새 놓인다 한들 이토록 시원하랴.   – 김광욱, 「율리유곡」 –

＊번우한: 괴롭고 근심스러운.
＊삼공: 삼정승인 영의정, 좌의정, 우의정을 일컫는 말.
＊청흥: 맑은 흥과 운치.
＊만호후: 재력과 권력을 겸비한 제후 또는 세도가.
＊헛글고 싯근: 흐트러지고 시끄러운.

(나) ¹ 새로 거른 막걸리 젖빛처럼 뿌옇고

² 큰 사발에 보리밥, 높기가 한 자로세.

³ 밥 먹자 도리깨 잡고 마당에 나서니

⁴ ㉢검게 탄 두 어깨 햇볕 받아 번쩍이네.

⁵ 옹헤야 소리 내며 발맞추어 두드리니

⁶ 삽시간에 보리 낟알 온 **마당**에 가득하네.

⁷ 주고받는 노랫가락 점점 높아지는데

⁸ 보이느니 지붕 위에 보리 티끌뿐이로다.

⁹ 그 기색 살펴보니 즐겁기 짝이 없어

¹⁰ ㉣마음이 몸의 노예 되지 않았네.

¹¹ 낙원이 먼 곳에 있는 게 아닌데

¹² ㉤무엇하러 벼슬길에 헤매고 있겠는가.   – 정약용, 「보리타작」 –

▶ **전국 단위 시험에서 출제된 위 작품의 출처** ☞ 〈클리닉 해설〉의 '기출 답지로 작품과 문제 완전 정복'

(가) 김광욱, 「율리유곡」: 2021학년도 6월 고2 전국연합학력평가 / 2022학년도 6월 고3 모의평가 / 2011학년도 수능

(나) 정약용, 「보리타작(타맥행)」: 고1 전국연합학력평가 – 2011학년도 11월 / 2010학년도 3월 / 2004학년도 6월
고2 전국연합학력평가 – 2006학년도 6월 / 2004학년도 11월 / 2003학년도 10월
고3 전국연합학력평가 – 2009학년도 7월 / 2008학년도 4월 / 2003학년도 3월

05 (가)와 (나)의 공통점으로 적절한 것은?

① 대화의 형식을 통해 대상을 예찬하고 있다.

② 연쇄법을 활용하여 화자의 심정을 드러내고 있다.

③ 직유법을 사용하여 대상의 속성을 표현하고 있다.

④ 의인화를 통해 대상에 대한 친밀감을 나타내고 있다.

⑤ 물음의 형식을 활용하여 화자의 심리를 표출하고 있다.

지문근거 둘중헷 Q&A 어휘/개념 부정질문

분석쌤 강의
● **분 석** 쉽게 정답을 맞혔어도 2차 채점 후 답지에 쓰인 어휘(문학 용어)는 그 뜻을 정확하게 알고 넘어가야 한다는 것을 새기게 하는 문제
● **해결案** (가)부터 ①~⑤가 적절한 설명인지를 체크해 확실하게 아닌 것에 ✗ 표시를 한 다음, ○ 표시된 답지들만을 (나)에 적용하여 검토하면 문제 풀이 시간을 단축할 수 있다.

---

06 ㉠~㉤에 대한 이해로 적절하지 않은 것은?

① ㉠: 세속적 가치에 대한 욕심을 버린 화자의 태도가 드러나 있다.

② ㉡: 관직 생활에서 벗어난 화자의 해방감이 표출되어 있다.

③ ㉢: 고된 삶을 살아왔던 화자의 모습을 묘사하고 있다.

④ ㉣: 보리타작하는 농민들의 모습에 대한 화자의 평가가 담겨 있다.

⑤ ㉤: 화자가 자신의 삶에 대해 성찰하는 모습이 나타나 있다.

지문근거 둘중헷 Q&A 어휘/개념 부정질문

분석쌤 강의
● **분 석** 앞뒤에 전개된 내용을 바탕으로 옳고 그름을 따져야 하고, 2차 채점 후 'Q&A'를 챙겨 보면 유용한 문제
● **해결案** (가)를 읽은 다음, 밑줄 친 ㉠부터 답지 ①의 설명이 적절한지를 따진다. 이때 중요한 것은 밑줄 친 부분만이 아닌 글 전체의 흐름 속에서 그 의미를 이해해야 한다는 것이다. 그리고 답지는 모두 '화자'에 대한 설명이라는 것도 놓치면 안 된다.

---

07 〈보기〉를 참고하여 (가)의 '강산(ⓐ)'과 (나)의 '마당(ⓑ)'을 비교한 내용으로 적절한 것은?

── 보기 ──

작품에서 공간은 화자가 위치한 구체적인 장소의 의미를 넘어서 화자가 바람직하게 생각하는 삶의 모습이 담겨 있기도 하다. (가)와 (나)에 설정된 시적 공간에는 화자가 지향하는 삶의 가치가 내재되어 있다.

① ⓐ는 자연과 벗하며 살아가는 공간이고, ⓑ는 건강한 노동의 즐거움을 깨닫는 공간이다.

② ⓐ는 소박한 삶에 대한 지향이 담긴 공간이고, ⓑ는 빈곤한 삶을 극복하려는 의지가 담긴 공간이다.

③ ⓐ는 궁핍한 처지로 인한 좌절감이 나타난 공간이고, ⓑ는 삶의 애환을 다른 사람과 공유하는 공간이다.

④ ⓐ는 힘겨운 상황에 대한 저항 의지가 담긴 공간이고, ⓑ는 현실과의 타협을 통해 내적 갈등에서 벗어나려는 공간이다.

⑤ ⓐ는 내적 욕구에 대한 자기 절제가 반영된 공간이고, ⓑ는 과거와 달라진 현재의 상황에 대한 안타까움이 표출된 공간이다.

지문근거 둘중헷 Q&A 어휘/개념 부정질문

분석쌤 강의
● **분 석** 두 대상을 비교하는 문제로, 둘 다 적절해야 하고, 둘을 바꾸어 설명한 답지가 있을 수 있다는 것을 감안하여 답지를 검토해야 하는 문제
● **해결案** 〈보기〉를 읽은 후, 답지를 검토할 때 ⓐ부터 답지 ①에서 ⑤까지 먼저 체크(○, ✗, △)한 다음 ⓑ를 체크하면, 문제 풀이 시간을 단축할 수 있다. 이때 ⓐ와 ⓑ 모두 맞는 설명인지, ⓐ와 ⓑ를 바꾸어 설명하지 않았는지를 꼼꼼히 따지도록 한다.

　　　┌─ 강호(江湖)에 병이 깊어 죽림(竹林)에 누웠더니
　　　│　 관동 팔백 리의 방면*을 맡기시니
　[A]│　 어와 성은(聖恩)이야 갈수록 망극하다
　　　│　 연추문 들이달아 경회 남문 바라보며
　　　└─ 하직하고 물러나니 옥절*이 앞에 섰다

　　　┌─ 평구역 말을 갈아 흑수로 돌아드니
　　　│　 섬강은 어디메요 치악이 여기로다
　[B]│　 소양강 내린 물이 어디로 흘러든단 말인고
　　　└─ 고신(孤臣)* 거국(去國)*에 백발도 많기도 많구나

　　　┌─ 동주에서 밤 겨우 새워 북관정에 오르니
　　　│　 삼각산 제일봉이 어쩌면 보이리라
　[C]│　 궁예 왕 대궐 터에 오작* 지저귀니
　　　└─ 천고(千古) 흥망을 아는가 모르는가

　[D]┌─ 회양 옛 이름이 마침 같을시고
　　　└─ 급장유* 풍채를 다시 아니 볼 것인가

　　　┌─ 영중(營中)*이 무사(無事)하고 시절이 삼월인 적에
　　　│　 화천 시내길이 풍악으로 뻗어 있다
　　　│　 행장(行裝)을 다 떨치고 석경(石逕)*에 막대 짚어
　[E]│　 백천동 곁에 두고 만폭동 들어가니
　　　│　 은 같은 무지개 옥 같은 용의 꼬리
　　　│　 섞어 돌며 뿜는 소리 십 리에 잦았으니
　　　└─ 들을 적에는 우레더니 볼 때는 눈이로다

*방면: 관찰사의 소임.
*옥절: 옥으로 만든, 관직을 받을 때 임금이 신표로 주는 패.
*고신: 외로운 신하.
*거국: 나라를 떠남. 여기서는 '한양을 떠남'을 의미함.
*오작: 까마귀와 까치.
*급장유: 한나라 무제 때의 충신. 회양 태수로 있으면서 백성
　들을 잘 다스렸다고 함.
*영중: 관찰사의 관청 안.
*석경: 돌이 많은 길.

－ 정철, 「관동별곡」 －

▶ 전국 단위 시험에서 출제된 위 작품의 출처 ☞ 〈클리닉 해설〉의 '기출 답지로 작품과 문제 완전 정복'
　　정철, 「관동별곡」: 고1 – 2012학년도 11월 전국연합학력평가
　　　　　　　　　　　고2 – 2003학년도 6월 전국연합학력평가
　　　　　　　　　　　고3 – 2021학년도 6월 모의평가/2015학년도 수능(B형)/2010학년도 6월 모의평가/2002학년도 3월 전국연합학력평가/1999학년도 수능

다시보기　　▶ 다시 볼 문제 체크하고 틀린 이유 메모하기　　　　　　　　　　　　　　　[분석쌤 강의]는 2차 채점 후 반드시 챙겨 본다!

08 [A]~[E]에 대한 감상으로 적절하지 않은 것은? [3점]

① [A]: '방면'은 자연에 묻혀 있던 화자가 성은에 감격하며 새로운 공간으로 이동
　하게 되는 계기로 작용하는군.

② [B]: '백발'은 한양에서 멀어지는 상황에 따른 화자의 심리적 상태를 비유한 소
　재이군.

③ [C]: '오작'만이 지저귀는 '대궐 터'는 옛날 번성했던 모습과 대비되어 화자에게
　무상감을 느끼게 하는군.

④ [D]: 화자는 '회양'이 급장유가 선정을 베풀었던 곳의 지명과 같다는 점을 떠올
　리며 선정의 포부를 품고 있군.

⑤ [E]: '석경'은 화자가 관찰사로서 해결해야 할 과제가 많음을 상징하여 선정에
　대한 의지를 드러내고 있군.

지문 근거　둘중헷　Q&A　어휘/개념 부정질문

분석쌤 강의
● 분 석　시간이 걸려도 고전 시가는 복습을
통해 지문 내용을 정확하게 이해해야 한다는 것
을 한번 더 강조하게 하는 문제
● 해결案　답지에서 작은따옴표(' ')로 인용한
어휘의 앞뒤 내용을 통해 해당 어휘의 의미부터
이해해야 한다. 이때, 정답과 오답의 근거는 반
드시 지문에서 찾아야 하고, 해당 어휘의 의미는
앞뒤에 전개된 내용을 감안해 옳고 그름을 판단
해야 한다.

09 윗글의 표현상 특징으로 적절하지 않은 것은?

① 대구의 방식을 활용하여 리듬감을 부여하고 있다.

② 대상을 점층적으로 강조하여 시적 긴장감을 높이고 있다.

③ 감각적 심상을 활용하여 대상을 생동감 있게 묘사하고 있다.

④ 비유의 방식을 사용하여 대상이 지닌 속성을 부각하고 있다.

⑤ 영탄법을 사용하여 화자의 감정을 직접적으로 표출하고 있다.

지문 근거　둘중헷　Q&A　어휘/개념 부정 질문

분석쌤 강의

● **분 석** 수능 시험에도 두 번이나 출제된 「관동별곡」의 시작 부분으로, 표현상의 특징은 물론 전체 내용도 공부해 두어야 하는 작품에서 출제된 문제 ☞ 〈클리닉 해설〉 참조

● **해결案** 'A하여 B하고 있다'의 답지 구성에 유의하여, A를 지문에서 확인할 수 있는지와 B하고 있는지도 체크해야 하지만, A를 통해 B하고 있는지도 따지며 푼다.

10 밑줄 친 부분과 같이 속도감 있게 사건을 전달한 것은? [2.2점]

2002학년도 3월 고3 전국연합학력평가

① "나귀야. 나귀 생각하다 실족을 했어. 말 안 했던가? 저 꼴에 제법 새끼를 얻었단 말이지. 읍내 강릉집 피마에게 말일세. 귀를 쫑긋 세우고 달랑달랑 뛰는 것이 나귀 새끼같이 귀여운 것이 있을까? 그것 보러 나는 일부러 읍내를 도는 때가 있다네."

② "어머니는 하는 수 없이 의부를 얻어 가서 술장사를 시작했죠. 술이 고주래서 의부라고 전망나니예요. 철들어서부터 맞기 시작한 것이 하룬들 편한 날 있었을까? 어머니는 말리다가 채이고 맞고 칼부림을 당하곤 하니 집 꼴이 무어겠소. 열여덟 살 때 집을 뛰쳐나서부터 이 짓이죠."

③ 달은 지금 긴 산허리에 걸려 있다. 밤중을 지난 무렵인지 죽은 듯이 고요한 속에서 짐승 같은 달의 숨소리가 손에 잡힐 듯이 들리며, 콩포기와 옥수수 잎새가 한층 달에 푸르게 젖었다. 산허리는 온통 메밀밭이어서 피기 시작한 꽃이 소금을 뿌린 듯이 흐붓한 달빛에 숨이 막힐 지경이다.

④ "달밤이었으나 어떻게 해서 그렇게 됐는지 지금 생각해두 도무지 알 수 없어." / 허 생원은 오늘 밤도 또 그 이야기를 끄집어내려는 것이다. 조 선달은 친구가 된 이래 귀에 못이 박히도록 들어 왔다. 그렇다고 싫증을 낼 수도 없었으나, 허 생원은 시침을 떼고 되풀이할 대로는 되풀이하고야 말았다.

⑤ "생원, 시침을 떼두 다 아네…… 충줏집 말야." / 계집 목소리로 문득 생각난 듯이 조 선달은 비죽이 웃는다. / "화중지병이지. 연소패들을 적수로 하구야 대거리가 돼야 말이지." / "그렇지두 않을걸. 축들이 사족을 못 쓰는 것두 사실은 사실이나, 아무리 그렇다군 해두 왜 그 동이 말일세. 감쪽같이 충줏집을 후린 눈치거든."

지문 근거　둘중헷　Q&A　어휘/개념 부정 질문

분석쌤 강의

● **분 석** '밑줄 친 부분에 나타난 표현 방식을 확인할 수 있는 것은?'이라고 질문하지 않고 발문(문두)에서 구체적으로 표현 방식을 제시(밑줄 친 부분과 같이 속도감 있게 사건을 전달한 것은?)해 줌으로써 비교적 쉽게 정답을 찾은 문제. 하지만, 발문에서 구체적으로 표현 방식을 제시해 주지 않고 질문할 수도 있으므로 밑줄 친 부분에 쓰인 표현 방식은 정확한 해석을 통해 익혀 두어야 한다.

● **해결案** 밑줄 친 부분이 '속도감 있게 사건을 전달한 것'이라고 한 발문에 주목한다. 어떤 점에서 속도감이 느껴지는지를 파악한 다음, 답지에서도 밑줄 친 부분과 같이 속도감 있게 전개된 사건이 있는지를 파악한다.

아울러, 답지들에 제시된 「메밀꽃 필 무렵」은 현대 소설 작품 중 교과서에 가장 많이 실린 작품임을 감안하여 〈클리닉 해설〉을 참고해 답지의 내용이 소설 전체에서 어느 부분에 해당하는지도 가늠해 본다.

▶ 정답을 모르는 상태에서 2차 풀이를 하기 위한 방법으로, 아래 채점표 대신 '모바일 자동 채점 프로그램'(문제편 표지 QR 코드)을 이용해도 된다.

🕐 **종료 시각**　　시　　분　　초

1　종료 시각을 적은 후, 문제에 체크한 '내가 쓴 답'을 ❶에 옮겨 적는다.
2　❷에 채점을 하되, 틀린 문제에만 '／' 표시를 한다.
　（문제에 직접 채점하지 않는 이유는 다시 풀 때 정답을 모르는 상태에서 풀어야 제대로 훈련이 되기 때문）

문항 번호	1	2	3	4	5	6	7	8	9	10
❶ 내가 쓴 답										
❷ 채　점										

☞ 정답은 〈클리닉 해설〉 p.184 (해설은 p.102)

3　틀렸거나 찍어서 맞힌 문제는 다시 푼다.
4　2차 채점을 할 때 다시 풀어서 맞힌 문항은 △, 또 틀린 문항은 ✕ 표시를 한다.
5　△와 ✕ 문항은 반드시 다시 보고 틀린 이유를 알고 넘어간다.

총 소요 시간	종료 시각 −시작 시각	분	초
목표 시간		19분	55초
초과 시간	총 소요 시간 −목표 시간	분	초

채점 결과_ 13일째
반드시 체크해서 복습 때 활용할 것

	1차채점		2차채점
총 문항 수	10개	△ 문항 수	개
틀린 문항 수	개	✕ 문항 수	개

1주차　2주차　3주차　14일

14 일째

매3 주간 복습 **2주차** 공부한 내용 복습하기

구분	1 공부한 날		2 초과 시간		총 문항 수	3 틀린 문항 수	4 △ 문항 수	5 ✕ 문항 수
8일째	월	일	분	초	11 개	개	개	개
9일째	월	일	분	초	12 개	개	개	개
10일째	월	일	분	초	10 개	개	개	개
11일째	월	일	분	초	12 개	개	개	개
12일째	월	일	분	초	10 개	개	개	개
13일째	월	일	분	초	10 개	개	개	개

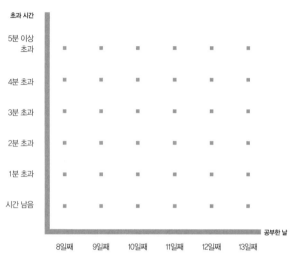

▲매일 체크한 시간을 동그라미로 표시하여 시간 변화를 한눈에 보자.

1주일간 공부한 내용을 다시 보니, ……

1 매일 지문 3개씩 시간에 맞춰 풀었다. *vs.* 내가 한 약속을 못 지켰다.
   ▶국어 영역은 매일, 꾸준히 일정 분량을 공부해야 효과적이다.

2 시간이 단축되고 있음을 느낀다. *vs.* 문제 푸는 시간이 줄지 않는다.
   ▶문학에서 시간 부족 문제를 해결하기 위해서는 갈래별로 제대로 복습 방법을 지키며 공부하는 것이 중요하다.
   맞힌 문제라도 몰랐던 개념은 다시 보고 〈클리닉 해설〉을 통해 지문 복습도 해야 시간을 단축할 수 있다.

3 틀린 문항 수가 거의 비슷하다.
   ▶틀린 문제들을 다시 본다. 특정 문항 유형에서 많이 틀렸는지를 확인하고
   각 문항 오른쪽에 제시된 '분석쌤 강의'를 통해 문제점 극복 방안을 찾는다.

4 △ 문항이 ✕ 문항보다 많다면, … △ 문항 수를 줄이는 것이 국어 영역 고득점의 지름길!
   ▶△ 문항을 줄이는 방법은 처음 틀렸을 때 왜 그 답지를 정답으로 생각했는지를 따져 보는 것이다.
   다시 봤을 때 아무리 쉬워도, 틀린 문제는 또 틀릴 수 있다는 것을 명심하자.

5 ✕ 문항 수가 줄지 않는다면?
   ▶〈클리닉 해설〉을 본다. 많은 학생들이 질문한 문제를 같은 생각에서 틀린 것인지,
   아니면 쉬운 문제임에도 불구하고 틀린 것인지를 체크하여 내가 취약한 유형이 무엇인지를 파악한다.
   〈클리닉 해설〉을 보고 확실하게 알고 넘어가고,
   '매3 오답 노트'에 메모해 두었다가 한 달에 한 번 꼭 다시 복습한다.

! 1주일간 공부한 내용과 '매3 오답 노트'에 메모한 내용까지 다시 보니,

결론적으로,

내가 **취약한 부분**은 [   ]이다.

취약점을 보완하기 위해서 나는 [   ]을/를 해야겠다.

한 달 뒤 다시 봐야 할 문항과, 꼭 다시 외워야 할 사항·개념 등이 있는 페이지는 지금 바로 접어 두었다.
어휘는 반드시 문맥 속에서 '매3어휘 풀이'를 떠올리며 익히고, 문학 용어(개념어)는 예시문과 함께 확실하게 알아 두고,
'나만의 매3 오답 노트'는 시험 전에 꼭 다시 봐야겠다.

3주차

현대시 · 갈래 복합

문학 제대로 공부법 | 현대시, 이것만은 꼭!

❶ 학습 효율을 높이는 **현대시 문제 풀이 순서**

수능이 좋아하는 시인인 한용운(3회 출제)의 작품 「님의 침묵」을 중심으로 설명하면 다음과 같다.

> 님은 갔습니다. 아아, 사랑하는 나의 님은 갔습니다.
> 푸른 산빛을 깨치고 단풍나무 숲을 향하여 난 작은 길을 걸어서, 차마 떨치고 갔습니다.
> 황금의 꽃같이 굳고 빛나던 옛 맹서는 차디찬 티끌이 되어서 한숨의 미풍에 날아갔습니다.
> 날카로운 첫 키스의 추억은 나의 운명의 지침을 돌려놓고, 뒷걸음쳐서 사라졌습니다.
> 나는 향기로운 님의 말소리에 귀먹고, 꽃다운 님의 얼굴에 눈멀었습니다.
> 사랑도 사람의 일이라, 만날 때에 미리 떠날 것을 염려하고 경계하지 아니한 것은 아니지만, 이별은 뜻밖의 일이 되고, 놀란 가슴은 새로운 슬픔에 터집니다.
> 그러나 이별을 쓸데없는 눈물의 원천을 만들고 마는 것은 스스로 사랑을 깨치는 것인 줄 아는 까닭에, 걷잡을 수 없는 슬픔의 힘을 옮겨서 새 희망의 정수박이에 들어부었습니다.
> 우리는 만날 때에 떠날 것을 염려하는 것과 같이, 떠날 때에 다시 만날 것을 믿습니다.
> 아아, 님은 갔지마는 나는 님을 보내지 아니하였습니다.
> 제 곡조를 못 이기는 사랑의 노래는 님의 침묵을 휩싸고 돕니다.

1단계 작가와 제목부터 읽는다.

'님'이 침묵한다? 한용운은 일제 강점기의 3·1운동 때 독립선언서에 서명했던 민족 대표 33인 중 한 사람이라는 것, 그래서 한용운 시에 등장하는 '님'은 조국인 경우가 많다고 했으니까, '조국이 침묵하고 있다, 조국의 상황이 안 좋다.' 정도로 이해하면 되겠군.

2단계 문제들 중 작품에 대해 설명하고 있는 〈보기〉를 읽는다.

지문을 읽기 전에 발문(문두)부터 훑어보라고 했지. 특히 〈보기〉가 있으면 지문보다 〈보기〉부터 읽으라고 했어.
◑ 수능 시험에 제시된 〈보기〉는 '노래'와 '침묵'은 화자와 '님'의 관계를 이해하는 데 핵심이 되는 시어로, 침묵이라는 부재의 상태에서 '님'의 실재를 본 것이라고 했다. 〈보기〉가 시의 이해를 돕고 있는 것이다.

3단계 지문을 읽는다. 이때, 왜 제목을 그렇게 붙였을까를 생각하며 지문을 읽는다.

'님은 침묵하고 있을 뿐이다. 님은 떠난 것이 아니다.'란 의미에서, 현재 조국은 일제 강점기라는 암울한 상황에 놓여 있지만, 언젠가는 광복을 맞이하게 될 것이라는 강한 믿음이 담겨 있다고 볼 수 있다.

4단계 한 작품씩 읽으면서 관련된 단독 문제를 먼저 풀고, 복합 문제는 맨 나중에 푼다.

116쪽의 지문과 지문에 딸린 문제를 예로 들면, 작품의 이해를 돕는 〈보기〉가 제시된 3번 문제부터 푼 다음, 1번 문제의 답지에서 (가)에 대한 설명이 적절한지를 체크하고, (가)에 대한 설명이 적절한 답지를 대상으로 (나)를 읽은 후 나머지 답지도 검토한다. 그런 다음 2번 문제를 풀면 문제 풀이 시간을 단축할 수 있다. 그리고, 이와 같은 문제 풀이 순서는 다른 갈래를 공부할 때에도 적용하면 된다.

❷ 오답률 제로를 위해 챙겨야 할 **현대시 복습법**

1. 틀린 문제와 헷갈린 문제부터 본다.
• 틀린 이유와 헷갈려 했던 이유를 따져 안다.
• 정답지는 물론 오답지까지 모두 꼼꼼히 챙겨 본다.
• 1차 채점 때 맞힌 문제도 지문을 근거로 정답과 오답인 이유를 따지며 다시 챙겨 보면 좋다.
• 문제 옆 '분석쌤 강의'를 통해 문제 풀이법을 살핀다.
• 〈클리닉 해설〉에서 '가장 많이 질문한 오답'을 확인하고 그 답지에 많이 답한 이유를 챙겨 본다.

2. 답지에 제시된 어휘(수능 용어)를 익힌다.
• 어휘의 의미는 반드시 예시와 함께 익힌다.
• p.109의 '현대시 단골 개념과 어휘(수능 용어)'를 참고할 것

3. 작품을 복습한다.

다음과 같이 질문을 던져 본다. 이때 중요한 것은 모든 근거는 시 전문에서 찾아야 한다는 것이다.

> ▶ 누가, 어떤 상황에서, 무엇을 말하고 있는 거지?
> ▶ 말하는 이의 감정과 태도는?
> ▶ 전체적인 분위기는 +(플러스)? -(마이너스)?
> ▶ 결론적으로 말하고자 하는 것은 뭐지?

한용운의 「님의 침묵」을 예로 들어 위 질문에 대한 답변을 정리하면 다음과 같다.

❶ 시의 상황 살펴보기: 임과 이별한 상황이군.
❷ 화자의 정서 및 태도 파악하기: 임은 갔지만 화자는 임을 보내지 않았고, 임은 반드시 돌아올 것이라고 확신하고 있네. 슬픈 상황이지만 희망을 가지고 있군.
❸ 시에서 말하고자 하는 주제 가늠하기: 결국 이 시는 임과 이별한 상황은 슬프지만 재회에 대한 희망으로 그 슬픔을 극복하고 있고, 임에 대한 영원한 사랑을 다짐하고 있군.

4. 기출 문제에 출제된 문제를 더 풀어 본다.
• 〈클리닉 해설〉의 '기출 답지로 작품과 문제 완전 정복'을 챙겨 본다.

5. '문학 오답 노트'를 작성한다.
• 다시 봐야 할 내용은 교재에 직접 체크해 두거나 '오답 노트'에 메모해 두고 다시 본다.
• '문학 오답 노트 작성법'은 〈클리닉 해설〉 p.2를 참고할 것

6. 다시 봐야 할 내용은 하나로 통합한다.
• 학교에서 배웠거나 이미 공부한 작품일 경우, 공부한 내용을 다시 꺼내 훑어 보고 꼭 다시 봐야 할 내용은 '매3 오답 노트'에 덧붙여 메모해 하나로 통합한다.
• 하나로 통합한 '매3 오답 노트'를 반복해서 보고, 시험 직전에 다시 챙겨 본다.

문학 제대로 공부법 갈래 복합, 이것만은 꼭!

❶ 학습 효율을 높이는 **갈래 복합 문제 풀이 순서**

갈래 복합 문제 풀이 순서는 '현대시 문제 풀이 순서'(p.108)를 참고하면 되는데,

(1) 작가와 제목과 함께 갈래(현대시, 고전 시가 등)도 파악하고,
(2) 작품의 공통점을 묻는 문제는 나에게 좀 더 익숙한 지문에 대해 설명한 답지부터 옳은지 그른지를 체크하면 좋다.

갈래 복합은 어렵다는 생각을 가진 학생들이 많은데, 갈래 복합이라고 해서 더 어렵게 출제되는 것은 아니다.

국어 영역 시험에서 난도가 높아지고 지문 구성과 문항 유형이 달라져도 문학 공부의 핵심은 『예비 매3문』에서 강조하는 '갈래별 제대로 공부법'을 지키며 공부하는 것에 있다. 따라서 갈래 복합 문제를 훈련하기에 앞서 세부 갈래별 공부법을 한 번 더 챙겨 보도록 한다.

> • **현대 소설과 극 문학** 감상 및 '제대로' 공부법 ☞ p.10
> • **고전 문학** 감상 및 '제대로' 공부법 ☞ p.62
> • **현대시** 감상 및 '제대로' 공부법 ☞ p.108

❷ 오답률 제로를 위해 챙겨야 할 **갈래 복합 복습법**

'매3'에서 강조한 세부 갈래별 공부법을 지키며 2차 채점까지 한 후, 문제 옆에 있는 '분석쌤 강의'와 〈클리닉 해설〉의 지문 분석, 정답과 오답 해설, '기출 답지로 작품과 문제 완전 정복'까지 꼼꼼하게 챙겨 본다. 그리고 아래와 같이 복습하자!

1. 제목으로 작품 내용을 떠올려 보고, 제목의 의미를 새긴 다음, 정답과 오답인 이유를 지문에서 근거를 찾아 확인한다.
2. 확실하게 정답과 오답의 근거가 있는 경우에도 하나의 답지 안에 2개 이상의 정보가 담겨 있는 경우가 많으므로 답지를 세부적으로 나누어 옳고 그름을 따져 안다.
3. 다른 학생들이 많이 질문한 오답지도 챙겨 본다.
4. 지문을 다시 꼼꼼히 읽는다. 지문 내용을 완벽하게 이해하는 것이 중요하므로, 〈클리닉 해설〉에 있는 작품 해설을 참고해 지문의 앞뒤에 전개된 내용까지 알고 넘어간다.
5. 작품들이 왜 함께 묶였는지에 대해서도 생각해 본다.
6. 출제된 문제마다 문제 풀이 접근법을 다시 챙겨 본다.
   ☞ '분석쌤 강의' 참조
7. 위에서 제시한 복습 방법을 지키며 공부한 내용을 '매3 오답 노트'에 메모해 둔 다음, 시험 직전에 반복해서 본다.

❸ 현대시와 갈래 복합 **단골 개념과 어휘(수능 용어)**

구분	어휘(수능 용어)	매3어휘 풀이를 적용한 개념 정의	찾아보기 클리닉 해설	찾아보기 『매3력』	함께 봐야 할 어휘
1	감정 이입	화자의 감정을 대상(자연물 등)에 이입시켜 표현하는 방법	p.158	p.116	객관적 상관물(해설 p.96)
2	거리감	사람과 사람 사이에서 거리(간격)가 있다고 느끼는, 서먹서먹한 느낌(감각).	p.101	–	심리적 거리감
3	공감각적 이미지	둘 이상의 감각적 이미지가 함께(공동) 쓰인 표현으로, 하나의 감각이 다른 감각으로 전이되어 나타나는 경우를 말함.	p.113	p.144	복합 감각적 심상
4	대구(법)	구절을 대응시킴. 비슷한 구절을 나란히 배치함.	p.110	p.141, 157	유사한 통사 구조의 반복 (해설 p.104)
5	대비	대조하여 비교함(두 가지의 차이를 밝히기 위해 서로 맞대어 비교함).	p.100	p.124	대조
6	반어와 역설 (反語) (逆說)	• 반어: 실제 의도와는 반대되는 뜻의 언어로 표현한 것 • 역설: 문장의 겉(표면)만 보면 모순되지만, 내용 면에서 잘 살펴보면 모순되지 않는, 의미 있는 내용을 담고 있는 표현	p.23, 133	p.141	역설(逆說) vs. 역설(力說) 힘껏(力, 힘 력) 설명함.
7	색채 대비	두 가지 이상의 색(색채)이 서로 차이가 나서 대비되는 것	p.162	p.133	색채어(해설 p.150), 대비
8	설의(법)	실제로 질문하는 것이 아니라 답을 정해 놓고 형식만 의문형을 취한 (설정한) 표현 방법	p.98	p.141	영탄법(해설 p.110)
9	수미상관	시의 처음(首, 머리 수)과 끝(尾, 꼬리 미)이 서로(상호) 관계가 있음.	p.128	p.137	시상 전개 방식
10	시구	시의 어구(2어절 이상)	p.126	p.143	시어, 시행
11	의인화(의인법)	사람(인간)이 아닌 것을 사람인 것처럼 표현하는 것	p.107	p.140	비유법
12	형상화	형체를 가진 대상으로 분명하게 나타냄(변화하게 함). → '구체적으로) 나타냄'으로 바꿔 읽으면 의미가 통함.	p.134	p.159	구체화

오늘은   월   일입니다.   🕐 **시작 시각**   시   분   초

1~3 다음 글을 읽고 물음에 답하시오.

2023학년도 9월 고1 전국연합학력평가【27~29】 현대시

(가) **어메**야,
복(福)이 따로 있나.
뚝심 세고
부지런하면 사는거지,
하늘이 물을 대는 **천수답(天水畓)***
그 논의 벼이삭.

니 말이 정말이데,
엄첩구나*
내 새끼야,
팔자가 따로 있나
본심 가지고
부지런하면 사는거지.

어메야,
누군 한 평생
만년을 사나.
허둥거리지 않고
제 길로 가면 그만이지.

오냐,
내 새끼야,
니 말이 엄첩구나.
잘 살고 못 살고가 어딨노.
제 길 가면 그만이지.
수런거리는 감잎 사이로
별떨기 빛나는 밤하늘.
그 하늘의 깊이.
　　　　　　– 박목월, 「천수답(天水畓)」 –

* 천수답: 빗물에 의하여서만 벼를 심어 재배할 수 있는 논.
* 엄첩구나: '대견하구나'의 경상도 방언.

(나) 쬐그만 것이
노랗게 노랗게　　　　　[A]
전력을 다해 샛노랗게 피어 있다

아무 곳도 넘보지 않는다
다만 혼자
주어진 한계 그 안에서 아슬아슬　[B]
한치의 틈도 없이 끝까지

바위 새를 비집거나 잡초 속이거나
씨 뿌려진 그 자리가 바로 내 자리　[C]
터를 잡고

물을 길어 올리는 실뿌리
어둠을 힘껏 밀어내는 떡잎
그리고 그것들이 한데 어울려　　[D]
열심히 열심히 한 댓새

세상에 그밖에는 할 일이 없어서
아주 노랗게 노랗게만 피는 꽃　[E]
피어선 질 수밖에 없는 꽃

쬐그만 것이지만 **그 크기는**
어떤 자로서도 잴 수 없다
아 민들레!
그래봤자
혼자 가는 자의 **헛된 꿈**
하지만 헛되어도 좋은 꿈 아니냐
한 **댓새를 짐짓 영원인 양**하고
보라 저기 민들레는 피어 있다
　　　　　　– 이형기, 「민들레꽃」 –

01 (가)와 (나)의 공통점으로 가장 적절한 것은?

① 동일한 시어를 반복하여 시적 의미를 강조하고 있다.

② 공감각적 이미지를 통해 대상의 속성을 나타내고 있다.

③ 명령형 어조를 활용하여 화자의 정서를 부각하고 있다.

④ 음성 상징어를 활용하여 대상의 상황을 드러내고 있다.

⑤ 수미상관의 방식을 통해 구조적 안정감을 부여하고 있다.

지문근거 둘중헷 Q&A 어휘/개념 부정질문

분석쌤 강의
● **분 석** 개념어의 의미를 정확하게 이해하고 있지 않으면 오답에 답하게 되는 문제 유형
● **해결案** 지문보다 문제를 먼저 본 후, 지문을 읽으면서 동일한 시어가 반복(①)된 부분과 공감각적 이미지(②) 등이 사용된 부분을 체크하며 풀면 문제 풀이 시간을 단축할 수 있다.

02 [A]~[E]에 대한 이해로 적절하지 않은 것은?

① [A]에는 작지만 온 힘을 다해 선명한 빛깔로 피어 있는 민들레의 모습이 나타나 있다.

② [B]에는 다른 공간은 욕심내지 않고 주어진 한계 안에서 홀로 애쓰는 민들레의 모습이 나타나 있다.

③ [C]에는 씨가 뿌려진 비좁은 곳을 자신의 자리로 받아들이고 터를 잡는 민들레의 모습이 나타나 있다.

④ [D]에는 강한 의지와 생명력으로 꽃을 피우기 위해 노력하는 민들레의 모습이 나타나 있다.

⑤ [E]에는 꽃을 피웠지만 세상에서 자신이 할 일을 찾기 위해 결국 질 수밖에 없는 민들레의 모습이 나타나 있다.

지문근거 둘중헷 Q&A 어휘/개념 부정질문

분석쌤 강의
● **분 석** 쉽게 정답에 답한 경우에도 오답지들(적절한 답지들)을 한 번 더 챙겨 보면 작품에 대한 이해가 높아지는 문제 유형
● **해결案** 〈나〉를 읽은 다음, [A]로 표시된 연부터 답지와 같이 이해하는 것이 적절한지를 체크한다. 이때 답지를 두루뭉술하게 읽으면 오답에 답할 수 있으므로, 부분으로 나누어 꼼꼼하게 살피도록 한다. 그리고 〈나〉를 다 읽은 다음 답지를 체크하기보다 [A] 부분을 읽으면서 답지 ①을, [B] 부분을 읽으면서 답지 ②를 체크하는 방식으로 풀면 문제 풀이 시간을 단축할 수 있다.

03 〈보기〉를 바탕으로 (가), (나)를 감상한 내용으로 적절하지 않은 것은? [3점]

> **보기**
>
> 　시에는 삶을 대하는 가치 있는 태도가 담겨 있다. (가)에는 인간의 유한성에 대한 인식을 바탕으로, 열악한 농토를 하늘이 내린 축복의 땅이라 여기며 달관의 자세로 살아가려는 소신과 그에 대한 지지가 드러나 있다. (나)에는 민들레를 소멸될 수밖에 없는 운명에 좌절하지 않고 허무에 맞서는 존재로 바라보는 시선과 민들레의 내적 가치에 대한 긍정적 인식이 드러나 있다.

① (가)에서 '천수답'을 일구는 삶을 '제 길'이라고 여기는 것은 달관의 자세로 살아가려는 소신을 드러낸 것이겠군.

② (가)에서 '니 말이 정말이데', '니 말이 엄첩구나'라고 하는 것은 '어메'가 '내 새끼'에게 보내는 지지를 드러낸 것이겠군.

③ (가)에서 '누군 한 평생 / 만년을 사'냐고 말하는 것은 인간이 유한한 존재라는 인식을 드러낸 것이겠군.

④ (나)에서 '그 크기는 / 어떤 자로서도 잴 수 없다'고 하는 것은 민들레의 내적 가치에 대한 긍정적 인식을 드러낸 것이겠군.

⑤ (나)에서 '멧새를 짐짓 영원인 양하'는 모습을 '헛된 꿈'이라고 하는 것은 민들레를 소멸될 수밖에 없는 운명에 맞서는 존재로 바라보는 시선을 드러낸 것이겠군.

지문근거 둘중헷 Q&A 어휘/개념 부정질문

분석쌤 강의
● **분 석** 〈보기〉에서 작품에 대한 이해를 돕는 내용을 제시한 유형으로, 답지를 검토할 때 〈보기〉의 설명을 바탕으로 지문과 연결해 적절한 감상인지를 판단해야 하는 문제
● **해결案** 〈보기〉에서 (가)에 대한 설명까지만 읽은 다음, (가)를 감상한 내용인 답지 ①~③을 순서대로 살피되, 작은따옴표(' ')로 인용한 구절을 (가)에서 찾아 답지 내용과 같이 감상할 수 있는지, 또 답지가 〈보기〉의 설명과도 부합하는지를 따진다. ④와 ⑤ 역시 〈보기〉에서 (나)에 대해 설명한 내용을 바탕으로 해당 구절을 답지와 같이 감상할 수 있는지를 따지면 된다.

(가)　　㉠이 투박한 대지에 발은 붙였어도
　　　　흰 구름 이는 머리는 항상 하늘을 향하고 사는 산

　　　　언제나 숭고할 수 있는 푸른 산이
　　　　그 **푸른 산**이 오늘은 무척 **부러워**

　　　　㉡하늘과 땅이 비롯하던 날 그 아득한 날 밤부터
　　　　저 산맥 위로는 푸른 별이 넘나들었고

　　　　골짝에는 양 떼처럼 **흰 구름**이 몰려오고 가고
　　　　때로는 **늙은 산 수려**한 **이마**를 **쓰다듬**거니

　　　　고산식물들을 품에 안고 길러낸다는 너그러운 산
　　　　정초한 꽃그늘에 자고 또 이는 구름과 구름

　　　　내 몸이 가벼이 **흰 구름이 되는 날**은
　　　　강 너머 저 **푸른 산 이마를 어루만지리**……

　　　　　　　　　　　　　　　　　　　　　　　　　　– 신석정, 「청산백운도」 –

(나)　　**새로 핀 꽃에서 어머니를 만**나네
　　　　나에게는 어린아이가 많다네
　　　　꽃들이 옷 입는 법을
　　　　새로 가르쳐 주면
　　　　새 옷 입고 사운사운 시를 쓰겠네

　　　　이 도시가 악어들의 이빨로 가득해도
　　　　이만하면 살 만하다네
　　　　㉢우리는 모두 고향을 버리고 온 새
　　　　그래도 혼자가 아니라네
　　　　㉣아침이 또 찾아왔잖아
　　　　새 길이 내 앞에 누워 있잖아
　　　　고통과 쓸쓸함이 따라다니지만
　　　　부드러운 **비가 어깨를 감싸 주**는 날도 있지
　　　　새로 또 꽃은 피어
　　　　눈부시게 옷 입는 법을 가르쳐 주고
　　　　새들은 풀잎 같은 혀로 **시 짓는 법을 들려주**네
　　　　나무들은 몸으로 춤을 보여 주네

　　　　아무래도 나는 사랑을 앓고 있는 것 같네
　　　　㉤악어들이 검은 입을 벌린 이 도시
　　　　왜 자꾸 새 옷을 차려입고 싶은지
　　　　왜 자꾸 사운사운 시를 짓고 싶은지

　　　　　　　　　　　　　　　　　　　　　　　　　　– 문정희, 「새 옷 입는 법」 –

▶ **전국 단위 시험에서 출제된 위 작품의 출처** ☞ 〈클리닉 해설〉의 '기출 답지로 작품과 문제 완전 정복'
　(가) 신석정, **「청산백운도」:** 2009학년도 11월 고2 전국연합학력평가

04 (가)와 (나)에 대한 설명으로 가장 적절한 것은?

① (가)는 (나)와 달리, 음성 상징어를 통해 시적 의미를 강조하고 있다.

② (나)는 (가)와 달리, 역설적인 표현을 통해 주제 의식을 부각하고 있다.

③ (나)는 (가)와 달리, 유사한 문장 구조의 반복을 통해 시상을 마무리하고 있다.

④ (가)와 (나)는 모두, 청각적 심상을 통해 대상의 특성을 드러내고 있다.

⑤ (가)와 (나)는 모두, 말을 건네는 방식을 통해 청자에 대한 친근감을 표현하고 있다.

지문 근거　둘중헷　Q&A　어휘/개념　부정 질문

분석쌤 강의

● **분 석** 두 작품의 표현상 공통점과 차이점을 질문한 문제

● **해결案** 답지에서 언급한 표현법(음성 상징어, 역설 등)이 각 작품에 사용되었는지를 체크하되, '~와 달리'와 '모두'에 주의하도록 한다. 표현법에 대해 잘 몰라 오답에 답한 경우, 〈클리닉 해설〉을 통해 확실하게 익혀 두면 좋다.

05 ㉠~㉤의 의미로 적절하지 않은 것은?

① ㉠: '머리'와 '발'의 대비를 통해 '산'이 지향하는 공간을 보여 준다.

② ㉡: '아득한'을 통해 '푸른 별'이 넘나드는 움직임이 오래전부터 지속되었음을 보여 준다.

③ ㉢: '모두'를 통해 '우리'의 상황이 동일함을 드러낸다.

④ ㉣: '또'를 통해 '아침'이 와도 변하지 않는 일상의 한계를 보여 준다.

⑤ ㉤: '검은'을 통해 '도시'에 대한 부정적 인식을 드러낸다.

지문 근거　둘중헷　Q&A　어휘/개념　부정 질문

분석쌤 강의

● **분 석** 시 구절에 사용된 시어에 주목하여 그 의미를 질문한 문제도 시상의 흐름을 바탕으로 파악해야 한다는 것을 새겨야 하는 문제

● **해결案** 작은따옴표(' ')로 인용한 시어(시구)와, 그 시어의 앞뒤에 전개된 내용을 바탕으로 답지를 검토한다. 이때 중요한 것은 시 전체의 흐름을 바탕으로 각 시어가 가지는 의미를 따져야 한다는 것이다.

06 〈보기〉를 바탕으로 (가)와 (나)를 감상한 내용으로 적절하지 않은 것은? [3점]

> ─── 보기 ───
>
> 시에서는 화자가 자연을 긍정적으로 인식하고 지향하는 모습이 다양하게 형상화된다. (가)에서 화자는 자연을 불변성과 포용력을 지닌 존재로 인식하며, 동경하는 자연과 어우러지는 날을 희망한다. (나)에서 화자는 자연을 모성을 지닌 존재로 인식하며, 이러한 자연으로부터 배운 삶의 방식을 험난한 현실에서 실현하기를 희망한다.

① (가)에서는 '언제나 숭고할 수 있는 푸른 산'이 '고산식물들을 품에 안고 길러낸다'는 것에서 자연을 불변성과 포용력을 지닌 존재로 여기는 화자의 인식을 확인할 수 있군.

② (가)에서는 '푸른 산'을 '부러워'하는 '내'가 '흰 구름이 되는 날'에 '푸른 산'의 '이마를 어루만지'겠다는 것에서 동경하는 자연과 어우러지고 싶은 화자의 희망을 확인할 수 있군.

③ (나)에서는 '새로 핀 꽃에서 어머니를 만'난다는 것에서 자연을 모성을 지닌 존재로 여기는 화자의 인식을 확인할 수 있군.

④ (나)에서는 '새들'이 '시 짓는 법을 들려주'는 것과 '나무들'이 '몸으로 춤을 보여주'는 것에서 자연으로부터 배운 삶의 방식을 험난한 현실에서 실현하고 있는 화자의 모습을 확인할 수 있군.

⑤ (가)에서는 '흰 구름'이 '쓰다듬'는 늙은 산'의 '이마'를 '수려'하다고 한 것에서, (나)에서는 '어깨를 감싸 주는 '비'를 '부드'럽다고 한 것에서 자연을 긍정적으로 인식하는 화자의 모습을 확인할 수 있군.

지문 근거　둘중헷　Q&A　어휘/개념　부정 질문

분석쌤 강의

● **분 석** 지문을 읽기 전 〈보기〉부터 읽어야 하고, 문제를 풀 때에는 〈보기〉를 고려하여 정답 여부를 판단해야 하는 문제

● **해결案** 〈보기〉부터 읽은 다음, 지문을 읽는다. 그런 다음, 답지를 살필 때에는 답지에서 작은따옴표(' ')로 인용한 시구의 앞뒤에 전개된 내용을 바탕으로 〈보기〉의 설명과 연결해 X, O로 표시하며 푼다. (가), (나)의 시상의 흐름과 어긋나거나 〈보기〉의 내용에 어긋난 경우, 또 (가), (나)의 시상의 흐름 및 〈보기〉의 내용과 부합하더라도 지문과 〈보기〉의 내용을 잘못 연결하였다면 적절하지 않은 답지가 된다. 그리고 정답에 답한 경우에도 〈보기〉를 바탕으로 지문을 한 번 더 읽으며 지문 복습을 해 두면 이와 같은 문제를 푸는 방법을 챙길 수 있고, 작품을 해석하는 힘을 기를 수 있다.

(가)　　⑤밭둑에서 나는 바람과 놀고
　　　할머니는 메밀밭에서
　　　메밀을 꺾고 계셨습니다.

　　　늦여름의 하늘빛이 메밀꽃 위에 빛나고
　　　메밀꽃 사이사이로 할머니는 가끔
　　　나와 바람의 장난을 살피시었습니다.

　　　해마다 밭둑에서 자라고
　　　아주 **커서도 덜 자**란 나는
　　　늘 그러했습니다만

　　　할머니는 저승으로 가버리시고
　　　나도 벌써 몇 년인가
　　　그 일은 까맣게 잊어버린 후

　　　오늘 저녁 멍석을 펴고
　　　마당에 누우니

　　　온 **하늘** 가득
　　　별로 피어 있는 어릴 적 **메밀꽃**

　　　할머니는 나를 두고 메밀밭만 저승까지 가져가시어
　　　날마다 저녁이면 메밀밭을 매시며
　　　메밀꽃 사이사이로 **나를 살피**고 계셨습니다.
　　　　　　　　　　　　　－ 이성선, 「고향의 천정(天井) 1」 －

(나)　　**밥물** 눈금을 찾지 못해 질거나 된 밥을 먹는 날들이
　　　있더니
　　　이제는 그도 좀 익숙해져서 손마디나 손등,
　　　손가락 주름을 눈금으로 쓸 줄도 알게 되었다
　　　촘촘한 손등 주름 따라 **밥맛을 조금씩 달리**해 본다
　　　손등 중앙까지 올라온 수위를 중지의 마디를 따라
　　　오르내리다 보면
　　　물꼬를 트기도 하고 막기도 하면서
　　　논에 물을 보러 가던 할아버지 생각도 나고,
　　　저녁때가 되면 한 끼라도 아껴보자
　　　친구 집에 마실을 가던 소년의 저녁도 떠오른다
　　　한 그릇으로 두 그릇 세 그릇이 되어라 밥국을 끓이
　　　던 ⑥문현동
　　　가난한 지붕들이 내 손가락 마디에는 있다
　　　일찍 철이 들어서 슬픈 귓속으로
　　　봉지쌀 탈탈 터는 소리라도 들려올 듯,
　　　얼굴보다 먼저 **늙은 손**이긴 해도
　　　전기밥솥에는 없는 눈금을 내 손은 가졌다
　　　　　　　　　　　　　－ 손택수, 「밥물 눈금」 －

▶ 전국 단위 시험에서 출제된 위 작품의 출처 ☞ 〈클리닉 해설〉의 '기출 답지로 작품과 문제 완전 정복'
　(가) 이성선, 「**고향의 천정(天井) 1**」; 2011학년도 6월 고1 전국연합학력평가

다시보기　　▶다시 볼 문제 체크하고 틀린 이유 메모하기　　　　　　　　[분석쌤 강의]는 2차 채점 후 반드시 챙겨 본다!

07 (가)와 (나)에 대한 설명으로 가장 적절한 것은?

① (가)는 (나)와 달리 설의법을 통해 화자의 의지를 표현하고 있다.
② (나)는 (가)와 달리 청각적 심상을 통해 화자의 정서를 부각하고 있다.
③ (가)는 격정적 어조를, (나)는 단정적 어조를 통해 화자의 기대감을 드러내고
　있다.
④ (가)는 상승의 이미지를, (나)는 하강의 이미지를 통해 대상의 역동성을 강조하
　고 있다.
⑤ (가)와 (나)는 모두 계절감을 드러내는 시어를 통해 대상의 변화 양상을 나타내
　고 있다.

지문 근거　둘중헷　Q&A　어휘/개념 부정 질문

분석쌤 강의
●**분 석** 2차 채점 후 문제 풀이 시간을 단축
하는 방법을 챙겨 보면 유용한 문제
●**해결案** 먼저 답지에 언급된 표현법이 쓰였
는지 확인하여 적절하지 않으면 바로 ✕ 표시를
하고 다음 답지를 검토하는 방법으로 문제를 푼
다. 그런 다음, 답지의 뒷부분에서 말한 효과를
얻을 수 있는지도 체크하고, '~와 달리'와 '모두'
에도 주의하여 적절한 답지를 정답으로 고른다.
이때 '~와 달리'는 제외하고 풀면 문제 풀이 시
간을 단축할 수 있다는 점을 새기도록 한다.
①을 예로 들면, '(나)와 달리'는 제외하고, (가)에
설의법이 쓰였는지, 설의법을 통해 화자의 의지
를 표현하고 있는지부터 체크하는 방법으로 문
제를 풀면 빠르게 오답을 제외할 수 있다.

08 ㉠과 ㉡을 비교한 내용으로 가장 적절한 것은?

① ㉠은 화자가 벗어나려는, ㉡은 화자가 지향하는 공간이다.

② ㉠은 화자가 이질감을, ㉡은 화자가 동질감을 느끼는 공간이다.

③ ㉠은 화자의 슬픔이, ㉡은 화자의 그리움이 해소되는 공간이다.

④ ㉠은 화자의 동심이 허용되는, ㉡은 화자의 성숙함이 요구되는 공간이다.

⑤ ㉠은 화자가 경험한 적 없는 가상의, ㉡은 화자의 경험이 축적된 현실의 공간이다.

지문근거	둘중헷		Q&A	어휘/개념	부정질문

분석쌤 강의

● **분 석** ㉠과 ㉡으로 표시된 두 공간의 기능을 비교하는 문제로, 밑줄 친 부분의 앞뒤 내용을 염두에 두고 풀어야 하는 문제

● **해결案** 답지마다 ㉠에 대한 설명부터 맞는지를 확인하여 O, X로 체크한 다음, O인 답지들만을 대상으로 ㉡에 대한 설명이 맞는지도 체크하여 OO인 답지를 정답으로 고른다.

09 〈보기〉를 바탕으로 (가), (나)를 감상한 내용으로 적절하지 않은 것은? [3점]

> 보기
>
> 과거의 경험에 대한 기억은 어떤 계기를 통해 되살아나 현재의 삶에 영향을 미칠 수 있다. (가)의 화자는 할머니와의 기억을 통해 과거와 현재를 연결하며 깨달음과 정서적 충만감을 얻고 있다. 한편 (나)의 화자는 일상적 행위의 반복 속에서 유년의 기억을 되살리고, 그 기억을 현재와 연결하며 자신의 현재 모습을 긍정하게 된다.

① (가)의 화자는 별이 가득한 '하늘'을 보며, 자신이 여전히 '나를 살피'시는 할머니의 사랑 속에 있음을 깨닫고 있군.

② (나)의 화자는 유년의 기억을 통해 '전기밥솥에는 없는 눈금'을 지닌 '늙은 손'을 긍정하며 자기 위안을 얻고 있군.

③ (가)의 '커서도 될 자'랐다는 것과 (나)의 '밥맛을 수금씩 달리'하는 것은 현재의 화자에게 정서적 충만감을 주는군.

④ (가)에서 '마당에 누워 하늘을 보는 행위와 (나)에서 '손가락 주름'으로 '밥물'을 맞추는 행위는 회상의 계기가 되는군.

⑤ (가)의 화자가 '별'에서 '메밀꽃'을 떠올리는 것과 (나)의 화자가 '가난한 지붕들이 내 손가락 마디에는 있다'고 생각하는 것은 기억이 현재의 삶에 영향을 미치고 있음을 보여 주는군.

지문근거	둘중헷		Q&A	어휘/개념	부정질문

분석쌤 강의

● **분 석** 작품에 대한 이해를 돕는 〈보기〉를 먼저 읽은 다음, 답지 ①부터 차례로 (가), (나)를 감상한 내용으로 적절한지를 따져야 하는 고배점(3점) 문제

● **해결案** 답지를 세부적으로 나누어 그 각각이 해당 작품을 적절하게 감상했는지, 또 〈보기〉의 설명과 어긋나지 않는지도 체크한다. ①을 예로 들면,

(1) (가)의 화자가 별이 가득한 '하늘'을 보고 있는지,

(2) 화자가 자신이 여전히 '나를 살피'시는 할머니의 사랑 속에 있음을 깨닫고 있는지,

(3) 답지의 감상 내용이 〈보기〉와 잘 부합하는지를 각각 체크한다. (1)~(3) 중 하나라도 적절하지 않은 것이 있으면 정답으로 고르면 된다.

▶ 정답을 모르는 상태에서 2차 풀이를 하기 위한 방법으로, 아래 채점표 대신 '모바일 자동 채점 프로그램'(문제편 표지 QR 코드)을 이용해도 된다.

🕐 **종료 시각** 시 분 초

총 소요 시간	종료 시각 -시작 시각		분 초
목표 시간		15분	5초
초과 시간	총 소요 시간 -목표 시간	분	초

1 종료 시각을 적은 후, 문제에 체크한 '내가 쓴 답'을 ❶에 옮겨 적는다.

2 ❷에 채점을 하되, 틀린 문제에만 '/' 표시를 한다.
(문제에 직접 채점하지 않는 이유는 다시 풀 때 정답을 모르는 상태에서 풀어야 제대로 훈련이 되기 때문)

문항 번호	1	2	3	4	5	6	7	8	9
❶ 내가 쓴 답									
❷ 채 점									

☞ 정답은 〈클리닉 해설〉 p.184 (해설은 p.112)

3 틀렸거나 찍어서 맞힌 문제는 다시 푼다.

4 2차 채점을 할 때 다시 풀어서 맞힌 문항은 △, 또 틀린 문항은 X 표시를 한다.

5 △와 X 문항은 반드시 다시 보고 틀린 이유를 알고 넘어간다.

채점 결과_ 15일째
반드시 체크해서 복습 때 활용할 것

	1차채점		2차채점	
총 문항 수	9개	△ 문항 수		개
틀린 문항 수	개	X 문항 수		개

1~3 다음 글을 읽고 물음에 답하시오.

2022학년도 3월 고1 전국연합학력평가【31~33】 현대시

(가) 사개 틀린* 고풍(古風)의 ㉠툇마루에 없는 듯이 앉아
　　　아직 **떠오를 기척도 없는 달**을 기다린다
　　　아무런 생각 없이
　　　아무런 뜻 없이

　　　이제 저 감나무 그림자가
　　　사뿐 한 치씩 옮아오고
　　　이 마루 위에 빛깔의 방석이
　　　보시시 깔리우면

　　　나는 내 하나인 외론 **벗**
　　　가냘픈 **내 그림자**와
　　　말없이 몸짓 없이 **서로 맞대고 있으려니**
　　　이 밤 옮기는 발짓이나 들려오리라

　　　　　　　　　　　　　　　　　　　– 김영랑, 「사개 틀린 고풍의 툇마루에」 –

(나) 우수* 날 저녁
　　　그 전날 저녁부터
　　　오늘까지 연 닷새 간을
　　　고향, 내 새벽 ㉡산 여울을
　　　찰박대며 뛰어 건너는
　　　이쁜 발자욱 소리 하날
　　　듣고 지내었더니
　　　그 **새끼발가락** 하날
　　　가만가만 만지작일 수도 있었더니
　　　나 실로 정결한 말씀만 고를 수 있었더니
　　　그가 왔다.
　　　진솔* 속곳을 갈아입고
　　　그가 왔다.
　　　이른 아침,
　　　난 그를 위해 닭장으로 내려가고
　　　따뜻한 달걀
　　　두 알을 집어내었다.
　　　경칩*이 멀지 않다 하였다.

　　　　　　　　　　　　　　　　　　　– 정진규, 「따뜻한 달걀」 –

＊사개 틀린: 사개가 틀어진. 한옥에서 못을 사용하지 않고 목재의 모서리를 깎아 요철을 끼워 맞추는 부분을 '사개'라고 한다.
＊우수(雨水), 경칩(驚蟄): 입춘(立春)과 춘분(春分) 사이에 드는 절기. 우수는 눈이 그치고 봄비가 오기 시작하는 시기, 경칩은 벌레
　가 깨어나고 겨울잠을 자던 개구리가 땅 밖으로 나오는 시기이다.
＊진솔: 옷이나 버선 따위가 한 번도 빨지 않은 새것 그대로인 것.

01 **(가)와 (나)의 공통점으로 가장 적절한 것은?**

① 음성 상징어를 활용하여 움직임의 정도를 드러내고 있다.

② 원경과 근경을 대비하여 심리적 거리감을 표현하고 있다.

③ 청자를 명시적으로 드러내어 화자의 바람을 표출하고 있다.

④ 가정의 진술을 활용하여 현실 극복의 의지를 드러내고 있다.

⑤ 추측을 나타내는 표현으로 시상을 종결하여 시적 여운을 자아내고 있다.

지문근거	둘중헷	Q&A	어휘/개념	부정질문

분석쌤 강의

● **분 석** 복습할 때 문제 풀이 시간을 단축하는 방법을 챙겨 봐야 하는, 작품들 간의 공통점을 묻는 문제

● **해결案** 공통점을 묻고 있으므로 각 답지에서 핵심 키워드가 되는 '음성 상징어, 원경과 근경, 청자, 가정의 진술, 추측 표현으로 시상 종결' 등을 체크해 (가)와 (나) 모두에서 확인할 수 있는지를 살핀다.

02 **㉠과 ㉡에 대한 설명으로 가장 적절한 것은?**

① ㉠과 ㉡은 모두 오랜 세월의 흔적을 간직한 일상적 삶의 공간이다.

② ㉠과 ㉡은 모두 화자가 현실을 관조하며 스스로를 성찰하는 공간이다.

③ ㉠은 상승하는 대상과 친밀감을, ㉡은 하강하는 대상과 일체감을 느끼는 공간이다.

④ ㉠은 고독하고 적막한 상황이, ㉡은 생동하는 청량한 기운이 형상화되는 공간이다.

⑤ ㉠은 지나온 삶에 대한 그리움이, ㉡은 현재의 삶에 대한 만족감이 드러나는 공간이다.

지문근거	둘중헷	Q&A	어휘/개념	부정질문

분석쌤 강의

● **분 석** 시상의 흐름 속에 공간이 의미하는 바를 파악해야 하는, 공간의 기능에 대해 묻는 문제

● **해결案** 발문(문두)을 읽고 '공간 ㉠과 ㉡에 대한 질문이군.' 한 다음, 바로 답지의 설명이 (가), (나)의 시상 흐름에 부합하는지를 체크한다.

03 **〈보기〉를 참고하여 (가)와 (나)를 감상한 내용으로 적절하지 <u>않은</u> 것은? [3점]**

── 보기 ──

　　(가)와 (나)는 자연의 순환적 질서에 감응하는 화자의 모습을 보여 준다. (가)의 화자는 밤이 깊어지면서 달이 떠오르기를 기다리고 있고, (나)의 화자는 절기가 바뀌면서 봄빛이 점점 뚜렷해지고 있음을 느끼고 있다. 시간의 흐름에 따른 자연의 점진적 변화를 감지하기 위해 화자는 온몸의 감각을 집중하면서, 자연을 자신과 교감을 이루는 주체로 인식한다.

① (가)의 화자가 '아무런 생각'이나 '뜻 없이' 달이 떠오르기를 기다리는 것은, 자연의 변화를 감지하기 위해 온몸의 감각을 집중하는 것으로 볼 수 있군.

② (나)에서 소리로 인식되던 대상의 '새끼발가락'을 만질 수 있게 되었다는 것은, 시간의 흐름에 따라 자연이 변화하는 양상을 표현한 것으로 볼 수 있군.

③ (가)의 '떠오를 기척도 없는 달'과 (나)의 '이쁜 발자욱 소리' 하나는 자연의 순환적 질서가 지연되는 것에 대한 화자의 조바심을 유발하는 것으로 볼 수 있군.

④ (가)에서는 달이 뜨는 것을 '이 밤 옮기는 발짓'을 한다고 표현하고, (나)에서는 뚜렷해진 봄빛을 '진솔 속곳을 갈아입'은 것으로 표현하여 자연을 행위의 주체로 인식하고 있군.

⑤ (가)에서는 달이 만든 '내 그림자'를 '벗' 삼아 '서로 맞대고 있으려'는 데서, (나)에서는 '경칩'을 예감하며 '달걀'의 온기를 느끼는 데서 화자와 자연이 교감하는 모습이 나타나는군.

지문근거	둘중헷	Q&A	어휘/개념	부정질문

분석쌤 강의

● **분 석** 지문을 읽기 전 이 문제의 〈보기〉부터 읽으면 지문을 더 쉽고 빠르게 이해할 수 있는 문제 유형

● **해결案** 〈보기〉를 바탕으로 작품(지문)을 감상한 다음 답지를 검토한다. 이때 각 답지에서 앞부분은 작은따옴표('　')로 인용한 부분을 중심으로 지문에 대한 이해가 적절한지를 살피고, 답지의 뒷부분은 〈보기〉와 연결하여 적절한지를 살피면 된다.

(가)

   ┌── 까마득한 날에
[A] 하늘이 처음 열리고
   └── 어데 닭 우는 소리 들렸으랴

   ┌── 모든 산맥들이
[B] 바다를 연모해 휘달릴 때도
   └── 차마 이곳을 범하던 못하였으리라

   ┌── 끊임없는 광음*을
[C] 부지런한 계절이 피어선 지고
   └── **큰 강물이 비로소 길을** 열었다

지금 눈 나리고
매화 향기 홀로 아득하니
내 여기 **가난한 노래의 씨**를 뿌려라

다시 천고의 뒤에
백마 타고 오는 ㉠초인이 있어
이 광야에서 목 놓아 부르게 하리라

                                 – 이육사, 「광야」 –

*광음: 햇빛과 그늘. 즉 낮과 밤이라는 뜻으로, 시간이나 세월을 이르는 말.

(나)

   ┌── 머리가 마늘쪽같이 생긴 고향의 **소녀**와
[D] 한여름을 알몸으로 사는 고향의 **소년**과
   └── 같이 낯이 설어도 사랑스러운 **들길**이 있다

   ┌── 그 길에 아지랑이가 피듯 태양이 타듯
   │ 제비가 날듯 길을 따라 물이 흐르듯 그렇게
[E] 그렇게
   │
   └── 천연(天然)히*

울타리 밖에도 ㉡화초를 심는 마을이 있다
오래오래 **잔광**이 부신 마을이 있다
밤이면 더 많이 **별**이 뜨는 **마을**이 **있다**

                                 – 박용래, 「울타리 밖」 –

*천연히: 생긴 그대로 조금도 꾸밈이 없이.

▶ **전국 단위 시험에서 출제된 위 작품의 출처** ☞ 〈클리닉 해설〉의 '기출 답지로 작품과 문제 완전 정복'
  (가) 이육사, 「광야」: 고1 전국연합학력평가 – 2007학년도 6월 / 2004학년도 9월 / 2004학년도 10월 / 2003학년도 6월
                    고3 전국연합학력평가 – 2003학년도 4월 / 2002학년도 6월
  (나) 박용래, 「울타리 밖」: 2015학년도 6월 고3 모의평가(B형)

04 [A]~[E]에 대한 설명으로 적절하지 않은 것은?

① [A]: 설의적 표현을 활용하여 원시성을 지닌 태초 광야의 모습을 강조하고 있다.

② [B]: 인격화된 대상의 행위를 추측하여 광야의 신성성을 부각하고 있다.

③ [C]: 추상적 대상을 구체화하여 광야가 끊임없이 생성되고 소멸되는 순환성을 나타내고 있다.

④ [D]: 시각적 심상을 활용하여 고향의 모습을 선명하게 표현하고 있다.

⑤ [E]: 비유적인 표현을 활용하여 인위적이지 않은 마을의 모습을 드러내고 있다.

| 지문근거 | 둘중헷 | Q&A | 어휘/개념 | 부정질문 |

분석쌤 강의

● **분 석** 기출 문제(2004학년도 9월 고1 전국연합학력평가)에서 다룬 내용이 정답지로 제시된 문제

● **해결案** 답지를 세부적으로 나누어 [A]~[E]에 대한 감상이 적절한지를 따진다. ①의 경우, [A]가 '설의적 표현을 활용'했는지, 이를 통해 '원시성을 지닌 태초 광야의 모습을 강조'하고 있는지를 따진다. 그리고 답지의 설명이 작품 이해를 도우므로 채점 후 답지의 설명을 다시 챙겨 본다.

---

05 ㉠과 ㉡에 대한 이해로 가장 적절한 것은?

① ㉠은 화자를 각성하게 하는 존재이며, ㉡은 화자를 성찰하게 하는 대상이다.

② ㉠은 공간의 황폐함을 심화하는 존재이며, ㉡은 공간에 생명력을 부여하는 대상이다.

③ ㉠은 공간의 변화를 가져오는 존재이며, ㉡은 공동체의 인식 전환을 일으키는 대상이다.

④ ㉠은 화자가 위화감을 느끼게 하는 존재이며, ㉡은 화자가 애상감을 느끼게 하는 대상이다.

⑤ ㉠은 화자가 지향하는 이상을 실현하는 존재이며, ㉡은 화자가 지향하는 공동체의 모습을 드러내는 대상이다.

| 지문근거 | 둘중헷 | Q&A | 어휘/개념 | 부정질문 |

분석쌤 강의

● **분 석** 정답에 쉽게 답한 경우에도 2차 채점 후 오답들이 오답인 이유를 따져 알면 유용한 문제

● **해결案** 지문에서 ㉠과 ㉡을 확인한 후, (가)와 (나) 중 이해가 잘 된 작품부터 먼저 선택해 답지의 내용이 ㉠ 또는 ㉡에 대해 적절하게 설명했는지를 체크한다. 이때 ㉠과 ㉡의 앞뒤에 전개된 지문 내용에서 근거를 찾아야 하고, 확실하게 적절하지 않은 내용이 포함된 답지부터 X 표시를 해 정답에서 제외해 나가면 문제 풀이 시간을 단축할 수 있다.

---

06 〈보기〉를 바탕으로 (가), (나)를 감상한 내용으로 적절하지 않은 것은? [3점]

보기

시에서의 시간 양상은 화자의 지향성을 내포하고 있다. 화자가 미래 지향성을 보이는 경우, 시에서의 시간은 현재에서 미래로 나아가는 순방향의 흐름을 보인다. 이때 화자는 현재의 결핍을 인식하고 과거로의 회귀 대신 발전된 미래에 대한 신뢰를 바탕으로 부정적인 현재 상황을 적극적으로 극복하려 한다. 화자가 과거 상황을 긍정적으로 인식하는 과거 지향성을 보이는 경우, 화자는 미래에 대한 신뢰 없이 과거의 공간을 훼손되지 않은 원형으로 여기는 모습을 보인다. 이때 화자의 과거 회상이 현재 시제로 표현되기도 하는데, 이는 과거 공간이 존속하기를 소망하는 화자의 심리가 반영된 것으로 볼 수 있다.

① (가)의 화자는 '큰 강물이 비로소 길을' 연 것을 통해 발전된 미래를 향한 희망을 확인하여 극복의 자세를 드러낸 것이겠군.

② (가)의 화자가 '가난한 노래의 씨'를 뿌리고자 하는 것은 현재의 결핍을 인식하고 있기 때문이겠군.

③ (나)의 '소녀', '소년', '들길'이 존재하는 고향의 모습을 통해 화자가 고향을 훼손되지 않은 원형으로 여기고 있음을 알 수 있겠군.

④ (나)의 '잔광'이 부시고 '별'이 뜨는 마을의 모습을 통해 화자가 마을을 긍정적으로 인식하고 있음을 알 수 있겠군.

⑤ (나)의 '마을'을 '있다'로 표현하는 것은 마을의 모습이 존속하기를 소망하는 화자의 심리를 드러낸 것이겠군.

| 지문근거 | 둘중헷 | Q&A | 어휘/개념 | 부정질문 |

분석쌤 강의

● **분 석** 이 시험(2022학년도 9월 고1 전국연합학력평가)에서 가장 정답률이 낮았던, 정답보다 오답에 답한 학생들이 많았던 문제

● **해결案** 이 유형의 문제에서는 일반적으로 〈보기〉에서 (가), (나)를 명확하게 구분하여 설명하는데, 이 문제에서는 그렇게 하지 않았다. 따라서 먼저 〈보기〉의 내용부터 (가), (나)에 대한 설명을 구분한 다음, 그 내용을 바탕으로 답지의 감상 내용이 적절한지를 따진다. 이때 〈보기〉에서 '시간 양상'을 강조한 점에 주목하여, 답지에서 (가), (나)의 시간 양상을 잘 연결하고 있는지를 파악한다.

(가) 1

양철로 만든 **달이 하나 수면 위에 떨어지고**
부숴지는 **얼음** 소리가
날카로운 호적같이 옷소매에 스며든다.

해맑은 밤바람이 이마에 서리는
여울가 모래밭에 **홀로** 거닐면
노을에 빛나는 은모래같이
호수는 **한 포기 화려한 꽃밭**이 되고

여윈 추억의 가지가지엔
조각난 빙설(氷雪)이 눈부신 빛을 발하다.

2

낡은 고향의 허리띠같이
강물은 길—게 **얼어붙고**

차창에 서리는 황혼 저 멀—리
노을은
나 어린 **향수(鄕愁)**처럼 **희미한 날개를 펴고 있었다.**

3

앙상한 잡목림 사이로
한낮이 겨운 하늘이 투명한 기폭(旗幅)을 떨어뜨리고

푸른 옷을 입은 **송아지**가 한 마리
조그만 그림자를 바람에 나부끼며
서글픈 얼굴을 하고 **논둑 위에 서 있다.**

— 김광균, 「성호부근」 —

(나) 갈아놓은 논고랑에 고인 물을 본다.
마음이 행복해진다.
나뭇가지가 꾸부정하게 비치고
햇살이 번지고
날아가는 **새 그림자**가 잠기고
나의 얼굴이 들어 있다.
늘 홀로이던 내가
그들과 **함께** 있다.
누가 높지도 낮지도 않다.
모두가 **아름답다.**
그 안에 나는 거꾸로 서 있다.
거꾸로 서 있는 모습이
본래의 내 모습인 것처럼
아프지 않다.
산도 곁에 거꾸로 누워 있다.
늘 떨며 우왕좌왕하던 내가
저 세상에 건너가 서 있기나 한 듯
무심하고 아주 선명하다.

— 이성선, 「논두렁에 서서」 —

다시보기 ▶ 다시 볼 문제 체크하고 틀린 이유 메모하기

[분석쌤 강의]는 2차 채점 후 반드시 챙겨 본다!

07 (가)와 (나)에 대한 설명으로 가장 적절한 것은?

① (가)와 (나)는 음성 상징어를 사용하여 대상의 생동감을 강조하고 있다.
② (가)와 (나)는 현재 시제를 활용하여 시적 상황에 주목하도록 하고 있다.
③ (가)와 (나)는 청자와 대화하는 방식을 활용하여 주제를 형상화하고 있다.
④ (가)와 달리 (나)는 시선을 원경에서 근경으로 이동하면서 시상을 전개하고 있다.
⑤ (나)와 달리 (가)는 동일한 시어를 반복하여 리듬감을 형성하고 있다.

지문근거 둘중헷 Q&A 어휘/개념 부정 질문

분석쌤 강의

● 분 석 복습할 때 시간을 단축하는 문제 풀이 방법을 체크하고 넘어가야 하는 문제 유형
● 해결案 각 답지의 앞부분에 제시된 표현상의 특징부터 체크한 후, (가)와 (나) 중 하나를 선택하여 ○이면 그것을 통해 '강조하고, 주목하도록 하고, …' 있는지 등도 따진다. 모두 ○이면 나머지 작품도 같은 방법으로 체크한다.

08 〈보기〉를 바탕으로 (가)를 이해한 내용으로 적절하지 <u>않은</u> 것은? [3점]

보기

　　(가)는 숫자로 구별된 세 개의 장면으로 구성되어 있다. 각 장면에서는 다양한 이미지를 통해 겨울 호수와 그 부근의 풍경이 형상화되고, 이 과정에서 애상적 정서가 환기된다.

① '1'에서는 '한 포기 화려한 꽃밭'으로 표현된 호수의 모습에 '양철'과 '얼음'이 환기하는 날카롭고 차가운 감각이 연결되면서 겨울 호수의 이미지가 형상화되고 있다.

② '1'에서 '달이 하나 수면 위에 떨어지'는 모습은 겨울 호숫가를 '홀로' 거니는 화자의 상황과 맞물리면서 쓸쓸한 정서를 드러내고 있다.

③ '2'의 '강물'과 '노을'은 '낡은 고향'과 '향수'의 이미지로 연결되면서 고향에 대한 그리움의 정서를 떠올리게 한다.

④ '2'의 '희미한 날개를 펴고 있었다'는 '3'의 '논둑 위에 서 있다'와 연결되면서, '송아지'의 '서글픈 얼굴'이 드러내는 정서가 극복될 수 있는 가능성을 암시하고 있다.

⑤ '1', '2', '3'에서는 각각 '조각난 빙설', '얼어붙'은 '강물', '앙상한 잡목림'과 같은 시구가 스산한 분위기를 자아내면서 애상적 정서를 심화하고 있다.

지문 근거　둘중헷　Q&A　어휘/개념　부정 질문

분석쌤 강의

● **분 석** 작품의 이해를 돕는 〈보기〉가 있는 문제로, 〈보기〉부터 읽고 지문을 읽으면 문제 풀이 시간을 단축할 수 있는 문제 유형

● **해결案** 〈보기〉부터 읽은 다음 (가)를 읽는다. 그런 다음, (가)의 장면 '1, 2, 3'과 답지를 비교하되 〈보기〉의 설명을 염두에 두고 O, X로 표시하며 푼다. 쉽게 정답을 맞힌 경우에도 (가)를 적절하게 이해한 오답들을 다시 한번 더 지문과 비교해 보면 작품 복습 효과를 거둘 수 있다.

09 (나)를 감상한 내용으로 적절하지 <u>않은</u> 것은?

① 화자는 '늘 떨며 우왕좌왕하던' 과거 자신의 모습과 '곁에 거꾸로 누워 있는 '산'의 모습을 동일시하고 있군.

② '누가 높지도 낮지도 않'은 모습을 '아름답다'고 한 것에서 화사가 물에 비친 세상을 긍정적으로 보고 있음을 알 수 있군.

③ '거꾸로 서 있는 모습'을 '아프지 않'은 것으로 받아들이는 화자에게서 물에 비친 자신의 모습을 부정적이지 않은 것으로 수용하는 태도가 드러나는군.

④ '늘 홀로'라고 생각했던 화자는 '나뭇가지', '햇살', '새 그림자'와 '나의 얼굴'이 '함께' 있는 모습에서 자신이 다른 존재들과 공존하고 있음을 발견하는군.

⑤ 물에 비친 자신의 모습을 '무심하고 아주 선명하다'라고 한 것에서, 화자가 물을 보는 행위를 통해 자기 자신에 대한 인식을 달리하게 되었음을 알 수 있군.

지문 근거　둘중헷　Q&A　어휘/개념　부정 질문

분석쌤 강의

● **분 석** 오답지가 작품 감상의 이해를 돕는 문제

● **해결案** (나)에 대한 질문임을 확인한 후 답지에서 작은따옴표(' ')로 인용한 시구를 (나)에서 찾는다. 그런 다음, 해당 시구의 앞뒤에 전개된 내용을 바탕으로 답지의 설명이 적절한지를 체크한다. 2차 채점 후, 오답지를 한번 더 챙겨 보는 것도 필요하다.

▶ 정답을 모르는 상태에서 2차 풀이를 하기 위한 방법으로, 아래 채점표 대신 '모바일 자동 채점 프로그램'(문제편 표지 QR 코드)을 이용해도 된다.

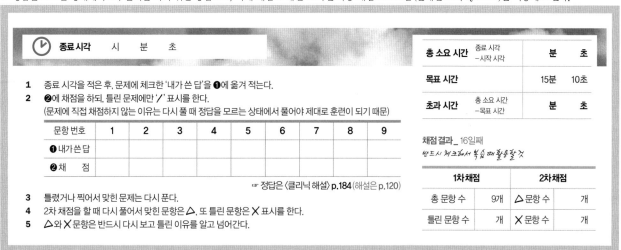

🕐 **종료 시각**　　시　　분　　초

총 소요 시간	종료 시각 −시작 시각	분	초
목표 시간		15분	10초
초과 시간	총 소요 시간 −목표 시간	분	초

1 종료 시각을 적은 후, 문제에 체크한 '내가 쓴 답'을 ❶에 옮겨 적는다.
2 ❷에 채점을 하되, 틀린 문제에만 / 표시를 한다.
　(문제에 직접 채점하지 않는 이유는 다시 풀 때 정답을 모르는 상태에서 풀어야 제대로 훈련이 되기 때문)

문항 번호	1	2	3	4	5	6	7	8	9
❶내가쓴답									
❷채　점									

☞ 정답은 〈클리닉 해설〉 p.184 (해설은 p.120)

3 틀렸거나 찍어서 맞힌 문제는 다시 푼다.
4 2차 채점을 할 때 다시 풀어서 맞힌 문항은 △, 또 틀린 문항은 X 표시를 한다.
5 △와 X 문항은 반드시 다시 보고 틀린 이유를 알고 넘어간다.

채점 결과_ 16일째
반드시 체크해서 복습 때 활용할 것

	1차채점		2차채점	
총 문항 수	9개	△ 문항 수		개
틀린 문항 수	개	X 문항 수		개

1~3 다음 글을 읽고 물음에 답하시오.   2021학년도 9월 고1 전국연합학력평가【27~29】현대시

(가)
[A] ┌ 문 열자 **선뜻**!
　　└ 먼 산이 이마에 차라.

　　　우수절(雨水節)* 들어
　　　바로 초하루 아침,

[B] ┌ 새삼스레 눈이 덮인 멧부리와
　　└ 서늘옵고 빛난 **이마받이**하다.

[C] ┌ **얼음** 금 가고 **바람** 새로 따르거니
　　└ 흰 옷고름 절로 향기로워라.

[D] ┌ **옹숭거리고*** 살아난 양이
　　└ 아아 꿈 같기에 설어라.

[E] ┌ 미나리 파릇한 **새순** 돋고
　　└ 옴짓 아니 기던 **고기 입**이 오물거리는,

　　　꽃 피기 전 철 아닌 눈에
　　　핫옷* 벗고 도로 춥고 싶어라.

－ 정지용, 「춘설(春雪)」－

　* 우수절: 24절기의 하나로, 봄비가 내리기 시작하는 시기임.
　* 옹숭거리고: 춥거나 두려워 몸을 궁상맞게 몹시 움츠려 작게 하고.
　* 핫옷: 안에 솜을 두어 지은 겨울옷.

(나)　흔들리는 나뭇가지에 꽃 한번 피우려고
　　　눈은 얼마나 많은 도전을 멈추지 않았으랴

　　　싸그락 싸그락 두드려 보았겠지
　　　난분분* 난분분 춤추었겠지
　　　미끄러지고 미끄러지길 수백 번,

　　　바람 한 자락 불면 휙 날아갈 사랑을 위하여
　　　햇솜 같은 마음을 다 퍼부어 준 다음에야
　　　마침내 피워 낸 저 황홀 보아라

　　　봄이면 가지는 그 한번 덴 자리에
　　　세상에서 가장 아름다운 상처를 터뜨린다

－ 고재종, 「첫사랑」－

　* 난분분: 눈이나 꽃잎 따위가 어지럽게 흩날리는 모양.

▶ 전국 단위 시험에서 출제된 위 작품의 출처 ☞ 〈클리닉 해설〉의 '기출 답지로 작품과 문제 완전 정복'
　(가) 정지용, 「춘설」: 2006학년도 6월 고2 전국연합학력평가 / 2010학년도 3월 고3 전국연합학력평가
　(나) 고재종, 「첫사랑」: 2015학년도 6월 고2 전국연합학력평가

01 (가), (나)에 대한 설명으로 가장 적절한 것은?

① (가)는 명암의 대비를 통해 화자의 내면을 드러내고 있다.

② (나)는 수미상관의 방식으로 시적 안정감을 드러내고 있다.

③ (가)는 공간의 이동에 따라 (나)는 시간의 흐름에 따라 시적 분위기를 조성하고 있다.

④ (가)와 (나)는 모두 설의적 표현을 사용하여 화자의 정서를 드러내고 있다.

⑤ (가)와 (나)는 모두 계절감을 드러내는 시어를 사용하여 주제를 형상화하고 있다.

지문근거 둘중헷 Q&A 어휘/개념 부정질문

분석쌤 강의

● **분 석** 쉽게 정답에 답했어도, 답지에 쓰인 어휘(문학 용어)들의 의미를 꼼꼼히 챙겨 봐야 하는 문제

● **해결案** ①부터 답지에서 언급한 표현 방법이 (가), (나)에 쓰였는지를 확인한다. 이때 각 답지의 앞부분 또는 (가)와 (나) 중 한 작품부터 먼저 확인하여 ✕인 답지를 제외해 나가면 문제풀이 시간을 단축할 수 있다.

---

02 (가)를 이해한 내용으로 적절하지 않은 것은?

① [A]에서 화자는 갑작스럽게 마주한 풍경에 대한 놀라움을 '선뜻!'이라는 시어로 표현하고 있다.

② [B]에서 화자는 [A]에서 이마에 닿을 듯 차갑게 느껴졌던 먼 산의 경치를 '이마받이'로 부각하고 있다.

③ [C]에서 화자는 '얼음'이 녹고 '바람'이 새로 부는 것을 통해 변화하는 자연의 모습을 그려내고 있다.

④ [D]에서 화자는 겨우내 '옹숭거리고' 살아온 자신을 돌아보며 [C]에서 보인 자신의 태도를 허무하게 여기고 있다.

⑤ [E]에서 화자는 겨울이 가고 봄이 오는 모습을 '새순' 돋는 미나리와 오물거리는 '고기 입'으로 생동감 있게 제시하고 있다.

지문근거 둘중헷 Q&A 어휘/개념 부정질문

분석쌤 강의

● **분 석** 시의 각 연에 나타난 화자의 태도와 그 태도를 효과적으로 드러낸 시적 형상화 방식을 질문한 문제

● **해결案** 시의 전체적인 흐름 속에서 [A]~[E]의 의미를 이해한 다음, 답지의 설명이 적절한지를 따지되, 판단의 근거는 지문에서 찾아야 한다. 복습할 때 '적절한' 내용을 담은 오답지들을 통해 (가) 작품을 한 번 더 익히고 넘어가도록 한다.

---

03 〈보기〉를 참고하여 (가), (나)를 감상한 것으로 적절하지 않은 것은? [3점]

> ─ 보기 ─
>
> 시에서 '낯설게 하기'는 반복과 변형, 역설, 이질적인 대상 간의 결합, 언어의 비유적인 결합, 감각의 전이 등을 통해 사물을 재인식하거나 그 이면에 주목하여 새로운 의미를 형성하는 방법이다.

① (가)의 '흰 옷고름 절로 향기로워라'에서는 흰 옷고름의 시각적 이미지를 향기로움이라는 후각적 이미지로 표현함으로써 봄에 대한 화자의 느낌을 나타내고 있군.

② (가)의 '꽃 피기 전 철 아닌 눈'에서는 서로 어울리지 않는 봄과 눈을 결합함으로써 다시 돌아올 겨울에 대한 화자의 기대감을 드러내고 있군.

③ (나)의 '난분분 난분분'과 '미끄러지고 미끄러지길'에서는 시어를 반복하거나 변형함으로써 눈꽃을 피우기 위해 노력하는 눈의 모습을 표현하고 있군.

④ (나)의 '마침내 피워 낸 저 황홀 보아라'에서는 가지에 피어난 눈꽃을 '황홀'과 비유적으로 결합함으로써 눈의 노력이 결실을 맺는 기쁨을 드러내고 있군.

⑤ (나)의 '아름다운 상처'에서는 표면적으로 모순이 되는 두 시어를 연결하는 역설의 방법을 사용함으로써 시련을 겪고 피어나는 것의 아름다움을 강조하고 있군.

지문근거 둘중헷 Q&A 어휘/개념 부정질문

분석쌤 강의

● **분 석** 복습할 때 한번 더 챙겨 봐야 하는 문학 용어에 대한 설명을 제시한 〈보기〉가 있는 문제

● **해결案** 〈보기〉를 읽은 후 답지를 세부적으로 나누어, 각각에 대해 옳고 그름을 체크한다. ①을 예로 들면, 해당 시구가 '흰 옷고름의 시각적 이미지를 향기로움이라는 후각적 이미지로 표현'했는지, 했다면 '봄에 대한 화자의 느낌을 나타'낸 것인지도 따진다.

　복습할 때 〈보기〉를 한 번 더 읽어 '낯설게 하기'의 개념을 익히고, 〈클리닉 해설〉을 참고하여 답지에서 인용한 시구들이 〈보기〉의 어떤 내용과 연결되는지도 확인해 두면 좋다.

(가)　ⓐ해는 출렁거리는 빛으로
　　　내려오며
　　　제 빛에 겨워 흘러 넘친다
　　　㉠모든 초록, 모든 꽃들의
　　　왕관이 되어
　　　자기의 왕관인 초록과 꽃들에게
　　　웃는다, 비유의 아버지답게
　　　초록의 샘답게
　　　하늘의 푸른 넓이를 다해 웃는다
　　　하늘 전체가 그냥
　　　기쁨이며 신전이다

　　　해여, 푸른 하늘이여,
　　　그 빛에, 그 공기에
　　　취해 찰랑대는 자기의 즙에 겨운,
　　　공중에 뜬 물인
　　　나뭇가지들의 초록 기쁨이여

　　　흙은 그리고 깊은 데서
　　　㉡큰 향기로운 눈동자를 굴리며
　　　넌지시 주고받으며
　　　싱글거린다

　　　오 이 향기
　　　싱글거리는 흙의 향기
　　　㉢내 코에 댄 깔대기와도 같은
　　　하늘의, 향기
　　　나무들의 향기!
　　　　　　　　　－ 정현종, 「초록 기쁨 － 봄숲에서」 －

(나)　㉣들길은 마을에 들자 붉어지고
　　　마을 골목은 들로 내려서자 푸르러졌다
　　　바람은 넘실 천 이랑 만 이랑
　　　㉤이랑 이랑 햇빛이 갈라지고
　　　보리도 허리통이 부끄럽게 드러났다
　　　꾀꼬리는 엽태 혼자 날아 볼 줄 모르나니
　　　암컷이라 쫓길 뿐
　　　수놈이라 쫓을 뿐
　　　황금빛 난 길이 어지럴 뿐
　　　얇은 단장하고 아양 가득 차 있는
　　　ⓑ산봉우리야 오늘밤 너 어디로 가 버리련?
　　　　　　　　　－ 김영랑, 「오월」 －

[분석쌤 강의]는 2차 채점 후 반드시 챙겨 본다!

04 (가)와 (나)의 공통점으로 가장 적절한 것은?

① 화자가 인식한 사물의 특징에서 삶의 교훈을 이끌어 내고 있다.
② 이상과 현실을 대비시켜 이상에 대한 화자의 염원을 나타내고 있다.
③ 과거와 현재를 교차시켜 현실의 삶에 대한 반성의 태도를 나타내고 있다.
④ 자연물에 인격을 부여하여 화자가 자연과 교감하는 모습을 보여 주고 있다.
⑤ 자연의 모습을 부각하여 자연에 합일되지 못하는 인간의 고독감을 드러내고
　 있다.

지문 근거　물중헷　Q&A　어휘/개념 부정질문

분석쌤 강의
● **분 석**　정답은 쉽게 찾을 수 있지만, 복습할
때 정답과 오답인 이유를 따져 알면 작품에 대한
이해를 높일 수 있고, 공통점을 묻는 문제를 빠르
게 해결하는 방법도 낚아챌 수 있는 문제
● **해결案**　공통점을 묻고 있으므로 (가)와 (나)
중 자신 있는 작품을 먼저 선택해 답지 ①부터
○, ✕를 표시하며 푼다. 그런 다음, ○로 표시된
답지만을 대상으로 나머지 작품에 대한 설명으
로도 적절한지를 따지면 된다.

124

05 (가)의 표현상 특징에 대한 설명으로 적절하지 않은 것은?

① 문장 부호를 활용하여 호흡의 흐름을 조절하고 있다.

② 반어적 표현을 사용하여 숨은 의미를 나타내고 있다.

③ 동일한 시어를 반복함으로써 의미를 강조하고 있다.

④ 감각적 이미지로 대상에 대한 인상을 표현하고 있다.

⑤ 영탄적 표현을 사용하여 화자의 정서를 나타내고 있다.

지문근거 둘중헷 Q&A 어휘/개념 부정질문

분석쌤 강의

● **분 석** 정답이 분명하게 적절하지 않아 오답에 답한 학생들은 적었지만, 〈클리닉 해설〉에서 답지에 쓰인 개념어들의 의미를 확실하게 이해하고 넘어가야 하는 문제

● **해결案** 지문을 읽기 전 문제부터 봤다면 (가)를 읽은 후 바로 이 문제를 푸는 것이 좋다. 이때 '표현상의 특징'을 질문하고 있다는 점과, 각 답지의 앞부분에서는 표현상의 특징을, 뒷부분에서는 그 효과를 설명하고 있다는 점에 유의해 앞부분에 제시된 표현상의 특징이 적절한지를 먼저 살핀 후, 앞부분이 ○이면 뒷부분도 ○인지를 체크하는 방식으로 푼다.

06 ⓐ와 ⓑ에 대한 설명으로 가장 적절한 것은?

① ⓐ는 화자의 지난 삶을 떠올리게 하는 대상이다.

② ⓐ는 기쁨을 느끼는 화자와 동일시되는 대상이다.

③ ⓑ는 화자에게 새로운 행동을 촉구하는 대상이다.

④ ⓑ는 화자가 밤의 시간에 관찰하여 파악한 대상이다.

⑤ ⓐ, ⓑ는 모두 화자가 관심을 갖고 주관적으로 인식하는 대상이다.

지문근거 둘중헷 Q&A 어휘/개념 부정질문

분석쌤 강의

● **분 석** 정답지는 분명하게 적절한 것으로 쉽게 판단할 수 있었는데, 특정 오답지가 적절한 설명인 것 같아 두 답지를 다시 한 번 더 비교해서 보느라 시간이 많이 걸렸다고 한 문제

● **해결案** ⓐ와 ⓑ를 지문에서 확인한 다음, 답지를 살핀다. 이때 (가), (나)의 화자가 ⓐ와 ⓑ를 어떤 대상으로 바라보고 있는지를 염두에 두고 답지의 설명이 적절한지를 판단하도록 한다.

07 〈보기〉를 참고하여 ㉠~㉤을 감상한 내용으로 적절하지 않은 것은? [3점]

> ── 보기 ──
>
> 　두 시는 모두 봄을 소재로 한 작품이다. (가)는 숲을 배경으로 해, 하늘, 나무, 꽃, 흙 등이 어우러지는 조화로움을 보여 준다. (나)는 보리밭이 펼쳐진 시골을 배경으로 봄날의 정감을 표현하고 있다. 이 시에서는 들, 보리, 꾀꼬리, 산봉우리 등으로 화자의 시선이 옮겨 간다.

① ㉠: 햇빛이 나무와 꽃에 비쳐 빛나는 모습을 '왕관'으로 표현한 것이라 볼 수 있어.

② ㉡: '큰 향기로운 눈동자를 굴리며'의 주체는 흙을 바라보는 화자라 볼 수 있어.

③ ㉢: 자연의 향기가 코로 전해지는 것을 비유적으로 나타낸 것이라 볼 수 있어.

④ ㉣: 화자가 본 시골길과 들판의 모습을 감각적으로 표현한 것이라 볼 수 있어.

⑤ ㉤: 보리밭의 이랑 사이로 햇빛이 비쳐 반짝이는 모습을 나타낸 것이라 볼 수 있어.

지문근거 둘중헷 Q&A 어휘/개념 부정질문

분석쌤 강의

● **분 석** 작품의 이해를 돕는 〈보기〉가 있는 문제로, 지문보다 〈보기〉를 먼저 읽으면 문제 풀이 시간을 단축할 수 있는 문제 유형

● **해결案** 〈보기〉를 통해 (가)와 (나)를 이해한 다음, ㉠부터 앞뒤에 전개된 내용을 바탕으로 답지의 설명이 적절한지를 살핀다. ㉠~㉤의 의미를 먼저 이해하면 좋으나, 그 의미가 쉽게 와 닿지 않을 때에는 역으로 답지의 설명을 통해 ㉠~㉤의 의미를 이해한다. 그리고 답지들에 쓰인 '주체, 비유적, 감각적' 등의 개념어는 복습할 때 한 번 더 챙겨 보도록 한다.

(가) 어두운 ⊙방 안엔
빠알간 숯불이 피고,

외로이 늙으신 할머니가
애처로이 잦아드는 어린 목숨을 지키고 계시었다.

이윽고 **눈 속을**
아버지가 **약**을 가지고 돌아오시었다.

아 아버지가 눈을 헤치고 따 오신
그 붉은 산수유 열매―

나는 한 마리 어린 짐승,
젊은 아버지의 서느런 옷자락에
열로 상기한 볼을 말없이 부비는 것이었다.

이따금 뒷문을 눈이 치고 있었다.
그날 밤이 어쩌면 성탄제의 밤이었을지도 모른다.

어느새 나도
그때의 아버지만큼 나이를 먹었다.

옛것이라곤 찾아볼 길 없는
성탄제 가까운 도시에는
이제 **반가운 그 옛날의 것**이 내리는데,

서러운 서른 살 나의 이마에
불현듯 아버지의 **서느런 옷자락**을 느끼는 것은,

눈 속에 따 오신 산수유 붉은 알알이
아직도 내 혈액 속에 녹아 흐르는 까닭일까.
                            ― 김종길, 「성탄제」 ―

(나) 나는 당신의 옷을 다 지어 놓았습니다.
심의도 짓고 도포도 짓고 자리옷도 지었습니다.
짓지 아니한 것은 작은 주머니에 수놓는 것뿐입니다.

그 주머니는 나의 손때가 많이 묻었습니다.
짓다가 놓아두고 짓다가 놓아두고 한 까닭입니다.
다른 사람들은 나의 바느질 솜씨가 없는 줄로 알지마는
그러한 비밀은 나밖에는 아는 사람이 없습니다.
나의 마음이 아프고 쓰린 때에 주머니에 수를 놓으려면
나의 마음은 수놓는 금실을 따라서 바늘구멍으로 들어
가고
주머니 속에서 맑은 노래가 나와서 나의 마음이 됩니다.
그리고 아직 ⓛ이 세상에는 그 주머니에 넣을 만한 무
슨 보물이 없습니다.
이 작은 주머니는 짓기 싫어서 짓지 못하는 것이 아니라
짓고 싶어서 다 짓지 않는 것입니다.
                            ― 한용운, 「수(繡)의 비밀」 ―

▶ 전국 단위 시험에서 출제된 위 작품의 출처 ☞ 〈클리닉 해설〉의 '기출 답지로 작품과 문제 완전 정복'
　(가) 김종길, 「**성탄제**」: 2010학년도 3월 고1 전국연합학력평가 / 2002학년도 6월 고1 전국연합학력평가 / 2011학년도 6월 고3 모의평가
　(나) 한용운, 「**수의 비밀**」: 2017학년도 4월 고3 전국연합학력평가

다시보기 　▶다시 볼 문제 체크하고 틀린 이유 메모하기　　　　　　　　　[분석쌤 강의]는 2차 채점 후 반드시 챙겨 볼 것!

08 **(가)와 (나)에 대한 설명으로 가장 적절한 것은?**

① (가)는 수미상관의 방식을 통해, (나)는 설의적 표현을 통해 화자의 의지를 드
러내고 있다.

② (가)는 (나)와 달리 동일한 종결 표현을 사용하여 구조적 안정감을 부여하고
있다.

③ (나)는 (가)와 달리 역설적 표현을 통해 대상에 대한 화자의 정서를 부각하고
있다.

④ (가)와 (나)는 모두 후각적 이미지를 통해 시적 상황을 구체화하고 있다.

⑤ (가)와 (나)는 모두 시간의 흐름에 따라 시상을 전개하여 화자의 태도 변화를 드
러내고 있다.

지문근거　둘중헷　Q&A　어휘/개념　부정 질문

분석쌤 강의

● **분 석** 지문에 제시된 두 작품의 공통점과
차이점을 질문한, 현대시 빈출 문제 유형

● **해결案** 답지에 '~와 달리', '모두'가 쓰인 점
에 유의하여 (가)와 (나)에 대한 답지의 설명이
맞는지를 각각 체크한다. 2차 채점 후 해설에서
'가장 많이 질문한 오답'을 확인하여, 답지를 하
나하나 꼼꼼하게 체크하지 않으면 오답에 답할
수 있다는 것을 새기도록 하자.

09 ⊙과 ⓒ에 대한 설명으로 가장 적절한 것은?

① ⊙은 화자가 자아를 성찰하는 공간이다.

② ⊙은 화자와 대상과의 관계가 단절된 공간이다.

③ ⓒ은 화자의 소망이 실현되지 못하고 있는 공간이다.

④ ⓒ은 화자가 일상의 삶에서 벗어난 초월적인 공간이다.

⑤ ⊙과 ⓒ은 모두 화자가 추구하는 이상적 공간이다.

지문근거	둘중헷	Q&A	어휘/개념	부정질문

분석쌤 강의

● **분 석** 정답에 답한 학생들이 많았지만 오답인 이유도 체크해야 하는 문제

● **해결案** ⊙과 ⓒ 앞뒤에 전개된 내용을 바탕으로 답지에서 해당 공간의 기능을 적절하게 설명했는지를 따진다.

---

10 〈보기〉를 참고하여 (가)를 감상한 내용으로 적절하지 <u>않은</u> 것은? [3점]

┌─ 보기 ─────────────────────────────┐

　　　김종길 시인의 작품에 가족에 대한 시가 많은 것은 어린 시절 어머니의 부재 속에서도 가족의 보호를 받으며 자란 그의 성장 과정과 연관이 깊다. 「성탄제」에도 삼대로 이어지는 따뜻한 가족애가 다양한 소재를 통해 형상화되어 있다. 이러한 가족애는 개인의 경험을 넘어 현대인의 메마른 삶을 극복할 수 있는 인간애로 확장됨으로써 공감을 얻고 있다.

└─────────────────────────────────┘

① '외로이 늙으신 할머니'가 어린 화자를 돌보고 있는 모습은 시인의 성장 배경과 관련이 있겠군.

② '눈 속'을 헤치고 '약'을 구해 온 아버지의 사랑은 삭막한 현실을 극복할 수 있는 인간애로 확장될 수 있겠군.

③ '반가운 그 옛날의 것'은 화자에게 어린 시절을 떠올리게 하는 역할을 하겠군.

④ '서느런 옷자락'은 화자가 경험하는 현대인의 메마른 삶을 형상화한 것이겠군.

⑤ '내 혈액 속에 녹아 흐르는' 산수유는 과거에서 현재까지 이어져 온 가족애를 의미한다고 볼 수 있겠군.

지문근거	둘중헷	Q&A	어휘/개념	부정질문

분석쌤 강의

● **분 석** 〈보기〉에 작품 이해를 돕는 설명이 있어 지문을 읽기 전에 〈보기〉부터 읽으면 문제 풀이 시간을 단축할 수 있는 문제 유형

● **해결案** 〈보기〉의 내용을 염두에 두고, 답지에서 작은따옴표(' ')로 인용한 시구를 (가)에서 찾아 그 앞뒤에 전개된 내용과 〈보기〉의 설명을 함께 고려해 답지의 설명이 옳은지 그른지를 판단한다.

▶ 정답을 모르는 상태에서 2차 풀이를 하기 위한 방법으로, 아래 채점표 대신 '모바일 자동 채점 프로그램'(문제편 표지 QR 코드)을 이용해도 된다.

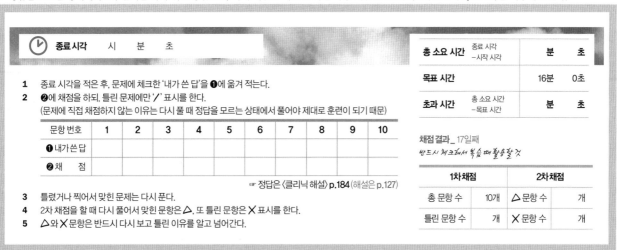

🕐 **종료 시각** 　시　분　초

1 종료 시각을 적은 후, 문제에 체크한 '내가 쓴 답'을 ❶에 옮겨 적는다.
2 ❷에 채점을 하되, 틀린 문제에만 '✓' 표시를 한다.
　(문제에 직접 채점하지 않는 이유는 다시 풀 때 정답을 모르는 상태에서 풀어야 제대로 훈련이 되기 때문)

문항 번호	1	2	3	4	5	6	7	8	9	10
❶내가 쓴 답										
❷채　　점										

☞ 정답은 〈클리닉 해설〉 **p.184** (해설은 p.127)

3 틀렸거나 찍어서 맞힌 문제는 다시 푼다.
4 2차 채점을 할 때 다시 풀어서 맞힌 문항은 △, 또 틀린 문항은 ✕ 표시를 한다.
5 △와 ✕ 문항은 반드시 다시 보고 틀린 이유를 알고 넘어간다.

총 소요 시간	종료 시각 -시작 시각	**분**	**초**
목표 시간		**16분**	**0초**
초과 시간	총 소요 시간 -목표 시간	**분**	**초**

채점 결과_ 17일째
반드시 체크해서 복습 때 활용할 것

	1차채점		2차채점
총 문항 수	10개	△ 문항 수	개
틀린 문항 수	개	✕ 문항 수	개

1~3 다음 글을 읽고 물음에 답하시오.

2020학년도 3월 고1 전국연합학력평가【43~45】현대시

(가)

진주 장터 생어물전에는
바닷밑이 깔리는 해 다 진 어스름을,

울 엄매의 장사 끝에 남은 고기 몇 마리의
빛 발(發)하는 눈깔들이 속절없이
은전(銀錢)만큼 손 안 닿는 한(恨)이던가
울 엄매야 울 엄매,

별 밭은 또 그리 멀리
우리 오누이의 머리 맞댄 골방 안 되어
손 시리게 떨던가 손 시리게 떨던가,

진주 남강 맑다 해도
오명 가명
신새벽이나 밤빛에 보는 것을,
울 엄매의 마음은 어떠했을꼬,
달빛 받은 옹기전의 옹기들같이
말없이 글썽이고 반짝이던 것인가.

– 박재삼, 「추억에서」 –

(나)

죽장의 김삿갓은 죽고
참빗으로 이 잡던 시절도 가고
대바구니 전성 시절에

새벽 서리 밟으며 어머니는 바구니 한 줄 이고 장에 가시고 고구마로 점심 때운 뒤 기다리는 오후, 너무 심심해 아홉 살 내가 두 살 터울 동생 손 잡고 신작로를 따라 마중 갔었다. 이십 리가 짱짱한 길, 버스는 하루에 두어 번 다녔지만 ⊙꼬박꼬박 걸어오셨으므로 가다 보면 도중에 만나겠지 생각하며 낯선 아줌마에게 길도 물어가면서 ⓒ하염없이…… 그런데 이 고개만 넘으면 읍이라는 곳에서 해가 ⓒ덜렁 졌다. 배는 고프고 으스스 무서워져 ②한참 망설이다가 되짚어 돌아오는 길은 한없이 멀고 캄캄 어둠에 동생은 울고 기진맥진 한밤중에야 호롱 들고 찾아나선 어머니를 만났다. — 어머니는 그날 따라 버스로 오시고

아, 요즘도 장날이면
허리 굽은 어머니
플라스틱에 밀려 시세도 없는 대바구니 옆에 쭈그려앉아
⑩멀거니 팔리기를 기다리는
담양장.

– 최두석, 「담양장」 –

▶ 전국 단위 시험에서 출제된 위 작품의 출처 ☞ 〈클리닉 해설〉의 '기출 답지로 작품과 문제 완전 정복'
(가) 박재삼, 「추억에서」: 2010학년도 6월 고1 전국연합학력평가 / 2005학년도 9월 고1 전국연합학력평가 / 2019학년도 9월 고3 모의평가 /
2014학년도 10월 고3 전국연합학력평가(A형) / 2007학년도 6월 고3 모의평가 / 2002학년도 수능

다시보기   ▶ 다시 볼 문제 체크하고 틀린 이유 메모하기

[분석쌤 강의]는 2차 채점 후 반드시 챙겨 본다!

01 (가)와 (나)의 표현상 공통점으로 가장 적절한 것은?

① 동일한 어미를 반복하여 리듬감을 주고 있다.
② 역설법을 활용하여 내면 심리를 부각하고 있다.
③ 자조적인 어조를 사용하여 시적 정서를 드러내고 있다.
④ 공감각적 이미지를 사용하여 표현 효과를 높이고 있다.
⑤ 수미상관의 기법을 활용하여 주제 의식을 강조하고 있다.

지문근거   둘중헷   Q&A   어휘/개념 부정질문

분석쌤 강의

● **분 석** 표현상의 특징도 알아야 하지만, 두 작품의 공통점을 묻는 발문(문두)도 눈여겨보아야 하고, 채점 후에는 답지의 앞부분에 제시된 표현상의 특징을 활용하면 뒷부분과 같은 효과를 거둘 수 있는지도 따져 알아야 하는 문제

● **해결案** 각 답지의 앞부분(~하여)에서 언급한 표현상의 특징이 (가)와 (나)에 모두 쓰였는지부터 체크한다. 쓰였다면(〇이면) 앞부분에 제시된 표현상의 특징으로 인해 뒷부분의 효과를 거두고 있는지도 체크하여 앞뒤 모두 〇인 경우 정답으로 확정 짓는다.

02 〈보기〉의 수업 상황에서 선생님이 제시한 과제를 수행한 것으로 적절하지 <u>않은</u> 것은? [3점]

─── 보기 ───

선생님: 「추억에서」와 「담양장」은 '시 엮어 읽기'의 방법으로 감상하기에 좋은 작품입니다. 시 엮어 읽기란 시적 맥락을 고려하여 다른 시를 서로 비교하며 감상함으로써 작품 감상의 폭을 넓히는 방법입니다. 여러분, 이 두 작품의 시적 상황, 정서, 소재, 배경 등을 고려하면서 시 엮어 읽기를 해 볼까요?

① (가)의 '고기'와 (나)의 '대바구니'는 어머니가 가족들의 생계유지를 위하여 장터에서 팔아야 하는 소재라는 점에서 유사합니다.

② (가)의 '울 엄매야 울 엄매'와 (나)의 '허리 굽은 어머니'에는 고단한 삶을 살아온 어머니에 대한 연민의 정이 담겨 있다는 점에서 유사합니다.

③ (가)의 '골방'에 비해 (나)의 '신작로'는 어머니를 기다리는 마음이 더 능동적인 행위로 나타나는 공간이라는 점에서 차이가 있습니다.

④ (가)의 '신새벽'과 (나)의 '한밤중'은 어머니의 부재로 인해 어린 화자가 느끼는 불안감이 해소되는 시간적 배경이라는 점에서 유사합니다.

⑤ (가)의 '말없이 글썽이고 반짝이던 것인가'에서는 어머니의 과거 삶을, (나)의 '아, 요즘도 장날이면'에서는 과거로부터 이어지는 어머니의 현재 삶을 떠올리고 있는 시적 상황이라는 점에서 차이가 있습니다.

지문근거 둘중헷   Q&A   어휘/개념 부정질문

분석쌤 강의

● **분 석** 틀리면 더 안타까운 고배점(3점) 문제로, 오답에 답한 학생들이 많았던 만큼 2차 채점 후 〈클리닉 해설〉에서 '가장 많이 질문한 오답은?'을 챙겨보고 작품을 한번 더 복습하면 유용한 문제

● **해결案** 〈보기〉의 상황을 이해한 후, (가)와 (나)를 비교한 답지를 검토한다. 자신 있는 작품부터 먼저 ⑤번까지 체크한 후, 나머지 작품을 검토하면 문제 풀이 시간을 단축할 수 있다. 그리고 정답 여부를 판단할 때 답지에서 작은따옴표(' ')로 인용한 시어 및 시구만 보지 말고, 그 앞뒤에 전개된 내용까지 염두에 두고 적절한지를 따지도록 한다.

03 〈보기〉를 참고하여 ㉠~㉤을 이해한 내용으로 적절하지 <u>않은</u> 것은?

─── 보기 ───

시에서는 정서나 상황 등을 효과적으로 표현하기 위해 부사어를 사용하기도 한다. 따라서 부사어를 사용한 의도를 파악해 보면 시적 의미를 섬세하게 해석할 수 있어 감상의 묘미가 높아진다.

① ㉠: 늘 걸어서 장에 다니시는 어머니의 일상을 강조한다.

② ㉡: 어머니를 마중 갔던 길이 길고 멀었다는 것을 부각한다.

③ ㉢: 갑작스럽게 해가 져 놀라고 겁이 난 심리를 강조한다.

④ ㉣: 더 갈지 돌아가야 할지 주저하는 내적 갈등을 부각한다.

⑤ ㉤: 장이 끝나 가서 장사를 마쳐야 하는 아쉬움을 강조한다.

지문근거 둘중헷   Q&A   어휘/개념 부정질문

분석쌤 강의

● **분 석** 대부분의 학생들이 정답을 쉽게 찾았지만, 〈보기〉를 통해 시에서 부사어가 하는 기능을 한 번 더 챙겨 보면서 작품 내용을 정리하고 넘어가야 하는 문제

● **해결案** 〈보기〉를 통해 ㉠~㉤은 시적 상황 또는 정서를 효과적으로 표현하기 위해 사용한 부사어라는 것을 이해한다. 그런 다음, ㉠~㉤의 앞뒤에 전개된 시상을 바탕으로 답지의 설명이 적절한지를 살핀다. 답지를 검토할 때 특히 염두에 두어야 할 것은 각 답지의 설명을 세부적으로 나누어 꼼꼼하게 따져 각각에 대해 O, X 표시를 하며 풀어야 한다는 것이다.

(가)　어느 집 담장을 넘어 달려드는
　　　이것은,
　　　치명적인 ㉠냄새

　　　식은 ㉡감자알 갉작거리며 평상에 엎드려 산수 숙제를 하던, 엄마 내 친구들은 내가 감자가 좋아서 감자밥 도시락만 먹는 줄 알아. 열한 식구 때꺼리를 감자 없이 무슨 수로 밥을 해 대냐고, 귀밝은 할아버지는 땅 밑에서 감자알 크는 소리 들린다고 흐뭇해하셨지만 엄마 난 땅속에서 자라는 것들이 무서운데, 뿌리 끝에 댕글댕글한 어지럼증을 매달고 식구들이 밥상머리를 지킨다 하나둘 숟가락 내려놓을 때까지 엄마 밥주발엔 숟가락 꽂지 않는다.

　　　어릴 적 질리도록 먹은 건 싫어하게 된다더니, 감자 삶는 냄새
　　　이것은,
　　　치명적인 그리움

　　　꽃은 꽃대로 놓아두고 저는 땅 밑으로만 궁그는,
　　　㉢꽃 진 자리엔 얼씬도 하지 않는,
　　　열한 개의 구덩이를 가진 늙은 애기집
　　　　　　　　　　　　　　－ 김선우, 「감자 먹는 사람들」 －

(나)┌ 산 너머 고운 노을을 보려고
　　│ **그네**를 힘차게 차고 올라 발을 굴렀지
[A]│ 노을은 끝내 **어둠**에게 잡아먹혔지
　　│ 나를 태우고 날아가던 ㉣그넷줄이
　　└ 오랫동안 삐걱삐걱 떨고 있었어

　　┌ 어릴 때는 ㉤나비를 좇듯
　　│ 아름다움에 취해 땅끝을 찾아갔지
　　│ 그건 아마도 끝이 아니었을지도 몰라
[B]│ 그러나 살면서 몇 번은 **땅끝**에 서게도 되지
　　│ 파도가 끊임없이 땅을 먹어 들어오는 막바지에서
　　└ 이렇게 뒷걸음질치면서 말야

　　┌ 살기 위해서는 이제
　　│ 뒷걸음질만이 허락된 것이라고
　　│ **파도**가 아가리를 쳐들고 달려드는 곳
　　│ 찾아나선 것도 아니었지만
　　│ 끝내 발 디디며 서 있는 땅의 끝,
[C]│ 그런데 이상하기도 하지
　　│ 위태로움 속에 아름다움이 스며 있다는 것이
　　│ 땅끝은 늘 젖어 있다는 것이
　　│ 그걸 보려고
　　└ 또 몇 번은 **여기**에 이르리라는 것이
　　　　　　　　　　　　　　－ 나희덕, 「땅끝」 －

▶ 전국 단위 시험에서 출제된 위 작품의 출처 ☞ 〈클리닉 해설〉의 '기출 답지로 작품과 문제 완전 정복'
　(나) 나희덕, 「땅끝」: 2016학년도 7월 고3 전국연합학력평가 / 2010학년도 4월 고3 전국연합학력평가

다시보기 ▶ 다시 볼 문제 체크하고 틀린 이유 메모하기

[분석쌤 강의]는 2차 채점 후 반드시 챙겨 본다!

04 (가)와 (나)에 대한 설명으로 가장 적절한 것은?

① (가)는 설의적 표현을 통해 대상의 속성을 강조하고 있다.
② (가)는 반어적 표현을 활용하여 대상에 대한 냉소적 태도를 드러내고 있다.
③ (나)는 구체적 청자와의 대화를 통해 시상을 전개하고 있다.
④ (나)는 특정한 종결 어미를 반복하여 운율을 형성하고 있다.
⑤ (가)와 (나)는 화자의 이동 경로에 따라 화자의 정서를 구체화하고 있다.

지문근거　둘중헷　Q&A　어휘/개념 부정질문

분석쌤 강의

● **분 석**　정답을 쉽게 찾은 학생도 2차 채점 후 정답과 오답인 이유를 따져 알고, 답지에 쓰인 용어(설의적 표현, 반어적 표현, 청자, 종결 어미 등)의 개념도 정확하게 알고 넘어가야 하는 문제
● **해결案**　(가)를 읽은 후 답지 ①과 ②를, (나)를 읽은 후 답지 ③과 ④, 그리고 이어서 ⑤를 살피면 되는데, 지문을 읽기 전 문제를 먼저 보고 답지 ①에서 설의적 표현을 언급하고 있는 것을 파악했다면 (가)를 읽으면서 설의적 표현이 쓰였는지를 체크하면 지문을 두 번 읽지 않아도 된다. 그리고 각 답지에서 앞부분(~을 통해, ~을 활용하여, ~에 따라)이 〇이면, 뒷부분(~하고 있다)이 앞부분을 통해 이루어지고 있는지도 따지도록 한다.

05 다음은 (가)의 화자가 어머니께 쓴 편지의 일부이다. 시적 상황을 고려할 때, ⓐ~ⓔ 중 적절하지 않은 것은?

> … 어머니, 그 시절 저는 ⓐ학교에 감자밥 도시락을 싸서 다니는 것이 그렇게 좋지만은 않았습니다. 그래서 어느 날인가 그 얘기를 했더니 곁에 계시던 ⓑ할아버지께서는 감자 드시는 것이 오히려 좋다시며 저를 나무라셨지요. 지금 생각해 보면 감자라도 밥에 섞지 않으면 11명이나 되는 식구들을 먹이기가 쉽지 않았음을 이해하게 됩니다. 특히 ⓒ식구들의 밥이 모자랄까 봐 식구들이 밥을 다 먹을 때까지 기다리시던 어머니의 모습이 아직도 눈에 선합니다. 하지만 그때 저는 어렸고, ⓓ감자에 대한 거부감까지 가지고 있었습니다. ⓔ그런데 지금은 왜 이렇게 그리운지 모르겠습니다. 그것은 아마 어머니의 가족에 대한 사랑을 깨달아서가 아닌가 합니다. …

① ⓐ ② ⓑ ③ ⓒ ④ ⓓ ⑤ ⓔ

지문근거 둘중헷 Q&A 어휘/개념 부정질문

분석쌤 강의

● **분 석** 정답에 답한 학생들도 2차 채점 후 (가)를, 특히 2연을 한번 더 해석하고 넘어가야 하는 문제 ☞ 〈클리닉 해설〉의 (가) 지문 분석 참조
● **해결案** (가)를 해석한 내용을 바탕으로 ⓐ부터 (가)에서 근거를 찾아 옳고 그름을 체크한다. 이때 확실하게 적절한 것에는 ○를, 분명하게 적절하지 않은 것에는 ✕ 표시를 하고, 헷갈리는 것은 △ 표시를 한 다음, ✕와 △로 표시한 답지를 한번 더 따지도록 한다.

06 [A]~[C]에 대한 이해로 적절하지 않은 것은? [3점]

① [A]에서 화자는 '어둠'을 통해 자신이 느끼는 암담한 심정을 드러내고 있다.
② [A]에서 화자는 '그네'를 굴림으로써 이상적 대상에 다가가고 싶은 마음을 표현하고 있다.
③ [B]에서 화자는 '땅끝'을 현실에서 벗어난 이상적 공간으로 인식하고 있다.
④ [C]에서 화자는 달려드는 '파도'를 삶의 위태로움으로 인식하고 있다.
⑤ [C]에서 화자는 '여기'에서 삶에 대한 역설적 깨달음을 얻고 있다.

지문근거 둘중헷 Q&A 어휘/개념 부정질문

분석쌤 강의

● **분 석** 고배점(3점)이라고 해서 어려운 문제는 아니라는 것을 새기게 하는 문제
● **해결案** '~에서 화자는'으로 시작하는 답지 구성임을 살핀 후, [A]~[C]의 화자를 염두에 두고 답지를 살핀다. 이때, 제목과 시 전체의 흐름을 바탕으로 답지에서 작은따옴표(' ')로 인용한 시어에 집중하여 옳고 그름을 판단하도록 한다.

07 〈보기〉를 참고할 때, ㉠~㉤ 중 ㉮에 해당되는 것으로 가장 적절한 것은?

> ─ 보기 ─
> 기억은 어떻게 재생되느냐에 따라 자발적 기억과 비자발적 기억으로 나눌 수 있다. 자발적 기억은 우리 의지에 따라 수행되는 기억이고, 비자발적 기억은 어떤 사건이나 사물 혹은 사람과 우연히 마주쳤을 때 발생하는 기억이다. 완전히 잊었다고 생각했던 과거의 일이 어떤 일을 계기로 우연히 떠오를 때가 있는데 이런 기억이 바로 비자발적 기억이다. 이때 ㉮비자발적 기억을 우연히 떠오르게 하는 요인으로 시각적 경험뿐 아니라 후각, 촉각적 경험 등도 작용한다.

① ㉠ ② ㉡ ③ ㉢ ④ ㉣ ⑤ ㉤

지문근거 둘중헷 Q&A 어휘/개념 부정질문

분석쌤 강의

● **분 석** (가), (나)의 작품 해석도 중요하지만, 발문(문두)에서 묻는 핵심과 밑줄 친 부분을 꼼꼼히 읽고 답해야 하는 문제
● **해결案** 〈보기〉를 읽으며 ㉮의 의미를 이해한다. 그런 다음, ㉠부터 ㉮에 해당하는지를 체크하되, ㉮을 중심으로 그 앞뒤에 전개된 내용을 바탕으로 판단한다. 이때 ㉮의 밑줄 친 부분은 '비자발적 기억'까지가 아니라, '비자발적 기억을 우연히 떠오르게 하는 요인'이라는 것을 놓쳐서는 안 된다.

(가) 노랗게 속 차오르는 배추밭머리에 서서
   생각하노니
   옛날에 옛날에는 배추 꼬리도 맛이 있었나니 눈 덮
   인 움 속에서 찾아냈었나니

   하얗게 밑둥 드러내는 무밭머리에 서서
   생각하노니
   옛날에 옛날에는 무 꼬리 발에 채었었나니 아작아
   작 먹었었나니

   ㉠달삭한 맛

   산모롱을 굽이도는 기적 소리에 떠나간 사람 얼굴
   도 스쳐 가나니 설핏 비껴가나니 풀무 불빛에 싸여
   달덩이처럼

   오늘은
   이마 조아리며 빌고 싶은 고향
              – 박용래, 「밭머리에 서서」 –

(나) ¹추석날 천 리 길 고향에 내려가
   ²너무 늙어 앞도 잘 보지 못하는
   ³할머니의 손톱과 발톱을 깎아드린다
   ⁴어느덧 ㉡산국화 냄새 나는 팔순 할머니
   ⁵팔십 평생 행여 풀여치 하나 밟을세라
   ⁶안절부절 허리 굽혀 살아오신 할머니
   ⁷추석날 천 리 길 고향에 내려가
   ⁸할머니의 손톱과 발톱을 깎아 주면서
   ⁹언제나 변함없는 대밭을 바라본다
   ¹⁰돌아가신 할아버님이 그렇게 소중히 가꾸신 대밭
   ¹¹대밭이 죽으면 집안과 나라가 망한다고
   ¹²가는 해마다 거름 주고 오는 해마다 거름 주며
   ¹³죽순 하나 뽑지 못하게 하시던 할아버님
   ¹⁴할아버님의 흰 옷자락을 그리워하며
   ¹⁵그 시절 도깨비들이 춤추던 대밭을 바라본다
   ¹⁶너무 늙어 앞도 잘 보지 못하는
   ¹⁷할머니의 손톱과 발톱을 깎아 주면서
   ¹⁸강강술래 나는 논이 되고 싶었다
   ¹⁹강강술래 나는 밭이 되고 싶었다.
              – 김준태, 「강강술래」 –

다시보기 ▶ 다시 볼 문제 체크하고 틀린 이유 메모하기

【분석쌤 강의】는 2차 채점 후 반드시 챙겨 본다!

08 〈보기〉에서 선생님이 제시한 과제를 수행한 결과로 적절하지 <u>않은</u> 것은?

지문 근거   둘 중 헷   Q&A   어휘/개념   부정 질문

분석쌤 강의

● 분 석 쉽게 정답에 답했어도 2차 채점 후 복습할 때, 〈클리닉 해설〉에 있는 '가장 많이 질문한 오답은?'에 해당하는 답지에 대한 해설과, 〈보기〉에서 설명하는 이미지의 기능을 함께 챙겨 봐야 하는 문제

● 해결案 〈보기〉의 그림을 통해, A에는 ㉠의 이미지에 대한 설명이, B에는 ㉡의 이미지에 대한 설명이, C에는 ㉠과 ㉡의 이미지에 대한 공통된 설명이 들어가야 한다는 것을 염두에 두고 답지를 검토한다.

─ 보기 ─

선생님: (가)와 (나)는 이미지가 돋보이는 시입니다. 시에서 이미지는 대상에 대한 인상을 선명하게 하거나 정서를 환기하여 시적 상황을 생생하게 느낄 수 있게 합니다. 다음 그림과 같이 (가)의 ㉠과 (나)의 ㉡의 이미지에 대해 설명하고자 할 때, A, B, C에 들어갈 내용을 이야기해 봅시다.

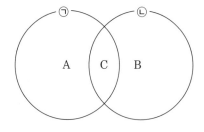

① A: 화자가 느끼고 있는 그리움을 미각적 이미지를 통해 환기하고 있어.
② A: 화자의 지난날의 경험을 구체적인 감각을 통해 생생하게 전달하고 있어.
③ B: 인물에 대한 인상을 후각적 이미지를 통해 나타내고 있어.
④ C: 대상에 대한 화자의 정서를 감각적 이미지를 통해 선명하게 드러내고 있어.
⑤ C: 감각적 표현을 통해 화자의 과거와 현재 상황을 연결하고 있어.

09 (가)와 (나)의 표현상 공통점으로 가장 적절한 것은?

① 반어적 표현을 사용하여 시적 상황을 부각하고 있다.

② 명사로 시상을 마무리하여 시적 여운을 자아내고 있다.

③ 예스러운 말투를 사용하여 시적 긴장감을 형성하고 있다.

④ 일인칭 화자를 직접 노출시켜 주제 의식을 나타내고 있다.

⑤ 동일한 문장 구조를 반복하여 시적 의미를 강조하고 있다.

지문근거	둘중햇	Q&A	어휘/개념	부정질문

분석쌤 강의

● **분 석** 지문을 읽기 전 발문(문두)을 봐야 하는 이유 중 하나인, 가장 나중에 풀어야 빠르고 쉽게 정답을 찾을 수 있는 공통점을 묻는 문제

● **해결案** 'A하여 B하고 있다.' 식의 답지 구성임을 눈여겨본 후, 답지 ①부터 A를 (가)와 (나) 모두에서 확인할 수 있는지부터 확인한다. 그런 다음, A를 통해 B하고 있는지도 따진다.

10 〈보기〉를 (나)의 작가가 한 강연의 일부라고 할 때, 이를 바탕으로 (나)를 감상한 내용으로 적절하지 않은 것은? [3점]

> ─ 보기 ─
>
> 　　추석이라 고향에 다녀왔습니다. 예전에는 명절이면 마을의 번영과 풍년을 기원하며 마을 사람들이 함께 손잡고 '강강술래'를 노래했지요. 산업화가 되면서 살기가 좋아졌다는데 농촌은 예외인가 봅니다. 젊은이들이 떠나간 들녘은 활기를 잃어 가고, 작은 생명체 하나라도 아끼고 공동체를 소중히 여겼던 삶들이 사라져 가고 있습니다. 앞도 잘 못 보게 늙으신 할머니의 모습이 쇠락해 가는 고향처럼 다가와 마음이 아팠습니다. 생전에 가꾸시던 대밭을 보며 할아버지를 떠올려 봅니다. 그리고 그 옛날의 '강강술래'를 읊조리며 아픈 농촌을 품어 봅니다. 공동체의 회복을 꿈꿔 봅니다.

① '할머니'의 손발톱을 '깎아드리'는 화자의 행위에는 쇠락해 가는 '고향'에 대한 애정과 연민이 함께 담겨 있겠군.

② '팔십 평생 행여 풀여치 하나 밟을세라'를 통해 작은 생명체 하나라도 소중히 여겼던 농촌 사람들의 삶을 엿볼 수 있겠군.

③ '대밭'을 가꾸며 '집안과 나라'를 걱정하는 '할아버지'의 모습에서 공동체를 중시했던 농촌 사회의 일면을 들여다볼 수 있겠군.

④ '그 시절 도깨비들이 춤추던 대밭'은 활기를 잃어 가는 농촌을 의미하는 것으로, 농촌 현실에 대한 화자의 비판 의식을 드러내고 있겠군.

⑤ '강강술래 나는 논이 되고 싶었다'에는 농촌의 아픔을 보듬으며 공동체의 가치가 회복되기를 바라는 화자의 염원이 담겨 있겠군.

지문근거	둘중햇	Q&A	어휘/개념	부정질문

분석쌤 강의

● **분 석** 고배점(3점)이라고 해서 어려운 문제는 아니라는 것과, 〈보기〉가 있는 문제는 지문을 읽기 전 〈보기〉부터 읽으면 작품 해석에 도움이 된다는 것을 새기게 해 주는 문제

● **해결案** 〈보기〉부터 읽은 다음 지문을 읽고, 지문을 읽은 후 답지를 검토한다. 이때 답지의 설명이 옳은지 그른지는 〈보기〉와 지문을 근거로 판단해야 한다. 〈보기〉의 내용과 어긋나거나 지문에서 근거를 찾을 수 없는 답지가 적절하지 않은 감상이 된다.

▶ 정답을 모르는 상태에서 2차 풀이를 하기 위한 방법으로, 아래 채점표 대신 '모바일 자동 채점 프로그램'(문제편 표지 QR 코드)을 이용해도 된다.

🕐 **종료 시각** 　시 　분 　초

총 소요 시간	종료 시각 ─시작 시각	분	초
목표 시간		16분	10초
초과 시간	총 소요 시간 ─목표 시간	분	초

1 종료 시각을 적은 후, 문제에 체크한 '내가 쓴 답'을 ❶에 옮겨 적는다.

2 ❷에 채점을 하되, 틀린 문제에만 / 표시를 한다.
　(문제에 직접 채점하지 않는 이유는 다시 풀 때 정답을 모르는 상태에서 풀어야 제대로 훈련이 되기 때문)

문항 번호	1	2	3	4	5	6	7	8	9	10
❶내가 쓴 답										
❷채　점										

☞ 정답은 〈클리닉 해설〉 **p.184** (해설은 p.135)

3 틀렸거나 찍어서 맞힌 문제는 다시 푼다.

4 2차 채점을 할 때 다시 풀어서 맞힌 문항은 △, 또 틀린 문항은 ✕ 표시를 한다.

5 △와 ✕ 문항은 반드시 다시 보고 틀린 이유를 알고 넘어간다.

채점 결과_ 18일째
반드시 체크해서 복습 때 활용할 것

	1차채점		2차채점	
총 문항 수	10개	△문항 수		개
틀린 문항 수	개	✕문항 수		개

1~4 다음 글을 읽고 물음에 답하시오.

2020학년도 6월 고1 전국연합학력평가【42~45】갈래 복합(시조＋한시＋고전 수필)

(가) 태산이 높다 하되 하늘 아래 뫼히로다.

오르고 또 오르면 못 오를 리 업건마는

사람이 제 아니 오르고 뫼만 높다 하더라.

– 양사언의 시조 –

(나)

[A]
乍晴還雨雨還晴   언뜻 개었다가 다시 비가 오고 비 오다가 다시 개니,
天道猶然況世情   하늘의 도도 그러하거늘, 하물며 세상 인정이랴.

[B]
譽我便是還毁我   나를 기리다가 문득 돌이켜 나를 헐뜯고,
逃名却自爲求名   공명을 피하더니 도리어 스스로 공명을 구함이라.

[C]
花開花謝春何管   꽃이 피고 지는 것을, 봄이 어찌 다스릴꼬.
雲去雲來山不爭   구름 가고 구름 오되, 산은 다투지 않음이라.

[D]
寄語世人須記認   세상 사람들에게 말하노니, 반드시 기억해 알아 두라.
取歡無處得平生   기쁨을 취하려 한들, 어디에서 평생 즐거움을 얻을 것인가를.

– 김시습, 「사청사우(乍晴乍雨)*」 –

*사청사우(乍晴乍雨): 날이 맑았다 비가 오다 함. 변덕스런 날씨를 가리킴.

(다) 행랑채가 퇴락*하여 지탱할 수 없게끔 된 것이 세 칸이었다. 나는 마지못하여 이를 모두 수리하였다. 그런데 그 두 칸은 앞서 장마에 비가 샌 지가 오래되었으나, 나는 그것을 알면서도 망설이다가 손을 대지 못했던 것이고, 나머지 한 칸은 비를 한 번 맞고 샜던 것이라 서둘러 기와를 갈았던 것이다. ㉮이번에 수리하려고 본즉 비가 샌 지 오래된 것은 그 서까래, 추녀, 기둥, 들보가 모두 썩어서 못 쓰게 되었던 까닭으로 수리비가 엄청나게 들었고, 한 번밖에 비를 맞지 않았던 한 칸의 재목들은 완전하게 하여 다시 쓸 수 있었던 까닭으로 그 비용이 많지 않았다.

나는 이에 느낀 것이 있었다. 사람의 몸에 있어서도 마찬가지라는 사실을. 잘못을 알고서도 바로 고치지 않으면 곧 그 자신이 나쁘게 되는 것이 마치 나무가 썩어서 못 쓰게 되는 것과 같으며, 잘못을 알고 고치기를 꺼리지 않으면 해(害)를 받지 않고 다시 착한 사람이 될 수 있으니, 저 집의 재목처럼 말끔하게 다시 쓸 수 있는 것이다.

그뿐만 아니라 나라의 정치도 이와 같다. 백성을 좀먹는 무리들을 내버려두었다가는 백성들이 도탄*에 빠지고 나라가 위태롭게 된다. 그런 연후에 급히 바로잡으려 하면 이미 썩어 버린 재목처럼 때는 늦은 것이다. 어찌 삼가지 않겠는가.

– 이규보, 「이옥설(理屋說)」 –

*퇴락(頹落): 낡아서 무너지고 떨어짐.
*도탄(塗炭): 몹시 곤궁하거나 고통스러운 지경을 이르는 말.

▶ **전국 단위 시험에서 출제된 위 작품의 출처** ☞ 〈클리닉 해설〉의 '기출 답지로 작품과 문제 완전 정복'
(나) 김시습, 「사청사우」: 2010학년도 6월 고2 전국연합학력평가
(다) 이규보, 「이옥설」: 2015학년도 9월 고1 전국연합학력평가

다시보기   ▶ 다시 볼 문제 체크하고 틀린 이유 메모하기

〔분석쌤 강의〕는 2차 채점 후 반드시 챙겨 본다!

01 (가)~(다)의 공통점으로 가장 적절한 것은?

① 자신의 가치관을 성찰하며 개선하고 있다.

② 현재 처한 상황을 극복하고자 노력하고 있다.

③ 바른 삶을 살아가는 자세에 대해 말하고 있다.

④ 이념과 현실 사이의 갈등 속에서 방황하고 있다.

⑤ 추구하는 이상 세계의 모습을 구체적으로 언급하고 있다.

지문 근거   둘중 헷   Q&A   어휘/개념   부정질문

분석쌤 강의
● **분 석** 쉽게 정답을 찾을 수 있는 문제 같아도 답지에 제시된 내용을 꼼꼼하게 체크하지 않으면 정답 같은 오답지에 답할 수 있는 문제
● **해결案** (가)~(다) 중 가장 쉽게 해석이 된 작품부터 답지의 설명이 적절한지를 살핀다. 그런 다음, O인 답지만 놓고 나머지 두 작품에 대한 설명으로도 적절한지를 살핀다.

02 [A]~[D]에 대한 설명으로 적절하지 <u>않은</u> 것은?

① [A]에서는 자연 현상에 빗대어 세상 인정에 대한 화자의 부정적 인식을 드러내고 있다.

② [B]에서는 대구법을 사용하여 세상 인정에 대한 구체적인 사례를 들고 있다.

③ [C]에서는 가변적인 대상과 불변적인 대상을 대조하여 화자의 의도를 분명히 하고 있다.

④ [D]에서는 도치법을 활용하여 화자가 전달하고자 하는 바를 강조하고 있다.

⑤ [A]~[D]에서는 세상 사람들을 청자로 설정하여 묻고 답하며 시상을 전개하고 있다.

지문근거 둘중햇 Q&A 어휘/개념 부정질문

분석쌤 강의

● **분 석** 정답보다 오답에 답한 학생들이 많았던 문제로 표현상의 특징뿐만 아니라 그 효과까지 파악해야 하는 문제

● **해결案** [A]를 읽고 답지 ①을, [B]를 읽고 답지 ②를 검토하는 방식으로 풀면 문제 풀이 시간을 단축할 수 있는 문제 유형이다. [A]를 읽고 답지 ①을 검토할 때에는 답지를 세부적으로 나누어 [A]에서 '자연 현상에 빗대어 세상 인정'에 대해 말하고 있는지, 이 과정에서 '화자의 부정적 인식을 드러내고' 있는지, 각각에 대해 체크한다. 나머지 답지들도 답지를 두루뭉술하게 체크해서는 안 되고, 답지의 앞부분과 뒷부분을 나누어 체크하고, 앞뒤 설명이 모두 ○이면 앞부분을 통해 뒷부분이 이루어지고 있는지도 따지도록 한다.

03 〈보기〉를 참고하여 (다)를 이해한 내용으로 가장 적절한 것은? [3점]

> —— 보기 ——
>
> 설(說)은 일반적으로 두 단계의 구조로 나뉜다. 글쓴이의 개인적인 경험을 들려주는 ㉠전반부와 그로부터 얻은 결과를 독자에게 전하는 ㉡후반부로 구분된다. 글쓴이의 주관이 직접적으로 드러나고 경험담이 기반이 되기 때문에 수필과 비슷하다.

① ㉠은 문제에 대해 다양한 해결책을 제시하고 있다.

② ㉠과 ㉡은 서로 상반되는 견해를 제시하고 있다.

③ ㉠이 사건의 결과라면 ㉡은 그 원인에 해당한다.

④ ㉡은 ㉠의 사실적 상황을 바탕으로 유추한 것이다.

⑤ ㉠은 ㉡에서 얻은 깨달음을 자신의 생활에 적용한 것이다.

지문근거 둘중햇 Q&A 어휘/개념 부정질문

분석쌤 강의

● **분 석** 제목과 관련하여 글의 특성을 알려주는 〈보기〉부터 읽으면 지문을 보다 쉽고 빠르게 이해할 수 있는 문제 유형

● **해결案** 〈보기〉를 읽고 ㉠은 1문단에, ㉡은 2~3문단에 해당한다는 것을 체크한 다음, 답지를 살핀다. ①의 경우, ㉠(전반부)에서 문제에 대한 해결책을 제시하고 있는지 뿐만 아니라 '다양한' 해결책을 제시하고 있는지도 꼼꼼히 따져야 한다. 복습할 때에는 〈보기〉에서 설명한 '설(說)'의 구조와 지문 내용을 연결해 '설(說)'의 특징을 한 번 더 익히도록 한다.

04 ㉮에 대한 반응으로 가장 적절한 것은?

① 호미로 막을 걸 가래로 막았군.

② 낫 놓고 기억 자도 모르는 격이군.

③ 까마귀 날자 배 떨어진 상황이군.

④ 개구리 올챙이 적 생각 못 하는군.

⑤ 우물에 가 숭늉을 찾는 경우이군.

지문근거 둘중햇 Q&A 어휘/개념 부정질문

분석쌤 강의

● **분 석** 특정 오답지에 답한 학생들이 많았던 문제로, 발문(문두)이 중요하고 속담의 뜻도 한 번 더 챙겨 봐야 하는 문제

● **해결案** ㉮의 상황을 이해한 다음, 이와 같은 상황에 어울리는 속담을 찾는다. 속담의 뜻을 정확하게 몰라도 상황에 적용해 적절하지 않은 것부터 제외해 나가면 된다. 정답을 쉽게 찾은 경우에도 〈클리닉 해설〉에 풀이된 속담의 뜻을 한 번 더 익히고, '가장 많이 질문한 오답은?'도 챙겨 보도록 한다.

(가)　　　　**고인(古人)** *도 날 못 보고 **나**도 고인 못 뵈네
　　　[A]　고인을 못 봐도 **가던 길** 앞에 있네
　　　　　　가던 길 앞에 있거든 아니 가고 어찌할까　　　　　　〈제9수〉

　　　　　　당시(當時)에 가던 길을 몇 해를 버려 두고
　　　[B]　어디 가 다니다가 이제야 돌아왔는고
　　　　　　이제야 돌아왔으니 **딴 데** 마음 말으리　　　　　　〈제10수〉

　　　　청산(靑山)은 어찌하여 만고(萬古)에 푸르르며　　　　　*고인: 옛 성인(聖人), 성현.
　　　　유수(流水)는 어찌하여 주야(晝夜)에 그치지 않는고　　*만고상청: 아주 오랜 세월 동안 항상 푸름.
　　　　우리도 그치지 마라 만고상청(萬古常靑)*하리라　　〈제11수〉

　　　　　　　　　　　　　　　　　　　　　　　　　　　　－ 이황, 「도산십이곡」 －

(나)　　지나간 성인들의 가르침은 하나같이 간단하고 명료했다. 들으면 누구나 다 알아들을 수 있는 내용이었다. 그런데 학자(이 안에는 물론 신학자도 포함되어야 한다)라는 사람들이 튀어나와 불필요한 접속사와 수식어로써 **말의 갈래를 쪼개고 나누어** 명료한 진리를 어렵게 만들어 놓았다. 어떻게 살아야 할 것인가에 대한 자기 **자신의 문제는 묻어** 둔 채, 이미 뱉어 버린 말의 찌꺼기를 가지고 시시콜콜하게 뒤적거리며 이러쿵저러쿵 따지려 든다. 생동하던 언행은 이렇게 해서 지식의 울안에 갇히고 만다.

　　이와 같은 학문이나 지식을 나는 신용하고 싶지 않다. 현대인들은 자기 행동은 없이 남의 흉내만을 내면서 살려는 데에 맹점이 있다. 사색이 따르지 않는 지식을, 행동이 없는 지식인을 어디에다 쓸 것인가. 아무리 바닥이 드러난 세상이기로, 진리를 사랑하고 실현해야 할 지식인들까지 곡학아세(曲學阿世)*와 비겁한 침묵으로써 처신하려 드니, 그것은 지혜로운 일이 아니라 진리에 대한 배반이다.

　　얼마만큼 많이 알고 있느냐는 것은 대단한 일이 못 된다. 아는 것을 어떻게 살리고 있느냐가 중요하다. 인간의 탈을 쓴 인형은 많아도 인간다운 인간이 적은 현실 앞에서 지식인이 할 일은 무엇일까. 먼저 무기력하고 나약하기만 한 그 인형의 집에서 나오지 않고서는 어떠한 사명도 할 수가 없을 것이다.

　　무학(無學) 이란 말이 있다. 전혀 배움이 없거나 배우지 않았다는 뜻이 아니다. 학문에 대한 무용론도 아니다. 많이 배웠으면서도 배운 자취가 없는 것을 가리킴이다. 학문이나 지식을 코에 걸지 않고 지식 과잉에서 오는 관념성을 경계한 뜻에서 나온 말일 것이다. 지식이나 정보에 얽매이지 않은 자유롭고 발랄한 삶이 소중하다는 말이다. 여러 가지 지식에서 추출된 진리에 대한 신념이 일상화되지 않고서는 지식 본래의 기능을 다할 수 없다. 지식이 인격과 단절될 때 그 지식인은 사이비요 위선자가 되고 만다.

　　책임을 질 줄 아는 것은 인간뿐이다. 이 시대의 실상을 모른 체하려는 무관심은 비겁한 회피요, 일종의 범죄다. 사랑한다는 것은 함께 나누어 짊어진다는 뜻이다. 우리에게는 우리 이웃의 기쁨과 아픔에 대해 나누어 가질 책임이 있다. 우리는 인형이 아니라 **살아 움직이는 인간**이다. 우리는 **끌려가는 짐승**이 아니라 신념을 가지고 당당하게 살아야 할 인간이다.

　　　　　　　　　　　　　　　　　　　　　　　　　　　　　　－ 법정, 「인형과 인간」 －

*곡학아세: 바른길에서 벗어난 학문으로 세상 사람들에게 아첨함.

▶ **전국 단위 시험에서 출제된 위 작품의 출처** ☞ 〈클리닉 해설〉의 '기출 답지로 작품과 문제 완전 정복'
　(가) 이황, 「도산십이곡」: 2009학년도 9월 고1 전국연합학력평가 / 2021학년도 9월 고2 전국연합학력평가 / 2009학년도 11월 고2 전국연합학력평가 /
　　2023학년도 수능 / 2015학년도 6월 고3 모의평가(B형) / 2012학년도 9월 고3 모의평가 / 2005학년도 수능

다시 보기　▶ 다시 볼 문제 체크하고 틀린 이유 메모하기　　　　　　　　　　[분석쌤 강의]는 2차 채점 후 반드시 챙겨 본다!

05 **(가)와 (나)의 공통점으로 가장 적절한 것은?**

　① 옛사람의 행적을 긍정적으로 바라보고 있다.

　② 새로운 도전에 대한 기대감을 형상화하고 있다.

　③ 사물의 아름다움에 대한 예찬적 태도를 드러내고 있다.

　④ 자연과 하나 되는 삶의 과정을 순차적으로 제시하고 있다.

　⑤ 지식인의 부정적 태도에 대한 냉소적인 인식을 나타내고 있다.

지문 근거　둘중헷　Q&A　어휘/개념　부정 질문

분석쌤 강의
● **분 석** 많은 학생들이 오답에 답한 문제로 2차 채점 후 지문 복습을 꼭 해야 하는 문제
● **해결案** (가)와 (나) 중 자신 있는 작품을 먼저 선택해 적절성 여부를 따지되, 확실하게 적절하지 않은 내용이 포함된 답지부터 빠르게 ✕ 표시를 하며 오답지를 제외해 나간다.

06 [A]와 [B]에 대한 설명으로 적절하지 않은 것은?

① [A]는 유사한 문장 구조를 활용하여 운율감을 형성하고 있다.

② [B]는 시간과 관련된 표현을 활용하여 상황 변화의 기점을 강조하고 있다.

③ [A]와 [B]는 모두 의문형 어구를 활용하여 화자의 태도를 드러내고 있다.

④ [A]와 [B]는 모두 부정 표현을 사용하여 반성하는 자세를 드러내고 있다.

⑤ [A]와 [B]는 모두 앞 구절의 일부를 다음 구절에서 반복하여 내용을 연결하고 있다.

지문근거 둘중헷 Q&A 어휘/개념 부정질문

분석쌤강의

● **분 석** 반복해서 챙겨 보고, 예시와 함께 그 의미를 알아 두어야 하는 표현법을 묻는 문제

● **해결案** [A]와 [B]에 대한 질문이라는 점을 염두에 두고 답지를 살핀다. 이때 각 답지의 앞부분에 제시된 표현법(유사한 문장 구조, 시간과 관련된 표현, 의문형 어구 등)부터 체크한 다음, 사용되었다면(○이면) 뒷부분의 설명도 적절한지를 따진다.

※ 〈보기〉를 참고하여 7번과 8번의 두 물음에 답하시오.

─ 보기 ─

문학 작품의 감상 과정에서 독자는 작품에 제시된 대상이나 상황 간의 관계를 파악함으로써 내용을 더 잘 이해할 수 있다. (가)와 (나)의 독자는 이러한 방식을 통해 ㉠학문의 길을 걷는 사람이 지녀야 하는 올바른 삶의 태도를 발견하게 된다.

---

07 (가)와 (나)를 감상한 내용으로 적절하지 않은 것은? [3점]

① (가)의 9수에서는 '고인'과 '나'가 만나지 못하는 현실을 인식하고 학문 수양이라는 '가던 길'을 매개로 '고인'을 따르겠다는 화자의 의도가 드러나고 있다.

② (가)의 10수에서는 '당시에 가던 길'과 '딴 데'가 대비되면서 학문 수양 이외에 다른 것에는 힘을 쏟지 않겠다는 화자의 의지가 드러나고 있다.

③ (가)의 11수에서는 '청산'과 '유수'의 공통적 속성이 '우리도 그치지' 않겠다는 다짐과 연결되면서 끊임없이 학문에 정진하겠다는 자세가 드러나고 있다.

④ (나)에서는 '말의 갈래를 쪼개고 나누'는 태도와 '자신의 문제는 묻어' 두는 태도가 대비되면서 학문 수양에서 자기중심적 태도를 버려야겠다는 다짐이 드러나고 있다.

⑤ (나)에서는 '살아 움직이는 인간'과 '끌려가는 짐승'이 대비되면서 학문을 통해 배운 신념을 바탕으로 당당하게 살아가겠다는 태도가 드러나고 있다.

지문근거 둘중헷 Q&A 어휘/개념 부정질문

분석쌤강의

● **분 석** 〈보기〉가 없어도 정답을 찾을 수 있지만 〈보기〉부터 읽고 지문을 읽은 후 문제를 푸는 훈련을 해야 하고, 〈클리닉 해설〉에서 '가장 많이 질문한 오답은?'을 챙겨 봐야 하는 문제

● **해결案** 답지의 앞부분에서 언급한 부분(①의 '(가)의 9수', ②의 '(가)의 10수' 등)에 주목해, 해당 부분을 답지의 내용과 같이 감상할 수 있는지를 검토하되, 답지를 세부적으로 나누어 각각에 대해 옳고 그름을 따진다. 그리고 오답지(적절한 감상인 답지)는 작품을 이해하는 데 도움을 주므로, 복습할 때 한 번 더 지문과 비교하여 익혀 두도록 한다.

---

08 (나)의 무학(無學)의 의미를 바탕으로 〈보기〉의 ㉠을 설명한 내용으로 적절하지 않은 것은?

① 지식의 과잉에서 오는 관념성을 경계하는 태도이다.

② 배움이 부족하여 지식을 인격과 별개로 보는 태도이다.

③ 많이 배웠으면서 배운 자취를 자랑하지 않는 태도이다.

④ 지식에서 추출된 진리에 대한 신념이 일상화된 태도이다.

⑤ 지식이나 정보에 얽매이지 않은 자유롭고 발랄한 태도이다.

지문근거 둘중헷 Q&A 어휘/개념 부정질문

분석쌤강의

● **분 석** 국어 영역은 지문과 〈보기〉에 정답과 오답의 근거가 제시되어 있다는 것을 새기게 하는 문제

● **해결案** (나)의 4문단에서 '무학'이 의미하는 바를 이해한 다음, 답지에 제시된 태도가 〈보기〉의 밑줄 친 ㉠의 태도로 볼 수 있는지를 체크한다. 이때 '무학'이 의미하는 바를 적절하게 이해한 답지는 바로 오답으로 생각하면 되는데, ㉠의 태도로 볼 수 있는지도 한 번 더 살핀다.

(가) ¹ 가마를 급히 타고 솔 아래 굽은 길로 오며 가며 하는 때

² 녹양에 우는 **꾀꼬리 교태 겨워하는**구나

³ 나무 풀 우거지어 녹음이 짙어진 때

⁴ 기다란 난간에서 긴 졸음을 내어 펴니

⁵ 물 위의 서늘한 바람은 그칠 줄을 모르도다

⁶ 된서리 걷힌 후에 산빛이 금수(錦繡)로다

⁷ 누렇게 익은 벼는 또 어찌 넓은 들에 펼쳐졌는가

⁸ ⊙**어부 피리도 흥에 겨워 달을 따라 부는구나**

⁹ 초목이 다 진 후에 강산이 묻혔거늘

¹⁰ 조물주 야단스러워 빙설로 꾸며 내니

¹¹ 경궁요대*와 옥해은산*이 눈 아래 벌였구나

¹² 천지가 풍성하여 **간 데마다 승경(勝景)**이로다

¹³ **인간 세상 떠나와도 내 몸이 쉴 틈 없다**

¹⁴ 이것도 보려 하고 저것도 들으려 하고

¹⁵ 바람도 쐬려 하고 달도 맞으려 하고

¹⁶ 밤일랑 언제 줍고 고기는 언제 낚고

¹⁷ 사립문 뉘 닫으며 진 꽃일랑 뉘 쓸려뇨

¹⁸ ⓛ**아침 시간 모자라니 저녁이라 싫을쏘냐**

¹⁹ 오늘이 부족하니 내일이라 넉넉하랴

²⁰ **이 산에 앉아보고 저 산에 걸어 보니**

²¹ **번거로운 마음에도 버릴 일이 전혀 없다**

²² 쉴 사이 없는데 오는 길을 알리랴

²³ 다만 지팡이가 다 무디어 가는구나

²⁴ ⓐ**술이 익었으니 벗이야 없을쏘냐**

²⁵ 노래 부르게 하고 악기를 타고 또 켜게 하고 방울 흔들며

²⁶ 온갖 소리로 취흥을 재촉하니

²⁷ 근심이라 있으며 시름이라 붙었으랴

²⁸ 누웠다가 앉았다가 굽혔다가 젖혔다가

²⁹ 읊다가 휘파람 불다가 마음 놓고 노니

³⁰ 천지도 넓디넓고 세월도 한가하다

³¹ 태평성대 몰랐는데 이때가 그때로다

³² 신선이 어떠한가 이 몸이 그로구나

³³ ⓒ**강산풍월 거느리고 내 백 년을 다 누리면**

³⁴ **악양루* 위의 이백이 살아온들**

³⁵ **호탕한 회포는 이보다 더할쏘냐**

　　　　　　　　　　　　　　　　　– 송순, 「면앙정가」–

　　* 경궁요대(瓊宮瑤臺): 아름다운 구슬로 장식한 집과 누각.
　　* 옥해은산(玉海銀山): 옥같이 맑은 바다와 은빛의 산.
　　* 악양루: 당나라 시인 이백이 시를 지으면서 풍류를 즐긴 곳.

(나) 동해 가까운 거리로 와서 나는 **가재미**와 가장 친하다. 광어, 문어, 고등어, 평메, 횟대…… 생선이 많지만 모두 한두 끼에 나를 물리게 하고 만다. 그저 **한없이 착하고 정다운** 가재미만 이 흰밥과 빨간 고추장과 함께 **가난하고 쓸쓸한** 내 상에 한 끼도 빠지지 않고 오른다. 나는 이 가재미를 처음 십 전 하나에 뼘가웃*씩 되는 것 여섯 마리를 받아 들고 왔다. 다음부터는 할머니가 두 두름 마흔 개에 이십오 전씩에 사 오시는데 큰 가재미보다도 잔 것을 내가 좋아해서 모두 손길만큼 한 것들이다. 그동안 나는 한 달포 이 고을을 떠났다 와서 오랜만에 내 가재미를 찾아 생선장으로 갔더니 섭섭하게도 이 물선*은 보이지 않았다. 음력 팔월 초상이 되어서야 이내 친한 것이 온다고 한다. ⓔ나는 어서 그때가 와서 우리들 흰밥과 고추장과 다 만나서 아침저녁 기뻐하게 되기만 기다린다. 그때엔 또 이십오 전에 두어 두름씩 해서 나와 같이 ⓑ이 물선을 좋아하는 H한테도 보내어야겠다.

　묘지와 뇌옥과 교회당과의 사이에서 생명과 죄와 신을 생각하기 좋은 운흥리를 떠나서 오백 년 오래된 이 고을에서도 다 못한 곳 옛날이 헐리지 않은 **중리**로 왔다. 예서는 물보다 구름이 더 많이 흐르는 성천강이 가까웁고 또 백모관봉*의 시허연 눈도 바라보인다. 이곳의 좌우로 긴 회담*들이 맞물고 늘어선 좁은 골목이 나는 좋다. 이 골목의 공기는 하이야니 밤꽃의 내음새가 난다. 이 골목을 나는 나귀를 타고 **일없이 왔다갔다 하고 싶다**. 또 예서 한 오 리 되는 학교까지 나귀를 타고 다니고 싶다. 나귀를 한 마리 사기로 했다. ⓜ그래 소장 마장을 가 보나 나귀는 나지 않는다. 촌에서 다니는 아이들이 있어서 수소문해도 나귀를 팔겠다는 데는 없다. 얼마 전엔 어느 아이가 **재래종의 조선 말** 한 필을 사면 어떠냐고 한다. 값을 물었더니 한 오 원 주면 된다고 한다. 이 좀말*로 할까고 머리를 기울여도 보았으나 그래도 나는 그 **처량한 당나귀**가 좋아서 좀더 이놈을 구해 보고 있다.

　　　　　　　　　　　　　　　　　– 백석, 「가재미·나귀」–

* 뼘가웃: 한 뼘의 반 정도 되는 길이.
* 물선: 음식을 만드는 재료.
* 백모관봉: 흰 관모 모양의 봉우리. 정상에 흰 눈이 덮인 산의 모습을 가리키는 말로, 여기서는 백운산을 말함.
* 회담: 석회를 바른 담.
* 좀말: 아주 작은 말.

▶ 전국 단위 시험에서 출제된 위 작품의 출처 ☞ 〈클리닉 해설〉의 '기출 답지로 작품과 문제 완전 정복'

09 (가)와 (나)의 공통점으로 가장 적절한 것은?

① 색채어를 활용하여 사물의 역동성을 표현하고 있다.

② 말을 건네는 방식을 통해 독자의 주의를 환기하고 있다.

③ 영탄적 표현을 활용하여 대상에 대한 경외감을 드러내고 있다.

④ 연쇄적 표현을 통해 주변 사물을 사실감 있게 제시하고 있다.

⑤ 계절감을 환기하는 사물을 통해 자연의 모습을 드러내고 있다.

지문근거 둘중햇 Q&A 어휘/개념 부정질문

분석쌤 강의

● **분 석** 정답보다 특정 오답지에 답한 학생들이 많았던 문제

● **해결案** (가)와 (나)의 공통점을 묻는 문제이므로 둘 다 충족해야 한다는 것을 염두에 두고 각각에 대해 ◯, ✕로 표시하며 푼다. 그리고 'A를 통해(또는 활용하여) B하고 있다'로 답지가 구성되어 있으므로 A와 B 모두 적절한지, 적절하다면 A를 통해(활용하여) B하고 있는지도 따져야 한다.

10 ㉠~㉤에 대해 이해한 내용으로 적절하지 <u>않은</u> 것은?

① ㉠: 감각적 경험을 통해 환기된 장면을 묘사하여 인간이 자연물과 어우러지는 상황을 제시하고 있다.

② ㉡: 시간을 표현하는 시어를 대응시켜 현재와 같은 상황이 이후에도 이어질 것임을 드러내고 있다.

③ ㉢: 역사적 인물과 견주며 삶에 대한 만족감을 드러내고 있다.

④ ㉣: 기대하는 일이 실현되었을 때 느낄 심정을 직접적으로 표출하고 있다.

⑤ ㉤: 원하는 것을 구하기 위해 시도한 방법이 실패하는 과정에서 느낀 체념을 드러내고 있다.

지문근거 둘중햇 Q&A 어휘/개념 부정질문

분석쌤 강의

● **분 석** 앞뒤 문맥을 통해 구절의 의미를 이해해야 하고, 답지를 세부적으로 나누어 각각에 대해 ◯, ✕로 표시하며 풀어야 하는 문제

● **해결案** ㉠부터 확인한 다음, '감각적 경험을 통해 환기된 장면을 묘사'하고 있는지, 이를 통해 '인간이 자연물과 어우러지는 상황을 제시'하고 있는지를 각각 체크하여 앞부분과 뒷부분 중 한 부분이라도 적절하지 않으면 정답 후보로 삼는다. 나머지 답지들도 같은 방법으로 풀되, 정답을 맞히는 것보다 복습을 통해 정답과 오답인 이유를 모두 따져 아는 것이 중요하며, 답지에 쓰인 어휘 하나도 놓치지 않고 다시 챙겨 보도록 한다.

11 ⓐ와 ⓑ에 대한 이해로 가장 적절한 것은?

① ⓐ는 화자에게 심리적 위안을 주는, ⓑ는 글쓴이에게 고독감을 느끼게 하는 매개체이다.

② ⓐ는 화자가 느끼는 흥을 심화하는, ⓑ는 글쓴이가 느끼는 기쁨을 확장하는 매개체이다.

③ ⓐ는 화자가 내면의 만족감을 드러내는, ⓑ는 글쓴이가 현실에 대한 불만을 표출하는 매개체이다.

④ ⓐ는 화자에게 삶의 목표를 일깨워 주는, ⓑ는 글쓴이에게 심경 변화의 계기를 제공하는 매개체이다.

⑤ ⓐ는 화자에게 이상적 세계의 모습을, ⓑ는 글쓴이에게 윤리적 삶의 태도를 떠올리게 하는 매개체이다.

지문근거 둘중햇 Q&A 어휘/개념 부정질문

분석쌤 강의

● **분 석** 많은 학생들이 정답에 답했지만, 문제 풀이 시간을 단축하는 풀이 방법을 한 번 더 챙겨 봐야 하는 문제

● **해결案** ⓐ의 앞뒤에 전개된 내용을 바탕으로 ⓐ가 화자에게 어떤 존재인지를 안다. 그런 다음 답지 ①에서 ⑤까지 ⓐ에 대한 설명이 적절한지를 따져 ◯(적절)이면 ⓑ에 대한 설명도 적절한지를 따진다. ⓑ의 경우는 (나)의 문맥을 통해 글쓴이에게 어떤 존재인지를 파악하면 된다.

12 〈보기〉를 바탕으로 (가), (나)를 이해한 내용으로 적절하지 <u>않은</u> 것은? [3점]

─ 보기 ─

문학 작품에서 공간을 체험하는 주체는 공간 및 주변 경물에 대한 인식을 드러내며, 이 인식은 주체의 지향이나 삶에서 중시하는 가치를 암시한다. (가)의 화자는 '면앙정' 주변의 자연에 대한 인식과 함께 풍류 지향적인 태도를 드러내고 있고, (나)의 글쓴이는 공간의 변화와 대상에 대한 인식을 관련지으며 자신이 소중하게 생각하는 삶의 가치를 암시하고 있다.

① (가): '솔 아래 굽은 길'을 오가는 화자는 '꾀꼬리'의 '교태 겨워하는' 모습에 주목하면서 자연을 즐기는 자신의 태도와의 동일성을 발견하고 있다.

② (가): '간 데마다 승경'이라는 화자의 인식은 '내 몸이 쉴 틈 없'는 다양한 일들을 통해 자연의 다채로운 풍광을 즐길 수 있으리라는 기대로 이어지고 있다.

③ (가): '이 산'과 '저 산'에서 '번거로운 마음'과 '버릴 일이 전혀 없'음을 동시에 느끼는 화자의 모습에는 '인간 세상'의 번잡한 일상을 여전히 의식하고 있음이 드러나 있다.

④ (나): '동해 가까운 거리로 와서' 주목하게 된 '가재미'에 대한 글쓴이의 인식은 '가난하고 쓸쓸한' 삶 속에서 '한없이 착하고 정다운' 것을 소중히 여기는 태도를 드러내고 있다.

⑤ (나): '중리'로 와서 '재래종의 조선 말'보다 '처량한 당나귀'와 '일없이 왔다갔다 하고 싶다'는 글쓴이의 바람은 일상의 작은 존재에 대해 느끼는 우호적 인식을 드러내고 있다.

지문 근거 둘중 헷 Q&A 어휘/개념 부정 질문

분석쌤 강의
● **분 석** 〈보기〉부터 읽고 지문을 읽으면 '화자(글쓴이)'가 주목하고 소중하게 생각하는 대상을 제목으로 삼았다는 것을 알 수 있고, 지문을 읽을 때 집중해야 할 대목을 알게 하는 문제
● **해결案** 〈보기〉를 읽은 다음, (가)를 읽고, (가)를 읽은 다음 답지 ①, ②, ③을 검토한다. 이때 답지의 설명이 적절한지에 대해서는 답지에서 작은따옴표(' ')로 인용한 말의 앞뒤 내용과 〈보기〉를 연결지어 판단한다.
  그리고 문제 유형이 달라도 고전 시가의 핵심은 지문을 정확하게 해석할 수 있어야 한다는 것이고, 수필은 비문학처럼 내용 이해가 중요하고, 갈래 복합이라고 해서 어렵다는 인식을 가지지 않아야 한다.

▶ 정답을 모르는 상태에서 2차 풀이를 하기 위한 방법으로, 아래 채점표 대신 '모바일 자동 채점 프로그램'(문제편 표지 QR 코드)을 이용해도 된다.

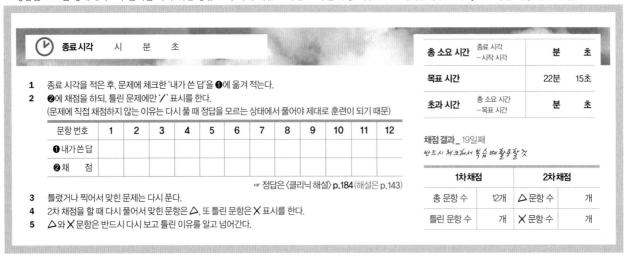

🕐 **종료 시각** 시 분 초

총 소요 시간	종료 시각 −시작 시각	분	초
목표 시간		22분	15초
초과 시간	총 소요 시간 −목표 시간	분	초

1 종료 시각을 적은 후, 문제에 체크한 '내가 쓴 답'을 ❶에 옮겨 적는다.
2 ❷에 채점을 하되, 틀린 문제에만 / 표시를 한다.
  (문제에 직접 채점하지 않는 이유는 다시 풀 때 정답을 모르는 상태에서 풀어야 제대로 훈련이 되기 때문)

문항 번호	1	2	3	4	5	6	7	8	9	10	11	12
❶ 내가 쓴 답												
❷ 채 점												

☞ 정답은 〈클리닉 해설〉 **p.184** (해설은 p.143)

채점 결과_ 19일째
반드시 체크해서 복습 때 활용할 것

	1차채점		2차채점
총 문항 수	12개	△ 문항 수	개
틀린 문항 수	개	✗ 문항 수	개

3 틀렸거나 찍어서 맞힌 문제는 다시 푼다.
4 2차 채점을 할 때 다시 풀어서 맞힌 문항은 △, 또 틀린 문항은 ✗ 표시를 한다.
5 △와 ✗ 문항은 반드시 다시 보고 틀린 이유를 알고 넘어간다.

1~5 다음 글을 읽고 물음에 답하시오.

(가) 내 벗이 몇이나 하니 수석(水石)과 송죽(松竹)*이라.
　　　　동산(東山)에 달 오르니 긔 더욱 반갑구나.
　　　　두어라 이 다섯 밧긔 또 더하여 무엇하리.　　　　　　〈제1수〉

　　　　구름 빛이 좋다 하나 검기를 자로 한다.
　　　　바람 소리 맑다 하나 그칠 적이 하노매라.
　　　　좋고도 그칠 뉘 없기는 물뿐인가 하노라.　　　　　　〈제2수〉

　　　　⊙꽃은 무슨 일로 피면서 쉬이 지고
　　　　풀은 어이하여 푸르는 듯 누르나니
　　　　아마도 변치 아닐손 바위뿐인가 하노라.　　　　　　〈제3수〉

　　　　더우면 꽃 피고 추우면 잎 지거늘
　　　　솔아 너는 어찌 눈서리를 모르느냐.
　　　　구천(九泉)의 뿌리 곧은 줄을 글로 하여 아노라.　　　　〈제4수〉

　　　　나무도 아닌 것이 풀도 아닌 것이
　　　　곧기는 뉘 시키며 속은 어이 비었느냐.
　　　　저렇게 사시(四時)에 푸르니 그를 좋아하노라.　　　　〈제5수〉

　　　　작은 것이 높이 떠서 만물을 다 비추니
　　　　밤중에 광명(光明)이 너만 한 이 또 있느냐.　　　　* 송죽: 소나무와 대나무.
　　　　보고도 말 아니 하니 내 벗인가 하노라.　　　　　　〈제6수〉

　　　　　　　　　　　　　　　　　　　　　　　　　　　　－ 윤선도, 「오우가(五友歌)」 －

(나) 작년 가을에 이웃집에서 복수초를 나누어 받았다. 뿌리는 구근이 아니라 흑갈색 잔뿌리와 검은 흙이 한데 엉겨 있고, 키는 땅에 닿을 듯이 작은데 잎도 새의 깃털처럼 잘게 갈라져 있어서 전체적으로 볼륨이 느껴지지 않아 하찮은 잡초처럼 보였다. 그전에 나는 복수초라는 화초를 사진으로 본 적은 있지만 실물을 본 적은 없기 때문에 그게 과연 눈 속에서 핀다는 그 복수초인지 잘 믿기지 않았다. 생각해서 나누어 준 분 앞이라 당장 양지바른 곳에 심긴 했지만 곧 가을이 깊어지니 워낙 시원치 않아 보이던 이파리들은 자취도 없어지고 나 역시 그게 있던 자리조차 기억 못 하게 되었다.

아마 3월이 되자마자였을 것이다. 샛노란 꽃이 두 송이 땅에 닿게 피어 있었다. 하도 키가 작아서 하마터면 밟을 뻔했다. 그러나 빛깔은 진한 황금색이어서 아직 아무것도 싹트지 않은 황량한 마당에 몹시 생뚱스러워 보였다. 그리고 곧 큰 눈이 왔다. 아무리 눈 속에도 피는 꽃이라고 알려져 있어도 그 작은 키로 견디기엔 너무 많은 눈이었다. 나는 눈으로는 눈의 무게를 이기지 못해 꺾인 듯이 축 처진 소나무 가지를 바라보면서 마음으로는 그 샛노란 꽃의 속절없음을 생각하고 있었다. 대문 밖의 눈은 쳐 주었지만 마당의 눈은 그대로 방치해 두었기 때문에 녹아 없어지는 데 며칠 걸렸다. 놀랍게도 제일 먼저 녹은 데가 복수초 언저리였다. ⓛ고 작은 풀꽃의 머리칼 같은 뿌리가 땅속 어드메서 따뜻한 지열을 길어 올렸기에 그 두터운 눈을 녹이고 더욱 샛노랗게 더욱 싱싱하게 해를 보고 있었다. 온종일 그렇게 피어 있다가 해질 무렵에는 타원형으로 오므라든다. 그러다가 아주 시들어 버릴 줄 알았는데 다음 날 해만 뜨면 다시 활짝 핀다. 그러나 마냥 그럴 수는 없는 일이다. 곧 안 깨어나고 져 버리는 날이 있겠기에 그게 피어 있는 동안만이라도 누구에겐가 보여 주고 자랑하고 싶어서 나는 집에 손님만 오면 그걸 구경시킨다. 그러나 내가 기대하는 것만치 신기해해 주는 이가 별로 없다. 어떤 친구는 마당에 피는 꽃이 백 가지도 넘는다고 해서 부러워했는데 이런 것까지 쳐서 백 가지냐고 기막힌 듯이 물었다. 듣고 보니 내가 그런 자랑을 한 적이 있는 것 같았다. 그러나 거짓말을 한 건 아니다. 그 친구는 아마 기화요초*가 어우러진 광경을 상상했었나 보다. 내가 백 가지도 넘는다고 한 것은 복수초 다음으로 피어날 민들레나 제비꽃, 할미꽃까지 다 합친 수효다.

올해는 복수초가 1번이 되었지만 작년까지만 해도 산수유가 1번이었다. 곧 4월이 되면 목련, 매화, 살구, 자두, 앵두, 조팝나무 등이 다투어 꽃을 피우겠지만 그래도 조금씩 날짜를 달리해 순서대로 피면서 그 그늘에 제비꽃이나 민들레, 은방울꽃을 거느린다. 꽃이 제일 먼저 핀 것은 복수초지만 잎이 제일 먼저 흙을 뚫고 모습을 드러낸 것은 상사초고 그다음이 수선화다. 수선화는 벚꽃이 필 무렵에나 필 것 같고 상사초는 잎이 시들어 지상에서 사라지고 나서도 한참이나 더 있다가 꽃대를 밀어 올릴 것이다. 이렇게 그것들을 기다리고 마중하다 보니 내 머릿속에 @출석부가 생기게 되고, 출석부란 원래 이름과 함께 번호를 매기게 되어 있는지라 100번이 넘는다는 걸 알게 되었다. 이름을 모르면 100번이라는 숫자도 나오지 않았을 것이다. 그것들이 순서를 지키지 않고 멋대로 피고 지면 이름이 궁금하지 않았을지도 모른다.

　내가 출석을 부르지 않아도 그것들은 올 것이다. 그대로 나는 그것들이 올해도 하나도 결석하지 않고 전원 출석하기를 바라기 때문에 그것들이 뿌리로, 씨로 잠든 땅을 함부로 밟지 못한다. 그것들이 왕성하게 자랄 여름에는 그것들이 목마를까 봐 마음 놓고 어디 여행도 못 할 것이다. 그것들은 출석할 때마다 내 가슴을 기쁨으로 뛰놀게 했다. 100식구는 대식구다. 나에게 그것들을 부양할 마당이 있다는 걸 생각만 해도 뿌듯한 행복감을 느낀다. 내가 이렇게 사치를 해도 되는 것일까. 괜히 송구스러울 때도 있다.

　그것들은 내가 기다리지 않아도 올 것이다. 그래도 나는 기다린다. 기다리는 기쁨 때문에 기다린다.

– 박완서, 「꽃 출석부 1」 –

＊기화요초: 옥같이 고운 풀에 핀 구슬같이 아름다운 꽃.

▶ **전국 단위 시험에서 출제된 위 작품의 출처** ☞ 〈클리닉 해설〉의 '기출 답지로 작품과 문제 완전 정복'
　(가) 윤선도, 「오우가」: 고1 – 2014학년도 9월·2013학년도 3월·2011학년도 6월·2011학년도 3월·2008학년도 9월·2007학년도 3월·
　　　　　　　　　　　　2006학년도 5월 전국연합학력평가
　　　　　　　　　　고3 – 1995학년도 수능

다시보기　▶ 다시 볼 문제 체크하고 틀린 이유 메모하기　　　　　　　　　　　　[분석쌤 강의]는 2차 채점 후 반드시 챙겨 본다!

01 (가)와 (나)의 공통점으로 가장 적절한 것은?

① 색채어를 사용하여 대상을 감각적으로 묘사하고 있다.

② 설의적 표현을 통해 대상에 대한 그리움을 강조하고 있다.

③ 음성 상징어를 사용하여 상황을 생동감 있게 그리고 있다.

④ 말을 건네는 방식을 통해 대상과의 유대감을 드러내고 있다.

⑤ 반어적 표현을 사용하여 심리 변화의 양상을 나타내고 있다.

지문 근거　둘중햇　Q&A　어휘/개념 부정 질문

분석쌤 강의
● **분 석** 2차 채점 후 답지에 쓰인 문학 용어와 공통점을 묻는 문제의 풀이 시간을 단축할 수 있는 방법을 챙겨 봐야 하는 문제 유형
● **해결案** 각 답지에서 핵심이 되는 표현법(색채어, 설의적 표현, 음성 상징어, 말을 건네는 방식, 반어)이 (가)와 (나)에 모두 쓰였는지를 먼저 찾고, 해당 표현법이 쓰였다면 그것을 사용하여 드러내는 효과(답지의 뒷부분)도 적절한지를 따진다. 이때 비교적 지문 길이가 짧은 (가)부터 체크하면 문제 풀이 시간을 단축할 수 있다.

다시보기　▶ 다시 볼 문제 체크하고 틀린 이유 메모하기

02 〈보기〉는 (가)의 시상 전개 과정을 나타낸 것이다. 이를 바탕으로 (가)를 이해한 내용으로 적절하지 않은 것은?

보기

제1수	제2, 3수	제4, 5수	제6수
A	B	C	D

① A에서는 중심 소재를 무생물, 생물, 천상의 자연물로 묶어 제시하고 있다.

② B에서는 대조의 방식을 활용하여 중심 소재를 예찬하고 있다.

③ C에서는 B와 유사하게 대구의 방법을 활용하여 시적 운율감을 이어가고 있다.

④ B와 C에서 중심 소재로 향했던 화자의 시선이 D에서는 내면으로 이동하고 있다.

⑤ B, C, D의 각 수에서는 A에서 언급된 중심 소재를 순차적으로 배치하고 있다.

지문 근거　둘중햇　Q&A　어휘/개념 부정 질문

분석쌤 강의
● **분 석** 문학에서 반드시 알아 두어야 하는 필수 개념어(대조, 대구 등)는 그 의미를 정확하게 알고 있어야 하므로 문제를 풀 때마다 그때그때 예시와 함께 복습해 두어야 한다는 것을 새기게 해 주는 문제
● **해결案** 〈보기〉에서 A는 (가)의 제1수를, B는 제2, 3수를 가리킨다는 것을 확인한 후, 답지 ①부터 A에 대한 설명으로 적절한지를 살핀다. 이때 B를 제2수로, C를 제3수로 생각해 문제를 푸는 실수는 하지 않아야 한다. 그리고 '무생물, 천상, 자연물, 대조, 대구, 순차적' 등의 의미를 알고 있다는 전제하에 출제한 문제이므로 이들 어휘의 뜻을 몰랐다면 복습할 때 꼭 이해하고 넘어가도록 한다.

03 〈보기〉를 바탕으로 (가)와 (나)를 감상한 내용으로 적절하지 <u>않은</u> 것은? [3점]

지문근거 둘중헷 Q&A 어휘/개념 부정질문

> ────── 보기 ──────
>
> (가)의 화자와 (나)의 글쓴이는 모두 관찰한 경험을 바탕으로 사물의 속성을 인식하고 있다. 사물의 속성을 인식하는 것은 사물의 모습에서 추상적인 의미를 발견해 내는 것이다. 그런데 관찰된 겉모습은 사물의 속성을 인식하는 데 도움이 되기도 하지만, 경우에 따라서는 방해가 되기도 한다.

① (가)의 〈제4수〉에서 화자는 눈서리 속에서도 잎이 지지 않는 모습에서, 시련에 굴하지 않는 굳건함을 '솔'의 속성으로 인식하고 있군.

② (가)의 〈제5수〉에서 화자는 곧고 사계절 그 푸름을 잃지 않는 모습에서, 본모습을 지켜나가는 꿋꿋함을 '대나무'의 속성으로 인식하고 있군.

③ (가)의 〈제6수〉에서 화자는 '달'이 높이 떠 있는 것이, 보고도 말 아니 하는 과묵함이라는 속성을 인식하는 데 방해가 된다고 생각하고 있군.

④ (나)에서 글쓴이는 하찮은 잡초처럼 보이는 겉모습으로 인해 눈 속에서 피는 '복수초'의 강인함이라는 속성을 한동안 인식하지 못했던 것이군.

⑤ (나)의 글쓴이는 작은 키로는 견디기 어려운 두터운 눈을 녹이고 꽃을 피운 모습에서, 역경을 이겨 내는 생명력을 '복수초'의 속성으로 인식하고 있군.

분석쌤 강의
● **분 석** 정답에 답한 학생들이 많았지만, 〈보기〉와 오답지를 바탕으로 두 작품의 내용을 한 번 더 정리하면 유용한 문제
● **해결案** 〈보기〉를 참고하되, 정답과 오답을 판단할 때에는 지문에서 근거를 찾아야 한다. 각 답지의 앞부분은 지문에 언급된 내용인지를 체크하고, 뒷부분은 앞부분의 내용을 통해 이끌어 낸 사물의 속성으로 적절한지를 판단하여 앞과 뒤의 내용 중 한 부분이라도 적절하지 않으면 정답으로 확정 짓는다.

04 '꽃'에 대한 심리적 태도를 고려할 때 ㉠과 ㉡에 대한 이해로 가장 적절한 것은?

지문근거 둘중헷 Q&A 어휘/개념 부정질문

① ㉠에는 화자의 동질감이, ㉡에는 글쓴이의 이질감이 담겨 있다.

② ㉠에는 화자의 안도감이, ㉡에는 글쓴이의 불안감이 담겨 있다.

③ ㉠에는 화자의 거리감이, ㉡에는 글쓴이의 친근감이 담겨 있다.

④ ㉠에는 화자의 비애감이, ㉡에는 글쓴이의 애상감이 담겨 있다.

⑤ ㉠에는 화자의 자괴감이, ㉡에는 글쓴이의 만족감이 담겨 있다.

분석쌤 강의
● **분 석** 다시 보면 어렵지 않은 문제인데도 불구하고 낮은 학생들이 오답에 답한 문제라는 점을 염두에 두고 정답과 오답인 이유, 그리고 답지에 제시된 심리를 나타내는 어휘들의 의미를 정확하게 새기고 넘어가야 하는 문제
● **해결案** '꽃'에 대한 심리적 태도를 질문하고 있으므로 답지 ①부터 '동질감, 안도감, 거리감, 비애감, 자괴감'이 ㉠에 담겨 있는지를 O, X로 표시하며 푼다. 그런 다음 ㉠에서 O로 체크한 답지들을 대상으로 ㉡에 제시된 글쓴이의 심리도 적절한지를 따진다. 이때 ㉠과 ㉡의 앞뒤에 전개된 내용을 염두에 두고 각각에 나타난 심리가 적절한지를 판단해야 한다.

05 (나)의 내용을 고려할 때, ⓐ에 담긴 의미로 가장 적절한 것은?

지문근거 둘중헷 Q&A 어휘/개념 부정질문

① 더 많은 종류의 꽃들을 마당에 심고 싶어 하는 글쓴이의 소망이 담겨 있다.

② 소박한 꽃보다 화려한 꽃의 가치를 우선시했던 자신을 돌아보는 태도가 담겨 있다.

③ 추웠던 겨울이 지나고 꽃이 피는 봄이 빨리 오기를 기다리는 글쓴이의 조급함이 담겨 있다.

④ 자연의 질서에 따라 차례대로 피고 지는 꽃들에 대한 글쓴이의 애정과 기대감이 담겨 있다.

⑤ 소중하게 가꾼 꽃들을 자신만이 아니라 주변 사람들과 함께 즐기기를 바라는 마음이 담겨 있다.

분석쌤 강의
● **분 석** 대부분의 학생들이 정답에 답했지만, 발문(문두)을 꼼꼼하게 읽는 것이 중요하다는 것을 새겨야 하는 문제
● **해결案** 질문의 핵심은 'ⓐ에 담긴 의미'이다. (나)와 일치하지 않거나 글쓴이의 심리나 태도와 거리가 먼 것은 정답에서 제외해야 하지만, 정답 여부를 판단할 때에는 ⓐ에 담긴 의미로 적절한지를 따져야 한다.

(가)

1 나는 이럴망정 외방의 늙은 종이

2 공물 바치고 돌아갈 때 하는 일 다 보았네

3 ㉠우리 댁(宅) 살림이 예부터 이렇던가

4 전민(田民)*이 많단 말이 일국에 소문이 났는데

5 **먹고 입으며 드나드는** 종이 백여 명이 넘는데도

6 무슨 일 하느라 텃밭을 묵혔는가

7 농장이 없다던가 호미 연장 못 가졌나

8 날마다 무엇하려 밥 먹고 다니면서

9 열 나무 정자 아래 **낮잠만 자**는가

10 아이들 탓이던가

11 ㉡우리 댁 종의 버릇 보노라면 이상하다

12 소 먹이는 아이들이 상마름을 능욕하고

13 오고 가는 어리석은 손님이 큰 양반을 기롱* 한다

14 ㉢그릇된 재산 모아 다른 꾀로 제 일하니

15 큰 집의 많은 일을 뉘라서 힘써 할까

16 곡식 창고 비었거든 창고지기인들 어찌하며

17 세간이 흩어지니 질그릇인들 어찌할까

18 내 잘못된 줄 내 몰라도 남 잘못된 줄 모르겠는가

19 ㉣풀어헤치거니 맺히거니, 헐뜯거니 돕거니

20 하루 열두 때 어수선을 핀 것인가

(중략)

27 **크게 기운 집**에 상전님 혼자 앉아

28 명령을 뉘 들으며 논의를 뉘와 할까

29 낮 시름 밤 근심 혼자 맡아 계시거니

30 옥 같은 얼굴이 편하실 적 몇 날인가

31 이 집 이리 되기 뉘 탓이라 할 것인가

32 ㉤생각 없는 종의 일은 묻지도 아니하려니와

33 돌이켜 생각하니 상전님 탓이로다

34 내 상전 그르다 하기에는 종의 죄 많건마는

35 그렇다 세상 보며 민망하여 여쭙니다

36 새끼 꼬는 일 멈추시고 내 말씀 들으소서

[A]
37 집일을 고치려거든 종들을 휘어잡고
38 종들을 휘어잡으려거든 상벌을 밝히시고
39 상벌을 밝히시려거든 어른 종을 믿으소서

40 진실로 이리 하시면 **가도(家道)*** 절로 일 겁니다

– 이원익, 「고공답주인가」 –

* 전민: 농사짓는 일을 생업으로 삼는 사람.
* 기롱: 남을 속이거나 비웃으며 놀림.
* 가도: 집안에서 마땅히 지켜야 할 도덕적 규범.

(나)

"사람답게 살아라."라는 말은 소설가 김정한이 평생을 두고 자주 한 말이다. 나는 그의 문장 가운데 다음의 구절을 좋아한다. "어딜 가도 산이 있고 들이 있고 그리고 인간이 살았다. 인간이 사는 곳에는 으레 나뭇가리가 있고 그 곁에는 코흘리개들이 놀곤 하였다. 조국이란 것이 점점 가슴에 느껴졌다." 이 명료한 문장을 읽고 있으면 사람이 떼를 이루어 사는 세상의 풍경이 한눈에 들어오는 것만 같다. 그것도 느리고 큰 자연과 더불어. 사람의 생활이라는 것도 눈에 들어오는 문장이다.

[B]
이래저래 만나게 되는 사람들과 이런저런 사연으로 이별을 경험하게 된 사람들, 그리고 그들의 눈물과 사랑을 하고 있는 저 뜨거운 가슴도 짐작을 하게 된다. 조각돌처럼 까다롭고 별난 사람도 있고, 몽돌처럼 둥글둥글한 사람도 있고, 조각을 한 듯 잘생긴 사람도 있고, 마음에 태풍이 지나가는 사람도 있고, 마음에 4월의 봄볕이 내리는 사람도 있다. 그들 모두 하나의 무리를 이루고 사는 것이 이 세상 아닌가 싶은 생각이 드는 것이다. (중략)

나는 가끔 생각하기를 마당이 있는 집이 내게 있다면 주변의 돌들을 모아서 돌탑을 쌓고 싶다고 소망한다. 그리고 나의 아이들과 아내에게도 돌탑을 하나씩 쌓을 것을 부탁하고 싶다. 산사에 올라가다 보면 길가나 바위 위에 누군가 쌓아 올린 돌탑들처럼 나의 작은 마당 한쪽 한쪽에 돌탑을 쌓아 놓고 싶은 것이다. 아래에는 큰 돌이 필요하고 위를 향해 쌓아 갈수록 보다 작은 돌들이 필요할 것이다. 그리고 각각의 장소에서 구해 온 돌들은 각각의 크기와 모양과 빛깔을 지니고 있을 것이다. 반듯한 것도 있고 움푹 팬 것도 있을 것이다. 마치 여러 종류의 꽃과 풀들이 자라나서 하나의 화단을 이루듯이 그 돌들은 **서로 업고 업혀서** 하나의 탑을 이룰 것이다.

그런데 돌탑을 쌓아 본 사람은 돌탑을 쌓는 데에는 **잔돌**이 필요하다는 것을 알 것이다. 불안하게 **기우뚱하는 돌탑**의 층을 바로잡아 주려면 이 잔돌을 괴는 일이 무엇보다 필요하다. 잔돌을 굄으로써 **탑**은 한 층 한 층 **수평을 이루게** 된다. 못생긴 나무도 숲을 이루는 한 나무요, 쓸모없는 나무는 없다는 말이 있듯이 보잘것없고 작은 잔돌이라도 탑을 올리는 데에는 꼭 필요하다. 돌탑을 쌓아 올리면서 배우는 것 가운데 하나는 이 잔돌의 소중함을 아는 일이다.

사람 사는 세상도 다를 바 없다. 잔돌 같은 사람이 필요하다. 의견이 맞지 않아 다툴 때 그 대화의 매정한 분위기를 무너뜨려 주는 사람이 우리 주변에는 더러 있다. 잔돌처럼 작용해 의견이 다른 사람들의 의견과 의견의 대립을 풀어 주는 사람이 있다. 이런 부드러운 개입의 고마움을 우리는 간혹 잊고 사는 것이 아닐까 싶다.

봄 산이 봄 산인 이유는 새잎이 돋고 꽃이 거기에 있기 때문이다. 수많은 꽃은 자기의 존재감을 주장하지 않는다. 그냥 **스스로**의 생명력으로 피어나 봄 산의 아름다움을 이룬다. 이 세세하고 능동적인 존재의 움직임을 보살폈으면 한다. 돌탑에 다시 비유하자면 잔돌과 같은 그 무엇이기 때문이다.

– 문태준, 「돌탑과 잔돌」 –

▶ **전국 단위 시험에서 출제된 위 작품의 출처** ☞ 〈클리닉 해설〉의 '기출 답지로 작품과 문제 완전 정복'

(가) 이원익, 「고공답주인가」: 2018학년도 3월 · 2013학년도 9월(B형) 고2 전국연합학력평가 / 2016학년도 수능(B형) / 2011학년도 7월 고3 전국연합학력평가

06 (가)와 (나)의 공통점으로 가장 적절한 것은?

① 부재하는 대상에 대한 그리움을 표현하고 있다.

② 순수한 자연 세계에 대한 동경을 나타내고 있다.

③ 부정적 현실에 대한 냉소적 태도를 드러내고 있다.

④ 현실이나 세상에 대해 통찰한 내용을 전달하고 있다.

⑤ 자신이 처한 상황에 순응하는 태도를 보여 주고 있다.

지문근거 둘중햇 Q&A 어휘/개념 부정질문

분석쌤 강의

●**분 석** 쉽게 정답에 답한 경우라도 복습할 때 오답인 이유와 문제 풀이 시간을 단축하는 방법을 새겨야 하는, 공통점을 질문한 문제

●**해결案** (가), (나) 중 빠르게 오답(✗)을 제외할 수 있는 작품부터 먼저 체크한다. 이때 답지를 세부적으로 나누어 ✗ 표시를 하며 푼다.

07 [A]와 [B]에 대한 설명으로 가장 적절한 것은?

① [A]는 [B]와 달리 대조적 의미를 지닌 구절을 활용하여 대상의 속성을 드러내고 있다.

② [B]는 [A]와 달리 자연물에 글쓴이의 감정을 이입하여 표현의 효과를 높이고 있다.

③ [A]는 반어법을 활용하여, [B]는 역설법을 활용하여 주제 의식을 강조하고 있다.

④ [A]와 [B]는 모두 유사한 문장 구조를 반복하여 전달 의도를 강조하고 있다.

⑤ [A]와 [B]는 모두 말을 건네는 어투를 사용하여 청자의 행동 변화를 호소하고 있다.

지문근거 둘중햇 Q&A 어휘/개념 부정질문

분석쌤 강의

●**분 석** 이 시험(2023학년도 3월 고1 전국연합학력평가)의 문학 문제 중 가장 어렵게 푼, '~와 달리'와 '모두'에 주의해 풀어야 하는 문제

●**해결案** '~와 달리'와 '모두'에 주의해 ○, ✗로 표시하며 푼다. 그리고 2차 채점 후 '가장 많이 질문한 오답'에 대한 해설을 참고하여, 문학 개념을 수박 겉 핥기 식으로 대충 알아서는 안 된다는 것을 새기도록 하자.

08 (나)의 글쓴이에 대한 이해로 적절한 것만을 고른 것은?

> ㄱ. 자연과 대비되는 인간의 유한성을 자각한다.
> ㄴ. 사람들이 서로 더불어 사는 세상을 긍정한다.
> ㄷ. 주장을 굽히지 않는 삶을 살았던 자신을 반성한다.
> ㄹ. 세상에는 갈등을 중재할 사람이 필요하다고 생각한다.

① ㄱ, ㄴ   ② ㄱ, ㄷ   ③ ㄴ, ㄷ   ④ ㄴ, ㄹ   ⑤ ㄷ, ㄹ

지문근거 둘중햇 Q&A 어휘/개념 부정질문

분석쌤 강의

●**분 석** 발문(문두)이 달라도 지문에서 근거를 찾아 답해야 하는 국어 영역 문제

●**해결案** 발문 아래에 제시된 ㄱ~ㄹ이 (나)의 글쓴이에 대한 이해로 적절한지 지문에서 근거를 찾되, ㄱ~ㄹ을 부분으로 나누어서 체크해야 한다. ㄱ을 예로 들면 (나)의 글쓴이가 (1) '인간의 유한성을 자각'하고 있는지, 자각하고 있다면 (2) 그것이 '자연과 대비'되고 있는지도 따진다.

09 〈보기〉를 참고할 때 (가)의 ㉠~㉤에 대한 이해로 적절하지 <u>않은</u> 것은?

지문근거 둘중햇   Q&A   어휘/개념 부정질문

분석쌤강의
●**분 석** 지문을 읽기 전 문제부터 보면 문제 풀이 시간을 단축할 수 있다는 것을 입증해 주는 문제 유형으로, 지문보다 〈보기〉를 먼저 읽어야 하고, (가)와 (나)를 함께 질문한 문제들(6번, 7번)보다 먼저 풀어야 하는 문제
●**해결案** 〈보기〉를 읽은 후 (가)를 읽는다. 그런 다음 답지를 검토할 때 밑줄 친 ㉠~㉤의 앞뒤에 전개된 내용을 바탕으로 ㉠~㉤의 의미를 해석한 다음, 〈보기〉와 연결해 답지의 설명이 적절한지를 판단하도록 한다. 그리고 고전 시가는 작품 해석이 중요하고 또 (가)는 빈출 작품이므로, 2차 채점 후 지문 복습을 한 번 더 하고 넘어가도록 하자.

— 보기 —

「고공답주인가」는 고공(종)이 상전에게 답을 하는 형식을 통해 국가 경영을 집안 다스리는 일에 빗대어 표현하고 있다. 이 작품에서 상전은 왕, 종은 신하를 가리키는데, 화자는 임진왜란으로 인해 나라가 황폐해지고 위계질서가 무너진 상황에서 당파 싸움만 일삼으며 재물을 탐하는 신하들을 비판하고 있다. 그리고 국가를 경영하는 왕으로서의 책임을 강조하고 있다.

① ㉠: 나라가 황폐해진 상황이 예전부터 지금까지 이어지고 있다는 것을 드러내고 있다.

② ㉡: 상하의 위계질서가 무너져 신하들의 기강이 해이해진 상황을 나타내고 있다.

③ ㉢: 나라를 돌보는 일을 외면한 채 부정한 방법으로 재물을 탐하는 신하들의 모습을 드러내고 있다.

④ ㉣: 시도 때도 없는 당파 싸움으로 인해 혼란스러운 조정의 모습을 나타내고 있다.

⑤ ㉤: 나라가 어지러워진 책임이 신하뿐만 아니라 왕에게도 있다는 인식을 드러내고 있다.

10 〈보기〉를 바탕으로 (가), (나)를 감상한 내용으로 적절하지 <u>않은</u> 것은? [3점]

지문근거 둘중햇   Q&A   어휘/개념 부정질문

분석쌤강의
●**분 석** 〈보기〉를 바탕으로~로 시작하는 발문(문두)이 중요하고, 〈보기〉가 있는 문제인 점을 빠르게 체크한 다음, 〈보기〉와 답지에 제시된 작은따옴표(' ')로 인용한 어구를 연결해 풀어야 하는 문제
●**해결案** 〈보기〉와 지문 내용을 연결하여 지문에서 굵게 표시한 구절들을 답지와 같이 감상할 수 있는지 살핀다. 이때 이 문제 유형에서는 답지가 〈보기〉와 어긋나거나 지문 내용을 잘못 이해한 것이면 '적절하지 않은' 것이 된다는 것을 염두에 두면 빠르게 정답을 찾을 수 있다.

— 보기 —

전체는 구성 요소들의 집합체이다. 그러므로 전체를 이루는 구성 요소들은 그 자체로는 두드러지지 않을지라도 전체를 위해 없어서는 안 되는 존재이다. 그리고 다양성을 지닌 구성 요소들은 각각의 역할을 능동적으로 수행할 때 존재의 의미를 획득하게 되고 전체는 조화로운 모습을 이루게 된다.

① (가)의 '가도'가 바로 선 집안은 구성 요소들이 어우러져 조화로운 모습을 갖춘 전체를 의미한다고 볼 수 있겠군.

② (나)의 '탑'이 '수평을 이루게' 하는 '잔돌'은 두드러지지 않지만 전체를 위해 없어서는 안 될 구성 요소로 볼 수 있겠군.

③ (가)의 '낮잠만 자'는 종과 달리 (나)의 '스스로' 핀 꽃은 능동적으로 존재의 의미를 획득한 구성 요소로 볼 수 있겠군.

④ (가)의 '먹고 입으며 드나드는'과 (나)의 '서로 업고 업혀서'는 다양성을 지닌 존재들의 필요성을 강조한 것으로 볼 수 있겠군.

⑤ (가)의 '크게 기운 집'은 구성 요소들이 역할을 제대로 수행하지 않은 결과로, (나)의 '기우풍하는 돌탑'은 필요한 구성 요소들이 제대로 갖추어지지 않은 결과로 볼 수 있겠군.

(가)　잠아 잠아 짙은 잠아 이내 눈에 쌓인 잠아

염치 불구 이내 잠아 검치 두덕* 이내 잠아

어제 간밤 오던 잠이 오늘 아침 다시 오네

잠아 잠아 무삼 잠고 가라 가라 멀리 가라

세상 사람 무수한데 구태 너는 간 데 없어

원치 않는 이내 눈에 이렇듯이 자심(滋甚)*하뇨

주야에 한가하여 월명 동창 혼자 앉아

삼사경 깊은 밤을 허도(虛度)이 보내면서

잠 못 들어 한하는데 그런 사람 있건마는

㉠무상불청(無常不請)* 원망 소래 온 때마다 듣난고니

석반(夕飯)*을 거두치고 황혼이 대듯마듯

㉡낮에 못 한 남은 일을 밤에 할랴 마음먹고

언하당(言下當)* 황혼이라 섬섬옥수(纖纖玉手)* 바삐

들어

등잔 앞에 고개 숙여 실 한 바람 불어 내어

드문드문 질긋 바늘 두엇 뜸 뜨듯마듯

난데없는 이내 ⓐ잠이 소리 없이 달려드네

㉢눈썹 속에 숨었는가 눈알로 솟아 온가

이 눈 저 눈 왕래하며 무삼 요수 피우든고

맑고 맑은 이내 눈이 절로 절로 희미하다

　　　　　　　　　　　　　　　– 작자 미상, 「잠노래」 –

(나)　귓도리 저 귓도리 어여쁘다 저 귓도리

어인 귓도리 지는 달 새는 밤의 긴 소리 쟈른 소리

㉣절절(節節)이 슬픈 소리 제 혼자 우러 ·녜어 사창(紗
窓) ⓑ여왼 잠을 살뜰히도* 깨우는구나

두어라 제 비록 미물(微物)이나 ㉤무인동방(無人洞
房)에 내 뜻 알 이는 너뿐인가 하노라

　　　　　　　　　　　– 작자 미상, 「귓도리 저 귓도리~」 –

* 검치 두덕: 욕심 언덕.
* 자심(滋甚): 더욱 심함.
* 무상불청(無常不請): 청하지 않은.
* 석반(夕飯): 저녁밥.
* 언하당(言下當): 말이 끝나자마자 바로. 여기서는 '그런 생각
　을 하자마자 바로'의 뜻임.
* 섬섬옥수(纖纖玉手): 가냘프고 고운 여자의 손.
* 살뜰히도: 알뜰하게도, 여기서는 '얄밉게도'의 뜻임.

(다)　물은 하나의 국가요, 용은 그 나라의 군주다. 물고기 가운데 큰 것으로 고래, 곤어, 바닷장어 같은 것은 군주들 안밖에서 모시는 여러 신하이다. 그다음으로 메기, 잉어, 다랑어, 자가사리 같은 것은 서리나 아전의 무리다. 이 밖에 크기가 한 자 못 되는 것들은 물나라의 만백성이라 할 수 있다. 상하가 서로 차례가 있고 큰 놈이 작은 놈을 통솔하니, 그것이 어찌 사람과 다르겠는가?

그러므로 용은 물나라를 다스리면서, 날이 가물어 마르면 반드시 비를 내려주고, 사람이 물고기를 다 잡아 버릴까 염려하여서는 큰 물결을 겹쳐 일어나게 하여 덮어 준다. 그러한 것이 물고기에 대해서 은혜를 끼침이 아닌 것은 아니다.

하지만 물고기에게 인자하게 베푸는 것은 한 마리 용뿐이요, 물고기를 학대하는 것은 수많은 큰 물고기들이다. 고래와 암고래는 조류를 들이마셔서 작은 물고기를 잡아먹는 일을 자신의 시서(詩書)로 삼고, 교룡과 악어는 물결을 헤치며 삼키고 씹어 먹어 작은 물고기를 잡아먹는 것을 거친 땅의 농사일로 삼으며, 문절망둑, 쏘가리, 두렁허리, 가물치의 족속은 틈을 타서 발동을 해서 작은 물고기를 자신의 은이요 옥으로 삼는다. 강자는 약자를 삼키고, 지위가 높은 자는 아랫것을 약탈하니, 진실로 강한 자, 높은 자가 싫증 내지 않는다면 작은 물고기는 반드시 남아나지 않을 것이다.

슬프다! 작은 물고기가 없다면 용이 누구와 더불어 군주가 되며, 저 큰 물고기들이 어찌 으스댈 수 있겠는가? 그러므로 용의 도리란 작은 물고기들에게 구구한 은혜를 베풀어 주는 것보다, 차라리 먼저 그들을 해치는 족속들을 물리치는 것만 못하리라!

아아, 사람들은 물고기에게만 큰 물고기가 있는 줄 알고 사람에게도 큰 물고기가 있는 줄을 알지 못하니, 물고기가 사람을 슬퍼하는 것이 어찌 사람이 물고기를 슬퍼하는 것보다 심하지 않다고 하랴?

　　　　　　　　　　　　　　　　　　　　– 이옥, 「어부(魚賦)」 –

▶ **전국 단위 시험에서 출제된 위 작품의 출처** ☞ 〈클리닉 해설〉의 '기출 답지로 작품과 문제 완전 정복'
　(가) 작자 미상, 「잠노래」: 2015학년도 3월 고1 전국연합학력평가 / 2003학년도 12월 고1 전국연합학력평가 / 2012학년도 9월 고2 전국연합학력평가(A형) /
　　　　　2008학년도 3월 고2 전국연합학력평가
　(나) 작자 미상, 「귓도리 저 귓도리~」: 2006학년도 6월 고3 모의평가 / 2003학년도 10월 고3 전국연합학력평가
　(다) 이옥, 「어부」: 2011학년도 6월 고3 모의평가

11 (가)~(다)의 공통점으로 가장 적절한 것은?

① 대상의 부재로 인한 그리움의 심정을 드러내고 있다.

② 현실의 어려움을 극복하려는 의지적 태도를 보이고 있다.

③ 이상과 현실의 괴리에 대해 절망적인 심경을 표출하고 있다.

④ 부정적인 현재 상황에 대해 탄식하는 태도를 드러내고 있다.

⑤ 일상생활과 관련된 사물의 속성에서 삶의 교훈을 이끌어 내고 있다.

지문 근거 둘 중 헷 Q&A 어휘/개념 부정 질문

분석쌤 강의

● **분 석** 오답지들 모두 답한 학생들이 많았던 만큼, 2차 채점 후 〈클리닉 해설〉을 참고해 정답과 오답들 모두 (가)~(다) 각각에 대해 적절성 여부를 따지면서 복습하면 유용한 문제

● **해결案** '공통점'을 묻고 있으므로 (가)~(다) 중 한 작품이라도 해당되지 않는 설명은 ✗ 표시를 하여 정답에서 제외한다. 이때 가장 자신 있는 작품부터 체크해 답지에 ○, ✗ 표시를 해 나가면 정답을 빠르고 쉽게 찾을 수 있다.

12 (가), (나)에 대한 설명으로 적절한 것은?

① (가)와 달리 (나)는 동일한 시어의 반복을 통해 운율을 형성하고 있다.

② (나)와 달리 (가)는 청각적 심상을 통해 계절감을 드러내고 있다.

③ (가)와 (나)는 모두 시간적 배경을 통해 시적 상황을 구체화하고 있다.

④ (가)와 (나)는 모두 설의적 표현을 통해 시적 의미를 강조하고 있다.

⑤ (가)와 (나)는 모두 색채의 대비를 통해 표현 효과를 높이고 있다.

지문 근거 둘 중 헷 Q&A 어휘/개념 부정 질문

분석쌤 강의

● **분 석** '~와 달리'와 '모두'에 유의해 풀어야 하는, 두 작품의 표현상의 특징을 비교하는 문제

● **해결案** (가)와 (나) 각각에 대해 검토하되, 'A를 통해 B(하)고 있다.'의 답지 구성임에 유의하여 A부터 체크한 후, A가 적절하다면 A를 통해 B하고 있는지도 체크해 정답 여부를 판단해야 한다.

13 ⓐ, ⓑ에 대한 이해로 가장 적절한 것은?

① ⓐ는 화자의 목적을 이루기 위한 보조적 수단이다.

② ⓑ는 외부적 요인으로 인해 방해받고 있다.

③ ⓐ와 달리 ⓑ는 화자가 현실로부터 벗어나기 위한 행위이다.

④ ⓑ와 달리 ⓐ는 화자의 고통을 해소시키고 있다.

⑤ ⓐ와 ⓑ는 모두 화자가 거부하는 대상이다.

지문 근거 둘 중 헷 Q&A 어휘/개념 부정 질문

분석쌤 강의

● **분 석** 특정 오답지에 답한 학생들이 많았던 만큼, 〈클리닉 해설〉에서 '가장 많이 질문한 오답은?'을 챙겨 봐야 하는 문제

● **해결案** (가), (나)의 전체 흐름을 통해 ⓐ와 ⓑ의 기능을 이해한다. 답지를 살필 때에는 '~와 달리, 모두'에도 유의해야 하지만, ⓐ와 ⓑ를 바꾸어 생각하지 않아야 하고, ⓑ는 '잠'이 아니라 '여읜 잠'이라는 것도 놓치지 않아야 한다.

14 ㉠~㉤을 감상한 내용으로 적절하지 않은 것은?

① ㉠: 화자와 상반된 처지에 있는 사람이 '잠'에게 불만을 드러내고 있다.
② ㉡: 쉬지도 못하고 밤늦게까지 일을 해야 하는 화자의 고달픈 삶이 나타나 있다.
③ ㉢: '잠'을 의인화하여 잠이 쏟아지는 화자의 현재 상황을 해학적으로 표현하고 있다.
④ ㉣: 화자의 내면적 슬픔을 '귓도리'의 울음소리를 통해 간접적으로 드러내고 있다.
⑤ ㉤: 혼자 살아가는 자신의 외로운 처지를 알아주는 유일한 대상이 '귓도리'라는 화자의 인식이 드러나 있다.

지문근거 | 둘중헷 | Q&A | 어휘/개념 | 부정질문

분석쌤 강의

● **분 석** 고전 시가는 해석이 가장 중요하고, 정답을 쉽게 찾은 경우에도 지문에 제시된 작품의 복습과 답지에 제시된 문학 용어(화자, 의인화, 해학적 등)를 다시 챙겨 보는 것이 중요하다는 것을 일러 주는 문제

● **해결案** ㉠~㉤이 누가 누구에게 어떤 상황에서 한 말이고, 말하고자 하는 바가 무엇인지를 파악한다. 그런 다음 답지 ①부터 적절한 감상인지를 체크하되, ㉠~㉤ 앞뒤에 전개된 내용을 통해 판단하도록 한다.

다시보기 ▶ 다시 볼 문제 체크하고 틀린 이유 메모하기

15 〈보기〉를 바탕으로 (다)를 감상한 내용으로 적절하지 않은 것은? [3점]

보기

「어부」는 국가의 상황을 물속의 세계에 빗대고, 군주를 '용'에, 여러 신하를 '큰 물고기'에, 백성을 '작은 물고기'에 빗대어 현실 세계를 비판하고 있다. 글쓴이는 나라의 근본은 '작은 물고기'인 백성이므로 백성들을 수탈하는 '큰 물고기', 즉 관리들을 잘 다스리는 것이 군주로서 해야 할 가장 중요한 일임을 강조하고 있다.

① 용이 큰 물결을 일어나게 하여 물고기를 덮어 주는 것은 백성을 어질게 살피는 군주의 모습으로 볼 수 있군.
② 교룡과 악어가 작은 물고기를 잡아먹는 것은 백성을 수탈하는 관리들의 모습으로 볼 수 있군.
③ 작은 물고기가 없으면 용이 군주가 될 수 없다고 하는 것은 나라의 근본이 백성에게 있다는 글쓴이의 인식을 보여 주는군.
④ 작은 물고기를 해치는 족속을 물리치는 것이 용의 도리라고 하는 것은 군주가 해야 할 가장 중요한 일이 관리를 잘 다스리는 일임을 말해 주는군.
⑤ 사람들이 사람에게도 큰 물고기가 있는 줄을 알지 못한다고 하는 것은 관리들의 수탈에 적극적으로 저항하지 않는 백성의 태도를 비판하는 것이군.

지문근거 | 둘중헷 | Q&A | 어휘/개념 | 부정질문

분석쌤 강의

● **분 석** 작품 이해를 돕는 〈보기〉부터 읽은 후 지문을 읽으면 문제 풀이 시간을 단축할 수 있는 문제 유형

● **해결案** 〈보기〉를 읽은 후 (다)를 읽고 답지를 검토하면, 각 답지의 앞부분은 지문에서 확인할 수 있고, 뒷부분은 〈보기〉를 바탕으로 옳은지 그른지를 판단할 수 있다. 따라서 〈보기〉가 있는 문제를 풀 때에는 지문과 〈보기〉의 내용 모두와 어긋나지 않아야 적절한 답지가 된다. 2차 채점 후 〈보기〉를 한 번 더 읽고 (다) 작품을 이해해 두도록 한다.

▶ 정답을 모르는 상태에서 2차 풀이를 하기 위한 방법으로, 아래 채점표 대신 '모바일 자동 채점 프로그램'(문제편 표지 QR 코드)을 이용해도 된다.

종료 시각 시 분 초

1 종료 시각을 적은 후, 문제에 체크한 '내가 쓴 답'을 ❶에 옮겨 적는다.
2 ❷에 채점을 하되, 틀린 문제에만 '/' 표시를 한다.
(문제에 직접 채점하지 않는 이유는 다시 풀 때 정답을 모르는 상태에서 풀어야 제대로 훈련이 되기 때문)

문항 번호	1	2	3	4	5	6	7	8	9	10	11	12	13	14	15
❶ 내가 쓴 답															
❷ 채 점															

☞ 정답은 〈클리닉 해설〉 p.184 (해설은 p.152)

3 틀렸거나 찍어서 맞힌 문제는 다시 푼다.
4 2차 채점을 할 때 다시 풀어서 맞힌 문항은 △, 또 틀린 문항은 ✕ 표시를 한다.
5 △와 ✕ 문항은 반드시 다시 보고 틀린 이유를 알고 넘어간다.

총 소요 시간	종료 시각 −시작 시각	분	초
목표 시간		26분	10초
초과 시간	총 소요 시간 −목표 시간	분	초

채점 결과_ 20일째
반드시 체크해서 복습 때 활용할 것

1차 채점		2차 채점	
총 문항 수	15개	△ 문항 수	개
틀린 문항 수	개	✕ 문항 수	개

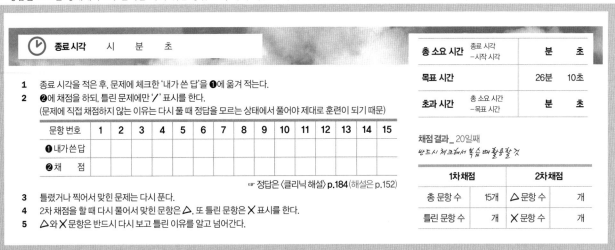

매3 주간 복습　　　　　　　　　　　　　　　　　　　　　　　　**3주차** 공부한 내용 복습하기

구분	1 공부한 날	2 초과 시간	총 문항 수	3 틀린 문항 수	4 △ 문항 수	5 ✕ 문항 수
15일째	월　일	분　초	9 개	개	개	개
16일째	월　일	분　초	9 개	개	개	개
17일째	월　일	분　초	10 개	개	개	개
18일째	월　일	분　초	10 개	개	개	개
19일째	월　일	분　초	12 개	개	개	개
20일째	월　일	분　초	15 개	개	개	개

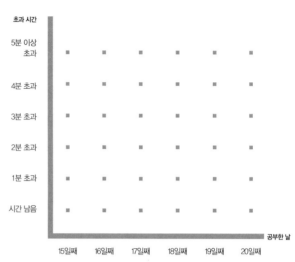

▲매일 체크한 시간을 동그라미로 표시하여 시간 변화를 한눈에 보자.

1주일간 공부한 내용을 다시 보니, ……

1 **매일 지문 3개씩 시간에 맞춰 풀었다. *vs.* 내가 한 약속을 못 지켰다.**
▶국어 영역은 매일, 꾸준히 일정 분량을 공부해야 효과적이다.

2 **시간이 단축되고 있음을 느낀다. *vs.* 문제 푸는 시간이 줄지 않는다.**
▶문학에서 시간 부족 문제를 해결하기 위해서는 갈래별로 제대로 복습 방법을 지키며 공부하는 것이 중요하다.
맞힌 문제라도 몰랐던 개념은 다시 보고 〈클리닉 해설〉을 통해 지문 복습도 해야 시간을 단축할 수 있다.

3 **틀린 문항 수가 거의 비슷하다.**
▶틀린 문제들을 다시 본다. 특정 문항 유형에서 많이 틀렸는지를 확인하고
각 문항 오른쪽에 제시된 '분석쌤 강의'를 통해 문제점 극복 방안을 찾는다.

4 **△ 문항이 ✕ 문항보다 많다면, … △ 문항 수를 줄이는 것이 국어 영역 고득점의 지름길!**
▶ △ 문항을 줄이는 방법은 처음 틀렸을 때 왜 그 답지를 정답으로 생각했는지를 따져 보는 것이다.
다시 봤을 때 아무리 쉬워도, 틀린 문제는 또 틀릴 수 있다는 것을 명심하자.

5 **✕ 문항 수가 줄지 않는다면?**
▶〈클리닉 해설〉을 본다. 많은 학생들이 질문한 문제를 같은 생각에서 틀린 것인지,
아니면 쉬운 문제임에도 불구하고 틀린 것인지를 체크하여 내가 취약한 유형이 무엇인지를 파악한다.
〈클리닉 해설〉을 보고 확실하게 알고 넘어가고,
'매3 오답 노트'에 메모해 두었다가 한 달에 한 번 꼭 다시 복습한다.

!　　1주일간 공부한 내용과 '매3 오답 노트'에 메모한 내용까지 다시 보니,

결론적으로,
내가 **취약한 부분**은 [　　　　　　　]이다.
취약점을 보완하기 위해서 나는 [　　　　　　　]을/를 해야겠다.

한 달 뒤 다시 봐야 할 문항과, 꼭 다시 외워야 할 사항 · 개념 등이 있는 페이지는 지금 바로 접어 두었다.
어휘는 반드시 문맥 속에서 '매3어휘 풀이'를 떠올리며 익히고, 문학 용어(개념어)는 예시문과 함께 확실하게 알아 두고,
'나만의 매3 오답 노트'는 시험 전에 꼭 다시 봐야겠다.

1~4 **다음 글을 읽고 물음에 답하시오.**　　　　2024학년도 3월 고1 전국연합학력평가 【25~28】 현대 소설

[앞부분의 줄거리] 설렁탕집 주인 '달평 씨'는 선행은 아무도 모르게 해야 한다는 신념을 가진 인물이다. 그러나 우연히 신문 기자들에 의해 선행이 과장되어 세상에 알려지면서 달평 씨는 대중들의 시선을 의식하게 되고, 본래 자신의 모습을 잃어버리는 첫 번째 죽음을 맞게 된다.

그러나 어쩐 일인지 세상 사람들의 관심은 달평 씨에게서 자꾸 멀어져가고 있었다. 그것을 눈치 못 챌 매스컴들이 아니었다. 달평 씨의 미담이 **세상 사람들에게 알려지는 기회가 부쩍 줄어들**었다.

그러나 달평 씨는 거기서 물러설 위인이 아니었다. 그가 **입을 더 크게 벌**렸다.

"나는 전과잡니다. 용서 못 받을 죄를 수없이 지고도 뻔뻔스럽게 살아온 흉악무도한 죄인입니다."

달평 씨는 듣기에 **끔찍한 지난날 자기의 악행**을 요목요목 들추어 만천하에 공개하기 시작했다. 치한, 사기, 모리배, 폭력…… 등등, 그는 초빙되어 간 그 강단에 서서 꾸벅꾸벅 조는 사람들의 머리를 들게 하고 그 쳐든 얼굴에 공포를 끼얹었다. 그다음에 그가 보여 주는 연기는 참회하는 자의 흐느낌과 손수건을 적시는 눈물이었다. 그리고 그는 결론짓곤 했다.

"여러분은 이제 내가 어째서 내 식구의 배를 굶겨 가면서 나보다 못사는 사람, 나보다 불우한 이웃을 위하는 일에 몸을 던졌는가를 아시게 되었을 겁니다."

청중들이 떠나갈 듯 박수를 치며 고개를 크게 주억거렸다.

"어머니, 그게 사실입니까? 아버지가 신문에 난 것처럼 그렇게 나쁜 죄를 많이 진 분입니까?"

달평 씨의 아들딸이 숨 가쁘게 달려와 어머니의 얼굴을 쳐다보았다. 그들은 그제야 어머니의 얼굴에 전에는 전혀 볼 수 없었던 그늘이 깔려 있음을 발견했다. 그네의 입에서 나온 대답 역시 전과는 달리 남편이 밖에서 한 말을 부정하는 것이었다.

"아니다, 느 아버진 결코 그렇게 나쁜 짓을 할 어른이 아니다."

"그럼, 뭡니까? 아버진 왜 당신의 입으로 그런 말을 하시는 겁니까?"

그러나 달평 씨의 부인은 더 대답하지 않고, 신문을 보고 부쩍 늘어난, 얼굴이 험악한 사람들의 식당 방문을 맞기 위해 일어서고 있었을 뿐이다. 어떻든 달평 씨의 그러한 ㉠**폭탄선언**으로 인해 세상 사람들은 **다시 달평 씨를 입에 올리기 시작**했던 것이다. 얼굴이 험악하게 생긴 사람들이 찾아와 손을 벌리기 시작했고 그들이 만든 무슨 **친선 단체의 회장직 감투**가 여지없이 **달평 씨에게 씌워**지기도 했다.

그러나 날 샌 원수 없고 밤 지난 은혜 없다고 세상 사람들은 모든 걸 너무나 쉽게 잊었다. 세상 사람들은 달평 씨를 다시 그들의 관심 밖으로 내동댕이쳤다. 보은식당의 종업원들은 식당 안에서 나폴레옹처럼 초조하게 서성거리는 달평 씨의 모습을 더욱 자주 보게 되었다.

"오늘 A 주간 신문 기자가 왔다 갔지?"

어느 날 밖에 나갔다 들어온 달평 씨가 그의 부인한테 물었다.

"예, 왔었어요." / "와서 뭘 묻읍데까?"

"당신이 정말 옛날에 그런 나쁜 짓을 한 사실이 있느냐고 묻더군요?"

"그래서?" / "모른다고 했지요, 제가 잘 모르는 일이기 때문에……."

후우 가슴이라도 쓸어내릴 듯 숨을 내쉬던 달평 씨가 손가락을 동그랗게 해 보이며 물었다.

"그래, 얼마나 쥐여 보냈소?" / "아무것도요, 마침 돈이 집에 하나도 없어서."

"뭐라구? 그래, 그 사람을 빈손으로 보냈단 말이야?"

"아무래도 식당 문을 닫아야 할까 봐요. 지난 기 세금도 아직……."

"뭐야? 도대체 여편네가 장살 어떻게 하길래 그따위 소릴 하는 거야?"

그러나 달평 씨의 부인은 사자처럼 포효하는 남편한테 맞서 대들지 않았다. 언제나처럼 조용한 얼굴로 식당에 찾아온 손님을 맞았을 뿐이다.

이때 식당에 와 있던 달평 씨의 **아들딸들**이 어머니 대신 우, 하고 일어섰던 것이다.

"아버지, 도대체 왜 이러시는 거예요?"

"아버지, 지금 우리 집 형편이 어떻게 돌아가고 있는지 아시고나 계신 겁니까?"

"아빠, 아빠보다 열 배, 아니 백 배, 천 배, 만 배도 더 잘사는 사람들도 못하는 일을 아빠가 어떻게 하신다고 그러시는 거예요? 아빠, **오른손이 하는 일을 왼손이 모르게 하라는 말 생각 안 나**세요?"

"아버지, 제발 정신 좀 차리세요!"

자식들이 내쏟는 그 공박에 속수무책으로 멍청히 듣고만 있던 달평 씨가 벌떡 일어나 종업원들도 다 있는 그 자리에서 ⓒ <u>폭탄선언</u>을 한 것이 바로 그때였다. / 그것은 정말 대형 폭탄이었다. 어쩌면 달평 씨가 가진 마지막 카드였을 것이다.

"내 이 말은 더 있다가 하려 했었지만…… 기왕 아무 때고 알아야 할 일…… 올 것은 빨리 오는 게 피차……."

여느 때와 달리 말까지 더듬어 대는 달평 씨의 목소리는 사뭇 비장한 느낌까지 드는 것이었다. 종업원들까지 숨을 죽였다.

"너희 셋은 모두 내 핏줄이 아냐. 기철이 넌 호남선 기차간에서 주웠고, 기수 넌 서울역 광장에 버려진 걸 주워온 거고, 애숙이 넌 파주 양갈보촌이 네 고향이지. 물론 남들한테야 저기 있는 느덜 어머니 배 속으로 난 것처럼 연극을 해 왔다만……."

얼굴이 하얗게 질린 달평 씨의 세 남매가 서로 얼굴을 마주 본 다음 황황히 눈길을 피하며, 구원이라도 청하듯 카운터에 앉은 그들 어머니 쪽으로 고개를 돌렸다.

그때 달평 씨의 부인이 이제까지 그 누구도 보지 못했던 분연한 얼굴 표정으로 일어섰던 것이다. 그네가 소리쳤다.

"여보, 이젠 당신 자식들까지 팔아먹을 작정이에요?"

가속으로 무너져 내려 더 어찌할 길 없는 남편의 그 두 번째 죽음의 순간에 이처럼 거연히 부르짖고 일어선 **그네의 외침**은 우리의 **달평 씨를 다시 한번 살려 낼 오직 한 가닥의 빛**이었던 것이다.

— 전상국, 「달평 씨의 두 번째 죽음」—

다시보기 ▶다시 볼 문제 체크하고 틀린 이유 메모하기

[분석쌤 강의]는 2차 채점 후 반드시 챙겨 본다!

01 윗글에 대한 설명으로 적절하지 않은 것은?

① 공간적 배경을 통해 인물의 심리를 암시하고 있다.
② 비유적 표현을 통해 인물의 행동을 묘사하고 있다.
③ 대화를 통해 인물들 간의 갈등 상황을 드러내고 있다.
④ 시간의 흐름에 따라 사건을 순차적으로 전개하고 있다.
⑤ 서술자가 작중 상황에 대해 자신의 생각을 드러내고 있다.

지문 근거 둘중헷 Q&A 어휘/개념 부정질문

분석쌤 강의
● **분 석** 현대 소설 단골 유형인 만큼, 문제 풀이 방식을 체크하고 넘어가야 하는 문제
● **해결案** 답지 ①부터 공간적 배경이 제시된 부분과 인물의 심리를 암시하고 있는 부분을 찾아, 공간적 배경을 통해 인물의 심리를 암시하고 있는지를 꼼꼼하게 따진다.

다시보기 ▶다시 볼 문제 체크하고 틀린 이유 메모하기

02 윗글을 이해한 내용으로 가장 적절한 것은?

① 청중들은 달평 씨의 강연을 듣고 나서 심드렁해 했다.
② 달평 씨의 아들딸은 어머니의 발언으로 인해 아버지를 이해하게 되었다.
③ 종업원들은 달평 씨에게 경제적 어려움을 호소하며 도움을 요청했다.
④ 달평 씨는 A 주간 신문 기자를 만나 새로운 선행을 알릴 수 있었다.
⑤ 달평 씨의 부인은 어려워진 식당 운영에 대해 화를 내는 남편에게 맞서 대들지 않았다.

지문 근거 둘중헷 Q&A 어휘/개념 부정질문

분석쌤 강의
● **분 석** 발문(문두)에서, 비문학에서 내용 일치 여부를 묻는 문제를 푸는 방법을 적용해서 풀어야 한다는 것을 알려 주는 문제
● **해결案** 답지에서 키워드를 체크하여, 체크한 키워드가 언급된 지문 내용과 비교하여 O, X로 표시하며 풀어야 한다.

다시보기 ▶다시 볼 문제 체크하고 틀린 이유 메모하기

03 ㉠, ㉡을 이해한 내용으로 가장 적절한 것은?

① ㉠은 사건의 초점을 다른 인물로 전환시키려는 행위이다.
② ㉡은 다른 인물들이 과거에 벌인 일들을 폭로하는 행위이다.
③ ㉠은 상대의 입장을 이해하기 위한, ㉡은 상대의 의심을 피하기 위한 행위이다.
④ ㉡은 ㉠으로 인해 발생한 사건의 전말을 드러내려는 행위이다.
⑤ ㉠과 ㉡은 모두 반향을 일으켜 자신이 처한 상황을 바꾸어 보려는 행위이다.

지문 근거 둘중헷 Q&A 어휘/개념 부정질문

분석쌤 강의
● **분 석** 앞뒤에 전개된 내용을 바탕으로 검토해야 정답 여부를 빠르게 판단할 수 있는 문제
● **해결案** ㉠과 ㉡의 내용부터 체크한 다음, 답지의 설명이 적절한지를 따져 본다. 이때, 사건, 인물, 상대, 인물이 처한 상황까지 고려하여 판단하도록 한다.

04 〈보기〉를 참고하여 윗글을 감상한 내용으로 적절하지 <u>않은</u> 것은? [3점]

─ 보기 ─

이 작품은 주인공인 '달평 씨'가 대중의 시선을 지나치게 의식하게 되면서 몰락해 가는 과정을 그리고 있다. 순수한 의도로 선행을 베풀어 오던 달평 씨는 언론에 의해 유명세를 치르게 된 후 그것에 중독되어, 자극적인 정보에만 반응하는 대중과 언론의 관심을 끌기 위해 보여 주기식 선행을 베풀고 거짓을 지어낸다. 그러한 허위의식으로 인해 그는 점점 자신의 정체성을 잃어 가고, 끝내 가족까지 파탄에 이르게 한다.

① '세상 사람들에게 알려지는 기회가 부쩍 줄어들'자 '입을 더 크게 벌'리는 달평 씨의 모습에서 대중의 관심을 얻고자 하는 인물의 욕심이 드러나는군.

② '끔찍한 지난날 자기의 악행'을 공개하자 '다시 달평 씨를 입에 올리기 시작'하는 사람들을 통해 자극적인 정보에만 반응하는 대중들의 모습을 보여 주는군.

③ '달평 씨에게 씌워'진 '친선 단체의 회장직 감투'를 거부하지 않은 것은 불우한 사람들까지도 철저하게 속이려는 달평 씨의 허위의식을 보여 주는군.

④ '오른손이 하는 일을 왼손이 모르게 하라는 말 생각 안 나'느냐고 묻는 '아들딸들'의 말을 통해 달평 씨가 보여 주기식 선행을 베풀고 있음이 드러나는군.

⑤ '달평 씨를 다시 한번 살려 낼 오직 한 가닥의 빛'인 '그네의 외침'은 달평 씨가 더 이상 파탄의 길로 가지 않도록 하는 아내의 저항이겠군.

지문 근거   둘중헷   Q&A   어휘/개념 부정 질문

분석쌤강의

● **분 석** 특정 오답지에 답한 학생들이 많았는데, 이와 같은 문제는

1. 지문보다 〈보기〉를 먼저 읽어야 하고,
2. 답지를 검토할 때 지문과 〈보기〉를 함께 고려해야 하는

문제 풀이 방식(〈클리닉 해설〉 참조)을 한 번 더 체크하고 넘어가야 하는 유형

● **해결案** 〈보기〉부터 읽은 후 지문을 읽는다. 그런 다음, 답지에서 작은따옴표(' ')로 인용한 앞부분이 지문 내용과 일치하는지를 체크하고, 답지의 뒷부분이 〈보기〉에서 설명한 내용과 부합하는지도 살핀다. 이때 중요한 것은 답지의 앞부분(A)과 뒷부분(B)의 설명이 모두 맞아도 A를 통해 B를 드러내고 보여 주는 것이어야 적절한 감상이 된다는 점이다.

5~9 다음 글을 읽고 물음에 답하시오.

2024학년도 3월 고1 전국연합학력평가 【16~20】 갈래 복합(현대시 + 시조)

(가) ¹ **잠깐 초록을 본** 마음이 돌아가지 않는다.

² **초록에 붙잡힌 마음**이

³ 초록에 붙어 바람에 세차게 흔들리는 마음이

⁴ 종일 떨어지지 않는다

⁵ 여리고 연하지만 불길처럼 이글이글 휘어지는 초록

⁶ 땅에 박힌 심지에서 끝없이 솟구치는 초록

⁷ 나무들이 온몸의 진액을 다 쏟아내는 초록

⁸ㄱ ⊙ 지금 저 초록 아래에서는

⁹ 얼마나 많은 잔뿌리들이 발끝에 힘주고 있을까

¹⁰ 초록은 수많은 수직선 사이에 있다

¹¹ **수직선들을 조금씩 지우며** 번져가고 있다

¹² 직선과 사각에 **밀려 꺼졌다가는 다시 살아나고 있다**

¹³ 흙이란 흙은 도로와 건물로 모조리 딱딱하게 덮인 줄 알았는데

¹⁴ 이렇게 많은 초록이 **갑자기 일어날 줄은 몰랐다**

¹⁵ 아무렇게나 버려지고 잘리고 갇힌 것들이

¹⁶ 자투리땅에서 이렇게 크게 세상을 덮을 줄은 몰랐다

¹⁷ 콘크리트 갈라진 틈에서도 솟아나고 있는 ┐

¹⁸ 저 저돌적인 고요

¹⁹ 단단하고 건조한 것들에게 옮겨 붙고 있는   [A]

²⁰ 저 촉촉한 불길 ┘

　　　　　　　　　　　 – 김기택, 「초록이 세상을 덮는다」 –

(나) 어져 내 일이야 무슨 일 하다 하고

굳은 이 다 빠지고 **검던 털이** 희었네

어우와 소장불노력하고 노대에 도상비로다* 〈제1수〉

셋 넷 다섯 어제인 듯 열 스물 얼핏 지나

서른 마흔 한 일 없이 쉰 예순 넘는단 말인가

장부의 허다 사업을 못 다 하고 늙었느냐 〈제2수〉

생원이 무엇인가 **급제도 헛일**이니

밭 갈고 논 매더면 설마한들 배고프리

이제야 아무리 애달픈들 몸이 늙어 못하올쇠 〈제3수〉

너희는 젊었느냐 나는 **이미 늙었구나**

젊다 하고 믿지 마라 나도 일찍 젊었더니

젊어서 흐느적흐느적하다가 늙어지면 거짓 것이*

　　　　　　　　　　　　　　　　 〈제4수〉

⊙ 재산인들 부디 말며 과갑인들 마다 할까

재산이 유수하고 과갑은 재천하니*

하오면 못할 이 없기는 착한 일인가 하노라 〈제5수〉

내 몸이 못하고서 너희더러 하라기는

내 못하여 애달프니 너희나 하여라

청년의 아니하면 **늙은 후 또 내 되리** 〈제6수〉

　　　　　　　　　　　 – 김약련, 「두암육가」 –

* 소장불노력하고 노대에 도상비로다: 젊어서 노력하지 않고, 늙어서 상심과 슬픔뿐이로다.

* 거짓 것이: 거짓말처럼 허망한 것이.

* 재산이 유수하고 과갑은 재천하니: 재산은 운수가 있어야 하고 과거 급제는 하늘에 달렸으니.

05 (가)와 (나)의 표현상 공통점으로 가장 적절한 것은?

① 대조적 표현을 활용하여 주제 의식을 부각하고 있다.

② 일부 시행을 명사로 마무리하여 여운을 남기고 있다.

③ 수미상관의 기법을 활용하여 리듬감을 조성하고 있다.

④ 명령적 어조를 사용하여 화자의 의지를 표출하고 있다.

⑤ 감탄사를 사용하여 대상에 대한 예찬을 드러내고 있다.

지문근거　둘중헷　Q&A　어휘/개념　부정질문

분석쌤 강의

● **분 석** 쉽게 정답에 답한 경우에도 정답인 근거와 오답인 이유를 꼼꼼하게 따져 알고 넘어가야 하는 문제

● **해결案** (가), (나) 중 좀 더 자신 있는 작품을 대상으로 답지 ①부터 ⑤까지 앞부분에서 언급한 표현법이 사용되었는지를 따져 O, X 표시를 한다. 그런 다음 O로 표시된 답지들만을 대상으로 나머지 작품에도 적용되는지를 판단하면 빠르게 정답을 찾을 수 있다.

06 〈보기〉를 바탕으로 (가)와 (나)를 감상한 내용으로 적절하지 <u>않은</u> 것은? [3점]

> ─ 보기 ─
>
> 　사물을 바라보거나 삶을 되돌아보며 사색하는 경험을 통해 깨달음을 얻을 수 있다. (가)의 화자는 도시 공간에서 마주한 '초록'에 사로잡혀 초록을 들여다보며 그것이 지닌 생명력을 깨닫고, 이에 대한 감탄과 놀라움을 드러낸다. (나)의 화자는 자신의 백발을 바라보며 현재의 처지를 한탄하는 데 그치지 않고 지난 삶을 돌아보며 깨달은 바를 젊은이에게 전달하고 있다.

① (가)의 '잠깐 초록을 본' 것과 (나)의 '검던 털'이 하얘진 모습을 본 것은 사색을 시작하는 계기가 되는군.

② (가)의 '초록에 붙잡힌 마음'은 '초록'에 매료된 심리를, (나)의 '밭 갈고 논 매더면 설마한들 배고프리'는 넉넉지 않은 현실을 초래한 지난 삶에 대한 아쉬움을 나타내고 있군.

③ (가)의 '수직선들을 조금씩 지우며'를 통해 '초록'이 도시 공간과 균형을 이루기를, (나)의 '늙은 후 또 내 되리'를 통해 젊은이가 과오를 저지르지 않기를 바라고 있군.

④ (가)의 '밀려 꺼졌다가는 다시 살아나고 있'는 것에서 '초록'의 끈질긴 생명력을, (나)의 '급제도 헛일'에서 출세를 위한 삶이 전부가 아님을 깨닫고 있군.

⑤ (가)의 '갑자기 일어날 줄은 몰랐다'는 '초록'의 새로운 모습을 발견한 놀라움을, (나)의 '이미 늙었구나'는 현재의 처지에 대한 탄식을 드러내고 있군.

지문근거　둘중헷　Q&A　어휘/개념　부정질문

분석쌤 강의

● **분 석** 이 시험(2024학년도 3월 고1 전국연합학력평가)을 어렵게 만든 3인방 중 하나로, 지문을 읽기 전에 작품에 대한 이해를 돕는 〈보기〉를 먼저 읽으면 작품 이해와 문제 풀이가 수월해지는 문제 유형이면서, 오답인 적절한 감상을 한 번 더 챙겨 보면 작품 복습 효과를 거둘 수 있는 문제

● **해결案** 〈보기〉를 읽은 후 지문을 읽은 다음, 답지 ①부터 (가)와 (나)에 대한 감상 내용이 적절한지를 판단하여 각각에 대해 O, X 표시를 해 간다. 이때 적절한지 그렇지 않은지 애매한 답지는 △ 표시를 하되, ⑤까지 다 표시한 다음에는 △와 X로 표시된 답지들을 모아 한 번 더 따져서 더 '적절하지 <u>않은</u>' 것을 정답으로 체크한다.

　한편 이 문제와 같이 지문으로 제시된 작품에 대한 이해를 돕는 〈보기〉가 있으면, 지문을 읽거나 문제를 풀기 전에 〈보기〉부터 읽도록 한다. 그러면 작품을 이해하기 쉽고 문제 풀이도 수월해진다. 그리고 이 유형의 문제를 풀 때에는 지문과 〈보기〉에서 모두 근거를 찾아야 하지만, 작품을 잘 이해했거나 비교적 정답이 명확한 경우에는 〈보기〉에서 일일이 근거를 찾지 않아도 된다.

07 시상의 흐름을 고려하여 ㉠과 ㉡을 비교한 내용으로 가장 적절한 것은?

① ㉠에는 대상을 향한 화자의 애정이, ㉡에는 청자를 향한 화자의 원망이 나타나 있다.

② ㉠에는 대상과 화자 사이의 이질감이, ㉡에는 대상에 대한 화자의 거부감이 드러나 있다.

③ ㉠에는 감춰진 진실에 대한 화자의 회의가, ㉡에는 화자의 현재 상황에 대한 의문이 나타나 있다.

④ ㉠에는 힘의 근원에 대한 화자의 상상이, ㉡에는 뜻대로 되지 않는 삶에 대한 화자의 인식이 드러나 있다.

⑤ ㉠에는 문제의 원인에 대한 화자의 성찰이, ㉡에는 예상치 못한 결과를 수용하는 화자의 모습이 나타나 있다.

지문근거　둘중헷　Q&A　어휘/개념　부정질문

분석쌤 강의

● **분 석** 발문(문두)에서 문제 풀이 방법(시상의 흐름을 고려할 것)을 일러 준 문제

● **해결案** 발문을 염두에 두고, 지문에서 ㉠을 이해한 다음 답지마다 ㉠에 대한 설명이 적절한지를 판단하여 O, X 표시를 한다. 그런 다음, ㉡을 이해한 다음 O 표시된 답지들만을 대상으로 ㉡에 대한 설명이 적절한지를 판단하여 O, O 표시된 답지를 정답으로 고르면 된다. 이때 정답을 찾는 것만큼이나 정답과 오답인 이유를 꼼꼼하게 체크하고 넘어가는 복습이 중요하다는 것을 새기도록 한다.

08 [A]에 대한 설명으로 가장 적절한 것은?

① 지시 표현을 사용하여 대상에 대한 화자의 심리적 거부감을 나타내고 있다.

② 유사한 문장 구조를 반복하여 대상이 갖는 역동적 이미지를 나타내고 있다.

③ 점층적인 표현을 사용하여 대상에 대한 화자의 태도 변화를 드러내고 있다.

④ 하나의 문장을 두 개의 시행으로 나누어 대상의 순환 과정을 제시하고 있다.

⑤ 모순된 표현을 활용하여 대상과 자신을 동일시하는 화자의 모습을 드러내고 있다.

지문 근거 둘중 헷 Q&A 어휘/개념 부정 질문

분석쌤 강의

● **분 석** 정답을 쉽게 찾았어도 답지에 쓰인 개념어들을 챙겨 봐야 하는 문제

● **해결案** 먼저 (가)의 [A]에, 답지 앞부분에 제시된 표현법이 쓰였는지 체크한다. 쓰였다면, 해당 표현법을 통해 답지 뒷부분에 제시된 효과를 얻고 있는지도 체크하는 방식으로 푼다.

09 (나)에 대한 이해로 적절하지 않은 것은?

① 〈제1수〉의 '어져 내 일이야'에 담긴 한탄은, 〈제2수〉의 '장부의 허다 사업'을 못다 한 데서 비롯되는군.

② 〈제1수〉의 '노대에 도상비로다'에 담긴 애상감은, 〈제4수〉의 '늙어지면 거짓 것이'로 이어지는군.

③ 〈제2수〉의 '서른 마흔 한 일 없이'에 담긴 반성은, 〈제4수〉의 '젊어서 흐느적흐느적'하지 말라는 당부로 나타나는군.

④ 〈제3수〉의 '이제야 아무리 애달픈들'과 〈제6수〉의 '내 못하여 애달프니'에는 세월의 무상감에서 벗어나고자 하는 심리가 드러나는군.

⑤ 〈제5수〉의 '하오면 못할 이 없기는 착한 일'은, 〈제6수〉의 '너희더러 하라'에서 권유하는 내용이겠군.

지문 근거 둘중 헷 Q&A 어휘/개념 부정 질문

분석쌤 강의

● **분 석** 고전 시가는 작품 해석이 중요하다는 것을 되새기게 한 문제

● **해결案** 지문 아래의 '주석' 풀이를 참고해 (나)의 시조 내용을 이해한 다음 답지 ①부터 적절한지를 파악하되, 답지 내용을 세부적으로 나누어 각각에 대해 적절한지를 따진다. ①을 예로 들면 〈제1수〉의 '어져 내 일이야'에 '한탄'이 담겨 있는지, 담겨 있다면 이 한탄이 〈제2수〉의 '장부의 허다 사업'을 못 다 한 데서 비롯되는지를 따지는 방식으로 푼다. 그리고 복습할 때 〈클리닉 해설〉의 '현대어 풀이'를 참고하여 (나)를 한번 더 해석해 보도록 하자.

10~13 다음 글을 읽고 물음에 답하시오.

2024학년도 3월 고1 전국연합학력평가【29~32】 고전 소설

춘풍 아내 곁에 앉아 하는 말이

[A] "마오 마오 그리 마오. 청루미색* 좋아 마오. 자고로 이런 사람이 어찌 망하지 않을까? 내 말을 자세히 들어 보소. 미나리골 박화진이라는 이는 청루미색 즐기다가 나중에는 굶어 죽고, 남산 밑에 이 패두는 소년 시절 부자였으나 주색에 빠져 다니다가 늙어서는 상거지 되고, 모시전골 김 부자는 술 잘 먹기 유명하여 누룩 장수가 도망을 다니기로 장안에 유명터니 수만 금을 다 없애고 끝내 똥 장수가 되었다니, 이것으로 두고 볼지라도 청루잡기 잡된 마음 부디부디 좋아 마소."

춘풍이 대답하되,

[B] "자네 내 말 들어 보게. 그 말이 다 옳다 하되, 이 앞집 매갈쇠는 한잔 술도 못 먹어도 돈 한 푼 못 모으고, 비우고개 이 도명은 오십이 다 되도록 주색을 몰랐으되 남의 집만 평생 살고, 탁골 사는 먹돌이는 투전 잡기 몰랐으되 수천 금 다 없애고 나중에는 굶어 죽었으니, 이런 일을 두고 볼지라도 주색잡기* 안 한다고 잘사는 바 없느니라. 내 말 자네 들어 보게. 술 잘 먹던 이태백은 호사스런 술잔으로 매일 장취 놀았으되 한림학사 다 지내고 투전에 으뜸인 원두표는 잡기를 방탕히 하여 소년부터 유명했으나 나중에 잘되어서 정승 벼슬 하였으니, 이로 두고 볼진대 주색잡기 좋아하기는 장부의 할 바라. 나도 이리 노닐다가 나중에 일품 정승 되어 후세에 전하리라."

아내의 말을 아니 듣고 수틀리면 때리기와 전곡 남용 일삼으니 이런 변이 또 있을까? 이리저리 놀고 나니 집안 형용 볼 것 없다.

㉠"다 내 몸에 정해진 일이요, 내 이제야 허물을 뉘우치고 책망하는 마음이 절로 난다."

아내에게 지성으로 비는 말이

"노여워 말고 슬퍼 마소. 내 마음에 자책하여 가끔 말하기를, '오늘의 옳음과 어제의 잘못을 깨달았노라'고 한다오. 지난 일은 고사하고 가난하여 못 살겠네. 어이 하여 살잔 말인고? 오늘부터 집안의 모든 일을 자네에게 맡기나니 마음대로 치산하여 의식이 염려 없게 하여 주오."

춘풍 아내 이른 말이,

ⓛ"부모 유산 수만 금을 청루 중에 다 들이밀고 이 지경이 되었는데 이후에는 더욱 근심이 많을 것이니, 약간 돈냥이나 있다 한들 그 무엇이 남겠소?"

춘풍이 대답하되,

"자네 하는 말이 나를 별로 못 믿겠거든 이후로는 주색잡기 아니하기로 결단하는 각서를 써서 줌세."

[중략 부분의 줄거리] 춘풍 아내가 열심히 품을 팔아 집안을 일으키자 춘풍은 다시 교만해지고, 아내의 만류에도 호조에서 이천 냥을 빌려 평양으로 장사를 떠나게 된다. 춘풍이 평양에서 기생 추월의 유혹에 넘어가 장사는 하지 않고 재물을 모두 탕진한 채 추월의 하인이 되었다는 소식을 듣고 춘풍의 아내가 통곡한다.

이리 한참 울다가 도로 풀고 생각하되,

'우리 가장 경성으로 데려다가 호조 돈 이천 냥을 한 푼 없이 다 갚은 후에 의식 염려 아니하고 부부 둘이 화락하여 백 년 동락하여 보자. 평생의 한이로다.'

마침 그때 김 승지 댁이 있으되 승지는 이미 죽고, 맏자제가 문장을 잘해 소년 급제하여 한림 옥당 다 지내고 도승지를 지낸 고로, 작년에 평양 감사 두 번째 물망에 있다가 올해 평양 감사 하려고 도모한단 말을 사환 편에 들었것다. 승지 댁이 가난하여 아침저녁으로 국록을 타서 많은 식구들이 사는 중에 그 댁에 노부인 있다는 말을 듣고, 바느질품을 얻으려고 그 댁에 들어가니, 후원 별당 깊은 곳에 도승지의 모부인이 누웠는데 형편이 가난키로 식사도 부족하고 의복도 초췌하다. 춘풍 아내 생각하되,

'이 댁에 붙어서 우리 가장 살려내고 추월에게 복수도 할까.'

하고 바느질, 길쌈 힘써 일해 얻은 돈냥 다 들여서 승지 댁 노부인에게 아침저녁으로 진지를 올리고, 노부인께 맛난 차담상을 특별히 간간이 차려드리거늘, 부인이 감지덕지 치사하며 하는 말이,

"이 은혜를 어찌할꼬?" / 주야로 유념하니, 하루는 춘풍의 처더러 이르는 말이,

ⓒ"내 들으니 네가 집안이 기울어서 바느질품으로 산다 하던데, 날마다 차담상을 차려 때때로 들여오니 먹기는 좋으나 불안하도다."

춘풍 아내 여쭈되,

"소녀가 혼자 먹기 어렵기로 마누라님 전에 드렸는데 칭찬을 받사오니 오히려 감사하여이다."

대부인이 이 말을 듣고 춘풍의 처를 못내 기특히 생각하더라.

하루는 도승지가 대부인 전에 문안하고 여쭈되,

"요사이는 어머님 기후가 좋으신지 화기가 얼굴에 가득하옵니다."

대부인 하는 말씀이,

"기특한 일 보았도다. 앞집 춘풍의 지어미가 좋은 차담상을 매일 차려오니 내 기운이 절로 나고 정성에 감격하는구나."

승지가 이 말을 듣고 춘풍의 처를 귀하게 보아 매일 사랑하시더니, 천만의외로 김 승지가 평양 감사가 되었구나. 춘풍 아내, 부인 전에 문안하고 여쭈되,

"승지 대감, 평양 감사 하였사오니 이런 경사 어디 있사오리까?"

부인이 이른 말이,

ⓔ"나도 평양으로 내려갈 제, 너도 함께 따라가서 춘풍이나 찾아보아라." / 하니 춘풍 아내 여쭈되,

"소녀는 고사하옵고 오라비가 있사오니 비장*으로 데려가 주시길 바라나이다."

대부인이 이른 말이,

ⓜ"네 청이야 아니 듣겠느냐? 그리하라."

허락하고 감사에게 그 말을 하니 감사도 허락하고,

"회계 비장 하라."

하니 좋을시고, 좋을시고. 춘풍의 아내 없던 오라비를 보낼쏜가? 제가 손수 가려고 여자 의복 벗어놓고 남자 의복 치장한다.

― 작자 미상, 「이춘풍전」 ―

＊청루미색: 기생집의 아름다운 기녀.
＊주색잡기: 술과 여자와 노름을 아울러 이르는 말.
＊비장: 감사를 따라다니며 일을 돕는 무관 벼슬.

▶ **전국 단위 시험에서 출제된 위 작품의 출처** ☞ 〈클리닉 해설〉의 '기출 답지로 작품과 문제 완전 정복'

작자 미상, 「이춘풍전」: 2011학년도 6월 고1 전국연합학력평가 / 2015학년도 7월 고3 전국연합학력평가(A형) / 2013학년도 3월 고3 전국연합학력평가(B형)

10 윗글을 이해한 내용으로 적절하지 않은 것은?

① 춘풍은 호조 돈 이천 냥을 빌려 평양으로 떠났다.

② 춘풍 아내는 바느질품을 팔며 생계를 이었다.

③ 춘풍 아내는 춘풍의 잘못에도 가정의 화목을 바라고 있다.

④ 도승지는 평양 감사직을 연이어 두 번 맡게 되었다.

⑤ 대부인은 도승지에게 춘풍 아내의 정성을 칭찬하였다.

지문근거 둘중헷 Q&A 어휘/개념 부정 질문

분석쌤 강의
● **분 석** 인물을 중심으로 사건의 흐름을 파악하는 문제로, 줄거리를 간과하면 오답에 답할 수 있는 문제 유형
● **해결案** 답지 앞부분에 제시된 인물에 주목하여, 해당 인물이 나오는 대목에서 근거를 찾아 답지의 옳고 그름을 따지도록 한다.

11 [A], [B]에 대한 설명으로 가장 적절한 것은?

① [A]는 권위를 내세워 행위의 당위성을 강조하고 있다.

② [B]는 상대의 주장을 수용하여 태도에 변화를 보이고 있다.

③ [A]는 [B]의 내용을 예측하여 반박의 여지를 차단하고 있다.

④ [B]는 [A]의 반례를 들어서 자신의 행동을 합리화하고 있다.

⑤ [A]와 [B]는 모두 영웅의 행적을 주장의 근거로 삼고 있다.

지문근거 둘중헷 Q&A 어휘/개념 부정 질문

분석쌤 강의
● **분 석** [A], [B]를 읽으면서 바로 답지를 검토하면 문제 풀이 시간을 단축할 수 있는 문제
● **해결案** [A]는 춘풍 아내가 춘풍에게, [B]는 춘풍이 아내에게 한 말이라는 것을 파악한 다음, 답지 ①부터 [A]에 대한 설명으로 적절한지 판단한다.

12 ㉠~㉤을 이해한 내용으로 적절하지 않은 것은?

① ㉠: 다른 사람의 잘못을 자신의 탓으로 여기고 있다.

② ㉡: 앞으로의 상황이 악화될 것을 염려하고 있다.

③ ㉢: 상대방의 호의를 부담스럽게 생각하고 있다.

④ ㉣: 상대의 처지를 고려해 동행을 권유하고 있다.

⑤ ㉤: 신의를 바탕으로 요청을 흔쾌히 수락하고 있다.

지문근거 둘중헷 Q&A 어휘/개념 부정 질문

분석쌤 강의
● **분 석** 특정 오답지에 답한 학생들이 많았던 만큼, 왜 그 오답지를 적절하다고 생각했는지를 따져 알고 넘어가야 하는 문제
● **해결案** ㉠부터 누가 누구한테 한 말인지를 파악한 다음, ①과 같이 이해하는 것이 적절한지 따지되, 답지를 세부적으로 니누어 그 각각에 대해 O, X 표시를 하며 푼다.

13 〈보기〉를 바탕으로 윗글을 감상한 내용으로 적절하지 않은 것은? [3점]

> **보기**
>
> 이 작품은 남편이 저지른 일을 아내가 수습하는 서사가 중심이 된다. 춘풍은 가장이지만 경제관념 없이 현실적 쾌락만을 추구하며 자신이 초래한 문제를 해결하려 하지 않는다. 반면, 춘풍 아내는 적극적으로 현실의 문제를 해결하려는 의지를 갖고 주도면밀하게 목적을 달성한다. 이러한 두 인물의 대비되는 특징으로 인해 무능한 가장의 모습과 주체적인 아내의 역할 및 능력이 부각된다.

① 춘풍이 가난을 불평하며 아내에게 집안일에 대한 모든 권리를 넘기는 것에서 무책임한 가장의 모습을 엿볼 수 있군.

② 춘풍이 전곡을 남용하고 주색잡기에 빠져 있는 것에서 경제관념 없이 현실적 쾌락을 추구하는 모습을 엿볼 수 있군.

③ 춘풍 아내가 사환에게 정보를 얻고 김 승지 댁 대부인에게 의도적으로 접근한 것에서 주도면밀한 모습을 엿볼 수 있군.

④ 춘풍 아내가 춘풍을 구하기 위해 비장의 지위를 획득하고 남장을 하는 것에서 적극적인 문제 해결 의지를 엿볼 수 있군.

⑤ 춘풍이 각서를 쓰고, 춘풍 아내가 차담상을 차리는 것에서 신분 상승을 통해 목적을 달성하려는 의도를 엿볼 수 있군.

지문근거 둘중헷 Q&A 어휘/개념 부정 질문

분석쌤 강의
● **분 석** 〈보기〉에 지문의 이해를 돕는 내용이 있어, 지문을 읽기 전에 〈보기〉부터 읽어야 하는 문제
● **해결案** 〈보기〉에서 춘풍과 춘풍 아내의 성격에 대해 설명한 내용을 염두에 둔다. 그런 다음, 답지 ①부터 관련 내용을 지문에서 찾아 '것에서' 앞 내용이 지문 내용과 부합하는지부터 따지고, 부합한다면, '것에서' 뒤 내용과 같이 감상할 수 있는지도 확인하면 된다. 이때
(1) '것에서' 앞의 내용이 지문과 부합하지 않으면 X
(2) '것에서' 뒤의 내용이 〈보기〉와 부합하지 않으면 X
(3) 위 (1)과 (2)가 각각 지문 및 〈보기〉와 부합하더라도 '것에서' 앞의 내용을 '것에서' 뒤의 내용과 같이 감상할 수 없으면 X
라고 표시하고, (1)~(3) 중 하나라도 X 표시가 있으면 적절하지 않은 감상이라고 판단하면 된다.

[앞부분의 줄거리] 동물원의 코끼리들이 도심으로 탈출했다. 근처 선거 유세장에서는 정치인이 부상을 당하였고, 일대는 쑥대밭이 되었다. 조련사는 유세를 방해하기 위해 일부러 코끼리를 풀어 준 혐의로 경찰서에 붙잡혀 와 조사를 받는다. 참고인 자격의 의사와 아들의 면회를 온 어머니도 함께 있다.

조련사: 정말인데. 코끼리들은 공연하면서 많이 우는데. 답답하다고 우는데. 슬퍼서 우는데. 난 다 알고 있었는데. 코끼리들이 며칠 전서부터 도망갈 조짐을 보인 것도 알았는데. 도망가려고 의논하는 소릴 들었는네. 그리고 그날은 공원에 갈 때 다른 날과 다르게 빨리 걸었는데. 난 눈치를 챘는데. 오늘이구나. 다른 조련사들이 나한테 다 맡기고 매점에 갔을 때, 코끼리들이 주위를 살피기 시작했는데. 거위들이 꽥꽥댈 때 서로 눈을 마주쳤는데. 나도 코끼리랑 눈이 마주쳤지만 휘파람을 불었는데. 못 본 척 휘파람만 불었는데. 도망가라고. 가서 가족들 애인들 만나라고 일부러 못 본 척했는데.

어머니: 겁을 많이 먹었어요. 두려우면 말이 많아져요.

    어머니가 손수건을 꺼내 조련사를 닦아 주려 하나 조련사가 피한다.

의　사: (조련사에게) 도망치지 마세요. 선생님은 지금 또 다른 거짓말을 만들고 그리로 도망가는 겁니다. 용기를 내서 직면하세요. 직면이 무슨 뜻인 줄 아시죠? 정정당당하게 직접 부딪치는 거예요. 지금이 가장 중요한 순간입니다.

    조련사가 외면한다.

형　사: (담배를 비벼 끄고) 야, 인마! 나 똑바로 쳐다봐. 너 아까 시인했지? 시켜서 했다고. 그들이 널 1년 전부터 코끼리 조련에 투입했잖아.

    조련사가 외면한다.

어머니: 있는 그대로 말씀드려. 넌 그저 착한 마음에 코끼리들을 풀어 주고 싶었잖아. 네가 그랬잖니? 동물들이 밧줄에 묶여 있는 것 보면 마음이 아프다고. 꼭 네가 묶인 것처럼 마음이 아프다고. 왜 말을 못 해? 왜 그렇게 말을 못 해?

    조련사는 자신의 말이 받아들여지지 않는 것에 대해 너무 답답하다. 그는 발을 구르고 팔을 휘두르고 고개를 흔들며 몸으로 그 답답함을 호소한다.

조련사: 진짜 그랬는데. 왜 내 말을 안 믿는데.

형　사: (소리를 지른다) 가만히 앉아!

의　사: 직면하기 힘들어서 그런 겁니다.

어머니: 애야, 정신 차려.

(중략)

조련사: (꽤 지쳐 있다) 내가 했는데. 다 내가 했는데.

형　사: (조련사의 어깨를 두드리며) 그만, 그만. 진정해. 거기까지. 잘했어. 오후에 기자단이 오면 나한테 했던 말을 그대로 하면 돼. 그러면 모든 일이 마무리되는 거야. 어마어마한 음모가 드러나는 거지. 걱정 마. 넌 가벼운 문책을 받는 데 그치도록 손써 줄게.

    이때, 친절한 노크 소리. 느닷없이 코끼리가 들어온다. 코끼리는 오로지 조련사에게만 보인다. 따라서 조련사와 코끼리의 대화는 아무도 들을 수 없다.

조련사: 삼코!

    코끼리가 조련사에게 다가와 그를 일으켜 세운 후 가슴에 번호표를 달아 준다.

코끼리: 57621번째 코끼리가 된 걸 축하해.

    코끼리가 조련사의 목에 화환을 걸어 준다. 코끼리가 조련사를 형사가 있는 쪽으로 보낸다. 이때부터 말하는 사람에게만 차례로 조명이 비춰진다. 조련사에게 조명이 비춰질 때마다 그는 조금씩 코끼리로 변해 있다.

형　사: (조련사에게) 넌 톱기사로 다뤄질 거야. 다른 얘긴 집어치우고 유세장 얘기만 해. 어떻게 유세장으로 코끼리를 유인했는지. 고생했다. 배고프지? 좀 이따 따뜻한 국밥이라도 먹자. 기자 회견 때는 김창건 의원 이름을 분명히 말해. 그래야 네 혐의가 쉽게 풀릴 테니까.

조련사가 편안한 미소를 지으며 오른손을 올려 이마에 경례를 붙인다. 조련사가 어둠으로 사라지면 어둠 속에 있던 코끼리가 그에게 조끼를 입힌다. 코끼리가 그를 의사에게 보낸다.

의　사: 고백한 내용, 모두 녹음했어요. 코끼리를 사랑할 순 있지만 그건 병이에요. 병을 고치는 건 문제점을 인정하는 데서 출발하죠. 선생님의 인정은 정말 용감한 일입니다. 고비를 넘기셨어요. 선생님께도 곧 진짜 애인이 생길 수 있습니다. 코끼리가 아닌 진짜 여자.

조련사가 행복한 미소를 지으며 감사의 인사를 정중하게 한다. 조련사가 어둠으로 사라지면 코끼리가 그에게 화려한 벨벳 모자를 씌운다. 코끼리가 그를 어머니에게 보낸다.

어머니: 어쩌겠니. 순진하기만 한 걸. 그렇게 생겨 먹은 걸. 인생 뭐 있니? 생긴 대로 사는 거지. 그래도 넌 여전히 착하고 멋지다. 그럼, 누구 아들인데. 누가 너처럼 용감할 수 있니? 그래, 다 풀어 줘. 다 초원으로 데리고 가. 개구리도 코끼리도, 엄마도 아빠도 다, 다 데리고 가. 사람들이 나중엔 알 거야. 네가 얼마나 좋은 일을 했는지. 혹시 아니? 노벨 평화상이라도 줄지.

조련사가 어머니를 살짝 포옹했다 푼다. 조련사가 어둠으로 사라지면 코끼리가 그에게 커다란 코가 붙어 있는 머리를 씌워 준다. 어느새 조련사는 코끼리와 똑같은 형상을 갖췄다. 조명이 서서히 무대 전체를 비춘다. 형사, 의사, 어머니는 자신의 의지가 관철된 듯, 결의에 찬 박수를 친다. 박수 소리가 점점 커져 우레 같은 박수 소리가 된다. 마치 서커스를 보려고 몰려든 관중의 박수 소리처럼. 조련사와 코끼리는 형사, 의사, 어머니 사이를 돌며 쇼를 시작한다.   – 이미경, 「그게 아닌데」 –

다시보기 ▶ 다시 볼 문제 체크하고 틀린 이유 메모하기   [분석쌤 강의]는 2차 채점 후 반드시 챙겨 본다!

14 윗글을 이해한 내용으로 적절하지 않은 것은?

① 조련사는 코끼리들이 동물원에서 탈출하려는 모습을 보고도 방관했다고 말했다.
② 형사는 조련사에게 배후 세력의 지시를 받았다는 것을 인정하라고 다그쳤다.
③ 어머니는 조련사가 한 행동의 원인을 조련사의 심리나 성품에서 찾았다.
④ 의사는 조련사의 말과 행동을 병과 연관 지어 해석했다.
⑤ 형사, 의사, 어머니는 서로 의견을 교환하며 조련사를 설득할 방법을 모색했다.

지문근거 둘중헷 Q&A 어휘/개념 부정질문

분석쌤 강의
● **분석** 비문학에서 내용 이해를 묻는 문제를 풀 듯 지문과 답지를 비교하며 풀고, 답지를 세부적으로 나누어 O, X로 표시하며 풀면 쉽게 정답을 찾을 수 있는 문제
● **해결案** 답지에 제시된 등장인물의 대사를 중심으로 적절한 설명인지를 파악한다.

다시보기 ▶ 다시 볼 문제 체크하고 틀린 이유 메모하기

15 〈보기〉를 바탕으로 윗글을 감상한 내용으로 적절하지 않은 것은? [3점]

─ 보기 ─

　　이 작품은 사람들 사이의 소통 단절의 문제를 조련사가 코끼리로 변해 가는 과정을 통해 상징적으로 나타낸다. 조련사는 상대가 자신만의 논리를 일방적으로 강요하는 것에 답답함과 무력감을 느낀다. 결국 조련사는 자기 생각을 버리고 타인의 의지에 맞추어 순응하는 수동적인 처지가 된다. 조련사가 코끼리가 되는 결말은 그가 회복 불가능한 단절 상황에 놓이게 되었음을 의미한다.

① 조련사가 어머니의 손길을 피하고, 의사와 형사의 말을 외면하는 것에서 소통이 단절된 상황을 엿볼 수 있군.
② 조련사가 꽤 지쳐 있는 상태에서 자신이 했다는 말을 반복하는 것에서 소통이 어려운 상황에 대한 자포자기의 심정을 엿볼 수 있군.
③ 조련사가 코끼리로 조금씩 변하면서 형사, 의사의 말에 미소를 짓는 것에서 소통이 단절된 상황에서 벗어났음을 엿볼 수 있군.
④ 조련사가 코끼리의 형상을 갖춘 뒤 형사, 의사, 어머니가 결의에 찬 박수를 치는 것에서 자신들의 의지가 관철된 만족감을 엿볼 수 있군.
⑤ 조련사가 코끼리가 되어 형사, 의사, 어머니 사이를 돌며 쇼를 하는 것에서 동물원의 코끼리와 다를 바 없는 수동적인 처지로 전락했음을 엿볼 수 있군.

지문근거 둘중헷 Q&A 어휘/개념 부정질문

분석쌤 강의
● **분석** 이 시험(2024학년도 3월 고1 전국연합학력평가)은 산문 문학이 세 지문(현대 소설, 고전 소설, 희곡)이나 선정된 점이 특이했는데, 이 지문[44~45]은 맨 마지막에 위치하여 시간 부족으로 이 문제를 못 푼 학생들이 제법 많았던 점을 고려하여, 복습할 때 다음 두 가지를 기억하고 이와 같은 관점에서 한 번 더 챙겨 보면 유용한 문제
1. 지문을 읽기 전에 〈보기〉부터 읽으면 지문 내용을 빠르게 이해할 수 있다.
2. 시간이 부족해 문제를 끝까지 못 풀면 억울할 수 있으므로 기출 문제로 시간 훈련을 꾸준히 해야 한다.(라이트 매3비 도전!)
● **해결案** 〈보기〉 먼저 읽은 후 지문을 읽는다. 그런 다음 답지를 검토할 때 '~것에서'의 앞부분은 지문과 일치하는지를 따지고, 뒷부분은 〈보기〉의 설명을 바탕으로 적절한 감상인지를 판단하도록 한다.

◎ 페이지를 넘겨 종료 시각부터 적은 다음, '문학 실전 훈련 복습 체크리스트'를 활용하여 앞으로의 공부 방향을 정하세요.

예비 매3문 문학 실전 훈련 복습 체크리스트

☑ 채점하기

❶ 내가 답한 것을 아래 채점표의 '내가 쓴 답'에 옮겨 적는다.

문항 번호	1	2	3	4	5	6	7	8	9	10	11	12	13	14	15	계
내가 쓴 답																
채점(1·2차)																
배 점	2점	2점	2점	3점	2점	3점	2점	2점	2점	2점	2점	2점	3점	2점	3점	34점

총 문항 수		15문항
틀린	△	문항
문항 수	✗	문항
내 점수		점

☞ 정답은 〈클리닉 해설〉 **p.184** (해설은 p.164)

❷ '채점란'에 틀린 문제에만 / 표시를 한다. (1차 채점)
  • 문제에 직접 채점하지 않는 이유는 다시 풀 때 정답을 모르는 상태에서 풀어야 제대로 훈련이 되기 때문이다.

❸ 틀린 문제만 다시 푼 다음, 2차 채점을 한다.
  • 2차 채점 때 맞힌 문항은 △, 또 틀린 문항은 ✗ 표시를 한다.

☑ 시간 훈련 점검하기

❶ 총 소요 시간을 계산한다. → 위 '종료 시각'에서 실전 훈련을 시작할 때 적은 '시작 시각'을 뺀다.

  • 총 소요 시간 :   분   초

❷ 목표 시간 대비 내가 푼 시간이 적절한지를 체크한다.

  • 목표 시간 : 25분 55초
  • 총 소요 시간 − 목표 시간 =   분   초

  ⇨ 시간이 5분 이상 초과된 경우에는 '갈래별 복습법'을 지키며 〈클리닉 해설〉을 꼼꼼히 읽으며 모든 지문과 문항을 복습한다.

☑ 나의 위치 확인하기

❶ 문학 문제만 훈련한 것이므로 15문항만으로 위치를 가늠할 수는 없지만, 아래의 '원점수 등급 컷'을 참고해 이 시험의 수준과 나의 문학 실력을 점검한다.

❷ 성적 발표 후의 채점 결과

시험지명	2024학년도 3월 고1 전국연합학력평가	
실시 일자	총 응시 인원	원점수 평균
2024. 3. 28.(목)	372,665명	59.93점

등급	원점수	표준점수	인원	비율
만점	100	141	607명	0.16%
1	91	131	17,307명	4.64%
2	85	125	25,734명	6.91%
3	77	117	44,093명	11.83%

* 원점수 등급 컷은 시험 성적 발표 후 원점수 평균 및 표준 편차와 표준점수 등급 구분 점수를 통해 추정한 것임.
* 이 시험에서 화법과 작문, 언어(문법) 및 비문학을 모두 맞혔다고 가정할 때, 문학 34점 중 25점인 경우 1등급, 19점인 경우 2등급이 된 시험임.

☑ 위치 확인 후 공부법과 앞으로의 공부 방향 정하기

❶ △문항과 ★문항, ✗ 문항 순으로 정답과 오답인 이유를 반드시 알고 넘어간다.

❷ 점수대별 공부법

■ 31점~34점인 경우

  • 『예비 매3문』에 직접 메모한 내용과 '매3 오답 노트'를 다시 볼 것
  • '최종 마무리 복습법' 확인   ☞ 〈클리닉 해설〉 p.183
  • 『매3문』 도전

  ⇨ 『매3문』으로 공부할 때 막히는 어휘(수능 용어)는 『매3력』에서 찾아보고, 『매3어휘』에 정리되어 있는 고전 소설 어휘와 고전 시가 어휘도 챙겨 보면 좋다.

■ 25점~30점인 경우

  • 『예비 매3문』에 직접 메모한 내용과 '매3 오답 노트'를 다시 볼 것
  • 〈클리닉 해설〉의 지문 분석을 참고해 작품 복습
  • '최종 마무리 복습법' 확인   ☞ 〈클리닉 해설〉 p.183
  • 『매3문』 도전

  ⇨ 『매3문』은 자신 있는 갈래부터 공부하고, 『매3문』으로 공부할 때 막히는 어휘(수능 용어)는 『매3력』에서 찾아본다.

■ 24점 이하인 경우

  • '분석쌤 강의'와 〈클리닉 해설〉의 지문 분석, 모든 문항의 오답지 해설까지 꼼꼼히 읽으며 정답과 오답인 이유 알기
  • 『예비 매3문』에 직접 메모한 내용과 '매3 오답 노트'를 다시 볼 것
  • 『매3력』과 함께 『예비 매3문』을 한 번 더 공부한 다음 『매3문』 도전

  ⇨ 『예비 매3문』으로 공부할 때 가장 쉬웠던 갈래부터 공부하고, 막히는 어휘는 꼭 『매3력』에서 찾아본다.

예비

정답
+
클리닉 해설

문학 제대로 공부법으로 훈련하는
「예비 매3문」

매일 지문 3개씩 공부하는

3

개 정 9 판

2024학년도 3월 고1
전국연합학력평가 반영

안인숙 지음

문학 기출

교육 R&D에 앞서가는
Key 키출판사

실수 유형 Top 7

☑ 아래 실수 유형은 반드시 『예비 매3문』에 제시된 문제와 함께 본 후, 〈클리닉 해설〉에서 '가장 많이 질문한 오답'에 대한 해설과 'Q&A, 개념+' 등을 챙겨 보도록 한다.

☞ 비문학 실수 유형: 『예비 매3비』, 〈클리닉 해설〉 표지

1 답지를 세부적(앞부분과 뒷부분)으로 나누어 체크하지 않아서

01 윗글에 대한 설명으로 가장 적절한 것은?　⇨ 문제편 p.73

③ 전기적(傳奇的)인 요소를 활용하여 주인공의 영웅성을 부각하고 있다.

✓ 틀린이유 제비가 인간(흥부)에게 은혜를 갚고, 박에서 사람들이 나오는 것은 전기적인 요소를 활용한 것이지만, 이를 활용하여 주인공(흥부)의 영웅성을 부각하고 있지는 않다. 「흥부전」은 익히 아는 작품이지만 오답에 많이 답했다는 점에서, 답지를 살필 때 앞부분(A)과 뒷부분(B)을 나누어 체크하고, A를 통해(활용하여) B하고 있는지도 따지도록 한다.

2 안다고 생각한 어휘의 뜻을 잘못 적용해서

08 [A], [B]에 대한 설명으로 적절하지 않은 것은?　⇨ 문제편 p.86

④ 운영은 [A]의 대군과 [B]의 소옥 모두에게 자신의 진심을 우회적으로 드러내고 있다.

✓ 틀린이유 '우회적'으로 드러내는 것은 간접적으로 드러내는 것이다. 운영이 대군과 소옥에게 자신의 진심을 직접 드러내고 있지 않으므로 '우회적'으로 드러내고 있다고 본 학생들이 많았는데, 운영은 자신의 진심을 숨기고 있으므로 '우회적'으로 드러내고 있다고 볼 수 없다.

3 정답 또는 오답의 근거가 되는 말을 놓쳐서

10 윗글에서 알 수 있는 내용으로 적절하지 않은 것은?　⇨ 문제편 p.35

① 삼촌은 '나'에게 사랑에 관한 자신의 이야기를 들려주었다.

✓ 틀린이유 정답의 근거가 지문(조금 전까지 사랑이 어쩌네 수면제가 어쩌네 징징거리던 삼촌)에 분명하게 제시되어 있는데도 놓친 학생들이 많았다. 지문을 꼼꼼하게 읽어야 하는 이유를 새기게 해 준다.

4 답지에 쓰인 어휘를 두루뭉술하게 읽고 넘겨서

06 〈보기〉는 윗글의 사건을 순서대로 정리한 도표이다. ㉮~㉰의 각 사건에 따른 '나'의 심리 상태로 가장 적절한 것은?　⇨ 문제편 p.16

③ ㉰: 현정 아빠와 대화하기 전부터 '나'는 의기양양한 태도로 일관하고 있다.

✓ 틀린이유 현정 아빠와 대화하기 전 '나'는 '의기양양한 태도'를 보인 것으로 볼 수도 있다. 그래서 ③을 적절한 답지로 생각한 학생들이 많았는데, '나'는 의기양양한 태도로 '일관'하고 있지는 않다. 따라서 답지에 쓰인 어휘 하나라도 소홀히 하지 않아야 한다.

5 앞뒤 내용을 고려하지 않고 밑줄 친 부분만 보거나, 특정 부분에 한정해서 묻는 것을 다른 부분에서 근거를 찾아서

12 ㉠~㉤을 이해한 내용으로 적절하지 않은 것은?　⇨ 문제편 p.157

③ ㉢: 상대방의 호의를 부담스럽게 생각하고 있다.

✓ 틀린이유 상대방의 호의를 부담스러워하지 않는 부분이 있긴 하다. 하지만 ㉢에서 노부인은 상대방(춘풍 아내)의 호의(좋게 생각하는 마음)를 부담스럽게 생각하고 있으므로 ③은 적절한, 오답이다. ㉢에 한정해서 묻는 것을 다른 부분에서 근거를 찾으면 정답을 잘못 고르게 된다.

6 〈보기〉의 내용을 고려하지 않아서

05 (가)와 〈보기〉를 바탕으로 (다)를 감상한 내용으로 가장 적절한 것은?　⇨ 문제편 p.90

보기

낭원군의 시조는 조선 시대 왕족의 정치 참여 금지로 인해 자신의 능력을 표출할 수 없었던 심정을 속세에서 벗어나 자연과 벗하는 모습으로 읊은 것이다.

⑤ 자연과 함께하고자 하는 마음을 '강산풍월'을 '벗'하는 것에 드러냈군.

✓ 틀린이유 (가)와 〈보기〉 모두를 '바탕으로' 감상해야 하는데도, 〈보기〉의 내용을 고려하지 않아 틀린 경우가 많았다. (다)에 '자연과 함께하고자 하는 마음'이 드러난 것은 맞다. 그러나 〈보기〉를 바탕으로 감상하면 '자연(강산풍월)과 벗하는 모습'은 '자신의 (정치) 능력을 표출할 수 없었던 심정'을 바꾸어 나타낸 것으로, '자연과 함께하고자 하는 마음'을 표현한 것이 아니다.

7 서로 다른 뜻을 지닌 용어를 구분해서 이해하고 있지 않아서

01 윗글을 심화 학습하는 과정에서 〈보기〉의 자료를 접하였다. 이를 바탕으로 윗글을 감상한 내용으로 적절하지 않은 것은?　⇨ 문제편 p.94

③ '날러는 어찌 살라 하고'는 임을 붙잡지 못하고 체념한 심정을 드러내고 있군.

⑤ '셜온 님 보내옵나니'에는 어쩔 수 없이 이별을 받아들이는 한의 정서가 담겨 있군.

✓ 틀린이유 ③의 '날러는 어찌 살라 하고'에는 '체념'이 드러나 있지 않고, ⑤의 '셜온 님 보내옵나니'에는 어쩔 수 없이 이별을 받아들이는 '한'이 담겨 있으므로 정답은 ③이다. 그런데 한과 '체념'의 정서를 구분하지 못해 오답에 답한 학생이 있었다. 고전 시가에서 '체념'과 '한'이 함께 드러나는 경우가 많긴 하지만, '날러는 어찌 살라 하고'에는 이별의 상황에서 느끼는 한의 정서는 담겨 있지만, 임을 붙잡지 못하고 체념(단념)하는 심정을 드러내고 있지는 않다.

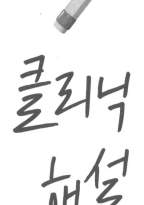

클리닉
해설

길기만 한 해설 가고,
내가 틀린 답지 해설 와라!

두루뭉술한 해설 가고,
남들이 많이 틀린 답지 해설 와라!!

학생들이 문제집으로 혼자 공부하면서 느끼는 가장 큰 어려움은 자신이 틀린 문항에 대한 해설이 불충분하거나, 자세하게 쓴 해설인 것 같은데도 실제로 내가 틀린 문항과 답지에서는 대체로 두루뭉술하다는 것이다. 또, 문학의 경우에는 작품 해설까지 꼼꼼히 봐도 실제 시험에서 같은 작품이 출제되었을 때에도 응용이 안 되고, 낯선 작품이 나왔을 때에는 전혀 도움이 안 된다는 것이다.

이 점을 감안하여 『예비 매3문』 해설은,

❶ 문제를 푼 다음 왜 정답인지, 왜 오답인지를 모르겠다고 질문한 답지

❷ 학생들이 가장 많이 답해 틀린 오답지

❸ 한 번 더 풀었을 때 다시 정답으로 생각해 틀릴 수 있는 오답지

❹ 학생들이 틀린 이유와 관계 깊은 내용과 어휘(문학 용어)

에 체크해 둔 것을 바탕으로, 왜 그 오답지에 답했고, 무엇을 모르고, 어느 부분을 놓쳐 틀렸는지를 학생들의 질문에 직접 답하듯이 해설을 썼다.

작품 해설에 있어서는 세부 갈래별 특징을 감안하여,

❺ 작품 전체의 줄거리 속에서 지문의 내용을 파악하는 것이 중요한 **현대 소설**과 **극 문학**, **고전 소설**에서는 제시된 지문과 지문의 앞뒤 내용을 구분하여 줄거리를 정리함으로써 작품 전체의 내용이 환 − 하게 새겨질 수 있도록 하는 한편, 지문의 주제와 작품 전체의 주제를 함께 이해할 수 있도록,

❻ 정확한 해석이 중시되는 **고전 시가**에서는 지문 내용 전체를 현대어로 풀이하여 작품 내용을 확실하게 알 수 있도록,

❼ 처음 접하는 작품도 해석할 수 있어야 하는 **현대시**에서는 제목의 의미, 상황, 정서, 태도 등을 통해 주제를 파악할 수 있도록 하는 한편, 표현상의 특징과 작가의 특징을 작품 전문을 통해 알 수 있도록

하여 실제 시험에서 낯선 작품이 출제되었을 때에도 감으로 푸는 것이 아니라 진짜 실력으로 해결할 수 있게 설명하였다.

다른 친구들도 내가 답해 틀린 오답지에 많이 답했다면 그 답지에 대한 해설을 본다. 그래서 '나도 이렇게 풀었는데…'였다면 명쾌한 해설을 통해 내가 틀린 이유를 이해하고, '나는 아무렇지도 않게 풀었는데…'였다면 '아아, 이렇게 생각할 수도 있구나'를 느끼면서 다시 보면 여러분의 국어 영역 실력이 한층 더 높아져 있음을 발견하게 될 것이다. 아울러, '매일 복습 확인 문제'까지 푼 후 자신 있게 정답을 찾지 못한 경우 관련 내용을 재복습하면서 다시 볼 내용은 '매3 오답 노트'에 메모해 두고, 최종 마무리 복습 때 '제목으로 작품 복습하기'(p.175 활용)와 함께 꼭 챙겨 보도록 한다.

그리고 익히 알고 있는 것처럼 생각하는 어휘(문학 용어), 모르거나 어렴풋이 알아 대충 이해하고 넘긴 어휘 때문에 문제를 틀리는 경우가 많은 점을 감안하여, 꼭 알고 넘어가야 할 국어 어휘는 쉽게 익힐 수 있도록 따로 '매3어휘 풀이' 방식을 적용하여 풀이했다.

이와 같이 해설을 구성한 것은, 다른 과목도 마찬가지이지만 국어 영역은 특히 스스로 공부해서 실력을 쌓아야 1등급을 안정적으로 받을 수 있기 때문이다.

매3(문학) 오답 노트 이렇게 만들어 사용하세요!

내가 만든 오답 노트가 세상에서 가장 좋은 교재입니다. '매3(문학) 오답 노트 작성 방법'은 다음과 같습니다.

1. '문제 및 취약 유형'과 '답지 예시', '어휘(문학 용어)'로 구분해 작성합니다.

2. '문제 및 취약 유형'에는 문제 또는 취약한 유형을 적고, 틀린 이유나 실수한 내용과 함께 새길 내용을 적습니다. 복습할 때 해당 문제 및 작품과 함께 볼 수 있도록 '출처'도 메모해 둡니다.

3. '답지 예시'에는 틀렸거나 헷갈렸던 답지를 적고, 그 이유와 새길 내용을 메모해 둡니다. 해당 작품 및 기출 예시도 함께 적어 둡니다.

4. '어휘(문학 용어)'에는 문학 용어는 물론 지문과 문제, 답지에 나오는 어휘 중 다시 봐야 할 어휘도 적습니다. 기출 예시와 함께 적어 두는 것이 좋고, 공부할 때마다 예시를 덧붙여 나가면 더 좋습니다.

5. '작품별 오답 노트'는 〈클리닉 해설〉의 지문 해설에 덧붙여 메모하는 것이 더 효율적입니다.

6. 내가 직접 만든 '매3 오답 노트'는 꼭 다시 챙겨 봅니다.

● 문제 및 취약 유형

유형	틀린 이유 / 실수한 내용	새길 내용 / 작품 및 기출 예시 / 출처
질문의 핵심을 놓침.	발문(문두)을 꼼꼼하게 읽지 않았음.	• '(가)와 〈보기〉를 바탕으로~'를 휘리릭 보아 넘겨 〈보기〉를 바탕으로 하지 않은 감상 내용인데도 빠르게 오답으로 제외하지 않아 시간을 많이 뺏김. 문제편 p.90 5번
표현상의 특징	표현상의 특징만 체크함.	• 추상적 대상을 구체화하여 광야가 끊임없이 생성되고 소멸되는 순 　　　　　　A　　　　　　　　　　　　　　　　　B 환성을 나타내고 있다. 문제편 p.119 4번 → '추상적 대상을 구체화'한 부분이 나타나 있어 적절한 답지라고 생각함. → 'A하여(를 통해) B하고 있다.'는 A도 적절해야 하지만, A를 통해 B하고 있는지도 체크해야 함! ☆ 표현상의 특징을 묻는 문제는 표현상의 특징(A)뿐만 아니라 그 효과(B)까지 적절한지 따져야 함!

● 답지 예시

답지	틀린 이유	새길 내용 / 작품 및 기출 예시 / 출처
① 현재형 어미를 사용하여 사건을 생동감 있게 제시하고 있다.	• 현재형 어미가 사용되었는지, 현재형 어미를 사용하면 생동감이 있는 것이 맞는지만 체크함.	• 소설의 시점을 포함하여 서술상 특징을 묻는 문제에서 현재형 어미는 대화가 아닌 서술 부분에서 체크해야! ☆ 문제편 p.50 8번
① 인물의 반복적 행위와 결과를 나열하여 극적 효과를 높이고 있다.	• 오답지들에서 확실하게 X로 표시되는 내용이 있어서 정답에 답했지만 '극적 효과를 높이고 있다.'가 무엇을 의미하는지를 몰랐음.	• 극적 → 드라마틱함! • 반복적 행위 나열 ○, 결과 나열 ○ 　앞부분을 통해, ~를 나열함으로써 극적 효과를 높이고 있음! 문제편 p.73 1번

2

● 어휘(문학 용어)

※ 기출 예시와 새길 내용 등이 추가될 것을 감안하여 어휘별로 여백을 확보해 둘 것

어휘 (문학 용어)	개념 정의	작품 및 기출 예시 / 새길 내용 / 출처
입체적	1 사물 또는 대상을 여러 각도에서 종합적으로 보여 주는 것. 2 시간적 순서에 따르지 않고, 역행하여 '현재-과거-미래' 또는 '과거-미래-현재'로 구성됨(입체적 구성). (반) 평면적 구성	1 장면마다 서술자를 달리하여 상황을 <u>입체적으로 보여 주고 있다.</u> 문제편 p.26 8번 2 역순행적 구성을 통해 사건을 입체적으로 구성하고 있다. - 2020학년도 6월 고1 전국연합학력평가에서 〈입체적 인물〉 성격이 변하는 인물 (예) 김동인의 「감자」에서 '복녀'(도덕적이었던 복녀가 결혼 후 타락해 감.)
음보율과 음수율	• 음보율: 끊어 읽기 단위에서 느껴지는 운율 • 음수율: 글자 수가 비슷하게 반복됨으로써 느껴지는 운율	• 가시리/가시리/잇고// 문제편 p.94 1번(고려 가요, 「가시리」) — 3음보: 세 마디로 끊어 읽음. — 3·3·2조: 3글자, 3글자, 2글자로 이루어짐. • 평생에/일이 업서/산수 간에/노니다가// 강호에/님자 되니/세상 일/다 니제라// 엇더타/강산풍월이/긔 벗인가/ᄒ노라// 문제편 p.89 2번(낭원군, 「평생에 일이 업서~」) — 4음보: 네 마디로 끊어 읽음. — 3(4)·4조: 3(4)글자, 4글자로 이루어짐. → 음보에 대한 정확한 개념을 몰라 틀림.ㅠㅠ → 규칙적인 음보율은 리듬감을 형성함.
설의적 표현	• 의문 형식을 취함. • 몰라서 질문하는 것이 아님. • 독자의 공감을 유도함.	• 인간(人間)에 유정한 벗은 명월밖에 또 있는가 명월밖에 없다! 명월은 유정한 벗이다! 문제편 p.98(이신의, 「단가 육장」) • 눈은 얼마나 많은 도전을 멈추지 않았으랴 멈추지 않았다! 문제편 p.122(고재종, 「첫사랑」)

학습 효과를 높여 주는 제대로 채점법

1 공부를 시작하면서 날짜와 시작 시각을 적습니다.

첫날

오늘은 ___월 ___일입니다. 🕐 **시작 시각** ___시 ___분 ___초

2 시험장에서 문제를 푸는 것처럼 교재에 체크하며 풉니다.

- 복습을 위해 체크를 하지 않고 풀거나, 체크하고 푼 다음 지우는 것은 좋지 않습니다.
- 시험 칠 때와 똑같이 체크하며 문제를 풀어야 제대로 훈련할 수 있습니다.

3 종료 시각을 적고 채점한 다음, 초과 시간을 계산합니다.

🕐 **종료 시각** **①** **8**시 **19**분 **30**초

1 종료 시각을 적은 후, 문제에 체크한 '내가 쓴 답'을 **①**에 옮겨 적는다.
2 **②**에 채점을 하되, 틀린 문제에만 '╱' 표시를 한다.
   (문제에 직접 채점하지 않는 이유는 다시 풀 때 답을 모르는 상태에서 풀어야 제대로 훈련이 되기 때문)

문항 번호	1	2	3	4	5	6	7	8	9	10	11	12
2 **①** 내가 쓴 답	1	2	4	2	2	3	5	5	3	1	2	4
3 **②** 채 점			△	△			✕		△		△	△

→ 정답은 〈클리닉 해설〉 p.184(해설은 p.6)

3 틀렸거나 찍어서 맞힌 문제는 다시 푼다.
4 2차 채점을 할 때 풀어서 맞힌 문항은 △로, 또 틀린 문항은 ✕표시를 한다.
5 △와 ✕문항은 반드시 다시 보고 틀린 이유를 알고 넘어간다.

④ **총 소요 시간** 종료 시각 −시작 시각 **19**분 **30**초

목표 시간 19분 15초

초과 시간 총 소요 시간 −목표 시간 ___분 **15**초

채점 결과_ 첫날
반드시 체크해서 복습 때 활용할 것 ✕

	⑤ 1차 채점		**⑥** 2차 채점
총 문항 수	12개	△ 문항 수	**5**개
틀린 문항 수	**6**개	✕ 문항 수	**1**개

✔ 채점표 작성 방법 및 활용법

1 문제를 다 풀면 바로 채점표 **①**에 종료 시각을 적습니다.

2 문제에 체크한 '내가 쓴 답'을 **②**에 옮겨 적습니다.

3 채점란(**③**)에 채점을 합니다. 틀린 문제에만 ╱ 표시를 합니다.

4 **④**에 총 소요 시간을 적고, 초과 시간을 계산해 적습니다.
- 표시된 목표 시간보다 약간 시간이 남아야 실제 모의고사를 풀 때 시간이 딱 맞게 됩니다.
- 왜냐하면 3개의 지문을 풀 때보다 7개의 지문을 연속으로 풀 때가 시간이 좀 더 걸리기 때문입니다.

5 '1차 채점란(**⑤**)'에 틀린 문항 수를 적습니다.

6 틀린 문제로 가서 틀린 문항 번호 위에 ╱ 표시를 합니다.

7 ╱ 표시한 틀린 문제를 다시 풉니다.
- **3**에서 채점한 다음 바로 틀린 문제를 다시 풀지 않고, 초과 시간을 계산하고 틀린 문항 수를 적는 등 **4**~**6**의 순서로 진행하는 것은, 정답을 모르는 상태에서 다시 풀기 위함입니다.
- 문제를 풀면서 체크한 것은 지우지 않아도 됩니다. 아니, 지우지 않아야 학습 효과가 높습니다.

8 채점란(**③**)의 ╱ 표시 위에 아래와 같이 2차 채점을 합니다.
- 맞힌 것은 ╱ 표시된 곳에 ╲ 표시를 덧붙여 △로, 또 틀린 것은 ╲를 덧붙여 ✕로 채점합니다.
- 맞힌 문항의 경우에도 헷갈려 하며 자신이 없는 상태에서 맞혔다면 ★로 표시합니다.

9 △ 문항 수와 ✕ 문항 수를 채점표의 '2차 채점란(**⑥**)'에 적습니다.
- △ 문항은 1차 때 틀린 이유를 따져 보고,
- ✕ 문항은 〈클리닉 해설〉을 참조하여 정답과 오답인 이유를 확실하게 알고,
- ★ 문항도 반드시 다시 보면서 헷갈린 이유를 체크하고 넘어갑니다.

10 ✕ 문항보다 △ 문항을 꼼꼼히 다시 봐야 성적이 오른다는 것을 기억합니다.
- 한 번 틀린 문제는 또 틀릴 수 있습니다.
- 특히 2차 풀이 때 맞힌 △ 문항은 1차 풀이 때 틀린 이유를 따져 알면 같은 실수를 반복하지 않게 됩니다.
- 따라서 ✕ 문항보다 △ 문항을 더 꼼꼼히 챙겨 보고, 1차 때 틀린 이유를 아는 것이 중요합니다.

○ 최대한 정답을 모르는 상태에서 2차 풀이를 하기 위한 방법으로, '모바일 자동 채점 프로그램'(문제편 표지 QR 코드)을 이용해도 됩니다. 이때 위 **1**~**10** 중 **2**를 제외한 나머지는 모두 교재의 채점표를 활용합니다.

○ 보다 상세한 채점법은 『예비 매3비』 문제편 p.8~9에서 확인할 수 있습니다.

해설 차례

❶ 주차

공부한 내용	갈래	찾아가기
첫날		p.6
2일째		p.16
3일째	현대 소설	p.25
4일째		p.33
5일째		p.40
6일째	극 문학	p.48
7일째	매3 주간 복습	문제편 p.60

❷ 주차

공부한 내용	갈래	찾아가기
8일째		p.55
9일째	고전 소설	p.65
10일째		p.76
11일째		p.85
12일째	고전 시가	p.93
13일째		p.102
14일째	매3 주간 복습	문제편 p.106

❸ 주차

공부한 내용	갈래	찾아가기
15일째		p.112
16일째		p.120
17일째	현대시	p.127
18일째		p.135
19일째		p.143
20일째	갈래 복합	p.152
21일째	매3 주간 복습	문제편 p.150
+1일	문학 실전 훈련 – 2024학년도 3월 고1 전국연합학력평가	p.164

정답	01 ①	02 ②	03 ⑤	04 ⑤	05 ②	06 ②
	07 ②	08 ⑤	09 ②	10 ③	11 ⑤	12 ③

1~4 현대 소설

윤흥길, 「아이젠하워에게 보내는 멧돼지」

● **제목의 의미** 지문 앞부분 '서양 부자 나라의 지체 높은 양반들한테' '툭하면 그 귀한 멧돼지들을 보낸단 말인가.'와 지문 끝부분 "멧돼지가 아니었어. 멧세지가 맞는 말이여."를 통해, 제목은 '아이젠하워(미국 대통령)와 같은 서양의 권력자에게 보내는 메시지'를 뜻한다는 것을 알 수 있다. '나'나 창권이 형이 관여한 사건의 일부를 통해 전체 사건을 나타낸 것이다.

● **등장인물**

• **나(=하인철)**: 초등학교 2학년으로, 궐기대회에 이용당하는 창권이 형을 관찰하여 그 이야기를 전달하는 어린 서술자이다.

• **창권이 형**: '나'의 어머니의 먼 친척 조카. 어머니의 식당에서 허드재비 심부름을 하다가, 궐기대회에서 혈서 쓰기에 참여한 일을 계기로 궐기대회마다 다니며 혈서를 쓰고 '멧세지' 낭독까지 하는 등 정치 권력에 이용당하다가 중상을 입어 불구가 된 채 시골집으로 돌아간다.

● **작품 줄거리**

• **지문 앞 내용**: [외부 이야기] 가벼운 행락객 복장인 남들과 달리 여름 정장 차림으로 모교(전북 이리 소재 초등학교) 방문 행사에 참여한 하인철이 다음의 이야기를 들려준다. [내부 이야기] 6·25 전쟁이 발발하고 서울이 인민군에게 점령당한 후에도 남녀 시골은 조용했는데, 7월 10일 전후 이리역이 쑥대밭으로 변했다. 미군이 아군 지역인 이리역을 수원역으로 알고 폭탄을 투하한 것이다. 역 근처에서 장국밥을 팔던 어머니는 유복자인 나의 안전을 확인하고 철도 기관고 근방에 가지 말라고 했다. 그러나 역전 광장에서 우리 식당에서 허드렛일을 하는 창권이 형을 만난 나는 형과 함께 기관고 건물로 갔고, 순사들이 호루라기를 불며 위협하자 도로 개구멍으로 빠져나왔다. 그런데 형은 이미 기관고를 다녀왔다며, 그 증거로 피난민 시체 옆에서 주웠다는 회중시계를 꺼내 보였다. 그날 미군의 오폭으로 80여 명의 철도원과 피난민들이 죽고 많은 부상자들이 발생했다. 7월 하순에는 인민군 환영대회가 역전 광장에서 열렸고, 우리 식당은 문을 닫았다. 할 일이 없어진 창권이 형은 고향으로 돌아갔다가, 두 달 후 유엔군이 시내에 진주하자 다시 나타났다. 역전 광장에서는 무슨 대회가 계속 열렸

고, 초등학교 2학년인 우리는 '걸구대(궐기대회)'에 동원되곤 했는데, 걸구대에서는 멧돼지를 서너 마리씩 외국의 귀인들에게 보냈다.

• **지문의 '중략' 앞 내용**: 어린 나는 그런 식으로 마구 보내주다가는 멧돼지의 씨가 마를 것을 걱정했다. 마지막 순서로 학생복 차림의 청년 학도들이 혈서를 쓰자, 나는 급우 녀석들과 걸구대에서 도망쳐 나오려고 했다. 그때 눈에 익은 사람이 새롭게 연단에 올랐고, 사회자는 열 손가락을 모조리 깨물어 혈서를 쓴 열혈 애국 청년이 등장했다고 알렸는데, 창권이 형이 열 손가락에 핏물이 밴 붕대를 감은 채 식당에 돌아온 것을 보고 그 사람이 창권이 형임이 알 수 있었다. 이후 창권이 형은 사흘이 멀다 하고 열리는 걸구대마다 단골로 혈서를 쓰는 열혈 애국 청년 노릇을 하느라 바빴다. 어느 날 빳빳한 학생복과 교표까지 붙인 학생모 차림으로 돌아온 형은 가짜 고등학생 행세를 하게 되었다며, 교표와 회중시계를 광이 나게 닦았다.

• **지문의 '중략' 내용**: 시일이 지날수록 형은 단골 혈서가에서 소문난 반공 웅변가로 자리를 잡으면서 유명 인사가 되었다. 해가 바뀌어 한 살 더 먹은 나는 '멧돼지'가 '멧세지(메시지)'라는 것을 알게 되었고, 단상에 올라 열변을 토한 다음 혈서를 휘갈기는 형의 영웅적인 모습을 자랑스럽게 여겼다. 형은 계속 고등학생 행세를 하며 다녔는데, 휴전 반대 시위 때 학생 대표로 아이젠하워 미국 대통령에게 보내는 멧돼지를 낭독하기도 했다. 그러다가 휴전 성립과 함께 걸구대가 뜸해졌다. 그런데 중립국감시위원단에 소속된 체코와 폴란드 대표들이 북괴를 위해 남한에서 스파이 활동을 벌인 사실이 밝혀지면서, 이들 대표는 물러가라는 걸구대가 연신 벌어졌고, 덩달아 형도 바빠졌다.

• **지문의 '중략' 뒤 내용**: 그날도 형은 군산으로 원정을 떠나 적성중립국 감시위원들의 추방을 요구하는 시위대의 선두에 섰다. 그러나 흥분을 가누지 못하고 미군 부대 철조망을 타 넘는 만용을 부렸다가 경비병들이 풀어놓은 셰퍼드들의 공격을 받아 중상을 입었다. 불구의 몸으로 병원에서 퇴원한 뒤에도 한동안 우리 집에 머물며 어머니의 박대를 받던 형은 마침내 시골집으로 돌아가기로 하고, 떠나기 전날 밤 내게 금장 회중시계를 만져 볼 기회를 주었다. 그 회중시계는 형의 찬란하던 한때를 증언하는 듯했고, 나는 위로가 될 것으로 생각하고 형의 말처럼 멧돼지가 아니라 멧세지가 맞는 말이었다고 했는데, 형은 미소만 지었다.

• **지문에 이어지는 내용**: 불구자로 시골집으로 돌아간 형은 그후 우리 집에 나타나지 않았다. [외부 이야기] 하인

철의 이야기가 끝나자, 모임에 참석한 이들 사이에 창권이 영웅인지 등신인지에 대해 논란이 일었고, 하인철은 결론을 내리지 않은 채 다음 이야기 당번(이진원)을 지목했다.

배경	1950년대와 현재, 전북 이리역(현 익산역) 근처

● **주제** 혼돈의 시기에 권력층에 편승한 인물의 활약과 몰락

★ **작품 전체의 주제**: 전쟁의 폭력성과 이데올로기 대립의 참혹성

● **어휘 및 어구 풀이** ※ 굵은 글씨로 된 어휘는 빈출 어휘임.

· 진력(盡力): 있는 힘(체력)을 다함(소진).
· 진력이 날 대로 나버린: 싫증이 난.
· 협수룩한: 머리털이나 수염이 자라서 텁수룩한.
· **심상하게**: 대수롭지 않고 예사롭게. ㈌ 평범하게.
· 나이롱: '가짜'를 이름.
· 공력(功力): 애써서 들이는 정성과 힘(노력).
· 우김질: 우기는 짓.
· 적성중립국 감시위원들의 추방을 요구하는 시위대: 1953년 6·25 전쟁이 휴전에 들어가며, 휴전협정의 이행과 포로 교환 등을 감시하기 위해 중립국 감시위원단이 구성되었는데, 공산군 측이 추천한 폴란드, 체코슬로바키아가 북측을 위해 스파이 활동을 했다는 사실이 발표되었고, 이에 전국에서 적성중립국 감시위원의 추방을 요구하는 대규모 시위가 벌어졌다.
· 먼촌붙이: 촌수가 먼 친척. ※ '-붙이'는 '같은 겨레라는 뜻'을 더하는 접미사로, '혈육으로 볼 때 가까운 사람'을 뜻하는 '피붙이, 살붙이'에 쓰인 '-붙이'와 같은 의미임.
· 광휘: 눈이 부시게 환하고 아름다운 빛(광채).
· 뒤장질하다: (사람이 물건이나 장소를) 마구 뒤지는 짓을 하다.
· 시부저기: 별로 힘들이지 않고 슬쩍. ㈌ 가볍게, 수월하게

● **서술상의 특징**
· 시점: 1인칭 관찰자 시점

✔ 작품 속 '서술' 부분에서 '나'가 등장하는가? →○ · 급우 녀석들이 나를 향해 자꾸만 눈짓을 보내왔다. · 엎어지면 코 닿을 자리에 집이 있는 내가~ 등	1인칭
✔ 인물(주인공: 창권이 형)의 심리가 드러나 있는가? →✗	관찰자 시 점

· 어린 '나'의 시선으로 전쟁으로 인해 혼란해진 사회의 모습을 제시함.
· 전라도 방언을 사용함.: 팽기찮어(괜찮아), 일트레면(이를테면), 심(셈), 모냥(모양)이 숭칙허다(흉측하다), 숭내(흉내) 등
· 풍자적: 어리석은 인물(창권이 형)이 가진 욕망의 허망함을 풍자함. ☞ 4번 문제의 〈보기〉 참조

● **지문 밖 정보**
· 『소라단 가는 길』에 실린 연작 소설 중 하나
· '나(하인철)'가 6·25 전쟁 때 체험한 일을 고향 친구들에게 들려주는 형식의 액자식 소설

01 서술상의 특징 파악
정답 ①

◎ **①이 정답인 이유** 먼저, 지문의 '서술' 부분에 '나, 우리'가 나타나 있으므로 '이야기 내부 인물'이 서술자임을 알 수 있다.
→ '이야기 외부 서술자'라고 한 ④와 ⑤는 정답에서 제외
그리고 주된 서술 대상인 '창권이 형'이 중심인물인데, 창권이 형의 행동과 그에 대한 '나'의 생각을 다음과 같이 서술하고 있으므로 ①이 정답이 된다.

중심인물의 행동	중심인물의 행동에 대한 '나'의 생각
· (형은) 걸구대 때마다 단골로 혈서를 쓰는 열혈 애국 청년 노릇에 워낙 바쁘다 보니 식당 안에 진드근히 붙어 있을 겨를도 없었다.	· 형은 어느덧 장국밥을 전문으로 하는 식당의 허드재비* 심부름꾼에서 당당한 손님으로 격이 달라져 있었다.
· 중요한 일로 높은 사람들을 만나러 간다며 아침 일찍 집을 나선 창권이 형이 해 질 녘에 다따가 고등학생으로 변해 돌아왔다.	· 그동안 형의 변모는 너무나 급격해서 그렇잖아도 눈알이 팽팽 돌 지경이었는데,~
· ~그 금빛의 교표*를 형은 내친김에 아예 순금제로 바꿔 놓을 작정인 듯 시간 가는 줄 모르고 일삼아 닦고 또 닦아 댔다.	· 가정 형편이 어려워 어릴 때부터 남의집살이로 잔뼈를 굵혀 나온 형은 자신을 진짜배기 고등학생으로 착각하고 있는 기색이었다.
· ~금장의 회중시계를 꺼내어 더욱더 공력을 들여 삐까번쩍 광을 내기 시작했다.	· 정말 갈수록 태산이었다.

※ 허드재비: 허드렛일. 중요하지 아니하고 허름한 일.
※ 교표: 학교를 상징하는 무늬를 새긴 표지(마크).

▶ **정답의 근거** 위 '①이 정답인 이유'에서의 표
② '인물과 인물 사이의 갈등'은 창권이 형과 어머니 사이에서 나타난다. 하지만 이 갈등은 해소되고 있지 않다.
③ 이야기 내부 인물인 '나'가 경험한 사건을 전달하고 있는 것은 맞다. 하지만 과거와 현재를 반복적으로 교차하고 있지는 않다.
④ 특정 소재라 할 수 있는 '교표'나 '회중시계'와 관련된 '나'의 내면 심리를 제시한 부분은 있지만(위 '①이 정답인 이유'의 표 참조), '나'는 '이야기 외부 서술자'가 아니다.
⑤ 서술자는 이야기 내부 인물인 '나'이며, '서로 다른 공간에서 동시에 일어나는 사건들'을 나열하고 있지도 않다.

02 세부 내용의 이해
정답 ②

◎ **②가 정답인 이유** '걸구대(궐기대회)'에 갔던 '나'는 군복을 걸친 사람이 혈서*를 쓰기 위해 연단에 오른 것을 보고 '많이 눈에 익'은 사람이라고 생각했고, '이윽고' 창권이 형이 '열 손가락에 빨갛게 핏물이 밴 붕대를 친친 감은 채 식당에 돌아'온 것을 보고 그 사람이 창권이 형임을 알게 됐다. → 어머니를 통해 전해 들었다 ✗

※ 혈서: 자기의 피(혈액)로 결심이나 맹세 등을 쓴 글(문서).

▶ **정답의 근거** 위 '②가 정답인 이유' 참조

7

나머지 답지들이 오답인(적절한) 근거도 찾아보자.

① 지문 앞부분의 '엎어지면 코 닿을 자리에 집이 있는 내가 몇몇 친한 녀석들을 데리고 몰래 광장을 빠져나와 걸구대가 끝날 때까지 우리 식당에서 즐거운 시간을 함께 보낸 적이 종종 있었던 까닭이었다.'에서 알 수 있다.

③ '중략' 앞의 '(창권이 형은) 걸구대 때마다 단골로 혈서를 쓰는 열혈 애국 청년 노릇에 워낙 바쁘다 보니 식당 안에 진드근히 붙어 있을 겨를도 없었다.'에서 알 수 있다.

④ '중략' 뒤의 '퇴원한 뒤에도 창권이 형은 한동안 우리 집에 계속 머물렀다. 형의 그 가짜배기 애국 학도 행각을 애초부터 꼴같잖게 여기던 어머니는…조카를 눈엣가시로 알고 노골적으로 박대했다. … 어느 날, 형은 마침내 시골집으로 돌아갈 결심을 굳혔다.'에서 알 수 있다.

⑤ '중략' 앞의 '(궐기대회에서 창권이 형이 쓴) 혈서가 청중에게 공개되었다. 치솟는 박수갈채로 역전(역 앞) 광장이 갑자기 떠나갈 듯 요란해졌다.'와 '중략' 뒤의 '형의 그 가짜배기 애국 학도 행각*을 애초부터 꼴같잖게 여기던 어머니'에서 알 수 있다.
*행각: 어떤 목적을 가지고 여기저기 돌아다님.

03 함축적 의미의 이해
정답 ⑤

◎ ⑤가 정답인 이유 ㉠ 앞에서 창권이 형이 한 말 "핵교도 안 댕기는 반거충이* 청년이 단골 혈서가란 속내가 알려지는 날이면 넘들 보기에도 모냥(모양)이 숭칙허다고(흉측하다고), 날더러 당분간 고등과 학생 숭내(흉내)를 내고 댕기란다." 등으로 보아, '학생복'과 '학생모' 차림으로 나타난 형의 '모자에 붙은 교표'는 '반거충이 청년'인 창권이 형이 '고등과 학생'인 것처럼 학력을 위조하는 데 동원된 것이다. 그리고 ㉠ 바로 앞의 '새것임을 만천하에 광고하듯 (닦고 또 닦아 댔다.)'을 고려하면, ㉠에서 교표가 '너무 번뜩여서 오히려 탈'이라고 한 것은 교표가 지나치게 새것이어서 온 천하에 드러날 수 있음, 즉 진짜 고등과 학생들의 몇 달 또는 몇 년 된 교표와 달라서 창권이 형의 학력 위조가 쉽게 탄로 날 수 있음을 의미한다고 이해할 수 있다.

> *반거충이: 배우던 것을 중도에 그만두어 다 이루지 못한 사람.

▶ 정답의 근거 위 '⑤가 정답인 이유' 참조

가장 많이 질문한 오답은? ①, ④ 순

✗ ①이 오답인 이유 '교표'는 '핵교도 안 댕기는 반거충이 청년'이라는 창권이 형의 '학력(신분)'을 은폐하기 위한 것이고, '빛나는 교표'는 형이 '시간 가는 줄 모르고 일삼아 닦고 또 닦아' 광을 내었기 때문으로, '형의 능청스러운 성격을 은폐'하기 위한 것이 아니며 '능청스러운 성격을 은폐하기 어려움을 의미'하는 것도 아니다. 그리고 교표를 닦는 형을 바라보며 '나'가 '형은 자신을 진짜배기 고등학생으로 착각하고 있는 기색이었다.'라고 한 것으로 보아, 형이 능청스러운 성격을 지닌 것으로 볼 수도 없다.

✗ ④가 오답인 이유 ㉠ 앞의 '형은 모자에 붙은 교표에 호호 입김을 불어 소맷부리로 정성스레 광을 내기 시작했다.'에서 형이 '교표를 정성스럽게 닦는 행위'를 한 것을 확인할 수 있다. 하지만 ㉠ 뒤에서 형은 '시간 가는 줄 모르고 일삼아 닦고 또 닦아 댔다.'고 했는데, 이러한 행위에서 형이 불안감을 느끼고 있다는 것은 적절하지 않다.

② 창권이 형은 교표를 '시간 가는 줄 모르고 일삼아 닦고 또 닦아 댔'는데, 이에 대해 '나'는 '형은 자신을 진짜배기 고등학생으로 착각하고 있는 기색'이라고 했으며, 창권이 형이 자신의 행동을 부끄럽게 생각하는 모습은 찾을 수 없다.

③ 교표를 닦으며 형은 "요담번 궐기대회 때부텀 나가 맥아더 원수에게 보내는 멧세지 낭독까장 맡어서 허기로 결정이 나뿌렀다."라고 했다. 교표를 닦는 행위가 궐기대회에서 창권이 형이 맡는 역할이 확대(축소 ✗)되는 것과는 연결지을 수 있으나 '번뜩이는 교표로 인해 궐기대회에서 창권이 형이 맡는 역할이 오히려 축소될 수 있음'을 의미하고 있지는 않다.

04 자료를 활용한 감상
정답 ⑤

◎ ⑤가 정답인 이유 '중략' 뒤에서 회중시계는 '전쟁 기간을 통틀어 형의 수중에 남겨진 유일한 전리품이었다.'라고 한 것에서 '회중시계'가 '유일한 전리품'이었던 것을 알 수 있고, 〈보기〉에서 창권이 형은 '6·25 전쟁으로 혼란해진 사회'에서 '애국 학도*로 활약하는 과정에서 권력층에 편승하는 모습을 보인다.'고 한 것에서 창권이 형이 '애국 학도로서의 신념을 지키지 못'했다고 볼 수 있다. 하지만 '중략' 뒤에서 '나'는 그 '회중시계'가 '형의 금빛 찬란하던 한때'를 '증언하는 듯한 느낌'이 들었다고 했으므로, '회중시계'가 '창권이 형의 고뇌를 상징'한다고 볼 수 없다.
*학도(學徒): 학생. 학교에 다니면서 공부하는 사람.

▶ 정답의 근거 '(회중시계는) 마치 형의 금빛 찬란하던 한때를 그것이 째깍째깍 증언하는 듯한 느낌이 언뜻 들었다.'

가장 많이 질문한 오답은? ④

✗ ④가 오답인 이유 '중략' 아래에서 창권이 형이 '시위대의 선두에 섰'고 '중상을 입'은 것을 확인할 수 있다. 그런데 〈보기〉를 대충 읽은 학생들은 창권이 형이 '권력층에 편승'하려 한 인물이 아니라고 보거나, 형의 '욕망이 풍자'되지 않았다고 본 경우가 많았다. 그러나 〈보기〉의 둘째~셋째 문장을 바탕으로 할 때 창권이 형이 '시위대의 선두'에 선 것은 '권력층에 편승'하여 인정을 받고자 한 욕망에서 나온 행동으로 볼 수 있으며, 결국 '중상을 입'은 비극을 통해 '어리석은 인물(창권이 형)이 가진 욕망의 허망함을 풍자하고 있다'고 감상할 수 있다.

① 〈보기〉에서 '궐기대회에서 벌어지는 일을 제대로 이해하지 못하는 어린 '나'를 통해 궐기대회가 희화화(p.163 참조)된다.'고 하였다. '앞부분의 줄거리'에서 '나'는 국민학교 2학년생이라고 했고, 그런 '나'는 '멧세지(메시지)'를 '멧돼지'로 오해하여 걸구대(궐기대회)에서 '멧돼지 보내기가 몇 번이나 되풀이'된다고 했다. '멧세지'를 우스꽝스러운 대상으로 만들어, 궐기대회가 희화화된 것이다.

② '열 손가락을 모조리 깨물어 혈서를 쓴' 창권이 형에 대해 궐기대회 사회자는 '참으로 보기 드문 열혈 애국 청년이 등장했음'을 알렸다고 했고, 이후 '궐구대 때마다 단골로 혈서를 쓰는 열혈 애국 청년 노릇'으로 형의 손가락들은 '좀체 아물 새가 없었다.'고 했다. 이로 보아 창권이 형의 '좀체 아물 새가 없'는 '손가락들'은 표면적으로는 애국심의 증거로 볼 수도 있으나, 〈보기〉의 '정치적 목적을 위해 대중을 기만하는 권력층에 이용당하다 결국 몰락하게 되는 창권이 형'으로 보아, 이면적으로는 창권이 형이 권력층에 이용당하는 인물임을 알게 한다.

③ 〈보기〉에서 권력층은 '정치적 목적을 위해 대중을 기만'한다고 했다. 이는 궐기대회에서 혈서를 쓰고 '멧세지'를 낭독하는 이를 사람들이 따르게 하기 위해 '국민학교 졸업이 학력의 전부'인 창권이 형에게 '고등과 학생 숭내를 내고 댕기'라고 하는 데에서 확인할 수 있다.

1주차

2주차

3주차

+1일

5~8 현대 소설

김소진, 「눈사람 속의 검은 항아리」

● **제목의 의미** 제목은 '나'가 욕쟁이 함경도 할머니의 단지를 깨뜨린 후 눈사람을 만들어 깨진 항아리를 숨긴 사건('작품 줄거리' 참조)과 관련된 중심 소재이다.

● **등장인물**

• 나(민홍): 서술자. 새벽에 변소에 갔다가 짠지 단지를 깨뜨리자 눈사람을 만들어 깨진 단지를 감춘 채 가출한다. 집에 돌아왔을 때 혼날 줄 알았지만 아무도 혼내지 않는 것을 통해 세상은 자신의 생각과는 다르게 돌아간다는 깨달음을 얻는다.

● **작품 줄거리**

• **지문 앞 내용**: [현재] '나'는 재개발 이야기가 한창인 미아리(서울) 셋집에 다녀오기로 한다. 어머니의 만류에도 재개발 상황도 알아보고 아버지 영정도 찾아오고 창이 형도 만날 겸 해서 간 그곳에서 익숙한 풍경을 접하자 이십 년 전 기억이 떠오른다. [과거] 당시 '나'의 가족은 '한 지붕 아홉 가구의 장석조네 집'에 살았다. 어느 겨울 이른 새벽에 변소에 갔다 오던 '나'는 '빠루'(공사판에서 쓰는 연장)를 잘못 밟아 짠지 단지를 깨뜨렸다.

• **지문의 '중략 부분의 줄거리' 앞 내용**: '나'는 깨진 단지가 욕쟁이 함경도 할머니의 단지임을 확인하고 추위도 잊은 채 두려움에 떨었다. 눈 위로 뚜렷이 난 발자국으로 인해 시치미를 뗄 수도 없었다. 그러다가 기발한 생각이 떠오른 '나'는 맨손으로 눈을 긁어모아 단지 위에 붙여 눈사람을 만듦으로써 깨진 단지를 감출 수 있었다.

• **지문의 '중략 부분의 줄거리' 내용**: 하지만 반나절만 지나면 햇빛 때문에 비밀이 탄로 날 것이란 생각에 '나'는 가출을 했다. 주로 더러운 곳만 골라 돌아다니다 만화책을 보는 데 있는 돈을 다 쓴 탓에 배고픔도 참아 가며 종일 방황했다.

• **지문의 '중략 부분의 줄거리' 뒤 내용**: '나'는 비밀이 들통났을 것을 예상하고 비상한 각오로 해질녘에 집으로 돌아왔다. 그러나 예상과 달리 사람들이 평소와 다름없이 행동하고, 엄마도 지청구를 내리지 않자 혼돈에 빠졌다. 눈사람도, 짠지 단지도 깨끗이 치워져 있었다. '나'는 세계가 '나'를 중심으로 돌고 있지 않다는 것을 깨닫고 울었다. 엄마가 내가 한 행동을 상기시키며 어이없어하자, '나'는 울음을 그치고 집을 뛰쳐나와 마구 달렸다.

• **지문에 이어지는 내용**: [현재] '나'는 철거가 시작된 산동네에서 창이 형을 만나 함께 술을 마시다 셋집에는 들르지 않고 헤어진다. 동네를 벗어나려다 똥이 마려웠던 '나'는 반쯤 부서진 집들에서 깨진 항아리를 발견하고, 그 속에 똥을 누며 눈물을 흘린다. 늙은 어머니와 아내, 그리고 네 살배기 아이를 둔 가장이 주책없이 눈물이 난 것은 '나'를 지탱해 온 기억과, 그 기억을 지탱해 온 산동네가 사라지는데도 자신이 할 수 있는 일이 없기 때문이라는 생각을 한다.

| 배경 | 1990년대 서울 미아리 |

● **주제** 짠지 단지를 깨뜨린 사건을 계기로 깨닫게 된 세상의 이치

★ **작품 전체의 주제**: 기억의 터전이 사라지는 것에 대한 안타까움 속에서 인간의 생각이나 판단이 세상의 실상과는 차이가 있을 수 있다는 깨달음

● **어휘 및 어구 풀이**

• 짠지: 무를 통째로 소금에 짜게 절여서 묵혀 둔 김치.

• 베라 맞아 뒈질 놈: 벼락(을) 맞아 죽을 놈. '벼락(을) 맞다'는 '아주 못된 짓을 하여 큰 벌을 받다.'는 뜻임.

• 아새낄: 아새끼를. '아새끼(애새끼)'는 어린아이를 속되게 이르는 말임.

• 만무하다: 절대로 없다. 결코 있을 수 없다.

• 상수(上數): 가장 좋은 꾀. 윤 상책.

• 제겨 딛다: 발끝이나 발뒤꿈치만으로 땅을 디디다.

• 인멸(湮滅): 흔적을 자취도 없이 모두 없앰(소멸).

• 시래기: 무청이나 배춧잎을 말린 것.

• 천연덕스럽게: (1) 거짓이나 꾸밈이 없고 자연스럽게. (2) 시치미를 떼고 겉으로는 아무렇지도 않은 것처럼. 윤 천연스럽게. 여기서는 (2)의 뜻으로 쓰임.

• 정초: 정월(음력 1월)의 초하루(매달 첫째 날)부터 처음 며칠 동안. 그해의 맨 처음.

● **서술상의 특징**

• 1인칭 주인공 시점

✔ 작품 속 '서술' 부분에서 '나'가 등장하는가? → ○	1인칭
✔ 인물(주인공: '나')의 심리가 드러나 있는가? → ○ • 집 안팎에서~지청구와 매타작을 감수하는 게 상수인 듯싶었다. • 나는 울기 전에 최후의 시도를 하기로 맘먹었다. • 나는 가슴이 터질 듯 기뻐~ 등	관찰자 시점✕

• 어린 시절을 회고하고 있다. [근거] 지문 맨 끝의 '그렇게 컸다.'

• 작중 인물의 회상을 통해 과거의 사건이 드러나고 있다.
• 사건의 정리

ⓐ	변소에 갔다가 욕쟁이 할머니의 단지를 깨뜨림.

↓

ⓑ	주문을 외우자 기발한 생각이 머릿속에 떠오름.

↓

ⓒ	하루 동안의 가출을 감행하여 여기저기 쏘다님.

↓

ⓓ	집으로 돌아와 다 치워진 마당을 발견함.

↓

ⓔ	'나'의 볼을 엄마가 잡아 비틂.

〈각 상황에 따른 '나'의 심리 상태〉

– ⓐ: 욕쟁이 할머니에게 혼날 것을 두려워함.
– ⓑ: 일단 위기의 상황을 모면할 수 있다는 생각에 기뻐함.
– ⓒ: 자신에게 닥쳐올 고통의 시간을 늦추고자 함.

〈영화 제작 회의 내용〉

– ⓐ: 욕쟁이 할머니가 욕설을 퍼붓는 상상 장면을 삽입 화면으로 처리한다.
– ⓑ: 간절하게 주문을 외우는 '나'의 모습을 클로즈업*한다.
– ⓓ: 눈사람 속에 깨진 단지를 숨기던 장면을 오버랩*한다.
– ⓔ: 엄마에게 꼬집히는 장면 직전의 '나'가 한 생각은 내레이션*으로 처리한다.

> *클로즈업: 영화나 텔레비전에서, 등장하는 배경이나 인물의 일부를 화면에 크게 나타내는 일.
> *오버랩(overlap): 하나의 화면이 끝나기 전에 다음 화면이 겹치면서 먼저 화면이 차차 사라지게 하는 기법.
> *내레이션: 무대 위에 모습이 나타나지 않으면서 무대 밖에서 그 내용이나 줄거리를 해설하는 일.

• 〈보기〉를 바탕으로 [A]를 감상했을 때, 적절하지 않은 것은?

> **보기**
>
> 성장 소설은 유년기에서 소년기를 거쳐 성인의 세계로 입문하는 과정에서 한 인물이 겪는 내면적 갈등과 정신적 성장, 그리고 자신을 둘러싸고 있는 세계에 대한 각성 과정을 주로 담고 있는 작품들을 지칭한다.
> 지적, 도덕적, 정신적으로 미숙한 상태에 있는 어린아이, 혹은 소년의 갈등이 중심을 이루며, 그가 자아의 미숙함을 딛고 일어서서 자신의 고유한 존재 가치와 세계의 의미를 깨닫게 되는 것으로 끝을 맺는다. 이 깨달음의 과정을 문화 인류학자나 신화 비평가들은 '통과 제의*', '통과 의례*' 등의 용어로 표현한다.

① 깨진 단지와 관련된 사건이 '나'에게는 '통과 의례'였다고 볼 수 있군.
② '나'가 가진 자아의 미숙함은 '나'가 세상의 중심이라고 생각했던 것이군.
③ '나'는 혼돈과 불안의 과정을 거쳐 긍정적인 자아 의식을 획득했던 것이군.
④ '나'의 눈물은 자신을 둘러싸고 있는 세계를 인식하는 과정에서 나온 것이겠군.
⑤ '나'의 내면적 갈등은 생각하는 세계와 실제 세계 사이의 괴리감*에서 오는 것이군.

> *통과 제의: 출생, 성년, 결혼, 사망과 같이 사람이 태어나서부터 죽을 때까지 거치게(통과하게) 되는 (제사의) 의식. '통과 의례'라고도 함.
> ※ 통과 의례: 통과해야 하는 의식(법식), 예식.
> *괴리감: 서로 어긋나(乖, 어그러질 괴) 동떨어져(분리) 있는 것처럼 느끼는 마음(감정).

답 ③

– 2008학년도 7월 고3 전국연합학력평가

개념 + 소설의 시점

> **예시** 이상한 용기가 솟았다. 수남이는 자전거를 마치 검부러기처럼 가볍게 옆구리에 끼고 질풍같이 달렸다. 정말이지 조금도 안 무거웠다. 타고 달릴 때보다 더 신나게 달렸다. 달리면서 마치 오래 참았던 오줌을 시원스레 내깔기는 듯한 쾌감까지 느꼈다. — 박완서, 「자전거 도둑」
> 41. 윗글의 서술상 특징으로 가장 적절한 것은?
> ⑤ 작품 밖 서술자가 특정 인물의 행동과 내면 심리를 중심으로 서술하고 있다.
> (2016학년도 6월 고1 전국연합학력평가)

국어 영역의 소설 제재에서는 시점을 포함한 서술상의 특징을 묻는 문제가 자주 출제된다. 소설의 시점을 따질 때에는 (1) '대화'가 아닌 '서술' 부분에 '나(저)' 또는 '우리(저희)'가 등장하는지, (2) 인물의 심리를 서술하고 있는지를 체크하면 된다.

'서술' 부분에 '나(저)' 또는 '우리(저희)'가 있으면 1인칭 시점이고, 없으면 3인칭 시점이다. 또, '서술' 부분에서 인물의 심리를 제시하고 있으면 1인칭 주인공 시점 또는 전지적 작가 시점이고, 심리를 서술하고 있지 않거나 서술하더라도 추측하는 것이라면 1인칭 관찰자 시점 또는 작가 관찰자 시점이다.

주의! 1인칭 시점의 경우 서술자가 '나'이므로 '나'가 주인공이든 관찰자이든 상관없이 '나'의 내면을 전달할 수 있다. 따라서 '나'가 주인공인지, 부수적 인물(관찰자)인지를 확인하는 것이 중요하다. '나'가 주인공이면, 즉 '나'가 '나'를 중심인물로 삼아 이야기를 전달하고 있으면 1인칭 주인공 시점이고, '나'가 부수적 인물이면, 즉 '나'가 다른 인물(주인공)의 이야기를 전달하고 있으면 1인칭 관찰자 시점이다.

> **예시** 아버지는 숫제 흙반죽으로 질컥거리는 구덩이 바닥에 늘펀하게 드러눠 버렸다. 벌겋게 취기가 기승을 올리는 얼굴이었다. 도무지 말이 없는 채 아버지는 멀거니 하늘만 올려다보고 있었다. 그러는 아버지를 두고 나는 아무 말도 꺼낼 수가 없었다. … 구덩이 밖으로 나가기 위해 배비작거리는 그 궁둥이의 움직임을 보고 있노라니 갑자기 목구멍이 깝북 잠겨 오는 기분이 드는 것이었다.
> — 윤흥길, 「땔감」(2011학년도 11월 고1 전국연합학력평가)

➜ '서술' 부분에 '나'가 나타나 있고, '나'의 내면 심리도 전달하고 있다. 그런데 이 작품은 가족을 위해 땔감을 마련하려는 아버지의 이야기를 전달하고 있으므로, 주인공은 '나'가 아니라 '아버지'이다. 따라서 시점은 1인칭 관찰자 시점이다.

05 서술상의 특징 파악 정답 ②

◎ ②가 정답인 이유 이 소설은 작품 속 '서술' 부분에 서술자인 '나'가 나타나 있고, '나'가 사건의 중심인물(주인공)이면서, 다음과 같이 '나'의 심리를 직접 서술하고 있다. '1인칭 주인공 시점'인 것이다.

> • 집 안팎에서~지청구와 매타작을 감수하는 게 상수인 듯싶었다.
> • 나는 울기 전에 최후의 시도를 하기로 맘먹었다.
> • 나는 가슴이 터질 듯 기뻐 하늘을 향해 두 팔을 쫙 벌렸다.
> • 엄마한테 연탄집게로 맞으면 안 되는데 싶은 생각뿐이었다.
> • 나는 무척 혼돈스러웠다.
> • 나는 나를 둘러싼 세계가 너무도 낯설게 느껴졌다. 등

▶ **정답의 근거** 위 '②가 정답인 이유'의 ☐☐ 부분

① '중략 부분의 줄거리' 앞에 '나'와 '현정이 아빠'의 대화가 있으나, '대화'가 아닌 '나'(서술자)의 심리를 중심으로 사건을 전개하고 있다.

③ 소설에서 내화(내부 이야기)와 외화(외부 이야기)를 넘나드는 것은 액자식 구성(p.18의 '개념 ✚' 참조)인데, 이 소설에서는 내화 또는 외화가 따로 존재하지 않는다.

④ 이 소설에서 주변 인물은 현정이 아빠, 엄마 등인데, 이들은 서술자가 아니다. 서술자는 '나'로, 주인공의 심리를 전달하고 있는 서술자는 주변 인물이 아니라 중심인물인 '나'이다.

⑤ '서술자가 작품 밖에 위치하여 인물의 심리를 직접 서술'하는 것은 전지적 작가 시점이다. 이 소설은 서술자가 작품 속에 있는 1인칭 주인공 시점을 취하고 있다.

06 사건에 따른 인물의 심리 추리 정답 ②

◎ ②가 정답인 이유 '나'는 욕쟁이 할머니의 단지를 깨뜨리고는 혼날까 봐 두려움에 떨다가 '최후의 시도'로 '주문을 반복해서 외'었고, '주문이 헛되지 않았는지 내 입가에 기쁨의 미소가 어렸'다고 했다. 주문을 외운 후, 위기 상황을 모면할(벗어날) 해결 방법을 찾아 기뻐한 것이다. '나'가 찾은 해결 방법은 '깨진 단지를 감쪽같이 눈사람 속에 집어넣'는 것이었다.

▶ **정답의 근거** 위 '②가 정답인 이유' 참조

가장 많이 질문한 오답은? ③

✕ ③이 오답인 이유 현정 아빠와 대화하기 전 '나'는 항아리 조각을 숨길 방법을 찾아 '가슴이 터질 듯 기뻐 하늘을 향해 두 팔을 쫙 벌렸다.'고 했다. 이 부분에서 '의기양양한 태도'를 보인 것으로 볼 수 있다. 그래서 ③에 답한 학생들이 많았는데, '의기양양한 태도로 일관하고 있'지는 않다. 다음과 같이 '나'는 현정 아빠와 대화하기 전에 두려웠고 울고 싶었기 때문이다.

> • 어찌 떨지 않을 수 있었을까. → 떪(두려워함).
> • 욕설이 귀에 쟁쟁해지자 등 뒤에서 올라온 뜨뜻한 열기가 목덜미와 정수리께*를 휩싸며 치솟아 올라 추운 줄도 몰랐다. → 두려워함.　*정수리께: 머리 위의 숫구멍이 있는 자리 근처.
> • 나는 울기 전에 최후의 시도를 하기로 맘먹었다. → 울고 싶음.

그리고 '중략 부분의 줄거리'에서 '혼날 것을 두려워'하여 '가출'을 하였다고 했으므로, ③은 ⑭(가출을 감행함)의 사건에 따른 '나'의 심리 상태로 적절하지 않다.

① ㉮의 사건과 관련하여, '나'는 깨진 단지가 욕쟁이 할머니의 것인 줄 확인하고 '입술을 파르르 떨었다'고 했다. 두려워한 것이다.

④ ㉰의 사건과 관련하여, '나'는 '도대체 무슨 일이 일어난 것일까?', '차라리 그 깨진 단지라도 제자리를 지키고 있었다면 혼은 나더라도 나는 혼돈스럽지도 불안하지도 않았을 것 아닌가.'라고 했다. 의아해하며 불안해한 것이다.

⑤ ㉱의 사건과 관련하여, 가출 후 돌아온 '나'는 집 안 분위기가 평소와 다르지 않자 '혼돈'과 '불안'을 느낀다. 심리적으로 위축(마음속으로 졸아들고 기를 펴지 못함.)된 것이다. 그러다가 엄마가 '나'의 볼을 비틀며 꾸짖자 '균형 감각'을 되찾았다고 했다. '심리적으로 위축'되어 있던 상태에서 벗어난 것이다.

07 자료를 활용한 작품 이해 정답 ②

◎ ②가 정답인 이유 지문에서 '눈사람' 속에 깨진 항아리를 은폐하는 모습은 다음에서 확인할 수 있다.

> 나는 장갑도 끼지 않은 손으로 서둘러 주위의 눈을 긁어모으기 시작했다. 마침 찰기가 좋은 눈이어서 손이 한번 닿을 때마다 흙 알갱이가 알알이 박힌 눈덩이들이 붙어 올라왔다. 나는 우선 항아리 주변에 눈사람의 아랫부분을 뭉쳐 놓았다. 그러고는 조금 작은 눈뭉이를 서둘러 올려놓았다. 그렇게 해서 깨신 난시를 감쪽같이 눈사람 속에 집어넣을 수 있었던 것이다.

여기에서 '나'가 내면적으로 갈등하는 모습은 나타나 있지 않다. '감쪽같이'에서는 오히려 이전에 느꼈던 두려움에서 벗어나 안도하는 모습을 발견할 수 있다.

그럼에도 불구하고 ②를 적절한 것으로 생각해 오답에 답한 학생들이 많았다. 〈보기〉에서 '성장 소설(p.10의 〈보기〉도 참조)은 유년기에서 소년기를 거쳐 성인의 세계로 입문*하는 과정에서 한 인물이 겪는 내면적 갈등'을 담고 있다고 했고, 다음과 같이 지문에서 내면적으로 갈등하는 '나'를 발견할 수 있기 때문이었다.

> • 어찌 떨지 않을 수 있었을까(떨었음).
> • 혼날 것을 두려워한 나는 가출을 한 후 여러 곳을 방황하다 해질 녘에 집으로 돌아온다(두려워했고, 방황했음).
> • 차라리~나는 혼돈스럽지도 불안해하지도 않았을 것 아닌가(혼돈스럽고 불안했음). 등

하지만 '눈사람' 속에 깨진 항아리를 은폐하는 모습에서는 내면적으로 갈등하고 있지 않으므로 ②는 적절하지 않다.

> *입문: 문으로 들어감(출입). ⋯▸ 무엇을 배우는 길에 처음 들어섬.
> *담론(談論): 이야기(담화)를 주고받으며 논의함. 어떤 주제에 대해 체계적으로 이야기하고 논의함.

▶ **정답의 근거** 위 '②가 정답인 이유' 참조

✗ ③이 오답인 이유 '방학 숙제로 낼 일기'는 '나'가 아침부터 눈사람을 만든 이유(깨진 단지를 숨김.)를 숨기기 위해 핑계를 댄 것일 뿐 '나'가 실제로 일기를 쓴 것은 아니기 때문에 '어린 시절의 경험'과 관련이 없다고 본 학생들이 많았다. 그러나 핑계로나마 '방학 숙제로 낼 일기'를 언급했다는 것을 통해 이 글은 어린 시절의 경험을 그린 소설로 볼 수 있다.

✗ ④가 오답인 이유 〈보기〉에서 성장 소설은 유년기의 인물이 '자신을 둘러싸고 있는 세계에 대한 각성과 성찰'을 담고 있다고 했다. 이는 지문에서도 확인할 수 있는데, 어린 시절 '나'는 '나를 둘러싼 세계'가 '나와는 상관없이 돌아간다는 깨달음'을 얻었다고 했다. 따라서 '나를 둘러싼 세계'는 미성숙한 '나'가 각성(깨달아 앎)하고 성찰(돌아봄)하는 공간으로 볼 수 있다.

① 〈보기〉에서 성장 소설은 성인의 세계로 입문하는 한 인물이 겪는 '정신적 성장'을 담고 있다고 했다. 지문에서는 어린 시절의 '나'가 '깨진 단지' 사건을 계기로 성장하는 모습을 보여 주고 있으므로 적절하다.

⑤ 〈보기〉에서 '성장 소설은 대개 성인의 입장에서 자신의 어린 시절의 체험을 고백'하는 방식을 택한다고 했다. 이를 참고할 때 지문 끝부분의 '그렇게 컸다.'는 서술자인 '나'가 성인의 입장에서 어린 시절을 떠올리고 있음을 알려 주므로 적절하다.

08 이유의 추리
정답 ⑤

◉ ⑤가 정답인 이유 ㉠에서 '나'가 운 이유는 ㉠ 앞뒤에서 짐작할 수 있는데, '내게 일제히 안됐다는 시선을 던지며 몰려들었어야 할 사람들이 평소와 다름없이 냄비를 들고 왔다 갔다 했고, …엄마도 너 점심 굶고 어디 갔다 왔니, 하는 지청구*조차 내리지 않았다.'고 했다. 어른들은 '나'가 예상하는 모습과 다르게 행동했던 것이다. 이와 같은 상황에서 '나'는 '더 이상 나를 상대하지도 혼내지도 않는 세계가 너무나 괴물스럽고 슬퍼서 싱거운 눈물이라도 흘려야 직성이 풀릴 듯했다.'고 했고, '차라리 그 깨진 단지라도 제자리를 지키고 있었다면 혼은 나더라도 나는 혼돈스럽지도 불안해하지도 않았을 것'이라고 했다. 이를 통해 '나'가 소리 없이 운 이유는 '나'가 예상했던 것과 다르게 행동하는 어른들의 모습에서 혼돈과 불안함을 느꼈기 때문으로 볼 수 있다.
*지청구: 아랫사람의 잘못을 꾸짖는 말. ㉮ 꾸지람

▶ **정답의 근거** ㉠ 앞뒤의 내용

① '더 이상 나를 상대하지도 혼내지도 않는 세계가 너무나 괴물스럽고 슬퍼서 싱거운 눈물이라도 흘려야 직성이 풀릴 듯했다.'고 한 것에서, '나'의 잘못에 대해 어른들이 혼내지 않았다는 것은 알 수 있지만, 어른들이 '나'를 용서해 주었다는 내용과 이로 인해 '나'가 고마움을 느꼈다는 근거는 찾을 수 없다. 따라서 어른들에게 고마움을 느꼈기 때문에 울었다는 것은 적절하지 않다.

② '어느덧 해질녘…… 이미 비밀이 다 까발려졌을 아홉 가구 집으로 돌아갔다.…엄마한테 연탄집게로 맞으면 안 되는데 싶은 생각뿐이었다.'고 한 것에서, '나'가 '해질녘에 귀가'한 것은 알 수 있지만, 쓸쓸한 분위기를 느꼈다는 근거는 찾아볼 수 없다. 따라서 귀가하면서 느낀 쓸쓸한 분위기 때문에 울었다는 것은 적절하지 않다.

③ '혼날 것을 두려워한 나는 가출을 한 후 여러 곳을 방황하다 해질녘에 집으로 돌아온다.'고 한 것에서, 가출을 감행(과감하게 실행)해야만 했던 것은 어른들에게 혼날 것이 두려웠기 때문이라는 것을 알 수 있다. 따라서 가출을 감행해야만 했던 처지가 슬펐기 때문에 울었다는 것은 적절하지 않다.

④ '아무도 나를 보고 아는 체하는 사람이 없었다.…엄마도…지청구조차 내리지 않았다.'고 한 것에서, '나'가 가출한 후 어른들이 무관심한 태도를 보인 것은 알 수 있다. 하지만 '나'가 눈물을 흘리자 엄마가 "뭘 잘했다고 소리 없이 눈물을 꼭꼭 짜니?…눈사람 속에 파묻을 생각은 어찌 했담." 하면서 '픽 웃음을 지었다.'고 한 것과 '아주머니들의 웃음소리'에서 어른들은 무관심으로 '일관하는' 태도를 보이지 않았다는 것을 알 수 있고, '나'가 어른들의 태도에 분노를 느낀 부분도 찾아볼 수 없다. 따라서 어른들의 태도에 분노를 느껴서 울었다는 것은 적절하지 않다.

9~12 현대 소설

이문구, 「산 너머 남촌」

● **제목의 의미** 작품의 배경이 되는, 도시와 대비되는 공간으로 작가가 지향하는 삶의 공간을 제목으로 삼았다.

● **등장인물**

• 권중만(= 권, 권 씨): 밭떼기 전문의 채소 장수. 흥정을 잘하고 앞으로의 상황을 정확하게 예측해 내지만, 알타리무를 가져가면서 만 원을 더 달라고 한 일로 영두와 대립한다.

• 영두(= 이 씨): 농민으로서 건강한 먹거리를 생산해 내야 한다는 것은 알지만 농약을 치지 않아 벌레가 갉아 먹은 자국이 있는 채소는 팔리지 않는 현실에서 혼란을 겪는다.

● **작품 줄거리**

• **지문 앞 내용**: [현재] 시골의 터줏대감 노릇을 하면서 인정이 넘치는 옛날 방식을 고집하는 이문정은 변해 가는 세태를 아쉬워한다. 서울에서 전자오락실을 하는 맏아들 응두는 설날 당일에야 빈손으로 와서 앞으로 신정을 쇠겠다고 하고, 둘째 아들 영두는 농사를 짓고 있지만 서울로 나가 살겠다고 한다. 추운 겨울날, 이문정은 영두의 서울 방문 비용을 지원하기 위해 친구 오만복에게 돈을 빌리는데, 친구 심길섭이 다방의 미스 유를 희롱했다가 위기에 처하자 빌린 돈을 미스 유에게 위자료로 넘기게 된다. 영두는 서울에서 부동산 관련 일로 성공한 친구 봉득의 논 다섯 마지기를 짓고 도지(남의 논밭을 빌려서 농사짓고 그 대가로 내는 벼)를 내고 있었는데,

도지를 내려 달라고 부탁도 하고, 아들 승수의 교육을 위해서라도 서울로 이사 가자는 아내의 성화도 있고 해서 서울 봉득의 집에 간다. 봉득의 어머니는 노인정에서 딴 돈을 정리하고 봉덕의 아내는 아이 학교 선생에게 줄 촌지를 준비하면서 농사를 정리하고 서울로 올라오려는 영두를 말린다. 그러면서 건강에 좋아 샀다는 외제 코브라, 벌레 이야기를 하는 것에서 역겨움을 느낀 영두는 봉득의 집에서 나온다. 서울에 머문 10시간 동안 영두는 정신적으로 시달리고 부대낌을 크게 느껴 새벽 1시에 여관에 들러 첫차로 고향으로 가려다가, 작년 김장철에 권중만에게 수모를 겪은 기억이 나서 채소 도매 시장에 들르기로 한다.

- **지문의 '중략' 앞 내용**: [과거] 권중만은 5~6년째 동네를 드나드는 밭떼기 전문 채소 장수였고, 동네 사람들은 채소 정보통인 권중만을 대접하였다. 권중만은 영두에게 최근에는 핵가족 아이들이 김치를 먹지 않고, 젊은 주부들도 김장을 하지 않아 채소 소비가 줄고 있다면서도 일본에서 우리나라 김치 붐이 일고 있는 것을 들어 배추와 무 값이 떨어지지는 않을 것이라고 한다.

- **지문의 '중략' 내용**: 동네에서는 권중만의 말에 따라 배추나 무를 심었고, 가꾸어 놓으면 제때에 찾아와 거두어 주되, 값을 깎지 않고 밭떼기로 사 주는 권중만을 대우했다.

- **지문의 '중략' 뒤 내용**: 밭떼기 장수들 때문에 유통 구조가 어지러워진다는 의견도 있었지만, 농민들에게 목돈을 미리 주고, 출하와 수송에 따른 잡다한 일과 비용을 줄여 주므로 권중만을 믿고 있었던 것이다. 그런데 권중만이 영두의 텃밭에서 알타리무를 가져가면서 뜻밖에도 만 원을 깎아 달라고 한다. 무 밑동의 흙 색깔이 서울 근처의 하천부지 흙과 비슷해 아파트 사람들은 중금속이 든 것 같다고 여기므로 그들이 좋아하는 붉은 흙을 묻히는 데 만 원이 든다는 것이다. 황토를 발라 개간지의 산물로 조작하자는 말에 영두는 화가 났지만 참고, 농담처럼 중금속 채소면 농사꾼들이 다 병들었을 것이라 하자, 권은 사 먹는 사람들은 농민들이 내다 팔 채소에만 농약을 친다고 생각한다고 한다. 그러나 벌레가 조금만 갉은 자국이 있어도 소비자가 외면하니 채소에 농약을 뿌리는 것은 소비자가 자초한 것으로 볼 수 있다.

- **지문에 이어지는 내용**: [현재] 영두는 새벽에 서울 사람들이 악착같이 뛰는 것을 보면서 모두가 병든 사람들이라 생각했고, 도매 시장에 가서 권중만이 말한 것을 확인하려던 생각을 바꾸어 그냥 내려가기로 한다. 시외버스 터미널로 가는 택시에서 기사가 친절을 베푸는 모습을 보면서 평생 한 가지 일을 묵묵히 해 온 대장장이, 정육점 주인, 자전거포 주인, 미장이, 목수 등을 떠올린다. 기분 좋게 택시에서 내린 영두는 대기업의 신입 사원 극기 훈련 장면을 보게 되고 인간을 기계처럼 다루는 모습에서 구역질을 느끼고, 서울 사람들은 한결같이 '건강병' '배급병' '뛰는 병' '극기병'을 앓고 있다고 생각한다. 한편 이문정은 심길섭의 아들 의곤의 부탁으로 몸져 누워 있는 심길섭을 찾아간다. 심길섭은 큰아들 의곤이

31세가 되도록 장가를 들지 못하고 있으니 큰며느리감을 찾아 달라고 부탁한다. 문정은 자신이 결혼 못하는 이유를 아버지와 농촌 일을 하기 싫어하는 도시 처녀들 탓으로만 돌리고 태도도 온순하지 않은 의곤이 못마땅하나 친구의 간절한 소망이니 찾아보겠다고 한다. 그리고 실제로 심길섭의 며느리를 찾던 중, 읍내 싸리다방에서 선을 보다 실패한 양순남이라는 처녀를 보고 의곤과 연결시켜 준다. 양 처녀는 문화생활을 전제로 의곤과 결혼하기로 한다.

배경	1980년대 서울 근교 농촌과 서울

- **주제** 농산물의 유통 구조와 도시 소비자들의 인식의 변화 등으로 먹거리를 생산하는 농민들이 겪는 어려움
- ★ **작품 전체의 주제**: 공동체 생활을 하는 농민의 삶과 대비되는 속물적*이고 기계화된 도시인의 삶에 대한 비판

● **어휘 및 어구 풀이**
- 녹어서: 너그러워서.
- 근간: 지금까지의 매우 짧은 동안.
- 작황: 농작물의 생산이 잘되었는지 못되었는지의 상황(狀況).
- 회계: 나가고 들어온 돈을 따져서 셈함. ㈜ 셈, 계산
- 사심: 사사로운 마음(심리). 자기 욕심을 채우려는 마음.
- 혀를 (내)둘렀고: 몹시 놀라거나 어이없어서 말을 못 했고.
- 장삿속에 부러 비째면서: 이익을 꾀하는 장사치의 속마음에 일부러 안 그런 체하면서.
- 유세를 부려봄 직도 하건만: 자랑삼아 사회적 지위나 세력이 있다고 떠벌림 직도 하건만.
- 늡주하여; (역량이나 수량 등이) 넉넉하여. ㈜ 충분하다
- 종묘상: 농작물의 씨앗(종자)이나 묘목을 파는 상점(가게).
- 얼거리: 대강 추려 잡은 전체의 윤곽. ㈜ 뼈대, 줄거리
- 수급: 수요와 공급.
- 대중을 하다: 대강 어림잡아 헤아리다.
- 불로소득: 직접 일(노동)을 하지 않고 얻는 이득.
- 명색 없이: 이유 없이. 실속 없이. ※ 명색: 겉으로 내세우는 이름(구실).
- 차압: 압류. '빼앗김' 정도의 의미임.
- 뒤발하여: 온몸에 뒤집어쓰게 발라.
- 대거리: 상대편에게 맞서서 대듦.
- 칠색팔색을 하며: 매우 질색하며.

● **서술상의 특징**
- 시점: 전지적 작가 시점

✔ 작품 속 '서술' 부분에서 '나'가 등장하는가? → ✕	3인칭
✔ 인물의 심리가 드러나 있는가? → ○ • 영두는 내키지 않았다. • 영두는 성질이 나서 견딜 수가 없었으나~ 등	관찰자 시 점 ✕

- 비유적 표현을 통해 작가의 가치관을 드러내고 있다. → 마지막 문단의 '그것은 마치 ~ 어리석음과도 견줄 만한 것이었다.'

*속물적: 세속적인 인물과 관련되는 (것). 교양이 없거나 식견이 좁고 세속적인 일에만 신경을 쓰는 (것).

09 서술상의 특징 파악

정답 ②

◎ **②가 정답인 이유** '중략' 앞과 뒤에서 서술자는 '특정 인물'인 영두의 관점에서 다음과 같이 '사건'과 '인물의 심리'를 전달하고 있다.

> • 서술자가 전달하고 있는 사건
> – '중략' 앞: 동네 사람들에게 대접받는 권중만과 그의 현실 인식을 드러내는 대화
> – '중략' 뒤: 권중만이 영두에게 만 원을 요구한 사건
> • 서술자가 전달하고 있는 인물(영두)의 심리: '중략' 앞의 '영두는 그(권)의 남다른 정확성에 혀를 둘렀고', '중략' 뒤의 '영두는 내키지 않았다.', '영두는 성질이 나서 견딜 수가 없었으나~나댈 수도 없었다.', '~상수란 생각도 들었다.', '영두는 속으로 찔끔하였다.'

▶ **정답의 근거** 위 '②가 정답인 이유'의 [　] 부분

가장 많이 질문한 오답은? ④, ⑤, ③ 순

✗ **④가 오답인 이유** '인물 간(권중만과 영두)의 대화를 통해 인물이 겪은 사건'을 제시하고 있는 것은 맞다. 하지만 대화 속 내용은 모두 현실에서 일어난 일이고 일어날 법한 일로, 사건의 비현실적인 면모를 드러내고 있지는 않다.

✗ **⑤가 오답인 이유** 권중만의 표정 변화와, 영두와 권중만의 내면 변화는 엿볼 수 있으나, 표정 변화와 내면 변화를 반대로 서술하고 있지는 않다.

> • 영두는 성질이 나서 견딜 수가 없었으나 ~ 농담으로 들어넘기는 것이 상수*란 생각도 들었다. 그래서 조용히 말했다.': 영두의 내면 변화는 엿볼 수 있으나 표정 변화는 드러내고 있지 않다.
> • 권은 얼굴을 붉혔으나 그래도 그저 숙어 들기*가 어색한지 은근히 벋나가는* 소리를 했다.': 권의 표정 변화와 내면 변화가 드러나 있으나 반대로 서술하고 있지는 않다.
> *상수(上數): 가장 좋은 꾀. ⑪ 상책
> *숙어 들기: (기운이) 본디보다 줄어들기. ⑪ 가라앉기
> *벋나가는: (사람이) 올바른 길에서 벗어나 잘못된 길로 나가는.

✗ **③이 오답인 이유** '중략' 뒤에 전개된 내용에서 영두가 권중만을 달리 생각하게 된 사태(만 원만 접어 달라고 한 짓)의 전모(전체 모습)를 드러내고 있다고는 볼 수 있다. 하지만 '중략' 앞과 뒤에 전개된 사건은 영두의 회상(과거 시제 사용, '지난번의 그 일')으로, 동시에 일어난 별개의 사건을 병치*하고 있는 것은 아니다. *병치: 나란히(병행) 둠(배치).

①에 답한 학생들은 드물었다. '중략' 앞과 뒤를 장면이 전환된 것으로 볼 수 있으나 빈번하게(자주) 장면을 전환하고 있지 않고, 사건 전개의 '긴박감'을 드러내고 있지도 않기 때문이다.

10 대화의 상황과 의도 파악

정답 ③

◎ **③이 정답인 이유** [A]는 '권중만'이 '만 원'을 요구한 이유를 이야기하자 '영두'가 '채소도 위조품'이 있다며 비판적인 반응을 보인 대목이고, [B]는 '권중만'의 제안에 화가 난 '영두'가 참고 '못 먹을 것을 만들어' 팔았다면 그것을 판 농민들이 벌써 병이 들거나 했을 거라고 하자, '권중만'이 채소를 사 먹는 사람들은 농민들이 자신들이 먹는 것은 약을 치지 않지만 내다 파는 것들은 약을 친다고 생각한다고 말하는 대목이다.

이를 바탕으로 ③을 살피면, [A]에서 '권중만'은 자신이 상대(영두)에게 제시한 요구(만 원을 깎아 달라)의 이유를 사람들의 선입견(채소에 묻은 흙 색깔로 중금속 채소와 무공해 채소로 구분 지음)과 관련지어 밝히고 있고, [B]에서 '영두'는 상대(권중만)의 말에 논리적 한계(무 밑동의 찰흙색 흙에 납이나 수은이 들었다면 그것을 지은 농민들이 벌써 병이 들었거나 했어야 함.)가 있음을 지적하며 항변*하고 있으므로 적절하다.

> *항변: 어떤 일이 부당함을 항의하거나 옳고 그름을 따짐(변론).

▶ **정답의 근거** 위 '③이 정답인 이유' 참조

가장 많이 질문한 오답은? ④

✗ **④가 오답인 이유** [A]에서 '영두'는 상대(권)의 제안(무의 밑동에 놀랜흙을 묻혀라.)에 '(채소) 위조품'이라고 한다. 이를 권의 제안이 모순된다는 것을 지적했다고도 볼 수 있으나 새로운 대안을 제시하고 있지는 않다. [B]에서도 '권중만'이 '사 먹는 사람들(아파트 사람들)'의 사례를 들고 있으나 자신의 행동에 대해 변명을 하고 있지는 않다.

① [A]에서 '권중만'은 아파트 사람들의 성향을 들어 자신이 제안한 이유를 설명하고 있을 뿐 자신의 우월한 지위를 과시하고 있지 않으며, 상대(영두)의 동의를 구하고 있지도 않다. [B]에서도 '영두'는 상대(권)와의 개인적 친밀감을 환기하고 있지 않으며, 서운함을 드러내고 있지도 않다.

② [A]에서 '권중만'이 아파트 사람들의 생각을 제시한 것을 자신의 경험을 든 것으로, 밑동에 벌겋게 흙을 묻혀야 한다고 한 것을 문제에 대한 해결책을 제시한 것으로 볼 수 있다. 그러나 [B]에서 '영두'는 상대(권)가 저질렀던 잘못을 지적하고 있지 않고, 상대의 사과를 요구하고 있지도 않다.

⑤ [A]에서 '영두'는 상대(권)의 문제의식에 대한 공감을 드러내고 있지 않고, 구체적인 조언을 요구하고 있지도 않다. [B]에서는 '권은 얼굴을 붉혔으나'로 보아 '권중만'이 상대(영두)의 예상치 못한 반응에 당황한 것으로 볼 수 있으나, 자신의 잘못을 사과하고 있지 않다.

11 소재의 기능 파악

정답 ⑤

◎ **⑤가 정답인 이유** '권중만'이 한 말, "이 씨(영두)가 직접 해 주고 만 원 더 벌어 볼려우?"에서 '만 원'은 '권중만'이 '영두'에게 채소에 놀랜흙을 묻혀 무공해 채소인 것처럼 보이게 하는 대가로 제시한 금액이다. 이와 같은 '권중만'의 제안에 '영두'는 '듣던 중에 그처럼 욕된 말이 없었다.'고 했고, '성질이 나서 견딜 수가 없었다'고 했다. 그럼에도 불구하고 '영두'는 내심을 숨기고 조용히 말했고, '영두'의 말을 들은 '권은 얼굴을 붉혔다'고 한 것에서 '영두'가 '권중만'에게 부정적으로 반응했다는 것을 알 수 있고, 그 이유는 '만 원'에서 비롯된 것임을 알 수 있다.

▶ **정답의 근거** 위 '⑤가 정답인 이유' 참조

✗ **②가 오답인 이유** '영두'는 '권중만'이 제안한 것, 즉 알타리 무에 직접 놀랜흙을 묻히고 그 대가로 '만 원'을 버는 것을 수용하지 않았다. 그리고 '만 원'을 벌라는 '권중만'의 제안을 조언*으로 볼 수도 없다.

> *조언: 말로 거들거나 깨우쳐 주어서 돕는(보조, 조력) 말(언어).

① '만 원'을 더 벌어 보겠느냐는 '권중만'의 말에 '영두'는 '그처럼 욕된 말이 없었다'고 느꼈고, '싱질이 나서 견딜 수가 없었다'고 했다. 이로 보아, '만 원'은 '권중만'과 '영두' 사이의 갈등을 불러일으킨(해소된 ✗) 이유에 해당된다고 볼 수 있다.

③ '만 원'을 더 벌어 보겠느냐는 '권중만'의 말에 '영두'는 "권 씨 말대로 하면~무슨 조홧속인지 모르겠네……."라고 반응했고, 이 말을 들은 '권중만'은 얼굴을 붉혔다고 했다. 이로 보아, '만 원'은 '권중만'이 '영두'에게 불만(친밀감 ✗)을 드러내는 계기가 된 것으로 볼 수 있다.

④ '영두'가 '권중만'에게 양보를 강요하는 내용은 찾아볼 수 없다.

12 자료를 활용한 감상
정답 ③

◎ **③이 정답인 이유** '중략' 아래에서 '영두가 보기에는 밭떼기* 장수들이야말로 가장 미더운* 물주*요 필요악* 이상의 불가결한* 존재였다.'고 했고, 그 이유는 '그들(밭떼기 장수들)이 아니면' '미리 목돈을 쥐어 줄' 사람이 없고, '다음의 뒷그루* 재배에' '때맞추어 투자'할 수도 없으며, '출하*와 수송에 따른 군일*과 부대 비용*을 줄여' 주는 것도 그들이라고 보았기 때문임을 알 수 있다.

따라서 '영두'가 '밭떼기 장수'를 '미더운 물주요 필요악 이상의 불가결한 존재'로 받아들이는 것을 〈보기〉와 연결하면, '농민들이 농사의 경제적 이익을 고려하거나 농산물의 유통과 판매까지 감안하게 된 상황을 보여' 주는 것으로 볼 수 있다. '영두'는 '다른 농민들의 어려운 상황을 이용해 경제적 이익을 추구하는' 모습을 드러내고 있지 않다.

> *밭떼기: 밭에서 나는 채소, 곡물 등을 밭에 심어져 있는 채로 통째로 팔거나 사는 일.
> *미더운: 믿음이 가는 데가 있는.
> *물주: 어떤 일의 밑천을 대는 사람.
> *필요악: 없는 것이 바람직하지만 사회적인 상황에서 어쩔 수 없이 요구되는 악.
> *불가결한: 없어서는 안 되는.
> *뒷그루: 한 해 동안 같은 땅에 농작물을 여러 번 심을 때, 순서상 나중에 짓는 농사. ㉤ 후작(後作)
> *출하: 짐이나 상품 따위를 내어보냄.
> *군일: 하지 않아도 좋을 쓸데없는 일.
> *부대 비용: 주(主)가 되거나 기본이 되는 비용 이외에 덧붙여(부수적) 드는 비용.

▶ **정답의 근거** '중략' 바로 아래의 내용과 〈보기〉

✗ **④가 오답인 이유** [A]와 [B] 사이에서 '영두'는 '자칫 못 먹을 것을 만들어서 파는 사람으로 취급받지 않으려면' '권'의 말을 '농담으로 들어넘기는 것이 상수란 생각도 들었다.'고 했다. 이를 〈보기〉와 연결하면, "'영두'는 먹거리를 생산하는 농민으로서 가져야 할 태도(못 먹을 것을 만들어서 팔아서는 안 됨.)를 인식'하고 있음을 드러내고 있다고 볼 수 있다.

① 앞부분에서 '권을 보고' '동네에서 채소를 돈거리*로 갈기 시작'했다고 했다. 이를 〈보기〉와 연결하면, '농민들이 농사의 경제적 이익을 고려'하는 면모(모습)를 드러낸 것으로 볼 수 있다.　*돈거리: 팔면 약간의 돈을 받을 수 있는 물건.

② '중략' 바로 위에서 '영두'는 '무 배추 농사'와 관련하여 '국내 수요'와 '대일 수출'을 언급하며 '권중만'과 이야기를 나누는 모습을 확인할 수 있다. 이를 〈보기〉와 연결하면, '농산물의 유통과 판매까지 감안'하는 농민의 현실을 드러낸 것으로 볼 수 있다.

⑤ [B] 아래에서 '영두'는 '(무 배추가) 볼품이 없는 것일수록 구수한 맛이 더하던 이치'를 알고 있었지만, 그런 물건은 '값이 있을 리가 없다'고 판단한다. 이를 〈보기〉와 연결하면, '영두'는 '먹거리를 생산하는 농민으로서 가져야 할 태도(볼품이 없고 값이 없어도 먹을 것에 농약을 써서는 안 됨.)를 인식하면서도' 그와 같은 가치관을 따르기 어려운 현실에 대한 인식을 드러낸 것으로 볼 수 있다.

✔ 매일 복습 확인 문제

1 다음 설명이 적절하면 ○, 그렇지 않으면 ✕로 표시하시오.

(1) 소설에서 '대화' 부분에 '나(저)' 또는 '우리(저희)'가 있으면1인칭 시점이고, 없으면 3인칭 시점이다.……(　　)

(2) 성장 소설은 성인이 되어 한 인물이 겪는 내면적 갈등과 정신적 성장, 그리고 자신을 둘러싸고 있는 세계에 대한 각성 과정을 주로 담고 있는 작품들을 가리킨다.
…………………………………………(　　)

2 다음의 (　) 안에 들어갈 말로 적절한 것은?

> 윤흥길의 소설 「아이젠하워에게 보내는 멧돼지」에서 '멧돼지'는 어린 '나'가 궐기대회에서 벌어지는 일을 제대로 이해하지 못해 '멧세지'를 보내는 것을 '멧돼지 보내기'로 오해한 것이다. 이를 통해 궐기대회가 (　　) 되고 있다.

① 합리화　　② 형상화　　③ 활성화
④ 획일화　　⑤ 희화화

3 밑줄 친 어휘와 바꿔 쓸 수 있는 말을 [　]에서 고르시오.

(1) 심상하게 대꾸하다.　　[㉮ 비범하게, ㉯ 평범하게]

(2) 상황을 모면하다.　　[㉮ 모욕, ㉯ 회피]

(3) 가장 미더운 물주　　[㉮ 미운, ㉯ 믿음직한]

> **정답** 1. (1) ✕ (2) ✕　2. ⑤　3. (1) ㉯ (2) ㉯ (3) ㉯

정답　01 ②　02 ④　03 ①　04 ⑤　05 ③　06 ②
　　　 07 ④　08 ①　09 ③　10 ④　11 ③

1~3　현대 소설

이태준, 「복덕방」

● **제목의 의미** '복덕방'은 '부동산을 사고팔거나 빌려주고 빌려 쓰는 것을 중개하여 주는 곳'으로, 이태준 소설에서 '복덕방'은 중심인물이 주로 활동하는 작품의 공간적 배경이다. 작품 전체를 보면, 일제 강점기하에서 몰락한 노인 세대가 겪는 어려움을 압축적으로 보여 주는 공간이라고 할 수 있다.

● **등장인물**

• 안 초시: 십수 년 간 상업계에서 일했으나 실패한 후 겨울을 지낼 옷을 살 돈과 안경다리를 고칠 돈이 없어 딸에게 손을 내밀지만 뜻대로 되지 않는 상황에서, 일확천금을 꿈꾸다 좌절한다.

• 박희완 영감: 『속수국어독본』을 들고 다니고, 세상에 대한 야망이 큰, 안 초시의 친구. 잘못된 정보에 속아 안 초시에게 투자를 권한다.

• 딸(안경화): 안 초시의 딸. 자신을 위한 일에는 돈을 아끼지 않으나 아버지를 위해서는 돈을 쓰지 않다가 아버지가 가져다준 정보에 솔깃하여 거금을 투자하였다가 낭패를 본다.

• 서 참위: 안 초시와 박희완 영감의 친구이자, 복덕방의 주인

● **작품 줄거리**

• **지문 앞 내용**: 조선말 훈련원에서 복무했던 서 참위는 복덕방을 하여 수십 간의 집을 장만하였는데, 이 복덕방에는 서 참위와 친구인 안 초시, 박희완 영감이 매일 모여 화투를 치며 놀다가 싸우기도 하며 지냈다. 안 초시는 서 참위가 쫌보라고 약을 올리며 싸움을 하고 며칠씩 복덕방에 나오지 않기도 했지만 복덕방에서 잠을 잘 정도로 복덕방을 의지하면서 지냈고, 그의 딸 안경화가 일본 유학 후 돌아와 무용가로서 신문에 나올 정도로 이름을 날리게 되자 으쓱해 했다. 안경화의 무용회 날 안 초시는 공짜 표를 얻어 친구들을 초대했는데, 안경화가 맨 다리를 들어올리는 동작을 한 것에 대해서 참위가 크게 흠을 잡자 싸운 후 달 넘게 복덕방에 나오지 않았다. 안 초시를 다시 복덕방에 나오게 한 것은 박 영감이었는데, 박 영감은 대서인(남을 대신하여 공문서를 작성하는 사람)이라도 할 생각으로 『속수국어독본』을 공부하고 있었지만 대서인 허가를 얻지는 못한 상태였다.

• **지문의 '중략' 앞 내용**: (다시 복덕방에 나온) 안 초시는 화투패가 안 풀리는 날이면 박 영감의 『속수국어독본』을 팽개치며 화풀이를 하고, 박 영감에게는 심심풀이로 화투를 한다고 했지만, 사실은 돈의 필요성을 심하게 느끼

는 상황이었다. 겨울을 나려면 셔츠가 필요하고 안경다리도 고쳐야 해 딸에게 어렵게 말을 꺼냈으나 딸은 시원하게 도와주지 않아 자식도 소용없다고 생각하던 처지였던 것이다.

• **지문의 '중략' 내용**: 당시에는 거리마다 고층 건물이 세워지고 문화 주택도 공급되면서 자동차도 늘고 있었지만 돈이 없는 안 초시에게는 그림의 떡이었고, 돈이 없으니 송장이라고 한탄을 하면서도 제대로 떵떵거리며 살아 보고자 하는 욕망을 꿈꾼다. 그러던 어느 날, 박 영감이 황해 연안에 제2의 나진이 생긴다면서 항구를 지을 땅을 비밀리에 사들이고 있다는 정보를 전한다. 항구를 개방하면 그해에 100배, 3~4년 뒤에는 1,000배가 오를 것이라는 소문을 전하자 안 초시는 중국과의 관계 등을 고려할 때 믿을 만하다고 생각하여 오랜만에 화투로 운을 보는데, 재수가 트이는 패가 떨어지자 1년 만에 큰 혜택을 볼 수 있는 투자에 의욕을 갖게 된다.

• **지문의 '중략' 뒤 내용**: 안 초시는 박 영감에게 들은 정보를 딸에게 말하고, 딸은 솔깃하여 투자를 하지만 실패한다. 정보를 준 박 영감도 속았던 것이다. 이로 인해 안 초시는 밥을 굶어도 딸에게 기댈 수 없게 되고 그저 눈물을 흘릴 뿐이다.

• **지문에 이어지는 내용**: 계절이 바뀌고 서 참위는 요즘 와서 울기 잘하는 안 초시를 위로해 주려고 밤늦게까지 술을 먹는다. 다음 날 안 초시와 함께 해장이라도 할 생각으로 복덕방에 나왔는데, 약을 먹고 피를 토한 채 죽어 있는 안 초시를 발견한다. 먼저 딸에게 알리자 안경화는 서 참위에게 자신의 명예를 위해 파출소에는 알리지 말아 달라고 사정한다. 서 참위는 안 초시를 위해 든 보험료로 셔츠를 사서 입히고 수의를 입히는 등 장례를 제대로 치르는 것을 전제로 비밀을 지켜주기로 약속한다. 안 초시의 영결식이 열렸고, 서 참위와 박희완 영감은 울음을 터뜨린다.

배경	1930년대(일제 강점기) 서울

● **주제** 소외된 노인의 궁핍한 삶과 일확천금을 꿈꾸다 실패한 인물의 비애

★ **작품 전체의 주제**: 소외된 노인의 꿈과 좌절로 인한 허망한 죽음

● **어휘 및 어구 풀이**

• 초시: 과거의 첫(최초) 시험에 급제한(합격한) 사람.

• 한나절: 하루 낮의 반 동안.　• 화투패: 화투의 낱장.

• 화투패를 떼다 안 떨어지면: 겹쳐 놓은 화투 3장의 합이 9, 19, 29와 같이 '9'가 되면 떼는데(없애는데), 이렇게 하여 화투가 다 안 떼어지면 그날 재수가 없다고 여겼다.

• 재술: 재수(운수)를.

• 야심: 무엇을 이루고자 마음속에 품고 있는 욕망. ⑪ 야욕, 야망, 욕심

• 샤쓸: 샤쓰(셔츠)를.

• 선선하였으나: 주저함이 없이 시원스러웠으나.

- 면상: 얼굴(**면**모)의 생김새(**인**상).
- 짝짝이: 서로 짝이 아닌 것끼리 합하여 이루어진 것.
- 수중: 손(**手**, 손 **수**)의 안(**중**심).
- 긴요성: **요긴**한(필요하고 중요한) **성**질.
- 소상히: **상**세히. 자세히.
- 금시발복: 어떤 일을 한 다음 바로 이때(지금, **시방**) 복이 생겨(**발**생) 부귀를 누리게 되는 것.
- 가쾌: 부동산 중개인.
- 관변: 정부나 **관청** 쪽(주**변**). 또는 그 계통.

● **서술상의 특징**

- 전지적 작가 시점

✔ 작품 속 '서술' 부분에서 '나'가 등장하는가? → X	3인칭
✔ 인물의 심리가 드러나 있는가? → O	관찰자 시점 X

- 인물의 성격이 대화와 행동을 통해 간접적으로 제시되는 동시에 서술자에 의해서 직접 제시되고 있다.

간접 제시	• 안 초시는~그 화풀이로 박희완 영감이 들고 중얼거리는 『속수국어독본』을 툭 채어 행길로 팽개치며 그랬다. → 거친 성격의 안 초시 • "지금 아버지가 좋고 낮은 것을 가리실 처지야요?" → 부모에게 냉정한 안경화
직접 제시	• (안 초시는) 속으로는 박희완 영감보다 더 세상에 대한 야심이 끓었다. → 야심이 많은 안 초시 • 귀찮게만 아는 이 아비를 위해 쓸 돈은 예산에부터 들지 못하는 모양이었다. → 아버지를 귀찮아하고 아버지에게 인색한 안경화 • 딸은 솔깃했다. → 물질에 관심이 많은 안경화

- 시대적 배경을 알려 주는 단어(마코, 1원, 50전)가 쓰였다.

★ 기출 답지로 작품과 문제 완전 정복

- 〈보기〉와 같이 자료 조사를 하였다. 이를 바탕으로 윗글을 이해한 내용

> **보기**
>
> - 참위: 대한제국기(1897~1910)의 장교 계급.
> - 속수국어독본: 총독부가 일본어 보급을 위해 펴낸 책자. 제목의 '국어'는 '일본어'를 뜻함. 당시 우리말은 '조선어'로 불렸음.
> - 유성기: 축음기. 전축. 당시 유성기는 신문화와 부(富)의 상징.

- '참위'를 보니 '서 참위'의 전력을 확실히 알 수 있어. 이 점이 그의 처지와 심경을 이해하는 데 도움을 주는군.
- '속수국어독본'의 맥락을 몰랐다면 '국어'가 우리말인 줄 알았을 거야. (대서방*을 차리기 위해) 일본어를 익히고 있는 '박희완 영감'의 고충을 헤아릴 수 있어.

> *대서방: 남을 **대**신하여 **서**류나 편지 따위를 써 주고 돈을 받는 곳(가겟**방**). ㉮ 대서소

- '유성기'를 통해 '딸'은 가난한 '안 초시'와는 달리 부자임을 알 수 있어.
- 〈보기〉는 1930년대 후반 '금광 투기 열풍'의 세태를 묘사한 글이다. '중략' 앞부분까지의 상황에서, 이런 세태에 대한 안 초시의 반응으로 보기 어려운 것은?

> **보기**
>
> '금' '금' '금' 금값의 폭등이 잔칫집같이 조선을 발끈 뒤집어 놓았다. 그것은 확실히 획기적인 사실이다. 물론 금광으로 해서 망한 사람이 수두룩하니 많다. 그러나 그것보다도 천만 원짜리 몇 백만 원짜리 몇 십만 원짜리 하다못해 몇 천 원짜리의 부자가 수두룩하게 쏟아져 나온 것이 더 잘 눈에 띈다. 또 그것으로 해서 소위 '경기'라는 것도 무척 좋아졌다.
> 지금 한 괴물이 조선 천지를 횡행한다. '금'이라는 놈이다.

① 나도 금광으로 큰돈 한번 벌어 봐야겠군.
② 복덕방으로 벌어 봤댔자 금광 부자에 비할까.
③ 내 손 안의 백통화 한 푼이 금광 열 개보다 낫지.
④ 나도 금광 부자가 될 수 있나 없나 화투패부터 떼 보자.
⑤ 금광을 하려면 돈이 있어야 할 텐데 어디서 구해 볼 길이 없을까.

> *금광: 금을 캐내는 광산.
> *백통화: 백통(구리와 니켈의 합금)으로 만든 돈(화폐).

답 ③

– 2007학년도 9월 고3 모의평가

01 서술상의 특징 파악   정답 ②

◉ **②가 정답인 이유** [A]는 돈이 필요한 안 초시와, 아버지가 필요한 돈을 시원하게 내 주지 않는 그의 딸 안경화의 대화와 서술을 통해 인물 간의 갈등이 드러나고 있고, [B]는 아버지가 전한 정보에 솔깃하여 투자한 땅이 사실은 속은 것이었다는 사건의 전모(**전**체의 **모**습)가 요약적 서술*을 통해 드러나고 있다. 따라서 ②는 [A]와 [B]에 대한 설명으로 적절하다.

> *요약적 서술: 비교적 긴 시간 동안 이루어진 사건을 **요약**(압축)해서 짧게 서술하는 것으로, 사건을 요약적으로 서술하면 사건 전개 속도를 빠르게 제시하는 효과를 거둔다.

▶ **정답의 근거** 위 '②가 정답인 이유' 참조

① [A]에 외양 묘사*는 없고, 인물의 성격은 대화와 서술을 통해 드러내고 있고, [B]에서는 인물의 처지(땅 투자에 실패함)는 엿볼 수 있으나 배경 묘사는 없다.

> *묘사: 사물의 모습이나 상황을 눈에 보이듯이 그리는 방법.
> – 『매3력』 p.136에서

③ [A]와 [B] 모두 서술자는 작품 밖에 있다. 또 [A]에서 서술자는 사건에 대해 평가하고 있지 않고, [B]에서 서술자는 앞으로 전개될 사건을 예측하고 있지 않다.

④ [A]는 시간의 흐름에 따라(역행 ✗) 사건이 진행되고 있고, [B]는 현재 시점에서 지난 1년 간의 사건을 요약하고 있으므로 시간의 흐름에 따라 사건이 순차적으로(**순**서대로, **차**례대로) 진행되고 있지 않다.

⑤ [B]는 '땅'을 상징적인 소재로 볼 수 있으나, [A]는 향토적인(시골이나 고향의 특성을 띠는) 소재가 쓰이지 않았다.

소설 영역에서는 주로 서술상의 특징을 묻는 문제가 첫 번째 문제로 출제되는데, 여기에는 소설의 구성 방식과 관련된 답지들이 제시되기도 한다. 따라서 소설의 구성 방식을 익혀 두면 문제 풀이에 도움이 된다.

❶ 역순행적 구성을 통해 사건을 입체적으로 전달하고 있다.
(2014학년도 11월 고1 전국연합학력평가)

➡ '역순행적 구성' 또는 '역행적 구성'은, 자연적인 시간의 흐름과 달리 현재에서 과거로, 가까운 과거에서 먼 과거로 거슬러 올라가 사건을 진행하는 경우를 말한다. 역순행적 구성의 특징은 다음과 같다.

> • 인물의 회상에 의해 실현되는 경우가 많다.
> • '역순행적 구성'을 취하고 있는 작품에는 김유정의 「봄·봄」(문제편 p.44), 황석영의 「아우를 위하여」(문제편 p.49), 백석의 「여승」 등이 있다.

❷ 다른 사람의 체험을 듣고 독자에게 전해 주는 액자식 구성을 취하고 있다. [2016학년도 6월 고3 모의평가(A형)]
❸ 이야기 속에 또 다른 이야기가 들어 있다.
(2011학년도 3월 고1 전국연합학력평가)

➡ '액자식 구성'은, 액자 안에 사진이 있는 것처럼, 외부 이야기(외화) 속에 또 다른 내부 이야기(내화)가 하나 또는 여러 개들어 있는 구성 방식을 말한다. ❸은 액자식 구성을 풀어 쓴 것으로, 액자식 구성의 특징은 다음과 같다.

> • 핵심이 되는 이야기이자 주제와 밀접한 관련이 있는 이야기는 '내화'이다.
> • 외화는 내화를 전달하기 위한 부수적인 역할에 머무는 경우가 많다.
> • 외화와 내화의 시점이 달라지는 경우가 많다.
> • '액자식 구성'을 취하고 있는 작품에는 황석영의 「아우를 위하여」(문제편 p.49), 작자 미상의 「운영전」(문제편 p.85) 등이 있다.

❹ 동시에 진행되는 사건을 병렬적으로 제시하여 이야기를 입체적으로 구성하고 있다.
(2016학년도 3월 고1 전국연합학력평가)

➡ 논설문이나 설명문에서는 각 문단이 '첫째, ~', '둘째, ~', '셋째, ~'와 같이 시작하면서 대등한 내용을 다룬 문단들을 죽 배열한다. 이와 같은 방식을 병렬식 구성이라고 하는데, 문학 작품에서 병렬적 구성이란, 두 개 이상의 대등한 이야기(사건)가 나란하게(대등하게) 또 독자적으로 이루어지게 구성하는 것을 말한다. 병렬적 구성의 특징은 다음과 같다.

> • 인과 관계 없이, 서로 독립적으로 존재하는 사건들을 나열한다.
> • '병렬식 구성'을 취하고 있는 작품에는 박태원의 「소설가 구보 씨의 일일」이 있다.

02 구절의 의미 이해
정답 ④

◉ ④가 정답인 이유 ㉣은 딸이 아버지 안 초시를 믿지 못해 아버지가 처음 보는 청년을 내세워 돈을 쓰며 처리하게 한다는 것이다. 이와 같은 딸의 행동에 대해 안 초시는 '처음에는 꽥 나오는 노염(노여움)을 참을 수가 없었다'고 했다. 이로 보아, ㉣에 드러난 딸의 심리는 안 초시의 수고로움을 덜어 주려는 것이 아니라 안 초시를 믿지 못하는 것이다.

▶ **정답의 근거** ㉣ 뒤의 문장

대부분의 학생들이 ④에 답했지만, 나머지 답지들이 오답인(적절한) 이유도 살펴보자.

① ㉠에는 겨울 내내 홑옷(한 겹으로 된 옷)이나 다름없는 셔츠를 입고 지내고 안경다리를 고칠 돈도 없는 어려운 형편에 처해 눈치를 보며 딸에게 손을 내민 안 초시를, 셔츠는커녕 안경다리 고치는 데 필요한 돈도 넉넉히 주지 않고 인색하게 대하는 딸의 모습이 드러나 있다.

② ㉡에는 50전짜리의 안경다리를 사느니 차라리 종이 노끈인 상태로 쓰기로 하고 딸이 준 50전은 담배를 사 버렸다는, 저렴한 안경다리는 사지 않겠다는 안 초시의 자존심이 드러나 있다.

③ ㉢에는 안 초시가 권유했던 출자(투자)에 대해 딸이 먼저 이야기를 꺼내고 시시콜콜히 캐어 물으며 적극적으로 관심을 보이는 딸의 모습이 드러나 있다.

⑤ ㉤에는 투자한 돈의 50배 이상의 순이익이 날 것이라 장담하여 딸에게 권유한 투자가 실패하자, 굶어도 밥 먹을 생각이 안 나고 밥을 먹으러 집으로 들어가자니 딸과 마주할 자신이 없는 안 초시의 모습이 드러나 있다.

03 자료를 활용한 감상
정답 ①

◉ ①이 정답인 이유 '중략' 바로 아래에서 안 초시는 박희완 영감에게 들은 정보를 딸에게 전하며 출자*를 권유하였다. 따라서 안 초시가 딸에게 '출자를 권유하는 수작*'을 한 것은 맞다.

그런데 [B]의 '축항 후보지로 측량까지 하기는 하였으나 무슨 결점으로인지 중지되고 마는 바람에~꾸민 연극이었다.'로 보아, 안 초시의 말을 듣고 딸이 투자한 땅은 축항 후보지로 측량을 하기 하였으나 건설 사업이 확정된 부지*는 아니고, 아버지의 말을 듣고 투자한 딸은 〈보기〉의 '잘못된 소문으로 투자에 실패하여 전 재산을 잃은 사람'으로 볼 수 있다. 그리고 투자한 사람도 딸(안 초시 ✗)이므로 ①은 적절하지 않다.

> *출자(出資): 자금을 내는(투자, 지출) 일.
> *수작: 서로 말을 주고받음. 또는 그 말.
> *부지: 건물을 세우거나 도로를 만들기 위하여 마련한 땅(토지).
> *브로커: 다른 사람의 의뢰를 받아 그를 대신하여 거래(매매 등)를 하고 이에 대한 수수료를 받는 사람.

▶ **정답의 근거** 위 '①이 정답인 이유' 참조

⚠ ④가 오답인 이유 [B]에서 모씨는 '축항 후보지로 측량까지 하기는 하였으나 무슨 결점으로인지 중지되고 마는 바람에 너무 기민하게(**민**첩하게) 거기다 땅을 샀던' 사람이라고 했고, '그 모씨가 그 땅 처치에 곤란하여 꾸민 연극이었다.'고 했다. 이를 통해, 모씨가 '축항 후보지'에 대해 '연극'을 꾸민 것은 〈보기〉의 '자신의 피해를 사기로 만회(**회**복)'하기 위한 것임을 알 수 있다.

② '중략' 이후에서 안 초시는 딸에게 '50배 이상의 순이익이 날 것이라 장담 장담'하며 출자(투**자**)를 부추긴다. 이를 통해, 안 초시는 〈보기〉에 제시된 '한탕주의*'에 빠져 '축항 사업'에 몰려든 사람임을 알 수 있다.

> *한탕주의: 한 번의 시도로 큰 재물을 얻거나 크게 성공하려는 태도를 속되게 이르는 말.

③ '중략' 이후에서 안 초시의 말에 솔깃한 딸은 '연구소 집을 어느 신탁 회사에 (담보로) 넣고 3천 원을 돌리기로(마련하기로) 하였다.'고 했다. 이는 〈보기〉에 제시된 '일본의 축항 사업 발표 후' '부동산 투기 열풍으로 떠들썩'한 것과 관련이 있다고 볼 수 있다.

⑤ ㉤ 아래에서 안 초시는 "재물이란 친자 간의 의리도 배추 밑 도리듯 하는 건가?"라고 탄식한다. '배추 밑 도리듯' 한다는 것은 '배추 밑(아랫부분)을 도려내듯 한다(싹둑 잘라낸다)'는 뜻으로, 친자식(딸)과의 관계도 재물로 인해 끊어지게 된다, 즉 재물은 부모자식 간의 관계도 끊어지게 한다는 것이다. 이는 〈보기〉에 제시된 '물질 만능주의*'가 만연*한 우리 사회의 어두운 단면을 보여 준' 것으로 볼 수 있다.

> *물질 만능주의: **물질**(돈)을 **만능**(모든 일을 다 할 수 있음)으로 여겨 지나치게 돈에 집착하는 사고방식이나 태도.
> *만연: (부정적인 것이) 퍼짐. 이어짐(**연**장). 확산됨.

4~7 현대 소설

김애란,「도도한 생활」

● **제목의 의미** '도도하다'는 '몹시 잘난 체하여 거만하다'는 뜻으로, '도도한 생활'을 단적으로 보여 주는 것이 피아노이다. 그런데 만두 가게, 반지하방이라는 궁핍한 공간에 피아노를 두고 있다는 것과 7번 문제의 〈보기〉를 참고하면 '도도한 생활'은 엄마가 꿈꾸던 삶이고, 부모로서 자녀가 누리기를 희망했던 삶을 의미하는 것으로 볼 수 있다.

● **등장인물**

· 나: 엄마의 요구로 음악 학원에도 다니고, 만두 가게에서나마 자신의 피아노를 가지게 된다. 후에 언니의 서울 반지하방으로 이사하면서 엄마의 부탁으로 피아노를 가지고 간다.

· 엄마: 만두 가게를 하느라 피곤한데도 남들처럼 자녀를 잘 가르치기 위해 노력하고, 자녀가 '도도한 생활'을 하기를 꿈꾸며 '나'에게 피아노를 사 준다.

· 언니: 서울 반지하방에서 혼자 자취를 하고 있는데, 대학 진학을 앞둔 동생이 피아노를 가지고 이사를 와서 당황해한다.

● **작품 줄거리**

· **지문 앞 내용**: '나'는 학원에서 피아노를 배운다. 첫 번째 음 '도'를 짚는 법부터 시작하여 두 개의 손가락을 이용하여 '도레'를 연습하고, 마침내 '도레미파솔라시도'까지 치게 됐다.

· **지문의 '중략 부분의 줄거리' 앞 내용**: 만두 가게를 했던 엄마는 남들처럼 '나'를 교육하기 위해 노력했고, 피아노까지 사 줬다. 그 피아노는 살림집이자 가게로 쓰이는 공간에 놓인다. '나'는 오후 내내, 엄마가 만두를 요리하고 손님들이 만두를 먹는 가게에서 피아노를 연주하곤 했다.

· **지문의 '중략 부분의 줄거리' 내용**: 엄마는 장사를 끝낸 뒤 피아노 연주를 청하곤 했다. '나'는 중학교에 올라가서는 가끔 유행가를 연주하지만, 고등학교에 올라가서는 더 이상 피아노를 치지 않는다. 고3 겨울방학 때 '나'의 집은 아빠가 선 빚보증 때문에 망하고, '나'는 그즈음 서울권 대학의 컴퓨터학과에 합격했다. 엄마는 압류(특정 재산에 대한 처분이 제한되는 강제 집행) 딱지가 붙기 전에 '나'에게 피아노를 가지고 가라고 한다. '나'는 피아노를 가지고 서울에 있는 언니의 반지하방에 도착한다.

· **지문의 '중략 부분의 줄거리' 뒤 내용**: 아무것도 모르고 있었던 언니는 답답해하지만, 나의 설명을 듣고 어쩔 수 없이 외삼촌과 함께 피아노를 반지하방으로 옮긴다. 그것을 본 집주인은 못마땅해하고, 우리는 관리비를 더 내고 피아노를 절대 치지 않겠다고 약속한다.

· **지문에 이어지는 내용**: 엄마가 아이스박스에 넣어 준 만두를 먹던 날, 치기공과에 다니다가 휴학한 언니는 취업이 잘된다는 말에 서둘러 원서를 쓴 것이 후회된다고 했다. 그리고 계급을 나누는 게 피부나 치아라는 말을 들은 뒤 자꾸 사람들 이를 보게 되었다며, 헤어진 남자 친구가 만취해 집으로 찾아와 쓰러졌을 때 자기도 모르게 그 사람의 입술을 벌려 이를 본 경험을 이야기했다.

반지하방에서 '나'는 등록금을 마련하기 위해 학원 교재를 만드는 아르바이트를 했고, 언니는 영문과에 편입하여 어학연수도 가고 취직도 하고 싶다며, 프랜차이즈 식당에서 일을 하고 새벽에는 학원에 다닌다. 그러던 어느 비 오는 날, 저녁부터 폭우가 내려 빗물이 계단을 타고 반지하의 현관으로 들어왔다. 언니는 퇴근이 늦는다고 해, '나'는 혼자 쓰레받기와 바가지로 물을 퍼내고 있었는데, 아빠가 전화를 해 돈이 필요하다고 한다. '나'는 아르바이트해서 모은 돈으로 아빠를 도와주겠다고 하고 전화를 끊자 언니의 옛 애인이 술에 취해 찾아와서는 쓰러진다. '나'는 물이 정강이까지 찬 방바닥에 사내를 그냥 둘 수 없어 피아노 의자 위에 누이는데, 피아노는 점점 물에 잠겨 가고 있다. '나'는 집주인과의 약속을 어기고 검은 빗물이 출렁이는 반지하방에서 피아노 연주를 한다.

- **주제** 도도한 생활의 상징인 피아노가 만두 가게와 반지 하방에 놓이게 된 배경과 그것이 나타내는 의미
- ★ **작품 전체의 주제**: 품격 있는 삶에 대한 소망과 그 좌절
- **어휘 및 어구 풀이**
  - 풍문(風聞): 바람(동風)처럼 떠도는 소문. **예** 풍문으로 들었다.
  - 가재: 한집안(가정)의 살림 도구나 재산.
  - 때깔: 눈에 선뜻 들어오는 맵시나 빛깔.
  - 가계(家計): 집안 살림을 꾸려 나가는 방도나 형편.
  - 아연한: 너무 놀라서 어안이 벙벙한. **유** 어이없는
  - 목례: 눈으로 가볍게 하는 인사. **유** 눈인사
  - 공명감: 진동계의 진폭이 크게 늘어나는 느낌(울림).
  - 도도한: 잘난 체하여 거만한. **유** 거만한, 건방진
- **서술상의 특징**
  - 1인칭 주인공 시점

✔ 작품 속 '서술' 부분에서 '나'가 등장하는가? → ○	1인칭
✔ 인물(주인공: 나)의 심리가 드러나 있는가? → ○ ・~ 엄마에게 고마운 마음이 든다. ・나는 부끄러웠지만 수줍게 한마디 했다. 등	주인공 시 점

04 서술상의 특징 파악　　　정답 ⑤

◉ ⑤가 정답인 이유 '서술자'는 이야기를 이끌어 가는 사람으로, 이 글의 서술자는 이야기 내부에 존재하는 '나'이다. 지문에서 '나'가 <u>인물의 행위를 묘사한 부분</u>과 <u>자신의 내면을 드러낸 부분</u>을 찾으면 다음과 같다.

- <u>엄마는 베토벤같이 풀린 파마머리를 한 채 귀머거리처럼 만두를 빚었다.</u> 마침 동네에 음악 학원이 생겼고, 엄마의 만두가 불티나게 팔리던 시절이라 <u>가능했던 일인지도 모른다.</u>
- <u>웬 백인 남자가 손뼉을 치며 "원더풀"이라 외치고 있었다.</u> … <u>나는 부끄러웠지만~</u>
- <u>사람들이 우리를 흘깃거렸다.</u> … 곧 건물 2층에 사는 <u>집주인이 체육복 차림으로 내려왔다.</u> … <u>우리 삶이 세 뼘쯤 민망해지는 기분이었다.</u>
- <u>외삼촌은 괜찮다는 신호를 보낸 뒤 다시 계단을 내려갔다.</u> <u>나는 외삼촌의 부상이나 피아노의 상태가 걱정되지 않았다.</u>

이와 같이 이 글에서는 이야기 내부의 서술자인 '나'가 엄마, 백인 남자, 사람들, 집주인, 외삼촌 등 인물의 행위를 묘사하며 자신의 내면을 드러내고 있다.

▶ 정답의 근거 위 '⑤가 정답인 이유'의 ☐☐☐ 부분

나머지 답지들에 답한 학생들은 드물었지만, 이들 답지들이 적절하지 않은 이유도 살펴보자.

① 엄마가 '나'에게 피아노를 사 준 사건, 만두 가게에 피아노를 놓는 사건, 서울 반지하방으로 피아노를 옮기는 사건 등은 '동일한 사건'이 아니다. 이들이 피아노와 관련된 사건이라는 점에서 동일한 소재와 관련된 사건이라 보더라도 여러 인물의 관점이 아닌, '나'의 관점에서만 서술하고 있으므로 적절하지 않다.

② 집주인과의 갈등은 드러나 있으나 다각적으로 조명하고 있다고 보기 어렵고, 서술자는 일관되게 '나'이므로 서술자가 교체된다고 한 것은 적절하지 않다.

③ 특정 인물인 '나'의 관점에서 사건을 해석하고 있는 것은 맞지만, 서술자 '나'는 이야기 내부에 존재하므로 적절하지 않다.

④ '나'의 관점을 통해 사건을 전달하고 있는데, 사건을 전달하는 '나'는 사건에 개입되어 있고, '나'의 주관적인 느낌과 생각을 드러내고 있으므로 적절하지 않다.

05 표현상의 특징과 그 효과　　　정답 ③

◉ ③이 정답인 이유 ©의 '낮에는 방에 손님을 들이고, 밤에는 식구들이 이불을 펴고 자는 식으로 말이다.'는 '나'의 집은 낮에는 생계*를 위해 만두 가게의 손님을 방으로 들이고, 밤에는 가족이 주거*를 한다는 것으로, 앞서 언급한 '우리 가족은 생계와 주거를 한 건물 안에서 해결하고 있었다.'를 부연(덧붙여 설명)하여 설명한 것으로 볼 수 있다. 하지만, '자신의 경험에 대한 이해의 폭이 확장되었음을 강조하고 있'지는 않다.

> * 생계: 살아갈(생활) 방도(계획).
> * 주거: 일정한 곳에 머물러 삶(거주). 또는 그 집.

▶ 정답의 근거 위 '③이 정답인 이유' 참조

가장 많이 질문한 오답은? ⑤

✘ ⑤가 오답인 이유 ⑩은 집주인이 번갈아 처다본 대상에 하나하나 쉼표(,)를 사용하였다. ⑩ 앞의 '집주인은 어이없고 못마땅하다는 표정으로'를 참고할 때 ⑩에서 빈번하게(자주) 쉼표를 사용한 것은 반지하방으로 피아노를 들여놓는 예기치 않은 상황에 대한 집주인의 불편한 심리를 부각한 것으로 볼 수 있다.

발문(문두)이 정답의 힌트가 되는 문제가 많으므로 **'발문을 꼼꼼히'** 읽는 훈련을 하세요.

① ㉠은 '일인지도 모른다'에서 추측과 짐작을 드러내는 표현을 사용하고 있고, 이는 과거 '엄마의 만두가 불티나게 팔리던 시절'의 지나간 일의 의미를 진술한 것이므로 적절하다.

② ㉡은 피아노의 외양(넝쿨무늬, 페달, 건반 위의 카펫)에 대한 묘사(우아한, 은은한, 레드)를 나열하고 있고, 이는 '나'가 피아노에서 받은 인상(학원에 있는 어떤 것보다 좋아 보였다)의 근거를 제시한 것이므로 적절하다.

④ ㉣은 반지하방으로 옮겨질 피아노를 '몰락한 러시아 귀족'에 비유하고 있는데, 이는 어울리지 않는 반지하방에 놓이게 된 피아노를 바라본 '나'의 마음을 드러낸 것이므로 적절하다.

06 공간을 중심으로 한 내용 이해
정답 ②

:black_circle: **②가 정답인 이유** ⓐ에서 '나'는 백인 남자가 '손뼉을 치'며 "원더풀"을 외치자 부끄러워하는 모습을 보인다. 하지만 백인 남자가 부끄러워하고 있지는 않다. 그리고 ⓑ에서 '나'는 '피아노가 계단을 미끄러져' '쿵' 하는 소리에 얼굴이 붉어졌는데, 여기에서 '나'는 부끄러움을 느꼈다고 볼 수도 있다. 하지만 '우리를 흘깃'거리는 사람들의 시선에서는 부끄러움을 느꼈다고 볼 근거가 없다.

:arrow_forward: **정답의 근거** 위 '②가 정답인 이유' 참조

가장 많이 질문한 오답은? ⑤

:x: **⑤가 오답인 이유** ⓐ에 피아노가 들어올 때 '나'는 '우리 삶의 질이 한 뼘쯤 세련돼진 것 같았다.'고 했다. 이로 보아 ⓐ에서 '세탁기도 냉장고도 아닌 피아노라니.'라고 표현한 것은 피아노에 대한 '나'의 반가움을 드러낸 것으로 볼 수 있다. 한편 이 피아노가 ⓑ로 옮겨질 때에 '나'는 '우리 삶이 세 뼘쯤 민망해지는 기분이었다.'고 했다. 따라서 이때 '나'가 표현한 '세탁기도, 냉장고도 아닌 피아노라니.'는 무안함을 드러내는 데 활용된 것으로 볼 수 있다.

나머지 답지들이 오답인(적절한) 이유도 살펴보자.

① ⓐ에서 피아노는 '파란 트럭'에 의해 옮겨졌고, 이때 '나'는 '엄마가 무척 기뻐했던 기억이 난다.'고 했다. 그 후 피아노는 '아빠의 빚보증 때문에' '외삼촌의 트럭'에 의해 ⓑ로 옮겨지는데, 이때 언니는 '뜨악'했고 '아무것도 모르고 있었'고 '답답한 듯 말했다.'고 했으므로 적절하다.

③ ⓐ에 피아노가 놓인 것은 '나'의 가족이 '생계와 주거를 한 건물 안에서 해결하고 있었'기 때문이라고 했고, ⓑ로 이사한 '나'는 언니와 외삼촌과 함께 피아노를 '좁고 가파른 계단 아래로' 내리고 있었다고 했으므로 적절하다.

④ ⓐ에서 '나'가 연주하는 피아노 소리는 '촌스러워서' 지나다 듣는 누구라도 '얼굴을 붉히게 만들었을' 것이라고 했다. 또 피아노는 ⓑ로 옮겨지는 과정에서 반지하 계단에서 미끄러져 '쿵— 하는 소리'를 냈는데, 이에 대해 '사실적이고, 커다랗고, 노골적'이어서 '나'의 '얼굴이 붉어졌다.'고 했으므로 적절하다.

07 자료를 활용한 감상
정답 ④

:black_circle: **④가 정답인 이유** 〈보기〉에서 '나'의 욕구를 제한하는 환경은 '엄마가 애써 마련해 준 환경에서 벗어나' 새롭게 직면한 환경이라는 것을 알 수 있다. 따라서 '나'가 자신의 욕구를 제한한 환경은 엄마와 함께 지냈던 곳이 아닌 서울 반지하방으로 옮겨오면서 맞게 되는 환경이다.

그런데 '피아노가 잠시 세기말* 도시의 하늘 위로 비상*하는 모습은 외삼촌의 트럭에서 반지하방으로 피아노를 옮기는 과정에서 번쩍 들어 올려진 피아노의 모습을 표현한 것이다. 즉, 반지하방으로 피아노를 옮길 때에는 '나'의 욕구를 제한해 온 환경이 변화하는 것이 아니라, 욕구를 제한하는 환경으로 변화하게 되는 것이다. 그리고 피아노가 옮겨지는 과정에서 '나'가 자신의 욕구를 제한하거나 제한할 환경의 변화를 확인하고 있지도 않다.

> *세기말: 100년을 단위로 하는 한 세기의 끝. 여기서는 20세기 (1900년대) 말을 일컬음.
> *비상: 날아오름(비행, 상승).

:arrow_forward: **정답의 근거** 위 '④가 정답인 이유' 참조

가장 많이 질문한 오답은? ②, ⑤ 순

:x: **②가 오답인 이유** '베토벤같이 풀린 파마머리를 한 채 귀머거리처럼 만두를 빚'던 모습은 어머니의 모습을 '나'가 표현한 것이다. 〈보기〉에서 내게 피아노를 사 준 엄마는 '도도한 생활'을 꿈꾸었고, 피아노는 엄마가 꿈꾼 '도도한 생활'을 상징한다고 했다. 이로 보아, '나'가 포착한 '베토벤같이 풀린 파마머리를 한 채 귀머거리처럼 만두를 빚'던 어머니의 모습은, 피아노가 상징하는 삶에 가까워지기 위해 수고하는 엄마를 보여 준 것으로 볼 수 있다.

:x: **⑤가 오답인 이유** 반지하방으로 피아노를 옮기는 과정에서 '나'는 '오랫동안 양각*된 거라 믿어 온 문양*'이 사실은 본드로 붙여져 있던 것이라는 걸 깨달았다'고 했다. 그리고 〈보기〉에서 새로운 환경은 '지금까지 '나'가 살아왔던 환경을 재평가하도록 한다'고 했다. 이로 보아 '오랫동안 양각된 거라 믿어 온 문양이 사실은 본드로 붙여져 있던 것'이라는 깨달음은 '나'로 하여금 엄마가 애써 마련해 준 환경이 그리 견고하지 못한 것이었음을 알게 되는 것으로 볼 수 있다.

> *양각: 평평한 면에 글자나 그림을 도드라지게 새긴 조각.
> *문양: 옷감이나 조각품 따위에 장식으로 넣는 여러 가지 모양.

① '나'는 어린 시절 엄마를 따라 '놀이공원에 가고, 엑스포*에' 갔고, 이는 '평범한 유년의 프로그램' 중 하나였다고 했는데, 이는 〈보기〉에서 설명한 '엄마가 애써 마련해 준 환경'이라고 볼 수 있다.

> *엑스포(Expo): 세계 여러 나라가 참가하여 각국의 생산품을 합동으로 전시하는 국제 박람회. 우리나라에서는 1993년(대전)과 2012년(여수)에 개최된 바 있음.

③ '나'의 어린 시절 엄마가 사 준 피아노는 우리 삶의 질이 '한 뼘쯤 세련돼진' 느낌을 주었으나, 반지하로 옮겨지는 피아노는 '세 뼘쯤 민망해지는 기분'을 느끼게 했다고 했다. 이는 〈보기〉의 '엄마가 애써 마련해 준 환경에서 벗어나 새로운 환경에 직면하게' 된 환경 변화 때문으로 볼 수 있다.

8~11 현대 소설

이청준, 「선학동 나그네」
● **제목의 의미** '앞부분의 줄거리'에서 '선학동'은 물이 찬 포구에 산봉우리가 비치는 모습이 학이 날아오르는 듯하여 이름 붙여진 동네라고 했다. '나그네'는 주막의 주인 사내에게서 소리꾼 여자에 대한 이야기를 듣는 '손'을 가리키므로, 제목은 '선학동을 찾아온 나그네'에 대한 이야기라는 것을 알려 준다.

● **등장인물**
· 손(나그네): 소리꾼의 의붓아들이자, 여자의 의붓오빠. 눈이 먼 누이(여자)를 두고 혼자 도망친 일이 한이 되어 여자를 찾아 선학동에 왔다가 여자의 소식을 듣는다.
· 주인(=사내): 선학동에 있는 주막의 주인으로, 소리꾼 여자와 '손'을 연결해 주는 역할을 한다.
· 여자(=맹인): 소리꾼의 딸로, 아비 때문에 눈을 잃고도 아비를 원망하지 않고 삶의 한을 소리로 풀면서 살아간다.

● **작품 줄거리**
· **지문 앞 내용**: '손'은 30년 전에 왔던 선학동을 찾아온다. 선학동은 일몰 즈음 포구에 물이 차고, 뒷산인 관음봉 산봉우리가 물에 비치면 마치 학이 날아오르는 모습이 되어 붙여진 이름인데, 10년 전 즈음 제방이 쌓이면서 포구에 물길이 막히고 관음봉 그림자도 없어져 선학동의 옛 풍경을 기대하고 찾았던 '손'은 실망한다. 주막에서 '손'은 주인 사내로부터 소리꾼 여자에 대한 이야기를 듣는다.

30년 전 소리꾼 부녀가 주막에 왔는데, 반백의 아버지가 주로 소리를 하고 열 살 남짓의 여자 아이도 깊은 소리를 익혔다. 학이 나는 듯한 선학동의 풍경과 이들의 소리가 어우러지면 선학동 사람들은 감동하였는데, 이들 부녀는 삼사 개월 소리를 하다가 돌연 선학동을 떠났다. 그런데 제방이 쌓인 후 칠팔 년이 지난 2년 전에 중년이 된 소리꾼 여자가 부친의 유골을 선학동에 묻기 위해 찾아왔고, 그녀의 소리에 선학동 사람들은 감동한다.

여자가 부친의 유골을 몰래 묻고 선학동을 떠났다는 이야기를 들은 '손'은 선학동에 더 이상 학이 날지 못하는데 아비의 유골을 묻고 간 것은 부질없는 짓이었다고 하고는 입을 다문다.
· **지문의 '중략' 앞 내용**: '손'은 여자와 자신의 인연에 대해 한마디도 하지 않았다. 주막집 주인은 여자가 한 일은 부질없는 것이 아니었다며, 선학동에 다시 학이 날게 된 사연을 이야기하기 시작했다.

· **지문의 '중략' 내용**: 선학동에 다시 찾아온 여자가 소리를 하며 지내던 어느 해질녘에, 여자는 바닷물이 차오르는 포구를 내려다보는 것과 같이 마루에 자리를 잡고 소리를 하였다. 주막집 주인은 마을을 돌고 오는 길에 마루께에 앉은 여자가 아비의 유골을 들고 함께 온 노인에게 물이 차오르는 소리를 통해 음력 초이틀이라는 것을 알았다면서 포구에 밀려드는 물소리가 들리는지, 그 물 위를 나는 학을 볼 수 있는지를 묻고, 노인은 그렇다고 대답하는 것을 들었다.

· **지문의 '중략' 뒤 내용**: 그러자 여자는 비상학을 좇듯이 벌판으로 눈을 돌렸고, 주인은 여자가 있지도 않은 물과 산그림자를 본 것은 앞을 못 보는 맹인이기 때문에 가능하다고 생각했다. 그런데 여자가 소리를 시작하자, 주인 역시 비상학이 서서히 날개를 펴고 날아오르는 것을 보게 되었다. 여자가 선학동을 떠나고 나서도 여자의 소리가 귓전을 맴돌고, 그때마다 선학동은 다시 포구가 되었고 학이 물 위를 노닐었다. 이야기를 끝낸 주인이 '손'의 반응을 무시하고 있자, '손'은 30년 전에 부녀와 함께 왔던 여자의 오라비 이야기를 왜 하지 않느냐고 추궁한다. 이에 주인은 그 오라비가 아비와 누이를 버리고 혼자 도망을 쳤다는 것을 여자에게서 들어 알고 있었다고 한다. '손'이 오라비가 부녀를 버리고 떠난 것은 원망스런 의붓아비를 죽일 수 없어서였다는 것도 알았겠다고 하자 주인이 고개를 끄덕였다.

· **지문에 이어지는 내용**: 주인은 2년 전 여자가 '자기 이야기를 오라비가 먼저 묻기 전에는 하지 말고, 자기를 더 이상 찾지 말아 달라'고 부탁했다고 한다. 이튿날 아침, '손'은 아비의 묘소를 가르쳐 줄 수 있다는 주인 사내의 말에 고개를 가로젓고, 누이가 부탁한 대로 더는 누이의 종적을 찾지 않으리라 생각하며 길을 떠난다. '손'이 사라진 고갯마루 위로 백학 한 마리가 떠돌다 사라졌고, 주인 사내는 허망한 느낌을 갖는다.

배경	1970년 늦가을 저녁~다음 날 저녁 전남 장흥의 시골 마을(선학동)

● **주제** 선학동에 다시 학이 날게 된 사연
★ **작품 전체의 주제**: 소리를 통한 한의 승화
● **어휘 및 어구 풀이**
· 노형: 그다지 가깝지 않은 사이에 예의를 갖추어 상대편을 높여 이르는 말.
· 비상학: 공중을 날아다니는(비상하는) 학.
· 아배: '아버지'의 방언.
· 산그림자: 산이 햇빛을 가려 나타나는 그늘의 모양.
· 형용: 생긴 모양.
· 불가사의(不可思議): 사람의 생각(사고)으로는 알 수 없을 만큼 이상하고 야릇함.
· 망망창해: 한없이 크고 넓은 바다.
· 탕탕(蕩蕩)한: (1) 썩 크고 넓은. (2) 물의 흐름이 거센.
· 백빈주: 하얀꽃이 피어 있는 섬의 지명.
· 홍요안: 언덕의 이름.
　※ 백빈주 갈매기는 홍요안에 날아들고: 하얀꽃이 피어 있는 섬의 갈매기는 언덕(홍요안)으로 날아들고.

- 사립: 사립문. 사립짝을 달아서 만든 문.
- 선학: 두루밋과의 새. 두루미. 학.
- 허물을 해 오는: 허물(실수, 잘못)을 지적하는.
- 녹초: 맥이 풀려져 힘을 못 쓰는 상태.
- 괘념: 마음에 두고 걱정하거나 잊지 않음. ㉤ 염려, 걱정

● **서술상의 특징**
- 시점: 전지적 작가 시점

✔ 작품 속 '서술' 부분에서 '나'가 등장하는가? → ✕	3인칭
✔ 인물의 심리가 드러나 있는가? → ○ • 그(손)는~못내 안타까워하고 있었다. 주인은 그것으로 모든 일이 분명해진 것 같았다. 그리고 그것으로 만족한 것 같았다. • 사내의 그런 상상은 차츰 어떤 불가사의한 믿음으로 변해 갔다. 등	관찰자 시점 ✕

- 역전적 구성: '중략'부터 '~진중한 얼굴들이 되곤 하였다.'는 과거의 사건임.
- 주막집 주인과 손이 나누는 대화를 통해 수수께끼를 풀어 가듯이 소리꾼 여자의 사연을 전달함.

개념 ➕ 반어 vs. 역설

구분	반어	역설
문장의 표면만 볼 때	모순되지 않음.	모순됨.
전체 내용으로 볼 때	의도와 반대되는 진술	의미 있는 내용

−『매3력』p.141에서

08 서술상의 특징 파악   정답 ①

◉ **①이 정답인 이유** '중략' 앞에서 '손'과 '주인'의 대화가 이어지고 있는데, '그는 이제 학이 날지 못하는 선학동에 아비의 유골을 묻고 간 여자의 일을~못내 안타까워하고 있었다.'고 한 것으로 보아, 이 대화는 '선학동에 아비의 유골을 묻고 간 여자의 일'의 뒤에 이어진 것이다. 그런데 '중략' 바로 뒤에서는 여자가 아비의 유골을 묻으러 선학동에 왔던 일이 전개되고, 이어서 다시 '손'과 '주인'의 대화가 이어지고 있다.

이를 통해 '중략' 아래의 '그러자 여자는 정작으로~진중한* 얼굴들이 되곤 하였다.'는 '주인'의 회상이라는 것을 알 수 있다. '중략' 바로 앞의 '주인은 이번에야말로 선학동에 다시 학이 날게 된 사연을 이야기하기 시작했다.'까지 고려하면, '사내', 즉 '주인'은 '손'과 대화를 나누며 '선학동에 다시 학이 날게 된 사연'을 회상하여 전달하고 있고, 이를 통해 과거와 현재가 연결되고 있다는 것을 알 수 있다.

> *진중한: 진지하고 신중한. 무게가 있고 점잖은.

▶ **정답의 근거** 위 '①이 정답인 이유' 참조
② 풍자(p.77 참조)적 서술은 나타나 있지 않고, 인물의 행위를 비판하고 있지도 않다.
③ 반어적 표현은 사용되지 않았으며, 집단 간의 갈등도 나타나지 않는다.
④ 여러 사건이 동시에 진행되고 있지 않으며, 사건을 병렬적(p.18의 '개념 ➕' 참조)으로 제시하고 있지도 않다.
⑤ 서술자는 작품 밖에 있으며, 장면마다 서술자를 달리하고 있지 않다.

09 인물과 사건의 내용 이해   정답 ③

◉ **③이 정답인 이유** '손'이 선학동에 다시 돌아온 것은 맞다. 하지만 여자는 '선학동에 다시 돌아온 손'과 만나지 못했다. 여자는 아버지의 유골을 선학동에 가져와서 묻은 다음 이미 '주막(선학동)'을 떠났기 때문이다. '선학동에 다시 돌아온 손'이 주막의 주인 사내로부터 그런 여자(누이)의 이야기를 전해 듣고 있으므로, 여자가 손으로부터 아버지에 대한 이야기를 전해 듣고 있다는 것은 적절하지 않다.

▶ **정답의 근거** 위 '③이 정답인 이유' 참조
나머지 답지들이 오답인(적절한) 근거는 다음과 같다.
① 끝부분의 "그 어린 오라비가 부녀를 버리고 떠난 것은 차마 그 원망스런 의붓아비를 죽여 없앨 수가 없어서였다는 것도 말이오(알고 있었겠구만요)."
② '중략' 앞의 '이제 학이 날지 못하는 선학동에 아비의 유골을 묻고 간 여자…', ㉣과 ㉤ 사이의 손의 말 '주인장 어렸을 적에 이 마을(선학동)에 찾아들었다는 그 소리꾼 부녀'
③ ㉠ 위의 '(주인 사내가) 사립에 기대어 눈을 감고 가만히 여자의 소리를 듣고 있자니 사내의 머릿속에서 오랫동안 잊혀져 온 옛날의 그 비상학이 서서히 날개를 펴고 날아오르기 시작한 것이다.'
⑤ 끝부분의 "그렇담 주인장은 그 오누이가 서로 아비의 피를 나누지 않은 남남 한가지 사이란 것도 알고 있었겠구만요.", '주인이 다시 고개를 무겁게 끄덕여 보였다.'

10 인물의 심리 파악   정답 ④

◉ **④가 정답인 이유** ㉣의 '그'는 '손'으로, ㉣ 뒤에서 '손'은 '주인장께선 일부러 사람을 하나 빠뜨려 놓고 있'다고 말한다. 이로 보아, ㉣에서 '그의 어조'가 '이제 아무것도 숨길 것이 없다는 듯 낮고 차분'했던 이유는 상대방(주인)이 일부러 빠뜨리고 이야기하지 않은 사람(여자의 오라비)이 있고, 그 사람이 바로 자신이라는 것을 숨길 필요가 없다고 느꼈기 때문이라 할 수 있다. '자신의 속마음을 상대방에게 들'킨 것도, '당혹감*'을 느끼'고 있는 것도 아니다.

> *당혹감: 어떤 일을 당하여(직면하여) 어찌할 바를 몰라 어리둥절하고 곤혹스러워하는 감정.

▶ **정답의 근거** ㉣과 그 앞뒤의 내용

① 사내는 여자가 떠나간 후에도 '여전히' '그녀의 소리'가 '귓전을 맴돌고 있었다.'고 했다. 여기에는 인상적이었던 과거의 사건(여자가 소리를 하면 선학동은 다시 포구가 되고, 선학이 날아오른 것)을 잊지 못하는 사내의 심리(마음에서 떠나지 않음)가 드러나 있다.

② 주인은 '가슴 속에 지녀 온 이야기들을' 모두 털어놓았고, 그로 인해 '자기 할 일을 다해 버린 사람 같았다.'고 했다. 여기에는 '하고 싶었던 행동(손에게 여자의 일을 말하기)'을 마치고 난 주인의 심리(홀가분함)가 드러나 있다.

③ '침묵을 견디지 못'하고 '손 쪽이 먼저' 이야기를 시작했다고 했다. 여기에는 상대방(주인)과 이야기를 더 이어가고자 하는 '손'의 심리(조바심)가 드러나 있다.

⑤ 주인은 '일부러 그 오라비 이야길 빼놓고 있었'고, 이를 '손'이 '추궁*하듯' 하자 주인이 '고개를 두어 번 깊이 끄덕'였다고 했다. 여기에는 자신의 의도를 알아차린 '손'의 말에 수긍*하는 주인의 심리(인정함, 긍정함)가 드러나 있다.

> *추궁(追窮): 잘못하거나 숨긴 일을 추적하여 밝힘.
> *수긍(首肯): 그러하다고 머리(首, 머리 수)를 끄덕여 긍정(인정)함. ㉤ 납득

11 자료를 활용한 감상
정답 ③

◉ ③이 정답인 이유 '여자'가 소리를 함으로써 '선학동을 옛날의 포구 마을로 변하게' 한 것은 맞다. 그러나 ㉠ 위의 '그러다 여자는 어느 날 밤 문득 선학동을 떠나갔다.'와 '중략' 위의 '선학동에 아비의 유골을 묻고 간(떠나간) 여자의 일' 등으로 보아, 여자는 선학동을 떠났다는 것을 알 수 있다. 그리고 '소리 장단을 잡아 주던 오라비'가 있었지만, 여자가 그를 '기다렸다'는 것은 지문에서 확인할 수 없다. 또한 〈보기〉의 '여자는 소리를 통해' '자신이 지닌 삶의 아픔에서 벗어나기 위해 노력한다.'로 보아, '여자'가 삶의 아픔에서 벗어나기 위해 노력하는 모습은 '소리'를 통해서라는 것을 알 수 있다.

▶ **정답의 근거** 위 '③이 정답인 이유' 참조-③의 '(여자가) 선학동을 떠나지 않으며' ✕, '(여자가) 오라비를 기다린 것' ✕

가장 많이 질문한 오답은? ④

✕ ④가 오답인 이유 ㉠ 아래에서 '사내'는 '그 여자는 이 선학동의 학이 되어' '언제까지나 이 고을 하늘을 떠돈'다고 말한다. 그리고 선학동 사람들도 '그(사내)와 어떤 믿음을 같이하고 싶은 진중한 얼굴들이 되곤 하였다.'고 했다. 〈보기〉에서 '예술적 경지에 다다른 여자의 소리는 마을 사람들의 생각이나 행동에까지 영향을 미친다.'고 한 것을 참고하면 '사내'의 행동(말하기)에서 '여자'의 소리에 믿음을 가지게 된 것을 확인할 수 있다.

① ㉡ 아래에서 '손'은 자신(어린 오라비)이 '부녀를 버리고 떠난 것은 차마 그 원망스런 의붓아비를 죽여 없앨 수가 없어서였다'고 했고, 〈보기〉에서는 '손'이 '가족을 떠날 수밖에 없었던 아픔을 지녔다'고 했다. 이를 참고하면, '중략' 위에서 '손'이

'아비의 유골을 묻고 간 여자의 일을 제 일처럼 못내 안타까워하'는 모습에서 가족을 떠날 수밖에 없었던 '손'의 아픔을 짐작할 수 있다.

② ㉠ 위에서 '사내'는 '여자가 마침내 소리를 시작'했을 때 '비상학이 서서히 날개를 펴고 날아오르기 시작'한 것으로 느낀다. 〈보기〉의 '예술적 경지에 다다른 여자의 소리'를 참고하면, '여자'의 소리를 듣고 비상학이 날개를 펴고 날아오른다고 느낀 '사내'의 모습은 '여자'의 소리가 예술적 경지에 이르렀다는 것을 확인하게 해 준다.

⑤ ㉡ 위에서 '사내가 이따금 그렇게 앞도 뒤도 없는 소리("여자는 어디로 떠나간 것이 아니여.~학이 되어서 언제까지나 이 고을 하늘을 떠돈단 말이여.")를 지껄여대'도 선학동 사람들이 '그와 어떤 믿음을 같이하고 싶은 진중한 얼굴들이 되곤 하였다.'고 했다. 〈보기〉의 '예술적 경지에 다다른 여자의 소리는 마을 사람들의 생각이나 행동에까지 영향을 미친다.'를 참고하면, '여자'의 소리가 마을 사람들의 생각에 영향을 미쳤음을 알 수 있다.

✔ 매일 복습 확인 문제

1 다음 설명이 적절하면 ○, 그렇지 않으면 ✕로 표시하시오.

(1) 액자식 구성에서 핵심이 되는 이야기이자 주제와 밀접한 관련이 있는 이야기는 외화(바깥 이야기)이다.
······································( )

(2) 역순행적 구성은 인물의 회상에 의해 실현되는 경우가 많다.·····································( )

(3) 반어적 표현은 문장의 표면만 보면 모순된다. ···( )

2 다음에서 확인할 수 있는 것은?

> 1년이 지났다. 모두 꿈이었다. 꿈이라도 너무 악한 꿈이었다. 3천 원어치 땅을 사 놓고 날마다 신문을 훑어보며 수소문을 하여도 거기는 축항이 된단 말이 신문에도, 소문에도 나지 않았다. 용당포와 다사도에는 땅값이 30배가 올랐느니 50배가 올랐느니 하고 졸부들이 생겼다는 소문이 있어도 여기는 감감소식일 뿐 아니라 나중에 역시 이것도 박희완 영감을 통해 알고 보니 그 관변 모씨에게 박희완 영감부터 속아 떨어진 것이었다.

① 요약적 서술　　　　② 향토적인 소재 사용
③ 배경의 묘사　　　　④ 추측을 드러내는 표현
⑤ 서술자의 교체

3 밑줄 친 어휘의 의미와 가까운 것을 [ ]에서 고르시오.

(1) 소상히 설명하다.　　　[㉠ 상세히, ㉡ 소중히]
(2) 물질 만능주의가 만연하다.　[㉠ 연결, ㉡ 확산]
(3) 상대방의 말에 수긍하다.　[㉠ 수행, ㉡ 긍정]

정답 1. (1) ✕ (2) ○ (3) ✕ 2. ① 3. (1) ㉠ (2) ㉡ (3) ㉡

정답	01 ③	02 ③	03 ④	04 ⑤	05 ②	06 ⑤
	07 ②	08 ②	09 ③	10 ②	11 ⑤	

1~3 현대 소설

이기호, 「권순찬과 착한 사람들」

● **제목의 의미** '권순찬'은 주인공이고, '착한 사람들'은 주인공에게 선의를 베풀어 돈을 모아 건넨 아파트 입주민들을 가리킨다. 그런데 권순찬이 '착한 사람들'의 선의를 외면하자, '착한 사람들'은 자신들의 성의를 무시했다며 화를 낸다. 즉, 「권순찬과 착한 사람들」은 주인공을 포함하여 등장인물들을 제목으로 삼은 것이다.

● **등장인물**

• **나**: 지방의 대학교수. 몇 년째 숙소로 이용하고 있는 아파트에서 학교를 오가던 중 '일인 시위'를 하는 권순찬 씨를 보게 된다.(이후 주변 사람들이 권순찬 씨를 위해 7백만 원을 모금해 전달하는 일에 관여하기도 함.)

• **권순찬(=남자)**: 어머니(중략 부분에서 새어머니라고 했음.)가 빌린 돈 7백만 원을 갚는 과정에서 자신과 어머니가 사채업자 김석만에게 중복 입금한 것을 알고 그 돈을 돌려받고자 김석만의 어머니가 살고 있는 아파트 옆 공터에서 수개월 간 천막을 치고 지내면서 대자보에 자신의 억울한 사정을 적고는 시위를 한다.

• **'참좋은 마드' 사장, 호프집 여주인**: 아파트 난시 주변 상가를 운영하는 사람들로, '나'에게 권순찬 씨의 일에 대해 알려 준다.

● **작품 줄거리**

• **지문 앞 내용**: 지난해 여름, 무력증에 빠져 글을 쓰지 못하고 있던 나는 퇴근 후 아파트 정문 옆 상가에 있는 호프집에서 술을 마시곤 했다. 그러던 어느 날 호프집에서 낯선 사람을 만났는데, 그것이 나와 권순찬 씨의 첫 만남이었다. 다음 날 오전 출근하다 보니 그는 아파트 옆 공터에 대자보를 들고 앉아 있었다.

• **지문의 '중략' 앞 내용**: 김석만 씨에게 자신의 돈을 돌려달라고 쓴 대자보를 읽고 그를 본 나는 저러다가 금세 말 거라고 생각했으나, 그는 몇 날 며칠 그 자리에 계속 앉아 있었다. '참좋은 마트' 사장에게서 들은 권순찬 씨의 사연은, 어렸을 때부터 부모를 떠나 어렵게 지내던 권순찬 씨에게 어머니가 찾아와, 사채 칠백만 원을 갚도록 도와 달라고 하여 몇 달 뒤에 어머니가 놓고 간 계좌로 송금했는데, 어머니도 여기저기에서 융통해서 돈을 갚은 후 돌아가셨다는 것이다. 어머니와 권순찬 씨는 빌려 쓴 사채를 중복으로 갚은 것이다.

• **지문의 '중략' 내용**: 나는 권순찬 씨가 돈보다는 어머니의 죽음에 대한 죄책감으로 저러고 있다고 생각했다. 광복절이 지난 후 나는 호프집에 나갔다가 아파트 입주민 대표와 경비 용역업체 사장, 관리소장이 권순찬 씨에게

김석만 씨가 나타나면 연락해 줄 테니, 거처를 구하거나 인천으로 돌아가라고 제안하는 것을 본다. 그러나 추석 연휴가 지나도록 그가 계속 그 자리를 지키고 앉아 있자, 아파트에서는 그를 위해 특별 모금을 하기 시작한다. 502호 할머니까지 모금에 동참해 11월 초순에 칠백만 원을 모은다.

• **지문의 '중략' 뒤 내용**: 나는 '참좋은 마트'에 갔다가 입주민 대표 등이 권순찬 씨에게 성금을 직접 전하자고 논의하는 것을 듣는다. 그런데 다음 날 그는 사람들의 선의를 거부했다는 말을 전해 듣는다. 그는 김석만 씨를 직접 만나 일을 해결하겠다고 했다는 것이다. 사람들은 돈을 모은 자신들의 성의를 무시했다고 생각하여 화를 내며 돌아가 버렸고, 이후 아파트엔 그가 칠백만 원에 대한 이자를 받으려 한다는 소문이 돌기 시작했다.

• **지문에 이어지는 내용**: 그날 이후 입주민 대표는 나를 찾아와 권순찬 씨를 설득해 달라고 한다. 나는 망설이기만 할 뿐 그를 만나러 가지 못한다. 12월에 접어든 이후, 그의 천막은 구청 공무원들에 의해 세 번 철거를 당했고, 이후 그는 천막을 치지 않은 채 지낸다. 첫눈이 내린 날, 나는 호프집에서 술을 마시다가 충동적으로 그에게 다가가 멱살을 잡고는 애꿎은 사람들을 괴롭히지 말라며 화를 낸다. 그로부터 나흘째 되던 날, 그는 노숙인 쉼터 사람들에게 끌려간다. 얼마 후 나는 아파트에서 못 보던 외제 차를 보게 되는데, 차에서 내린 남자(사채업자 김석만)는 103동 5층(김석민의 어머니가 실고 있는 곳) 복도로 가고 있었다.

● **주제** 권순찬 씨의 안타까운 사연과 그를 도우려는 입주민들의 선의가 권순찬 씨에 대한 불만으로 바뀌는 현실

★ **작품 전체의 주제**: 진정한 악인에 대해 제대로 파악하지 못한 채 억울하게 당한 사람에게 화를 낸 상황과 현실에 대한 성찰

● **어휘 및 어구 풀이**

• **대자보**: 자기의 주장을 알리기 위해 큰(대형) 글자로 써서 벽이나 게시판 등에 붙인 글(벽보).

• **감색**: 어두운 남색.

• **로드맵**: 어떤 일을 추진하기 위해 필요한 목표, 기준 등을 담아 만든 종합적인 계획을 그린 것. ㈜ 청사진, 계획, 구상

• **사채**: 개인이 사사로이 진 빚(부채).

• **여비조로**: 오고가는 데 드는 비용의 명목(조목, 조건)으로.

• **요지부동(搖之不動)**: 흔들어도(요동치다) 움직이지(운동) 않음. 어떤 자극에도 변화가 없음.

● **서술상의 특징**

• 1인칭 관찰자 시점

✔ 작품 속 '서술' 부분에서 '나'가 등장하는가? → ○	1인칭
✔ 인물(주인공: 권순찬)의 심리가 드러나 있는가? → X	관찰자 시점

01 세부 내용 이해 정답 ③

◎ ③이 정답인 이유 '중략' 뒤의 '남자는 이제 어디로 가게 될까? 인천으로 돌아가겠지. 나는 남자의 인천 거처*가 그때까지도 무사히 남아 있기를 바라 보았다.'를 통해 '나'는 권순찬의 인천 거처가 권순찬이 돌아갈 때까지 무사히 남아 있기를 바라고 있다는 것을 알 수 있다.

> *거처: 일정하게 자리를 잡고 사는(거주) 곳(처소). ㉤ 거주지, 숙소

▶ 정답의 근거 위 '③이 정답인 이유'에서 밑줄 친 부분

가장 많이 질문한 오답은? ⑤

✗가 ⑤가 오답인 이유 앞부분의 '나는~이내 다시 그날 작성해야 할 서류들과 학과 취업률 따위들을 떠올렸다. …내가 참견* 할 만한 일도, 참견할 수도 없는 일이었다.'와 일치하지 않는다. '나'는 작성해야 할 서류 등을 떠올리며, 권순찬의 일에 참견하는 것을 다음으로 미룬 것이 아니라, 참견할 일이 아니라고 생각한 것이다.

> *참견: 자기와 별로 관계없는 일에 끼어들어(참여) 쓸데없이 의견을 제시함.

① 앞부분의 '남자(권순찬)는 여전히 말이 없었고, 아파트 단지 안으로 들어오는 일도 없었으며, 아파트로 들어가는 사람들을 붙잡고 말을 거는 일도 없었다. 그는 그저 고요하게 거기에 앉아 있을 뿐이었다.'와 일치하지 않는다.

② 권순찬이 502호 할머니에게 말을 건네는 장면은 없다. 또, '중략' 뒤 권순찬의 말 '저는 원래 그 할머니한테 돈을 받을 생각이 없었습니다. 저는 김석만 씨를 만나러 온 거예요. 그 사람을 직접 만나서 일을 해결하려고요……'와도 일치하지 않는다. 권순찬은 김석만을 직접 만나 자신의 일을 해결하려 했지, 502호 할머니에게 자신의 일을 해결해 달라고 호소하지 않았다.

④ 앞부분의 '그러나 저러다가 말겠지, 했던 남자는 내 예상과는 다르게 몇 날 며칠 그 자리에 계속 앉아 있었다.'와 일치하지 않는다. '나'는 처음에 권순찬이 아파트 단지 앞에서 오랫동안 머물지 않을 것이라고 예상했다.

02 내용의 추론 정답 ③

◎ ③이 정답인 이유 '중략' 바로 앞과 뒤에 제시된 '참좋은 마트' 사장의 말로 보아, 아파트 입주민들은 권순찬이 처한 상황을 안타까워하며 돈을 모아 도와주고자 했다. 그런데 권순찬이 '저는 이 돈을 받을 수가 없습니다.' 하며 거부하자, 입주민들은 '사람들의 성의를 무시'한다고 화를 내며 가 버린다. (이에 대해 문제 위에 제시된 설명에서 '선생님'은 "입주민들은 작품의 제목처럼 착한 사람들입니다. 그러나…입주민들은 자신들이 베푼 선의*를 거절하였다는 이유로 권순찬에게 화를 냅니다."라고 했다.) 그러고 나서 아파트에는 권순찬이 '이자를 받으려 한다는 소문이 돌기 시작했다.'(㉠)고 했다. 이는 권순찬을 부정적으로 보는 것으로, ㉠을 통해 권순찬에 대한 입주민들의 생각이 바뀌고 있음(긍정적 → 부정적)을 알 수 있다.

> *선의(善意): 좋은(선한) 의도. ㉤ 호의

▶ 정답의 근거 '선생님'의 설명 및 '중략' 뒤의 '그나마 첫서리 내리기 전에 일이 이렇게 돼서 얼마나 다행이에요. 저러다가 겨울 맞으면 큰일나죠.', '편지봉투에 정성껏 오만 원권 지폐로 칠백만 원을 마련해 간 아파트 입주민들'(긍정적) → '그만 갑시다! 사람들의 성의를 원 저렇게 무시해서야……', '아파트엔 그가 ~ 이자를 받으려 한다는 소문이 돌기 시작했다.'(부정적)

가장 많이 질문한 오답은? ④, ⑤ 순

✗가 ④가 오답인 이유 '선생님'의 설명에서 '나'는 '외제 차를 타고 나타난 김석만 씨'를 목격한다고 했다. 하지만, 이때는 권순찬이 '아파트에서 쫓겨' 난 이후이다. 그리고 외제 차를 타고 아파트에 나타난 김석만을 보고 '문제의 진짜 원인(김석만)을 보지 못하고 애꿎은 사람(권순찬)에게 화를 냈던 우리의 모습을 반성하게' 한다고 한 점에서, ㉠의 상황에서 김석만이 아파트에 나타날 것임을 알았다면 권순찬을 부정적으로 생각하지 않았을 것임을 알 수 있다.

✗가 ⑤가 오답인 이유 ㉠은 입주민들이 권순찬을 오해한 상황을 보여 주는데, 이때 입주민들은 자신들의 실수를 인정하고 있지 않다. 입주민들이 권순찬을 오해했던 실수를 인정한 것은 '선생님'의 '이 작품의 뒷부분에서 권순찬은 … 아파트에서 쫓겨납니다. 그 후, '나'는 외제 차를 타고 나타난 김석만 씨를 목격하고 자신과 입주민들의 모습을 돌아보게 됩니다.'에서 짐작할 수 있는데, 이는 ㉠ 이후에 권순찬이 아파트에서 쫓겨난 이후의 일이다.

① ㉠은 입주민들이 권순찬에 대해 부정적으로 생각하는 것으로, 이를 통해 입주민들과 권순찬의 관계가 회복될 것임은 알 수 없다.

② ㉠의 '소문'은 입주민들이 권순찬을 부정적으로 생각하는 내용이 담긴 것으로, 이를 통해 '권순찬이 입주민들의 관심을 끌고 싶어' 하는지는 알 수 없다.

03 자료를 활용한 감상 정답 ④

◎ ④가 정답인 이유 지문의 '중략' 앞뒤에서 '참좋은 마트' 사장은 권순찬의 사연을 '나'에게 들려준다. 그리고 '참좋은 마트' 사장과 입주민들은 권순찬에게 돈을 전달하고 있는데, 이것은 권순찬이 겪고 있는 문제의 원인을 (김석만에게서) 돈을 돌려받지 못했기 때문이라고 파악했기 때문이다. 그러나 권순찬이 '저는 이 돈을 받을 수가 없습니다.'라고 하며 돈 받기를 거부하고 있고, 또 '선생님'은 "이 작품은 문제의 진짜 원인을 보지 못하고 애꿎은 사람(→ 권순찬)에게 화를 냈던 우리의 모습을 반성하게 합니다."라고 한 것으로 보아, 권순찬이 지닌 문제의 진짜 원인은 단순히 돈을 돌려받지 못한 데 있는 것이 아님을 알 수 있다. 따라서 '참좋은 마트' 사장이 권순찬이 지닌 문제의 진짜 원인을 파악하여 '나'에게 권순찬의 사연을 들려주었다는 것은 적절하지 않다.

▶ **정답의 근거** 위 '④가 정답인 이유' 참조

① '선생님'은 입주민들이 '문제의 진짜 원인을 보지 못'했다고 했다. 이를 참고할 때 권순찬의 '저는 원래 그 할머니한테 돈을 받을 생각이 없었습니다. 저는 김석만 씨를 만나러 온 거예요. 그 사람을 직접 만나서 일을 해결하려고요……'에서, 권순찬이 김석만을 기다린 것은 김석만을 자신이 해결하고자 하는 문제의 원인으로 생각했기 때문임을 알 수 있다.

② '선생님'은 입주민들이 '문제의 원인과 해결책을 자신들의 입장에서만 찾았다고 했는데, 입주민들이 '편지봉투에 정성껏 오만 원권 지폐로 칠백만 원을 마련해' 권순찬에게 주려고 했지만 권순찬이 돈 받기를 거부한 데서 이를 확인할 수 있다.

③ '선생님'은 입주민들이 '문제의 진짜 원인을 보지 못하고 애꿎은 사람(→ 권순찬)에게 화를 냈다'고 했는데, 권순찬이 돈 받기를 거부하자 입주민들은 '그만 갑시다! 사람들의 성의를 원 저렇게 무시해서야……' 하며 권순찬에게 화를 낸 것에서 이를 확인할 수 있다.

⑤ '선생님'은 '입주민들은 자신들이 베푼 선의를 거절하였다는 이유로 권순찬에게 화를 냈다고 했는데, '저는 이 돈을 받을 수가 없습니다.'라며 권순찬이 입주민들의 선의를 거부한 것은 '저는 김석만 씨를 만나러 온 거예요. 그 사람을 직접 만나서 일을 해결하려고요……'에서 알 수 있는 것처럼 입주민들의 돈을 받는 것이 권순찬이 원하는 해결책이 아니었기 때문이다.

4~7 현대 소설

성석제, 「투명 인간」

● **제목의 의미** '투명 인간'의 의미(눈에 보이지 않는 인간)를 염두에 두고 작품을 읽는다. 지문으로 제시된 대목만으로는 그 의미를 짐작할 수 없지만, 작품 전체 내용과 7번 문제의 〈보기〉를 참고할 때 주인공 '만수'를 가리키는 말임을 알 수 있다.

● **등장인물**

• 만수: 6남매(3남 3녀) 중 넷째(둘째 아들)로, 가족을 위해 온갖 어려움을 견디면서 억척같이 일했으나 아무도 알아주지 않았고 끝내 죽음에 이른다.

• 구내식당에서 일하던 여자(=진주 씨): 만수와의 이상한 소문으로 괴로워하다가 만수 여동생의 식당으로 옮겨, 뛰어난 음식 솜씨로 기사 식당을 성공시키는 데 기여한다.

• 여동생(=수민이 엄마, 옥희): 만수의 여동생이자 막내로, 만수의 뒷바라지로 명문대학에 들어가 노동운동을 하던 강철원과 결혼한 후, 무능한 남편으로 인해 식당을 운영하며 살아간다.

• 여동생의 남편(강철원): 노동운동을 한 것이 문제가 되어 투옥되었다가 풀려난다. 주방 아줌마(송진주)가 공장 투쟁에 참여하면서 식당 운영에 차질이 생기자 만수에게 불만을 제기하고, 식당에서 힘들게 번 돈을 만수가 엉뚱한 데 쓴다는 것을 알고 어처구니없어 한다.

● **작품 줄거리**

• **지문 앞 내용**: 할아버지(김용식)는 독립운동과 관련된 책을 소지한 일로 일제에 잡혀갔다가 풀려난 후 화전민이 살던 개운리에 터를 잡는다. 아버지(충현)의 3남 3녀 중 넷째로 태어난 만수는 허약하게 태어난데다 말도 늦고 매사에 이해가 더디지만 착하고 순수했다. 첫째 아들 백수는 서울의 명문대에 입학했으나 돈이 없어 막노동을 하다 쓰러지기도 하고, 돈을 벌기 위해 월남(베트남) 파병에 참여했다가 고엽제에 노출되어 사망한다. 이 일로 할아버지와 아버지가 다투고, 아버지는 아이들을 데리고 상경하는데, 연탄가스 중독으로 둘째 딸 명희가 백치가 되어 만수가 돌보게 된다. 만수는 제대 후 자동차 부품을 만드는 중소기업의 관리직으로 취업하고, 셋째 아들 석수는 서울의 국립대에 진학한다. 석수는 사귀던 오영주가 과거 동거했던 남자가 거물급 운동권(1980년대에 체제와 권력에 대한 비판과 투쟁을 전개한 정치·사회 운동에 참여했던 사람들)이라는 이유로 수사기관에 끌려가 고문을 받고 종적을 감추는데, 어느 날 오영주가 나타나 석수의 아이라면서 태석이를 만수에게 맡긴다. 막내 옥희도 명문대에 입학했는데, 야학에 참여했다가 운동권인 강철원을 만나 결혼하고 아들을 낳는다. 만수는 바보가 된 누이 명희, 동생 석수의 아들 태석이, 옥희네 식구와 함께 지내는데, 운동권 일로 강철원이 경찰에 잡혀가고, 만수는 식당에서 요리하는 송진주를 만나 회사의 구내식당에서 일하게 해 준다.

• **지문의 '중략 줄거리' 앞 내용**: 만수는 노총각에 사람이 좋아 구내식낭 아줌마들이나 여식원들 사이에서 인기가 높았다. 그런데 진주가 만수를 나쁘게 이용한다는 어처구니없는 소문이 퍼졌고, 진주를 해코지하는 일들도 생기자 만수는 진주에게 동생(옥희)이 하는 분식집에서 일할 것을 제안한다. 옥희는 갑자기 진주에게 주방을 맡기라는 오빠의 말에 억장이 무너지는 것 같고, 그렇게 하면 남는 게 없다고 얘기한다. 그러자 만수는 적금 통장을 꺼내 놓으며 가게를 키우자고 제안하지만, 옥희는 오빠가 원망스러웠고 그다지 고맙지도 않았다.

• **지문의 '중략 줄거리' 내용**: 진주의 음식 솜씨 덕분에 새로 차린 기사 식당이 자리를 잡는다. 그런데 IMF 이후 공장이 부도가 나자, 만수는 공장을 구하려는 구사대의 리더가 되어 투쟁하게 되고, 진주까지 구사대를 돕도록 해 기사 식당 운영에 차질이 생긴다. 이에 교도소에서 나온 옥희 남편 강철원이 만수에게 불만을 토로한다.

• **지문의 '중략 줄거리' 뒤 내용**: 강철원은 만수에게 제 식구들에게 피해를 주면서까지 투쟁에 나서서는 안 된다고 지적하지만, 만수는 회사를 살릴 수 있다는 희망이 있기 때문에 싸운다고 한다. 강철원이 옥희가 힘들게 일하는데 돈은 만수가 다 움켜쥐고 있다고 공격하자, 만수는 식당의 재료비와 인건비와 월세, 그리고 공장에서 같이 투쟁하는 식구들 앞가림하는 데와 공장 소송 등에 다 썼다고 말한다. 이에 강철원은 가족들이 한여름에 좁은 집에서 고생하면서 힘들게 번 돈을 만수가 엉뚱한 데 쓴 것에 어처구니없어 한다.

- **지문에 이어지는 내용**: 만수는 진주와 결혼한 후 명희, 태석이와 함께 셋방살이를 하는데, 회사를 불법 점유한 손해를 만수가 보상하라고 결정되어 막대한 빚을 지게 된다. 진주는 명희를 책임지는 것이 점차 힘들고, 자신에게 대드는 태석이가 무섭고, 남편이 남을 위해 희생만 하는 것에 회의를 느낀다. 한편 옥희는 옛 여인을 만나 떠난 강철원과 이혼하며 결혼을 허락한 만수를 원망하고, 진주는 신장 결석으로 투석을 하게 되는데, 진주를 괴롭히던 태석이는 왕따를 당해 학교 건물에서 뛰어내린다. 태석이는 죽기 전 자신의 신장을 진주에게 주라고 하고 진주에게 그토록 거부하던 '엄마'라고 부른다. 이후 만수는 서강대교에서 자살하고, 투명 인간이 된 만수의 독백(죽는 건 절대 쉽지 않아요. 사는 게 오히려 쉬워요. 나는 포기한 적이 없어요.)으로 소설은 끝난다.

배경	일제 강점기~2000년대 초 농촌(개울리)과 서울

- **주제** 회사를 지키기 위해 희생하는 소박한 만수의 모습과 그 부작용
- ★ **작품 전체의 주제:** 산업화 과정에서 온갖 고난을 견디며 희생하였으나 보상받지 못한 인물의 비극적 삶

● **어휘 및 어구 풀이**
- 사양하다: 응하지 않다. **양**보하다. ㉤ 거절하다
- 둘 사이에 아기가 있는데~식이었다.: 만수는 동생 석수의 아이(태석이)를 키우고 있었는데, 이 아이를 만수와 진주 사이의 아이로 오해한 것임. ☞ '작품 줄거리' 참조
- 기정사실: 이미 결정되어 있는 **사실**.
- 억장이 무너지는: 극심한 슬픔이나 절망 등으로 가슴이 몹시 아프고 괴로운.
- IMF: 국제 통화 기금(International Monetary Fund). 여기서는 국제 통화 기금에서 구제금융을 받은 것을 이름. 우리나라는 1997년 말에 외환 위기를 극복하기 위해 IMF로부터 긴급 자금을 빌려 오는 구제금융을 받았고, 그 대가로 IMF의 여러 요구를 받아들였음.
- 처남: 아내(처)의 **남**자 형제를 이르거나 부르는 말. 여기서는 만수 여동생의 남편이 만수를 이른 말임.
- 제 살 깎아 먹기: 스스로에게 손해되는 짓을 이르는 말.
- 부도내고: 기한이 되어도 어음이나 수표에 적힌 돈을 지불하지 못하고.
- 제하고: 덜어 내거나 빼고.

● **서술상의 특징**
- 1인칭 관찰자 시점

✔ 작품 속 '서술' 부분에서 '나'가 등장하는가? → ○ • 만수 씨와 내(구내식당 여자)가 전부터 사귀던 사이이고~ • 내(만수의 여동생 옥희)가 거기까지 얘기했을 때 오빠가 점퍼 안주머니에서 적금 통장을 꺼내 놓았다. • ~나(만수 여동생의 남편)부터 용납할 수 없었다.	1인칭
✔ 인물(주인공 만수)의 심리가 드러나 있는가? → ✕	관찰자 시 점

- 장면에 따라 서술자를 달리하여 인물(주인공 만수)을 입체적으로 조명함.
  - 처음~[B]의 앞부분의 서술자: 구내식당에서 일하는 여자(진주)
  - [B]의 서술자: 만수의 여동생(옥희)
  - '중략 줄거리' 뒷부분의 서술자: 만수 여동생의 남편(강철원)
- 대화에 인용 부호(" ")가 아닌 '─'를 사용함.

04 세부 내용의 이해   정답 ⑤

◎ **⑤가 정답인 이유** 여동생 남편의 말 중 '누구(→ 진주)는 자기 하고 싶은 대로 멋대로 일했다 말았다 하고 월급은 사장보다 더 챙겨 가고~'를 통해 진주는 식당 일에 불성실하게 참여했다고 볼 수 있다. 그리고 여동생 남편의 '<u>수민이 엄마(→ 여동생)</u>가 저 아줌마(→ 진주)하고 앞으로 어쩔 거냐고 자꾸 그러는데요. 계속 이렇게 살 수는 없다고.'로 보아, 만수의 여동생은 진주에 대한 생각이 부정적이라는 것도 알 수 있다. 그런데 만수의 여동생은 그 이전에, '오빠(→ 만수)가 그 여자를 데리고 와서 주방을 맡기라고 했을 때', '<u>억장이 무너지는 것 같았고</u> <u>말도 안 되는 소리</u>'라고 생각했다고 했으므로, 이때에도 진주에 대해 부정적이었다. 따라서 진주에 대한 만수의 여동생의 생각은 '긍정적'에서 '부정적'으로 바뀐 것이 아니다.

▶ **정답의 근거** 위 '⑤가 정답인 이유'에서 밑줄 친 부분
① '사실 나(→ 진주)는 만수 씨를 좋아했다. 만수 씨를 처음 봤을 때부터 좋아하고 있었다.'(ⓒ 뒤)에서 확인할 수 있다.
② 만수의 말 '제가 아무리 아니라고 해도 사람들이 의심을 더 하니까 어쩔 수가 없네요.'(ⓛ 뒤)에서 확인할 수 있다.
③ 만수의 말 '우리가 공장을 지키기 위해서 싸우다 보면~빚도 갚고 공장이 다시 돌아가는 거지. 우리는 희망이 있어. 희망 때문에 싸우는 거야.'(ⓔ 뒤)에서 확인할 수 있다.
④ '누구는 자기 하고 싶은 대로 멋대로 일했다 말았다 하고 월급은 사장보다 더 챙겨 가고 누구는 하루 스물네 시간 꼬박 일하고 있는데'와 '돈 생기는 데는 기사 식당밖에 없잖습니까. 그런데 그 돈을 형님이 다 통장에 집어넣고 꼭 움켜쥐고'에서 확인할 수 있다.

05 인물의 심리 이해   정답 ②

◎ **②가 정답인 이유** ⓛ 앞의 '여자들 모두가 나(진주)를 질투하고 미워하게 되었다. … 내 칫솔에 새똥이 묻어 있기도 하고 면도날이 내가 조리를 담당한 냄비 속에 들어 있기도 했다.'를 통해 '나'에 대한 구내식당 여직원들의 질투와 괴롭힘을 확인할 수 있다. 그리고 ⓛ('도저히 견딜 수가 없어 만수 씨를 찾아갔다.')을 통해 '나(진주)'의 고통이 한계점에 이르러 만수를 찾아갔다는 것을 알 수 있다.

28

▶ **정답의 근거** ㉤과 그 앞의 내용

① ㉠에서 '나(진주)'가 '아예 아무 말을 하지 않은 이유는 '(소문을) 건드리면 더 커질 것 같아서'였다고 했다. 소문이 더 나빠질까 봐 아예 말을 하지 않은 것이지, 주변 상황을 신경 쓰지 않았기 때문이 아닌 것이다.

③ ㉢ 앞에서 상대(만수)는 '나(진주)'에게 소문이 잠잠해질 때까지 여동생의 분식집에서 일하라는 대안을 제시한다. 이에 대해 '나'는 ㉢에서 '오래도록 생각했지만 다른 도리가 없었다.'라고 했으므로, 이 대안은 '나'가 바라고 있었던 내용이 아니다.

④ ㉣ 앞에서 상대(만수)는 '가난하지만 소박하게 살아가면 된다'고 했고, 이에 대해 '나(만수 여동생의 남편)'는 ㉣과 그 뒤에서 '그건 내가 알 바 아니다. 나부터 살길을 찾아야 한다.'라고 했다. 이는 상대(만수)에 대해 빈정거리는* 것이 아니라 무시하면서 자신의 문제(식당 운영에 차질이 생긴 문제)를 해결하여 '살길'을 찾고자 하는 태도를 드러낸 것이다.

> *빈정거리는: 남을 은근히 비웃는 태도로 자꾸 놀리는.

⑤ ㉤은 그 뒤에 이어지는 내용으로 보아, '나(만수 여동생의 남편)'는 가족이 좁은 집에서 살며 한여름에 더위로 잠을 못 자는데도 만수가 기사 식당에서 번 돈을 '엉뚱한 데', 즉 '공장에서 같이 투쟁하는 식구들'과 '소송'에 썼다는 것을 알고 '어처구니가 없다'고 한 것이다. 공장에서 투쟁하는 사람들에 대해 안타까운 심정을 드러낸 것이 아닌 것이다.

06 공간의 서사적 기능

정답 ⑤

⑤가 정답인 이유 ⓑ(분식집)와 관련된 갈등은 만수가 여동생에게 주방을 진주에게 맡기라고 한 것으로 인해 '만수와 만수 여동생 사이'에 발생한 것이고, ⓒ(기사 식당)와 관련된 갈등은 만수가 공장을 되살리려는 투쟁에 진주를 참여시킨 일로 인해 '만수와 만수 여동생의 남편 사이'에 발생한 것이다. 이들 갈등은 특정 인물(만수)이 타인(진주)을 대하는 태도가 원인으로 작용한 것으로 이해할 수 있다.

▶ **정답의 근거** 위 '⑤가 정답인 이유' 참조

가장 많이 질문한 오답은? ③

③이 오답인 이유 ⓑ와 ⓒ에 각각 갈등이 나타나는 것만 체크한 학생들은 ③을 적절한 것으로 잘못 판단했다. 그런데 ⓒ(기사 식당)에서 발생한 갈등은 인물 간의 갈등(만수와 여동생 남편과의 갈등)이 맞지만, ⓑ(분식집)에서 만수와 만수 여동생 사이에 발생한 갈등은 '인물과 사회와의 갈등'이 아니라 인물 간의 갈등이다. 참고로, 인물과 사회와의 갈등은 인물이 그 인물이 속해 있는 사회적 환경(윤리, 제도 등)과 갈등을 빚을 때 나타난다.

① ⓐ(구내식당)에서는 만수와 진주의 관계와 관련된 '이상한 소문'으로 진주와 다른 여자들 사이에 긴장감이 조성된다. 그러나 이 긴장감은 진주가 ⓐ를 떠나 ⓑ(만수 여동생의 분식집)로 옮기면서 일시적으로 해소된다(심화된다 ✗).

② ⓐ(구내식당)에서 발생한 일로 인해 만수와 진주 간에 유대감이 형성되었다고 볼 수도 있다. 하지만 이때 생긴 유대감이 ⓒ(기사 식당)에서 반감*되고 있지는 않다.

> *반감(半減): 절반으로 줆(감소). ※ 반대하거나 반항하는 감정을 뜻하는 '반감(反感)'과 구별할 것!

④ ⓐ(구내식당)에서 진주와 다른 여자들 사이에 발생한 갈등은 만수가 진주에게 여동생의 분식집에서 일하라고 함으로써 갈등 해결의 실마리를 제공했다고 볼 수 있다. 그러나 ⓒ(기사 식당)에서 만수와 여동생 남편 사이에 발생한 갈등은 해결의 실마리를 찾지 못하고 있다.

07 자료를 활용한 감상

정답 ②

②가 정답인 이유 [B]의 '적금 통장'은 만수가 '그동안 나온 월급을 모은' 것으로, 여동생이 진주에게 월급을 줄 형편이 안 되는 상황을 해결하기 위해 '가게를 키'우라며 내놓은 것이다. 이는 〈보기〉의 '주인공(만수)은 가족과 동료를 위해 자신의 것을 나누며 희생'하는 모습을 보여 준 것으로, 주인공이 물질 만능의 한국 사회로부터 소외당하고 있는 것이 아니다.

▶ **정답의 근거** [B]의 내용-위 '②가 정답인 이유' 참조

가장 많이 질문한 오답은? ⑤, ③ 순

⑤가 오답인 이유 [B]와 [C]에서는 주변인인 '만수의 여동생'과 '그 남편'이 각각 주인공(만수)의 삶에 대한 정보를 제공하고 있다. 이를 통해 〈보기〉의 '주변인들이 서술자로 등장하면서 … 주인공에 관한 다양한 정보를 제공하고 이 정보들을 통해 주인공의 삶을 다각도에서 조명*한다.'를 확인할 수 있다.

> *조명: (1) 빛으로 밝게 비춤. 또는 그 빛. (2) 어떤 대상을 일정한 관점에 비추어(照, 비출 조) 살펴봄. 여기서는 (2)의 뜻으로 쓰임.

③이 오답인 이유 [D]에서 만수는 자신이 돈을 댄 '기사 식당'에서 번 돈을 식당의 재료비와 인건비, 월세 외에 '공장에서 같이 투쟁하는 식구들'과 공장과 관련된 '소송'에 썼다고 했다. 이런 '돈'의 사용처를 통해 〈보기〉의 '동료를 위해 자신의 것을 나누며 희생'하는 주인공의 면모를 확인할 수 있다.

나머지 답지들이 오답인(적절한) 이유도 살펴보자.

① [A]에서 만수는 '업자들한테서 들어오는' '상품권'을 자신이 갖지 않고 동료들에게 나눠 준다. 이를 통해 〈보기〉의 '선량한(착하고 어진) 주인공'의 모습을 확인할 수 있다.

④ [A]에서는 서술자(나＝진주)가 주인공을 '만수 씨'라고 지칭하고, [B]에서는 서술자(나＝만수의 여동생)가 주인공(만수)을 '오빠'라고 지칭한다. 이를 통해 〈보기〉의 '주인공 대신 주변인들이 서술자로 등장'하는 것을 확인할 수 있다.

'발문을 꼼꼼히' 읽는 훈련을 하자!

김연수, 「리기다소나무 숲에 갔다가」

● **제목의 의미** 리기다소나무 숲에서 경험한 일을 쓴 작품임을 짐작하고 작품을 읽으면, '나'와 삼촌, 도라꾸 아저씨가 리기다소나무 숲에서 경험한 일과 도라꾸 아저씨의 깨달음이 주된 내용이라는 것을 알게 된다. 즉, 제목은 사건이 이루어지는 공간적 배경(리기다소나무 숲)과 중심인물들이 경험한 사건과 느낀 점을 암시하고 있다. 그리고 '중략' 윗부분의 '쓸모 적은 나무나마 리기다소나무도 살아가고'와 '중략' 이후의 '리기다소나무도 있고 직박구리도 있다. 저래 다 살아가고 있는 거라. 산 것들 저래 살아가게 하는 일이 을매나 용기 있는 일인가 나는 그때 다 깨달았던 기라.'로 보아 '리기다소나무'는 보잘것없는 것을 나타낸다는 것과, 보잘것없을지라도 살아 있는 것은 소중하다는 깨달음을 전달하는 주제 의식과 연결되어 있음을 알 수 있다.

● **등장인물**
· 나: 삼촌의 연락을 받고 멧돼지 사냥에 동참하여, 삼촌과 도라꾸 아저씨의 인생에서 중요한 사건에 대해 듣는다.
· 도라꾸 아저씨: 과거에는 유명한 사냥꾼이었지만, 새끼를 미끼로 어미 멧돼지를 잡은 후 생명에 대한 연민과 소중함을 깨달아 사냥을 접고, 몰이꾼 노릇만 하고 있다.
· 삼촌: 치과의사로 돈을 많이 모았지만, '물망초'라는 카페의 윤 마담과의 사랑에 실패하자 방황하다가 사냥에만 몰두하고 있다.

● **작품 줄거리**
· **지문 앞 내용**: 입대 날짜만 기다리던 '나'에게 삼촌이 멧돼지 사냥을 가자고 한다. 삼촌은 젊었을 때 시골 장터에서 치과를 운영하며 순박한 시골 사람들을 상대로 많은 돈을 벌었는데, 시장 한쪽에서 카페 '물망초'를 운영하던 여자와의 사랑을 이루지 못하자 자살 소동을 벌였다. 이후 삼촌은 사냥에 재미를 붙였는데, '나'는 삼촌이 사랑 때문에 목숨을 걸 만큼의 용기는 없었다고 생각하면서도, 그 여자를 정말로 사랑했는지 궁금해한다. 리기다소나무 숲에서 멧돼지를 만난 '나'는 방아쇠를 당길 뻔했지만 쏘지 않는다. 삼촌은 멧돼지를 쫓아가 총구를 겨눴지만 멧돼지의 눈을 보고 옛 애인이 떠올라 총을 쏘지 못하고 부상을 입는다. 그러자 도라꾸 아저씨는 멧돼지에게 위협 사격을 가해 쫓아낸 다음, 부상당한 삼촌을 업고 숲길을 걷는다.
· **지문의 '중략' 앞 내용**: '나'가 도라꾸 아저씨에게 왜 멧돼지를 쏘지 않았느냐고 묻자, 도라꾸 아저씨는 암수(속임수)를 쓰면 안 된다며 과거 일을 이야기한다. 대형 멧돼지가 사냥꾼을 피해 6, 7일이나 도망가자 열 받은 도라꾸 아저씨는 어미 대신 새끼를 다섯 마리쯤 죽인 뒤에, 죽은 새끼를 쫓아온 어미 멧돼지를 죽인다. 하지만 이때 새끼를 잃은 어미 멧돼지는 이미 죽은 거나 다름없었고, 어미 멧돼지의 텅 빈 눈을 보고 망설였으면서도 공명심에 총을 쏜 도라꾸 아저씨는 이 일로 영웅 대접을 받았으나 곧 잘못을 깨닫고 후회했다는 것이다.

· **지문의 '중략' 내용**: 과거 도라꾸 아저씨는 짐승을 많이 잡았으나 그 사건(새끼를 잃고 이미 죽은 거나 다름없는 멧돼지를 공명심에 죽인 사건) 이후로는 짐승들한테 총부리를 겨눌 수 없게 되었다고 했다. 그리고 그 이유를 알겠냐고 '나'에게 물었는데, '나'는 모른다고 답한다.
· **지문의 '중략' 뒤 내용**: 도라꾸 아저씨는 산에는 여러 생물들이 살아가고 있는데, 살아가는 일 자체가 용기 있는 일이며, 자신이 짐승을 쏴 죽인 것은 가족들과 먹고살기 위해서였다는 것을 깨닫고는 총을 쏠 수 없었다고 한다. 그리고 삼촌을 좋아하는 이유를 말하는데 '나'는 그 말의 의미를 이해하지 못한다.

> ※ 도라꾸 아저씨가 삼촌을 좋아하는 이유: 살아 있는 것의 소중함을 알고 그것에 대해 연민의 감정을 지닌 점이 자신과 닮았다고 생각함.
>
> | 삼촌 | 도라꾸 아저씨 |
> |---|---|
> | 멧돼지의 눈을 보고 옛날 애인이 살려 달라고 애원하던 눈빛이 떠올라 총을 쏘지 못함. | 이미 죽은 거나 다름없는 멧돼지를 공명심에 총을 쏘아 죽인 이후 다시는 총 쏘는 일을 하지 않게 됨. |

· **지문에 이어지는 내용**: 이때 도라꾸 아저씨의 등에 업힌 삼촌이 프로스트의 시(「가지 않은 길」)를 읊기 시작했는데, 눈 내린 해안리가 펼쳐진 곳에서 악을 써대며 시를 읊는 삼촌의 목소리가 온 골짜기로 울려 퍼진다.

> ※ 프로스트의 시 「가지 않은 길」은 숲속에 난 두 갈래의 길 중 하나를 선택해 걸었던 화자가, 선택하지 않은 길(인생길)에 대한 아쉬움을 드러낸 시로, 어느 길을 선택하느냐에 따라 달라지는 인생에 대해 생각하게 한다.

● **주제** 살아 있는 모든 것은 소중하다는 깨달음
★ **작품 전체의 주제**: 살아 있는 모든 것은 소중하고 그것에 대한 연민의 감정이 지니는 가치

● **어휘 및 어구 풀이**
· 삼촌 가슴속은 암만해도 푸른색인가 보다.: 삼촌은 마음이 순수하고 젊다는 의미임.
· 숨탄것: 숨을 받은 것이라는 뜻으로, 여러 가지 동물을 통틀어 이르는 말.
· 산탄: 속에 작은 탄알이 많이 들어 있어, 사격하면 속에 있던 탄알들이 퍼져 터지는 탄알.
· 눈무지: 눈덩이.　　· 직박구리: 새의 한 종류.
· 약실: (1) 약제실(병원이나 약국에서 약사가 약을 조제하는 곳). (2) 총포에서, 탄약을 재어 넣는 부분. 여기서는 (2)의 뜻으로 쓰임.

● **서술상의 특징**
· 1인칭 관찰자 시점

✔ 작품 속 '서술' 부분에서 '나'가 등장하는가? →○	1인칭
✔ 인물(주인공: 도라꾸 아저씨)의 심리가 드러나 있는가? →✕	관찰자 시점

08 서술상의 특징 파악
정답 ②

○ ②가 정답인 이유 '중략' 앞에서 '내'가 도라꾸* 아저씨에게 멧돼지를 죽이지 않은 이유를 묻자 도라꾸 아저씨는 과거에 멧돼지를 사냥했던 일을 말하는데, 도라꾸 아저씨는 어미 멧돼지를 사냥하기 위해 새끼 멧돼지를 죽였고 죽은 새끼 멧돼지를 따라온 어미 멧돼지는 이미 죽은 거나 다름없었는데도 공명심*에 총을 쏘아 죽인 이후 후회했다는 것이다. 이로 보아 도라꾸 아저씨가 아까 멧돼지를 죽이지 않은 것은 과거의 경험과 연관된다는 것을 알 수 있다. 그리고 도라꾸 아저씨의 회상은 다음과 같이 현재와 매개*되는 경험에 해당하므로 ②는 이 글의 서술상의 특징으로 적절하다.

과거 - 도라꾸 아저씨의 회상	현재
어미 멧돼지를 잡기 위해 새끼 멧돼지를 죽임.	어미 멧돼지가 도망가지 못하게 엽견 호식이*가 새끼의 관절을 물고 늘어짐.

↓

어미 멧돼지를 잡기 위해 새끼를 이용함.

> *도라꾸: '트럭'의 비표준어.
> *공명심: 공을 세워 이름(성명)을 널리 드러내려는 마음(심리).
> *매개(媒介): 중간에 개입해서 양편을 맺어 줌(중매). ㉰ 중개
> *호식이: 사냥개의 이름임.

▶ **정답의 근거** 위 '②가 정답인 이유' 참조

가장 많이 질문한 오답은? ④

✗ ④가 오답인 이유 '중략' 앞에서 요약적 서술(새끼만 노리고 다섯 마리쯤 죽인 뒤에~다시 능선을 따라 돌아오기 시작했다.)과 대화가 교차되고 있는 것은 맞다. 그래서 ④에 답한 학생들이 제법 많았다. 그런데 이(요약적 서술과 대화의 교차)를 통해 사건이 반전되고 있지는 않다. '사건의 반전'은 도라꾸 아저씨의 말 중에서, 즉 멧돼지를 '으박 칠 일 동안' 잡지 못했다가 '우쨌든 잡아 죽이겠다는 생각'에 '새끼를 죽였'고 결국 어미를 잡았다는 것에서 나타난다. 다시 말해 요약적 서술과 대화를 교차하여 사건이 반전되는 양상을 부각하고 있는 것이 아니라 도라꾸 아저씨의 말(대화) 내에서 사건이 반전되고 있다고 할 수 있다.

나머지 답지들에 답한 학생들은 드물었지만, 이들 답지들이 오답인 이유도 살펴보자.

① 빈번하게 장면을 전환하거나 요약적 진술을 하면 사건을 속도감 있게 전개할 수 있는데, 이 글에서는 장면을 빈번하게 전환하고 있지 않다.

③ 공간의 이동(숲길 → 산길)은 드러나 있으나, 인물 간의 갈등은 드러나 있지 않고, 따라서 인물 간의 갈등이 해소되는 과정을 보여 주고 있지 않다.

⑤ 삼촌에 대한 '나'의 심리(삼촌 가슴속은 암만해도 푸른색인가 보다.)와 도라꾸 아저씨에 대한 '나'의 심리(아저씨의 말은 알 듯 말 듯 했다.)는 드러나 있으나, 이를 통해 현실에 대한 부정적 인식을 보여 주고 있지는 않다.

09 사건 전개 과정의 이해
정답 ③

○ ③이 정답인 이유 ㉠은 '도라꾸 아저씨는 아까 왜 멧돼지를 죽이지 않았느냐?'는 '나'의 질문에 도라꾸 아저씨가 "호식이가 새끼 관절 물고 늘어진 모양이라."라고 말한 것이, ㉡은 '과거에 아저씨가 쏴 죽인 것은 무엇이냐?'는 '나'의 질문에 도라꾸 아저씨가 "그래 나는 한 번 죽었다."라고 말한 것이 각각 엉뚱한 답변이라고 생각한 '나'의 반응이다. 따라서 ㉠과 ㉡은 모두 '나'가 도라꾸 아저씨의 의중(마음속)을 이해하지 못하는 상황이 지속되고 있음을 알게 한다.

한편 ㉠, ㉡의 반응과 같이 '나'는 도라꾸 아저씨의 말을 이해하지 못했지만, 도라꾸 아저씨가 한 말의 의미는 다음과 같이 이해할 수 있다.

> ㉠ 뒤의 도라꾸 아저씨의 말("호식이가 새끼 관절 물고 늘어진 모양이라. 그라만 어미가 도망 못 가거든. 엽견 중에는 그런 짓 하는 놈들 참 많아여."): '새끼를 잡으면 어미가 도망가지 못하는데, 그런 어미에게 총을 쏘는 것은 정당하지 못하기 때문이야.'
> ㉡ 앞의 도라꾸 아저씨의 말("그래 나는 한 번 죽었다."): '이미 죽은 것이나 다름없는 멧돼지를 쏴 죽인 것은 잘못한 것이다. 총을 쏘면 안 되는 거였다. 돌아보니 그때 내가 쏜 것은 멧돼지가 아니라 '나'(도라꾸 아저씨) 자신이었던 거야.(그래서 '나'는 이후 총을 쏘는 일을 하지 않았어.)'

▶ **정답의 근거** 위 '③이 정답인 이유' 참조

가장 많이 질문한 오답은? ②

✗ ②가 오답인 이유 ㉠과 ㉡은 도라꾸 아저씨가 '나'의 질문에 엉뚱한 답변을 한다고 여긴 것일 뿐, '나'가 도라꾸 아저씨에 대해 반감(반항하는 감정)을 드러낸 것도 아니고, 도라꾸 아저씨가 '나'의 질문을 가로막은 것도 아니다.

나머지 답지들에 답한 학생들은 드물었지만, 이들 답지들이 적절하지 않은 이유도 살펴보자.

① ㉠과 ㉡은 모두 '나'가 도라꾸 아저씨의 말을 이해하지 못했다는 것을 보여 주는 것으로, 도라꾸 아저씨의 말에 대해 '나'가 놀라움이나 불신감을 나타내고 있지 않다.

④ ㉡에서 '나'가 '또' 판소리를 한다고 여긴 점에서 ㉠이 ㉡으로 연결된다고 볼 수 있고, 도라꾸 아저씨가 하는 말을 '나'가 만담*으로 생각한(이것도 만담입니까?) 점에서 계속 만담을 이어가려는 도라꾸 아저씨에 대한 '나'의 냉소적* 태도를 드러낸 것으로 볼 수도 있다. 하지만 ㉠이 ㉡으로 연결되면서 도라꾸 아저씨에 대한 '나'의 냉소적 태도가 약화되고 있다고 볼 근거는 없다.

> *만담: 재미있고 익살스럽게 세상을 비판·풍자하는 이야기.
> *냉소적(冷笑的): 쌀쌀하게 비웃는(조소) (것).

⑤ ㉠에 의구심(의심)이 담겨 있지 않다. 그리고 ㉡에서도 ㉠과 마찬가지로 '나'는 아저씨의 말을 이해하지 못하고 있다. 따라서 ㉡에서 ㉠에 담긴 의구심을 해소할 수 있는 실마리를 얻을 수 있으리라는 바람이 이루어진 것도 아니고, ㉡에 성취감이 반영되어 있는 것도 아니다.

10 세부 내용의 이해

정답 ②

◎ **②가 정답인 이유** ㉠ 아래의 삼촌의 말에서 삼촌이 사냥에 동행한 엽견 호식이를 '영물*'이라고 했는데, 그 이유는 바로 앞에서 도라꾸 아저씨가 '멧돼지 어미가 도망 못 가게 호식이가 멧돼지 새끼의 관절을 물고 늘어진 모양'이라고 한 말에 공감했기 때문이다.

한편 '주인(삼촌)을 닮아 어디가 부러졌는지 오른쪽 뒷발을 들고 껑충껑충 뛰어가는 놈(호식이)'에서 호식이가 삼촌과 닮았다고 한 것은 서술자 '나'(삼촌 X)이고, 닮았다고 한 이유는 둘 다 '발을 다쳐 걸음이 자연스럽지 않기 때문이다.

> *영물(靈物): ⑴ 신령스러운 물건이나 짐승. ⑵ 약고 영리한 동물을 신통히 여겨 이르는 말. 여기서는 ⑵의 뜻으로 쓰임.

▶ **정답의 근거** 위 '②가 정답인 이유' 참조

가장 많이 질문한 오답은? ①, ⑤ 순

✗ **①이 오답인 이유** '앞부분의 줄거리'의 '물망초 카페 윤 마담과의 사랑을 이루지 못하고 방황하던 삼촌'과, ㉠ 아래의 '조금 전까지 사랑이 어쩌네 수면제가 어쩌네 징징거리던 삼촌'에서 삼촌은 '나'에게 사랑에 관한 자신의 이야기를 들려주었다는 것을 알 수 있다.

✗ **⑤가 오답인 이유** '중략' 아래에서 도라꾸 아저씨는 삼촌을 좋아하는 이유로 '멧돼지 눈 보고 옛날 애인 생각나서 총 못 쏜다 카는 사람'인 점을 들었다. 자신은 과거에 어미 멧돼지의 텅 빈 눈을 보고도 총을 쏜 것을 후회한 적이 있으므로 삼촌이 옛 애인 생각이 나서 멧돼지에게 총을 쏘지 못한 심정을 이해할 수 있었던 것이다.

③ "불질(총을 쏴 짐승을 잡는 것) 잘한다고 알려지만 여기저기서 해수구제 해 달라고 부르는 일이 많다 캉께. 가서 잡아 주만 영웅 되고 참 재미나지."에서 도라꾸 아저씨는 사람들에게 총으로 짐승을 잘 잡는 능력을 인정받아 불려다녔고, 영웅도 되었다고 했으므로 뛰어난 사냥꾼이었음을 알 수 있다.

④ '앞부분의 줄거리'의 '도라꾸 아저씨는 부상당한 삼촌을 업고 숲길을 걷는다.'와 ㉡ 위의 '우리(나, 삼촌, 도라꾸 아저씨)는 리기다소나무 숲을 빠져나왔다.'에서 '도라꾸 아저씨는 부상당한 삼촌을 등에 업고 리기다소나무 숲을 빠져나왔다.'는 것을 알 수 있다.

11 자료를 활용한 감상

정답 ⑤

◎ **⑤가 정답인 이유** '호식이가 멧돼지 어미가 도망 못 가게 새끼 관절을 물고 늘어진' 것을 두고 삼촌은 호식이를 '영물'이라고 했다. 호식이가 그랬듯 과거 도라꾸 아저씨도 어미 멧돼지를 잡기 위해 새끼의 생명을 빼앗은 적이 있는데, 이를 두고 도라꾸 아저씨는 암수라고 한다. 즉 '새끼의 생명을 빼앗아 어미 멧돼지를 잡는 사냥법을 암수라고 한' 것은 '도라꾸 아저씨'(삼촌 X)다.

한편, 〈보기〉의 '그(도라꾸 아저씨)는…인간과 마찬가지로 자연 역시 동등한 가치를 지닌 존재라는 생태주의*적 인식을 하게 된다.'로 보아, '새끼의 생명을 빼앗아 어미 멧돼지를 잡는 사냥법을 암수라고 한' 도라꾸 아저씨는 '멧돼지도 인간과 동등한 가치를 지닌 생명체임을 인정한 것'임을 알 수 있다.

> *생태주의: 생물의 살아가는 상태를 보존해야 한다는 생각.

▶ **정답의 근거** 위 '⑤가 정답인 이유' 참조

가장 많이 질문한 오답은? ④, ② 순

✗ **④가 오답인 이유** '앞부분의 줄거리'의 '나와 삼촌, 도라꾸 아저씨는 새끼를 거느린 어미 멧돼지와 리기다소나무 숲에서 마주치나 사냥에 실패한다.'와 ㉠ 앞의 "그란데 도라꾸 아저씨는 아까 왜 멧돼지를 안 죽였어여?"에서 '도라꾸 아저씨가 세 사람과 마주친 멧돼지를 죽이지 않은 것'을 알 수 있다. 그리고 〈보기〉의 '(도라꾸 아저씨는) 인간과 마찬가지로 자연 역시 동등한 가치를 지닌 존재라는 생태주의적 인식을 하게 된다.'에서 ④는 적절한 감상임을 알 수 있다.

✗ **②가 오답인 이유** ㉠ 아래에서 도라꾸 아저씨는 '헛된 공명심에 눈이 먼 적이 있어', '해수구제 해 달라고 부르'면 '가서 잡아 주면 영웅'이 되는 일을 즐겼다고 했다. 이로 보아 도라꾸 아저씨가 한때 멧돼지의 생명을 우습게 여겼다는 것과, 그와 같은 행동을 한 것은 '헛된 공명심' 때문이었다는 것을 알 수 있다. 그리고 ㉡ 위에서도 '공명심'에 이미 죽은 것이나 다름없는 어미 멧돼지를 쏘았다고 한 것에서 '멧돼지를 자신의 공명심을 드러내는 도구'로 여겼다는 것을 알 수 있다.

① 도라꾸 아저씨의 자연에 대한 인식이 변화된 것은 〈보기〉와 ㉡ 위의 도라꾸 아저씨의 말에서 알 수 있는데, 도라꾸 아저씨는 죽은 새끼들을 쫓아온 어미 멧돼지와 눈이 딱 마주친 순간 이미 죽었다는 걸 알면서도 공명심 때문에 총을 쏘았고, 그 후 '잘못했다'는 생각이 머릿속에서 떠나지 않았다고 했다. 이를 통해 죽은 새끼들을 쫓아온 어미 멧돼지와 시선을 마주한 것이 계기가 되어 자연에 대한 인식이 변화되었다는 것을 알 수 있다.

③ ㉡ 앞에서 '도라꾸 아저씨가 자신이 한 번 죽었다고 말한 것'은 '그때 쏴 죽인 것은 뭐냐'는 '나'의 질문에 대한 답이다. 즉, 도라꾸 아저씨는 이미 죽은 멧돼지를 쏜 것은 잘못된 행동이었음을 깨달았으므로 그때 쏴 죽인 것은 멧돼지가 아니라 자신이라고 한 것이고, 자신을 쏜 것이기 때문에 '나는 한 번 죽었다'라고 답한 것이다.

3일째 **매일 복습 확인 문제**는 4일째(p.39)에 포함하였습니다. 4일째를 공부한 후 꼭 챙겨 보세요.

정답   **01** ②   **02** ①   **03** ④   **04** ①   **05** ④   **06** ①
        07 ②   **08** ⑤   **09** ③

1~3 현대 소설

이기영, 「농부 정도룡」

- ● **제목의 의미** 중심인물(정도룡)과 그의 직업(농부)을 제목으로 삼은, 즉 직업이 농부인 정도룡이란 인물에 대한 이야기이다.

- ● **등장인물**
- ・ 정도룡: 불의를 참지 못하는 정의로운 인물로, 마을 사람들의 신뢰를 받는다.
- ・ 용쇠: 딸을 함부로 때리다가 정도룡에게 혼나고 분해하지만 맞서지 못하고 참는다.
- ・ 김 주사: 마을의 지주로, 춘이네가 소작하던 논을 하루아침에 일본인 고리대금업자에게 넘기는 등 자신의 이익을 위해 소작인들의 고통을 외면한다.
- ・ 춘이 조모: 김 주사의 소작인. 논을 떼이자 김 주사를 찾아가 사정하지만 소용이 없자 죽음을 선택한다.

- ● **작품 줄거리**
- ・ **지문 앞 내용:** 한낮의 불볕더위에 농민들은 바쁘게 모를 심는데, 논임자는 나무 그늘에서 부채질을 하면서 농부들의 농부가를 듣는다. 날품팔이를 하며 여기저기 떠돌다 고용된 집의 종과 결혼하여 이 마을에 사는 정도룡은 불의한 일을 보면 참지 않는다. 어느 날 용쇠가 딸을 심하게 때리는 것을 본 정도룡은 자신보다 약한 자를 학대하는 것같이 못난 것은 없다며 용쇠를 나무란다.
- ・ **지문의 '중략 부분의 줄거리' 앞 내용:** 부모라도 자식을 때릴 권리가 없다며 용쇠를 혼낸 일이 있은 후, 마을 사람들은 정도룡을 더욱 신뢰하였고 건넛마을 양반촌에서도 정도룡을 만만히 보지 못한다. 이에 마을 사람들은 정도룡의 말이라면 모두 복종하게 되는데, 그들의 형편은 양식이 떨어져 굶주리는 집이 있을 정도로 참 가련하다.
- ・ **지문의 '중략 부분의 줄거리' 내용:** 정도룡은 현실과 동떨어진 교육을 받는다며 아들 금석에게 학교를 그만두게 하고, 딸 금순에게는 현재의 가난한 처지를 감사하면서 살라고 한 예배당에 못 가게 한다. 한편 마을의 지주 김 주사는 자기와 합자하여 고리대금업을 하는 일본인에게 춘이네가 소작하던 논을 넘긴다. 그러자 소작논 닷 마지기로 간신히 끼니를 잇다가 하루아침에 논을 떼인 춘이 조모는 김 주사를 찾아간다.
- ・ **지문의 '중략 부분의 줄거리' 뒤 내용:** 춘이 조모는 김 주사에게 굶어 죽게 되었다며 사정하지만 막무가내인 김 주사의 행동에 체념하며 그의 집 대뜰에서 즉사한다. 마을 사람들은 이 소식을 듣고 모여들지만 김 주사의 포학한 행위를 욕하기만 할 뿐 그대로 돌아가려고 한다. 그러자 정도룡이 그들을 꾸짖고, 들에 있는 사람들까지 모두 불러 상여를 메고 김 주사가 사는 동리로 간다.

- ・ **지문에 이어지는 내용:** 정도룡은 마을 사람들을 지휘하여 장사를 지낸 후 춘이네에게 자신의 논을 주고 마을 사람들을 동원하여 모를 심어 준다. 그리고 김 주사를 찾아가 논을 달라고 요구하지만, 김 주사는 거절한다. 한편 아버지가 김 주사에게 간 것을 안 정도룡의 아들과 딸은 김 주사 같은 놈은 사람의 피를 빨아먹는 빈대라며 그를 죽일 생각을 한다. 하지만 김 주사가 사람을 보내 정도룡에게 논을 주겠다고 한다.

배경	일제 강점기인 1920년대의 시골

- ● **주제** 불의를 그냥 넘기지 않고 억울한 상황에 처한 이웃을 돕는 정도룡
- ★ **작품 전체의 주제:** 부정적 현실에 저항하는 삶의 자세

- ● **어휘 및 어구 풀이**
- ・ 수족(手足, 손 수·발 족): 손과 발.
- ・ 등분(等分): 등급의 구분. ※ 등분이 없을 게다.: 구분할 것이 없을 것이다. 똑같다.
- ・ 경외: 공경하면서 두려워함(畏, 두려워할 외).
- ・ 심지(心志): 마음에 품은 의지.
- ・ 감복: 감동하여 탄복함.
- ・ 근사한: 비슷한. 가깝고(인근) 유사한.
- ・ 기화: 어떤 목적을 이루는 데 이용할 수 있는 좋은 기회. ㉠ 핑계, 빌미
- ・ 정도령: 『정감록(鄭鑑錄)』에 나오는 가상의 인물로, 조선 왕조의 뒤를 이어 계룡산에 도읍을 정하고 8백년 왕국을 건설할 사람이라고 함.
- ・ 주사: 벼슬의 하나.
- ・ 일전(日前)에: 며칠 전에.
- ・ 보릿고개: 햇보리가 나올 때까지의 넘기 힘든 고개라는 뜻으로, 묵은 곡식은 거의 떨어지고 보리는 아직 여물지 않아 농촌의 식량 사정이 가장 어려운 때를 비유적으로 이르는 말. ㉠ 춘궁(기)
- ・ 명정(銘旌): 죽은 사람의 관직과 성씨 따위를 적은 기.
- ・ 개개: 성가실 정도로 달라붙어.
- ・ 됩다: '도리어'의 방언.
- ・ 변통(變通): (1) 형편과 경우에 따라서 일을 변화시켜 융통성 있게 잘 처리함. (2) 돈이나 물건 따위를 융통함.
- ・ 머주하니: 머쓱하게. 무안을 당하여 쑥스럽고 어색하게.
- ・ 돌쳐섰다: 돌아섰다.
- ・ 위선(爲先): 우선. 어떤 일에 앞서서.

- ● **서술상의 특징**
- ・ 시점: 전지적 작가 시점

✔ 작품 속 '서술' 부분에서 '나'가 등장하는가? →✕	3인칭
✔ 인물의 심리가 드러나 있는가? →○ ・용쇠는 그게 무슨 소리인지 다만 자기를 모욕하는 줄만 알았다. 그래 속으로는 분하였지마는 그대로 참고 들었다. ・용쇠가 이렇게 혼이 난 뒤에 동리 사람들은 더욱 정도룡을 두려워하였다. 등	관찰자 시점 ✕

- ・ 농촌 사회의 모습을 사실적으로 그려냄.
- ・ 대립적인 인물(정도룡 ↔ 김 주사)을 설정함.

01 서술상의 특징 파악
정답 ②

◎ **②가 정답인 이유** [A]에서는 김 주사가 쓴 감투*들을 열거(나열)하여 감투를 좋아하는 김 주사의 성격을 드러내고 있고, [B]에서는 여든다섯 살인 춘이 조모가 자신에게 애걸복걸*하다 죽었음에도 불구하고 '조금도 개의치 않고 하인을 명하여 송장을 문밖으로 끌어내게' 하는 행위를 제시하여 김 주사의 몰인정한 성격을 드러내고 있다. 따라서 ②는 [A]와 [B]에 대한 설명으로 적절하다.

> *감투: 직책이나 직위를 속되게 이르는 말. ㉮ 벼슬, 직책
> *애걸복걸: 애처롭게 빌고(구걸) 엎드려(굴복) 빎(구걸).

▶ **정답의 근거** 위 '②가 정답인 이유' 참조

가장 많이 질문한 오답은? ①

✗ **①이 오답인 이유** 정답에 답한 학생들이 많았지만, ①에 답해 틀린 경우도 제법 있었다. 하지만 [A]에서는 인물의 외양(얼굴 생김새나 옷차림 등)을 묘사(p.17 참조)한 부분이 없고, [B]에서도 배경을 묘사한 부분이 없다.

③ [B]에서는 춘이 조모가 죽은 상황에서도 개의치 않고 사건을 처리하는 김 주사의 행동을 통해 사건의 분위기를 드러내고 있다고 볼 수 있다. 하지만 [A]에서는 김 주사만 등장할 뿐 인물의 대립을 제시하고 있지 않다.

④ [A]와 [B] 모두 김 주사의 집에서 일어난 일로 공간의 이동이 드러나 있지 않고, 갈등이 심화되고 있지도 않다.

⑤ [A]와 [B] 모두 인물의 내적 독백은 나타나 있지 않다.

02 인물의 심리 파악
정답 ①

◎ **①이 정답인 이유** ㉠은 제비나 짐승이 새끼를 치는(기르는) 것을 배우라는 정도룡의 말을 듣고 용쇠가 '(자기를 모욕하는 줄만 알고) 속으로는 분하였지마는 그대로 참고 들었다.'는 것이다. 즉, ㉠에서 용쇠는 자기가 저지른 잘못(자식을 때린 것)에 대해 뉘우치고 있지 않으므로 ①은 적절하지 않다.

▶ **정답의 근거** ㉠과 그 앞의 내용

② ㉡은 '동리 사람들'이 '어른 아이 없이' 정도룡을 정도령같이 '믿으며 그의 말이라면 모두 복종하게 되었다.'는 부분이다. 따라서 ㉡에 '정도룡에 대한 동리 사람들의 신뢰감이 드러나 있다.'는 것은 적절한 설명이다.

③ ㉢은 '춘이 조모'가 소작*하던 논을 '일 년만 더 지어 먹게 해' 달라고 애걸복걸했으나 김 주사가 들어주지 않는 부분이다. 따라서 ㉢에 '지금까지 소작하던 논을 떼인 춘이 조모의 막막함이 드러나 있다.'는 것은 적절한 설명이다.

> *소작: 다른 사람의 농지를 빌려 농사를 짓는 일.

④ ㉣은 '춘이 조모'가 갑작스럽게 죽자 조모를 기다리던 '춘이 모자'가 '섧게 통곡'하는 부분이다. 따라서 ㉣에 '가족(춘이 조모)의 갑작스런 죽음에 대한 춘이 모자의 애통함(슬피 통곡함)이 드러나 있다.'는 것은 적절한 설명이다.

⑤ ㉤은 용쇠를 비롯하여 동리 사람들이 김 주사의 눈치를 보며 '춘이 조모'의 죽음을 외면하고 돌아서는 장면을 목격한 정도룡이 소리를 지르는 부분이다. 따라서 ㉤에 '자신의 일에만 관심을 갖는 사람들에 대한 정도룡의 분노가 드러나 있다.'는 것은 적절한 설명이다.

03 자료를 활용한 감상
정답 ④

◎ **④가 정답인 이유** '춘이네가 소작하던 논을 (김 주사가) 하루아침에 일본인 고리대금업자*에게 넘'김으로써 '춘이 조모'가 죽게 되었는데, 그럼에도 불구하고 김 주사는 개의치 않고 송장을 문밖으로 끌어내게 한다. 이와 같은 '김 주사의 포학한 행위'에도 불구하고 '김 주사 집 땅을 부치는 사람들'은 '눈치만 보'며 '꽁무니를 사리려 든다'. 이들은 〈보기〉의 '(김 주사와의) 현실적 이해관계* 때문에 불합리한 현실을 외면하는 사람들'의 모습을 보여 주는 것으로, 현실적 이해관계를 외면하지 못하는 사람들의 단면을 보여 주는 것이다. 즉, '김 주사 집 땅을 부치는 사람들'은 '현실을 외면'하는 것이지 '현실적 이해관계'를 외면'하는 것이 아니다.

> *고리대금업자: 고리대금을 직업으로 하는 사람.
> ※ 고리대금: (1) 이자가 비싼(고액) 돈(대금). (2) 비싼(고액) 이자를 받는 돈놀이(대금).
> *이해관계: 이익이나 손해를 끼칠 수 있는 관계. 여기서는 지주인 김 주사와 김 주사의 땅을 부치는 사람들이 이해관계에 있음.

▶ **정답의 근거** 위 '④가 정답인 이유' 참조

가장 많이 질문한 오답은? ⑤

✗ **⑤가 오답인 이유** ⑤에 답한 학생들이 아주 많았는데, 지문의 마지막 부분에서 정도룡은 '들에 있는 사람들을 모조리 불러들'여 '일 치를 순서를 분배'하는 등 '춘이 조모'의 장례를 '일일이 지휘'한다. 이와 같은 정도룡의 모습에서, 〈보기〉의 '불의를 참지 못하는 인물이,…올바른 삶의 가치를 실천하기 위해 노력'한다는 것을 알 수 있으므로 ⑤는 적절하다.

나머지 답지들이 오답인(적절한) 이유도 살펴보자.

① 정도룡은 자식을 때리는 '용쇠를 혼내 주듯', '무지한 남자와 부모의 횡포를 규탄'한다. 이와 같은 정도룡의 모습에서, 〈보기〉의 '올바른 삶의 가치'를 중시하는 인물의 태도를 알 수 있으므로 적절하다.

② '동리 사람들'은 '채 익지도 않은 풋보리를 베어다가 뿌얀 물을 짜내서 죽물을 끓여 먹는'다. 이와 같은 동리 사람들의 모습에서, 〈보기〉의 '일제 강점기 농촌'의 '궁핍한 소작농들의 삶'을 알 수 있으므로 적절하다.

③ '논을 떼면', '제집 식구는 모다 굶어 죽겠'다며 비는 '춘이 조모'에게 김 주사는 '내 땅은 내 말대로 언제든지 뗄 수 있지 않느냐'고 한다. 이와 같은 김 주사의 모습에서, 〈보기〉의 '궁핍한 소작농들'을 핍박하는 '지주의 부당한 행위'를 알 수 있으므로 적절하다.

송기숙, 「당제」

● **제목의 의미** '당제'는 마을을 지켜 주는 신(**당**산신, 동신)에게 마을의 안녕과 풍요를 기원하며 지내는 **제**사로, '중략 부분의 줄거리'에서 확인할 수 있듯이, '마을(이 소설의 공간적 배경인 감내골)이 수몰되기 전 지낸 마지막 당제'를 제목으로 삼은 것이다. 이 당제에서 한몰 영감은 아들의 안전을 지켜 달라고 기원했다는 점에서, 제목은 주제를 함축하는 중심 소재이다.

● **등장인물**
· 한몰댁(=할멈): 한몰 영감의 아내. 민속 신앙으로 남편과 아들이 각각 무사하다고 믿고 기다린다.
· 한몰 영감(=영감, 김진구): 일제 강점기 때 북해도 탄광에 징용으로 끌려갔다가 갱 사고가 났을 때 탈출하여 돌아온 후, 6·25 전쟁 때 의용군으로 나간 아들이 살아 있기를 기원한다.

● **작품 줄거리**
· **지문 앞 내용**: 해마다 섣달그믐날 저녁이면 감내골에서는 당제를 지낸다. 그런데 감내골에서 지내는 당제는 올해가 마지막이다. 댐 공사가 마무리되어 설을 쇠고 나면 감내골이 물속으로 가라앉게 되기 때문이다. 마지막 당제에서 한몰 영감은 남들이 꺼리는 제주(祭主, **제**사를 **주**도적으로 이끄는 사람)를 맡는다. 6·25 때 의용군에 나갔다 30여 년 동안 소식이 없는 아들을 위해서였다. 아들과 함께 갔다 돌아온 이웃 동네 친구는 아들이 지리산 전투에서 죽었다고 했으나 한몰댁은 믿지 않는다.
· **지문의 '중략 부분의 줄거리' 앞 내용**: 옛날 한몰 영감이 징용 갔을 때처럼 미륵바위 옆에 서 있는 아들을 꿈에서 보았다는 것이다. 한몰 영감은 일제 강점기 때 징용으로 끌려갔고, 갱이 무너지는 사고가 나, 사망 통지서와 함께 유골이 집에 전달되었지만, 한몰댁은 꿈에 나타난 미륵보살을 떠올리며 미륵보살이 남편을 지켜 줄 것이라고 했고, 결국 한몰 영감은 살아서 돌아왔던 것이다.
· **지문의 '중략 부분의 줄거리' 내용**: 한몰댁의 말을 듣고 한몰 영감도 아들이 죽지 않았다고 믿고 있었다. 마지막 당제까지 무사히 마친 후 한몰 영감은 혼자서 도깨비 밥을 둔 다리 밑으로 간다. 그리고 도깨비에게 아들 이야기를 한다. 아들은 틀림없이 살아 있고, 북쪽에 있을 것이고, 혹 간첩으로 뽑혀 내려올까 걱정이며, 한밤중에 간첩으로 왔다가 집을 못 찾아 기웃거리다 잡힐까도 걱정이고, 그래서 동네 사람들이 다 떠나도 한몰 영감 내외는 떠나지 않을 것이며, 혹 아들이 다른 길로 오게 되면 붙잡아서 우리 집에 데려다 달라고 부탁한다. 그리고 동네가 없어져도 혼자서 당제를 지낼 것이며 도깨비 밥도 챙기겠다고 약속하면서, 혹 북한에 가게 되면 아들에게 자신의 말을 전해 달라고 부탁한다.
· **지문의 '중략 부분의 줄거리' 뒤 내용**: 부모는 모두 잘 지내고 있으니 걱정하지 말고, 절대로 간첩으로는 내려오지 말라고 전해 달라는 것이다. 이듬해 봄부터 댐에 물이 차기 시작하여, 마을 전체가 물에 잠긴다. 이후 감내골로 통했던 길에는 큼직한 안내판이 자리하고, 그 옆에는 오두막집이 한 채 생긴다. 안내판에는 감내골이 없어졌고, 감내골에서 살던 부님이 부모 한몰 영감 내외가 이 집에서 산다고 적혀 있다.

배경	1970~80년대 전라도 감내골

● **주제** 아들의 안전을 기원하는 한몰 영감 내외
★ **작품 전체의 주제**: 민속 신앙을 통한 수난 극복 의지

● **어휘 및 어구 풀이**
· 함바: 건설 현장에 마련되어 있는 식당.
· 수라장: 큰 혼란에 빠진 곳. 또는 그런 상태. ㉠ 아수라장, 난장판
· 전시 동원령: **전**쟁이 벌어졌을 때(시간) 병력이나 물자를 **동원**하기 위하여 내리는 명령.
· 전시물자 수급: **전**쟁이 벌어졌을 때(시간) 필요한 물품이나 **자원**(전투 식량, 군복, 병기 등)의 **수요**와 **공급**.
· 의용군(義勇軍): **의**롭고 **용**기 있는 사람들이 모인 **군**대. ⋯ 국가나 사회의 위급 상황에서 민간인의 자발적 참여로 조직된 군대. 또는 그런 군대의 군인.
· 길속: 익숙해져 길난 일의 속내.
· 만당 간에: 만에 하나.
· 천행: 하늘(天, 하늘 **천**)이 내린 큰 **행**운.
· 쪼깐: '조금'의 방언(전남).
· 한나도: 하나도. 전혀.
· 표때기: '표'(일종의 '포스터')를 속되게 이르는 말.
· 지지이: 있는 사실대로 낱낱이 모두.
· 자맥질: 물속에서 팔다리를 놀리며 떴다 잠겼다 하는 짓.
· 잿길: 재(높은 산의 고개)에 난 길.
· 토방: 방문 앞에 조금 높이 편평하게 다진 흙바닥(토양). 여기에 쪽마루를 놓기도 함.
· 집터서리: 집의 바깥 언저리.
· 남새밭: 채소밭(채소를 심어 가꾸는 밭).
· 창의비: **의**병들의 충의정신을 기리는 **비**(비석).

● **서술상의 특징**
· 시점: 전지적 작가 시점

✔ 작품 속 '서술' 부분에서 '나'가 등장하는가? → X	3인칭
✔ 인물의 심리가 드러나 있는가? → ○ · 순간, 도망치자는 생각이 번개처럼 머리를 쳤다.~ 치부할 게 틀림없었다. (한몰 영감의 생각) · 그 순간 전날 밤 꿈에 나타난 미륵보살이 떠올랐다. (한몰댁의 생각) 등	관찰자 시점 X

· 전라도 방언을 활용함. ⋯ 생동감 부여

04 서술상의 특징 파악
정답 ①

○ ①이 정답인 이유 ㄱ~ㄹ이 이 글에 대한 설명으로 적절한지 지문에서 근거를 찾아 따져 보자.

ㄱ. '것맨키로(것처럼), 말인디(말인데), 쪼깐(조금), 거그서(거기서), 여그(여기), 지대로(제대로)' 등에서 방언(사투리)을 사용하고 있고, 이 방언들은 대화를 실감 나게 전달하고 있다. →○

ㄴ. 한몰 영감이 '왜정* 때 북해도 탄광에 징용으로 끌려간' 사건과 그 아들 부님이가 '6·25 때 의용군으로 나간' 사건은 '전쟁으로 인해 남성들이 집을 떠난다'는 점에서 반복되는 사건이라고 볼 수 있다. 그러나 이를 통해 인물 간의 갈등이 심화되고 있지는 않다. →✕

ㄷ. '중략 부분의 줄거리' 뒷부분에서, 댐의 풍경(산중턱까지 물이 찬 댐은~한가롭게 멈춰 있기도 했다.)과 한몰 영감 내외의 오두막집의 풍경(싸리나무 울타리가 가지런하고~메밀꽃이 따가운 햇살에 눈이 부실 지경이다.)을 묘사하여 배경을 선명하게 제시하고 있다. →○

ㄹ. '주인공이 서술자가 되어 자신의 경험을 서술'하는 것은 1인칭 주인공 시점인데, 이 글의 서술자는 주인공이 아니라 작품 밖에 있는 전지적 서술자이다. →✕

따라서 ㄱ, ㄷ을 묶은 ①이 정답이다.

> *왜정: 일본(倭, 왜나라 왜)이 조선을 침략하여 강제로 점령하고 다스리던 정치.

▶ **정답의 근거** 위 '①이 정답인 이유' 참조

가장 많이 질문한 오답은? ④

✕ **④가 오답인 이유** ④에 답한 학생들이 제법 있었는데, ㄴ과 ㄹ이 적절하지 않은 이유는 위 '①이 정답인 이유'와 지문 분석에 제시된 '서술상의 특징'을 참고하도록 한다.

05 인물의 내면 심리 추론
정답 ④

◉ **④가 정답인 이유** ㉠은 한몰 영감이 '탄광에 징용*으로 끌려갔을 때', '탄광에서 갱도*가 무너'졌고, 이때 '(한몰 영감이) 죽었다고 집에 사망 통지서까지' 왔으나, '죽지 않고 살아왔던' 일이다. 이때 한몰 영감이 살아 돌아올 수 있었던 것은 갱 속에 들어가지 않은 상황에서 도망쳐 왔기 때문인데, 한몰 영감은 '자기가 갱 속에 들어가지 않았다는 것은 십장*만 알고 있'었는데 십장도 '갱 속에 들어갔으므로' 자기가 도망치고 없으면 탄광 사람들은 자신이 '갱에서 죽은 걸로 치부*'할 것이라고 여겼으므로 ④는 '한몰 영감'이 회상했을 법한 내용으로 적절하다.

> *징용: 일제 강점기에, 일본 제국주의자들이 조선 사람을 강제로 동원하여(징발, 징수) 부리던(운용) 일.
> *갱도: 광산에서, 갱(굴) 안에 뚫어 놓은 길(도로).
> *십장: 열(십) 사람의 우두머리(대장). 일꾼들을 감독·지시하는 우두머리(대장).
> *치부: 마음속으로 그러하다고 여김.

▶ **정답의 근거** 위 '④가 정답인 이유' 참조

① '예사(보통) 때도 지나새나 궁리가 그 궁리였으므로 도망칠 길목은 웬만큼 어림잡고 있었다.'고 했으므로 한몰 영감은 낙반* 사고 이전에도 탈출을 감행할 생각을 했음을 알 수 있다.

> *낙반: 천장이나 벽의 암석(암반)이 떨어지는(추락) 것.

②, ③ '갱도가 붕괴되었을 때' 한몰 영감은 '갱 사정을 손바닥 보듯 알고 있'었던 터라 '그들(동료들)을 구출할 수 없다는 걸' 알고 '도망치자는 생각이 번개처럼 머리를 쳤'고, '도망치기에는 이보다 좋은 기회가 없을 것 같다'는 생각을 했다. 이 과정에서 한몰 영감이 '동료에 대한 의리 때문에 괴로워'하거나 '동료들을 구하려 노력'한 것은 찾아볼 수 없다.

⑤ '자기(한몰 영감)가 갱 속에 들어가지 않았다는 것은 십장만 알고 있는데'에서 십장은 한몰 영감이 갱도에 들어가지 않은 것을 알고 있었다는 것을 알 수 있다.

06 자료를 활용한 감상
정답 ①

◉ **①이 정답인 이유** 남편의 '사망 통지서와 함께 유골이 왔'지만 한몰댁은 "그이는 안 죽었소."라며 전날 밤 꿈에 나타난 미륵보살님이 틀림없이 남편을 지켜 주고 계실 거라 한다. 이를 통해 한몰댁은 남편이 살아 있다고 확신했다는 것을 알 수 있다.

하지만 한몰댁의 이와 같은 확신은 〈보기〉의 '초월적 세계*에 대한 믿음을 통해 현실의 문제들(남편의 사망 소식)을 해결해 가고자 하는' 모습을 보여 주는 것으로, 한몰댁의 확신은 초월적 세계에 대한 믿음 때문이지, '꿈'이 소망을 이루어 주어 초월적 세계를 구현한다는 믿음에서 비롯된 것이 아니다.

> *초월적 세계: 비현실적(현실에 존재하지 않는) 세계(공간). 신선계, 용궁 등. ⊕ 인간 세계

▶ **정답의 근거** 위 '①이 정답인 이유' 참조

가장 많이 질문한 오답은? ⑤, ④ 순

✕ **⑤가 오답인 이유** 정답보다 ⑤에 답한 학생들이 훨씬 많았다. 그런데 '한몰 영감' 부부가 '안내판'을 세운 것은 아들이 살아 있다고 믿고 있기 때문이고, 이와 같은 믿음은 〈보기〉의 '초월적 세계에 대한 믿음을 통해 현실의 문제들을 해결해 가고자 하는' 모습을 보여 주는 것이고, 그것이 '그들의 삶을 지탱하고 있음을 보여 주는 것'(⑤)으로 볼 수 있다.

✕ **④가 오답인 이유** ⑤에 답한 학생들보다는 적었지만, ④에 답한 학생들도 많았다. 그런데 '중략 부분의 줄거리'에서 '산업화에 의한 댐 건설로 마을(감내골)이 수몰'된 것을 알 수 있고, 〈보기〉에서 "당제는~산업화를 겪은 농촌을 배경으로 한몰 영감 내외와 마을 사람들이 경험한 아픔을 보여 준다.'라고 한 것으로 보아, ④는 적절하다.

② '한몰댁'은 남편의 사망 소식(수난)에 '미륵바위'를 찾아 '더 정성스레 치성(정성을 다함.)을 드'린다. 이는 〈보기〉의 '초월적 세계에 대한 믿음을 통해 현실의 문제들을 해결해 가고자 하는' 모습으로 볼 수 있다.

③ '중략 부분의 줄거리'에서 한몰 영감은 '마지막 당제가 끝나고', '혼자 남아 도깨비들에게 아들의 안전을 지켜 달라고 부탁한다.'고 했다. 이는 〈보기〉의 '현실의 삶이 초월적 세계와의 교류를 통해 지탱되고 이어져 감을 보여 주'는 것으로 볼 수 있다.

김원일, 「연(鳶)」

- **제목의 의미** 제목 '연'의 의미는 아버지의 말 "사람은 어데 갈 목적이 없어도 어떤 때는 연맨크로 그냥 멀리로 떠나 댕기고 싶은 꿈이 있는 기라."(ⓒ 앞)에 잘 나타나 있다. 곧 이 소설의 제목이자 중심 소재인 '연'은 이상을 동경하는 인간의 마음 및 아버지의 떠돌이 삶을 비유적으로 형상화한 것이면서, 할아버지와 아버지, 그리고 '나'를 이어 주는 역할을 한다.

  ☞ '기출 답지로 작품과 문제 완전 정복' 및 9번 문제 참고

- **등장인물**
- 아버지: 일정한 직업 없이 일 년 중 아홉 달은 집을 떠나 어디론가 떠돌아다니고, 집에 머물 때면 낚시를 하거나 연을 만든다.
- 나(정일우): 서술자. 고생하시는 어머니가 안타까워 아버지를 원망하기도 한다.
- 엄마: 생계 능력이 없는 아버지를 대신하여 장터를 떠돌며 어물 장사를 한다. 아버지에 대한 원망과 애정의 감정을 모두 가지고 있다.

- **작품 줄거리**
- **지문 앞 내용:** 초등학교 4학년 때 겨울, 방패연을 만들면서 아버지가 나에게 할아버지 이야기를 들려 주었다. 할아버지는 역마살이 있어 방물장수로 떠돌아다니다가 어느 겨울 눈밭에서 객사했고, 가끔 집에 머물 때면 아버지에게 큰 방패연을 만들어 주면서 당신이 보고 싶으면 연을 날리라고 하여, 아버지는 어릴 때 연을 날리며 연처럼 멀리 떠다니는 할아버지를 그리워했고, 내 나이 때는 연싸움을 하다가 끊어진 연을 찾으러 높은 산으로 올라갔는데, 그때 내려다본 산 아래의 모습에 탄복하여 닷새 동안 이 마을 저 마을 돌아다니다 집으로 돌아왔다고 했다. 중2 때 장마가 시작될 무렵 엄마가 장에서 돌아오기를 기다리다 배가 고파 외상으로 라면을 사 와 누이(순희)와 먹는데, 두 달 전에 집을 나갔던 아버지가 지팡이를 짚고 돌아온다. 어제 시장에 가 아직도 오지 않은 엄마를 기다리며, 아버지는 누나 소식을 묻는다. 19세인 누나는 작년 봄에 상경하여 공장에서 일하는데, 매달 편지와 돈을 부쳐 온다. 아버지는 선량해 보이는 선비의 풍모를 지녀 이웃 사람들은 아버지를 정 도사라 부르는 한편, 말수가 적고 생각이 많아 아버지의 친구는 다른 세상의 일만 하는 몽상가라고 하기도 했다.
- **지문의 '중략 부분의 줄거리' 앞 내용:** 2년 전 봄까지 우리는 읍내의 장터 부근에 살았는데, 새마을 도로 확장으로 집이 헐리자, 아버지가 엄마를 졸라 주남 저수지 근처로 이사를 왔다. 엄마는 이사를 하면 아버지가 집에 오래 붙어 있을 줄 알았으나, 아버지는 보름이 못 돼 또 집을 나갔고, 어디서 무엇을 하는지는 알 수 없었다. 두 달 뒤 여름이 끝날 무렵 다시 돌아온 아버지는 방패연을 만들면서, 사람은 목적지가 없어도 연처럼 그냥 여기저기 다니고 싶은 꿈이 있다고 말하며, 자신은 떠돌아다니는 팔자를 타고났나 보다고 한다.

- **지문의 '중략 부분의 줄거리' 내용:** 아버지와 나, 그리고 순희까지 낚시꾼들에게 방패연을 팔지만 연은 거의 팔리지 않는다. 아버지는 또 두 달을 못 채워 들판의 벼들을 거두어들일 무렵 집을 떠났다. 그해 세모(한 해가 끝날 무렵)가 임박하여 돌아온 아버지가 또 연을 만들기 시작하자, 엄마는 한숨을 쉬며 아버지를 원망했으나 아버지가 연을 만드는 데 방해하지는 않았다. 훌쩍 또 집을 나갔던 아버지는 장마가 시작된 여름밤에 다시 돌아온다. 번개가 치고 전기까지 나가자, 엄마의 귀가가 걱정된 나는 올 봄 누나가 사 준 자전거를 끌고 마중을 나간다. 나는 버스비를 아끼기 위해 십 리 길을 걸어오던 엄마를 만나 아버지가 지팡이를 짚고 돌아오셨다는 소식을 전한다.
- **지문의 '중략 부분의 줄거리' 뒤 내용:** 엄마는 깜짝 놀라 아버지가 어디 다치셨냐고 묻고, 아버지를 빨리 만나고 싶은지 다른 날과 달리 자전거에 올라타고는, 아버지에 대한 원망을 드러낸다. 나와 엄마는 모두 아버지에 대한 원망의 감정을 가지고 있는데, 엄마의 원망은 시간이 흐르면 애정으로 바뀌어 아버지를 그리워하는 것이 나와 달랐다.
- **지문에 이어지는 내용:** 집에 도착한 엄마는 아버지에게 아픈 곳을 묻고 아버지는 사흘 전부터 하혈을 해 먹지를 못한다고 한다. 건넌방에서 순희와 나는 수수께끼 같은 아버지에 대한 이야기를 하다가 순희는 잠이 들고 나는 보고 싶은 누나 생각을 한다. 안방에서는 엄마가 아버지에게 떠돌아다니는 이유를 묻지만 아버지는 자세한 이야기를 하시지 않는다. 그해 추석 때 아버지는 이틀을 쉬고 상경하는 누나를 배웅하러 나갔다가 끝내 집으로 돌아오지 않았다. 초겨울에 아버지가 전라남도 땅 끝 진도에서 위암으로 별세했다는 전보가 날아온다. 방학이라 나도 아버지의 시신을 찾으러 엄마를 따라나섰다. 엄마는 보건소 시체실에 안치되어 있던 아버지의 시신을 화장한 다음, 목포가 가까울 즈음 싸 온 뼈를 바다에 흩뿌린다. 그리고는 뼈를 싸 온 보자기에 얼굴을 묻고 이제 누굴 믿고 살아야 하냐며 오열했다.

- **주제**
- '중략' 앞 내용: 연을 닮은, 떠돌이의 삶을 사는 아버지
- '중략' 뒤 내용: 떠돌이의 삶을 사는 아버지에 대한 아내(엄마)와 아들(나)의 감정 차이

★ **작품 전체의 주제:** 역마살을 지닌 인간의 삶과 운명

- **어휘 및 어구 풀이**
- 밭떼기: 얼마 안 되는 자그마한 밭.
- 두렁: 두덕. 논이나 밭 가장자리에 경계를 표시하기 위해 두두룩하게 흙을 쌓아 만든 것.
- 소일(消日): 매일 하는 일 없이 시간을 보냄(소모함).
- 이태: 두 해(2년). · 근동: 가까운(근처) 이웃 동네.
- 어물 장사: 생선 장사. · 찬값: 반찬값.
- 주남 저수지: 경남 창원에 있음. 공간적 배경을 알게 함.
- 떡밥: 낚시 미끼의 하나.
- 발동이 걸렸다: 어떤 일을 할 태세를 갖췄다.

- 행려: 나그네가 되어 돌아다님. 또는 그런 사람.
- 댓개비: 대를 쪼개 가늘고 길게 깎은 조각.
- 뇌성: 천둥소리.
- 처자슥: 처자식. 아내(**처**)와 **자식**.
- 안죽: '아직'의 방언.
- 객사: 객지(집을 멀리 떠나 있는 곳)에서의 죽음(**사망**).

● **서술상의 특징**
- 시점: 1인칭 관찰자 시점('나'의 시각에서 중심인물인 아버지에 대해 서술하고 있음).

✔ 작품 속 '서술' 부분에서 '나'가 등장하는가? → ○	1인칭
✔ 인물(주인공: 아버지)의 심리가 드러나 있는가? → ✕	관찰자 시 점

- '연'이라는 상징적 소재와 인물의 행위(할아버지와 아버지의 떠돌이 삶)를 연결하여 서술하고 있다. ※지문에서 추론할 수 있는 '연'의 상징적 의미는 아래와 같다. 작품 전체에서 '연'이 지니는 상징적 의미는 '기출 답지로 작품과 문제 완전 정복'을 참조할 것.

'연'의 상징적 의미	근거
자유로움 (중심인물이 추구하는 바)	사람은 어데 갈 목적이 읎어도 어떤 때는 연맨크로 그냥 멀리로 떠나 댕기고 싶은 꿈이 있는 기라.
떠돌이 삶 (중심인물의 삶)	
그리움 (아버지에 대한 그리움)	돌아가신 할아부지 생각이 나서 맹글어예?

★ **기출 답지로 작품과 문제 완전 정복**

- 〈보기〉와 같이 '연'이 제시된 장면을 정리하여 '연'의 의미와 기능에 관해 심화 학습을 전개하였다. 〈보기〉에 대한 해석으로 적절하지 <u>않은</u> 것은?

> **보기**
> - "내 나이 열네 살 때 돌아가신 니 할부지는 젊은 한 시절을 방물장사로 떠돌아댕겼제. 부산서 물건을 받아다가 그걸 다 팔 동안 달포나 집을 비웠다 돌아오면 한 이틀이나 사나흘 정도 집에서 머물곤 했지러. 겨울철이면 집에 쉴 동안 내게 꼭 큰 방패연을 만들어 줬제. 그 연줄이 감긴 자새와 연을 내게 쥐어주고 집을 나설 때, 섭섭해 울라가는 나를 보고 아부지는 노상 이런 말씀을 하셨능기라. 아부지가 보고 싶으모 이 연을 훨훨 띄아라, 저 하늘 높이 연이 나르는 곳이 바로 아부지가 기시는 곳이거덩, 하고 말이다."
> - 어느 일요일, 아버지는 열 개 남짓한 방패연에 일 미터쯤 실을 달아 그것을 들고 주남 저수지로 나갔다. 나도 아버지를 뒤따랐다. 아버지는 그 연들을 여각 앞 공터에다 늘어놓았다. 아버지는 큰 연은 삼백 원, 작은 연은 이백 원에 팔았다. 방죽 길을 걸으며 아버지가 허탈한 목소리로 내게 말했다. "맨들긴 내가 맨들 테니 일요일에 팔기는 니가 팔아라." 다음 일요일에 순희('나'의 동생)와 나는 스무 개의 연을 들고 못가로 나갔지만 판 연은 겨우 네 개에 불과했다. 그때도 아버지는 집에 머문 지 두 달을 못 채워 또 집을 떠나고 말았다. 아버지는 그해도 저문, 세모가 임박하여 예의 초라한 꼴로 집으로 돌아왔다. 그러고는 또 연을 만들기 시작했다.

① '연'은 얽매이지 않고 살고자 하는 아버지의 삶의 태도를 나타낸다.
② '연'은 할아버지를 그리워하는 아버지의 애틋한 심정을 드러낸다.
③ '연'은 세상을 유연하게 살아가고자 하는 아버지의 삶의 방식을 드러낸다.
④ '연'이 하늘을 떠돌아다니는 속성은 할아버지, 아버지의 방랑하는 삶과도 밀접하게 연관된다.
⑤ '연(鳶)'은 할아버지와 아버지, '나'에 이르기까지 삼대에 걸친 '연(緣, 인연)'의 연결 고리라는 의미를 지닌다.

답 ③ - 2005학년도 4월 고3 전국연합학력평가

---

07 서술상의 특징 파악　　　　정답 ②

○ **②가 정답인 이유** 이 작품의 서술자는 '나'로, '나'는 작품 속 등장인물이므로 '사건을 체험한 서술자'에 해당한다. 그리고 서술자 '나'는 주로 아버지의 삶에 대해 전달하고 있으면서, 다음과 같이 아버지(중심인물)와 관련된 자신의 생각을 서술하고 있으므로 ②가 정답이다.

> - 부산과 마산의 낚시꾼들이 떡밥은 물론 술이며 안주 접시까지 심부름시키는 데 아버지는 더 참아낼 수 없었던 것이다.
> - 아버지가 쓸데없이 비유까지 곁들여 말했다.
> - <u>그럴 적마다 아버지에 대한 원망 또한 반사적으로 감정을 자극했다. 아버지에 대한 원망 섞인 감정은 증오라기보다 썰물이 되어 당신을 내 옆에서 멀리로 밀어내는 작용을 했다.</u>

▶ **정답의 근거** 위 '②가 정답인 이유'의 ☐☐☐ 부분

가장 많이 질문한 오답은? ④

✕ **④가 오답인 이유** 서술자가 '작품 밖'에 있다면 3인칭 시점으로, 작품 속 '서술' 부분에서 '나'가 등장하지 않아야 한다. 그런데 '내가 어릴 때, 내가 물었다, 나는 엄마를 생각했다, 나는 몸이 오그라드는 듯한, …' 등 작품 곳곳에 '나'가 등장하므로 이 작품은 1인칭 시점에 해당한다. 그리고 중심인물을 아버지로 보든 엄마로 보든 그들의 내적 갈등이 해소되는 과정을 서술한 부분은 찾아볼 수 없다.

① 장면마다 다른 서술자를 설정하고 있지 않다. 서술자는 처음부터 끝까지 '나'이다.
③ 외부 이야기와 내부 이야기로 구분되어 있지 않으므로 외부 이야기에서 내부 이야기로 장면을 전환하고 있지도 않다.
⑤ 이 글은 다음과 같이 사건을 <u>시간적인 순서에 따라 제시</u>하고 있다. '동시에 일어나는 두 개의 사건을 병렬적(p.18 참조)으로 배치'하고 있지 않고, '긴장감을 조성'하고 있지도 않다.

> **[시간적 순서에 따른 사건 전개]** 이태 전 봄에 주남 저수지로 이사하게 됨. → 주남 저수지 쪽으로 이사 온 지 보름을 채 못 넘기고 아버지가 집을 나감. → 여름이 끝날 무렵에 돌아온 아버지가 연을 만들어 팖. → 연이 잘 팔리지 않는 상황에서 아버지가 집을 나감. → 장마가 시작된 여름밤에 아버지가 다시 돌아옴. → '나'가 어머니를 마중 나가 아버지의 귀가를 알림.

08 대화에 나타난 인물의 생각, 태도의 이해 　　정답 ⑤

◎ ⑤가 정답인 이유 ⑩은 장사 갔다 돌아오는 엄마를 마중 나간 '나'가 엄마에게 한 말로, '퍼뜩'(얼른, 빨리)으로 보아 '어머니를 빨리 모셔 가려는', '나'의 의도가 담겨 있다. 하지만 '아버지의 끼니를 염려하는 마음'은 담겨 있지 않다. 그 근거는 ⑩ 앞의 "(아부지는) 읍내서 (저녁밥을) 묵고 왔다 캅디더."에서 찾을 수 있다.

▶ 정답의 근거 위 '⑤가 정답인 이유'에서 밑줄 친 부분

가장 많이 질문한 오답은? ③

✗ ③이 오답인 이유 ③에 답한 학생들이 제법 많았다. 하지만 ⓒ은 연을 만드는 이유를 묻는 '나'에게 아버지가 한 말로, 아버지는 꿈도 없이 일만 하는 사람들을 '개미'에 빗대어 '사람은 개미가 아니'기 때문에 꿈도 없이 일만 해서는 안 된다는 생각을 드러내고 있다. 즉, ⓒ에는 생계를 위한 경제적 활동에 얽매여 개미처럼 일만 하는 사람이 되고 싶지 않은 아버지의 삶의 태도가 담겨 있다.

① ⊙은 철새 도래지인 주남 저수지 근처로 이사 가자는 아버지의 말에 엄마가 한 말로, 뒤의 '엄마는 말도 되잖은 소리란 듯 한숨을 내쉬며 돌아앉고 말았다.'로 보아, ⊙에는 가족의 생계를 책임지지 않고 '새 구경'이나 하려고 저수지 근처로 이사 가자는 아버지의 제안을 못마땅해 하는 어머니의 푸념이 담겨 있다는 것을 알 수 있다.

② ⓛ은 겨울도 아닌데 많은 연을 만드는 이유를 아버지에게 묻는 '나'의 말로, '겨울도 아인데(아닌데)'(여름이 끝날 무렵임.)에서 '나'는 아버지의 행동을 '뜬금없다(갑작스럽고도 엉뚱하다)'고 생각하고 의아해 한다는 것을 알 수 있다.

④ ⓔ은 어머니가 자식들('나'와 동생)을 걱정해 '나'에게 한 말로, '양석(쌀) 떨어졌을 낀데(텐데)'에서 어려운 가정 형편임을, '너그들(너희들) 저녁밥은 우쨌노(어떻게 했니)?'에서 자식들이 저녁밥을 굶었을까 걱정하는 어머니의 애정을 엿볼 수 있다.

09 자료를 활용한 감상 　　정답 ③

◎ ③이 정답인 이유 아버지가 역마살(p.53 참조)로 인해 무능했던 것은 〈보기〉의 '역마살을 타고나 여기저기 떠돌아다니는 아버지의 삶'으로 인해 '생계를 책임진~어머니의 삶'과, 지문의 '일 년을 따져 평균 아홉 달은 집을 떠나 어디론가 떠돌아다'닌 아버지와 '근동 장터를 떠돌며 어물 장사'를 한 어머니를 통해 확인할 수 있다. 그런데 아버지가 '내 같은 사람이 쓸모없이 보일란지 몰라도'라고 한 것은, 바로 앞의 '그 사람들(돈 벌라고 밤낮으로 일만 하는 사람)이 보모'로 보아, '돈 벌려고 밤낮으로 일만 하는 사람'들이 아버지를 쓸모없이 볼지도 모른다는 것이고, 아버지가 역마살로 인해 떠돌아다니는 자신의 삶을 후회한다고 볼 수 있는 대목은 지문 어디에서도 찾을 수 없다.

▶ 정답의 근거 위 '③이 정답인 이유' 참조

✗ ④가 오답인 이유 ④에 답한 학생들이 아주 많았는데, 엄마의 "쯧쯧, 그래도 숨질이 붙었으몬 더러 처자슥은 보고 싶은지 집구석이라고 찾아드니……."는 아버지가 떠돌아다니다가 더러 처자식이 보고 싶은지 집으로 돌아온다는 것이다. 〈보기〉의 "'연'은 바람이 부는 대로 하늘을 날아다니지만 연줄로 '얼레(연줄을 감는 데 쓰는 기구)'에 매여 있어 지상으로 돌아올 수밖에 없다.'와 연결해 해석할 때, 어머니는 '연'과 같이 떠돌아다니는 아버지에게 '얼레'와 같은 역할을 하는 가족들(처자식)이 있어 아버지가 집으로 돌아온다고 생각하고 있음을 알 수 있다.

✗ ⑤가 오답인 이유 ④ 다음으로 ⑤에 답한 학생들이 많았다. 그런데 지문의 끝 부분 '다만 순환의 법칙을 좇아 한때의 미움도 시간이 흐르면 연민으로 녹아, 끝내 밀물이 되어 엄마 여윈 마음을 다시 채워 주리란 점만이 다를 뿐이었다.'를 〈보기〉의 '아버지에 대한 원망과 애정을 안고 살아가는 어머니의 삶'과 연결하여 해석할 때, '나'는 아버지에 대한 어머니의 미움(원망)의 감정이 '순환의 법칙을 좇아' 결국 애정(…밀물)으로 바뀐다고 인식하고 있다는 것을 알 수 있다.

① '엄마는 근동(근처) 장터를 떠돌며 어물 장사를 했고'와 〈보기〉의 '생계를 책임진 채…살아가는 어머니의 삶'을 연결해 해석할 때, '장터를 떠돌며 어물 장사'를 한 것에서 어머니가 가족의 생계를 떠안고 살았다는 것을 알 수 있다.

② 아버지의 "사람은 어데 갈 목적이 읎어도 어떤 때는 연맨크로(연처럼) 그냥 멀리로 떠나 댕기고(다니고) 싶은 꿈이 있는 기라."와 〈보기〉의 '이 작품은 역마살을 타고나 여기저기 떠돌아다니는 아버지의 삶…을 그리고 있다.'를 연결해 해석할 때, 아버지가 하늘을 나는 연처럼 자유롭게 떠돌며 살기를 원한다는 것을 알 수 있다.

✔ 매일 복습 확인 문제

1 다음 설명이 적절하면 ○, 그렇지 않으면 ×로 표시하시오.

(1) 소설에서 장면에 따라 서술자를 달리하면 인물을 입체적으로 조명할 수 있다. ……………………(　)

(2) '김 주사는 조금도 개의치 않고 하인을 명하여 송장을 문밖으로 끌어내게 하였다. 그리고 송장 찾아가라고 춘이 집으로 전갈을 시키고 일변 구장을 불러서 경찰서로 보고하게 하였다.'에서는 행위 제시를 통해 인물의 성격을 드러내고 있다. ……………………………(　)

(3) 김원일의 「연(鳶)」에서 '연'은 세상을 돌아다니며 열심히 살고자 하는 아버지의 삶의 방식을 상징한다. …(　)

2 밑줄 친 어휘의 의미와 가까운 것을 [ ]에서 고르시오.

(1) 유대감이 반감되다. 　　　[㉮ 반항, ㉯ 감소]

(2) 냉소적 태도가 약화되다. 　[㉮ 조소, ㉯ 폭소]

(3) 갱에서 죽은 걸로 치부하다. 　[㉮ 치환, ㉯ 취급]

정답 1. (1) ○ (2) ○ (3) × 2. (1) ㉯ (2) ㉮ (3) ㉯

정답	01 ⑤	02 ①	03 ⑤	04 ④	05 ③	06 ④
	07 ③	08 ②	09 ④	10 ③	11 ③	

1~4 현대 소설

김유정, 「봄·봄」

● **제목의 의미** 작품을 읽기 전 제목의 의미를 새기면 소설의 배경이 '봄'일 것으로 짐작할 수 있다. 그런데 '봄'이 2번 반복되고 있는 것에 주목해 작품을 읽으면 제목과 관련이 깊은 부분을 만나게 된다.

> 그 전날, 왜 내가 새고개 맞은 봉우리 화전밭을 혼자 갈고 있지 않았느냐. 밭 가생이로 돌 적마다 야릇한 꽃내가 물컥물컥 코를 찌르고 머리 우에서 벌들은 가끔 붕, 붕, 소리를 친다. 바위틈에서 샘물 소리밖에 안 들리는 산골짜기니까 맑은 하늘의 봄볕은 이불 속같이 따스하고 꼭 꿈꾸는 것 같다. 나는 몸이 나른하고 몸살(을 아직 모르지만 병)이 날랴구 그러는지 가슴이 울렁울렁하고 이랬다.

위 내용은 지문의 앞에 전개된 내용으로, '나'가 봄기운과 함께 이성에 대한 그리움의 감정을 느끼는 부분이다. 이 부분을 통해 볼 때 제목 '봄·봄'은 단순히 계절적 배경인 '봄'만을 의미하는 것이 아니라, 사춘기의 감정을 드러내는 남녀 주인공을 의미하는 것으로 볼 수 있다.

● **등장인물**
· 나: 작중 화자로, 어리석고 순진하여 점순이와 혼인시켜 준다는 말을 믿고 거의 4년 동안 돈 한 푼 받지 않고 점순네서 머슴살이를 하고 있다.
· 점순: 16세. 적극적이고 당돌한 성격으로, '나'를 충동질해 빨리 혼인을 하고 싶어 하나 '나'와 '장인(점순의 아버지)'이 싸울 때에는 '장인' 편을 든다.
· 장인(=빙장, 봉필): 교활하고 욕을 잘하고 다혈질인 점순의 아버지로, 혼인을 핑계로 '나'에게 일만 시킨다.
· 구장: '나'의 딱한 처지를 동정하지만, 마름[지주(토지 주인) 대신에 소작지를 관리하는 사람]인 장인의 눈치를 보며 장인 편을 들어 '나'를 설득한다.
· 뭉태: '나'의 친구로, 구장이 '나'를 설득한 이유가 장인에게 땅을 얻어 부치는 소작인이기 때문이라는 것과 장인은 교활한 사람이라는 것을 '나'에게 알려 준다.

● **작품 줄거리**
· **지문 앞 내용**: **3년 7개월 전**, '나'는 점순이네 집에 데릴사위로 들어온다. 점순이와 혼인시켜 준다는 장인의 말을 믿고 '나'는 지금까지 사경 한 푼 안 받고 머슴살이를 하고 있다. 장인에게 약속대로 성례를 시켜 달라고 하면, 장인은 점순이의 키가 미처 자라지 않아서 성례를 시켜 줄 수 없다고 한다.
어제 오전, '나'는 꾀병을 부렸다가 장인에게 **뺨**을 맞는다. 그러나 장인은 농번기임을 생각하여 올 가을에 벼

가 잘 되면 성례를 시켜 주겠다고 회유하는데, '나'는 구장에게 점순과의 혼례에 대해 판단을 맡기자고 강하게 요구한다. 사실 '나'가 어제 꾀병을 부린 것은 **그저께**, 봄기운에 춘정을 느끼고 있는 '나'에게 점순이가 밤낮 일만 할 거냐며, 성례를 시켜 달라 하라고 충동질을 했기 때문이다.
· **지문 내용**: **어제 낮**, 우리(장인과 '나')가 구장을 찾아갔을 때 구장은 '나'의 하소연을 듣고 장인에게 얼른 성례를 시켜 주라고 하지만, 소작인의 처지인 구장은 장인의 눈치를 보며 '나'를 설득한다. 농사가 한창 바쁠 때 일을 안 하고 달아나면 징역을 간다고도 하고, 장인이 올 가을에는 성례를 시켜 주겠다고 했다고 회유하며 일을 하러 갈 것을 권한다. 그래서 '나'는 도로 논으로 가서 일을 하고 **오늘 아침**까지 조용히 있었다.
· **지문에 이어지는 내용**: **어젯밤**, 뭉태네 집에 놀러간 '나'는 낮에 구장 앞에서 장인과 싸운 것을 빈정거리는 뭉태로부터 장인이 사위 부자로 이름 난 사연을 듣게 된다. 뭉태는 '나'도 데릴사위로 밤낮 일만 하다가 결국에는 점순이와 성례를 못 할 거라며 장가를 들여 달라고 떼를 쓰고 나자빠지라고 한다. 하지만, '나'는 뭉태의 말을 건성으로 듣는다.

그런데 **오늘 아침**, 점순이가 구장에게 갔다가 그냥 온 것에 불만하며 '나'에게 병신이라고 하자, 점순이가 병신으로 본다면 차라리 죽는 것이 낫다는 생각에 일터로 가려다 말고 급체(관격)했다며 드러눕는다. 이를 본 장인은 징역 간다고 겁을 주며 지게막대기로 배를 찌르고 발길로 옆구리를 차기까지 했다. 그때 '나'는 점순이가 우리를 엿보고 있다는 것을 알아차리고, 가만히 있으면 진짜 바보로 알 것 같아 장인의 수염을 잡아챘다. 약이 바짝 오른 장인과 나는 서로 격렬하게 몸싸움을 하는데, '나'가 장인의 바짓가랑이를 잡고 늘어지자 장인은 고통스러워하며 점순이를 부른다. 장인이 부르는 소리에 달려온 점순이는 '나'의 편을 들어 줄 줄 알았는데 장인의 편을 들고, 이에 '나'는 충격을 받는다. 그리고 장인한테는 머리가 터지도록 매를 얻어맞는데, 그럼에도 불구하고 올 가을에는 성례를 시켜 주겠다며 다시 회유하는 장인의 말에 '나'는 다시는 안 그러겠다며 지게를 지고 일터로 간다.

● **주제** 성례에 관한 판단을 맡기러 구장에게 갔다가 설득당하고 돌아오는 '나'
★ **작품 전체의 주제**: 성례를 둘러싼 교활한 장인과 어수룩한 '나' 사이의 해학적 갈등

● **어휘 및 어구 풀이**
· 웃쇰: 입술 위쪽에 난 수염. · 집웅: 지붕.
· 츰: '처음'의 방언. · 달겨들다가: 달려들다가.
· 빙장: 다른 사람의 장인(丈人)을 이르는 말.
· 말조짐: 말조심. · 듣드니: 듣더니.
· 성렐: 성례(혼인의 예식을 치르는 것)를.

- 삿대질: 말다툼을 할 때에, 주먹이나 손가락 따위를 상대편 얼굴 쪽으로 내지르는 것.
- 사경: 새경. 머슴이 주인에게서 한 해 동안 일한 대가로 받는 돈이나 물건.
- 쟁그러웠다: 쟁글쟁글하였다(미운 사람이 잘못되거나 하여 몹시 고소하였다).
- 귀정(歸正)을 얻지: 사물을 옳은 길로 돌려세워(정의 쪽으로 복귀시켜) 끝을 짓지.
- 얼어 부치니까: 소작하니까(농토를 갖지 못해 일정한 소작료를 지급하며 다른 사람의 농지를 빌려 농사를 지으니까).
- 정장(呈狀): 소장(訴狀)을 관청에 냄. *소장(訴狀): 고소장, 소송장.
- 들쓰고: 책임이나 허물 따위를 억지로 넘겨 맡고.
- 늦일 걸 염려지만: 늦을 걸 염려하지만.
- 올 갈: 올해 가을.
- 고마울 겐가: 고마운 겐가(것인가).
- 아츰: '아침'의 방언.
- 작인: 소작인. 다른 사람의 농지를 빌려 농사를 짓고 그 대가로 사용료를 지급하는 사람.
- 뚜들기다: 두들기다. ・논지(論之)면: 말하자면.

● **서술상의 특징**
- 시점: 1인칭 주인공 시점

✔ 작품 속 '서술' 부분에서 '나'가 등장하는가? → ○	1인칭
✔ 인물(주인공): 나의 심리가 드러나 있는가? → ○ ・내 짐작대로 말했다. ・그 꼴이 보기에 퍽 쟁그러웠다. 등	관찰자 시 점 ✕

- 어수룩한 '나'의 서술이 해학성을 유발하고 있다.
- 비속어와 방언을 사용하여 현장감을 느낄 수 있다.
  → 쌍년의 자식(비속어), 은제 자라지유・어떻게 앨 낳지유 등(방언)
- 역순행적 구성(작품 전체): 과거와 현재가 교차되고 있다.
- ● **지문 밖 정보** 이 소설의 배경이 되는 1930년대의 농촌 현실은 자기 농토가 없이 지주의 땅을 빌려서 농사를 짓는 소작인이 대부분이었다. 농민들은 1년 농사의 반 이상을 지주들에게 고스란히 바쳐야 했다. 대지주들은 대개 도시로 이주했는데, 마름이 지주를 대신하여 땅과 소작인들을 관리하였다. 마름은 마음대로 소작권을 떼어 마음에 드는 농민에게 줄 수 있었기에 소작인들에게 절대적인 권한을 행사하는 등 횡포가 심했다. '나'의 장인도 마름이라는 데 주목하면, 이 작품은 마름의 횡포를 '데릴사위'라는 소재를 통해 해학적으로 그리고 있다고 볼 수 있다.

★ 기출 답지로 작품과 문제 완전 정복

- 토속성 짙은 사투리를 사용하여 현장감과 사실감을 높이고 있어.
  – 2006학년도 6월 고1 전국연합학력평가
- 인물의 내면 심리가 드러나 있다.
- 해학적 상황으로 웃음을 유발하고 있다.

- 사투리를 적절히 사용하여 현장감을 드러내고 있다.
  – 2004학년도 고1 경기도 학업성취도평가
- '장인'이 '나'를 설득하는 방법
  → 상황의 불가피함을 내세워 자신의 입장을 정당화한다.
  – 2003년도 고2 인천・부산광역시 학력진단평가

---

01 서술상의 특징 파악   정답 ⑤

◎ **⑤가 정답인 이유** '장인님과 내가 싸운 것은 지금 생각하면 전혀 뜻밖의 일이라 안 할 수 없다.', '뭉태의 말은 구장님이 장인에게 땅 두 마지기 얻어 부치니까 그래 꾀였다구지만, 난 그렇게 생각 않는다.' 등으로 보아, 지문에서는(작품 전체에서도 마찬가지임) '나(특정 인물)'의 시각과 입장에서 서술하고 있다. 이와 같이 '나'의 시각과 입장에서 서술하는 1인칭 주인공 시점은 '나'의 심리까지 모두 드러내 주므로 독자가 친근감을 느끼게 된다. 따라서 ⑤는 적절한 진술이다.

▶ **정답의 근거** 위 '⑤가 정답인 이유' 참조
  나머지 답지들이 오답인 이유를 살펴보자.
① '그래서 오늘 아츰까지 끽소리 없이 왔다.'로 보아, 앞의 내용은 과거의 사건을 서술한 것임을 알 수 있는데, 과거를 회상하는 부분은 사건이 발생한 과거이고, 서술하는 시기는 현재이므로 ①은 적절하지 않다. ①은 현재 시제로 서술한 경우에 해당되는 진술이다.
② 상징적 소재는 찾아볼 수 없다.
③ 여러 개의 삽화(에피소드)를 나열하고 있지 않다.
④ 구장에게 찾아간 어제에서 오늘로 장면 전환이 이루어진 것으로 볼 수 있지만, 장면 전환을 통해 인물들 사이의 갈등이 해소된 것은 아니다.

02 인물의 행동에 대한 이해   정답 ①

◎ **①이 정답인 이유** ㉠의 앞에서 구장님은 '서울엘 좀 갔다 오더니 사람은 점잖해야 한다구 웃쉼이(얼른 보면 집웅 우에 앉은 제비 꼬랑지 같다.) 양쪽으로 뾰죽이 삐치고 그걸 에헴 하고 늘 쓰담는 손버릇이 있다.'고 했다. 이로 보아, ㉠에서 '그 에헴'은 서울에 갔다 온 후 생긴 버릇임을 알 수 있다. 따라서 ㉠은 서울에 대한 동경, 서울에서 본, 서울의 문화를 동경하는 것에서 비롯된 행동으로 볼 수 있다.

▶ **정답의 근거** '서울엘 좀 갔다 오더니', '그걸(윗수염을) 에헴 하고 늘 쓰담는 손버릇'

가장 많이 질문한 오답은? ④, ③ 순

✗ **④가 오답인 이유** ①이 정답이 아니라고 생각한 학생들은 대부분 ④에 답해 틀렸다. '언어에 부수되는 표현'은 '준언어적 표현*'이라고도 하는데, 어조나 속도, 고저 등을 이르는 말이다. ㉠, ㉡은 몸짓과 태도로, 이와 같이 표현하는 것은 언어 외적 표현(비언어적 표현*)이라고 한다.

× **③이 오답인 이유** ㉠은 구장님의 행동이고, ㉡은 장인의 행동인데도 ③에 답한 학생들이 많았던 것은, ㉠은 정답이 아니라고 생각했기 때문인 경우가 많았다.

② '일부러' ㉡과 같이 행동하는 것을 호의적*으로 보는 사람은 없다.　　　　*호의적: 좋게(好감) 생각해 주는 (것).

⑤ ㉠은 소리(에헴)가 동반되지만, ㉡은 소리가 동반되지 않는다.

개념＋ 준언어적(반언어적) 표현 vs. 비언어적 표현

준언어적(반언어적) 표현	비언어적 표현
• 언어에 준하는(따르는) 표현 • 언어에 부수되는 표현 • 부드러운 말투로 말하거나(어조), 빠르게 말하거나(속도), 큰 목소리로 말하거나(성량), 문장의 끝을 올려 말하는 것(억양) 등	• 언어가 아닌[비(非)] 표현 • 언어 외적 표현 • 표정, 몸짓, 시선, 태도, 옷차림 등

－『매3화법과작문』의 〈클리닉 해설〉에서

---

03 다른 장르에의 적용
정답 ⑤

◎ **⑤가 정답인 이유** ⓔ에서 피고*(장인)는 '계약은 없었던 일'로 하자고 하는데, 이것은 [A]는 물론 지문 전체에서도 확인할 수 없는 정보이다. '장인'은 '자신은 점순이의 키가 크지 말라고 한 적 없다. 점순이가 안 크는 걸 어떡하냐.'는 식이다. 즉, 자신은 계약 내용(점순이와 성례를 시켜 주겠다)을 지키고 싶으나 점순이의 키가 안 커서 지킬 수 없다고 할 뿐 계약을 취소하자고 하지는 않았으므로 ⓔ는 [A]를 재판 장면으로 바꾼 것으로 적절하지 않다.

한편 계약 내용은 지문의 앞부분(딸이 자라는 대로 성례를 시켜 주마.)에 드러나 있다. 그리고 '재판 장면'의 '원고*'와 '피고'는 그 뜻을 몰라도 정답을 찾을 수 있지만, 비문학 사회 지문에서도 자주 나오는 어휘이므로 이번 기회에 알아 두도록 하자.

* 피고: 소송을 당한(피동) 사람.
* 원고: 소송을 제기한(원인) 사람.
→ 여기서는 '나'가 '장인'을 대상으로 소송하였으므로 소송을 제기한 '나'는 원고가 되고, 소송을 당한 '장인'은 피고가 됨.

▶ **정답의 근거** 위 '⑤가 정답인 이유' 참조
ⓔ가 [A]뿐만 아니라 지문 전체에서도 확인할 수 없는 정보여서 대부분의 학생들이 정답에 답했지만, ①~④가 오답인 이유도 살펴보자.

① ⓐ는 '구장님도 내 이야기를 자세히 듣드니 퍽 딱한 모양이었다.'와 "그럼 봉필 씨! 얼른 성롈 시켜 주구려, ~"를 반영한 것이다.

②, ④ ⓑ와 ⓓ는 "아, 성례구 뭐구 기집애년이 미처 자라야 할 게 아닌가?"를 반영한 것이다.

③ ⓒ는 "그래, 거진 사 년 동안에도 안 자랐다니 그 킨 은제 자라지유?"를 반영한 것이다.

---

04 자료를 활용한 감상
정답 ④

◎ **④가 정답인 이유** 〈보기〉의 설명을 지문에 적용해 보자.

• 독자는 우월한 정보 능력 때문에 해학적(p.163 참조) 상황을 투시(환히 꿰뚫어 봄)하고 있다. → 독자는 장인이 교활한 사람이고, 구장은 소작인으로서 마름인 장인의 눈치를 보며 '나'를 설득하는 사람임을 다 꿰뚫어 보고 있다.
• '나'는 '정보 결핍 상태에 있는 인물'이다. → 뭉태도 알고 있는 정보를 '난 그렇게 생각 않는다.'고 한다.
• '나'는 해학적 상황을 불러일으킨 음모를 끝까지 인식하지 못하고 있다. → '올 갈(가을)에는 열 일을 제치고라두 성례를 시켜 주겠다'는 말을 믿고 '오늘 아츰까지 끽소리 없이 왔다.'고 했다.

따라서 '나'가 '음모의 진실을 알게 되었다'는 ④는 이 글을 잘못 이해한 것이다. '나'는 장인과 구장의 음모를 인식하지 못해 해학적 상황에서 벗어나지 못하고 있다.

▶ **정답의 근거** 위 '④가 정답인 이유' 참조
① '장인님이 뭐라구 귓속말로 수군수군하고 간 뒤' '구장님이 날 위해서 조용히 데리고 아래와 같이 일러 주었기 때문'에 '도루 논으로 돌아와서 모를 부었다.'는 것에서 확인할 수 있다.
② '구장님이 날 위해서 조용히 데리고'에서 '나'는 구장이 날 위하는 것으로 오해하고 있음을 알 수 있다.
③ '뭉태의 말은 구장님이 장인님에게 땅 두 마지기 얻어 부치니까 그래 꾀였다구' 한 것에서 확인할 수 있다.
⑤ '이까진 나쯤 뚜들기다 남의 땅을 가지고 머처럼 닦어 놓았든 가문을 망친다든가 할 어른이 아니다.'라고 한 것에서 확인할 수 있다.

5~7 현대 소설

현진건, 「신문지와 철창」
● **제목의 의미** 노인이 '신문지' 때문에 '철창(유치장)'에 갇히게 된 것을 나타낸다. 즉, 제목은 주인공(노인)의 상황과 사건 전개 과정을 압축해서 드러내는 기능을 한다.
● **등장인물**
• 노인: 74세. 며느리가 죽자, 밥을 얻어 손자(인식)를 키운다. 어느 날 얻은 밥을 쌀 신문지를 줍다가 강도 혐의를 받아 철창에 갇힌다.
• 나: 서술자. 유치장에서도 손자를 생각해 밥을 챙기는 노인에게서 손자를 향한 뜨거운 사랑을 느낀다.
● **작품 줄거리**
• **'앞부분의 줄거리' 내용**: '나'는 어쭙잖은 일로 유치장에 갇힌다. 12명이 함께 쓰는 비좁은 방에서 '나'는 유치장에서 나가는 날을 학수고대한다. 어느 날 아침밥을 막 먹고 났을 때 누군가 잡혀 들어오는 소리가 나는데, 20년 징역살이할 상인강도(傷人强盜, 사람을 상하게 한 강도)라는 말을 듣고 모두들 공포감을 느낀다. 그런데 막상 나타난 사람은 남루하고 가냘픈 74세의 노인으로, 경찰서장의 집에 침입한 '영웅'의 모습이 아니었다.

- **지문의 '중략' 앞 내용**: 유치장 안 사람들은 노인의 초라한 외모에 어이없는 웃음을 짓고, 노인은 죄 없는 자신을 잡아 가둔 것에 넋두리를 하며 울기까지 한다. '참활극의 히어로'로 여겨졌던 노인이 '희극의 배우'로 바뀐 것이다. 이어서 노인은 '비극의 주인공'이 되는데, 노인이 유치장에 오게 된 것은 태어난 지 백일 만에 어미를 잃은 손자(인식) 때문이었던 것이다. 노인은 손자를 위해 구걸한 밥을 싸려고 경찰서장 집 문간에 떨어진 신문지를 줍다가 이를 뺏는 일본인 처녀를 작대기로 밀었고, 이로 인해 강도 혐의로 잡혀온 것이었다.

- **지문의 '중략' 내용**: '나'는 노인이 잡혀오기까지의 내력을 상상해 보며 눈물을 흘린다. 사흘이 지나자 노인은 더 이상 울지도 인식이를 찾지도 않는데, 밥때마다 말썽을 부린다. 마지막 날 점심 때 노인과 밥 돌리는 이 사이에 충돌이 일어난다. 점심밥을 주었는데 안 받았다며 또 달라고 한다는 것이었다. 결국 일본인 순사가 뛰어온다.

- **지문의 '중략' 뒤 내용**: 순사가 노인의 몸을 뒤지자 '나'를 포함한 유치장 안 사람들은 순사의 행동에 분개하고 노인의 편을 드는데, 예상과 달리 노인의 고의춤에서 콩밥 뭉치가 나온다. 노인은 인식이에게 주려고 밥을 감추었던 것이다. 그러자 다들 노인을 비난하고 비웃는다. 그러나 '나'는 노인에게서 손자를 향한 뜨거운 사랑을 느낀다.

- **지문에 이어지는 내용**: '나'는 노인을 통해 가난한 이의 사랑은 이 세상의 위대한 기적이라는 생각을 한다. 그날 오후, 나는 사법실로 불려가 취조를 받는다. 이때, 노인의 밥 주머니를 끄집어낸 일본 순사가 '나'를 취조하는 박 경부(경찰관)에게 노인의 처지를 묻자, 거지를 유치장에 넣으면 거지는 좋아하겠지만 자신들 편에서는 손해라며 내보내라고 하는 말을 듣는다. '나'가 취조를 마치고 나와 보니, 노인은 벌써 유치장에서 쫓겨나고 없었다. '나'는 유치장 신세를 지는 것도 좀 더 높은 계급이 가진 특권인 듯하다는 생각을 한다.

- **주제** 손자 줄 밥을 싸려고 신문지를 줍다가 철창에 갇힌 노인의 비참하고 슬픈 모습과 손자에 대한 사랑

★ **작품 전체의 주제**: 일제 강점기 하층민(노인)의 비극적 삶

● **어휘 및 어구 풀이**
- 남루: 낡아 떨어지거나 해진 곳을 기운 옷.
- 백주: 대낮.
- 마른날에 벼락: '뜻밖의 일로 당한 화'를 비유한 말.
- 곱아든: 곧지 아니하고 한쪽으로 약간 급하게 휜.
- 순사: 경찰관. 일제 강점기에 둔, 경찰관의 가장 낮은 계급의 사람.
- 필경: 끝장에 가서는. 마침내. 결국에는.
- 정상: 딱하거나 가엾은 사정과 상태.
- 유종: 젖(유방)이 곪아 생기는 종기.
- 금년: 지금 살고 있는 이 해. ㉧ 올해
- 관식: 유치장에 갇혀 있는 사람에게 관청에서 주는 음식.
- 이[虱]: 예전에 몸속이나 머리카락에 기어다니던 벌레.
- 고의춤: 고의(남자의 여름 홑바지)의 허리를 접어서 여민 사이.

- 상판: '얼굴'을 속되게 이르는 말.
- 패대기를 쳤다: 매우 못마땅하여 거칠게 집어 내던졌다.
- 반동: 반작용. 어떤 작용에 대해 그 반대로 작동함.
- 성자(聖者): 성인(聖人). 덕과 지혜가 매우 뛰어나 모든 사람이 길이 우러러 받들 만한 사람.
- 애연한: 슬픈(비애) 듯한.

● **서술상의 특징**
- 1인칭 관찰자 시점

✔ 작품 속 '서술' 부분에서 '나'가 등장하는가? → ○	1인칭
✔ 인물(주인공)의 심리가 드러나 있는가? → ✗ (주인공인 '노인'을 관찰한 내용만 서술하고 있음.)	관찰자 시 점

- 반어적 표현(그 잘난 밥)을 통해 주인공의 궁핍한 삶과 혈육에 대한 뜨거운 애정을 보여 줌.
- 작품의 시대적 배경을 알 수 있음. [근거] 순사 → 일제 강점기 ※ 1929년에 발표된 단편 소설임.

05 사건에 따른 인물의 인식 변화 파악   정답 ③

◎ **③이 정답인 이유** 〈보기〉에서도 제시했지만 '노인'에 대한 '나'의 인식은 '참활극의 히어로'에서 '희극의 배우'로, '희극의 배우'에서 다시 '비극의 주인공'으로 바뀐다. ⓒ의 '어린 '인식'을 부르며 엉엉 우는 '노인''은 다음에서 확인할 수 있다.

> "인식아! 인식아!"
> 제 처지도 잊은 듯이~엉엉 소리 높여 울기 시작한다.

그런데 이 내용은 '나'가 '노인'을 '비극의 주인공'으로 인식하는 사건에 해당하므로 '희극의 배우'로 인식하는 단계에 분류한 것은 적절하지 않다. 그뿐만 아니라, '우리'가 '노인'을 위로하는 내용은 지문에서 찾아볼 수 없으므로 ③이 정답이 된다.

▶ **정답의 근거** 위 '③이 정답인 이유' 참조
① '앞부분의 줄거리'의 '우리는 20년 징역살이할 강도라는 말에 범인에 대한 공포심에 사로잡힌다.'에서 '우리'는 '노인'이 등장하기 전 무서운 강도의 모습을 연상했다는 것을 알 수 있고, 이는 '나'가 '노인'을 '참활극의 히어로'로 인식했다는 근거가 된다.
② '앞부분의 줄거리' 아래의 '우리 일동은 어이없이 웃었다. 참활극(慘活劇)의 우리 주인공은 얼굴을 나타낸 찰나에 희소극(喜笑劇)*의 배우가 되고 말았다.'에서 예상과 다른 '노인'의 행색을 보고 '우리'가 어이없이 웃었다는 것을 알 수 있고, 이는 '나'가 '노인'을 '희극의 배우'로 인식했다는 근거가 된다.

> * 희소극(喜笑劇): 사람을 웃기기(희희낙락, 미소) 위하여 만들어진 극(희극).

④ '노인'이 '인식'에게 줄 밥을 싸 가기 위해 신문을 줍다가 유치장에 오게 된 사연을 듣고 '우리 주인공의 수수께끼는 한 겹 두 겹 풀렸다.'라고 한 것에서 '나'가 '노인'의 불우한 사연을 듣고 '노인'에 대한 궁금증이 해소되었다는 것을 알 수 있고, 이는 '나'가 '노인'을 '비극의 주인공'으로 인식했다는 근거가 된다.

⑤ '이때까지 동정을 아끼지 않던 마지막 동무까지 잃어버리고~ 슬픔이 나의 가슴에 복받쳤다.'에서 '나'는 '우리 방 사람들'과 달리 콩밥을 숨긴 '노인'에 대해 연민*을 느낀다는 것을 알 수 있고, 이는 '나'가 '노인'을 '비극의 주인공'으로 인식했다는 근거가 된다.　　*연민: 불쌍하고 가엾게 여김(가련).

06 자료를 활용한 구절의 의미 이해　　정답 ④

◎ ④가 정답인 이유 ㉣은 손자에게 주기 위해 감춰 둔 밥을 순사가 패대기를 치고 가 버리자 노인이 한 말로, '그 잘난 밥'은 혈육(손자 '인식')을 위해 '노인'이 그의 고의춤에 감추었던 밥을 표현한 것이 맞다. 하지만 그것은 관식(유치장에서 주는 음식)을 몸에 숨긴 것인데다 순사가 패대기를 친 것을 보고 '우리 인식이나 갖다 줄 걸.'이라고 말한 것으로 보아 체면을 지키고자 했던 '노인'의 모습으로 볼 수 없다.

한편 '노인'이 체면을 지키고자 했다면 '그 잘난 밥'을 숨기고자 하지 않았다고 말하거나, '우리 인식이나 갖다 줄 걸.'이라고 말하지 않았을 것이다. 그리고 '아무나 주는'으로 보아 '그 잘난 밥'은 '잘나지 않은 밥'을 반어적으로 표현한 것임을 알 수 있다.

▶ 정답의 근거　위 '④가 정답인 이유' 참조

① ㉠은 노인이 유치장에 오게 된 사연을 말한 것으로, '신문을 줍'다가 '작대기로 이마를 좀 밀었다고 붙들려 왔'다는 것은 사소한 사건으로 잡혀 왔다는 것이고, 이는 〈보기〉의 '일제 강점기 비참한 삶을 살았던 사회적 약자(노인)를 주인공으로 내세워 권력의 부당한 횡포'를 보여 준 것으로 볼 수 있다.

② ㉡은 유치장에 갇힌 노인이 '오늘 밥을 안 얻어 주면', '인식이는 죽'는다고 한 것으로, 이는 '밥을 빌어 손자를 키워야 하는 노인의 절박한 모습'을 드러낸 것이고, 이는 〈보기〉의 '하층민이 겪는 경제적 궁핍'을 보여 준 것으로 볼 수 있다.

③ ㉢은 순사가 '죄인이라면 덮어놓고 의심을 두는 데' 대해 서술자를 포함한 '우리'가 불쾌한 감정을 느낀 것으로, '노인이 순사에게 모욕적으로 몸수색을 당하는 것을 보고 분노하는 서술자의 태도가 나타'난 것이고, 이는 〈보기〉의 '권력의 부당한 횡포'에 대한 분노를 나타낸 것으로 볼 수 있다.

⑤ ㉤은 '그 잘난 밥! 우리 인식이나 줄 걸!'이라고 한 노인의 말을 듣고 '나'가 '빛나는 인생의 햇발을 본 듯싶었다'고 한 것으로, '힘든 현실 속에서도 손자를 먹여 살리려는 노인의 모습에서' 경외감*을 느낀 서술자의 태도가 드러난 것이다. 이는 〈보기〉에서 '서술자의 시선을 통해 인물에 대한 동정을 넘어선 경외감을 드러내고 있다.'고 한 것과 연결된다.

┌─────────────────────────────────
│ *경외감: 공경하면서 두려워하는(畏, 두려워할 외) 감정.
└─────────────────────────────────

[안인숙 매3국어]　　검색

07 서술상의 특징 파악　　정답 ③

◎ ③이 정답인 이유 '앞부분의 줄거리'에서 '나는 어쭙잖은 일로 T 경찰서 유치장에서 며칠을 보낸 일이 있었다.'고 했고, 이어지는 내용은 유치장에서 있었던 일이므로 '외부와 단절된 공간(유치장)에서 벌어지는 일들을 중심으로 사건이 서술되고 있다.'는 ③은 이 글에 대한 설명으로 적절하다.

▶ 정답의 근거　'T 경찰서 유치장에서 며칠을 보낸 일이 있었다', '우리는 그 순사의 행동에 분개하였다. 비록 배가 고파 달라고는 할지언정 그까짓 관식을 몸에 숨길~'

가장 많이 질문한 오답은? ④, ① 순

✗ ④가 오답인 이유 대화를 빈번하게(자주) 제시한 것은 맞다. 그래서 ④에 답한 학생들이 많았다. 그런데 대화를 통해 인물 간의 갈등이 해소되지는 않았다. 이 글에서 인물 간의 갈등은 노인과 순사 사이에서 일어나고 있는데, '내가(노인이) 오늘 밥을 안 얻어 주면 우리 인식이는 죽'는다고 말하는 노인에게 순사는 호령을 했고, 손자에게 주기 위해 콩밥 뭉치를 숨긴 노인에게 순사는 '(노인의) 등을 한번 쥐어지르고는 그대로 가 버렸다.'고 한 데서 인물 간의 갈등이 해소되지 않았다는 것을 알 수 있다.

✗ ①이 오답인 이유 공간적 배경(유치장)도 제시되어 있고 인물의 심리(불쾌한 감정을 걷잡을 수 없었다. 슬픔이 나의 가슴에 복받쳤다 등)도 드러나 있어 ①에 답한 학생들도 많았다. 하지만 배경을 세밀하게(자세하게) 묘사한 부분도 없거니와 세밀한 배경 묘사를 통해 인물의 심리를 드러내고 있는 것도 아니므로 ①은 적절한 설명이 아니다.

② 이 글은 유치장 안에서 일어난 일을 전달하고 있어 장면이 자주 전환되고 있다고 볼 수 없다. 또한 순사가 노인의 몸을 수색하는 장면에서도 관식을 몸에 숨길 리가 없다고 생각했기 때문에 긴박한 분위기를 조성하고 있지 않다.

⑤ 노인이 유치장에 들어오고, 그가 유치장에 들어오게 된 사연을 대화 속에서 알게 되고, 그 이후 노인이 콩밥을 숨긴 사건이 발생하므로 동시에 진행되는 사건을 병렬적으로 제시하고 있지 않으며 이야기를 입체적*으로 구성하고 있지도 않다.

┌─────────────────────────────────
│ *입체적: (1) 삼차원의 공간적 부피를 가진 물체를 보는 것과
│ 　같은 느낌을 주는 (것). (2) 사물(사건)을 여러 각도에서 종합
│ 　적으로 파악하는 (것). 여기서는 (2)의 뜻으로 쓰임.
└─────────────────────────────────

[8~11] 현대 소설

┌─────────────────────────────────
│ 황석영, 「아우를 위하여」
│ ● 제목의 의미 이 소설은 액자식 구성(p.18 참조)으로 되어
│ 　있다. 지문에 제시된 대목은 '속 이야기'인데, 겉 이야기
│ 　에서 '나'는 군대에 간 아우를 위하여 유익한 이야기를
│ 　들려주고 싶다고 하면서 19년 전 초등학교 때의 일을 이
│ 　야기하기 시작한다. 이로 보아, 제목은 "'나'의 이야기가
│ 　'아우를 위하여' 하는 이야기"임을 강조하기 위해 붙인
│ 　것임을 알 수 있다.
└─────────────────────────────────

● 등장인물
• 나(=김수남): 영래네의 폭력 앞에 굴종하다가 교생 선생님의 가르침을 통해 점차 적극적인 저항 의지를 지니게 됨.
• 영래: 집단행동을 강요하며 아이들을 통제함. → 부당한 권력자형 인물
• (임)종하, 은수: 영래를 따라다니며 아이들을 괴롭힘. → 권력에 의존하는 인물
• 석환: 영래네의 폭력에 소극적으로 저항함.
• 교생 선생님: '나'에게 잘못하는 사람(영래 일행)을 고쳐 줘야 한다는 것을 알려 줌.

● 작품 줄거리
• '앞부분의 줄거리' 내용: '나'는 군대에 간 아우에게 편지를 쓴다. 그 내용은 '나'가 초등학교 때의 일이다. 6·25 전쟁 직후에 '나'는 총알을 얻기 위해 노깡(→토관. 시멘트나 흙을 구워서 만든 둥글고 큰 관)에 들어갔다가 관절 달린 뼈다귀를 보고 공포심에 기절했고, 이후 '나'는 노깡에 대한 두려움으로 겁쟁이가 된다. 전쟁이 끝난 후 '나'는 피난지 부산에서 서울로 전학을 오게 되는데 새 학급의 담임 선생님인 '메뚜기'는 부업에만 정신이 팔려 있다. 그러던 중 미군 '하우스보이' 영래가 전학을 와 아이들의 환심을 산다.
• 지문의 '중략 줄거리' 앞 내용: 영래는 아이들의 환심을 등에 업고 '반장과 함께 자습을 시킨 후 자치회의를 하라'는 선생님의 지시 사항을 무시하고 씨름대회를 추진하는가 하면, 독단적으로 학급 간부를 지명하기도 한다. 이런 영래의 행동에 반장인 석환이가 이의를 제기하고, '나'를 비롯하여 불만을 가진 아이들이 있었지만 영래의 눈치를 보게 된다. 이에 학급은 영래의 의도대로 운영되고, 담임 선생님(메뚜기)도 만족해 한다.
• 지문의 '중략 줄거리' 내용: 반장이 된 영래와 영래를 따르는 무리들은 폭력으로 아이들의 돈을 빼앗고 집단행동을 강요하면서 이에 참여하지 않는 아이들을 폭력으로 다스리지만, 담임은 이러한 영래의 행동에 아무런 제재도 가하지 않는다. 그러던 중 여자 교생 선생님이 새로 와서, 영래의 불합리한 행동을 부드럽게 타이르는 한편 반 아이들의 관계를 개선하는 데 힘쓴다. 그런 교생 선생님을 좋아하던 '나'는 그녀의 퇴근길을 쫓아가 대화를 나누게 된다.
• 지문의 '중략 줄거리' 뒤 내용: 교생 선생님은 '나'에게 사람은 혼자서는 살 수 없으므로, 한 사람이 잘못 생각하고 있다면 여럿이 고쳐 줘야 한다고 조언해 준다.
• 지문에 이어지는 내용: 영래 일행은 그런 교생 선생님을 못마땅하게 생각하면서 수업 시간에 교생 선생님을 모욕하는 종잇조각을 반 학생들에게 돌린다. 이에 '나'는 분노를 참지 못하고 용기를 내어 영래 일행에게 대항하고, 반 아이들도 '나'의 행동에 동조하여 힘을 합해 영래 일행의 사과를 받아낸다. 교생 선생님이 떠나기 전, '나'는 노깡에 대한 두려움을 이야기한다. 그리고 '애써 보지도 않고 덮어놓고 무서워만 하면 비굴한 사람이 된다'는 교생 선생님의 말씀을 듣고 노깡 속에 다시 한 번 더 들어감으로써 두려움을 극복하게 된다.

'나'는 '나'가 사랑한 교생 선생님이 모욕을 당하는 것을 참지 않았고, 이 사건을 아우에게 쓴 편지에 담은 것이다. 편지에서 '나'는 '여럿이 윤리적인 무관심으로 해서 정의가 밟히는 일이 있어서는 안 되고, 걸인 한 사람이 겨울에 얼어 죽어도 그것은 우리의 탓이어야 한다.'고 한다.

● 주제 독선적으로 학급을 운영하는 '영래'와, 혼자서는 살 수 없으므로 영래의 잘못을 고쳐 줘야 한다는 교생 선생님의 말씀을 새기는 '나'

★ 작품 전체의 주제: 불의에 대한 저항 정신의 소중함

● 어휘 및 어구 풀이
• 부업: 본업(→교사) 외에, 여가를 이용하여 갖는 부차적 직업.
• 미군 '하우스보이': 6·25 전쟁 당시 미군 부대에서 청소, 빨래 같은 허드렛일을 하던 소년.
• 환심: 기뻐하고(환희) 즐거워하는 마음(심정). ※ 환심을 사다: 다른 사람의 마음에 들도록 여러 방법으로 힘쓰다.
• 자치: 자기 일을 스스로 다스림(통치).
• 책보: 책을 싸 가지고 다닐 수 있게 만든 보자기. 책가방.
• 수틀리게: 마음에 들지 않게.
• 조기는: 조지는. 호되게 때리는.

● 서술상의 특징
• 시점: 1인칭 주인공 시점

✔ 작품 속 '서술' 부분에서 '나'가 등장하는가? → ○	1인칭
✔ 인물(주인공: 나)의 심리가 드러나 있는가? → ○ • 바보 같은 놈들이 설쳐 대는 꼴을 보니 나도 뭐라고 말하고 싶었지만 영래만 한 통솔력도 없는 터에 모두들 나더러 공부 좀 한다구 으스댄다고 할 거였다. • 나는 무슨 얘기인지 잘 알아들을 수는 없었지만, 선생님께서 나를 책망하고 있다는 느낌이어서 풀이 죽어 버렸던 것이다. 등	관찰자 시 점 ✕

● 지문 밖 정보
• 초등학생인 주인공의 시점으로 사회 구조의 모순을 우의적(p.47 참조)인 방식으로 고발함.
• 액자식 구성
  ┌ 겉 이야기: '나(형)'가 군대 간 아우에게 편지를 씀.
  └ 속 이야기: '나'가 초등학교 때 겪은 일
• 1972년 정치적 혼란기에 발표된 작품 → 이 글의 공간적 배경인 '교실'은 성장과 개발 분위기 속에서 권력을 독점하고 횡포를 일삼는 권력자들과 그들에 의해 인권을 박탈당하고 고통 받는 민중이 갈등하던 1970년대의 시대 상황을 상징적으로 드러냄.
• 성장 소설(문제편 p.16의 7번 〈보기〉 참조)의 성격을 지님.: 주인공 '나'가 내적으로 성숙해 가는 과정을 다룸.

미성숙		성숙
• 노깡에 대한 두려움 • 영래 일행의 행위(불의)에 대한 방관	→	• 노깡에 대한 두려움 극복 • 영래 일행에 대한 저항

• 〈보기〉를 고려하여 윗글('작품 줄거리' 참조)을 이해한 내용
으로 적절하지 않은 것은?

보기
　이 소설은 1950년대 어느 초등학교 교실을 배경으로 비민
주적인 시대 상황을 풍자하면서 이를 통해 민중이 나아가야 할
방향을 제시하고 있다.

① 피지배자들의 힘이 결집되면 지배자들의 힘은 약화될 수
밖에 없다.
② 피지배자들은 다수이면서 약하지만 계기가 주어지면 강
해질 수 있다.
③ 피지배자들은 지배 집단의 횡포에 두려워하거나 굴복하
는 경향이 있다.
④ 피지배자들은 의무를 이행하기보다는 권리를 주장하려는
성향이 짙다.
⑤ 피지배자들에게는 지배자들에게 대항하는 당당한 자세와
용기가 필요하다.　　　　　　　　　　　　　　　 답 ④

– 2006학년도 9월 고2 전국연합학력평가

08 서술상의 특징 파악　　　　　　　　　　 정답 ②

◎ ②가 정답인 이유　이 글은 작중 인물인 '나'가 서술자가 되
어 자신의 내면과 경험한 사건을 서술하고 있는데, 그 내용을
구체적으로 살펴보면 다음과 같다.

'나(서술자)'의 내면	서술자가 경험한 사건
• 바보 같은 놈들이 설쳐 대는 꼴을 보니 나도 뭐라고 말하고 싶었지만~ • ~까짓것 입 다물고 구경이나 하겠다는 마음이 생겼다. • 나는 동생 없이 엄마 없이, 누구보다도 선생님 없이는 살 수 없다고 생각했고~ • 나는 무슨 얘기인지 잘 알아들을 수는 없었지만, 선생님께서 나를 책망하고 있다는 느낌이어서 풀이 죽어 버렸던 것이다.	• 담임 선생님이 영래를 불러내어 지시함. • 영래가 씨름대회를 강행하고 학급 간부를 지명함. • 영래와 그 일행들의 행동에 불만이 있으나 표현하지 못함. • 교생 선생님과 함께 걸으며 대화를 나눔. → 위 내용은 모두 서술자인 '나'가 경험한 사건임.

즉, 이 글은 1인칭 주인공 시점으로 작중 인물인 '나'가 서술자
가 되어 교실에서 벌어지는 사건들과 그것을 바라보며 느끼는
내면을 드러내고 있다.
▶ 정답의 근거　위 '②가 정답인 이유'에서의 표
가장 많이 질문한 오답은? ④, ① 순
✕ ④가 오답인 이유　영래 일행의 횡포를 통해 사회 현실을 풍
자적으로 그리고 있는 것은 맞지만, 이 글의 서술자는 '나'로,
'나' 외의 '이질적인* 시선을 가진 서술자'는 등장하지 않는다.

*이질적인: 성질이 차이가 나는. ⑨ 다른

✕ ①이 오답인 이유　대화를 인용한 부분에서 현재형 어미('믿
는다'의 '-는', '연다'의 '-ㄴ')가 사용되었으나, 시제를 파악할 때
에는 '대화'가 아닌 '서술' 부분을 봐야 한다. '서술' 부분은 '떠들
어댔다, 버렸다, 올려다보았다'와 같이 과거형 어미 '-었-'을 사
용하고 있으므로 '현재형 어미를 사용하여 사건을 생동감 있게
제시하고 있다.'는 ①은 적절하지 않다.

③ '중략 줄거리' 앞 내용은 교실에서 일어난 사건을 시간 순서
에 따라 서술하고 있고, '중략 줄거리' 이후의 내용은 그 이후
의 사건으로, 동일한 시간에 서로 다른 장소에서 일어난 사
건을 병렬적으로(나란히) 배치*하고 있지 않다.

*배치(配置): 배정하여 위치시킴.
※ 배치(背馳): 서로 어긋남(위배되고 상치됨).

⑤ 이 글의 공간적 배경은 주로 교실이고, 교생 선생님과 '나'가
함께 걸었던 역전 네거리 앞 종점까지의 길도 공간적 배경으
로 볼 수 있다. 그러나 공간적 배경에 대한 세밀한* 묘사는
지문에서 찾아볼 수 없다.

*세밀한: 자세하고 치밀한(꼼꼼한).

09 소재의 기능 파악　　　　　　　　　　 정답 ④

◎ ④가 정답인 이유　'씨름대회'는 '영래'가 제안한 것이다. 담
임 선생님은 학기가 바뀐 것을 계기로 자습 후 자치회의를 통
해 반장 할 사람을 선출하라고 했다. 학급 아이들은 자치회의
의 의장으로 '영래'를 지목하고, 담임 선생님이 나간 뒤 '영래'는
자습과 자치회의 대신 '씨름대회'를 열겠다고 했다. 석환이는
선생님의 말을 따르지 않는 '영래'에게 이의 제기를 했지만, '영
래'가 '씨름대회를 미루고 자습할까?'라고 하자, 학급 아이들은
석환이를 욕하게 되고 이어 '영래'를 반장으로 선출한다. 즉,
'영래'가 담임 선생님의 지시도 따르지 않고, 석환이의 의견도
무시한 채 개최하고자 한 '씨름대회'는 학급 아이들 다수의 지
지를 얻어 '영래'가 반장이 되는 데 기여한 것으로 볼 수 있다.
▶ 정답의 근거　"~얘들아, 씨름대회를 뒤로 미루고 자습할
까?"…한 사람의 손도 올라가지 않았고 뒤늦게 들었던 애들도
대부분 아이들의 드높은 불만의 분위기에 위축되어 슬금슬금
내려 버렸다. …"그래, 이영래가 오늘부터 우리 반 급장이다."
가장 많이 질문한 오답은? ③
✕ ③이 오답인 이유　③에 답한 학생들이 참 많았다. 그런데
'영래'가 '자습 후 자치회의'를 하는 것 대신 '씨름대회'를 개최하
겠다고 한 것은 자신이 반장이 되는 분위기를 몰아가기 위한
것으로, 자신을 반대하는 아이들을 포섭(끌어들임)하기 위한
것이 아니다. 반대자들을 포섭하기 위해서라면 반대자들이 납
득할 수 있는 제안을 해야 한다. 그런데 '영래'는 몽둥이(각목)
등으로 자신을 지지할 수밖에 없는 험한 분위기를 만들었으며,
'영래'를 반대하는 '나'는 불만이 있었지만 '입 다물고 구경이나
하겠다는 마음'이었고, '몇몇 줄반장 애들'은 '영래' 일행의 눈치
를 보았다는 것에서 '씨름대회'는 '영래'를 반대하는 아이들을
포섭하기 위한 수단이 아님을 알 수 있다.
① '불신을 사는 계기' ✕ → '바깥일에 분주한 메뚜기(담임 선생
님)가 돌아왔을 때, ~메뚜기는 학급에 기강이 서고 자치 능
력이 향상된 데 대하여 만족했고, 아이들이 영래를 급장으로
선출한 것에도 별로 이의가 없어 보였다.'로 보아, 담임 선생
님은 '영래'를 불신하지 않는다는 것을 알 수 있다.

② '학교의 엄격한 규정에 저항' ✗ → '학교의 엄격한 규정'에 대한 내용은 찾아볼 수 없다. 따라서 '영래'가 이에 저항하는 방법으로 '씨름대회'를 개최한 것으로 볼 수 없다.

⑤ '내적 갈등' ✗ → 담임 선생님의 지명으로 '영래'가 '자치회의'의 '의장'이 되는데, '영래'가 학급의 일원과 의장 역할 사이에서 내적 갈등을 일으키는 부분은 없다.

10 인물의 의도 추리   정답 ③

○ ③이 정답인 이유 [A]에서 '나'는 '교생 선생님'에게 '얼떨결에', '영래'가 어떠냐고 물음으로써 속마음을 드러냈다고 했다. 이에 '교생 선생님'은 '혼자 살 수' 없고, '혼자서만 좋은 사람이 될 수는 없'으며, '한 사람(영래)이 잘못 생각하고 있었다면 여럿에서 고쳐 줘야' 한다고 했다. '교생 선생님'이 '나'에게 이와 같이 말한 것은 '영래'의 잘못을 '나'가 외면해서는 안 된다는 것을 지적하고자 했다는 것을 알 수 있다.

▶ 정답의 근거 [A]의 '한 사람이 잘못 생각하고 있었다면 여럿에서 고쳐 줘야 해요.'

① [A]에서 '나'는 '교생 선생님'의 질문에 가족 없이 살 수 없다고 생각했지만, 이는 친구들 사이에서 혼자서만 좋은 사람이 될 수는 없다고 한 '교생 선생님'의 의도를 잘못 파악한 것이다.

② [A]에서 '담임 선생님'의 학급 운영에 대해 비판하는 내용은 나타나 있지 않다.

④ [A]에서 '교생 선생님'은 '집안 형편이 좋은 학생은 그렇지 못한 다른 친구들께 부끄러워할 줄 알아야' 한다고 했는데, 이는 '나'에게 형편이 좋지 못한 친구들에 대해 가져야 하는 마음가짐을 일깨우기 위한 것으로, 그들을 도와주고자 하는 의도에서 한 말이 아니다.

⑤ [A]에서 '교생 선생님'이 '나'에게 자신을 좋아하는 것이 학생 신분에 어긋나는 일이라고 한 내용은 찾아볼 수 없다.

11 자료를 활용한 감상   정답 ③

○ ③이 정답인 이유 〈보기〉에서 이 작품은 1970년대의 정치상을 우의적*으로 표현하고 있다고 했다. 이를 지문 내용과 연결해 보자.

〈보기〉	지문
독재 정권	영래와 그 일행(은수, 종하)
반대 세력	나, 석환, 몇몇 줄반장 애들, 두 번 다 손을 안 든 애들
표면적인 안정	자발적인 대청소, 학급 기강이 서고 자치 능력이 향상됨.
이면적* 문제	불만이 있으나 분위기에 위축되어 의견 표현을 하지 못함.

이와 같이 우의적 표현을 이해한 다음, 답지 내용을 살피면 '종하'와 '은수'를 각각 기율부장과 총무에 임명한 것은 '영래(독재 정권)'이다. '영래'는 이들(독재 권력의 하수인)을 일방적으로 학급 간부로 지목했다는 점에서, '종하'와 '은수'가 각각 기율부장과 총무에 임명되는 것은 '권력의 독점을 견제하기 위해 마련된 장치(③)'가 아니라, 독재 정권이 권력을 유지하기 위한 것으로 볼 수 있다.

1주차
2주차
3주차
14일

> *우의적: 우화 소설처럼 빗대어 의미를 전달하는 (것). 직접적 제시 ✗, 간접적 제시 ○   – 『매3력』 p.148에서
> *이면적: 겉으로 드러나지 않는 부분(뒷면)의 (것).

▶ 정답의 근거 위 '③이 정답인 이유' 참조

① '영래'는 '씨름대회'를 열자는 자신의 의견에 반대하는 이들(석환, 줄반장 애들 등)에 대해 위협적인 분위기를 조성하여 억누름으로써 씨름대회를 진행하게 되며, 결국 반장이 된다. 이는 '민주적 절차를 거치지 않'는 모습을 보여 준 것이므로 '작품 속 공간인 교실은 1970년대 민주주의가 억압되던 사회의 축소판'으로 볼 수 있다.

② '영래'는 '교탁에 발을 올려놓고, 은수에게 몽둥이를 주워 오라고 명령'하고, '이걸(각목) 갖구 수틀리게 놀면 무조건 조기는 거야.'라고 하는 등 위협적인 분위기를 조성하여 반장이 된다. 따라서 이는 '독재 권력의 형성 과정을 나타내는 것'으로 볼 수 있다.

④ '(각목을 들고) 교실 뒤에 버티고 선 종하 쪽을 (줄반장 애들이) 연방 돌아보기만 하는' 것으로 보아, '줄반장 애들'이 불만을 드러내지 못한 것은 '영래'와 그 일행이 '집단 논리와 힘(권력)에 의해 체제(독재 정권)에 대한 비판을 금지(봉쇄)'한 것으로 볼 수 있다.

⑤ '(아이들이) 자발적인 대청소를 하고 있'는 것처럼 보였지만 이는 '영래의 지시'에 따른 것이고, '학급에 기강이 서고 자치 능력이 향상'된 것처럼 보인 것도 겉보기에 그런 것이다. 따라서 이는 '억압적 체제(영래의 강압)를 통해 사회(학급) 질서가 유지된 것'으로 볼 수 있다.

✔ 매일 복습 확인 문제

1 다음 설명이 맞으면 ○, 그렇지 않으면 ×로 표시하시오.

(1) 비속어나 방언을 사용하면 현장감을 드러낼 수 있다. ·· (   )

(2) '손을 올려서 그 에헴을 한 번 훅딱 했다.'는 언어에 부수되는, 준언어적 표현이다. ······························ (   )

(3) '순사'는 작품의 시대적 배경을 알려 주는 말이다. ·· (   )

2 왼쪽에 제시된 말과 관련이 있는 어휘를 오른쪽에서 찾아 서로 줄로 이으시오.

(1) 소송한 사람 ·

　　　　　　　　　 · ㉮ 원고

　　　　　　　　　 · ㉯ 피고

(2) 빈번하다 ·

　　　　　　　　　 · ㉰ 잦다

　　　　　　　　　 · ㉱ 드물다

(3) 우의적 표현 ·

　　　　　　　　　 · ㉲ 간접적

　　　　　　　　　 · ㉳ 직접적

정답 1. (1) ○ (2) × (3) ○ 2. (1) ㉮ (2) ㉰ (3) ㉲

정답 **01** ④   **02** ⑤   **03** ④   **04** ④   **05** ①   **06** ③
      07 ⑤   **08** ①   **09** ④   **10** ③

1~3 극 문학(TV 드라마 대본)

김영현 각본, 「대장금」

● **제목의 의미** '대장금'은 조선 중종 때 의녀였던 '서장금'으로, 서장금은 의녀로서는 유일하게 임금의 주치의 역할을 하여 임금으로부터 '대장금'이라는 칭호를 받게 된다. 즉, '대장금'은 중심인물을 가리키는 것으로, 작품의 핵심이 '장금'의 삶에 맞춰져 있음을 알려 준다.

● **등장인물**
• 장금: 수라간 나인으로 한 상궁과 함께 음식하는 자의 도리를 지켜 사신을 대접하여 인정을 받는다.
• 정사: 명나라 사신단의 우두머리로, 한 상궁과 장금에게 자신의 음식을 맡긴다.
• 오겸호: 사신단을 모시는 인물로, 장금이 정사의 음식을 소홀히 하는 무례를 저질렀다며 벌하려 한다.

● **작품 줄거리**
• 지문 앞 내용: 궁중 군관인 서천수는 후일 연산군이 될 원자의 생모(폐비 윤씨)에게 내려진 사약을 집행한 후 죄책감에 궁중을 떠난다. 이즈음 수라간 나인 박명이는 누명을 쓰고 독약을 먹은 후 천수에게 발견되어 겨우 목숨을 구한 후 천수와 혼인하여 딸 장금을 얻는다. 이후 천수는 씨름판에 나갔다가 정체를 들켜 관아로 끌려간다. 박명이는 남편을 찾아나섰다가 자객의 활을 맞고, 장금에게 수라간 최고 상궁이 되어 자신의 억울한 한을 풀어 달라고 유언하고 죽는다. 우여곡절 속에 수라간 궁녀가 된 장금은 한 상궁 밑에서 일하게 되고, 사신단의 정사가 소갈을 앓고 있다는 얘기를 들은 한 상궁과 진수성찬 대신 소갈을 다스릴 수 있는 음식을 내놓기로 한다.
• 지문 내용: [S# 49] 사신은 장금이 올린 음식을 먹으면서 매번 미간을 찡그린다. [S# 50~54](중략됨) 이에 오겸호는 한 상궁을 끌어내고 최 상궁과 금영에게 정사의 음식을 맡기는데 이들은 정사에게 만한전석을 올린다. [S# 55] 만한전석을 먹으며 정사가 미간을 찌푸리지 않자 최 상궁과 금영은 기뻐하고 장금은 절망한다. [S# 56] 정사는 모두가 지켜보는 가운데 만한전석을 맛있게 먹고, 오겸호는 한 상궁과 장금에게 책임을 물으려 한다. 그러나 정사는 장금에게 음식을 하는 자의 도리를 듣고 먹는 자에게도 도리가 있다며 떠나는 날까지 한 상궁과 장금에게 자신의 식사를 맡기겠다고 선언한다.
• 지문에 이어지는 내용: 이후 한 상궁은 최 상궁과의 음식 경연에서 이겨 최고 상궁이 되고, 장금이 박명이의 딸임을 알게 된다. 한편 주상이 갑자기 쓰러지자, 한 상궁과 장금은 역모를 꾀했다는 누명을 쓰고 제주 관아의

관비로 내쳐진다. 제주로 가는 도중 한 상궁은 숨을 거두고, 장금은 제주에서 장덕에게 의술을 익혀 궁에 돌아온다. 의녀 교육을 마치고 내의원에 배정된 장금은 중전의 병을 정확히 진단하고, 대비와 임금, 대군의 병까지 치료함으로써 신임을 얻는다. 그리고 마침내 최 상궁의 음모를 밝혀내고 왕으로부터 대장금의 칭호를 받는다.

● **주제** 태평관의 음식을 담당하여 정사의 인정을 받는 장금

★ **작품 전체의 주제:** 서장금의 시련과 그 극복 과정

● **어휘 및 어구 풀이**
• 정사(正使): 사신 가운데 우두머리가 되는 사람.
• 미간: 두 눈썹의 사이.
• 장번 내시: 장기간 궁중에서 유숙하며 교대하지 않고 근무하는(번을 서는) 내시.
• 태평관: 조선시대 때 명나라 사신을 접대하던 숙소.
• 불경(不敬): 존경하는 마음이 없음(不, 아닐 불). ㈜ 무례
• 능멸한: 업신여기어 깔본(능욕, 모멸).
• 나인: 궁녀. 궁궐에서 왕과 왕비를 가까이 모시는 사람.
• 산해진미(山海珍味): 산과 바다(해양)에서 나는 진귀한 재료로 차린, 맛(味, 맛 미)이 좋은 음식.
• 지병: 오랫동안 낫지 않고 지속되어 온 병.
• 소갈: 갈증으로 물을 많이 마시는 병.

★ **기출 답지로 작품과 문제 완전 정복**

장금이 요양 중인 보모상궁의 수발을 들러 간 대목 ⤺
• <u>2013학년도 9월 고2 전국연합학력평가(A형)</u>와 <u>2012학년도 6월 고3 모의평가</u>에서 출제된 대목은 이 글과 달라 답지를 제시하지 못했다.   ⤷ 박 나인이 서천수를 만나는 대목

01 자료를 활용한 감상   정답 ④

◉ **④가 정답인 이유** S# 56의 "그동안 나는 맛있고 기름진 음식만을 탐해 왔소."에서 정사가 '만한전석'과 같이 건강을 해치는 음식을 선호한 것을 알 수 있다. 하지만 장금이 이를 보고 음식을 먹는 자의 도리를 지키지 않는다고 말하지 않았다.

한편 '음식을 먹는 자의 도리(나를 해치는 음식을 먹는다는 것은 말이 안 됨.)'에 대해서는 장금이 아닌 정사가 말했다.

▶ **정답의 근거** 위 '④가 정답인 이유' 참조
가장 많이 질문한 오답은? ③

✘ **③이 오답인 이유** S# 56의 끝 부분 "네(장금)가 올린 음식이 처음에는 풀 냄새만 나더니 먹으면 먹을수록, 그 재료 고유의 맛이 느껴지면서 참으로 맛있었다. 또 다른 맛의 공간이더구나."에서 '정사는 장금이 만든 음식에서 '재료 고유의 맛'을 느끼며 건강을 지키는 것과 맛에 대한 욕망이 조화를 이룰 수 있음을 깨닫게 되는' 것을 알 수 있다.

① S# 56에서 정사가 "지병인 소갈을 얻었음에도, 사람이란 참으로 약한 존재인지라, 알면서도 그런 (기름진) 음식을 끊을 수가 없었소이다."라고 한 것에서 '맛에 대한 욕망을 제어하지 못하였음을 알 수 있다'.

② S# 49에서 장금은 정사가 미간을 찌푸리는 것을 알면서도 '생선'과 '산나물'을 이용하여 만든 음식을 올리고 있다. 장금이 이렇게 한 까닭은 S# 56에 드러나 있는데 '먹는 사람에게 해가 되는 것을, 올려서는 안 된다는 것', 즉 정사의 건강을 우선시했기 때문이라는 것을 알 수 있다.

⑤ S# 56의 "그 어떠한 경우에도(위험한 상황이라 하더라도), 먹는 사람에게 해가 되는 것을, 올려서는 안 된다는 것입니다. 그것이 음식을 하는 자의 도리라 하셨습니다."에서 '음식을 하는 자의 도리'를 지키고자 하는 장금의 소신(굳게 믿거나 생각하는 바)을 확인할 수 있다.

02 인물의 태도와 심리 추리   정답 ⑤

◉ **⑤가 정답인 이유**   지문의 마지막에서 정사는 "가는 날까지 내 음식은 고집불통인 네 스승(한 상궁)과 너(장금)에게 맡기겠노라!"고 했다. 이 말에서 장금에 대한 정사의 신뢰를 엿볼 수 있다. 정사는 자신이 떠나는 날까지 음식을 준비하라고 할 만큼 장금에 대한 신뢰를 보인 것이다.

▶ **정답의 근거**   정사의 마지막 말

① 한 상궁이 정사의 뜻을 알고 있었는지에 대해서는 지문을 통해 알 수 없다. 다만 한 상궁은 위험이 닥쳐도 먹는 사람에게 해가 되는 것을 올려서는 안 된다고 장금을 가르쳤다는 것을 S# 56에서 알 수 있다.

② 장금과 금영이 정사가 먹을 음식을 준비한 것은 맞지만, '함께' 준비한 것은 아니다.

③ 오겸호가 정사에게 권한 음식은 장금이 만든 것이 아니라 최상궁과 금영이 만든 만한전석*이고, 정사는 만한전석을 먹으며 미간을 찌푸리지 않았고(S# 55), 또 "오늘의 만한전석은 참으로 훌륭하였소."(S# 56)라고 한 것으로 보아 억지로 먹고 있었던 것도 아니다.

> *만한전석: 만주족과 한족의 요리를 두루 갖춘 고급 요리.

④ S# 55에서 오겸호가 "오늘부터는 만한전석을 올릴 것입니다!"라고 하자, 정사는 "만한전석을?" 하며 놀란다. 이로 보아, 정사는 만한전석을 준비하라고 지시하지 않았고, 따라서 오겸호가 정사의 지시에 불만을 가지고 있었다는 것도 적절하지 않다.

03 연출 계획의 적절성 판단   정답 ④

◉ **④가 정답인 이유**   S# 49에서는 다음과 같이 장금이 음식을 준비(ㄱ)하고, 장금이 준비한 음식을 먹고는 사신이 미간을 찡그리는 부분에서 사신의 평가(ㄴ)를 엿볼 수 있다.

> ㄱ. 장금이 음식을 준비하는 장면: 각종 산나물과 된장찌개를 정갈하게 무치고 끓이고, 흰 생선 살을 잘 발라내고, 생선 살을 넣은 두부로 두부전골을 끓이는, 말린 나물과 버섯들을 걷어 가는, 대나무 밥을 하는
>
> ㄴ. 장금이 준비한 음식에 대한 사신의 평가: 먹으며 가운데 미간이 찡그려진다, 역시 가운데 미간이 찡그려지는 정사, 미간이 심하게 찡그려지는 사신, 먹고는 미간을 찡그리는 사신

그런데 '사신의 시식(시험 삼아 먹어 봄.)'의 경우, 사신이 음식을 먹기는 하지만, 맛이나 요리 솜씨를 알아보기 위해 시험 삼아 먹어 보는 장면은 없다는 점에서 △ 정도로 볼 수 있고, '장금의 기대'는 드러나 있지 않으므로 ④는 S# 49의 제작을 위한 회의 내용으로 적절하지 않다.

▶ **정답의 근거**   위 '④가 정답인 이유' 참조

가장 많이 질문한 오답은? ②, ① 순

✕ **②가 오답인 이유**   '다음 날은'에서 S# 49는 이틀에 걸친 사건을 다루고 있다는 것을 알 수 있고, 장금이 음식을 준비하고 사신이 먹는 부분에서 사건을 짧은 장면으로 이어 붙인 것도 확인할 수 있다. 그리고 지문의 맨 아래 주석에서 '각각 촬영한 화면을 이어 붙인' '몽타주 기법'은 '사건을 속도감 있게 보여 주는 효과를 나타내기도' 한다고 했으므로, 사건이 속도감 있게 전달될 수 있도록 편집하면 좋겠다는 ②는 회의 내용으로 적절하다.

✕ **①이 오답인 이유**   '각종 산나물과 된장찌개를 정갈하게 무치고 끓이고'와 '흰 생선 살을 잘 발라내고'에서 음식을 정성스럽게 만드는 장금을 엿볼 수 있다. 따라서 이를 강조할 필요가 있고, 장금이 음식을 만드는 손을 클로즈업(p.10 참조)하면 장금의 솜씨를 강조하는 데 효과적이므로 ①은 회의 내용으로 적절하다.

③ '오겸호, 불안하고', '오겸호, 불안'에서 불안해하는 오겸호를 담은 장면이 반복되고 있다. 따라서 배우(오겸호 역)의 표정 연기를 통해 긴장감이 고조되도록 연출을 하면 좋겠다는 ③은 회의 내용으로 적절하다.

⑤ S# 56의 정사의 대사 "나는 조선의 사람도 아니며"를 통해 S# 49는 조선 시대를 배경으로 하고 있다는 것을 알 수 있다. 따라서 당시의 의복과 소품을 고증*하여 준비하면 사실성이 드러날 수 있으므로 ⑤는 회의 내용으로 적절하다.

> *고증(考證): 옛 문헌이나 물건을 고찰하고 증거로 삼아 그 사물이 쓰인 시대나 가치 등을 밝힘.

공부하다 모르는 게 나오면 **안인숙 선생님께 직접 물어보세요!**
http://cafe.daum.net/anin95

(가) 이문열, 「우리들의 일그러진 영웅」

● **갈래** 현대 소설

● **제목의 의미** 정당한 방식이 아닌 폭력과 위협 등으로 아이들 위에 군림했던 엄석대를 빗대어 나타낸 제목이다. 작품 전문의 '자유당 정권이 아직은 그 마지막 기승을 부리고 있던 그해', '석대가 물러난 지 얼마 안 돼 4 · 19가 있었지만' 등을 참고하면, 자유당 정권 말기(이승만 대통령 시절의 1959년)의 모습을 초등학교 교실을 통해 우의적으로(빗대어) 보여 준 것으로 이해할 수 있다.

● **등장인물**

• 나(한병태): 서울에서 시골 초등학교로 전학 간 학생. 서술자. 석대가 학교를 떠난 후 자유와 합리에 대한 예전의 믿음을 회복한다.

• 엄석대: 힘으로 학급을 장악하고 있었으나, 김 선생이 부임한 후 비행(잘못되거나 그릇된 행위)이 탄로 나 학교를 떠난다.

• 김 선생: '나'의 6학년 때 담임. 엄석대를 신임하여 학급을 맡겼던 5학년 담임과 달리, 석대의 잘못을 파헤치고 아이들이 스스로 민주적 절차와 방법으로 학급을 운영해 가도록 지도한다.

● **작품 줄거리**

• **지문 앞 내용**: 자유당 정권 말, 초등학교 5학년이던 나(한병태)는 시골 초등학교로 전학을 가게 되었다. 내가 배정된 학급은, 민주적인 자치회 방식으로 운영되던 서울 학교와 달리, 엄석대라는 급장이 담임 선생님의 신임 하에 청소 검사, 숙제 검사, 처벌권 행사 등을 하고 있었다. 석대는 주먹도 셌지만 공부도 전교 1등을 하고 있었으며, 교묘한 방식으로 자신의 추종 세력을 만들어 학급을 장악하고 있었다. 나는 석대의 독재에 반항할 거리를 찾았으나 오히려 내가 몰리고, 아이들로부터 소외당한다. 결국 나는 저항을 포기하고 석대의 권위에 굴종하는 길을 택하고, 석대는 나를 제2인자로 인정해 주었다. 나는 그림 솜씨가 시원찮은 석대를 위해 미술 시간에 석대의 그림을 대신 그려 주곤 했다. 그런데 반에서 공부 잘하는 친구들이 시험 답안지의 이름을 '엄석대'로 바꾸어 제출하고 대신 석대의 성적을 받는다는 것을 알고 크게 놀랐다. 하지만 석대의 비행을 담임 선생님께 알리지 않았다. 6학년이 되자 새 담임 선생님은 5학년 담임과는 달리 석대를 의심하여, 3월 말 첫 일제고사에서 답안지를 바꿔치기한 애들을 매질했다. 그러자 아이들은 하나씩 석대의 비행을 폭로했고, 선생님은 아이들에게 스스로 학급 자치회를 운영하게 했는데, 아이들은 서툴기는 해도 이내 적응하여 임시 의장단을 구성했다. 그러자 모욕감을 느낀 석대는 교실을 뛰쳐나간다.

• **지문의 '중략' 앞 내용**: 새로운 임원진이 학급을 새롭게 운영하면서 혼란과 소요가 이어졌다. 우리 중 일부는 민주주의의 대의에 충실해 우왕좌왕했고, 일부는 권위주의를 청산하지 못하고 있었다. 건의함은 밀고와 모함으로 활용되어 임원들을 계속 갈아치웠다.

• **지문의 '중략' 내용**: 학교 밖에서는 석대의 보복이 시작되어 석대는 아이들을 학교에 가지 못하게 하고 괴롭히거나 가방을 찢는 등 행패를 부렸고, 아이들은 석대를 몰아낸 것을 후회하기도 하였다.

• **지문의 '중략' 뒤 내용**: 시간이 지나면서 안팎의 문제들이 해결되어 갔다. 담임 선생님은 석대에게 당한 아이들이 함께 힘을 합쳐 석대에 덤비도록 가르쳤다. 그러자 석대는 두 번이나 도망가게 되었고, 이후 다시는 아이들 앞에 나타나지 않았다. 학급 내부에서 발생하는 혼란에 대해 담임 선생님은 모르는 척하며 우리들이 스스로 해결해 나가도록 유도하였고, 한 학기가 지나서야 학급은 정상화되었다. 그 과정을 통해 우리는 스스로가 스스로를 규율(자율)하는 것이 무엇인지 배우게 되었고, 나도 자유와 합리에 대한 예전의 믿음을 회복하게 되었다. 그리고 석대는 서울에 있는 어머니를 찾아갔다는 소문이 들렸다.

> – 시간적 배경: 자유당 정권 말기인 1959년~1960년의 4 · 19 혁명 이후('나'가 초등학교 5~6학년 때)
> – 공간적 배경: 시골 초등학교의 교실과 그 주변

• **지문에 이어지는 내용**: 그 뒤 나는 입시에 매달려 겨우 괜찮은 중학교에 진학하였고, 일류 고등학교와 대학을 나왔으며, 대기업에 들어갔다가 고급 세일즈에 뛰어들어 대기업 상품을 팔았다. 삼십 대 중반에 들어서 주위를 둘러보고 급하게 집을 팔고 벤처사업 대리점을 하다가 망해 실업자 신세가 되었고, 그후 사설학원 강사로 다시 일어서게 되었다. 그즈음 석대가 크게 성공했다는 소문이 있었으나, 여름 휴가차 가족들과 함께 기차를 타고 강릉에 내려 출구 쪽으로 가다가 사복형사에게 붙잡혀 수갑을 차고 끌려가는 석대를 목격하게 되었다.

● **주제** 민주적 절차의 확립 과정과 독재에 대한 저항의식의 고취

★ **작품 전체의 주제**: 권력의 허구성과 부조리한 현실에 이기적으로 적응해 가는 소시민적 근성에 대한 비판

● **어휘 및 어구 풀이**

• 파행(跛行): (1) 절뚝거리며 걸음. (2) 일이나 계획 따위가 순조롭지 못하고 이상하게 진행됨을 비유적으로 이르는 말. 여기서는 (2)의 의미로 쓰임.

• 불가항력: 저항하는 것이 **불가**능한 힘(力, 힘 력).

• 자정 능력: **자**기 스스로 깨끗해지는(**정화**) **능력**.

• 씨알도 먹히지 않는: 제기한 방법이나 의견이 받아들여지지 않는.

● **서술상의 특징**

• 시점: 1인칭 관찰자 시점

✔ 작품 속 '서술' 부분에서 '나'가 등장하는가? → ○	1인칭
✔ 인물(주인공: 엄석대)의 심리가 드러나 있는가? → ✕	관찰자 시점

(나) 이문열 원작, 박종원 각색, 「우리들의 일그러진 영웅」

● **갈래** 시나리오

● **어휘 및 어구 풀이**

· 개가(改嫁): 결혼했던 여자가 남편과 사별하거나 이혼한 후 다시 다른 남자와 결혼함.

· 단상(壇上): 교단이나 강단 등의 위.

● **지문 밖 정보**

· 이문열의 동명(**동**일한 **명**칭) 소설을 바탕으로 1992년에 개봉한 영화의 시나리오

· 기본적인 줄거리나 주제는 원작 소설과 같다.

※ (나) 부분은 소설 (가)에 대응되는 부분이다.

★ **기출 답지로 작품과 문제 완전 정복**

※ (나)의 시나리오가 2009학년도 6월 고1 전국연합학력평가에 출제되었으나, 지문으로 제시된 대목(S# 101~S# 107)이 달라 답지를 제시하지 못했다.

---

04 서술상의 특징과 그 효과 파악   정답 ④

◉ **④가 정답인 이유**   [A]의 내용들, 특히 서술어 '뒤였다, 배우게 된 것이었다, 지나야 했다' 등에 쓰인 과거 시제로 보아, [A]는 서술자 '나'가 과거 어린 시절(초등학생 때)에 학급에서 겪었던 일들을 회상한 것임을 알 수 있으며, 그 사건의 의미가 '자정 능력을 기름, 스스로가 스스로를 규율함'이었다고 서술하고 있다.

▶ **정답의 근거**   [A]의 내용들, 특히 서술어

가장 많이 질문한 오답은? ①

☒ **①이 오답인 이유**   [A]와 그 앞뒤의 '우리, 나'로 보아, [A]는 '나'가 자신의 경험을 독백 형식으로 서술하고 있다는 것을 알 수 있다. 그러나 대상(우리 학교, 또는 우리)에 대한 의문을 제시하고 있지는 않다.

나머지 답지들이 [A]의 서술상 특징으로 적절하지 않은 이유도 확인해 보자.

② [A]에 감각적인 묘사나 인물 간의 대립은 나타나지 않는다.

③ [A]에 공간의 이동이나 인물의 심리 변화는 나타나지 않는다.

⑤ [A]는 '들은 바를 전달'하는 것이 아니라 '나' 자신이 경험한 사건을 전달하고 있으며, 사건의 전모(**전**체 **모**습)를 밝히고 있지도 않다.

---

05 자료를 활용한 갈래와 작품의 이해   정답 ①

◉ **①이 정답인 이유**   〈보기〉에서 '소설을 시나리오로 각색할 경우, 갈래의 차이에 따라 여러 가지 변화가 일어'난다고 했고, (가)에서 김 선생이 아이들을 꾸짖는 모습은 (나)의 S# 136에 나타나 있다.

S# 136에서 김 선생은 '(석대에게) 얻어맞고 그게 무서워 결석을 하'는 아이들에게 '절대 피하지 말고 한두 사람으로 안 되면 전부 (석대에게) 덤벼라.'라며 "내 말 알아듣겠나?"고 한다. 하지만, '아이들 중 몇 명이 죽어 가는 소리로 겨우 대답'을 하자, "다시"를 반복하여 아이들의 변화(조금 커진 소리로 → 일제히 힘차게 "네!"라고 답함.)를 이끌어 낸다. 따라서 김 선생이 '다시'를 반복한 것은 아이들이 더욱 힘을 내어 석대에게 맞설 용기를 북돋기 위한 것이고, 아이들은 김 선생의 유도한 대로 변화를 보인다. 따라서 아이들의 변화에 김 선생의 비관적인 모습(✗)을 부각하고 있다는 것은 적절하지 않다.

▶ **정답의 근거**   S# 136에 제시된 김 선생의 말("다시")에 아이들이 보인 반응

가장 많이 질문한 오답은? ③, ④ 순

☒ **③이 오답인 이유**   〈보기〉에서 '소설을 시나리오로 각색할 경우' '소설에 없던 장면을 추가하기도 한다.'라고 했고, (가)에는 석대가 교실에 방화하는 사건이 없는데 (나)에는 S# 137~S# 139에 추가되어 있다. 이는 '학교를 떠난' 석대가 김 선생과 아이들에 대한 보복을 암시하는 것으로 이해할 수 있다.

☒ **④가 오답인 이유**   〈보기〉에서 '소설에서는 인물의 내면 심리나 대상의 변화를 직접 서술할 수 있으나 시나리오는 이를 … 영화적 기법을 통해 표현한다.'고 했는데, (가)의 [A] 아래('학교 생활이 정상으로 돌아감과 아울러 굴절되었던 내 의식도 차츰 원래대로 회복되어 갔다.')에서 직접적으로 서술된 '나'(병태)의 내면이 (나)의 S# 140에서는 병태의 '내레이션(p.10 참조)'('그 후 학교생활은 정상으로 돌아갔고 굴절되었던 내 의식도 원래대로 회복되었다.') 기법을 통해 드러내고 있다.

②와 ⑤가 오답인(적절한) 이유도 알아보자.

② 〈보기〉에서 '소설을 시나리오로 각색할 경우' '특정 내용을 … 다른 장면으로 대체'할 수 있다고 했다. 이를 참고할 때, (가)의 '중략' 아래에서 아이들이 석대와 맞붙을 수 있게 된 것은 (나)의 S# 136에서 아이들이 김 선생의 말에 '일제히 힘차게 "네!" 하고 대답하는 모습으로 대체되고 있다.

⑤ 〈보기〉에서 소설을 시나리오로 각색할 때 '특정 내용을 … 다른 장면으로 대체'하기도 한다고 했다. 이를 참고할 때, (가)의 [A]에서 '학급이 정상으로 돌아가'게 되었다는 것은 (나)의 S# 140에서 새로운 반장을 선출한 후 '박수 치는 아이들'의 모습을 통해 드러내고 있다.

---

06 구절의 의미 이해   정답 ③

◉ **③이 정답인 이유**   ⓐ(석대의 질서)가 포함된 문장에서 ⓐ는 아이들에게 중압을 주던 것이라고 했고, [A]에서 '스스로가 스스로를 규율한다'는 것은 석대가 '학교를 떠'난 뒤 '서로 다투고 따지고 부대끼고 시달리는 그 대여섯 달 동안에 우리'가 '배우게 된 것'이라고 했다. 따라서 ⓐ는 석대가 아이들 '스스로가 스스로를 규율'할 수 있도록 하기 위하여(✗) 만든 것으로 볼 수 없다.

▶ **정답의 근거** '@ 석대의 질서가 주던 중압에서 깨어나지 못한 아이들'과 [A]의 '서로 다투고 따지고 부대끼고 시달리는 그 대여섯 달 동안에 우리는 차츰 스스로가 스스로를 규율한다는 게 어떤 것인가를 배우게 된 것이었다.'

가장 많이 질문한 오답은? ⑤

☒ **⑤가 오답인 이유** 정답에 답한 학생들이 많았지만, 오답지들 중에서는 ⑤에 답한 학생들이 많았다. [A]의 아래에서 '나'는 '다 같이 힘을 합쳐야 할 작업에 요리조리 빠져나가 우리 반이 딴 반에 뒤지게 만드는 아이들을 보게 될 때' '석대의 질서(@)가 가졌던 편의(**편**하고 좋음. ㉤ 편리, 편익)와 효용성을 떠올'렸다고 했으므로, '나'는 @가 학급에 '편의와 효용성'을 제공했었다고 생각한 것은 맞다. 그리고 '그것도, 금지돼 있기에 더 커지는 유혹 같은 것에 지나지 않았다.'고 한 것에서, '나'는 @가 '지금은 되돌릴 수 없는 것이라고 생각한다.'는 것도 적절하다.

① '중략' 위에서 '임원진으로 뽑힌 아이들' 중 일부가 '석대 식의 권위주의*를 청산*하지 못해 은근히' '작은 석대를 꿈꾸'었다고 한 것에서, 학급의 일부 임원들이 '작은 석대를 꿈꾸'는 것은 아직 @에서 벗어나지 못했기 때문으로 볼 수 있다.

> * 권위주의: 권위(**권**력, 지**위**)를 내세우는 태도(또는 사고방식). ※ '권위 있는 것'은 '특정 분야에서 뛰어나다고 인정받고 영향을 끼칠 수 있는 능력이 있다는 것'이므로 긍정적인 의미를 지니는 반면, '권위주의적(=권위적)인 것'은 '지위나 권력을 내세우며 상대를 억압하는 것'이므로 부정적인 의미를 담고 있다.
> * 청산(淸算): 과거의 부정적 요소를 깨끗이 씻어 버림.

② [A]의 '우리 학급이 정상으로 돌아가는 데는 거의 한 학기가 다 소비된 뒤였다.'와 [A] 아래의 '석대의 질서(@)가 가졌던 편의와 효용성을 떠올릴 때가 있었'다고 한 것에서, '내부에서 일어나는 혼란'은 '거의 한 학기가 다 소비'될 만큼 쉽게 해결하지 못했고, 이는 @를 대체할 수 있는 것을 마련하지 못했기 때문으로 볼 수 있다.

④ '내 의식'이 '굴절되었'다는 것은 '자유와 합리에 대한 믿음'이 없었다는 것이고, 그 이유는 '가끔씩'이지만 '석대의 질서가 가졌던 편의와 효용성을 떠올릴 때가 있었'다는 것에서 @에 익숙해져 있었기 때문으로 볼 수 있다.

07 구절의 의미와 기능 파악
정답 ⑤

◉ **⑤가 정답인 이유** ⑩ 앞에서 담임 선생님(김 선생)은 "이제는 너희들이 제자리를 찾은 것 같구나."라고 했고, ⑪에서 황영수(새 급장)가 말하자, 아이들이 '박수 치'고, '전에와는 다른 모습'이라고 한 것으로 보아, 새 급장(황영수)은 선생님과 아이들에게 인정받고 있음(인정받지 못하고 있음 ☒)을 알 수 있다. 새 급장이 '단상에 오르지 않은' 것은, 단상(교단) 위에 선생님이 계시기 때문에, 또는 '봉사하는 급장'의 자세를 보인 것으로 볼 수 있다.

▶ **정답의 근거** ⑪ 앞뒤의 내용

① ㉠(안팎의 도전들)은 석대가 학교를 떠난 후 학급 안에서 '학급의 일이 갈팡질팡하는 것과 학급 밖에서 아이들이 석대로부터 괴롭힘을 받는 문제 상황들을 의미한다.

② ㉡(우리 중에서 좀 별나고 당찬)은 학급 아이들 중 처음으로 '석대와 맞붙은' '소전거리* 아이들'의 특성을 나타낸다.

> * 소전거리: 소를 사고파는 장이 있는 거리.

③ ㉢(책 한 권씩을 나눠 주며)은 김 선생이 '석대와 맞붙은' 소전거리 아이들 다섯에게 한 행동으로, 이것은 '다음 날 미창 쪽' 아이들도 석대와 맞붙는 효과를 가져왔다.

④ ㉣(제7차 급장 선거)에서 급장 선거가 '제7차'라는 것은, 김 선생의 "좀 혼란했던 기간이 있긴 했지만 이제는 너희들이 제자리를 찾은 것 같구나."까지 고려할 때, 그동안 학급에 여러 차례 혼란이 거듭되어 왔음을 보여 준다.

08 자료를 활용한 감상
정답 ①

◉ **①이 정답인 이유** (가)의 '중략' 위에서 '새로 생긴 건의함은 올바른 국민 탄핵제도의 기능을 하기보다는 밀고*와 모함*으로 일주일에 하나씩을 (학급) 임원들을 갈아치웠다.'고 했다. 〈보기〉에서는 공동선(共同善)*을 실현하기 위해 시민들(학급 아이들)은 '덕성을 바탕으로' '적극적으로 참여'해야 한다고 했으므로, '새로 생긴 건의함'은 학급의 공동선을 실현하기 위한 기능을 수행한 것이 아니다.

> * 밀고: 남몰래(비밀스럽게) 넌지시 일러바침(고자질함).
> * 모함: 나쁜 꾀(**모**략)를 써서 남을 어려움(**함**정)에 빠지게 함.
> * 공동선(共同善): 공동의 선. 개인이 아니라 사회에 선(善, 올바르고 착하여 도덕적 기준에 맞는 것)이 되는 것.

▶ **정답의 근거** 위 '①이 정답인 이유'에서 밑줄 친 부분

가장 많이 질문한 오답은? ③, ④ 순

배경지식을 바탕으로 ①의 '건의함'은 건의하는 내용을 담는 긍정적인 기능을 할 것이므로 ①은 적절하다고 판단하여 ③이나 ④에 답한 경우가 많았다. 국어 문제에서는 지문에서 밑줄 친 부분이나 굵은 글씨로 표시한 구절인 경우, 해당 부분만 살펴봐서는 안 되고, 그 앞뒤에 전개된 내용을 꼼꼼히 살펴 해당 구절을 답지와 같이 이해할 수 있는지 판단해야 한다는 것을 새기도록 하자.

☒ **③이 오답인 이유** (가)에서 '자치회가 끝없는 입씨름으로 서너 시간씩 계속돼도' 담임 선생님은 '언제나 가만히 지켜보고 있을 뿐 충고 한마디 하는 법이 없었다.'고 했다. '끝없는 입씨름'이 계속되는 상황에서는 충고를 해야(잘못을 타일러야) 하는데도 충고하지 않았다는 것이다. 〈보기〉에서는 '공동선에 대한 토론에서 시민들이~다른 사람의 선택권을 존중해야 한다'고 했으므로, '자치회가 끝없는 입씨름으로 서너 시간씩 계속'된 것은 '아이들이 공동선을 위한 토론에 익숙하지 않은 모습을 나타낸 것'으로 볼 수 있다.

X **④가 오답인 이유** [A] 아래에서 '새로운 급장 선거에서 기권표를 던질 때만 해도 머뭇거리던 내 시민 의식'이라고 했다. 〈보기〉에서는 '자기 통치에 참여한다는 것은 공동선(共同善)에 대하여 동료 시민들과 함께 고민하고 그것을 실현하기 위해 적극적으로 참여하는 것을 뜻한다.'고 했으므로, '내'가 '새로운 급장 선거에서 기권표를 던'졌던 것은 '아직 자기 통치에 참여할 준비가 되지 않아서'로 볼 수 있다.

②와 ⑤가 오답인(적절한) 이유도 따져 보자.

② ⓒ 아래에서 '학급의 일이 갈팡질팡해도 담임 선생님은 철저하게 모르는 척했다.'고 했고, [A]에서는 '우리를 지켜보기만 했던 담임 선생님의 깊은 뜻을 이해하는 데는' 많은 세월이 지나야 했다.'고 했다. 〈보기〉에서는 '올바른 사회를 위해서는 시민이 덕성을 바탕으로 자기 통치에 참여해야 한다'고 했으므로, 선생님의 깊은 뜻은 '아이들이 자기 통치를 할 수 있는 능력을 스스로 기르도록 하기 위해서'로 볼 수 있다.

⑤ [A]의 아래에서 '다 같이 힘을 합쳐야 할 작업에 요리조리 빠져나가 우리 반이 딴 반에 뒤지게 만드는 아이들을 보게 될 때' '나'는 '석대의 질서가 가졌던 편의와 효용성을 떠올릴 때가 있었다'고 했다. 이 아이들은 〈보기〉의 '자기 통치'에 참여하지 않는(공동선에 대하여 동료 시민들과 함께 고민하고 그것을 실현하기 위해 적극적으로 참여하지 않는) 시민에 해당한다고 볼 수 있다.

9~10 극 문학(시나리오)

> **김동리 원작, 홍윤정 · 동희선 각색, 「역마」**
>
> ● **제목의 의미** '역마'란 한곳에 정착하지 못하고 늘 분주하게 멀리 돌아다녀야 하는 액운을 가리킨다. 10번 문제의 〈보기〉를 참고할 때, 이 제목은 인물들의 운명적인 삶을 나타낸 것으로 이해할 수 있다.
>
> ● **등장인물**
> · 성기: 사랑하는 계연을 떠나보낸 후 나그네길에 오른다.
> · 계연: 체 장수의 딸로, 자신과 성기의 관계를 눈치채고 성기를 떠난다.
> · 옥화: 성기의 어머니로, 성기의 역마살을 없애고자 노력하지만 결국 실패하고 만다.
>
>
>
> ● **작품 줄거리**
> · **지문 앞 내용**: 화개 장터에서 어머니에게서 물려받은 주막을 운영하는 옥화는 아들 성기의 역마살을 없애기 위해 성기를 쌍계사에 보내기도 하고, 길순과 맺어 주려고도 하는 등 갖은 노력을 기울인다. 어느 날 장터를 떠돌

며 살아가는 체 장수 영감이 딸 계연을 옥화에게 맡긴 뒤 길을 떠나자, 옥화는 계연을 성기와 결혼시킬 마음으로 성기와 가깝게 지내게 하고, 둘은 서로 사랑하게 된다. 그러나 우연히 계연의 귓바퀴에 난 사마귀를 본 옥화는 계연이 자신의 이복동생일지 모른다는 생각을 한다. 체 장수 영감이 돌아오자 옥화는 자신의 예감이 맞다는 것을 확인하는데, 체 장수 영감은 과거 남사당패의 우두머리였고, 주막집 홀어미인 자신의 어머니와 하룻밤 인연을 맺었던 것. 따라서 계연은 옥화와 이복 자매 사이인 것이다. 결국 옥화는 체 장수에게 계연을 데리고 떠나게 한다.

· **지문의 '중략' 앞 내용**: 성기는 계연을 떠나지 못하게 붙잡지만, 계연은 도시에 가서 살겠다며 주막을 나선다. 세 갈래 길 중 구례 쪽으로 가는 부녀의 뒷모습을 보며 성기는 절망에 빠진다.

· **지문의 '중략' 내용**: 그 후 성기가 앓아눕게 되자 건강을 되찾는 것이 어렵다고 판단한 옥화는 성기에게 계연이 자신의 이복동생이라는 사실을 알려 준다. 그리고 몇 달이 지난 후 성기는 자리를 털고 일어난다.

· **지문의 '중략' 뒤 내용**: 봄이 다가오자 화개 장터가 점차 활기를 되찾는데, 보따리를 둘러멘 성기는 옥화에게 자신을 잡지 말아 달라며 성큼성큼 주막을 나선다.

· **지문에 이어지는 내용**: 주막을 나선 성기는 세 갈래 길에서 잠시 계연이 떠나간 구례 쪽을 바라본 후 하동으로 들어서고, 옥화는 우두커니 서서 눈물을 흘린다. 길 위를 걷는 성기는 가벼운 발걸음으로 구성진 육자배기 가락을 흥얼거린다.

● **주제** 성기와 계연의 이별 및 나그네길을 떠나는 성기

★ **작품 전체의 주제**: 운명에의 순응과 그에 따른 인간의 구원

● **어휘 및 어구 풀이**
· 화개: 경상남도 하동 지역의 옛 지명. 경상남도 하동군과 전라남도 구례군 · 광양시의 접경 지역에 있다.
· 역마살: 한곳에 머물지 못하고 늘 분주하게 이리저리 떠돌아다녀야만 하는 액운.
· 이복동생: 다른[이방인: 다른 나라 사람] 배(복부)에서 태어난 동생. 아버지는 같고 어머니가 다른 동생.
· 추호: '가을철(춘하추동)에 털갈이하여 새로 돋아난 짐승의 가는 털(호발)'이란 뜻으로, 매우 적거나 조금인 것을 비유적으로 이르는 말.

● **지문 밖 정보**
· 동양적이며 한국적인 운명관의 하나인 역마살을 소재로 한 작품
· 남사당패(나중에 체 장수가 됨.)에게서 옥화를 낳은 옥화 모, 떠돌이 중으로부터 성기를 낳게 된 옥화, 나그네의 길에 오르는 성기 등 역마살이라는 운명에 매여 있는 토착적 한국인의 의식 세계를 보여 주는 작품
· 원작 소설에 비해 사투리를 많이 사용하여 현장감을 살림.

- 「역마」의 인물들이 보여 주는 생각과 행동은 적극적이지 않고 비합리적이어서, 주체적으로 자기 삶의 방향을 결정하는 현대인들이 공감하기 힘들다는 비판이 있다.
- 김동리는 「역마」의 인물들을 통해, 운명을 수용하는 것이 운명에 패배하는 것이 아니라 세계와 조화되는 것이며, 이는 우리 민족의 전통적 삶의 방식이라고 여겼다.

– 2013학년도 9월 고3 모의평가

09 시나리오의 특징 이해 및 적용 정답 ④

◎ ④가 정답인 이유 #107에서 '사당패의 꽹과리와 징 소리'는 점점 커진다고 했다. 그런데 ④에서는 '처음에는 크게 들렸다가 점점 작아지는 것으로 설정해야겠다'고 했으므로 ④는 연출자가 고려할 내용으로 적절하지 않다.

▶ 정답의 근거 #107의 '사당패의 꽹과리와 징 소리 점점 커지고–'
① #101 주막 마당/뒤꼍'으로 볼 때, #101은 주막이라는 배경이 잘 드러날 수 있는 곳에서 촬영해야 한다.
② #101에서 성기는 "니가 와 이라는지는 모르겠지만… 부탁이다. 바른대로 말해라. 니가 여기가 싫다면 같이 뜨자. 다른데 가서 살자고. 니… 내 좋아허잖냐. 응? 응?" 하며 계연을 다그친다. 이 장면을 촬영할 때 성기 역을 맡은 배우는 답답함을 참을 수 없다는 듯이 연기하도록 해야 한다.
③ #102에서 계연은 성기를 떠난다. 사랑하지만 떠날 수밖에 없는 상황이란 점에서 이 장면을 촬영할 때에는 구슬픈 분위기의 배경음악을 사용하는 것은 적절하다.
⑤ #108에서는 성기가 집(주막)을 떠난다. 떠나는 성기의 뒷모습을 묘사한 부분, 즉 '등에 멘 보따리 틈으로 햇빛에 반짝이는 꽹과리의 몸체와 함께 빨간 표지의 책이 보인다.'로 볼 때, 이 장면을 촬영할 때에는 성기의 뒷모습이 잘 드러날 수 있도록 해야 한다.

10 자료를 활용한 감상 정답 ③

◎ ③이 정답인 이유 〈보기〉에서는 '이 작품(「역마」)에서 인물들의 삶은 자신의 의지나 선택에 의해 바뀌지 않는 운명적인 것'이라고 했다. 이 관점을 지문 내용에 적용하면 '성기'와 '계연'이 결혼하지 못하는 것은 운명적인 것으로 볼 수 있다. 또 '처음에는 운명적 질서를 거부(결혼하려 함)하지만 결국 받아들이게 된다(결혼하지 못함).'고 한 점을 고려하면 '성기'가 '계연'과 결혼하려는 것은 운명적 질서를 수용하려는 것이 아니라 거부하려는 것이므로 ③은 적절한 감상이 아니다.

▶ 정답의 근거 위 '③이 정답인 이유' 참조
① 〈보기〉에서 '이 작품에서 인물들의 삶은 자신의 의지나 선택에 의해 바뀌지 않는 운명적인 것이다.'라고 했다. 이로 보아, #102에서 '계연'이 떠나는 것은 자신의 의지가 아닌, 운명적인 것으로 이해할 수 있다.
② 〈보기〉에서 '주인공을 둘러싼 인물들은 처음에는 운명적 질서를 거부하지만 결국 받아들이게 된다.'라고 했다. 이로 보아, #108에서 '성기'가 집을 떠나는 것은 운명적인 삶을 받아들인 것으로 이해할 수 있다.
④ #108의 '성기의 보따리를 잡은 채 발악하듯 매달리는 옥화'에서 '옥화'가 '성기'에게 매달리는 것은 '성기'가 떠나는 것을 막는 것으로, 이는 '성기'의 역마살(운명적인 것)을 거부하려는 행위로 이해할 수 있다.
⑤ 〈보기〉에서 '정착하지 못하고 떠돌아다녀야 하는' 인물들의 삶은 '일반적인 사회 통념*에서 보면 고달픈 삶'이라고 했다. '앞부분의 줄거리'에서 '체 장수 영감'은 '장터를 떠돌며 살아'간다고 했으므로, '체 장수 영감'이 장터를 떠도는 것은 일반적인 사회 통념에서 보면 고달픈 삶으로 이해할 수 있다.

* 통념(通念): 일반적으로 널리 통하는 생각(상념, 개념).

✔ 매일 복습 확인 문제

1 다음의 (   ) 안에 들어갈 용어로 알맞은 것은?

시나리오 「대장금」에서 '각종 산나물과 된장찌개를 정갈하게 무치고 끓이고'와 '흰 생선 살을 잘 발라내고' 등 주인공 장금이 음식을 정성스럽게 만드는 장면을 연출할 때 장금의 손을 (   )하면 장금의 솜씨를 강조하는 데 효과적이다.

① 몽타주 ② 내레이션 ③ 클로즈업
④ 오버랩 ⑤ 플래시백

2 왼쪽에 제시된 어휘와 의미가 유사하거나 관련이 있는 말을 오른쪽에서 찾아 서로 줄로 이으시오.

(1) 능멸 ·   · ㉮ 모멸
     · ㉯ 파멸
(2) 추호 ·   · ㉰ 매우 많음.
     · ㉱ 매우 적음.

정답 1. ③ 2. (1) ㉮ (2) ㉱

매3 주간 복습[문제편 p.60]을 활용하여, 일주일 동안 공부한 내용을 복습합니다. 특히, 다시 보기 위해 메모해 둔 것과 △ 문항은 **꼭** 다시 챙겨 볼 것!

정답   **01** ①   **02** ④   **03** ⑤   **04** ①   **05** ③   **06** ④
       07 ②   **08** ②   **09** ②   **10** ④   **11** ①

1~3 고전 소설

작자 미상, 「금방울전」

● **제목의 의미** 금방울의 모습으로 태어난 '금방울'에 대한 이야기로, 주인공을 제목으로 삼았다. '앞부분의 줄거리'에서 금방울은 전생에 남해 용왕의 딸로, 동해 용왕의 아들인 해룡과 부부였다고 했다.

● **등장인물**

· 해룡: 전생에 동해 용왕의 아들이었으나, 이생에 장 공의 아들로 태어났다. 피란 도중에 부모와 헤어져 변 씨의 집에서 자라며 온갖 구박을 받고 죽을 위기에 처하지만, 금방울의 도움으로 극복해 간다.

· 변 씨: 자신의 아들인 소룡만 챙기고, 해룡에게는 추운 겨울에 방아질하기, 호랑이가 나타나는 구호동의 밭 갈기 등을 시키며 죽기를 바란다.

· 금방울: 주인공. 금방울의 모습으로 태어난 남해 용왕의 딸로, 신이한 능력으로 해룡이 위기를 극복하도록 돕는다.

● **작품 줄거리**

· **지문 앞 내용**: 옥황상제는 남해 용왕의 딸 용녀와 동해 용왕의 아들 용자가 죄를 짓자 인간 세상으로 내친다. 용자는 장원(장 공)의 아들 해룡으로 태어나는데, 피란을 가다가 부모와 헤어져 장삼이라는 도적의 집에서 자라게 된다.

한편 효성이 지극한 막 씨는 꿈에 옥황상제로부터 아이를 점지받고, 죽은 남편의 혼과 동침해서 금방울을 낳는다. 막 씨는 괴물을 낳은 것에 놀라 금방울을 없애려고 갖은 방법을 동원하지만, 금방울은 오히려 온갖 재주로 어머니를 돕는다. 이 무렵 장 공의 부인은 해룡을 잃은 상심에 병을 얻어 죽을 지경에 이르는데, 금방울이 보은초를 가져와 부인을 살려낸다. 이에 장 공 부부가 금방울을 사랑하며 이름을 '금령'이라 지어 주고, 금방울은 장 공의 부인과 막 씨 사이를 오가면서 사랑을 받다가, 장 공에게 해룡의 모습을 그린 족자를 가져다준 뒤 사라진다.

· **지문 내용**: 이때 해룡은 장삼이 죽은 후 그 부인인 변 씨에게 갖은 학대를 당하고 있었다. 어느 겨울밤 해룡은 변 씨의 명으로 방아질을 하다가 추위를 견딜 수 없어 방으로 들어갔는데 갑자기 방 안이 따뜻해졌고, 방앗간에 나가 보니 방아가 다 찧어져 있었다. 방으로 돌아오니 방울이 있었는데, 아무리 잡으려 해도 잡히지 않았다.

변 씨는 해룡이 얼어 죽었을 것이라고 생각했다가, 방에서 자고 있는 것을 보고 놀라 어떻게든 해룡을 죽여 없앨 생각으로 호환이 자주 일어나는 구호동 논밭으로 보낸다. 해룡은 구호동에서 밭을 가는데 갑자기 호랑이가 달려들어 위급한 상황에 처한다. 이때 금방울이 달려와 호랑이를 거꾸러뜨린다. 변 씨가 해룡이 호랑이에게 물려 죽었을 것이라고 생각하며 기뻐하고 있을 때 해룡이 큰 호랑이 두 마리를 끌고 왔고, 해룡이 제 방으로 들어가 보니, 방울이 먼저 와 있었다.

· **지문에 이어지는 내용**: 변 씨의 구박을 견디다 못한 해룡은 집을 나와 산중으로 들어가는데, 요괴를 만나 위태롭게 된다. 이때 금방울이 나타나 요괴에게 대신 먹히는데, 해룡이 금방울을 구하려고 굴 속으로 들어가 요괴를 찔러 죽이자, 요괴의 가슴에서 금방울이 굴러나온다. 해룡은 요괴에게 납치되었던 공주를 구해서 돌아오고, 황제는 해룡을 부마로 삼는데, 금방울의 도움으로 쳐들어온 흉노까지 물리친 해룡은 좌승상이 된다. 이후 금방울은 껍질을 깨고 아름다운 여인으로 변신하여 해룡의 친부모를 찾아 주고, 황제는 금방울을 황후의 양녀로 삼아 금령 공주라 명하고 해룡과 혼인시킨다. 이후 해룡은 부귀공명으로 일생을 누리다가 두 부인과 함께 신선이 되어 하늘로 올라간다.

● **주제** 주인공(해룡을 돕는 금방울)의 신이한 능력

★ **작품 전체의 주제**: 금방울의 고난과 극복

● **어휘 및 어구 풀이**   ※ 굵은 글씨로 된 어휘는 빈출 어휘임.

· 피란(避亂): **난리**를 피함. 난리를 **피**하여 옮겨 감.

· **내당**: 안주인이 거처하는 방.

· 사지(死地): 죽을(**사망**) 위험이 큰, 매우 위험한 곳(**지**역).

● **서술 및 표현상의 특징**

· 비현실적, 전기적: (추운 겨울밤에) 갑자기 방 안이 대낮처럼 밝아지고 여름처럼 더워져 온몸에 땀이 났다. 방앗간에 나가 보니 밤에 못다 찧은 것이 다 찧어져 그릇에 담겨 있었다, 하얀 눈이 온 세상 가득 쌓여 있는데, 오직 해룡이 자고 있는 사랑채 위에는 눈이 한 점도 없고 더운 기운이 연기처럼 일어나고 있었다. 등

· '금방울'의 영웅적 면모

－ 고귀한 혈통: 용왕의 딸

－ 기이한 출생: 막 씨가 죽은 남편의 혼과 동침하여 잉태되었고, 방울의 모습으로 태어남.

－ 비범한 능력: 신이한 능력으로 주변 사람들을 도움.

－ 시련: 막 씨가 금방울을 없애려고 함.

－ 위기의 극복: 신이한 능력으로 막 씨를 돕고 인정을 받으며, 껍질을 깨고 아름다운 여인으로 변신하여 해룡과 혼인함.

- 적강 모티프: 남해 용왕의 딸과 동해 용왕의 아들이 죄를 지어 인간 세상에 내쳐져 각각 금방울과 해룡으로 환생함.

> *적강(謫降): 신선이 귀양살이(적소−유배지)하러 인간 세상으로 내려옴(하강). 신선이 죄를 지어 인간계로 쫓겨남.
> *모티프: (1) 예술 작품에서 창작 동기가 되는 중심 생각. 예 소설의 모티프를 얻다. (2) 소설 등에서 이야기의 주제를 구성하는 기본 단위. 화소(話素). 예 전쟁 이야기를 다룬 '군담 모티프'. 여기서는 (2)의 뜻으로 쓰임.

★ 기출 답지로 작품과 문제 완전 정복

- 「금방울전」은 비정상적인 모습으로 태어난 주인공이 온갖 고난과 시련을 극복한 후, 방울을 깨고 사람으로 변신하는 과정을 그리고 있다. 금방울은 태어나자마자 어머니로부터 시련을 겪지만, 방울의 모습을 한 채로 자신의 의지를 지니고 다양한 능력을 발휘한다. 또 주인공이면서도 타인을 돕는 조력자로서의 모습을 강하게 지닌다. − 2013학년도 수능

※ 지금까지 기출 문제에 출제된 「금방울전」의 지문 내용을 사건 순으로 정리하면 다음과 같다.

지문 내용(사건 순)	출처
• 금방울을 낳은 막 씨가 괴물을 낳은 것에 놀라 금방울을 없애려 하지만 금방울은 오히려 어머니를 돕는 부분 • 금방울이 해룡의 어머니를 살려 냄으로써 해룡 부모의 사랑을 받게 되고 금령이라는 이름을 얻는 부분	• 2013학년도 수능
• 요괴에게 납치된 금선 공주를 해룡이 금방울의 도움으로 구하는 부분	• 2008학년도 9월 고1 전국연합학력평가

01 세부 내용의 이해 정답 ①

◎ ①이 정답인 이유 [A] 위에서 '변 씨 모자는 추워 잠을 자지 못하고 떨며 앉아 있다가 날이 밝자마자 밖으로 나'왔고, 변 씨는 '해룡이 틀림없이 얼어 죽었겠구나.' 하고 생각하며 '해룡을 불러도 대답이 없'었다고 했다. 변 씨는 잠자는 해룡을 직접 불렀지, 소룡에게 해룡을 깨우라고 지시하지 않은 것이다.

시간 부족 문제,

매일 3개씩 비문학 지문으로
제대로 채점법과 복습법을 지키며 공부하면
해결할 수 있습니다.

▶ 정답의 근거 '이에 변 씨는 생각했다. / '해룡이 틀림없이 얼어 죽었겠구나.' / 해룡을 불러도 대답이 없자'

나머지 답지들에 답한 학생들은 드물었지만, 이들 답지들이 오답인(적절한) 이유도 살펴보자.

② [A] 위에서 해룡은 갑자기 광풍이 일어 눈을 다 쓸어버린 일이 (금)방울이 한 것으로 짐작한다. 하지만 '변 씨는 그 까닭을 전혀 알지 못해 더욱 신통히 여기며 마음속으로 생각'하기를 '분명 해룡이 요술을 부려 사람을 속인 것'으로 생각했다고 했다.

③ [A] 위에서 해룡은 '얇은 홑옷만 입은' 상태로 추운 겨울날 밤에 방아질을 하다가 '추위를 이기지 못해 잠깐 쉬려고 제 방에 들어'갔다고 했다.

④ [A] 위에서 해룡은 방 안에서 '침상 위에 예전에 없었던 북만 한 방울 같은 것이 놓여 있'는 것을 보고 '잡으려 했으나, 방울이 이리 미끈 달아나고 저리 미끈 달아나며 요리 구르고 저리 굴러 잡히지 않자 '더욱 놀라고 신통해' 했다고 했다.

⑤ [A] 아래에서 해룡은 구호동에서 호랑이를 만났지만 금방울의 도움으로 호랑이를 죽일 수 있었다. '해룡이 죽은 호랑이를 끌고 산을 내려오면서 돌아보니, 금방울은 어디로 갔는지 사라지고 없었'는데, 해룡이 집으로 돌아와 '제 방으로 들어가 보니, 방울이 먼저 와 있었다.'고 했다.

02 인물의 말하기 방식 정답 ④

◎ ④가 정답인 이유 [A]는 변 씨가 해룡에게 한 말로, 다음과 같이 제안을 하면서 그것이 서로에게 이익이 됨을 근거로 상대방(해룡)을 설득하고 있다.

변 씨의 제안 및 설득	이익이 되는 근거
• 네(해룡)가 구호동에 있는 논밭을 일구면	• '너를 장가보내고' → 해룡의 이익 • '우리도 네 덕에 잘살게 된다' → 변 씨(와 소룡)의 이익

▶ 정답의 근거 위 '④가 정답인 이유'에서의 표

가장 많이 질문한 오답은? ②

✗ ②가 오답인 이유 ②에 답한 학생들이 제법 많았는데, [A]에서 말하는 사람은 변 씨이고 상대방(=청자)은 해룡이다. 여기서 변 씨가 '요청 사항을 전달'(구호동에 있는 논밭을 일구어 달라)하고 있고, '우리 가산이 점점 줄어들게' 되었다고 한 것을 '자신의 손해를 언급'한 것으로 볼 수도 있다. 그러나 손해가 난 이유를 '가군(남편)이 돌아가신' 것과 관련하여 언급하고 있을 뿐 '상대방'(해룡) 때문이라고 하지 않았다.

나머지 답지들에 답한 학생들은 드물었지만, 이들 답지들이 오답인 이유도 살펴보자.

① [A]에서 지난 일에 대한 책임을 상대방(해룡)에게 전가하고(떠넘기고) 있는 부분은 없다. 또 변 씨는 해룡에게 요청하고 있을 뿐 태도 변화를 촉구하고 있는 것도 아니다.

③ [A]에서 변 씨는 상대방(해룡)의 역할에 대해 의문을 제기하고 있지 않으며, 해룡이 구호동으로 가기를 바라는 자신의 입장을 수정하고 있지도 않다.

⑤ [A]에서 변 씨가 상대방(해룡)이 취하려는 행위를 만류하고(못 하게 말리고) 있는 부분은 없다. 또 해룡과 자신의 관계를 언급하고 있지도 않다.

03 서사 구조의 이해

정답 ⑤

⑤가 정답인 이유 먼저 〈보기〉를 참고하여 지문의 서사 구조*를 정리해 보자.

해룡의 첫 번째 위기와 극복	해룡의 두 번째 위기와 극복
•[위기] 겨울밤에 방아질을 하다 추위를 이기지 못함. ·········· ㄱ	•[위기] 구호동에서 밭을 가는데 호랑이 두 마리가 달려듦. ·········· ㄷ
↓	
•[극복] 금방울이 방을 데워 주고 남은 방아를 찧어 놓음. ·········· ㄴ	•[극복] 금방울이 호랑이를 들이받아 거꾸러뜨리자 해룡이 호랑이를 죽임. ·········· ㄹ

'겉과 속이 다르게 자신(해룡)을 대하는 변 씨의 이중성'은 해룡의 두 번째 위기와 관련하여 [A]의 "다만 너를 그 위험한 곳에 보내면, 혹시 후회할 일이 생길까 걱정이구나."와 '해룡이 기꺼이 허락하고 농기구를 챙겨 구호동으로 가려 하니, 변 씨가 짐짓 말리는 체했다.', 해룡이 호랑이에게 물려 죽었을 것으로 생각했는데 해룡이 나타나자 '변 씨는 크게 놀랐지만 무사히 잘 다녀온 것을 칭찬했다.' 등에 나타난다. 그러나 해룡은 변 씨의 칭찬에 감사할 뿐 변 씨의 이중성에 대해 반발하지 않는다(반발하게 된다 ✗).

> *서사 구조: '서사'는 시간의 흐름에 따라 사건이 이루어지는 것으로, '사건의 구조' 또는 '이야기의 구조'를 뜻함. ※ 소설을 '서사 문학'이라고 한다는 것을 떠올릴 것!

▶ **정답의 근거** 지문 끝의 '해룡이 변 씨의 칭찬에 감사드리고 제 방으로 들어가'

ㄱ과 ㄴ은 [A]의 앞에, ㄷ과 ㄹ은 [A]의 뒤에 나타나 있는데, 오답지들이 오답인 이유도 대부분 위 '⑤가 정답인 이유'의 표에서 확인할 수 있다. 그 근거를 좀 더 구체적으로 알아보자.

① ㄱ(해룡의 첫 번째 위기)은 추운 겨울날 밤 집에서 방아질을 하다가 얼어 죽게 될 상황이고, ㄷ(해룡의 두 번째 위기)은 구호동에서 밭을 갈다 짐승(호랑이)에게 해를 입게 될 상황이다.

② ㄱ은 '눈보라가 내리치는' 추운 겨울밤에 '얇은 홑옷만' 입은 어린 해룡에게 방아질이라는 어려운 과제가 주어지는 상황이고, ㄷ은 '호환(호랑이에게 당하는 환난)'이 자주 일어나 사람을 다치게 하는 구호동에서 논밭을 일구어야 하는 어려운 과제가 주어지는 상황이다.

③ ㄴ(해룡의 첫 번째 위기 극복)으로 인해 변 씨는 '해룡을 집에 오래 두었다가는 큰 화를 당하리라.'고 생각하여, '어떻게든 해룡을 죽여 없앨 생각'을 하므로 ㄴ은 ㄷ을 계획하는 계기가 된다.

④ 해룡의 첫 번째 위기 때 금방울은 해룡의 방을 따뜻하게 하고, 두 번째 위기 때는 해룡에게 달려드는 호랑이들을 들이받아 거꾸러뜨린다. ㄴ과 ㄹ은 신이한(신기하고 이상한) 능력을 지닌 금방울에 의해 주도적으로 진행된 것이다.

4~7 고전 소설

작자 미상, 「토공전」

● **제목의 의미** 토끼에 대한 이야기를 다룬 「토끼전」의 이본(다른 버전)으로, 주인공 토끼를 높여 '토공'이라고 한 점에 주목하며 읽는다.

● **등장인물**

• 토끼: 용궁에서 살아나온 것을 기뻐하며 만수산에서 조용히 살고자 하지만, 뇌공에게 잡혀 천상에서 재판을 받는다.

• 용왕(동해용왕 광연): 옥황의 명령으로 천상에 불려가서, 자신의 병을 고칠 수 있게 토끼를 달라고 간청한다. 토끼를 놓아주라는 판결이 나오자, 문밖으로 나오는 토끼를 잡아 죽이려고 꾀를 내지만 실패한다.

• 옥황(상제): 토끼와 용왕의 송사(소송)를 주관하여, 토끼를 놓아주라고 판결한다.

• 뇌공: 옥황의 명을 받아 만수산에 있는 토끼를 잡아 천상으로 데려오고, 재판이 끝난 후에는 다시 토끼를 만수산으로 압송한다.

● **작품 줄거리**

• **지문 앞 내용**: 동해용왕 광연이 죽을 병에 걸리는데, 한 도사가 토끼의 간이 효험이 있다고 한다. 이에 자라는 자청하여 육지로 가서, 수궁에 가면 높은 벼슬을 준다고 꾀어 토끼를 수궁으로 데려온다. 간을 달라는 용왕의 말을 듣고 자라에게 속았다는 것을 알게 된 토끼는 기지를 발휘하여 간을 육지에 두고 왔다는 거짓말로 용왕을 속인다. 간을 가져온다는 명목으로 다시 육지에 나온 토끼는 자라와 용왕을 꾸짖고 숲속으로 달아난다. 이를 안 용왕은 옥황상제에게 글을 올려 토끼를 다시 용궁으로 보내 달라고 간청한다.

• **지문 내용**: (육지로 나온) 토끼는 만수산 바위 구멍에 숨어 살면서, 욕심부리지 않고 소박하게 살겠다고 다짐한다. 그런데 갑자기 뇌공이 나타나 토끼를 천상백옥경으로 데려간다. 동해용왕까지 천상에 도착하자, 선관은 지필묵을 주며 토끼와 용왕에게 각자 느낀 바를 진술하라고 한다. 용왕은 자신의 지위가 높고 중요한 일을 한다는 것을 강조하며 토끼의 간을 얻어 살고 싶다고 말하고, 토끼는 세상 사람들에게 해를 끼친 일이 없고 목숨의 귀천이 없다는 것을 강조한다. 이에 옥황은 늙으면 죽게 마련이고, 죄 없는 토끼를 죽일 수 없다고 하면서 용왕은 용궁으로, 토끼는 세상으로 보내라고 판결한다. 이날 용왕은 문밖에 나오는 토끼를 죽이려고 하지만 실패한 후 통곡하며 수궁으로 돌아가고, 토끼는 뇌공의 도움으로 만수산으로 돌아간다.

- **주제** 옥황의 판결로 다시 목숨을 건진 토끼/지위와 상관없이 모든 생명이 소중함.

★**작품 전체의 주제**: 위기를 극복하는 토끼의 지혜

● **어휘 및 어구 풀이** ※ 굵은 글씨로 된 어휘는 고전 빈출 어휘임.

- **각설**: 지금까지의 이야기를 그만두고 화제를 돌려 다른 말을 꺼낼 때, 그 첫머리에 쓰는 말. ㉠ 차설
- **일개**: 한낱 보잘것없는 것.
- **뇌공**: 천둥과 번개(**낙뢰**)를 일으키는 일을 맡고 있는 신.
- **백옥경**: 옥황상제가 산다는 하늘의 궁전을 이름.
- **섬돌**: 돌층계. 집채에서 뜰로, 뜰에서 집채로 오르내릴 수 있게 놓은 디딤돌.
- **궤변**: 상대편을 이론으로 이기기 위해 거짓을 참인 것처럼 보이게 하는 말(**변**명, **변**론).
- **전상**(殿上): 궁**전**의 위(**상**위).
- **지필묵**: 종이(한**지**)와 붓(**필**기구)과 먹(**묵**, 먹 묵).
- **조석**: (1) 아침(**조**반)과 저녁(**석**식, **석**양). (2) 썩 가까운 앞날. 여기서는 (2)의 뜻으로 쓰임.
- **편작**: 중국 전국 시대의 명의(병을 잘 고쳐 이름이 난 의사).
- **양의**(良醫): 의술이 뛰어난(우**량**) **의**사. ㉠ 명의
- **백이**: 중국 주나라가 은나라를 침략하여 천하를 통일하자 주나라의 벼슬을 하는 것은 부끄러운 일이라며 수양산으로 들어가 고사리를 캐어 먹다 굶어 죽었다고 함. 지조와 절개를 지킨 사람의 대명사로 일컬어짐.
- **도잠**: 도연명. 중국 동진의 시인으로, 자연을 노래한 시가 많음.
- **처결**: **결**정하여 **처**리함.
- **초연하여**: 현실에서 벗어나(**초**월) 어떤 일에 얽매이지 않고 **태연**하여.
- **압송**: 죄인을 다른 곳으로 보내거나 데리고 옴(호**송**).
- **추상같다**: (호령 등이) **추상**과 같이 위엄이 있고 서슬이 푸르다. ㉠ 엄하다, 매섭다 →가을(**추**석) 서리

● **서술 및 표현상의 특징**

- 동물을 의인화한 우화적 수법으로 인간 사회를 풍자함.
  지배층(용왕)이 민중(토끼)의 생명을 하찮게 여김.
- 고사(故事)의 인용: 소장의 구변이나 양평의 지혜, 백이의 절개
- 전기성: 뇌공이~토끼를 잡아가는데 날아가듯 빨라 잠깐 사이에 남천문 밖에 이르렀다. 토끼가~땅에 엎어졌다가 다시 깨어나 머리를 들고 보니 천상의 백옥경이었다.
- 설의법: ~어찌 대소가 있겠습니까?, ~어찌 원혼이겠는가?, ~토끼인들 어찌 죽음을 싫어하는 마음이 없겠는가?, ~어찌 아는 이가 있겠습니까?

● **지문 밖 정보**

- 「토끼전」, 「별주부전」 등으로 알려진 작품의 이본으로 한문으로 되어 있다(「토공전」은 이야기의 후반부에 송사(p.60 참조) 모티프를 넣은 것이 특징임).
- 판소리계 소설: 판소리로 불리다가 조선 후기에 소설로 정착되었다.

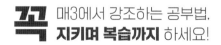
매3에서 강조하는 공부법, **지키며 복습까지** 하세요!

04 사건의 전개 양상 파악
정답①

◎ **①이 정답인 이유** 앞부분에서 토끼는 용궁에서 벗어나 만수산에 숨어 지내는데 '홀연히* 한 떼의 검은 구름이 남쪽으로부터 오더니' '광풍이 일어나 소나기가 쏟아'지고, '우레 소리가 울리고 번갯불이 번쩍번쩍하더니 조용하고 컴컴해져 지척을 분간할 수 없었다.'고 했다. 이를 통해 토끼가 만수산에서 갑작스러운 날씨 변화를 겪은 것을 알 수 있다.

하지만 '이는 필시* 용왕의 조화*야.'로 보아 토끼는 이와 같은 날씨 변화가 '용왕' 때문이라고 생각하고 있다. 그럼에도 불구하고 ①에 답한 학생들이 적었던 것은 '옥황'을 '용왕'으로 잘못 읽었기 때문이다. 용왕은 토끼의 간을 얻어 자기의 병을 낫고자 했고, 옥황은 죄 없는 토끼를 놓아주라고 판결한 만큼, 둘은 서로 다른 존재이다.

> *홀연히: 갑자기.
> *필시: 필히, 반드시, 확실히.
> *조화: 어떻게 된 일인지 그 내막이나 이치를 알 수 없을 정도로 신통하거나 야릇한 일을 꾸미는 재간(재주).

▶ **정답의 근거** 위 '①이 정답인 이유'에서 밑줄 친 부분

가장 많이 질문한 오답은? ②, ③, ④ 순

✘ **②가 오답인 이유** ②를 적절하지 않은 것으로 생각한 학생들이 아주 많았다. 그 이유는 '이는 필시 용왕의 조화야.'에서 토끼는 용왕 때문에 백옥경에 잡혀 온 것으로 생각했기 때문이다. 하지만 토끼가 용왕의 조화라고 생각한 것은 갑작스러운 날씨의 변화이고, 백옥경에 잡혀 온 것은 그 이후이다. '토끼가 혼이 나가고 기운을 잃어 땅에 엎어졌다가 다시 깨어나 머리를 들고 보니 천상의 백옥경이었다. 토끼가 영문*을 몰라 섬돌 아래에 기고 있는데'로 보아, 토끼는 백옥경에서 용왕을 만나기 전까지는 자신이 잡혀 온 이유를 알지 못했다는 것을 알 수 있다.

> *영문: 일이 돌아가는 형편이나 그 까닭.

✘ **③이 오답인 이유** 용궁에서 만수산으로 돌아온 토끼는 '두세 치밖에 안 되는 혀로 만승*의 임금을 유혹하여 용궁을 두루 구경하고 만수산으로 돌아왔으니 비록 소장*의 구변(말솜씨)이나 양평*의 지혜라도 이보다 낫지 못할' 것이라고 했다. 토끼는 자신의 말솜씨가 소장의 말솜씨보다 나으며, 자신의 뛰어난 말솜씨 덕분에 용궁에서 살아 돌아왔다며 자부심을 느끼고 있는 것이다.

> *만승: 만 대의 탈것(승용차)이라는 뜻으로, 천자(통치자)를 이르는 말.
> *소장: 중국 전국 시대의 책략가 소진과 장의를 이르는 말로, 소진은 진나라에 대항하여 6국(한·위·조·연·제·초나라)이 힘을 합치자는 합종책을, 장의는 6국을 설득하여 진나라를 중심으로 동맹을 맺자는 연횡책을 주장함. ※ 소장은 말을 잘하기로 유명하여 우리 속담에 구변 좋은 사람을 가리켜 '소장의 혀'라고 함.
> *양평: 중국 한나라 고조가 천하를 통일하게 도운 장양과 진평을 이르는 말로, 두 사람 모두 지략(지혜와 계략)이 뛰어남. ※ 장양은 자(子)가 '자방'이어서 '장자방'이라고도 함.

✘ **④가 오답인 이유** 토끼는 '용궁을 두루 구경하고 만수산으로 돌아왔'다고 했고, '만수산에 들어가 바위 구멍에 숨어 사니 신세가 태평하고 만사*에 무심*하여' '기쁨을 이기지 못'했다고 했다. 이를 통해 토끼는 용궁에서 만수산으로 돌아온 것에 대해 만족감을 느끼고 있다는 것을 알 수 있다.

> *만사: 여러 가지 일. ㊨ 매사
> *무심: 관심을 두지 않음. ㊨ 무관심

⑤에 답한 학생들은 적었는데, 지문의 시작 부분인 '토끼는 만수산에 들어가 바위 구멍에 숨어 사니' '용왕의 말이 귀에 들리는 듯하고 용궁의 경치가 눈앞에 삼삼하여'에서 이를 확인할 수 있었기 때문이다.

05 말하기 방식의 비교
정답③

◎ **③이 정답인 이유** [A]는 용왕이 진술한 내용으로 용왕은 상제*에게 '병으로 죽게 된 목숨을 구해' 달라고 제안하는데, 제안의 문제점을 인정하고 있는 부분은 없다. [B]는 토끼가 진술한 내용으로 토끼는 상제에게 용왕의 비위를 거슬러 살아남기 어렵고 화를 입을 상황이니 살펴 달라고 말하고 있다. 하지만 '어찌 감히 삶을 구하겠으며 다시 위태로운 땅을 밟아 스스로 화를 받을 것을 알겠습니다.'로 보아, 제안에 대한 확신, 즉 상제가 자신의 부탁(살펴 달라)을 들어 줄 것이라는 확신을 드러내고 있지는 않다.

> *상제: 우주 만물을 창조하고 이를 도맡아 처리한다고 믿어지는 절대자.

▶ **정답의 근거** 위 '③이 정답인 이유' 참조–[A] ✘, [B] ✘

가장 많이 질문한 오답은? ④

✘ **④가 오답인 이유** [A]의 '오늘 이렇게 다시 와 뵈오니 굶은 자가 밥을 얻은 듯하고 온갖 병이 다 나아 고목에 꽃이 핀 듯합니다.'에서 용왕은 자신의 병이 나을 듯하다는 기대감을 보인다. 자신에게 유리한 결과를 기대하는 모습이 나타나 있는 것이다. [B]의 경우, '어찌 감히 삶을 구하겠으며 다시 위태로운 땅을 밟아 스스로 화를 받을 것을 알겠습니다.'에서 토끼는 자신이 화를 입을 것이라고 생각하고 있다. 자신에게 불리한 결과를 예상하는 모습이 나타나 있는 것이다.

나머지 답지들이 오답인(적절한) 이유도 살펴보자.

① [A]의 시작에서 용왕은 '모든 관리들의 장으로서 직책이 사해의 우두머리가 되어' '나라의 신을 받들고' '수많은 백성을 훈육*하고' '임금님의 은혜에 보답하여 왔'다며 자신의 내력을 요약하여 진술하고 있고, [B]의 시작에서 토끼는 '만수산에서 낳고 만수산에서 자라' '산중'에서만 지내며 '출세함을 구하지 않'고 지내왔다며 자신의 내력을 요약하며 진술하고 있다.

> *훈육: 품성이나 도덕 등을 가르쳐(교훈) 기름(육성).

② [A]에서 용왕은 '병이 깊이 들어' '바늘방석에 앉은 듯' 위태롭다고 하였고, [B]에서 토끼는 '결박하여 섬돌 아래 놓으니' '절인 생선이 줄에 꿰인 듯' 속수무책*이고 '전상에서 호령하니 뜨거운 불바람이 부는 듯' 겁이 나서 '화를 받을 것을 알겠다'고 했다. 이를 통해 [A]와 [B]는 모두 비유적 표현을 사용하여 자신이 고난에 처했음을 부각하고 있음을 알 수 있다.

> *속수무책(束手無策): 손(수족)을 묶은(속박) 것처럼 어찌할 대책이 없어(무) 꼼짝하지 못함.

⑤ [A]에서 용왕은 "엎드려 임금님께 비오니 가엾고 불쌍히 여겨 주소서."라며 자신의 요구(불쌍히 여겨 달라)를 제시하고, [B]에서 토끼는 "엎드려 비옵건대 살펴 주소서."라며 자신의 요구(살펴 달라)를 제시하며 진술을 마무리하고 있다.

> *송사(訟事): 소송. 백성끼리 분쟁이 있을 때, 관부(관아)에 호소하여 판결을 구하던 일(사건).
> *설화: 예부터 전해 오는 이야기로, 신화·전설·민담 등이 있음.

⑤ '토끼인들 어찌 죽음을 싫어하는 마음이 없겠는가?'는 옥황이 죄 없는 토끼를 놓아주라는 판결을 내리며 한 말로, 토끼의 생명도 소중하게 여겨야 한다는 인식이 담긴 말이다. 이는 〈보기〉에서 설명한 '지위의 높고 낮음보다 생명의 가치를 존중하는', 즉 '모든 생명은 소중하다'는 작가 의식*이 담긴 말임을 알 수 있다.

> *작가 의식: 작가의 생각과 가치관.

06 자료를 활용한 감상
정답 ④

◎ **④가 정답인 이유** '낳으면 늙고 늙으면 죽는 것은 인간의 일상적 일'이라고 한 것은 옥황의 말로, 옥황은 '병이 들어 일찍 죽는 자'는 '모두 다 명(운명)'이라고 했다. 용왕이 병 들어 죽게 된다면 이는 '인간의 일상적인 일'이고 '명'이므로 어찌할 수 없다는 것이다. 이와 같은 이유로 옥황은 죄 없는 토끼를 놓아주라고 판결하는데, 이는 〈보기〉에서 설명한 '지위의 높고 낮음보다 생명의 가치를 존중하는 작가의 의식을 드러'낸 것이다. 옥황이 판결을 내리는 과정에서 판결을 망설이는 대목은 나타나 있지 않다.

▶ **정답의 근거** 위 '④가 정답인 이유' 참조

가장 많이 질문한 오답은? ③, ② 순

✕ **③이 오답인 이유** 일광노는 옥황에게 병든 용왕을 위해 죄 없는 토끼를 죽인다면 원망을 들을 것이라며 '강자를 누르고 약자를 도와 공정한 처결'을 하라고 한다. 이는 〈보기〉에서 설명한 '지위의 우열보다는 진술의 우위가 판결에 영향을 미친' 것으로, 토끼의 진술에 대한 지지를 드러낸 것으로 볼 수 있다.

✕ **②가 오답인 이유** '상제의 명이니 용왕과 토끼를 판결하라.'는 선관*의 말이 끝나기도 전에 용왕은 전하(전각 아래)에 꿇어 앉았고, 선관은 '각자 느낀 바를 진술하고 처분을 기다리라.'고 한다. 이는 〈보기〉에서 설명한 '옥황상제가 주관하는 재판 상황'에서 용왕과 토끼가 '꿇어앉아 함께' '처분을 기다리'는 것이므로, 둘은 대등한(같은) 처지에 놓이게 되었음을 알 수 있다.

> *선관: 선경(신선이 산다는 곳)의 관원. 천상세계에서 관직을 맡은 신선.

① '송사* 설화*'는 다툼이 있을 때 재판(소송)을 하는 내용이 담긴 설화로, 〈보기〉에서 「토공전」은 '재판을 통해 갈등을 해결하는 송사 설화의 모티프(p.56 참조)가 나타난다.'고 했다. 이를 바탕으로 지문을 감상하면 '상제의 명이니 용왕과 토끼를 판결하라.'라는 말은 송사 설화의 모티프가 쓰였음을 알게 한다.

07 서사적 기능의 파악
정답 ②

◎ **②가 정답인 이유** '서사적 기능'은 이야기(서사)가 하는 역할(기능)을 말하는데, [C]는 옥황이 토끼를 놓아줄 것으로 짐작한 용왕이 적혼공에게 토끼를 죽이라고 명령하지만 토끼를 놓친 후 탄식하고 통곡했다는 내용이다. 따라서 [C]에서는 토끼를 죽이려고 한 용왕의 시도가 실패하였음을 보여 주고 있고, 이를 통해 약자의 목숨도 소중하다(모든 생명은 소중하다)는 주제 의식을 강조하고 있다고 볼 수 있다.

▶ **정답의 근거** 위 '②가 정답인 이유' 참조

가장 많이 질문한 오답은? ⑤, ③ 순

✕ **⑤가 오답인 이유** [C]에서 적혼공은 토끼를 죽이되 '비밀이 새어나지 않도록 해라.'는 용왕의 지시를 듣고 '대왕의 입에서 나와 소신의 귀에 들어온 말'을 다른 사람이 알 리가 없다며 비밀이 새어나갈 일이 없다고 강조한다. 이와 같은 적혼공의 반응은 독자의 흥미를 유발하는 것으로 볼 수 있다. 그런데 적혼공은 용왕의 지시를 따르고자 하였으나 '우레 소리가 나고 광풍이 갑자기 일어 뇌공이 토끼를 압령*하여' 감으로써 '손도 못 대고' '물러'갔다고 했으므로, ⑤에서 '용왕의 지시를 따르지 않는 적혼공'이라고 한 것은 적절하지 않다.

> *압령: 죄인을 맡아 데려감.

✕ **③이 오답인 이유** [C]에서 용왕은 토끼를 놓친 후 '하늘이 망해 놓은 화이니 다시 바랄 게 없다'며 탄식한다. 그러고는 '통곡하며 돌아갔다.'고 했다. 따라서 [C]에서 용왕과 옥황 간의 새로운 갈등을 예고하고 있는 부분은 찾을 수 없다.

①과 ④가 오답인 이유도 살펴보자.

① [C]에서 적혼공은 '입조심을 하여 비밀이 새어나지 않도록 해라.'는 용왕의 당부에 비밀이 새어나갈 일이 없다고 말하고 있을 뿐 앞서 일어난 사건에 대해 평가하고 있지 않다.

실수를 줄이는 매3공부법으로
시간 훈련까지 하세요!

④ [C]에서는 '천상의 백옥경'에서 판결이 끝난 후의 토끼와 용왕의 상황(뇌공이 '토끼를 압령하여 북쪽을 향하여' 갔고, 이에 용왕이 탄식하고 용궁에 돌아감.)을 전달하고 있을 뿐, '공간이 전환'되고 있지 않으며, 이 과정에서 공간적 배경의 사실성을 강조하고 있지도 않다. '뇌공에 의해 공간이 전환'되려면 뇌공이 토끼를 데리고 북쪽(만수산)으로 가서 일어난 일을 다루어야 한다.

8~11 고전 소설

작자 미상, 「숙향전」

● **제목의 의미** 숙향에 관한 이야기

● **등장인물**

• 숙향: 천상의 월궁 선녀로, 죄를 지어 인간 세상에 김전의 딸로 태어나지만 어려서 부모를 잃고 고난을 겪는다.

• 선녀: 동해 용왕의 딸(용녀). 숙향에게 앞일을 알려 주고, 숙향의 고행은 하늘이 정한 것이어서 바꿀 수 없다는 것을 알려 준다.

• 이선(=병부 상서, 태을선군, 태을성): 천상에서 상제의 사랑을 받았으나 숙향을 희롱한 죄로 인간 세상에 내려온다. 우여곡절 끝에 숙향과 혼인하고, 황태후의 병을 고칠 선약을 구하러 길을 떠난다.

• 용자: 용왕의 아들(자식). 이선이 황태후의 병을 낫게 할 선약을 구하러 봉래산으로 가는 길을 인도한다.

● **작품 술거리**

• 지문 앞 내용: 송나라 때 김전은 물에 빠져 죽을 고비에 이르지만 그가 전에 살려 주었던 거북의 도움으로 목숨을 건진 후 거북에게서 받은 진주를 패물 삼아 장 씨를 아내로 맞이하여 숙향을 낳는다. 그러나 숙향은 다섯 살 때 전쟁으로 부모와 헤어지게 되고 장 승상 댁 양녀로 성장하지만, 하녀 사향의 흉계로 쫓겨난다. 갈 곳 없는 숙향은 표진강에 몸을 던지는데 선녀가 구해 주고, 선녀가 준 약을 먹고 천상에서 죄를 지은 일과, 인간 세상에 내려와 부모를 잃은 일들을 기억하게 된다.

• 지문의 '중략 줄거리' 앞 내용: 숙향은 선녀에게 천상에서 지은 죄가 크니 차라리 죽어서 모르고자 한다고 말하나, 선녀는 이미 하늘이 정한 일이라 마음대로 할 수 없고, 앞으로 두 번의 죽을 액을 치른 후 태을선군을 만나 영화를 누릴 것이라고 한다. 이에 숙향이 선군에 대해 물으니 고행을 겪는 숙향과 달리 호화롭게 지내고 있다는 것과 그 이유도 말해 준다.

• 지문의 '중략 줄거리' 내용: 선녀와 헤어진 숙향은 이리 저리 떠돌다가 죽을 고비에 이르지만 화덕진군이 구해 주고, 마고 할미가 거두어 준다. 숙향은 천상 선녀로 놀던 전생의 꿈을 꾼 후 그것을 수로 놓는데, 이것을 본 이선(태을선군)은 수에 놓인 그림이 자신의 꿈과 같아 놀라 숙향을 찾아가고, 엄격한 부모님 몰래 숙향과 혼인한다. 그러나 이를 알게 된 이 상서(이선의 부친)는 낙양

태수 김전에게 숙향을 죽이라고 명령한다. 그날 밤 김전의 부인 장 씨가 숙향의 꿈을 꾸고, 김전은 부인의 부탁으로 숙향의 신원을 물어보는데 10년 전에 헤어졌던 자기 딸과 비슷해 죽이지 못하고 이 사연을 이 상서에게 보고한다. 하지만 이 상서는 크게 노해 김전을 다른 곳으로 전출시키고 새로 부임한 태수에게 숙향을 죽이도록 하는데, 숙향은 천상의 도움을 받아 위험에서 벗어나고 이선과 재회하여 장 승상과 친부모도 만난다. 한편, 이선은 황태후의 병을 고칠 약을 구해 오라는 명을 받고 길을 떠나는데, 큰 태풍이 일어나 용왕에게 가게 된다. 용왕은 자신의 누이가 김전의 도움으로 살아났다며 감사의 인사를 하고, 자신의 아들(=용자)이 길을 안내할 것이라고 한다.

• 지문의 '중략 줄거리' 뒤 내용: 용자는 상서(이선)가 인간 세상 사람이라 마음대로 선계에 들어갈 수 없고, 상제의 노여움을 살 수 있기에 육지에 있는 여러 나라를 지나면서 용왕이 준 공문을 보여 주고 가야만 한다고 한다. 상서와 용자는 회회국, 함밀국, 유리국을 차례로 거쳐 봉래산으로 향하는데, 가는 곳마다 공문을 보여 주어 통과할 수 있었다.

• 지문에 이어지는 내용: 상서는 여러 위기를 극복하고 봉래산에 도착하여 개언초를 얻고, 죽었던 황태후는 개언초를 먹고 다시 살아난다. 그 공으로 초왕이 된 이선은 숙향과 행복하게 살다가 함께 하늘로 올라간다.

● **주제** [중략 앞] 위기를 겪은 원인과 앞으로 닥칠 위기에 대해 알게 되는 숙향

[중략 뒤] 선약을 구하기 위해 고난의 여정을 떠난 이선

★ **작품 전체의 주제**: 고난 극복을 통한 사랑의 성취

● **어휘 및 어구 풀이**

• 장 승상 댁에서 악명을 입은 일: 장 승상 댁 시비(하녀)인 사향이 숙향이 들어온 뒤에도 집안일을 도맡게 되자, 승상 부인의 금봉차와 옥장도를 숨겨 숙향이 내쫓기도록 한 일을 말함.

• 악명(惡名): 악하다고 알려진 이름(성名)이나 소문.

• 간장: 간과 창자. '애'나 '마음'을 비유적으로 이르는 말. ※ 간장을 썩이며: 걱정(근심) 때문에 몹시 마음을 쓰며.

• 진객(珍客): 신분이나 지위가 높거나 중요한(진귀) 손님(고객).

• 날인(捺印): 도장(인장)을 찍음.

• 화식(火食): 불(화염)에 익힌 음식. 땐 생식

● **서술 및 표현상의 특징**

• 천상계와 지상계라는 이원적 공간이 설정되어 있음(숙향과 이선은 모두 천상에서 죄를 지어 적강한 인물임).

• 적강 모티프(p.56 참조): 천상 세계의 존재였던 숙향과 이선이 죄를 지어 인간 세상에 내려옴.

• 전기성(비현실성): 현실 세계의 인간인 숙향이 선녀를 만나고 이선(상서)이 용자와 여행을 하는 것, 숙향의 고난이 '이미 천상에서 마련하신 일'이라는 것 등

- 「숙향전」은 이미 천상계에서 정해진 남녀 주인공의 인연이 지상계에서 실현되는 과정을 보여 준다. 이 과정이 순탄치는 않지만 두 주인공은 의지적인 태도로 고난에 대처해 가고, 결국은 징표*에 근거하여 서로가 인연임을 확인하게 된다.
  *징표: 증거. – 2018학년도 3월 고2 전국연합학력평가
- 대화를 통해 앞으로 주인공에게 일어날 일들을 알려주고 있다.
- 「숙향전」은 등장인물들이 초월계에서 죄를 짓고 인간계로 쫓겨나 벌을 받는 과정에서 일어난 사건을 중심으로 이야기가 전개된다.
  – 태을은 초월계에서 쫓겨났지만 숙향과 달리 인간계에서 영화롭게 살고 있군.
- '사향이 상제에게 벌을 받은 것은 _____(이)라고 할 수 있군.'의 빈칸에 들어갈 한자 성어: 자업자득(自業自得)
  – 2014학년도 3월 고2 전국연합학력평가(B형)
- 고전 소설 중에는 '천상'과 '선계'를 포함하는 '천상계'와 인간 세상인 '지상계'가 인과응보의 원리에 의해 연결되어 서사가 진행되는 작품들이 많다. 이 원리는 '천상계–지상계–천상계'의 순환 구조를 기반으로 하여 천상계에서 죄를 지으면 지상계에서 벌을 받는 것으로 구현된다. 이 원리를 토대로 하여 인물에게 주어지는 처벌과 보상, 인물이 겪는 고난의 정도와 기한이 결정된다.
  – 지상계에서 고초를 겪게 되는 원인이 천상계에서 지은 죄에 있다는 생각이 드러나 있군.
  – 천상계에서 높은 신분인 인물이라도 죄를 지으면 지상계에 내려와 고난을 겪어야 한다는 생각이 드러나 있군.
  – 2015학년도 수능(B형)
- 숙향이 겪는 고난은 그 당시 「숙향전」의 향유층*이 겪었을 법한 현실적인 경험이다. 그런데 고난의 해결은 초현실적이다. 당시 독자들이 숙향과 같은 고난에 부딪혔을 때, 현실적인 방법으로 해결할 수 없었기 때문이다. 숙향과 자신들을 동일시하였던 당시 독자들은 숙향의 패배와 죽음을 자신들의 것으로 여겼을 것이다. 이것이 숙향의 고난을 해결하는 방법으로 초월적 존재를 설정한 까닭이다.
  *향유층: 함께 누리는 계층.

– 숙향이 여러 고난을 겪는 것은 당시 독자의 비감을 증대시키려는 것이군.
– 2007학년도 9월 고3 모의평가

※ 지금까지 기출 문제에 출제된 「숙향전」의 지문 내용을 사건 순으로 정리하면 다음과 같다.

지문 내용(사건 순)	출처
• 사향의 흉계로 장 승상 댁에서 쫓겨나 물에 뛰어든 숙향을 구해 준 용녀와 숙향이 대화하는 부분 → 이 글과 겹침.	• 2014학년도 3월 고2 전국연합학력평가(B형) • 2015학년도 수능(B형) • 2007학년도 9월 고3 모의평가
• 숙향이 선녀와 헤어진 후 마고 할미 집에 머물 때 천상 선녀로 놀던 전생의 꿈을 꾸는 부분(이때 이선도 같은 꿈을 꿈.)	• 2022학년도 3월 고3 전국연합학력평가
• 마고선녀와 화덕진군의 도움으로 이선과 숙향이 우여곡절을 겪으며 만나는 과정을 그린 부분	• 2018학년도 3월 고2 전국연합학력평가
• 상서의 명령으로 김전(숙향의 부친)이 숙향을 죽이려 하는데 장 씨(숙향의 모친)의 꿈에 숙향이 나타나 숙향의 형 집행이 미뤄지는 부분	• 2010학년도 11월 고2 전국연합학력평가 • 2015학년도 수능(B형) • 2004학년도 6월 고3 모의평가
• (다시 감옥에 갇힌) 숙향이 보낸 혈서를 읽은 이선이 고모(숙부인)에게 숙향과 함께 죽겠다고 하자 숙부인이 만류하는 부분	• 2014학년도 9월 고2(A형) • 2010학년도 11월 고2 전국연합학력평가 • 2004학년도 6월 고3 모의평가
• 김전이 숙향을 죽이지 못하자 이 상서가 다시 죽이려 했으나 숙부인(상서의 누나)의 꾸짖음으로 죽이지 못하고 숙향을 멀리 쫓아 보내는 부분	• 2014학년도 9월 고2 전국연합학력평가(A형)
• 양왕의 공주와 정혼했던 이선이 숙향과 결혼했으나 공주를 둘째 부인으로 삼아 달라고 부르는 황제의 명을 이선이 따르지 않는 부분	• 2004학년도 6월 고2 • 2004학년도 10월 고3 전국연합학력평가
• 앙심을 품은 양왕이 이선을 봉래산으로 보내 황태후의 약을 구하게 하는데, 이 별할 때 숙향이 준 옥지환 덕분에 용왕을 만나 위기에서 벗어나는 부분	• 2004학년도 6월 고2 전국연합학력평가

〈국어 어휘력〉 향상법

어휘가 포함된 문장의 핵심 간추리기 ➡ 어휘를 구성하는 낱글자가 포함된 친숙한 어휘 떠올리기

- 내가 공부한 내용에서 앞뒤 문맥을 통해 어휘의 뜻을 익힙니다.
- [매3력]을 처음부터 끝까지 읽은 후 수시로 들춰 봅니다.

08 세부 내용 이해   정답 ②

◎ **②가 정답인 이유** '중략 줄거리'의 '황태후가 병이 들자, 병부 상서 이선은 선약을 구하기 위해 떠난다.'와 용자의 말 중 '(상서가) 황제의 명을 받들어 봉래산의 개언초(황태후의 병을 낫게 할 선약)를 얻으러 가다가'로 보아, '상서가 (가고자) 원하는 곳'은 선약(개언초)이 있는 봉래산이다. 상서와 함께 봉래산으로 가던 용자는 "…여러 신령들이 지키고 있기 때문에 <u>인간 세상 사람은 마음대로 선계*에 들어갈 수 없나이다.</u>"에서, 상서가 원하는 곳까지 혼자 갈 수 없는 이유(상서는 인간이라서 선계에 혼자 갈 수 없음)를 설명해 주고 있다.

> *선계(仙界): 신선의 세계. 신선이 산다는 곳.

▶ **정답의 근거** 위 '②가 정답인 이유'에서 밑줄 친 부분

가장 많이 질문한 오답은? ④, ③ 순

✕ **④가 오답인 이유** 의외로 ④에 답한 학생들이 많았다. ㉠과 ㉡ 사이에서 필성(함밀국의 왕)은 "이 앞이 제일 험하니 조심하라."라고 했을 뿐 '용자에게 일어날 불미스러운 일을 피할 방법'을 안내하지는 않았다.

✕ **③이 오답인 이유** 지문 앞부분의 선녀의 말 "항아*께서 사향이 낭자를 모함한 것을 아시고 이미 상제께 아뢰어 벼락을 치게 했으며, 장 승상 부부와 모든 종들도 다 낭자가 억울한 처지인 줄 알고 있나이다. 그리하여 승상께서 종을 이 물가에 보내어 낭자를 찾아 모셔 오도록 명했으나~"에서 사향이 숙향을 모함했다는 것과, 장 승상이 이를 알고(알지 못한 채 ✕) 숙향을 찾았다는 것을 알 수 있다.

> *항아: 달이 있는 궁에 산다고 하는 전설 속의 선녀.

① '중략 줄거리' 뒤에 이어지는 내용에서 용자는 상서에게 '번거롭더라도 여러 나라를 지나면서 공문을 보여 주고 가야만' 한다고 했고, 회회국, 함밀국, 유리국에서 왕에게 공문을 보고 주고 통과할 뿐, 공문의 사용을 주의하라고 당부하지는 않았다.

⑤ [A]의 위에서 선녀는 숙향에게 '갈대밭에서 화재를 만나 죽을 위기에 처하고, 또 낙양 옥중에 가서 곤욕*을 치르게 될 것'이라고 했다. 갈대밭과 낙양 옥중에서 치를 곤욕은 과거가 아니라 앞으로 일어날 일이며, 선녀가 숙향의 어리석음을 질타(꾸짖음. 질책)하지도 않았다.

> *곤욕: 참기 힘든(곤경, 곤란) 모욕.

09 인물의 말하기 방식 파악   정답 ②

◎ **②가 정답인 이유** [B]에서 용자는 '상제께서 그것(선약*을 얻기 위해 수로로 곧장 가는 것)을 아시게 되면'이라는 가정적 상황을 제시하고, 이 경우 '용궁에 큰 변이 일어나고, 각 지경*을 맡은 신령들에게도 좋지 않은 일이 생길 것'이라고 하여 상서가 예상하지 못한 결과가 일어날 수 있음을 전달하고 있다.

> *선약(仙藥): 신선이 만든다고 하는, 효험이 좋은 약.
> ※ 선약(先約): 먼저(우선) 한 약속.
> *지경(地境): 나라나 지역을 가르는 경계.

▶ **정답의 근거** 위 '②가 정답인 이유' 참조

가장 많이 질문한 오답은? ③, ④ 순

✕ **③이 오답인 이유** [A]는 [B]와 달리 구체적인 수치(십 년, 삼천삼백육십오 리)를 언급하고 있는 것은 맞다. 그래서 ③에 답한 학생들이 많았다. 하지만 이것이 인물이 처한 상황의 다급함을 부각하는 것은 아니다.

✕ **④가 오답인 이유** [A]의 "~어찌 그 액을 면할 수 있겠나이까?"와 [B]의 "수로로 곧장 가면 얼마나 좋겠나이까?"에서 모두 의문의 형식을 활용하고 있다([B]는 [A]와 달리 ✕). 그리고 '정해진 운명에서 벗어날 수 없음을 강조'하고 있는 것은 [A]만([B]는 ✕)이다.

나머지 답지들이 [A], [B]에 대한 설명으로 적절하지 않은 이유도 확인해 보자.

① [A]에서 언급한 장 승대과의 인연은 과거의 사건으로 볼 수 있지만, [A]에서 선녀가 숙향에게 강조하고 있는 것은 미래에 일어날 액*을 면할 방법이 없다는 것이다. → 과거의 사건을 요약 ✕, 인물의 의지가 필요함을 강조 ✕

> *액(厄): 모질고 사나운 운수. ⑩ 불운

⑤ [A]에서 선녀가 '장 승상 댁에 있으면 선군을 쉽게 만날 수 없고, 선군이 아니면 부모님도 다시 만나지 못할 것'이라고 한 것을 유사한 상황을 나열하여 미래에 대한 우려를 드러낸 것으로 볼 수도 있다. 그러나 [B]에서 여러 인물의 발화를 반복하고 있지 않고, 수로로 곧장 가지 않는 이유를 설명하고 있을 뿐 미래에 대한 우려를 드러내고 있는 것도 아니다.

10 공간의 기능 파악   정답 ④

◎ **④가 정답인 이유** '중략 줄거리' 바로 아래에서 용자가 상서(이선)에게 "<u>저 혼자 가면 아무 데도 걸릴 것 없이 쉽게 갈 수 있사오나,</u> 여러 신령들이 지키고 있기 때문에 인간 세상 사람(상서)은 마음대로 선계에 들어갈 수 없나이다."라고 한 것으로 보아, 상서와 달리 용자는 ㉠(회회국), ㉡(봉래산)을 자유롭게 이동할 수 있음을 알 수 있다. 그런데 ④에서는 '누구에게도(✕) 자유로운 이동을 허용하지 않는 공간'이라고 했으므로 적절하지 않다.

▶ **정답의 근거** 위 '④가 정답인 이유'에서 밑줄 친 부분

가장 많이 질문한 오답은? ③, ⑤ 순

✕ **③이 오답인 이유** [B]의 "수로로 곧장 가면 얼마나 좋겠나이까? 그러나 상제께서 그것(수로로 곧장 가는 것)을 아시게 되면 용궁에 큰 변이 일어나고~"로 보아, ㉢(용궁)은 상제의 권위에 의해 영향을 받는 공간임을 알 수 있다.

X ⑤가 오답인 이유 상서와 용자는 회회국(㉠)과 함밀국을 거쳐 유리국에 도착했고, 이곳에서 용자는 유리국 왕인 기성에게 "태을성이 … 황제의 명을 받들어 봉래산(㉡)의 개언초를 얻으러 가다가 우리 용궁(㉢)에 왔나이다."라고 하였다. 이로 보아 용자와 상서는 '용궁 → 회회국(㉠) → 함밀국 → 유리국 → 봉래산(㉡)'으로 이동하고 있으므로, ㉡은 '㉠을 경유하여 향하는 곳'임을 알 수 있다. 그리고 상서의 "어찌하여 번거롭게 육지에 있는 나라들을 거쳐 가려 하는가?"와 이에 대한 용자의 답변인 [B] 등으로 보아, ㉠은 '육지'에 있는 국가인 것도 맞다.

①과 ②가 오답인(적절한) 이유도 챙겨 보자.

① [B]의 앞과 [B]에서 용자와 달리 '인간 세상 사람'인 상서가 선계에 들어가기 위해서는 '용왕께서 주신 공문을 보여 주고 가'야 한다고 했으므로, ㉠(회회국)은 용왕의 조력을 통해 상서가 통과할 수 있는 공간이 맞다.

② ㉠ 아래에서, 회회국의 왕인 경성은 용자가 함께 가는 사람이 '태을성'(상서 이선)이라고 하자 '즉시 공문에 날인해' 주고 '용자와 함께 물가로 나와 상서에게 반갑게 인사'한다. 이로 보아, ㉠(회회국)은 태을성을 호의적으로 생각하는 왕(경성)이 지키는 공간이 맞다. 태을성이 '천상계 존재'라는 것은 용자의 말 "태을성이 인간 세상에 내려와 중국의 병부 상서가 되었는데" 등에서 확인할 수 있다.

---

11 자료를 활용한 감상 정답 ①

◎ ①이 정답인 이유 '중략 줄거리' 위에서 항아가 선군도 벌을 주어야 한다고 요청하여 '상제가 선군(이선)을 인간 세상에 귀양 보냈다'고 했고, 〈보기〉에서 '이선의 서사(이야기)는 입신양명*이라는 당대 남성의 이상적 소망을 형상화한 것'이라고 했다. 하지만 '상제가 이선을 인간 세상에 보냈다는 것'은 벌을 준 것이기 때문에 입신양명과는 관련이 없다. '입신양명이라는 당대 남성의 이상적 소망의 형상화'는 인간 세상에 온 이선이 과거 급제를 통해 '병부 상서'와 같은 벼슬을 하는 데서 형상화되었다고 감상할 수 있다.

> *입신양명(立身揚名): 사회에 나아가 몸(신체)을 세워(확립) 이름(명성)을 날림(고양). ㊀ 출세.

▶ **정답의 근거** 위 '①이 정답인 이유' 참조

가장 많이 질문한 오답은? ③, ④, ② 순

X ③이 오답인 이유 '중략 줄거리' 아래에서 '상서(이선)가 용자와 함께 그 박(조롱박)을 타고 가니, 노를 젓지 않는데도 화살처럼 빠르게 바다 위를 떠갔다.'고 했고, 신이한(신기하고 이상한) 세계의 인물들(회회국, 함밀국, 유리국의 왕)을 만나는 과정도 제시되어 있다. 이를 통해 〈보기〉에서 말한 '이선의 서사'에 '환상성(현실 가능성이 없는 성질)이 드러남'을 알 수 있다.

X ④가 오답인 이유 '중략 줄거리' 위에서 숙향은 "똑같은 일로 죄를 지어 인간 세상에 귀양 왔다고 했는데, 나는 어찌 이렇듯 고행을 겪게 하고, 선군은 호화롭게 지내게 했는고?"라고 했고, 선녀는 "상제께서 마지못해 선군을 인간 세상에 귀양 보냈나이다."라고 했다. 이를 통해 '상제가 선군을 마지못해 귀양 보낸 것과 달리 숙향은 고행을 겪도록 한 것'을 알 수 있고, 〈보기〉에서 말한 '두 남녀 주인공의 지상에서의 삶에는 천상의 죄업*이 공통으로 전제되었지만 그 죄업의 책임은 여성에게 두고 있'음을 알 수 있다.

> *죄업: 말 또는 행동, 마음속으로 저지른 죄는 훗날 다시 돌아올 업(업보, 운명)이라는 말.

X ②가 오답인 이유 '중략 중거리' 위에서 선녀는 '앞으로도 두 번이나 죽을 액이 남아 있'다고 했고, 이는 '하늘이 벌써 정하신 일'이라고 했다. 이를 통해 〈보기〉에서 말한 '숙향이 지상에서 겪은 고난의 과정은 천상의 죄업에 대한 징벌적 의미를 지님'을 알 수 있다.

⑤ '중략 줄거리' 위에서 선녀는 숙향이 '앞으로도 두 번이나 죽을 액이 남아 있'다고 했고, 숙향은 "나는 어찌 이렇듯 고행을 겪게 하고, 선군은 호화롭게 지내게 했는고?"라고 했다. 이를 통해 '이선이 호화롭게 지내는 것과 달리 숙향은 여러 차례의 죽을 위기에 처한다는 것'을 알 수 있고, 〈보기〉에서 말한 '숙향의 서사는 가부장제 사회에서 열세에 놓인 여성의 현실적 상황이 반영되었음'을 알 수 있다.

✔ 매일 복습 확인 문제

1 다음 (가)와 (나)의 □ 안에 들어갈 말을 밝혀 쓰시오.

> (가) 「금방울전」과 「숙향전」에서는 '신선이 죄를 지어 인간계로 쫓겨나는 □□ 모티프'가 사용되었다.
> (나) 「토공전」은 동물을 의인화한 □□□ 수법으로 지배층(용왕)이 민중(토끼)의 생명을 하찮게 여기는 인간 사회를 풍자하고 있다.

2 왼쪽에 제시된 어휘의 의미와 가까운 것을 오른쪽에서 찾아 서로 줄로 이으시오.

(1) 전가하다 • 　　• ㉮ 떠넘기다
　　　　　　　　• ㉯ 물려주다
(2) 홀연히 •　　　• ㉰ 급작스레
　　　　　　　　• ㉱ 태연하게
(3) 초연하다 •　　• ㉲ 처연하다
　　　　　　　　• ㉳ 초월하다

> **정답** 1. (가) 적강 (나) 우화적 2. (1) ㉮ (2) ㉰ (3) ㉳

정답　**01** ①　**02** ③　**03** ③　**04** ②　**05** ③　**06** ⑤
　　　07 ③　**08** ①　**09** ⑤　**10** ③　**11** ④　**12** ①

1~4 고전 소설

작자 미상, 「흥부전」

- **제목의 의미** '흥부'라는 인물에 대한 이야기이다. 제목이 「흥보가」가 아니고 「흥부전」인 것은 판소리가 아니라 판소리계 소설이라는 것을 일러 준다(문제편 p.63 참조). 그의 형 '놀부'의 이야기도 비중 있게 실려 있다.

- **등장인물**
  - 흥부: 가난하면서도 어질고 착해 제비 새끼의 부러진 다리를 치료해 주고 박씨를 얻어 부자가 된다.
  - 놀부: 흥부의 형. 욕심이 많아 가난하게 사는 흥부를 돕지 않는다. 흥부가 부자가 되자 재산을 빼앗고, 흥부처럼 부자가 되고자 제비를 기다린다.

- **작품 줄거리**
  - **지문 앞 내용**: 연 생원이 놀부와 흥부 두 형제를 두고 죽는다. 그러자 형 놀부는 부모의 유산을 독차지하고 흥부를 내쫓는다. 가난한 흥부는 놀부에게 도움을 청하기도 하지만 형이 도와주지 않는다.
  - **지문의 '중략' 앞 내용**: 흥부 아내와 흥부는 각자 온갖 품을 다 팔지만 살기가 막연하였다.
  - **지문이 '중략' 내용**: 흥부는 매품(예전에, 관가에 가서 남의 매를 대신 맞아 주고 돈이나 물건을 받던 일)을 팔기까지 하는데, 어느 날 제비 한 마리가 흥부 집에 집을 짓고 새끼를 낳는다. 제비 새끼가 날기 연습을 할 때쯤 갑자기 큰 구렁이가 나타난다.
  - **지문의 '중략' 뒤 내용**: 큰 구렁이가 제비 새끼를 모두 잡아먹고 남은 한 마리가 제비집에서 떨어진다. 흥부는 제비 새끼의 상한 다리를 잘 돌봐 준다. 다리가 나아 날 수 있게 된 제비는 강남으로 날아가 제비 왕에게 자신에게 일어난 일을 말하고, 제비 왕은 흥부에게 박씨를 주어 은혜를 갚으라고 한다. 이듬해 제비는 흥부네 마을로 돌아와서 흥부 앞에 박씨를 떨어뜨리고, 흥부는 이 박씨를 심고 키운다. 추석날 아침 흥부 내외가 박을 타자, 박에서 약병과 온갖 세간붙이, 순금 궤, 일등 목수들과 각종 곡식이 나온다. 이에 흥부는 큰 부자가 되어 좋은 집에서 즐겁게 지낸다. 흥부의 소문을 들은 놀부는 흥부 집으로 가서 재물이 나오는 화초장을 가져오고, 흥부처럼 큰 부자가 되기 위해 제비가 오기를 기다린다.
  - **지문에 이어지는 내용**: 마침내 제비 한 마리가 놀부 집에 둥지를 틀고 알을 낳는다. 그중 겨우 한 마리가 알에서 깨자, 놀부는 욕심을 부려 멀쩡한 제비 새끼의 발목을 부러뜨리고 치료해 준다. 이 제비는 강남으로 들어가 놀부의 악행을 제비 왕에게 아뢰고, 제비 왕은 원수를 갚아 주겠다며 박씨를 준다. 제비는 이 박씨를 물어다 놀부

에게 주는데, 놀부가 기른 박 속에서는 금은보화 대신 온갖 괴물이 나와 놀부는 하루아침에 거지가 된다. 이런 상황을 알게 된 흥부는 놀부를 도와 행복하게 지낸다.

- **주제** 착한 일을 하면 복을 받게 됨.(권선징악*, 복선화음*)

> ＊권선징악: **선**행을 **권**장하고 **악**행을 **징**계함.
> ＊복선화음: 착한(**선**행) 사람에게는 **복**을 주고 악한(음탕함) 사람에게는 재앙(**禍**, 재앙 **화**)을 줌.

★ **작품 전체의 주제**: 형제간의 우애와 권선징악

- **어휘 및 어구 풀이**　※ 굵은 글씨로 된 어휘는 고전 빈출 어휘임.
  - 제복: 학교나 관청, 회사 등에서 정해진 규정에 따라 입도록 한 옷(복장). 여기서는 '상복(상중에 상제가 입는 옷)'을 말함.
  - 대사: 혼인이나 초상과 같이 크고 중요한 일.
  - 일등 전답: 아주 좋은 밭(田, 밭 **전**)과 논(畓, 논 **답**).
  - **무논**: 물이 괴어 있는 논.
  - 이엉 엮기: 초가집의 지붕 위를 덮기 위해 짚을 엮는 일.
  - 여의주: 용의 턱 아래에 있는 구슬로, 사람이 이것을 얻으면 무엇이든 마음대로 부릴 수 있다고 함.
  - 단산: 봉황이 산다는 전설적인 산 이름.
  - 어린 봉이 대씨를 물고: 어린 봉황이 대씨(봉황이 먹고 산다는 대나무 열매)를 물고.
  - 보은(報恩)박: 은혜를 갚는(보답) 박.
  - 영근: 잘 이은.
  - 박속: **박**(바가지)의 안(속)에 씨가 박혀 있는 하얀 부분.
  - 먹줄: **먹**을 묻혀 곧게 친 줄.
  - 오색 채운: 5(오)가지, 즉 여러 색으로 채색된 구름(雲, 구름 운).
  - 청의동자: 신선의 시중을 든다는 푸른(청색) 옷(상의)을 입은 사내아이.
  - **홀연히**: 갑자기.
  - 밀화, 호박, 산호, 진주, 주사, 사향: 보석과 비단, 향료의 재료들임.
  - 출타: 집에 있지 않고 다른 곳(타처)에 나감(외출).
  - **연유**: 까닭. 이유. 원인.
  - 동지섣달: 동짓달(음력 11월)과 섣달(음력 12월)을 아울러 이르는 말.

- **서술 및 표현상의 특징**
  - 의인법: 소상강 기러기는 왔노라 하고 강남 가는 제비는 가노라 하직하는 것, 제비 왕과 제비의 대화
  - 열거(나열): (1) 방아 찧기, 술집의 술 거르기, ~봄보리 갈아 보리 놓기 (2) 이월 동풍에 가래질하기, 삼사월에 부침질하기, ~이 집 저 집 돌아가며 이엉 엮기 (3) 황금, 백금, 밀화, 호박, 산호, 진주, 주사, 사향 등
  - 설의법: 그 은혜를 어찌 아니 갚으랴?
  - 비유법, 대구법: 마치 북해 흑룡이 ~넘는 듯, 단산의 어린 봉이 ~노니는 듯, 황금 같은 꾀꼬리가 ~오가는 듯

```
┌─ 북해 흑룡이    여의주를 물고   오색구름 사이로   넘는 듯
│         │            │            │           │
├─ 단산의 어린 봉이   대씨를 물고  오동나무에서   노니는 듯
│         │            │            │           │
└─ 황금 같은 꾀꼬리가  봄빛을 띠고  수양버들 사이를  오가는 듯
```

- 음성 상징어(의성어, 의태어)의 사용: 뚝, 발발, 둥덩실, 훨훨, 너울너울, 슬근슬근, 쓱삭 쿡칵, 툭
- 비현실적(전기적): 박에서 청의동자, 세간붙이, 순금 궤, 곡식, 목수들이 나오는 것

● **지문 밖 정보**
- 「춘향전」, 「심청전」, 「토끼전」과 함께 판소리로 불리다가 조선 후기에 소설로 정착된 판소리계 소설이다.
- 형성 과정

근원 설화	판소리	판소리계 소설	신소설
방이 설화 박 타는 처녀 설화 황조 보은 설화 등	흥보가 박타령	흥부전	연의 각 (이해조)

   ※ 연의 각: 제비(燕, 제비 **연**)의 다리(脚, 다리 **각**).
- 선인과 악인이 대립하여 인물의 행위를 반복하는 모방담 구조로 되어 있다.
   ※ 모방담 구조: 선한 인물이 우연한 기회에 선행으로 행운의 결과를 얻고, 악한 인물이 선한 인물의 행위를 흉내 내다가 불운의 결과를 얻는다는 민담(예로부터 민간에 전해 내려오는 이야기)의 구조

✎ 다시 볼 내용 메모하기

다시 봐야 할 내용을 메모해 둡니다. 메모해 둔 내용은 **재복습**하면서 **오답 노트**에 옮겨 정리하면 공부 효과를 높일 수 있습니다.

★ **기출 답지로 작품과 문제 완전 정복**

- '중략' 앞의 '방아 찧기, 술집의 술 거르기~그러나 역시 살기는 막연하였다.'와 〈보기〉를 읽은 학생의 반응

> **보기**
> '판소리'는 창자(소리꾼)가 고수와 함께 장단에 맞추어 이야기를 창(노래)과 아니리로 엮은 공연 예술이다. 조선 후기 서민들의 생활을 주로 그려 냈으며, 풍자와 해학이 풍부하다. 서민에서 양반까지 관객층이 폭넓어 이들의 언어가 혼재하며, 이들의 흥미를 반영해 공연 상황에 따라 특정 장면을 축소·확장하기도 한다. 이 소설은 '판소리'가 소설화되어 정착된 것으로, '판소리'의 특징이 드러난다.

– 다양한 종류의 품 팔기를 보니, 그 시대 서민들의 삶이 소재가 되었군.
– 문장의 호흡이 짧은 것을 보니, 이 부분은 판소리 공연에서 창자가 빠른 장단에 맞추어 노래를 불렀겠군.
– 열거의 방식으로 내용을 서술한 것을 보니, 이 부분은 판소리 공연에서 내용이 줄거나 추가될 수 있었겠군.
   – 2014학년도 9월 고1 전국연합학력평가

- 윗글의 서사 구조

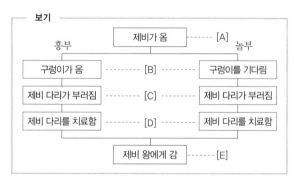

– [A]는 사건 전개상의 발단이 되는군.
– [D]는, 흥부는 연민의 마음에서 한 행동이군.
- 남은 한 마리가 허공으로 뚝 떨어져 피를 흘리며 발발 떠는 것이었다.: 모습이나 소리를 흉내 낸 말을 사용하여 인상 깊게 표현하고 있다.   – 2014학년도 3월 고1 전국연합학력평가
- 「흥부전」 배경 설화의 유형

   – 2010학년도 3월 고1 전국연합학력평가
- 운율감이 느껴지는 어투가 빈번하게 사용되었다.
- 현실에서는 일어나기 어려운 일이 벌어지고 있다.
   – 2007학년도 3월 고3 전국연합학력평가

01 서술상의 특징 파악

정답 ①

◉ ①이 정답인 이유 흥부 부부가 박을 타는 대목을 보면, 박을 타는 반복적 행위와 그 결과를 다음과 같이 나열하고 있다. 그리고 이를 통해 흥부가 한순간에 부자가 되는 모습을 보여 줌으로써 극적* 효과를 높이고 있다.

반복적 행위	(행위의) 결과
• 이렇게 밀거니 당기거니 (박 한 통을) 켜서 툭 타 놓으니,	• 청의동자 한 쌍이 나오는 것이었다.
• 박 한 통을 또 따놓고~툭 타 놓으니.	• 온갖 세간붙이*가 나왔다.
• 또 한 통을 따서 먹줄 쳐서 톱을 걸고 툭 타 놓으니.	• 순금 궤가 하나 나왔다.
• 다시 한 통을 툭 타 놓으니	• 일등 목수들과 각종 곡식이 나왔다.

> * 극적: 연극**적**. 어떤 상황이나 사건이 마치 연극을 보는 것처럼 큰 긴장이나 감동을 불러일으키는 (것).
> * 세간붙이: 집안 살림에 쓰는 온갖 물건.

▶ 정답의 근거 위 '①이 정답인 이유'에서의 표

가장 많이 질문한 오답은? ③

✗ ③이 오답인 이유 제비가 인간(흥부)에게 은혜를 갚는 것, 식물인 박에서 온갖 세간붙이와 곡식, 사람들이 나오는 것은 전기적('개념 ➕' 참조)인 요소를 활용한 것이다. 그래서 ③을 적절하다고 잘못 이해한 학생들이 많았다. 그러나 이와 같은 전기적인 요소를 활용하여 주인공(흥부)의 영웅성을 부각*한 것은 아니다. 흥부는 영웅적 인물이 아니기 때문이다. 문제를 풀 때 이 답지와 같이 앞부분은 맞고 뒷부분은 틀린 진술에 주의하도록 하자.

> * 부각: 어떤 것을 두드러지게 함. ㈜ 나타냄, 강조함, 드러냄

② 이 글의 서술자는 작중 인물이 아니라 작품 밖에 있는 전지적(全知的) 서술자*이다.

> * 전지적 서술자: 작품 밖에 있으면서 사건의 모든 것을 알고 있는, 그래서 소설 속에 등장하는 그 어떤 인물보다 더 많은 것을 알고 있는 서술자. ※ 전지적(全知的): 모든 것을 (**전**체을) 다 아는(**지**식, 인**지**) (것).

④ '제비 왕'을 '권위 있는 새로운 인물'로 볼 수 있다. 그런데 '제비 왕'은 인물 간의 갈등을 해소하고 있지 않다.

⑤ '꿈과 현실을 교차적으로 서술'하면 사건을 입체적(p. 44 참조)으로 전달할 수 있다. 하지만 지문으로 제시된 부분에는 '꿈'이 나타나지 않는다. 따라서 '꿈과 현실을 교차'하여 서술하고 있지 않다.

개념 ➕ 전기성

> **예시 ➊** (길동이) 말을 마치며 몸을 공중에 솟구쳐 구름에 싸여 가니, 그가는 곳을 알 수가 없었다. — 작자 미상, 「홍길동전」
> **➋** 이러할 즈음에 방에 있던 옹가 간데없고 짚 한 묶음이 놓여 있고, 허옹가의 자식들도 문득 허수아비 되니 — 작자 미상, 「옹고집전」

➔ **전기성(傳奇性)**은 공상적이고 **기**이하며 비현실적인 일을 중심으로 하여 내용을 전개하는 것을 말한다. 요술을 부려 바람이 불고 비가 내리게 한다든지, 인물이 천상에서 지상으로 하강하거나 지상에서 천상으로 올라가는 것, 둔갑술이 나타나는 경우 등이 여기에 속한다.
「홍길동전」이나 「박씨전」, 「조웅전」 등에서 주인공이 요술을 부리는 것, 「심청전」에서 인당수에 빠진 심청이 용궁에 가서 죽은 어머니를 만난 다음 연꽃에 실려 지상으로 올라오고 왕비가 된 심청을 만난 심 봉사가 눈을 뜨는 것, 「흥부전」에서 흥부가 박을 타자 온갖 곡식과 금화가 나오는 것 등에서 이러한 전기성을 확인할 수 있다.

---

02 세부 내용 이해

정답 ③

◉ ③이 정답인 이유 흥부가 치료해 준 제비가 다시 온 사실을 먼저 알고 반긴 것은 '흥부 아내'인데, 흥부 아내는 제비가 '무엇을 물고' 왔다는 것을 알았을 뿐 그 '무엇'이 '박씨'인지는 알지 못했다. 그리고 흥부는 자신이 치료해 준 제비가 왔다는 아내의 말을 듣고 '나와 보고 이상히 여기고 있으려니 그 제비가 머리 위를 날아들며 입에 물었던 것을 앞에다 떨어뜨'렸다고 했고, 그것을 '집어 보니' 박씨였고, '그것을 울타리 밑에' 심었다고 했다. 흥부가 '제비가 박씨를 물고 온 사실'을 안 것은 제비가 박씨를 떨어뜨린 후이고, 박씨를 물고 온 사실을 알아채고 그를 반긴 것은 아니다.

▶ 정답의 근거 '중략' 아래의 '(제비가) 이리 기웃 저리 기웃 넘노는 거동을 흥부 아내가 먼저 보고 반긴다. ~ 흥부가 나와 보고 이상히 여기고 있으려니 그 제비가~입에 물었던 것을 앞에다 떨어뜨린다. 집어 보니~박씨였다.'

나머지 답지들은 인물과 사건에 대한 이해가 적절한데, 그 근거는 다음과 같다.

① '중략' 앞의 '흥부 아내는 방아 찧기,~흥부는 이월 동풍에 가래질하기,~이렇게 내외가 온갖 품*을 다 팔았다.'에서 확인할 수 있다.

> *품: 삯을 받고 하는 일.
> ※삯: 일한 데 대한 품값으로 주는 돈이나 물건.

② '중략' 뒤의 '다시 한 통을 툭 타 놓으니 일등 목수들과 각종 곡식이 나왔다. 그 목수들은 우선 명당(썩 좋은 자리)을 가려 터를 잡고 집을 지었다.'에서 확인할 수 있다.

④ '중략' 뒤의 제비 왕의 물음에 대한 제비의 답변 "신의 부모가 조선국에 나가 흥부의 집에 깃들었는데~흥부의 가난을 면케 해 주신다면 소신은 그 은공을 만분의 일이라도 갚을까 합니다."에서 확인할 수 있다.

⑤ 지문의 끝부분에서 흥부가 부자가 되었다는 소문을 들은 놀부는 "이놈이 도둑질을 했나?" 하고 추측하며 흥부 집으로 갔으며, 이에 '흥부가 앞뒷일(부자가 된 과정)을 자세히 말했다'고 했다. 이를 통해 놀부는 흥부의 집을 방문하기 전까지는 흥부가 부자가 된 과정(방법)을 알지 못했음을 알 수 있다.

03 속담을 활용한 인물 평가 　　　　정답 ③

◎ ③이 정답인 이유　지문 맨 앞에서 흥부가 "가난 구제는 나라에서도 못한다* 하니 형님(놀부)인들 어찌하시겠소?"라고 한 것으로 보아, 놀부는 가난한 동생 흥부를 돕지 않았다. 그런데 흥부가 부자가 되었다는 소문을 들은 놀부는 흥부네 집으로 건너가서 '닥치는 대로 (흥부네) 살림살이를 쳐부수'며 '소란을 피'운다. 동생이 부자가 된 것을 시샘하여 심술을 부린 것이다. 따라서 놀부는 '사촌이 땅을 사면 배 아파하는* 인물'이라고 평가할 수 있다.

> *가난 구제는 나라에서도 못한다: 남의 가난한 살림을 도와주기란 끝이 없는 일이어서, 개인은 물론 나라의 힘으로도 구제하지 못한다는 말(속담). ※ 구제: 어려운 처지에 있는 사람을 도와줌(구원). 예 소비자 피해 구제
> *사촌이 땅을 사면 배가 아프다.: 남이 잘되는 것을 기뻐해 주지는 않고 오히려 질투하고 시기하는 경우를 비유적으로 이름.

▶ **정답의 근거**　위 '③이 정답인 이유' 참조

나머지 답지들이 적절한 감상인 이유도 살펴보자.

① '불난 집에 부채질한다.'는 남의 재앙을 더 커지도록 만들거나 성난 사람을 더욱 성나게 할 때 활용할 수 있는 속담이다.

② '소 잃고 외양간 고친다.'는 소를 도둑맞은 뒤에야 외양간의 허물어진 데를 고친다는 것으로, 일이 잘못된 뒤에 손을 쓰려고 하는 것을 비판할 때 활용할 수 있는 속담이다.

④ '간에 붙었다 쓸개에 붙었다 한다.'는 제 줏대를 지키지 않고 이익만을 고려해 이편에 붙었다 저편에 붙었다 하는 것을 비판할 때 활용할 수 있는 속담이다.

⑤ '오르지 못할 나무는 쳐다도 보지 않는다.'는 자기의 능력을 벗어나는 일은 처음부터 욕심을 내지 않는 것이 좋다는 뜻을 나타낼 때 활용할 수 있는 속담이다.

04 자료를 활용한 감상 　　　　정답 ②

◎ ②가 정답인 이유　지문의 끝부분에서, 놀부는 흥부 집에 갔다가 화초장을 달라고 하고는 '흥부가 화초장을 하인을 시켜 보내주겠다는 것도 마다하고 스스로 짊어지고' 간다. 그 이유는, 놀부의 말 "내가 가서 윽대기면 반재산(재산의 반)을 뺏어 낼 것이다."와 '닥치는 대로 살림살이를 쳐부수'고, '소란을 피우'는 그의 행동으로 볼 때 흥부의 말을 믿지 못해서거나 '재물이 나오는 화초장'을 빨리 자기 집으로 옮기고 싶어서로 볼 수 있다. 가난을 극복하기 위한 노력으로는 볼 수 없는 것이다.

그리고 〈보기〉의 '당시의 백성들은 성품이 착한 흥부 내외가 초월적인 존재*의 도움으로 가난을 벗어나는 장면을 통해 대리 만족을 얻기도 하였다.'로 보아 가난을 극복하기 위한 백성들의 노력은 흥부 부부를 통해 나타나 있다고 보아야 한다.

> *초월적인 존재: 현실 세계에 존재하지 않는, 신선·용왕·옥황상제 등으로, 여기서는 '제비 왕'이 초월적인 존재에 해당한다.
> ㈜ 비현실적인 존재　　　　－『매3력』 p.153에서

▶ **정답의 근거**　위 '②가 정답인 이유' 참조

나머지 답지들이 적절한 감상인 이유도 살펴보자.

① 〈보기〉의 첫째~둘째 문장을 참고할 때, '중략' 앞에서 흥부 내외가 '온갖 품을 다 팔았'지만 여전히 '살기는 막연하였다.'라고 한 것은 '아무리 노력해도 가난에서 벗어날 수 없었'던 창작 당시(조선 후기)의 시대적 배경과 관련이 있다고 감상할 수 있다.

③ 〈보기〉의 '흥부 내외가 초월적인 존재의 도움으로 가난을 벗어나는 장면'을 참고할 때, '제비 왕'이 제비에게 준 '박씨'를 통해 흥부가 가난을 벗어나는 것은 초월적 존재의 도움을 받은 것이라고 감상할 수 있다.

④ 〈보기〉의 둘째 문장을 참고할 때, 흥부가 타는 박 속에서 '세간붙이'와 '각종 곡식'이 나온 것은 의식주 문제를 해결하고 싶었던 당시 백성들의 소망과 관련이 있다고 감상할 수 있다.

⑤ 〈보기〉의 끝 문장을 참고할 때, '사오일(나흘이나 닷새)' 만에 열린 박에서 '순금 궤'가 나와 부자가 된다는 점에서 흥부에게 주어진 보상이 환상성(현실 가능성이 없는 성질)을 띤다고 감상할 수 있다.

5~8 고전 소설

> **작자 미상, 「춘향전」**
>
> ● **제목의 의미** 춘향의 이야기. ※ 판소리(춘향가)로 불리다가 소설로 정착된 판소리계 소설(춘향전)임.
>
> ● **등장인물**
> ・춘향 어미: 월매. 옥에 갇힌 춘향을 보고 신관 사또를 원망한다.
> ・향단: 춘향의 몸종

- 춘향: 기생 월매의 딸. 신관 사또의 수청 들기를 거부했다가 감옥에 갇히고 큰 칼을 쓰는 등 고생한다.
- 아황 부인, 여영 부인: 춘향의 꿈에 나타나 춘향의 전생 일을 알려 주고 미래를 예언한다. ※ 아황과 여영은 고전 문학 작품에서 부녀자의 덕(德)을 상징하는 여성으로 형상화되곤 한다.
- 이 도령: 서울로 올라간 후 열심히 공부하여 태평과에서 장원을 한다.

● 작품 줄거리
- 지문 앞 내용: 단옷날 남원 부사의 아들 이몽룡이 광한루에 구경을 나왔다가 그네 뛰는 춘향을 보고 한눈에 반해, 부모 몰래 춘향과 백년가약을 맺는다. 그런데 얼마 지나지 않아 이 도령의 아버지가 승진하여 갑자기 서울로 가게 되자, 둘은 후일을 기약하고 이별한다. 한편 남원에 새로 부임한 사또 변학도는 춘향이 절세가인(미인)이라는 소문을 듣고 불러내 수청(시중) 들기를 강요한다. 춘향은 죽음을 무릅쓰고 이를 거부하여 매를 맞고 감옥에 간힌다.
- 지문의 '중략' 앞 내용: 춘향 어미와 향단은 밤에 몰래 춘향을 보러 왔다가 춘향의 모습을 보고 안타까워한다.
- 지문의 '중략' 내용: 춘향은 어머니를 위로하고 집으로 가시게 한다.
- 지문의 '중략' 뒤 내용: 춘향은 칼머리를 베고 깜빡 잠이 드는데, 꿈에 여동이 나타나 춘향을 황릉묘로 데려간다. 석두성, 한산사 등을 거쳐 소상강에 당도하여 대전 위로 오르니 아황과 여영 두 부인이 춘향의 전생 일을 알려 주고 미래를 예언하며 마음을 변치 말고 열녀를 본받으라고 한다. 꿈에서 깬 춘향은 향단에게 미음물을 부탁하여 앞에 놓고 자신의 신세를 한탄한다. 이때 이 도령은 서울로 올라가 열심히 공부하여 과거에 장원 급제한다.
- 지문에 이어지는 내용: 이 도령은 암행어사가 되어 남원으로 내려와 거지 행세를 하며 월매와 춘향이를 속인다. 그러고는 변 사또의 생일잔치에 끼어들어 푸대접을 받고 한시 한 수를 남기는데, 탐관오리를 꾸짖는 한시 내용을 눈치채지 못한 변 사또는 앉은자리에서 암행어사 출두에 맞닥뜨린다. 결국 변 사또는 직위를 박탈당하고, 춘향은 어사또 이몽룡의 시험에도 불구하고 변치 않는 절개를 다짐함으로써 둘은 반갑게 재회한다. 이후 춘향은 정렬부인에 봉해지고 행복한 일생을 보낸다.

● 주제 춘향의 옥중 생활과 이 도령의 과거 급제

★ 작품 전체의 주제: 신분을 초월한 남녀 간의 사랑(표면적) ※ 이면적 주제: 양반과 상민 사이의 사회적 불평등 비판(탐관오리에 대한 비판과 신분적 제약을 넘어선 인간 해방)

● 어휘 및 어구 풀이 ※ 굵은 글씨로 된 어휘는 고전 빈출 어휘임
- 삼문간: 대궐이나 관청 앞에 세운 세(3) 문(정문, 동협문, 서협문)이 있는 곳.

- 황천객: 저승(=황천)으로 간 나그네라는 뜻으로, 죽은 사람을 이름.
- 동정호: 중국 후난성에 있는 호수. 두보 등 시인들이 그 아름다움을 많이 읊었다.
- 팽려호: 중국 장시성에 있는 호수.
- 여울목: 여울이 턱져 물살이 세차게 흐르는 곳. ※ 여울: 강이나 바다 따위의 바닥이 얕거나 폭이 좁아 물살이 세게 흐르는 곳, 턱져: 평평한 곳에 불룩하게 솟은 자리가 생겨.
- 범피중류(泛彼中流): 배가 떠 있는 넓은 강이나 바다 중간.
- 소상강: 중국에 있는, 아름답기로 유명한 강.
- 전주발: 발(가리개, 커튼)의 일종.
- 위의(威儀): 위엄이 있고 엄숙한 태도나 차림새.
- 대전: 임금이 거처하는 궁전.
- 서왕모: 중국 신화에 나오는 신녀(神女)의 이름. 불사약(먹으면 죽지 않고 영원히 살 수 있는 약)을 가진 선녀라고 함.
- 요지연: '요지'라는 연못에서 열린 잔치(연회).
- 이죽: 입쌀(멥쌀, ⊕ 찹쌀)로 쑨 죽.
- 이밥: 입쌀(멥쌀, ⊕ 찹쌀)로 지은 밥.
- 미음물: 쌀에 물을 충분히 붓고 푹 끓인 물.
- 능욕: 남을 업신여겨(능멸) 욕보임.
- 태평과: 나라에 경사가 있을 때 특별히 실시하던 과거(시험).
- 춘당대: 서울 창경궁 안에 있는 대(臺). 옛날에 과거를 실시하던 곳이다.
- 현제판: 과거 때 문제를 써서 내걸던(懸, 걸 현) 널빤지(게시판).

● 서술 및 표현상의 특징
- 비현실적: 향기 진동하며 여동 둘이 내려와서, 손에 든 봉황 부채 한 번 부치고~소상강 당도하니
- 비유: 열 소경의 외막대 같은 네, 안개 같은 비단 장막
- 적강(p.56 참조) 모티프: 너는 부용성 영주궁의 운화 부인 시녀로서 서왕모 요지연에서 장경성에 눈길 주어 복숭아로 희롱하다 인간 세상에 귀양 가서

● 지문 밖 정보
- 조선 후기 사회의 현실을 반영하고 있을 뿐 아니라 신분 차별에 대한 불만, 관리의 횡포 풍자 등 다양한 주제 의식을 내포하고 있어 국문학사에서 매우 중요하게 다루어지는 작품이다.
- 판소리계 소설의 특징을 엿볼 수 있는 작품이다.
  ※ 판소리계 소설의 전승 과정

근원 설화	판소리	판소리계 소설	신소설
열녀 설화 암행어사 설화 관탈민녀 설화 신원 설화	춘향가 열녀춘향 수절가	춘향전	옥중화 (이해조)

*관탈민녀: 관리가 민간의 부녀자를 빼앗음(탈취).
*신원: 원한을 풀어 버림(伸, 펼 신).
*옥중화: 감옥 중의 꽃(花, 꽃 화). '춘향'을 가리킴.

- 경판본 「춘향전」은 사건 전개가 '결연 → 이별·시련 → 재회'로 진행되고 있다. '결연'에서 이 도령은 진지하지 않고 장난스러움이 있는 유희적 감정으로 춘향을 만난다. 그러나 이 도령은 '이별'에서 춘향의 변함없는 태도로 인해 진정한 사랑을 깨닫고 변화하게 되어 춘향과의 '재회'를 약속하며, 후에 이를 실천한다. 한편 '이별'에서 보여 준 이 도령에 대한 춘향의 애정은 춘향에게 닥친 '시련'을 극복하게 하며, 이 도령과의 '재회'를 이루게 하는 힘이 되고 있다.

  − 2012학년도 11월 고1 전국연합학력평가

- 「춘향전」은 춘향과 이몽룡의 신분을 초월한 사랑 이야기를 중심으로 여성의 정절 및 신분 상승의 문제를 다루면서 당대 사회에 대한 비판 의식을 드러내고 있다.

  − 2013학년도 9월 고3 모의평가

※ 기출 문제에 출제된 「춘향전(열녀춘향수절가, 춘향가)」을 사건 순으로 정리하면 다음과 같다.

> - 남원 부사의 아들 이몽룡이 광한루에 나왔다가 그네 뛰는 춘향을 보고 불러오게 하고, 춘향을 만난 이몽룡이 그 아름다움에 감탄하는 대목: 2015학년도 9월 고1 전국연합학력평가
> - 아버지를 따라 한양으로 가게 된 이몽룡이 춘향에게 이별을 고하고, 춘향이 원망하는 대목: 2014학년도 6월 고1 전국연합학력평가/2018학년도 9월 고3 모의평가/2010학년도 7월 고3 전국연합학력평가
> - 이몽룡이 아버지를 따라 한양을 가게 되자 춘향과 면경(거울)과 옥지환(반지)을 주고받으며 우는 대목: 2012학년도 11월 고1 전국연합학력평가/1999학년도 수능
> - 변 사또의 수청 요구를 거부한 춘향이 곤장을 맞는 부분: 2005학년도 고2 경기도 학업성취도평가
> - 장원 급제한 이몽룡이 그 사실을 숨기고 거지 차림으로 옥중의 춘향을 만나는 대목: 2010학년도 6월 고2 전국연합학력평가/2013학년도 9월 고3 모의평가/1995학년도 수능

05 인물의 태도, 심리의 이해   정답 ③

◎ ③이 정답인 이유 [A]의 "열 소경의 외막대 같은 네*가 이 지경이 되었으니 어디 가서 의탁*하리? 할 수 없이 죽었구나."에서 '춘향 어미'는 '춘향'의 모습을 보고 자신이 의지(의탁)할 데가 없다며 앞날을 걱정한다. [B]에서는 칼을 안고 목과 다리가 아프다는 '춘향'에게 '향단'은 '원미*를 가지고 와서' 먹으라고 한다. '춘향'의 현재 모습을 보고, [A]에서 '춘향 어미'는 자신의 앞날을 걱정하고, [B]에서 '향단'은 '춘향'의 현재 상태를 염려하고 있으므로, '춘향'의 고난에 대해 '춘향 어미'와 '향단'은 상이한* 반응을 보이고 있음을 확인할 수 있다.

> *열 소경의 외막대 같은 네: 소경(시각 장애인)에게 막대기(지팡이)는 아주 소중하다. 열(10) 명의 소경에게 지팡이가 하나밖에 없는 상황이라면 '열 소경의 외막대'는 아주 소중한 물건임을 알 수 있다. 따라서 여기서는 '(춘향'은 '춘향 어미'에게) 열 소경의 외막대 같은 소중한 존재'라는 뜻으로 쓰였다.
> *의탁: 몸이나 마음을 **의**지하고 맡김(위**탁**). ㉮ 기댐(기대다)
> *원미(元味): 쌀을 굵게 갈아 쑨 죽.
> *상이한: 서로(상호) 다른(차이가 나는).

▶ 정답의 근거 위 '③이 정답인 이유' 참조

가장 많이 질문한 오답은? ④

✕ ④가 오답인 이유 [B]에서 '향단'은 '춘향'을 위해 원미를 쑤어 와 건네는데, 이를 통해 '향단'의 침착한 태도를 엿볼 수 있다. 그리고 [A]에서 '춘향 어미'는 '땅을 치며' 말하는 것에서 격앙된 모습을 확인할 수 있다. 하지만 [A]에서 '향단'이 '춘향 어미'를 진정시키는 모습은 없으므로 적절하지 않다.

① [A]의 "신관 사또는 사람 죽이러 왔나?"에서 '춘향 어미'는 '신관 사또'를 비난하고 있다. 하지만 [B]에서 '향단'은 '신관 사또'를 옹호하고 있지 않다.

② [A]의 "기생이라 하는 것이 수절*이 다 무엇이냐?"에서 '춘향 어미'는 '춘향'의 수절을 만류하고 있다. 하지만 [B]에서 '향단'이 '춘향'에게 수절을 권하고 있지 않으므로(만류하고 있지도 않음) 적절하지 않다.

> *수절: **절**개를 지킴(고**수**, 사**수**).

⑤ [A]에서 '춘향 어미'가 '도련님'의 약속을 언급한 부분은 없다. 그리고 [B]의 "정신 차려 잡수시오."에서 '향단'이 '춘향'을 걱정하고 있지만, 이로 인해 '춘향'의 내적 갈등이 심화되고 있지는 않다.

06 인물의 심리 추론   정답 ⑤

◎ ⑤가 정답인 이유 [C]는 '춘향'이 옥방(감방)에서 자신의 처지를 한탄하는 대목이다. 모여드는 귀신이 옥방에서 지내다 죽은 사람들이라는 점에서 자신과 같은 처지였다고 볼 수도 있으나, '억울한' 처지에 놓인 사람들은 아니다. 그리고 그들이 '처량히(슬프게)' 운다고 했으나 그들에 대해 '춘향'이 연민의 감정을 드러내고 있지 않다.

▶ 정답의 근거 [C]의 내용−⑤의 '억울한 처지에 놓인' ✕, '연민의 감정' ✕

가장 많이 질문한 오답은? ④, ③ 순

✕ ④가 오답인 이유 [C]의 "아무래도 못 살겠네."에서 '춘향'은 '미래에 대한 부정적 전망'을 드러내고 있고, "이것을 먹고 살면 무엇할꼬?"에서 자신의 신세에 대한 한탄을 드러내고 있다.

✕ ③이 오답인 이유 [C]의 "동방의 귀뚜라미 소리와 푸른 하늘에 울고 가는 기러기는 나의 근심 자아낸다."에서 '청각적(소리, 울고) 경험을 자극하는 자연물(귀뚜라미, 기러기)'을 통해 '춘향'은 자신의 근심을 드러내고 있다.

나머지 답지들이 오답인(적절한) 이유도 [C]에서 확인해 보자.
① '벼룩 빈대 온갖 벌레 무른 등의 피를 빨고, ~도깨비는 휙휙, 귀신 우는 소리'에서 공간(옥방 안)의 특징을 열거하고 있고, 이와 같은 상황이 '더욱 싫다'고 한 것에서 '춘향'은 자신의 비참한 처지를 드러내고 있다.
② '도깨비'와 '온갖 귀신'에서 비현실적인 존재를 언급하고 있고, '(귀신이) 달려드니 처량하고 무서워라.'에서 '춘향'은 자신이 느끼는 두려움을 드러내고 있다.

아간다. 이는 '춘향'의 꿈속에서 이루어진 것으로, 〈보기〉를 참고하면 '공간적 상상력을 풍요롭게 하는' '꿈속 공간의 초월적(현실에 존재하지 않는) 성격'을 드러내는 것으로 볼 수 있다.　　＊여동: 여자인 아이(아동). 계집아이.
⑤ [B] 위에서 아황 부인과 여영 부인은 '춘향'에게 '마음을 변치 말고 열녀를 본받아 후세에 이름을 남기라.'고 한다. 〈보기〉를 참고하면 이는 '작품의 전개 방향을 예측하게' 하는 것으로, '춘향'이 정절을 지켜나갈 인물임을 암시하는 것으로 볼 수 있다.

07 자료를 바탕으로 한 서사 구조의 이해　　정답 ③

ㅇ ③이 정답인 이유　'중략' 아래에서 아황 부인과 여영 부인*이 "춘향이 바삐 들라 하라."고 명령한 것은 꿈에 '춘향'이 황릉묘*에 갔을 때이다. 이어지는 '두 부인'의 말로 보아 '춘향'이를 바삐 들라고 한 것은 춘향에게 전생*의 일을 알려 주고, 현재 시련을 겪고 있지만 머지않아 부귀영화를 누릴 것이니 열녀를 본받아 후세에 이름을 남기라는 말을 하기 위해서이다.

〈보기〉를 참고하면 이는 '천상계와 인간 세상, 전생과 현생, 꿈과 현실의 대응을 형성하면서 공간적 상상력을 풍요롭게 하는 동시에 주인공(춘향)의 또 다른 정체성*(부용성 영주궁의 운화 부인 시녀)을 드러내'기 위함이고, '작품의 전개 방향을 예측(머지않아 장경성을 만나고 부귀영화를 누릴 것)하게' 하는 것으로, 인간 세상에 대비되는 천상계의 질서가 있음을 보여 주는 것이 아니다. 그리고 '춘향'이 자신의 문세를 서둘러 해결하고자 한 것도 아니다.

> *아황 부인과 여영 부인: 중국 요 임금의 두 딸이자 순 임금의 아내들로, 순 임금이 죽자 강에 몸을 던져 죽었다고 한다.
> *황릉묘: 황제의 무덤(왕릉, 묘지).
> *전생: 이 세상에 태어나기 이전의 삶(생애).
> *정체성: 본질적으로 가지고 있는(실체) 특성.

▶ **정답의 근거**　'춘향이 바삐 들라' 앞뒤의 내용과 〈보기〉
가장 많이 질문한 오답은? ④

✗ ④가 오답인 이유　[B] 위의 아황 부인과 여영 부인의 말에서 '춘향'은 '전생'에 '운화 부인 시녀'였다고 했다. 〈보기〉를 참고하면 이는 '전생(운화 부인 시녀)과 현생*(춘향)'의 '대응을 형성하면서 공간적 상상력을 풍요롭게 하는' 것으로, '공간 상상력의 확장을 유도하는' 것으로 볼 수 있다.

> *현생: 이 세상(현재)에서의 삶(생애).

나머지 답지들이 적절한 감상인 이유도 살펴보자.
① '중략' 아래에서 '춘향'은 '우연히 잠이' 들어 '황릉묘 시녀'를 만난다. 〈보기〉를 참고하면 이는 '황릉묘 모티프(p.56 참조)가 사용'된 것이고, 이를 통해 '꿈과 현실'의 연결이 일어나게 됨을 보여 주는 것으로 볼 수 있다.
② '중략' 아래에서 '여동*'이 '봉황 부채'를 '두 번 부치니' '구름 같이 이는 바람'에 '춘향'이 '소상강 만 리 밖' 황릉묘까지 날

08 독자의 반응 추론　　정답 ①

ㅇ ①이 정답인 이유　[B] 바로 위에서 '춘향'은 꿈을 깬 후 '내가 죽을 꿈'이라고 하고, [B] 이후에서 '춘향'은 '근심과 (이 도령에 대한) 그리움으로 날을 보'내는데, 이때 서울로 간 이 도령은 장원 급제를 한다.[근거: 시험관이 (이 도령의 글을) 받아보고 글자마다 붉은 점이요 구절마다 붉은 동그라미를 치는구나*. 이름을 뜯어 보고 승정원 사령이 호명하니, 이 도령 이름 듣고 임금 앞에 나아간다.]

이를 염두에 두고 〈보기〉의 ㉮ 앞에서 '황릉묘 모티프에서 '머지않아 장경성을 다시 만나 부귀영화를 누릴 것'이라는 '두 부인'의 말을 감안하여'라고 한 것에 주목하면, '독자는 이어지는 내용에서 '춘향'이 한 말인 '내가 죽을 꿈이로다'보다는 장경성과 과거에 급제한 이 도령을 연결하여 두 사람(춘향과 이 도령)의 재회를 예상할 것이다.

> *시험관이 받아보고 글자마다 붉은 점이요 구절마다 붉은 동그라미를 치는구나.: 이 도령이 장원 급제했다는 것을 나타낸 것으로, 예전에 시가나 문장을 비평할 때 아주 잘된 곳에 붉은색으로 점을 찍고 동그라미를 쳤다.

▶ **정답의 근거**　㉮의 바로 앞 내용
가장 많이 질문한 오답은? ③, ④, ② 순

✗ ③이 오답인 이유　[B] 바로 위 '한바탕 꿈이라. 잠을 깨어 탄식하는 말'에서 독자는 '두 부인'과의 만남이 꿈임을 깨닫는 '춘향'의 모습을 볼 수 있다. 그리고 '춘향'이 '탄식'한다는 데에서 독자는 '꿈(머지않아~부귀영화를 누릴 것)과 현실(칼을 안고 감옥에 있는 상황)의 대비(p.100 참조)가 주는 허무함을 절감하게 될' 수도 있다. 하지만 이것은, ㉮ 앞에서 감안하라고 한 두 부인의 말('머지않아 장경성을 다시 만나 부귀영화를 누릴 것')과 긴밀하게 연결되지 않으므로 ㉮에 들어갈 내용으로 적절하지 않다.

✗ ④가 오답인 이유　[B] 바로 위에서 '춘향'이 '자신의 실수(발을 잘못 디뎌)'로 꿈에서 깨어나는 장면을 확인할 수 있다. 일반적으로 실수가 고난의 암시로 이어질 수도 있다. 하지만 이것은, ㉮ 앞에서 감안하라고 한 두 부인의 말('머지않아 장경성을 다시 만나 부귀영화를 누릴 것')과 긴밀하게 연결되지 않으므로 ㉮에 들어갈 내용으로 적절하지 않다.

[B] 바로 위 "이 꿈이 웬 꿈인가? 뜻 이룰 큰 꿈인가? 내가 죽을 꿈이로다."에서 '춘향'은 '꿈'에 대해 자문(자신에게 질문함.)하며 탄식'한다. 이와 같은 '춘향'의 모습을 보고 독자는 '춘향이 현실에서의 정체성에 의문을 갖게 되리라고 예상'할 수도 있다. 하지만 〈보기〉의 ㉮ 앞의 '두 부인의 말을 감안하여'에 주목하면, 독자는 '춘향이 현실에서의 정체성에 의문을 갖게 되리라고 예상'하지는 않을 것이다.

⑤에 답한 학생들은 드물었는데, [B] 바로 위에서 '춘향'이 '달나라 구경하려다가 발을 잘못 디뎌' 꿈에서 깼으므로 독자는 '춘향이 꿈에 대한 미련을 보이리라고 예상'할 수도 있다. 하지만 〈보기〉의 ㉮ 앞의 '두 부인의 말을 감안하여'에 주목하면, 두 부인의 말인 '장경성을 다시 만나 부귀영화를 누릴 것'을 통해 '춘향이 꿈에 대한 미련을 보이리라고 예상'하기보다 '장원 급제한 이 도령을 다시 만나 부귀영화를 누릴 것이라고 예상'할 것이다.

9~12 고전 소설

작자 미상, 「배 비장전」
- ● **제목의 의미** 성이 '배'이면서 **비장**(감사나 목사 등을 따라다니며 일을 돕던 무관) 벼슬을 하는 사람의 이야기
- ● **등장인물**
- 배 비장: 제주 목사 앞에서 자신은 여색을 멀리한다고 허세를 부렸지만, 기생 애랑의 유혹에 넘어간다.
- 제주 목사: 배 비장이 여색을 멀리한다고 하자, 그를 시험하기 위해 기생 애랑을 시켜 배 비장을 유혹하게 한다.
- 애랑: 기생. 제주 목사의 명을 받고 배 비장을 유혹한다.
- 방자: 배 비장의 하인. 배 비장을 조롱하며 애랑의 집으로 안내한다.
- ● **작품 줄거리**
- **지문 앞 내용**: 제주 목사로 부임해 가는 김경이 비장으로 배 선달을 임명한다. 이에 비장은 염려하는 아내에게 절대 술과 여자에게 빠지지 않을 것을 약속한다. 제주에 도착해 사면을 둘러보니, 제주에서 제일 경치 좋다는 망월루에서 구관 사또가 신임하던 정 비장과 기생 애랑이 이별을 안타까워하며 눈물 짓고 있었다. 이 모습을 본 배 비장이 정 비장을 비방하자, 방자는 애랑을 보면 살림을 차릴 것이라며 코웃음을 치지만 배 비장은 방자를 꾸짖는다. 이를 들은 목사는 배 비장을 시험하기 위해 기생 애랑으로 하여금 배 비장을 유혹하게 한다. 애랑의 유혹에 넘어간 배 비장은 방자를 통해 애랑에게 편지를 보내고, 애랑은 자신 때문에 병이 들었다는 말에 밤늦게 자신의 집으로 오라는 답장을 보낸다.
- **지문의 '중략' 앞 내용**: 애랑의 편지를 받은 배 비장은 아픈 것도 씻은 듯이 나아 약속한 날 밤이 되자 애랑에게 잘 보이기 위해 옷을 잘 갖춰 입고 예행연습까지 한다. 그리고 애랑을 만나고 싶은 간절한 마음에 방자가 비단옷을 입고 가면 안 된다고 하자 초라한 모습으로 애랑의 집으로 가서, 애랑의 집 담 구멍을 기어들어가는 것도 기꺼이 한다.

- **지문의 '중략' 내용**: 애랑의 집에 들어가자, 방자는 배 비장에게 불 켜진 방으로 들어가서 놀다가 날이 새기 전에 나오라고 당부하고, 자신은 몸을 숨기고 배 비장을 엿본다.
- **지문의 '중략' 뒤 내용**: 배 비장은 애랑의 방문 앞에서 문 구멍을 내어 들여다보며 애랑의 고운 모습에 감탄한다. 그러다가 애랑이 피우는 담배 냄새에 재채기를 하는데, 애랑은 짐짓 배 비장인 줄 모른 척하며 배 비장의 복색(개가죽 두루마기에 노벙거지)을 핑계 삼아 미친개 취급을 한다. 그러고는 배 비장을 인두판으로 치자, 배 비장은 비굴하게 자신을 걸덕쇠라며 비하한다.
- **지문에 이어지는 내용**: 배 비장의 모습을 본 애랑은 웃으며 방으로 안내하고, 정담을 나눈 뒤 불을 끄려 할 때 애랑과 짠 방자가 애랑의 남편 목소리를 흉내 내며 고함을 친다. 이에 배 비장이 깜짝 놀라 숨을 곳을 찾자, 애랑은 미리 준비해 놓은 자루에 배 비장을 숨긴다. 방자가 들어와 자루를 가리키며 무엇이냐고 묻자, 애랑은 거문고라고 한다. 방자가 거문고를 타자며 자루를 때리자, 방자를 애랑의 남편으로 아는 배 비장은 아픔을 참으며 거문고 소리를 낸다. 잠시 후 방자가 소변을 보러 간다며 나가자, 배 비장은 얼른 자루에서 나와 피나무궤에 들어가서 몸을 숨긴다. 다시 방으로 돌아온 방자는 꿈 이야기를 하며 궤를 불태우겠다고 하는가 하면, 톱으로 궤를 자르려고 하다가, 물에 던져 버리라고 해 배 비장을 놀라게 한다. 결국 궤는 사또가 있는 동헌 마당으로 옮겨지고 물을 붓고 사령들이 거짓으로 배 젓는 소리를 내자, 물에 빠진 줄로 착각한 배 비장이 살려 달라고 애원한다. 이에 사공으로 가장한 사령들이 궤를 열어 주자, 배 비장은 알몸으로 허우적거리다 동헌 대청에 머리를 부딪쳐 사또와 관리, 기생, 노비들 앞에서 망신을 당한다.
- ● **주제** 애랑의 유혹에 넘어가 하인과 기생에게 조롱당하는 배 비장에 대한 비판
- ★ **작품 전체의 주제**: 지배 계층의 허세에 대한 풍자
- ● **어휘 및 어구 풀이** ※ 굵은 글씨로 된 어휘는 고전 빈출 어휘임.
- 군관: 조선 시대에, 각 군영과 지방 관아에서 **군**사에 관한 일에 종사하던 낮은 벼슬아치(**관**리).
- 목사(牧使): 조선 시대에, 관찰사의 밑에서 지방의 목(牧)을 다스리던 문관 벼슬.
- 삼경(三更): 하룻밤을 오경(五更)으로 나눈 셋째 부분. 밤 11시~새벽 1시를 말함.(p.160의 그림 참조)
- 강호에 병이 들어 덧없이 죽겠더니: '강호에 병이 들어'는 일반적으로 '자연을 사랑하는 마음이 깊어 병이 들 정도'라는 의미인데, 여기서는 '강호(제주, 집을 떠난 곳)에서 상사병이 들어 허무하게 죽게 생겼더니'의 의미임.
- 회답: 물음이나 편지 등에 대해 돌아온(**회**귀) 대**답**.
- 방자: 조선 시대 지방의 관아에서 심부름하던 남자 하인.
- 입시(入侍): 대궐에 들어가서 임금을 뵙는 일.
  *방자 입시(入侍) 보내고: '방자는 제주 목사에게 인사를 드리고 오라고 보내고.' 정도의 의미임.
- 외올망건: 외올(단 하나의 올)로 뜬 망건.
  *망건: 상투를 튼 사람이 머리카락을 걷어 올려 흘러내리지 않도록 머리에 두르는 그물처럼 생긴 물건.

- 정주 탕건: 상투에 쓰는 모자인데 구슬로 꾸민 것. 집 안에서는 탕건만 쓰고 외출할 때는 그 위에 갓을 씀.
- 쾌자: 소매가 없고 등솔기가 허리까지 트인, 겉옷 위에 덧입는 옷.
- 전립 관대: 전립과 관대. '전립'은 벼슬아치들이 쓰던 모자, '관대'는 벼슬아치들이 조정에 나아갈 때 입던 제복임.
- 동개: 활과 화살을 꽂아 넣어 등에 지도록 만든 물건. 배 비장이 무관임을 알게 함.
- 수인사(修人事) 대천명(待天命): 사람(인간)의 힘으로 할 수 있는 일(사건)을 다하고 하늘(天, 하늘 천)의 명을 기다림(기대). 유 진인사대천명(盡人事待天命)
- 군례: 군대에서 행하는 예식.
- 군례 전에 대령하였소.: 하루를 마무리하는 군례를 하기 전에 배 비장의 심부름을 하기 위해 왔다는 의미임.
- 거들거려: 거들먹거리며. 거만스럽게 잘난 체하며.
- 개가죽 두루마기: 개의 가죽으로 만든 두루마기(웃옷).
- 노평거지: '노벙거지'의 잘못된 표기. 노끈으로 만든 벙거지.
- 구록피(狗鹿皮): 사슴(鹿, 사슴 록)의 가죽처럼 부드럽게 만든 개(狗, 개 구)의 가죽(皮, 가죽 피).
- 군기총(軍器銃): 군대에서 사용하는 기구인 총.
- 성정: 성질과 심정. 타고난 본성.
- 죽어도 문자(文字)는 쓰던 것: 죽을 정도로 힘들어하면서도 한자를 인용하여 말한다는 것으로, 허세를 부리는 배 비장의 모습을 드러냄.
- 포복불입(飽腹不入)하니 출분이기사(出糞而幾死)로다.: 배(복부)가 불러(포식) (담에 난 구멍으로) 들어갈(입장) 수 없으니(不, 아닐 불) 똥(분뇨)이 나와(배출) 거의 죽겠구나(사망).
- 꼰질곤자판: 고누판. '고누'는 장기와 비슷한 옛날의 놀이로, 고누판도 장기판과 비슷함.
- 무색한: 겸연쩍고 부끄러운. 본래의 특색을 드러내지 못하고 보잘것없는.
- 간죽: 담배통과 물부리 사이에 끼워 맞추는 가느다란 대.
- 백통관: 흰 대나무로 만든 담뱃대.
- 삼등초: 삼등(평안남도 강동 지역)에서 생산되는 잎담배. 향기가 매우 좋다고 함.
- 백탄 불: 흰 숯으로 낸 불.
- 인두판: 다리미판. 인두(천을 다리는 데 쓰는 기구)를 사용할 때, 천을 올려놓는 기구.

● 서술 및 표현상의 특징
- 대비: 등불, 복숭아꽃 ↔ 너(애랑)
- 풍자적, 해학적: 배 비장이 애랑에게 잘 보이기 위해 예행연습하는 부분(㉠이 포함된 말), 방자가 배 비장의 권위를 떨어뜨리는 부분([A]와 그 아래 부분), 배 비장이 애랑의 집 담 구멍으로 들어가는 장면('중략' 앞부분) 등
- 대구법

```
┌ 켜 놓은   등불이   밝다 한들   너를 보니   어두운 듯
└ 피는   복숭아꽃이   곱다 하되   너를 보니   무색한 듯
```

● 지문 밖 정보
- 판소리 '배 비장 타령'을 계승한 판소리계 소설

> 판소리계 소설의 특징(문제편 p.63 참조)을 보여 주는 부분
> - 4(3)·4조 중심의 운문체와 산문체의 결합
>   강호에/병이 들어/덧없이/죽겠더니,//
>   삼경에/기약 두고,/해 지기만/바라더니//
> - 문체의 이중성[양반층 언어와 서민층 언어가 혼재(혼합되어 존재함.)되어 있음.]
>   – 양반층 언어의 예: 포복불입(飽腹不入)하니 출분이기사(出糞而幾死)로다.
> - 의성어나 의태어의 사용, 현장감 구현: 뺑, 악깍(의성어), 우뚝, 썩, 활짝, 왈각, 사뿐사뿐, 배비작 배비작, 서뿐, 사뿐, 펄쩍(의태어) 등
> - 상투적인 비유어를 많이 사용함.: 도깨비 들린 듯이, 켜 놓은 등불이 밝다 한들 너를 보니 어두운 듯, 피는 복숭아꽃이 곱다 하되 너를 보니 무색한 듯
> - 판소리 창자의 말투(편집자적 논평): 방자놈 이른 말이, 저 여인 거동 보소

★ 기출 답지로 작품과 문제 완전 정복
- 행동의 묘사와 대화를 통해 인물(배 비장)을 희화화하고 있다.
- [A]에 반복되는 대화의 구조를 〈보기〉와 같이 정리했을 때, ⓐ~ⓓ에 대한 설명으로 적절하지 않은 것은?(발문 변형)

보기

ⓐ 방자의 제안 → ⓑ 배 비장의 주저 → ⓒ 방자의 대응 → ⓓ 배 비장의 수용

① ⓐ에는 양반을 조롱하기 위한 의도가 반영되어 있다.
② ⓑ는 ⓐ의 속뜻을 알아차리고 망설이는 것이다.
③ ⓒ는 자신의 의도를 관철하기 위해 상대방을 자극하고 있는 것이다.
④ ⓓ는 ⓒ의 인물이 예상한 결과이다.
⑤ ⓓ의 이유는 자신이 원하는 바를 빨리 이루기 위해서이다.

답 ②

- 다음의 상황에 어울리는 말로 가장 적절한 것은?

> 배 비장 두 눈을 희게 뜨고 이를 갈며,
> "좀 놓아다고!"
> 하면서, 죽어도 문자(文字)는 쓰던 것이었다.
> "포복불입(飽腹不入)하니 출분이기사(出糞而幾死)로다."

답 허장성세(虛張聲勢)

※ 허장성세: 허풍을 치며 과장하고 고성을 지르며 허세를 부림.
→ 실속은 없으면서 큰소리치거나 허세를 부림.

- '배 비장'에 대해 알 수 있는 것
  - 상황에 대한 판단력이 흐려져 있다.
  - 자신의 감정을 숨기려 하지 않고 있다.
  - 여자에게 환심을 사려고 노력하고 있다.
  - 양반의 체통보다는 욕망을 따르고 있다.

-2008학년도 4월 고3 전국연합학력평가

09 자료를 활용한 감상   정답 ⑤

◎ **⑤가 정답인 이유** 〈보기〉에서는 「배 비장전」의 특징을 다음과 같이 설명하고 있다.

> • 판소리계 소설
> (1) 판소리 창자의 말투가 고스란히 드러남.
> (2) 율문체*를 통해 당대 서민들의 삶과 정서를 드러냄.
> • 남성 훼절* 형 모티프(p.56 참조)를 바탕으로 하는 서사 구조
> (3) 다른 사람의 책략에 의해 주인공이 금욕*적 다짐을 훼손당해 웃음거리가 됨.
> (4) 지배 계층의 허세에 대한 풍자와 조롱을 드러냄.
> (5) 신분 질서가 무너져 가는 당대 시대상을 반영하고 있음.

⑤는 위의 (5)를 바탕으로 한 감상이다. 하인과 기생이 비장을 조롱하고 있다는 점에서 신분 질서가 무너져 가는 당대 시대상을 반영하고 있는 것은 맞다. 하지만 "배 걸덕쇠*요."는 배 비장이 기생 애랑에게 자신을 낮춰 한 말로, 격식을 차리며 말한 것이 아니다.

> *율문체: 외형적인 운율을 가지고 있는 문체. ⑨ 운문체
> *훼절: 절개나 지조(절조)를 깨뜨림(훼손).
> *금욕: 욕구나 욕망을 억제하고 금함(참음).
> *걸덕쇠: 껄떡쇠. 여기저기 기웃거리며 먹을 것을 몹시 탐하는 사람을 얕잡아 이르는 말로, 여기서는 '여자를 밝히는 사람'의 의미로 쓰임.

▶ **정답의 근거** "배 걸덕쇠요."와 그 앞의 내용

가장 많이 질문한 오답은? ②, ③, ④ 순

☒ **②가 오답인 이유** ②에 답한 학생들이 많았는데, ②는 위 (1)을 바탕으로 한 감상이다. '~(의) 거동 보소'는 판소리 창자(판소리 창을 하는 사람)가 공연할 때 청중들에게 하는 상투적인 말투로, 이 작품이 판소리계 소설이라는 것을 알게 한다.

☒ **③이 오답인 이유** ③은 위 (3)과 (4)를 바탕으로 한 감상이다. 배 비장은 밤중에 기생을 만나러 갈 정도로 훼절한 상황에서, 방자가 제안한 대로 양반의 체면을 깎는 '구록피 두루마기에 노펑거지'를 쓰고 기생 애랑의 집에 간다. 이는 서민 계층(방자)에 의해 조롱당하는 지배 계층(배 비장)의 모습을 보여 주는 것이다.

☒ **④가 오답인 이유** ④에 답한 학생들도 많았는데, ④는 위 (4)를 바탕으로 한 감상이다. 배 비장은 애랑을 만나기 위해 담 구멍으로 들어가다가 배가 걸려 꼼짝할 수 없는 상황에 처했다. 양반의 체면을 구기는 이와 같은 상황에서도 "포복불입하니 출분이기사로다."라며 문자를 쓰는* 배 비장의 모습을 제시한 것에서 지배 계층의 허세에 대한 풍자를 엿볼 수 있다.

> *문자를 쓰는: (낮잡는 뜻으로) 어려운 한자로 된 말을 섞어 말하는. ※ 문자: 예부터 전해 내려오는 한자 숙어나 성구(成句).

①에 답한 학생들은 드물었는데, ①은 위 (2)를 바탕으로 한 감상이다. '가만가만/자취 없이/들어가서/이리 기웃/저리 기웃'은 애랑의 방으로 가는 배 비장의 행동을 묘사한 것으로, 글자 수를 4자씩 규칙적으로 반복함으로써 배 비장의 행동을 리듬감 있게 묘사한 율문체를 확인할 수 있다.

10 재담 구조의 이해   정답 ③

◎ **③이 정답인 이유** [A]의 재담(재치 있고 재미있는 이야기)을 〈보기〉의 도식화 자료에 따라 정리하면 다음과 같다.

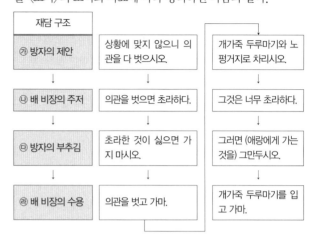

방자가 배 비장에게 벼슬아치들이 입는 비단옷을 버리고 서민들이 입는 옷을 입으라고 **제안**하자(㉮), 배 비장은 초라해 보일 것 같다며 **주저**한다(㉯). 그러자 방자는 아예 애랑에게 가지 말자고 함으로써 오히려 애랑에게 가고자 하는 배 비장의 욕구를 **부추긴다**(㉰). 이에 배 비장은 방자의 말대로 하겠다고 하여 방자의 요구를 **수용**한다(㉱). 이처럼 ㉰에서 방자는 긍정적인 결과를 제시하지 않았고, ㉰뿐만 아니라 ㉮에서도 방자는 긍정적인 결과를 제시하지 않았다.

▶ **정답의 근거** [A]의 대화 양상

가장 많이 질문한 오답은? ①, ④, ② 순

☒ **①이 오답인 이유** ①에 답한 학생들이 아주 많았다. 그런데 ㉮에서 방자는 배 비장에게 '밤중에 유부녀 희롱 가오면서 비단옷 입고 저리 하고 가다가는 될 일도 안 될 것이니, 그 의관* 다 벗으'라고 제안한다. 배 비장은 자신의 권위를 살릴 수 있는 비단옷을 갖춰 입고 가려고 한 것인데, 그 옷을 다 벗으라고 한 것에서 방자는 배 비장의 권위를 깎아내리는 말을 하고 있다는 것을 알 수 있다.

> * 의관: 웃옷(의상)과 갓. 남자가 정식으로 갖추어 입는 옷차림.

☒ **④가 오답인 이유** ①만큼이나 ④에 답한 학생들도 많았다. 그런데 ㉱ 바로 앞에서 방자가 애랑한테 가지 말자고 하자, ㉱에서 배 비장은 방자의 요청대로 의관도 벗고, 개가죽(두루마기)이라도 입겠다고 한다. 즉, 배 비장은 의관을 벗고 싶지 않고, 개가죽 두루마기를 입고 싶지 않으나, 애랑을 만나고 싶은 마음에 할 수 없이 방자의 말에 호응하고 있다는 것을 알 수 있다.

☒ **②가 오답인 이유** ㉯에서 배 비장은 방자가 제안한 대로 의관을 벗고 개가죽 두루마기를 입으면 자신이 너무 초라하지 않겠느냐고 하는데, 이것은 양반인 자신의 체면을 염두에 둔 것이다.

⑤에 답한 학생들은 적었다. 그 이유는 [A]에서 대화를 주도하는 이는 방자이고, 위 '③이 정답인 이유'에서 정리한 것과 같이 ㉮~㉱로 이어지는 재담 구조가 두 번 반복되고 있기 때문이다.

11 인물의 태도, 심리의 이해 정답 ④

○ **④가 정답인 이유** ㉣은 배 비장이 힘들게 담 구멍을 통과한 뒤에 한 말로, '등에 고누판을 놓은 것 같다'고 한 것은 '등이 심하게 아프다'는 것을 직접적으로 말하지 못하고 돌려서 말한 것이다. 또 ㉣ 바로 앞의 '배 비장이 아프단 말도 못 하고'로 보아, ㉣은 방자에 대한 불만을 노골적으로 드러낸 것으로 볼 수 없다. 한편 '노골적으로'는 '숨김없이 모두를 있는 그대로'의 뜻이라는 점에서도 ④는 ✕ 표시(적절하지 않음)를 해야 한다. 그런데도 정답률이 낮았던 것은 현재 잘 쓰이지 않는 고전 어휘의 잦은 사용으로 인해 지문 내용을 잘 이해하지 못한 학생들이 많았기 때문으로 볼 수 있다.

▶ **정답의 근거** ㉣ 앞의 '배 비장이 아프단 말도 못 하고'

가장 많이 질문한 오답은? ③, ⑤ ☞

✕ **③이 오답인 이유** ㉢은 방자가 애랑의 집에 가지 말자고 하자 배 비장이 한 말로, 양반인 배 비장이 하인인 방자를 업고서라도 가겠다고 한 것에는 애랑을 만나고 싶어 하는 배 비장의 간절한 마음이 담겨 있다고 볼 수 있다.

✕ **⑤가 오답인 이유** '앞부분의 줄거리'의 '애랑은 자신에게 반한 배 비장에게 삼경에 집으로 오라는 편지를 보낸다.'와 '중략' 아래의 '배 비장이…재채기 한 번을 악칵 하니, 저 여인이 놀라는 체하고 문을 펄쩍 열뜨리고'로 보아, 배 비장은 애랑이 오라고 해서 갔고, 또 애랑은 배 비장인 줄 알면서도 '놀라는 체'했다. 따라서 ㉤은 애랑이 배 비장의 정체를 알고도 짐짓* 모른 체한 것으로 볼 수 있다.

> *짐짓: 일부러. 마음으로는 그렇지 않으나 일부러 그렇게.
> ※ 참고로, 고전 소설 「임경업전」에서는 '짐짓'이 '진짜의, 참된'의 뜻으로 쓰였음. 예) "(임경업은) 짐짓 영웅이로되…"

나머지 답지들이 오답인(적절한) 이유도 살펴보자.

① ㉠은 배 비장이 애랑을 만났을 때를 가정해 연습을 하는 장면이다. 기생인 애랑에게 군대의 예절로 행동하겠다고 하며 예행연습까지 하는 것으로 보아, ㉠에는 애랑의 환심을 사기 위해 노력하는 배 비장의 모습이 나타나 있다고 볼 수 있다.

② ㉡ 앞에서 배 비장은 애랑에게 잘 보이기 위해 의관을 차려입고 행동까지 연습한다. 그런데 갑자기 방자가 '문을 펄쩍 열'자 '깜짝 놀라' 땀까지 난 것이므로, ㉡은 방자에게 자신의 행동을 들켰을까 봐 당황하는 모습으로 볼 수 있다.

12 상황에 어울리는 한자 성어의 파악 정답 ①

○ **①이 정답인 이유** ⓐ는 배 비장이 애랑의 집 담 구멍으로 들어가려고 하다가 배가 걸려 들어가지도 나오지도 못하는, 꼼짝도 할 수 없게 된 상황이다. 이러한 상황을 나타내는 한자 성어는 '이러지도 저러지도 못하는 곤란한 상태'인 '진퇴양난(進退兩難)*'이다.

> *진퇴양난(進退兩難, 나아갈 진·물러날 퇴·둘 양·어려울 난): 전진과 후퇴, 양쪽 모두 난관에 부딪침. … '딜레마'와 의미가 통함. – 『매3력』 p.106에서

▶ **정답의 근거** ⓐ의 '들도 나도 아니하는구나.'

오답지의 한자 성어도 어떤 상황에서 쓰이는 말인지를 살펴본 후 그 뜻을 정확하게 알고 넘어가자.

② 소수가 다수를 당해 내지 못하는 상황에 쓰이는 말.

> *중과부적(衆寡不敵, 무리 중·적을 과·아닐 부·겨룰 적): 군중에게 적은 인원은 대적하지 못함.

③ 다른 사람의 처지(입장)를 고려하지 않고 자기 입장만을 강조하는 상황에 쓰이는 말(p.84의 10번 해설 참조).

④ 학문이나 능력이 서로 비슷해서 우열을 가리기 어려운 상황에 쓰이는 말.

> *난형난제(難兄難弟, 어려울 난·형 형·어려울 난·아우 제): 누구를 형이라 하기도 어렵고(난해) 누구를 아우(형제)라 하기도 어려움(난해). – 『매3력』 p.26에서

⑤ 혼자서는 일(성과, 다툼 등)을 이루지 못하는 상황에 쓰이는 말.

> *고장난명(孤掌難鳴, 외로울 고·손바닥 장·어려울 난·울 명): 외로운(고아) 손바닥(장갑), 즉 손바닥 하나로는 울기(공명, 자명종) 어려움(난해). – 『매3력』 p.233에서

✔ 매일 복습 확인 문제

1 다음 ㄱ~ㄷ에서 공통으로 확인할 수 있는 고전 소설의 특징을 한 단어로 밝혀 쓰시오.

> ㄱ. 하얀 눈이 온 세상 가득 쌓여 있는데, 오직 해룡이 자고 있는 사랑채 위에는 눈이 한 점도 없고 더운 기운이 연기처럼 일어나고 있었다.
> ㄴ. 박 한 통을 또 따놓고 슬근슬근 톱질한다. 쓱삭 쿡칵 툭 타 놓으니 속에서 온갖 세간붙이가 나왔다.
> ㄷ. 길동이 말을 마치며 몸을 공중에 솟구쳐 구름에 싸여 가니, 그 가는 곳을 알 수가 없었다.

2 왼쪽에 제시된 어휘의 의미와 가까운 것을 오른쪽에서 찾아 서로 줄로 이으시오.

(1) 권선징악 • 　　　　• ㉮ 복선화음
　　　　　　　　　　• ㉯ 부귀영화
(2) 삼경 • 　　　　• ㉰ 22시~24시
　　　　　　　　　　• ㉱ 23시~01시
(3) 진퇴양난 • 　　　　• ㉲ 난센스
　　　　　　　　　　• ㉳ 딜레마

정답 1. 전기성 2. (1) ㉮ (2) ㉱ (3) ㉳

정답	01 ②	02 ②	03 ④	04 ③	05 ①	06 ⑤
	07 ⑤	08 ④	09 ④	10 ①		

1~4 고전 소설

작자 미상, 「신유복전(申遺腹傳)」

● **제목의 의미** 신유복의 이야기. 중심인물 신유복을 제목으로 삼은 만큼 신유복을 중심으로 작품을 읽는다.

● **등장인물**

• 신유복: 경패와 함께 호장 부부(경패의 부모)에게 내쫓겨 생활고를 겪다가 원강 대사에게 글을 배워 과거 시험에서 제일 뛰어난 글이라고 칭찬을 받는다.

• 경패(=처녀, 낭자): 유복의 인물됨을 알아보고 집에서 쫓겨나 고생하는 것을 감내하며, 유복에게 글을 배우고 과거를 볼 것을 권한다.

• 유소현, 김평: 경패의 두 언니인 경옥과 경란의 남편들로, 과거장에서 만난 유복을 박대한다.

● **작품 줄거리**

• **지문 앞 내용**: 무주에 사는 신영 부부는 한라산까지 가 백일기도를 한 후 선관이 점지해 준 아들 유복을 얻는다. 그러나 신영은 유복이 태어나기도 전에 죽고, 그의 아내 또한 유복이 5세 되던 해에 죽는다. 고아가 된 유복은 유모 춘매가 정성을 다해 돌보지만 춘매마저 유복이 9세 되던 해에 죽는다. 이후 유복은 남의 집 머슴으로도 살고 떠돌아다니며 빌어먹는다. 그러다가 우연히 만난 상주 목사가 유복의 인물됨을 알아보고 호장 이섭에게 유복을 사위로 삼게 한다. 호장은 거지 신세인 유복이 못마땅하지만 사또의 명령이라 마지못해 집으로 데려온다. 셋째 딸인 경패가 유복과 혼인하겠다고 나서자, 경패의 두 언니는 화를 내고 호장 부부는 경패를 나무라다 결국엔 두 사람을 쫓아낸다.

• **지문의 '중략' 앞 내용**: 쫓겨난 유복과 경패는 밥을 빌어 먹고 남의 방앗간에서 잔 다음, 움막을 짓고 남의 집 일을 하여 생계를 이어간다. 하루는 경패가 유복에게 천하 문장으로 소문난 원강 대사에게 글을 배우라며, 8년 동안 절에서 내려오지 말고 공부하기를 권한다. 이에 유복은 경패와 헤어져 원강 대사를 찾아가는데, 대사는 유복을 영웅으로 여기며 글을 가르치고 유복은 한 자를 배우면 백 자를 능통하게 된다.

• **지문의 '중략' 내용**: 대사는 유복에게 더 이상 글을 가르칠 것이 없자 무예를 익히게 하고, 움막집에 혼자 남은 경패는 삯바느질에 막일을 하며 살아간다. 세월이 흘러 8년 공부를 마친 유복은 산에서 내려와 경패와 정식으로 혼례를 올린다. 그즈음 인조 대왕은 세자를 얻어 과거를 통해 나라 안의 선비를 모으고자 한다.

• **지문의 '중략' 뒤 내용**: 과거 날, 유복은 과거 보는 장소에서 동서(유소현과 김평)를 만나 반가워하지만 모욕만 당하고 다른 곳으로 가 헌 거적을 얻어 깔고 과거를 치른다. 제일 먼저 시험지를 제출한 유복은 여관으로 돌아

와 방 붙기를 기다리고, 유소현과 김평은 바로 상주로 내려가 가족들의 영접을 받는다. 이때 경패는 유복의 소식을 듣기 위해 갔다가 유소현과 김평이 유복을 박대했다는 소리를 듣고, 유복이 과거 보는 장소에 무사히 간 것에 기뻐하는 한편, 남편을 박대한 두 형부를 괘씸해하고 서러워하며 남편이 무사히 돌아오기를 빈다. 이 날 임금은 유복의 글을 보고 칭찬하며, 대궐에 입시시키라고 명령한다.

• **지문에 이어지는 내용**: 유복은 장원 급제하여 한림 학사 수원 부사를 제수받고(임금이 직접 내린 벼슬을 받음), 상주로 내려가 아내에게 감사를 표하고, 무주 선산에 가서 제사를 모신 다음, 호장 부부를 비롯하여 경패의 두 언니와 두 동서를 모두 용서하고 예를 갖춘다. 이후 수원에 부임한 유복은 선정을 베풀고 병조 판서까지 오른다. 이때 오랑캐의 침입을 받은 명나라가 우리나라에 원병을 청하자, 유복은 원병장으로 출전하여 승리하고 위국공이 되어 부귀영화를 누린다. 이후 유복은 부인과 함께 무주로 낙향한 후 신선이 되어 하늘로 올라간다.

● **주제** 신유복과 그의 아내 경패의 시련과 과거에서의 장원 급제

★ **작품 전체의 주제**: 신유복의 고난 극복과 영웅적인 행적

● **어휘 및 어구 풀이**

• 선관: 선경(신선이 산다는 곳)에서 벼슬살이를 하는 신선(관원).

• 점지: 신령이나 부처가 사람에게 자식을 갖게 해 줌.

• 호장: 조선 시대에, 고을 아전(벼슬아치 밑에서 일을 보던 사람)의 맨 윗자리의 사람.

• 저녁연기: 저녁밥을 지을 때 굴뚝에서 피어오르는 연기.

• 고어: 옛날(고대)에 쓰던 말(언어).

• 흥이 다하면 슬픔이 오고 괴로움이 다하면 즐거움이 온다
    흥진비래(興盡悲來)   고진감래(苦盡甘來)
  (흥이 소진하면 비애가 도래함.) (고통이 소진하면 감미로움이 도래함.)

• 움: 움막. 땅을 파고 위에 거적 따위를 얹어 비바람이나 추위를 막은 곳.

• 이엉: 초가집의 지붕이나 담을 이기 위하여 짚 등으로 엮은 물건.

• 입신(立身): 몸(신체)을 세움(기립). ⋯▶ 세상에서 떳떳한 자리를 차지하고 지위를 확고하게 세움. ㉮ 출세, 성공

• 문호(門戶): 가문(집안)의 사회적 신분이나 지위. ㉮ 문벌

• 낮이면 밭 갈고, 밤이면 글을 읽어: 주경야독(晝耕夜讀)
    주간에는 경작하고
    야간에는 독서함.

• 기린각에 화상을 그린 족자가 붙어: '기린각'은 중국 한나라의 무제가 장안의 궁중에 세운 전각으로, 여기에 화상(초상화)을 그린 족자가 붙는다는 것은 공이 큰 신하가 된다는 것을 뜻함.

• 유전: 세상에 널리 전해짐.

• 자초지종(自初至終): 처음(시초, 초기)부터 끝(최종, 종료)까지의 과정.

- 장부: 대장부. 다 자란(장성한) 남자.
- 초년고생: 초년, 즉 젊었을 때 겪는 고생.
- 선동(仙童): 신선의 시중을 드는 아이(아동).
- 주안(酒案): 술상. 술(소주)과 안주를 차려 놓은 상.
- 글장: (1) 글이 적힌 종이. (2) 과거를 볼 때 글을 지어 올리던 종이. 여기서는 (2)의 뜻으로 쓰임.
- 바깥사랑: 바깥쪽에 있는 사랑. '사랑'은 집의 안채와 떨어져 있는, 바깥주인이 거처하며 손님을 접대하는 곳임.
- 소위: 이미 저질러 놓은 일이나 짓.
- 겨죽: 쌀의 속겨(속껍질)로 쑨 죽.

● 작품에 나타난 고전 소설의 특징
- 영웅의 일대기적 구성

(1) 고귀한 혈통	유복은 천상의 규성이었고, 경패는 월궁 선녀였음.
(2) 기이한 출생	유복은 신영 부부가 한라산에 백일기도를 드린 후 태어남.
(3) 비범한 능력	글과 무예를 빠르게 익혀 장원 급제하고, 청나라 군사를 물리침.
(4) 시련과 고난	어려서 고아가 되고, 거지 신세로 상주 호장의 사위가 되지만 내쫓겨 고생함.
(5) 구출자에 의해 양육	경패와 원강 대사의 도움으로 글과 무예를 익힘.
(6) 고난 극복, 승리	장원급제하고, 병조판서와 위국공을 제수받음.

- 서술자의 개입: 고어에 흥이 다하면~하늘이 어찌 어진 사람을 곤궁 속에 던져두시겠는가, 그러므로 고생을 어찌 한탄할 것인가 등(1번 문제의 정답 해설 참고)

● 지문 밖 정보
- 신유복이 원병장이 되어 청나라를 무찌른다는 내용은 임진왜란과 병자호란 후 저하된 백성들의 사기를 북돋우기 위한 것으로 볼 수 있다.

01 서술상의 특징 파악
정답 ②

◎ ②가 정답인 이유 이 글의 서술자는 작품 밖에 있으면서 다음과 같이 작품 안의 등장인물이나 사건에 대해 자신의 생각을 직접 드러내고 있다.

- 유복은 활달한 영웅이요, 처녀 역시 여자 중의 군자였다. → 유복은 활달한 영웅이고 경패는 여자 중의 군자다.
- ~하늘이 어찌 어진 사람을 곤궁 속에 던져두시겠는가. → 하늘은 어진 유복과 경패를 곤궁 속에 던져두지 않을 것이다.
- 그러므로 고생을 어찌 한탄할 것인가. → 처녀(경패)는 고생을 한탄하지 않았다.
- 세상에 용서받지 못할 놈이 유복을 보고 벌컥 화를 내며 꾸짖었다. → 유소현, 김평이 동서(유복)를 박대한 것은 용서받을 수 없는 큰 잘못이다.

▶ 정답의 근거 위 '②가 정답인 이유'의 ☐☐ 부분

가장 많이 질문한 오답은? ④, ①, ③, ⑤ 순

ⓧ ④가 오답인 이유 지문에 제시된 내용에서 시대적 배경을 요약적으로 설명하고 있는 부분은 없다. 따라서 요약적 설명을 통해 사건의 인과(원인과 결과) 관계를 드러내고 있다는 ④는 적절하지 않다. ☞ '요약적 설명'은 p.17의 '요약적 서술' 참조

ⓧ ①이 오답인 이유 '중략' 앞과 뒤를 장면이 전환된 것으로 볼 수 있으나 '중략' 앞 또는 뒤에서 '순간적으로' 장면을 전환하고 있지 않으며, 사건의 환상적* 면모를 부각하고 있지도 않다.

┌─────────────────────────────────────┐
* 환상적(幻想的): 헛보이고(환영이 보임) 상상하는 (것).
└─────────────────────────────────────┘

ⓧ ③이 오답인 이유 이 글의 서술자는 작품 밖에 있는 전지적 서술자로, 장면마다 서술자를 달리 설정하고 있지 않다.

ⓧ ⑤가 오답인 이유 '중략' 뒤의 '유소현, 김평 두 놈' 등에서 유소현과 김평에 대한 풍자*를 드러내고 있으나, 인물의 외양(겉모양)을 과장되게 묘사한 부분은 없다.

┌─────────────────────────────────────┐
* 풍자: 부정적인 현상이나 모순 등을 빗대어 비웃으면서 비판함.
  간접적 비판 ○, 직접적 비판 ✕
└─────────────────────────────────────┘

02 말하기 방식의 파악
정답 ②

◎ ②가 정답인 이유 [A]는 경패가 유복에게 '문필*'을 배우'기를 권하는 부분이다. '동정심'은 '남의 어려운 처지를 안타깝게 여기는 마음'으로, [A]에서 경패는 동정심에 호소하고 있지 않다.

┌─────────────────────────────────────┐
* 문필(文筆): 글(문장)과 글씨(필체).
└─────────────────────────────────────┘

▶ 정답의 근거 [A]의 내용

가장 많이 질문한 오답은? ③, ④, ⑤ 순

ⓧ ③이 오답인 이유 '설의적 물음'은 실제로 질문하는 것이 아니라 의문 형식만 취한 질문을 말하는데, [A]의 '문필을 배우지 않으면 공명*을 어떻게 바라겠습니까?'에서 확인할 수 있다. 경패가 구사한 이 설의적 물음은 유복이 공부하기를 바라는 자신(경패)의 의중(마음속)을 상대방(유복)에게 드러내고 있으므로 ③은 적절하다. ☞ '설의적 물음'은 p.98의 '설의적 표현' 참조

┌─────────────────────────────────────┐
* 공명(功名): 공을 세워서 이름(명성)을 널리 알림.
└─────────────────────────────────────┘

ⓧ ④가 오답인 이유 [B]는 공부하기를 권하는 경패의 말에 대한 유복의 대답으로, 공부할 마음은 있으나 배울 곳도 없고 책 한 권도 없으며 의지할 데 없는 경패가 걱정되는 현재의 처지를 들어 답답한 심경을 토로하고 있으므로 ④는 적절하다.

ⓧ ⑤가 오답인 이유 [B]의 "장차 외로운 당신은 누구를 의지한단 말이요?"에서 상대방(경패)이 처하게 될 상황(의지할 곳이 없어짐)을 우려하여 행동(문필을 배움)에 나서기를 주저하고 있으므로 ⑤는 적절하다.

①에 답한 학생들은 드물었는데, 경패가 옛글을 인용한 것은 [A]의 '옛글에~하였으니'에서 확인할 수 있고, 이를 통해 상대방(유복)의 각성을 촉구(문필을 배우지 않으면 공명을 바랄 수 없다)하고 있기 때문이다.

03 속담을 통한 인물의 심리 표현   정답 ④

◎ **④가 정답인 이유** ㉠은 '경패'가 '과거 보는 장소'에서 만난 유복을 유소현과 김평이 '끌어 쫓아냈다'는 말을 듣고, '낭군(유복)은 유소현과 김평을 동서(처형의 남편)로 생각하고 찾아간 것인데, 함께 과거를 보기는커녕 도리어 많은 사람 앞에서 모욕을 준 것'에 분통을 터뜨리고 있는 대목이다. ④의 '동냥은 못 줘도 쪽박은 깨지 마라'는 '남을 도와주지는 못할망정 방해는 하지 말라'는 뜻의 속담으로, 이는 '도움을 주지는 못할망정 낭군을 곤란한 지경에 처하게 만'든 형부들에 대한 '경패'의 마음을 표현한 것으로 적절하다.

▶ **정답의 근거** 위 '④가 정답인 이유' 참조

가장 많이 질문한 오답은? ②, ③ 순

✗ **②가 오답인 이유** '믿는 도끼에 발등 찍힌다'는 '잘되리라고 믿고 있던 일이 어긋나거나 믿고 있던 사람이 배반하여 오히려 해를 입음.'을 비유적으로 이르는 속담이다. 그런데 유소현과 김평은 유복이 철석같이 믿었던 사람이 아니므로 ②는 적절하지 않다. 그런데도 ②에 답한 학생들이 많았던 것은 ②가 적절하다고 생각해 나머지 답지를 검토하지 않은 경우가 많았기 때문이다.

✗ **③이 오답인 이유** '달면 삼키고 쓰면 뱉는다'는 '옳고 그름이나 신의를 돌보지 않고 자기의 이익만 꾀함.'을 비유적으로 이르는 속담이다. 유소현과 김평이 유복을 박대*한 것은 쓰다고 뱉은 것으로 볼 수 있고, 유복이 어려울 때 도움을 주지 않았으며, 동서지간의 도리를 저버린 것은 맞다. 하지만 유복이 그들에게 은혜를 베푼 것은 아니므로 ③의 '베풀어 준 은혜도 모르고'는 적절하지 않다.

> *박대(薄待): **박**하게 **대**접함. 정성을 들이지 않고 아무렇게나 대접함. ⑨ 푸대접, 냉대, 천대 ⑪ 후대(厚待)

① '선무당*이 사람 잡는다'는 '미숙한 사람이 괜히 설치다가 오히려 일을 그르쳐 놓음.'을 이르는 속담이다. 유소현과 김평이 유복을 '곤경에 빠뜨리려' 한 것은 맞지만, '어설픈 행동을 마구 일삼'은 것은 아니다.

> *선무당: 서투르고 미숙하여 굿을 제대로 하지 못하는 **무당**.

⑤ '닭 잡아먹고 오리발 내민다'는 '옳지 못한 일을 저질러 놓고 엉뚱한 수작으로 속여 넘기려 하는 일'을 비유적으로 이르는 속담이다. 유소현과 김평은 대놓고 유복에게 화를 내고 꾸짖으며 쫓아냈으므로 '얕은꾀로' '아무 잘못이 없는 척'한 것은 아니다.

04 자료를 바탕으로 한 서사 구조의 이해   정답 ③

◎ **③이 정답인 이유** 〈보기〉는 '유복'이 하늘에서 내려온 적강(謫降)의 인물이며 '경패'는 '쫓겨난 여인 발복(發福)* 설화'가 수용된 인물임을 말해 주고 있다. 이를 바탕으로 할 때, ⓒ는 지문의 '앞부분의 줄거리'와 '중략' 앞에서 다룬 내용, 즉 유복과 경패가

경패의 부모에 의해 쫓겨나 밥을 빌어먹으며 고난을 겪는 대목을 정리한 단계이다. 따라서 ⓒ에서 '호장 부부에 의해 쫓겨나고'는 ⓒ에 대한 설명으로 적절하다. 하지만 ⓒ 단계에서 '인근 사람들이 유복의 가련한 정상*과 경패의 지극한 정성을 불쌍히 여겨 음식을 아끼지 않고 주었다고 했으므로 '인근 동리 사람들에게조차 외면을 당하여'는 적절하지 않다.

> *발복(發福): **복**이 **발**생함.   *정상: 사**정**과 형편(**상**황).

▶ **정답의 근거** 위 '③이 정답인 이유'에서 밑줄 친 부분

가장 많이 질문한 오답은? ④, ①, ⑤, ② 순

✗ **④가 오답인 이유** ⓓ는 경패의 말 "뒤 절에 원강 대사라 하는 중이 도승이며, 또한 천하 문장*이라 하니 거기 가서 간절히 부탁하면 글을 가르쳐 줄 듯하오니 올라가십시오.", "공자(유복)의 나이 열세 살이니 팔 년을 공부하여 이십이 되거든 내려오십시오."와, '유복이 낭자(경패)의 정성을 거절 못하여 책을 옆에 끼고 절로 올라갔다.'고 한 것에서 확인할 수 있으므로 ④는 적절하다.

> *천하 문장: 세상에서 글을 뛰어나게 잘 짓는 사람.
> *수학(修學): **학**문을 닦음(**수**련).

✗ **①이 오답인 이유** ⓐ는 원강 대사의 말 "십삼 년 전에 규성이 무주 땅에 떨어졌기 때문에 영웅이 난 줄 알았으나~"에서 확인할 수 있다. 이는 '유복이 원래 천상의 '규성'(별)이었으나 죄를 지어 세상으로 유배된(적강한) 인물임.'을 알게 하므로 ①은 적절하다.

✗ **⑤가 오답인 이유** ⓔ는 '전하께서~유복의 글을 보시고 칭찬하시'며 "이 글은 만고*의 충효를 겸하였으니 만장* 중에 제일이라."고 한 후, '장원랑*의 신유복을 대궐에 입시*시키라고 하교*를 전달하는 전명사알*에게 하교하시었다.'에서 확인할 수 있으므로 ⑤는 적절하다.

> *만고: (1) 매우 먼 옛날. (2) 아주 오랜 세월 동안. (3) 세상에 비길 데가 없음. 여기서는 (3)의 뜻으로 쓰임.
> *만장: 모임 **장**소(과거 시험장)에 가득(滿, 가득 찰 **만**) 모인 모든 사람들.
> *장원랑: 과거 시험에서 **장원**(으뜸)으로 급제(합격)한 사람(신**랑**, 화**랑**).
> *입시(入侍): 대궐에 들어가서(**출입**) 임금을 뵙던 일.
> *하교(下敎): 임금이 명령을 내림.
> *전명사알: 조선 시대에, 임금의 **명**령을 **전**달하는 일을 맡아 하던 관리.

✗ **②가 오답인 이유** ⓑ는 '신유복은 어려서 부모를 잃고 유리걸식*하던 처지였고, 경패는 '여자 중의 군자'(집에서 쫓겨나 '밥을 빌어먹고' '거적을 얻어 깔고' 자는 궁한 신세에도 유복에게 공부하기를 권함.)였음에도 유복과 인연을 맺은 것에서 확인할 수 있으므로 ②는 적절하다.

> *유리걸식(流離乞食): 이곳저곳 떠돌아다니며(**유**랑, 분**리**) 빌어먹음(구**걸**, **식**사).

작자 미상, 「홍길동전」

● **제목의 의미** 홍길동에 관한 이야기로, 인물을 제목으로 삼은 작품은 중심인물과 주변 인물의 관계를 파악하며 읽는 것이 중요하다.

● **등장인물**

· 길동: 어머니가 양반이 아닌 종의 신분이라서 출세하지 못하자 도적의 무리에 들어가 도적들을 이끈다. 이후 병조판서 제수를 받자 조선을 떠나 율도국을 건설한다.

· 임금: 길동이 탐관오리들의 재물을 빼앗자, 길동을 잡으려고 한다.

· 감사(경상 감사): 본처에게서 태어난, 길동의 형으로 임금의 명을 받고 할 수 없이 길동을 잡아 대궐로 보낸다.

● **작품 줄거리**

· **지문 앞 내용**: 홍 판서와 그의 여종인 춘섬 사이에 태어난 홍길동은 어려서부터 총명하여 하나를 들으면 백 가지를 알 정도였고 도술을 익혀 영웅적 면모를 보이지만 서자 출신으로 호부호형(아버지를 아버지로, 형을 형으로 부름)을 하지 못해 통탄해 한다. 때마침 대감의 총애를 잃을까 걱정한 초낭(홍 판서의 애첩)이 자객을 불러 길동을 없애려 하자, 길동은 도술로써 위기를 벗어나고 집을 나간다. 이후 길동은 활빈당의 우두머리가 되어 탐관오리의 재물을 빼앗아 빈민에게 나누어 준다. 이에 조정에서는 길동을 잡아들인다.

· **지문의 '중략' 앞 내용**: 길동은 임금에게 자신을 잡으라는 공문을 거두어 달라고 하고 도망간 후 병조판서 벼슬을 내리면 잡히겠다고 한다. 하지만 임금은 경상 감사(길동의 형)에게 길동을 잡으라고 명령하고, 길동은 형을 위해 일부러 잡혀 서울까지 간 후 다시 사라진다. 이에 임금은 하는 수 없이 길동에게 병조판서를 제수하고 길동이 나타나면 잡을 계획을 세운다. 소식을 들은 길동은 자신의 한을 풀어 준 임금 앞에 나타나 감사를 드린 후 작별 인사를 하고 도술을 부려 다시 사라진다.

· **지문의 '중략' 내용**: 길동은 조선을 떠나 남경 땅 제도 섬으로 들어가 농사와 병사 훈련에 힘쓴다. 제도 섬에서 풍족하게 지내던 길동은 요괴에게 잡혀 간 부자 백용의 딸(백 소저)을 구해 줌으로써 백 소저를 아내로 삼게 되고, 함께 구출된 조철의 딸(조 소저)도 아내로 맞이한다. 그러던 중 부친의 병세가 위중하다는 것을 알고 묘 자리를 만든 다음, 장사를 지낸다.

· **지문의 '중략' 뒤 내용**: 삼년상을 마친 후 길동은 병사를 잘 훈련시켜 살기 좋은 나라 율도국을 정복하고 왕이 된 지 삼 년 만에 율도국은 태평세계가 된다.

● **주제** 길동을 잡아들이려는 조정의 노력과, 조선을 떠나 율도국을 건설한 길동

★ **작품 전체의 주제**: 적서* 차별 철폐 및 탐관오리의 부정부패 비판과 이상 세계 건설

*적서(嫡庶): 적자(본부인이 낳은 아들)와 서자(본부인이 아닌 첩이나 다른 여자가 낳은 아들)

● **어휘 및 어구 풀이**   ※ 굵은 글씨로 된 어휘는 고전 빈출 어휘임.

· 추호: 가을(秋, 가을 추) 털끝만큼(毫, 털 호) '매우 조금'을 비유적으로 이르는 말. 추호도=조금도.

· 동기(同氣): 형제와 자매, 남매를 통틀어 이르는 말.

· 혈점: 살갗에 피(혈액)가 맺혀 생긴 점.

· **천고(千古)**: 아주 오랜 세월 동안.

· 고관(高官): 고위직 관리. 지위가 높은(최고) 관리.

· 사모관대: 비단으로 만든 모자와 관복으로, 벼슬아치의 복장을 말함.

· 서띠: 정일품, 종일품의 벼슬아치가 허리에 두르던 띠.

· **사은(謝恩)**: 받은 은혜에 대하여 감사히 여겨 사례함.

· 지중(至重)하온데: 지극히 중하온데(무거운데).

· 진군(進軍): (적을 치러) 군대가 전진함.

· 대저: 대체로 보아서.

· 하례: 축하하여 예를 차림.

● **작품에 나타난 고전 소설의 특징**

· 영웅의 일대기적 구성

(1) 고귀한 혈통	판서의 아들
(2) 기이한 출생	기이한 것은 아니지만 서자 출신 (일반적인 영웅 소설과 다름.)
(3) 비범한 능력	총명하고 도술에 능함.
(4) 시련과 고난	초낭 등의 음모로 죽을 뻔하고 나라에서 길동을 잡아들이려 함.
(5) 구출자에 의해 양육	없음(양육자가 없고 스스로 위기를 극복하는 것도 일반적인 영웅 소설과 다름.)
(6) 고난 극복	호부호형하고, 병조판서에까지 오르고, 임금에게 재주를 인정받음.
(7) 승리	율도국의 왕이 됨.

· 전기성(비현실성): 자세히 보니 다 풀로 만든 허수아비였다, 길동이 공중으로부터 내려와 절하고 말했다, (길동이) 말을 마치며 몸을 공중에 솟구쳐 구름에 싸여 가니, 그 가는 곳을 알 수가 없었다. 등

· 행복한 결말: 율도국의 왕이 되어 태평성대를 이룸.

★ **기출 답지로 작품과 문제 완전 정복**

· 감사는 혈육의 정보다 자신의 임무를 더 중요하게 여기고 있다.

· '장교와 모든 군사가 어이없어 다만 공중만 바라보며 넋을 잃을 따름이었다.'(㉠의 뒤)의 상황에 가장 잘 어울리는 말은?

답 망연자실(茫然自失)

-2009학년도 6월 고1 전국연합학력평가

· 상(임금)에게 길동은 자신이 저지른 행위의 이유를 밝히고 있다.

-2019학년도 9월 고3 모의평가

· 윗글에 대해 이해한 것으로 적절한 것은 ○, 적절하지 <u>않은</u> 것은 × 표시를 하시오. (문제 변형)

(1) 길동은 잘 훈련된 정예병을 이끌고 율도국을 공격했다.

(2) 율도국 태수는 길동이 보낸 격서에 놀라 항복했다.

(3) 길동은 부하들에게 벼슬을 주고 율도국을 다스렸다.

답 (1) ○ (2) × (3) ○

-2014학년도 수능(A형)

05 끊어 읽기의 파악

⊙ ①이 정답인 이유 〈보기〉에서 고소설은 '어절* 단위'로 끊어 읽으라고 했다. 끊어 읽는 것은 곧 띄어쓰기의 단위가 된다는 점을 염두에 두고 ㉠을 어절 단위로 끊어 읽으면 '즙혀가기룰∨조원ㅎ니∨도로혀∨긔특흔∨ᄋ히로다'가 된다.

㉠	즙혀가기룰	조원ㅎ니	도로혀	긔특흔	ᄋ히로다
현대어 풀이	잡혀가기를	자원하니	도리어	기특한	아이로다

이를 어절 단위로 좀 더 자세히 설명하면 다음과 같다.

- 잡혀가기를: 잡혀가다(합성 동사: 잡히다＋가다)＋-기(명사형 어미)＋를(조사)
- 자원* 하니: 자원하다[자원(명사)＋-하다(접미사)]＋-니(어미)
- 기특한: 기특하다(형용사)＋-ㄴ(어미)
- 아이로다: 아이(명사)＋-로다(감탄형 어미)

---

* 어절: 문장을 구성하고 있는 문장 성분의 최소 단위로서 띄어쓰기의 단위가 됨. 조사나 어미와 같이 문법적 기능을 하는 요소들이 앞의 말에 붙어 한 어절을 이룸.
* 자원: 자기 스스로 원하여 나섬.

▶ 정답의 근거 〈보기〉의 '어절 단위로 끊어 읽는 것'

가장 많이 질문한 오답은? ②, ③, ④ 순

✗ ②가 오답인 이유 ②에 답한 학생들이 아주 많았다. '도로혀'가 '도리어'이고, '긔특흔'이 '기특하다'의 의미인 것을 파악하지 못했기 때문이다.

✗ ③과 ④가 오답인 이유 ③과 ④에 답한 학생들도 많았는데, ③에 답한 학생들은 '긔특흔'이 '기특한'이라는 것을, ④에 답한 학생들은 'ᄋ히로다'가 '아이로다'라는 것을 파악하지 못했기 때문이다. 한편 '즙혀가기룰'의 '즙혀가다'는 '잡히다'와 '가다'가 결합된 한 단어(합성어)이기 때문에 띄어쓰기를 하지 않는다.

⑤에 답한 학생들은 드물었는데, '어절 단위'를 몰라 '즙혀가기룰(잡혀가기를)'과 '조원ㅎ니(자원하니)'는 고민되었어도, 앞뒤 문맥을 통해 그 의미를 파악할 수 있는 '도로혀(도리어), 긔특흔(기특한), ᄋ히(아이)'를 모두 잘못 끊었기 때문이다.

06 말하기 방식의 이해

⊙ ⑤가 정답인 이유 [A]는 홍길동이 임금에게 하는 말이고, [B]는 홍길동이 율도왕에게 쓴 글(격서*)이다. [A]와 [B] 모두 자신(홍길동)의 행위를 정당화*하고 있는지, 그리고 상대(임금, 율도왕)의 태도 변화를 꾀하고 있는지를 살펴보자.

답지 ⑤	자신의 행위를 정당화함.	상대의 태도 변화를 꾀함.
[A]	신은~백성들을 들볶아 착취한 재물만 빼앗았을 뿐입니다.	엎드려 빌건대 성상께서는~신을 잡으라는 공문을 거두어 주십시오.
[B]	내 하늘의 명을 받아 병사를 일으켜~	(율도)왕은 싸우고자 하거든 싸우고, 그렇지 않으면 일찍 항복하여 살기를 도모하라.

이를 통해 ⑤는 [A]와 [B] 모두에 대한 설명으로 적절하다는 것을 알 수 있다.

---

* 격서(檄書): 격문. 적군을 달래거나 꾸짖기 위한 글(문서).
* 정당화: 정당한(정의롭고 합당한) 것으로 만듦.

▶ 정답의 근거 위 '⑤가 정답인 이유'에서의 표

가장 많이 질문한 오답은? ③

✗ ③이 오답인 이유 오답지들 중에서는 ③에 답한 학생들이 많았는데, [A]는 상대(임금)의 의도(길동을 잡으려 함)를 알고 말한 것으로 볼 수 있다. 하지만 [B]는 상대(율도왕)에게 항복을 권유하기 위해 보낸 글로, 상대의 의도를 알고 있다고 볼 수 없고 답한 것도 아니다. → 상대의 의도를 알고✗, 답하고 있다✗

나머지 답지들에 답한 학생들은 드물었지만, 이들 답지들이 오답인 이유도 살펴보자.

① [A]에서 길동은 자신의 권위를 내세우지 않았고, 상대(임금)에게 충고하고 있지도 않다.
② [B]에서 길동은 자신이 상대(율도왕)와 같은 입장임을 내세우지 않았고, 상대의 동의를 구하고 있지도 않다.
④ [A]는 '이제 십 년이 지나면'에서 상황을 가정하고 있으나, 상대(임금)의 행위를 평가하고 있지는 않다. [B] 역시 '그렇지 않으면'에서 상황을 가정하고 있으나, 상대(율도왕)의 행위를 평가하고 있지 않다.

🖊 다시 볼 내용 메모하기

다시 봐야 할 내용을 메모해 둡니다. 메모해 둔 내용은 **재복습**하면서 **오답 노트**에 옮겨 정리하면 공부 효과를 높일 수 있습니다.

07 자료를 활용한 감상

◎ **⑤가 정답인 이유** 임금은 여러 번 길동을 잡고자 했으나 번번이 실패하고 만다. 그런 상황에서 '여러 신하 중 한 사람'이 '길동에게 병조판서를 제수*하면 길동이 (임금의) 은혜에 감사할 것이므로, 그때를 타 길동을 잡자'고 하자, 임금은 그 방법이 '옳다'고 여겨 길동에게 병조판서를 제수한다. 결국 임금이 길동에게 병조판서를 제수한 이유는 길동을 잡기 위해서이지, '백성이 살기 좋은 세상을 구현하려는 (길동의) 노력을 인정'했기 때문이 아니다.

한편 〈보기〉에서 '길동은 백성의 편에 서서 백성이 살기 좋은 <u>세상을 구현하려고</u>' 한다고 했는데, 이것은 지문 맨 끝의 '길동이 성중에 들어가 백성을 달래어 안심시키고 왕위에 오른 후', '나라를 다스린 지 삼 년에 산에는 도적이 없고, 길에서는 떨어진 물건을 주워 가지지 않으니, 태평세계라고 할 만하였다.'에서 확인할 수 있다.

> *제수(除授): 추천의 절차를 밟지 않고 임금이 직접 벼슬을 내림.

▶ **정답의 근거** 위 '⑤가 정답인 이유' 참조

① 〈보기〉에서 '(길동은) 새 나라를 건설하며'라고 했는데, 이것은 '중략' 뒤에서 길동이 율도국을 공격해서 왕위에 올라 나라를 다스리는 것에서 확인할 수 있으므로 적절하다.

② 〈보기〉에서 '(길동은) 초월적 능력을 발휘하여 위기를 극복한다.'고 했는데, 이것은 '말을 마치며 여덟 명이 한꺼번에 넘어지므로, 자세히 보니 다 풀로 만든 허수아비였다.', '길동이 한번 몸을 움직이자, 쇠사슬이 끊어지고 수레가 깨어져, 마치 매미가 허물 벗듯 공중으로 올라가며, 나는 듯이 운무(구름과 안개)에 묻혀 가 버렸다.' 등에서 확인할 수 있으므로 적절하다.

③ 〈보기〉에서 '(길동은) 자신이 가진 신분적 한계를 극복한다.'고 했는데, 이것은 '천한 종의 몸에서 났는지라, 그 아비를 아비라 못 하옵고 그 형을 형이라 못 하'는 미천한* 신분이었던 길동이 율도국의 왕이 되는 것에서 확인할 수 있으므로 적절하다.

> *미천한: 신분이나 지위가 보잘것없고(<u>미미하고</u>) 천한.

④ 〈보기〉에서 '길동은 백성의 편에 서서~'라고 했는데, 이것은 길동의 말 "백성은 추호도 범하지 않고 각 읍 수령이 백성들을 들볶아 착취한 재물만 빼앗았을 뿐입니다."에서 확인할 수 있으므로 적절하다.

매3화법과작문으로
시간 부족 문제도 해결하고
실수를 줄이는 훈련도 하세요!

8~10 고전 소설

작자 미상, 「운영전」

● **제목의 의미** '운영'에 대한 이야기이므로, '운영'이란 인물이 처한 상황, 갈등, 다른 인물과의 관계 등에 초점을 두어 작품의 내용을 이해한다.

● **등장인물**
- 운영: 안평대군이 아끼는 궁녀로, 김 진사를 사랑한다.
- 대군: 안평대군(조선 세종의 셋째 아들)
- 진사: 김 진사. 글 솜씨가 뛰어난 유생으로, 궁녀와의 사랑이 금지되어 있음에도 궁녀 운영과 사랑에 빠진다.
- 소옥, 은섬, 자란: 운영과 함께 궁에서 지내는 궁녀들

● **작품 줄거리**
- **'앞부분의 줄거리' 내용**: 선조 때의 어느 봄날 선비 유영이 폐허가 된 안평대군의 궁궐터에서 혼자 술을 마시다가 잠이 들고, 꿈속에서 운영과 김 진사를 만나 그들의 사랑 이야기를 듣게 된다. 먼저 운영이 자신의 이야기를 들려준다. 안평대군은 운영을 포함한 열 명의 궁녀를 뽑아 자신의 궁에 두고서 외부와의 교류를 금하고 시 짓기를 가르친다.

- **지문의 '중략 부분의 줄거리' 앞 내용**: 하루는 안평대군이 운영이 지은 시를 읽고는 누군가를 그리워하는 마음이 보인다고 말한다. 이에 운영은 우연히 나온 것이라고 말하고, 대군은 궁녀들에게 비단을 내린다. 방으로 돌아온 궁녀들은 궁녀들의 원망을 담은 옛사람들의 시 중 어떤 작품이 훌륭한지 토론을 벌이는데, 운영은 근심을 하며 말을 하지 못한다. 그러자 궁녀들은 운영의 행동에 의구심을 품고 따져 묻는다.

- **지문의 '중략 부분의 줄거리' 내용**: 안평대군과 궁녀들이 시를 짓고 있던 어느 날, 김 진사가 찾아와 함께 어울리게 된다. 이때 운영은 김 진사에게, 김 진사는 운영에게 끌려 서로 편지를 주고받는다. 궁녀와 외간남자의 만남을 눈치 챈 안평대군이 궁녀들을 심문하지만 운영은 자백하지 않고, 자란에게 김 진사와 처음 만났을 때의 일을 들려주며 김 진사에 대한 자신의 마음을 털어 놓는다.

- **지문의 '중략 부분의 줄거리' 뒤 내용**: 대군은 진사와 자주 만났으나 궁녀들을 가까이 두지 않는다. 그러던 어느 날 밤에 대군의 술자리에서 진사의 시를 본 손님들이 칭찬하며 진사를 만나고 싶어 하자, 대군이 진사를 부른다. 손님들이 모두 취했을 때 운영은 진사에 대한 그리움을 담아 쓴 시를 전달하고, 이 시를 읽은 진사 또한 운영을 그리워하나 답장을 전달할 수 없어 수심에 잠겨 탄식한다.

- **지문에 이어지는 내용**: 이후 운영과 진사는 편지를 주고받기도 하고 직접 만나기도 한다. 김 진사와 도망할 계획을 세운 운영은 김 진사의 노비인 '특'에게 자신의 보물들을 넘기지만 안평대군에게 발각된다. 이에 운영이 속한 서궁 궁녀들까지 죽을 위기에 처하게 되고, 옥에 갇힌 운영은 자책감으로 자결하고 만다.

운영이 여기까지 말하자, 운영의 말을 기록하고 있던 김 진사가 이어서 자신의 이야기를 들려준다. 운영이 죽자 김 진사는 운영이 지녔던 보물을 팔아 절에 가서 운영의 명복을 빈 다음에 자결했다는 것이다. 그리고 운영과 김 진사는 유영에게 자신들의 사랑 이야기를 세상 사람들에게 전해 달라고 부탁한다.

유영이 꿈을 깨 보니, 운영과 김 진사의 일을 기록한 책이 옆에 놓여 있었다. 유영은 그것을 상자에 감춘 다음 명산대천을 두루 다녔는데, 그 마친 바를 알 수 없다고 한다.

● **주제** 신분의 제약으로 인해 이루어질 수 없는 사랑과 그 사랑으로 인한 시련

★ **작품 전체의 주제**: 남녀 간의 비극적 사랑

● **어휘 및 어구 풀이**　※ 굵은 글씨로 된 어휘는 고전 빈출 어휘임.

· 심원하여: 깊고(**심**해) 커서(**원**대하다).
· 준엄히: 매우 **엄**격하게.
· 칠보: 금, 은, 구리 등의 바탕에 갖가지 유리질의 유약을 발라 꽃, 새, 인물 따위의 무늬를 나타내는 공예.
· 묘안: 뛰어나게 좋은 생각(방**안**). ⑪ 묘책
· 포도 시렁: 포도 넝쿨이 쓰러지지 않도록 받치어 놓은 것.
· 칠언 사운, 오언 사운: 한시의 형식으로, '칠언'은 한 구가 일곱 글자로, '오언'은 다섯 글자로 이루어진 것이고, '사운'은 운자(각 시행의 동일한 위치에 규칙적으로 쓰인, 음조가 비슷한 글자)가 네 개인 것을 말한다.

지문에 제시된 한시의 원문을 참고하면 칠언 사운과 오언 사운을 쉽게 이해할 수 있다.

베옷 입고 가죽 띠 두른 선비	布衣革帶士
옥 같은 얼굴 신선과 같지.	玉貌如神仙
늘 주렴 사이로만 바라보나니	每向簾間望
월하노인의 인연 어디 없는지?	何無月下緣
얼굴 씻으매 눈물이 물을 이루고	洗顔淚作水
거문고 타매 한스러운 현을 울리네.	彈琴恨鳴絃
가슴 속 원망 끝이 없어서	無限胸中怨
고개 들고 하늘(천)에 하소연하네.	擡頭獨訴天

이 시는 한 구(行)가 다섯 글자(예 布衣革帶士)이고 (5언), 2 · 4 · 6 · 8구의 끝 자인 '仙(선), 緣(연), 絃(현), 天(천)'의 네 글자가 운자이므로 오언 사운이 된다.

· 봉하여: 싸서 열지 못하도록 붙이어.
· 일전에: 며칠 전에.
· 굴원: 중국 초나라의 정치가이자 시인. 모함을 입어 자신의 뜻을 펴지 못하다가 물에 빠져 죽음. 울분이 넘치는 작품들을 주로 썼다.
· **빈천한**: 빈궁(가난)하고 비천(신분이 낮고 보잘것없음)한.
· 유생: **유**학(儒學)을 공부하는 선비(학생).
· 외람되이: 분수에 지나쳐. 분에 넘쳐.
· 식음: 먹고(**식**사) 마심(**음**료수).
· 전폐: 아주 그만둠. 모두(**전**체) 없앰(**폐**지).
· 바루어(바루다): 바르게 하여. 곧게 하여.
· 말석: 끝(**말**단) 좌석. 맨 끝자리. 제일 낮은 자리.
· **수심**: 근심. 걱정.

● **서술 및 표현상의 특징**
· 시점: 1인칭 주인공 시점(운영의 시점)

✔ 작품 속 '서술' 부분에서 '나'가 등장하는가? → ○ · 저는 뜰로 내려가 엎드려 울며 대답했습니다. · 대군이 일찍이 제게 사사로운 마음을 보인 적이 없으나~	1인칭
✔ 인물(주인공)의 심리가 드러나 있는가? → ○ · 이 시와 금비녀 하나를 함께 싸서 열 겹으로 거듭 봉하여 진사에게 주고자 했지만	관찰자 시점 ✕

· 시(한시)를 삽입함. [효과] (1) 인물의 심리와 정서의 전달, (2) 단조로운 글에 변화를 줌.

● **지문 밖 정보**
· 몽유록 형식
· 액자식 구성

구분	외부 이야기	내부 이야기
내용	유영이 운영과 김 진사를 만나서 이야기를 들음.	운영과 김 진사의 사랑 이야기
배경	선조 때	세종 때
시점	전지적 작가 시점	운영, 김 진사의 1인칭 주인공 시점

· 비극적 결말(고전 소설의 일반적인 결말 방식인 '해피 엔딩'이 아님.)
· 시가 많이 삽입됨.

★ **기출 답지로 작품과 문제 완전 정복**

· 〈보기〉의 질문에 대한 학생의 답변

> **보기**
>
> 　조선 시대에 궁녀는 궁의 주인과 결혼한 여성으로 간주되었습니다. 일단 궁녀가 되면 평생을 궁의 주인만을 바라보면서 살아야 했습니다. 궁녀가 궁문을 함부로 나가기만 해도 그 죄는 용서받지 못하였으며, 궁의 주인이 아닌 다른 이성(異性)과 사랑을 할 경우에는 남녀 모두 참형을 당하였습니다. 따라서 궁녀는 이성(異性)과의 사랑 등 인간의 자연스러운 본성마저 포기하고, 제한된 삶을 살 수밖에 없었습니다. 이러한 사실을 고려할 때 작가가 윗글을 통해 말하고자 하는 핵심은 무엇이었을까요?

－ 현실의 억압 상황에도 불구하고 인간의 본성을 추구하고자 하는 인물의 행동을 보여 주려고 한 것 같습니다.

　　　　　　　　　　　　－ 2008학년도 3월 고1 전국연합학력평가

· 〈보기〉를 참고할 때, 윗글에 대한 설명으로 적절한 것

> **보기**
>
> 이 작품의 내용 구조는 (가) 속에 (나)가 들어 있다고 볼 수 있다.
> (가): 유영과 김 진사, 운영의 만남과 대화
> (나): 김 진사와 운영의 사랑 이야기

－ '김 진사'와 '운영'의 이야기를 듣는 청자는 (가)의 '유영'이다.
－ (나)에서 '김 진사'와 '운영'은 번갈아 가며 이야기를 하고 있다.

　　　　　　　　　　　　－ 2007학년도 9월 고2 전국연합학력평가

• 〈보기〉를 참고하여 윗글을 감상한 내용

┌─ 보기 ─────────────────────────────────┐
선생님:「운영전」은 몽유자가 꿈속에서 남녀 주인공을 만나 겪은
일을 중심으로 내용이 전개되는데, 현실이라는 외부 이야기
속에 꿈이라는 내부 이야기가 들어 있는 액자 구조를 갖추고
있습니다. 또한 남녀 주인공들이 천상계에서 죄를 지어 지상
계로 내려왔다가 다시 천상계로 돌아가는 적강 화소(謫降話
素)*, 남녀 주인공들의 이야기를 그들의 목소리로 말하게 한
발상, 삽입된 시와 서사 전개 간의 밀접한 연관, 비극적 성격
등이 잘 어우러져 높은 평가를 받고 있습니다.

*적강 화소: 적강(p.56 참조)의 이야기. ※ 화소: 이야기를 구
성하는 최소 단위.
└──────────────────────────────────────┘

－ 내부 이야기에 남녀 주인공이 자신의 목소리로 말하는 부
분이 있어 상황을 바라보는 그의 시각을 엿볼 수 있군.
－ 남녀 주인공이 읊은 시는 특정 공간의 현재 상황을 제시한
내용과 연관되어 그들이 느끼는 슬픔과 무상감을 부각하
는군.
－ 2015학년도 3월 고3 전국연합학력평가(B형)

•「운영전」의 액자 속 이야기는 주인공이 서술한 것이어서, 서
사는 운영과 김 진사의 시선에 포착된 현실을 중심으로 전개
된다.　　　　　　　　　　　　　　－ 2011학년도 수능

• 윗글을 읽으며 떠올린 장면으로 적절하지 <u>않은</u> 것은?
① 김 진사가 '운영'의 편지를 읽고 있는 모습
② 김 진사가 지은 시를 대군이 보고 있는 모습
③ 대군의 심부름꾼이 김 진사의 집을 찾는 모습
④ 손님들이 돌아간 후 '운영'과 김 진사가 만나는 모습
답 ④

• (제시된 대목의 끝 부분인) '답장을 보내고자 하나 전할 방도
가 없는지라 홀로 수심에 잠겨 탄식할 뿐이었지요.'의 상황
에 적용하기에 가장 적절한 한자 성어는?
답 노심초사(勞心焦思)
－ 2006학년도 3월 고3 전국연합학력평가

※ 지금까지 기출 문제에 출제된 「운영전」의 지문 내용을 사건
순으로 정리하면 다음과 같다.

지문 내용(사건 순)	출처
• 대군의 부름으로 궁궐 술자리에 참석한 진사가 벽 구멍 사이로 전해 받은 운영의 편지를 읽고 답장을 보낼 수 없어 탄식하는 부분 → 이 글의 뒷부분과 겹침. • 운영에게 편지를 전하기 위해 김 진사가 무녀를 찾아가는 부분	• 2006학년도 3월 고3 전국연합학력평가
• 김 진사와의 사랑에 빠진 운영이 서궁 궁녀에게 이 사실을 알리는 부분	• 2008학년도 3월 고1 전국연합학력평가
• 김 진사의 노비 '특'의 배신으로 궁녀와 궁궐 밖 남성의 사랑이 알려져 서궁의 궁녀들이 죽을 위기에 처한 부분	• 2011학년도 수능
• 김 진사가 유영에게 자신들의 이야기를 들려 주며 자신이 기록한 책을 전해 달라고 부탁하는 부분	• 2005학년도 수능 예비 평가
• 유영이 운영과 김 진사의 이야기를 듣고 잠에서 깬 이후, 김 진사가 기록한 책을 보며 망연자실했다는 결말 부분	• 2015학년도 3월 고3(B형) • 2007학년도 9월 고2 전국연합학력평가 • 2005학년도 수능 예비 평가

08 대화의 상황과 의도 파악　　　정답 ④

◉ ④가 정답인 이유　[A]에서 운영은 대군에게 '누군가를 그리
워하는 마음'을 담은 자신의 시를 '우연히 나온 말'이라고 한다.
이는 자신의 진심을 숨긴 채 드러내지 않은 것이다. [B]에서도
운영은 토론 중에 말이 없는 이유를 묻는 소옥에게 자신의 진심
을 숨긴 채 '시 한 편을 지으려는데, 묘안이 떠오르지 않아 고심
하느라 말하지 않았던 것'이라고 한다.

따라서 운영은 [A]의 대군과 [B]의 소옥 모두에게 자신의 진
심을 드러내지 않고 있다. 직접 드러내지 않았다는 점에서 '우
회적*'으로 드러낸 것으로 본 학생들이 많았는데, 운영은 자신
의 진심을 간접적(우회적)으로도 드러내지 않고 숨기고 있으므
로 ④는 적절하지 않다.

* 우회적: 직접적(직설적)으로 말하지 않고 넌지시 돌려 말하는
(것).　　　　　　　　　　　　　　－ 「매3력」 p.148에서

▶ 정답의 근거　위 '④가 정답인 이유' 참조

가장 많이 질문한 오답은? ②

✗ ②가 오답인 이유　④도 적절한 설명인 것 같아 ②에 답했다
는 학생들이 제법 많았다. [A]에서 대군은 운영의 시에 '서글피
누군가를 그리워하는 마음'이 보인다고 했다. 이에 운영은 '시를
짓는 중에 우연히 나온 말'로 다른 뜻이 없다고 하지만, 대군은
'시는 진정한 마음에서 우러나오는 것이라서 가리고 숨길 수가
없는 법'이라고 한다. 이를 통해 대군은 '시에 대한 자신의 생각
을 근거로 운영의 대답을 거짓이라고 판단하고 있다'는 것을 알
수 있다.

① [A]에서 대군은 여러 궁녀들의 시가 '처음 보았을 때에는 우
열을 가릴 수 없었으나 거듭 읽노라니 자란의 시가 뜻이 심
원'하다고 평가했고, '나머지 시들 또한 모두 맑고 좋은데,
유독 운영의 시만은 서글피 누군가를 그리워하는 마음이 보'
인다고 함으로써 여러 궁녀들의 시와 비교하면서 운영의 시
에 대한 평가를 내리고 있다.

③ [B]에서 소옥은 낮에 운영이 연기를 읊은 시로 인해 주군에
게 누군가를 그리워한다고 의심을 받던 [A]의 상황에 근거
하여, 운영이 침묵하는 이유를 그 때문에 근심스러워서인
지, 주군의 뜻이 운영에게 있어 기뻐서인지 모르겠다며 추측
하고 있다.

⑤ [B]에서 은섬은 운영이 침묵하는 이유를 '마음이 딴 곳에 있
기' 때문으로 보고 있다. 그래서 '시 한 편을 지으려는데 묘안
이 떠오르지 않아 고심하느라 말하지 않았다'고 하는 운영의
말에 '창밖의 포도 시렁을 주제로 칠언 사운의 시를 지어 보
라'고 하여 운영의 말이 사실인지를 시험하려 하고 있다.

열공만큼 중요한 **제공**
열심히 공부　　　　　　　　**제**대로 공부

09 삽입 시의 의미 이해 정답 ④

◎ **④가 정답인 이유** '이 시'는 운영이 김 진사에게 주기 위해 쓴 것으로, 김 진사에 대한 운영의 감정을 담았을 뿐 자란에 대한 감정은 드러내고 있지 않다. 특히, '얼굴 씻으매' 흐르는 '눈물'은 운영이 김 진사를 만나지 못해 안타깝고 서러운 마음을 드러낸 것으로, 자란에 대한 서운함을 드러낸 것이 아니다. 한편, 자란은 운영이 김 진사에 대한 자신의 마음을 털어 놓은 궁녀로, 이전에 운영이 힘들어했던 일을 잊고 있긴 했으나 이로 인해 운영이 자란에 대해 서운한 감정을 드러내고 있지는 않다.

▶ **정답의 근거** '이 시'의 내용과 그 아래의 '이 시와 금비녀 하나를 함께 싸서…진사에게 주고자 했지만'

가장 많이 질문한 오답은? ⑤

✕ **⑤가 오답인 이유** '이 시'에서 운영은 얼굴을 씻을 때에도 눈물을 흘리고 거문고를 탈 때에도 그 소리에 한스러움이 묻어 있다고 말하고 있다. 이를 통해 알 수 있는 운영의 감정은 그리움, 괴로움, 안타까움, 한스러움, 서러움 등으로, 이는 [A]와 [B] 사이에서 궁녀들이 토론을 벌일 때 '혼자 병풍에 기대어 흙으로 빚어 놓은 인형처럼 근심스레 말이 없'던 운영의 심정과 연결된다고 볼 수 있다.

① '베옷 입고 가죽 띠 두른 선비'는 김 진사를 가리키는 말로, 운영은 김 진사의 얼굴은 '옥' 같고 '신선'과 같은 모습이라고 했다. 이는 진사에 대한 운영의 호감(좋게 여기는 **감**정)을 반영한 표현으로 볼 수 있다.

② '주렴'은 '구슬 따위를 실에 꿰어 만든 발(가리개, 일종의 커튼)'로, '주렴 사이로만 바라보나니'는 진사를 발(주렴) 사이로만 바라볼 뿐 직접 만나 대화하지 못했다는 것이고, 이는 대군과 진사가 만날 때마다 진사를 '문틈으로 엿볼' 수밖에 없었던 운영의 처지를 표현한 구절로 볼 수 있다.

③ '월하노인'은 부부의 인연을 맺어 준다는 전설상의 노인으로, '월하노인의 인연 어디 없는지?'는 월하노인의 인연이 있다면 주렴 사이로만 바라보는 사이가 아니라 서로 인연을 맺었을 것이라는 안타까움을 드러낸 것으로, 진사와 인연을 맺기 어려운 자신의 처지에 대한 운영의 한탄이 담긴 것으로 볼 수 있다.

10 상황에 어울리는 한자 성어의 파악 정답 ①

◎ **①이 정답인 이유** ㉠의 상황은 운영이 벽에 구멍을 뚫고 진사를 엿보니 진사 또한 운영의 뜻을 알고 (운영이 바라보는) 모퉁이를 향해 앉아 있더라는 것이다. 이는 진사의 마음이 운영의 마음과 통한 것으로, 이를 나타내는 한자 성어로 적절한 것은 '마음과 마음으로 뜻이 서로 통한다'는 이심전심*이다.

> *이심전심(以心傳心, 써 이·마음 심·전할 전·마음 심): 마음으로써 마음을 전함. 마음과 마음으로 뜻이 서로 통함.

▶ **정답의 근거** 위 '①이 정답인 이유' 참조

나머지 답지들에 쓰인 한자 성어의 뜻도 확실하게 익히고 넘어가자.

② 인과응보(因果應報, 까닭 인·열매 과·응할 응·갚을 보): 원인과 결과는 응당 보답함. ㉨ 종두득두, 콩 심은 데 콩 나고 팥 심은 데 팥 난다. — 『매3력』 p.93에서

③ 견물생심(見物生心, 볼 견·물건 물·날 생·마음 심): 물건을 보면(발견) 가지고 싶은 마음(욕심)이 생김(발생).

④ 역지사지(易地思之, 바꿀 역·땅 지·생각 사·~의 지): 처지를 바꾸어서(교역) 그것(之, 그것 지)을 생각해(사고) 봄. — 『매3력』 p.87에서

⑤ 수구초심(首丘初心, 머리 수·언덕 구·처음 초·마음 심): 여우가 죽을 때 머리(首, 머리 수)를 구릉 쪽으로 향하게 두고 처음(최초) 먹은 마음(심정)으로 돌아감. → 고향을 그리워하는 마음.

✔ 매일 복습 확인 문제

1 다음 설명이 맞으면 ○, 그렇지 않으면 ×로 표시하시오.

(1) "옛글에 '장부 세상에 나서 입신하여 세상에 이름을 드날려 문호를 빛나게 하며, 조상 향불을 빛나게 하라' 하였으니 문필을 배우지 않으면 공명을 어떻게 바라겠습니까?"에서는 설의적 물음을 구사하여 자신의 의중을 상대방에게 드러내고 있다. ……………………( )

(2) "의병장 홍길동은 글을 율도왕에게 부치나니, 대저 임금은 한 사람의 임금이 아니요, 천하 사람의 임금이라. 내 하늘의 명을 받아 병사를 일으켜 먼저 철봉을 파하고 물밀듯 들어오고 있으니, 왕은 싸우고자 하거든 싸우고, 그렇지 않으면 일찍 항복하여 살기를 도모하라."에서 화자는 상대의 의도를 알고 이에 답하고 있다. ………( )

(3) 「운영전」은 외부 이야기 속에 김 진사와 운영의 사랑 이야기라는 내부 이야기가 들어 있는 액자 구조로 되어 있다. ………………………………………( )

2 다음 중, 고전 소설의 특징인 '행복한 결말'과 거리가 먼 것은?

① 「흥부전」 ② 「춘향전」 ③ 「운영전」
④ 「신유복전」 ⑤ 「홍길동전」

3 왼쪽에 제시된 어휘와 의미가 유사하거나 관련이 있는 말을 오른쪽에서 찾아 서로 줄로 이으시오.

(1) 박대하다 •
(2) 어절 •
(3) 수구초심 •

• ㉮ 환대하다
• ㉯ 푸대접하다
• ㉰ 말소리의 단위
• ㉱ 띄어쓰기의 단위
• ㉲ 순수
• ㉳ 향수

정답 1. (1)○ (2)× (3)○ 2. ③ 3. (1)㉯ (2)㉱ (3)㉳

정답   **01** ⑤   **02** ③   **03** ②   **04** ③   **05** ④   **06** ③
      07 ③   **08** ③   **09** ⑤   **10** ②   **11** ③   **12** ⑤

1~5   고전 시가(문학의 이해 + 향가 + 시조)

(가) 임종욱,「우리의 고전 시가」

● **문단의 중심 내용**

• 1문단: 시조의 기원 – 형식적 측면에서 10구체 향가의 영향을 받음.

향가 (10구체)		시조 (평시조)
• '4구+4구+2구'의 형태	→	• 3장(초장, 중장, 종장)의 형태
• 낙구에 주제를 제시하며 시상을 마무리	→	• 종장에 주제를 제시
• 낙구의 감탄사	→	• 종장 첫 구의 감탄사

• 2문단: 평시조 형식의 의의와 변화

> • 의의: 오늘날까지 시조가 창작될 수 있게 함.
> • 변화: 조선 후기에 사설시조가 출현하게 됨.

• 3문단: 내용적 측면에서 향가와 시조의 영향 관계를 설명하기 어려운 이유

> • 향가의 작품 수가 적음.: 총 25수만 전해짐.
> • 향가 내용의 다양성: 불교적 신앙심, 추모(追慕), 축사(逐邪), 안민(安民), 연군(戀君) 등

• 4문단: 시조의 특징과 변화

조선 전기	조선 후기
• 사대부들의 미의식과 정신세계를 표현하는 데 적합한 갈래로 자리 잡음. • 주제: 유교적 이념과 자연에 대한 동경	• 관념적이고 형식적인 경향에서 벗어남. • 새로운 인간성의 발견, 다양한 현실적 삶을 표현하고자 함.

● **주제** 시조의 기원과 특징 및 변화

● **어휘 및 어구 풀이**

• 10구체: 10구(≒10행)로 된 향가의 형식. 4구체, 8구체보다 완성된 단계의 형식임.

• 낙구: 시의 끝 구절.

• 장형화: 형태가 길게(장편 소설) 변화함. ※ 시조의 장형화는 평시조의 기본형에서 벗어나 길어진 것을 말함.

• 사설시조: 평시조의 틀에서, 2구 이상에서 틀을 벗어나 각각 그 글자 수가 10자 이상 늘어난 시조.

• 축사(逐邪): 요사스러운 것을 내쫓음(축출).

• 안민(安民): 백성(국민)을 편안하게 살게 함.

• 연군(戀君): 임금(군주)을 그리워함(연모).

• 미의식: 아름다움(美, 아름다울 美)에 대해 느끼고 이해하고 판단하는 의식.

(나) 충담사,「안민가」

● **갈래** 향가(10구체)

● **제목의 의미** 백성(국민)이 안심하고 편히 살게 하는 노래(가요)

● **상황** 임금 – 신하 – 백성의 관계를 가족 관계에 비유하여 나라를 잘 다스리는 방법에 대해 말하고 있다.

● **주제** 나라를 다스리는 올바른 방안

● **표현상의 특징**

• 3단 구성

기	1~4구(4구)	'임금, 신하, 백성'의 관계를 가족 관계(아버지, 어머니, 자식)에 비유함.
서	5~8구(4구)	백성을 다스리는 방법
결	9~10구(2구)	나라가 태평하기 위한 방법 – 본분에의 충실

• 비유법: 임금을 아버지에, 신하를 어머니에, 백성을 어린 아이에 빗댐.

• 가정법: ~한다면(3구, 7구, 9구)

• 유사한 통사 구조의 반복: ~한다면 ~ㄹ 것입니다.

● **어휘 및 어구 풀이**

• 임금은 아버지요~백성이 사랑을 알 것입니다.(1구~4구): 임금, 신하, 백성의 관계를 아버지, 어머니, 자식의 관계에 빗대어, 자식을 보살피듯 백성을 돌봐야 한다는 것을 강조함.

• 이 땅을 버리고 어디로 갈 것인가 한다면(7구): 백성들이 '이 땅을 버리고 어디로 갈 것인가?'라고 할 정도로 만족한다면.

• 임금답게 신하답게 백성답게 한다면(9구): 임금, 신하, 백성이 제 본분을 다한다면.

● **지문 밖 정보**

• 신라 경덕왕의 명을 받은 충담사가 나라를 다스리는 올바른 방책을 표현한 작품

• 작가(충담사)가 승려임에도 불구하고 유교적 사상에 바탕을 둔 작품

(다) 낭원군,「평생에 일이 업서~」

● **갈래** 시조(평시조)

● **현대어 풀이**

평생 동안 (벼슬길에 오르지 않으니) 일이 없어 산수(자연) 사이에서 노닐다가

강호(자연)의 임자(주인)가 되니 세상일을 다 잊었어라.

아마도 강산풍월(강과 산과 바람과 달)이 내 벗인가 하노라.

● **상황** 세상일을 잊고 자연 속에서 사는 삶을 노래하고 있다.

● **정서 · 태도**

• 자연 친화, 풍류 `작품 근거` 산수 간에 노니다가, 강호에 님자 되니, 강산풍월이 긔 벗

• 체념 `작품 근거` 세상 일 다 니제라

● **주제** 세상일을 잊고 자연 속에서 사는 삶

● **어휘 및 어구 풀이**

• 일이 업서: 벼슬길에 오르지 않아서.

• 세상 일: 세상(속세)에서 일어나는 일. 벼슬아치의 일을 말함.

• 엇더타: 감탄사. '회한(후회와 한탄)'이나 '아쉬움' 등의 감정을 나타낼 때 쓰는 말로, 주로 시조의 종장 첫 구절에 나타남.

• **출제 의도** 시조의 기원과 특징을 설명한 글을 바탕으로 시조의 기원이 되는 향가와 시조 작품을 깊이 있게 감상할 수 있는 능력을 평가하고자 함.

• **표현** (나), (다): (나)의 형식이 (다)에 영향을 미침.

---

01 세부 내용의 이해   정답 ⑤

◉ **⑤가 정답인 이유** 4문단의 '조선 후기 시조는 자기 자신에 대한 새로운 인식과 실학의 대두로 인하여 관념적*이고 형식적인 경향에서 벗어났다.'로 보아, 조선 후기의 시조가 실학의 영향을 받은 것은 맞지만, 그 결과는 '관념적인 내용을 담으려는 경향이 나타남'이 아니라 '관념적인 경향에서 벗어남'이라고 할 수 있다.

> *관념적: 주관적인 상념에 매달리는 (것). 관념(현실에 의하지 않는 추상적이고 공상적인 생각)에 사로잡혀 있는 (것).
> – 『매3력』 p.117에서

▶ **정답의 근거** 위 '⑤가 정답인 이유'에서 밑줄 친 부분

나머지 답지들이 적절한 근거는 다음과 같다.

① 3문단의 '10세기 말 무렵까지 창작됐던 향가는 현재까지 가사가 전해지는 것이 총 25수에 불과하고, 위홍과 대구화상이 간행했다는 향가집 『삼대목』도 현재 전해지지 않는다.'

② 1문단의 '학자들은 초기의 4구체나 과도기 형태인 8구체가 아닌, 10구체를 향가 중에서 정제된 형식으로 본다.'

③ 2문단의 '이런 전승 과정을 거쳐 형성된 시조가 오늘날까지 창작될 수 있었던 것', 3문단의 '10세기 말 무렵까지 창작됐던 향가'

④ 4문단의 '시조는 시조가 지니는 형식미 때문에 조선 전기 사대부들의 미의식과 정신세계를 표현하는 데 적합한 갈래로 자리 잡았다.'

---

02 자료를 활용한 작품 및 갈래에 대한 이해   정답 ③

◉ **③이 정답인 이유** (다)는 '평생에/일이 업서/산수 간에/노니다가//강호에/님자 되니/세상 일/다 니제라//엇더타/강산풍월이/긔 벗인가/ᄒᆞ노라//'와 같이 한 행을 4번 끊어 읽는 4음보 율격*이다. 그리고 (나)의 경우, (가)에서 설명한 것처럼 '4구(1~4행)+4구(5~8행)+2구(9~10행)'의 형태로 되어 있으므로 4구가 반복되는 형태라고 볼 수 있다. 하지만 (다)의 4음보 율격은 (나)에서 4구가 반복되는 것과 관련이 없으며, (가)에서도 그 근거를 찾을 수 없다.

> *4음보 율격: 한 행을 4번 끊어 읽는 데에서 느껴지는 운율(시조와 가사가 4음보 율격임).

▶ **정답의 근거** 위 '③이 정답인 이유' 참조

가장 많이 질문한 오답은? ④

✖ **④가 오답인 이유** (다)는 '자연과 더불어 사는 삶'을 노래한 시조로, 종장에 주제(강산풍월을 벗 삼아 사는 삶을 지향)가 제시되어 있고, (나)는 '나라를 다스리는 올바른 방법'을 노래한 향가로, 9구와 10구에 주제(임금과 신하, 백성이 본분을 지키면 나라가 태평할 것이다.)가 제시되어 있다. (가)의 1문단에서 10구체 향가는 '4구+4구+2구'의 형태로 구성되며, '낙구(9~10행)에 주제를 제시'하는데, 이것은 평시조의 틀에 영향을 미쳤다고 했다. 이로 보아, 평시조인 (다)의 종장에 주제가 제시된 것은 향가인 (나)의 9구와 10구에 주제가 제시된 것과 동일한 방식이라고 할 수 있다.

나머지 답지들에 답한 학생들도 제법 있었는데, 이들 답지들이 오답인(적절한) 이유도 따져 보자.

① (가)의 1문단에서 '10구체는 대개 '4구+4구+2구'의 형태로 시상을 전개하다가 낙구에 주제를 제시하며 시상을 마무리한다. 이러한 형태는 후대 평시조가 정제된 틀(→ 3장 6구 45자 내외)을 갖추게 된 데에 영향을 끼쳤다'고 했다. 이로 보아, 10구체 향가인 (나)의 '4구+4구+2구' 형태는 평시조인 (다)의 '초장+중장+종장'의 3단 구성 형성에 영향을 준 것으로 이해할 수 있다.

② (가)의 1문단에서 '(향가의) 낙구의 감탄사는 시조의 종장 첫 구에 나타나는 감탄사에 영향을 미쳤'을 것이라고 했다. 이로 보아, (나)의 낙구의 감탄사 '아으'는 (다)의 종장의 감탄사 '엇더타'에 영향을 미쳤을 것으로 이해할 수 있다.

⑤ (가)의 1문단에서 '학자들은 초기의 4구체나 과도기 형태인 8구체가 아닌, 10구체를 향가 중에서 정제된 형식으로 본다.'고 했고, '(10구체 향가의) 이러한 형태는 후대 평시조가 정제된 틀을 갖추게 된 데에 영향을 끼쳤다'고 했다. 이로 보아, 10구체 향가인 (나)와 평시조인 (다)는 각각의 갈래에서 대표적인 형식이라고 할 수 있다.

---

03 시어의 공통점과 차이점의 파악   정답 ②

◉ **②가 정답인 이유** ㉠(임금)은 '이 땅(나라)'을 다스리는 사람이므로 '이 땅'에 있다. 그리고 ㉡(님자)은 화자 자신을 가리킨 말로 '산수 간', 즉 자연 속에서 노닐다가 '강호*'의 주인이 되어 '세상 일'을 잊었다고 했으므로, '산수 간(강호, 강산풍월)에 있다는 설명은 적절하다.

> *강호: (1) 강과 호수를 아울러 이르는 말. (2) 예전에, 은자(隱者, 산속에 묻혀 사는 사람)나 시인 등이 현실을 도피하여 생활하던 시골이나 자연. 여기서는 (2)의 뜻으로 쓰임.

▶ **정답의 근거** 위 '②가 정답인 이유' 참조

┌─────────────────────────┬──────┐
│ **안인숙 매3국어**   │ 검색 │
└─────────────────────────┴──────┘

✕ ④가 오답인 이유 ㉡(님자)이 노래하고 있는 대상은 '자연(산수, 강호, 강산풍월)'이다. ㉡은 자연(강호)의 주인이 되어 세상 일을 다 잊고 지내고 있으므로 대상이 부재*한 상황이 아니며 괴로워하고 있지도 않다. 한편 ㉠(임금)의 경우, (나)가 이 땅을 버리고 가려는 백성이 있어 ㉠의 요청에 의해 쓴 글이라는 것을 감안할 때, '대상(백성)의 부재' 상황이 되면 ㉠이 괴로워할 것으로 짐작할 수 있지만, 현재 대상이 '부재'한 상황은 아니다.

> *부재(不在): 존재하지 않음(不, 아니 부).

① ㉠(임금)은 '백성'을 잘 먹이고 잘 다스리는(6행) 것에 관심을 두고 있을 뿐 그리워하고 있지는 않다. 또 ㉡(님자)의 '벗'은 자연(강산풍월)으로, ㉡은 이미 자연 속에 있으므로 '벗'을 그리워하고 있지 않으며, 자연 이외의 '벗(사람)'을 그리워하는 것도 아니다.

③ ㉠(임금)과 ㉡(님자)은 모두 상상의 세계가 아닌 현실 속에 존재하고 있다.

⑤ ㉠(임금)의 경우, (나)의 창작 배경에 대한 지식(백성이 나라를 떠나려 하는 것에 대해 염려함)을 감안하면 ㉠(임금)이 자신의 처지에 만족하고 있지 않다고 볼 수 있지만, 배경지식을 고려하지 않고 작품만 본다면 자신의 처지에 만족하고 있는지는 알 수 없다. ㉡(님자)의 경우 '강호에 님자 되니'에서 자신의 처지에 만족하는 것으로 볼 수 있다. 하지만 종장의 '엇더타'가 '회한'이나 '아쉬움' 등의 감정을 나타내는 감탄사라는 점과 5번 문제의 〈보기〉를 고려하면, ㉡ 역시 자신의 처지에 만족하고 있다고 볼 수 없다.

04 작품의 내용 이해　　　　　　　　　　정답 ③

◉ ③이 정답인 이유 ⓓ는 제9구의 '(임금은) 임금답게, (신하는) 신하답게, (백성은) 백성답게 한다면'에 해당하는 것으로, ⓐ(임금), ⓑ(신하), ⓒ(백성) 모두 자신의 본분을 다하면 나라가 태평해진다는 것이다. 따라서 ⓓ는 ⓑ와 ⓒ에게 ⓐ가 당부하는 것이 아니라, 화자가 ⓐ, ⓑ, ⓒ에게 당부하는 내용이다.
※ 참고로, 작품의 창작 배경(충담사가 신라 경덕왕의 요청으로 나라를 다스리는 올바른 방책을 제시함.)까지 고려하면, 임금이 자신의 본분을 다하면서 신하와 백성들도 자신의 본분을 다하도록 통치하면 나라가 태평해질 것이라고 한 것으로, 화자가 ⓐ에게 당부하는 내용으로 볼 수 있다.

▶ **정답의 근거** 제9구의 '임금답게 신하답게 백성답게 한다면'

✕ ④가 오답인 이유 ⓓ는 (나)의 제9구에 해당하는 것으로, 임금과 신하의 본분은 백성들을 잘 먹이고 잘 다스리는 것이라고 한 점에서, ⓓ에는 민심*을 중시하는 정치의식이 담겨 있다고 할 수 있다.

> *민심(民心): 백성(국민)의 마음(심리).

① ⓐ~ⓒ는 (나)의 제1구~제3구에 해당하는 것으로, 임금을 아버지에, 신하를 어머니에, 백성을 어린 아이에 빗대고 있다. 따라서 국가를 가족의 확대된 형태로 생각한 것으로 이해할 수 있다.

② (나)의 제5구~제8구의 내용으로 보아, ⓐ(임금)와 ⓑ(신하)가 ⓒ(백성)를 잘 먹여 다스리는 일이 통치*의 근본이라고 할 수 있다.　　　　　　*통치(統治): 백성을 통솔하고 다스림(정치).

⑤ (나)의 제9구~제10구에서 ⓔ(나라의 태평)에 도달하기 위해 ⓓ(임금, 신하, 백성이 자신의 본분을 행함.)를 강조하고 있으므로 적절하다.

05 자료를 활용한 감상　　　　　　　　　정답 ④

◉ ④가 정답인 이유 〈보기〉에서 (다)의 낭원군의 시조는 (1)'왕족의 정치 참여 금지로 인해 자신의 능력을 표출할 수 없었던 심정'을 읊은 것이라고 했는데, 이때의 심정은 '좌절, 체념'이라고 할 수 있다. 그리고 (가)의 1문단 끝에서 (2)'시조 종장의 감탄사는 앞에 나온 내용을 정서적으로 고양*시키거나 환기*시켜 노래의 내용을 완결하는 효과가 있다.'고 하였다.

(1)과 (2)를 연결하면, (다)는 왕족인 작가가 정치에 참여하지 못함으로써 자신의 능력을 표출할 수 없었던 데서 느끼는 좌절, 체념의 정서를 종장의 감탄사 '엇더타'에 집약해서 나타냈다고 감상할 수 있다.

> *고양: 높이(최고) 쳐들어 올림(게양). 정신이나 기분 따위를 북돋워서 높임.
> *환기(喚起): (생각 따위를) 불러일으킴(소환, 야기).

▶ **정답의 근거** 발문의 '(가)와 〈보기〉를 바탕으로'와 위 '④가 정답인 이유'에서 밑줄 친 부분

✕ ⑤가 오답인 이유 정답보다 ⑤에 답한 학생이 많았는데, 이 학생들은 (1) (다)에는 '체념의 정서'가 담겨 있지 않아 ④는 정답이 아니라고 생각했고, (2) ⑤는 (다)를 잘 해석한 것으로 여겼기 때문이라고 했다. 그런데 이것은 〈보기〉를 고려하지 않은, 잘못된 감상이다. 그 이유는 다음과 같다.

(1): 〈보기〉의 '정치 참여 금지로 인해', '능력을 표출할 수 없었던 심정'을 고려할 때, (다)의 화자가 강산풍월*을 벗 삼고 강호에서 세상 일을 다 잊고 지내는 것은 단순히 자연이 좋아서가 아니라 왕족이기 때문에 현실 정치에 참여할 수 없어 어쩔 수 없이 하는 것이므로 '체념의 정서'를 드러낸 것으로 볼 수 있다.

(2): (다)에서는 화자가 '강산풍월'을 '벗'하는 것에 자연과 함께하는 모습이 드러나 있다. 그러나 〈보기〉를 바탕으로 감상할 때, '자연과 벗하는 모습'은 '자신의 (정치) 능력을 표출할 수 없었던 심정'을 바꾸어 표현한 것으로, '자연과 함께하고자 하는 마음'을 표현한 작품이 아님을 알 수 있다.

> *강산풍월(江山風月): '강과 산과 바람(동풍)과 달(만월)'이라는 뜻으로, 자연의 아름다운 풍경을 이름.

②에 답한 학생들도 제법 많았는데,

(1) (다)의 초장에서 '평생에 일이 업서', '산수 간에 노니다가'라고 한 것에 주목하면, 정치적 한계(왕족의 정치 참여 금지)로 인해 자연과 더불어 지낸 것임을 알 수 있고,

(2) 〈보기〉에서 (다)는 '정치적 한계'로 인해 '자신의 능력을 표출할 수 없었던 (화자의) 심정'을 읊은 것이라고 한 점에서, '정치적 한계에서 벗어나고 싶은 마음'을 노래한 것으로 볼 수 없으며,

(3) '정치적 한계'로 인해 '자신의 능력을 표출할 수 없었던 심정'이 '해소'된 것은 찾을 수 없다.

①과 ③이 오답인 이유도 따져 보자.

① (다)의 '평생에 일이 업서 산수 간에 노니다가'와 〈보기〉의 '왕족의 정치 참여 금지로 인해 자신의 능력을 표출할 수 없었던'으로 보아, '평생에 일'은 '정치에 참여하는 것'을 말한다는 것을 알 수 있다. (다)의 화자는 정치에 참여하려는 노력을 하지 않았으므로, ①은 적절한 감상이 아니다.

③ '강호에 님자가 된 것'은 '평생에 일이 업서 산수 간에 노니다가'였고, '평생에 일'이 없었던 것은 '왕족의 정치 참여 금지' 때문으로, 이로 인해 (다)의 화자는 '자신의 능력을 표출할 수 없'었다. 따라서 '왕족의 역할을 다하고자 하는 의지'가 '강호에 님자 되니'에 담겨 있다는 것은 적절한 감상이 아니다.

6~8 고전 시가(시조)

> **박인로, 「조홍시가」**
>
> ● **갈래** 연시조(총 4수)
> ● **제목의 의미** '일찍(조기) 익은 홍시에 대한 노래(가요)'라는 뜻으로, 중심 소재를 제목으로 삼았다.
> ● **현대어 풀이 및 중심 내용**
>
> 소반(자그마한 밥상) 위에 담긴 일찍 익은 홍시(붉은 감)가 곱게도 보인다.
> (육적이 어머니께 드리기 위해 가슴에 품었다는) 귤은 아니라 해도 (나도 어머니께 드리기 위해 홍시를) 품고 싶지마는,
> (어머니가 돌아가시고 안 계시니) (홍시를) 품어 가도 반길 사람이 없으므로 그로 인해 서러워한다.
> ▲제1수: 돌아가신 부모님에 대한 그리움(풍수지탄)
> 왕상의 잉어를 낚고 맹종의 죽순을 꺾어
> 검었던 머리가 희어지도록 노래자의 옷을 입고
> 평생토록 부모의 뜻을 받드는 정성스러운 효성을 증자와 같이 하겠다.
> ▲제2수: 효도에의 다짐
> 큰 쇳덩어리를 늘여 내어 길게길게 노끈을 꼬아
> 구만 리 장천에 떨어지는 해를 잡아매어
> 북당에 거처하시는 머리 흰 부모님을 더디 늙게 하겠다.
> ▲제3수: 부모님이 늙지 않도록 하고자 하는 마음

여러 마리의 봉황새가 모여 있는 곳에 까마귀 한 마리가 들어오니
백옥(군봉)이 쌓인 곳에 돌(외까마귀) 하나가 있는 것 같지마는
아아, 봉황도 나는 새와 한 종류이시니 모시어 놓은들 어떠하겠는가(모셔도 된다).
▲제4수: 효자로 이름난 사람들을 본받고 싶은 마음

● **정서 · 태도**
• 효심 **작품 근거** 제1~3수의 종장
• 안타까움 **작품 근거** 제1수의 종장

● **주제** 지극한 효심(孝心)
※ 제4수는 주제와 다소 어긋나 보이지만, '까마귀'가 '효'를 상징하는 새[반포지효]라는 것을 고려하면 일관성을 가지고 있다고 볼 수 있음.

> *반포지효(反哺之孝, 돌이킬 반·먹일 포·~의 지·효도 효): 까마귀 새끼가 자라서 늙은 어미에게 먹이를 물어다 주는 효(孝)라는 뜻으로, 자식이 자란 후에 어버이의 은혜를 갚는 효성을 이르는 말.

● **표현상의 특징**
• '반중 조홍감'이 창작의 계기가 됨.
• 고사(육적 회귤 고사, 왕상, 맹종, 노래자, 증자 등)를 활용하여 주제를 강조함.(제1, 2수)
• 불가능한 상황을 설정하여 화자의 소망을 드러냄.(제3수)
• 설의법: 봉황도 비조와 류시니 모셔 논들 어떠하리.(제4수)
• 대구법: 왕상의 잉어 잡고 – 맹종의 죽순 꺾어(제2수)
• 직유법: 돌 하나 같다마는(제4수)
• 비유와 상징을 통해 주제를 드러냄.(제4수)

군봉	왕상, 맹종, 노래자, 증자처럼 효를 실천한 인물들
외까마귀	부모님께 효도를 하고자 하는 화자
백옥	'군봉'을 비유함.
돌	'외까마귀'를 비유함.

● **어휘 및 어구 풀이**
• 반중: 소반(자그마한 밥상) 가운데(중간).
• 조홍감: 일찍(조기) 익은 붉은(홍색) 감.
• 양지성효(養志誠孝): 부모의 뜻(의지)을 받드는(봉양) 정성스러운 효성.
• 장천(長天): 긴(장거리) 하늘(천지). 끝없이 잇닿아 멀고도 넓은 하늘.
• 북당(北堂): 북쪽에 있는 건물. → 늙은 부모가 계신 안방.
• 학발쌍친(鶴髮雙親): 학의 머리(모발)처럼 머리가 흰 늙은 부모(양친).
• 군봉(群鳳): 여러 마리의 봉황새.
• 백옥: 빛깔이 하얀(백색) 옥.
• 비조와 류시니: 비조(飛鳥, 나는 새)와 같은 종류이시니.

> • '육적, 왕상, 맹종, 노래자'에 대해서는 문제편 p.91 7번 문제의 〈보기〉에 제시된 고사를 참조할 것!

● **지문 밖 정보** 1601년(선조 34) 이덕형이 보낸 홍시를 보고, 중국의 육적 회귤(懷橘) 고사를 회상하고 돌아가신 어버이를 생각하며 읊은 시조로, '풍수지탄'과 통함.

> *풍수지탄(風樹之嘆, 바람 풍·나무 수·~의 지·탄식할 탄): 바람과 나무의 탄식. '나무는 고요히 있고자 하나 바람이 그치지를 않고, 자식은 봉양하고자 하나 부모님이 기다려 주시지를 않는다.(樹欲靜而風不止 子欲養而親不待)'는 말에서 유래한 한자 성어로, '부모가 이미 돌아가셔서 효도할 수 없을 때의 탄식'을 이름.

★ 기출 답지로 작품과 문제 완전 정복

· 그리움의 감정이 드러나 있다.

· 화자의 정서가 직접적으로 드러나 있다. → 설워하나이다.

· 〈보기〉의 밑줄 친 '설렁탕'과 같은 기능을 하는 것은?

> **보기**
>
> 아들이 아버지 없는 어려운 살림에서도 무사히 대학을 졸업하는 날, "뭘 먹을래?"라는 물음에 아들은 "설렁탕."이라고 대답한다. '아들이 엄마의 지갑 사정을 생각해 주는 걸까? 왜 하필 설렁탕을…… 그렇구나, 너도 그렇게나 설렁탕을 좋아하던 아버지에게 네 졸업을 자랑하고 싶었구나.' 식탁을 마주하고 우리는 둘 다 쉽게 수저를 들지 못했다.
>
> **답** 조홍감(붉은 감)

— 2006학년도 3월 고1 전국연합학력평가

· 사랑하는 대상에 대한 그리움으로 안타까워하고 있다.

· 윗글에 대하여 학생이 스스로 탐구 과제를 설정하고 그것을 해결해 보는 중이다. 〈보기〉에서 과제 해결이 적절하지 **않은** 것은?

> **보기**
>
> · 중심 소재인 '조홍감'의 기능은?
>   → 외적 기능: 창작의 계기, 내적 기능: 정서 환기 ············· ①
> · '유자(柚子)' 관련 고사(故事)를 인용한 효과는?
>   → 주제를 효과적으로 부각시킴. ························· ②
> · 표현 기법상의 특징은?
>   → 표면과 이면의 의미가 다른 반어(反語) ················· ③
> · 주제와 관련된 한자 성어가 있을까?
>   → 풍수지탄(風樹之嘆) ··························· ④
> · 독자에게는 어떤 교훈을 주게 될까?
>   → 부모님 생전에 효도를 다하자는 마음을 갖게 함. ········· ⑤
>
> **답** ③

— 2004학년도 6월 고3 모의평가

06 표현상의 특징 파악 정답 ③

◎ **③이 정답인 이유** 제3수에서는 큰 쇳덩어리(만균)를 늘여 내어, 그것으로 길게 노끈(노)을 꼬아, 먼 하늘에 지는 해를 잡아매어, 늙으신 부모(학발쌍친)가 늙어 가는 것을 더디게 하고 싶다고 했다. 지는 해를 잡아매면 시간이 흘러가지 않을 것이고, 시간이 흘러가지 않으면 늙으신 부모님도 더 이상 늙지 않을 것이라는 생각에서 화자는 불가능한 상황을 설정한 것이다.

따라서 '제3수에서는 불가능한 상황(쇳덩어리로 노끈을 꼬는 것, 노끈으로 지는 해를 잡아매는 것)을 설정하여 화자의 소망(부모님이 늙지 않기를 바람)을 드러내고 있다'는 ③은 적절한 설명이다.

▶ **정답의 근거** 위 '③이 정답인 이유'에서 밑줄 친 부분

① 제1수에서는 '조홍감'을 통해 계절적 배경(가을)을 짐작할 수 있으나 가을이라는 계절적 배경을 묘사하고 있지 않으며, 따라서 묘사를 통해 생동감을 주고 있지도 않다.

② 제2수에서는 왕상, 맹종, 노래자, 증자처럼 효도를 하겠다고 다짐하고 있을 뿐 선경후정*의 방식은 찾아볼 수 없다.

> *선경후정: 시상 전개 방식의 하나로, 우선 경치부터 묘사한 다음, 이후에 정서(감정)를 표현하는 것. — 『매3력』 p.136에서

④ 제4수에서는 비유적 표현(군봉-백옥, 외까마귀-돌)과 설의적 표현(모셔 논들 어떠하리)은 쓰였으나, 점층적 표현*은 쓰이지 않았다.

> *점층적 표현: 점점 더 크게, 높게, 강하게 표현하는 것.
>   — 『매3력』 p.141에서

⑤ 제1수와 3수에서는 자연물(조홍감, 장천, 해)을 활용하고 있으나, 이들을 통해 삶의 무상함*을 제시하고 있지는 않다.

> *무상함: 항상됨이 없음(전무). 모든 것은 변함. 그래서 슬픔과 덧없음을 느낌. ⑦ 허무함. — 『매3력』 p.127에서

07 자료를 활용한 감상 정답 ③

◎ **③이 정답인 이유** 〈보기〉의 세 번째 고사로 볼 때, '맹종'이 대숲에서 눈물을 흘리는 것은 어머니가 먹고 싶다고 하는 죽순을 겨울이라 얻을 수 없어서이므로 부모님이 원하는 것을 얻지 못했기 때문으로 볼 수 있다. 하지만, 화자가 '조홍감'을 보고 서러워하는 것은 '조홍감'을 품어 가도 반길 사람이 없어서(부모님이 돌아가시고 안 계셔서)이지, 부모님이 원하는 것을 얻지 못했기 때문이 아니다.

▶ **정답의 근거** 제1수의 '품어 가 반길 이 없을새 글로 설워하나이다.'

① 〈보기〉의 고사에서, 육적은 그의 어머니께 드리려고 자신이 대접받은 유자(귤)를 품고 나왔다고 했다. 화자가 '조홍감'을 보고 '유자이 아니라도 품음직 하다'고 한 것은 육적이 그의 어머니께 드리려고 가슴에 품은 '유자'를 떠올렸기 때문으로 볼 수 있다.

② 〈보기〉의 고사에서, 왕상은 잉어를 먹고 싶어 하는 계모를 위해 겨울에 옷을 벗고 얼음을 깨려 했다고 했다. 화자가 '왕상의 잉어'를 잡겠다고 한 것은 왕상처럼 어려움을 감수하면서까지 효를 실천하고자 하는 의지를 보여 준 것으로 볼 수 있다.

④ 〈보기〉의 고사에서, '노래자'는 70세의 나이에도 늙은 부모를 즐겁게 해 주기 위해 색동옷을 입고 어린애 장난을 했다고 했다. 화자가 '노래자'의 옷을 입는다는 것은 화자도 '노래자'처럼 부모님을 위해서라면 화자의 나이에 맞지 않는 일도 할 수 있다는 것을 의미한다고 볼 수 있다.

⑤ 〈보기〉의 고사로 볼 때 '왕상'과 '노래자'가 효를 실천한 방법은 다르다. 하지만 둘 다 양지성효(부모의 뜻을 받드는 정성스러운 효성)라는 점에서는 공통성이 있다고 볼 수 있다.

08 자료를 활용한 이해   정답 ③

◎ ③이 정답인 이유 '백옥 쌓인 곳에 돌 하나 같다'는 것은 '군봉 모이신 데 외까마귀 들어'온 것을 비유적으로 표현한 것으로, 〈보기〉의 '제4수는 위대한 봉황새들의 무리에 보잘것없는 까마귀가 어울리고 싶다는 것'으로 보아, '군봉'은 '왕상, 맹종, 노래자, 증자' 등이고 '외까마귀'는 '화자 자신'을 일컫는다는 것을 알 수 있다. 그리고 〈보기〉에서 '까마귀가 효조(孝鳥)*로도 널리 알려'져 있다고 한 것을 감안하면, 제4수에서 화자는 자신을 효조인 까마귀에 빗대고 있다는 것이므로 '화자가 부모님께 불효한 것에 대해 자책한 것으로 볼 수 있다'고 한 ③은 적절하지 않다. 제4수에서 화자는 부모에게 불효했다고 생각하지 않으며 자책하고 있지도 않기 때문이다.

> *효조(孝鳥): 효도하는 새(조류)로, '까마귀'를 이르는 말. 까마귀가 어미에게 먹이를 물어다 주어 보은한다는 데서 유래한다.

▶ 정답의 근거 〈보기〉의 '시 전체가 (효라는) 일관성을 가지고 있다' – ③의 '불효' ✕

가장 많이 질문한 오답은? ④, ⑤ 순

✕ ④가 오답인 이유 ④에 답한 학생들이 제법 많았는데, 제4수에서 '봉황'도 '비조와 류'라고 한 것은 '봉황'도 '나는 새(비조)'라는 점에서 '외까마귀'와 같은 '새'인 것처럼, '위대한 효자들(봉황새들)'도 '자신(보잘것없는 까마귀)'과 같은 '인간'이라는 점을 이야기한 것으로 볼 수 있다. 즉, 제4수에서 화자는 자신은 위대한 효자들에 비해 보잘것없지만 같은 인간이라는 점에서 모셔서 본받고 싶다고 말한 것으로 볼 수 있다.

✕ ⑤가 오답인 이유 ④ 못지않게 ⑤에 답한 학생들도 많았는데, '봉황'을 '모셔 논'다는 것은 보잘것없는 자신이 '봉황'과 같은 위대한 존재들(왕상, 맹종, 노래자, 증자 등)을 모시고 같은 자리에 함께한다는 것이다. 이는 효자로 이름난 봉황 같은 사람들을 본받고 싶어 하는 마음을 담고 있다고 볼 수 있다.

① 〈보기〉의 '위대한 봉황새들의 무리'로 보아 '군봉(여러 마리의 봉황새)'은 제2수에서 언급된 왕상, 맹종, 노래자, 증자와 같이 효를 실천한 위대한 사람들로 볼 수 있다.

② 〈보기〉의 '보잘것없는 까마귀가 어울리고 싶다는 것'과 '까마귀가 효조(孝鳥)로도 널리 알려진 점'으로 보아 '외까마귀'는 부모님께 효도를 하고자 하는 화자의 모습으로 볼 수 있다.

(가) 월명사, 「제망매가」

● **갈래** 향가(10구체)

● **제목의 의미** '죽은 누이(망매)를 추모하는(제사를 지내는) 노래(가요)'란 뜻으로, 한 부모에게서 태어난 누이가 요절(젊은 나이에 일찍 죽음)한 것에 대한 안타까움과 그를 추모하는 내용이 담겨 있다.

● **현대어 풀이**
삶과 죽음의 길은
여기에 있어 머뭇거리고
"나(누이)는 간다."는 말도
미처 못 하고 어찌 갑니까.
어느 가을 일찍 부는 바람에
여기저기 떨어지는 잎(죽은 누이)처럼
한 가지(같은 부모)에 태어나고서도
(누이가) 가는 곳을 모르겠구나.
아, 극락세계에서 만날 나(화자)는
도를 닦으며 기다리겠노라.

● **상황** 누이의 요절을 안타까워하며 극락세계에서 만나기를 기원하고 있다.

● **정서 · 태도**
• 안타까움 작품 근거 못다 이르고 어찌 갑니까, 가는 곳 모르온저.
• 기다림, 재회 소망, 슬픔 극복 작품 근거 도(道) 닦아 기다리겠노라.

● **주제** 죽은 누이에 대한 추모와 재회 소망

● **특징**
• 우리 민족 최초의 정형시인 10구체 향가의 대표작
• 참신한 비유: 이른 바람(요절), 떨어질 잎(죽은 누이), 한 가지(같은 부모)
• 3단 구성
  - 기(1~4행): 누이의 안타까운 죽음
  - 서(5~8행): 누이와의 사별
  - 결(9~10행): 종교를 통한 슬픔의 극복(재회 기대)
• 향찰 표기

> *향찰: 신라 때에, 한자의 음과 뜻을 빌려 국어 문장 전체를 적은 표기법. 특히 향가의 표기에 쓴 것을 이른다.

• 배경 설화가 있음.

● **어휘 및 어구 풀이**
• 생사: 삶(생존)과 죽음(사망).
• 예: '여기'의 준말.
• 어느 가을 이른 바람에/이에 저에 떨어질 잎처럼: 누이의 죽음을 가을에 잎이 떨어지는 것에 비유한 표현으로, '이른 바람'이라는 표현에서 누이가 요절했음(젊은 나이에 죽음)을 알 수 있다.
• 미타찰: 아미타불이 있는 서방 정토(불교의 이상향).

(나) 길재, 「오백 년 도읍지를~」

● **갈래** 평시조

● **현대어 풀이**
  오백 년 동안 이어진 고려의 도읍지(개성)를 한 필의 말을 타고 돌아보니
  산천은 예전과 다름이 없지만 인재들(고려의 충신들)은 간데없네.
  아아, 고려의 태평했던 시절이 꿈인가 하노라(꿈처럼 허무하구나).

● **상황** 고려가 멸망하자 고려의 도읍지였던 개성을 찾아가 안타까워하고 있다.

● **정서 · 태도**
  · 회고적 `작품 근거` 오백 년 도읍지를 필마로 도라드니
  · 안타까움, 인생무상 `작품 근거` 태평연월(太平烟月)이 꿈이런가 하노라.

● **주제** 나라를 잃은 한(恨)과 인생무상. 맥수지탄(麥秀之嘆)

  > *맥수지탄(麥秀之嘆, 보리 맥·빼어날 수·~의 지·탄식할 탄): 고국의 멸망을 한탄함을 이르는 말. 기자가 은나라가 망한 뒤에도 보리만은 잘 자라는 것을 보고 한탄하였다는 데서 유래한다.

● **표현상의 특징**
  · 대조: 자연(예전과 같은 산천) ↔ 인간(사라진 인재)
  · 영탄법: 꿈이런가 하노라

● **어휘 및 어구 풀이**
  · 필마: ('필마로' 꼴로 쓰여) 데리고 가는 사람 없이 혼자서 한 필의 말(백**마**)을 타고 감.
  · 의구하되: 옛날(**구**식) 그대로 변함이 없되.
  · 인걸: 뛰어난 **인**재.
  · 어즈버: 감탄사 '아'의 옛말.
  · 태평연월: **태평**한 세월. 근심이나 걱정이 없는 편안한 세월.

★ **두 작품은 왜 함께 묶였을까?**

· **표현** 시조의 기원이 되는 향가, 즉 향가인 (가)의 형식이 시조인 (나)에 영향을 미침. ㉑ 감탄사의 사용 등 → 문제편 p.88의 (가) 참조
· **정서** 화자의 안타까움이 드러남.

★ **기출 답지로 작품과 문제 완전 정복**

(가) 월명사, 「제망매가」

· 대상에 대한 그리움을 형상화하였다.
· 화자가 처한 상황에 대한 대응 방식이 드러나 있다.
· '머뭇거리고'는 생사의 문제에 대한 인간적 고뇌를 담고 있다.
· '바람'은 어떤 결과(누이의 죽음)를 가져오는 원인으로 작용하고 있다.
· '미타찰'은 화자의 지향을 함축하는 공간이다.
  – 2008학년도 6월 고3 모의평가
· 삶과 죽음의 경계를 벗어나 영원으로 회귀하고자 한다.
  – 1997학년도 수능

09 갈래의 형식적 특징 파악
정답 ⑤

○ ⑤가 정답인 이유 (가)는 10구체 향가이고, (나)는 평시조이다. 10구체 향가의 9행과 시조의 종장은 감탄사로 시작하는 특징을 보이는데, (가)의 '아아'와 (나)의 '어즈버'가 그 특징을 잘 보여 주고 있다. 그리고 이 두 감탄사는 모두 화자의 고조된 감정을 드러내고 있다.

▶ **정답의 근거** (가)의 '아아', (나)의 '어즈버'

가장 많이 질문한 오답은? ③

✗ ③이 오답인 이유 ③에 답한 학생들이 많았는데, 이들 학생들은 (나)의 시조는 초장·중장·종장의 3단 구성의 짜임을 취하고 있지만, (가)의 향가는 3단 구성이 아니라고 보았다고 했다. 10구체 향가의 특징 중 하나가 3단 구성(4구-4구-2구)을 취한다는 것인데, 이를 놓친 것이다. (가)의 경우, 처음 4구에서는 누이의 안타까운 죽음을 노래하였고, 다음 4구에서는 누이의 죽음을 '떨어질 잎'에 비유하였고, 마지막 2구에서는 누이와의 재회를 소망하는 내용으로 구성되어 있다. 따라서 ③의 '(가)와 달리'는 (가)의 형식상 특징을 잘못 이해한 것이다.

① 4음보의 율격을 지닌 것은 (나)이다. → 오백 년/도읍지를/필마로/도라드니//
② (가)의 9행에는 시적 화자('나')가 표면에 드러나 있지만, (나)에는 시적 화자가 작품의 표면에 드러나 있지 않다.
④ (가)와 (나)는 둘 다 화자의 정서(이야기✗) 전달에 목적이 있다.

10 관점에 따른 감상의 적절성 판단
정답 ②

○ ②가 정답인 이유 발문에서 '〈보기〉와 같은 관점으로 감상'한 것을 고르라고 했는데, 문학에서 '관점'을 질문할 때에는 문학 작품 감상 방법을 질문하는 것임을 알아야 한다. '문학 작품 감상 방법'과 '효용론적 관점'에 대한 지식이 있다면 〈보기〉를 꼼꼼하게 읽지 않아도 '독자'의 입장에서 감상한 ②가 정답이라는 것을 쉽게 알 수 있지만, '효용론적 관점'에 대한 지식이 없을 경우 〈보기〉를 통해 정답을 찾아보자.

〈보기〉에서 '효용론적 관점'은 '독자가~자신의 경험, 배경지식, 가치관, 상상력 등을 총동원하여', '문학 작품과 끊임없이 상호 작용하면서 의미를 재구성하는 적극적인 활동'이라고 하였다. ②는 독자가 이 작품을 읽고 깨달은 것을 말하고 있는데, ②의 '이 작품을 통해'는 독자가 '문학 작품과 끊임없이 상호 작용'을 한 것을, '형제간의 우애가 얼마나 소중한지를 깨달았어.'는 '(문학 작품의) 의미를 창조적으로 수용'한 것이므로, ②가 정답이 된다.

▶ **정답의 근거** 〈보기〉의 '효용론적 관점'
나머지 답지들은 모두 '(독자가 작품의) 의미를 창조적으로 수용'한 것이 아니므로 '효용론적 관점'과 거리가 멀다.

① 작품은 작가의 체험을 표현한 것이라고 보고 있다. → 표현론적 관점

③ 작품에 나타난 시적 화자의 모습에 초점을 맞추고 있다.
→ 내재적 관점

④ 작품에 당대의 현실이 반영되어 있다고 보고 있다. → 반영
론적 관점

⑤ 시구의 함축적 의미를 파악하고 있다. → 내재적 관점

개념 ➕ 효용론적 관점

> 문학 작품을 감상하는 방법 중 하나로, '독자'에 중점을 두어
> 문학 작품을 감상하는 방법

〈문학 작품 감상 방법〉

	관점	관심의 초점	감상 내용
내재적 관점	구조론적 관점	작품 자체의 내적 구조	시어의 의미, 이미지, 비유, 상징, 운율 등
외재적 관점	표현론적 관점	작가	작가의 체험·사상·창작 의도 등
	반영론적 관점	작품에 나타난 시대, 현실	시대적 배경, 사회·역사적 현실, 당대 현실의 모습·분위기 등
	효용론적 관점	독자	주로, '깨닫고, 감동을 받고, 교훈을 얻었다'는 내용 제시

11 시구의 문맥적 의미 파악   정답 ③

◎ **③이 정답인 이유** ⓐ에서는 '생사 길'이 있다고 했고, ⓑ에서는 '도를 닦으면서 (누군가를 또는 무엇인가를) 기다리겠다'고 했다. 이 둘을 관련지으려면 그 앞뒤의 시의 흐름을 살펴봐야 한다. 그러면 3행의 '나'(누이)는 '생사 길(ⓐ)', 즉 '삶과 죽음의 갈림길' 중에서 죽음의 길로 들어서고, 이로 인해 시적 화자는 '어찌 갑니까', '가는 곳 모르온저' 하며 슬퍼한다. 그러나 곧 이어서 그 누이를 '미타찰'(죽음의 세계인 극락)에서 만날 때까지 '도 닦아 기다리겠노라.(ⓑ)'라고 한다. 누이의 죽음으로 인한 슬픔을 '도 닦는' 종교적 행위로 승화하며 내세에서 다시 만날 것을 기대하고 있는 것이다. 이와 같은 시의 의미를 가장 잘 이해한 것은 ③이다.

▶ **정답의 근거** '생사 길(ⓐ)' – '어찌 갑니까', '가는 곳 모르온저' – '도 닦아 기다리겠노라.(ⓑ)'

① '머뭇거리고'의 주체는 3행의 '나', 즉 '죽은 누이'로, 죽음을 '두려워'한 것은 누이이지 화자가 아니다. 또 화자가 '도를 닦아야겠다'고 말하고 있지만, '죽음이 두려워'서가 아니라 누이의 명복을 빌기 위해서라고 보는 것이 적절하다.

② '누이의 죽음은 의미 없다'고 말하고 있지도 않고, '미타찰에 가기 위해 도(道)를 닦아야 한다'고 한 것도 아니다.

④ '이승에서는 삶과 죽음이 있다'고 한 것은 맞다. 하지만 '저승(미타찰)에서는 도(道)를 닦을 수 있다.'고 한 것은 '이승에서는 도(道)를 닦을 수 없다.'는 말이므로 옳지 않다. 화자는 이승에서 도(道)를 닦으며 누이를 기다리겠다고 했다.

⑤ '누이의 죽음은 두렵다'고 한 것이 아니라 '안타깝다'고 여기고 있으며, '도(道)를 닦을 날을 기다리겠다'고 한 것이 아니라 '도를 닦으며 미타찰에서 만날 날을 기다리겠다'고 했다.

12 자료를 활용한 시구의 의미 이해   정답 ⑤

◎ **⑤가 정답인 이유** 〈보기〉를 통해 (나)의 작가는 몰락한 고려의 도읍지였던 개성을 찾아 그 감회를 읊고 있다는 것을 알 수 있다. ⑩은 몰락하기 전 고려의 태평했던 세월이 마치 꿈과 같다는, 꿈과 같이 허무하다는 것으로, ⑩은 물론 (나) 전체에서 고려 왕조를 다시 찾겠다는 의지는 찾을 수 없다.

▶ **정답의 근거** 위 '⑤가 정답인 이유' 참조

①, ② 〈보기〉에서 (가)는 승려인 작가가 죽은 누이를 추모하기 위한 작품이라고 했다. 그러므로 ㉠에서 잎(누이)을 떨어지게(죽게) 한 원인이 '이른 바람' 때문이었다는 것은 누이의 죽음이 예기치 못한 것이었고 그로 인해 더 안타까움을 느끼고 있다는 것을 알 수 있다. 그리고 ㉡에서 화자는 죽은 누이를 미타찰(극락)에서 다시 만날 때까지 도를 닦으며 기다리겠다고 했는데, 이를 통해 누이를 잃은 슬픔을 종교(불교)의 힘으로 극복하려 한다는 것을 알 수 있다.

③, ④ 〈보기〉에서 (나)는 몰락한 고려 왕조의 도읍지였던 개성을 찾은 작가의 감회를 읊은 작품이라고 했다. 그러므로 ㉢은 '오백 년'이라는 시간과 '도읍지'라는 장소를 통해 단절된 고려 왕조에 대한 아쉬움을 표현하고 있다고 볼 수 있다. 그리고 ㉣에서 산천(자연)은 변함없는데 인걸(고려의 옛 충신들)은 찾을 수 없다는 것은 이와 같은 상황 속에서 인생무상*을 느끼고 있는 것으로 볼 수 있다.

> *인생무상: 인생이 덧없음. 사람의 일생이 헛되고 덧없음.

✔ 매일 복습 확인 문제

1 다음 설명이 맞으면 ○, 그렇지 않으면 ✕로 표시하시오.

(1) 향가의 '4구 + 4구 + 2구' 형태는 시조의 '초장 + 중장 + 종장'의 3단 구성 형성에 영향을 주었다. ………(   )

(2) '만균을 늘려 내어 길게길게 노를 꼬아 / 구만리 장천에 가는 해를 잡아매어'에서는 불가능한 상황을 설정하고 있다. ………………………………………(   )

(3) 효용론적 관점은 독자가 작품을 읽고 창작 당시의 시대적 배경을 떠올리며 감상하는 방법이다. ………(   )

2 다음 작품에 대한 설명으로 적절한 것은? (정답 2개)

> 오백 년 도읍지를 필마로 도라드니,
> 산천은 의구(依舊)하되 인걸은 간 듸 업다.
> 어즈버, 태평연월이 꿈이런가 하노라.   – 길재 –

① 시적 화자가 작품의 표면에 드러나 있다.
② 주제와 통하는 한자 성어는 '풍수지탄'이다.
③ 설의적 표현을 통해 시적 의미를 강조하고 있다.
④ 변함없는 자연과 그렇지 못한 인간이 대조되고 있다.
⑤ 감탄사 '어즈버'를 통해 고조된 감정을 드러내고 있다.

> **정답** 1. (1) ○ (2) ○ (3) ✕ 2. ④, ⑤

정답 　**01** ③　**02** ⑤　**03** ③　**04** ④　**05** ③　**06** ③
　　　　07 ④　**08** ②　**09** ⑤　**10** ②

1~4 고전 시가(고려 가요)

작자 미상, 「가시리」

● **갈래** 고려 가요(속요)
● **제목의 의미** 제목 '가시리(가시겠느냐)'는 사랑하는 임이 떠나는 상황과 그 임을 보낼 수밖에 없는 시적 화자의 슬픔(정서)을 담고 있다.
● **현대어 풀이**
　가시렵니까, 가시렵니까?
　(나를) 버리고 가시렵니까?

　나는 어찌(어떻게) 살라고
　(나를) 버리고 가시렵니까?

　(임을) 붙잡아 두고 싶지만
　서운하면 돌아오지 않을까 두렵습니다.

　서러운 임을 보내오니
　가시자마자 돌아오소서.
● **상황** 사랑하는 임을 떠나보내야 하는 상황에서, 붙잡으면 돌아오지 않을까 하여 슬픔을 참아 내며 임을 보내고 있다.
● **정서 · 태도**
・슬픔, 애상적 　**작품 근거** 　날러는 어찌 살라 하고/버리고 가시리잇고 등
● **주제** 이별의 정한(情恨)
● **표현상의 특징**
・직설적인 진술과 호소로 이루어져 있다.: 비유 ✕, 상징 ✕
・3분후
　− 3음보: 가시리/가시리/잇고(3 · 3 · 2조)
　− 분절체: 4연으로 이루어져 있음.
　− 후렴구: 위 증즐가 대평성대(大平盛代)
・반복법: 가시리 가시리잇고('가시리'의 반복), 버리고 가시리잇고(1연과 2연에 반복됨)
・aaba 형식: 가시리(a) 가시리잇고(a) 버리고(b) 가시리잇고(a)

> *aaba 형식: 우리 문학 작품에서 보편적으로 발견되는 운율적 특징 중 하나로, 동일하거나 유사한 구절이 두 번 반복(aa)된 후 다른 구절이 한 번(b) 나오고, 다시 처음에 반복된 구절이 한 번 더(a) 나오는 경우를 가리킴.

● **어휘 및 어구 풀이**
・위 증즐가 대평성대: '위'는 감탄사, '증즐가'는 악기 소리를 흉내 낸 의성어로, 구전되다가 후대에 궁중의 악곡으로 수용되는 과정에서 첨가된 후렴구(조흥구, 여음구). 특별한 의미는 없음.

・설온: 서러운. (1) 이별을 서러워하는(서러운 주체: 임). (2) (화자를) 서럽게 하는(서러운 주체: 화자).
● **지문 밖 정보**
・우리 민족의 전통적 정서인 '이별의 정한'을 노래한 대표적 작품

> ※ 한국 문학의 한 특질을 이루는 전통적인 주제인 '이별의 정한'

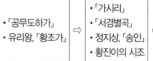

・「공무도하가」 ・유리왕, 「황조가」	⇨	・「가시리」 ・「서경별곡」 ・정지상, 「송인」 ・황진이의 시조	⇨	・김소월, 「진달래꽃」 ・서정주, 「귀촉도」

★ **기출 답지로 작품과 문제 완전 정복**

・의문형 문장을 활용하여 화자의 정서를 나타내고 있다.
　　　　　　　　　　　　　　− 2014학년도 3월 고1 전국연합학력평가
・현재의 상황에 대한 화자의 대응 방식이 드러나 있다.(임과의 이별 상황에서 임을 보내며 임이 다시 돌아오길 바라고 있음.)　　　　　　− 2010학년도 11월 고1 전국연합학력평가
・가시리 가시리잇고 나는/버리고 가시리잇고 나는: 반복되고 있는 '가시리잇고'는 이별에서 오는 충격의 깊이를 표현한 것 같습니다.　　　　　　− 2008학년도 3월 고1 전국연합학력평가
・〈보기〉의 화자가 윗글의 화자에게 할 수 있는 말

> 　**보기**
> 어져 내 일이야 그릴 줄을 모로다냐.
> 이시라 하더면 가랴마는 제 구태여
> 보내고 그리는 정은 나도 몰라 하노라.　　　− 황진이 −
> **[현대어 풀이]**
> 　아, 내가 한 일이여! 그리워할 줄을 몰랐던가?
> (1) '제 구태여'를 행간 걸침*으로 볼 경우
> 　있으라고 하면 (임이) 갔겠는가마는
> 　내가 구태여 보내고 그리워하는 정은 나도 모르겠다.
> (2) '제 구태여'를 도치법으로 볼 경우
> 　있으라고 하면 임이 구태여 갔겠는가마는
> 　보내고 그리워하는 정은 나도 모르겠다.

→ 임을 보내놓고 후회하지 말고, 당신과 함께 있자고 얘기해 보세요.　　　　　− 2006학년도 11월 고1 전국연합학력평가
・일정한 음보의 반복으로 음악성을 높이고 있다.
　　　　　　　　　　　　　　− 2003학년도 10월 고1 전국연합학력평가
・이별에 따른 정서를 노래하고 있다.　　　− 2001학년도 수능
※ 2001학년도 수능 시험에서는 「가시리」에서 '(㉠)에 들어갈 알맞은 구절은?'이라는 문제가 출제되었다. 정답은 '선하면 아니 올세라'였다. 외워서 푸는 문제라기보다는 앞뒤 시상 전개를 통해 정답을 찾을 수 있는 문제로, 이와 같은 문제 유형은 수능과 내신 모두에서 언제든지 출제될 수 있다.

---

*행간 걸침 : 의미상 하나의 행으로 배열해야 할 구절을 의도적으로 다음 행에 걸쳐 놓는 기법으로 의미를 강조하는 효과가 있음.

01 자료를 활용한 감상

정답 ③

◎ **③이 정답인 이유** 2연의 '날러는 어찌 살라 하고'는 떠나는 임에게 '당신이 가시면 저는 살 수가 없을 만큼 힘들다.'는 절절한 심정을 담아 하는 말로, 이 부분에는 '체념'의 심정이 드러나 있지 않다. 「가시리」에서 '체념'의 정서는 '보내드린다(보내옵나니)'고 한 것에서 확인할 수 있다.

▶ **정답의 근거** 위 '③이 정답인 이유' 참조

가장 많이 질문한 오답은? ①

✗ **①이 오답인 이유** 3·3·2조는 음수율*을 말하는 것으로, '가시리(3) 가시리(3)잇고(2)'처럼 3글자·3글자·2글자로 이루어져 있다는 것이고, 3음보 율격은 '가시리/가시리/잇고'처럼 한 행을 세 마디로 끊어 읽을 때 느껴지는 운율을 말하므로 ①은 적절하다.

> *음수율: 글자 수가 비슷하게 반복됨으로써 느껴지는 운율. 예 가시리 가시리잇고(3글자·3글자·2글자 ⟶ 3·3·2조)
> *음보율: 끊어 읽기 단위에서 느껴지는 운율. 예 가시리/가시리/잇고(3음보) — 『매3력』p.149에서

② '위 증즐가 대평성대'는 각 연마다 되풀이되고 있는 후렴구로, 반복을 통해 음악적 효과를 높여 주고 있다.

④ 임이 떠나면(이별의 상황) 살지 못할 정도로 힘들다고 하면서도 붙잡지 않고 보내는 것, 즉 소극적으로 대응하는 이유는 '서운하면 돌아오지 않을까 봐 두려워서'이다.

⑤ 보내고 싶지 않지만 보내는 것이므로 '설온 님 보내옵나니'에는 어쩔 수 없이 이별을 받아들이는 한의 정서가 담겨 있다고 볼 수 있다.

Q&A

▶ '안인숙 매3국어클리닉' 카페에서

Q₁ '가시리 가시리잇고'에서 3음보 율격을 확인할 수 있다면 '가시리 가시리잇고' 뒤에 있는 '나는'은 음보에 포함되지 않는 건가요?

A₁ 네, '나는'은 음보율에 포함되지 않습니다. '나는'과 같은 여음, 또 '위 증즐가 대평성대'와 같은 후렴구는 음보율을 따질 때 포함시키지 않습니다. 그래서 '가시리 가시리잇고'만을 가지고 '가시리/가시리/잇고//'와 같이 3음보로 나누는 겁니다.
음보율과 음수율은 『매3력』p.149에서도 다양한 예시와 함께 자세하게 다루었으니 참고하면 더 이해가 쉬울 거예요.

Q₂ 답지 ③과 ⑤가 둘 다 맞는 답지인 것 같아 헷갈렸어요. 한의 정서나 체념의 정서나 거의 같은 말 아닌가요? 고전 시가에서 어떤 식으로 서술된 게 체념이고, 한인지 구분이 안 가서 질문 드립니다.

A₂ 「가시리」의 화자는 임과의 이별을 수용하기 때문에 체념과 한의 정서를 모두 느낄 수 있습니다.
고전 시가에서 '체념'과 '한'은 함께 드러나는 경우가 많지만, 이 작품에서 '체념'은 임과의 이별을 <u>어쩔 수 없이 받아들이는</u> 데서 나타나고, '한(한스러움)'은 화자가 임과의 이별로 인해 <u>안타깝고 슬픈 정서를 드러내는</u> 데서 나타납니다.
그런데 2연의 '날러는 어찌 살라 하고'는 (임이 떠나면) 나는 어떻게 살라고 하느냐는 것으로, 이 구절에는 임을 붙잡지 못하는 체념이 나타나지 않기 때문에 ③은 적절하지 않은 내용입니다. 임을 붙잡지 못하고 체념하는 심정은 3~4연에 드러나 있습니다.

02 작품 간 비교 감상

정답 ⑤

◎ **⑤가 정답인 이유** 〈보기〉의 시조를 현대어로 풀이해 보자.

> 배꽃이 비처럼 흩뿌릴 때 울며 잡고 이별한 임·
> 가을바람에 낙엽이 떨어질 때 저(임)도 나를 생각하는가.
> 천 리나 떨어져 있어 외로운 꿈만 오락가락하는구나.

이 시조의 작가는 계랑으로 「가시리」의 작가는 아니다. 하지만, 발문에서 이 글과 〈보기〉의 작품을 동일한 작가가 쓴 것으로 가정했다. 이 점을 염두에 두고 답지를 검토하면, 「가시리」에서 화자는 자신을 '버리고' 가려는 '임(청자)'에게 직접 호소하는 방식(가시자마자 돌아오십시오.)을 취하고 있다. 하지만, 〈보기〉에서는 '울며 잡고 이별한 임'이라고 했다. 임은 현재 작가(화자) 곁에 없는 것이다. 그래서 '저(임)도 날 생각하는가'라고 했다. 청자(임)가 현재 작가 곁에 있어 작가가 직접 임에게 호소하는 것이라면 '저도 나를 생각하는가'라고 하지 않고 '당신도 저를 생각했습니까?(호칭어 및 시제의 변화)'라는 표현을 썼을 것이다. 따라서 ⑤는 「가시리」에만 해당하는 설명이므로 적절한 감상으로 볼 수 없다.

▶ **정답의 근거** 〈보기〉의 '울며 잡고 이별한 임', '저도 날 생각하는가'

① 이별의 상황은, 「가시리」의 '설온 님 보내옵나니'와 〈보기〉의 초장 '울며 잡고 이별한 임'에서 확인할 수 있다.

② 화자가 임을 사랑한다는 것은, 「가시리」의 '날러는 어찌 살라 하고'와 〈보기〉의 '저도 날 생각하는가'와 '외로운 꿈만 오락가락 하노매라'에서 알 수 있다.

③ 「가시리」는 떠나려는 임을 보내는 상황이고, 〈보기〉의 초장과 중장은 이미 임과 이별한 상황이므로 〈보기〉는 「가시리」 이후의 상황이다.

④ 「가시리」의 4연에서는 다시 돌아오기를 바라면서 임을 보낸다고 했다. 그런데 〈보기〉에서는 임이 아직 돌아오지 않아 외로운 꿈만 오락가락 한다고 했다.

03 화자의 태도 이해

정답 ③

◎ **③이 정답인 이유** 1연과 2연에서 화자는 '가시렵니까, 가시렵니까, 버리고 가시렵니까'라며 자신을 버리고 떠나는 임에 대해 원망의 태도를 보인다. 이렇게 화자는 임이 떠나지 않기를 간절히 바라지만, 4연에서 임을 붙잡지 않는다. 그 이유는 3연에서 말하고 있는데 '(임이) 서운하면 돌아오지 않을까 두렵기' 때문이라고 했다. 붙잡고 싶은 임을 붙잡지 않는 것에서 '절제'의 태도를 확인할 수 있다. 그리고 4연에서 화자는 임을 보낸다(보내옵나니). 붙잡고 싶은 임, 떠나지 않기를 바라는 임을 보내는 것이다. '임이 떠났다'가 아니고 '임을 보낸다'는 것에서, '자기희생'의 태도를 엿볼 수 있으므로 ③이 정답이 된다.

▶ **정답의 근거** 4연의 '설온 님 보내옵나니'(자기희생), 3연의 '잡사와 두어리마나는'(절제)

✗ ①이 오답인 이유 '절제'하지 않고 '버리고 가시렵니까'라고 했으므로 ③은 정답에서 아예 제외해 놓고 나머지 답지들 중에서 고민했다는 학생들이 많았다. 이들 학생들은 임이 떠나는 상황이므로 이별을 슬퍼하는 태도가 맞고, 결국엔 임을 보내므로 체념하는 태도도 담겨 있다고 보았다는 것이다. 임을 붙잡지 않고 보낸 것에서 '체념'의 태도를 확인할 수 있는 것은 맞다. 하지만 체념한 것은 '임을 붙잡는 것'이지 '삶'이 아니므로 ①은 화자의 태도로 적절하지 않다.

② 주관적 감정을 표출하고 있는 것은 맞지만, 역설적(p.23, 133 참조)으로 표출하고 있는 부분은 없다.

④ 떠나가는 임을 축복하는 내용은 제시되어 있지 않다.

⑤ 초월적인 존재(p.68 참조)에 의존하는 내용은 확인할 수 없다.

04 시적 화자의 심리 추리

정답 ④

◎ ④가 정답인 이유 〈보기〉의 사설시조를 현대어로 풀이해 보자.

> 어찌 못 오는가, 무슨 일로 못 오는가?
> 네가 오는 길에 무쇠로 성을 쌓고, 성 안에 담을 쌓고, 담 안에 집을 짓고, 집 안에 뒤주를 놓고, 뒤주 안에 궤(상자)를 놓고, 그 (궤) 안에 너를 '필(必)'자형으로 묶어 넣고 쌍으로 된 문고리를 거는 쇠에, 금거북 자물쇠로 꼭꼭 잠겨 있었는가? 너는 어찌 그리 안 오는가?
> 1년은 열두 달이고, 한 달은 서른 날인데 나를 와서 볼 하루가 없겠느냐?

발문에서 〈보기〉는 '윗글의 시적 상황(이별)을 경험한 화자가 노래'한 것으로 가정했다. 즉, 〈보기〉는 임을 떠나보낸 경험을 한 화자가 노래했다는 것이다. 이 점을 염두에 두고 〈보기〉를 해석하면, 다시 돌아오기를 바라며 떠나보낸 임이건만 〈보기〉에서는 아직도 임이 돌아오지 않고 있음을 알 수 있다. 이별 당시의 소망이 〈보기〉에서는 이루어지지 않고 있는 것이다. 그래서 〈보기〉에서는 임이 왜 못 오는지를 질문 형식으로 물었고(초장), 임이 오지 못하는 상황을 추측하여 답답함을 드러내고 있으며(중장), 자신을 찾아와 볼 날이 하루도 없느냐며 안타까워하고 있다. 따라서 ④는 〈보기〉의 화자에 대한 설명으로 적절하다.

▶ 정답의 근거 4연의 '가시는 듯 돌아오소서'(임이 돌아오기를 바라던 이별 당시의 소망), 〈보기〉의 '한 해도 열두 달이오 한 달 서른 날에 날 와 볼 하루 없으랴'(소망이 이루어지지 않아 안타까워하고 있다.)

✗ ②가 오답인 이유 「가시리」의 1연과 2연에서는 이별 당시 임을 원망하는 모습을 보여 주고 있다. 이와 같은 태도는 〈보기〉에서도 이어지는데, 〈보기〉의 종장에서는 1년 열두 달, 한 달 30일 중, 단 하루도 '나'를 찾아와 볼 날이 없느냐며 임을 원망하고 있다. 따라서 ②는 '임을 원망했던 이별 당시의 마음'은 맞지만, 〈보기〉에서 그 마음이 사라진 것은 아니므로 적절하지 않다.

① 「가시리」에서는 임이 서운하면 돌아오지 않을까 두려워 보낸다고 했을 뿐 이별 당시 임을 서운하게 했다는 내용은 확인할 수 없다. 그리고 〈보기〉의 화자가 이별 당시의 상황을 떠올린 부분도 없다.

③, ⑤ 〈보기〉의 화자는 임이 오지 않는 것에 대해 안타까워하고 있을 뿐, 임을 떠나보낸 자신의 행동에 대해 자책(자기 스스로를 질책함.)하고 있지 않고, 당시의 괴로움을 극복하거나 차분한 마음으로 임을 기다리고 있지도 않다.

5~7 고전 시가(시조 + 가사)

(가) 윤선도, 「어부사시사(漁父四時詞)」

● **갈래** 평시조, 연시조(총 40수. 춘하추동의 4계절을 각각 10수씩 읊음.)

● **제목의 의미** '어부의 사시(사계절)를 노래하다.'는 뜻으로, 이때의 '어부'는 물고기 잡는 일을 직업으로 하는 사람이 아닌, 속세를 떠나 자연에 은둔하여 유유자적한 삶을 즐기던 사대부를 말한다.

● **현대어 풀이 및 중심 내용**

석양(저녁의 햇빛)이 비스듬히 비치니 (뱃놀이를) 그만하고 돌아가자.
돛 내려라 돛 내려라
버드나무며 물가의 꽃은 굽이굽이 새롭구나.
찌그덩 찌그덩 어기여차
삼정승을 부러워하겠느냐 만사를 생각하겠느냐(삼정승을 부러워하지도, 여러 가지 일을 생각하지도 않겠다).
　　▲춘(春) 6: 뱃놀이하다 저녁때 돌아가는 즐거움

궂은비가 멎어 가고 시냇물이 맑아 온다.
배 띄워라 배 띄워라
낚싯대를 둘러메니 깊은 흥을 금하지 못하겠도다.
찌그덩 찌그덩 어기여차
안개 낀 강과 겹겹이 둘러싼 산봉우리는 누가 그려낸 것(그림)인가?
　　▲하(夏) 1: 비 갠 뒤 어촌의 아름다운 경치에 대한 감탄과 흥겨움

속세를 벗어난 곳에 깨끗한 일이 어부의 삶이 아니겠는가.
배 띄워라 배 띄워라
늙은 어부라고 비웃지 마라, 그림마다 (늙은 어부들이) 그려져 있더라.
찌그덩 찌그덩 어기여차
사계절의 흥취가 모두 좋지만 (그중에서도) 가을 강의 흥취가 으뜸이라.
　　▲추(秋) 1: 자연에서 사는 삶에 대한 자부심과 가을 강의 흥취

물가의 외로운 소나무는 혼자 어찌 씩씩하게 서 있는가?
배 매어라 배 매어라
험한 구름을 원망하지 마라, 세상(인간 세상, 속세)을 가려 준다.
찌그덩 찌그덩 어기여차
물결 소리를 싫어하지 마라, 속세의 시끄러움을 막는도다.
　　▲동(冬) 8: 인간 세상과 거리를 두는 삶에 대한 지향

- **정서 · 태도**
- 예찬적, 자연 친화 작품근거 버들이며 물가의 꽃은 굽이굽이 새롭구나, 연강 첩장(疊嶂)은 뉘라서 그려냈고, 추강이 으뜸이라
- 안분지족 작품근거 삼공을 부러워하랴 만사를 생각하랴
- 흥겨움 작품근거 낚싯대 둘러메니 깊은 흥을 못 금하겠다, 사시 흥이 흔 가지나 추강이 으뜸이라
- 자부심 작품근거 물외에 조흔 일이 어부 생애 아니러냐
- 속세를 멀리함 작품근거 험한 구름 흔치 마라 세상을 가리운다, 파랑성을 싫어 마라 진훤을 막는도다
- **주제** 어촌의 아름다운 경치에 대한 예찬과 자연에서 살아가는 즐거움
- **표현상의 특징**
- 시조의 일반적인 특징과 달리 후렴구를 사용함.
  - 초장과 중장 사이: 배의 출항에서 정박(귀항)까지의 과정을 나타내는 후렴구
  - 중장과 종장 사이: 지국총 지국총 어사와 … (1) 노 젓는 소리(의성어) (2) 어부 생활의 흥취 표현 (3) 현장감, 사실성 부여
- 사계절(시간)의 흐름에 따라 시상을 전개함.
- 반복: 후렴구들
- 의성어 사용: 지국총 지국총 어사와
- 명령형 사용: 초장과 중장 사이의 후렴구(내려라, 떠라, 미여라)
- 영탄법: 새롭구나, 뉘라서 그려냈고, 으뜸이라, 막는도다
- 설의법: 삼공을 부러워하랴 만사를 생각하랴(춘 6), 물외에 조흔 일이 어부 생애 아니러냐(추 1)
- 대구법: 궂은 비(가) 멎어 가고-시냇물이 맑아 온다(하 1), 험한 구름(을) 흔치 마라 세상을 가리운다-파랑성을 싫어 마라 진훤을 막는도다(동 8)
- **어휘 및 어구 풀이** ※ 굵은 글씨로 된 어휘는 고전 빈출 어휘임.
- 비꼈으니: 비스듬히 비치니.
- 지국총 지국총 어사와: '지국총 지국총'은 노 젓는 소리를 나타내는 의성어이고, '어사와'는 노를 저으며 어기여차 외치는 소리를 나타내는 의성어로, 여음구임.
- 만사(萬事): 만 가지의 일(사건). … 여러 가지 온갖 일.
- **물외(物外)**: 세상의 바깥(외부). 속세를 벗어난 곳.
- 조흔: 깨끗한. ※ 됴흔: 좋은.
- 어옹(漁翁): 늙은 어부. • 운다: 비웃지.
- 외로운 솔: 외로운 소나무. '솔'은 속세에 물들지 않고 살아가는 화자의 모습을 나타낸 객관적 상관물*임.

> *객관적 상관물: 화자의 감정을 표현하는 데 동원된 객관적인 사물.

(나) 남석하, 「초당춘수곡(草堂春睡曲)」

- **갈래** 가사(양반 가사, 은일 가사)

> *은일 가사: 속세를 떠나 벼슬을 멀리하고 자연에서의 삶을 노래한 가사. ※ 은일(隱逸, 숨을 은·달아날 일): 세상을 피해(일탈) 숨음(은둔).

- **제목의 의미** 1행의 '초당 늦은 날에 깊이 든 잠'과 관련된 제목으로, '춘수'는 '봄 잠'이란 뜻이다. 즉 '초당에서 봄(춘계) 잠(수면)을 자고 일어나 노래하다(악곡)'는 뜻으로, 작품의 창작 배경(시간, 공간)을 알려 준다.
- **현대어 풀이 및 중심 내용**
  1 초당에서 늦은 봄(시간)에 깊은 잠에서 겨우 깨어
  2 대창문(대나무로 창살을 만든 창문)을 바쁘게 열고 작은 뜰에서 서성이니
  3 시냇가 위의 버들잎은 봄바람에 흔들거리고
  4 위성 땅 아침에 내리는 비에 멀리서 온 나그네(화자 자신)는 근심스럽구나.
  5 수풀 아래의 뻐꾹새는 계절(봄)을 먼저 알아
  6 태평세월에 들일(농사일)을 하는 농부를 재촉하는구나.
  7 아아, 내 일이여. 잠을 깨어 생각하니
  8 세상의 모든 일이 모두 다 쓸데없다.
  9 공을 세워 이름을 알리는 일이 늦어 귀밑머리는 하얗게 세고(늙어 버렸고),
  10 생활을 풍요롭게 하는 일에는 재주가 없어 초가집 몇 칸뿐이로다.
  ▲ 늦은 봄날에 느끼는 근심과 삶의 허무함
  11 백화주(술) 두세 잔을 마시니 자연에 정이 들어
  12 복숭아꽃이 활짝 핀 곳으로 지팡이를 짚고 들어가니
  13 산은 첩첩이 쌓여 기이하고 물은 맑고 깨끗하도다.
  14 안개(가) 걷혀 구름이 되니 남산과 서산에 흰구름이요,
  15 구름이 걷혀 안개가 되니 계산에 안개 낀 봉우리가 높구나.
  16 앉아서 보고 서서도 보니 별천지(특별히 경치가 좋은 곳)가 여기로구나.
  17 때 묻지 않은 두 귀밑을 계곡물에 다시 씻고
  18 탁영대에서 잠깐 쉬고 세심대로 올라가니
  19 풍대에서 쐬는 맑은 바람에 몸과 마음이 시원하고
  20 월사에서 보는 밝은 달은 맑은 바람과 마찬가지로 시원하다.
  ▲ 봄날 자연에서 느끼는 흥취
- **정서 · 태도**
- 근심, 걱정 작품근거 위성 땅 아침 비에 원객의 근심이라, 공명이 때가 늦어 백발은 귀밑이요 산업에 꾀가 없어 초가집 몇 칸이라
- 흥겨움 작품근거 별천지가 여기로다, 심신이 시원하고
- **주제** 봄날에 느끼는 근심과 자연의 흥취
- **표현상의 특징**
- 의인법: 수풀 아래 뻐꾹새는 계절을 먼저 알아 태평세월 들일에는 농부를 재촉한다
- 대구법: 산은 첩첩 기이하고-물은 청청 깨끗하다, 안개 걷어 구름 되니 남산 서산 백운이요-구름 걷혀 안개 되니 계산 안개 봉이 높다, 풍대의 맑은 바람(은) 심신이 시원하고-월사의 밝은 달은 맑은 의미(가) 일반이라
- 영탄법: 아아 내 일이야, 별천지가 여기로다, 맑은 의미 일반이라
- 대비: 농부(바쁘게 일함.) ↔ 화자(할 일이 없음.)
- 시상의 전환: 허무함(1~10행) → 흥겨움(11~20행)

● 어휘 및 어구 풀이   ※ 굵은 글씨로 된 어휘는 고전 빈출 어휘임.

- **초당**: 억새나 짚 등으로 지붕을 인 조그마한 집채. 흔히 집의 몸채에서 따로 떨어진 곳에 지었다.
- **늦은 날**: 아침 늦게. 또는, 늦봄에.
- **위성 땅 아침 비**: 왕유의 시 「송원이사안서(送元二使安西, 안서로 사신 가는 친구 '원이'를 전송하며)」에 나오는 구절로, 벗과 이별하던 장소에 내리는 아침 비를 말함.
- **원객(遠客)**: 먼 데서 온 손님.
- **산업(産業)**: 생활을 풍요롭게 하기 위해 하는 일. 생산적인 일.
- **백화주**: 여러 가지 꽃을 넣어서 빚은 술. 화자의 정취를 돋우는 소재. 시상 전환의 계기가 됨.
- **홍도 벽도(紅桃碧桃)**: 붉은 복숭아꽃과 푸른 복숭아꽃.
- **난발(爛發)**: (꽃이) 흐드러지게(찬란, 현란) 핌. ⓐ 만발
- **탁영대**: 누대*의 이름으로, 탁영*은 '갓끈을 씻는다(세탁)'는 뜻임.

  > *누대(樓臺): 누각이나 정자와 같이 사방을 바라볼 수 있게 만든 곳.
  > *탁영(濯纓, 씻을 탁·갓끈 영): 중국 초나라 시인 굴원의 「어부사」에 '창랑의 물이 맑으면 내 갓끈을 씻고(→ 탁영), 창랑의 물이 흐리면 내 발을 씻으리라'는 말이 나온다. 이는 현실에 얽매이지 않고 자연과 조화된 삶을 지향하는 태도를 보여 주는 것으로, (나)의 화자에게서도 이와 같은 태도를 엿볼 수 있다.

- **세심대**: 누대의 이름. '세심(洗心, 씻을 세·마음 심)'은 마음(심중)을 씻는다(세척)는 뜻임.
- **풍대(風臺)**: 바람(남풍)을 쐬기 좋게 높은 곳에 만든 누대.
- **월사(月榭)**: 달을 구경하며 즐기기 위해 지은 정자.

★ 두 작품은 왜 함께 묶였을까?

- **내용** 자연에서 흥취를 느낌.
- **표현** 대구법, 영탄법

★ 기출 답지로 작품과 문제 완전 정복

(가) 윤선도, 「어부사시사」

- 지향하는 삶의 태도가 드러나 있다.
- (가)를 국악 뮤지컬로 공연하고자 할 때, 그에 대한 의견
  - 계절감을 드러낼 수 있는 무대 배경을 준비해야겠군.
  - 배 띄우는 장면에서는 코러스가 뱃노래를 부르는 것도 좋겠군.   – 2011학년도 9월 고1 전국연합학력평가
- (가)에는 화자의 행위가 구체적으로 드러나 있다.
- 낚싯대 둘러메니 깊은 흥을 못 금하겠다: 현실에 만족하는 삶의 흥취를 드러내고 있다.
- 연강 첩장은 뉘라서 그려낸고: 자연의 아름다운 모습을 구체적으로 묘사하고 있다.   – 2010학년도 6월 고1 전국연합학력평가
- 대상에 대한 예찬적 태도가 드러나 있다.
  – 2009학년도 11월 고1 전국연합학력평가

- 자연에 대한 긍정적인 인식이 드러나 있다.
- 후렴구를 통해 흥겨움과 사실감을 드러내고 있다.
  – 2008학년도 11월 고1 전국연합학력평가
- 화자는 현재의 삶에 만족하는 태도를 보이고 있다.
  – 2007학년도 6월 고1 전국연합학력평가
- 화자는 자연과 더불어 풍류와 멋을 즐기고자 한다.
  – 2005학년도 6월 고1 전국연합학력평가
- 물음의 방식으로 말하는 이의 뜻을 강조하여 전달하였다.
  – 2015학년도 3월 고2 전국연합학력평가
- 여음을 사용하여 흥취를 북돋우고 있다.
- 음보를 규칙적으로 사용하여 리듬감을 형성하고 있다.
  – 2014학년도 수능 예비 시행(A·B형)
- 세상과 거리를 두려는 태도가 나타나 있다. → 〈동 8〉
- '물외(物外)에 조흔 일'에서 선비들이 '어부'로서의 삶을 흠모하고 바람직한 것으로 여겼다는 것을 확인할 수 있다.
- '그림마다 그렷더라'라는 표현에서 '어부'가 상징적 이미지로 즐겨 활용되었음을 알 수 있다.
- 험한 구름 흔치 마라 세상을 가리운다~파랑성을 싫어 마라 진훤을 막는도다: 유사한 구조를 가진 시행을 반복하고 있다.   – 2007학년도 9월 고2 전국연합학력평가
- 통사 구조가 유사한 구절을 대응시켜 운율을 형성하고 있다.
  - 삼공을 부러워하랴 만사를 생각하랴   〈춘 6〉
  - 궂은 비 멎어 가고 시냇물이 맑아 온다   〈하 1〉
  - 험한 구름 흔치 마라 세상을 가리운다
    파랑성을 싫어 마라 진훤을 막는도다   〈동 8〉
- 〈하 1〉의 '낚싯대 둘러메니 깊은 흥을 못 금하겠다'에서 화자의 흥을 돋우는 '낚싯대'는 자연에서 느끼는 충만감을 고조시키는군.
- 〈하 1〉의 '연강 첩장은 뉘라서 그려낸고'에서 '그려낸' 것으로 여기는 '연강 첩장'은 자신을 둘러싼 자연에 대한 긍정적 인식을 나타내는군.
- 〈동 8〉의 '구름'은 부정적 현실을 차단하는 자연물로 기능하고 있다.   – 2014학년도 4월 고3 전국연합학력평가(A·B형)
- 〈춘 6〉의 '삼공을 부러워하랴 만사를 생각하랴': 설의법을 통해 화자의 심리를 강화하고 있다.
- 이 작품은 작가가 보길도에 은거하면서 네 계절을 10수씩 읊은 40수의 연시조이다. 각 계절의 작품은 출항에서 귀항까지 어부의 삶이 시간순으로 전개되고 있다. 대구, 반복, 비유, 의성어 등을 효과적으로 사용하여 시상을 구체화하고 있다. 작가는 어부의 삶에 의탁하여 혼탁한 현실 정치에서 벗어나 자연의 아름다움을 즐기면서 한가롭게 살아가는 모습을 노래했다.
  - 매 수의 둘째 행의 여음구가 변화하는 것을 통해 시간순으로 전개되고 있음을 알 수 있다.
  - '지국총 지국총 어사와'와 같은 의성어는 노 젓는 소리를 떠올리게 하여 배경을 짐작할 수 있다.
    – 2011학년도 10월 고3 전국연합학력평가

05 작품들 간의 공통점 파악 정답 ③

◎ ③이 정답인 이유 (가)와 (나)에서 영탄적 어조가 사용된 부분과, 이를 통해 부각하고 있는 화자의 정서를 살펴보면 다음과 같다.

구분	영탄적 어조가 사용된 부분	화자의 정서
(가)	'춘 6'의 '버들이며 물가의 꽃은 굽이굽이 새롭구나'	감탄, 만족
	'하 1'의 '연강 첩장은 뉘라서 그려낸고'	
	'추 1'의 '사시 흥이 혼 가지나 추강이 으뜸이라'	흥겨움
	'동 8'의 '파랑성을 싫어 마라 진훤을 막는도다'	속세를 멀리함.
(나)	7행의 '아아 내 일이야 ~ 모두가 허랑하다'	안타까움
	16행의 '~별천지가 여기로다'	만족, 감탄

따라서 ③은 (가)와 (나)의 공통점으로 적절하다. 영탄적 어조는 대개 감탄사(아아)나 감탄형 어미(-구나, -ㄴ고, -이라, -도다, -로다)의 사용에서 나타난다는 것도 알아 두자.

▶ **정답의 근거** 위 '③이 정답인 이유'에서의 표

가장 많이 질문한 오답은? ②, ① 순

✗ ②가 오답인 이유 ②에 답한 학생들이 아주 많았는데, (가)에서는 다음과 같이 설의적 표현*을 통해 시적 의미를 강조하고 있지만, (나)에서는 설의적 표현이 쓰이지 않았다.

> • 삼공을 부러워하랴 만사를 생각하랴 (춘 6)
>   → 자연에서의 삶에 만족한다는 것을 강조함.
> • 물외에 조흔 일이 어부 생애 아니러냐 (추 1)
>   → 자연에서 지내는 삶에 대한 자부심을 강조함.

> *설의적 표현: 설의(의문형을 설정)적 표현은 의문 형식을 취하고 있는 표현인데, 실제로 질문하는 것이 아니라 답을 정해 놓고 형식만 의문형을 취한 것임.   —『매3력』p.141에서

✗ ①이 오답인 이유 ② 다음으로 ①에 답한 학생들도 많았는데, (가)와 (나)에는 다음과 같이 의인화된 대상(솔, 뻐꾹새)이 드러나 있다. 하지만 (가)와 (나) 모두 '솔'과 '뻐꾹새'를 통해 세태(세상의 상태나 형편)를 비판하고 있지는 않다.

> (가) 물가의 외로운 솔(동 8) → '솔'을 '외롭'다고 하여 의인화하고 있으나, '솔'을 통해 세태를 비판하고 있지는 않음.
> (나) 수풀 아래 뻐꾹새는 계절을 먼저 알아~농부를 재촉한다 (5~6행) → '뻐꾹새'가 계절을 알고 농부를 재촉한다고 하여 '뻐꾹새'를 의인화하고 있으나, '뻐꾹새'를 통해 세태를 비판하고 있지는 않음.

나머지 답지들이 오답인 이유도 살펴보자.

④ 촉각적 심상은 물건이 피부에 닿아서(접촉) 느껴지는 감각을 바탕으로 하는 심상(이미지)으로, (나)의 뒷부분 '풍대의 맑은 바람 심신이 시원하고'에서 활용하고 있는데, (가)에서는 촉각적 심상이 쓰이지 않았다.

⑤ (가)와 (나)는 모두 역설(p.23, 133 참조)적 표현을 사용하지 않았으며, 이상향에 대한 의지를 드러내고 있지도 않다.

06 시어의 의미와 기능 이해 정답 ③

◎ ③이 정답인 이유 (가)의 '어옹'(추 1)은 '고기 잡는 노인'을 뜻하는 말로 화자 자신을 가리키므로 화자의 처지에 공감하는 인물로 볼 수 없다. 그리고 (나)의 '농부'(6행)는 봄에 들일을 하는 인물로 화자와는 직접적인 관련이 없으므로 화자의 처지에 공감하는 인물이라고 볼 수 없다.

▶ **정답의 근거** 위 '③이 정답인 이유' 참조

나머지 답지들은 (가)와 (나)에 쓰인 시어의 의미나 기능을 적절하게 설명하고 있다. 그 이유는 다음과 같다.

① (가)의 '버들'(춘 6)과 (나)의 '뻐꾹새'(5행)는 모두 봄의 계절감을 드러내는 소재이다.

② (가)의 '흥'(추 1)은 어촌(자연)의 사계절에서 화자가 느끼는 흥겨움(정서)을, (나)의 '정'(11행)은 자연(산수)에서 화자가 느끼는 친근한 마음(정서)을 드러낸다.

④ (가)의 '추강'(추 1)은 '흥(흥겨움)'이 '으뜸'이라 하였고, (나)의 '밝은 달'(20행)은 '맑은 의미 일반이라'*고 하였으므로, '추강'과 '밝은 달'은 화자가 긍정적으로 인식하는 대상으로 볼 수 있다.

매3에서 강조하는 '**제대로 공부법**'을 지키며 공부하세요.

열공만큼 중요한 **제공**

열심히 **공**부   **제**대로 **공**부

> *맑은 의미 일반이라: '맑은 뜻이 한가지이다.'로, '맑은 바람
> 과 다를 바가 없이(마찬가지로) 시원하다.'는 뜻으로 쓰였다.
> 참고로, 이현보의 「어부단가」에 '일반 청의미(淸意味)'라는
> 말이 나오는데, 이 말은 '자연이 주는 참된 의미'를 뜻한다.

⑤ (가)에서 화자는 '낚싯대'(하 1)를 둘러메니 깊은 흥을 막지 못
하겠다고 하였고, (나)에서 화자는 '백화주'(11행) 두세 잔에
산수(자연)에 정이 들었다고 했다. 따라서 '낚싯대'와 '백화주'
는 둘 다 풍류*를 즐기는 화자의 모습을 드러내는 소재로 볼
수 있다.

> *풍류: 고상하고 우아하게, 멋스럽게 노는 것. 우리 고전 문학
> 에서는 대개 아름다운 경치를 즐기는 경우나, 아름다운 경
> 치를 즐기면서 술을 마시는 경우에 '풍류가 있다'고 말한다.

07 자료를 활용한 감상　　　　　정답 ④

🔘 ④가 정답인 이유　〈보기〉에서 (가)의 화자는 '자연에 귀의*
하고자 하는 태도를 보이고 있다.'고 했다. 그리고 '동 8'에서 '물
가의 외로운 솔'은 '혼자'이지만 '씩씩'하다고 하여 예찬의 대상
으로 제시되어 있고, '물가'는 자연에 해당하므로 '자연에 귀의
하지 못한 사람'으로 볼 수 없다.

> *귀의(歸依): 돌아가거나 돌아와(귀가) 몸을 의지함.

▶ 정답의 근거　〈동 8〉의 '물가의'(자연에 귀의하지 못한 사람
✕)와 '씩씩흔고'(안타까워하는 대상✕)

가장 많이 질문된 오답은? ③

❎ ③이 오답인 이유　ⓒ의 '물외'는 세상의 바깥, 즉 속세를 벗
어난 곳으로, 화자가 생활하고 있는 어촌을 가리킨다. 따라서
ⓒ은 인간 세상과 대립되는 자연 공간이 맞다. 바로 뒤의 '조흔
(깨끗한)'을 보더라도 '물외'는 화자가 지향하는 공간임을 알 수
있다. 그리고 〈보기〉에서 '이 작품에서 자연은 화자가 지향하는
공간으로 인간 세상과 대립되는 공간을 의미한다.'라고 했으므
로, ③은 적절한 감상에 해당한다.

① ㉠은 '삼공(삼정승)'을 부러워하지 않는다는 것을 의문형으로
　나타낸 설의적 표현이다. '삼공'과 같은 높은 벼슬은 속세의
　사람들이 추구하는 가치에 해당하는데, 화자는 '삼공을 부러
　워하지 않는다'고 말한 것이다. 따라서 ㉠은 화자가 속세의
　사람들이 추구하는 가치(벼슬)에서 벗어난 모습을 드러낸 것
　으로 볼 수 있다.

② ㉡은 화자가 자신이 보고 있는 자연(안개 낀 강과 겹겹이 둘
　러싼 산봉우리)을 누군가가 그려낸 것 같다고 한 것이다. 따
　라서 ㉡은 화자가 그림처럼 아름다운 자연을 감탄하며 즐기
　고 있다고 볼 수 있다.

⑤ ㉣은 '물결 소리'(자연)는 '속세'(인간 세상)의 시끄러움을 막
　아 주므로 싫어하지 말라는 것이다. 〈보기〉에서 '화자는 인
　간 세상을 멀리'했다고 한 것을 참고할 때, ㉣은 인간 세상을
　멀리하고자 하는 화자의 태도를 드러낸 것으로 볼 수 있다.

8~10 고전 시가(시조)

> **이신의, 「단가육장」**
> ● **갈래** 연시조(전체 6장)
> ● **제목의 의미** '단가'는 가사(歌辭)에 상대하여, '시조'를 달
> 리 이르는 말로, 곧 '시조 6장'이라는 의미이다(6장 중
> 여기서는 4, 5, 6장만 제시됨).
> ● **현대어 풀이 및 중심 내용**
> 귀양살이하는 사람에게 벗이 없어 들보의 제비가 벗이
> 로다.
> 하루 종일 하는 말이 무슨 사설을 하는 것인가?
> 아, 내가 품은 시름은 너(제비)보다도 많도다.
> 　　　　　　　　　　　　▲ 4장: 귀양살이의 시름
> 인간에게 정 있는 벗은 명월밖에 또 있는가?(명월밖에
> 없다.)
> 천 리를 멀다 하지 않고 가는 곳마다 따라오니
> 아, 반가운 옛 벗이 다만 너(명월)뿐인가 하노라.
> 　　　　　　　　　　　▲ 5장: 명월(자연)을 벗 삼아 지냄.
> 눈 위에 비치는 달빛에 매화를 보려고 잔을 잡고 창문을
> 여니
> 섞여 있는 꽃 시들어 있는 속에 배어 있는 것이 향기로다.
> 아, 나비가 이 향기를 알면 애탈까 하노라.
> 　　　　　　　▲ 6장: 지조를 지키는 신하의 임금을 향한 마음
> ● **상황** 귀양살이를 하는 화자가 시름이 많다는 것과, 명
> 월이 진정한 벗이라는 것을 밝히고, 임금에 대한 지조를
> 다짐하는 등 자신의 심정을 드러내고 있다.
> ● **정서·태도**
> ・시름 [작품 근거] 시름은 널로만 하노라 〈4장〉
> ・반가움 [작품 근거] 반가운 옛 벗 〈5장〉
> ・안타까움 [작품 근거] 애 끊일까 하노라 〈6장〉
> ● **주제** 귀양살이의 시름과 임금에 대한 충성
> ● **표현상의 특징**
> ・설의법: 명월밖에 또 있는가(5장)
> ・의인법: 제비(4장)와 명월(5장)을 의인화함.
> ・자연물(매화)에 관습적이고 상징적인 의미(지조)를 부
> 여함.
> ● **어휘 및 어구 풀이**
> ・사설: 늘어놓는 말(이야기, 잔소리, 푸념 등).
> ・명월: 밝은 달. 화자를 위로해 주는 자연물임.
> ・매화: 지조와 절개를 지키는 화자를 상징함.
> ・여윈: 야윈. 살이 빠진. 여기서는 '(꽃이) 시든'의 의미로
> 쓰임.
> ・잦은: 스며든. 여기서는 '향기가 은은하게 배어 있는'의
> 의미임.
> ・애 끊일까: 애탈까. 안타까워할까. ※ 애: 초조한 마음속.
> ● **지문 밖 정보**
> ・생략된 1장에서는 인간(장부)의 도리[효제충신: 부모에
> 효도하고, 형제 간에 우애 있고, 임금에 충성하고, 벗
> 사이에 믿음(신의)이 있는 것]를 다짐하고, 2장에서는
> 임금의 은혜를 입어 다시 부름을 받기를 소망하고(현재
> 는 귀양 와 있음), 3장에서는 귀양살이를 하면서 날아가
> 는 제비를 보고 한숨 짓는 내용이 담겨 있다.

- 자연물과의 관계를 통해 화자의 현재 상황을 제시한다.
  - → 4장의 '제비'는 귀양살이하는 화자의 시름을 보여 주는 자연물이고, 5장의 '명월'은 귀양살이에서의 유일한 벗이 되어 주는 자연물이며, 6장의 '매화'는 귀양살이하는 가운데서도 임금에 대한 지조를 지키고 있음을 드러내는 자연물임.
    – 2011학년도 9월 고3 모의평가

- 고전 시가에서 자연물은 관습적 상징*으로 사용된 경우가 많다. 선비들은 이러한 자연물을 활용하여 자신의 처지와 심정을 드러내었다. 이 시는 작가가 인목대비 폐위를 반대하다 함경도로 유배된 상황에서 지어졌는데, 이 시의 자연물도 이러한 맥락에서 해석할 수 있다.
  - '명월'은 화자를 '천 리를 멀다 아녀 간 데마다 따라오'는 대상이라는 점에서 진정한 벗으로서의 의미를 드러내고 있어.
  - '매화'는 여윈 모습으로 꽃을 피운 것으로 표현되고 있는데, 이는 유배 생활 중 작가의 모습을 나타내고 있는 것 같아.
  - '매화'에는 '향기'가 깊이 배어 있는 것으로 표현되고 있는데, 이는 작가가 간직하고 있는 지조를 나타내는 것 같아.

> *관습적 상징: 오랫동안 쓰여 사회적으로 인정받은 상징. **예** 비둘기: 평화, 소(대)나무: 지조·절개 ※ 관습적: 습관(습성, 버릇)이 된 (것). ☞『매3어휘』p.32에서

- 4장의 '제비'는 화자의 시름을 환기한다.
- 5장의 초장은 의문형 진술을 통해 화자의 정서를 강화하고 있다.
  – 2009학년도 3월 고3 전국연합학력평가

08 표현상의 특징과 그 효과 이해　　정답 ②

◉ **②가 정답인 이유**　'설의적 표현'은 '의문 형식을 취하고 있지만, 실제로 질문하는 것이 아니라 답을 정해 놓고 형식만 의문형으로 표현한 것'이다. 5장의 '인간에 유정한 벗은 명월밖에 또 있는가'에서는 의문 형식(있는가?)을 취하고 있지만, 실제로 질문한 것이 아니라 '명월밖에 없다'는 답을 정해 놓고 형식만 의문형을 취하고 있는데, 화자는 이와 같은 설의적 표현을 사용하여 반가움의 정서를 효과적으로 드러내고 있다.

▶ **정답의 근거**　위 '②가 정답인 이유' 참조

가장 많이 질문한 오답은? ③

✖ **③이 오답인 이유**　'점층적인 전개'는 점점 더 크게, 높게, 강하게 전개하는 것인데, 6장에서 '점층적 전개'는 찾아볼 수 없다. 그리고 6장에서는 화자의 의지를 강조한 표현도 없다.

다음은 '점층적인 시상 전개'(티끌 → 맷방석 → 동산)를 보이는 예이다. 아래 예시와 p.111의 'Q&A'를 참고하여 '점층적 전개'에 대해 확실하게 알고 넘어가자.

> 티끌만 한 잘못이 맷방석만 하게
> 동산만 하게 커 보이는 때가 많다
> 　　　　　– 신경림, 「동해 바다 – 후포에서」

나머지 답지들에 답한 학생들은 드물었지만, 이들 답지들이 오답인 이유도 살펴보자.

① 4장에서는 동일한 시어가 반복된 것을 찾아볼 수 없다.
④ 4장과 5장은 현재 귀양살이 중인 화자의 심경을 표현하고 있을 뿐, 현재와 과거(귀양살이 하기 전)를 대조하고 있는 것은 아니다. 그리고 4장은 '시름이 많다'고 한 데서 현재 화자가 내적 갈등을 겪고 있다고 볼 수 있으나, 5장에서는 내적 갈등이 드러나지 않는다.
⑤ 5장의 '명월(밝은 달)', 6장의 '설월(눈 위에 비치는 달빛)'과 '매화'에서 각각 흰색의 색채 이미지를 확인할 수 있으나, 이와 대비*되는 색채는 나타나 있지 않으며, 대상을 구체적으로 묘사하고 있지도 않다.

> *대비: 대조하여 비교함(두 대상의 차이를 밝히기 위해 서로 맞대어 비교함). *–『매3력』p.124에서*

09 자료를 활용한 감상　　정답 ⑤

◉ **⑤가 정답인 이유**　〈보기〉에서 「단가 육장」은 화자인 지은이가 귀양살이를 하면서 느낀 생각과 감정을 풀어낸 작품이라고 했다. 이를 바탕으로 6장을 감상하면, 화자는 (귀양지에서) 눈 속 달빛(설월)에 매화를 보려고 창문을 열었고, 창문을 여니 매화 꽃의 향기를 느꼈다고 했다. 매화는 눈이 내린('설월') 추운 계절에 핀다는 점에서 충절과 지조를 상징하는 소재이고, '적객'인 화자가 이 매화의 향기를 맡고 있는 것이므로, 귀양살이하는 가운데서도 임금에 대한 충절(충성을 다하는 절개)과 지조를 지키고 있음을 드러낸 것이라고 볼 수 있다.

종장에서는 만약 나비(임금)가 '이(매화) 향기'를 알면 애가 탈 것이라고 했는데, 이는 임금이 자신의 지조를 알면 귀양 와 있는 자신으로 인해 안타까워할 것이라는 의미이다. 따라서 ⑤의 '이 향기'에는 임금을 향한 화자의 마음이 담겨 있는 것으로, 귀양살이를 오기 전의 삶에 대한 화자의 동경(간절히 그리워함)이 투영*되었다는 ⑤는 적절한 감상이 아니다.

> *투영: 투입하고 반영함.
> → '반영'으로 바꿔 읽으면 의미가 통함.

▶ **정답의 근거**　위 '⑤가 정답인 이유' 참조

가장 많이 질문한 오답은? ③, ④, ②, ① 순

✖ **③이 오답인 이유**　〈보기〉에서 '화자는 자연물을 친화적*인 시선으로 바라'본다고 했고, 5장에서 화자는 '명월'을 '너'라고 지칭하여 인격을 부여하고 있으며, 6장에서는 '설월'의 추운 밤에도 불구하고 '매화'를 보기 위해 '창을 여는' 행위를 한다. 이는 자연물(명월, 매화)을 친화적으로 바라본 것이므로 ③은 적절한 감상이다.

> *친화적: 서로 친하고(친밀) 사이좋게 지내는(화합) (것).

X ④가 오답인 이유 〈보기〉에서 화자는 '충절과 신의*를 중시했던 사대부'로 '자연물에 자신이 지향하는 유교적 이념을 투사*하기도 한다.'고 했다. 이를 바탕으로 6장을 감상하면, 화자는 '설월'의 추위 속에서도 꽃을 피우는 '매화'를 보려고 창을 열었다고 했으므로 '설월'에 핀 '매화'에는 시련 속에서도 임금에 대한 충절과 지조를 지켜야 한다는, 화자가 지향하는 유교적 이념이 투영된 것으로 볼 수 있다.

> *신의: 신뢰(믿음)와 의리.
> *투사: 투영(반영)되고 들이쏨(입사). '반영'으로 읽을 것!

X ②가 오답인 이유 〈보기〉에서 화자는 '자연물에 자신이 지향하는 유교적 이념을 투사하기도 한다.'라고 했고, 5장에서 화자는 천 리도 멀다고 하지 않고 귀양지까지 따라오는 '반가운 옛 벗'이 '명월'뿐이라고 했다. 이는 '명월'을 벗으로서의 신의를 지키는 존재로 본 것으로, '명월'은 화자가 지향하는 '신의'가 투사된 자연물로 볼 수 있다.

X ①이 오답인 이유 〈보기〉에서 「단가 육장」은 그가 귀양살이를 하면서 느낀 생각과 감정을 풀어낸 작품'이라고 했고, 4장에서 화자는 자신의 이야기를 들어줄 친구가 없는 상황에서 제비를 보며 자신의 시름을 풀어내고 있다. 여기서 '풀어낸 시름'은 화자가 '벗이 없'는 '적객(귀양살이하는 사람)'으로 살아가는 처지이기 때문이므로 ①은 적절한 감상이다.

10 시어 및 시구의 의미 파악
정답 ②

O ②가 정답인 이유 ㉠(종일: 아침부터 저녁까지)은 '제비'가 사설하는 시간이다. 종장의 '내 풀어낸 시름은 널로만 하노라'에서 화자는 '종일' 사설하는 제비보다 자신의 시름이 더 많다고 했는데, 이는 '나'가 '적객'인 상황과 관련이 있으므로 ㉠은 화자가 처한 상황(귀양살이를 함)을 부각하는 '시간'으로 볼 수 있다. 그리고 ㉡(천 리)은 실제로 천 리나 떨어진 곳에 귀양을 왔다기보다는 귀양 온 곳이 원래 살던 곳으로부터 멀리 떨어진 곳임을 나타내므로 ㉡은 아주 먼 곳으로 귀양 온 화자가 처한 상황을 부각하는 '거리'로 볼 수 있다.

따라서 ②는 ㉠과 ㉡에 대해 이해한 내용으로 적절하다.

▶ **정답의 근거** '적객, 시름, 널로만 하노라'(㉠의 근거), '멀다'(㉡의 근거)

가장 많이 질문한 오답은? ③, ④, ① 순

X ③이 오답인 이유 ㉡의 경우 실제로 천 리나 떨어진 것이 아니라 심리적으로 그렇게 멀리 떨어져 있는 것처럼 느끼는 것으로, 화자와 '인간'과의 심리적 거리감*을 표현한 것으로 볼 수 있다. 그래서 ③에 답한 학생들이 많았는데, ㉠은 심리적 거리감을 드러낸 표현이 아니다.

> *심리적 거리감: 심리적·정서적으로 어떤 대상과 떨어져 있다고 느끼는 감정. ㊠ 정서적 거리감

X ④가 오답인 이유 ④에 답한 학생들도 많았다. ㉠은 제비가 사설을 풀어내는 시간이면서 화자가 시름을 풀어낸 시간이란 점에서 화자의 내적 갈등이 심화되는 시간으로 볼 수 있다. 하지만 ㉡은 화자가 멀리 떨어진 곳에 귀양 와 있다는 것을 나타내므로 내적 갈등이 해소되는 공간으로 볼 수 없다.

X ①이 오답인 이유 4장에서 화자는 '종일(㉠)' 사설을 풀어내는 '벗(제비)'보다 자신이 더 시름이 많다고 했고, 5장에서 화자는 '천 리(㉡)'를 멀다고 하지 않고 따라온 '명월'이 유일한 벗이라고 했다. 즉, ㉠은 벗(제비)과 대비하여 화자의 시름을 부각하고, ㉡은 벗(명월)의 신의를 부각해 준다는 점에서, '벗'에 대한 화자의 태도를 엿볼 수는 있다. 그러나 ㉠과 ㉡ 모두 화자의 '벗'에 대한 태도 변화를 이끌어 낸다고는 볼 수 없다.

⑤에 답한 학생들은 드물었는데, ㉠은 화자가 시름하는 시간과 관련된 것으로 미래에 대한 낙관적* 전망과는 거리가 멀고, ㉡ 또한 비관적*인 전망을 드러낸 것이 아니기 때문이었다.

> *낙관적(樂觀的): 낙천적으로 관망하는 (것). ㊠ 낙천적 ㊬ 비관적 *(밝고 희망적으로) (바라보는)*
> *비관적(悲觀的): (인생을) 슬프게(비애) 보는(관망) (것). ㊠ 절망적 ㊬ 낙관적, 낙천적

✔ 매일 복습 확인 문제

1 다음 설명이 맞으면 ○, 그렇지 않으면 ×로 표시하시오.

(1) '설온 님 보내옵나니 나는 / 가시는 듯 돌아오소서 나는'에서 화자는 이별을 슬퍼하며 삶을 체념하고 있다.
·· (　　)

(2) '낚싯대 둘러메니 깊은 흥을 못 금하겠다'에서 '낚싯대'는 풍류를 즐기는 화자의 모습을 드러내는 소재이다.
·· (　　)

(3) '적객에게 벗이 없어 공량(空樑)의 제비로다 / 종일 하는 말이 무슨 사설 하는지고 / 어즈버 내 풀어낸 시름은 널로만 하노라'에서 '제비'는 화자의 시름을 환기한다.
·· (　　)

2 다음에서 확인할 수 없는 것은?

> 가시리 가시리잇고 나는 / 버리고 가시리잇고 나는

① 원망　　　② 3·3·2조　　　③ 3음보
④ 자기희생　　　⑤ aaba 형식

3 다음 중 표현법을 잘못 나타낸 것은?

① 지국총 지국총 어사와 – 의성법
② 앉아 보고 서서 보니 별천지가 여기로다 – 영탄법
③ 인간(人間)에 유정한 벗은 명월밖에 또 있는가 – 설의법
④ 험한 구름 흔(恨)치 마라 세상(世上)을 가리운다 – 반어법
⑤ 수풀 아래 뻐꾹새는 계절을 먼저 알아 / 태평세월 들일에는 농부를 재촉한다 – 의인법

정답 1. (1)× (2)○ (3)○ 2.④ 3.④

1~4 고전 시가(시조 + 가사)

(가) 정철, 「훈민가」

● **갈래** 시조(연시조, 총 16수)

● **제목의 의미** 백성(국민)을 가르치는(훈계) 노래(가요).

● **현대어 풀이 및 중심 내용**

마을 사람들아, 옳은 일을 하자꾸나.
사람으로 태어나서 옳지 못하면
말과 소에게 갓이나 고깔을 씌워 밥 먹이는 것과 무엇이
다르겠는가(다를 것이 없다).
　　　　　　　　　▲ 제8수: 올바른 행동 권장

(어른이 내) 팔목을 잡으시면 두 손으로 받치리라(받쳐
서 도와 드리겠다).
밖에 나갈 데 있으시거든 막대(지팡이)를 들고 따르리라.
술잔치가 다 끝난 후에는 모시고 가려고 하노라.
　　　　　　　　　▲ 제9수: 노인 공경 권장

오늘도 날이 밝았다, 호미 메고 (논으로) 가자꾸나.
내 논 다 매거든 네 논도 좀 매어 주마.
돌아오는 길에 뽕을 따다가 누에를 먹여 보자꾸나.
　　　　　　　　　▲ 제13수: 근면과 상부상조 권장

● **정서·태도**

· 권장 　작품 근거　 올흔 일 ᄒᆞ쟈스라, 호믜 메고 가쟈스라, 누에 먹겨 보쟈스라

· 계몽적 　작품 근거　 모 올 사ᄅᆞᆷ 들하 올흔 일 ᄒᆞ쟈스라 등

· 교훈적 　작품 근거　 올흔 일 ᄒᆞ쟈스라, 풀목 쥐시거든 두 손으로 바티리라, 나갈 데 겨시거든 막대 들고 조ᄎᆞ리라, 향음쥬 다 파흔 후에 뫼셔 가려 ᄒᆞ노라, 내 논 다 매여든 네 논 졈 매여 주마, 올 길에 뽕 따다가 누에 먹겨 보쟈스라

· 어른(노인) 공경 　작품 근거　 제9수

· 상부상조(협조) 　작품 근거　 내 논 다 매여든 네 논 졈 매여 주마

● **주제** 유교적 윤리의 실천 권장, 유교적 윤리의 강조를 통한 백성의 교화

● **표현상의 특징**

· 청유형 어미의 사용: ᄒᆞ쟈스라, 가쟈스라, 보쟈스라

· 설의법: ~밥 머기나 다ᄅᆞ랴(제8수)

· 말을 건네는 어투를 사용함.(제8수, 제13수)

· 대비: 사람과 동물을 대비해 인간으로서의 도리를 강조함.(제8수)

· 대구: 내 논 다 매여든─네 논 졈 매여 주마

● **어휘 및 어구 풀이**

· 올티곳: 옳지. '곳(곤)'은 옛말에서 앞말을 강조하는 뜻을 나타내는 보조사임.

· 므쇼: 마소(말과 소).

· 향음쥬: 향음주례. 예전에, 마을 유생(유학을 공부하는 선비)들이 모여 향약*을 읽고 술을 마시며 잔치하던 일.

> *향약(鄕約): 조선 시대에, 권선징악과 상부상조를 목적으로 만든 향촌의 자치 규약.

· 내 논 다 매여든 네 논 졈 매여 주마: 서로 돕는 상부상조의 정신이 담겨 있음.

※ 매여든: 김을 매거든. 논밭에 난 잡풀을 뽑거든.

● **지문 밖 정보**

· 송강 정철이 강원도 관찰사로 있을 때, 백성을 훈계하기 위하여 지은 시조

(나) 작자 미상, 「복선화음록」

● **갈래** 가사(규방 가사)

● **제목의 의미** 작품 아래의 주석에 제시된 '복선화음'의 뜻을 참고하면 '착한(선한) 사람에게 복을 주고 사악하고 음란한 사람에게 화(죄, 재앙)를 내린 기록'이라는 의미이다. 작품에서 '복선'과 '화음'에 해당하는 내용은 다음과 같다.

복선	부유한 집에서 태어나고 자라 가난한 집으로 시집을 간 화자가 길쌈과 농사짓기를 열심히 하여 집안을 일으킴.
화음	부유한 집에 시집을 간 괴똥어미가 부녀자의 도리를 지키지 못해 재산을 탕진하고 자식마저 잃고 참혹하게 삶.

● **작품 내용**

· **지문 앞 내용** 화자는 좋은 가문에서 태어나 재주도 뛰어나고 인품도 좋아 벗들과 즐기며 지냈는데, 15세에 가난한 집으로 시집가 굶기를 자주 하지만, 시부모의 마음을 거스를까 조심하며 지낸다.

· **지문의 '중략' 앞 내용(현대어 풀이 및 중심 내용)**

[1]일곱 되 쌀을 사 와서 꾸어 온 쌀 두 되를 갚고
[2]부족하다고 하지 않는 것은 뜻을 순하게(순종) 함이다.
[3]깨진 그릇을 좋다고 하는 말은 시댁을 존중함이다.
[4]날고 기는 개와 닭인들 어찌 어른 앞에서 감히 움직이며(어른 앞에서는 조심함)
[5]부녀자의 목소리를 어찌 감히 문밖으로 내며
[6]해가 져서 황혼이 되니 아무 탈 없이 하루를 보낸 것이 다행이고,
[7]닭이 울어 새벽 되면 오늘 하루는 어찌할 것인가?
[8]전전긍긍하며 조심하는 마음을 한 시각이라도(잠시라도) 놓을 것인가?(놓을 수 없다)
[9]행여 혹시 (시댁) 눈 밖에 날까 조심하기도 끝이 없다.
　　　　　　　▲ 가난한 시댁에서 조심하며 삶.

[10]친정에 편지하여 서러운 이야기를 하는 것은 불가능하다.
[11]시원치 않은, (이것저것) 달라는 말을 한 것이 한두 번이 아니거든
[12]번번이 염치없이 편지마다 (달라는 말을) 하자는 말인가?(할 수 없다)
[13]가난이 내 팔자이니 누구 탓을 할 것인가?
　　　　　　　▲ 친정에 도와 달라고 부탁할 염치가 없음.

¹⁴설매(심부름하는 아이)를 보내서 이웃집에 (쌀을) 꾸러 가니

¹⁵돌아와서 울면서 하는 말이, 전에 꾼 쌀도 갚지 않고

¹⁶염치없이 또 왔느냐며 두말 말고 빨리 가라고 했다 한다.

¹⁷한심하다 이 내 몸이 좋은 옷을 입고 좋은 음식 먹으며 자라서

¹⁸돈과 곡식 (귀한 줄을) 모르다가 하루아침에 이런 상황을 보니

¹⁹얼굴 생김새가 남과 같되 어찌 이렇게 되었는고?

　　　　　　　▲ 이웃집에서도 쌀을 빌리지 못해 한탄함.

²⁰손발(몸)이 건강하니 내가 힘써 벌게 되면

²¹어느 누가 따질 것인가. 천한 욕을 면할 수 있으리라.

²²분한 마음 다시 먹고 재산을 늘리는 일에 힘쓰리라.

²³김 장자, 이 부자가 처음부터 부자였겠는가?

²⁴밤낮으로 힘써 벌면 난들 부자가 안 되겠는가?

　　　　　　　　▲ 재산을 늘리는 일에 힘쓰기로 마음먹음.

²⁵다섯 가지 색깔의 가는 명주실을 올올이 자아내어

²⁶유황제 곤베틀에 명주 여러 필을 짜아 내어

²⁷한림, 주서의 관복(옷)감이며 병사, 수사의 군복(옷)감을

²⁸길쌈도 하고 논밭을 얻어 농사에 힘쓰니

²⁹때를 맞춰 힘써 하니 가업의 기반이 마련되었도다.

　　　　　　　　　▲ 길쌈과 농사에 힘써 재산을 늘림.

- **지문의 '중략' 내용** 화자는 열심히 일해 돈을 모아 논밭도 사고 시집 온 지 10년 만에 집안 살림을 일으켜 어려운 이웃 친척들을 도와 준다. 아들 형제는 급제하고 남편과 부귀영화를 누리며 사는데, 딸이 시집갈 때 후회할 일을 만들지 말라고 당부하며 괴똥어미의 이야기를 들려 준다.

- **지문의 '중략' 뒤 내용(현대어 풀이 및 중심 내용)**

³⁰산에 가 제사를 지내든, 절에 가 불공을 드리든

³¹효도와 공경을 하지 않으니 제사를 지낸다고 귀신이 도와줄까?

³²악병이며 중병이며 이질이며 구창이며

³³이질을 앓던 시아버지의 초상을 치른다고 한들 상관하겠는가?(상관하지 않는다)

³⁴저(괴똥어미)의 심사 그러하니 남편인들 온전할까?

³⁵아들 죽고 울었는데 어린 딸마저 죽어

³⁶집안 살림을 다 써서 없애니 노복(하인)인들 남아 있을 것인가?

³⁷제사 음식 차릴 적에 정성 없이 하였으니

³⁸재앙이 어찌 없을 것인가 셋째 아들 반신불수 (되고)

³⁹집 앞의 기름진 논과 큰 농장이 물난리에 (시)내가 되고

⁴⁰안팎 기와로 된 수백 칸의 집에 불이 붙어 밭이 되고

⁴¹태산같이 쌓였던 곡식이 (다 타서) 누구의 것이 되었단 말인가?

⁴²참혹하구나 괴똥어미 혼자가 되었구나.

　　▲ 도리를 지키지 않아 가족 잃고 재산마저 탕진해 혼자 된 괴똥어미

⁴³한 칸 움집을 얻어 들어가니 배고픔과 추위를 어떻게 견딜 것인가?

⁴⁴다 떨어진 삼베치마를 이웃집에서 얻어 입고

⁴⁵뒤축 없는 헌 짚신을 짝을 모아 얻어 신고

⁴⁶앞집에 가 밥을 얻고 뒷집에 가 장(간장, 고추장, 된장 등)을 얻어

⁴⁷요기를 겨우 하고 불을 못 땐 찬 움집에

⁴⁸헌 거적을 뒤집어쓰고 밤을 겨우 새워서

⁴⁹새벽의 찬바람에 이 집 저 집 다니며

⁵⁰(추위에) 다리 절고 팔은 꼬부라져(펴지지 않은 채) (다니니) (사람들이) 웃는 소리가 요란하구나.

　　▲ 배고픔과 추위를 이기지 못해 동냥하며 생계를 잇는 괴똥어미

⁵¹불효하고 악행을 한 죄로 벌을 받으니

⁵²착한 사람에게 복을 주고 악한 사람에게 재앙을 주는 줄을 이를 보면 분명하다.

⁵³딸아 딸아 내 딸아 시집살이 조심해라.

⁵⁴어미 행실을 본받아 괴똥어미를 경계해라.

　　▲ 딸에게 하는 당부—화자를 본받고 괴똥어미를 경계할 것

- **정서 · 태도**
- 두려워하며 조심함 `작품 근거` 날고 기는 개 달긴덜 어른 압혜 감히 치며~조심도 무궁ᄒ다
- 자탄 `작품 근거` 빈궁(貧窮)이 내 팔즈니 뉘 탓슬 ᄒ잔 말가, 이목구비 남 갓트되 엇지 이리 되얏넌고
- 비판적 `작품 근거` 귀신인덜 도와줄가, 서방인덜 온전할가, 괴똥어미 경계ᄒ라 등
- 권장 `작품 근거` 딸아딸아 요내딸아 시집스리 조심ᄒ라/어미 행실 본을 바다 괴똥어미 경계ᄒ라

- **주제** 부녀자의 올바른 삶의 자세, 또는 복선화음, 인과응보, 권선징악

- **표현상의 특징**
- 대조, 대비: 화자와 괴똥어미의 상반된 행실

화자(긍정적)		괴똥어미(부정적)
· 가난한 집으로 시집감.	↔	· 부유한 집으로 시집감.
· 조심하며 삶.		· 그릇된 행실을 함.
· 열심히 일해 집안을 일으킴.		· 재산을 탕진하고 홀로 됨.

- 설의법: 시각을 노흘손가, 뉘 탓슬 ᄒ잔 말가, 난들 아니 부즈될가, 초상흔덜 상관ᄒ랴 등
- 대구: 산에 가 제ᄉᆞᄒ기−절에 가 불공ᄒ기, 압집에 가 밥을 빌고−뒤집에 가 장을 빌고
- 열거: 악병이며 중병이며 이질이며 구창이며 이질 앓던

- **어휘 및 어구 풀이**
- 되: 부피의 단위. 한 되는 한 말의 10분의 1로, 약 1.8리터에 해당함.
- 시가(媤家): 시집. 시부모가 사는 집. 또는 남편의 집안.
- 달긴덜: 닭인들.　　· 소설: 사설. 푸념.
- 시원치 아닌: 시원하지 않은. 직설적이지 않고 우회적으로 하는.
- 설매: (1) 중매쟁이 (2) 말을 전해 주는 사람. 여기서는 '심부름하는 아이'의 의미로 쓰임.
- 금의옥식(錦衣玉食): 비단옷과 흰쌀밥. ···▸ 호화스럽고 사치스러운 생활을 이름.
- 전곡(錢穀): 돈(동전)과 곡식.
- 일조(一朝): 하루(일) 아침(조반). 갑작스러울 정도로 짧은 시간.

- 오색당사: 5가지 색깔(파랑, 노랑, 빨강, 하양, 검정)의 당사(명주실).
- 오리: 올. 실의 가닥.
- 유황제 곤베틀: 새로운 형태와 기능을 가진 베틀.
- 필필이: 여러 필로 연이어. ※ 필: 일정한 길이로 짠 피륙(무명, 비단 등의 천)을 세는 단위.
- 한림, 주서, 병수, 수수: '한림'은 예문관에서 사초(사기의 초고)의 기록을, '주서'는 승정원에서 기록을 맡던 벼슬아치고, '병수'는 병마절도사, '수수'는 수군절도사를 이름.
- 관복감: 관복[관(관공서)에서 지급한 옷(의복)]을 만드는 데 쓰이는 옷감.
- 군복감: 군인이 입는 옷(의복)을 만드는 데 쓰이는 옷감.
- 역농ㅎ니: 힘써(노력) 농사를 지으니.
- 초상ㅎ뎔: 초상을 치른들. 죽은들.
- 앙화(殃禍): 지은 죄의 앙갚음으로 받는 재앙.
- 움집: 움(구덩이)을 파고 지은 집.
- 초요기: 끼니를 먹기 전에 우선 시장기를 면하기 위하여 음식을 조금 먹음.
- 곰배팔: 꼬부라져 붙어 펴지 못하게 된 팔.
- 희희소리: 웃는 소리.

★ 두 작품은 왜 함께 묶였을까?
- **내용** 깨우치기를 권고함.(계몽적, 교훈적)
- **표현** (1) 대비: (가)에서는 동물(마소)과 사람을, (나)에서는 착한 화자와 악한 괴통어미를 대비함.
  (2) 대구, 설의법: 위 지문 분석 참조
  (3) 유사한 통사 구조: 1번 해설 참조
  (4) 구체적인 청자를 제시함.: (가)의 'ㅁ 올 사름 둘하', (나)의 '딸아딸아'

★ 기출 답지로 작품과 문제 완전 정복

(가) 정철, 「훈민가」
- 유사한 구조의 어구를 활용하여 삶의 태도를 드러내고 있다.
- 'ㅁ 올 사름 둘'은 화자가 행동의 실천을 바라는 대상이다.
- 〈제8수〉에서 '올ㅎ 일'을 하지 않으면 'ㅁ쇼'라고 하는 것을 보니, 올바른 행동을 권유하기 위해 논의 대상을 흑 아니면 백으로 바라보는 '흑백 사고 활용하기 전략'을 활용한다고 볼 수 있겠군.
- 〈제9수〉에서 '두 손으로 바티'고 '막대 들고'의 행동을 보니, 어른 공경을 권유하기 위해 구체적인 행동이나 모습을 보여 주는 '사례 제시하기 전략'을 활용한다고 볼 수 있겠군.
- 〈제13수〉에서 '내 논 다 매여든 네 논 졈 매여'의 모습을 보니, 상부상조의 정신을 권장하기 위해 구체적인 행동이나 모습을 보여 주는 '사례 제시하기 전략'을 활용한다고 볼 수 있겠군. *– 2022학년도 9월 고1 전국연합학력평가*
- 제8수의 'ㅁ쇼'는 윤리 의식을 갖추지 못한 사람을 비유한 말이다. *– 2007학년도 9월 고1 전국연합학력평가*

---

01 작품들 간 표현상의 공통점 파악 　정답 ④

◎ **④가 정답인 이유** '유사한 통사 구조*'는 '비슷한 문장 구조'를 뜻하는 말로, 다음의 밑줄 친 부분에서 (가)와 (나)는 유사한 (비슷한) 통사(문장) 구조를 활용하고 있다.

> (가) • 폴목 쥐시거든 두 손으로 바티리라
>   나갈 데 겨시거든 막대 들고 조초리라
>   • 내 논 다 매여든
>   네 논 졈 매여 주마
> (나) • 불효부제 제살흔뎔 귀신인뎔 도와줄가
>   세간이 탕진ㅎ니 노복인뎔 잇슬손가
>   • 문전옥답 큰 농장이 물난리에 내가 되고
>   안팎 기와 수백간이 불이 붓터 밧치 되고
>   • 다 떠러진 베치마를 이웃집의 으더 입고
>   뒤축 읍넌 흔 집신을 짝을 모와 으더 신고 등

이와 같이 유사한 통사 구조를 활용하면 운율(리듬)을 형성하므로 ④는 적절한 설명이다.

> *유사한 통사 구조: 유사한 통사(= 문장) 구조는 '주어 + 목적어 + 서술어'와 같이 문장 성분들이 배열된 짜임새(구조)가 유사한 것을 말함. *– 『매3력』 p.156에서*

▶ **정답의 근거** 위 '④가 정답인 이유' 참조

가장 많이 질문한 오답은? ②, ① 순

✗ **②가 오답인 이유** '선경후정 방식'(p.89 참조)은 '경치를 먼저(우선) 묘사한 다음, 이후에 정서(감정)를 표현하는 방식'이다. (나)의 '해가 져서 황혼되니 무탈과경 다행이요'에서 선경후정 방식을 활용했다고 볼 수도 있으나, 일반적으로 선경후정은 작품을 두 부분으로 나누어 전반부에서는 경치를 묘사하고 후반부에서 정서를 표현한 경우를 말하고, 앞뒤 구절에서 경치와 정서를 표현하는 것은 선경후정이라고 하지 않는다. 그리고 (가)에서는 선경후정 방식을 활용하지 않았다.

✗ **①이 오답인 이유** '청유형 어미'는 '요청하고 권유하는 뜻을 나타내는 어미(-자, -자꾸나, -세, -ㅂ시다 등)'로, (나)에서는 청유형 어미를 활용하고 있지 않고, (가)에서는 '올흔 일 ㅎ쟈스라, 호미 메고 가쟈스라, 누에 먹겨 보쟈스라'에서 청유형 어미를 활용하고 있으나 대상을 예찬하고 있지는 않다.

③ '고사성어'는 '옛이야기에서 유래한, 한자로 된 말'로, (가)와 (나)에서는 고사성어를 활용하고 있지 않다.

⑤ (가)와 (나) 모두 계절의 순환을 활용하고 있는 부분은 없다.

---

02 구절의 의미 이해 　정답 ③

◎ **③이 정답인 이유** ⓒ은 이웃에 심부름을 갔던 설매가 돌아와서 이웃집에서 한 말을 화자에게 그대로 전한 것이다. 여기에 화자의 모습은 제시되어 있지 않고 화자가 설매에게 하소연하고 있지도 않다. 그럼에도 불구하고 ③을 적절한 것으로 생각한 학생들이 많았는데, 「복선화음록」이 낯선 작품인 데다 내용이 많아 해석이 쉽지 않았기 때문이었다.

1주차
2주차
3주차
4일

▶ **정답의 근거** ㉢의 앞 '설매를 보내어서 이웃집에 꾸러가니/ 도라와서 우넌 말이'

가장 많이 질문한 오답은? ⑤, ④ 순

⛝ **⑤가 오답인 이유** ㉣은 화자가 '길쌈(실로 옷감을 짜는 일) 도 하고 논밭을 얻어 힘써 농사를 지었다'고 한 말로, 여기에는 열심히 일하는 화자의 모습이 나타나 있다. 그런데 ⑤를 적절하 지 않다고 생각한 학생들이 많았는데, '재산을 늘리기 위해'가 적절하지 않다고 보았다는 것이다. 하지만, '김 장자 이 부자가 처음부터 부자였던가, 밤낮으로 힘써 벌면 나라고 해서 부자가 안 될 것인가'(23~24행)로 보아, 화자가 ㉣과 같이 열심히 일한 것은 재산을 늘리기 위한 것으로 볼 수 있다.

⛝ **④가 오답인 이유** ㉤은 화자가 '밤낮으로 열심히 벌면 나도 부자가 될 수 있다'고 한 말로, ㉤ 앞의 23행으로 보아 여기에는 김 장자와 이 부자가 처음부터 부자였던 것은 아니지만 부자가 되었듯이 화자 자신도 그들처럼 부자가 될 수 있다고 생각하는 모습이 나타난 것으로 볼 수 있다.

나머지 답지들이 오답인(적절한) 이유도 살펴보자.

① ㉠은 화자가 '친정에 편지하여 서러운 이야기를 할 수 없다.' 고 한 말이다. ㉠ 뒤에 이어지는 11행~12행에서 화자는 친정 에 편지하여 도와 달라고 한 것이 한두 번이 아니었고, 그래 서 또 도와 달라고 하는 것은 염치없다고 하였으므로, ㉠에 는 자신의 서러운 처지를 친정에 알리기 어려워하고 있는 화 자의 모습이 나타나 있다.

② ㉡은 화자가 '가난은 내 팔자이므로 누구도(다른 사람) 탓을 함 수 없다.'고 한 말로, 여기에는 가난의 원인을 타인(누구) 의 잘못이 아닌 자신의 운명(팔자)으로 돌리는 모습이 나타 나 있다.

03 자료를 활용한 감상 정답 ②

🎯 **②가 정답인 이유** (나)의 '이질 앓던 시아버지 초상흔덜 상 관흐랴'(33행)는 '이질(병)을 앓던 시아버지가 돌아가신다고 해도 상관하지 않는다.'는 뜻으로, 이는 '시가(시댁)'를 존중하는 화자와는 대비되는 대상(괴똥어미)이 하는 행동이다. 그리고 이는 〈보기〉의 '화자와 대비되는 대상을 활용'하여 '가르침의 전 달 효과를 높'인 작품이라는 설명을 바탕으로 한 감상이다.

그러나 '시아버지가 돌아가신다고 해도 상관하지 않는' 부도 덕한 행동을 한 것은 귀신이 아니라 '산에 가 제사하고 절에 가 불공'하지만 귀신이 도와줄 리가 없는 존재(괴똥어미)이다. 따 라서 ②에서 '이질 앓던 시아버지'를 도와주지 않는 대상이 귀신 이라고 한 것은 적절하지 않고, 또 화자와 대비되는 대상을 통 해 상부상조를 강조하고 있다는 것도 적절하지 않다.

▶ **정답의 근거** 31행의 '귀신인덜 도와줄가'(귀신도 도와주지 않는다.), 54행의 '괴똥어미 경계흐라'(초상을 치른다고 한들 상 관하지 않는 사람은 괴똥어미임.)

가장 많이 질문한 오답은? ④, ①, ③, ⑤ 순

⛝ **④가 오답인 이유** (가)의 '폴목 쥐시거든 두 손으로 바티리 라'(제9수)는 '(어른이 내) 팔목을 잡으시면 두 손으로 받치리라 (받쳐서 도와 드리겠다).'는 뜻으로, 이를 통해 드러내고자 한 것은 어른에 대한 공경임을 짐작할 수 있다. 또 (나)의 '깨진 그 릇 좋단 말은 시가를 존중흐미라'(3행)는 '(화자가) 시가(시댁)를 존중하여 깨진 그릇도 좋다고 말한다.'는 뜻으로, 이를 통해 드 러내고자 하는 것은 부녀자가 지녀야 할 덕목(시댁 존중하기)임 을 짐작할 수 있다. 그리고 이는 〈보기〉의 '어른 공경' '부녀자의 덕목과 같은 가르침을 전달하고자 하는 작품들'을 바탕으로 감 상한 내용으로도 적절하다.

⛝ **①이 오답인 이유** (가)의 '무쇼를 갓 곳갈 싀워 밥 머기나 다 ᄅᆞ랴'(제8수)는 '(사람이 옳은 일을 하지 않으면) 말과 소에게 갓 이나 고깔을 씌워 밥 먹이는 것과 다름이 없다.'는 뜻으로, '갓 곳갈'을 쓰고 '밥'을 먹는 '무쇼'는 '옳지 못한 일을 하는 사람'을 비유한 것이다. 따라서 비유 대상인 '무쇼'를 통해 강조하고자 하는 것은 '옳은 일의 실천'임을 짐작할 수 있다. 그리고 이는 〈보기〉의 '이러한 작품들은 가르침의 전달 효과를 높이기 위해 비유 대상을 활용했고'를 바탕으로 감상한 내용으로도 적절하다.

⛝ **③이 오답인 이유** (가)의 '무 올 사ᄅᆞᆷ들하 올흔 일 ᄒᆞ쟈스라' (제8수)는 마을 사람들(청자)에게 '옳은 일을 하자.'고 권유하는 말이고, (나)의 '딸아딸아 요내딸아 시집스리 조심흐라'(53행)는 딸(청자)에게 '시집살이를 조심하라'고 당부하는 말로, 둘 다 구 체적인 청자(마을 사람들, 딸)를 제시하고 있다. 그리고 이는 〈보기〉의 '이러한 작품들은 가르침의 전달 효과를 높이기 위해 …구체적인 청자를 제시했다.'를 바탕으로 감상한 내용으로도 적절하다.

⛝ **⑤가 오답인 이유** (가)의 '내 논 다 매여든 네 논 졈 매여 주 마'(제13수)는 '내 논을 다 매거든 네 논도 좀 매어 주겠다'는 뜻 이고, (나)의 '수족이 건강ᄒᆞ니 내 힘써 벌게 되면'(20행)은 '손과 발, 즉 육체가 건강하니 내가 힘써 노력하여 벌게 되면'이라는 뜻이다. 이것은 모두 화자가 스스로 논을 매고, 스스로 재산을 늘리는 일에 힘쓰겠다는 것으로, 실천하려는 행위를 제시한 것 이다. 그리고 이는 〈보기〉의 '화자가 스스로 실천하려는 행위를 제시하는 방식을 활용하여'를 바탕으로 감상한 내용으로도 적 절하다.

04 시어들의 의미 비교 정답 ①

🎯 **①이 정답인 이유** ⓐ는 '어른이 밖에 나갈 데가 있으시면 지 팡이를 들고 '따르겠다'는 것으로, '따르는' 주체는 '화자'이고 화 자가 따르고자 하는 이유는 '어른'을 위해서이므로 ⓐ는 타인(어 른)을 위한 주체(화자)의 행위를 의미하는 것이 맞다. ⓑ의 경우 '앞집에 가 밥을 빌어먹는' 주체는 혼자 된 괴똥어미이고, 빌어 먹는 밥은 기한*을 견디지 못하는 괴똥어미 자신이 먹기 위한 것이므로 ⓑ는 주체인 괴똥어미가 자신을 위해 한 행위를 의미 하는 것이 맞다.

▶ **정답의 근거** 위 '①이 정답인 이유' 참조

가장 많이 질문한 오답은? ②

❎ **②가 오답인 이유** ⓑ는 밥을 빌어먹게 되면 기한(배고프고 추움)에서 벗어날 수 있다는 점에서, 기대감이 반영된 주체의 행위로 볼 수도 있다. 하지만 ⓐ는 '따르겠다'는 주체의 의지와 다짐이 반영된 행위로, 여기에는 '절망감'이 반영되어 있지 않다. 나머지 답지들이 오답인 이유도 찾아보자.

③, ④ ⓐ의 주체는 어른을 공경하는 마음으로 따르겠다고 한 것이므로 '따르는' 행위는 단절을 초래하는 것도, 자연에 순응하는 것도 아니다. 또 ⓑ의 주체는 배가 고픈 자신을 위해 밥을 빌어먹는 것이므로 '빌어먹는' 행위는 화합을 유도하는 것도, 자연으로 도피하는 것도 아니다.

⑤ ⓐ가 포함된 제9수에서 문제를 제기하고 있지 않고, ⓑ는 해결되지 못한 배고픔을 해결하기 위해 한 행동이므로, ⓐ와 ⓑ에 대한 이해 모두 적절하지 않다.

5~7 고전 시가(시조 + 한시)

(가) 김광욱, 「율리유곡」

- **갈래** 연시조(총 17수 중 제시문은 2, 8, 10수임.)

- **제목의 의미** 지문에서는 짐작할 수 없으나, 17수 중 제1수에서 '율리(밤 률·마을 리)'는 작가의 고향 마을 이름임을 알 수 있다. 곧 제목 '율리유곡'은 '율리(밤마을)에서 남긴 노래'라는 뜻이다.

- **현대어 풀이 및 중심 내용**
  공명도 잊었노라 부귀도 잊었노라
  세상의 괴롭고 근심스러운 일을 다 (남에게) 주고 잊었노라.
  내 몸을 나마저 잊으니 남이 (나를) 안 잊겠느냐?(잊을 것이다.)
  ▲ 제2수: 속세의 공명과 부귀를 잊고 사는 삶에 대한 지향

  영의정, 좌의정, 우의정 같은 높은 벼슬이 귀하다고 한들 이 강산(자연)과 바꾸겠는가?(바꾸지 않을 것이다.)
  조각배에 달빛을 싣고 낚싯대를 던질 때에
  이 몸이 누리는 이 맑은 흥과 운치로 세도가(세도가의 부귀영화)를 부러워하겠는가?(부러워하지 않는다.)
  ▲ 제8수: 자연과 더불어 사는 삶에 대한 만족감

  흐트러지고 시끄러운 문서를 모두 내던지고
  한 필의 말을 타고 가을바람 맞으며 채찍을 쳐서 고향으로 돌아오니
  아무리 갇혔던 새가 놓여난다고 한들 이처럼 시원하겠는가?(이처럼 시원하지는 않을 것이다.)
  ▲ 제10수: 세속적인 것을 멀리하는 삶에서 느끼는 해방감

- **상황** 세상 공명과 부귀를 잊고 자연 속에서 사는 삶에 만족하고 있다.

- **정서·태도**
- 자연 친화, 만족 [작품 근거] 강산과 바꿀쏘냐, 만호후인들 부러우랴, 이토록 시원하랴.
- **주제** 세속을 멀리하고 자연과 더불어 즐기는 삶에서 느끼는 만족감

- **표현상의 특징**
- 대구: 공명(功名)도 잊었노라 – 부귀(富貴)도 잊었노라
- 대조: 삼공(三公) ↔ 강산
- 설의적 표현: 남이 아니 잊으랴, 강산과 바꿀쏘냐, 만호후인들 부러우랴, 이토록 시원하랴

- **어휘 및 어구 풀이**
- 공명: 공을 세워서 자기의 이름(성명)을 널리 드러냄.
- 필마: 한 필의 말(마소).
- 추풍: 가을바람.

(나) 정약용, 「보리타작」

- **갈래** 한시

- **제목의 의미** '보리타작'은 한시의 원제목인 「타맥행(打麥行)」의 '타맥'을 풀이한 것이다. '타맥(打麥, 두드릴 타·보리 맥)'은 보리를 타작하는 것이고, '행(行)'은 한시 형식의 하나이다. 곧 '타맥행'은 보리타작을 소재로 쓴 한시라는 뜻을 담고 있다.

- **정서·태도**
- 깨달음 [작품 근거] 그 기색 살펴보니 즐겁기 짝이 없어/ 마음이 몸의 노예 되지 않았네. → 노동하는 삶이 기쁜 삶이라는 깨달음
- 반성적·비판적 [작품 근거] 무엇하러 벼슬길에 헤매고 있겠는가.
- **주제** 농민들의 삶에서 얻은 깨달음과 자신의 삶에 대한 반성

- **표현상의 특징**
- 사실적 묘사: 보리타작하는 농민들의 모습을 **사실적**으로 묘사하고 있다.
- 과장: (보리밥의) 높이가 한 자(약 30.3cm)로세.
- 설의법: 무엇하러 벼슬길에 헤매고 있겠는가(헤맬 필요가 없다).
- 감각적 이미지: 시각적 이미지(젖빛처럼 뿌옇고, 검게 탄 두 어깨 햇볕 받아 번쩍이네.), 청각적 이미지(옹헤야 소리 내며 발맞추어 두드리니, 주고받는 노랫가락)
- 대비: 건강한 농민의 모습(1~10행) ↔ 벼슬길에서 헤맸던 한스러운 자신의 모습(11~12행)
- 대조: 낙원 ↔ 벼슬길
- 선경후정(先景後情): [선경] 농민들의 삶(1~8행)
  [후정] 농민들의 기쁜 삶과 자신의 삶에 대한 반성(9~12행)

- **어휘 및 어구 풀이**
- 한 자: 약 30.3cm. '자'는 길이의 단위.
- 도리깨: 곡식의 낟알을 떠는 데 쓰는 농기구.
- 보이느니: 보이는 것이.

★ 두 작품은 왜 함께 묶였을까?

- **내용** 화자가 바람직하게 생각하는 삶의 모습이 담겨 있음.
- **표현** (1) 설의적 표현이 사용됨.

  (2) 대조적 삶의 모습이 제시되어 있음.

  (가): 삼공 ↔ 강산, (나): 낙원 ↔ 벼슬길

★ 기출 답지로 작품과 문제 완전 정복

(가) 김광욱, 「율리유곡」

- 설의적 표현을 활용하여 주제 의식을 강조하고 있다.
- 〈제2곡〉(지문의 첫 번째 수): 화자는 '공명'과 '부귀'에 거리를 두는 욕심 없는 삶을 지향하고 있다.

  – 2021학년도 6월 고2 전국연합학력평가

- 〈제8곡〉(지문의 두 번째 수)에서는 자연의 가치를 부각하여 화자가 즐기는 흥취를 강조하고 있다.
- (가)에서 화자가 돌아온 곳은 '헛글고 싯근 문서'로 표상되는 공간과 대비되는 공간으로서, '이토록 시원하랴'와 같은 반응을 자연스럽게 이끌어 낸 것이겠군.
- '삼공'은 세속에서 높은 지위를 차지하고 있는 이들을 가리킨다.

  – 2022학년도 6월 고3 모의평가

- 설의적 표현을 통해 화자의 자족감을 표출하고 있다. → 강산과 바꿀쏘냐, 만호후인들 부러우랴, 이토록 시원하랴

  – 2011학년도 수능

(나) 정약용, 「보리타작(타맥행)」

- 대상에 대한 화자의 긍정적 인식이 드러나 있다.

  – 2010학년도 3월 고1 전국연합학력평가

- '막걸리'는 노동과 연결되는 소재이다.

  – 2004학년도 6월 고1 전국연합학력평가

- 다음 부분 중, 주체가 다른 하나는?

  ① 밥 먹자 도리깨 잡고　　② 옹헤야 소리 내며

  ③ 주고받는 노랫가락　　④ 그 기색 살펴보니

  ⑤ 마음이 몸의 노예 되지 않았네.　　**답** ④

  – 2006학년도 6월 고2 전국연합학력평가

- 역동적 묘사로 현장감을 살리고 있다.
- 시각적, 청각적 이미지를 통해 생동감을 주고 있다.
- 선경후정(先景後情)의 방식으로 시상을 전개하고 있다.
- 과장된 표현을 통해 농민의 활달한 생활상을 드러내고 있다.

  – 2004학년도 11월 고2 전국연합학력평가

- 구체적인 생활 현실을 소재로 삼고 있다.
- 일상적 소재를 활용하여 화자가 지향하는 삶의 가치를 드러내고 있다.
- 설의적 표현을 통해 화자가 깨달은 바를 드러내고 있다. (12행)
- 묘사를 통해 생동감 있는 현장의 분위기를 보여 주고 있다.

  (1~8행)

- 청각적 심상(5행, 7행)을 이용해 즐겁게 노동하는 모습을 표현하고 있다.　　*– 2009학년도 7월 고3 전국연합학력평가*
- 중심 소재(보리타작)에서 긍정적 가치를 이끌어 내고 있다.
- (나)와 〈보기〉를 비교한 내용으로 적절하지 않은 것은?

보리밥 풋나물을 알마초 머근 後(후)에
바횟긋 믈가의 슬카지 노니노라
그 나믄 녀나믄 일이야 부러워할 줄이 이시랴

– 윤선도, 「만흥(漫興)」 중에서 –

① (나)와 〈보기〉의 '보리밥'은 모두 현실에 만족하는 삶의 모습을 표현한 것이다.

② (나)의 '마당'은 노동의 공간이고, 〈보기〉의 '믈가'는 풍류의 공간이다.

③ (나)의 '노랫가락'에서는 흥겨움이, 〈보기〉의 '노니노라'에서는 여유로움이 느껴진다.

④ (나)의 '벼슬길'과 〈보기〉의 '녀나믄 일'은 모두 화자가 이루고자 하는 목표를 나타낸다.

⑤ (나)의 '헤매고 있겠는가'와 〈보기〉의 '부러워할 줄이 이시랴'는 화자의 생각을 설의적으로 드러낸 것이다.　　**답** ④

  – 2008학년도 4월 고3 전국연합학력평가

- 사실을 제시하고 나서 주관을 드러내고 있다. (→ 선경후정)

  – 2003학년도 3월 고3 전국연합학력평가

05 작품들 간 공통점의 파악 　　정답 ⑤

◉ **⑤가 정답인 이유** (가), (나)에서 물음의 형식을 취하고 있는 부분을 찾아 그것이 화자의 심리를 표출하는 데 활용되고 있는지를 확인해 보자.

구분	물음의 형식 → 드러내고 있는 화자의 심리
(가)	• 남이 아니 잊으랴, 강산과 바꿀쏘냐, 만호후(萬戶侯)인들 부러우랴, 이토록 시원하랴. → 자연에서의 삶에 대한 만족감
(나)	• 무엇하러 벼슬길에 헤매고 있겠는가. → 벼슬길에서 헤매고 살았던 자신의 삶에 대한 반성

위 표로 보아, (가)와 (나)는 둘 다 물음의 형식을 활용하여 화자의 심리를 표출하고 있다.

▶ 정답의 근거 위 '⑤가 정답인 이유'에서의 표

가장 많이 질문한 오답은? ②, ① 순

✗ **②가 오답인 이유** (가)와 (나)에는 연쇄법(p.147 참조)이 쓰이지 않았는데도 ②에 답한 학생들이 많았다. 연쇄법은 '앞 구절의 끝 말을 다음 구절의 앞부분에 이어받아 그 뜻을 강조하는 수사법'이다.

✗ **①이 오답인 이유** ② 다음으로 ①에 답한 학생들이 많았다. (가)에서는 자연에서의 삶에 대해, (나)에서는 보리타작을 하며 지내는 건강한 삶에 대해 예찬하고 있다고 볼 수 있다. 하지만 (가), (나)는 모두 대화의 형식을 사용하지는 않았다.

③ 직유법*은 (나)에서는 '젖빛처럼'에서 사용되었지만, (가)에서는 사용되지 않았다.

> *직유법: '같이, 처럼, 듯이, 인 양 같은 말과 결합하여 두 대상을 직접 비유하는 수사법. 　– 『매3력』 p.140에서

④ 의인화*는 (가), (나) 모두 사용되지 않았다.

> * 의인화: 사람(인간)이 아닌 것을 사람인 것처럼 표현하는 것. 　– 『매3력』 p.140에서

06 화자의 태도 및 정서 이해

◎ **③이 정답인 이유** ⓒ은 보리타작을 하는 농민의 '검게 탄 두 어깨'가 햇볕을 받아 번쩍이는 것을 묘사한 것으로, 화자 자신이 아니라 화자가 바라보고 있는 대상(농민)의 모습을 묘사한 것이다.

▶ **정답의 근거** 9행의 '그 기색 살펴보니'(화자가 보리타작하는 농민의 모습을 살펴보니)-③의 '화자의 모습을 묘사' ✕

가장 많이 질문한 오답은? ④, ⑤ ☆

✕ **④가 오답인 이유** ⓔ은 화자가 보리타작하는 농민의 '기색을 살펴보니' 그의 마음(정신)이 몸(육체)의 노예가 되지 않고, '즐겁기 짝이 없'더라는 것이다. 따라서 ⓔ에는 보리타작하는 농민들의 삶이 즐겁고 자유롭다는 화자의 평가가 담겨 있다고 볼 수 있다.

✕ **⑤가 오답인 이유** ⓜ의 앞에서 화자는 농민의 삶이 기쁜 삶이고, 노동하는 이곳이 낙원이라는 생각을 한다. 이에 화자는 ⓜ에서 지금까지 '벼슬길에 헤매고 있었던' 자신의 삶을 돌아보며 성찰하는 모습을 보이고 있다.

① '공명'과 '부귀'는 세속적인 욕망으로, '공명'과 '부귀'를 잊었다는 ㉠은 화자가 세속적 가치에 대한 욕심을 버렸다는 것을 보여 준다.

② ㉡은 '매인 새'가 놓여났을 때 느끼는 시원함보다 더 시원하다는 것으로, 이는 화자가 '헛글고 싯근 문서(관직 생활)'를 '다 주어 내던'짐으로써 느끼는 해방감을 매인 새가 놓여났을 때와 비교하여 표출하고 있는 것이다.

Q&A
▶'안인숙 매3국어클리닉' 카페에서

Q (나)의 말들이 화자에 대한 말인지 농민들에 대한 말인지 처음에 읽을 때 구분하기 어려웠습니다. 이렇게 고전 시가에서 누구에 대한 설명인지 헷갈릴 때가 자주 있는데, 어떻게 구분할 수 있나요?

A 충분히 질문할 수 있는, 헷갈리는 것 맞습니다.

9행의 '그 기색 살펴보니'를 통해 화자는 농부들이 보리타작하는 모습을 살펴보고 있을 뿐 직접 참여하고 있지는 않다는 것을 알 수 있습니다. 이를 바탕으로 작품의 각 구절에서 노래하고 있는 대상이 누구인지 파악하면 됩니다.

한편 작품 공부를 하지 않으면 현대시도 어렵지만 고전 시가는 특히 더 어렵게 느껴지는데요, 고전 시가는 장르별로 향유 계층과 특징(형식과 내용) 등에서 차이가 나고, 고사나 관용어구(습관적으로 사용하여 특정한 뜻을 나타내는 어구)가 많이 사용되며, 한자와 고어도 많이 들어 있기 때문입니다. 그래서 고전 시가는 미리 작품 공부를 해 두는 것이 필요합니다. 세부 갈래별로 대표적인 작품들을 공부해 두면, 낯선 작품들도 이해할 수 있는 능력이 길러질 겁니다.

(나)와 같은 한시는 양반 사대부가 향유한 장르로, 작가인 정약용은 벼슬까지 한 양반이라는 점, 한시는 선경후정(우선 경치부터 묘사한 다음, 이후에 화자의 정서를 표현하는 것)의 방식으로 구성된다는 점, 또 당시 양반은 '보리타작'과 같은 노동은 하지 않았다는 점 등을 떠올리면 앞부분(1~8행)은 화자가 농민을 관찰한 것이고, 뒷부분(9~12행)은 화자의 정서를 나타낸 것임을 알 수 있습니다. 그리고 이를 바탕으로 각 구절을 해석해 보면 행동의 주체가 화자인지 농민인지 등을 파악할 수 있습니다.

고1, 지금 시점에서는 어려운 것이 당연합니다. 중요한 것은 지금부터 공부하는 것을 온전히 내 것으로 만드는 복습입니다. 제대로 복습한 내용이 쌓이면 고전 시가도, 낯선 작품도 쉽게 접근하고 빠르게 해석할 수 있을 것입니다.

07 공간의 의미 이해
정답 ①

◎ **①이 정답인 이유** 〈보기〉에서 '(가)와 (나)에 설정된 시적 공간에는 화자가 지향하는 삶의 가치가 내재되어 있다.'고 했다. 이와 같은 관점에서 (가)의 '강산(ⓐ)'과 (나)의 '마당(ⓑ)'을 살펴보면, ⓐ는 '삼공'과도 바꾸지 않겠다고 했고, ⓑ는 '낙원'으로 여기고 있는 것으로 보아, 둘 다 화자가 지향하는 공간이라는 것을 알 수 있다. 이를 바탕으로, ①에서 비교한 ⓐ와 ⓑ에 대한 내용이 적절한지를 따져 보자.

> ⓐ '조각배에 달(자연)을 싣고 낚싯대를 흩던'지며 지내는 곳으로, '자연과 벗하며 살아가는 공간'으로 볼 수 있다.
> ⓑ 농부가 '마당(ⓑ)'에서 보리타작을 하는 것을 보고 화자는 '검게 탄 두 어깨(건강함)'가 번쩍이고, '발맞추어 두드리(노동)'는 모습이 '즐겁기 짝이 없'다고 하면서 '마음이 몸의 노예(가) 되지 않는 삶'이라고 평가하고 있다. 따라서 ⓑ는 '건강한 노동의 즐거움을 깨닫는 공간'으로 볼 수 있다.

▶ **정답의 근거** (가)의 '조각배에 달을 싣고 낚싯대를 흩던질 제'와 (나)의 '그 기색 살펴보니 즐겁기 짝이 없어／마음이 몸의 노예 되지 않았네.'

가장 많이 질문한 오답은? ②

✕ **②가 오답인 이유** ⓐ가 소박한 삶에 대한 지향이 담긴 공간이라고 볼 수 있어 ②에 답한 학생들이 많았다. 그런데 ⓑ는 빈곤한 삶을 극복하려는 의지가 담긴 공간이 아니다. ⓑ에서 보리타작을 하는 농민은 '빈곤한 삶'을 살고 있는 모습으로 그려지지 않았으며, 따라서 '빈곤한 삶을 극복하려는 의지'를 보여 주는 것도 아니므로 ②는 적절하지 않은 설명이다. → ⓐ ○, ⓑ ✕

③ ⓐ는 '궁핍한 처지'를 드러내는 공간이 아니고, ⓐ에서의 삶에 대해 화자는 좌절감이 아닌 만족감을 드러내고 있다. 그리고 ⓑ 또한 삶의 애환*을 다른 사람과 공유하는 공간이 아니다. → ⓐ ✕, ⓑ ✕

> *애환(哀歡): 슬픔(비애)과 기쁨(환희).

④ ⓐ는 힘겨운 상황으로 볼 수 있는 '헛글고 싯근 문서'를 '다 주어 내던지고' 돌아온 공간으로, 이곳에서 저항 의지는 찾아볼 수 없다. 그리고 ⓑ에서도 현실과 타협하는 모습은 찾을 수 없다. 다만, 그동안 벼슬길에서 헤매고 있었던 것에 대해 반성하고 있다는 점에서 내적 갈등을 벗어나는 계기를 마련해 준 공간으로는 볼 수 있다. → ⓐ ✕, ⓑ ✕

⑤ ⓐ는 화자가 지향하는 바(자연과 더불어 살고 싶음)를 드러내는 공간으로, 자기 절제(억누름)가 반영된 공간으로 볼 수 없다. 그리고 ⓑ에서도 과거 벼슬길에서의 상황을 반성하고 있을 뿐 과거와 달라진 현재 상황에 대한 안타까움은 찾아볼 수 없다. → ⓐ ✕, ⓑ ✕

정철,「관동별곡」

● **갈래** 가사

● **제목의 의미** 관동 지방에 대해 노래한 시가 문학

● **현대어 풀이 및 중심 내용** ※ 아래에서 밑줄 친 부분은 '여정'임.

[A] 자연을 사랑하는 병이 깊어 창평에 은거하여 지내는데
　　관동 지방 800리나 되는 곳의 관찰사의 소임을 맡기시니,
　　아, 임금의 은혜야말로 더욱더 끝이 없도다.
　　연추문으로 달려 들어가 경회루의 남문을 바라보면서
　　임금께 하직하고 물러나니 출발 준비가 완료되었구나.
　　　　　　　　　　　　　　▲ 관찰사의 소임을 받음.

[B] 양주역에서 말을 갈아 타고 여주로 돌아 들어가니,
　　섬강이 어디인가 원주가 여기로다.
　　소양강에 흐르는 물은 어디로 흘러가는가?(소양강은
　　흘러 흘러 임금이 계신 한양으로 흐른다.)
　　외로운 신하는 한양을 떠나 나라 걱정에 흰머리만 많다.
　　　　　　　　　　　▲ 관찰사 부임의 여정에서 느끼는 우국과 연군

[C] 철원에서 밤을 겨우 지새고 북관정에 오르니,
　　(임금 계신 한양의) 삼각산 제일 높은 봉우리가 보일 것
　　만 같다.
　　(태봉국) 궁예 왕의 대궐 터에서 까막까치가 지저귀니
　　나라의 흥망을 알고 우는가, 모르고 우는가?
　　　　　　　　　▲ 관찰사 부임의 여정에서 느끼는 연군과 인생무상

[D] 회양(이곳의 지명)은 옛날 중국 회양 땅과 마침 같으니,
　　급장유(선정을 베푼 회양 태수)의 풍채를 다시 볼 것인가.
　　　　　　　　　　　　　▲ 부임지에서 선정의 포부를 다짐.

[E] 관청 안이 별일 없고 시절이 삼월인데,
　　화천 시냇길은 풍악(금강산)으로 뻗어 있다.
　　여행 채비를 간편히 하고 돌이 많은 길에 지팡이를 짚고,
　　백천동(여정 ✗)을 옆에 두고 만폭동으로 들어가니,
　　무지개처럼 아름답고, 용의 꼬리처럼 고운 폭포가
　　섞이어 돌며 떨어지는 소리가 십 리 밖까지 퍼졌으니,
　　들을 때에는 천둥소리 같더니 가까이서 보니 흰 눈 같다.
　　　　　　　　　　　　　　▲ 만폭동 폭포의 아름다움

● **작품 내용**

> **지문 내용**
> **[서사]** 관찰사의 임무를 부여받고 부임지(회양)까지의 여정과 관내 순시, 관찰사로서의 선정에의 포부 등을 다진다.
> **[본사 1(일부)]** 금강산 유람을 떠나 만폭동 폭포의 아름다움을 묘사하고 있다.

• **지문에 이어지는 내용** ※ 아래에서 밑줄 친 부분은 '여정'임.

[본사 1] • 만폭동에 이어, 금강대에서의 신선적 풍모를 과시한다.
　　　• 진헐대에 올라 금강산의 다양한 산세에 감탄하며, 망고대와 혈망봉의 우뚝 솟은 모습을 보고 충절을 다짐한다.
　　　• 개심대에 올라서는 중향성을 바라보며 인재를 양성할 것을 소망하고, 이어서 비로봉(여정 ✗)을 바라보며 공자의 호연지기를 찬양하고 자신은 그에 미치지 못함을 한탄한다.

　　　• 화룡소에서 선정에 대한 포부를 다지며,
　　　• 마하연, 묘길상, 안문재를 지나
　　　• 불정대에서는 십이폭포의 장관을 예찬하고,
　　　• 금강산을 떠나는 아쉬움을 뒤로 하고 동해로 유람을 떠난다.

[본사 2] • 동해로 가는 감회와 총석정에서 바라본 사선봉의 신기한 모습을 묘사하고,
　　　• 삼일포에서는 사선을 추모한다.
　　　• 의상대에서는 일출 광경을 묘사하고,
　　　• 경포에서는 자연과 강릉의 미풍양속 등을 찬양한다.
　　　• 죽서루에서는 나그네로서의 쓸쓸함을 느끼며, 위정자로서의 의무와 자연인으로서의 욕망을 드러낸다.
　　　• 망양정에 올라 바다의 넓은 모습과 파도에 감탄한다.

[결사] 망양정에서의 월출 모습과 신선적 풍류, 꿈속에서 신선을 만나 애민 정신을 드러내는가 하면 꿈을 깬 후에는 임금에 대한 충성을 다짐한다.

● **정서 · 태도**

• (임금의 은혜에) 감사 [작품 근거] 어와 성은(聖恩)이야 갈수록 망극하다

• 걱정(우국) [작품 근거] 고신(孤臣) 거국(去國)에 백발도 많기도 많구나

• 무상감(인생무상) [작품 근거] 궁예 왕 대궐 터에 오직 지저귀니

• 다짐(선정에의 포부) [작품 근거] 급장유 풍채를 다시 아니 볼 것인가

• 예찬 [작품 근거] 은 같은 무지개~볼 때는 눈이로다

● **주제** 관찰사 부임의 여정 및 금강산의 만폭동 유람

★ **작품 전체의 주제**: 관동 지방의 절경과 풍류

● **표현상의 특징**

• 대유법: 강호(← 자연)

• 은유법: 죽림(← 창평), 은 · 옥 · 무지개 · 용의 꼬리 · 우레 · 눈(← 폭포)

• 절차의 과감한 생략으로 속도감을 부여: 연추문 들이달아~옥절이 앞에 섰다.

• 영탄법: 어와 성은이야 갈수록 망극하다, ~백발도 많기도 많구나, 들을 적에는 우레더니 볼 때는 눈이로다

• 의인법: 천고(千古) 흥망을 아는가 모르는가(오작을 의인화함.)

• 직유법: 은 같은 무지개 옥 같은 용의 꼬리

• 대구법: 은 같은 무지개 – 옥 같은 용의 꼬리,
　　　　　 들을 적에는 우레더니 – 볼 때는 눈이로다

• 과장법: 섞여 돌며 뿜는 소리 십 리에 잦았으니

• 원경에서 근경으로의 묘사: 들을 적에는 우레더니 볼 때는 눈이로다

• 묘사: 은 같은 무지개~볼 때는 눈이로다(폭포의 장관을 묘사)

• 시간적 · 공간적 순서에 따른 추보식 구성

● **어휘 및 어구 풀이** ※ 굵은 글씨로 된 어휘는 고전 빈출 어휘임.

• 방면: '방면지임(方面之任)'의 준말. 관찰사의 소임.

• 성은(聖恩): 임금의 큰 은혜.

1주차 2주차 3주차 +1일

- 고신: 외로운(고독한) 신하.
- 동주: 철원. 옛 태봉의 도읍지로, 흥망성쇠의 역사적 현장임.
- 삼각산: '북한산'의 다른 이름으로, 여기서는 '한양', 즉 '임금 계신 곳'을 말함.
- 오작(烏鵲, 까마귀 오·까치 작): 까마귀와 까치를 아울러 이르는 말로, 화자의 정서(무상감, 인생무상, 덧없음)를 불러일으키는 객관적 상관물(p.96 참조)임.
- 천고(千古): 아주 오랜 세월 동안.
- 흥망(興亡): 흥하고(일이 잘 되고) 망함(일이 잘 안 되어 없어짐).
- 회양(淮陽): 강원도의 지명이면서 중국의 고을 이름.
- 풍채: 사람의 겉모양. 스타일.
- 풍악: 금강산. ※ 금강산의 계절별 명칭: 금강산(봄), 봉래산(여름), 풍악산(가을), 개골산(겨울)
∴ 문맥으로 보아 '풍악'은 '금강산'으로 바꿔야 함.

★ 기출 답지로 작품과 문제 완전 정복

- 「관동별곡」은 작가가 기행하면서 자연 경물을 예찬하는 내용이 주를 이루고 있다. 그러나 이 작품은 단순히 자연의 아름다움에 대한 감상을 말하는 것에 그치지 않고, 작가가 지향하는 현실에 대한 의식을 자연물에 빗대어 말하고 있다.
  - '저 기운 흩어 내어 인걸(人傑)을 만들고저.(개심대에서)': 금강산의 맑은 기운을 흩어내어 나라를 잘 이끌어 갈 인재를 만들고 싶어 하는 화자의 소망을 드러냄.
  - '그늘진 벼랑에 시든 풀을 다 살려 내어라.(화룡소에서)': 그늘진 벼랑에 시든 풀처럼 힘겹게 살아가는 백성들에게 선정(善政)을 베풀고자 하는 화자의 소망을 드러냄.

  – 2012학년도 11월 고1 전국연합학력평가

---

08 작품 감상의 적절성 평가   정답 ⑤

◉ **⑤가 정답인 이유** '석경(돌길)'은 금강산 유람을 떠나는 길의 모습이다. 화자는 '간편한 여행 차림으로(행장*을 다 떨치고)', '돌길(석경)'에 지팡이를 짚고 금강산을 유람한다고 했다. 그리고 이때는 '관할 지역(영중)'에 '일이 없다(무사하고*)'고 했으므로 '석경'이 관찰사로서 해결해야 할 과제가 많음을 상징하고 있다고 한 ⑤는 적절한 감상이 아니다.

> *행장(行裝): 여행할 때에 쓰는 물건과 차림.
> *무사(無事)하고: 별일 없고. 태평하고.

▶ **정답의 근거** [E]의 '영중(營中)이 무사(無事)하고', '행장(行裝)을 다 떨치고'

가장 많이 질문한 오답은? ②, ③ 순

✕ **②가 오답인 이유** '백발(흰머리)'이 많다는 것은 '고신(외로운 신하)', '거국(한양을 떠남)'과 관련이 있다. 즉, '화자(고신)'는 '한양을 떠나(거국)' 부임지로 가는 상황에서 나라를 걱정하는 마음(심리)을 '백발'을 통해 표현한 것이므로 ②는 적절하다.

✕ **③이 오답인 이유** 옛 태봉국(후고구려)의 도읍지인 '동주(철원)'에서 화자는 태봉을 세운 '궁예 왕'의 '대궐 터'에 '오작(까마귀와 까치)'이 지저귀는 모습을 본다. 태봉이란 나라는 망해 옛날 번성했던 '대궐 터'의 모습이 사라지고 없는데, 태봉이 망한 것을 아는지 모르는지 '오작'만이 지저귀고 있었던 것이다. 따라서 '번성했던 대궐 터'와 '오작만이 지저귀는 대궐 터'의 대비는 화자에게 무상감*(인생무상)을 느끼게 하기에 충분하므로 ③은 적절하다.

> *무상감: 덧없음(모든 것은 변함)을 느낌. ㉌ 허무

① 화자는 자연을 사랑하는 병이 깊어 '죽림(고향인 전남 창평)'에서 지냈는데, 임금이 '방면(관찰사의 소임)'을 맡겨 '성은'에 감격하며 새로운 공간(부임지인 회양)으로 이동하게 되므로 ①은 적절하다.

④ 화자는 부임지의 이름(지명)이 급장유가 선정*을 베풀었던 중국 '회양'과 같다는 점을 떠올리며 급장유의 풍채를 (이곳에서) 다시 보겠다고 했다. 이는 자신도 급장유처럼 선정을 베풀겠다는 포부를 나타낸 것으로 볼 수 있다.

> *선정(善政): 백성을 바르게 잘 다스리는 정치.

---

09 표현상의 특징 파악   정답 ②

◉ **②가 정답인 이유** 대상을 점층*적으로 강조한 부분은 찾을 수 없다. 따라서 이를 통해 시적 긴장감을 높이고 있다는 진술도 적절하지 않다.

> *점층(법): 대상을 점점 더 크게(높게, 강하게) 표현하는 것.
> ㉎ 파도를 만들고 해일을 부르고/고깃배를 부수고 그물을 찢었던 것이다   –『매3력』p.141에서

▶ **정답의 근거** 위 '②가 정답인 이유' 참조

가장 많이 질문한 오답은? ⑤

✕ **⑤가 오답인 이유** ⑤에 답한 학생들은 '들을 적에는 우레더니 볼 때는 눈이로다'에서 영탄법*이 사용되었지만, 감정을 '직접적'으로 표출한 것은 아니라고 봤다고 했다. 그러나 '눈이로다'에 쓰인 감탄형 어미 '–로다'에 화자의 감정이 '직접적'으로 표출되어 있다. 또한 감탄사 '어와'를 사용한 '어와 성은이야 갈수록 망극하다'를 보면 임금의 은혜가 끝이 없다는 화자의 감정을 직접적으로 표출하고 있다는 것을 확실하게 알 수 있다.

> *영탄법: 감탄사(오, 아 등)나 감탄형 어미(-구나, -로구나, -군, -어라 등)를 이용하여 기쁨, 슬픔, 놀라움과 같은 감정을 강하게 나타내는 수사법.   –『매3력』p.141에서

① 대구*를 활용하면 리듬감이 느껴지는데, 다음의 예에서 확인할 수 있다.

┌─ 은 같은   무지개   ┌─ 들을 적에는   우레더니
└─ 옥 같은   용의 꼬리   └─ 볼 때는   눈이로다

> *대구: 구절을 대응시킴. 비슷한 구절을 나란히 배치함.
> –『매3력』p.141, 157에서

③ 감각적 심상(시각, 청각)을 활용하여 폭포(대상)의 모습을 생동감 있게 묘사한 '은 같은 무지개 옥 같은 용의 꼬리 / 섞여 돌며 뿜는 소리 십 리에 잦았으니'에서 확인할 수 있다.

④ 폭포의 모습을 '은, 옥, 무지개, 용의 꼬리, 우레, 눈'에 빗댄 비유의 방식을 사용하여 대상(폭포)이 지닌 아름다운 속성을 부각하고 있다.

Q&A
▶'안인숙 매3국어클리닉' 카페에서

Q [A]에서 '관찰사가 됨. - 연추문 - 경회 남문 봄 - 관동으로 떠남.'으로 의미가 심화, 구체화되어서 점층법이라고 생각했고, 점층법이 사용되면 독자의 감정을 고조시켜 시적 긴장감을 높일 수 있으니 맞다고 판단했습니다. [A]는 왜 점층이라 볼 수 없는 거죠?

A 점층법은 대상을 점점 더 크게(높게, 강하게) 표현하는 것으로, 다음과 같이 작고 약하고 좁은 것에서 크고 강하고 넓은 것으로 표현이 확대되어 가야 합니다.

> • 나를 알고 이웃을 이해하고 사회와 소통한다.
>   (나 → 이웃 → 사회)
> • 내가 재활용한 종이 한 장이 나무 한 그루를 살리고, 우리가 살린 나무가 지구를 살립니다.
>   (종이 한 장 → 나무 한 그루 → 지구)

그런데 [A]~[B]의 '연추문(경복궁의 서문) → 평구역(양주) → 치악(원주)'은 공간의 이동을 나타낸 것으로, 대상을 점점 더 크게(높게, 강하게) 표현한 것이 아니므로 점층법이 아닙니다. '나 → (나를 포함한) 서울 → (서울을 포함한) 대한민국'과 같이 표현해야 점층법이 되는 것입니다.

10 표현 방식의 적용
정답 ②

○ ②가 정답인 이유 밑줄 친 부분의 앞에서 화자는 죽림(전남 창평)에 있다가 임금으로부터 관찰사의 임명을 받는다. 그래서 부임지인 회양으로 가기 전 임금을 뵙고 관찰사의 신표인 '옥절'을 받고 하직 인사도 올리기 위해 '연추문(경복궁의 서문)'으로 달려'간다. 그런데 임금을 뵙는 장면이나 '옥절'을 받는 등 관찰사 부임을 위한 행사 절차 없이(생략됨) '하직하고 물러나니' 바로 '출발할 준비가 다 되어 있었다(옥절이 앞에 섰다)'고 했다. 그래서 바로 '평구역(양주역)'에서 말을 갈아타고 '흑수(여주)'로 돌아들어 '치악(원주)'까지 이른 것이다.

이와 같이 '생략'을 통해 사건을 속도감 있게 전달한 것은, 화자(동이)가 자신의 내력을 간추려서 말한 ②(어머니가 의부를 얻어 술장사를 시작함. → 동이가 철들어서부터 의부에게 맞음. → 집안이 평온하지 못함. → 동이가 열여덟 살 때 집을 뛰쳐나와 장사를 함.)에서 확인할 수 있다. 답지는 모두 이효석의 소설 「메밀꽃 필 무렵」의 내용으로, ②는 밤중에 길을 걸으며 '동이'가 허 생원에게 그의 자신의 사연을 이야기한 대목이다.

▶ 정답의 근거 발문(문두)의 '속도감 있게 사건을 전달'

나머지 답지에서는 속도감 있게 사건을 전달한 부분이 없다. 오답지에 제시된 내용을 살펴보면 다음과 같다.

① 소설의 마지막 부분에서 개울을 건넌 후 허 생원이 조 선달에게 한 말로, 동이에게 함께 제천으로 가자고 제안하기 전의 내용이다.

③ 달밤에 메밀꽃 핀 산길의 모습을 묘사한 부분으로, '동이'가 자신의 어머니에 대한 이야기를 말하기 전의 상황이다.

④ 다음 장터로 가는 길에서 허 생원이 자신의 과거 사랑 이야기를 조 선달에게 들려주는 대목이다.

⑤ 소설 앞부분에 전개된 조 선달과 허 생원의 대화로, 봉평 장터의 충줏집과 동이에 대한 이야기를 주고받는 대목이다.

※ 답지에 제시된 내용은 소설에서 '⑤-④-③-②-①'의 순서로 전개되고 있다. 그리고 ⑤의 '화중지병(畵中之餠, 그림 화·가운데 중·~의 지·떡 병)'은 '그림의 떡'을 이르는 말이다.

✔ 매일 복습 확인 문제

1 다음 설명이 맞으면 ○, 그렇지 않으면 ×로 표시하시오.

(1) 김장자 이부자가 제 근본 부자런가 / 밤낮으로 힘써 벌면 난들 아니 부자될가: 자신은 김 장자와 이 부자처럼 부자가 될 수 없다고 생각하는 화자의 모습이 나타나 있다. ······································ (   )

(2) 낙원이 먼 곳에 있는 게 아닌데 / 무엇하러 벼슬길에 헤매고 있겠는가.: 화자가 자신의 삶에 대해 성찰하는 모습이 나타나 있다. (   )

(3) 궁예 왕 대궐 터에 오작 지저귀니 / 천고(千古) 흥망을 아는가 모르는가: '오작'만이 지저귀는 '대궐 터'는 옛날 번성했던 모습과 대비되어 화자에게 선정의 포부를 다지게 하고 있다. ······································ (   )

2 다음 작품에 대한 설명으로 적절한 것은?

> 오늘도 다 새거다 호미 메고 가쟈스라
> 내 논 다 매여든 네 논 졈 매여 주마
> 올 길에 뽕 따다가 누에 먹겨 보쟈스라
>   - 정철, 「훈민가」 -

① 청유형 어미를 활용하여 대상을 예찬하고 있다.
② 고사성어를 활용하여 주제 의식을 강조하고 있다.
③ 선경후정 방식을 활용하여 시상을 전개하고 있다.
④ 계절의 순환을 활용하여 시적 의미를 부각하고 있다.
⑤ 유사한 통사 구조를 활용하여 운율을 형성하고 있다.

정답 1. (1) × (2) ○ (3) × 2. ⑤

매3 주간 복습[문제편 p.106]을 활용하여, 일주일 동안 공부한 내용을 복습합니다. 특히, 다시 보기 위해 메모해 둔 것과 △ 문항은 꼭 다시 챙겨 볼 것!

1~3 현대시

(가) 박목월, 「천수답(天水畓)」

● **제목의 의미** '천수답'은 주변에서 끌어들일 물이 없어 빗물에 의지하여 경작하는 논으로, 열악한 환경을 의미한다. 천수답의 '벼이삭'처럼 열악한 환경에서도 '내 새끼'는 부지런하게 제 할 일을 하며 살아가겠다는 소신을 드러내고 있고, '어메(어머니)'는 그런 '내 새끼'를 대견하다며 지지하고 있다. 따라서 제목은 화자가 처한 환경을 드러내면서 주제를 암시하는 핵심 소재로 볼 수 있다.

● **시적 상황**

· 1연: 뚝심 세고 부지런하면 살 수 있고, 그것이 복이라고 생각하는 아들(열악한 환경에서도 긍정적인 생각을 지님.)

· 2연: 아들의 생각을 대견해 하고, 본심 가지고 부지런하면 살 수 있다고 화답하는 어머니

· 3연: 허둥거리지 않고 제 길로 가며 살면 그만이라고 생각하는 아들

· 4연: 잘살고 못살고에 연연하지 않고 제 길 가며 살겠다는 아들을 대견해 하는 어머니

● **정서 · 태도**

· 긍정적, 달관 ▨작품 근거 부지런하면 사는거지, 제 길(로) 가면 그만이지

· 대견함, 뿌듯함 ▨작품 근거 니 말이 정말이데, 엄첩구나

● **주제** 열악한 환경에서도 삶에 대해 긍정하는 달관의 자세와 그것에 대한 지지

● **표현상의 특징**

· 설의법: 복(福)이 따로 있나, 팔자가 따로 있나, 누군 한평생 만년을 사나, 잘 살고 못 살고가 어딨노

· 방언 사용을 통해 향토성과 친근감을 살림.: 어메, 엄첩구나

· 반복과 변주: [반복] 어메야, 사는거지, 엄첩구나, 내 새끼야, 제 길(로) 가면 그만이지, [변주] 뚝심 세고 부지런하면 사는거지(1연)－본심 가지고 부지런하면 사는거지(2연),

· 유사한 문장(통사) 구조를 반복함.

　[1연] 어메야,/복(福)이 따로 있나./뚝심 세고/부지런하면 사는거지,

　[2연] 내 새끼야,/팔자가 따로 있나/본심 가지고/부지런하면 사는거지.

· 대화 형식, 인용: 자식의 말(1연의 '어메야~부지런하면 사는거지.')－어메의 말(2연)－자식의 말(3연)－어메의 말(4연의 '오냐~그만이지')

· 의인법: 수런거리는 감잎(4연)

· 감각적 이미지의 사용: 수런거리는 감잎(청각), 별떨기 빛나는 밤하늘(시각)

· 명사 종결로 시적 여운을 줌.: 그 하늘의 깊이.(시의 끝 행)

● **시어 및 시구 풀이**

· 뚝심: 굳세게 버티거나 감당하여 내는 힘.

· 팔자: 사람의 한평생의 운수.

· 본심: 본디부터 변함없이 그대로 가지고 있는 마음. 꾸밈이나 거짓이 없는 참마음. ㉮ 진심

● **작가의 특징** 박목월의 시는 「나무」, 「가정」, 「나그네」, 「이별가」가 수능 출제 기관에서 출제한 시험에서 출제되었다. 이들 시만 보아도 그의 시 경향이 딱 한 가지로 집약되지 않는데, 「가정」은 가장으로서의 고달픈 삶과 가족애를, 「나그네」는 향토적 서정을, 「이별가」는 이별의 서러움과 그리움을 노래한 시이다. 따라서 박목월의 시가 출제되면 제목을 보고 이미 공부한 박목월의 시를 떠올리며 해석하도록 한다.

(나) 이형기, 「민들레꽃」

● **제목의 의미** '민들레꽃'에 대해 노래한 시로, 3번 문제의 〈보기〉에서 화자는 '민들레꽃'을 소멸될 수밖에 없는 운명에 좌절하지 않고 허무에 맞서는 존재로 바라보았고, '민들레꽃'의 내적 가치에 대한 긍정적 인식을 드러내고 있다고 한 점에서, 제목 '민들레꽃'은 주제를 드러내는 핵심 소재임을 알 수 있다.

● **시적 상황**

· 1연: 작지만 전력을 다해 샛노랗게 핀 민들레의 생명력

· 2연: 욕심 내지 않고 주어진 환경에서 최선을 다하는 민들레의 자세

· 3연: 척박한 환경을 운명으로 여기는 민들레의 태도

· 4연: 꽃을 피우기 위해 열심히 노력하는 민들레의 의지

· 5연: 노랗게 피었다가 질 수밖에 없는 민들레의 운명

· 6연: 짧은 운명(닷새)을 지닌 민들레와 그것에 대한 긍정적 인식

● **정서 · 태도**

· 운명적, 능동적 ▨작품 근거 씨 뿌려진 그 자리가 바로 내 자리

· 긍정적, 예찬적 ▨작품 근거 한 댓새를 짐짓 영원인 양하고/보라 저기 민들레는 피어 있다

● **주제** 열악한 환경에서도 꽃을 피우기 위해 노력하는 민들레에 대한 예찬

● **표현상의 특징**

• 반복법: 노랗게 노랗게(1·5연), 열심히 열심히(4연), 피어 있다(1·6연)

• 색채어, 시각적 심상: 노랗게, 샛노랗게

• 의인법: 아무 곳도 넘보지 않는다, 씨 뿌려진 그 자리가 바로 내 자리, 물을 길어 올리는

• 음성 상징어: 아슬아슬(의태어)

• 역설법: 쬐그만 것이지만 그 크기는/어떤 자로서도 잴 수 없다, 헛되어도 좋은 꿈(6연)

• 영탄법: 아 민들레!

• 대구법

```
┌ 물을      길어 올리는     실뿌리
│        │          │
└ 어둠을    힘껏 밀어내는    떡잎 (4연)
```

• 설의법: 헛되어도 좋은 꿈 아니냐

• 직유법: 한 댓새를 짐짓 영원인 양하고

● **작가의 특징** 이형기의 시는 '꽃이 지기로서니 바람을 탓하랴'로 시작하는 「낙화」가 전국 단위 시험에서 자주 출제되었는데, 이 시는 꽃이 피고 지는 자연의 순환을 통해 이별의 아픔을 극복하고 성숙한 삶으로 나아가는 과정을 그리고 있다. 이처럼 시험에 출제되는 이형기의 시들은 대개 낙관적인 세계관을 갖고 자연의 섭리에 따르는 내용을 담고 있다.

★ **두 작품은 왜 함께 묶였을까?**

• **내용·태도** 열악한 환경 속에서는 좌절하지 않고 삶과 운명에 긍정하는 자세

• **표현** 설의법, 반복법, 의인법, 시각적 심상

---

01 작품들 간 공통점의 파악

정답 ①

◉ **①이 정답인 이유** (가)와 (나)는 다음과 같이 동일한 시어를 반복하고 있고, 이를 통해 그 의미를 강조하고 있다.

구분	동일한 시어의 반복(A)	A를 통해 강조하고 있는 시적 의미
(가)	• 어메야(1·3연) • 부지런하면(1·2연) • 사는거지(1·2연) • 엄첩구나(2·4연) • 그만이지(3·4연)	→ 어머니에 대한 친근함. → 부지런함이 중요함. → 사는 데 큰 걱정이 없음. → 아들을 대견하게 생각함. → 욕심이 없음.
(나)	• 노랗게(1·5연) • 열심히(4연)	→ 노랗게 핀 민들레의 아름다운 모습 → 꽃을 피우기 위해 열심인 민들레의 노력

그런데 '동일한 시어의 반복'은 찾았지만, 이것이 '시적 의미를 강조'하는 효과가 있는지 확신하지 못해 오답에 답한 학생들이 많았다. 위 표에서와 같이 시적 의미를 파악하지 못했어도 시어 및 시구와 시행의 반복은 운율감을 느끼게 하고, 그 의미를 강조하는 효과가 있다는 것을 새기도록 하자.

▶ **정답의 근거** 위 '①이 정답인 이유'에서의 표

X **②가 오답인 이유** (가)와 (나) 모두 공감각적 이미지*가 쓰이지 않았다. 그럼에도 불구하고 ②에 답한 학생들이 많았는데, (가)의 4연 '수런거리는 감잎(수선스러운 감나무의 잎) 사이로'에서는 청각적 심상이, '별떨기(별들이 무더기를 이룬 것) 빛나는 밤하늘'에서는 시각적 심상이 쓰였고, (나)의 1연 '노랗게' 등에서는 시각적 심상이 쓰였을 뿐 감각의 전이가 나타난 예는 찾아볼 수 없다.

> * 공감각적 이미지: 둘 이상의 **감각적 이미지**(시각, 청각, 촉각, 미각, 후각 등)가 함께(共同) 쓰인 표현으로, 하나의 감각이 다른 감각으로 전이[전환(바뀜)하고 이동함.]되어 나타나는 경우를 말함. – 『매3력』 p.144에서
> **예** 달은 과일보다 향그럽다: 달빛(시각적 이미지)을 '향그럽다'(후각적 이미지)로 표현한, 시각의 후각화

③ (나)는 6연의 끝행 '보라'에서 명령형 어조를 활용하여 화자의 정서(당당하게 피어 있는 민들레꽃에 대한 감탄)를 부각하고 있지만, (가)는 명령형 어조를 사용하고 있지 않다.

④ (나)는 '아슬아슬'이라는 음성 상징어를 활용하여 대상(민들레)이 처한 상황(환경이 열악함)을 드러내고 있지만, (가)는 음성 상징어를 활용하고 있지 않다.

⑤ (나)는 처음(1연)과 끝(6연의 끝 행인 '보라 저기 민들레는 피어 있다') 부분에 비슷한 내용을 배치한 수미상관(p.128의 '개념 ✚' 참조)의 방식을 활용하고 있다고 볼 수 있고, 수미상관의 방식을 활용하면 구조적 안정감이 부여되는데, (가)는 수미상관의 방식을 활용하고 있지 않다.

> *수미상관 방식을 사용할 때의 효과: (1) 의미가 강조(정서 심화)되고, (2) 구조적 안정감이 느껴지며, (3) 운율감(리듬)이 형성된다.

---

02 시의 내용 이해

정답 ⑤

◉ **⑤가 정답인 이유** [E]에서 민들레는 '세상에 그밖에는(=꽃을 피우는 일 외에는) 할 일이 없어서(=없기 때문에)' '노랗게' 꽃을 피운다고 했고, 그렇게 핀 꽃이 결국에는 '질 수밖에 없'다고 했다. 그러니까 '질 수밖에 없는 꽃'이지만, 민들레가 할 일은 꽃을 피우는 일밖에는 없다는 것이지, 민들레가 '할 일을 찾기 위해' '결국 질 수밖에 없'다는 것이 아니다. 참고로, '없어서'의 '-어서'(-기 때문에)는 이유나 원인을 나타내는 말(연결 어미)이다.

▶ **정답의 근거** [E]의 '그밖에는 할 일이 없어서'

① [A]에는 작지만(쬐그만 것) 온 힘(전력*)을 다해 선명한 빛깔(샛노랗게)로 피어 있는 민들레의 모습이 나타나 있다.

> *전력(全力): 모든 힘(전체, 노력).

② [B]에는 '아무 곳도 넘보지 않는다'는 데에서 다른 공간은 욕심내지 않는 모습이, '주어진 한계' 안에서 '다만 혼자'인 상황에서 '끝까지' 애쓰는 민들레의 모습이 나타나 있다.

③ [C]에는 '씨 뿌려진' '바위 새*'나 '잡초 속'처럼 비좁고 열악한 곳을 '바로 내 자리'로 받아들이고 '터를 잡'는 민들레의 모습이 나타나 있다.

> *바위 새: 바위 사이. '잡초 속'과 함께 열악하고 척박한 환경을 의미함.

④ [D]에는 '실뿌리(실같이 가느다란 뿌리)'가 '물을 길어 올리'고 '떡잎'이 '어둠을 힘껏 밀어내'는 등 강한 의지와 생명력으로 꽃을 피우기 위해 '열심히 열심히' 노력하는 민들레의 모습이 나타나 있다.

03 자료를 활용한 감상

정답 ⑤

⭕ ⑤가 정답인 이유 (나)의 6연에서 민들레는 '댓새(닷새, 5일)를 짐짓(일부러) 영원인 양하'고 '피어 있다'고 했다. 5일밖에 피어 있지 못하지만 일부러 영원인 것처럼 피어 있는 모습을 '헛된 꿈'으로 볼 수도 있다. 그리고 〈보기〉에서 '(나)에는 민들레를 소멸될 수밖에 없는 운명에 좌절하지 않고 허무에 맞서는 존재로 바라보는 시선…이 드러나 있다.'고 했다. 이를 바탕으로 ⑤를 적절한 감상이라고 생각한 학생들이 아주 많았다.

하지만, 5일 동안 피는 것을 영원히 필 것처럼 하는 모습을 헛된 꿈이라고 하는 것은 운명에 맞서는 존재로 바라보는 시선과는 거리가 멀다. 운명에 맞서는 존재로 바라봤다면 '닷새를 짐짓 영원인 양하'는 모습을 '헛된' 것이라고 하지 않을 것이기 때문이다. 그리고 '헛되어도 좋은 꿈'이라고 한 것에서, 5일 동안 피는 것을 영원히 필 것처럼 하는 모습은 운명에 맞서는 것이 아니라 운명에 좌절하지 않는 것으로 볼 수 있다.

▶ 정답의 근거 (나)의 6연의 '헛되어도 좋은 꿈'

가장 많이 질문한 오답은? ②, ① 순

❌ ②가 오답인 이유 〈보기〉에서 (가)에 대해 설명한 내용과 (가)를 연결해 보자.

> - 인간의 유한성에 대한 인식을 바탕으로 함. → 누군 한 평생/만년을 사나.(3연)
> - 열악한 농토를 하늘이 내린 축복의 땅이라 여기며 달관*의 자세로 살아가려는 소신이 드러남. → 복이 따로 있나./뚝심 세고/부지런하면 사는거지,/하늘이 물을 대는 천수답/그 논의 벼 이삭.(1연), 허둥거리지 않고/제 길로 가면 그만이지.(3연)
> - 그(달관의 자세로 살아가려는 소신)에 대한 지지가 드러남. → 니 말이 정말이데(2연), 니 말이 엄첩구나.(4연)

이를 바탕으로 할 때, (가)에서 '니 말이 정말이데', '니 말이 엄첩구나'라고 하는 것은 '어메'가 '달관의 자세로 살아가려는 소신'을 지닌 '내 새끼'에게 보내는 지지를 드러낸 것으로 감상할 수 있다.

> *달관: 사소한 일에 얽매이지 않고 사물의 이치에 통달한 경지(인생관)에 이름.

❌ ①이 오답인 이유 '천수답'은 지문의 어휘 풀이를 참조하면, '빗물에 의하여서만 벼를 심어 재배할 수 있는 논'으로 열악한 농토임을 짐작할 수 있는데, (가)의 1연과 3연에서 화자(내 새끼)는 그런 '천수답'을 일구는 삶을 '복(福)'이며 '제 길'이라고 여기고 있다. 〈보기〉를 바탕으로 할 때, 이는 '열악한 농토(천수답)를 하늘이 내린 축복의 땅이라 여기며 달관의 자세로 살아가려는 소신'을 드러낸 것으로 감상할 수 있다.

③ (가)의 3연에서 '누군 한 평생/만년을 사'냐고 말했다. 〈보기〉를 바탕으로 할 때, 이는 인간은 그 누구도 만년을 살 수 없는, 유한한(한계가 있는) 존재라는 인식을 드러낸 것으로 감상할 수 있다.

④ (나)의 6연에서 '쬐그만 것이지만 그 크기는/어떤 자로서도 잴 수 없다'고 했다. 〈보기〉를 바탕으로 할 때, 이는 민들레의 외양(겉모습)은 쬐그만하지만 '내적 가치'는 어떤 자로서도 잴 수 없이 크다는 긍정적 인식을 드러낸 것으로 감상할 수 있다.

4~6 현대시

> **(가) 신석정, 「청산백운도」**
> - **제목의 의미** '청산(푸른 산)과 백운(흰 구름)의 모습을 그리다'란 뜻으로, 작품 속에서 푸른 산은 하늘을 향해 언제나 변함없이(불변성) 숭고하고 너그러운(포용력) 모습을 지닌 대상으로, 흰 구름은 푸른 산과 어우러져 화자가 지향하는 대상으로 그리고 있다. 따라서 제목 '청산백운도'는 시상을 전개하는 중심 소재이면서 화자가 지향하는 대상을 담고 있다.
> - **시적 상황**
> - 1연: 하늘을 향하고 사는 산의 모습
> - 2연: 언제나 숭고한, 변함없는 푸른 산에 대한 부러움
> - 3연: 태고부터 시작된 푸른 산과 별의 교감
> - 4연: 흰 구름과 푸른 산의 조화(자연물들 간의 교감)
> - 5연: 너그러운 산과 어우러진 구름
> - 6연: 흰 구름이 되어 푸른 산에 머물고 싶은 소망
> - **정서·태도**
> - 예찬적 `작품 근거` 흰 구름 이는 머리는 항상 하늘을 향하고 사는 산(1연), 수려한 이마(4연), 너그러운 산(5연)
> - 의지적, 자연 친화적, 소망 `작품 근거` 6연(푸른 산 이마를 어루만지리)
> - **주제** 자연과 어우러져 사는 삶에 대한 동경
> - **표현상의 특징**
> - 대비·대조: 대지에 발은 붙였어도(현실) ↔ 머리는 항상 하늘을 향하고 사는(이상)
> - 의인법: 늙은 산 수려한 이마, 너그러운 산 등
> - 반복법: 푸른 산, 흰 구름, 이마
> - 직유법: 양 떼처럼
> - 색채 대비: 푸른 산 ↔ 흰 구름
> - 말줄임표(……)로 시를 끝맺음으로써 여운을 줌.

● **시어 및 시구 풀이**

· 정초한(=청초한): 맑고 깨끗한(정결=청결)

· 너그러운 산: 산을 의인화하여 모든 것을 품어 주는 포용적 존재로 표현함.

· 내 몸이 가벼이 흰 구름이 되는 날: 화자가 죽은 후에도 계속 산에 머물고 싶다는 소망이 담겨 있음.

● **작가의 특징** 신석정은 「청산백운도」를 비롯하여 주로 자연을 제재로 하여 (1) 이상 세계에 대한 동경을 노래한 시를 썼으나, 광복 후에는 (2) 암울한 시대적 현실에 대한 시를 썼다. 따라서 신석정의 시를 만나면 (1)과 (2)를 기억하며 그가 살았던 시대를 떠올려 감상하면 좋다. 특히 「들길에 서서」(2014학년도 3월 고1 전국연합학력평가)와 「어느 지류에 서서」(2005학년도 9월 고2 · 2003학년도 10월 고3 전국연합학력평가)를 떠올리면, 신석정은 '힘든 현실(저문 들길과 지류에 서서) 속에서도 희망(푸른 별을 바라보자, 푸른 하늘을 우러러 보리)을 노래'한, 신석정 시의 특징 하나를 챙기게 된다.

(나) 문정희, 「새 옷 입는 법」

● **제목의 의미** 1연에서 '꽃들이 옷 입는 법'을 가르쳐 주면 시를 쓰겠다고 했고, 2연에서 새로 핀 꽃이 '눈부시게 옷 입는 법을 가르쳐' 준다고 한 것으로 보아 '새 옷 입는 법'은 꽃이 가르쳐 준 새 옷을 입는 방법이다. 6번 문제의 〈보기〉에서 (나)의 화자는 '자연으로부터 배운 삶의 방식을 험난한 현실에서 실현하기를 희망한다.'고 한 점을 참고하면, '새 옷 입는 법'은 자연이 가르쳐 주는 삶의 방식이자 화자가 자연으로부터 배우는 삶의 방식임을 알 수 있다. 따라서 제목 '새 옷 입는 법'은 주제를 드러내는 중심 소재로 볼 수 있다.

● **시적 상황**

· 1연: 어머니와 같은 자연(꽃)에서 배워 살아가고자 하는 나

· 2연: 자연(비, 꽃, 새들, 나무들)의 가르침으로 험난한 현실을 긍정적으로 바라보는 나

· 3연: 험난한 현실에서 자연으로부터 배운 삶의 방식을 적용하고자 하는 나

● **정서 · 태도**

· 현실에 대한 부정적 인식 작품 근거 이 도시가 악어들의 이빨로 가득해도(2연), 악어들이 검은 입을 벌린 이 도시(3연)

· 낙관적, 희망적 작품 근거 이만하면 살 만하다네, 그래도 혼자가 아니라네, 아침이 또 찾아왔잖아, 부드러운 비가 어깨를 감싸 주는 날도 있지 등

● **주제** 모성을 지닌 자연에게서 배운 삶의 방식을 험난한 현실에서 실현하고자 하는 소망

● **표현상의 특징**

· 음성 상징어: 사운사운

· 의인법: 꽃들이 옷 입는 법을/새로 가르쳐 주면, 부드러운 비가 어깨를 감싸 주는, 새들은~시 짓는 법을 들려주네, 나무들은 몸으로 춤을 보여 주네

· 직유법: 풀잎 같은 혀

· 종결 어미의 반복: '-네'(만나네, 많다네, 쓰겠네, 만하다네, 아니라네, 들려주네, 보여 주네, 같네), '-잖아'(찾아왔잖아, 있잖아)

· 유사한 문장 구조의 반복 ☞ 4번 해설 참조

· 자연을 인간에게 삶의 방식을 가르치는 대상으로 표현함.: 꽃들이 옷 입는 법을 새로 가르쳐 주면, 새들은~시 짓는 법을 들려주네

● **시어 및 시구 풀이**

· 새로 핀 꽃에서 어머니를 만나네: (1) 자연을 모성을 지닌 존재로 인식함. (2) 자연에서 어머니를 떠올림.

· 나에게는 어린아이가 많다네: 어머니에게 배울 것이 많은 어린아이처럼 나에게는 배워야 할 것들이 많음을 의미함.

● **작가의 특징** 문정희는 초기에는 삶의 생명력과 의미에 대한 관찰과 통찰을 담은 시를 많이 썼으며, 나중에는 여성의 삶을 비롯한 일상사를 솔직하게 그린 시를 많이 썼다.

★ **두 작품은 왜 함께 묶였을까?**

· **정서 · 태도** 화자가 자연을 긍정적으로 인식하고 지향함.
　　　　　　　　　　　　　　　　☞ 6번 문제의 〈보기〉 참조

· **표현** 의인법, 직유법

★ **기출 답지로 작품과 문제 완전 정복**

(가) 신석정, 「청산백운도」

· 화자가 지향하는 삶의 모습이 내재되어 있다.

· 자연물을 통해 화자의 의도를 효과적으로 나타내고 있다.

· 6연의 '구름'은 동경하는 대상이다.

－ 2009학년도 11월 고2 전국연합학력평가

---

04 표현상의 공통점과 차이점 파악 　정답 ③

◎ **③이 정답인 이유** (가)는 유사한 문장 구조를 반복하고 있지 않다. 이와 달리 (나)는 다음과 같이 유사한 문장 구조를 반복하고 있다.

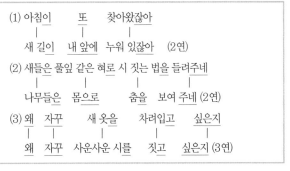

여기서 (3)은 시상을 마무리하는 부분이므로, (나)는 '유사한 문장 구조의 반복을 통해 시상을 마무리하고 있다.'는 설명은 적절하다.

▶ **정답의 근거** 위 '③이 정답인 이유' 참조

①과 ④에 답한 학생들은 드물었지만 ②와 ⑤에 답한 학생들은 제법 많았던 만큼, 이들 오답지들이 적절하지 않은 이유도 살펴보자.

① (가)는 음성 상징어*를 사용하지 않았다. 이와 달리 (나)는 의태어(음성 상징어) '사운사운'('살랑살랑'의 방언)을 사용하여 시를 가볍게 쓰겠다는 의미를 강조하고 있다.

> *음성 상징어: 소리를 흉내 낸 의성어와 모양을 흉내 낸 의태어를 아울러 말함.
> – 의성어: 소리(음성)를 흉내 낸 말. 예 쨍그랑, 우당탕 등
> – 의태어: 모양(형태)을 흉내 낸 말. 예 굽이굽이 (흐르다) 등
> – 『매3력』 p.133에서

② (가)는 물론 (나)에서도 역설적인 표현(p.23, 133의 '역설' 참조)을 사용하지 않았다.

④ (나)는 2연의 '새들은 풀잎 같은 혀로 시 짓는 법을 들려주네'에서 청각적 심상을 통해 대상의 특성(자연이 삶의 방식을 가르쳐 줌.)을 드러내고 있다고 볼 수 있지만, (가)는 청각적 심상을 사용하고 있지 않다.

⑤ (가)와 (나)는 모두 말을 건네는 방식*을 사용하고 있지 않다. 참고로, '말을 건네는 방식'은 박목월의 「천수답」(문제편 p.110)의 '어메야, 내 새끼야'에서 사용하고 있다.

> *말을 건네는 방식: 시의 경우 화자가 말을 건네는 청자가 없으면 독백체, 청자가 있으면서 대화를 주고받을 경우 대화체로 보는데, 청자가 있지만 청자와 대화를 주고받지 않을 경우에는 '말을 건네는 방식(어투, 말투)을 사용'했다고 표현한다.

05 시구의 의미 이해   정답 ④

X **④가 정답인 이유** ㄹ 앞에서 화자는 '이 도시가 악어들의 이빨로 가득해도', 즉 도시의 현실이 험악해도 '이만하면 살 만하'고, '혼자가 아니라'고 했다. 그리고 ㄹ에서 '아침이 또 찾아왔다'고 했는데, 이는 '살 만하고 '혼자'가 아니라는 인식과 마찬가지로 현실에 대한 긍정적 인식을 드러낸 것으로, 일상의 한계를 보여 주는 것으로 볼 수 없다.

▶ **정답의 근거** ㄹ(아침이 또 찾아왔잖아)과 그 앞뒤의 내용

① ㄱ에서는 산의 모습을 사람의 형상에 빗대어 '발'(산의 맨 아랫부분)은 '대지'(땅)에 붙이고 있고, '머리'(산꼭대기 부분)는 '하늘을 향하고' 있다고 했다. 이는 '머리'와 '발'의 대비를 통해 산이 지향하는 공간(하늘)을 보여 준 것으로 볼 수 있다.

② ㄴ에서는 '하늘과 땅이 비롯하던 날'(하늘과 땅이 생겨난 맨 처음)을 '그 아득한 날'이라고 했다. 그리고 그날 '밤부터' '산맥 위로' '푸른 별이 넘나들었'다고 했다. 이는 산 위로 '푸른 별'이 넘나드는 움직임이 오래전부터 지속되었음을 보여 준 것으로 볼 수 있다.

③ ㄷ에서는 '우리는 모두 고향을 버리고 온 새'라고 했다. 여기에서 '모두'는 '우리'의 상황이 '고향을 버리고' 왔다는 점에서 동일함을 드러낸 것으로 볼 수 있다.

⑤ ㅁ에서는 '이 도시'를 '악어들이' '입을 벌린 상황에 빗대면서 특히 그 '입'을 '검은 (입)'이라고 했다. 이것은 '도시'에 대한 부정적 인식을 드러낸 것으로 볼 수 있다.

06 자료를 활용한 감상   정답 ④

◎ **④가 정답인 이유** (나)의 2연 '새들은 풀잎 같은 혀로 시 짓는 법을 들려주네/나무들은 몸으로 춤을 보여 주네'는, 그 앞의 '~가르쳐 주고'로 보아 화자*가 자연(새들, 나무들)으로부터 삶의 방식을 배운 것으로 볼 수 있다. 하지만 화자가 자연으로부터 배운 삶의 방식을 '험난한 현실에서 실현하고 있는' 모습은 찾아볼 수 없다. 〈보기〉에서 화자는 '자연으로부터 배운 삶의 방식을 험난한 현실에서 실현하기를 희망한다.'라고 했는데, 이는 3연의 '왜 자꾸 새 옷을 차려입고 싶은지/왜 자꾸 사운사운 시를 짓고 싶은지'에서 확인할 수 있다.

> *화자(話者): 화제(이야기)를 이끌어 가는 사람(者, 놈 자). 즉, 말하는 사람. 반 청자(듣는 사람) → 화자를 시에서는 시적 화자 또는 서정적 자아라고 하고, 소설에서는 서술자라고 함.

▶ **정답의 근거** 〈보기〉의 '~험난한 현실에서 실현하기를 희망한다.' – ④의 '실현하고 있는' X

① 〈보기〉에서 '(가)에서 화자는 자연을 불변성과 포용력을 지닌 존재로 인식'한다고 했다. 이를 바탕으로 (가)를 보면, '언제나 숭고할* 수 있는 푸른 산'(2연)에서 화자는 자연(산)을 불변성을 지닌 존재로, '고산식물(높은 산에서 자라는 식물)들을 품에 안고 길러낸다'(5연)에서 포용력을 지닌 존재로 인식하고 있다는 것을 확인할 수 있다.

> *숭고(崇高)하다: 뜻이 높고 고상하다. 거룩하다.

② 〈보기〉에서 '(가)에서 화자는~동경하는 자연과 어우러지는 날을 희망한다.'고 했다. 이를 바탕으로 (가)를 보면, 화자는 '푸른 산'을 '부러워'하여(2연) '흰 구름이 되는 날'에 '푸른 산'의 '이마를 어루만지'겠다(6연)고 한 것에서 동경하는 자연(산)과 어우러지고 싶은 희망을 드러내고 있다는 것을 확인할 수 있다.

③ 〈보기〉에서 '(나)에서 화자는 자연을 모성을 지닌 존재로 인식한다'고 했다. 이를 바탕으로 (나)를 보면, 화자는 '새로 핀 꽃에서 어머니를 만난다(1연)고 한 것에서 자연을 모성(여성이 어머니로서 가지는 성질)을 지닌 존재로 여기고 있다는 것을 확인할 수 있다.

⑤ 〈보기〉에서 '시에서는 화자가 자연을 긍정적으로 인식하고 지향하는 모습이 다양하게 형상화된다.'라고 했다. 이를 바탕으로 (가)와 (나)를 보면, (가)에서는 '흰 구름'이 '늙은 산(의) 수려한* 이마를 쓰다듬'는다(4연)고 했고, (나)에서는 '부드러운 비가 (내) 어깨를 감싸' 준다(2연)고 한 것에서 (가)와 (나)의 화자는 자연(산, 비)을 긍정적으로 인식하고 있다는 것을 확인할 수 있다.

> *수려(秀麗, 빼어날 수·아름다울 려)한: 빼어나게(우수) 아름다운.

7~9 현대시

(가) 이성선, 「고향의 천정(天井) 1」

- **제목의 의미** 화자는 하늘 가득한 별에서 어린 시절 고향의 메밀꽃과 할머니를 차례로 떠올리고, 저승으로 가신 할머니가 별(≒메밀꽃) 사이로 자신을 살피고 있다고 말하고 있다. 이를 통해 제목은 '별이 뜬 (고향의) 하늘'을, '하늘의 별로 피어 있는 (고향의) 메밀꽃'을 의미한다는 것을 일 수 있다. 제목 '고향의 천정'은 시의 중심을 이루는 과거를 회상하게 하는 매개체인 것이다.
  ※ '천정'은 지붕의 안쪽을 가리키는 '천장'의 비표준어임.

- **시적 상황** 저녁에 마당에 누워 하늘을 보던 화자는 별을 통해 메밀꽃을 떠올리고, 메밀꽃에서 다시 자신의 어린 시절 고향의 메밀밭에서 할머니의 보호를 받으며 놀던 것을 떠올리며 할머니의 사랑을 깨닫고 있다.

- **정서·태도**
- 회상적 [작품 근거] 1~4연
- 자연 친화적 [작품 근거] 1~3연
- 충만감 [작품 근거] 6연
- 그리움 [작품 근거] 7연
- **주제** 어릴 적 추억과 할머니의 사랑
- **표현상의 특징**
- 경어체, 말을 건네는 어투
- 시간의 흐름에 따른 시상 전개: 과거 회상(1~4연) → 현재(5~7연)
- 역설법: 아주 커서도 덜 자란 나
- 비유: 별로 피어 있는 어릴 적 메밀꽃('별'을 '메밀꽃'에 빗댐.)
- 대비: 가끔 ↔ 날마다
- **시어 및 시구 풀이**
- 밭둑: 밭보다 약간 높게 흙을 쌓아 밭의 경계로 삼고, 동시에 사람이 걸어 다닐 수 있도록 한 것. 밭두둑.

- 메밀: 하얀 꽃이 피는 풀. 열매는 전분이 많아 가루를 내어 국수나 묵 등을 만들어 먹음.
- 멍석: 짚으로 엮어 만든 큰 깔개.
- 별: 회상의 매개체로, '별'(은하수)을 보고 '메밀꽃'을 연상했고, 다시 '할머니'를 연상함.
- **작가의 특징** 이성선은 평이한 시어로 자연의 순수함과 아름다움, 자연 친화적인 삶을 추구한 작품을 주로 썼다. 이성선의 작품이 출제되면 「고향의 천정 1」을 쓴 작가임을 기억해 두었다가 감상하면 도움이 된다.

(나) 손택수, 「밥물 눈금」

- **제목의 의미** '밥물 눈금'은 밥을 지을 때 쌀의 양에 맞는 물의 높이를 나타내는 눈금을 말한다. 시에서는 손으로 밥물을 맞추는 행위에서 과거의 일을 회상하고 있으므로, 제목 '밥물 눈금'은 과거를 회상하는 매개체 역할을 한다.

- **시적 상황** 밥물의 눈금을 맞추는 일상의 일에서 논에 물을 보러 가던 할아버지, 한 끼를 아끼기 위해 친구 집으로 갔던 가난했던 소년 시절과, 밥의 양을 늘리기 위해 밥국을 끓이던 문현동에서의 일을 떠올리고 있다. 그리고 가난으로 인해 손에 주름이 많이 생길 정도로 고생했지만, 그 손이 전기밥솥에는 없는 눈금을 지니고 있다며 긍정적 인식을 드러내고 있다.

- **정서·태도**
- 회상적 [작품 근거] 물꼬를~할아버지 생각도 나고,/저녁 때가 되면~소년의 저녁도 떠오른다
- 슬픔 [작품 근거] 일찍 철이 들어서 슬픈 귓속으로
- 긍정적, 자기 위안 [작품 근거] 전기밥솥에는 없는 눈금을 내 손은 가졌다
- **주제** 밥물의 눈금을 맞추는 손가락 주름에서 떠올린 유년의 기억과 자기 위안
- **표현상의 특징**
- 감각적 이미지: 봉지쌀 탈탈 터는 소리(청각)
- 음성 상징어: 탈탈
- **시어 및 시구 풀이**
- 수위: 물(수면, 호수)의 높이(위치).
- 중지: 다섯 손가락 중 셋째 손가락. 한가운데에 있으며 가장 길다.
- 물꼬: 논에 물이 넘어 들어오거나 나가게 만든 좁은 통로.
- 가난한 지붕들이 내 손가락 마디에는 있다: 가난으로 인해 고생했던 흔적이 주름진 손가락 마디에 남아 있다.
- 봉지쌀: 봉지에 담긴 적은 분량의 쌀.
- **작가의 특징** 손택수의 시는 전국 단위 시험에 「나무의 꿈」(2023학년도 6월 고1 전국연합학력평가)과 「나무의 수사학 1」(2021학년도 6월 고3 모의평가), 「목련 전차」(2018학년도 3월 고2 전국연합학력평가) 등이 출제되었다. 이들 시에서 공통으로 발견되는 것은 자연물을 통한 깨달음을 노래하고 있는 것인데, 「밥물 눈금」까지 고려하면 그의 시들은 일상에서 발견하는 깨달음을 노래했다고 볼 수 있다.

- **정서·태도** 과거 회상의 매개체(별, 밥물 눈금)를 통한 깨달음

★ 기출 답지로 작품과 문제 완전 정복

(가) 이성선, 「고향의 천정(天井) 1」

- 대상에 대한 그리움이 드러난다.
- 〈보기〉를 바탕으로 (가)가 창작되었다고 가정할 때, '고려 사항'과 '반영 결과'가 **잘못** 연결된 것은?

> **보기**
>
> 할머니, 죄송합니다. 그동안 제가 참 무심했지요⋯⋯. 돌아가신 후 할머니를 까맣게 잊고 살았으니까요⋯⋯. ㉮어른이 되어서도 전 여전히 철부지인가 봅니다. 오늘 문득, ㉯메밀밭에서 일하시던 할머니가 생각났습니다. 그 옛날, 할머니는 저를 밭둑에 두고 한참이나 밭일을 하셔야 했지요. 그때는 할머니가 일 때문에 ㉰이따금씩 저를 살피실 뿐이라고 생각했습니다. 그러나 ㉱이제야 깨닫습니다. 할머니가 저를 얼마나 사랑하셨는지를, 지금 이 순간에조차 얼마나 ㉲살뜰히 보살피고 계신지를⋯⋯.

	고려 사항	반영 결과
①	㉮를 잘 드러내기 위해 역설적 표현을 사용한다.	'아주 커서도 덜 자란 나'
②	㉯를 연상하도록 이끌어 준 대상을 비유적으로 드러낸다.	'별로 피어 있는 어릴 적 메밀꽃'
③	㉯와 ㉱ 사이에 시간의 흐름이 나타나도록 연을 구성한다.	2연에서 과거에서 현재로 바뀌는 상황을 보여 준다.
④	㉰와 ㉲가 대비되도록 적절한 부사어를 사용한다.	'가끔', '날마다'
⑤	㉲를 잘 드러내기 위해 그 내용을 제시하며 시상을 마무리한다.	'날마다~살피고 계셨습니다'

답 ③

– 2011학년도 6월 고1 전국연합학력평가

매3은 책이 아닙니다.
제대로 공부법이 결합된 훈련 프로그램입니다.

매3공부습관의 힘

비문학	중학 매3비 → 예비 매3비 → 라이트 매3비 → 매3비
문 학	예비 매3문 → 매3문 · **화법/작문** 매3화법과작문
어 휘	매3력 → 매30어휘 · **문 법** 매3언어와매체

---

07 표현상의 특징과 그 효과 이해   정답 ②

◉ **②가 정답인 이유** (나)의 '일찍 철이 들어서 슬픈 귓속으로/ 봉지쌀 탈탈 터는 소리라도 들려올 듯'에서 청각적 심상(봉지쌀 탈탈 터는 소리)을 사용하고 있다. 그리고 쌀 한 톨이라도 남지 않게 털어내기 위해 '봉지쌀을 탈탈 터는 소리'가 옆에서 들려오는 듯이 선명한 것이 슬프다(슬픈 귓속)고 표현함으로써 가난했던 어린 시절에 대한 화자의 슬픈 정서를 부각하고 있다. (나)와 달리 (가)는 주로 시각적 심상을 활용하고 있을 뿐, 청각적 심상을 활용하고 있지 않다.

▶ **정답의 근거** 위 '②가 정답인 이유' 참조

① (가)와 (나) 모두 의문형으로 나타나는 설의법(p.98의 '설의적 표현' 참조)을 사용하고 있지 않다. (가)에서 4연의 '나도 벌써 몇 년인가'는 추측을 나타낸 것일 뿐 설의법과 관련이 없으며, 화자의 의지를 표현한 것도 아니다.

③ (가)는 차분한(격정적 ✕) 어조로 과거를 회상하며 현재의 상황을 제시하고 있고, (나)는 '알게 되었다(3행), 떠오른다(9행), 있다(11행), 가졌다(15행)' 등에서 단정적 어조를 사용하고 있지만, 이를 통해 화자의 기대감을 드러내고 있지는 않다.

④ (가)는 화자가 '마당에 누워' '하늘'을 올려다보고 있는 것에서 상승의 이미지를 엿볼 수 있으나 역동성*을 강조하고 있지 않으며, 시어 자체에 상승의 이미지가 드러나 있지도 않다. (나)는 '손등 중앙까지 올라온 수위를 중지의 마디를 따라 오르내리다 보면'에서 상승과 하강의 이미지를 사용하고 있지만, 이를 통해 대상인 '밥물'의 역동성을 강조하고 있지는 않다.

> *역동성: 활발하고 힘차게(力, 힘 력) 움직이는(운동) 성질.

⑤ (나)는 계절감을 드러내는 시어가 사용되지 않았다. (가)는 2연에서 계절감을 드러내는 시어인 '늦여름, 메밀꽃'을 사용하고 있지만, 이를 통해 대상의 변화 양상을 나타내고 있지는 않다.

---

08 공간의 기능 비교   정답 ④

◉ **④가 정답인 이유** (가)의 ㉠(밭둑)은 '나'가 어린 시절에 할머니의 보살핌을 받으며 아무 걱정 없이 '바람과 놀'던 곳이라는 점에서 '화자의 동심*이 허용되는' 공간이라고 볼 수 있다. 그리고 (나)의 ㉡(문현동)은 '한 그릇으로 두 그릇 세 그릇이 되어라 밥국을 끓이던'(찬밥 한 그릇을 두세 명이 먹을 수 있게 양을 늘리기 위해 물을 넣고 국처럼 끓이던) 곳이고, 화자가 '저녁때가 되면 한 끼라도 아껴보자/친구 집에 마실(이웃에 놀러 다니는 일)을 가던' '소년' 시절을 보낸 곳이다. 따라서 ㉡은 가난으로 인해 '화자의 성숙함이 요구되는' 공간이라고 볼 수 있다.

> *동심: 어린아이(아동)의 마음(심리).

▶ **정답의 근거** ㉠: '밭둑에서 나는 바람과 놀고', ㉡: '저녁때가 되면~밥국을 끓이던'

가장 많이 질문한 오답은? ③

✗ **③이 오답인 이유** ㉠은 화자가 어린 시절에 바람과 놀던 곳일 뿐 당시에 화자가 슬픔을 느꼈다는 근거를 찾을 수 없고, '슬픔이 해소'되는 공간도 아니다. 또 ㉡은 화자가 어린 시절에 살던 곳으로, 당시에 화자가 그리움을 느꼈다는 근거를 찾을 수 없고, '그리움이 해소'되는 공간도 아니다.

① ㉠은 화자가 어린 시절에 '바람과 놀'던 곳이면서 할머니의 보살핌을 받던 곳이므로, 화자가 '벗어나려는' 공간이 아니다. 또 ㉡은 화자가 어린 시절에 가난으로 인해 힘들어하며 살았던 곳이므로 화자가 '지향하는' 공간이 아니다.

② ㉡은 화자가 가난한 어린 시절을 보냈던 곳으로, ㉡ 뒤의 '가난한 지붕들이 내 손가락 마디에는 있다'에서 그때의 가난이 현재에도 남아 있다고 한 점에서 '동질감'을 느끼는 공간으로 볼 수 있다. 하지만 ㉠은 화자가 '바람과 놀'던 곳으로, 이질감을 느끼는 공간이 아니다.

⑤ ㉡은 '화자의 경험이 축적된 현실의 공간'이지만, ㉠은 화자가 어린 시절에 직접 경험한(경험한 적 없는 ✗) 공간이므로 가상의 공간이 아니다.

09 자료를 활용한 감상 정답 ③

🅞 **③이 정답인 이유** (가)의 3연에서 화자가 '커서도 덜 자랐다'고 한 것은 '밭둑'에서 지내던 과거에 대한 것으로, 현재의 화자에게 '정서적 충만감'을 주고 있지 않다. 〈보기〉에서 '(가)의 화자는 할머니와의 기억을 통해 과거와 현재를 연결하며 깨달음과 정서적 충만감을 얻고 있다.'라고 했는데, 이는 6연과 7연에서 화자가 하늘의 별을 보고 '온 하늘 가득/별로 피어 있는 어릴 적 메밀꽃'이라고 하면서 돌아가신 할머니가 여전히 '나를 살피'고 있다는 것을 알게 된 것에서 확인할 수 있다. (나)의 경우, 화자가 '밥맛을 조금씩 달리'하는 것은 밥물을 잘 맞추게 된 이후에 하는 행동으로, 이 행동 자체가 현재의 화자에게 정서적 충만감을 주는 것은 아니다. 〈보기〉에서도 (나)의 화자가 '정서적 충만감'을 느낀다고 하지 않았다.

▶ **정답의 근거** 〈보기〉 및 (가)의 '커서도 덜 자란'과 (나)의 '밥맛을 조금씩 달리해 본다' 앞뒤의 내용

나머지 답지들이 〈보기〉를 바탕으로 감상한 내용으로 적절한 근거도 찾아보자.

① (가)의 5~7연에서 화자는 마당에 누워 '온 하늘 가득' 찬 별을 보고 '어릴 적 메밀꽃'을 떠올린다. 그리고 할머니가 저승으로 가신 후에도 '(하늘의) 메밀꽃(별) 사이사이로 나를 살피고 계'신다고 말하는 데에서, 화자는 자신이 여전히 할머니의 사랑 속에 있음을 깨닫고 있음을 알 수 있다. 이는 〈보기〉의 '(가)의 화자는 할머니와의 기억을 통해 '깨달음'을 얻고 있다고 한 것을 바탕으로 한 감상으로 적절하다.

② (나)의 화자는 '손등 주름'으로 밥물을 맞추는 과정에서 가난했던 유년의 기억을 되살리고 있다. 그리고 '늙은 손이긴 해도/전기밥솥에는 없는 눈금을 내 손은 가졌다'고 하는 데에서, '늙은 손'을 긍정하며 자기 위안을 얻고 있음을 알 수 있다. 이는 〈보기〉의 끝 문장을 바탕으로 한 감상으로 적절하다.

④ (가)에서 '마당에 누'워 하늘을 보는 행위는 하늘의 별을 통해 어릴 적 메밀꽃과 할머니를 떠올리게 하고, (나)에서 '손가락 주름'으로 '밥물'을 맞추는 행위는 '소년' 시절을 떠올리게 하므로, 회상의 계기가 된다. 이는 〈보기〉의 첫 문장을 바탕으로 한 감상으로 적절하다.

⑤ (가)의 화자는 하늘의 '별'에서 어릴 적 '메밀꽃'을 떠올리고 '할머니는 … 메밀꽃 사이사이로 나를 살피고 계셨습니다.'라고 했고, (나)의 화자는 '소년' 시절의 기억을 통해 '가난한 지붕들이 내 손가락 마디에는 있다'고 했다. 이를 통해 과거의 기억이 현재의 삶에 영향을 미치고 있음을 알 수 있다. 이는 〈보기〉의 첫 문장을 바탕으로 한 감상으로 적절하다.

✔ 매일 복습 확인 문제

1 다음 시구에 대한 설명으로 적절하면 ○, 그렇지 않으면 ✕로 표시하시오.

(1) 수런거리는 감잎 사이로 / 별떨기 빛나는 밤하늘.: 공감각적 이미지를 통해 대상의 속성을 나타내고 있다. ( )

(2) 세상에 그밖에는 할 일이 없어서 / 아주 노랗게 노랗게만 피는 꽃 / 피어선 질 수밖에 없는 꽃: 꽃을 피웠지만 세상에서 자신이 할 일을 찾기 위해 결국 질 수밖에 없는 꽃의 모습이 나타나 있다. ·····················( )

(3) 이 투박한 대지에 발은 붙였어도 / 흰 구름 이는 머리는 항상 하늘을 향하고 사는 산: '머리'와 '발'의 대비를 통해 '산'이 지향하는 공간을 보여 주고 있다. ··········( )

(4) 새로 핀 꽃에서 어머니를 만나네 / 나에게는 어린아이가 많다네: 화자는 자연을 모성을 지닌 존재로 여기고 있다. ·····················( )

(5) 온 하늘 가득 / 별로 피어 있는 어릴 적 메밀꽃 // 할머니는 나를 두고 메밀밭만 저승까지 가져가시어 / 날마다 저녁이면 메밀밭을 매시며 / 메밀꽃 사이사이로 나를 살피고 계셨습니다.: 화자는 별이 가득한 '하늘'을 보며, 자신이 여전히 '나를 살피'시는 할머니의 사랑 속에 있음을 깨닫고 있다. ·····················( )

2 다음에 사용된 표현법을 〈보기〉에서 골라 그 기호를 쓰시오.

(1) 고산식물들을 품에 안고 길러낸다는 너그러운 산 ( )

(2) 아주 커서도 덜 자란 나는 / 늘 그러했습니다만 ( )

(3) 봉지쌀 탈탈 터는 소리라도 들려올 듯·············( )

┌─────────〈 보기 〉─────────┐
│ ㄱ. 반어법   ㄴ. 설의법   ㄷ. 감정 이입 │
│ ㄹ. 역설법   ㅁ. 의인법   ㅂ. 음성 상징어 │
└──────────────────────────┘

정답 1. (1) ✕ (2) ✕ (3) ○ (4) ○ (5) ○ 2. (1) ㅁ (2) ㄹ (3) ㅂ

정답   **01** ①   **02** ④   **03** ③   **04** ③   **05** ⑤   **06** ①
       07 ②   **08** ④   **09** ①

1~3 현대시

(가) 김영랑, 「사개 틀린 고풍의 툇마루에」

- **제목의 의미** '사개 틀린 고풍의 툇마루'는 화자가 있는 공간이면서 화자의 정서를 드러내기에 알맞은 고풍스런 공간이다. 제목이 포함된 부분인 '사개 틀린 고풍의 툇마루에 없는 듯이 앉아/아직 떠오를 기척도 없는 달을 기다린다'에 집중하면 화자가 처해 있는 시적 상황을 드러내는 공간적 배경을 제목으로 삼았다는 것을 알 수 있다.
- **시적 상황** 화자는 툇마루에 앉아서 달이 떠오르기를 기다리고 있다.
- **정서 · 태도**
- 기다림 작품 근거 아직 떠오를 기척도 없는 달을 기다린다
- 외로움 작품 근거 내 하나인 외론 벗/가냘픈 내 그림자
- **주제** 달을 기다리며 툇마루에서 나누는 자연과의 교감
- **표현상의 특징**
- 대구법, 통사 구조의 반복: 아무런 생각 없이-아무런 뜻 없이
- 음성 상징어: 사뿐(의태어)
- 비유: 빛깔의 방석(달빛에 감나무 그림자가 툇마루에 드리운 것을 '방석'에 빗댐.)
- 공감각적 표현: 이 밤 옮기는 발짓이나 들려오리라 → 발짓(시각)이 들려오다(청각화)
- 도치법: 1연의 1 · 2행과 3 · 4행
- **시어 및 시구 풀이**
- 한 치: 약 3cm에 해당하는 길이.   · 외론: 외로운.
- 가냘픈 내 그림자와/말없이 몸짓 없이 서로 맞대고 있으려니: 달이 만든 자신의 그림자를 벗 삼는 모습 → 화자와 자연(달)의 교감이 나타남.
- **작가의 특징** 김영랑의 시 「모란이 피기까지는」은 고1 전국 모의고사에서만 3회나 출제되었고, 「끝없는 강물이 흐르네」, 「내 마음 아실 이」, 「청명」, 「독을 차고」 등도 수능이 좋아하는 시이다. 「오월」(문제편 p.124)에서도 확인할 수 있듯이 김영랑 시는 <u>우리말의 아름다움과 음악적 효과</u>를 잘 살린 것이 특징이다.

(나) 정진규, 「따뜻한 달걀」

- **제목의 의미** '따뜻한 달걀'은 화자가 기다리는 '그(봄)'를 위해 고른 것으로, '그'의 속성(따뜻함)을 드러내는 중심 소재에 해당한다.
- **시적 상황** 봄비가 내리는 절기인 우수 즈음에 고향의 산 여울에 흐르는 물소리를 들으며 봄의 기운을 느끼고 완연한 봄이 오기를 기대하고 있다.

- **정서 · 태도**
- 기대감, 기다림 작품 근거 오늘까지 연 닷새 간을~듣고 지내었더니, 경칩이 멀지 않다 하였다.
- 반가움 작품 근거 그가 왔다.
- **주제** 봄을 기다리며 자연의 점진적 변화를 감지하며 나누는 자연과의 교감
- **표현상의 특징**
- 감각적 이미지: [청각] 찰박대며 뛰어 건너는/이쁜 발자욱 소리, [촉각] 그 새끼발가락 하날/가만가만 만지작일 수도 있었더니, 따뜻한 달걀
- 음성 상징어: 가만가만(의태어)
- 동일한 종결 어미의 반복: -었더니(지내었더니, 있었더니)
- 반복법, 의인법: 그(봄)가 왔다.
- **시어 및 시구 풀이**
- 우수 날 저녁~연 닷새 간: 봄이 오는 것을 알아채고 기다린 시간
- 찰박대며 뛰어 건너는/이쁜 발자욱 소리: 봄을 의인화하여 봄이 오는 것을 청각적 심상으로 나타냄.
- 하날: 하나를.
- 가만가만 만지작일 수도 있었더니: 산 여울 소리로 인식되던 봄기운이 시간의 흐름에 따라 조금 더 뚜렷해짐을 나타냄.
- 나 실로 정결한 말씀만 고를 수 있었더니: '봄에 대한 기다림을 언어로 표현할 수 있었더니' 정도로 풀이할 수 있음.
- 경칩이 멀지 않다 하였다.: 완연한 봄이 올 것이라는 기대가 담겨 있음.
- **작가의 특징** 정진규의 시는 「따뜻한 달걀」 외에 「들판의 비인 집이로다」가 전국 단위 시험에 출제된 바 있다. 그의 시들은 대개 일상적 경험을 진솔하게 담고 있다.

★ 두 작품은 왜 함께 묶였을까?

- **내용** 자연의 순환적 질서에 감응함(자연과 교감을 나눔).
- **표현** 음성 상징어   · **정서 · 태도** 기다림

---

01 표현상의 공통점 파악

정답 ①

◎ **①이 정답인 이유** 음성 상징어(p.116 참조)는 '소리를 흉내 낸 의성어와 모양을 흉내 낸 의태어'를 말하는데, (가)에서는 모양을 흉내 낸 '사뿐*'을 활용하여 감나무 그림자의 움직임을 드러내고 있고, (나)에서는 모양을 흉내 낸 '가만가만*'을 활용하여 조금씩 봄이 다가오는 것을 조심스럽게 느끼는 화자의 움직임을 드러내고 있다.

> *사뿐: 소리가 나지 않을 정도로 가볍게 발을 내디디는 모양.
> *가만가만: 남이 알아채지 못하도록 아주 살그머니.

▶ **정답의 근거** (가)의 '사뿐', (나)의 '가만가만'

가장 많이 질문한 오답은? ③, ⑤, ② 순

X ③이 오답인 이유 (가)의 화자는 '달을 기다린다'에서 달을 기다리는 바람을 표출(겉으로 드러냄)하고 있지만, (나)의 화자는 바람을 표출하고 있지 않다. 그리고 (가)와 (나) 모두 청자(듣는 이)를 명시적으로(분명하게) 드러내고 있지 않다.

X ⑤가 오답인 이유 (가)는 3연에서 추측을 나타내는 표현(들려오리라)으로 시상을 종결하고 있고, 이를 통해 시적 여운을 자아내고 있다고 볼 수 있다. 하지만 (나)에서는 추측을 나타내는 표현으로 시상을 종결하고 있지 않다.

X ②가 오답인 이유 (가)와 (나) 모두 원경과 근경(p.130 참조)을 대비(p.100 참조)하고 있지 않다. 그리고 (가)는 달을 기다리고 있고, (나)는 봄이 점점 뚜렷해지고 있음을 느끼고 있으므로 '심리적 거리감'(p.101 참조)을 표현하고 있지도 않다.

④에 답한 학생들은 드물었다. (가)는 '~깔리우면'에서 '가정의 진술'을 확인할 수 있으나 이를 활용하여 현실 극복의 의지를 드러내고 있지 않고, (나)는 '가정의 진술'을 활용하고 있지 않으며 현실 극복의 의지를 드러내고 있지도 않다.

02 공간의 기능 이해 정답 ④

O ④가 정답인 이유 ㉠(툇마루*)은 고풍*스러운 공간으로, 화자는 여기에서 '달'을 기다리는데 '이 마루 위에 빛깔의 방석이' '깔리우면' 화자는 '외론(고독한) 벗'인 자신의 '그림자'와 '말없이 몸짓 없이'(적막한 상황) '서로 맞대고' 있을 것이라고 했다. 따라서 ㉠은 고독하고 적막한 상황이 형상화되는 공간으로 볼 수 있다. ㉡(산 여울)은 우수 날 즈음에 고향에서 화자가 봄을 느낀 공간으로, 화자가 들은 '찰박대며 뛰어 건너는'(생동하는) '이쁜 발자욱 소리'(청량한* 기운)를 통해 ㉡은 생동하는 청량한 기운이 형상화되는 공간으로 볼 수 있다.

* 툇마루: 방과 마당 사이에 있는 좁은 마루.
* 고풍(古風): 예스러운(고전) 풍취나 모습.
* 청량한: 맑고 서늘한. ※ '청량음료'를 떠올릴 것!

▶ 정답의 근거 위 '④가 정답인 이유'에서 밑줄 친 부분

가장 많이 질문한 오답은? ①

X ①이 오답인 이유 ㉠은 '사개 틀린* 고풍의'를 통해 오랜 세월의 흔적을 간직한 공간이고, '아무런 생각 없이/아무런 뜻 없이' '아직 떠오를 기척도 없는 달을 기다'리는 공간이라는 점에서 '일상적 삶의 공간'으로 볼 수 있다. 하지만 ㉡은 오랜 세월의 흔적을 간직한 공간으로 형상화되어 있지 않고, '우수 날 저녁~오늘까지 연* 닷새 간' 봄을 느끼게 한 공간일 뿐 일상적 삶의 공간으로 형상화된 것도 아니다.

* 사개 틀린: 사개가 딱 들어맞지 않고 뒤틀린. 툇마루가 너무 오래되어 낡고 헐어서 마루판을 이루고 있는 나무들의 이음새가 서로 어긋나 있는.
* 연: 어떤 일에 관련된 인원이나 시간, 금액 등을 모두 합친 전체. 여기서는 '우수 전날 저녁부터 오늘까지의 시간을 합친 전체'(5일 간)를 가리킴.

② (가)의 화자는 '툇마루(㉠)'에 앉아 달이 떠오르기를 기다리고 있고, (나)의 화자는 '산 여울(㉡)'에서 들리는 소리에서 봄을 느끼고 있을 뿐 현실을 관조(p.125 참조)하고 있지 않고 스스로를 성찰(반성)하고 있지도 않다.

③ ㉠에서 화자는 '떠오를'(상승할) 달(대상)을 기다리고 있으므로 ㉠은 상승하는 대상과 친밀감을 느끼는 공간으로 볼 수도 있다. 하지만 ㉡은 봄이 오는 소리가 나는 공간일 뿐, 화자가 일체감을 느끼고 있지는 않다.

⑤ ㉡은 '이쁜 발자욱 소리'가 나는 공간이라는 점에서 현재의 삶에 대한 만족감이 드러나는 공간으로 볼 수도 있다. 하지만 ㉠은 '떠오를 기척도 없는 달'을 기다리는 공간으로 (가)의 화자는 '지나온 삶에 대한 그리움'을 드러내고 있지 않다.

03 자료를 활용한 감상 정답 ③

O ③이 정답인 이유 〈보기〉에서 '(가)와 (나)는 자연의 순환적 질서에 감응*하는 화자의 모습을 보여 준다.'고 했다. 이를 참고하면 (가)의 화자가 기다리는 '달'은 '떠오를 기척도 없는 달'이라고 했으므로 '자연의 순환적 질서(해가 지고 → 달이 뜸)'가 지연된다고 볼 수 있다. 하지만 (가)의 화자는 '아무런 생각 없이' '아무런 뜻 없이' 기다린다고 했으므로, '떠오를 기척도 없는 달'이 화자의 조바심을 유발한다고 볼 수 없다. (나)의 '이쁜 발자욱 소리' 하나는 겨울에서 봄으로 바뀌고 있음을 느끼게 해 주지만 빠르게 봄이 오지 않는다는 점에서 '자연의 순환적 질서(겨울이 가고 → 봄이 옴)'가 지연된다고 볼 수 있다. 하지만 '이쁜 발자욱 소리' 하나가 화자의 조바심을 유발하는 것으로 표현되고 있지는 않다.

* 감응(感應): 어떤 느낌(감정)을 받아 마음이 따라서 움직임(반응).

▶ 정답의 근거 위 '③이 정답인 이유' 참조

가장 많이 질문한 오답은? ①, ② 순

X ①이 오답인 이유 (가)의 화자는 1연에서 '아무런 생각'이나 '뜻 없이' '떠오를 기척도 없는 달'이 떠오르기를 기다린다. 〈보기〉를 참고하면 이는 '시간의 흐름에 따른 자연의 점진적 변화를 감지하기 위해' 화자가 '온몸의 감각을 집중'하는 것으로 볼 수 있다.

X ②가 오답인 이유 (나)에서 화자는 '이쁜 발자욱 소리' 하나를 듣고 지냈는데, 이젠 그 '새끼발가락' 하나를 '만지작일 수'도 있게 되었다고 했다. 〈보기〉를 참고하면 이는 '시간의 흐름에 따른 자연의 점진적 변화' 양상을 표현한 것으로 볼 수 있다.

④ (가)의 3연에서는 달이 뜨는 것을 '이 밤 옮기는 발짓'을 한다고 표현하고 있고, (나)의 11~13행에서는 봄(그)이 온 것을 '진솔 속곳*을 갈아입'은 것으로 표현하였다. 〈보기〉를 참고하면 달이 발짓을 하고, 봄이 속곳을 갈아입는다고 표현한 것은 '자연(달, 봄빛)을 행위의 주체로 인식'한 것으로 볼 수 있다.

* 속곳: 예전에, 여자들이 입던 속옷.

⑤ (가)에서 화자는 달빛이 깔리우면 생기는 '내 그림자'를 '벗' 삼아 '서로 맞대고 있으려' 하고, (나)에서 화자는 '경칩'이 멀지 않은 것(완연한 봄이 옴)을 예감하며 '달걀'의 온기(따뜻함)를 느낀다. 〈보기〉를 참고하면 이는 화자가 자연(달, 봄빛)과 교감*하는 모습을 나타낸 것으로 볼 수 있다.

> *교감: 서로 접촉(교류)하여 감정을 나누어 가짐.

4~6 현대시

(가) 이육사, 「광야」

- **제목의 의미** '넓은 들'의 의미로, 전문을 읽어 보면 이 시의 공간적 배경이면서 화자를 포함한 우리 민족의 삶의 터전인 우리나라 땅(국토)을 가리킨다.
- **시적 상황** 눈 내리는 겨울에 '나'는 광야에서 과거를 회상하고 현재를 돌아보며, 미래(조국 광복)를 위해 '가난한 노래의 씨'를 뿌리겠다고 한다.
- **정서 · 태도**
- 미래 지향적, 의지적 作品근거 내 여기 가난한 노래의 씨를 뿌려라, 목 놓아 부르게 하리라
- **주제** 밝은 미래(조국 광복)의 도래에 대한 의지와 염원
- **표현상의 특징**
- 시간의 흐름에 따른 시상 전개
  - 과거(1~3연): 광야의 원시성과 역사의 시작
  - 현재(4연): 암담한 현실과 그 극복 의지
  - 미래(5연): 미래에 대한 기대(조국 광복)
- 설의법: 어데 닭 우는 소리 들렸으랴(들리지 않았을 것이라는 의미)
- 대유법: 닭 우는 소리-사람이 사는 곳을 나타냄.

> *대유법: 하나의 사물이나 관념을 나타내는 말이 그것과 밀접하게 관련된 다른 사물이나 관념을 나타내도록 표현하는 수사법. 예 흰옷(우리 민족), 백의의 천사(간호사)

- 대비 · 대조: 눈 ↔ 매화 향기
  일제 강점기 독립의 기운
- 의인법: 2연('산맥들'을 의인화함.)
- **시어 및 시구 풀이**
- 연모: 어떤 대상을 사랑하여 간절히 그리워함(사모).
- 범하던(범하다): (다른 사람의 영역을) 함부로 넘거나 들어가진.
- **작가의 특징** '이육사' 하면 '저항적'이란 단어부터 떠올리자. 그가 살았던 시대(일제 강점기)로 인해 그의 삶(항일 투쟁으로 옥고를 치름)뿐만 아니라 그의 시 경향이 '저항적' 내용을 담고 있기 때문이다. 아울러 이육사 시를 만나면 그의 대표적인 시라 할 수 있는 「광야」를 떠올리며 감상하면 도움이 된다. 하지만 이와 같은 이육사 시의 특징은 참고로 할 뿐 모든 시에 적용되는 것은 아니라는 점도 염두에 둔다.

(나) 박용래, 「울타리 밖」

- **제목의 의미** '울타리'는 풀이나 나무를 얽거나 엮어서 담 대신에 설치한 것이다. 지금은 집집마다 높은 담을 쌓고 살지만, 예전에는 낮은 울타리로 집 경계만을 겨우 표시했다. 이를 염두에 두고 시 전문을 읽으면, 이 시는 향토적인 마을의 '울타리 밖' 정경을 노래하고 있다. 시의 공간적 배경을 제목으로 삼은 것이다.
- **시적 상황** '울타리 밖'에 있는 고향 마을의 정경을 노래하고 있다. 그 마을은 '머리가 마늘쪽같이 생긴 소녀', '한여름을 알몸으로 사는 소년'이 살 것 같은 공간이며, '울타리 밖에도 화초를 심는 마을', '오래오래 잔광이 부신 마을', '밤이면 더 많이 별이 뜨는 마을'로, 평화롭고 향토적인 모습으로 나타나 있다.
- **정서 · 태도**
- 자연 친화적, 향토적, 예찬적 作品근거 머리가 마늘쪽같이 생긴 고향의 소녀, 울타리 밖에도 화초를 심는 마을, 오래오래 잔광이 부신 마을, 밤이면 더 많이 별이 뜨는 마을
- 소망 作品근거 ~ㄴ 마을이 있다(4연의 1행~3행)
  ☞ 6번 문제의 〈보기〉 참조
- **주제** 평화롭고 토속적인 공간에 대한 지향
- **표현상의 특징**
- 직유법: 마늘쪽같이, 아지랑이가 피듯 태양이 타듯 / 제비가 날듯 길을 따라 물이 흐르듯
- 유사한 통사 구조의 반복: ~이/가 ~듯(아지랑이가 피듯 태양이 타듯 / 제비가 날듯 길을 따라 물이 흐르듯), ~ㄴ 마을이 있다(4연의 1행~3행)
- 향토적(토속적) 소재의 활용: 마늘쪽, 들길, 울타리 등
- **작가의 특징** 박용래 시에는 토속적이고 향토적인 시어가 자주 등장한다. 눈 내리는 겨울 저녁의 모습을 다룬 「저녁 눈」에서는 말집 호롱불, 조랑말 발굽, 여물 써는 소리, 변두리 빈터 등의 시어(및 시구)가, 고향에 대한 그리움을 담은 「겨울밤」에서는 고향집 마늘밭과 추녀 밑 달빛이, 그리고 적막한 산촌의 모습을 그린 「월훈」에서는 시나브로 풀려 내리는 짚단과 창호지 문살에 돋는 월훈 등이 향토적 정서를 불러일으킨다.

> *토속적: 향토(시골)의 풍속인 (것). → '목가적, 전원적, 향토적, 토속적'이란 말은 모두 농촌(시골) 분위기가 느껴질 때 사용하는 어휘임.

★ 두 작품은 왜 함께 묶였을까?

- **표현** 종결 어미의 반복: (가) 명령형 어미(뿌려라, 하리라)
  (나) 평서형 어미(있다)

★ 기출 답지로 작품과 문제 완전 정복

(가) 이육사, 「광야」

- 이미지의 대조가 드러나 있다.(눈 ↔ 매화 향기)
- '끊임없는 광음을/부지런한 계절이 피어선 지고': 추상적 개념을 구체적 이미지로 변용하여 표현하고 있다.(추상적인 개념인 '계절'을 마치 꽃처럼 피고 질 수 있는 것으로 표현함.)

- 내재적 의미에 주목한 감상: '-라'라는 어미를 사용하여 시적 화자의 강인한 의지를 드러내고 있군.
- 2연의 '모든 산맥들이/바다를 연모해 휘달릴 때': 대상의 역동적 이미지가 드러난다.   - 2004학년도 9월 고1 전국연합학력평가
- 현재보다 나은 세계를 염원하고 있다.
- 3연의 '강물': 도도하게 흐르기 시작한 역사와 문명을 상징한다.
- 5연의 '백마': 천고의 뒤에 초인이 타고 온다는 것으로 보아 신성성을 상징한다.   - 2003학년도 6월 고1 전국연합학력평가
- 4연의 '눈'은 화자가 처한 현실을 암시한다.
- 시적 화자의 태도: 현실을 부정적으로 인식하고 그것을 극복하려 하고 있다.   - 2003학년도 4월 고3 전국연합학력평가
- 어려운 상황에 처한 화자의 모습이 나타나 있다.
  - 2002학년도 6월 고3 전국연합학력평가

(나) 박용래, 「울타리 밖」
- 비유적 표현을 활용하여 공간에 대한 인식을 드러내고 있다.
- 2연의 '아지랑이가 피듯 태양이 타듯/제비가 날듯 길을 따라 물이 흐르듯': 동일한 연결 어미를 반복하여 다양한 소재의 동질적 속성을 부각하고 있다.
- 3연의 '천연히': 하나의 시어로 독립된 연을 구성하여 대상의 상태를 강조하고 있다.
- 1950년대 후반의 시적 경향을 보여 주는 박용래는 모더니즘의 기법에 전통과 자연에 대한 관심을 결합했다. 그는 사라져 가는 재래의 것들을 회화적 이미지로 복원하여 토속적 정취를 환기하고, 소박한 자연의 이미지를 병치하여 자연의 지속성과 인간과 자연의 조화에 대한 바람을 드러냈다.
  - 시각적 이미지를 활용하여 풍경을 묘사함으로써 회화성을 잘 살리고 있군.
  - '화초'는 인간과 자연의 조화에 대한 바람을 함축하고 있군.
  - 토속적 정취를 자아내는 시어를 활용하여 전통적 세계에 대한 지향을 드러내고 있군.
  - 2015학년도 6월 고3 모의평가(B형)

04 표현상의 특징 파악
    정답 ③

◉ ③이 정답인 이유 [C]는 추상적 대상인 '계절'을 마치 꽃처럼 피고 질 수 있는 것으로 구체화하여 '피어선 지고'라고 표현하고 있다. '추상적인 대상을 구체화'한 것이다. 하지만 이것은 계절의 순환(또는 시간의 흐름)을 나타내는 것으로, '광야'라는 공간이 끊임없이 생성되고 소멸되는 순환성을 나타낸 것이 아니다.

▶ 정답의 근거 위 '③이 정답인 이유' 참조

가장 많이 질문한 오답은? ②, ④ 순

✗ ②가 오답인 이유 [B]는 '바다를 연모'하는 것으로 인격화된 대상인 '산맥들'이 '차마 이곳(광야)을 범하던 못하였으리라'고 추측하고 있는데, 이를 통해 '휘달'리던 산맥도 범할 수 없었던 광야의 신성성을 부각하고 있다.

✗ ④가 오답인 이유 [D]는 '머리가 마늘쪽(마늘의 낱개)같이 생긴 (고향의 소녀), 한여름을 알몸으로 사는 (고향의 소년)'에서 시각적 심상을 통해 고향의 모습을 선명하게 표현하고 있다.

① [A]의 '어데 닭 우는 소리 들렸으랴'는 어떤 소리도 들리지 않았을 것이라는 의미를 의문형으로 나타낸 설의적 표현(p.98 참조)으로, 그 어떤 생명체도 존재하지 않은 원시성을 지닌 태초 광야의 모습을 강조하고 있다.

⑤ [E]는 '-듯'을 사용한 '아지랑이가 피듯, 태양이 타듯, 제비가 날듯, 물이 흐르듯'에서 비유적 표현(직유)을 활용하고 있는데, 이를 통해 인위적*이지 않은(자연스러운) 마을의 모습을 드러내고 있다.

> *인위적: 사람의 힘으로 이루어지는 (것). ⑩ 자연적, 천연적

05 소재의 기능 파악
    정답 ⑤

◉ ⑤가 정답인 이유 '초인'(㉠)은 '보통 사람을 초월하는 능력을 가진 사람'이란 뜻으로, 화자가 광야에 '씨'를 뿌린 '가난한 노래'를 '목 놓아' 부를, 화자가 지향하는 이상(노래, 조국 광복)을 실현하는 존재로 볼 수 있다. 그리고 ㉡(화초)은 마을 사람들이 '울타리 밖'에도 심는 대상이다. 화초를 울타리 안뿐만 아니라 울타리 밖에도 심는다는 것은 다른 사람들도 '화초'를 즐길 수 있게 배려하는 것이므로, ㉡은 화자가 지향하는 공동체의 모습(남을 배려하고 꽃을 함께 즐김)을 드러내는 대상으로 볼 수 있다.

▶ 정답의 근거 ㉠과 ㉡의 앞뒤 내용

① ㉠은 '천고의 뒤'인 미래에 올 것이라고 했으므로 현재의 화자를 각성하게 하는 존재로 보기 어렵다. 그리고 ㉡뿐만 아니라 (나) 전체에서 화자는 자신을 성찰하고 있지 않고 화자를 성찰하게 하는 대상도 없다.

② ㉡은 생명력을 지닌 존재라는 점에서 공간에 생명력을 더하는 대상으로 볼 수 있다. 그러나 ㉠은 '지금 눈 나리'는 광야의 현재 상황을 극복하고 '가난한 노래의 씨'가 자란 '노래'를 부를 존재이므로, 공간(광야)의 황폐함을 심화하는 존재로 볼 수 없다.

③ ㉠은 '지금 눈 나리'는 광야의 현재 상황을 극복할 수 있는 존재이므로, 공간의 변화를 가져오는 존재로 볼 수 있다. 하지만 ㉡은 공동체(마을)에 이미 존재하고 평화로운 마을의 이미지를 지니고 있으므로 공동체의 인식 전환을 일으키는 대상으로 볼 수 없다.

④ (가)의 화자는 ㉠을 언젠가는 올 기다림(위화감* ✗)의 존재로 느끼고 있으며, (나)의 화자는 ㉡을 마을을 평화롭게 하는 (애상감* ✗) 대상으로 느끼고 있다.

> *위화감: 조화에 위반되는 감정. 조화롭게 어울리지 못하는 어색한 느낌.
> *애상감: 애통해하고 상심하는 감정.

06 자료를 활용한 감상

정답 ①

🎯 **①이 정답인 이유** 〈보기〉의 진술부터 분석해 보면, 첫째 문장에서 (가)와 (나)의 공통점을 설명하고, '화자가 미래 지향성을 보이는 경우'로 시작되는 둘째~셋째 문장에서 (가)를, '화자가 과거 상황을 긍정적으로 인식하는 과거 지향성을 보이는 경우'로 시작되는 넷째~다섯째 문장에서 (나)를 설명하고 있다.

(가)에 대한 설명인 〈보기〉의 셋째 문장을 보면, (가)의 화자는 '발전된 미래에 대한 신뢰를 바탕으로 부정적인 현재 상황을 적극적으로 극복하려 한다.'라고 했다. 그런데 '큰 강물이 비로소 길을'(3연) 연 것은 광야에서 인간의 역사와 문명이 시작된 '과거'의 일을 표현한 것이므로, 이를 통해 '발전된 미래를 향한 희망을 확인'했다고 감상하는 것은 적절하지 않다.

▶ **정답의 근거** 〈보기〉의 셋째 문장과 (가)의 시상의 흐름

가장 많이 질문한 오답은? ②, ⑤, ③, ④ 순

❌ **②가 오답인 이유** '현재의 결핍'이 의미하는 바를 이해하지 못해 ②에 답한 학생들이 아주 많았는데, '현재의 결핍'은 현재에 있어야 할 것이 충족되지 못한 것, 부족한 것을 의미한다. 사랑과 평화, 안정, 의식주 등 여러 면에서 부족한 것이 있다면 '결핍'된 상황이라고 이해하면 된다.

〈보기〉에서 '화자가 미래 지향성을 보이는 경우'인 (가)는 화자가 '현재의 결핍을 인식'한다고 했는데, 이는 4연의 '지금 눈 나리고'에서 확인할 수 있다. 화자는 '지금'(현재) '눈'(일제 강점기의 시련)이 내리는 상황에서 결핍(평화와 안정을 이루지 못함)을 인식하고 있는 것이다. 그래서 '천고의 뒤에(미래에) 백마 타고 오는 초인'이 있을 것이라는 신뢰를 바탕으로 '부정적인 현재 상황'을 극복하고자 '가난한 노래의 씨'를 뿌리겠다고 한 것으로 볼 수 있다.

❌ **⑤가 오답인 이유** ②보다는 적었지만 ⑤에 답한 학생들도 많았다. 〈보기〉에서 '화자가 과거 상황을 긍정적으로 인식하는 과거 지향성을 보이는 경우'인 (나)는 '화자의 과거 회상이 현재 시제로 표현되기도 하는데, 이는 과거 공간이 존속하기를 소망하는 화자의 심리가 반영된 것으로 볼 수 있다.'라고 했다. 이를 바탕으로 할 때 (나)의 4연 1~3행에서 과거 고향의 모습을 '~마을이 있다'라고 하여 현재 시제로 표현하는 것은 마을의 모습이 존속하기를 소망하는 화자의 심리를 드러낸 것으로 볼 수 있다.

❌ **③이 오답인 이유** 〈보기〉에서 '화자가 과거 상황을 긍정적으로 인식하는 과거 지향성을 보이는 경우'인 (나)는 화자가 '과거의 공간을 훼손되지 않은 원형으로 여기는 모습을 보인다.'라고 했다. (나)의 '소녀', '소년', '들길'은 꾸밈이 없고 '사랑'스러운 모습으로, 이를 통해 화자가 고향을 훼손되지 않은 원형으로 여기고 있다고 감상할 수 있다.

❌ **④가 오답인 이유** ④에 답한 학생들도 많았다. 〈보기〉에서 (나)는 '화자가 과거 상황을 긍정적으로 인식하는 과거 지향성을 보이는 경우'로 표현하고 있는데, (나)의 '오래오래 잔광(해가 질 무렵의 약한 빛)'이 부시고 '더 많이 별이 뜨는 마을'의 모습을 통해 화자가 마을을 긍정적으로 인식하고 있음을 알 수 있다.

7~9 현대시

(가) 김광균, 「성호부근」

- **제목의 의미** '성호(경기도 안산에 있는 호수) 부근(근처, 근방, 주변)'의 뜻으로, 공간적 배경을 제목으로 삼았다.

- **시적 상황** 겨울 호수를 바라보며 화자는 어린 시절의 추억을 떠올리고 서글픔을 느끼고 있다.

  [1] 달빛이 비친 겨울 호수의 모습과 추억–화자는 겨울 밤 달빛이 비치는 호수 옆을 걸으며 희미한 추억을 떠올린다.

  [2] 황혼 무렵의 차창 밖 풍경과 향수–차창 너머로 언 강물과 지는 해를 바라보던 화자는 어렸을 적 고향을 떠올린다.

  [3] 저녁 무렵의 풍경과 서글픔–앙상한 겨울 잡목림 사이로 보이는 하늘과 논둑 위에 서 있는 송아지를 바라보며 서글픔을 느낀다.

- **정서·태도**
- 쓸쓸함(고독) **작품 근거** 여울가 모래밭에 홀로 거닐면
- 추억, 향수 **작품 근거** 여윈 추억의 가지가지엔, 나 어린 향수처럼 희미한
- 애상적 **작품 근거** 서글픈 얼굴을 하고

- **주제** 달빛 비친 겨울 호수 부근의 풍경과 그것을 통해 떠올리는 추억(향수)

- **표현상의 특징**
- 직유법: 호적같이, 은모래같이, 허리띠같이 등
- 활유법: 노을은 … 희미한 날개를 펴고 있었다.
- 감각적 이미지: [시각] 양철, 은모래, 꽃밭, 빙설, 빛, 허리띠, 노을, 푸른 송아지, [청각] 부숴지는 얼음 소리, 호적 (소리), [촉각] 스며든다, [공감각] 부숴지는 얼음 소리가 ~ 옷소매에 스며든다.(청각의 촉각화)
- 관념의 구체화·시각화: 여윈 추억의 가지가지엔(추상적 관념인 '추억'을 나뭇가지에 빗대어 구체화(시각화)하여 표현함.)
- 줄표(—) 사용: 길―게, 멀―리(강물의 길이, 화자와 노을 사이의 공간적 거리를 시각적으로 나타냄.)
- 감정 이입, 의인법: 송아지가 한 마리~서글픈 얼굴을 하고(화자의 서글픈 감정을 송아지에 이입하여 표현함.)
- 공간의 이동에 따른 시상 전개: 호수 옆 모래밭 → 차(차창) → 잡목림과 논둑이 보이는 곳

- **시어 및 시구 풀이**
- 양철로 만든 달: '양철'의 이미지(차가움, 날카로움)로 차가운 겨울의 분위기를 표현함.
- 호적: 휘파람 소리, 또는 피리 소리를 말함. '적(笛)'은 피리를 뜻하는 말로, 「관동별곡」에 나오는 '옥적성(옥 피리 소리)'을 기억해 둔다.
- 낡은 고향: 떠난 지 오래된 고향.
- 나 어린 향수: 어린 시절(나이가 어린 때)의 고향에 대한 그리움.
- 기폭(旗幅): 깃발. 깃대에 달린 천이나 종이로 된 부분.

- **작가의 특징** 김광균은 1930년대 모더니즘을 대표하는 시인이다. 따라서 현대 문명의 분위기 제시, 회화적 이미지의 구사 등 1930년대 모더니즘 시의 경향은 곧 김광균 시의 경향이라고 생각하면 된다. 이 시는 물론 수능이 좋아하는 「와사등」, 「외인촌」, 「데생」 등에서 발견되는 고독, 쓸쓸함, 황량함 등의 정서도 김광균 시에서 빼놓을 수 없는 특징이다. '김광균' 작품이 출제되면, 밑줄 친 부분을 떠올리면 도움이 된다.

(나) 이성선, 「논두렁에 서서」

- **제목의 의미** 1행의 '갈아놓은 논고랑에 고인 물을 본다.'에 나타나 있는 것처럼, 화자는 논두렁에 서서 논고랑에 고인 물을 바라보고 있다. 제목은 시적 공간이 되는 배경과 화자가 대상을 바라보는 위치를 알려 주는데, '논두렁에 서서' 무엇을 바라보고 어떤 생각을 하는지를 살펴며 읽는다.
- **시적 상황** 화자는 논두렁에 서서 논고랑에 고인 물에 비친 자신과 자신을 둘러싼 존재들(나뭇가지, 햇살, 새 그림자, 산)을 바라보고 있다. 그리고 '거꾸로 서 있는' 자신의 모습이 '아프지 않고', '늘 떨며 우왕좌왕하던' 것에서 벗어나 '무심'하다는 것을 발견한다.
- **정서 · 태도**
- 행복 [작품 근거] 마음이 행복해진다.
- 연대감 [작품 근거] 늘 홀로이던 내가 / 그들과 함께 있다.
- 불안, 두려움 [작품 근거] 늘 떨며 우왕좌왕하던 내가
- 관조적 [작품 근거] 내가 / 저 세상에 건너가 서 있거나 한 듯 / 무심하고
- **주제** 물에 비친 모습에서 느끼는 자아에 대한 인식의 변화 (두려움, 외로움, 우왕좌왕함 → 행복함, 연대감, 무심함)
- **표현상의 특징**
- 열거법: 나뭇가지가 꾸부정하게 비치고~나의 얼굴이 들어 있다. → 논고랑의 물에 비친 대상들을 열거함.
  나뭇가지, 햇살, 새, 나(화자)
- 의인법: 산도 곁에 거꾸로 누워 있다.
- 화자의 모습 대비: 과거(두렵고 불안함) ↔ 현재(무심함)
- 현재 시제의 사용: 본다, 행복해진다, 들어 있다, 서 있다, 누워 있다, 선명하다
- **시어 및 시구 풀이**
- 갈아놓은: 쟁기 등으로 땅을 파서 뒤집어 놓은.
- 논고랑: 논에서 벼를 줄지어 심은 둑과 둑 사이에 골이 진 곳(고랑).
- 거꾸로 서 있는 모습이 / 본래의 내 모습인 것처럼 / 아프지 않다.: 일상에서 '나'는 늘 힘들고 아팠지만, 논고랑의 고인 물에 비친 '나'는 자연과 함께 있으면서 아름답고 편안하다고 느낌.
- 논두렁: 물이 고여 있도록 논의 가장자리를 흙으로 둘러막은 작고 얕은 둑.
- **작가의 특징** 「고향의 천정 1」의 지문 분석(p.117) 참조

*관조적: 관망하고 비추어(조명) 보는 (것). 고요한 마음으로 관찰하거나 비추어 보는 (것).　　　　－『매3력』p.118에서

- **내용** 자연(호수, 논고랑의 물에 비친 나뭇가지, 햇살, 새 등)을 바라보며 느낀 감정을 드러냄.
- **표현** 현재 시제, 의인법의 사용

07 표현상의 공통점과 차이점의 파악　　　정답 ②

◉ **②가 정답인 이유** (가)와 (나)에서 현재 시제부터 찾아보자. 그리고 현재 시제를 활용함으로써 시적 상황에 주목하도록 하는지도 살펴보자.

> (가) (얼음 소리가) 스며든다, 눈부신 빛을 발하다, 서 있다: 추운 겨울 호수 부근의 상황과 거기에서 화자가 느낀 심리에 주목하게 함.
> (나) (고인 물을) 본다, 행복해진다, (나의 얼굴이) 들어 있다, 함께 있다, 아름답다, 아프지 않다, 선명하다: 논두렁에 서서 논고랑에 고인 물에 비친 자신의 모습을 바라보는 상황과 거기에서 느낀 심리 상태에 주목하게 함.

따라서 ②는 적절한 설명이다. 그런데 (가)의 '펴고 있었다'에 과거 시제가 활용된 것 때문에 ②를 정답에서 제외했다는 학생들이 많았다. '펴고 있었다'에 과거 시제가 쓰인 것은 맞다. 하지만 현재 시제를 활용한 것도 맞고, 현재 시제를 활용함으로써 시적 상황에 주목하도록 한 것도 맞으므로 ②는 적절한 것이다.

▶ **정답의 근거** 위 '②가 정답인 이유' 참조

가장 많이 질문한 오답은? ④, ① 순

☒ **④가 오답인 이유** (나)에서 화자는 '논고랑에 고인 물을 본다'. 그리고 물 속에 비친 '나뭇가지'와 '햇살, 새 그림자, 자신의 얼굴, 산'을 보고 있으므로 화자의 시선은 원경에서 근경으로 이동하고 있지 않다. (가)의 경우, '저 멀―리/노을'에서 화자의 시선이 원경에 있지만, 원경에서 근경으로 시선을 이동(p.130 참조)하면서 시상을 전개하고 있지는 않다.

☒ **①이 오답인 이유** (나)의 '우왕좌왕*'을 음성 상징어(p.116 참조)로 볼 수는 있으나 대상(화자)의 생동감*을 강조하고 있지는 않고, (가)에는 음성 상징어가 사용되지 않았다. 한편 '음성 상징어'는 소리를 흉내 낸 의성어와 모양을 흉내 낸 의태어를 말하는데, '철철철 흐르듯 짙푸른 산'에서처럼 음성 상징어(철철철)를 사용하면 대상(산)의 생동감을 강조할 수도 있다.

> *우왕좌왕: 오른쪽(우)으로 갔다(왕래) 왼쪽(좌)으로 갔다(왕래)하며 나아갈 방향을 종잡지 못하는 모양.
> *생동감: 생기 있게 살아 움직이는(활동) 듯한 느낌(감각).
> ※ 생동감을 주는 다양한 표현들은 『매3력』p.133 참조

③ (가)와 (나)에서는 청자를 설정하고 있지 않고, 따라서 청자와 대화하는 방식을 활용하고 있지 않다.

⑤ (나)에서는 '거꾸로, 있다'를 반복하여 리듬감을 형성하고 있다고 볼 수 있으나, (가)에서는 '(밤)바람, 노을'을 반복 사용하고 있지만 유기적으로 반복되는 것이 아니라서 동일한 시어를 반복함으로써 느껴지는 리듬감을 형성하고 있지는 않다.

08 자료를 활용한 감상
정답 ④

◎ **④가 정답인 이유** 장면 '2'의 '희미한 날개를 펴고 있었다'는 노을을 묘사한 것으로, '나 어린 향수처럼'으로 보아 화자는 노을을 바라보며 향수를 느끼는 것으로 볼 수 있고, 장면 '3'의 '논둑 위에 서 있다'는 송아지의 모습을 표현한 것으로, '2'와 '3'은 〈보기〉의 설명처럼 다른 장면이다. '희미한 날개를 펴고 있는' 노을과 '논둑 위에 서 있는' 송아지를 호수 부근의 풍경을 형상화한 것으로 연결할 수 있으나, '송아지'의 '서글픈 얼굴'이 드러내는 정서가 극복될 수 있는 가능성을 암시하고 있지는 않다. 그리고 시 전체에서도 송아지를 통해 드러낸 화자의 서글픈 정서가 극복될 가능성을 암시하고 있는 부분은 없다.

▶ **정답의 근거** 위 '④가 정답인 이유' 참조

① 장면 '1'에서는 달빛이 비치는 호수를 '한 포기 화려한 꽃밭'으로 표현했는데, 이와 같은 비유적·시각적 이미지가 '양철로 만든 달'과 '부숴지는 얼음 소리'의 날카롭고 차가운 이미지와 연결되면서 겨울 호수의 이미지가 형상화되고 있다.

② 장면 '1'에서는 달이 호수에 비치는 모습을 '달이 하나 수면 위에 떨어'진다고 표현했는데, '양철로 만든 달'이라는 차가운 이미지가 겨울 호숫가를 '홀로' 거니는 화자의 상황과 맞물리면서 쓸쓸한 정서를 드러내고 있다.

③ 장면 '2'에서는 '강물'이 '길─게 얼어붙'은 것은 '낡은 고향(의 허리띠)'과 같고, '차창' '저 멀─리' 보이는 '노을'은 '향수'와 같다고 표현했는데, 이와 같은 표현에서 '강물'과 '노을'은 고향에 대한 그리움의 정서를 떠올리게 한다.

⑤ 장면 '1'의 시구* (호수의) 조각난 빙설*, 장면 '2'의 '얼어붙'은 '강물', 장면 '3'의 '앙상한 잡목림*'에서, 빙설과 강물, 잡목림을 꾸미는 '조각난, 얼어붙은, 앙상한'이 스산한* 분위기를 자아내고 있고, 애상적* 정서를 심화하고 있다.

---

*시구: 시의 어구(2어절 이상). * 어절: 문장을 구성하고 있는 문장 성분의 최소 단위로서 띄어쓰기의 단위가 됨.

시어	시구	시행
시에 쓰는 단어	시의 어구	시가 배열되어 있는 한 행(한 줄)
예 꽃	예 그의 꽃	예 그의 꽃이 되고 싶다.

– 『매3력』 p.143에서

* 빙설(氷雪): 얼음(빙수)과 눈(백설).
* 잡목림: 잡목들이 자라는 숲.
　　　　다른 나무와 함께 섞여서 자라는 여러 가지 나무.
* 스산한: 어수선하고 쓸쓸하고 으스스한.
* 애상적(哀傷的): 애통해하고 상심하는 (것). 슬퍼하는 (것).

---

09 시구를 중심으로 한 작품 감상
정답 ①

◎ **①이 정답인 이유** '늘 떨며 우왕좌왕하던'은 화자의 과거 모습이고, '곁에 거꾸로 누워 있는 '산'은 현재 화자가 바라보고 있는 모습이다. 화자는 현재 '논고랑에 고인 물'을 보고 있고, 물속에서 '나뭇가지, 햇살, 새 그림자, 나의 얼굴, 산'을 발견한다.

그리고 물 속에 비친 자신은 '거꾸로 서 있는 모습'이라고 했는데, 이때 화자는 '아프지 않'고, '늘 떨며 우왕좌왕하던' 모습이 아니라고 했다. 따라서 화자는 '곁에 거꾸로 누워 있는' 산의 모습과 과거 '늘 떨며 우왕좌왕하던' 자신의 모습을 동일시하고 있지 않다.

▶ **정답의 근거** 위 '①이 정답인 이유' 참조

가장 많이 질문한 오답은? ⑤, ③ 순

✕ **⑤가 오답인 이유** 화자는 '늘 떨며 우왕좌왕'했다고 했다. 그런 화자가 '논고랑에 고인 물'에 비친 자신의 모습을 보고 마치 '저 세상에 건너가 서 있기나 한 듯/무심하고* 아주 선명하다'고 했다. 이로 보아, '화자가 물을 보는 행위를 통해 자기 자신에 대한 인식을 달리하게 되었음을 알 수 있다'는 감상은 적절하다.　　　　*무심하고: 아무런 관심이나 감정이 없고(無, 없을 무).

✕ **③이 오답인 이유** 화자는 물 속에 '거꾸로 서 있는 모습이/본래의 내 모습인 것처럼/아프지 않다.'고 했다. 그리고 이 모습은 '늘 떨며 우왕좌왕하던' 과거 화자의 모습과 다르다고 했다. 이로 보아, '화자에게서 물에 비친 자신의 모습을 부정적이지 않은 것으로 수용하는 태도가 드러'난다는 감상은 적절하다.

② 화자는 물에 비친 '나뭇가지, 햇살, 새 그림자, 나의 얼굴'을 보며 '누가 높지도 낮지도 않다.'고 했고 '모두가 아름답다.'고 했다. 화자는 물에 비친 세상을 긍정적으로 보고 있는 것이다.

④ 화자는 '고인 물'을 보며 '늘 홀로이던 내가/그들(나뭇가지, 햇살, 새 그림자)과 함께 있다.'고 했다. '나의 얼굴'이 그들과 '함께 있는' 모습을 발견한 것은 '자신이 다른 존재들과 공존하고 있음을 발견'한 것이다.

✔ 매일 복습 **확인 문제**

1 다음 시구에 대한 설명으로 적절하면 ○, 그렇지 않으면 ✕로 표시하시오.

(1) 사개 틀린 고풍의 툇마루에 없는 듯이 앉아 / 아직 떠오를 기척도 없는 달을 기다린다 / 아무런 생각 없이 / 아무런 뜻 없이: '떠오를 기척도 없는 달'은 자연의 순환적 질서가 지연되는 것에 대한 화자의 조바심을 유발하고 있다. ······························(　)

(2) 모든 산맥들이 / 바다를 연모해 휘달릴 때도 / 차마 이곳을 범하던 못하였으리라: 인격화된 대상의 행위를 추측하여 광야의 신성성을 부각하고 있다. ············(　)

(3) 머리가 마늘쪽같이 생긴 고향의 소녀와 / 한여름을 알몸으로 사는 고향의 소년과 / 같이 낮이 설어도 사랑스러운 들길이 있다: 시각적 심상을 활용하여 고향의 모습을 선명하게 표현하고 있다. ······························(　)

(4) 거꾸로 서 있는 모습이 / 본래의 내 모습인 것처럼 / 아프지 않다 / 산도 곁에 거꾸로 누워 있다. / 늘 떨며 우왕좌왕하던 내가 / 저 세상에 건너가 서 있기나 한 듯 / 무심하고 아주 선명하다.: 화자는 '늘 떨며 우왕좌왕하던' 과거 자신의 모습과 '곁에 거꾸로 누워 있는 '산'의 모습을 동일시하고 있다. ······························(　)

정답 1. (1) ✕ (2) ○ (3) ○ (4) ✕

정답	01 ⑤	02 ④	03 ②	04 ④	05 ②	06 ⑤
	07 ②	08 ③	09 ③	10 ④		

1~3　현대시

(가) 정지용, 「춘설(春雪)」

● **제목의 의미** '춘설(春雪, 봄 춘·눈 설)'은 봄눈, 즉 봄에 내린 눈으로, 화자의 감흥을 일으킨 대상이면서 시 창작의 계기가 된 소재이다.

● **시적 상황** 우수절 초하루 아침에 문을 열었다가 봄눈이 온 것을 보고 감탄하고, 봄기운을 느끼고 있다.

● **정서·태도**
· 감탄　작품 근거　선뜻!, 절로 향기로워라, 아아 꿈 같기에 설어라.
· 기쁨　작품 근거　아아 꿈 같기에 설어라.

● **주제** 초봄에 내린 눈에서 느끼는 봄의 생명력

● **표현상의 특징**
· 다양한 감각적 이미지의 활용
　- 공감각적 이미지: 먼 산이 이마에 차라(시각의 촉각화), 흰 옷고름 절로 향기로워라(시각의 후각화)
　- 시각: 눈이 덮인 멧부리, 미나리 파릇한 새순 돋고, 옴짓 아니 기던 고기 입이 오물거리는
· 영탄법: 선뜻!, 아아, 차라, 향기로워라, 설어라, 싶어라
　　　　　형용사(차다, 향기롭다, 설다, 싶다)의 어간에
　　　　　'-(어)라'가 결합되면 감탄의 뜻을 나타냄.
· 역설법: 핫옷 벗고 도로 춥고 싶어라.
· 색채어: 흰 옷고름, 파릇한 새순

● **시어 및 시구 풀이**
· 차라: 차구나. 차갑구나.
· 핫옷 벗고 도로 춥고 싶어라.: 핫옷(겨울옷)을 벗고 봄기운을 느끼고 싶은 마음과, 겨울이 가는 것을 아쉬워하며 겨울을 좀 더 느끼고자 하는 마음이 함께 표현되어 있다.

● **작가의 특징** 정지용은 수능이 좋아하는 시인으로, 「조찬」(2015학년도 수능), 「인동차」(2006학년도 수능), 「향수」(2000학년도 수능) 등이 수능 시험에 출제되었다. 그는 시어를 고르고 다듬는 데 노력을 많이 기울였고, 향토적인 시와 시각적 이미지를 드러낸 시들을 많이 썼으며, 1연을 2행으로 구성한 형식을 즐겨 사용하였다.

(나) 고재종, 「첫사랑」

● **제목의 의미** '첫사랑'에 대해 쓴 시일 것으로 짐작하고 시를 읽으면, 바람에 휙 날아갈 줄 알면서도 꽃 한번 피우기 위해 나뭇가지에 내려앉는 눈과, 그 눈으로 인해 아름다운 봄꽃이 피는 것을 '첫사랑'에 빗대어 표현하고 있다는 것을 알 수 있다. 제목 '첫사랑'은 주제를 드러내는 핵심 소재인 것이다.

● **시적 상황** 나뭇가지 사이로 눈이 흩날리는 모습을 바라보며, 눈의 노력으로 마침내 아름다운 눈꽃이 피듯 사랑도 노력과 헌신으로 이루어지는 것이라고 생각한다.
　- 1~2연: 눈꽃(첫사랑)을 피우기 위한 눈의 노력
　- 3연: 마침내 피어난 아름다운 눈꽃(첫사랑)에 대한 감탄
　- 4연: 눈이 내렸던 가지에 피어나는 꽃(새싹)의 아름다움

● **정서·태도**
· 노력, 인내　작품 근거　2연
· 헌신적　작품 근거　햇솜 같은 마음을 다 퍼부어 준
· 감탄　작품 근거　마침내 피워 낸 저 황홀 보아라

● **주제** 시련과 헌신, 인내를 통해 이루어 낸 첫사랑의 아름다움

● **표현상의 특징**
· 설의법, 의인법: 눈은 얼마나 많은 도전을 멈추지 않았으랴
· 음성 상징어: 싸그락 싸그락, 난분분 난분분
· 종결 어미 '-겠지'의 반복: 보았겠지, 춤추었겠지
· 영탄법: 저 황홀 보아라
· 역설법: 봄이면 가지는 그 한번 덴 자리에 / 세상에서 가장 아름다운 상처를 터뜨린다
· 시간(계절)의 흐름에 따른 시상 전개: 겨울(1~3연) → 봄(4연)

● **시어 및 시구 풀이**
· 난분분: '난분분하다'의 어간을 의태어처럼 사용한 표현임.　☞ 눈이나 꽃잎 따위가 흩날리어 어지럽다. ㉮ 분분하다
· 바람 한 자락 불면 휙 날아갈 사랑: 눈꽃의 짧은 속성을 '(첫)사랑'에 비유한 표현임.
· 햇솜: 그해에 새로 난 솜. ㉔ 햇솜을 넣은 솜이불
· 덴 자리: 눈이 내렸던 자리. 꽃(새싹)이 피기 위한 시련이라는 의미를 나타냄.
· 세상에서 가장 아름다운 상처: 봄꽃 또는 새싹을 가리킴.

● **작가의 특징** 고재종의 시는 「첫사랑」 외에 「초록 바람의 전언」, 「면면함에 대하여」, 「나무 속엔 물관이 있다」 등이 전국 단위 시험에서 출제되었다. 그의 작품은 자연의 아름다움과 농촌의 생명성에 주목한 시들이 많다.

★ 두 작품은 왜 함께 묶였을까?

· **소재** 눈이 쌓인 자연(산, 나뭇가지)
· **표현** 영탄법, 역설법

★ 기출 답지로 작품과 문제 완전 정복

(가) 정지용, 「춘설」
· 끝 연에 담긴 시적 화자의 내면 심리: 서늘한 기운을 통해 봄을 더욱 생생하게 느끼고 싶어.
　　　　　　　　　　　　　　　　　– 2006학년도 6월 고2 전국연합학력평가

- 감각적 이미지를 활용하여 대상을 묘사하고 있다.
- 자연의 기능: 화자에게 감흥을 불러일으키는 대상으로 작품 창작의 계기가 된다.
- 내용 흐름과 그 근거가 되는 시어(시구)

| 문을 여니 갑자기 먼 산에 눈 내린 것이 보인다. | • 문을 열자 선뜻! 먼 산이 이마에 차라 |

| 때는 이른 봄이 시작되는 시기이다. | • 우수절 들어 바로 초하루 아침 |

| 그러고 보니 이미 봄기운이 느껴진다. | • (얼음 금 가고 바람 새로 따르거니) |

| 봄을 맞아 생명이 생동하는 것이 느껴진다. | • 미나리 파릇한 새순 돋고 옴짓~고기 입이 오물거리는 |

| 춘설을 온몸으로 만끽하고 싶어진다. | • 핫옷 벗고 도로 춥고 싶어라 |

– 2010학년도 3월 고3 전국연합학력평가

(나) 고재종, 「첫사랑」

- 영탄적 어조를 통하여 화자의 고조된 감정을 드러내고 있다.
- 이 작품은 눈과 나뭇가지의 사랑을 그리고 있다. 눈은 바람이 불면 날아가 버릴지라도 나뭇가지에 눈꽃을 피우기 위해 인내하고 헌신하는 존재이다. 이러한 노력으로 첫사랑인 눈꽃을 피워 내고, 봄이 되면 나뭇가지는 아름다운 꽃을 피워낸다. 이를 통해 인내와 헌신으로 피워 낸 사랑의 고귀함을 전달하고 있다.
  - '미끄러지고 미끄러지길 수백 번'은 눈이 눈꽃을 피우기 위해 겪는 시련으로 볼 수 있다.
  - '다 퍼부어 준 다음에야'는 나뭇가지에 대한 눈의 헌신적 태도로 볼 수 있다.
  - '한번 덴 자리'는 눈이 녹은 자리이자 봄꽃이 피는 자리라는 점에서 고귀한 사랑의 바탕으로 볼 수 있다.
  - '아름다운 상처'는 끝없는 인내와 헌신 끝에 얻은 사랑의 결실인 봄꽃으로 볼 수 있다.

– 2015학년도 6월 고2 전국연합학력평가

01 표현상의 특징 파악
정답 ⑤

◎ ⑤가 정답인 이유 (가)는 '우수절, 눈, 얼음, 새순, 핫옷' 등 계절감이 드러나는 시어를 사용하여 '이른 봄에 내린 눈에서 느낀 봄의 생명력'이라는 주제를 형상화하고 있고, (나)는 '눈, 봄' 등 계절감이 드러나는 시어를 사용하여 '시련과 헌신, 인내를 통해 이루어 낸 첫사랑의 아름다움'이라는 주제를 형상화하고 있다.

▶ 정답의 근거 위 '⑤가 정답인 이유' 참조
① (가)에서는 명암(밝음과 어두움)의 대비(p.100 참조)가 나타나 있지 않다.
② (나)는 처음과 끝 부분에 비슷한 내용이나 구절이 배치되지 않았으므로 수미상관의 방식이 쓰이지 않았다.

③ (나)는 겨울(1~3연)에서 봄(4연)으로 시간의 흐름이 나타난 것으로 볼 수 있다. 하지만 (가)는 공간의 이동이 나타나 있지 않다. (가)의 화자는 '먼 산'이 보이는 '문' 주변에 있을 뿐이다.
④ (나)는 '눈은 얼마나 많은 도전을 멈추지 않았으랴'(1연)에서 설의적 표현(p.98 참조)을 사용하여 화자의 정서(감탄)를 드러내고 있지만, (가)는 설의적 표현을 사용하지 않았다.

개념 + 수미상관

예시 31. ① 수미상관의 방법을 통해 정서의 변화를 강조하고 있다. [2015학년도 6월 고3 모의평가(B형)]
14. ③ 첫 연과 끝 연을 대응시켜 화자의 정서를 심화하고 있다. (2008학년도 수능)

> 차단—한등불이 하나 비인 하늘에 걸려 있다.
> 내 호올로 어딜 가라는 슬픈 신호냐.
>
> 긴—여름해 황망히 나래를 접고
> 늘어선 고층 창백한 묘석(墓石)같이 황혼에 젖어
> 찬란한 야경 무성한 잡초인양 헝클어진 채
> 사념(思念) 벙어리 되어 입을 다물다.
>
> 피부의 바깥에 스미는 어둠
> 낯설은 거리의 아우성 소리
> 까닭도 없이 눈물겹고나
>
> 공허한 군중의 행렬에 섞이어
> 내 어디서 그리 무거운 비애를 지니고 왔기에
> 길—게 늘인 그림자 이다지 어두워
>
> 내 어디로 어떻게 가라는 슬픈 신호기
> 차단—한등불이 하나 비인 하늘에 걸리어 있다.
> – 김광균, 「와사등」–

'수미상관'은 문학에서 '처음과 끝 부분이 비슷한 내용이나 구절 또는 문장으로 배치되는 방식'을 말하는데, '수미상관'의 뜻을 '매3어휘 풀이'로 익혀 보자.

首(머리 수)	尾(꼬리 미)	相(서로 상)	關(빗장 관)
수석	말미, 미괄식	상호	관계
맨 앞(처음)과 끝이 상호(서로) 관계가 있음.			

주의! '수미상관'은 처음 부분과 끝 부분이 똑같지 않아도 된다. 비슷한 구절이 배치된 것도 수미상관으로 볼 수 있다는 것을 알아 두자! 위 김광균의 「와사등」도 1연과 끝 연(5연)이 비슷할 뿐 똑같지는 않은데, 수능 시험에서 수미상관이 쓰인 작품으로 출제되었다는 것을 기억해 두자.

02 화자의 태도 및 형상화 방식 파악
정답 ④

◎ ④가 정답인 이유 [D]의 '설어라'는 다음과 같이 두 가지로 해석할 수 있다.

> (1) 낯설다: 긴 겨울을 지나 봄을 맞이한 상황이 익숙하지 못하다.
> (2) 서럽다: 옹숭거리고 살아온 겨울을 돌아보니 서럽다.

(1)로 해석하면 '돌아보니 봄이 낯설다'는 것이고, (2)로 해석하면 '돌아보니 겨울은 서러웠다'는 것이다. 어떻게 해석하든 화자는 겨우내 '옹숭그리고' 살아온 자신을 돌아보고 있는데, (1)과 (2) 모두 [C]에서 보인 자신의 태도(향기로운 봄에 대한 감탄)를 허무하게 여기고 있지는 않다.

▶ **정답의 근거** 위 '④가 정답인 이유' 참조

나머지 답지들이 (가)를 이해한 내용으로 적절한 이유도 확인하고 넘어가자.

① [A]에서는 화자가 문을 열자 갑작스럽게 마주한 풍경(먼 산이 눈에 덮임)에 대한 놀라움을 '선뜻*!'이라고 표현하고 있다.

> *선뜻: 기분이나 느낌이 깨끗하고 시원한 모양.

② [B]에서는 화자가 [A]에서 이마에 닿을 듯 차갑게 느껴졌던 먼 산의 경치를 '(멧부리*와 서늘옵고 빛난) 이마받이*'로 부각하고 있다.

> *멧부리: 산등성이나 산봉우리에서 가장 높은 꼭대기.
> *이마받이: 두 물체가 몹시 가깝게 맞붙음.
> ※ 서늘옵고 빛난 이마받이하다.: 눈이 덮인 산이 이마에 닿을 듯이 가깝게 보이고 서늘한 기운이 느껴지다.

③ [C]에서는 화자가 '얼음'이 녹고 '(봄)바람'이 새로 분다고 하여 겨울에서 봄으로 변화하는 자연의 모습을 그려내고 있다.

⑤ [E]에서는 화자가 봄이 오는 모습을 '새순' 돋는 미나리와 '옴짓 아니 기던*' 고기 입이 오물거리는' 것으로 생동감 있게 표현하고 있다.

> *옴짓 아니 기던: 움직이지 않던.

03 자료를 활용한 감상

정답 ②

◉ **②가 정답인 이유** (가)의 7연 '꽃 피기 전 철 아닌 눈'에서는 서로 어울리지 않는 봄과 눈을 결합하고 있는데, 이것은 〈보기〉의 '이질적인 대상 간의 결합'을 활용한 낯설게 하기에 해당한다. 그러나 이는 '다시 돌아올 겨울에 대한 화자의 기대감'을 드러낸 것이 아니라, '핫옷(겨울옷)을 벗고 봄기운을 느끼고 싶은 마음' 또는 '겨울을 좀 더 누리고자 하는 마음'을 드러내고 있다.

▶ **정답의 근거** 위 '②가 정답인 이유' 참조

① (가)의 4연 '흰 옷고름 절로 향기로워라'는 흰 옷고름의 시각적 이미지를 향기로움이라는 후각적 이미지로 전이*시킨 공감각적 표현으로, 〈보기〉에서 '낯설게 하기'의 기법으로 소개한 '감각의 전이'를 사용하여 봄에 대한 화자의 느낌을 나타낸 것이다.

> *전이: 바꾸거나(전환) 옮김(이동).

③ (나)의 2연 '난분분 난분분'과 '미끄러지고 미끄러지길'은 〈보기〉에서 '낯설게 하기'의 기법으로 소개한 '반복과 변형'을 사용하여 눈꽃을 피우기 위해 노력하는 눈의 모습을 나타낸 것이다.

④ (나)의 3연 '마침내 피워 낸 저 황홀 보아라'는 눈이 수많은 도전 끝에 나뭇가지에 내려앉아 눈꽃을 피운 것을 '황홀'이라고 빗대어 표현한 것으로, 〈보기〉에서 '낯설게 하기'의 기법으로 소개한 '언어의 비유적인 결합'을 사용하여 눈의 노력이 결실을 맺는 기쁨과 감탄을 드러낸 것이다.

⑤ (나)의 4연 '아름다운 상처'에서는 '아름다운'과 '상처'라는 모순된 두 시어를 결합하고 있는데, 이것은 〈보기〉에서 '낯설게 하기'의 기법으로 소개한 '역설'(p.23, 133 참조)을 사용하여 시련(눈)을 겪은 후 봄에 피어나는 꽃과 새싹의 아름다움을 강조한 것으로 볼 수 있다.

✏ **다시 볼 내용** 메모하기

다시 봐야 할 내용을 메모해 둡니다. 메모해 둔 내용은 **재복습**하면서 **오답 노트**에 옮겨 정리하면 공부 효과를 높일 수 있습니다.

(가) 정현종, 「초록 기쁨 – 봄숲에서」

● **제목의 의미** 제목을 통해 '초록으로 물든 봄숲에서 기뻐하고 있는 시겠군.' 하며 읽는다. 제목에는 계절적 배경(봄)과 공간적 배경(숲), 그리고 그와 같은 배경에서 느끼는 정서(기쁨)가 드러나 있는데, 이를 통해 주제도 '초록으로 물든 봄숲에서 느끼는 기쁨' 정도일 것으로 짐작할 수 있다.

● **시적 상황** 봄에 밝은 햇빛이 초록의 숲에 비치는 모습을 보며 기뻐하고 있다.

● **정서 · 태도**
• 기쁨, 예찬적 작품 근거 하늘 전체가 그냥/기쁨이며 신전이다, 나뭇가지들의 초록 기쁨이여, 오 이 향기

● **주제** 봄숲에서 느끼는 기쁨

● **표현상의 특징**
• 통사 구조의 반복: 비유의 아버지답게/초록의 샘답게, 그 빛에, 그 공기에
• 반복법: 초록, 꽃, 웃는다, 하늘, 기쁨, 향기 등
• 의인법: 해는…웃는다, 흙은…눈동자를 굴리며/넌지시 주고받으며/싱글거린다
• 현재형 시제의 사용: 흘러 넘친다, 웃는다, 싱글거린다 ⋯→ 생동감, 현장감
• 공감각적 심상: 큰 향기로운 눈동자를 굴리며(시각의 후각화)
• 영탄법: 해여, 푸른 하늘이여, 오, 나무들의 향기!
• 다양한 감각적 이미지와 비유법을 사용함.

● **시어 및 시구 풀이**
• 비유의 아버지: 은유법. 원관념은 '해'임.
• 초록의 샘답게: 봄에 햇빛을 받은 자연이 초록색으로 변하는 것에 착안하여 햇빛을 생명의 근원인 '샘'에 빗대어 표현함.
• 신전(神殿): 신을 모신 전각(커다란 집).
• 찰랑대는 자기의 즙에 겨운,/공중에 뜬 물인/나뭇가지들의 초록 기쁨이여: 봄에 나뭇가지들에 물이 올라 초록으로 변모한, 생명력 넘치는 모습을 표현한 것임.

● **작가의 특징** 이 시에서도 확인할 수 있듯이, 정현종의 시는 평이한 시어를 사용하여 자연의 경이로움, 생명 현상에 대한 공감을 다룬 것이 특징이다. 그리고 「들판이 적막하다」 · 「섬」 · 「사람이 풍경으로 태어나」 · 「흙냄새」 등 다양한 작품이 교과서에 실려 있는 점을 감안할 때, 정현종의 시는 언제든지 다시 출제될 가능성이 높다고 볼 수 있다.

(나) 김영랑, 「오월」

● **제목의 의미** 시간적(계절적) 배경을 제목으로 삼은 만큼 오월에 대해 노래했을 것으로 짐작할 수 있다.

● **시적 상황** 오월의 들과 산봉우리를 보며 봄의 생동감, 생명력을 느끼고 있다.

● **정서 · 태도**
• 생동감 작품 근거 바람은 넘실~햇빛이 갈라지고, 보리도 허리통이 부끄럽게 드러났다, 꾀꼬리는~수놈이라 쫓을 뿐
• 예찬적 작품 근거 들길은~푸르러졌다, 바람은 넘실~햇빛이 갈라지고

● **주제** 오월에 느끼는 봄의 생동감

● **표현상의 특징**
• 색채 대비: 붉어지고 ↔ 푸르러졌다
• 대구법

| 들길은 | 마을에 들자 | 붉어지고 |
| 마을 골목은 | 들로 내려서자 | 푸르러졌다. |

| 암컷이라 | 쫓길 뿐 |
| 수놈이라 | 쫓을 뿐 |

• 반복법: 이랑(3~4행에서 4번 반복) ⋯→ '이랑'에서 울림소리(ㄹ, ㅇ)가 반복 사용된 것도 운율감을 조성하여 봄날의 밝고 경쾌한 분위기를 드러냄.
• 의인법: 보리도 허리통이 부끄럽게 드러났다, 얇은 단장하고 아양 가득 차 있는/산봉우리야 오늘밤 너 어디로 가 버리련?
• 향토적 소재의 사용: 들길, 마을 골목, 이랑, 보리
• 시선의 이동에 따른 시상 전개: 들길 → 마을 길(골목길) → 보리밭 → 꾀꼬리 → 산봉우리

> *시선의 이동에 따른 전개: 원경(먼 경치)에서 근경(가까운 곳의 경치)으로, 근경에서 원경으로, 왼쪽에서 오른쪽으로, 위에서 아래로 등 화자가 바라보는 대상이 변화하고 그에 따라 시상을 전개하는 것

• 말을 건네는 방식의 활용: 산봉우리야

● **시어 및 시구 풀이**
• 이랑: 논이나 밭을 갈아 골을 타서 두둑하게 흙을 쌓아 놓은 곳과, 두둑한 땅과 땅 사이에 길고 좁게 파인 곳(고랑)을 아울러 이르는 말.
• 엽태: 여태. 지금까지. 아직까지.
• 어지럴: 어지러울.
• 얇은 단장하고 아양 가득 차 있는/산봉우리야: 봄이 되어 산봉우리의 나무들이 푸르게 바뀐 모습을 곱게 단장하고 아양 떠는 여인에 빗댄 표현임.
• 산봉우리야 오늘밤 너 어디로 가 버리련?: 아름다운 오월의 산봉우리가 밤이 되면 어둠에 싸여 보이지 않을 것을 나타냄.

● **작가의 특징** 「사개 틀린 고풍의 툇마루에」의 지문 분석(p.120) 참조

★ **두 작품은 왜 함께 묶였을까?**

• **내용** 봄을 소재로 하여, 자연물을 통해 봄의 생동감을 예찬함.
• **표현** 반복, 의인법

04 작품의 공통점 파악 정답 ④

◎ ④가 정답인 이유 (가)와 (나)에서 자연물에 인격을 부여한 부분부터 찾아보자.

(가)	(나)
• (해는) 하늘의 푸른 넓이를 다해 웃는다 • 흙은 그리고 깊은 데서/큰 향기로운 눈동자를 굴리며/넌지시 주고받으며/싱글거린다	• 보리도 허리통이 부끄럽게 드러났다 • 얇은 단장하고 아양 가득 차 있는/산봉우리야 오늘밤 너 어디로 가 버리련?

이를 통해 볼 때 (가)는 '해'와 '흙'에, (나)는 '보리'와 '산봉우리'에 인격을 부여하고 있다. 그리고 (가)는 4연에서 화자가 '흙'의 향기를 맡고, (나)는 10~11행에서 화자가 '산봉우리'에게 말을 건네는 모습에서 화자가 자연과 교감(감정을 교류함.)하는 모습을 보여 주고 있다.

▶ **정답의 근거** 위 '④가 정답인 이유' 참조
나머지 답지들이 오답인 이유도 살펴보자.
① (가)와 (나) 모두 삶의 교훈은 이끌어 내고 있지 않다.
② (가)와 (나) 모두 이상과 현실을 대비하고 있지 않고, 이상에 대한 염원(소망)도 나타나 있지 않다.
③ (가)와 (나) 모두 과거와 현재를 교차시키고 있지 않고, 반성의 태도도 나타나 있지 않다.
⑤ (가)와 (나) 모두 자연(해, 흙, 나무들, 바람, 보리, 꾀꼬리, 산봉우리 등)의 모습을 부각하고 있는 것은 맞다. 하지만 이를 통해 화자는 자연과 합일된(하나된) 모습을 보여 주고 있고, 인간의 고독감을 드러내고 있지 않다.

05 표현상의 특징 파악 정답 ②

◎ ②가 정답인 이유 반어적 표현은 원래 말하고자 하는 것과 반대되는 말(언어)로 표현하는 것인데, (가)에는 반어적 표현이 쓰이지 않았다.

한편 반어적 표현을 사용하면 숨은 의미를 나타낼 수 있다. 김소월의 「진달래꽃」을 예로 들면, '나 보기가 역겨워 가실 때에는 죽어도 아니 눈물 흘리오리다'는 임이 나를 떠난다면 눈물을 펑펑 흘릴 것이라는 말을 반대로 표현한 것이다. 반어적 표현이 사용된 것이다. 여기에 쓰인 반어적 표현은 임이 떠나지 않기를 바라는 숨은 의미를 나타내고 있으므로, 반어적 표현을 사용하면 숨은 의미를 나타낼 수 있다.

▶ **정답의 근거** 위 '②가 정답인 이유' 참조
① 1연의 4행과 7행, 2연의 1행과 2행, 4연의 4행에서 문장 부호(쉼표)를 활용하고 있고, 문장 부호 쉼표(,)는 끊어 읽게 하여 호흡의 흐름을 조절하고 있다.
③ '초록(4회), 웃는다(2회), 향기(4회)' 등의 동일한 시어를 반복하고 있고, 이를 통해 초록으로 물든 향기 나는 봄숲에서의 기쁨(웃는다)을 강조하고 있다.

④ '출렁거리는 빛으로 내려오며, 흘러 넘친다' 등에서는 시각적 이미지를, '웃는다'에서는 청각적 이미지를 활용해 '해'에 대한 인상을 표현하고 있고, '향기'를 통해서는 후각적 이미지를 활용해 '흙'과 '나무들'에 대한 인상을 표현하고 있다.
⑤ 2연의 '해여, 푸른 하늘이여'와 '초록 기쁨이여', 4연의 '오 이 향기'와 '나무들의 향기!' 등에서 영탄적 표현을 사용하고 있고, 이를 통해 화자의 정서(기쁨)를 나타내고 있다.

06 시어의 함축적 의미 이해 정답 ⑤

◎ ⑤가 정답인 이유 (가)의 1연에서 화자는, ⓐ는 '출렁거리는 빛으로 내려'온다고 했고, '모든 초록, 모든 꽃들의 왕관이 되어' '자기의 왕관인 초록과 꽃들에게 웃는다'고 했다. 그리고 (나)에서 화자는, ⓑ는 '얇은 단장하고 아양 가득 차 있'다고 했고, 어두운 밤이 되면 보이지 않을 산봉우리에게 인격을 부여해 '너' 어디로 가 버릴 것이냐고 묻고 있다. 이를 통해 (가)의 화자는 해(ⓐ)를, (나)의 화자는 산봉우리(ⓑ)를 관심을 가지고 보았다는 것과, 주관적으로 인식했다는 것을 알 수 있다.

▶ **정답의 근거** 위 '⑤가 정답인 이유' 참조
가장 많이 질문한 오답은? ②

✕ ②가 오답인 이유 (가)의 1연에서 ⓐ는 '하늘의 푸른 넓이를 다해 웃는다'고 했고, 화자 또한 ⓐ를 바라보며 기쁨을 느끼고 있어 ②에 답한 학생들이 많았다. 하지만 ⓐ는 화자의 정서(기쁨)와 일치하지만 화자와 동일시되는 대상은 아니다. 화자는 ⓐ를 바라보며 예찬하고 있기 때문이다.

① (가)에서 화자는 지난 삶을 떠올리고 있지 않다.
③ (나)에서 ⓑ는 화자가 바라보면서 말을 건네는 대상으로, ⓑ가 화자에게 행동을 촉구하고 있지는 않다.
④ (나)에서 화자가 본 ⓑ는 '얇은 단장하고 아양 가득 차 있'는 대상으로, 이는 낮의 시간에 관찰하여 파악한 것이다. '오늘밤'의 밤 시간은 곧 다가올 미래의 시간이므로 화자가 ⓑ를 관찰한 시간이 아니다.

07 자료를 활용한 시구의 이해 정답 ②

◎ ②가 정답인 이유 '큰 향기로운 눈동자를 굴리며'(ⓒ)의 주체는 '흙을 바라보는 화자'가 아니라 '흙'이다. 3연을 요약하면 '흙은 눈동자를 굴리며 싱글거린다.'로, 4연의 '싱글거리는 흙의 향기'를 통해서도 '눈동자를 굴리며' '싱글거리는' 주체는 '흙'이라는 것을 알 수 있다.

▶ **정답의 근거** 4연의 '싱글거리는 흙의 향기'

어휘력 + 독서력 + 국어력 세 마리 토끼를 한번에 잡는 매3력

X ⑤가 오답인 이유 정답 ②에 답한 학생들이 많았지만, 오답 지들 중에서는 ⑤에 답한 학생들이 제법 있었다. ⑩은 이랑 사이로 햇빛이 비치는 모습으로, '보리도 허리통이 부끄럽게 드러났다'로 보아, ⑩의 '이랑'은 '보리밭의 이랑'이라 볼 수 있고, 보리밭의 이랑 사이로 햇빛이 비치자 보리도 허리통이 드러난 것을 표현한 것으로 볼 수 있다. 따라서 ⑩은 '보리밭의 이랑 사이로 햇빛이 비쳐 반짝이는 모습'을 나타낸 것으로 볼 수 있다.

① ㉠은 '출렁거리는 빛으로 내려'온 '해'가 '모든 초록, 모든 꽃들의 왕관'이 된다는 것으로, 해가 나무와 꽃에 내리쬐어 빛나는 모습을 '왕관'으로 표현한 것으로 볼 수 있다.

③ ㉢은 하늘과 나무들, 즉 '자연'의 향기가 코로 전해지는 것을 '코에 댄 깔대기*와도 같은~ 향기'라고 하여 비유적(직유)으로 나타낸 것으로 볼 수 있다.

> *깔대기: 깔때기. 병 따위에 꽂아 놓고 액체를 붓는 데 쓰는 나팔 모양의 기구.

④ ㉣은 화자가 본 붉은 마을 길(시골길)과 푸른 들(들판)의 모습을 시각적으로 표현한 것으로 볼 수 있다.

8~10 현대시

(가) 김종길, 「성탄제」
- **제목의 의미** '성탄제'는 예수가 태어난 날을 기념하는 '성탄절'을 뜻한다. '그날 밤이 어쩌면 성탄제의 밤이었을지도 모른다.'(6연), '성탄제 가까운 도시에는'(8연)으로 보아, '성탄제'는 작품의 시간적 배경이면서 동시에 아버지의 사랑과 헌신을 예수의 사랑과 헌신에 빗댄 것으로 짐작할 수 있다.
- **시적 상황** 성탄제 가까운 시기에 도시에 내리는 눈을 반갑게 바라보며, 과거 아버지께서 아픈 '나'를 위해 눈 속을 헤치고 붉은 산수유 열매를 따 오셨던 일을 떠올리며 아버지를 그리워하고 있다.
- **정서·태도**
  - 과거 회상 `작품 근거` 1연~6연
  - 삭막함, 서러움 `작품 근거` 옛것이라곤 찾아볼 길 없는 (8연), 서러운 서른 살(9연)
  - 그리움 `작품 근거` 불현듯 아버지의 서느런 옷자락을 느끼는 것(9연)
- **주제** 아버지의 (희생적) 사랑에 대한 그리움
- **표현상의 특징**
  - 시공간적 배경의 대칭적 구조가 나타남.

1~6연	–	7~10연
과거, 시골	–	현재, 도시
할머니, 아버지의 따뜻한 사랑	–	아버지의 사랑에 대한 그리움

  - 색채 대비: 어두운 방 안 ↔ 빠알간 숯불
    눈 ↔ 붉은 산수유 열매, 혈액

- **영탄법**: 아 아버지가 눈을 헤치고 따 오신/그 붉은 산수유 열매 ―
- **촉각적 심상**: 서느런 옷자락
- **종결 어미의 반복**: -었다(2, 3, 5, 7연)
- **시어 및 시구 풀이**
  - 눈: 3연의 '눈'은 고난, 시련을 의미하고, 8연의 '눈(그 옛날의 것)'은 과거 회상의 매개체로 쓰였다.
  - 산수유: 산수유나무의 열매로, 한방에서 해열제로 주로 쓰인다. 산수유나무는 잎이 나기 전 3~4월에 노란 꽃이 피고, 열매는 10월에 빨갛게 익는다.
  - 반가운 그 옛날의 것(8연): '눈'을 말한다.
- **작가의 특징** 김종길은 일상생활에서 소재를 얻어, 고달픈 삶 속에서도 긍정적인 생각을 지향하는 시와, 가족과 가족애에 대한 시를 많이 썼다.

(나) 한용운, 「수(繡)의 비밀」
- **제목의 의미** '수(繡)'의 뜻(헝겊에 색실로 그림이나 글자를 바늘로 떠서 놓는 일)을 염두에 두고 전문을 읽으면, '수의 비밀'은 수를 놓으면 마음이 평안해지는 것, 그래서 주머니에 넣을 보물을 찾을 때까지 일부러 수놓기를 끝내지 않는 것을 이른다. 말하고자 하는 내용(주제)을 함축하는 제목인 것이다.
- **시적 상황** '당신'이 없는 상황에서 '당신의 옷'을 거의 다 짓고 주머니에 수놓는 것만 남겨 두고 당신과의 만남을 준비하고 있다.
- **정서·태도**
  - 고백적 `작품 근거` 작품 전체
  - 의지적, 당신과의 재회를 기다림 `작품 근거` 짓고 싶어서 다 짓지 않는 것입니다.
- **주제** 당신(조국, 민족)에 대한 사랑
- **표현상의 특징**
  - 여성 화자의 설정: 옷을 짓고 수를 놓는 것
  - 열거법: 심의도 짓고 도포도 짓고 자리옷도 지었습니다.
  - 반복법: 짓고, 짓다가 놓아두고, 나의 마음
  - 역설법: (이 작은 주머니는) 짓고 싶어서 다 짓지 않는 것
  - 경어체의 종결 어미 사용: -습니다, -입니다
- **시어 및 시구 풀이**
  - 심의(深衣): 예전에, 신분이 높은 선비들이 입던 웃옷. 대개 흰 베로 두루마기 모양으로 만들었으며 소매를 넓게 하고 옷의 가장자리를 검은 비단으로 둘렀다.
  - 심의도 짓고 도포도 짓고 자리옷도 지었습니다.: '심의, 도포'는 남자들이 입는 옷으로, 여성 화자를 설정한 것을 알 수 있다.
  - 도포: 예전에, 통상예복으로 입던 남자의 겉옷.
  - 자리옷: 잠잘 때 입는 옷. ⑨ 잠옷
  - 나의 마음이 아프고 쓰린 때에~무슨 보물이 없습니다.: 주머니의 수를 완성하지 않는 이유를 제시하고 있다.
    (1)마음이 아프고 쓰릴 때 수를 놓으면 마음이 진정됨.
    (2)주머니에 넣을 보물이 없음.
  - 보물: 임과 잘 어울리는 가치 있는 것으로, 일제 강점기에 독립운동을 했던 시인의 삶과 연결해 보면 '조국의 독립'을 의미하는 것으로 볼 수 있다.

- **작가의 특징** 한용운의 시는 수능 시험에서만 3회나 출제 되었고, 그 외 전국 단위 시험에서도 자주 출제되었다. 그의 시를 이해하기 위해 기억해야 할 것은, 한용운은 일제 강점기의 3·1운동 때 독립선언서에 서명했던 민족 대표 33인 중 한 사람이라는 것이다. 그래서 그의 시에 등장하는 '님'이나 '당신'은 '조국'을 의미하는 것으로 볼 수 있으며, 반어적 표현을 많이 사용했다.

★ 두 작품은 왜 함께 묶였을까?

- **정서·태도** 부재하는 대상에 대한 사랑과 그리움

  (가): 아버지, (나): 당신

- **표현** 동일한 종결 어미의 반복

★ 기출 답지로 작품과 문제 완전 정복

(가) 김종길, 「성탄제」

- 특정 인물(아버지)을 대상으로 삼아 정서를 구체화하고 있다.
- (가)를 영상물로 만들기 위한 계획으로 적절하지 <u>않은</u> 것은?

> **★ 전체적인 구성 방향**
> - 과거 장면과 현재 장면으로 나누어 구성한다.
>
> **★ 과거 장면**
> - 앓고 있는 어린 손자를 향한 할머니의 안타까운 시선이 잘 드러나도록 한다. ··············· ①
> - 산수유 열매의 붉은색이 눈의 흰색과 뚜렷이 대비되도록 화면을 구성한다. ··············· ②
>
> **★ 장면 전환**
> - 눈을 회상의 매개체로 하여 과거 장면과 현재 장면을 연결한다. ··············· ③
>
> **★ 현재 장면**
> - 성탄절 분위기가 느껴지는 도시의 거리 모습을 배경으로 설정한다. ··············· ④
> - 주인공의 감정과 어울리는 경쾌한 배경 음악을 활용한다. ··············· ⑤

답 ⑤
– 2010학년도 3월 고1 전국연합학력평가

- (가)에 대한 공감대가 가장 클 것으로 판단되는 독자층: 혈육에 대한 그리움을 간직한 사람들
- (가)의 시적 화자가 〈보기〉와 같이 일기를 썼다고 할 때, (가)의 내용과 일치하지 <u>않는</u> 것은?

> **보기**
>
> ① 예나 이제나 변함없이 내리는 것은 눈뿐이지 싶다. ② 눈을 바라보고 있으면 기억은 으레 어린 시절을 향해 달음질친다. ③ 어두운 방, 병든 손자의 손을 꼭 잡은 채 애태우던 할머니의 야윈 손길. 그러나 어둠과 맞서 싸우던 빠알간 숯불은 생명의 암시였을까. ④ 이윽고 온갖 고생을 이겨 내고 붉은 산수유 열매를 구해 돌아오신 아버지의 정성. 그것이 아니었다면 나는 아마 그때 이미 이 세상 사람이 아니었을 것이다. ⑤ 성탄제가 가까운 도시에는 사랑과 평화가 가득한데, 해마다 이때가 되면 어린 시절 아버지의 헌신적인 사랑이 가슴을 포근하게 보듬어 준다.

답 ⑤
– 2002학년도 6월 고1 전국연합학력평가

- 감각적 심상을 통해 화자의 현재 상황을 나타내고 있다.
- (가)에는 과거와 현재를 연결하는 매개체가 있다. → 눈
- (가)에는 시상을 집약하는 소재가 나타나 있다. → 붉은 산수유 열매
  – 2011학년도 6월 고3 모의평가

(나) 한용운, 「수(繡)의 비밀」

- 추상적인 관념을 구체적인 이미지로 형상화하고 있다. : 2연의 '나의 마음은 수놓는 금실을 따라서 바늘구멍으로 들어가고'
- 〈보기〉를 참고하여 (나)를 감상한 내용

> **보기**
>
> 「수(繡)의 비밀」에서 역설(逆說)은 화자가 대상의 부재를 인식하면서도 이를 인정하고 싶지 않은 마음에서 비롯된다. 즉 임의 부재라는 자신의 현실을 인식하면서도 그 현실을 부인(否認)하고 있는 것이다. 이러한 부인은 화자가 일상적 행위를 반복하면서도 그것을 종결짓지 않음으로써 임의 부재가 환기되는 상황을 지연시키면서 드러난다. 하지만 행위의 과정에서 자기 정화가 동반된다는 점에서 그것은 현실 도피라기보다는 주체적 선택이자 극복 의지의 발현이라고 할 수 있다.

- '나의 손때가 많이 묻었습니다'를 통해 화자의 일상적 행위가 오랫동안 지속되었음을 짐작할 수 있군.
- '짓다가 놓아두고 짓다가 놓아두고'에는 임의 부재라는 현실을 부인하고 싶은 화자의 심리가 내재되어 있다고 할 수 있군.
- '맑은 노래가 나와서 나의 마음이 됩니다'에서 수를 놓는 과정을 통해 화자의 자기 정화가 이루어졌다고 할 수 있군.
- '짓고 싶어서 다 짓지 않는 것입니다'에는 임의 부재가 환기되는 상황을 지연시키려는 화자의 태도가 드러나 있다고 할 수 있군.
  – 2017학년도 4월 고3 전국연합학력평가

---

08 표현상의 특징과 그 효과   정답 ③

◎ ③이 정답인 이유 (나)는 2연의 끝 행 '짓고 싶어서 다 짓지 않는 것입니다.'에서 역설*적 표현을 사용하고 있다. 당신의 옷을 '짓고 싶'으면 얼른 옷을 지으면 되는데 '짓지 않는'다고 하여 내용은 모순되지만, 이를 통해 '당신'을 기다리는 화자의 정서(사랑)를 부각한다는 점에서 역설적 표현인 것이다. (나)와 달리 (가)에는 역설적 표현이 사용되지 않았다.

> *역설(逆說): 문장의 겉(표면)만 보면 모순되지만, 내용 면에서 잘 살펴보면 모순되지 않는, 의미 있는 내용을 담고 있는 표현.
> *– 「매3력」 p.141에서*

▶ 정답의 근거 위 '③이 정답인 이유' 참조

가장 많이 질문한 오답은? ⑤

✕ ⑤가 오답인 이유 (가)에서 '과거(어린 시절) → 현재(서러운 서른 살)'라는 시간적 흐름이 나타나 ⑤가 적절한 설명이라고 판단한 학생들이 많았다. 그러나 이를 통해 화자의 태도 변화가 드러나지는 않으며, (나)는 시간의 흐름도, 화자의 태도 변화도 드러나지 않는다.

① (가)는 시의 처음과 끝 부분에 비슷한 내용이나 구절 또는 문장을 배치하는 수미상관(p.128의 '개념 ✚' 참조)의 방식을 사용하지 않았으며, 화자의 의지도 드러나지 않는다. (나)는 '당신의 옷'의 주머니를 다 짓지 않는 데서 화자의 의지가 드러나지만, 설의적 표현(p.98 참조)을 사용하지 않았다.

② (가)의 '계시었다, 돌아오시었다, 것이었다, 있었다, 먹었다' 등에서뿐만 아니라 (나)의 '놓았습니다, 지었습니다, 것뿐입니다, 묻었습니다, 까닭입니다' 등에서도 동일한 종결 표현(-었다, -ㅂ니다)을 사용하고 있다.

④ (가)와 (나)는 모두 후각적 이미지를 사용하고 있지 않다.

09 시적 공간의 기능 정답 ③

◎ **③이 정답인 이유** (나)의 화자는 심의, 도포, 자리옷 등 '당신의 옷을 다 지어 놓았'고 '짓지 아니한 것은 작은 주머니에 수놓는 것뿐'인데, '이 작은 주머니는 짓기 싫어서 짓지 못하는 것이 아니라 짓고 싶어서 다 짓지 않는 것'이라고 했다. 현재 화자는 '당신'과 함께 있지 못해서, '당신'이 오기를 간절하게 기다리는 것이다. 그리고 ⓛ이 포함된 구절에서 '아직 이 세상(ⓛ)에는 그 주머니에 넣을 만한 무슨 보물이 없'어 주머니를 다 짓지 않고 있다고 한 것까지 고려하면, ⓛ의 '이 세상'은 화자의 소망(당신과의 만남)이 실현되지 못하고 있는 공간이라고 이해할 수 있다.

▶ **정답의 근거** ⓛ의 앞뒤 내용

① ㉠(방 안)은 어린 시절 화자가 열이 심해 앓아누웠던 공간으로, 자아를 성찰*하는 것과는 관련이 없다.

> *성찰: 반성하고 관찰함. '반성'으로 읽을 것!

② ㉠은 화자가 자신에 대한 '할머니', '아버지'의 사랑과 친밀감(단절된 ✕)을 느낀 공간이다.

④ ⓛ(이 세상)은 화자가 새로 지은 옷의 주머니에 수를 놓으며 '당신'을 기다리는 곳이므로 일상적(초월적 ✕) 삶의 공간이다.

⑤ ㉠은 어렸을 적 화자가 앓아누웠던 곳이고, ⓛ은 옷 주머니에 넣을 만한 보물이 없는 곳으로, ㉠과 ⓛ은 모두 화자가 추구하는 이상적 공간과 거리가 멀다.

10 자료를 활용한 감상 정답 ④

◎ **④가 정답인 이유** 9연의 '서느런 옷자락'은 '서른 살'이 된 화자가 '불현듯' 느낀 것으로, 그 앞뒤에 이어지는 8~10연의 내용으로 보아 화자의 어린 시절에 아픈 화자를 위해 아버지가 한겨울 눈 속을 헤치고 산수유 열매를 구해서 오느라 아버지의 옷자락이 서늘했던 것이다. 따라서 '서느런 옷자락'은 자식에 대한 아버지(가족)의 희생과 사랑을 떠올리게 하는 소재이지, 현대인의 메마른 삶을 형상화*한 것이 아니다. '현대인의 메마른 삶'은 '옛것이라곤 찾아볼 길 없는 (도시)'에 형상화되어 있다.

> *형상화: 형체를 가진 대상으로 분명하게 나타냄(변화하게 함).
> → '(구체적으로) 나타냄'으로 바꿔 읽으면 의미가 통함.
> ─『매3력』 p.159에서

▶ **정답의 근거** (가)의 4연과 5연

나머지 답지들이 오답인 이유도 살펴보자.

① 〈보기〉의 '어린 시절 어머니의 부재 속에서도 가족의 보호를 받으며 자란 그의 성장 과정'을 참고할 때, 2연에서 어머니가 아닌 '외로이 늙으신 할머니'가 어린 화자를 돌보고 있는 모습은 시인의 성장 배경과 관련이 있다고 감상할 수 있다.

② 〈보기〉의 '가족애는 개인의 경험을 넘어 현대인의 메마른 삶을 극복할 수 있는 인간애로 확장됨'을 참고할 때, 3연에서 '눈 속'을 헤치고 '약(산수유 열매)'을 구해 온 아버지의 사랑은 삭막한 현실을 극복할 수 있는 인간애로 확장될 수 있다고 감상할 수 있다.

③ 8연의 '반가운 그 옛날의 것'은 화자가 앓아누웠던 어린 시절에 내렸던 '눈'으로, '서러운 서른 살'인 화자가 눈이 내리는 것을 보고 눈이 내렸던 어린 시절을 떠올리고 있다. 따라서 '반가운 그 옛날의 것(=눈)'은 화자에게 어린 시절을 떠올리게 하는 역할을 한다.

⑤ 〈보기〉의 「성탄제」에도 삼대(할머니-아버지-나)로 이어지는 따뜻한 가족애가 다양한 소재를 통해 형상화되어 있다.'를 참고할 때, 10연에서 '내 혈액 속에 녹아 흐'른다고 한 산수유는 과거(어린 시절)에서 현재까지 이어져 온 가족애(할머니와 아버지의 사랑)를 의미한다고 볼 수 있다.

✔ 매일 복습 확인 문제

1 다음에 쓰인 표현법을 〈보기〉에서 골라 그 기호를 쓰시오.

(1) 어두운 방 안엔/빨알간 숯불이 피고……………(   )

(2) 암컷이라 쫓길 뿐/수놈이라 쫓을 뿐…………(   )

(3) 싸그락 싸그락 두드려 보았겠지……………(   )

(4) 얇은 단장하고 아양 가득 차 있는/산봉우리야 오늘밤 너 어디로 가 버리련?…………………(   )

(5) 이 작은 주머니는 짓기 싫어서 짓지 못하는 것이 아니라 짓고 싶어서 다 짓지 않는 것입니다.…………(   )

> ┌──────〈 보기 〉──────┐
> ㄱ. 감정 이입   ㄴ. 대구법   ㄷ. 반어법
> ㄹ. 색채 대비   ㅁ. 설의법   ㅂ. 역설법
> ㅅ. 연쇄법   ㅇ. 음성 상징어   ㅈ. 의인법
> └────────────────────┘

2 다음 중 '공감각적 표현'이 쓰이지 <u>않은</u> 것은?

① 먼 산이 이마에 차라

② 흰 옷고름 절로 향기로워라

③ 큰 향기로운 눈동자를 굴리며

④ 부숴지는 얼음 소리가/날카로운 호적같이 옷소매에 스며든다.

⑤ 서러운 서른 살 나의 이마에/불현듯 아버지의 서느런 옷자락을 느끼는 것은

정답 1. (1) ㄹ (2) ㄴ (3) ㅇ (4) ㅈ (5) ㅂ 2. ⑤

정답 **01** ① **02** ④ **03** ⑤ **04** ④ **05** ② **06** ③
　　　07 ① **08** ⑤ **09** ⑤ **10** ④

1~3 현대시

(가) 박재삼, 「추억에서」

● **제목의 의미** 화자는 가난했던 어린 시절에 생선을 팔러 진주 장터에 가신 어머니를 기다리던 때를 '추억'하고 있다. 따라서 제목 '추억에서'는 시적 상황(과거 회상)과 화자의 태도(추억)를 드러낸다.

● **시적 상황** 시적 화자는 가난했던 어린 시절, 어머니의 고달픈 삶과 한을 떠올리고 있다.

● **정서·태도**
• 회상적 작품 근거 한(恨)이던가, 떨던가, 어떠했을꼬, 반짝이던
• 애상적(한, 슬픔) 작품 근거 바닷밑이 깔리는 해 다 진 어스름, 손 안 닿는 한(恨)이던가, 손 시리게 떨던가, 말없이 글썽이고 반짝이던

● **주제** 한스러운 삶을 사신 어머니에 대한 회상

● **표현상의 특징**
• 시구의 반복: 울 엄매야 울 엄매, 손 시리게 떨던가 손 시리게 떨던가
• 울림소리(ㄹ, ㅁ, ㅇ)의 반복: 울 엄매야 울 엄매, 오명 가명
• 동일한 어미의 반복: -ㄴ가(한이던가, 떨던가, 것인가)
• 대조법: 별 밭(소망의 세계) ↔ 골방(가난한 삶)
• 영탄법: 한(恨)이던가, 떨던가, 어떠했을꼬, 반짝이던 것인가 ⋯→ '한'의 정서를 심화함.
• 시각적 이미지: 해 다 진 어스름, 빛 발하는 눈깔들, 달빛 받은 옹기전의 옹기들 ⋯→ 어머니의 한(恨)을 형상화함.

● **시어 및 시구 풀이**
• 생어물전: 얼리지 않은 어물(생선)을 파는 가게.
　※ '생-'은 ((고기를 나타내는 일부 명사 앞에 붙어)) '얼리지 않은'의 뜻을 더하는 접두사임.
• 골방: 큰방의 뒤쪽에 딸린 작은방.
• 진주 남강: 진주에 있는 남강. 어머니의 정서와 대립됨.
• 오명 가명: 오면서 가면서.
• 신새벽: 아주 이른 새벽.
• 옹기전: 옹기그릇을 파는 가게.

● **작가의 특징** 전국 단위 시험에 자주 출제되어 온 박재삼의 시는 '한(恨)'을 담았다는 것이 특징이다. 「추억에서」뿐만 아니라, 춘향을 소재로 하여 한의 정서를 노래한 「수정가」, 사랑하는 사람과의 단절로 인한 한을 노래한 「한(恨)」, 삶의 한스러움을 노래한 「어떤 귀로」·「울음이 타는 가을 강」 등에서 이를 확인할 수 있다. 따라서 국어 시험에서 박재삼 시를 만나면, 가장 먼저 '한'의 정서를 떠올리고 감상하도록 한다.

(나) 최두석, 「담양장」

● **제목의 의미** 담양이라는 지역의 장(시장)이라는 뜻으로, 시 전문을 읽어 보면 담양장은 화자의 어머니가 장사하러 다니시는 곳임을 알 수 있다. 어머니는 화자가 어렸을 때부터 '허리 굽은' 현재에도 담양장에서 대바구니를 파신다. 따라서 제목 '담양장'은 화자로 하여금 시적 대상인 어머니와 어린 시절을 돌아보게 하는 공간이다.

● **시적 상황** 요즘에도 담양장에서 대바구니를 파시는 어머니를 보며 어렸을 적의 일을 회상하고 있다.

● **정서·태도**
• 과거 회상 작품 근거 1연의 '잡던 시절', 2연의 '아홉 살 내가, 마중갔었다, 다녔지만, 걸어오셨으므로, 해가 덜렁 졌다, 만났다'
• 애상적, 연민 작품 근거 새벽 서리 밟으며, 허리 굽은 어머니, 대바구니 옆에 쭈그려앉아/멀거니 팔리기를 기다리는
• 불안, 두려움 작품 근거 해가 덜렁 졌다. 배는 고프고 으스스 무서워져, 캄캄 어둠에 동생은 울고

● **주제** 가난한 어린 시절에 대한 회상과 고된 삶을 사시는 어머니에 대한 연민

● **표현상의 특징**
• 영탄법: 3연의 '아'
• 산문 형식의 서사적 이야기를 담음.: 2연
• 부사어의 효과적 사용: 꼬박꼬박, 하염없이, 덜렁, 한참, 한없이
• 동일한 어미의 반복: -고(죽고, 가고, 이고, 가시고, 잡고, 고프고, 멀고, 울고, 들고, 오시고)
• 구체적 지명의 사용: 담양장

● **시어 및 시구 풀이**
• 죽장(竹杖): 대나무로 만든 지팡이.
• 김삿갓: 조선 후기의 방랑 시인인 김병연의 다른 이름. 늘 삿갓을 쓰고 다녔다고 하여 붙여진 이름.
• 참빗: 빗살이 아주 가늘고 촘촘한 빗. 대개 대나무로 만들었음.
• 참빗으로 이 잡던: 참빗으로 머리카락을 쓸어내리면 이(머릿니)와 서캐(이의 알)가 떨어져 잡을 수 있었음.
• 대바구니: 대로 엮어 만든 바구니(그릇).
• 죽장의~대바구니 전성 시절에: 대나무로 만든 물건인 '죽장, 참빗, 대바구니'의 출현 순서를 드러내며, 어머니가 파시는 물건인 '대바구니'로 시상을 집중시킴.
• 새벽 서리 밟으며: 추운 날 새벽부터 시작되는 어머니의 고된 삶을 엿볼 수 있음.
• 짱짱한: '옹골찬(꽉 찬)' 또는 '창창한(아득한, 막막한)'을 뜻하는 사투리로, '이십 리가 짱짱한'은 '20리(약 8km)가 꽉 찬' 정도의 의미임.
• 버스는 하루에 두 번 다녔지만 꼬박꼬박 걸어오셨으므로: 버스비를 아끼기 위해 걸어 다녔다는 점에서 가난했던 삶과 어머니의 검소한 성품을 엿볼 수 있음.

- 시세: (1) 그 당시의 형세나 세상의 형편. (2) 시가(時價). 일정한 시기의 물건값(가격). 여기서는 (2)의 뜻으로 쓰임.
- ● **작가의 특징** 최두석의 시는 「성에꽃」이 전국 단위 시험에서 많이 출제되었는데, 이 시와 「성에꽃」에서 확인할 수 있는 최두석 시의 특징은 어려운 현실을 살아가는 가난한 서민들에 대한 애정과 연민을 담고 있다는 것이다.

★ **두 작품은 왜 함께 묶였을까?**

- **내용** (1) 어머니가 가족의 생계를 위해 장에서 물건을 파심.
  (2) 고된 삶을 사신 어머니에 대한 연민이 나타남.
- **표현** (1) 어린 시절에 대한 회상
  (2) 동일한 어미의 반복: (가)의 '-ㄴ가', (나)의 '-고'
  (3) 구체적 지명의 사용: (가)의 '진주 장터, 진주 남강', (나)의 '담양장'

★ **기출 답지로 작품과 문제 완전 정복**

(가) 박재삼,「추억에서」

- (가)는 과거의 상황 전개를 통하여 화자의 내면 심리를 드러내고 있다.
- '진주 장터 생어물전'은 어머니의 고달픈 삶의 공간으로 볼 수 있다.
- '울 엄매야 울 엄매'라고 반복하여 어머니에 대한 안타까움을 드러내고 있다.　*– 2010학년도 6월 고1 전국연합학력평가*
- 어린 시절의 추억을 중심으로 시상을 전개하고 있다.
- 끝 행의 '말없이 글썽이고 반짝이던 것': 연민의 정서가 담겨 있다.
- 시어나 시구를 반복하여 운율감을 느끼게 하고 있다.
- 추위와 어둠의 이미지를 통해 화자의 처지를 보여 주고 있다. ⋯➡ '손 시리게 떨던가(추위)', '해 다 진 어스름(어둠)', '골방(어둠)' 등을 통해 화자의 궁핍한 처지를 보여 줌.
- 시각적 이미지를 사용하여 어머니의 한(恨)을 형상화하고 있다. ⋯➡ '빛 발하는 눈깔들, 달빛 받은 옹기전의 옹기들' 등
- 구체적 지명과 사투리를 사용하여 유년기의 정서를 드러내고 있다. ⋯➡ '진주 장터, 진주 남강, 울 엄매' 등
  – 2005학년도 9월 고1 전국연합학력평가
- 의문형 어미를 활용하여 화자의 정서를 강조하고 있다.
- '울 엄매야 울 엄매'는 울림소리의 반복으로 리듬을 창출하고 화자의 정서를 표출한 것이다.　*– 2019학년도 9월 고3 모의평가*
- 다음의 장면을 중심으로 시의 내용을 파악하기

[장면 1]	[장면 2]	[장면 3]
진주 장터	진주 장터 오가는 길	골방

- [장면 1]은 생계를 위해 생어물전에서 장사를 하던 어머니의 모습을 보여 줍니다.
- [장면 1]은 팔리지 않은 고기를 통해 고단한 어머니의 삶의 모습을 보여 줍니다.
- [장면 2]는 어머니가 새벽부터 밤늦게까지 일하러 다니던 모습을 보여 줍니다.
- [장면 3]은 장사하러 간 어머니를 추위에 떨며 기다리던 오누이의 모습을 보여 줍니다.
- 달빛 받은 옹기전의 옹기들같이/말없이 글썽이고 반짝이던 것인가.: 화자는 달빛이 반사되어 반짝이는 옹기에서 어머니의 눈물을 연상하며 어머니의 한을 떠올리고 있다.
  – 2014학년도 10월 고3 전국연합학력평가(A형)
- 사랑하는 대상을 향한 그리움과 안타까움이 드러나 있다.
- 의문형 진술을 통해 화자의 정서를 강화하고 있다.
- (가)에 반복된 '울 엄매'는 화자가 유년기 체험을 반추*하고 있음을 보여 준다.

> *반추: 되새김.

– 2002학년도 수능

---

01 표현상의 공통점 파악　　　　정답 ①

⊙ **①이 정답인 이유** (가)에서는 '한이던가, 떨던가, 것인가'에서 동일한 의문형 어미*(-ㄴ가)를 반복하고 있고, (나)에서는 '죽고, 가고, 이고, 가시고, 고프고, 멀고, 오시고' 등에서 동일한 연결 어미(-고)를 반복하여 리듬감을 주고 있으므로 ①은 (가)와 (나)의 공통점으로 적절하다.

> *어미: 어간 뒤에 붙어서 변하는 부분. 예 '가다, 가고, 가니,⋯'에서 '-다, -고, -니'

▶ **정답의 근거** 위 '①이 정답인 이유'에서 밑줄 친 부분

가장 많이 질문한 오답은? ③, ④ 순

✕ **③이 오답인 이유** 정말 많은 학생들이 ③에 답했는데, '자조적*인 어조'는 스스로를 비웃는 말투인데, (가)와 (나)에서 스스로를 비웃는 말투는 사용하지 않았다.

> *자조적(自嘲的): 자기를 조롱하는 (것). 자기 스스로를 비웃는 (것).　*– 『매3력』 p.150에서*

✕ **④가 오답인 이유** (가)의 '손 시리게 떨던가'와 (나)의 '서리 밟으며 (장에 가시고)'에서 둘 이상의 감각적 이미지(촉각, 시각)를 사용했지만, 촉각적 이미지를 시각화하거나 시각적 이미지를 촉각화한 것이 아니므로, (가)와 (나) 모두 공감각적 이미지(p.113 참조)를 사용하고 있지 않다.

나머지 답지들이 오답인 이유도 살펴보자.

② 표면상 모순이 일어나는 역설법(p.133 참조)은 (가)와 (나) 모두 쓰이지 않았다.

⑤ 수미상관(p.128 참조)의 기법을 활용하면 주제 의식을 강조할 수 있으나, (가)와 (나) 모두 수미상관의 기법이 쓰이지 않았다.

02 작품들 간 공통점과 차이점 정답 ④

⊙ **④가 정답인 이유** 〈보기〉에서 선생님은 (가)와 (나)의 두 작품을 '엮어 읽기', 즉 서로 비교하며 감상해 보자고 했다. 선생님이 제시한 과제를 수행한 답지 ④를 살피면, (가)의 '신새벽'은 어머니가 진주 장터에 생선을 팔러 가는 시간이다. 이때 화자의 심정은 (가)에 구체적으로 나타나 있지 않지만 부재하는 어머니로 인해 불안감을 느낀 시간으로 볼 수 있다. (나)의 '한밤중'은 동생과 함께 어머니 마중을 갔다가 '기진맥진' 한 상황에서 어머니를 만난 시간이다. 따라서 (나)의 '한밤중'의 경우, 어머니를 만난 시간이라는 관점에서 보면 화자의 불안감이 해소되는 시간으로 볼 수도 있다. 하지만 (가)의 '신새벽'은 화자의 불안감이 해소되는 시간이라 볼 수 없다.

▶ **정답의 근거** (가)의 4연 – ④의 '불안감이 해소되는 시간적 배경' ✕

가장 많이 질문한 오답은? ③, ⑤ 순

✕ **③이 오답인 이유** (가)의 '골방'은 화자가 생선 팔러 가신 어머니를 기다렸던 곳이고, (나)의 '신작로'는 화자가 대바구니 팔러 가신 어머니를 마중하러 갔던 곳이다. 따라서 (가)의 '골방'과 달리 (나)의 '신작로'는 집에서 어머니를 기다린 것이 아니라 마중을 나간 곳이라는 점에서 어머니를 기다리는 마음이 더 능동적인 행위로 나타난 공간이라 볼 수 있다.

✕ **⑤가 오답인 이유** (가)의 '말없이 글썽이고 반짝이던 것인가'는 어린 자식을 집에 두고 생선을 팔러 새벽 일찍 집을 나섰다가 밤늦게야 돌아오시던 어머니의 마음을 화자가 추측한 것으로 어머니의 과거 삶을 떠올린 것이고, (나)의 '아, 요즘도 장날이면'은 과거와 마찬가지로 '요즘도' 담양장으로 대바구니를 팔러 다니시는 어머니의 과거로부터 이어지는 현재 삶을 떠올린 것이므로 ⑤는 적절하다.

　나머지 답지들에 답한 학생들은 드물었지만, 이들 답지들이 오답인(적절한) 이유도 살펴보자.

① (가)의 '고기'와 (나)의 '대바구니'는 둘 다 가족의 생계를 위해 어머니가 새벽 일찍부터 장터(진주 장터, 담양장)에 가서 팔았던 소재라는 점에서 유사한 것이 맞다.

② (가)의 '울 엄매야 울 엄매'는 한스러운 어머니의 삶을 떠올리며 지칭한 것이고, (나)의 '허리 굽은 어머니'는 예나 지금이나 다름없이 대바구니를 팔러 다니는 어머니의 모습을 묘사한 것으로, 둘 다 '고단한 삶을 살아온 어머니에 대한 (화자의) 연민의 정이 담겨 있다'고 볼 수 있다.

03 부사어의 기능 정답 ⑤

⊙ **⑤가 정답인 이유** ⓜ은 '넋을 놓고 멍하게'의 의미를 지닌 부사어*로, '(대바구니가) 팔리기를 기다리는' 어머니의 상황을 효과적으로 표현한 것이다. 그런데 '장이 끝나' 가는 상황인지를 알 수 있는 단서는 제시되지 않았고, 또 ⓜ에는 '아쉬움'의 정서도 담겨 있지 않으므로 ⑤는 적절하지 않다.

> *부사어: 용언(동사, 형용사), 관형어, 다른 부사어 등을 수식하는 문장 성분. 참고로 (나)의 ㉠~ⓜ이 수식하는 말은 '걸어오셨으므로, 걸었다(생략됨), 쳤다, 망설이다가, 기다리는'으로, 이들은 모두 동사임.

▶ **정답의 근거** ⓜ 뒤의 '팔리기를 기다리는' – ⑤의 '장사를 마쳐야 하는 아쉬움' ✕

　나머지 답지들이 적절한 이유도 살펴보자.

① ㉠은 '조금도 어김없이 계속'의 의미를 지닌 부사어로, 어머니는 언제나, 늘(어김없이) 걸어서 장에 오가셨다는 것이므로 ①은 적절하다.

② ㉡은 '계속'의 의미를 지닌 부사어로, 어머니를 '도중에' 만나겠지 생각했으나 만나지 못하고 계속(하염없이) 걸었다고 했으므로 ②는 적절하다.

③ ㉢은 '갑자기 크게 놀라는 모양'을 나타내는 부사어로, 어린 화자인 '나'(아홉 살)가 어머니를 만나지 못한 상황에서 갑작스럽게 해가 져 놀란 것이므로 ③은 적절하다.

④ ㉣은 '시간이 꽤 많이 지나는 동안'이라는 의미를 지닌 부사어로, 해는 졌고, 배는 고프고, 으스스 무섭기까지 하여 더 가야 할지 아니면 집으로 돌아가야 할지 오랜 시간 동안 결정하지 못했다는 것이므로 ④는 적절하다.

국어 어휘력 향상법

[매3력]으로 다진 후 **[매3어휘]**로 마무리합니다.
그리고 한 번 보는 것에 그치지 않고 곁에 두고 틈틈이 보는 습관을 들입니다.

(가) 김선우,「감자 먹는 사람들」

● **제목의 의미** 전문을 읽어 보면 '감자 먹는 사람들'은 화자가 어렸을 때 쌀(밥)이 풍족하지 않아 어쩔 수 없이 감자 섞은 밥을 먹던 화자의 가족을 말한다.

● **시적 상황** 감자 삶는 냄새를 맡고, 감자밥을 먹었던 가난했던 어린 시절을 떠올리며 엄마를 그리워하고 있다.

● **정서 · 태도**
· 유년 시절과 엄마에 대한 그리움 `작품 근거` 이것은, 치명적인 그리움
· 회상적 `작품 근거` 2연

● **주제** 엄마와 어린 시절에 대한 그리움

● **표현상의 특징**
· 후각적 심상: 치명적인 냄새, 감자 삶는 냄새
· 반복과 변조: 이것은, 치명적인 냄새(1연)–이것은, 치명적인 그리움(3연)
· 대화를 인용 부호 없이 제시함.: 엄마 내 친구들은 내가 감자가 좋아서 감자밥 도시락만 먹는 줄 알아.(2연)

● **시어 및 시구 풀이**
· 달겨드는: '달려드는'의 방언.
· 치명적: 생명을 다하는(잃을 정도의) (것).
· 치명적인 냄새: 감자 삶는 냄새로, 어린 시절을 회상하게 되는 매개체임.
· 갉작거리며: 뾰족한 것으로 바닥이나 거죽을 자꾸 문지르는.
· 평상: 나무로 만든 평평한 상의 하나. 밖에 내놓고 앉거나 드러누워 쉴 수 있도록 만듦.
· 때꺼리: 땟거리. 끼니를 때울 만한 먹을 것.
· 뿌리 끝에 댕글댕글한 어지럼증을 매달고: 가족들이 감자밥 먹는 모습을 하나의 뿌리줄기에 감자알이 여럿 매달려 있는 모습에 빗대어 표현한 것임.
· 열한 개의 구멍이를 가진 늙은 애기집: '열한 개의 구멍이'는 11명의 식구들을, '늙은 애기집'은 어머니를 뜻함.
· 애기집: '아기집(자궁)'의 방언.

● **작가의 특징** 전국 단위 시험에 출제된 김선우의 작품은 이 시 외에「빌려줄 몸 한 채」(2015학년도 9월 고2 전국연합학력평가)와「신(神)의 방」(2022학년도 수능 예시문항)이 있다.「빌려줄 몸 한 채」에서는 배추 겉잎이 나비와 벌레에게 자신의 몸을 주는 희생을 했기에 다른 부분들(배춧속)이 겹겹이 차오를 수 있었다고 노래하고 있다.「신(神)의 방」은 이와 경향이 다르지만, 김선우 시인은 주로 대상(배추 겉잎, 엄마)의 희생에 주목한 시를 썼다고 이해할 수 있다.

● **지문 밖 정보** 화자의 유년기 시절, 식구들이 모여 밥 대신 감자를 먹던 경험은 고흐의「감자 먹는 사람들」이라는 회화 작품을 떠올리게 한다.

(나) 나희덕,「땅끝」

● **제목의 의미** '땅끝'은 바다와 맞닿아 있어 거친 파도가 밀려들어 오는 지리적인 공간이면서 화자가 살면서 부딪힌 삶의 시련이라는 이중적 의미를 지니고 있다. 그리고 위태로운 공간인 '땅끝'에 아름다움이 스며 있다는 것을 깨달았다는 점에서, 제목 '땅끝'은 시의 공간적 배경이면서 동시에 주제를 함축하고 있다.

● **시적 상황**
· [A]: 어린 시절 산 너머 고운 노을을 보려고 그네를 탔던 경험 회상
· [B]: 아름다움에 취해 땅끝(공간)을 찾아간 어린 시절과, 살면서 맞닥뜨린 땅끝(극한 상황)의 경험 고백
· [C]: 땅끝(위태로움)에서 깨달은 희망(아름다움)

● **정서 · 태도**
· 동경 `작품 근거` 산 너머 고운 노을을 보려고, 아름다움에 취해 땅끝을 찾아갔지
· 두려움, 절망감 `작품 근거` 삐걱삐걱 떨고 있었어, 이렇게 뒷걸음질치면서 말야
· 깨달음 `작품 근거` 위태로움 속에 아름다움이 스며 있다는 것

● **주제** 절망의 순간에 희망을 발견한, 땅끝에서의 깨달음

● **표현상의 특징**
· 대조법: 고운 노을 ↔ 산, 어둠
· 감정 이입: 그넷줄이 오랫동안 삐걱삐걱 떨고 있었어
· 음성 상징어: 삐걱삐걱
· 도치법: 그런데 이상하기도 하지~또 몇 번은 여기에 이르리라는 것이
· 역설법: 위태로움 속에 아름다움이 스며 있다
· 시어 및 시구의 반복: 땅끝, 뒷걸음질, 있다는 것이
· 시상의 전환: 그런데 이상하기도 하지

● **시어 및 시구 풀이**
· 그네: 현실(산으로 인해 노을을 볼 수 없음.) 극복을 위한 수단.
· 어둠: '고운 노을'을 볼 수 없게 가로막는 장애물.
· 그넷줄이~삐걱삐걱 떨고 있었어: 그넷줄이 흔들리는 것을 나타내면서, 동시에 절망과 두려움에 떠는 '나'의 상태를 나타냄. '그넷줄'은 감정 이입의 대상이 됨.
· 땅끝: (1) 한반도의 최남단에 있는 땅끝마을(전남 해남). (2) 아름다운 곳. (3) 인생의 끝, 삶의 극한 상황이면서 동시에 새로운 희망(시작)을 간직한 공간.
· 땅끝은 늘 젖어 있다: 땅끝은 바다가 시작되는 부분이라서 '늘 젖어' 있다는 것으로, '땅끝'은 '끝(절망)'이 아니라 '시작(희망)'이라는 인식을 드러냄.

● **작가의 특징**「땅끝」,「그 복숭아나무 곁으로」,「흰 광목빛」,「뿌리에게」,「배추의 마음」등 제목에서 알 수 있듯 나희덕의 시는 일상생활에서의 체험과 관찰을 바탕으로 한 깨달음의 내용이 주를 이룬다.

★ 두 작품은 왜 함께 묶였을까?

- **표현** (1) 화자인 '나'의 회상을 통해 정서를 드러내고 있음.
  (2) 시어의 반복

★ 기출 답지로 작품과 문제 완전 정복

(나) 나희덕, 「땅끝」

- '그네'(2행)는 소망에 이르기 위한 수단의 의미를 함축하고 있다.
- '위태로움 속에 아름다움이 스며 있다는 것이'는 삶의 고통 속에서 깨달은 삶의 아름다움을 표현한 것이다.
  － 2016학년도 7월 고3 전국연합학력평가
- 시적 상황에 대한 화자의 인식 전환이 드러나 있다.
- 사물을 생명력 있는 대상으로 표현하여 시적 상황을 나타낸다. → **[근거]** 파도가 아가리를 쳐들고 달려드는 곳
- [B]의 '어릴 때는'과 [C]의 '이제'는 서로 대비되어 시간의 변화에 따른 화자의 상황이 부각되고 있다.
- [B]에서 살면서 서게 되는 '땅끝'은 '파도'와 '땅'의 관계를 통해 화자가 처한 현실의 의미를 보여 준다.
- [B]와 [C]에서 '뒷걸음질'의 반복으로 화자의 절박함이 강조된다.
- [C]의 '그런데'는 '땅의 끝'과 '땅끝'에 주목하게 하여 대상에 대한 화자의 내면을 드러낸다.
  － 2010학년도 4월 고3 전국연합학력평가

04 표현상의 특징 및 그 효과 파악
정답 ④

◉ **④가 정답인 이유** (나)는 다음과 같이 특정한(어떤 사실을 긍정적으로 서술하는) 종결 어미* '-지'를 반복하고 있고, '-지'의 반복은 운율을 느끼게 해 준다.

> [A]의 '발을 굴렀지, 어둠에게 잡아먹혔지'
> [B]의 '땅끝을 찾아갔지, 땅끝에 서게도 되지'
> [C]의 '이상하기도 하지'

따라서 ④는 (나)에 대한 설명으로 적절하다.

> *종결 어미: 문장을 끝맺는 구실을 하는 어미. 예 평서형 어미(-다), 감탄형 어미(-로구나), 의문형 어미(-ㅂ니까), 명령형 어미(-어라), 청유형 어미(-자) 등

▶ **정답의 근거** 위 '④가 정답인 이유' 참조

① (가)는 2연의 '열한 식구 때꺼리를 감자 없이 무슨 수로 밥을 해 대냐'에서 설의적 표현(p.98 참조)을 사용하고 있다. 그러나 이것은 식구가 많아 어쩔 수 없이 감자밥을 먹어야 한다는 것으로, 가정형편을 강조한 말이지 감자의 속성을 강조한 말이 아니다.

② 반어적 표현(p.23 참조)은 실제 상황과는 반대로 표현된 것이어야 하는데, (가)에서 반대로 표현된 부분은 없고, 냉소적(p.31 참조) 태도를 드러내고 있지도 않다.

③ (나)의 화자 '나'는 누군가에게 말하는 말투(굴렀지, 있었어, 말야 등)를 사용하고 있으나, 구체적인 청자(듣는 이)가 드러나 있지는 않다.

⑤ (가)와 (나) 모두 화자의 이동 경로가 드러나 있지 않다.

05 시의 내용 이해 및 적용
정답 ②

◉ **②가 정답인 이유** 2연에서 '귀밝은 할아버지는 땅 밑에서 감자알 크는 소리 들린다고 흐뭇해하셨'다고 했을 뿐 '감자 드시는 것이 오히려 좋다'고 하시지는 않았다.

▶ **정답의 근거** 위 '②가 정답인 이유'에서 밑줄친 부분

가장 많이 질문한 오답은? ④

✗ **④가 오답인 이유** 2연의 '엄마 내 친구들은 내가 감자가 좋아서 감자밥 도시락만 먹는 줄 알아.'로 보아, 화자는 감자를 좋아하지 않았고, '난(나는) 땅속에서 자라는 것들(감자)이 무서운데'로 보아, 화자는 감자에 대한 거부감까지 가지고 있었다는 것을 알 수 있다. 따라서 ④는 적절하다.

① 2연의 '엄마 내 친구들은 내가 감자가 좋아서 감자밥 도시락만 먹는 줄 알아.'에서 ⓐ가 적절하다는 것을 알 수 있다.

③ 2연의 '하나둘 숟가락 내려놓을 때까지 엄마 밥주발(밥그릇)엔 숟가락 꽂히지 않는다.'는 양이 부족한 가족들에게 자신의 밥을 나눠 주기 위해, 가족들이 식사를 마칠 때까지 엄마가 식사를 하지 못하는 것을 나타내므로 ⓒ는 적절하다.

⑤ 3연의 '어릴 적 질리노록 먹은 선 싫어하게 된다더니, 감자 삶는 냄새/이것은,/치명적인 그리움'에서 ⓔ가 적절하다는 것을 알 수 있다.

06 화자의 태도, 심리 파악
정답 ③

◉ **③이 정답인 이유** [B]의 '살면서 몇 번은 땅끝에 서게도 되지'로 보아, 화자는 '땅끝'을 현실에서 벗어난 이상적 공간이 아닌, 살면서 만나는 현실적 공간 또는 어려움(시련)으로 인식하고 있다는 것을 알 수 있다.

한편 [B] 2행의 '땅끝'은 화자가 '아름다움에 취해' 찾아간 공간이라는 점에서 '이상적 공간'으로 볼 수도 있지만 '현실에서 벗어난 공간'은 아니다. 또 답지에서 언급한 시어라는 것을 알려 주는, 굵은 글씨로 된 것은 2행이 아닌 4행의 '땅끝'이라는 데 주의해야 한다.

▶ **정답의 근거** [B]의 '살면서 몇 번은 땅끝에 서게도 되지' － ③의 '현실에서 벗어난' ✗

① [A]에서 화자는 '고운 노을을 보려고', '그네를 힘차게 차고 올라 발을 굴렀'는데 '어둠'으로 인해 보지 못했다고 했다. 이를 '노을은 끝내 어둠에게 잡아먹혔지'로 표현한 것으로 볼 때, 화자는 '어둠'을 통해 자신이 느낀 암담한 심정을 드러낸 것으로 볼 수 있다.

② [A]에서 화자는 '산 너머 고운 노을을 보려고/그네를 힘차게 차고 올라 발을 굴렀다'고 했다. 이로 보아, '노을'은 화자가 생각하는 이상적 대상이라 볼 수 있고, '그네'를 굴린 것은 이상적 대상에 다가가고자 하는 화자의 마음이 담긴 것으로 볼 수 있다.

④ [C]에서 화자는 '땅의 끝'에 서 있는데, 그곳은 '살기 위해서는~뒷걸음질만이 허락된 것'이라고 했고 '파도가 아가리를 쳐들고 달려드는 곳'이라고도 했다. 이곳에서 화자는 '위태로움 속에 아름다움이 스며 있다는 것'을 발견하는 것으로 보아, 화자는 달려드는 '파도'를 삶의 위태로움으로 인식하고 있다고 볼 수 있다.

⑤ [C]에서 화자는 뒷걸음질만이 허락된 삶이지만, '여기'(땅의 끝)에서 '위태로움 속에 아름다움이 스며 있다는 것'을 발견하고 있으므로, 화자는 '여기'에서 삶에 대한 역설적 깨달음*을 얻고 있다고 볼 수 있다.

> *역설적 깨달음: '위태로움 속에 아름다움이 스며 있다'에서 '위태로움'과 '아름다움'은 모순되지만, '시련(위태로움) 속에 희망(아름다움)이 있다.'는 의미 있는 내용을 담고 있으므로, 이는 화자가 인식한 역설적 깨달음이라 할 수 있다.

07 시어의 기능 이해　　　　　　　정답 ①

⊙ ①이 정답인 이유　〈보기〉에서 ㉮의 '비자발적* 기억'은 '어떤 사건이나 사물 혹은 사람과 우연히 마주쳤을 때 발생하는 기억'이라고 했다. ㉠은 '어느 집 담장을 넘어 달겨드는(달려드는)' '냄새'로 우연히 마주친 것이고, ㉠으로 인해 과거 '어릴 적 질리도록 먹은', '감자 삶는 냄새'와 어린 시절을 떠올린 것이므로 ㉠은 ㉮에 해당한다고 볼 수 있다.

> *비자발적: 자기 스스로 알아서 하지(발동, 발생) 않는(비) (것). 남이 시키거나 요청해야 행하는 (것). ⑪ 자발적

▶ **정답의 근거**　위 '①이 정답인 이유' 참조

② ㉡(감자알)은 ㉠으로 인해 떠오른, 어린 시절 화자가 먹었던 것으로 비자발적 기억이라 할 수 있지만, 비자발적 기억을 떠오르게 하는 요인은 아니다.

③ 4연에서는 ㉢(꽃)과 달리 '땅 밑으로만 궁그는*' 감자를 엄마에 빗대고 있다. 여기서 ㉢(꽃)은 '땅 밑'에서 자라는 '감자'와 대비되는 존재일 뿐, 비자발적 기억을 우연히 떠오르게 하는 요인은 아니다.　　　　　　　*궁그는: '뒹구는'의 방언.

꽃	감자
• 땅 위에 있음. • 화려함. • 엄마의 희생을 바탕으로 크는 가족들을 빗댐.	• 땅 밑에 있음. • 잘 드러나지 않음. 어두움. • 가족을 위해 희생하는 엄마를 빗댐.

④ ㉣(그넷줄)은 어릴 때 화자가 '고운 노을을 보려고' 탔던 것으로, 과거의 기억을 우연히 떠오르게 하는 요인은 아니다.

⑤ ㉤(나비)은 '나비를 좇듯/아름다움에 취해'로 보아, '아름다운 대상'을 비유한 것으로, 과거의 기억을 우연히 떠오르게 하는 요인은 아니다.

(가) 박용래, 「밭머리에 서서」
- **제목의 의미** '밭머리'는 '배추밭머리'와 '무밭머리'로, 화자가 서 있는 공간적 위치를 나타낸다.
- **시적 상황** 밭머리에서 옛날의 달싹했던 배추 꼬리 맛과 아작아작 먹었던 무 꼬리 맛, 또 고향을 떠나간 사람들을 떠올리고 있다.
- **정서·태도**
- 그리움　작품근거　옛날에 옛날에는~찾아냈었나니(먹었었나니)
- **주제** 옛날(고향)에 대한 그리움
- **표현상의 특징**
- 다양한 이미지의 활용: 시각적 심상(노랗게 속 차오르는 배추, 하얗게 밑동 드러내는 무, 풀무 불빛에 싸여 달덩이처럼), 미각적 심상(달싹한 맛), 청각적 심상(기적 소리)
- 대상(옛날의 고향)의 속성을 미각적 이미지로 나타냄.: 달싹한 맛
- 통사 구조의 반복: ~는 ~밭머리에 서서 생각하노니 옛날에 옛날에는~었나니(1연과 2연)
- 예스러운 말투의 사용: 생각하노니(-노니) → 과거에 대한 그리움을 효과적으로 드러냄.
- **시어 및 시구 풀이**
- 배추 꼬리, 무 꼬리: 배추와 무의 뿌리 끝 부분.
- 움: 땅을 파고 위에 거적 따위를 얹어 비바람이나 추위를 막아 겨울에 화초나 채소를 넣어 두는 곳.
- 밑동: 밑동. 채소 따위 식물의 굵게 살진 뿌리 부분.
- 풀무: 불을 피울 때에 바람을 일으키는 기구.
- **작가의 특징** 「울타리 밖」의 지문 분석(p.122) 참조

(나) 김준태, 「강강술래」
- **제목의 의미** '강강술래'는 여러 사람이 손을 잡고 원을 그리며 빙빙 돌면서 춤을 추고 소원을 비는 민속놀이이다. '강강술래 나는 논이 되고 싶었다/강강술래 나는 밭이 되고 싶었다.'로 보아, 시에서 '강강술래'는 논과 밭이 되고 싶은 소망을, 즉 여러 사람이 함께 사는 농촌에서의 삶에 대한 소망을 드러내기 위해 붙인 제목으로 볼 수 있다.
- **시적 상황** 추석날 고향에 내려가 팔순 할머니의 손톱과 발톱을 깎아 드리면서 대밭을 가꾸신 할아버지를 그리워하고 공동체적 삶을 살고 싶은 소망을 드러내고 있다.
- **정서·태도**
- 그리움　작품근거　할아버님의 흰 옷자락을 그리워하며
- 회상적　작품근거　대밭이 죽으면~죽순 하나 뽑지 못하게 하시던 할아버님
- 소망　작품근거　강강술래 나는 논이 되고 싶었다/강강술래 나는 밭이 되고 싶었다.
- **주제** 고향에서 느끼는 과거 농촌의 공동체적 삶에 대한 그리움과 소망
- **표현상의 특징**
- 대구법: 가는 해마다 거름 주고-오는 해마다 거름 주며

● 동일한 시행의 반복 · 변주: 추석날 천 리 길 고향에 내려가(1행과 7행), 너무 늙어 앞도 잘 보지 못하는 / 할머니의 손톱과 발톱을 깎아드린다(2~3행과 16~17행)
- 유사한 통사 구조의 반복: 강강술래 나는 ~이(논이, 밭이) 되고 싶었다
- 대상의 특징을 후각적 이미지로 나타냄.: 산국화 냄새 나는 팔순 할머니
- 시적 화자('나')가 겉으로 드러나 있음.

● **시어 및 시구 풀이**
- 풀여치: 곤충. 주로 낮에 활동하며 대개 저녁 때 잘 운다.
- 대밭: 대나무를 심은 밭. 할아버지를 떠올리게 하는 매개체이다.
- 죽순: 대의 땅속줄기에서 돋아나는 어린싹.
- 강강술래: 정월 대보름날이나 팔월 한가위에 남부 지방에서 행하는 민속놀이로, 여러 사람이 함께 손을 잡고 원을 그리며 빙빙 돌면서 춤을 추고 노래를 부른다.

● **작가의 특징** 「강강술래」를 비롯하여 기출 문제에 출제된 김준태 시의 특징은 할머니와 고향에 얽힌 이야기들을 평이한 시어로 풀어내고 있다는 것이다. 김준태 시인의 시 경향을 암기하기보다 '김준태' 하면 공부한 시를 떠올려 감상하면 도움이 된다.

★ **두 작품은 왜 함께 묶였을까?**

- **정서** 그리움
- **표현** (1) 유사한 통사 구조를 반복함.
  (2) 대상의 속성을 감각적 이미시로 나타냄.
  – (가): 달삭한 맛(미각)
  – (나): 산국화 냄새 나는 팔순 할머니(후각)

---

08 감각적 이미지의 기능 이해
정답 ⑤

◎ ⑤가 정답인 이유 C에 들어갈 내용은 ㉠과 ㉡의 공통된 이미지에 대한 설명이어야 한다. 그런데 (가)의 화자는 현재 밭머리에 서서 ㉠(미각적 이미지)을 통해 과거를 떠올리고 있지만, (나)의 화자는 ㉡(후각적 이미지)을 통해 과거를 떠올리고 있지 않으므로 ⑤의 설명은 C가 아닌 A에 들어갈 내용으로 적절하다. ㉡은 '어느덧(어느 사이인지 모르는 동안에)' 팔순이 된 '현재'의 할머니에게서 나는 것으로, 과거와 현재 상황을 연결하고 있지 않기 때문이다.

▶ 정답의 근거 ㉡ 앞의 '어느덧'

가장 많이 질문한 오답은? ④, ②, ③ 순

✗ ④가 오답인 이유 ㉠은 과거 고향에 대한 그리움의 정서를 미각적 이미지를 통해, ㉡은 현재 너무 늙어 앞도 잘 보지 못하는 할머니에 대한 안타까움의 정서를 후각적 이미지를 통해 선명하게 드러내고 있으므로, C에 들어갈 내용으로 적절하다.

✗ ②가 오답인 이유 ㉠은 (가)의 화자가 과거 고향에서 먹었던 배추 꼬리와 무 꼬리의 맛을 구체적인 감각(미각)을 통해 생생하게 전달한 것이므로, A에 들어갈 내용으로 적절하다.

✗ ③이 오답인 이유 ㉡은 할머니에 대한 인상을 '산국화 냄새'라는 후각적 이미지를 통해 나타내고 있으므로, B에 들어갈 내용으로 적절하다.

①에 답한 학생들은 드물었는데, ㉠은 (가)의 화자가 느끼고 있는 고향에 대한 그리움을 미각적 이미지를 통해 환기하고(불러일으키고) 있기 때문이다.

개념 ➕ 이미지(심상)

국어 시험 문제에서 주로 다루는 이미지(심상)는 '시각적, 청각적, 후각적, 촉각적, 미각적, 공감각적 이미지'와 같은 감각적 이미지이다. 그런데 감각적 이미지가 아닌 '동적 이미지, 정적 이미지'와 '상승, 하강적 이미지', '수직적, 수평적 이미지'를 묻기도 한다. 이때 단어의 의미만 알면 어떤 이미지를 말하는지 쉽게 짐작할 수 있지만, 한 번 정리하고 넘어가도록 하자.

❶ 달빛이 밀물처럼 밀려왔구나.   – 장만영, 「달 · 포도 · 잎사귀」
모든 산맥들이 / 바다를 연모해 휘달릴 때에도
– 이육사, 「광야」(문제편 p.118)
❷ 머언 산 청운사 / 낡은 기와집   – 박목월, 「청노루」
차단—한 등불이 하나 비인 하늘에 걸려 있다.
– 김광균, 「와사등」

➜ ❶은 동적(또는 역동적) 이미지, ❷는 정적 이미지이다. '오고, 가고, 뛰고, (비가) 내리고, 날고' 하는 것은 동적 이미지이고, '가만히 앉아 있고, 누워 있고, 쉬고, 잠을 자고, 조용하고' 한 것들은 정적 이미지이다. 결국 움직임이 있으면 '동적 이미지'이고, 움직임이 없으면 '정적 이미지'이다.
- 동적(動, 움직일 동): 운동하고 있는 (것).
- 정적(靜, 고요할 정): 움직이지 않는 (정지) 상태에 있는 (것).

❸ (풀이) 바람보다 먼저 일어난다   – 김수영, 「풀」
(나무는) 막 밀고 올라간다
– 황지우, 「겨울—나무로부터 봄—나무에로」
❹ 풀이 눕는다   – 김수영, 「풀」
함박눈은 내리는데   – 정호승, 「맹인 부부 가수」

➜ ❸은 상승의 이미지, ❹는 하강의 이미지이다. '상승의 이미지'는 '일어나다, 올라가다, 솟아오르다'와 같이 아래에서 위로 올라가는 모습을 나타낼 때, '하강의 이미지'는 '눕다, 내리다, 지다, 떨어지다'와 같이 높은 곳에서 아래로 내려오는 모습을 나타낼 때 형성된다. 상승과 하강의 이미지도 동적 이미지에 해당된다.

❺ 천심절벽(千尋絶壁) 섯난 아래 일대 장강(一帶長江) 흘러간다.   – 권구, 「병산육곡」

➜ ❺의 '천심절벽(천 길이나 되는 절벽)'은 수직적 이미지, '일대 장강(한 줄기 긴 강)'은 수평적 이미지로, 수직과 수평 이미지를 통해 공간을 묘사하고 있다. 말 그대로, '수직적 이미지'는 위에서 아래로 내려오거나 아래에서 위로 올라갈 때, 또는 낭떠러지와 같이 수직으로 서 있는 사물에서 형성되고, '수평적 이미지'는 바다나 들 등 넓고 평평하게 퍼져 있는 모습을 나타낼 때 형성된다.

1주차
2주차
3주차
11일

09 표현상의 공통점 파악

정답 ⑤

⭕ **⑤가 정답인 이유** (가)와 (나)는 둘 다 다음과 같이 동일한
문장 구조를 반복하여 시적 의미를 강조하고 있다.

구분	동일한 문장 구조의 반복 → 강조하고 있는 시적 의미
(가)	• ~에 서서/생각하노니/옛날에 옛날에는 ~ -었나니(1연과 2연) → 옛날에 대한 그리움
(나)	• 추석날 천 리 길 고향에 내려가~할머니의 손톱과 발톱을 깎아 드린다(깎아 주면서) → 소망을 갖게 하는 공간적 배경(고향)과 할머니에 대한 사랑 • 강강술래 나는~이 되고 싶었다.(18행과 19행) → 공동체적 삶에 대한 소망

따라서 ⑤는 (가)와 (나)의 표현상의 공통점으로 적절하다.

▶ **정답의 근거** 위 '⑤가 정답인 이유'에서의 표

나머지 답지들이 오답인 이유도 살펴보자.

① (가), (나) 모두 실제와 반대로 표현한 반어적 표현은 쓰이지
않았다.

② (가)는 명사(고향)로 시상을 마무리했지만, (나)는 (보조) 형
용사(싶었다)로 마무리했다.

③ (가)는 예스러운 말투(-하노니, -나니)를 사용하였지만, (나)
에서는 예스러운 말투를 찾을 수 없고, (가)에 쓰인 예스러운
말투가 시적 긴장감을 형성하고 있지도 않다.

④ (나)에서는 일인칭 화자인 '나'를 직접 노출시켰지만, (가)에
서는 일인칭 화자를 직접 노출시키지 않았다.

10 자료를 활용한 감상

정답 ④

⭕ **④가 정답인 이유** (나)에서 화자는 '그 시절 도깨비들이 춤
추던 대밭을 바라본다(15행)'. 〈보기〉를 통해 볼 때 '그 시절'은,

• 명절이면 마을의 번영과 풍년을 기원하며 마을 사람들이 함
께 손잡고 '강강술래'를 노래했고,

• 작은 생명체 하나라도 아끼고 공동체를 소중히 여겼다.

그런데 ④에서는 '그 시절'의 '대밭'을 '활기를 잃어 가는 농촌
을 의미'한다고 했으므로 적절하지 않다. '활기를 잃어 가는' 것
은 '그 시절'이 아니라 '젊은이들이 떠나간 (현재의) 들녘'이다.
그리고 화자는 활기를 잃어 가는 농촌 현실에 대해 안타까움을
드러내고 있을 뿐 비판 의식을 드러내고 있다고 보기는 어렵다.

▶ **정답의 근거** 〈보기〉의 '예전에는~마을 사람들이 함께 손
잡고 '강강술래'를 노래했지요.', '젊은이들이 떠나간 들녘은 활
기를 잃어 가고'

나머지 답지들에 답한 학생들은 드물었지만, 이들 답지들이
적절한 감상인 이유도 살펴보자.

① 〈보기〉의 '앞도 잘 못 보게 늙으신 할머니의 모습이 쇠락*해
가는 고향처럼 다가와 마음이 아팠습니다.'로 보아, '할머니'
의 손발톱을 '깎아드리'는 화자의 행위에는 쇠락해 가는 '고
향'에 대한 애정과 연민이 함께 담겨 있다고 볼 수 있다.

* 쇠락: 약해지고 줄어듦.(쇠약, 쇠퇴, 하락)

② 〈보기〉의 '작은 생명체 하나라도 아끼고 공동체를 소중히 여
겼던 (옛날 농촌의) 삶'은 '팔십 평생 행여 풀여치 하나 밟을
세라', '안절부절 허리 굽혀 살아오신 할머니'를 통해 엿볼 수
있다.

③ 〈보기〉의 '···공동체를 소중히 여겼던 삶들이 사라져 가고 있
습니다.'와 '생전에 가꾸시던 대밭을 보며 할아버지를 떠올
려 봅니다.'로 보아, '대밭이 죽으면 집안과 나라가 망한다
고~죽순 하나 뽑지 못하게 하시던 할아버님'에서 공동체를
중시했던 농촌 사회의 일면을 들여다볼 수 있다.

⑤ 〈보기〉의 '그 옛날의 '강강술래'를 읊조리며 아픈 농촌을 품
어 봅니다. 공동체의 회복을 꿈꿔 봅니다.'로 보아, '강강술
래 나는 논이 되고 싶었다'에는 아픈 농촌을 보듬으며 '공동
체의 가치가 회복되기를 바라는 화자의 염원이 담겨 있'다고
볼 수 있다.

✔ **매일 복습 확인 문제**

1 다음 설명이 적절하면 ○, 그렇지 않으면 ×로 표시하시오.

(1) '열한 개의 구덩이를 가진 늙은 애기집'(김선우, 「감자 먹
는 사람들」)은 명사형으로 시행을 종결하여 시적 여운을
주고 있다. ··· (   )

(2) '위태로움 속에 아름다움이 스며 있다'(나희덕, 「땅끝」)는
고통 속에서 깨달은 삶의 아름다움을 역설적으로 표현
한 것이다. ·· (   )

(3) '강강술래 나는 논이 되고 싶었다 / 강강술래 나는 밭이
되고 싶었다.'(김준태, 「강강술래」)에서는 일인칭 화자를
직접 노출시켜 주제 의식을 나타내고 있다. ······· (   )

2 다음 작품을 이해한 내용으로 적절하지 않은 것은?

> 새벽 서리 밟으며 어머니는 바구니 한 줄 이고 장에
> 가시고 고구마로 점심 때운 뒤 기다리는 오후, 너무 심
> 심해 아홉 살 내가 두 살 터울 동생 손 잡고 ㉠신작로를
> 따라 마중갔다. 이십 리가 짱짱한 길, 버스는 하루에
> 두어 번 다녔지만 꼬박꼬박 걸어오셨으므로 가다 보면
> 도중에 만나겠지 생각하며 낯선 아줌마에게 길도 물어
> 가면서 ㉡하염없이…… 그런데 이 고개만 넘으면 읍이
> 라는 곳에서 해가 ㉢덜렁 졌다. 배는 고프고 으스스 무
> 서워져 한참 망설이다가 되짚어 돌아오는 길은 한없이
> 멀고 캄캄 어둠에 동생은 울고 기진맥진 ㉣한밤중에야
> 호롱 들고 찾아나선 어머니를 만났다. ― 어머니는 그
> 날 따라 버스로 오시고   ― 최두석, 「담양장」에서 ―

① 동일한 어미를 반복하여 리듬감을 주고 있다.

② ㉠는 어머니를 기다리는 마음이 더 능동적인 행위로 나타
나는 공간이다.

③ ㉡은 어머니를 마중갔던 길이 길고 멀었다는 것을 부각한다.

④ ㉢은 갑작스럽게 해가 져 놀라고 겁이 난 심리를 강조한다.

⑤ ㉣은 가난했던 삶과 어머니에 대한 연민이 해소되는 시간
적 배경이다.

정답 1. (1) × (2) ○ (3) ○ 2. ⑤

정답   01 ③   02 ⑤   03 ④   04 ①   05 ①   06 ④
      07 ④   08 ②   09 ⑤   10 ⑤   11 ②   12 ③

1~4 갈래 복합(시조 + 한시 + 고전 수필)

(가) 양사언, 「태산이 높다 하되~」

● **갈래** 시조

● **현대어 풀이**
  태산이 높다고 하지만 하늘 아래의 산이로다.
  오르고 또 오르면 못 오를 리 없건마는
  사람이 자기 스스로 올라 보지 않고 산이 높다고만 (변명)하더라.

● **정서 · 태도**
• 안타까움, 비판적 [작품 근거] 사람이 제 아니 오르고 뫼만 높다 하더라.

● **주제** 목표를 이루기 위한 실천적 노력의 중요성

● **표현상의 특징**
• 비유법: 목표를 이루기 위한 과정을 산에 오르는(등산) 것에 비유함.

● **어휘 및 어구 풀이**
• 태산: 중국 산둥성에 있는 높고 큰 산. 사람들이 이루고자 하는 목표를 상징함.
• 하늘 아래 뫼히로다.: 높다고 하는 태산도 '하늘 아래에 있는 산'이라는 뜻으로, 열심히 하면 오를 수 있다는 의미임.
• 뫼(뫼): '산'의 옛말.
• 제: 자기가. 자기 스스로.

(나) 김시습, 「사청사우(乍晴乍雨)」

● **갈래** 한시

● **제목의 의미** '사청사우(乍晴乍雨, 잠깐 사 · 갤 청 · 잠깐 사 · 비 우)'는 비가 잠깐 개었다가 잠깐 사이에 다시 비가 내린다는 뜻으로, 날씨가 변덕스러운 것을 말한다. 작가는 이런 날씨처럼 쉽게 변하는 세상인심을 비판하고 있으므로, 제목은 세상인심을 빗대어 표현한 것으로 볼 수 있다.

● **정서 · 태도**
• 비판적 [작품 근거] 하물며 세상 인정이랴, 나를 기리다가 문득 돌이켜 나를 헐뜯고, 공명을 피하더니 도리어 스스로 공명을 구함이라
• 교훈적 [작품 근거] 세상 사람들에게 말하노니~평생 즐거움을 얻을 것인가를.

● **주제** 변덕스러운 인간 세상에 대한 비판. 또는 순리에 따르는 삶의 강조

● **표현상의 특징**
• 비유법: 세상의 인심을 변덕스러운 날씨에 빗댐.
• 설의법: 하물며 세상 인정이랴, 봄이 어찌 다스릴꼬.

• 대조법:

구름		산
쉽게 변하는 자연	↔	주위의 변화에 의연한 존재

• 대구법, 도치법: 2번 해설 참조
• 의인법: 봄이 어찌 다스릴꼬, 산은 다투지 않음이라

● **어휘 및 어구 풀이**
• 나를 기리다가 문득 돌이켜 나를 헐뜯고, /공명을 피하더니 도리어 스스로 공명을 구함이라.: 사람들의 변덕스러운 모습이 나타남.
• 기쁨을 취하려 한들, 어디에서 평생 즐거움을 얻을 것인가를.: 세태에 따라 이리저리 변해서는 평생의 즐거움을 얻을 수 없음을 강조함.

(다) 이규보, 「이옥설(理屋說)」

● **갈래** 고전 수필(한문 수필), 설(說)

  ＊설(說): 한문 문학 양식의 한 갈래. 사물의 이치를 풀이하고 글쓴이의 의견을 덧붙여 서술하는 글. 대개 비유를 통해서 설득하는 방법을 사용함.

● **제목의 의미** '이옥설(理屋說, 다스릴 리 · 집 옥 · 문체 이름 설)'을 직역하면 '집(가옥, 한옥)을 수리한 (경험에 대한) 설 형식의 글'이란 뜻이다. 작품에서 다룰 경험적 사실과 글의 형식을 담은 제목인 것이다.

● **지문 내용 및 구성**

1문단	[경험적 사실] 행랑채가 퇴락하여 수리했던 경험 ▶ 문제가 생겼을 때 바로 고치지 않은 것(행랑채)은 비용이 많이 들었음.
2문단	[깨달음-유추] 경험에서 얻은 깨달음 ▶사람의 잘못도 알면 바로 고쳐야 함.
3문단	[유추의 확장] 깨달음의 적용 ▶백성을 좀먹는 무리들도 빠르게 제거해야 함.

● **정서 · 태도**
• 안타까움 [작품 근거] 모두 썩어서 못 쓰게 되었던 까닭으로 수리비가 엄청나게 들었고
• 깨달음 [작품 근거] 잘못을 알고서도 바로 고치지 않으면 ~착한 사람이 될 수 있으니
• 비판적 [작품 근거] 백성을 좀먹는 무리들을~나라가 위태롭게 된다.
• 경계, 권장 [작품 근거] 어찌 삼가지 않겠는가.

● **주제** 문제를 즉시 바로잡는 자세의 필요성

● **어휘 및 어구 풀이**
• 행랑채: 대문간 곁에 있는 집채. 행랑방이 있는 집채.
• 좀먹는: 잘 드러나지 않게 조금씩 해를 입히는.
• 연후에: 그런 후(뒤)에.

● **표현상의 특징**
• '경험(1문단)+깨달음(2~3문단)'의 2단 구성
• 유추: 행랑채를 수리한 경험에서 유추하여 사람이나 정치의 경우에도 잘못을 빨리 고쳐야 한다는 것을 강조함.
• 설의법: 어찌 삼가지 않겠는가.

★ 세 작품은 왜 함께 묶였을까?

- **내용** 올바른 삶의 태도를 노래함.(1번 해설 참조)
- **표현** (1) 비유
  - (가) 목표를 이루기 위한 과정을 등산에 비유함
  - (나) 세상의 인심을 변덕스러운 날씨에 비유함.
  - (다) 백성을 좀먹는 무리들을 내버려두면 나라가 위태롭게 된다는 것을, 문제를 서둘러 고치지 않으면 썩어 못 쓰게 되는 재목에 비유함.
  - (2) 설의법: (나)와 (다)

★ 기출 답지로 작품과 문제 완전 정복

(나) 김시습, 「사청사우」

- 세태에 대한 부정적 인식이 드러나 있다.
- 대비되는 시어를 활용해 주제를 효과적으로 드러내고 있다. : (비가) 갬과 옴, (공명을) 피함과 구함, (꽃이) 피고 짐, (구름이) 가고 옴   — 2010학년도 6월 고2 전국연합학력평가

(다) 이규보, 「이옥설」

- '비'는 문제 상황을 유발하는 원인이다.
- 설(說)은 사물의 이치를 풀이하고 자신의 의견을 덧붙여 서술하는 한문 문체이다. 설은 직관적 통찰과 깨달음의 과정을 담고 있는데, 이는 사물의 유사점에 근거해서 다른 속성도 유사할 것이라고 추론하는 유추의 과정일 수 있다.

사실	→	깨달음	→	적용
A		B		C

  - A에는 행랑채를 수리한 경험이 구체적으로 드러난다.
  - B는 A와 사람과의 유사한 속성을 근거로 하여 추론하고 있다.
  - B의 깨달음은 C에서 나라의 정치라는 영역으로 적용되고 있다.
  - A → B → C의 과정을 거치며 사회적 차원으로 인식이 확장되고 있다.   — 2015학년도 9월 고1 전국연합학력평가

01 작품들 간의 공통점 파악   정답 ③

◉ **③이 정답인 이유** (가)는 목표를 이루기 위해서는 '실천'해야 한다는 것을, (나)는 세속적인 것이 아닌 '순리에 따를 것'을, (다)는 잘못을 알면 '바로 고쳐야' 한다는 것을 말하고 있다. 이와 같이 (가)~(다)는 모두 바른 삶을 살아가는 자세에 대해 말하고 있으므로 ③은 적절하다.

▶ **정답의 근거** 위 '③이 정답인 이유' 참조

가장 많이 질문한 오답은? ①

✖ **①이 오답인 이유** (다)에서 '나'는 행랑채를 수리한 경험을 통해 잘못을 알면 바로 고쳐야 한다는 것을 깨달았다는 점에서 자신의 가치관을 성찰하며 개선하고 있다고 볼 수 있다. 하지만 (가)는 자신이 아닌 '(다른) 사람'에게, (나) 또한 자신이 아닌 '세상 사람들'에게 올바른 가치관을 성찰하게 하고 개선하기를 바라고 있으므로 적절하지 않다.

나머지 답지들에 답한 학생들은 드물었지만, 이들 답지들이 오답인 이유도 살펴보자.

② (가)~(다) 모두 현재 처한 상황을 극복하고자 노력하고 있지 않다.

④ (가)~(다) 모두 이념과 현실 사이에서 갈등하는 모습은 나타나 있지 않고, 방황하고 있지도 않다.

⑤ (가)~(다) 모두 추구하는 이상 세계의 모습을 언급하고 있지 않다.

02 표현상의 특징 및 그 효과 파악   정답 ⑤

◉ **⑤가 정답인 이유** ⑤를 적절한 설명으로 파악하여 정답보다 오답에 답한 학생들이 많았다. 그런데 이 작품은 [D]의 '세상 사람들'을 청자로 설정한 것은 맞지만, '묻고 답하며' 시상을 전개하고 있지는 않다. 화자는 '세상 사람들'(청자)에게 다스리지 않아도 꽃은 피고 지고, 구름이 가고 오되 산은 다투지 않는 것처럼 순리를 따를 것을 강조하고 있으나, 질문한 것이 아니고 청자가 답하고 있지도 않다.

▶ **정답의 근거** 위 '⑤가 정답인 이유' 참조

가장 많이 질문한 오답은? ①, ②, ④, ③ 순

✖ **①이 오답인 이유** [A]에서 화자는 잠깐 개었다가 다시 비가 오고 비가 오다가 다시 개는 자연 현상에 빗대어 세상 인정 또한 그러하다며 세상 인심에 대해 부정적 인식을 드러내고 있다.

✖ **②가 오답인 이유** [B]에서 화자는 다음과 같이 대구법(p.110의 '대구' 참조)을 사용하여 세상 인정에 대한 구체적인 사례(① 나를 칭찬하다가 문득 나를 헐뜯음, ② 공명*을 피하다가 스스로 공명을 구함.)를 들고 있다.

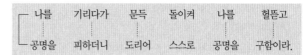

나를	기리다가	문득	돌이켜	나를	헐뜯고
공명을	피하더니	도리어	스스로	공명을	구함이라.

*공명(功名): 공을 세워 명성을 널리 드러냄.

✖ **④가 오답인 이유** [D]에서는 '반드시 기억해 알아 두라.'를 '기쁨을 취하려 한들, 어디에서 평생 즐거움을 얻을 것인가를'보다 앞에 배치한 도치법*을 활용하고 있다. 이는 화자가 전달하고자 하는, '반드시 기억해 알아 두라.'를 강조한 것이다.

*도치법: 정상적인 문장 배열(기쁨을 취하려 한들, 어디에서 평생 즐거움을 얻을 것인가를 반드시 기억해 알아 두라.)의 순서(배치)를 바꾸어(전도) 표현하는 수사법. —『매3력』 p.141에서

✖ **③이 오답인 이유** [C]에서 화자는 가변적인* 대상(가고 오는 '구름')과 불변적인 대상(다투지 않는 '산')을 대조하여 화자의 의도('산'처럼 변치 말고, 다툼이 없이 살아야 함.)를 분명히 하고 있다.

*가변적인: 변할 가능성이 있는.

03 자료를 활용한 작품 이해

④가 정답인 이유 〈보기〉는 '설(說)'의 구조에 대해 설명하고 있는데, (다)의 내용을 바탕으로 이를 정리하면 다음과 같다.

전반부(1문단) – ㉠	후반부(2~3문단) – ㉡
행랑채가 퇴락하여 수리해 보니, 비가 새 문제가 생긴 기와를 바로 수리하지 않은 것은 수리비가 많이 들었음. ➡ 글쓴이의 개인적 경험을 들려줌.	'사람의 몸'과 '나라의 정치'도 낡은 행랑채와 마찬가지로 잘못을 알면 바로 고쳐야 한다는 것을 알게 됨. ➡ 행랑채를 수리한 개인적 경험으로부터 얻은 결과를 독자에게 전함.

이로 보아, ㉡은 ㉠의 사실적(경험적) 상황을 바탕으로 유추*한 것임을 알 수 있다.

> *유추: 확장된 비유로,
> (1) 범주가 다른 두 대상(행랑채 – 사람의 몸·나라의 정치)을
> (2) 유사점(잘못을 알면 바로 고쳐야 함)을 들어
> (3) 이해하기 쉽게 설명(추리)하는 방법.
> – 『매3력』 p.140에서

▶ **정답의 근거** 위 '④가 정답인 이유' 참조

① ㉠에서는 문제(행랑채에 비가 샘)와 이에 대한 해결책(문제가 발생했을 때 망설이지 말고 바로 수리해야 함)을 제시하고 있으나, '다양한' 해결책을 제시하고 있지는 않다.

② ㉡에 해당하는 2문단의 '나는 이(㉠의 행랑채 수리 경험)에 느낀 것이 있었다.'와 3문단의 '그(2문단의 '사람의 몸')뿐만 아니라 나라의 정치도 이와 같다.'를 통해 ㉠과 ㉡은 상반된 견해가 아니라, ㉠의 경험을 통해 깨달은 내용을 ㉡에서 '사람의 몸'과 '나라의 정치'에 적용하여 제시하고 있음을 알 수 있다.

③ ㉠에서 행랑채에 비가 샌 것을 사건으로 보고, 망설이다가 늦게 수리한 것은 비용이 많이 들었다는 것을 결과로 볼 수 있다. 하지만 ㉠을 사건의 결과로 보더라도 ㉡은 그 원인에 해당하지 않는다. '사람의 몸'과 '나라의 정치'가 원인이 되어 행랑채에 문제가 생긴 것이 아니기 때문이다.

⑤ ㉠에서 얻은 깨달음을 ㉡에 적용한 것이지, ㉡에서 얻은 깨달음을 ㉠에 적용한 것이 아니다.

04 상황에 어울리는 속담 찾기

①이 정답인 이유 ㉮는 '나'가 행랑채를 수리하려고 보니 비가 샌 지 오래된 것은 수리비가 엄청나게 들었던 경험을 말한 것이다. 이는 비가 샜을 때 바로 수리했다면 비용이 많이 들지 않았을 것이라는 말이다. 이와 같은 상황에 어울리는 속담으로는 '호미(작은 농기구)로 막을 것을 가래*(큰 농기구)로 막는다.'가 있다. 이는 일이 커지기 전에 수리를 했으면 적은 돈(호미)으로 해결할 수 있지만 망설이고 방치하다 더 큰 돈(가래)을 들여 막는 것을 말한다.

> *가래: 흙을 파서 갈아엎거나 퍼내는 데 쓰는 기구.

▶ **정답의 근거** 위 '①이 정답인 이유' 참조

✗ ③이 오답인 이유 '까마귀 날자 배 떨어진다.'는 까마귀가 날 때 배가 떨어진 경우처럼, 둘은 아무 상관이 없는 일인데 공교롭게 같이 발생하여 마치 서로 관계가 있는 것처럼 의심을 받을 때 쓰는 속담이다. 이 속담이 ㉮에 대한 반응으로 적절하려면 '서까래*, 추녀*, 기둥, 들보*'가 모두 썩어서 못 쓰게 되었던 것과 '비가 샌 것'이 서로 관련이 없어야 하는데, 비가 원인이 되어 서까래 등이 썩은 것이므로 서로 관련이 있다. 그리고 ㉮는 의심을 받는 상황도 아니다.

> *서까래: 한옥에서 지붕과 추녀(처마)를 만들기 위해 놓는 가늘고 긴 나무.
> *추녀: 네모지고 끝이 번쩍 들린, 처마의 네 귀에 있는 큰 서까래.
> *들보: 한옥에서 칸과 칸 사이의 두 기둥을 건너지르는 나무.

나머지 답지들에서 언급한 속담의 뜻과 오답인 이유도 살펴보자.

② '낫 놓고 기역 자도 모른다.'는 기역(ㄱ) 자 모양으로 생긴 낫(농기구)을 보면서도 기역 자를 모른다는 뜻으로, 아주 무식함을 이르는 말이다. ㉮는 무식함과는 관련이 없다.

④ '개구리 올챙이 적 생각 못 한다.'는 개구리(형편이나 사정이 전에 비하여 나아진 사람)가 지난날의 올챙이 적(미천하거나 어려웠던 시절)의 일을 생각하지 않고 처음부터 잘난 듯이 뽐냄을 이르는 말이다. ㉮는 잘난 듯이 뽐내는 것과는 관련이 없다.

⑤ '우물에 가 숭늉을 찾는다.'는 밥을 한 솥에 물을 붓고 끓인 숭늉을 우물에 가서 찾는 성급한 행위를 이르는 말이다. ㉮는 성급해서가 아니라 서두르지 않고 망설이다 문제가 발생한 것이므로 ⑤는 적절한 반응이 아니다.

5~8 갈래 복합(시조 + 현대 수필)

(가) 이황, 「도산십이곡」

- **갈래** 평시조, 연시조(총 12수)
- **제목의 의미** 도산 서당(퇴계 이황이 말년에 관직에서 물러나 머무르며 후학을 양성하던 곳) 주변에 있는 자연의 아름다움과 학문에 정진하고자 하는 의지를 담은 12수의 노래라는 뜻이다.

> • 제1수~제6수(전반부): '언지(言志)'라 하여 자연과 더불어 사는 삶을 노래함.
> • 제7수~제12수(후반부): '언학(言學)'이라 하여 학문 수양에의 의지를 노래함.
> ☞ 제1수~제6수의 원문 및 해설은 『매3문』 참조

- **현대어 풀이 및 중심 내용**

옛 성인도 나를 못 보고 나도 옛 성인을 못 뵈었네.

옛 성인을 못 뵈어도 (옛 성인들이) 가던 길은 앞에 있네.

(옛 성인들이) 가던 길이 앞에 있거든 아니 가고 어찌할 것인가.

▲ 제9수: 성현의 가르침에 따라 학문을 하겠다는 다짐(언학 3)

당시에 가던(학문 수양에 힘쓰던) 길을 몇 해를 버려 두고
어디(벼슬길)가 다니다가 이제야 (예전에 걷던 그 길로)
돌아왔는가?
이제야 돌아왔으니 딴 데 마음 두지 않으리.
▲ 제10수: 오로지 학문 수양에 힘쓰겠다는 다짐(언학 4)
푸른 산은 어찌하여 영원히 푸르며
흐르는 물은 어찌하여 밤낮으로 그치지 않는가?
우리도 (학문을) 그치지 말고 언제나 학문에 힘쓰리라.
▲ 제11수: 변함없이 학문에 힘쓰겠다는 다짐(언학 5)

● **정서 · 태도**
- 의지적 근거 제9수의 종장 '가던 길 앞에 있거든 아니 가고 어찌할까', 제11수의 종장 '~만고상청하리라'
- 후회 근거 제10수의 초장~중장
- 교훈적 근거 제11수의 종장 '우리도 그치지 마라 만고상청하리라'
● **주제** 학문 수양에 대한 의지
※ 제1수~제6수: 자연과 더불어 사는 삶에 대한 예찬
● **표현상의 특징**
- 연쇄법: 제9수의 초장~종장, 제10수의 중장~종장
- 설의법: 가던 길 앞에 있거든 아니 가고 어찌할까
- 대구법

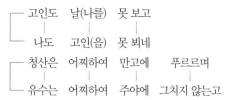

- 유사한 통사 구조의 반복
  (1) 고인도 날(나를) 못 보고
     나도 고인(을) 못 뵈네
  (2) 청산은 어찌하여 만고에 푸르르며
     유수는 어찌하여 주야에 그치지 않는고
- 대조: 당시에 가던 길(학문 수양에의 길) ↔ 딴 데(벼슬길)
- 학문에 대한 의지를 자연에 빗대어 표현함(제11수).
● **어휘 및 어구 풀이**
- 고인: 화자보다 이전 시대를 살다 간 성인군자나 성현.
- (고인이) 가던 길: 옛 성현들이 추구했던 가치, 또는 그들이 가르쳤던 학문을 말함.
- 청산, 유수: '청산(푸른 산)'은 늘 푸른 존재, '유수(흐르는 물)'는 그치지 않고 끊임없이 흘러가는 존재로, 화자는 청산과 유수의 이러한 속성을 닮아서 학문 수양에 정진하겠다는 다짐을 드러냄.

(나) 법정,「인형과 인간」
● **갈래** 현대 수필
● **제목의 의미** '인간의 탈을 쓴 인형은 많아도 인간다운 인간이 적은 현실'(3문단), '우리는 인형이 아니라 살아 움직이는 인간이다.'(5문단) 등에서 '인형'과 '인간'은 서로 대비되는 속성을 지닌 인간형을 가리킨다는 것을 알 수 있다. 그리고 이 글에서 글쓴이는 부정적인 대상인 인형이 아닌 긍정적인 대상인 인간이 될 것을 강조하고 있으므로 제목은 주제를 함축적으로 보여 준 것이다.

● **지문 내용**
- 1문단: 성인들은 간단명료하게 진리를 가르치나 학자와 지식인들은 불필요한 언어로 진리를 어렵게 치장한다고 비판함.
- 2문단: 사색과 행동이 따르지 않는 지식과 학문 중심의 현대인은 진리를 배반하고 있다고 공격함.
- 3문단: 지식인은 무기력한 인형과 같은 모습에서 탈피하여 인간다운 사명을 감당해야 한다는 점을 강조함.
- 4문단: 배웠으면서도 티를 내지 않는 무학 정신이 소중하며, 인격과 단절된 지식은 사이비이자 위선임을 지적함.
- 5문단: 인형과 달리 살아 있는 지식인은 기쁨과 아픔을 이웃과 함께 할 책임이 있다고 강조함.
● **주제** 진정한 지식인의 모습(인형 같은 무기력에서 벗어나 인간다운 사명과 책임을 질 줄 알아야 함.)
● **어휘 및 어구 풀이**
- 생동하던 언행: '성인들의 가르침'을 실천하는, 생기 있게 살아 움직이는(활동) 말(언어)과 행동을 말함.
- 이렇게 해서: 성인들의 가르침을 후대의 학자들이 지나치게 복잡하고 어렵게 분석하고 해석해서.
- 울안: 울타리에 둘러싸인 안쪽.
- 신용하고: 신뢰하고. 믿고.
- 맹점(盲點): 눈을 감은 듯이(맹인) 모르고 지나친 잘못된 점. ㈜ 허점
- 인형의 집: 학문이나 지식을 실천하지 않고 무기력하고 나약하게 지내는 상황을 말함.
- 무용론(無用論): 쓸데(쓰임, 용도)가 없다(無, 없을 무)는 주장(논의).
● **표현상의 특징**
- 설의법: 사색이 따르지 않는 지식을, 행동이 없는 지식인을 어디에다 쓸 것인가.(2문단)
- 문답법: ~지식인이 할 일은 무엇일까. 먼저~그 인형의 집에서 나오지 않고서는 어떠한 사명도 할 수가 없을 것이다.(3문단)
- 대조: 성인 ↔ 학자, 인형 ↔ 인간, 짐승 ↔ 인간
- 대구: 우리는 인형이 아니라 살아 움직이는 인간이다. – 우리는 끌려가는 짐승이 아니라 신념을 가지고 당당하게 살아야 할 인간이다.

★ **두 작품은 왜 함께 묶였을까?**
- **내용** (1) '학문'에 대한 관점을 드러냄.
      (2) 옛 성인의 가르침을 긍정적으로 평가함.
- **표현** 설의법, 대조법(대비), 대구법

★ **기출 답지로 작품과 문제 완전 정복**

(가) 이황,「도산십이곡」
- 이 글에는 옛 성인을 닮고자 하는 의지가 나타나 있다.

– 2009학년도 9월 고1 전국연합학력평가

- 제11수의 '청산'은 일관된 삶의 자세를 일깨우는 공간이다.
- '만고'에 푸르며 '주야'에 그치지 않는 것은 평생에 걸쳐 학문을 가까이하려는 모습이야.

– 2009학년도 11월 고2 전국연합학력평가

- 대상에 주목하여 대상과 관련된 가치를 추구하는 자세를 나타내고 있다.

– 2023학년도 수능

- 제7수~제12수는 학문에 대한 관점을 보여 주고 있다.
- 제11수는 자연물의 속성에 빗대어 화자의 의지를 드러내고 있다.

– 2012학년도 9월 고3 모의평가

05 작품들 간의 공통점 파악

정답 ①

◎ **①이 정답인 이유** (가)의 제9수에서 화자는 '고인'(옛사람)이 '가던 길'(행적*)을 따라가겠다고 했고, (나)의 1문단에서 글쓴이는 '지나간 성인들'(옛사람)의 가르침(행적)은 '하나같이 간단하고 명료했다.'고 했다. 이를 통해 (가)와 (나)는 모두 옛사람의 행적을 긍정적으로 바라보고 있다는 것을 알 수 있다. 그럼에도 불구하고 많은 학생들이 오답에 답한 것은 (가)에 대한 해석을 정확하게 하지 못했기 때문이었다.

> *행적: **행**위의 발자취(족**적**). 평생 동안 한 일(**행**위)의 업**적**.

▶ **정답의 근거** (가)의 제9수와 (나)의 1문단

가장 많이 질문한 오답은? ⑤, ② 순

✗ **⑤가 오답인 이유** (나)의 2문단 '행동이 없는 지식인을 어디에다 쓸 것인가.'(쓸데가 없다)에서 지식인의 부정적 태도(행동이 없음)에 내한 글쓴이의 냉소석인(비웃는) 인식을 엿볼 수 있다. 그리고 (가)의 제10수 '당시에 가던 길을 몇 해를 버려 두고/ 어디 가 다니다가 이제야 돌아왔는고'에서 화자가 지식인인 자신에 대해 부정적 태도를 보인다고 볼 수 있다. 그런데 (가)에는 냉소적인 인식이 나타나 있지 않다.

✗ **②가 오답인 이유** (가)의 '가던 길 앞에 있거든 아니 가고 어찌할까'(제9수)에서 화자는 옛 성인들이 가던 길을 따라가겠다고 했다. 이를 새로운 도전으로 볼 수도 있으나 '기대감'을 형상화(p.134 참조)하고 있지는 않다. 또 (나)에서는 '무기력하고 나약하기만 한'(3문단) 현대의 지식인에 대한 비판을 드러내고 있을 뿐 '새로운 도전에 대한 기대감'은 찾아볼 수 없다.

③ (가)에서 화자는 늘 푸른 '청산'과 밤낮으로 그치지 않고 흐르는 '유수'를 긍정적으로 보지만, '청산'과 '유수'의 아름다움을 예찬하고 있는 것은 아니다. (나)에서는 성인들의 가르침과 무학 정신에 대해 예찬적 태도를 드러낸 것으로 볼 수 있으나 이들은 사물에 해당하지 않고, 사물의 아름다움에 대한 예찬적 태도는 찾아볼 수 없다.

④ (가)에서 화자는 '청산'과 '유수'처럼 만고상청*하겠다고 했으나, 자연과 하나 되는 삶의 과정을 순차적으로(순서를 따라 **차**례대로) 제시하고 있지 않고, (나)에서는 자연과 하나 되는 삶의 과정을 제시하고 있지 않다.

> *만고상청: **만** 년 동안, 즉 오랜 세월 동안 항**상** **청**청함(푸름).

06 표현상의 특징 및 그 효과 파악

정답 ④

◎ **④가 정답인 이유** [A]는 '못 보고, 못 뵈네, 못 봐도, 아니 가고'에서, [B]는 '마음 말으리'에서 부정 표현을 사용하고 있다. 그리고 [B]의 '말으리'는 '가던 길'(학문 수양에의 길)을 버려 두고 '딴 데'(벼슬길)에 마음을 두었던 것에 대해 반성하는 자세를 드러내고 있다고 볼 수 있다. 하지만 [A]에서는 반성하는 자세를 드러내고 있지 않다.

▶ **정답의 근거** 위 '④가 정답인 이유' 참조

가장 많이 질문한 오답은? ③, ⑤ 순

✗ **③이 오답인 이유** [A]는 '아니 가고 어찌할까'에서 의문형 어구를 활용하여 고인(옛 성인들)이 '가던 길'을 따라가겠다는 화자의 의지를 드러내고 있다. 그리고 [B]는 '이제야 돌아왔는고'에서 의문형 어구를 활용하여 자신이 '가던 길'을 버려 두고 이제야 돌아온 것에 대해 반성하는 태도를 드러내고 있다.

✗ **⑤가 오답인 이유** [A]는 초장의 뒤 어구(고인 못 뵈네)를 중장의 앞 어구(고인을 못 뵈도)에서, 중장의 뒤 어구(가던 길 앞에 있네)를 종장의 앞 어구(가던 길 앞에 있거든)에서 각각 반복하여 내용을 연결하고 있고, [B]는 중장의 뒤 어구(이제야 돌아왔는고)를 종장의 앞 어구(이제야 돌아왔으니)에서 반복하여 내용을 연결하고 있다. 이와 같이 앞 구절의 끝말을 다음 구절의 앞부분에 이어받아 표현하는 것을 연쇄법*이라고 한다.

> *연쇄법: 쇠사슬(鎖, 쇠사슬 **쇄**)이 서로 **연**결되어 있는 것처럼 앞 구절의 끝말을 다음 구절의 앞부분에 이어받아 그 뜻을 강조하는 수사**법**. ➡ 닭아 닭아 우지 마라 네가 울면 날이 새고 날이 새면 나 죽는다. – 『매3력』 p.141, 145에서

① [A]는 '고인도 날(나를) 못 보고 나도 고인(을) 못 뵈네'에서 '유사한 문장 구조[~도 ~(을) 못~]'를 활용하여 운율감을 형성하고 있다.
② [B]는 시간과 관련된 표현 '당시, 이제'를 활용하고 있는데, '이제야'에서는 과거에 버렸던 '가던 길'(학문 수양에의 길)로 다시 돌아오게 되었다는 상황 변화의 기점(이제)을 강조하고 있다.

07 자료를 활용한 감상

정답 ④

◎ **④가 정답인 이유** (나)의 1문단에서 말한 '말의 갈래를 쪼개고 나누는' 태도와 '자신의 문제는 묻어' 두는 태도는 모두 '진리를 어렵게 만들어 놓은' 학자들의 태도이다. 따라서 두 태도는 대비(p.100 참조)되는 태도가 아니다. 그리고 이 표현은 글쓴이가 학자들의 자기중심적 태도를 문제삼은 것이지, 학자들이 '자기중심적 태도를 버려겠다는 다짐'을 드러낸 것이 아니다.

▶ **정답의 근거** 위 '④가 정답인 이유' 참조

가장 많이 질문한 오답은? ①

✗ **①이 오답인 이유** (가)의 9수 초장에서 화자는 '고인'도 '나'를 못 보고 '나'도 '고인'을 못 보는 현실에 대한 인식을 드러내고 있고, 중장과 종장에서는 '고인'을 못 만나지만 '고인'이 '가던 길'(학문 수양에의 길)은 앞에 있으니 그것을 매개로 '고인'을 따르겠다는 의도를 드러내고 있다.

147

② (가)의 10수에서 화자는 '당시에 가던 길'(학문 수양에의 길)과 '딴 데'(벼슬길)를 대비하여 '딴 데'(학문 수양 이외의 다른 것)에는 마음을 두지 않겠다는 의지를 드러내고 있다.

③ (가)의 11수에서 화자는 늘 푸른 '청산'과 그치지 않고 흐르는 '유수'의 공통적 속성(항상됨)에 주목하여, 자신도 '청산'과 '유수'처럼 '끊임없이 학문에 정진하겠다'는 자세를 드러내고 있다.

⑤ (나)의 5문단에서 글쓴이는 '살아 움직이는 인간'과 '끌려가는 짐승'을 대비하여 '신념을 가지고 당당하게 살아야 할' '살아 움직이는 인간'이 되어야 함을 강조하고 있다. 이는 글쓴이가 '학문을 통해 배운 신념을 바탕으로 당당하게 살아가겠다는 태도'를 드러낸 것으로 볼 수 있다.

08 핵심 개념의 의미 이해 및 적용 정답 ②

🅾 **②가 정답인 이유** (나)의 4문단에서 '무학(無學)'은 '배움이 없거나 배우지 않았다는 뜻이 아니'고, '많이 배웠으면서도 배운 자취가 없는 것'을 가리킨다고 했다. 이와 같은 '무학'의 의미를 바탕으로 할 때 〈보기〉의 ㉠(학문의 길을 걷는 사람이 지녀야 하는 올바른 삶의 태도)은 '배움이 부족'한 것과는 거리가 멀다. 그리고 4문단에서 '지식이 인격과 단절될 때 그 지식인은 사이비*요 위선자*가 되고 만다.'고 했으므로 ㉠은 지식을 인격과 별개로 보는 태도도 아니다.

> *사이비(似而非): 겉으로는 유사하지만 본질은 다른 것. 가짜.
> ㉮ 사이비 종교
> *위선자(僞善者): 거짓(허僞)으로 착한(선善) 체하는 사람.

▶ **정답의 근거** 위 '②가 정답인 이유' 참조

가장 많이 질문한 오답은? ③, ④, ① 순

❌ **③이 오답인 이유** (나)의 4문단에서 '무학'은 '많이 배웠으면서도 배운 자취가 없는 것을 가리'킨다고 했다. '배운 자취가 없다'는 것은 '배운 티를 내지 않는다'는 것으로, '배웠다고 자랑하지 않는 태도'를 말한다. 이로 보아, ③의 '많이 배웠으면서 배운 자취를 자랑하지 않는 태도'는 〈보기〉의 ㉠으로 볼 수 있다.

❌ **④가 오답인 이유** (나)의 4문단에서 '무학'의 의미를 강조한 글쓴이는 '여러 가지 지식에서 추출된 진리에 대한 신념이 일상화되지 않고서는 지식 본래의 기능을 다할 수 없다.'고 했다. '지식 본래의 기능'을 다하려면 '지식에서 추출된 진리에 대한 신념이 일상화되'어야 한다는 것이다. 따라서 '지식에서 추출된 진리에 대한 신념이 일상화된 태도'는 〈보기〉의 ㉠으로 볼 수 있다.

❌ **①이 오답인 이유** (나)의 4문단에서 '무학'은 '지식 과잉에서 오는 관념성을 경계한 뜻에서 나온 말일 것'이라고 했다. 이는 지나친(과잉) 지식은 현실성(↔ 관념성)이 떨어지므로 '무학'은 이를 경계(조심하고 주의함)한다는 뜻이라는 것이다. 따라서 '지식의 과잉에서 오는 관념성을 경계하는 태도'는 〈보기〉의 ㉠으로 볼 수 있다.

⑤에 답한 학생들은 드물었는데, (나)의 4문단에서 '무학'은 '지식이나 정보에 얽매이지 않은 자유롭고 발랄한 삶이 소중하다는 말'이라고 했기 때문이다.

9～12 **갈래 복합**(가사 + 현대 수필)

(가) 송순, 「면앙정가」

● **갈래** 가사

● **제목의 의미** 면앙정(정자의 이름)에 대해 노래하다. '면앙정'은 정자의 이름이면서 작가의 호이기도 하다. 작가는 전남 담양의 제월봉 아래에 면앙정이라는 정자를 짓고, 계절의 변화에 따른 면앙정 주변의 아름다운 경치와 풍류를 즐기는 삶을 노래했다.

● **현대어 풀이 및 중심 내용과 지문 밖 작품 내용**

· **지문 앞 내용:** [서사] 면앙정의 위치와 구름을 탄 푸른 학이 천리를 가려고 두 날개를 벌린 듯한 면앙정의 모습 [본사 1] 면앙정 주변의 경치(흐르는 시냇물과 물 따라 펼쳐진 모래밭, 갈대를 사이에 두고 날아다니는 기러기, 주변의 봉우리들 등) [본사 2 – ①] 면앙정의 봄 경치

· **지문 내용(현대어 풀이 및 중심 내용)**

¹가마를 급히 타고 솔(소나무) 아래 굽은 길로 오며 가며 하는 때
²푸른 버드나무에서 우는 꾀꼬리는 교태를 부리는구나.
³나무와 풀이 우거져 녹음이 짙어진 때
⁴기다란 난간에서 긴 졸음을 내어 펴니
⁵물 위에 부는 서늘한 바람이 그칠 줄 모르는구나.
▲ 본사 2 – ② 면앙정의 여름 경치

⁶된서리 걷힌 후에 산빛이 비단을 수놓은 것 같다.
⁷누렇게 익은 벼는 또 어찌 넓은 들에 펼쳐져 있는가?
⁸어부의 피리 소리도 흥에 겨워 달을 따라 부는구나.
▲ 본사 2 – ③ 면앙정의 가을 경치

⁹풀과 나무의 잎이 다 떨어진 후에 강과 산이 눈에 묻혔거늘
¹⁰조물주가 야단스러워 얼음과 눈으로 자연을 꾸며 내니,
¹¹아름다운 구슬로 장식한 집과 누각, 옥같이 맑은 바다와 은빛의 산이 눈 아래에 펼쳐져 있도다.
¹²온 세상이 풍성하여 가는 곳마다 경치가 뛰어나도다.
▲ 본사 2 – ④ 면앙정의 겨울 경치

¹³인간 세상을 떠나와도 내 몸이 쉴 틈이 없다.
¹⁴이것도 보려 하고 저것도 들으려 하고
¹⁵바람도 쐬려 하고 달도 맞으려 하고
¹⁶밤은 언제 줍고 고기는 언제 낚으며,
¹⁷사립문은 누가 닫으며 떨어진 꽃은 누가 쓸 것인가?
¹⁸아침 시간이 모자라니 저녁이라고 (자연 경치가) 싫을쏘냐?
¹⁹오늘도 (시간이) 부족하니 내일이라고 넉넉하랴?
²⁰이 산에 앉아 보고 저 산에서 걸어 보니
²¹번거로운 마음이면서도 버릴 것이 전혀 없다.
²²쉴 사이 없는데 오는 길을 알리겠는가?(다른 사람들이 좋은 데를 물어도 여기 오는 길을 안내할 시간이 없다.)
²³다만 (하도 돌아다녀서) 지팡이가 다 무디어 가는구나.
▲ 결사 1 – 자연에서의 삶의 즐거움

²⁴술이 익었으니 벗이야 없을 것인가?(있다.)
²⁵노래 부르게 하고 악기를 타고 또 켜게 하고 방울 흔들며
²⁶온갖 소리로 취흥을 재촉하니

²⁷근심이 있으며 시름이 붙어 있겠는가?
²⁸누웠다가 앉았다가 (몸을) 굽혔다가 젖혔다가
²⁹(시를) 읊다가 휘파람을 불다가 마음 놓고 노니
³⁰천지도 넓디넓고 세월도 한가하다.
³¹태평성대를 모르고 지내더니 이때가 그때로다.

▲ 결사 2 – 자연에서의 풍류 생활과 만족감

³²신선이 어떤지 몰랐는데 이 몸이 바로 신선이로구나.
³³강산풍월(자연의 아름다운 풍경)을 주위에 거느리고
　내 평생을 다 누리면
³⁴악양루의 이태백이 살아온다고 한들
³⁵호탕한 회포가 이보다(나보다) 더할 것인가?(더 낫지
　않다.)　　　　▲ 결사 3 – 자연에서의 호탕한 회포

· **지문에 이어지는 내용:** [결사 4] 임금의 은혜에 대한 감사(이 몸이 이렇게 지내는 것도 역시 임금의 은혜로다.)

● **정서·태도**

· 흥겨움, 자연 친화적 │작품 근거│ 녹양에 우는 꾀꼬리 교태 겨워하는구나, 간 데마다 승경(勝景)이로다, 취흥 등
· 만족 │작품 근거│ 태평성대 몰랐는데 이때가 그때로다 / 신선이 어떠한가 이 몸이 그로구나, 호탕한 회포는 이보다 더할쏘냐

● **주제** 면앙정 주변의 사계절의 아름다움과 그 속에서 즐기는 풍류 생활과 만족감

★ **작품 전체의 주제:** 면앙정의 아름다움과 그 속에서 즐기는 풍류와 임금의 은혜에 감사하는 마음

● **표현상의 특징**

· 3·4조, 4음보 연속체
· 의인법, 감정 이입: 꾀꼬리 교태 겨워하는구나(2행)
· 비유법: 경궁요대와 옥해은산(11행). 원관념은 '눈 덮인 자연'임.
· 색채어: 녹양(2행), 녹음(3행), 누렇게 익은 벼(7행)
· 설의법: 저녁이라 싫을쏘냐(18행), 내일이라 넉넉하랴(19행), 오는 길을 알리랴(22행), 벗이야 없을쏘냐(24행), 시름이라 붙었으랴(27행), 이보다 더할쏘냐(35행)
· 통사 구조의 반복, 대구법, 열거법: 이것도 보려 하고–저것도 들으려 하고(14행), 바람도 쐬려 하고–달도 맞으려 하고(15행), 밤일랑 언제 줍고–고기는 언제 낚고(16행), 사립문 뉘 닫으며–진 꽃일랑 뉘 쓸려뇨(17행), 이 산에 앉아보고–저 산에 걸어 보니(20행)
· 사계절의 변화에 따른 전개

● **어휘 및 어구 풀이**

· 아침 시간 모자라니~내일이라 넉넉하랴: 자연을 즐기느라 매우 바쁘다는 것으로, 그만큼 자연에 즐길 것이 많다는 의미이다.
· 쉴 사이 없는데 오는 길을 알리랴: 자연을 즐기기에 바빠서 다른 이들에게 면앙정에 오는 길을 전할 만한 여유가 없다는 뜻으로, 속세의 사람들과 떨어져 한가롭게 자연을 즐기는 만족감이 담겨 있다.

(나) 백석, 「가재미·나귀」

● **갈래** 현대 수필

● **제목의 의미** 새로운 거처 두 곳(운흥리, 중리)에서 화자가 관심을 나타낸 두 소재를 제목으로 삼았다. 두 소재 '가재미'와 '나귀'는 일상에서 만난 작고 평범한 존재에 해당하는데, 글쓴이가 이들에 주목한 이유를 살피며 읽으면 글쓴이가 소중하게 생각하는 것을 파악할 수 있다.

● **지문 내용**

· 1문단: (운흥리에서의) 가재미에 대한 애착
· 2문단: (중리에서의) 나귀에 대한 애착

● **주제** 좋아하는 생선 가재미와 갖고 싶은 나귀 → 작고 평범한 일상의 존재를 소중히 여기는 마음

● **어휘 및 어구 풀이**

· 십 전: 1전은 1원의 100분의 1이므로, '십 전'은 1원의 10분의 1에 해당함.
· 두름: 물고기를 짚으로 한 줄에 열 마리씩 두 줄로 엮은 것.
· 잔 것: 작은 것. · 손길: '손의 길이' 정도의 의미임.
· 나는 한 달포 이 고을을 떠났다 와서: 작품이 창작된 시기(함경도에서 교사 생활을 함.)를 고려할 때, 방학 기간을 이용하여 집에 다녀왔던 것으로 추리할 수 있음.
· 달포: 한 달이 조금 넘는 기간. ※ 한 달포: '대략 한 달 조금 넘게'의 의미임.
· 뇌옥: 죄인을 가두어 두는 곳. ㉮ 감옥, 교도소
· 운흥리: 마을 이름. 구름(백운)이 자주 끼는(흥한) 마을이라는 뜻임.
· 예서는: 여기에서는. '예'는 '여기'의 준말.
· 할까고: 할까 하고.

● **표현상의 특징**

· 열거법: 광어, 문어, 고등어, 평메, 횟대……
· 의인법: 한없이 착하고 정다운 가재미
· 색채어: 흰밥과 빨간 고추장, 시허연 눈, 하이야니
· 공간의 이동: 운흥리(동해 가까운 거리) → 중리

★ **두 작품은 왜 함께 묶였을까?**

· **내용** 특정한 공간에서의 삶을 바탕으로 함.
· **표현** 의인법, 열거법, 색채어의 활용

★ **기출 답지로 작품과 문제 완전 정복**

(가) 송순, 「면앙정가」

· 11행: 눈 덮인 자연의 모습을 미화*하여 화자가 처한 공간의 아름다운 경치를 강조하고 있다.

> *미화: 아름답게(미모, 미인) 변화시킴.

– 2013학년도 11월 고2 전국연합학력평가(A·B형)

· 13행: 자연 속에서 바쁘게 살아가는 모습을 표현하고 있다.
· 28행: 열거를 통해 거리낌 없이 풍류를 즐기는 태도를 드러내고 있다. – 2011학년도 9월 고2 전국연합학력평가
· 19행: 주변에 즐길 것이 많다고 인식하고 있음이 드러나고 있다.
· 34~35행: 다른 대상(이백)과 비교하는 방식으로 의미를 강조하고 있다.
· 35행: 자신의 풍류 생활에 대한 자부심이 나타나고 있다.

- 벼슬에서 물러난 작가가 귀향한 후의 삶을 표현한 작품으로, 우리 문학사에 나타나는 시가의 특정한 경향을 보여 주고 있어요.
  – 속세와 거리를 두고 지내는 삶의 모습이 드러나 있습니다.
  – 2018학년도 3월 고3 전국연합학력평가
- 4행: 화자의 한가로운 모습을 형상화하고 있다.
  – 2007학년도 6월 고3 모의평가
- 29행: 자연 속에서의 풍류를 표현하는 것이다.
  – 2003학년도 수능

09 작품들 간 공통점의 파악   정답 ⑤

◎ **⑤가 정답인 이유** (가)와 (나)에서 '계절감을 환기하는(불러일으키는) 사물'과 그것을 통해 드러내고 있는 '자연의 모습'을 살펴보면 다음과 같다.

> - (가) 녹양*, 녹음(→ 여름에 푸르게 우거진 버드나무와 숲의 모습), 누렇게 익은 벼(→ 가을 들판에 가득찬 벼의 모습), 빙설(→ 겨울에 눈 덮인 아름다운 모습)
> - (나) 눈(→ 중리에서 보이는 백모관봉의 모습)

따라서 ⑤는 (가)와 (나)의 공통점으로 적절하다.

> *녹양: 잎이 푸르게(녹색) 우거진 버드나무(수양버들).

▶ **정답의 근거** 위 '⑤가 정답인 이유' 참조

가장 많이 질문한 오답은? ④

✗ **④가 오답인 이유** (가)는 '녹양에 우는 꾀꼬리, 된서리* 걷힌 후에 산빛, 초목이 다 진 후에 강산' 등에서, (나)는 '물보다 구름이 더 많이 흐르는 성천강, 백모관봉의 시허연 눈' 등에서 주변 사물을 사실감 있게 제시하고 있다. 하지만 (가)와 (나)에서 연쇄적 표현(p.147 참조)을 사용한 부분은 찾아볼 수 없다.

> *된서리: 늦가을에 아주 되게 내리는 서리.

④보다는 적었지만 나머지 답지들에 답한 학생들도 제법 많았는데, 이들 답지들이 오답인 이유도 살펴보자.

① (가)는 '녹양(2행), 녹음(3행), 누렇게 익은 벼(7행)'에서, (나)는 '흰밥과 빨간 고추장, 시허연 눈, 공기는 하이야니'에서 색채어*를 활용하고 있다. 하지만 이를 활용하여 사물의 역동성(p.118 참조)을 표현하고 있지는 않다.

> *색채어: '붉다, 푸르다, 검다, 희다'와 같이 직접적으로 **색채**를 나타내는 단어. ⑩ **푸른** 바다, **흰** 구름, **붉은** 사과 등 → '바다, 구름, 사과' 등은 색채를 직접적으로 드러내지 않으므로 색채어가 아님.

② (가), (나) 모두 '말을 건네는 방식'(p.116 참조)을 사용하지 않았다. (가)의 경우 '없을쏘냐', '붙었으랴' 등의 설의적 표현은 의문 형식을 취하긴 했으나, 청자가 없고 자신의 감정을 드러내기 위해 사용한 표현이므로 말을 건네는 방식을 사용했다고 볼 수 없다.

③ (가)의 2·5·6·8·11·12·32행 등에서 영탄적 표현 (p.110의 '영탄법' 참조)을 활용하여 대상(자연)을 예찬하고 있으나 경외감(p.44 참조)을 드러내고 있다고 볼 수 없고, (나)에서는 영탄적 표현을 활용하고 있지 않다.

10 시구 및 구절의 표현 의도 파악   정답 ⑤

◎ **⑤가 정답인 이유** ⑩에서 글쓴이는 '원하는 것'(나귀)을 구하기 위해 소장 마장(소와 말을 사고파는 장소)을 가 보고, 촌에서 다니는 아이들을 통해 수소문(소문을 두루 찾아 알아봄.)도 해 본다. 하지만 이렇게 시도한 방법은 실패한다. '나귀를 팔겠다는 데는 없'었던 것이다. 하지만 이 과정에서 글쓴이는 체념을 드러내고 있지는 않다. 글의 끝 부분 '좀더 이놈(나귀)을 구해 보고 있다.'고 하는 것을 통해서도 '나'는 '원하는 것'을 구하려는 생각을 버리지 않고 있다는 것을 알 수 있다.

▶ **정답의 근거** 위 '⑤가 정답인 이유' 참조

가장 많이 질문한 오답은? ③, ②, ① 순

✗ **③이 오답인 이유** ©은 화자가 자신을 역사적 인물인 이백*과 비교하며 이곳 자연(강산풍월)에서 백 년을 다 누리고 살면 악양루에서 그 경치에 감탄하며 시를 읊은 이백이 살아온다고 해도 자신이 이백보다 더 호탕할(활달하고 씩씩할) 것이라고 한 대목이다. 따라서 ©은 화자가 이백과 견주어 삶에 대한 만족감을 드러낸 것으로 볼 수 있다.

> *이백: 이태백. 당나라 때의 시인. 악양루(누각) 위에 올라가 동정호(호수)를 내려다보며 감탄한 내용을 시(「등악양루」)로 씀.

✗ **②가 오답인 이유** ©은 '시간을 표현하는 시어'인 '아침-저녁', '오늘-내일'을 대응시켜 주변에 즐길 것이 많아 시간이 부족하다고 했는데, 이를 통해 현재와 같은 상황이 이후에도 계속 이어질 것임을 드러내고 있다.

✗ **①이 오답인 이유** ㉠은 '감각적(청각적) 경험'인 '어부 피리 소리'를 통해 환기된 장면을 어부가 흥에 겨워(못 이겨) 달을 따라 피리를 부는 것으로 묘사하여 인간(어부)이 자연물(달)과 어우러지는 상황을 제시하고 있다.

④에 답한 학생들은 드물었는데, ©은 '기대하는 일'(가재미와 흰밥, 고추장을 먹는 일)이 실현되었을 때 느낄 심정을 '(아침저녁) 기뻐하게' 될 것이라며 직접적으로 표출하고(드러내고) 있기 때문이다.

11 소재의 기능 파악   정답 ②

◎ **②가 정답인 이유** (가)의 24~27행으로 보아 ⓐ(술)는 벗과 함께 노래를 부르고 악기를 연주하고 온갖 취흥(술에 취하여 일어나는 흥)을 즐기며 걱정 근심이 없게 하는 것으로, '화자가 느끼는 흥을 심화하는' 매개체*로 볼 수 있다. 그리고 (나)의 1문단으로 보아 ⓑ는 가자미 음식을 만드는 재료로, 글쓴이는 생선장에서 보이지 않는 ⓑ로 인해 섭섭해 하고, 음력 팔월 초상*이 되어 ⓑ가 나온다면 '아침저녁 기뻐하게' 될 것이라고 했으며, ⓑ를 좋아하는 H한테도 보내어야겠다고 한 것에서 ⓑ는 글쓴이가 느끼는 기쁨을 확장하는 매개체로 볼 수 있다.

> *매개체: 둘 사이에 개입하여 어떤 일을 맺어 주는(중**매**) 것(물**체**).
> *초상(初霜): 그해 가을에 처음으로 내리는 서리로, '초순' 정도의 의미로 쓰임. ㉠ 첫서리

나머지 답지들이 오답인 이유는 다음과 같다.

① ⓐ는 일반적으로는 심리적 위안을 주는 존재로 많이 쓰이지만 여기서는 ⓐ로 인해 화자가 심리적 위안을 갖는 것은 아니다. 그리고 ⓑ는 글쓴이에게 기쁨을 주는 존재이므로 고독감을 느끼게 하는 매개체로 볼 수 없다. → ⓐ ✕ ⓑ ✕

③ ⓐ는 화자의 취흥을 유발하므로 내면의 만족감을 드러내는 매개체로 볼 수도 있다. 하지만 ⓑ는 글쓴이에게 기쁨을 주는, 글쓴이가 기다리는 대상이므로 현실에 대한 불만을 표출하는 매개체로 볼 수 없다. → ⓐ △ ⓑ ✕

④ ⓑ는 글쓴이에게 심경 변화(섭섭함 → 기다림)의 계기를 제공하는 매개체로 볼 수 있다. 하지만 ⓐ는 화자가 벗과 더불어 즐기는 대상일 뿐 삶의 목표를 일깨워 주는 매개체로 볼 수 없다. → ⓐ ✕ ⓑ ○

⑤ ⓐ는 근심 없이 벗과 더불어 즐기는 대상이라는 점에서 이상적 세계의 모습을 떠올리게 하는 매개체로 볼 수도 있다. 하지만 ⓑ는 글쓴이가 좋아하는 대상일 뿐 윤리적* 삶의 태도를 떠올리게 하는 매개체로 볼 수 없다. → ⓐ △ ⓑ ✕

> ＊윤리적: 인간으로서 마땅히 지켜야 할 도리를 따르는 (것).
> ㊤ 도덕적 ㊦ 비윤리적

12 자료를 활용한 감상
정답 ③

🅞 **③이 정답인 이유** (가)의 20~21행에서 화자는 '이 산'과 '저 산'에서 '번거로운 마음'에도 '버릴 일이 전혀 없'다고 했다. 이와 같이 느끼는 화자의 모습을 〈보기〉와 연결하면, (가)의 화자는 '(면앙정) 주변 경물(경치)'을 즐기고 있고, 자연 속에서 즐기는 삶을 지향하고 있다. 그래서 22행에서는 '(이곳 자연에서는) 쉴 사이 없'고 '(다른 사람들이 좋은 데를 물어도 여기에) 오는 길을 안내할 시간이 없다.'고 했다. 이는 화자가 '인간 세상'의 번잡한 일상을 의식할 겨를이 없음(있음 ✕)을 드러낸 것이므로 ③은 적절하지 않다.

▶ **정답의 근거** 위 '③이 정답인 이유' 참조

가장 많이 질문한 오답은? ②

🅧 **②가 오답인 이유** (가)의 12~13행에서 화자는 '간 데마다 (가는 곳마다) 승경*'이라고 했고, 그러기에 '(아름다운 자연을 즐기기에 바빠서) 내 몸이 쉴 틈(이) 없다'고 했다. 이와 같은 화자의 인식은 〈보기〉의 "면앙정' 주변의 자연에 대한 인식(아름답다)과 함께 풍류(p.99 참조) 지향적인 태도(마음껏 즐기겠다)를 드러낸 것으로 볼 수 있다. 따라서 화자가 '면앙정' 주변의 자연은 가는 곳마다 경치가 뛰어나 이를 즐기기에 바빠 '쉴 틈 없다'고 한 것은 '쉴 틈 없'는 다양한 일들을 통해 자연의 다채로운 풍광(풍경)을 즐길 수 있을 것이라는 기대로 이어지고 있는 것으로 볼 수 있다.

> ＊승경(勝景): 뛰어난 경치. ㊤ 명승(지), 절경

① (가)의 1~2행에서 화자는 '솔 아래 굽은 길'을 오며 가며 '꾀꼬리'가 '교태 겨워하는' 모습에 주목한다. 화자가 '꾀꼬리'가 지저귀는(우는) 모습을 교태를 부린다고 여긴 것은 〈보기〉에서 말한 '자연에 대한 인식과 함께 풍류 지향적인 태도'를 드러낸 것으로, '꾀꼬리'의 모습이 '자연을 즐기는 자신의 태도'와 동일함(닮아 있음)을 발견한 것으로 볼 수 있다.

④ (나)의 1문단에서 글쓴이는 '동해 가까운 거리로 와서' '가난하고 쓸쓸한' 상에 한 끼도 빠지지 않고 오른 '가재미'를 '한없이 착하고 정다운' 존재라고 했다. '가재미'에 대한 이와 같은 글쓴이의 인식은 〈보기〉에서 말한 '자신이 소중하게 생각하는 삶의 가치', 즉 '한없이 착하고 정다운' 것을 소중히 여기는 태도를 드러낸 것으로 볼 수 있다.

⑤ (나)의 2문단에서 글쓴이는 '중리'로 와서 어느 아이가 권한 '재래종의 조선 말'보다 '처량한 당나귀'를 타고 '일없이 왔다 갔다 하고 싶다.'고 했다. 이와 같은 글쓴이의 바람은 〈보기〉의 '공간의 변화(운흥리 → 중리)와 대상(처량한 당나귀)에 대한 인식을 관련지으며' '자신이 소중하게 생각하는 삶의 가치' 즉 '일상의 작은 존재'를 '우호적'으로 느끼는 인식을 드러낸 것으로 볼 수 있다.

✔ 매일 복습 확인 문제

1 다음 글에서 ㉑의 상황에 어울리는 속담은?

> ㉑이번에 행랑채를 수리하려고 본즉 비가 샌 지 오래된 것은 그 서까래, 추녀, 기둥, 들보가 모두 썩어서 못 쓰게 되었던 까닭으로 수리비가 엄청나게 들었고, 한 번밖에 비를 맞지 않았던 한 칸의 재목들은 완전하게 하여 다시 쓸 수 있었던 까닭으로 그 비용이 많지 않았다.

① 백지장도 맞들면 낫다.
② 우물에 가 숭늉을 찾는다.
③ 까마귀 날자 배 떨어진다.
④ 낫 놓고 기역 자도 모른다.
⑤ 호미로 막을 것을 가래로 막는다.

2 다음 글에 대한 설명으로 적절하지 <u>않은</u> 것은?

> 고인(古人)도 날 못 보고 나도 고인 못 뵈네
> 고인을 못 봐도 가던 길 앞에 있네
> 가던 길 앞에 있거든 아니 가고 어찌할까

① 옛사람의 행적을 긍정적으로 바라보고 있다.
② 연쇄와 반복을 통해 리듬감을 나타내고 있다.
③ 부정 표현을 사용하여 반성하는 자세를 드러내고 있다.
④ 의문형 어구를 활용하여 화자의 태도를 드러내고 있다.
⑤ 유사한 문장 구조를 활용하여 운율감을 형성하고 있다.

정답 1. ⑤ 2. ③

정답 **01** ①   **02** ④   **03** ③   **04** ③   **05** ④   **06** ④
      07 ④   **08** ④   **09** ①   **10** ④   **11** ④   **12** ③
      13 ②   **14** ①   **15** ⑤

1~5 갈래 복합(시조 + 현대 수필)

(가) 윤선도, 「오우가」

- **갈래** 평시조, 연시조(총 6수)
- **제목의 의미** '오우가'는 '다섯 벗(五友, 다섯 오 · 벗 우)을 노래하다(歌, 노래할 가)'로 풀이할 수 있다. 여기서 다섯 벗은 '수(물) · 석(바위) · 송(소나무) · 죽(대나무) · 월(달)'인데, 전문을 읽어 보면, 서사 격인 제1수에서 그 다섯 벗을 소개한 뒤에, 제2수~제6수에서 각 벗들이 지닌 속성을 하나씩 예찬하고 있다. 즉, 제목 '오우가'는 중심 소재와 대상에 대한 화자의 태도를 짐작하게 해 준다.
- **현대어 풀이 및 중심 내용**
  내 벗이 몇인가 하면 수석(물과 바위)과 송죽(소나무와 대나무)이라.
  동산에 달이 오르니 그 더욱 반갑구나.
  두어라, 이 다섯(수, 석, 송, 죽, 월) 밖에 또 더하여 무엇 하겠느냐(이 다섯이면 충분하다).
       ▲ 제1수[서사(序詞)]: 다섯 벗에 대한 소개와 만족감
  구름 빛이 깨끗하다 하지만 검어지기를 자주 한다.
  바람 소리가 맑다고 하지만 그칠 때가 많다.
  깨끗하고도 그칠 때가 없는 것은 물뿐인가 하노라.
       ▲ 제2수: 물의 맑음과 그치지 않음에 대한 예찬
  꽃은 무슨 일로 피었다가 쉽게(빨리) 지고
  풀은 어찌하여 푸른 듯하다가 누렇게 되나니
  아마도 변하지 않는 것은 바위뿐인가 하노라.
       ▲ 제3수: 바위의 변함없음에 대한 예찬
  더우면 꽃이 피고 추우면 잎이 지거늘
  소나무야, 너는 어찌 눈서리를 모르느냐?
  땅 깊은 곳까지 뿌리가 곧은 줄을 그것으로 하여 아노라.
       ▲ 제4수: 소나무의 꿋꿋함에 대한 예찬
  나무도 아닌 것이 풀도 아닌 것이
  곧기는 누가 시켰으며 속은 어찌 비었느냐?
  저렇게 사계절에(항상) 푸르니 그를 좋아하노라.
       ▲ 제5수: 대나무의 곧고 항상됨에 대한 예찬
  작은 것이 높이 떠서 만물을 다 비추니
  밤중에 밝은 빛이 너만 한 것이 또 있느냐?(없다.)
  보고도 말을 하지 않으니 내 벗인가 하노라.
       ▲ 제6수: 달의 밝음과 과묵함에 대한 예찬
- **정서 · 태도**
- 예찬적 「작품 근거」 ~물뿐인가 하노라, ~바위뿐인가 하노라, 어찌 눈서리를 모르느냐, 곧기는~사시에 푸르니, 너만 한 이 또 있느냐 등
- 만족감, 자족감 「작품 근거」 두어라 이 다섯 밖긔 또 더하여 무엇하리, 그를 좋아하노라 등

- **주제** 다섯 벗(물, 바위, 소나무, 대나무, 달)에 대한 예찬
- **표현상의 특징**
- 의인화: 제4수의 '너'(소나무), 제5수의 '그'(대나무), 제6수의 '너'(달) 등
- 대조법: 구름 · 바람 ↔ 물(제2수),
            꽃 · 풀 ↔ 바위(제3수) 등
- 대구법: 더우면 꽃 피고 – 추우면 잎 지거늘 〈제4수〉
            나무도 아닌 것이 – 풀도 아닌 것이 〈제5수〉
- 색채어의 사용: 검기를 자로 한다, 풀은 어이하여 푸르는 듯 누르나니, 저렇게 사시에 푸르니
- **어휘 및 어구 풀이**
- 좋다: 깨끗하다. ※ 옛날의 '좋다'는 지금의 '깨끗하다[淨]'의 뜻. 지금의 '좋다[好]'는 옛날에 '둏다'로 표기했음.
- 하노매라: 많구나. ※ 옛날의 '하다'는 지금의 '많다[多]'의 뜻. 지금의 '하다[爲]'는 옛날에 'ᄒᆞ다'로 표기했음.
- 구천(九泉): 땅속 깊은 밑바닥.
- **지문 밖 정보**
- 우리말의 아름다움을 잘 나타내어 시조를 높은 경지로 끌어올린 뛰어난 작품
- 작가는 병자호란 때 왕을 모시고 따라가지 않았는데, 이 때문에 반대파들로부터 배척을 받고 유배된 바 있다. 이와 같은 상황을 고려하면, 〈제6수〉에서 밤하늘에 떠서 세상을 비출 뿐 보고도 말하지 않는 속성을 지닌 '달'을 진정한 벗이라고 한 것을 이해할 수 있다.

(나) 박완서, 「꽃 출석부 1」

- **갈래** 현대 수필(경수필)
- **제목의 의미** 출석부는 학교나 모임에서 만드는, 사람의 이름과 번호가 적혀 있는 것이다. 반면 '꽃 출석부'에는 사람 대신 꽃의 이름이 적혀 있고, 꽃이 피는 순서에 따라 번호를 매겨 놓은 것이 일반적인 출석부와 다르다. '꽃 출석부'는 글쓴이가 만든 것으로, 순서를 지켜 피어나는 꽃 하나하나를 확인하고 소중히 여기는 글쓴이의 태도와 정서를 짐작할 수 있는 중심 소재이다.
- **지문 내용**
- 1문단: 복수초를 나누어 받아 심었으나 곧 잊어버림.
- 2문단: 복수초의 생명력을 확인하고, 마당에 피는 꽃들의 출석부를 만듦.

꽃 출석부	1	2	3, 4, …, 99, 100, …
	복수초	산수유	민들레, 제비꽃, 할미꽃, 목련, 매화, 살구, 자두, 앵두, 조팝나무, 수선화, 상사초 등

- 3문단: 꽃들이 전원 출석하기를 바라는 마음과 행복감
- 4문단: 꽃들의 출석을 기다림.
- **주제** 순차적으로 피어나는 꽃에 대한 애정
- **어휘 및 어구 풀이**
- 복수초: 여러해살이풀의 한 종류.
- 구근(球根): 둥근(지구) 형태로 된 식물의 뿌리(根, 뿌리 근). 알뿌리.

- 생뚱스러워(생뚱스럽다): 엉뚱해.
- 방치: 그대로 내버려 둠.
- 지열: 땅(대지) 속의 열.
- 부양할(부양하다): 스스로 살아갈 수 없는 사람의 생활을 돌봄(봉양, 양육).

● **표현상의 특징**
- 대상(복수초)에 대한 태도 변화가 나타남.

외양이 볼품없어 하찮은 잡초로 대함.	→ 변화	큰 눈속에서도 살아남는 강인한 생명력을 경이롭게 여김.

- 묘사: 뿌리는~잎도 새의 깃털처럼 잘게 갈라져 있어서
- 직유법: 땅에 닿을 듯이, 새의 깃털처럼, 하찮은 잡초처럼, 꺾인 듯이, 풀꽃의 머리칼 같은 뿌리 등
- 색채어의 사용: 흑갈색 잔뿌리와 검은 흙, 샛노란 꽃, 진한 황금색, 더욱 샛노랗게
- 열거법: 곧 4월이 되면 목련, 매화, 살구, 자두, 앵두, 조팝나무 등이 다투어 꽃을 피우겠지만 등
- 의인법: 100식구, 부양할 → 꽃을 '식구'라고 표현하고, 부양할 대상으로 봄.
- 반복을 통한 정서 및 태도 강조: 기다린다

★ 두 작품은 왜 함께 묶였을까?

- **내용** 자연에 대한 애정
- **표현** (1) 색채어의 사용 (2) 의인화

★ 기출 답지로 작품과 문제 완전 정복

(가) 윤선도, 「오우가」

- 제1수는 전체 내용을 안내하는 역할을 하고 있다.
- 4음보를 사용하여 안정감을 주고 있다.
- 대구를 사용하여 시적 의미를 강조하고 있다.
- 제1수의 '다섯'은 바람직한 삶의 덕목을 담고 있다.
- 제3수의 '꽃'은 본받아야 할 대상과 대조적인 존재이다.
- 제5수의 '그'는 화자가 내면화하고 싶은 모습을 지니고 있다.
  – 2014학년도 9월 고1 전국연합학력평가
- 대조적인 소재로 대상의 속성을 부각하고 있다.
  – 2013학년도 3월 고1 전국연합학력평가
- 화자가 지향하는 가치관을 엿볼 수 있다.
- 제1수에서는 제목과 관련하여 다섯 가지 대상을 소개하고 있다.
- 제4수의 '눈서리를 모르느냐'와 제5수의 '사시에 푸르니'는 대상의 덕성을 부각하는 이유가 된다.
- 제4수는 계절적 이미지를 활용하고 있다.
- 제5수에서는 '곧기는 뉘 시키며 속은 어이 비었느냐'를 통해 대상이 무엇인지 짐작할 수 있다.
- 제6수에서는 화자가 대상을 좋아하는 이유가 무엇인지를 밝히고 있다. – 2011학년도 6월 고1 전국연합학력평가
- 제2수와 제3수에 공통적으로 사용된 시상 전개 방식: 변화하는 대상들에 이어 변화하지 않는 대상을 제시하였다.
  – 2011학년도 3월 고1 전국연합학력평가

- 대상을 예찬하는 태도를 보이고 있다.
- 정신적 가치를 소중히 여기고 있다.
- 제1수에 제시된 소재가 이후의 작품에 순서대로 나온다.
- 제2수의 '구름'은 제3수의 '꽃'과 함축적 의미가 유사하다.
- 제4수는 대비적 속성을 통해 대상의 함축적 의미를 드러내고 있다.
- 제5수는 속성만으로 대상을 짐작할 수 있게 표현되었다.
  – 2008학년도 9월 고1 전국연합학력평가
- 제1수의 종장 '두어라 이 다섯 밧긔 또 더하여 무엇하리.'에는 '다섯' 친구가 있다는 데서 오는 자족감이 드러나 있군.
  – 2007학년도 3월 고1 전국연합학력평가
- (가)에서 다음 시어(제2수의 '구름, 물', 제3수의 '꽃', 제4수의 '솔, 눈서리')의 의미를 연상해 가는 과정을 정리한 것이다. 적절하지 않은 것은?

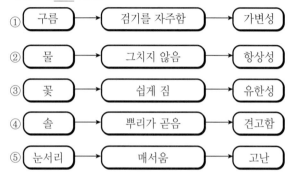

① 구름 → 검기를 자주함 → 가변성
② 물 → 그치지 않음 → 항상성
③ 꽃 → 쉽게 짐 → 유한성
④ 솔 → 뿌리가 곧음 → 견고함
⑤ 눈서리 → 매서움 → 고난

답 ④ ※ 제4수에서 '소나무'의 '뿌리가 곧음'을 예찬한 것은 맞다. 하지만 쉽게 변하는 꽃이나 잎과는 달리, 소나무는 눈서리(시련)에도 변함없음(견고함 ✗)을 부각하고 있다.
  – 2006학년도 5월 고1 전국연합학력평가

- 자연물을 통해 지은이의 생각을 표현하고 있다.
- 〈보기〉의 ㉮와 거리가 먼 것은?

> **보기**
>
> 바람은 달과 달라 아주 ㉮변덕 많고 수다스럽고 믿지 못할 친구다. 그야말로 바람쟁이 친구다. 자기 마음 내키는 때 찾아올 뿐 아니라, 어떤 때에는 쏘삭쏘삭 알랑거리고, 어떤 때에는 난데없이 휘갈기고, 또 어떤 때에는 공연히 뒤틀려 우악스럽게 남의 팔다리에 생채기를 내 놓고 달아난다. – 이양하, 「나무」에서 –

① 구름 빛이 좋다 하나 검기를 자로 한다.
② 바람 소리 맑다 하나 그칠 적이 하노매라.
③ 꽃은 무슨 일로 피면서 쉬이 지고
④ 풀은 어이하여 푸르는 듯 누르나니
⑤ 나무도 아닌 것이 풀도 아닌 것이 **답** ⑤
  – 1995학년도 수능

문제 옆에 있는 **분석쌤 강의**
복습할 때 꼭 챙겨 보자!

01 작품들 간 공통점의 파악

정답 ①

◎ **①이 정답인 이유** (가)는 '검기'(제2수), '푸르는 듯 누르나니'(제3수), '푸르니'(제5수)에서, (나)는 '흑갈색, 검은'(1문단), '샛노란, 황금색, 샛노랗게'(2문단)에서 색채어(p.150 참조)를 사용했는데, 이들 색채어는 모두 대상을 감각적(시각적)으로 묘사하고 있으므로 ①은 (가)와 (나)의 공통점으로 적절하다. 참고로 (가)와 (나)에 사용된 색채어의 대상은 다음과 같다.

> (가) 구름(검기), 풀(푸르는 듯 누르나니), 대나무(푸르니)
> (나) 복수초의 잔뿌리(흑갈색), 흙(검은), 복수초의 꽃(샛노란, 황금색, 샛노랗게)

▶ **정답의 근거** 위 '①이 정답인 이유' 참조

가장 많이 질문한 오답은? ②

✗ **②가 오답인 이유** (가)의 '또 더하여 무엇하리'(더하지 않아도 된다. 다섯이면 된다. –제1수)와 '너만 한 이 또 있느냐'(너만 한 이 없다. –제6수)에서 설의적 표현(p.98 참조)을 사용하여 ②에 답한 학생들이 많았다. 그런데 이를 통해 그리움의 정서를 강조하고 있지는 않다. 그리고 (나)의 경우에는 설의적 표현을 사용하지 않았다.

③ (나)의 2문단에 '축'('아래로 늘어진 모양'을 나타내는 의태어)이 쓰였지만, (가)에서는 음성 상징어(p.116 참조)가 쓰이지 않았다. 그리고 일반적으로 음성 상징어가 쓰이면 생동감(p.125 참조)이 느껴지지만, '축'은 소나무가 처진 모습을 나타내므로 생동감과는 거리가 멀다.

④ (가)의 '솔아 너는 어찌 눈서리를 모르느냐.'(제4수)에서 말을 건네는 방식(p.116 참조)을 사용하고 있고 이를 통해 대상(소나무)과의 유대감을 드러내고 있는 것으로 볼 수 있으나, (나)에서는 말을 건네는 방식이 쓰이지 않았다.

⑤ (가), (나) 모두 반어적 표현(p.23 참조)은 사용하지 않았다. 심리 변화의 양상은 (나)에 나타나 있는데, 글쓴이는 복수초에 대해 대수롭지 않게 여겼다가 경이로운 대상으로, 기쁨을 주는 존재로 여기고 있다.

02 시상 전개 과정 파악

정답 ④

◎ **④가 정답인 이유** B와 C에서는 중심 소재인 '물(제2수), 바위(제3수), 솔(제4수), 대나무(제5수)'를 예찬하고 있으므로, 화자의 시선이 중심 소재로 향해 있는 것이 맞다. 하지만 D에서도 화자는 중심 소재인 '달'을 예찬하고 있으므로 '화자의 시선이 D에서는 내면으로 이동하고 있다.'는 ④는 (가)의 시상 전개 과정을 잘못 이해한 것이다.

▶ **정답의 근거** 위 '④가 정답인 이유' 참조

가장 많이 질문한 오답은? ③

✗ **③이 오답인 이유** B와 C에서는 다음과 같이 대구(p.110 참조)의 방법을 활용하고 있고, 또 이를 통해 시적 운율감이 드러나 있다. 따라서 ③은 (가)의 시상 전개 과정에 대한 이해로 적절하다.

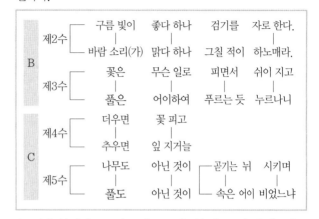

① A(제1수)에서는 중심 소재를 무생물(수석–물과 바위), 생물(송죽–소나무와 대나무), 천상(하늘 위)의 자연물(달)로 묶어 제시하고 있다.

② B에서는 다음과 같이 대조의 방식을 활용하여 중심 소재인 '물'과 '바위'를 예찬하고 있다.

⑤ B의 제2수에서는 물을, 제3수에서는 바위를, C의 제4수에서는 솔을, 제5수에서는 대나무를, D의 제6수에서는 달을 예찬하고 있는데, 이는 A에서 언급된 중심 소재(수석, 송죽, 달)를 순차적으로(순서대로) 배치한 것이다.

03 자료를 활용한 감상

정답 ③

◎ **③이 정답인 이유** (가)의 〈제6수〉에서 화자는 '높이 떠 있는', '달'의 모습에서 '보고도 말 아니 하는 과묵함*'이라는 속성을 발견해 내고 있다. 〈보기〉를 바탕으로 이를 감상하면, '달'의 '관찰된 겉모습'(작은 것이 높이 떠 있음)은 화자가 사물(달)의 속성(과묵함)을 인식하는 데 도움이 된 것이다. 그런데 ③에서는 화자는 '달'이 높이 떠 있는 것이 '달'의 속성을 인식하는 데 방해가 된다고 생각하고 있다고 했으므로 적절한 감상이 아니다.

정답을 맞히는 것보다 정답과 오답인 이유를 아는 것이 중요!

*과묵함: 말이 적고(寡, 적을 **과**) 침착함(**묵묵함**).

▶ **정답의 근거** 위 '③이 정답인 이유' 참조

① (가)의 〈제4수〉에서 화자는 '눈서리 속에서도 잎이 지지 않는' '솔'의 모습을 인식한다. 이를 통해 화자는 '눈서리'(시련)에도 불구하고 '뿌리 곧은'(굴하지 않음) '솔'의 굳건함(속성)을 발견해 내고 있으므로 ①은 적절한 감상이다.

② (가)의 〈제5수〉에서 화자는 '곧고 속 비어 있으면서 '사계절 푸름을 잃지 않는'(사시에 푸르니) '대나무'의 모습을 인식한다. 이를 통해 화자는 '본모습을 지켜나가는' '대나무'의 꿋꿋함(속성)을 발견해 내고 있으므로 ②는 적절한 감상이다.

④ (나)의 '뿌리는~하찮은 잡초처럼 보였다.'에서 글쓴이는 복수초의 겉모습으로 인해 '눈 속에서 핀다'는 것을 믿지 못했다고 했다. 그런데 '많은 눈'이 내렸는데도 '두터운 눈을 녹이고 더욱 샛노랗게 더욱 싱싱하게' 피어 있는 '복수초'를 보고 글쓴이는 감탄하고 있으므로 ④는 적절한 감상이다.

⑤ (나)의 글쓴이는 '작은 키로 견디기엔 너무 많은' '두터운 눈을 녹이고' 꽃을 피운 '복수초'의 모습을 인식한다. 이를 통해 글쓴이는 역경*(두터운 눈)을 이겨 내고 꽃을 피운 '복수초'의 생명력을 발견해 내고 있으므로 ⑤는 적절한 감상이다.

*역경: 일이 매우 어렵게 된 처지나 환경. ㈜ 고**역**, 곤**경**, 고비, 난관

04 대상에 대한 심리적 태도 　　　정답 ③

◉ **③이 정답인 이유** ㉠에서 화자는 피었다가 쉽게 지는 '꽃'을 부정적으로 표현하고 있다. 반면 ㉡에서 글쓴이는 두터운 눈을 녹이고 '꽃'을 피운 '복수초'에 대해 감탄하고 있다. 따라서 '꽃'에 대해 ㉠에는 화자의 거리감이 담겨 있는 반면, ㉡에는 글쓴이의 친근감이 담겨 있다는 ③은 적절하다. ※ 거리감: 대상과 대상 사이에 간격(**거리**)이 있다는 느낌(**감**정). 부정적인 대상은 거리감이 느껴지고, 예찬하는 대상은 거리감이 느껴지지 않는다.

▶ **정답의 근거** 위 '③이 정답인 이유' 참조

가장 많이 질문한 오답은? ④, ⑤ 순

✗ **④가 오답인 이유** ㉠에서 화자는 (변하지 않는 '바위'와 달리) 쉽게 변하는 '꽃'의 속성을 표현하고 있는데, 여기에 비애감(슬픈 **감**정)은 담겨 있지 않다. ㉡ 또한 글쓴이는 '눈을 녹이고' 피운 '꽃'에 대해 감탄하고 있을 뿐 애상감(**애**통해하고 **상**심하는 **감**정)은 담겨 있지 않다.

✗ **⑤가 오답인 이유** ㉡에서 글쓴이는 '두터운 눈을 녹이고' 핀 '꽃'을 관찰하고 있다. 그리고 이 모습을 '누군에겐가 보여 주고 자랑하고 싶'을 정도라고 했으므로 ㉡에는 글쓴이의 만족감이 담겨 있다고 볼 수 있다. 하지만 ㉠에서 화자는 '꽃'의 부정적인 속성을 표현하고 있을 뿐 자괴감*을 담고 있지는 않다.

*자괴감: **자**기 스스로를 부끄러워하는(愧, 부끄러울 **괴**) **감**정.

① ㉠에서 화자는 '꽃'을 부정적으로 인식하는 반면, ㉡에서 글쓴이는 '꽃'을 긍정적으로 인식하고 있다. 따라서 '꽃'에 대해 ㉠에는 화자의 동질감이, ㉡에는 글쓴이의 이질감이 담겨 있지 않다. → ㉠ 동질감 ✗, ㉡ 이질감 ✗

② ㉠에서 화자는 쉽게 지는 '꽃'에 대해 안도하고 있지 않고, ㉡에서 글쓴이는 눈 속에 핀 '꽃'을 경이롭게 바라보고 있을 뿐 불안해하고 있지 않다. → ㉠ 안도감 ✗, ㉡ 불안감 ✗

05 어휘의 함축적 의미 　　　정답 ④

◉ **④가 정답인 이유** ⓐ는 사람이 아닌 꽃의 출석부로, ⓐ의 뒤에서 '그것들이(꽃들이) 순서를 지키지 않고 멋대로 피고 지면 이름이 궁금하지 않았을지도 모른다.'고 한 것으로 보아 순서를 지키며 '차례대로 피고 지는 꽃들의 이름과 순서를 적은 것(장**부**)'임을 알 수 있다. 그리고 또 '그것들은 출석할 때마다 내 가슴을 기쁨으로 뛰놀게 했다.'와 '꽃'을 '식구'라고 표현한 점, '그것들은 내가 기다리지 않아도 올 것'이지만 '그래도 나는 기다'리고 '기다리는 기쁨 때문에 기다린다.'고 한 것으로 보아, ⓐ에는 '꽃들에 대한 글쓴이의 애정과 기대감이 담겨 있다'는 것을 알 수 있다.

▶ **정답의 근거** 위 '④가 정답인 이유' 참조

나머지 답지들이 ⓐ에 담긴 의미로 적절하지 않은 이유는 다음과 같다.

① ⓐ의 뒤에서 ⓐ에 담긴 꽃들은 '100번이 넘는다'고 했고, 3문단에서 글쓴이는 '그것들을 부양할 마당이 있다는 걸 생각만 해도 뿌듯한 행복감을 느낀다.'고 했을 뿐 '더 많은 종류의 꽃들을 마당에 심고 싶'다는 소망을 드러내고 있지는 않다.

② (나)의 2문단에서 글쓴이는 친구들이 상상했을 기화요초(화려한 꽃)가 아닌, '하찮은 잡초처럼 보'이고 '신기해해 주는 이가 별로 없'는 '복수초'를 자랑하고 싶어 한 것으로 보아, 소박한 꽃보다 화려한 꽃의 가치를 우선시한 것으로 볼 수 없다.

③ (나)의 3~4문단에서 글쓴이는 '올해도 하나도 결석하지 않고 전원 출석하기를 바라'지만, '내가 기다리지 않아도 올 것'이고 기다리기는 하지만 '기다리는 기쁨 때문에 기다린다.'고 한 것으로 보아, 조급해 하는 것은 아니다. 또한 '상사초는 잎이 시들어 지상에서 사라지고 나서도 한참이나 더 있다가 꽃대를 밀어 올릴 것이다.' 등으로 보아, 글쓴이는 '봄이 빨리 오기'를 기다리는 것이 아니라 '꽃이 순서대로 모두 피어나기'를 기다리는 것이다.

⑤ (나)의 2~3문단에서 글쓴이는 '누구에겐가 보여 주고 자랑하고 싶어서', '집에 손님만 오면 그걸(복수초를) 구경시킨다.'고 했으므로 복수초를 '주변 사람들과 함께 즐기기를 바라는 마음'은 엿볼 수 있다. 그러나 ⓐ(100번이 넘는 꽃들이 적힌 장부)에 '주변 사람들과 함께 즐기기를 바라는 마음'이 담겨 있는 것은 아니다.

(가) 이원익, 「고공답주인가」

● **갈래** 가사

● **제목의 의미** '고공(雇工)'은 머슴을 뜻한다. '고공(머슴)이 주인에게 답하는 노래(가요)'라는 뜻으로, 허전이 지은 가사인 「고공가」에 화답한 작품이다.

● **중심 내용 및 중략 내용**

· **지문 앞 내용**: 양반(청자)에게 자신의 이야기를 들어 볼 것을 권유함.

· **지문 내용**
  · 1~9행: 종(관료)의 게으름으로 살림살이가 기운 것에 대해 비판함.
  · 10~15행: 상전을 업신여기고 부패한 종에 대해 비판함.
  · 16~20행: 서로 싸우는 종들에 대해 비판함.

> **['중략' 부분의 내용]**
> ²¹ 바깥 별감이 많이 있어도 바깥 마름이나 달화주(변방을 지키는 무관)도
> ²² 제 소임을 다 버리고 몸을 꺼릴(사릴) 뿐이로다.
> ²³ 비가 새어 썩은 집을 누가 지붕을 고쳐 이으며
> ²⁴ 옷 벗어 무너진 담을 누가 고쳐 쌓을까?
> ²⁵ 불한당같이 구멍으로 드나드는 도적(=왜적)이 멀지 않게 다니는데
> ²⁶ 화살 차고 "누구냐!" 하고 외치는 상직군을 누가 힘써 하겠는가?
> → 21~26행: 본분을 다하지 않는 종들에 대해 비판함.

  · 27~30행: 상전(임금)의 근심에 대해 걱정함.
  · 31~33행: 살림살이가 기운 것은 임금의 탓도 있다고 봄.
  · 34~40행: 가도(집안의 도)를 일으키는 방법에 대해 제안(충언)함.

● **정서·태도**

· 비판 작품 근거 '중략' 앞부분(게으르고 탐욕스러운 종들에 대한 비판), 돌이켜 생각하니 상전님 탓이로다(상전에 대한 비판)

· 걱정 작품 근거 크게 기운 집에 상전님 혼자 앉아~편하실 적 몇 날인가

· 충언 작품 근거 [A](집일을 고치려거든~어른 종을 믿으소서)

● **주제** 신하들(머슴들)의 행태에 대한 비판 및 기울어진 나라(집안) 살림을 일으키는 방법에 대한 제안

● **표현상의 특징**

· 비유적: 한 국가의 체제와 형편을 농사짓는 주인과 종의 관계를 통해 제시함.

> – 종: 나랏일에 태만한 신하
> – 상전: 임금(선조)
> – 어른 종: 정승, 판서 등 작가를 포함하여 당대에 지위가 높은 대신들

· 설의법: 우리 댁 살림이 예부터 이렇던가, 큰 집의 많은 일을 뉘라서 힘써 할까, 세간이 흩어지니 질그릇인들 어찌할까 등

· 연쇄법, 유사한 통사 구조의 반복: 집일을 고치려거든 종들을 휘어잡고 / 종들을 휘어잡으려거든 상벌을 밝히시고 / 상벌을 밝히시려거든 어른 종을 믿으소서

· 말을 건네는 방식: 새끼 꼬는 일 멈추시고 내 말씀 들으소서~진실로 이리 하시면 가도 절로 일 겁니다

● **어휘 및 어구 풀이**

· 외방: 어떤 곳의 바깥(외부) 부분.
· 공물(貢物): 예전에, 백성이 궁중이나 나라에 세금으로 바치던 특산물.
· 묵혔는가(묵히다): (텃밭을) 사용하지 않은 채 그대로 남겨 두었는가.
· 상마름: 마름(지주를 대리하여 소작권을 관리하는 사람) 중 우두머리(상위의) 마름.
· 상전: 예전에, 종(하인)의 주인을 이르던 말. ㉤ 윗사람, 주인
· 고치려거든: 바로잡으려거든.

(나) 문태준, 「돌탑과 잔돌」

● **갈래** 현대 수필

● **제목의 의미** 돌탑은 글쓴이가 마당 있는 집이 있을 경우 마당 한쪽에 세우고 싶은 소망의 대상으로 구현하고 싶은 희망적 세상을 상징하고, 잔돌은 보잘것없지만 이러한 바람직한 세상(돌탑)의 구현에 없어서는 안 될 필수적인 요소를 의미한다.

● **지문 내용**

· 1문단: 내가 좋아하는 김정한의 문장—자연과 함께 사람이 더불어 사는 세상의 모습을 나타냄.
· 2문단: 다양한 사람들이 함께 사는 세상

> **['중략' 부분의 내용]** 모든 사람은 저마다 삶에 굴곡이 있고, 개인이 모인 사회에도 당연히 굴곡이 있기 마련이며, 생명체는 부족한 면이 있는 것이 불가피하다.

· 3문단: 집 마당에 돌탑을 쌓고 싶은 소망
· 4문단: 돌탑을 쌓는 데 필요한 잔돌의 소중함
· 5문단: 사람 사는 세상에 필요한 잔돌 같은 사람
· 6문단: 자기의 존재감을 주장하지 않는, 봄 산의 아름다움을 이루는 수많은 꽃과 잔돌과 같은 존재도 살피기를 소망함.

● **주제** 세상을 이루는, 보잘것없고 작은 잔돌 같은 사람들의 필요성

● **어휘 및 어구 풀이**

· 김정한: 소설가. 「모래톱 이야기」(2015학년도 6월 고3 모의평가에서 출제됨.), 「수라도」, 「인간 단지」(2004학년도 6월 고3 모의평가에서 출제됨.) 등을 씀.
· 나뭇가리: 땔나무를 쌓은 더미.
· 몽돌: 모가 나지 않고 둥근 돌.
· 산사(山寺): 산속에 있는 절(사찰).

● 표현상의 특징

· 인용: "사람답게 살아라.", "어딜 가도~가슴에 느껴졌다."(김정한의 말)

· 유사한 문장 구조의 반복, 열거: [B]의 '조각돌처럼 까다롭고 별난 사람도 있고~마음에 4월의 봄볕이 내리는 사람도 있다.'

· 비유: 조각돌처럼, 몽돌처럼, 조각을 한 듯, 마치 여러 종류의 꽃과 풀들이 자라나서 하나의 화단을 이루듯이, 돌탑에 다시 비유하자면 잔돌과 같은 그 무엇

· 일상적인 소재(돌탑과 잔돌)를 관찰한 결과를 인간 세상에 빗대고 확장함.

· 글쓴이가 바람직하게 생각하는 사회의 모습이 드러남.

★ 두 작품은 왜 함께 묶였을까?

· **내용** 통찰한 내용을 전달함.

· **표현** 유사한 통사 구조의 반복, 비유법

★ 기출 답지로 작품과 문제 완전 정복

(가) 이원익, 「고공답주인가」

· 현실에 대한 비판적 인식을 내용 전개의 기반으로 삼고 있다.

· 크게 기운 집에 상전님 혼자 앉아~편하실 적 몇 날인가: 설의적 표현을 통해 '상전님'의 심리적 부담감을 부각하고 있다.

· 집일을 고치려거든~어른 종을 믿으소서: 앞 구절의 끝 어구를 다음 구절의 앞 구절에 이어받는 방식으로 해야 할 일의 우선순위를 제시하고 있다.

– 2018학년도 3월 고2 전국연합학력평가

· 이 작품은 임진왜란 이후 나라가 황폐해진 상황에서도 국사(나랏일)보다는 당쟁만 일삼고 부정한 방법으로 자신의 이익만을 챙기는 신하들을 비판하는 내용이다. 작가가 한 국가의 살림살이를 농사짓는 주인과 종의 관계에 비유하여 '어른 종'(영의정)의 입장에서 '종'(신하)들을 나무라고 '상전님'(임금)을 경계하려는 의도로 지은 작품이다.

– 11행의 '종의 버릇 보노라면 이상하다'로 보아 나라를 어수선하게 만든 것이 신하들의 잘못임을 알 수 있다.

– 14행의 '그릇된 재산 모아'로 보아 부정부패한 위정자들의 모습을 짐작할 수 있다.

– 19행의 '맺히거니, 헐뜯거니'로 보아 신하들이 국사는 돌보지 않고 당쟁만 일삼았음을 알 수 있다.

· 문제 인식과 함께 그 해결 방안까지 제시하고 있다.

– 2013학년도 9월 고2 전국연합학력평가(B형)

· 연쇄와 반복을 통해 리듬감이 나타나고 있다. → [A] 부분

· 21행의 '바깥 마름': 직분을 망각하여 화자에 의해 비판을 받고 있는 존재

· 25행의 '불한당같이 구멍으로 드나드는 도적': 가까운 곳에 있으며 화자에게 불안감을 주고 있는 세력

· 34행의 '내 상전': 잘못된 일을 고치도록 화자가 설득하고 있는 청자

· 38행의 '상벌': 화자가 공정하고 엄중하게 시행되기를 바라고 있는 일

· 유학 이념에서는 국가를 가족의 확장된 형태로 본다. 집안의 화목을 위해서는 구성원들이 자기 역할에 충실해야 하듯, 국가의 안정적인 경영을 위해서는 군신(君臣)이 본분을 다해야 한다. 조선 시대 시가에서는 이러한 이념을 담아 국가를 집으로 표현하는 경우가 많다.

– '논의'(28행)는 국가 대사를 위해 임금과 신하가 합의하여 도출해 낸 올바른 대책을 뜻하겠군.

– 2016학년도 수능(B형)

· 의문형 진술을 사용하여 화자의 정서를 부각시키고 있다.

· 화자는 상전의 처지에 안타까워하며 현실을 탄식하고 있다.

– 2011학년도 7월 고3 전국연합학력평가

---

06 작품들 간의 공통점 파악   정답 ④

🔘 **④가 정답인 이유**   (가)와 (나)는 모두 다음과 같이 현실이나 세상에 대해 통찰*한 내용을 전달하고 있다.

(가)	(나)
집안(나라)이 황폐해지고 위계질서가 무너진 상황을 바로잡으려면 상전(임금)이 어른 종(지위가 높은 대신)을 믿어야 함.	돌탑을 쌓을 때 잔돌이 필요한 것처럼, 인간 세상에도 잔돌 같은 사람이 필요함.

> *통찰(洞察): 예리하게 관찰하여 환히 꿰뚫어 봄(통달).

▶ **정답의 근거**   위 '④가 정답인 이유'에서의 표

나머지 답지들에 답한 학생들은 드물었지만, 이들 답지들이 오답인 이유도 살펴보자.

① (가)와 (나)는 모두 부재하는(있지 않는, 존재하지 않는) 대상에 대한 그리움을 표현하고 있지 않다. (나)의 경우 잔돌과 같은 사람이 필요하다고 말하고 있을 뿐, 잔돌과 같은 사람이 그립다고 하지 않았다.

② 두 작품 모두 순수한 자연 세계에 대한 동경을 나타내고 있지 않다. (나)의 경우 1문단에서 자연과 더불어 사는 삶을 긍정하고 있고, 마지막 문단에서 봄 산이 수많은 꽃들로 아름답다고 했지만, 이것은 자연 세계에 대한 동경(마음으로 그리워하여 간절히 생각함.)을 나타낸 것이 아니다.

③ (가)는 집안(나라)이 황폐해지고 위계질서가 무너진 부정적 현실을 다루고 있으나, 냉소적(쌀쌀한 태도로 업신여기어 비웃는) 태도를 드러내고 있지 않다. 또 (나)는 글쓴이가 바람직하게 생각하는 삶의 모습을 말하고 있을 뿐 냉소적 태도를 드러내고 있지 않다.

⑤ (가)는 37~39행에서 현재의 부정적 상황을 극복하는 방법을 제시하고 있는데, 이는 '자신이 처한 상황에 순응하는 태도'와 거리가 멀다. (나) 또한 글쓴이가 '상황에 순응하는 태도'를 보여 주고 있지 않다.

07 표현상의 특징 파악

정답 ④

◎ **④가 정답인 이유** [A]와 [B]에 사용된 표현법을 찾아보자.

[A]	[B]
집일을 고치려거든 종들을 휘어잡고 종들을 휘어잡으려거든 상벌을 밝히시고 상벌을 밝히시려거든 어른 종을 믿으소서	조각돌처럼 까다롭고 별난 사람도 있고, 몽돌처럼 둥글둥글한 사람도 있고, 조각을 한 듯 잘생긴 사람도 있고, 마음에 태풍이 지나가는 사람도 있고, 마음에 4월의 봄볕이 내리는 사람도 있다.
• 유사한 문장 구조의 반복 　～을 ～려거든 ～을 ～ • 연쇄법(p.147 참조): 앞 구절의 끝 어구(종들을 휘어잡고, 상벌을 밝히시고)를 다음 구절의 앞 구절에 이어받음.	• 유사한 문장 구조의 반복 　～처럼/듯(비유 대상) 　～ㄴ 사람도 있고 • 비유법: 조각돌처럼, 몽돌처럼, 조각을 한 듯, 마음에 태풍이 지나가는, 마음에 4월의 봄볕이 내리는

이와 같이 [A]와 [B]는 모두 '유사한 문장 구조를 반복'하고 있는데, 반복은 의미를 강조하는 효과가 있으므로 '전달 의도를 강조'한다고 이해할 수 있다. 곧 [A]에서는 '어른 종을 믿을 것'을, [B]에서는 '다양한 사람이 있다는 것'을 강조하고 있다.

▶ **정답의 근거** 위 '④가 정답인 이유'에서의 표

가장 많이 질문한 오답은? ②

🅇 **②가 오답인 이유** [B]에 '조각돌, 몽돌'이라는 자연물(돌)이 등장하는 것을 보고, ②가 적절하다고 잘못 판단한 학생들이 아주 많았다. 자연물이 있으면 무조건 감정 이입*이라고 생각해서는 안 된다. 화자의 감정이 자연물에 이입되어야 감정 이입이 된다. [B]의 '조각돌처럼 까다롭고 별난 사람, 몽돌처럼 둥글둥글한 사람'은 화자의 감정을 나타낸 것이 아니라 '까다롭고 별난 사람'을 '조각돌'에, '둥글둥글한(마음이 원만한) 사람'을 '몽돌'에 직접 비유한 표현(직유법)이다.

> *이입(移入): 이동하여 들어감(입장). ※ 감정 이입: 화자의 감정을 대상(자연물 등)에 이입시켜 표현하는 방법. ─『매3력』 p.116에서

① [A]는 대조적 의미를 지닌 구절을 활용하고 있지 않다. 오히려 [B]의 '조각돌처럼 까다롭고(모나고 별난)'와 '몽돌처럼 둥글둥글한(원만한)', '마음에 태풍이 지나가는(격정적인)'과 '마음에 4월의 봄볕이 내리는(온화한)'에서 대조적 의미를 지닌 구절을 활용하여 대상(사람)의 속성을 드러내고 있다.

③ 말하고자 하는 바와 **반**대로 말(언**어**)하는 반어법과, 문장의 겉(표면)에 모순이 나타나는 역설법은 [A]와 [B] 모두 활용하고 있지 않다. ☞ 반어법과 역설법은 p.23 참조

⑤ [A]는 경어체의 말을 건네는 어투(말투)(p.116 참조)를 사용하여 청자(상전님)의 변화를 호소하고 있다고 볼 수 있다. 그러나 [B]에서는 말을 건네는 어투를 사용하고 있지 않으며, 행동 변화를 호소하고 있지도 않다.

08 글쓴이에 대한 이해

정답 ④

◎ **④가 정답인 이유** ㄱ~ㄹ이 (나)의 글쓴이에 대한 이해로 적절한지 따져 보자.

> ㄱ. 1문단의 '사람이 떼를 이루어 사는 세상의 풍경이 한눈에 들어오는 것만 같다. 그것도 느리고 큰 자연과 더불어.' 등에서 확인할 수 있는 것처럼 글쓴이는 자연과 인간을 대비적으로 보지 않으며, 인간의 유한성*을 언급한 내용도 없다. → ✗
>
> ㄴ. 1문단의 '이 명료한 문장을 읽고 있으면 사람이 떼를 이루어 사는 세상의 풍경이 한눈에 들어오는 것만 같다.', 2문단의 '그들 모두 하나의 무리를 이루고 사는 것이 이 세상 아닌가 싶은 생각이 드는 것이다.' 등에서 글쓴이는 사람들이 서로 더불어 사는 세상을 긍정한다는 것을 알 수 있다. → ○
>
> ㄷ. 글쓴이가 주장을 굽히지 않는 삶을 살았다는 것은 지문에서 확인할 수 없으며, 자신을 '반성'하고 있지도 않다. → ✗
>
> ㄹ. 끝에서 두 번째 문단에서 '잔돌 같은 사람이 필요하다.'라고 했고, '잔돌 같은 사람'은 '의견이 맞지 않아 다툴 때(갈등할 때) 그 대화의 매정한 분위기를 무너뜨려 주는 사람'이라고 한 데서 확인할 수 있다. → ○

따라서 ㄴ과 ㄹ을 묶은 ④가 정답이 된다.

> *유한성: 수나 양 등에서 일정하게 정해진 범위나 **한**계가 있는 (**유**, 있을 **유**) 성질. '인간의 유한성'은 인간의 수명에 한계가 있는 것을 말함.
> *중재(仲裁): 서로 다투는 사람 또는 국가 사이에 끼어들어(**중**매, **중**개) 조정하여 화해시킴.

▶ **정답의 근거** 위 '④가 정답인 이유' 참조

『예비 매3문』을 공부한 후
『매3화법과작문』으로 공부하면
실수도 줄이고 시간 부족 문제도 **해결**할 수 있습니다.

09 자료를 활용한 구절의 이해
정답 ①

◎ ①이 정답인 이유 ㉠의 1행은 설의적 표현(p.98 참조)으로, 〈보기〉에서 이 작품은 '국가 경영을 집안 다스리는 일에 빗대어 표현'했다고 한 것을 참고하면 ㉠은 '우리나라의 살림살이가 예부터(예전부터) 이렇지는 않았다. 전민(농민)이 많다는 소문이 났다.'라고 한 것이다. 예전에는 살림이 풍족했고 농민이 많았다는 것이다. 따라서 ①에서 '나라가 황폐해진 상황이 예전부터(✗)' 이어졌다고 한 것은 적절하지 않다. 또 〈보기〉에서 '임진왜란으로 인해 나라가 황폐해'졌다고 했으므로, 예전부터 나라가 황폐했던 것이 아님을 알 수 있다.

▶ 정답의 근거 ㉠의 '예부터 이렇던가'(예부터 이렇지 않았다.)와 〈보기〉의 '임진왜란으로 인해 나라가 황폐해지고'

가장 많이 질문한 오답은? ②

✗ ②가 오답인 이유 ㉡에서는 '소 먹이는 아이들'인 종이 자신보다 지위가 높은 '상마름'을 능욕*하는 것을 한탄하고 있다. 종(아랫사람)이 상전(윗사람)을 능욕하는 것은 〈보기〉의 '위계질서*가 무너진 상황'으로 이해할 수 있고, 상하의 위계질서가 무너졌다는 것은 신하들의 기강(규율과 법도 및 질서)이 해이*해진 상황을 나타낸 것으로 이해할 수 있다.

> *능욕: 업신여겨(능멸) 욕되게 함.
> *위계질서: 지위나 계층 등의 상하 관계에서 순서(질서)가 있는 것.
> *해이: 긴장이 풀어져서 마음이 느슨해짐. ㉫ 긴장

나머지 답지들도 〈보기〉를 참고하여 적절한 이해인 이유를 따져 보자.

③ ㉢에서는 '그릇된 재산을 모아 꾀를 부려 제 일'을 한다고 했다. 이는 종들이 부정한 방법으로 재산을 모으는 것으로, 〈보기〉의 '재물을 탐하는 신하들'의 모습을 드러낸 것으로 이해할 수 있다.

④ ㉣에서는 '풀어헤치거니 맺히거니, 헐뜯거니 돕거니 하면서 하루 종일 어수선을 핀다'고 했다. 이는 〈보기〉의 '당파 싸움만 일삼'는 신하들의 모습으로, 시도 때도 없는 당파 싸움과 이로 인해 혼란스러운 조정의 모습을 나타낸 것으로 이해할 수 있다.

⑤ ㉤에서는 '생각 없는 종(신하)은 물론이고 상전님(임금)의 탓도 있다'고 했다. 〈보기〉를 참고할 때 이는 '신하들을 비판'하고 '왕으로서의 책임을 강조'하는 것으로, 나라가 어지러워진 책임이 신하뿐만 아니라 왕에게도 있다는 인식을 드러낸 것으로 이해할 수 있다.

10 자료를 바탕으로 한 감상
정답 ④

◎ ④가 정답인 이유 (나)의 '서로 업고 업혀서'는 돌탑을 쌓을 때 '각각의 크기와 모양과 빛깔을 지닌 돌들(큰 돌과 작은 돌들)'이 모두 필요하다는 생각을 드러낸 것으로, 이는 다양성을 지닌

존재들의 필요성을 강조한 것으로 볼 수 있다. 그러나 (가)의 '먹고 입으며 드나드는'은 '우리 댁'에서 부리는 종들을 가리키는데, '종이 백여 명이 넘는'다고 했지만 이들은 '텃밭을 묵'히고 '낮잠만 자'는 존재들로 그려져 다양성을 지닌 존재들의 필요성을 강조한 것으로 볼 수 없다.

▶ 정답의 근거 (가)의 '먹고 입으며 드나드는 종' 뒤에 이어지는 내용들

가장 많이 질문한 오답은? ③

✗ ③이 오답인 이유 ③에 답한 학생들이 제법 많았다. 그런데 〈보기〉를 바탕으로 할 때, (가)의 '낮잠만 자'는 종은 '각각의 역할을 능동적으로 수행'하지 못해 '존재의 의미를 획득'하지 못한 구성 요소로 볼 수 있다. 이와 달리 (나)의 '스스로의 생명력으로' 핀 꽃은 능동적으로 '존재의 의미를 획득'한 구성 요소로 볼 수 있으므로 ③은 적절한 감상이다.

나머지 답지들이 적절한 감상 내용인 이유도 살펴보자.

① 〈보기〉에서 '다양성을 지닌 구성 요소들은 각각의 역할을 능동적으로 수행할 때' '전체는 조화로운 모습을 이루게 된다.'라고 했다. 이를 바탕으로 할 때, '가도[家道, 집안(가정)에서 지켜야 할 도리]'가 바로 선 집안'은 전체(집안)를 이루는 구성 요소들(종, 상마름, 상전님)이 어우러져 조화로운 모습을 갖춘 전체를 의미한다고 볼 수 있다.

② '중략' 아래에서 '잔돌을 굄으로써 탑은 한 층 한 층 수평을 이루게 된다.'고 했다. '잔돌'이 없으면 돌탑이 수평을 이루지 못하고 무너질 수 있다는 것이다. 〈보기〉를 바탕으로 할 때 '잔돌'은 '그 자체로는 누르러지지 않을지라도 전체를 위해 없어서는 안 되는 존재(구성 요소)'로 볼 수 있다.

⑤ (가)의 '크게 기운 집'은 〈보기〉의 '전체(집안)를 이루는 구성 요소들(종, 마름, 상전님)'이 '각각의 역할을 능동적으로 수행'하지 않은 결과로 볼 수 있다. 그리고 (나)의 '기우뚱하는 돌탑'은 탑(전체)의 수평을 이루게 하는 잔돌(구성 요소)이 역할을 수행하지 못한, '전체(돌탑)를 이루는 구성 요소들(큰 돌, 작은 돌)'이 제대로 갖추어지지 않은 결과로 볼 수 있다.

11~15 갈래 복합(민요 + 시조 + 고전 수필)

> **(가) 작자 미상, 「잠노래」**
>
> ● 갈래 민요
> ● 현대어 풀이
> 　　잠아 잠아 짙은 잠아 이 내 눈에 쌓인 잠아.
> 　　염치에도 얽매이지 않는 이 내 잠아. (잠) 욕심이 언덕만큼 많은 이 내 잠아.
> 　　어젯밤에 오던 잠이 오늘 아침 다시 오네.
> 　　잠아 잠아 무슨 잠이냐? 가라 가라 멀리 가라.
> 　　세상에 사람이 무수한데 구태여 너는 갈 데 없어
> 　　(너를) 원하지 않는 이 내 눈에 이렇듯이 심하게 오느냐?

밤낮으로 한가하여 월명 동창(달이 밝게 비추는 동쪽의 창)에 혼자 앉아

삼사경(밤 11시~새벽 3시) 깊은 밤을 헛되이 보내면서 잠 못 들어 한탄하는 사람 있건마는

(공연히 나에게 와서) 청하지 않았다며 원망하는 소리를 올 때마다 듣는 것이냐?

저녁밥을 다 먹고 황혼이 되자마자

낮에 하지 못한 남은 일을 밤에 하려 마음먹고

그런 생각을 하자마자 바로 황혼이라 섬섬옥수(여인의 고운 손)를 바삐 들어

등잔 앞에 고개 숙여 실 한 바람 풀어 내어

드문드문 바늘을 두어 땀을 뜨는 듯 마는 듯한데

난데없는 잠이 소리 없이 달려드는구나.

(잠이) 눈썹 속에 숨었는지 눈 아래로부터 솟아오르는지

이 눈 저 눈을 왕래하며 무슨 요술을 피우느냐?

맑고 맑은 이 내 눈이 절로절로 희미하구나.

- **정서 · 태도**
  - 해학적 〔작품 근거〕 난데없는 이내 잠이 소리 없이 달려드네/눈썹 속에 숨었는가 눈알로 솟아 온가/이 눈 저 눈 왕래하며 무삼 요수 피우든고
  - 원망 〔작품 근거〕 구태 너는 간 데 없어/원치 않는 이내 눈에 이렇듯이 자심하뇨, 무상불청 원망 소래
- **주제** 잠에 대한 원망과 고달픈 삶의 현실
- **표현상의 특징**
  - 의인법: 잠을 의인화함.
  - 반복법: 잠아
  - 대조법: 한가하게 지내면서 잠 못 들어 한탄하는 사람 ↔ 잠을 참으며 일해야 하는 '나'(화자)
  - 대구법: 염치 불구 이내 잠아 − 검치 두덕 이내 잠아
    눈썹 속에 숨었는가 − 눈알로 솟아 온가
  - 4 · 4조 4음보: 잠아 잠아/짙은 잠아/이내 눈에/쌓인 잠아//
  - aaba의 운율: 잠아(a) 잠아(a) 짙은(b) 잠아(a),
    (p.93 참조)   가라(a) 가라(a) 멀리(b) 가라(a)
- **어휘 및 어구 풀이**
  - 염치 불구: 염치에 얽매이지 않음.
  - 월명 동창: 달(月, 달 월)이 밝게(明, 밝을 명) 비추는 동쪽의 창.
  - 삼사경: 삼경(밤 11시~새벽 1시 사이)이나 사경(새벽 1시~3시 사이).
  - 바람: 길이의 단위. '한 바람'은 실이나 새끼 등의 한 발 정도의 길이로, '한 발'은 두 팔을 양옆으로 펴서 벌렸을 때 한쪽 손끝에서 다른 쪽 손끝까지의 길이임.

  - 뜸: 땀. '땀'은 실을 꿴 바늘로 한 번 뜬 자국을 세는 단위임.
  - 눈알로: 눈 아래에서부터. 눈 아래로부터.
- **지문 밖 정보**
  - 부녀자들이 주로 밤을 새워 일을 할 때 잠을 쫓기 위해 부른 노래 → 부요(婦謠, 부녀자들의 노래)이면서 노동요

(나) 작자 미상, 「귓도리 저 귓도리~」

- **갈래** 시조(사설시조)
- **현대어 풀이**

  귀뚜라미, 저 귀뚜라미, 불쌍하다 저 귀뚜라미

  어찌 된 귀뚜라미가 지는 달, 새는 밤에 긴 소리 짧은 소리 마디마디 슬픈 소리로 저 혼자 계속 울어, 비단 창문 안의 얕은 잠을 얄밉게도 깨우는구나.

  두어라, 제가 비록 보잘것없는 동물이지만 혼자 지내는 방에 나의 뜻을 알 이는 너(귀뚜라미)뿐인가 하노라.
- **상황** 간신히 잠들었다가 귀뚜라미 울음소리에 깨어 귀뚜라미가 자신의 처지를 알아서 운다고 여기고 있다.
- **정서 · 태도**
  - 가련함 〔작품 근거〕 귓도리 저 귓도리 어여쁘다 저 귓도리
  - 원망 〔작품 근거〕 사창 여원 잠을 살뜰히도 깨우는구나
  - 외로움 〔작품 근거〕 무인동방에 내 뜻 알 이는 너뿐인가 하노라
- **주제** 임을 그리워하는 마음, 또는 독수공방하는 외로움
- **표현상의 특징**
  - 청각적 심상: 긴 소리 쟈른 소리 ~ 제 혼자 우러 녜어
  - 반어법: 사창 여원 잠을 살뜰히도 깨우는구나 → 잠을 깨운 귀뚜라미에 대한 원망을 반어적으로 표현함.
  - 영탄법: 깨우는구나, 두어라(감탄사), 너뿐인가 하노라
  - 감정 이입: 긴 소리 쟈른 소리 절절이 슬픈 소리 → 화자의 감정(슬픔, 외로움)을 귀뚜라미에 이입하여 표현함.
  - aaba 구조: 귓도리 저 귓도리 어여쁘다 저 귓도리
    　　　　　　 a　　　 a′　　　 b　　　 a′
- **어휘 및 어구 풀이**
  - 귓도리: 귀뚜라미. 계절적 배경이 '가을'임을 알 수 있으며, 감정 이입의 대상, 동병상련의 대상이기도 함.
  - 어여쁘다: 불쌍하다. 가련하다. ※ 현대 국어에서는 '예쁘다'의 의미로 바뀜.
  - 쟈른 소리: 짧은 소리.
  - 여윈 잠: 옅게 든 잠.

(다) 이옥, 「어부(魚賦)」

- **갈래** 고전 수필
- **제목의 의미** '어부(魚賦, 물고기 어 · 한문 문체 부)'의 한자를 풀이하면, '물고기에 대해 쓴 글'이라 할 수 있고, 지문 내용을 통해 보면, 인간을 물고기에, 인간 세상을 수국에 빗대어 현실을 비판한 글임을 알 수 있다.
- **지문 내용**
  - 1문단: 수국의 세계는 인간 세계와 다르지 않음.(물−국가, 용−군주, 큰 물고기−신하, 중간 물고기−서리나 아전의 무리, 작은 물고기−백성들)
  - 2문단: 용(군주)이 물고기(관료와 백성)에게 베푸는 은혜
  - 3문단: 용(군주)과 달리 작은 물고기(백성)를 괴롭히는 큰 물고기들(신하와 관료들)−약육강식의 현실
  - 4문단: 용(군주)의 도리−탐관오리 징벌
  - 5문단: 약육강식이 수국의 세계보다 심한 인간 세계에 대한 안타까움

● **정서 · 태도**
- 비판 작품 근거 강자는 약자를 삼키고, 지위가 높은 자는 아랫것을 약탈하니
- 안타까움 작품 근거 슬프다!, 아아, 사람들은 물고기에게만 큰 물고기가 있는 줄 알고 사람에게도 큰 물고기가 있는 줄을 알지 못하니~
● **주제** 관료들의 횡포에 대한 비판과 군주의 도리
● **어휘 및 어구 풀이**
- 시서(詩書)로 삼고: 시와 글의 소재로 삼고. 여기서는 부정적인 의미로 쓰였으므로 '시와 글의 소재로 이용하고' 정도로 해석할 수 있음.
- 족속(族屬): 같은 부류(종족, 가족)에 속하는 대상들(사람, 물건)을 낮잡아 이르는 말.
● **표현상의 특징**
- 비유(은유): 물은 하나의 국가요, 용은 그 나라의 군주다.
- 설의법: ~그것이 어찌 사람과 다르겠는가?, ~용이 누구와 더불어 군주가 되며, 저 큰 물고기들이 어찌 으스댈 수 있겠는가?, ~물고기가 사람을 슬퍼하는 것이 어찌 사람이 물고기를 슬퍼하는 것보다 심하지 않다고 하랴?
- 우의적, 풍자적: 물고기에 빗대어 백성들을 괴롭히는 관료들의 횡포를 비판함.

★ 세 작품은 왜 함께 묶였을까?

- **내용** 현실 상황이 부정적임.
- **태도** 한탄함. 탄식함.

★ 기출 답지로 작품과 문제 완전 정복

(가) 작자 미상, 「잠노래」

- ㉠의 '원망 소래': 대상에 대한 화자의 감정이 직접적으로 드러나 있다.
- 하 5행 '드문드문 질긋 바늘 두엇 뜸 뜨듯마듯'의 '바늘': 삶을 살아가며 느끼는 화자의 애환이 담겨 있다.
- (가)의 화자가 잠을 이루기 어려운 상황은 현실에서 반복되는 것으로 볼 수 있다.

– 2015학년도 3월 고1 전국연합학력평가

- 〈보기〉를 (가)의 화자가 쓴 일기의 일부라고 할 때, 작품의 내용과 <u>어긋나는</u> 것은?

> **보기**
>
> 애고 애고 내 신세야.
> ⓐ왜 이리도 할 일이 많단 말인가? ⓑ오늘 낮에도 이 일 저 일에 치여서 바느질을 저녁으로 미룰 수밖에 없었다. ⓒ그런데 마음뿐이지 막상 바느질을 시작하자마자 잠이 쏟아졌다. ⓓ시도 때도 없이 몰려드는 잠 때문에 눈은 절로 감기고 눈앞이 뿌옇게 될 때가 한두 번이 아니었다. ⓔ가난이 원수라서 자고 싶어도 참아야 하는 이 신세가 정말 처량하구나.

① ⓐ   ② ⓑ   ③ ⓒ   ④ ⓓ   ⑤ ⓔ

답 ⑤

– 2003학년도 12월 고1 전국연합학력평가

- 대조적 상황을 통해 화자의 처지를 드러내고 있다.

- 〈보기〉를 통해 (가)를 감상할 때, 적절하지 <u>않은</u> 것은?

> **보기**
>
> 「잠노래」는 농사일이나 집안일 등 바쁜 낮의 일과를 보내고 나서도 밤늦게까지 남은 집안일을 해야 했던 옛날 우리나라 여인들의 애환이 담겨 있는 노래로 여러 지역에서 다양하게 불리던 민요이다. 위 「잠노래」의 화자는 의인화를 통해 원하지 않음에도 불구하고 계속하여 자신을 찾아오는 '잠'을 원망하고 있다. 그러나 자신의 신세를 한탄만 하지 않고 해학적인 태도로 노래를 부르면서 '잠'을 쫓아내고 해야 할 일을 마치려는 의지를 나타내 보이고 있다.

① '잠'을 청자로 설정하여 이야기하는 것으로 볼 때 대상을 의인화하고 있군.
② '잠 못 들어 한하는데'를 통해 '잠'을 쫓으려는 화자의 의지를 읽을 수 있군.
③ '낮에 못 한 남은 일을 밤에 할랴 마음먹고'를 통해 화자의 애환을 알 수 있군.
④ '바늘'이라는 소재를 통해 이 노래가 여인들 사이에서 불렸음을 확인할 수 있군.
⑤ '눈썹 속에 숨었는가 눈알로 솟아 온가'라는 구절에서 해학적 태도를 엿볼 수 있군.

답 ②

– 2012학년도 9월 고2 전국연합학력평가(A형)

(나) 작자 미상, 「귓도리 저 귓도리~」

- 화자의 독백이 중심을 이루고 있다.
- 동일한 시어를 반복적으로 사용하여 감정을 고조시키고 있다.
- '귓도리'의 시적 기능
  - 소리로써 화자의 정서를 불러일으킨다.
  - 화자가 자신의 처지를 확인하게 해 준다.
  - 작품 내의 상황과 분위기를 조성하는 데 개입한다.
- 중장의 '살뜰히도'에는 '귓도리'를 야속해하는 심정이, 종장의 '두어라'에는 자신의 마음을 달래는 심정이 드러나 있다.

– 2006학년도 6월 고3 모의평가

(다) 이옥, 「어부」

- 대상을 비판하고자 하는 의도가 담겨 있다.
- (다)의 논지를 긍정하는 신하가 군주에게 상소문을 올린다고 할 때, 적절하지 <u>않은</u> 것은?

> 신은 삼가 성상께 글을 올리옵니다. 성상의 바른 다스림에 백성들은 태평성대를 살아갈 수 있었사옵니다. ① 성상께서는 백성들이 편안하게 살 수 있도록 항상 성심을 다하고 계시옵니다. 하지만 성상의 뜻과는 달리 ② 조정의 대신들은 백성들을 가볍게 여기고 있사옵니다. 또한 ③ 지방관들은 백성을 사사로이 부리고 있으며, 그 밑에 있는 서리나 아전들은 백성들의 고혈을 짜 자신의 부를 축적하는 데만 눈이 멀어 있사옵니다. 이에 백성들은 죽어 사라질 위기에 처하였사옵니다. ④ 백성이 있어야 성상께서도 군주가 되시옵고, 벼슬아치들도 살 수 있는 것이옵니다. 하오니 ⑤ 무엇보다 시급한 것은 창고를 열어 백성들의 굶주림을 해결하는 일이옵니다.
> 전하, 부디 통촉하여 주시옵소서.

답 ⑤

– 2011학년도 6월 고3 모의평가

11 작품의 공통점 파악   정답 ④

◎ **④가 정답인 이유** (가)의 화자는 '낮에 못 한 남은 일을 밤에 할랴 마음먹고' 바느질을 하는데 '난데없는 이내 잠이 소리 없이 달려'들어 탄식하고 있고, (나)의 화자는 임 없이 혼자 지내는 '무인동방(다른 사람이 없는 침실)'에서의 외로움을 탄식하고 있으며, (다)의 화자는 '강자는 약자를 삼키고, 지위가 높은 자는 아랫것을 약탈'하는 상황에 대해 탄식(슬프다!)하고 있다. 따라서 (가)~(다) 모두 '부정적인 현재 상황'이 나타나 있고, 이에 대해 화자가 '탄식하는 태도'를 드러내고 있다.

▶ **정답의 근거** 위 '④가 정답인 이유' 참조

가장 많이 질문한 오답은? ⑤, ③, ①, ② 순

✖ **⑤가 오답인 이유** (가)의 '바늘'과 (나)의 '사창*', (다)의 '물' 등 (가)~(다) 모두 일상생활과 관련된 사물이 쓰였으나, 이들의 속성에서 삶의 교훈을 이끌어 내고 있지는 않다.

> *사창(紗窓): 비단(紗, 비단 사)으로 바른 창문. 여기서는 부녀자가 거처하는 방의 창문을 비유적으로 이른 말.

✖ **③이 오답인 이유** (가)는 '낮에 못 한 남은 일'을 할 수 있고, (나)는 '무인동방'의 상황에서 벗어날 수 있고, (다)는 '약자를 해치는 족속들을 물리'치는 상황을 '이상'으로 볼 때 현실은 그렇지 않다는 점에서 이상과 현실의 괴리(서로 어그러져 동떨어짐.)가 드러나 있다고 볼 수 있다. 그리고 (가)는 잠으로 빠져드는 데서, 또 (다)는 '슬프다!'에서 절망적인 심경을 표출하고 있다고 볼 수도 있지만, (나)에서는 절망적인 심경을 표출하고 있지 않다.

✖ **①이 오답인 이유** 대상(임)의 부재(존재하지 않음.)로 인한 그리움의 심정은 (나)에서만 드러내고 있을 뿐, (가)와 (다)에서는 그리움의 심정이 드러난 부분이 없다.

✖ **②가 오답인 이유** (가)에서는 일을 해야 하는데 잠이 오고, (나)에서는 임의 부재로 외롭고, (다)에서는 강자가 약자를 삼키고 지위가 높은 자가 아랫것을 약탈하는 현실의 어려움이 드러나 있다. 그리고 (가)는 잠에게 '가라'고 하고 '무상불청 원망 소래'를 하는 데서, (다)는 용(군주)에게 백성들을 해치는 족속들을 물리쳐야 한다고 말하는 데서 현실의 어려움을 극복하려는 의지적 태도를 엿볼 수 있으나, (나)는 현실 극복 의지를 보이고 있지 않다.

12 표현상의 특징 이해   정답 ③

◎ **③이 정답인 이유** (가)는 '석반(저녁밥)을 거두치고 황혼이 대듯마듯'에서 '저녁' 무렵을 시간적 배경으로 하고 있다는 것을 알 수 있는데, 잠이 쏟아져 '낮에 못 한 남은 일'을 할 수 없는 시적 상황을 저녁이라는 시간적 배경을 통해 구체화하고 있다고 볼 수 있다. (나)는 '지는 달 새는 밤'이라는 시간적 배경을 통해 '무인동방'에 잠 못 이루는 시적 상황을 구체화하고 있다. 따라서 ③은 (가)와 (나)에 대한 설명으로 적절하다.

▶ **정답의 근거** 위 '③이 정답인 이유' 참조

가장 많이 질문한 오답은? ④, ① 순

✖ **④가 오답인 이유** (가)의 '원치 않는 이내 눈에 이렇듯이 자심하뇨(더욱 심한가?)'를 설의적 표현(p.98 참조)으로 볼 수도 있으나, (나)에서는 설의적 표현이 쓰이지 않았으므로 '모두'는 적절하지 않다.

✖ **①이 오답인 이유** (나)에서는 '귓도리, 소리' 등의 시어를 반복하여 운율을 형성하고 있는데, (가)에서도 '잠, 가라, 눈' 등의 시어를 반복하여 운율을 형성하고 있으므로 '(가)와 달리'는 적절하지 않다.

② (나)에서는 '긴 소리 쟈른 소리 절절이 슬픈 소리 제 혼자 우러 네어'에서 청각적 심상을 엿볼 수 있고, 이런 귀뚜라미의 울음소리는 가을이라는 계절감을 드러내고 있다. 하지만 (가)에서는 '원망 소래'에서 청각적 심상을 사용했으나, 이를 통해 계절감을 드러내고 있지는 않다.

⑤ (가)와 (나)에서 색채 대비*는 쓰이지 않았다.

> *색채 대비: 두 가지 색(색채)이 서로 차이가 나서 대비되는 것.
> - 파란색과 붉은색, 흰색과 검은색, 흰색과 파란색, 흰색과 붉은색 등: 색채 대비 ○
> - 주황색과 붉은색, 초록색과 파란색 등: 색채 대비 ✖
>   -『매3력』p.133에서

13 시어의 기능   정답 ②

◎ **②가 정답인 이유** ⓑ는 (나)의 화자가 잠을 못 이루다가 겨우 '살짝 든 잠'으로, 화자는 '귓도리'의 소리 때문에 잠에서 깨게 된다. 따라서 'ⓑ는 외부적 요인(귓도리의 소리)으로 인해 방해받고 있다.'는 ②는 적절하다.

▶ **정답의 근거** (나)의 종장 '(어인 귓도리) 살뜰히도 깨우는구나'

가장 많이 질문한 오답은? ③, ⑤ 순

✖ **③이 오답인 이유** (나)의 화자는 '무인동방'의 외로움을 느끼는 현실에서 벗어나고 싶어 한다. 그래서 ⓑ를 현실로부터 벗어나기 위한 행위로 보아 ③에 답한 학생들이 많았다. 하지만 (나)에서 화자는 '현실로부터 벗어나기 위해' 잠을 청한 것은 아니다. 또 ⓐ는 '낮에 못 한 남은 일을 밤에' 하려고 하는 (가)의 화자를 방해하는 대상으로, '화자가 현실로부터 벗어나기 위한 행위'도, '화자가 현실에 몰두하는 행위'도 아니다.

✖ **⑤가 오답인 이유** ⓐ는 '잠아 잠아 무삼 잠고 가라 가라 멀리 가라'에서 (가)의 화자가 거부하는 대상임을 알 수 있다. 하지만 ⓑ는, '살뜰히도(얄밉게도)'에서 (나)의 화자가 ⓑ를 깨운 귓도리를 원망하고 있으므로 화자가 거부하는 대상이 아니다.

① (가)에서 화자는 '낮에 못 한 남은 일을 밤에' 하려고 하고 있다. 그런데 ⓐ가 이를 방해하고 있으므로, ⓐ는 화자의 목적을 이루기 위한 보조적 수단으로 볼 수 없다.

④ ⓐ는 (가)의 화자가 일을 할 수 없게 방해하는 대상이므로 화자를 고통스럽게 하는 존재로 볼 수 있다. ⓑ의 경우, (나)의 화자가 겪는 고통(무인동방의 외로움)을 잠시 잊게 하는 역할은 하지만 고통 자체를 해소시키고 있지는 않다.

14 시 구절의 감상   정답 ①

○ ①이 정답인 이유 ㉠은 화자가 '잠'에게 하는 말로, '(잠 못 들어 한탄하는 그런 사람도 있건만은, 그런 사람에게 가지 않고 왜) 청하지도 않은 나에게 와서 올 때마다 원망 소리를 듣느냐?'며 불만을 드러낸 것이다. 따라서 ㉠은 '화자와 상반된 처지에 있는 사람'이 아니라, '화자'가 잠에게 불만을 드러내고 있는 것이므로 ①은 적절한 감상이 아니다.

▶ 정답의 근거 위 '①이 정답인 이유' 참조

가장 많이 질문한 오답은? ④, ②, ③ 순

✗ ④가 오답인 이유 ㉣은 '귓도리'의 울음소리를 화자가 '절절이 슬픈 소리'로 들은 것이다. 화자가 '귓도리'의 울음소리를 슬픈 소리로 들은 것은 '무인동방'에서 홀로 잠을 못 이루고 있는 상황에서 오는 슬픔 때문으로 볼 수 있다. 즉, ㉣은 화자의 감정이 '귓도리'에 이입된 표현이다. 따라서 ④는 적절한 감상이다.

✗ ②가 오답인 이유 ㉡은 화자가 석반(저녁밥)을 치우고 황혼이 되자마자 '낮에 못 한 남은 일을 밤에 하려고 마음먹었다'는 것이다. 따라서 ㉡에는 '쉬지도 못하고 밤늦게까지 일을 해야 하는 화자의 고달픈 삶이 나타나 있다'는 ②는 적절한 감상이다.

✗ ③이 오답인 이유 ㉢은 화자가 일을 해야 하는 상황인데 잠이 쏟아져 하는 말로, '눈썹 속에 숨어 있다가 나왔느냐? 눈 아래로부터 솟아온 거냐? 이 눈 저 눈을 왕래하며 무슨 요술을 피우며 나한테서 떠나지 않느냐?'며 잠을 원망하고 있다. 따라서 ㉢은 '잠'을 의인화하여 한 말로, 잠이 쏟아지는 화자의 현재 상황을 해학적*으로 표현하고 있으므로 ③은 적절한 감상이다.

> *해학적: 웃음을 유발하는 (것). ㉮ 익살, 골계, 희화화.
> ※ 희화화(戱畵化): 희화(우스꽝스럽게 그린 그림)처럼 됨(化, 될 화). 인물의 외모나 성격, 또는 사건이 의도적으로 우스꽝스럽게 묘사됨. — 『매3력』 p.158에서

⑤ ㉤은 화자가 '무인동방(혼자 살아가는 방)'에서 지내는 자신의 뜻(외로움)을 알아주는 것은 '귓도리'뿐이라고 한 말이므로, ⑤는 적절한 감상이다.

15 자료를 활용한 감상   정답 ⑤

○ ⑤가 정답인 이유 (다)의 마지막 문단에서 '사람들은 물고기에게만 큰 물고기가 있는 줄 알고 사람에게도 큰 물고기가 있는 줄을 알지 못한다'고 했다. 〈보기〉에서 '큰 물고기'는 '백성들을 수탈*하는' '관리들' 또는 '여러 신하'라고 한 점을 감안할 때, 비판의 대상은 '큰 물고기'인 관리들(여러 신하들)이지 백성이 아니므로 ⑤는 적절한 감상이 아니다.

> *수탈(收奪): (강제로) 거두고(압수) 빼앗음(박탈, 약탈, 침탈).

▶ 정답의 근거 〈보기〉의 '나라의 근본은 '작은 물고기'인 백성이므로 백성들을 수탈하는 '큰 물고기', 즉 관리들을 잘 다스리는 것이 군주로서 해야 할 가장 중요한 일'

✗ ④가 오답인 이유 (다)의 4문단에서 '작은 물고기들을 해치는 족속들을 물리치는 것'을 '용의 도리'라고 했다. 〈보기〉에서 '용'은 군주를, '작은 물고기'는 백성을 빗댄 것이라고 했으므로, '용의 도리'인 '군주가 해야 할 가장 중요한 일'은 '작은 물고기들'(백성)을 해치는 족속들인 '여러 신하'(관리)를 잘 다스리는 일이라는 것을 알 수 있으므로 ④는 적절한 감상이다.

① (다)의 2문단에서 용은 '사람이 물고기를 다 잡아 버릴까 염려하여' '큰 물결을 겹쳐 일어나게 하여 덮어 준다.'고 했다. 〈보기〉에서 '용'은 군주를 빗댄 것이고, 백성은 '나라의 근본'이라고 했으므로 ①은 적절한 감상이다.

② (다)의 3문단에서 '교룡과 악어'는 '작은 물고기를 잡아먹는 것을 거친 땅의 농사일로 삼'는다고 했다. 〈보기〉에서 '작은 물고기'는 백성을 빗댄 것이라고 했고, '백성들을 수탈하는' 것은 '큰 물고기'라고 했으므로, 작은 물고기(백성)를 잡아먹는 '교룡과 악어'는 백성을 수탈하는 관리들의 모습으로 볼 수 있다. 따라서 ②는 적절한 감상이다.

③ (다)의 4문단에서 '작은 물고기가 없다면 용이 누구와 더불어 군주가 되'겠느냐고 했고, 〈보기〉에서 '나라의 근본'은 '작은 물고기'인 백성이라고 했으므로 ③은 적절한 감상이다.

✔ 매일 복습 확인 문제

1 다음 설명이 적절하면 ○, 그렇지 않으면 ✗로 표시하시오.

(1) '더우면 꽃 피고 추우면 잎 지거늘/솔아 너는 어찌 눈서리를 모르느냐.'에서는 대조와 대구의 방식을 활용하고 있다. ·····································(   )

(2) '샛노란 꽃이 두 송이 땅에 닿게 피어 있었다.'에서는 색채의 대비를 통해 표현 효과를 높이고 있다. ······(   )

(3) '우리 댁 살림이 예부터 이렇던가 전민(田民)이 많단 말이 일국에 소문이 났는데'에서는 '우리 댁'이 황폐해진 상황이 예전부터 지금까지 이어지고 있다는 것을 드러내고 있다. ·····································(   )

(4) '조각돌처럼 까다롭고 별난 사람도 있고, 몽돌처럼 둥글둥글한 사람도 있고, 마음에 태풍이 지나가는 사람도 있고, 마음에 4월의 봄볕이 내리는 사람도 있다. 그들 모두 하나의 무리를 이루고 사는 것이 이 세상 아닌가 싶은 생각이 든다.'에서 글쓴이는 사람들이 서로 더불어 사는 세상을 긍정하고 있다. ·····································(   )

(5) '어인 귓도리 지는 달 새는 밤의 긴 소리 쟈른 소리 절절이 슬픈 소리 제 혼자 우러 녜어 사창 여읜 잠을 살뜨리도 깨우는구나'에서는 화자의 내면적 슬픔을 '귓도리'의 울음소리를 통해 간접적으로 드러내고 있다. ·········(   )

정답 1. (1) ○ (2) ✗ (3) ✗ (4) ○ (5) ○

매3 주간 복습(문제편 p.150)을 활용하여, 일주일 동안 공부한 내용을 복습합니다. 특히, 다시 보기 위해 메모해 둔 것과 △ 문항은 **꼭** 다시 챙겨 볼 것!

정답 01 ① 02 ⑤ 03 ⑤ 04 ③ 05 ① 06 ③
      07 ④ 08 ② 09 ④ 10 ④ 11 ④ 12 ①
      13 ⑤ 14 ⑤ 15 ③

1~4 현대 소설

전상국, 「달평 씨의 두 번째 죽음」

● **제목의 의미** 주인공 달평 씨가 순수한 본래의 모습을 잃어버린 것을 '첫 번째 죽음'을 맞이한 것으로 표현했는데, 그 이후 자식의 출생까지 왜곡시키는 상황까지 몰락해 버린 달평 씨의 모습을 '두 번째 죽음'으로 표현하였다. 즉, 제목 '달평 씨의 두 번째 죽음'은 본래의 모습을 상실하고 몰락해 가는 인간의 모습을 의미한다고 볼 수 있다.

> • 달평 씨의 첫 번째 죽음: 선행은 아무도 모르게 해야 한다는 신념을 가진 달평 씨가 우연히 신문 기자들에 의해 선행이 과장되어 세상에 알려지면서 대중들의 시선을 의식하여 자신의 본래 모습을 잃어버리는 것을 표현한 말
> • 달평 씨의 두 번째 죽음: 첫 번째 죽음으로 표현한, 달평 씨 본래의 모습을 잃어버린 후 거짓으로 선행을 하고 자녀들이 자기 핏줄이 아니라는 거짓 폭탄선언까지 하면서 자신의 본래 모습을 잃어버리게 된 것을 표현한 말

● **등장인물**

• 달평 씨: 성실하게 살면서 남몰래 선행을 실천하다가 미담이 언론에 노출되면서 자기의 본래 모습을 잃고 만다.
• 아내: 묵묵히 내조를 실천하고 인내하면서 남편을 위하다가, 자식의 출신까지 왜곡하자 폭발한다.
• 아들딸(=세 남매): 변해 가는 아버지를 보며 아버지의 본래 모습을 떠올리기도 하지만 자신들이 아버지의 핏줄이 아니라는 말을 듣고 경악한다.

● **작품 줄거리**

• **지문 앞 내용**: 달평 씨는 식당을 운영하면서 절약하고 성실하게 일하면서 '오른손이 하는 일을 왼손이 모르게 하라.'라는 신조를 가지고 1년에 대여섯 번 비밀리에 선행을 베풀고 있었고, 그의 아내는 식당을 실질적으로 운영하면서 묵묵히 소임을 다하고 있었다. 그러던 어느 해 남쪽 지방 수해 지역에서 비밀리에 선행하던 것이 기자에게 포착되면서 신문에 과장되게 알려졌고, 이로써 달평 씨는 유명 인사가 되어 대중의 시선을 의식하는 선행과 즉석 연설을 많이 하게 되었다. 그러면서 선행은 아무도 모르게 해야 한다는 본래의 모습을 잃게 되는데,

이것이 달평 씨의 첫 번째 죽음이었다. 그러나 점차 언론과 대중의 관심이 적어지자, 언론의 관심을 되살리기 위해 달평 씨는 결혼반지를 팔아 불쌍한 사람에게 쌀을 사 주었다는 등의 미담이 기사화될 수 있도록 거짓말을 하게 되고 이로 인해 언론의 관심이 잠시 되살아났으나 이내 다시 대중의 관심이 줄어들게 되었다.

• **지문 내용**: 달평 씨는 대중과 언론의 관심을 끌기 위해 거짓말을 더욱 심하게 하기 시작하여, 자신이 전과자였고 흉악무도한 죄인이었다고 하는 등 자신이 어떻게 선행하는 사람으로 변모했는지를 설명하여 청중들의 박수를 끌어내기도 하였다. 달평 씨의 자녀들이 어머니에게 사실 여부를 물었으나 어머니는 조용히 부인하였다. 그의 미담 기사를 보고 험악한 사람들이 식당을 찾아와 선행을 강요하는 일까지 생겼지만 대중의 관심은 이내 줄어들게 되었고, 달평 씨는 언론의 관심을 더욱 기대하여 기자를 소홀히 대접했다고 아내를 다그치기도 하였다. 이때 자녀들이 달평 씨에게 대들면서 본래의 모습을 상기하도록 촉구하자 달평 씨는 자녀들 모두 자기 핏줄이 아니라는 거짓 폭탄선언까지 하게 되고, 아내도 폭발하면서 달평 씨에게 대들었다. 이제 달평 씨는 자신의 본래 모습을 잃는 '두 번째 죽음' 상태에 이르게 된 것이다.

● **주제** 대중의 시선을 지나치게 의식하게 되면서 몰락해 가는 인간의 취약성

★ **작품 전체의 주제**: 허위의식에 의해 본래의 모습을 상실해 가는 인간과 자극적인 정보에 관심을 갖는 대중과 언론에 대한 비판

● **어휘 및 어구 풀이**

• 치한: (1) 어리석고(痴, 어리석을 치) 못난 사람(漢, 놈 한). (2) 여자를 괴롭히거나 희롱하는 남자. 여기서는 (2)의 뜻으로 쓰임. ※ '-한'은 부정적인 의미를 갖는 명사 뒤에 붙어, '그러한 특징을 갖는 남자'의 뜻을 나타냄. 예 문외한(어떤 일에 전문적인 지식이나 조예가 없는 사람), 파렴치한(체면이나 부끄러움을 모르는 뻔뻔한 사람) 등
• 모리배: 온갖 수단과 방법으로 자신의 이익을 도모하는 사람. 또는 그런 무리. ※ '배(輩)'는 '무리'라는 뜻. 예 불량배(잘못된 행위를 일삼는 사람들의 무리)
• 감투: 예전에, 머리에 쓰던 관(冠)의 하나로, 벼슬이나 직위를 속되게 이르는 말.
• 날 샌 원수 없고 밤 지난 은혜 없다: 날을 새고 나면 원수같이 여기던 감정이 풀리고, 밤을 지나면 은혜에 대한 고마운 감정이 없어진다는 뜻으로, 원한이나 은혜는 시간이 지나면 쉽게 잊히게 됨을 비유적으로 이르는 말.

- 포효: (1) 사나운 짐승이 큰 소리로 으르렁거리거나 울부짖음. 또는 그 소리. (2) 사람, 기계, 자연 등이 매우 크고 세게 내는 소리를 비유적으로 이르는 말. 여기서는 (2)의 뜻으로 쓰임.
  - 분연한: 벌컥 성을 내며 奮하는 기색이 있는.
  - 거연히: 크고 우람하게. 또는 당당하고 의젓하게.
- **서술상의 특징**
  - 시점: 전지적 작가 시점

✔ 작품 속 '서술' 부분에서 '나'가 등장하는가? → X	3인칭
✔ 인물(달평 씨, 아내, 아들딸들)의 심리가 드러나 있는가?(1번 해설 참조) → ○	관찰자 시점 X

  - 비유적 표현의 잦은 사용: 떠나갈 듯 박수를 치며, 날 샌 원수 없고 밤 지난 은혜 없다, 나폴레옹처럼 초조하게 서성거리는 달평 씨, 사자처럼 포효하는 남편 등

01 서술상의 특징 파악   정답 ①

◎ **① 이 정답인 이유** 먼저, 공간적 배경이 제시된 부분부터 찾아 공간적 배경을 통해 인물의 심리를 암시하고 있는지를 살펴보자.

- 그는 초빙되어 간 그 강단에 서서 꾸벅꾸벅 조는 사람들의 머리를 들게 하고 그 쳐든 얼굴에 공포를 끼얹었다. → 공간적 배경 ○, 인물의 심리 ○, 공간적 배경을 통해 인물의 심리를 암시 X
- 얼굴이 험악한 사람들의 식당 방문을 맞기 위해 일어서고 있을 뿐이다. → 심리 X
- 보은식당의 종업원들은 식당 안에서 나폴레옹처럼 초조하게 서성거리는 달평 씨의 모습을 더욱 자주 보게 되었다. → 공간적 배경 ○, 인물의 심리 ○, 공간적 배경을 통해 인물의 심리를 암시 X

다음으로 인물의 심리를 암시하고 있는 부분을 찾아, 공간적 배경을 통해 인물의 심리를 암시하고 있는지 살펴보자.

- 그가 보여 주는 연기는 참회하는 자의 흐느낌과 손수건을 적시는 눈물이었다. → 공간을 통해 X
- 그들(달평 씨의 아들딸)은 그제야 어머니의 얼굴에 전에는 전혀 볼 수 없었던 그늘이 깔려 있음을 발견했다. → 공간을 통해 X
- 세상 사람들은 모든 걸 너무나 쉽게 잊었다. → 공간을 통해 X
- 자식들이 내쏟는 그 공박에 속수무책으로 멍청히 듣고만 있던 달평 씨 → 공간을 통해 X
- 구원이라도 청하듯 카운터에 앉은 그들 어머니 쪽으로 고개를 돌렸다. → 공간적 배경 ○, 인물의 심리 ○, 공간적 배경을 통해 인물의 심리를 암시 X

따라서 이 글에서는 공간적 배경을 통해 인물의 심리를 암시하고 있는 부분이 없다.

▶ **정답의 근거** 위 '① 이 정답인 이유'의 ▢ 부분

가장 많이 질문한 오답은? ⑤

X **⑤가 오답인 이유** 서술자가 작중 상황에 대해 자신의 생각을 드러내는 부분은 다음과 같다.

- 어쩐 일인지 세상 사람들의 관심은 달평 씨에게서 자꾸 멀어져 가고 있었다.
- 날 샌 원수 없고 밤 지난 은혜 없다고~
- 어쩌면 달평 씨가 가진 마지막 카드였을 것이다.
- 그네의 외침은 우리의 달평 씨를 다시 한번 살려 낼 오직 한 가닥의 빛이었던 것이다.

그럼에도 불구하고 ⑤에 많이 답했는데, 지문을 다시 읽으면서 ⑤가 적절한 설명인 이유를 한 번 더 체크하도록 한다.

② '청중들이 떠나갈 듯 박수를 치며 고개를 크게 주억거렸다, 나폴레옹처럼 초조하게 서성거리는 달평 씨, 사자처럼 포효하는 남편'에서 확인할 수 있다.

③ ㉡ 앞뒤의 대화에서는 '아들딸과 달평 씨'의, 마지막 부분의 대화에서는 '달평 씨와 아내'의 갈등 상황을 드러내고 있다.

④ 이 글에서는 달평 씨에 대한 세상 사람들의 관심이 멀어져 가는 것에서부터 시작하여 달평 씨가 폭탄선언을 하자 그의 아내가 소리치며 부르짖기까지 시간의 흐름에 따라 사건을 순차적으로 전개하고 있다.

02 세부 내용의 이해   정답 ⑤

◎ **⑤가 정답인 이유** ㉠과 ㉡ 사이에서 달평 씨의 부인이 "아무래도 식당 문을 닫아야 할까 봐요. 지난 기* 세금도 아직……."이라고 하자, 달평 씨는 "뭐야? 도대체 여편네가 장살(장사를) 어떻게 하길래 그따위 소릴 하는 거야?"라며 어려워진 식당 운영에 대해 화를 낸다. '그러나 달평 씨의 부인은 사자처럼 포효하는 남편한테 맞서 대들지 않았다.'고 했다. 이를 통해 ⑤는 적절하다는 것을 알 수 있다.

> *기(=분기): 1년을 3개월씩 4등분 한 각 기간.

▶ **정답의 근거** 위 '⑤가 정답인 이유'에서 밑줄 친 부분

① ㉠ 앞에서 청중들은 달평 씨의 강연을 듣고 '떠나갈 듯 박수를 치며 고개를 크게 주억거렸다*(심드렁해 했다 X)고 했다.

> *주억거렸다: 고개를 앞뒤로 천천히 끄덕거렸다.

② ㉠ 앞에서 달평 씨의 아들딸은 '아버지가 신문에 난 것처럼 그렇게 나쁜 죄를 많이 진 분'이냐고 묻지만, 어머니는 "아니다, 느 아버진 결코 그렇게 나쁜 짓을 할 어른이 아니다."라고 한다. 그러자 아들딸은 "그럼, 뭡니까? 아버진 왜 당신의 입으로 그런 말을 하시는 겁니까?"라고 되묻지만, 달평 씨의 부인은 더 대답하지 않았다고 했다. 이 부분을 포함하여 어머니의 발언으로 인해 아들딸이 아버지를 이해하게 되는 부분은 찾을 수 없다.

③ ㉠ 뒤에서 '종업원들은 식당 안에서~서성거리는 달평 씨의 모습을 더욱 자주 보게 되었다.'고 했고, ㉡ 앞에서 종업원들이 있는 자리에서 달평 씨가 폭탄선언을 했다고 했을 뿐, 종업원들이 '달평 씨에게 경제적 어려움을 호소하며 도움을 요청'하는 부분은 없다.

④ ㉠ 뒤에서 밖에 나갔다 들어온 달평 씨가 아내에게 "오늘 A 주간 신문 기자가 왔다 갔지?"라고 물었고, 왔었다고 대답하는 아내에게 "와서 뭘 물읍데까?"라고 한 것으로 보아, 달평 씨는 A 주간 신문 기자를 만나지 못했다.

03 함축적 의미의 이해
정답 ⑤

◉ ⑤가 정답인 이유 ㉠과 ㉡이 뜻하는 구체적인 내용부터 살펴보자.

> ㉠ "나는 전과잡니다. 용서 못 받을 죄를 수없이 지고도 뻔뻔스럽게 살아온 흉악무도한 죄인입니다."
> ㉡ "너희 셋은 모두 내 핏줄이 아냐. 기철이 넌 호남선 기차간에서 주웠고, 기수 넌 서울역 광장에 버려진 걸 주워온 거고, 애숙이 넌 파주 양갈보촌이 네 고향이지. 물론 남들한테야 저기 있는 느덜 어머니 배 속으로 난 것처럼 연극을 해 왔다만……."

이로 보아, ㉠은 달평 씨가 세상 사람들에게 자신의 악행에 대해 선언한 것으로, 이는 세상 사람들에게 반향*을 일으켜 그들의 관심이 자신에게서 멀어져 가는 상황을 바꾸어 보려는 행위이고, ㉡은 아들딸(삼남매)에게 자신의 핏줄이 아니라고 선언한 것으로, 이는 가족들에게 반향을 일으켜 아들딸이 공박*을 내쏟는 상황을 바꾸어 보려는 행위로 볼 수 있다.

> *반향: 반응으로 나타나는 영향.
> *공박: 남의 잘못을 몹시 따지고 공격(논박)함.

▶ 정답의 근거 위 '⑤가 정답인 이유' 참조

나머지 답지들에 답한 학생들은 드물었지만, 이들 답지들이 적절하지 않은 이유도 확인하고 넘어가자.

① ㉠은 사건(용서받지 못할 죄를 수없이 지음)의 초점을 달평 씨 자신에게 집중시키는 것으로, '다른 인물로 전환'시키려는 행위로 볼 수 없다.

② ㉡은 다른 인물들(아들딸)의 과거를 거짓으로 폭로하는 행위로, 다른 인물들이 과거에 벌인 일들을 폭로하는 행위가 아니다.

③ ㉠은 자신에 대한 관심을 끌기 위한 행위로 상대(청중들)의 입장을 이해하기 위한 행위가 아니고, ㉡은 정신을 차리라는 아들딸(상대)의 공박(의심 ✕)을 피하기 위한 행위이다.

오답 노트, 다시 보는 게 중요!
매3 오답 노트 예시를 참고해 만들고,
꼭 다시 챙겨 보세요.

④ ㉡은 ㉠을 포함한 일련의 사건으로 인해 발생한 아들딸들의 공박에 이어진 행위라는 점에서 ㉠으로 인해 발생했다고 볼 수도 있다. 하지만, ㉠으로 인해 발생한 사건의 전말*을 드러내려는 행위로는 볼 수 없다.

> *전말: 처음(시작)부터 끝(말단)까지 일이 진행되어 온 경과(경위).

04 자료를 활용한 감상
정답 ③

◉ ③이 정답인 이유 ㉠ 이후 '얼굴이 험악하게 생긴 사람들'이 만든 '친선 단체의 회장직 감투'가 '달평 씨에게 씌워'졌고, 달평 씨는 이를 거부하지 않은 것으로 볼 수 있다. 그리고 〈보기〉에서 달평 씨는 '언론에 의해 유명세를 치르게 된 후 그것에 중독되어, 자극적인 정보에만 반응하는 대중(불우한 사람 포함)과 언론의 관심을 끌기 위해 보여 주기식 선행을 베풀고 거짓을 지어내는 허위의식을 보여 준다고 했다. 따라서 ③의 앞부분과 뒷부분은 각각 적절한 감상으로 볼 수 있다. 그래서 ③에 답하지 않은 학생들이 많았는데, 달평 씨가 '친선 단체의 회장직 감투'를 거부하지 않은 것은 유명세에 중독되어 대중과 언론의 관심을 끌기 위한 것이지, '불우한 사람들까지도 철저하게 속이려는' 것이 아니다.

▶ 정답의 근거 위 '③이 정답인 이유' 참조

가장 많이 질문한 오답은? ④

✕ ④가 오답인 이유 ㉡ 앞에서 '아들딸'은 아버지인 달평 씨에게 '오른손이 하는 일을 왼손이 모르게 하라는 말 생각 안 나'느냐고 묻는다. 이어지는 "아버지, 제발 정신 좀 차리세요!"와 〈보기〉의 '순수한 의도로 선행을 베풀어 오던 달평 씨는~보여 주기식 선행을 베풀고 거짓을 지어낸다.'로 보아, 아들딸의 말은 달평 씨가 순수한 의도가 아닌 '보여 주기식 선행'을 베풀고 있음을 드러낸 것으로 볼 수 있다.

나머지 답지들에 답한 학생들은 드물었지만, 이들 답지들이 적절한 감상인 이유도 살펴보자.

①, ② '앞부분의 줄거리' 바로 아래에서 달평 씨는 '세상 사람들에게 알려지는 기회가 부쩍 줄어들'자 '입을 더 크게 벌려' '끔찍한 지난날 자기의 악행'을 만천하에 공개하고, 이에 사람들은 '다시 달평 씨를 입에 올리기 시작'한다. 이는 〈보기〉의 '자극적인 정보에만 반응하는 대중과 언론의 관심을 끌기 위해' '대중의 관심을 얻고자 하는 달평 씨의 욕심'을 드러내고, '자극적인 정보에만 반응하는 대중들의 모습을 보여 주는' 것으로 볼 수 있다.

⑤ '사자처럼 포효하는 남편한테 맞서 대들지 않았'던 달평 씨의 아내는 마지막 부분에서 "여보, 이젠 당신 자식들까지 팔아먹을 작정이에요?"라며 부르짖는다. 이를 두고 '그네의 외침은 우리의 달평 씨를 다시 한번 살려 낼 오직 한 가닥의 빛'이라고 했는데, 이는 〈보기〉에서 말한 '가족까지 파탄에 이르게' 하는 달평 씨에 대한 아내의 저항으로 볼 수 있다.

(가) 김기택, 「초록이 세상을 덮는다」

● **제목의 의미** '초록에 붙잡힌 마음이'(2행) '종일 떨어지지 않는다'(4행), '이렇게 많은 초록이'(14행), '자투리땅에서 이렇게 크게 세상을 덮을 줄은 몰랐다'(16행), '콘크리트 갈라진 틈에서도 솟아나고 있는'(17행)으로 보아, 제목 '초록이 세상을 덮는다'는 초록이 세상을 덮을 만큼 많은 '시적 상황'과 세상을 덮을 만큼 많은 초록에 감탄한 '화자의 정서'를 드러내고 있음을 알 수 있다.

● **시적 상황** 도시에서 잠깐 동안 초록 나무를 본 화자가, 초록 나무에 마음을 빼앗겨 초록을 들여다보며 그것이 지닌 생명력을 깨닫고, 이에 대한 감탄과 놀라움을 드러내고 있다.

● **정서 · 태도**

· 마음이 끌림 작품 근거 초록에 붙잡힌 마음 등

· 깨달음, 감탄, 놀라움 작품 근거 이렇게 많은 초록이 갑자기 일어날 줄은 몰랐다(14행), 자투리땅에서 이렇게 크게 세상을 덮을 줄은 몰랐다(16행)

● **주제** 도시 공간에서 마주한 초록의 생명력에 대한 감탄

● **표현상의 특징**

· 색채어: 초록   · 음성 상징어: 이글이글

· 대조: 자연 ↔ 도시

```
┌ 여리고 연함. ┐   ┌ 딱딱함 ┐
│ 생명력 있음. │   │ 삭막함 │
└ 흙      ┘   └ 콘크리트 ┘
```

· 의인법, 활유법: 얼마나 많은 잔뿌리늘이 발밑에 힘수고 있을까(9행)

· 유사한 문장(=통사) 구조의 반복 ☞ 8번 해설 참조

· 역설법: 저돌적인 고요(18행), 촉촉한 불길(20행)

· 공감각적 심상: 촉촉한 불길(시각의 촉각화)

● **시어 및 시구 풀이**

· 심지: 등잔이나 초에 불을 붙이기 위해 꽂는 실오라기나 헝겊.

· 아무렇게나 버려지고 잘리고 갇힌 것들(15행): 초록색의 식물들을 말함.

● **작가의 특징** 2020 수능에 출제된 「새」(새장에 갇힌 새의 모습을 통해 일상의 안온함에 길들어 자유를 억압하는 일상을 벗어나지 못하는 현대인을 비판함.)와 2016 수능에 출제된 「풀벌레들의 작은 귀를 생각함」(문명의 이기인 '텔레비전'을 보느라 자연의 소리인 '풀벌레 소리'에 귀를 기울이지 않았던 자신을 반성함.), 그리고 「초록이 세상을 덮는다」를 함께 떠올리면, 김기택은 현대 문명과 현대인의 삶을 성찰하는 작품을 쓴 시인이라고 볼 수 있다.

(나) 김약련, 「두암육가」

● **제목의 의미** 두암(김약련의 호)이 지은 육(6) 수의 노래 (가요, 즉 시조)

● **현대어 풀이 및 중심 내용**

아아, 내 일이야, 무슨 일이 많고 많아

굳은 이(치아) 다 빠지고 검던 털이 희어졌네.

아아, 젊어서 노력하지 않아 늙어서 상심과 슬픔뿐이로다.

　　　▲ 제1수: 이룬 것이 없이 늙어 버린 것에 대해 한탄함.

세 살, 네 살, 다섯 살이 어제인 듯하더니 열 살, 스무 살이 얼핏 지나가고

서른 살, 마흔 살이 되도록 한 일이 없이 쉰 살, 예순 살을 넘는단 말인가?

장부(사나이)의 많은 사업을 다 못하고 늙었느냐?

　　　▲ 제2수: 늙음에 대해 한탄함.

생원이 무엇인가, 과거 급제도 헛일이니

밭을 갈고 논을 맸더라면 설마한들 배고프겠느냐?

이제야 아무리 애달파 한들 몸이 늙어 못하겠구나.

　　　▲ 제3수: 급제 이후에도 넉넉하지 못한 삶에 대해 한탄함.

너희는 젊었느냐, 나는 이미 늙었구나.

젊다 하고 (젊음을) 믿지 마라, 나도 일찍이 젊었더니

젊어서 흐느적흐느적하다가 늙으면 거짓말처럼 허망하다.

　　　▲ 제4수: 젊었을 때 더 노력할 것을 권함.

재산인들 굳이 마다하며 과거 급제인들 마다할 것인가?

재산은 운수가 있어야 하고 과거 급제는 하늘에 달렸으니

하려면 못 할 사람이 없는 것은 착한 일이 아닌가 하노라.

　　　▲ 제5수: 착한 일을 할 것을 권함.

내 몸이 못하고서 너희더러 하라고 하기는 (미안하지만)

내가 하지 못해 애달프니, 너희들은 하여라.

젊은 시절에 하지 않으면 늙은 후에 또 나같이 되리.

　　　▲ 제6수: 젊을 때 착한 일을 하기를 권함.

● **상황** '굳은 이 다 빠지고 검던 털이 희'어진, 늙어 버린 상황에서 자신의 지난 삶을 되돌아보며 한탄하고, 젊은 이들에게 착한 일을 할 것을 권하고 있다.

● **정서 · 태도**

· 자조적, 성찰적 작품 근거 어져 내 일이야, 장부의 허다 사업을 못 다 하고 늙었느냐 등

· 후회, 한탄 작품 근거 제1~3수, 내 못하여 애달프니

· 훈계, 권고 작품 근거 제4~6수

● **주제** 늙음에 대한 한탄과 젊은이들에 대한 당부

● **표현상의 특징**

· 영탄법: 어져, 어우와   · 색채어: 검던 (털), 희었네

· 설의법: 서른 마흔 한 일 없이 쉰 예순 넘는단 말인가 · 장부의 허다 사업을 못 다 하고 늙었느냐(제2수), 밭 갈고 논 매더면 설마한들 배고프리(제3수), 재산인들 부디 말며 과갑인들 마다 할까(제5수)

· 대구법: 굳은 이(가) 다 빠지고 – 검던 털이 희었네

· 세월의 흐름을 신체 변화를 통해 나타냄.: 굳은 이 다 빠지고 검던 털이 희었네

· 말을 건네는 방식: 제6수

· 대조: 젊음(너희) ↔ 늙음(나) (제4수)

★ **두 작품은 왜 함께 묶였을까?**

· **표현** 대조법, 색채어의 사용

05 표현상 공통점의 파악

정답 ①

◎ ①이 정답인 이유 (가)와 (나)는 다음과 같이 대조적 표현을 활용하여 주제 의식을 부각하고 있다.

구분	대조적 표현	주제 의식
(가)	• 여리고 연하지만 ↔ 불길처럼 이글이글 휘어지는, 끝없이 솟구치는, 진액을 다 쏟아내는 • 초록 ↔ 수직선, 직선과 사각 • 흙, 자투리땅 ↔ 콘크리트	도시 문명 속에서 발견한 초록의 강인한 생명력
(나)	• 검던 (털) ↔ 희었네 (제1수) • 젊음(너희) ↔ 늙음(나) (제4수)	늙음과 지난 삶에 대한 한탄

▶ 정답의 근거 위 '①이 정답인 이유'에서의 표

나머지 답지들에 답한 학생들은 드물었지만, 이들 답지들이 오답인 이유도 살펴보자.

② (가)는 일부 시행(5, 6, 7, 18, 20행)을 명사(초록, 고요, 불길)로 마무리하여 여운을 남기고 있다. 그러나 (나)는 시행을 명사로 마무리한 부분이 없다.

③ (가)와 (나) 모두 수미상관(p.128의 '개념 ✚ 참조)의 기법을 활용하고 있지 않다.

④ (가)는 명령적 어조를 사용하지 않았다. (나)는 제4수와 제6수의 중장 '젊다 하고 믿지 마라', '너희나 하여라'에서 명령적 어조를 사용하고 있지만, 화자의 의지를 표출한 것은 아니다.

⑤ (가)는 감탄사를 사용하지 않았다. (나)는 제1수의 '어져', '어우와'에서 감탄사를 사용하고 있지만, 대상에 대한 예찬을 드러낸 것은 아니다.

06 자료를 활용한 감상

정답 ③

◎ ③이 정답인 이유 〈보기〉에서 (나)의 화자는 '현재의 처지를 한탄하는 데 그치지 않고 지난 삶을 돌아보며 깨달은 바를 젊은이에게 전달하고 있다.'라고 했다. 이를 바탕으로 할 때, '늙은 후 또 내 되리'(제6수)는 '너희'(또는 '청년')들이 '착한 일'을 하지 않고 '흐느적흐느적하다'가는 늙은 후에 자신과 같은 신세가 된다는 것으로, 젊은이가 과오(잘못. 과실과 오류)를 저지르지 않기를 바라고 있다고 감상할 수 있다. 그래서 ③을 적절한 감상으로 생각한 학생들이 아주 많았다.

하지만 (가)의 경우, 〈보기〉에서 (가)의 화자는 '도시 공간에서 마주한 '초록'에 사로잡혀~그것(초록)이 지닌 생명력을 깨닫고, 이에 대한 감탄과 놀라움을 드러낸다.'라고 했다. 이를 통해 볼 때, (가)의 '수직선들을 조금씩 지우며 번져가고 있다'(11행)는 초록이 수직선들(도시 공간의 특징을 보여 주는 빌딩들)을 가릴 정도로 무성하게 번져 생명력을 보여 준 것으로 감상할 수 있다. '초록'이 도시 공간과 균형을 이루기를 바라는 것을 표현한 것이 아닌 것이다.

▶ 정답의 근거 〈보기〉의 '도시 공간에서 마주한 '초록'~그것(초록)이 지닌 생명력을 깨닫고' - '초록'이 도시 공간과 균형을 이루기를 ✗

가장 많이 질문한 오답은? ②, ④ 순

✗ ②가 오답인 이유 정답보다 ②를 적절하지 않다고 본 학생들이 많았을 만큼 ②는 정답 같은 오답, 매력 있는 오답이다. 그런데 〈보기〉에서 (가)의 화자는 '도시 공간에서 마주한 '초록'에 사로잡혀 초록을 들여다보며'라고 했다. 이를 바탕으로 할 때, '초록에 붙잡힌 마음'(2행)은 '초록'에 마음이 사로잡혔다는 것이므로 '초록'에 매료*된 심리를 나타내고 있는 것으로 감상할 수 있다.

그리고 (나)의 경우, 〈보기〉에서 (나)의 화자는 '자신의 백발을 바라보며 현재의 처지를 한탄하는 데 그치지 않고 지난 삶을 돌아보며'라고 했다. 이를 바탕으로 할 때, '밭 갈고 논 매더면 설마한들 배고프리'(제3수)는 농사일을 했더라면 배가 고프지 않았을 텐데 다른 일(급제를 하여 생원이 됨.)을 하여 배가 고팠다는 것이므로, 넉넉지 않은 현실을 초래한 지난 삶에 대한 아쉬움을 나타내고 있는 것으로 감상할 수 있다.

> *매료: 사람을 홀리어(매혹, 심취, 도취) 마음을 사로잡음.

✗ ④가 오답인 이유 ④에 답한 학생들도 많았는데, (가)에서 '(직선과 사각에) 밀려 꺼졌다가는 다시 살아나고 있'(12행)다고 한 것은 '초록'으로, 〈보기〉의 '초록을 들여다보며 그것이 지닌 생명력을 깨닫'는다고 한 것에서 '초록'에서 끈질긴 생명력을 깨닫고 있는 것으로 감상할 수 있다.

그리고 (나)의 경우, '급제(출세)도 헛일'(제3수)이라고 했는데, 이는 중장의 '밭 갈고 논 매더면 설마한들 배고프리'를 통해 출세를 했어도 배고픔에서 벗어나지 못했다는 것을 알 수 있으므로 출세를 위한 삶이 전부가 아님을 깨닫고 있는 것으로 감상할 수 있다.

나머지 답지들이 적절한 감상인 이유도 살펴보자.

① 〈보기〉에서 '(가)의 화자는~'초록'에 사로잡혀 초록을 들여다보며 그것이 지닌 생명력을 깨닫'게 되었다고 했는데, 이와 같은 사색(깨달음)은 1행에서 '잠깐 초록을 본' 것이 계기가 된 것으로 감상할 수 있다. (나)의 경우, 〈보기〉에서 '(나)의 화자는 자신의 백발을 바라보며~지난 삶을 돌아보며 깨달은 바를 젊은이에게 전달하고 있다.'고 했는데, 이와 같은 사색(깨달음)은 제1수에서 '굳은 이 다 빠지고 검던 털이 희'어진 모습을 본 것이 계기가 된 것으로 감상할 수 있다.

⑤ 〈보기〉에서 '(가)의 화자는~그것(초록)이 지닌 생명력을 깨닫고 '감탄과 놀라움을 드러낸다.'고 했는데, 이를 통해 '(이렇게 많은 초록이) 갑자기 일어날 줄은 몰랐다'(14행)는 '초록'의 새로운 모습을 발견한 놀라움을 드러낸 것으로 감상할 수 있다. (나)의 경우, 〈보기〉에서 '(나)의 화자는 자신의 백발을 바라보며 현재의 처지를 한탄하는 데 그치지 않았다고 했는데, 이를 통해 '이미 늙었구나'(제4수)는 현재의 처지(늙음)에 대한 탄식을 드러낸 것으로 감상할 수 있다.

07 작품들 간 시구의 비교

정답 ④

◎ **④가 정답인 이유** (가)의 화자는 '나무들이 온몸의 진액을 다 쏟아내'어 초록 잎이 번성하는 것을 보며, 이를 위해 '얼마나 많은 (나무의) 잔뿌리들이 발끝에 힘주고 있을까' 하며 상상하고 있다. 따라서 ㉠에는 초록 잎을 틔우고 키워 가는 힘의 근원에 대한 화자의 상상이 드러나 있다고 볼 수 있다.

(나)의 화자는 〈제5수〉에서 재산이나 과갑*을 마다하지 않았지만, 재산은 유수*하고, 과갑은 하늘의 뜻에 달려 있다고 했고, '하오면 못할 이 없기는 착한 일'이라고 한 것에서 재산이나 과갑과 달리 하고자 하면 할 수 있는 일은 착한 일이라고 했다. 따라서 ㉡에는 뜻대로 되지 않는 삶에 대한 화자의 인식이 드러나 있다고 볼 수 있다.

> *과갑: 과거 시험. 여기서는 맥락상 '과거 급제(甲, 첫째 갑)'를 말함.
> *유수(有數): 정해진 운수가 있음. ※ 유수(流水): 흐르는 물.

▶ **정답의 근거** ㉠의 '있을까', ㉡의 '하오면 못할 이 없기는 착한 일'

나머지 답지들이 적절하지 않은 이유도 ㉠과 ㉡ 각각에 대해 체크하고 넘어가자.

① ㉠에는 대상(초록 나무)을 향한 화자의 애정이 나타나 있다고 볼 수도 있지만, ㉡에는 청자를 향한 화자의 원망이 나타나 있지 않다.

② ㉠에는 대상(초록 나무)과 화자 사이의 이질감(성질이 차이가 난다거나 낯설다는 감정)이 드러나 있지 않고, ㉡에는 대상(재산, 과갑)에 대한 화자의 거부감이 드러나 있지 않다.

③ ㉠에는 감춰진 진실도, 또 그에 대한 화자의 회의(의심)도 나타나 있지 않고, ㉡에는 화자의 의문(의심)이 나타나 있지 않다. ㉡에서의 '마다 할까'는 '마다하지 않는다'를 강조하기 위해 의문의 형식을 취한 설의적 의문이다.

⑤ ㉠에는 문제라고 할 만한 것이 나타나 있지 않고 화자의 성찰(반성)도 나타나 있지 않다. ㉡에는 재산 축적과 과거 급제가 운수나 하늘에 달려 있다는 것을 화자가 '예상치 못한 결과'로 보았다고 감상할 수도 있으나, 이를 수용하는 화자의 모습은 나타나 있지 않다.

08 시구에 사용된 표현 방법과 그 효과 이해
정답 ②

◎ **②가 정답인 이유** [A]에서는 다음과 같이 유사한 문장(=통사) 구조를 반복하고 있다.

콘크리트 갈라진 틈에서도	솟아나고 있는	저	저돌적인	고요
단단하고 건조한 것들에게	옮겨 붙고 있는	저	촉촉한	불길

그리고 이를 통해 '콘크리트 갈라진 틈'에서 나와 '단단하고 건조한 것들'을 덮는 '초록'의 역동적 이미지(솟아나고, 옮겨 붙고)를 나타내고 있다.

▶ **정답의 근거** 위 '②가 정답인 이유' 참조

① 화자와 청자로부터 멀리 떨어져 있는 대상을 가리킬 때 사용하는 지시 표현인 '저'를 사용하고 있지만, 대상(초록)에 대한 화자의 심리적 거부감을 나타내고 있지는 않다.

③ 점층적인 표현을 사용하지도, 대상에 대한 화자의 태도 변화를 드러내고 있지도 않다.

④ '콘크리트 갈라진 틈에서도 솟아나고 있는/저 저돌적인 고요'와 같이 하나의 문장을 두 개의 시행으로 나누었다고 볼 수 있지만, 대상의 순환 과정을 제시하고 있지는 않다.

⑤ '저돌적*인'과 '고요', '촉촉한'과 '불길'은 서로 의미가 모순된 표현(역설, p.23의 '개념 ✚' 참조)이지만, 대상과 자신을 동일시하고 있지는 않다.

> *저돌적: 멧돼지(猪, 돼지 저)처럼 앞뒤를 생각하지 않고 마구 덤비는(돌진, 돌격) (것).

09 작품 내용의 이해
정답 ④

◎ **④가 정답인 이유** (나)의 〈제3수〉 '이제야 아무리 애달픈들'에는 몸이 늙어서야 밭 갈고 논을 매었더라면 하고 애달파해도 소용이 없다는 안타까움이, 〈제6수〉의 '내 못하여 애달프니'에는 〈제5수〉에서 말한 '착한 일'을 하지 못한 데 대한 안타까움이 드러나 있다. 따라서 〈제3수〉와 〈제6수〉 모두 늙어서 할 수 없어 애달파한다는 점에서 '세월의 무상감(덧없음)'은 엿볼 수 있으나, '무상감에서 벗어나고자 하는 심리'는 드러나 있지 않다.

▶ **정답의 근거** 위 '④가 성납인 이유' 참조

가장 많이 질문한 오답은? ⑤

✕ **⑤가 오답인 이유** ⑤에 답한 학생들도 제법 있었는데, 〈제5수〉의 '하오면 못할 이 없기는 착한 일'(하려면 못 할 사람이 없는 것은 착한 일)에서는 '착한 일'은 재산을 늘리고 과거에 급제하는 일과는 달리 하고자 하면 누구나 할 수 있다는 것을 말하고 있다. 그리고 이 '착한 일'은 이어지는 〈제6수〉의 '너희더러 하라'에서 젊은이들에게 권유하는 내용으로 볼 수 있다.

한편, 「오륜가」와 같은 연시조는 단순히 평시조 몇 수를 병렬적으로 늘어놓은 것이 아니라 각 수(연)들이 일관된 체계에 따라 긴밀히 연결된다. 따라서 연시조에서는 이 문제와 같이 둘 이상의 수를 연결해서 이해하는 문제들이 종종 출제된다는 점을 기억하도록 한다.

① 〈제1수〉의 '어져 내 일이야'에는 '소장불노력*하고 노대*에 도상비*로다', 즉 젊어서 노력하지 않고 늙어서 상심과 슬픔뿐인 상황에 대한 한탄이 담겨 있다. 이는 〈제2수〉의 쉰 살, 예순 살이 넘도록 '장부의 허다 사업'을 못다 한 것에서 비롯된 것으로 볼 수 있다.

> *소장불노력(少壯不努力): 젊고(소년) 기운찬(장정, 장부) 때에 노력을 하지 않음(不, 아니 불).
> *노대(老大): 한창 때를 지나서 늙음(노쇠, 노인). ⟺ 소장(少壯)
> *도상비: 다만(徒, 다만 도) 상심과 슬픔(비애)뿐임.

169

② 〈제1수〉의 '노대에 도상비로다(늙어서 상심과 슬픔뿐이로다.)'에는 애상감(애통해하고 상심하는 감정)이 담겨 있고, 이것은 〈제4수〉의 '늙어지면 거짓 것이(늙으면 거짓말처럼 허망하다)'에 드러난 허망함으로 이어진다고 볼 수 있다.

③ 〈제2수〉의 '서른 마흔 한 일 없이'에는 과거에 한 일이 별로 없는 자신에 대한 반성이 담겨 있고, 이것은 〈제4수〉에서 '너희'(젊은이들)에게 '젊어서 흐느적흐느적'하지 말라는 당부로 나타난다고 볼 수 있다.

10~13 고전 소설

작자 미상, 「이춘풍전」

● **갈래** 풍자 소설, 세태 소설

● **제목의 의미** 이춘풍에 관한 이야기

● **등장인물**

· 춘풍: 허세에 가득 차 있는 가부장적 남성으로, 술과 기생을 좋아하여 가난해진 후 또다시 평양 기생에게 빠져 재산을 모두 탕진한다.

· 춘풍의 아내: 남편 때문에 집안이 기울자, 온갖 궂은일을 하여 집안을 다시 일으킨다. 그러나 남편이 다시 위기에 빠지자 그를 구하기 위해 감사의 비장이 되어 남장을 하고 평양으로 떠난다.

· 도승지의 모부인(=노부인, 대부인): 집안이 가난하여 식사도 부족하고 의복도 초췌한 중에 춘풍 아내의 보살핌을 받는다. 아들인 도승지가 평양 감사가 되자, 춘풍 아내의 청을 들어준다.

● **작품 줄거리**

· **지문 앞 내용**: 조선 숙종 때 경성에 살던 이춘풍은 가정을 돌보지 않고 주색잡기에 빠진다.

· **지문의 '중략 줄거리' 앞 내용**: 춘풍의 아내가 청루미색(기생)을 좋아하다가는 집안이 망한다며 만류하지만, 춘풍은 주색잡기를 좋아해도 정승이 될 수 있다며 아내의 말을 듣지 않고 집안의 재산을 탕진하고 만다. 이에 춘풍은 자신의 방탕한 생활을 반성하고, 주색잡기를 하지 않겠다는 각서를 써서 주겠다고 한다.

· **지문의 '중략 줄거리' 내용**: 춘풍 아내가 열심히 품을 팔아 5년 만에 수천 금을 모아 걱정 없이 지내게 되자, 춘풍은 다시 교만해져, 아내가 모은 돈까지 다 쓴 다음 호조에서 이천 냥을 빌려 평양으로 장사를 떠난다. 그러나 춘풍이 평양에서 기생 추월의 유혹에 넘어가 장사는 하지 않고 재물을 모두 탕진한 채 추월의 하인이 되었다는 소식을 듣고 춘풍의 아내가 통곡한다.

· **지문의 '중략 줄거리' 뒤 내용**: 춘풍의 아내는 한참 울다가 김 승지 댁에 잘 보여 춘풍을 구해야겠다고 마음먹고, 바느질과 길쌈을 하여 얻은 돈으로 승지 댁 노부인에게 진지와 차담상을 올려 신임을 받는다. 마침내 도승지가 평양 감사가 되자, 춘풍의 아내는 오라비를 비장으로 데려가 달라고 부탁하여 자신이 직접 가려고 남장을 한다.

· **지문에 이어지는 내용**: 비장으로 남장하여 평양으로 간 춘풍의 아내는 추월의 집을 찾아가 남편의 거지 같은 모습을 확인하고, 추월을 심문하여 춘풍의 돈을 돌려주게 한 뒤 먼저 집으로 돌아와 남편의 귀가를 기다리는데, 집으로 돌아온 춘풍은 아내에게 그동안 돈을 벌었다며 허세를 부린다. 이에 아내가 비장의 복장으로 나타나자, 춘풍은 아내에게 거짓말을 한 것이 탄로날까 어쩔 줄 모르고 허둥거리는데, 비장이 자고 가겠다며 옷을 벗자, 그제야 춘풍은 비장이 아내인 것을 알게 된다. 이후 춘풍은 개과천선하여 방탕한 생활을 청산하고 집안을 다스리는 데에 힘써 화목하고 부유한 가정을 이룬다.

● **주제** [중략 앞] 주색잡기로 재산을 탕진한 춘풍
[중략 뒤] 춘풍을 구하려고 지혜를 발휘하는 춘풍의 아내

★ **작품 전체의 주제**: 무능하고 타락한 남성의 위선 비판과 유능하고 지혜로운 여성의 부각

● **어휘 및 어구 풀이**

· 자고로: 예로부터 내려오면서. ㈜ 고래로

· 패두: (1) 조선 시대, 죄인의 볼기를 치던 형조의 사령 (2) 조선 시대, 장용위(壯勇衛)에 속한 군사 50명을 거느리던 사람.

· 상거지: 아주 비참할 정도로 불쌍한 거지.

· 투전: 노름 도구의 하나. 또는 노름(도박).

· 장취: 늘 술에 취함.

· 형용(形容): 생김새(형상)나 모습(용모). ㈜ 모습

· 치산(治産): 집안 살림살이(재산)를 잘 돌보고 다스림(통치).

· 의식(衣食): 의복(옷)과 음식.

· 소년 급제: 젊은 나이에 과거 시험에 합격함.

· 국록: 국가에서 주는 녹봉(금품).

· 모부인: 남의 어머니를 높여 이르는 말.

· 화기(和氣): 온화한 기색.

● **서술 및 표현상의 특징**

· 열거법: 미나리골 박화진이라는 이는~끝내 똥 장수가 되었다니[[A]], 이 앞집 매갈쇠는 한잔 술도 못 먹어도~나중에는 굶어 죽었으니·술 잘 먹던 이태백은~나중에 잘되어서 정승 벼슬 하였으니[[B]]

· 편집자적 논평: 아내의 말을 아니 듣고 수틀리면 때리기와 전곡 남용 일삼으니 이런 변이 또 있을까?(⊙ 바로 위), 춘풍의 아내 없던 오라비를 보낼쏜가? 제가 손수 가려고~치장한다.(지문의 맨 끝)

★ **기출 답지로 작품과 문제 완전 정복**

· 가부장적인 권위 의식과 허위의식을 지닌 인물을 풍자하고 있다.
　　　　　　　　　　　　　　 – 2011학년도 6월 고1 전국연합학력평가

· 서술자가 작중 상황에 개입하여 주관적 견해를 드러내고 있다.

· 조선은 가부장제 사회였지만 임병양란을 거치며 가장의 무능한 모습이 부각되어 그 권위가 흔들리게 되었다. 그럼에도 불구하고 여전히 허세를 부리며 부도덕하게 사는 남성들이 존재했는데, 「이춘풍전」에는 이런 남성들에 대한 풍자가 잘

드러나 있다. 또한 이 소설에는 어려운 상황을 극복하며 사회 활동에 참여하는 등 적극적으로 고난을 해결하는 존재로서의 여성상이 나타난다. 하지만 그 해결 방식이 남장을 통한 것이라는 점에서 여전히 여성의 지위가 제약되었음을 드러내기도 한다. — 2015학년도 7월 고3 전국연합학력평가(A형)

• 〈보기〉를 참고한 내용 이해

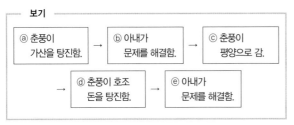

— ⓐ와 ⓓ는 모두 춘풍의 삶의 방식 때문에 발생하고 있다.
— 춘풍의 아내가 ⓒ를 만류한 것은 ⓓ를 염려했기 때문이다.
— 춘풍의 아내는 ⓑ의 과정에서는 개인적인 능력으로, ⓔ의 과정에서는 공적인 지위를 이용해 문제를 해결하고 있다.

— 2013학년도 3월 고3 전국연합학력평가(B형)

개념 ➕ 편집자적 논평(서술자의 개입, 서술자의 주관적 논평)

예시 ❶ 아무리 소리친들 해는 저물고 행인은 끊겼으니 뉘라서 건져 주리. 그래도 죽을 사람 구해 주는 부처님은 곳곳마다 있는 법인지라 — 「심청전」에서
❷ 세상에 턱없이 명리(名利)를 탐하는 자는 가히 이것을 보아 징계할지로다. — 「별주부전」에서
❸ 저 제비 거동 보소. — 「흥부전」에서
❹ 아홉 아들 열두 딸과 친구 벗님네들이 불쌍하다 탄식하며 조문 애곡하니 이 어찌 가련치 아니하리오. — 「장끼전」에서

➡ **편집자적 논평**은 주로 고전 소설에서 나타나는데, 3인칭 시점의 소설에서 서술자가 소설 속에 등장하지 않음에도 불구하고 독자에게 자신의 목소리를 드러내어 "(나는) 작품 속 사건(혹은 인물)에 대하여 이렇게 생각한다."라고 의견을 제시하거나 감정을 드러내는 것을 말한다. '서술자의 개입'이라고도 하는데, 판소리계 소설에서 판소리의 공연 예술적 성격을 반영하여 서술자가 독자에게 직접 말을 거는 듯한 부분도 서술자의 개입에 해당한다.

10 인물과 사건의 흐름 이해
정답 ④

🎯 **④가 정답인 이유** '도승지, 평양 감사'가 언급된 지문 내용을 살펴보자.

(1) '중략 아래의 '마침 그때 김 승지 댁이 있으되…맏자제가 문장을 잘해 소년 급제하여 한림 옥당 다 지내고 도승지를 지낸 고로, 작년에 평양 감사 두 번째 물망에 있다가 올해 평양 감사하려고 도모한단 말을 사환 편에 들었것다.'
(2) ㉔ 위의 '천만의외로 김 승지가 평양 감사가 되었구나.'

(1)에서 '두 번째 물망*에 있었다(올랐다)'는 것은 두 번째 후보로 지목되었다는 것으로, 김 승지(=도승지)는 작년에 평양 감사 두 번째 후보로 지목되었다는 것이고, (2)에서는 올해 평양 감사가 되었다고 했으므로, 도승지가 평양 감사직을 연이어(✕) 두 번 맡게 된 것은 아님을 알 수 있다.

＊물망: 여러 사람이 우러러보는 명망(**명**성과 덕**망**). ※ 물망에 오르다: 주로 높은 직위의 인재를 뽑을 때 유력한 인물로 지목되거나 점쳐지다. 예 그가 장관 후보의 물망에 올랐다.

▶ **정답의 근거** 위 '④가 정답인 이유'의 ▢ 부분
나머지 답지들이 적절한 근거도 찾아보자.

① '중략 부분의 줄거리'의 '～춘풍은 다시 교만해지고, 아내의 만류에도 호조에서 이천 냥을 빌려 평양으로 장사를 떠나게 된다.'

🔊 **문제 풀이 Tip** 인물과 사건의 흐름을 파악하는 문제에서 지문의 '앞부분의 줄거리' 또는 '중략 줄거리'에 제시된 내용이 답지에 자주 등장한다. 이때 해당 줄거리를 간과하면 답지의 근거를 찾지 못해 오답에 답할 수 있으므로 주의해야 한다.

② '중략 뒤의 '그 댁에 노부인 있다는 말을 듣고, (춘풍 아내가) 바느질품을 얻으려고 그 댁에 들어가니'와 ㉔의 "내 들으니 네가 집안이 기울어서 바느질품으로 산다 하던데～'(대부인의 말)
③ '중략 부분의 줄거리'의 '춘풍이 평양에서 기생 추월의 유혹에 넘어가 장사는 하지 않고 재물을 모두 탕진한 채 추월의 하인이 되었다는 소식을 듣고 춘풍의 아내가 통곡한다.'와 그 뒤의 '우리 가장 경성으로 데려다가 호조 돈 이천 냥을 한 푼 없이 다 갚은 후에 의식 염려 아니하고 부부 둘이 화락하여 백 년 동락하여 보자.'(춘풍 아내의 생각)
⑤ ㉔ 아래의 '대부인 하는 말씀이, / "기특한 일 보았도다. 앞집 춘풍의 지어미가 좋은 차담상을 매일 차려오니 내 기운이 절로 나고 정성에 감격하는구나." / 승지가 이 말을 듣고～'

11 말하기 방식의 이해
정답 ④

🎯 **④가 정답인 이유** [A]는 춘풍 아내가 춘풍에게 한 말로, 기생과 술을 좋아하다 망한 인물인 '미나리골 박화진, 남산 밑에 이 패두, 모시전골 김 부자'의 사례를 들어 '청루잡기* 잡된 마음'을 버리라고 요청하고 있다. 그러자 [B]에서 춘풍은 주색잡기*를 멀리했지만 잘살지 못한 인물들(앞집 매갈쇠, 비우고개 이도명, 탁골 사는 먹돌이)과 주색잡기를 하고도 잘된 인물들(이태백, 원두표)의 사례를 들어 '주색잡기'를 좋아하겠다고 말하고 있다. [B]에서 춘풍은 아내가 제시한 사례의 반례*를 들어서 자신의 행동(주색잡기)을 합리화하고 있는 것이다.

＊청루잡기: 청루(기생집)에 드나들며 하는 노름(잡스러운 기술, 도박). ※ 청루(靑樓): 푸른색으로 칠한 누각(높이 지은 집).
＊주색잡기: 술(맥주, 탁주)과 여자(미색)와 여러 가지 노름. ⓐ 방탕
＊반례(反例): (1) 반대되는 사례. (2) 어떤 명제가 참이 아님을 증명하기 위해 필요한 예(반대 사례). 여기서는 (1)의 뜻으로 쓰임.

▶ **정답의 근거** 위 '④가 정답인 이유' 참조

① [A]에서 춘풍 아내가 권위를 내세우고 있는 부분은 없다.

② [B]의 "그 말이 다 옳다 하되"에서 상대(아내)의 주장을 수용한 듯하지만 곧바로 반례를 들어 반박하고 있으며, 태도에 변화를 보이고 있지도 않다.

③ [A]에서 춘풍 아내가, [B]에서 춘풍이 말할 내용을 예측하고 있다고 볼 근거는 찾을 수 없고, 반박의 여지를 차단하고 있지도 않다.

⑤ [A]에서 언급한 '미나리골 박화진, 남산 밑에 이 패두, 모시 전골 김 부자'나 [B]에서 언급한 '앞집 매갈쇠, 비우고개 이도명, 탁골 사는 먹돌이'는 주변에 사는 평범한 인물들일 뿐 '영웅'이라고 볼 수 없다.

---

12 대화 내용의 이해 　　　　　정답 ①

◎ ①이 정답인 이유 ㉠은 춘풍의 말로, '다 내 몸에 정해진 일이요, 내 이제야 허물을 뉘우치고~'로 보아, 춘풍은 스스로 '자신'의 허물(잘못)을 뉘우치고 있다. 그리고 '내 이제야~책망하는 마음이 절로 난다.'고 한 것에서도 자신의 허물을 책망(잘못을 꾸짖음)하고 있으므로 '다른 사람의 잘못을 자신의 탓으로 여기고' 있는 것이 아니다.

▶ **정답의 근거** 위 '①이 정답인 이유'에서 밑줄 친 부분

가장 많이 질문한 오답은? ③

✗ ③이 오답인 이유 ㉢ 앞뒤에서 승지 댁 노부인이 춘풍 아내의 배려에 대해 '감지덕지 치사*'를 했고 '춘풍의 처를 못내 기특히 생각'한다고 했으므로 ③은 적절하지 않고, 그래서 정답이라고 잘못 생각한 학생들이 아주 많았다. 밑줄 친 부분은 ㉢이고, ㉢에서 노부인은 '집안이 기울어서 바느질품으로' 살면서도 차담상(차와 다과를 차린 상)을 들여오는 춘풍 아내에게 "~먹기는 좋으나 불안하도다."라고 했다. 이로 보아, 노부인은 상대방(춘풍 아내)의 호의(좋게 생각하는 마음씨)를 부담스럽게 생각하고 있는 것을 알 수 있다.

> ＊치사: 고맙고 감사하다는 뜻을 나타냄(치하).

② ㉡에서 춘풍 아내는 춘풍이 '부모 유산 수만 금을 청루(기생집)에 다 들이밀'어 '이후에는(앞으로는) 더욱 근심이 많을 것이니' 약간의 돈이 있어도 남는 게 없을 것이라며 앞으로의 상황이 악화될 것을 염려하고 있다.

④ ㉣에서 부인(평양 감사가 된 승지 대감의 어머니)은 상대(춘풍 아내)가 남편(춘풍) 없이 혼자 사는 처지를 고려해 평양으로 가는 자신을 따라가서(동행하여) 남편을 찾아보라고 권유하고 있다.

⑤ ㉤에서 부인은 '오라비'를 '비장'으로 평양에 데려가 달라는 춘풍 아내의 요청을 "네 청이야 아니 듣겠느냐?"(춘풍 아내의 요청은 들어줄 것이다.) 하고, '그리하라'며 흔쾌히(기꺼이) 수락하는데, 여기에는 춘풍 아내에 대한 신의(믿음과 의리)가 깔려 있다고 볼 수 있다.

---

13 자료를 활용한 감상 　　　　　정답 ⑤

◎ ⑤가 정답인 이유 ⑤와 관련된 지문과 〈보기〉의 내용은 다음과 같다.

> (1) '중략' 앞: 춘풍이 대답하되, /"자네 하는 말이 나를 별로 못 믿겠거든 이후로는 주색잡기 아니하기로 결단하는 각서를 써 줌세."
>
> (2) '중략' 뒤: 춘풍 아내 생각하되, /'이 댁(김 승지 댁)에 붙어서 우리 가장 살려내고 추월에게 복수도 할까.'/하고 바느질, 길쌈 힘써 일해 얻은 돈냥 다 들여서~노부인께 맞난 차담상을 특별히 간간이 차려드리거늘
>
> (3) 〈보기〉: 춘풍 아내는 적극적으로 현실의 문제를 해결하려는 의지를 갖고 주도면밀하게 목적을 달성한다.

(1)에서 춘풍이 각서를 써 주겠다고 한 것은 자신을 믿게 하기 위해서이고, (2)에서 춘풍 아내가 노부인에게 차담상을 차려내는 것은 가장(춘풍)을 살려내고 추월(기생)에게 복수하기 위해서이다. (1)과 (2)에서 춘풍이나 춘풍 아내가 신분 상승을 통해 목적을 달성하려는 의도는 엿볼 수 없다.

▶ **정답의 근거** 위 '⑤가 정답인 이유'의 ☐ 부분

① ㉠ 아래에서 춘풍은 '가난하여 못 살겠'다며, '오늘부터 집안의 모든 일을 자네에게 맡기'겠다고 했고, ㉡에서 춘풍 아내는 '부모 유산 수만 금을 청루 중에 다 들이밀고 이 지경이 되었다'고 했다. 이는 〈보기〉의 '춘풍은 가장이지만~자신이 초래한 문제를 해결하려 하지 않는다.'를 바탕으로 할 때, 춘풍이 재산을 탕진한 후 가난을 불평하며 아내에게 집안일을 떠넘기는 무책임한 가장의 모습을 보인 것으로 감상할 수 있다.

② ㉠ 위에서 춘풍은 '전곡(금전과 곡식) 남용 일삼'았다고 했고, ㉡에서는 '부모 유산 수만 금을 청루 중에 다 들이'밀었다고 했다. 이는 〈보기〉의 '춘풍은 가장이지만 경제관념 없이 현실적 쾌락만을 추구하며'를 바탕으로 할 때, 춘풍이 경제관념 없이 현실적 쾌락을 추구한 것으로 감상할 수 있다.

③ '중략 부분의 줄거리' 아래에서 춘풍 아내는 승지 댁 맏자제가 '올해 평양 감사 하려고 도모한단 말을 사환* 편에 들었'다고 했고, '바느질, 길쌈 힘써 일해 얻은 돈냥 다 들여서 승지 댁 노부인에게 아침저녁으로 진지를 올'렸다고 했다. 이는 〈보기〉의 '춘풍 아내는 적극적으로 현실의 문제를 해결하려는 의지를 갖고 주도면밀하게 목적을 달성한다.'를 바탕으로 할 때, 춘풍 아내가 사환에게 정보를 얻고 김 승지 댁 대부인에게 의도적으로 접근하는 주도면밀한(꼼꼼하고 빈틈없는) 모습을 보인 것으로 감상할 수 있다.

> ＊사환: 잔심부름을 시키기 위하여 고용한 사람. ⑪ 심부름꾼

④ ㉣ 아래에서 춘풍 아내는 춘풍을 구하기 위해 대부인에게 부탁하여 비장의 지위를 획득하고 남장(남자처럼 치장함.)을 한다. 이는 〈보기〉의 '춘풍 아내는 적극적으로 현실의 문제를 해결하려는 의지를 갖고 주도면밀하게 목적을 달성한다.'를 바탕으로 할 때, 춘풍 아내가 적극적인 문제 해결 의지를 보인 것으로 감상할 수 있다.

이미경,「그게 아닌데」

● **제목의 의미** 조련사인 주인공은 타인들이 자신의 진실을 들어주지 않고 자의적으로만 해석하는 상황에서 '그게 아닌데'를 반복한다. 의사소통이 불가능한 상황에 대한 탄식을 제목으로 삼은 것이다.

● **등장인물**
· 조련사: 탈출한 코끼리의 조련사. 어눌한 말투로 '그게 아닌데'를 반복하지만 아무도 자신의 이야기를 귀담아듣지 않는다. 동물과 인간 모두 구속과 속박에서 해방되기를 희망한다.
· 형사: 코끼리의 탈출 사건을 정치적 음모로 확대 해석하면서 조련사의 거짓 진술을 강요한다.
· 의사: 피의자(조련사)를 '성도착증 환자'라고 진단하면서 범죄 행위와는 전혀 상관이 없다고 주장한다.
· 어머니: 아들(조련사)이 어린 시절부터 억압받는 동물을 안타까워하여 코끼리를 풀어 줬다고 주장한다.

● **작품 줄거리**
· **지문 앞 내용**: 동물원의 코끼리들이 도심으로 탈출했다. 유력 대통령 후보가 유세하던 근처 선거 유세장을 쑥대밭으로 만들고 그 후보는 부상을 당한다. 조련사는 일부러 코끼리를 풀어 준 혐의로 경찰서에서 조사를 받는데, 형사는 유력 대통령 후보를 목표로 상대방 정치인들이 시켜서 일부러 코끼리를 풀어 준 것으로 몰아갔고, 참고인 자격인 의사는 조련사가 환자라는 것을 동료의 진술 등으로 입증하면서 범죄 행위와 무관하다고 주장했고, 조련사의 어머니는 조련사가 어려서부터 속박되어 있던 개, 닭, 개구리 등을 풀어 주었다면서 이번에도 착한 마음에 코끼리를 일부러 풀어 준 것이라며 아들에게 그렇게 진술하도록 주문했다. 하지만 조련사는 내내 '그게 아닌데'를 반복하면서 비둘기가 우루루 날아가자 거위들이 꽥꽥대면서 코끼리들이 뛰기 시작했다고 진술하지만 아무도 그의 말을 믿어 주지 않는다.
· **지문의 '중략' 앞 내용**: 조련사는 코끼리들이 울면서 며칠 전부터 도망갈 준비를 하면서 서로 이야기하는 소리를 들었고, 이날 거위들이 꽥꽥댈 때 속박에서 벗어나 도망가도록 못 본 척했다고 말한다. 이에 의사는 거짓말로 도망치지 말라고 하고, 형사는 배후에서 시켜서 했다고 진술하라고 다그치고, 어머니는 코끼리들의 속박이 마음이 아파 풀어 주었다고 말하라고 한다. 하지만 조련사는 자신의 말이 받아들여지지 않는 것에 대해 답답해한다.
· **지문의 '중략' 내용**: 형사는 분개하면서 조련사에게 폭력을 행사하고, 의사와 어머니는 말리면서도 자신들의 주장을 계속하는데, 어머니는 조련사가 감옥에 있는 사람들을 풀어 주기 위해 감옥에 가려고 일부러 코끼리를 풀어 주었다고 주장한다. 결국 조련사는 무기력해지면서 형사의 주장도, 의사의 추론도, 어머니의 이야기도 다 긍정하는 태도를 보여 준다.
· **지문의 '중략' 뒤 내용**: 이때 조련사에게만 보이는 코끼리 삼코(탈출했던 코끼리)가 나타나 코끼리가 된 조련사를 축하해 준다. 형사는 조련사에게 오후에 기자단이 오면 유세장 이야기만 하라고 하고, 의사는 코끼리를 사랑하는 것은 병이니 문제점을 인정하고 새롭게 나아가자고 하고, 어머니는 다 풀어 주고 초원으로 데리고 가서 살자고 한다. 조련사는 세 사람 모두에게 긍정적인 반응을 보여 주고, 코끼리의 형상을 갖춘 조련사와 코끼리가 세 사람 사이를 돌며 쇼를 시작한다.
· **지문에 이어지는 내용**: 쇼를 이어가던 조련사가 삼코에게 아들을 만났는지 묻자, 삼코는 아들을 보았는데 아들이 자신을 알아보지 못했다고 한다. 이어 조련사가 삼코에게 코끼리가 된 까닭을 묻자, 다니던 은행에 절도 사건이 있었는데 아무도 안 믿어서라고 답하는 소리와 함께 음악이 울리고 막이 내린다.

● **주제** 소통이 불가능한 상황에서 수동적인 존재로 전락해 가는 조련사의 체념과 순응

★ **작품 전체의 주제**: 소통의 부재로 인한 인간의 절망과 교감 회복의 중요성

● **어휘 및 어구 풀이**
· 조련사: 동물에게 재주를 가르치고 훈련하는 사람.
· 문책: 잘못을 캐묻고(신문) 꾸짖음(질책). ⑮ 책망
· 손써 주다: 필요한 조치를 취해 주다.
· 톱기사: 신문·잡지 따위의 첫머리에 실리는 중요한 기사.

● **특징**
· 서술자의 개입 없이 대사와 지문(지시문)을 통해 사건을 전개하고 있다.
· 독백적 어투를 사용하여 사건 발생 당일의 상황을 전달하고 있다.: '-ㄴ데'의 반복(조련사의 첫 번째 대사)
· 비현실적 상황을 설정하여 주제 의식을 드러내고 있다.: 코끼리와 조련사의 대화 → 소통이 불가능한 상황에서 교감의 중요성 부각

14 세부 내용 이해

정답 ⑤

⑤가 정답인 이유 형사, 의사, 어머니가 서로 의견을 교환하는 부분은 찾을 수 없다. 그리고 끝부분의 '형사, 의사, 어머니는 자신의 의지가 관철된 듯, 결의에 찬 박수를 친다.'에서 짐작할 수 있듯이 그들은 조련사의 말을 수용하지 않고 자신들의 의지를 관철시키고자 조련사를 설득하고 있다.

▶ **정답의 근거** 위 '⑤가 정답인 이유' 참조 – 서로 의견을 교환하며 ✗

① 조련사의 첫 번째 대사 "코끼리들이 주위를 살피기 시작했는데. ~도망가라고. 가서 가족들 애인들 만나라고 일부러 못 본 척했는데."에서 확인할 수 있다.

> *방관: 어떤 일에 직접 관계하지 않고 곁(傍, 곁 방)에서 구경하듯 지켜만 봄(관찰).

② 형사의 첫 번째 대사 "야, 인마! 나 똑바로 쳐다봐. 너 아까 시인했지? 시켜서 했다고. 그들(배후 세력)이 널 1년 전부터 코끼리 조련에 투입했잖아."에서 확인할 수 있다.

③ 어머니의 두 번째 대사 "넌 그저 착한 마음에 코끼리들을 풀어 주고 싶었잖아."와 마지막 대사 "어쩌겠니. 순진하기만 한 걸. ~그래도 넌 여전히 착하고 멋지다."에서 확인할 수 있다.

④ 의사의 마지막 대사 "코끼리를 사랑할 순 있지만 그건 병이에요. 병을 고치는 건 문제점을 인정하는 데서 출발하죠."에서 확인할 수 있다.

15 자료를 활용한 감상

정답 ③

◎ **③이 정답인 이유** 다음의 (1)에서 '조련사가 코끼리로 조금씩 변'하고 있는 것을 알 수 있고, (2)와 (3)에서 조련사가 '형사와 의사의 말에 미소를 짓는 것'을 알 수 있다.

> (1) '중략' 아래의 지시문 '조련사에게 조명이 비춰질 때마다 그는 조금씩 코끼리로 변해 있다.'
> (2) 형사의 마지막 대사 뒤 지시문 '조련사가 편안한 미소를 지으며 오른손을 올려 이마에 경례를 붙인다.'
> (3) 의사의 마지막 대사 뒤 지시문 '조련사가 행복한 미소를 지으며 감사의 인사를 정중하게 한다.'

하지만 〈보기〉에서 '이 작품은 사람들 사이의 소통 단절의 문제를 조련사가 코끼리로 변해 가는 과정을 통해 상징적으로 나타낸다.'고 했고, '결국 조련사는 자기 생각을 버리고 타인의 의지에 맞추어 순응하는 수동적인 처지가 된다.'고 한 것에서, 조련사가 코끼리로 조금씩 변하면서 형사, 의사의 말에 미소를 짓는 것은 소통이 단절된 상황에서 벗어난 것이 아니라, 수동적인 처지가 된 것을 보여 준다고 볼 수 있다.

▶ **정답의 근거** 〈보기〉의 '결국 조련사는 자기 생각을 버리고 타인의 의지에 맞추어 순응하는 수동적인 처지가 된다.'

가장 많이 질문한 오답은? ④

✗ **④가 오답인 이유** 지문의 마지막 부분에서 조련사가 '코끼리의 형상을 갖춘 뒤' '형사, 의사, 어머니는 자신의 의지가 관철된 듯, 결의에 찬 박수를' 치고, 그 박수 소리는 '점점 커져 우레 같은 박수 소리가 된다.'고 했다. 이를 통해, 형사와 의사, 어머니는 자신들의 의지가 관철된 것에서 만족감을 느낀다는 것을 알 수 있다.

① 어머니의 첫 번째 대사에 이어지는 지시문 '어머니가 손수건을 꺼내 조련사를 닦아 주려 하나 조련사가 피한다.'와 의사와 형사의 첫 번째 대사에 이어지는 지시문 '조련사가 외면한다.'에서 조련사가 어머니의 손길을 피하고, 의사와 형사의 말을 외면하는 것을 확인할 수 있다. 이는 〈보기〉의 '이 작품은 사람들 사이의 소통 단절의 문제를 조련사가 코끼리로 변해 가는 과정을 통해 상징적으로 나타낸다.'고 한 것에서, '소통이 단절된 상황'을 보여 준 것으로 감상할 수 있다.

② '중략' 아래의 "(꽤 지쳐 있다) 내가 했는데. 다 내가 했는데."에서 조련사는 '꽤 지쳐 있는 상태에서 자신이 했다는 말을 반복'하고 있는 것을 확인할 수 있다. 이는 〈보기〉의 '결국 조련사는 자기 생각을 버리고 타인의 의지에 맞추어 순응하는 수동적인 처지가 된다.'고 한 것에서, 조련사는 '소통이 어려운 상황에 대한 자포자기의 심정'을 드러낸 것으로 감상할 수 있다.

⑤ 마지막 지시문에서 '코끼리와 똑같은 형상을 갖춘 조련사가 '형사, 의사, 어머니 사이를 돌며 쇼'를 하는 것을 확인할 수 있다. 이는 〈보기〉의 '결국 조련사는~수동적인 처지가 된다.'고 한 것에서 조련사가 '동물원의 코끼리와 다를 바 없는 수동적인 처지로 전락*한 것으로 감상할 수 있다.

> *전락(轉落): 아래로 굴러떨어짐(전환, 추락, 타락). 나쁜 상태나 타락 상태에 빠짐.

✔ 매일 복습 확인 문제

1 다음 설명이 적절하면 ○, 그렇지 않으면 ×로 표시하시오.

(1) 그는 초빙되어 간 그 강단에 서서 꾸벅꾸벅 조는 사람들의 머리를 들게 하고 그 쳐든 얼굴에 공포를 끼얹었다. : 공간적 배경을 통해 인물의 심리를 암시하고 있다.
 ··(　)

(2) 생원이 무엇인가 급제도 헛일이니 / 밭 갈고 논 매더면 설마한들 배고프리 / 이제야 아무리 애달픈들 몸이 늙어 못 하올쇠 : 넉넉지 않은 현실을 초래한 지난 삶에 대한 아쉬움을 나타내고 있다. ································(　)

(3) (춘풍이) 아내의 말을 아니 듣고 수틀리면 때리기와 전곡 남용 일삼으니 이런 변이 또 있을까? 이리저리 놀고 나니 집안 형용 볼 것 없다. / ㉠ "다 내 몸에 정해진 일이요, 내 이제야 허물을 뉘우치고 책망하는 마음이 절로 난다." : ㉠에서 화자는 다른 사람의 잘못을 자신의 탓으로 여기고 있다. ································(　)

정답 1. (1) × (2) ○ (3) ×

책을 덮기 전, 틀린 문제와 **매3 오답 노트**에 체크하고 메모해 둔 내용은 **꼭 다시** 한번 더 챙겨 보세요.

제목으로 작품 복습하기

문학 제대로 공부법 중 하나는 **제목으로 작품 내용과 주제를 짐작**하는 것이다. 이를 위해 최종 마무리 복습 때 [예비 매3문]으로 스스로 공부한 작품에 대해

❶ 제목의 의미를 짚어 보고
❷ 제목의 의미를 바탕으로 작품 내용을 떠올리고, 떠올린 내용을 바탕으로 주제를 짐작해 본다.

작품 내용이 어렴풋이 떠오를 경우, [문제편]과 [해설]의 해당 페이지를 참고해 [문제편]의 지문과 [해설]의 지문 분석을 한 번 더 읽고(이때 [문제편]의 지문을 펼쳐 놓고 작품과 해설을 함께 본다.), 공부하면서 체크하고 메모해 둔 내용을 다시 챙겨 보고, 더 봐야 할 내용은 다시 체크하고 메모해 두면, 복습의 효과를 더 거둘 수 있을 뿐만 아니라 낯선 작품을 만났을 때에도 도움을 받을 수 있다. 따라서 아래와 같이 제목으로 작품을 복습해 보자.

현대 소설

권순찬과 착한 사람들(이기호)
❶ 권순찬(주인공)과, 그를 돕고자 한 착한 사람들(아파트 입주민들)
❷ 어머니의 사채(빚)를 중복으로 갚은 권순찬 씨의 안타까운 사연에 그를 도우려던 입주민들의 선의를 권순찬 씨가 거절하자, 오히려 권순찬 씨에게 화를 내는 현실에 대해 성찰함.
☞ 문제편 p.28, 해설 p.25

농부 정도룡(이기영)
❶ 농부인 정도룡
❷ 용쇠가 딸을 심하게 때리자 부모라도 자식을 함부로 때려서는 안 된다며 나무라고, 하루아침에 소작하던 땅을 떼인 춘이 조모가 지주인 김 주사를 찾아가 사정하다 죽자 상여를 메고 동네 사람들을 모두 불러 김 주사를 찾아가는 등, 불의를 그냥 넘기지 않고 억울한 상황에 처한 이웃을 돕는 정도룡의 이야기
☞ 문제편 p.36, 해설 p.33

눈사람 속의 검은 항아리(김소진)
❶ 눈사람 속에 숨긴 깨진 항아리
❷ 새벽에 변소에 갔다가 욕쟁이 함경도 할머니의 짠지 단지를 깨뜨린 '나'는 눈사람을 만들어 깨진 단지를 감춘 채 가출했다가 집에 돌아옴. 하지만 아무도 혼내지 않는 것을 통해 나의 생각이나 판단이 세상의 실상과는 차이가 있을 수 있다는 깨달음을 얻음.
☞ 문제편 p.15, 해설 p.9

달평 씨의 두 번째 죽음(전상국)
❶ 달평 씨(주인공)가 본래의 모습을 상실하고 몰락해 감.
❷ 성실하게 살면서 남몰래 선행을 실천하던 달평 씨가 그의 미담이 언론에 노출되면서 대중의 시선을 의식하게 되고 점차 자기의 본래 모습을 잃고 몰락해 감.
☞ 문제편 p.151, 해설 p.164

당제(송기숙)
❶ 감내골이 수몰되기 전에 마을을 지켜 주는 신(당산신)에게 드린 마지막 제사
❷ 왜정 때 북해도 탄광에 징용으로 끌려갔던 한몰 영감이 한몰댁의 꿈처럼 살아 돌아왔듯,

6·25 전쟁 때 의용군으로 나갔다 돌아오지 않는 한몰 영감의 아들도 한몰댁의 꿈처럼 살아 있을 것이라고 믿으며 당제에서 아들의 안전을 지켜 달라고 기원함.
☞ 문제편 p.38, 해설 p.35

도도한 생활(김애란)
❶ 도도한(몹시 잘난 체하며 거만한) 생활
❷ 만두 가게를 하느라 피곤하고, 달리 둘 곳이 없어 가게에 들여놓으면서도 '나'에게 피아노를 사 주며 부모로서 자녀가 누리기를 희망했던 품격 있는 삶을 의미함.
☞ 문제편 p.22, 해설 p.19

리기다소나무 숲에 갔다가(김연수)
❶ 리기다소나무가 우거진 숲에 갔다가 경험한 일(사건)
❷ 나와 삼촌, 도라꾸 아저씨는 함께 사냥을 가서 리기다소나무 숲에서 멧돼지를 만나지만 총을 쏘지 못해 삼촌이 부상을 입음. 도라꾸 아저씨는 삼촌을 업고 숲길을 걸으며 멧돼지 새끼를 미끼로 어미 멧돼지를 잡았던 자신의 과거 일을 말해 주며, 살아 있는 모든 것은 소중하다는 깨달음을 전해 줌.
☞ 문제편 p.33, 해설 p.30

복덕방(이태준)
❶ 친구 사이인 안 초시와 박희완 영감이 모여 시간을 보내는 서 참위의 가게–공간적 배경
❷ 안 초시는 겨울 셔츠와 안경다리 수리 등에 쓸 돈이 필요했지만 딸이 돈을 충분히 주지 않자 서운해함. 이후 개발될 땅에 대한 정보를 듣고 딸에게 투자를 권하고 큰 이익이 날 것으로 기대했으나 실패하자 딸에게 돈을 전혀 얻지 못하고 눈물을 흘리는 것을 통해 소외된 노인의 궁핍한 삶과 일확천금을 꿈꾸다 실패한 인물의 비애를 드러냄.
☞ 문제편 p.20, 해설 p.16

봄·봄(김유정)
❶ 계절적 배경인 '봄'이면서 사춘기의 감정을 드러내는 남녀 주인공
❷ 어리석고 순진하여 점순이와 혼인시켜 준다는 말을 믿고 거의 4년 동안 돈 한 푼 받지 않고 머슴살이를 하던 '나'가 성례에 대한 판단을 맡기러 구장에게 갔다가 설득당하고 돌아

오는 모습을 통해 교활한 장인과 어수룩한 '나' 사이의 갈등을 해학적으로 그림.
☞ 문제편 p.44, 해설 p.40

산 너머 남촌(이문구)
❶ 산 너머에 있는 마을인 남촌–공간적 배경
❷ 밭떼기 전문의 채소 장수인 권중만은 사람이 무던하여 동네 사람들의 환영을 받지만, 알타리무를 가져가면서 만 원을 더 주거나 직접 흙을 묻혀 달라고 한 일로 영두의 화를 돋움. 건강한 먹거리를 생산해야 하지만 농약을 치지 않아 벌레가 갉아먹은 채소는 팔리지 않는 현실에 혼란을 겪는 영두를 통해 도시 소비자들의 인식의 변화로 인해 농민들이 겪는 어려움을 그림.
☞ 문제편 p.17, 해설 p.12

선학동 나그네(이청준)
❶ 선학동이라는 동네를 찾아온 나그네
❷ 30년 전 의붓아비인 소리꾼과 선학동을 찾아왔던 손(나그네)은 눈이 먼 누이(여자)를 두고 혼자 도망쳤던 일이 한(恨)이 되어 여자를 찾아 다시 선학동에 왔다가 주막의 주인 사내로부터 여자의 소식과 선학동에 다시 학이 날게 된 사연을 들음.
☞ 문제편 p.25, 해설 p.22

신문지와 철창(현진건)
❶ '신문지' 때문에 '철창(유치장)'에 갇힘.
❷ 며느리가 죽은 뒤 밥을 얻어 손자를 키우던 노인이 어느 날 얻은 밥을 쌀 신문지를 줍다가 강도 혐의를 받아 철창에 갇히는데, 그 유치장에서도 손자를 생각해 밥을 챙기는 것을 본 '나'는 노인의 손자에 대한 뜨거운 사랑을 느낌.
☞ 문제편 p.46, 해설 p.42

아우를 위하여(황석영)
❶ 군대에 간 '아우를 위하여' 쓴 이야기
❷ 6·25 전쟁이 끝난 후 서울로 전학 온 '나'는 영래가 아이들의 환심을 사서 반장이 된 후 폭력으로 아이들의 돈을 빼앗고 집단행동을 강요하는 것을 보지만 두려움에 따지지 못함. 새로 온 교생 선생님은 '나'에게 사람은 혼자서는 살 수 없으므로 영래의 잘못을 고쳐 줘야 한다고 조언해 줌.
☞ 문제편 p.49, 해설 p.44

아이젠하워에게 보내는 멧돼지(윤흥길)

❶ 아이젠하워(미국 대통령)와 같은 서양의 권력자들에게 보내는 메시지(←멧돼지)

❷ 6·25 전쟁 때 어머니의 식당에서 허드렛일을 하던 창권이 형이 궐기대회에 혈서 쓰기에 참여한 일을 계기로 궐기대회마다 다니며 혈서를 쓰고 '멧세지' 낭독까지 하는 등 정치 권력에 이용당하다가 중상을 입어 불구가 된 채 시골집으로 돌아가는 것을 통해 전쟁의 폭력성과 이데올로기 대립의 참혹성을 다룸.

☞ 문제편 p.12, 해설 p.6

연(김원일)

❶ 종이에 댓가지를 붙여 실을 맨 다음 공중에 날리는 장난감

❷ 아버지는 일정한 직업 없이 일 년 중 아홉 달은 집을 떠나 어디론가 떠돌아다니고 집에 머물 때면 낚시를 하거나 연을 만들고, 어머니는 장터에서 어물 장사를 하며 자식들을 키움. '연'은 이상을 동경하는 인간의 마음 및 아버지의 떠돌이 삶을 비유적으로 형상화한 것임.

☞ 문제편 p.41, 해설 p.37

우리들의 일그러진 영웅(이문열)

❶ 정당한 방식이 아닌 폭력과 위협으로 아이들 위에 군림했던 엄석대를 빗대어 표현함.

❷ 시골 초등학교에서 엄석대는 힘으로 아이들 위에 군림했으나 김 선생이 부임한 후 비행이 탄로 나자 학교를 떠나 학교 밖에서 아이들을 괴롭힘. 아이들은 여럿이 함께 힘을 합쳐 석대를 물리치고, 새로운 임원진이 학급을 운영하면서 생긴 혼란도 서서히 정상화되는 것을 통해 독재에 대한 저항 의식을 고취하고 민주적 절차의 확립 과정을 보여 줌.

☞ 문제편 p.54, 해설 p.50

투명 인간(성석제)

❶ 투명한, 눈에 보이지 않는 인간. 주인공 '만수'를 가리킴.

❷ 만수는 자신과의 이상한 소문으로 괴로워하는 구내 식당의 여자를 여동생의 식당에서 일하게 하고, IMF 이후 일하던 공장이 부도가 나자 가족들이 번 돈을 같이 투쟁하는 사람들 앞가림하는 데와 공장 소송에 쓰는 등 온갖 고난을 견디며 희생함. 그럼에도 불구하고 끝내 보상받지 못하고 죽어 투명 인간이 됨.

☞ 문제편 p.30, 해설 p.27

그게 아닌데(이미경)

❶ 동물원에서 탈출한 코끼리의 조련사(주인공)가 반복해서 탄식하는 말

❷ 코끼리의 탈출 사건과 관련하여 형사는 정치적 음모로 확대 해석하면서 조련사의 진술을 강요하고, 의사는 조련사를 환자로 진단하면서 범죄 행위와는 무관하다고 주장하며, 조련사의 어머니는 아들이 어릴 때부터 억압받는 동물을 풀어 주길 좋아하여 코끼리를 풀어 줬다고 주장함. 이에 조련사는 타인들이 자신의 진실을 들어주지 않는, 의사소통이 불가능한 상황에서 '그게 아닌데'를 반복하며 수동적인 존재로 전락해 감.

☞ 문제편 p.158, 해설 p.173

대장금(김영현 각본)

❶ 조선 시대 의녀였던 '서장금'이 임금으로부터 받은 칭호

❷ 장금은 사신단의 정사(우두머리 사신)가 앓는 소갈(갈증으로 물을 많이 마시는 병)을 다스릴 수 있는 음식을 내놓지만 매번 정사가 미간을 찡그림. 이에 오겸호는 최 상궁과 금영에게 만한전석(고급 요리)을 올리게 하지만, 정사는 음식을 먹는 자에게도 도리가 있다며 한 상궁과 장금에게 자신의 식사를 맡기는 것을 통해 장금의 시련과 그 극복 과정을 다룸.

☞ 문제편 p.52, 해설 p.48

역마(김동리 원작, 홍윤정·동희선 각색)

❶ 한곳에 정착하지 못하고 늘 분주하게 멀리 돌아다녀야 하는 액운. 역마살

❷ 화개 장터에서 주막을 운영하는 옥화는 아들 성기의 역마살을 없애기 위해 성기를 절에 보내기도 하고 계연과 혼인을 시키려고도 함. 하지만 계연이 자신의 이복 동생임을 알고 떠나게 하자 결국 성기도 주막을 떠나는 것을 통해 역마살을 지닌 인간의 운명과 그것에 순응하는 인간의 모습을 다룸.

☞ 문제편 p.57, 해설 p.53

우리들의 일그러진 영웅
(이문열 원작, 박종원 각색)

❶ 현대 소설 「우리들의 일그러진 영웅」(문제편 p.54)을 각색한 시나리오

❷ 기본적인 줄거리나 주제는 원작 소설과 같음.

☞ 문제편 p.55, 해설 p.51

금방울전(작자 미상)

❶ 금방울의 모습으로 태어난 '금방울'에 대한 이야기

❷ 남해 용왕의 딸은 이생(이승)에 금방울로, 동해 용왕의 아들은 이생에 해룡으로 태어남. 금방울은 신이한 능력을 지녀, 피란 도중에 부모와 헤어져 변 씨의 집에서 자라며 온갖 구박을 받고 죽을 위기에 처한 해룡을 구하고 후에 여인으로 변신해 해룡과 혼인한 후 하늘로 올라감.

☞ 문제편 p.64, 해설 p.55

배 비장전(작자 미상)

❶ 배 씨 성을 가진, 비장 벼슬을 하는 사람의 이야기

❷ 군관 직책의 배 비장은 제주 목사 앞에서 자신은 여색을 멀리한다며 허세를 부렸지만, 기생 애랑의 유혹에 넘어가 애랑의 집으로 찾아가면서 온갖 망신을 당함.

☞ 문제편 p.77, 해설 p.72

숙향전(작자 미상)

❶ 숙향에 대한 이야기

❷ 숙향이 어려서 부모를 잃고 장 승상 댁에서 지내다가 하녀의 흉계로 쫓겨나자, 선녀들이 구해 주고 앞일까지 알려 줌. 이후에도 숙향은 온갖 시련을 겪으면서 이선을 만나 부부의 연을 맺고, 이선이 황태후의 병을 고칠 선약을 구해 온 다음 행복하게 사는 것을 통해, 숙향과 이선의 고난 극복과 사랑의 성취를 다룸.

☞ 문제편 p.69, 해설 p.61

신유복전(작자 미상)

❶ 신유복의 이야기

❷ 어려서 부모를 잃고 머슴 일을 하던 유복은 상주 목사의 눈에 띄어 호장의 딸 경패와 혼인하지만 호장 부부에게 내쫓겨 생활고를 겪다가 원강 대사에게 글을 배워 장원급제하고 출세하는 과정을 통해 신유복의 고난 극복과 영웅적인 행적을 다룸.

☞ 문제편 p.80, 해설 p.76

운영전(작자 미상)

❶ 궁녀인 운영에 대한 이야기

❷ 안평대군은 궁녀들에게 시 짓기를 가르쳤는데 김 진사가 와서 함께 어울리다가 운영과 서로 끌림. 운영은 김 진사와 도망갈 계획이었으나 안평대군에게 발각되어 자결하는 것을 통해, 신분의 제약으로 인해 이루어질 수 없는 비극적 사랑을 다룸.

☞ 문제편 p.85, 해설 p.81

이춘풍전(작자 미상)

❶ 가정을 돌보지 않고 술과 기생에게 빠진 이춘풍에 대한 이야기

❷ 아내의 만류에도 술과 기생에게 빠져 재산을 탕진하고 아내가 모은 돈까지 다 쓴 다음 돈을 빌려 평양까지 가서 기생 추월에게 빠진 춘풍이 아내의 지혜로 개과천선하여 방탕한 생활을 청산함.

☞ 문제편 p.155, 해설 p.170

★ 현대 소설

제목(작품명)의 의미를 염두에 두고, 지문을 한 번 더 읽은 후, 지문의 앞뒤와 중략 부분의 줄거리를 한 번 더 챙겨 보자!

★ 극 문학

제목(작품명)의 의미를 염두에 두고, 지문을 한 번 더 읽으며 등장인물이 처한 상황과 갈등, 그리고 극 문학의 특징을 한 번 더 챙겨 보자!

예비 매3비 후 비문학 훈련은 라이트 매3비

춘향전(작자 미상)

❶ 기생 월매의 딸인 춘향에 대한 이야기
❷ 단옷날 광한루에서 그네를 뛰다 이몽룡의 눈에 띈 춘향은 이 도령과 백년가약을 맺은 뒤 새로 부임한 변학도의 수청 들기를 거부하여 옥에 갇혀 고생하지만, 과거에 급제한 이 도령을 다시 만나 행복을 누리는 것을 통해 신분을 초월한 남녀 간의 사랑을 다룸.

☞ 문제편 p.74, 해설 p.68

토공전(작자 미상)

❶ 토끼에 대한 이야기(「토끼전」의 이본)
❷ 토끼는 용궁에서 죽을 고비를 넘기고 육지로 돌아오지만 뇌공에게 잡혀 천상에서 재판을 받게 되는데, 옥황이 죄 없는 토끼를 죽일 수 없다고 판결하는 것을 통해 지위와 상관없이 모든 생명이 소중하다는 교훈을 줌.

☞ 문제편 p.66, 해설 p.57

홍길동전(작자 미상)

❶ 홍길동에 대한 이야기
❷ 서자로 태어나 출세를 하지 못하는 길동은 도적의 무리를 이끌며 탐관오리의 재물을 빼앗아 조정에서 잡고자 하지만 실패함. 이후 길동은 병조판서 제수를 받자 조선을 떠나 율도국을 건설하는데, 이를 통해 적서(적자와 서자) 차별 철폐 및 이상 세계 건설을 다룸.

☞ 문제편 p.83, 해설 p.79

흥부전(작자 미상)

❶ 흥부와 그의 형 놀부에 대한 이야기
❷ 흥부가 제비 새끼의 부러진 다리를 치료해 주고 박씨를 얻어 부자가 되자, 놀부는 제비의 다리를 일부러 부러뜨려 치료해 주고 박씨를 얻음. 하지만 놀부의 박 속에서는 괴물이 나와 놀부가 거지가 되는 것을 통해, 착한 일을 하면 복을 받고 악한 일을 하면 재앙이 내린다는 권선징악의 교훈을 줌.

☞ 문제편 p.72, 해설 p.65

> ★ **고전 소설**
>
> 제목(작품명)에 담긴 인물을 중심으로 지문을 한 번 더 읽으면서 막히는 어휘를 체크해 그 의미를 한 번 더 익히자!

현대 수필

가재미 · 나귀(백석)

❶ 가재미와 나귀 – 작고 평범한 존재
❷ 새로운 거처인 운흥리에서는 가자미 반찬 먹기를 좋아하고, 이어서 옮긴 중리에서는 학교까지 나귀를 타고 가고 싶다고 하여, 작고 평범한 일상의 존재를 소중히 여기는 마음이 나타남.

☞ 문제편 p.138, 해설 p.149

꽃 출석부 1(박완서)

❶ 꽃의 이름과 번호를 적어 놓은 장부
❷ 3월이 되자마자 샛노란 꽃이 핀 복수초부터 산수유, 민들레 등 순서를 지키며 반드시 피어나는 꽃 하나하나를 확인하고 기다리며 소중히 여기는 글쓴이의 애정이 나타남.

☞ 문제편 p.141, 해설 p.152

돌탑과 잔돌(문태준)

❶ 돌탑과, 그 돌탑을 쌓는 데 필요한 잔돌
❷ 이 세상은 자연과 사람이 함께 사는데, 돌탑을 쌓는 데 잔돌이 필요한 것처럼 사람 사는 세상에도 잔돌 같은 사람이 필요하다는 것을 강조함.

☞ 문제편 p.144, 해설 p.156

인형과 인간(법정)

❶ 인간답지 못한 인간(← 인형)과 인간다운 인간
❷ 진정한 지식인은 인형 같은 무기력에서 벗어나 인간다운 사명을 감당하고, 기쁨과 아픔을 이웃과 함께 할 책임이 있음을 강조함.

☞ 문제편 p.136, 해설 p.146

고전 수필

어부(이옥)

❶ 물고기(어류)에 대해 쓴 '부'라는 형식의 글
❷ 물고기에도 상하가 있고 큰 놈이 작은 놈을 통솔하는데, 작은 물고기에게 은혜를 베푸는 것은 용뿐이고 큰 물고기와 중간 물고기는 작은 물고기를 괴롭힘. 이와 마찬가지로 사람에게도 신하와 서리, 아전 등이 백성을 괴롭힌다며 관료들의 횡포를 비판함.

☞ 문제편 p.147, 해설 p.160

이옥설(이규보)

❶ 집(가옥, 한옥)을 수리한 (경험에 대한) '설' 형식의 글
❷ 행랑채가 퇴락하여 수리하는데 비가 샌 지 오래된 것은 비용이 많이 들고 최근에 문제가 생긴 것은 비용이 많이 들지 않은 것을 통해, 사람의 잘못도 알면 바로 고쳐야 하고, 백성을 좀먹는 무리들도 빠르게 제거해야 한다는 깨달음을 얻음.

☞ 문제편 p.134, 해설 p.143

> ★ **수필**
>
> 제목(작품명)의 의미를 염두에 두고, 지문을 한 번 더 읽은 후, 복합 지문으로 구성된 다른 작품과 묶인 이유를 한 번 더 챙겨 보자!

고전 시가

● 향가

안민가(충담사)

❶ 백성(국민)이 안심하고 살게 하는 노래(가요)
❷ 임금을 아버지에, 신하를 어머니에, 백성을 어린 아이에 빗대어, 자식을 보살피듯 백성을 돌봐야 한다는 것을 강조함.

☞ 문제편 p.88, 해설 p.85

제망매가(월명사)

❶ 죽은 누이(망매)를 추모하는(제사를 지내는) 노래(가요)
❷ 한 부모에게서 태어난 누이가 요절(젊은 나이에 일찍 죽음)한 것을 안타까워하며 그를 추모하는 내용을 담음.

☞ 문제편 p.92, 해설 p.90

● 고려 가요

가시리(작자 미상)

❶ 가시렵니까
❷ 사랑하는 임을 떠나보내야 하는 상황에서, 붙잡으면 돌아오지 않을까 염려하여 임을 보내며 가시자마자 돌아오시기를 소망함.

☞ 문제편 p.94, 해설 p.93

● 시조

귓도리 저 귓도리~(작자 미상)

❶ 귀뚜라미, 저 귀뚜라미~(불쌍하다 저 귀뚜라미)
❷ 임을 그리워하다 간신히 잠이 들었다가 귀뚜라미 울음소리에 깨어, 귀뚜라미가 자신의 처지를 알아서 운다고 여김.

☞ 문제편 p.147, 해설 p.160

단가 육장(이신의)

❶ 시조(← 단가) 6장
❷ 귀양살이를 하는 화자가 시름이 많다는 것과, 명월(밝은 달)이 진정한 벗이라는 것을 밝히고, 임금에 대한 충성을 다짐함.

☞ 문제편 p.98, 해설 p.99

도산십이곡(이황)

❶ 도산 서당 주변에 있는 자연의 아름다움과 학문에 정진하고자 하는 의지를 노래한 12수의 노래(곡조)
❷ 도산 서당은 퇴계 이황이 말년에 관직에서 물러나 머무르며 후학을 양성하던 곳으로, 12수 중 제1수~제6수는 도산 서당 주변의 자연과 더불어 사는 삶을, 제7수~제12수는 도산 서당에서의 학문 수양에의 의지를 노래함.

☞ 문제편 p.136, 해설 p.145

두암육가(김약련)

❶ 두암(김약련)이 지은 6수의 노래(가요)
❷ 늙어 버린 상황에서 지난 삶을 돌아보며 한탄하고, 젊은이들에게 착한 일을 할 것을 권유함.

☞ 문제편 p.153, 해설 p.167

어부사시사(윤선도)
❶ 어부의 사시(사계절)를 노래하다
❷ 물고기 잡는 일을 직업으로 하는 어부의 삶이
아니라 속세를 떠나 자연에 은둔하며 한가롭
게 생활하며 자연을 즐기는 삶을 노래함.
☞ 문제편 p.96, 해설 p.95

오백 년 도읍지를~(길재)
❶ 오백 년 동안 이어진 고려의 도읍지를~(한 필
의 말을 타고 돌아보니)
❷ 고려 멸망 후 고려의 도읍지였던 개성을 찾아
가 나라를 잃은 한(恨)과 인생무상을 노래함.
☞ 문제편 p.92, 해설 p.91

오우가(윤선도)
❶ 다섯(5) 벗(붕우)인 '물·바위·소나무·대나
무·달'에 대한 노래(가요)
❷ 물은 맑으면서 그치지 않고, 바위는 변함이 없
으며, 소나무는 추운 겨울에도 꿋꿋하고, 대나
무는 곧으면서 사계절 푸르며, 달은 세상을 밝
게 비추며 말이 없음을 예찬함.
☞ 문제편 p.141, 해설 p.152

율리유곡(김광욱)
❶ 율리라는 마을에서 남긴(유전) 노래(곡조)
❷ 세상의 공명과 부귀를 멀리하고 자연과 더불
어 사는 삶에서 느끼는 만족감을 노래함.
☞ 문제편 p.102, 해설 p.106

조홍시가(박인로)
❶ 일찍(조기) 익은 홍시에 대한 노래(가요)
❷ 육적의 귤과 왕상의 잉어, 맹종의 죽순 등의
고사를 들어 효자로 이름난 사람들을 본받고
싶은 마음을 노래함.
☞ 문제편 p.90, 해설 p.88

태산이 놉다 하되~(양사언)
❶ 태산이 높다고 하지만~(하늘 아래의 산이로
다)
❷ 등산에 빗대어 목표를 이루기 위해서는 실천
적 노력이 중요하다는 것을 강조함.
☞ 문제편 p.134, 해설 p.143

평생에 일이 업서~(낭원군)
❶ 평생 동안 (벼슬길에 오르지 않으니) 일이 없
어~(산수 사이에 노닐다가)
❷ 조선 시대 왕족의 정치 참여 금지로 인해 자신
의 능력을 표출할 수 없어 세상일을 잊고 자
연 속에서 사는 삶을 노래함.
☞ 문제편 p.88, 해설 p.85

훈민가(정철)
❶ 백성(국민)을 가르치는(훈계) 노래(가요)
❷ 사람답게 올바른 행동을 할 것과 노인을 공경
할 것, 근면하고 상부상조할 것 등 유교적 윤
리를 실천할 것을 권장함.
☞ 문제편 p.100, 해설 p.102

● 가사

고공답주인가(이원익)
❶ 고공(머슴)이 주인에게 답하는 노래(가요)
❷ 종들은 텃밭을 묵혀 놓고 밥만 먹고 낮잠을 자
고, 소 먹이는 아이들(지방 관청 이속들)은 상
마름(지방 관청 수령)을 능욕하고, 물건을 빼
돌려 곡식 창고는 비고, 세간 살림은 흐트러져
궁핍하게 된 현실을 한탄하며, 상전(임금)에게
기울어진 집안 살림을 일으키는 방법에 대해
제안함.
☞ 문제편 p.144, 해설 p.156

관동별곡(정철)
❶ 관동 지방에 대해 노래한 시가 문학
❷ 강원도 관찰사로 부임하게 된 화자는 관청에
일이 없을 때 금강산으로 유람을 떠나 금강대,
진헐대, 개심대, 화룡소, 십이 폭포를 구경한
후 동해 바다로 이동하면서 자연의 아름다움
을 묘사하고 찬양하는 한편 인재 양성을 소망
하며 꿈에 신선을 만나 애민 정신을 드러내는
가 하면 꿈을 깬 후에는 임금에 대한 충성을
다짐함.
☞ 문제편 p.104, 해설 p.109

면앙정가(송순)
❶ 면앙정(정자의 이름)에 대한 노래(가요)
❷ 사계절의 변화에 따른 면앙정 주변의 아름다
운 경치와 풍류를 즐기는 삶과 임금의 은혜에
감사함을 노래함.
☞ 문제편 p.138, 해설 p.148

복선화음록(작자 미상)
❶ 착한(선한) 사람에게 복을 주고 사악하고 음란
한 사람에게 화(죄, 재앙)를 내린 기록
❷ 가난한 집으로 시집을 간 화자가 길쌈과 농사
짓기를 열심히 하여 집안을 일으킨 것과, 부유
한 집에 시집을 간 괴똥어미가 부녀자의 도리
를 지키지 못해 재산을 탕진하고 자식마저 잃
고 참혹하게 사는 것을 통해 부녀자의 올바른
삶의 자세와 복선화음의 이치를 전달함.
☞ 문제편 p.100, 해설 p.102

초당춘수곡(남석하)
❶ 초당에서 봄(춘계) 잠(수면)을 자고 일어나 노
래하다(곡조)
❷ 늦은 봄날에 출세를 하지 못한 데서 근심과 삶
의 허무함을 느끼다가 봄날의 자연을 보고 신
선이 된 것 같은 흥취를 느낌.
☞ 문제편 p.96, 해설 p.96

● 한시

보리타작(정약용)
❶ 보리타작을 하는 농민들을 바라봄.
❷ 보리타작을 하는 농민들이 건강하고 즐겁게
일하는 모습을 보고 벼슬길에서 헤맸던 자신
의 삶을 반성함.
☞ 문제편 p.102, 해설 p.106

사청사우(김시습)
❶ 비가 잠깐 개었다가 다시 비가 내림.(날씨가
변덕스러움)
❷ 변덕스러운 날씨처럼 세상인심이 쉽게 변하
는 것을 비판하고 순리에 따르는 삶을 강조함.
☞ 문제편 p.134, 해설 p.143

● 민요

잠노래(작자 미상)
❶ (자꾸 오는) 잠에 대한 노래
❷ 할 일이 많은데 아침부터 저녁까지 따라다니
는 잠에 대한 원망과 부녀자의 고달픈 삶의
현실을 노래함.
☞ 문제편 p.147, 해설 p.159

> ★ **고전 시가**
>
> 제목(작품명)의 의미를 염두에 두고,
> 지문을 한 번 더 읽으며 '현대어 풀
> 이'를 참고해 이해되지 않는 부분이
> 없도록 하자!

현대시

감자 먹는 사람들(김선우)
❶ 감자 섞은 밥을 먹는 사람들(=화자의 가족)
❷ 담장을 넘어온 감자 삶는 냄새를 맡고 감자밥
을 먹어야 했던 가난했던 어린 시절을 떠올리
고, 식구들이 숟가락을 내려놓을 때까지 밥을
먹지 않던 엄마를 그리워함.
☞ 문제편 p.130, 해설 p.138

강강술래(김준태)
❶ 여러 사람이 손을 잡고 원을 그리며 빙빙 돌면
서 춤을 추고 소원을 비는 민속놀이
❷ 추석날 고향에 내려가 팔순 할머니의 손톱과
발톱을 깎아 드리면서 대밭을 가꾸신 할아버
지를 그리워하고 공동체적 삶을 살고 싶다고
소망함.
☞ 문제편 p.132, 해설 p.140

고향의 천정(天井) 1(이성선)
❶ 고향의, 천장과 같이 별이 뜬 하늘
❷ 저녁에 마당에 누워 하늘을 보다가 별을 통
해 메밀꽃을 떠올리고, 메밀꽃에서 다시 자신
의 어린 시절 메밀밭에서 할머니의 보호를 받
으며 놀던 것을 떠올리며 할머니의 사랑을 깨
달음.
☞ 문제편 p.114, 해설 p.117

광야(이육사)
❶ 넓은 들(우리나라 땅)
❷ 눈 내리는 겨울에 '나'는 광야에서 과거를 회
상하고 현재를 직시하며, 미래(조국 광복)를
위해 '가난한 노래의 씨'를 뿌림.
☞ 문제편 p.118, 해설 p.122

논두렁에 서서(이성선)
❶ 논두렁에 서서 - 화자의 위치
❷ 화자는 논두렁에 서서 논고랑에 고인 물에 비친 자신과 자신을 둘러싼 존재들(나뭇가지, 햇살, 새 그림자, 산)을 바라보고, 자신이 '아프지 않'고 '늘 떨며 우왕좌왕하던' 것에서 벗어나 '무심'한 것을 발견함.
☞ 문제편 p.120, 해설 p.125

담양장(최두석)
❶ 담양이라는 지역의 장(시장)
❷ 화자가 어렸을 때부터 '허리 굽은' 현재에도 담양장에서 대바구니를 파시는 어머니의 고된 삶을 보며 연민을 느낌.
☞ 문제편 p.128, 해설 p.135

따뜻한 달걀(정진규)
❶ (봄을 위해 고른) 따뜻한 달걀
❷ 봄비가 내리는 절기인 우수 즈음에 고향의 산 여울에 흐르는 물소리를 들으며 봄의 기운을 느끼고 완연한 봄이 오기를 기다림.
☞ 문제편 p.116, 해설 p.120

땅끝(나희덕)
❶ 땅의 끝(바다와 맞닿아 있어 거친 파도가 밀려들어 오는 공간) - 극한 상황
❷ 어릴 때는 아름다움에 취해 땅끝(공간)을 찾아갔지만, 살면서 몇 번은 땅끝(극한 상황)에 서기도 했는데, 그 위태로운 땅끝에 아름다움(희망)이 스며 있다는 것을 깨달음.
☞ 문제편 p.130, 해설 p.138

민들레꽃(이형기)
❶ 화자가 주목한 '쬐그만' 민들레꽃
❷ 피었다가는 곧 질 수밖에 없는 운명을 지닌 '민들레꽃'이 좌절하지 않고 전력을 다해 샛노랗게 피는 모습을, 운명에 좌절하지 않고 허무에 맞서는 존재로 바라보고 그 내적 가치에 대해 긍정함.
☞ 문제편 p.110, 해설 p.112

밥물 눈금(손택수)
❶ 밥물의 높이를 나타내는 눈금
❷ 밥물의 눈금을 맞추는 일상의 일에서 논에 물을 보러 가던 할아버지, 한 끼를 아끼기 위해 친구 집으로 갔던 가난했던 소년 시절과 밥의 양을 늘리기 위해 밥국을 끓이던 문현동에서의 일을 떠올리며, 가난하여 손에 주름이 많이 생길 정도로 고생했지만 그 손이 전기밥솥에는 없는 눈금을 지니고 있다고 스스로를 위로함.
☞ 문제편 p.114, 해설 p.117

밭머리에 서서(박용래)
❶ 밭머리에 서서 - 화자의 위치
❷ 밭머리에 서서 옛날의 달싹했던 배추 꼬리 맛과 아작아작 먹었던 무 꼬리 맛, 또 고향을 떠나간 사람들을 떠올리며 옛날을 그리워함.
☞ 문제편 p.132, 해설 p.140

사개 틀린 고풍의 툇마루에(김영랑)
❶ 사개가 틀어진, 고풍스런(예스러운) 툇마루에 - 공간적 배경
❷ 사개가 틀어진, 고풍스런 툇마루에 앉아서 달이 떠오르기를 기다리고, 달이 조금씩 떠오르면서 달과 교감을 나눔.
☞ 문제편 p.116, 해설 p.120

새 옷 입는 법(문정희)
❶ 꽃들(자연)이 가르쳐 준, 새 옷을 입는 방법(삶의 방식)
❷ 새 옷을 입는 방법은 자연(꽃들)이 가르쳐 준 삶의 방식이자 화자가 자연으로부터 배우는 삶의 방식으로, 화자는 이를 험난한 현실에서 실현하고자 함.
☞ 문제편 p.112, 해설 p.115

성탄제(김종길)
❶ (예수가 태어난 날을 기념하는) 성탄절
❷ 성탄제 가까운 시기에 도시에 내리는 눈을 반갑게 바라보며, 과거 아버지께서 아픈 '나'를 위해 눈 속을 헤치고 붉은 산수유 열매를 따오셨던 일을 떠올리며 아버지를 그리워함.
☞ 문제편 p.126, 해설 p.132

성호부근(김광균)
❶ 성호(경기도 안산에 있는 호수)의 부근(근처, 근방, 주변)
❷ 달빛이 비친 겨울의 성호 호수와 그 부근의 풍경을 바라보며 어린 시절의 추억을 떠올리고 서글픔을 느낌.
☞ 문제편 p.120, 해설 p.124

수의 비밀(한용운)
❶ 수(헝겊에 색실로 그림이나 글자를 바늘로 떠서 놓는 일)가 지닌 비밀
❷ '당신(조국, 민족)'이 없는 상황에서 '당신의 옷'을 거의 다 짓고 주머니에 수놓는 것만 남았는데, 수를 놓으면 마음이 평안해져서 일부러 수놓기를 끝내지 않는다며 '당신'에 대한 사랑을 노래함.
☞ 문제편 p.126, 해설 p.132

오월(김영랑)
❶ 5월 - 시간적 배경
❷ 오월에 푸른 들에 부는 바람과 눈부신 햇빛, 쌍쌍이 나는 꾀꼬리, 초록으로 물든 산봉우리 등을 보며 봄의 생동감을 느낌.
☞ 문제편 p.124, 해설 p.130

울타리 밖(박용래)
❶ 울타리의 밖 - 공간적 배경
❷ '울타리 밖'에 있는 마을은 '머리가 마늘쪽같이 생긴 소녀'와 '한여름을 알몸으로 사는 소년'이 살 것 같은 공간이며, '화초를 심는 마을', '오래오래 잔광이 부신 마을', '밤이면 더 많이 별이 뜨는 마을'로, 평화롭고 토속적인 공간에 대한 지향을 나타냄.
☞ 문제편 p.118, 해설 p.122

천수답(박목월)
❶ 주변에서 끌어들일 물이 없어 빗물에 의지하여 경작하는 논 - 열악한 환경
❷ '천수답'의 '벼이삭'처럼 열악한 환경에서도 '내 새끼'(자식)는 부지런하게 제 할 일을 하며 살아가겠다는 소신을 드러내고 있고, '에미'는 그런 자식을 대견하다며 지지함.
☞ 문제편 p.110, 해설 p.112

첫사랑(고재종)
❶ 처음으로 맺은 사랑
❷ 나뭇가지 사이로 흩날리는 눈을 바라보며, 이런 눈의 노력으로 아름다운 눈꽃이 피는 것처럼 첫사랑도 노력과 헌신으로 이루어져 아름다운 것이라고 생각함.
☞ 문제편 p.122, 해설 p.127

청산백운도(신석정)
❶ 청산(푸른 산)과 백운(흰 구름)의 모습을 그리다
❷ 하늘을 향해 언제나 변함없이(불변성) 숭고하고 너그러운(포용력) 모습을 지닌 청산과, 청산과 어우러져 지내는 백운의 모습을 통해 자연과 어우러져 사는 삶을 동경함.
☞ 문제편 p.112, 해설 p.114

초록 기쁨 - 봄숲에서(정현종)
❶ 초록으로 물든 봄숲에서 느끼는 기쁨
❷ 봄에 밝은 햇빛이 초록으로 물든 숲에 비치는 모습을 보며 기뻐함.
☞ 문제편 p.124, 해설 p.130

초록이 세상을 덮는다(김기택)
❶ '콘크리트 갈라진 틈'에서도 솟아나 세상을 덮을 정도로 많은 '초록'에 대한 놀라움
❷ 도시에서 잠깐 동안 초록 나무를 본 화자가, 초록 나무에 마음을 빼앗겨 초록을 들여다보며 그것이 지닌 생명력을 깨닫고, 이에 대한 감탄과 놀라움을 드러냄.
☞ 문제편 p.153, 해설 p.167

추억에서(박재삼)
❶ 어린 시절 어머니에 대한 추억에서
❷ 가난했던 어린 시절에 생선을 팔러 장에 가신 어머니를 기다리던 때를 추억하며 어머니의 고달픈 삶과 한을 회상함.
☞ 문제편 p.128, 해설 p.135

춘설(정지용)
❶ 봄눈, 즉 봄(입춘)에 내린 눈(폭설)
❷ 우수절(봄비가 내리기 시작하는 시기) 초하루 아침에 문을 열었다가 봄눈이 온 것을 보고 감탄하면서 봄기운을 느낌.
☞ 문제편 p.122, 해설 p.127

> ⭐ **현대시**
> 제목(작품명)의 의미를 염두에 두고, 지문을 한 번 더 읽으며, 낯선 작품도 해석할 수 있는 힘을 기르자!

✅ 특히 **복습**이 중요한 **문학**　➡ 『예비 매3문』으로 **3차 복습**까지 끝낸 후 색인에서 작품명을 보며 내용을 떠올려 봅니다.
➡ 작품명만으로 내용이 잘 떠오르지 않으면 지문을 다시 보고 메모해 둔 것을 챙겨 보면 좋습니다.

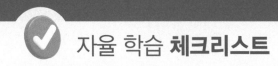

자율 학습 체크리스트

◀ '열심히' 하는 것도 중요하지만, 자신의 ***취약점***을 체크하면서 ***공부 방향***을 정해 가야 학습 효과를 높일 수 있습니다.

- 3차 복습(책을 끝낸 후 복습) 때 활용합니다.
  (1차 복습 : 매일 복습, 2차 복습 : 주간 복습)
- 틀린 문항수, △ · ✕ 문항수, 초과 시간은 복습 후 '채점표'를 보고 적습니다.

- 1차와 2차 복습 때 메모해 둔 내용과 오답 노트, 그리고 틀린 문제, 실수한 것, 몰랐던 것, 이해가 어려웠던 지문을 다시 챙겨 봅니다.
- 잘 틀리는 문제 유형은 따로 챙겨 봅니다.
- 3차 복습 내용을 반영하여 이후 공부 계획을 세웁니다.

공부한 내용	갈래	공부한 날	총 문항 수	틀린 문항 수	△ 문항 수	✕ 문항 수	초과 시간	취약점 및 새길 내용과 이후 공부 계획에 반영할 내용
첫날	현대 소설		12					☑ 7일째 복습
2일째	현대 소설		11					
3일째	현대 소설		11					
4일째	현대 소설		9					
5일째	현대 소설		11					
6일째	극 문학 산문 복합		10					
8일째	고전 소설		11					☑ 14일째 복습
9일째	고전 소설		12					
10일째	고전 소설		10					
11일째	고전 시가		12					
12일째	고전 시가		10					
13일째	고전 시가		10					
15일째	현대시		9					☑ 21일째 복습
16일째	현대시		9					
17일째	현대시		10					
18일째	현대시		10					
19일째	갈래 복합		12					
20일째	갈래 복합		15					
+1일 문학 실전 훈련	현대 소설		4					☑ +1일 문학 실전 훈련 복습
	갈래 복합		5					
	고전 소설		4					
	희곡		2					

책을 덮기 전에…

학습 효과를 2배로 올리는 **최종 마무리 복습법**

최대한 빠른 시간 내에 복습할 것

✔ 최소 3회 복습이 중요한데, 『예비 매3문』을 끝낸 후의 복습은 '3차 복습'으로, 이때는 '1차 복습(공부한 날 복습)'과 '2차 복습(매주 복습)'을 하며 메모한 내용을 챙겨 본다.

✔ 3차 복습은 '갈래별 제대로 복습법(문제편 p.10, 62, 108, 109)'을 참고하되,
  – 〈클리닉 해설〉 표지에 있는 '문학 실수 유형 Top 7'과 '문학 필수 용어'도 챙겨 보고,
  – [제목으로 작품 복습하기](p.175)를 참고해, 제목을 보고 작품 내용을 짐작하는 훈련을 해 둔다.

✔ 복습 때마다 다시 보기 위해 따로 체크해 둔 내용은 한 번 더 챙겨 본다.

> 1. 교재에 메모해 둔 내용 다시 보기
> 2. '매3 오답 노트'에 정리해 둔 내용 다시 보기
> 3. 2차 복습 때도 헷갈린 문제와 아는 것으로 착각한 어휘(수능 용어) 다시 보기

복습하는 과정에서 '내'가 약한 부분을 확인할 것

✔ 취약점이 잡히면 그것을 극복하는 공부 계획을 세우되, 취약한 원인부터 정확하게 따져 대비한다.

❋ **특히 취약한 갈래가 있다면?**

  1단계 '갈래별 제대로 복습법'을 한 번 더 꼼꼼히 체크한다.

  2단계 『예비 매3문』으로 취약한 갈래를 한 번 더 복습한다.

  3단계 『매3문』에 도전하되, 『예비 매3문』에서 취약했던 갈래부터 공부한다.

❋ **좀 더 심화된 문학 공부로 국어 과목에 자신감을 가지려면?**

  1단계 복습하면서 작성한 '매3 오답 노트'를 다시 챙겨 본다.

  2단계 '기출 답지로 작품과 문제 완전 정복'을 참고해 전국 단위 시험에 출제된 같은 작품의 문제들을 더 풀어 본다.

  3단계 『매3문』에 도전! 교재 순서대로 또는 가장 자신 있는 갈래부터 공부한다.

복습하는 과정에서 모르는 내용이 있거나, 국어 영역 공부법에 궁금한 점이 있을 때에는
"안인숙 매3국어클리닉" Daum 카페(http://cafe.daum.net/anin95)에 질문하세요!

예비 매3문 **정답** 한눈에 보기

1 주차   현대 소설 · 극문학

	현대 소설					극 문학
	첫날	2일째	3일째	4일째	5일째	6일째
01	①	②	③	②	⑤	④
02	②	④	③	①	①	⑤
03	⑤	①	④	④	⑤	④
04	⑤	⑤	⑤	①	④	④
05	②	③	②	④	③	①
06	②	②	⑤	①	④	③
07	②	④	②	②	③	⑤
08	⑤	①	②	⑤	②	①
09	②	③	③	③	④	④
10	③	④	②		③	③
11	⑤	③	⑤		③	
12	③					

2 주차   고전 문학

	고전 소설			고전 시가		
	8일째	9일째	10일째	11일째	12일째	13일째
01	①	①	②	⑤	③	④
02	④	③	②	③	⑤	③
03	⑤	③	④	②	③	②
04	①	②	③	③	④	①
05	③	③	①	④	③	⑤
06	④	③	③	③	③	③
07	②	③	⑤	③	④	①
08	③	①	④	③	②	⑤
09	②	⑤	④	⑤	⑤	④
10	④	③	①	②	②	②
11	①	④		③		
12		①		⑤		

3 주차   현대시 · 갈래 복합

	현대시				갈래 복합	
	15일째	16일째	17일째	18일째	19일째	20일째
01	①	①	⑤	①	③	①
02	⑤	④	④	④	⑤	④
03	⑤	③	②	⑤	④	③
04	③	③	④	④	①	④
05	④	⑤	②	②	①	④
06	④	①	⑤	③	④	④
07	②	②	②	①	④	④
08	④	④	③	⑤	②	④
09	③	①	③	⑤	⑤	①
10			④	④	⑤	④
11					②	④
12					③	③
13						②
14						①
15						⑤

+1 일   문학 실전 훈련

2024학년도 3월
고1 전국연합학력평가
(2024년 3월 28일 실시)

01 ①	06 ③	11 ④
02 ⑤	07 ④	12 ①
03 ⑤	08 ②	13 ⑤
04 ③	09 ④	14 ⑤
05 ①	10 ④	15 ③

꼭 책을 덮기 전, 해설 표지에 있는
문학 실수 유형 Top 7과 **문학 필수 용어**를
챙겨 보세요!

'매3' 3차 복습할 때 꼭 챙겨 봐야 하는
문학 필수 용어(개념어)

- '매3' 1차 복습(매일 복습): 공부한 날 복습
- '매3' 2차 복습(주간 복습): 일주일 간 공부한 내용 복습
- '매3' 3차 복습(마무리 복습): 교재를 다 끝낸 후 복습

예비
매**3**문

일반적 해설이 아닌,

가장 질문이 많았던 오답지에 대한
명쾌한 클리닉 해설